新时代"活教育"理论与实践发展研究丛书

沈夏林　何桂仙　主编

陈鹤琴"活教育"思想的当代传承与探索

CHENHEQIN "HUOJIAOYU" SIXIANG DE DANGDAI
CHUANCHENG YU TANSUO

沈夏林·主编

线装書局

图书在版编目（CIP）数据

陈鹤琴"活教育"思想的当代传承与探索 ／ 沈夏林主编 . -- 北京 ： 线装书局，2024. 10. --（新时代"活教育"理论与实践发展研究 ／ 沈夏林，何桂仙主编）.

ISBN 978-7-5120-6225-2

Ⅰ . G40-092.7

中国国家版本馆 CIP 数据核字第 202425TV44 号

陈鹤琴"活教育"思想的当代传承与探索

CHENHEQIN "HUOJIAOYU" SIXIANG DE DANGDAI CHUANCHENG YU TANSUO

主　　编：沈夏林

责任编辑：林　菲

出版发行：线装書局

　　　　　地　　址：北京市丰台区方庄日月天地大厦 B 座 17 层（100078）

　　　　　电　　话：010-58077126（发行部）　 010-58076938（总编室）

　　　　　网　　址：www.zgxzsj.com

经　　销：新华书店

印　　制：三河市龙大印装有限公司

开　　本：710mm×1000mm　1/16

印　　张：14.75

字　　数：215 千

版　　次：2024 年 10 月第 1 版第 1 次印刷

印　　数：0001—1000 册

线装书局官方微信

定　　价：248.00 元（全五册）

办品质的活教育
育高质量的时代
新人！

二○二三年四月　　顾明远书 🔲

著名教育家顾明远先生题词

前　言

80多年前，浙江省上虞籍著名教育家陈鹤琴提出了"教活书、活教书、教书活""读活书、活读书、读书活"的观点，意图改变当时中国教育存在的"教死书、死教书、教书死""读死书、死读书、读书死"问题，这一思想在中国教育界产生了重大影响。时至今日，陈鹤琴先生所批评的现象依然在一定程度上存在，典型表现为教师"死教"、学生"死学"的"苦教苦学"，这种教育教学方式与全面贯彻党的教育方针，落实立德树人根本任务，培养德智体美劳全面发展的社会主义建设者和接班人的要求和学生终身学习发展的需要是格格不入的。

鉴于此，上虞区教体局着眼未来，提出了"办有品质的活教育，打造湾区教育新高地"的教育发展目标，以逐步满足上虞人民对更高质量教育的向往。基于共同的理念和愿景，浙江师范大学教育集团与上虞区教体局合作开展了新时代"活教育"理论与实践的发展研究，得到了众多学校的热情支持，最终确定了春晖外国语学校、上虞外国语学校、滨江小学、鹤琴小学、崧厦街道中心小学、小越街道中心小学为该项目研究的基地学校，浙江师范大学附属上虞中学也参与了该项目的研究。上虞区教体局为该项目研究给予政策、经费的保障，基地学校校领导、教师积极参与该项目研究与实践，浙江师范大学教育集团组织了一支理论和实践研究的指导队伍，携手开展新时代"活教育"的探索。

基于陈鹤琴先生的"活教育"思想，根据各校的办学传统和特点，逐步凝练了以"活力课堂""活力文化""活力课程""活力教师""活力美育"等为主要内容的上虞新时代"活教育"特色，并开展了相应的理论研究与实践探索。浙江师范大学研究生院还主办了纪念陈鹤琴130周年诞辰暨"活教育"思想研究征文大赛，得到广

大研究生的热烈响应，经过对征集到的论文认真评议，选择了部分论文结集纳入本丛书出版。

《陈鹤琴"活教育"思想的当代传承与探索》文集以陈鹤琴教育思想的当代价值、传承及其实践创新为主题，主要包括对陈鹤琴教育思想的本体研究与比较研究、陈鹤琴教育思想与课程改革研究、陈鹤琴教育思想与教师专业发展研究等内容，旨在审视陈鹤琴教育思想在新时代的学术价值和现实意义，引导广大教育工作者理解传承、创新应用陈鹤琴教育思想，推进"活教育"在新时代深入开展。

《学科课程节："活教育"理念的学校课程变革行动实践》以课程为切入点，从儿童的内在需求出发，研究满足儿童全面发展的教育生态的营建。滨江小学教育集团在"活教育"理念指导下，致力于学科教学和学生发展的有效融通，以学科课程节为载体，探索国家课程的活动化、校本化、项目化，推动教学活动序列化、结构化、课程化，进而构建素养化课程体系，滋养办学成色，以求以学科变革促进学生全面发展。

《"活教育"引领下的学校课程与教学改革》阐述了上虞区鹤琴小学秉持"活教育"视域下的儿童学习观、教师教学观等理念与内在要求，致力于课程与教学的不断创新。全书在"一切为儿童"的"活教育"理念观照下，结合新课程改革理念，围绕课程、教学、学生、教师等维度，具体通过活力课程的设计与实施、活力课堂的研磨与生成、核心素养的落实与发展、精良队伍的培植与建设、优质资源的培育与重组等方面较为全面而具体地呈现了"活教育"引领下学校课程与教学改革的实践样态。

《童慧教育："活教育"思想的乡土实践与探索》阐述的是上虞区崧厦街道中心小学基于学校现实基础，从"活教育"思想的现代转化入手，提出了"童慧教育"的理念与内在要求。全书在阐述"童慧教育"理论的基础上，围绕课程构建与实施、课堂教学转型与变革、评价体系及其实施、学校文化建设等内容，较为系统地描述了基于"活教育"思想的"童慧教育"实践样态。

《玩中学："活教育"引领下的小学活动课程实践》呈现的是上虞区小越街道中心小学在"活教育"理论支持下，以"玩中学"为理念开发的系列活动课程。"玩中学"系列活动课程包括"玩中育德"的红色研学课程、"玩中培智"的创意3D打印课程、"玩中强体"的空手道课程、"玩中作美"的鼓韵课程、"玩中悦劳"的劳动课程以及富有地方特色的剪纸课程六大活动课程，实现以玩促学、会玩会学、

学中有玩、玩中有学。

《活教育　悦课程：跨学科主题学习活动的设计与实施》一书，阐述了上虞春晖外国语学校接轨春晖教育，传承白马文化，践行"活教育"理念，创设的以"悦礼""悦读""悦动""悦美""悦行"为主题的跨学科主题学习活动。全书展示了该校加强学科相互关联，课程内容与学生经验、社会生活相联系，强化学科知识整合，统筹设计实施综合课程和跨学科主题学习活动，发挥课程协同育人功能，培养科学人文相融，人格学力俱佳的时代新人的实践探索。

《活力教师成长的校本实践探索》阐述的是一所新办学校——上虞外国语学校践行陈鹤琴"活教育"思想，在较短时间里建设一支充满活力的教师队伍的实践探索与独特经验。全书从活力思考、活力设计、活力课例、活力评价、活力育人和活力成长六个方面展示了上虞外国语学校这所新办学校，充分利用成熟教师的丰富经验和年轻教师的创新意识，使经验的能量和青春的力量相互碰撞，诠释了对新时代"活教育"的理解和实践，形成了新学校活力教师队伍建设的校本经验。

《"活教育"引领下的新办学校成长方略》呈现的是一所新办学校——上虞区鹤琴小学教育集团天香校区坚持以陈鹤琴"活教育"思想为指导，以实现学校特色办学的可持续发展为目标，打造"活教育"校园文化品牌的架构与实践。全书展现了该校以"促进儿童身心和谐全面发展"的"活教育"办学理念为宗旨，以活文化、活课程、活课堂、活教师的建设为线索，探索"活教育"引领下新办学校的发展路径，构建了"四香"校园文化体系，开发实施了"六艺"课程和技术赋能的"活力课程"，并借此带动教师专业成长，为学校的建设发展注入强劲活力。

《致远有爱："活教育"理念的"致教育"课程构建与实践》，阐述了浙江师范大学附属上虞中学在"活教育"理念引领下，探索构建以"致远有爱"为目标的"致教育"课程体系的实践与成果。"致教育"课程践行"活教育"理念，旨在以爱心培育生命促进健康成长，以文明启迪智慧引领个性发展，以"致品""致知""致动""致美""致行"为主题的课程内容，努力为培养德智体美劳全面发展的时代新人提供课程支持。

经过三年多的共同努力，陈鹤琴先生的"活教育"思想实践在这些基地学校已初显成效，这套丛书所呈现的就是部分理论与实践研究成果。我们相信，随着新时代"活教育"理论研究与实践探索的深入，将会有更多更好的成果逐步涌现。

我们所开展的研究活动，得到了著名教育家顾明远先生的关注，他在了解此事后，欣然题词："办品质的活教育，育高质量的时代新人。"这是对我们极大的鼓励，激励我们将新时代"活教育"理论与实践发展研究持续、深入进行下去。

教育改革之艰难是众所周知的，我们不期望通过一个项目的研究和实践就能解决教育之积弊，但我们相信，我们的共同努力将为教育带来一缕新风。

沈夏林　何桂仙

2023 年 8 月

编者的话

陈鹤琴是我国非常优秀的教育家，专门研究儿童教育及儿童心理学，被誉为我国现代儿童教育的先驱、"中国的福禄贝尔"。他为中国现代学前教育奠定了坚实的基础，探索了现代世界学前教育的前沿，创立了"活教育"理论，并引领着中国幼儿教育迈向科学化的未来。

陈鹤琴在教育改革实践探索上走出了一条既适合当时我国国情又符合时代要求、符合教育教学规律的具有本土特色的学校办学科学化、系统化的道路——"活教育"理论。"活教育"理论呼吁以大自然、大社会为活教材，倡导系统性教授知识，强调"做中教，做中学，做中求进步"的方法论，以培养具有健康的身体、创造的能力、服务的精神、合作能力及国际视野的现代中国人。

"活教育"的很多理念都遵循教育发展的客观规律，从不同视角为当今教育实践提供启示，如尊重个体差异、培养全面素养、注重情感教育等观点，与现代教育的价值追求相一致；关注学生全面发展的理念、以学生为中心的教育方法，与现代教育的实践目标相契合。在全面推行国家的教育要求、完成科学育人的目标，以及推进教育高质量发展的背景下，需要继续从"活教育"理论中汲取智慧，将其与现代教育的需求相结合，推动教育的不断创新和发展。

为全面系统地学习和传承陈鹤琴先生教育思想理论和教育实践经验的形成与发展，浙江师范大学以陈鹤琴教育思想的时代价值、传承及其实践创新为主题广泛收集陈鹤琴教育思想的相关研究论文，经过整理编成《陈鹤琴"活教育"思想的当代传承与探索》。文集以"活教育"为主线，分五个主题进行编选。第一部分为陈鹤琴教育思想的形成与发展，旨在呈现陈鹤琴成为教育家之路，启发教育工作者的大爱之心。第二部分为"活教育"思想的当代价值，旨在重申并实践"活教育"思想的学术价值和现实意义。第三部分为"活教育"思想性引领下的儿童教育，在新时代进一步推动"一切为儿童""促进儿童身心和谐全面发展"的儿童教育理念。第四部分为"活教育"思想引领下的课程与教学，以"活教育"方法论指导现代课程与教学的观念更新、方式转变以及制度重建。第五部分为"活教育"思想引领下的家庭教育，反思当前家庭教育存在的问题与不足，以引领创设良好的家庭教养环境。

　　本书集旨在通过对"活教育"理论在当代的新发展、新研究进行梳理、汇编，希冀一方面推动教育思想的创新，为推进"活教育"在新时代的进一步发展贡献智慧与力量；另一方面指引教育工作者理解传承及创新应用陈鹤琴教育思想并积极展开教育实践尝试，为培养适应新时代需求的创新型、全面发展的人才作出积极贡献。

- 目　录 -

第一章　陈鹤琴教育思想的形成与发展

融情于教——探寻陈鹤琴的情感世界

何璐格 [①]

（浙江师范大学，金华，321000）

摘要：陈鹤琴是现代卓越的幼儿教育家，也是我国幼儿教育事业的开荒者和领路人。陈鹤琴对教育事业的热情和志向深受其成长经历中关键人物和事件的影响，这些影响最终点亮了他"为人类服务，为国家尽瘁"的人生理想。陈鹤琴以教育救国，以知识救儿童，他的"活教育"思想最著名。丰富的人生情感体验是陈鹤琴"活教育"思想形成的关键，这对其儿童理论体系的建构有着不可估量的影响。

关键词：陈鹤琴；幼儿教育；"活教育"

人作为历史与社会的载体，其思想也会受到环境和时代的影响。思想关涉行为，规定和影响个体对外界环境的反馈。"活教育"理论的形成，与陈鹤琴童年及中西方求学经历息息相关。陈鹤琴的幼儿教育理论，是在其早年接受中国私塾教育的基础上，吸收西方杜威的进步主义教育思想的精华，结合中国国情完成幼儿教

---

① 作者：何璐格，四川遂宁人，浙江师范大学小学教育专业硕士研究生。

育中国本土化探索后，总结而形成的。这为我国幼儿教育事业奠定了重要的理论基础，并对其发展有着极其深远的影响。

一、爱国情：为人类服务，为国家尽瘁

陈鹤琴出生于一个落魄的小商户家庭，当时的中国正遭受外敌入侵，四处动荡不安，处于水深火热之中①。穷困潦倒的家境和四面受敌的国情，使陈鹤琴清醒地认识到"人生非奋斗，没有出路"，经过私塾学习及之后的西方求学，陈鹤琴的人生观逐渐从追求个人价值的实现，上升到服务社会、国家和民族的层次上，他坚信教育救国论，并誓为幼教事业奋斗终身。

在蕙兰中学读书的时候，陈鹤琴养成了每天天一亮就起床读书的好习惯，每天至少保持学习十小时，之后陈鹤琴也依旧保持这一习惯。在清华读书期间，陈鹤琴与同学们一起互帮互助、精进学业、共同进步，还利用所学为社会提供服务；在美国留学期间，他耳濡目染了老师的热诚和博学精神，开始尝试幼儿教育实践的改革，这为美国学成归国后，开展系统的幼儿教育教学实践奠定了重要的基础。例如，与同学一起着手创办学校青年会、补习夜校和义务小学②。

从清华毕业后，陈鹤琴赴美留学。陈鹤琴认为，比起医学等技术门槛较高的工作，学习教育专业好像并不那么体面，学教育可能还是要看脸色讨生活。但他同样认为医生是医病的，他是要医人的，他是喜欢儿童，儿童也是喜欢他，并坚定了要从事教育，为人民服务，为国家尽瘁的决心。

出生于贫穷落后的祖国激发了陈鹤琴为国家尽瘁的人生志向，在哥伦比亚大学求学期间的经历更是坚定了他的选择。在哥伦比亚大学参观黑人教育考察团时，陈鹤琴看到黑人通过自己坚持不懈的努力奋斗，教导群众，为民族做贡献③。人生起点如此艰难的他们尚且如此，何况是我们自诩为受过教育的优秀分子，又怎能对国家命运袖手旁观？就这样，既没有显赫家世也没有贵人指点的陈鹤琴，在自己的人生境遇里，且行且思坚定了以教育服务人类的决心。

① 田敬义. 教育家陈鹤琴个体成长史研究 [D]. 天津：天津师范大学，2019.

② 路书红. 陈鹤琴幼儿教育思想与实践的生活史分析 [J]. 教师发展研究，2019，3(1)：104—110.

③ 李梦琪，李姗泽. 陈鹤琴教育思想研究 40 年：回溯与展望 [J]. 学前教育研究，2020(8)：42—59.

二、亲情：由点到面，小家庭创造大理论

家庭是一个人成长的土壤，在陈鹤琴的成长过程中，他的家人在不同时期给予了他无条件的支持与帮助。陈鹤琴在"活教育"理论中，注重与孩子的平等沟通与交流，倡导鼓励式和赞美式教育。陈鹤琴幼年丧父，由母亲抚养长大，母爱对陈鹤琴的童年生活产生了积极的影响。母亲为人善良正直、吃苦耐劳，拥有这些珍贵品质的母亲，对于陈鹤琴来说是最好的教育养分。尽管童年时期家境贫寒，但是母亲依然重视孩子的教育，非常关爱孩子的身体健康和学习成绩。除了母亲的影响，陈鹤琴二哥的英年早逝也是他决心要努力学习改造现实社会的重要原因[①]。

陈鹤琴从哥伦比亚大学学成后便回国任教，开启了人生的新征程。之后，陈鹤琴专注于对教育理论和教育实践改革的研究。1920年，长子陈一鸣的出生，是陈鹤琴教育事业的新里程碑。他决定把儿子作为教育实验对象，正式开启学前教育的实践研究活动。从儿子出生开始，陈鹤琴就用图文的形式，详细观察和纪录孩子细微的变化。比如孩子出生后哭了多久，多久哭一次，开始哭泣和停止哭泣的原因，以及一些生理现象的记录，如第一次打哈欠等都在陈鹤琴的观察和记录范围内[②]。陈鹤琴根据孩子成长的真实所见汇成讲义十来本，出版了一系列著名的幼儿教育著作，这些著作的出版标志着他"活教育"思想的雏形已初现。

除了对长子陈一鸣的详细研究，陈鹤琴还创办了中国历史上第一所开展教育科学研究的幼儿园——鼓楼幼稚园。陈鹤琴回忆起自己童年亲身经历的私塾教育，认为中国的旧教育机械地教学生学习生僻晦涩的古典著作是不合理的，虽然帮助学生认识了四千多个生字，但由于是机械式地死记硬背，学生对书中的意思只是一知半解，并未学到太多对生活有实际性意义的知识[③]。童年的这段教育经历使陈鹤琴亲身体验到了传统教育的弊端，促使他改革封建落后的"死教育"，追求"活教育"，提出"大自然、大社会都是活教材"，倡导能体现儿童生活的"五指活动"，

① 王露. 陈鹤琴个人教育哲学及其启示 [J]. 连云港师范高等专科学校学报，2022, 39 (3)：96—100.

② 王振宇，秦光兰，林炎琴. 为幼儿教育发现中国儿童，为儿童创办中国幼儿教育——纪念陈鹤琴先生诞辰125周年 [J]. 学前教育研究，2018 (1)：3—12.

③ 吴小鸥. 儿童经验、行动与大单元课程——陈鹤琴的"活教材"思想研究 [J]. 课程·教材·教法，2020, 40 (7)：130—136.

要求教学游戏化、情景化①。

陈鹤琴严格要求幼稚园里的教师们必须抱着平等的原则与孩子们一同生活。比如要注意和孩子们平等对话的姿态，除了在院内开展教育活动，还可以带孩子四处走动，感受大自然和真实的人类社会，如到天文台参观，到江边看轮船，去火车站看火车。除此以外，陈鹤琴还亲自为孩子们设计玩具，他认为玩具能激发孩子的创造力，游戏能启迪孩子们的智慧，这就是陈鹤琴认为的活教育②。这样一所开放自由、充满活力的幼稚园，包含着大量琐碎工作，这些都是陈鹤琴在其家人的帮助和支持下完成的。家庭是陈鹤琴的坚强后盾，支撑着他在幼儿教育探索路上不断前行。

三、友情：志同道合，同舟前行开辟新天地

陈鹤琴和陶行知是真正志同道合的朋友，也是教育改革中共进退的战友，他们的教育理念也有很多的相同之处。1914 年，他们坐同一条船一起赴美国求学，寻求救国救民的出路。后来陈鹤琴回国后，陶行知又和他一起共事，为改革死板的传统旧教育、中国化西方科学先进的幼儿教育理论而奋斗，为振兴中华民族而进行教育实践改革。在这期间，陈鹤琴大力支持了陶行知组织的一系列教育实践，包括"中华教育改进社"和"中华平民教育促进会"，以及创办晓庄试验乡村师范学校等③。

陈鹤琴在进行多项研究后，与陶行知一起编写出了《平民千字课》课本，进行扫盲，推行普及教育。此外，陶行知还为陈鹤琴的《家庭教育》写了序文，极大地鼓舞了陈鹤琴。陈鹤琴对于陶行知批判旧教育的观点非常欣赏，进而提出一定要把陶行知口中的"死教育"改变为"活教育"，这也直接成了陈鹤琴"活教育"思想的发端。陈鹤琴和陶行知，情同手足、互帮互助、勇攀人生高峰，共同为中国的教育事业作出了不可磨灭的贡献。陈鹤琴在 90 岁高龄怀念陶行知时称"陶先生，

---

① 路书红. 陈鹤琴幼儿教育思想与实践的生活史分析 [J]. 教师发展研究，2018：10—30.

② 阮素莲. 陈鹤琴幼儿道德教育思想的时代意义 [J]. 教育评论，2014（8）：100—102.

③ 郭景川，中国昌. 民国时期儿童教育学人的教育交往空间——以陈鹤琴及中华儿童教育社为考察中心 [J]. 学前教育研究，2018（9）：19—26.

我的挚友和同志"①。

四、师生情：薪火传承，共建中国幼教理论

张宗麟是陈老的学生，也是鼓楼幼稚园的骨干人员。大学时，张宗麟以异常优异的成绩毕业，许多有名望的教授邀请他担任自己的助教，但张宗麟选择了与陈鹤琴一同研究幼儿教育。在陈鹤琴创办的鼓楼幼稚园中，教学的设想、实施和结果中都倾注着张宗麟的心血②。基于陈鹤琴"建筑中国化的幼稚园园舍，改造西洋的玩具中国化，创造中国幼稚园的全部活动"的设想，在鼓楼幼稚园创办时，他们一起设计园舍与幼儿园的课程，进行着中国化幼稚园的实验与探索③。

张宗麟一生对教育的涉猎十分广泛，并不只是停留在幼儿教育阶段，而是横贯了整个教育过程。他和陈鹤琴都认为爱是一切教育的基础，没有爱就没有一切。拥有爱心是实施教育的立足点，而富有耐心则是实施教育的根本要求。陈鹤琴先生对后辈起到了言传身教的作用，他的人生信仰以及教育理念都深深影响着他的学生，也为后来"活教育"的实施提供了范式。

五、山水情：爱大自然，爱知识，爱世界

陈鹤琴坚持主张学生学习不应局限于校园和课本，而应走出校门，投身到大自然、大社会中感受生命和思考人生。为此，陈鹤琴用"大自然、大社会"打开儿童的心扉，使其产生自我意识，然后获得美好的心灵感受力，唤醒其生命活力。

在霍普金斯大学，陈鹤琴时刻铭记"Try to know something of everything and everything of something（希望通过自己的努力广纳一切有用知识）"的求学原则。他的知识面非常广，精通英语、德语、法语，熟练掌握经济学、教育学、心理学等专业知识，同时也对政治学、地质学、生物学等有极大的兴趣④。由此可见，陈鹤琴对知识学习的如饥似渴。

① 刘军豪. 陈鹤琴教育评价思想的理念建构与实践考察 [J]. 陕西学前师范学院学报, 2023, 39 (1): 78—85.

② 陈鹤琴. 我的半生 [M]. 上海: 上海书店, 1941.

③ 路书红. 陈鹤琴幼儿教育思想与实践的生活史分析 [J]. 教师发展研究, 2018: 10—30.

④ 陈一飞. 一飞记述 [M]. 北京: 金城出版社, 2013: 23.

受当时美国实证主义思潮的影响，陈鹤琴极力主张向儿童宣传普及科学知识，关注儿童科学素养的提升。留美期间的充分学习，为陈鹤琴之后建构"活教育"理论夯实了知识基础，也为他后来开展各种幼儿教育实验奠定了基础。陈鹤琴把个人志向和国家命运紧密结合，积极吸收国外先进的学前教育思想，助力学前教育本土化的探索，是中国教育史上当之无愧的"大先生"，他为找到适合本土教育需求的、合理的、大众化的幼教理论作出了不可磨灭的贡献，形成了丰富的教育理论体系和精神财富，至今仍具有强大的生命力。

本土教育家陈鹤琴个体成长史探究

蔡伊涵[1]

（浙江师范大学，金华，321000）

摘要：陈鹤琴本土教育家的个体成长史中，经历了孕育期、发展期、成熟期以及创新期四个阶段，蕴含着诸多教育工作者成长的共性规律。外顺天时是其成长的前提定律，内化地利是其成长的必然要求，汲取人和是其成长的必备要素。内部因素上的大爱精神是其成家的原动力，躬行实践是其成家的必由路，勇于创新是其成家的核心之处。

关键词：陈鹤琴；本土教育家；个体成长史

陈鹤琴（1892—1982），中国著名儿童教育家、儿童心理学家。陈鹤琴先生投身教育 70 余载，在各教育领域中都有其独到、精辟的见解，尤其是在儿童教育研究方面。因积极投身于幼儿教育实践，陈鹤琴被誉为"东方的福禄贝尔"，他是当之无愧的中国儿童教育的奠基人和开拓者。

陈鹤琴的教育人生有四个阶段。孕育期（1892—1919），童年的家庭与学校

---

① 作者：蔡伊涵，浙江温州人，浙江师范大学小学教育专业硕士研究生。

教育给陈鹤琴打下了良好的成长基础；发展期（1919—1923），陈鹤琴留美归国后投身于教育实践，在长子出生后工作重心转向儿童心理研究与教育实践；成熟期（1923—1940），陈鹤琴深入研究儿童教育并不断拓展研究领域，引起社会关注幼儿教育；创新期（1940—1982），《活教育》杂志的创办，标志着"活教育"理论开始形成，陈鹤琴经历了种种曲折但始终大力推动"活教育"运动，投身于教育的一线。他的成长经历及其教育思想本土化实践，为当下教育家的成长提供了重要的借鉴，为探寻其成长中的共性规律指引了方向。

一、本土教育家成长的外部因素

（一）顺应天时是教育家成长的前提定律

溯源教育家的成长史，我们第一要关注其生活的时代背景。因为只有顺应时代与社会的需要，教育才具有价值。反思当下教育的不足，分析社会实际需要，形成社会所需的教育，才是一个本土教育家顺应天时的外部表现。

陈鹤琴生于中国内忧外患之际，西方文化盛行，中华民族危机不断加深，中国的政治、经济、文化都面临着巨大变革，传统文化经受着前所未有的打击，救亡图存成为时代的主要任务。

在此背景下，陈鹤琴做出了让教育应顺应天时的选择：以教育救国唤醒民智。他积极投身幼儿教育实践，形成并发展了"活教育"思想经验，开启了中国幼儿教育的新局面。基础教育是整座教育大厦的基石，为此，稳固这一根基，对整个教育的普及和社会的进步发展具有重要的现实意义[①]。

陈鹤琴的教育理念是西方先进教育思想的本土化，他在进行本土化教育实践中，融合了中国传统儒道文化的精神。由于中国传统文化重视对人的培养，陈鹤琴"活教育"的目的就是根植于中华传统文化，按照"做人"的要求培养中国人，因此陈鹤琴强调修身。他不拘泥于传统，与时俱进，强调幼儿要有健全的身体，要有建设、创造的能力，具备合作精神。这五大要求揭示了中国人最缺的、最能帮助国家改变命运的优秀品质。除此之外，陈鹤琴通过办杂志、做研究、开展运

---

① 陈鹤琴. 我的半生 [M]. 香港：山边社，1990.

动以及办学等教育实践，回应了时代的诉求。

（二）内化地利是教育家成长的必然要求

任何教育史人物的成长都离不开环境的影响，幼年时期在家庭中的所看所想，将会影响其一生。同时学校也是教育家成长中的重要场域，学校的学风、校风将直接影响教育家早期的学习习惯、品格形成以及对未来教育教学的美好憧憬。工作之后，工作环境与人文环境对教育家的改革志向也有着深刻的影响。除此之外，地域环境也是一个重要因素，不同地域呈现出不同的文化特点。但无论何种环境，都不能决定教育家的最终命运，因为教育家只有内化地利而思其不利并改变不利，方能成为真正的教育家。

陈鹤琴的家庭条件虽然艰苦，但是丝毫不影响其乐观向上与爱人之心品质的形成。童年时期的陈鹤琴虽身处寒门，却从不缺教，家中充满了浓郁的学习氛围，这也许是他后期转向关注难童、特殊儿童的思想来源。幼年丧父使其更加重视家庭，尤其是父爱的重要性。当其初为人父之时，便开始对长子进行了长达数年的观察记录，为分析儿童心理发展奠定了重要的物质基础[①]。陈鹤琴从自身经历中透视中国幼儿教育的优点与不足，萌生了改造的意愿。

如果说童年的家庭与学校教育，给陈鹤琴打下了良好的品格、学习与语言的基础，为其之后改革教育埋下了种子，那么青年时期的艰深求学则坚定了他以教育救国的决心。1911年，陈鹤琴进入清华学堂读书，通过广泛的阅读与师长的教诲，陈鹤琴立下爱国救世的理想，并努力付诸实践。1914年，陈鹤琴留美，为了尽可能地开阔视野、掌握求学的方法与途径，他先在霍普金斯大学进修多门课程，后又到哥伦比亚大学学习心理学与教育学。在先进教育思想的指引下，他结识了许多志同道合的立志于革新教育的中国青年，如陶行知、张伯苓等。

1919年初，陈鹤琴应南京高等师范学校之约，任心理学、儿童教育学教授。学校支持幼儿教育改革，为陈鹤琴提供了相对宽松、自由的研究环境。同时还有陶行知等志同道合的同事与陈鹤琴一起，秉持凡是能推动教育实践的都去研究的

---

① 陈鹤琴. 家庭教育 [M]. 北京：教育科学出版社，1994.

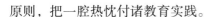

原则，把一腔热忱付诸教育实践。

之后，陈鹤琴在《学生自治之结果种种》一文中，全面推动了学生自治，促进教育民主化；在《学生婚姻问题之研究》一文中，提倡女子教育，强调改良中国婚姻的紧迫性；在《语体文应用字汇》一文中，推动白话文教育的普及，同时基于国外心理测试来创设符合中国教育实际的智力测试。在这一阶段，陈鹤琴不遗余力地全面向教育救国的理想前进。后来陈鹤琴在陶行知建立的晓庄幼稚师范院担任院长，开启了中国幼儿师范教育的先河。

陈鹤琴出生于江浙一带，受江浙地域文化的影响。陈鹤琴自律自强、服务大众，不断吸收先进的西方思想，以爱国救亡为己任，此大爱也是其为儿童教育奉献一生的源泉。在后续教育实验的开展以及办学过程中，陈鹤琴也辗转多处，不同的环境为其提供了宽广的实践舞台。

（三）汲取人和是教育家成长的必备要素

人是社会的人。在人际交往之中，志同道合使具有一定社会关系的人形成一个互利互惠的共同体。这些人各有志向，同时相互影响、相互帮助，使个体能够更好成长并反哺于群体，继而带来集体的蜕变。

母亲是陈鹤琴童年的精神榜样，父亲的早逝并未击垮母亲，母亲的坚毅、勤俭是其教育思想中爱的基础。而二哥的坎坷求学之旅却使陈鹤琴反思"死教育"之危、中国教育之弊，这也是"活教育"思想的源头[①]。陈鹤琴由此看到了社会教育制度的不公与观念落后，为之后改造社会埋下了种子。

留美求学时，国外先进的教学方法以及教学思想推动了陈鹤琴教育思想的形成。陈鹤琴"活教育"思想中就吸取了克伯屈教学理念中的精华。在孟禄的教育史课上及黑人办学的经历中，陈鹤琴汲取了为改变国家命运而顽强奋斗的精神营养。

陈鹤琴思想逐渐成熟期间，陶行知功不可没。为了以教育救国的共同目标，二人成了最亲密的战友。陈鹤琴的《家庭教育》一书，陶行知不仅为之作序，对

---

① 田敬义．陈鹤琴：从寒门之子到儿童教育家 [J]．天津市教科院学报，2017(6)：56—59．

其评价颇高，他还把陈鹤琴编撰的语言词汇研究引用在《平民千字》教材中，共同推动平民教育发展。陶行知还邀请陈鹤琴任晓庄学院的幼稚师范院院长，陈鹤琴在此开启了幼稚师范研究与实践。二人相互启发，彼此成就，推动了那一时期教育的发展及进步。

二、本土教育家成长的内部因素

（一）大爱精神：教育家成家的原动力

大爱精神为教育家的成长与实践提供源源不断的动力，正是对国家的爱、对教育事业的爱以及对儿童的爱，使教育家不断探索与实践，最终成家。教育工作者要有所成就，就必须视教育为毕生的事业，并满怀热情与憧憬献身其中。对国家和民族的热爱是教育家最由衷的爱，热爱教育事业与儿童是迈向教育家的第一步，指引着其向着自己的教育志向而努力奋斗。教育家还担负着教书育人、改造社会的责任与使命。大爱精神是教育家奋斗的不竭动力。

陈鹤琴献身教育事业 70 余年的背后，饱含其对国家民族的热爱之情。在清华学堂的求学中，他立下服务国民、爱国救世的理想。陈鹤琴选择以改革教育来实现自己的救国理想，对于他而言，儿童才是国家的未来，儿童智则国智、儿童强则国强。陈鹤琴的教育实践在爱国情的推动之下，提出教育的目标是培养现代的中国人。

陈鹤琴倾其所有投身教育事业主要源于他对儿童的爱。学成归国后，陈鹤琴担任儿童教育学、心理学教授。长子出生后，陈鹤琴更加深入儿童研究，使用观察、实验等一系列研究方法探索中国儿童身心发展规律，发表《儿童研究纲要》等学术成果。1923 年，陈鹤琴创办符合中国儿童的幼稚园——鼓楼幼稚园，为中国幼儿提供了学习的模板，开启了学前教育的先河。之后培养幼师，为幼儿教育提供合格的师资。在战争压力下，陈鹤琴并没有中断教育步伐，继续办学。"文革"时期先生被批判，但仍然不放弃对儿童的热爱。他在心理学方面也有所建树，不仅探索了儿童图画发展的规律，还推动儿童教育研究所的成立[1]。他病重之际留

---

① 田敬义. 教育家陈鹤琴个体成长史研究 [D]. 天津：天津师范大学，2019.

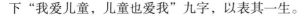

下"我爱儿童，儿童也爱我"九字，以表其一生。

（二）躬行实践：教育家成家的必由路

实践是理论的检验标准。没有实践的理论是零散、不成体系的。同时，先进的教育理论只有通过实践才能产生最大价值。任何一个教者在成为教育家的路上，都需要不断探索实践，将实践经验上升为理论知识，再将理论与实践紧密联系，在实践道路上不断开拓教育改革的未来[①]。

陈鹤琴留美归国后便致力于推动教育改革，将所学的先进教育思想本土化结合中国实际，推演更加符合中国国情的幼儿教育理论，推动中国幼儿教育的发展。

陈鹤琴开启了我国实地研究儿童心理问题的先河，也是采用个案研究法以及追踪研究法进行中国儿童心理问题研究的第一人。他以长子为研究对象，亲自观察、实验以探索中国儿童身心发展规律，完成《儿童研究纲要》《儿童心理之研究》等著作，进一步扩大研究领域。在此基础上，1923年，陈鹤琴将理论付诸实践，创办鼓楼幼稚园，开始尝试创设中国化、科学化的幼儿教育实验基地，福及大众儿童。陈鹤琴将对儿童心理的研究以及在幼稚园中的教育实践运用于家庭教育的实践中，出版了《家庭教育》等著作，为中国家庭教育提供了指导，使中国真正自主拥有本土化、平民化的幼稚教育。幼儿教育的大力推行离不开优秀幼儿师资的支持，1927年，陈鹤琴在晓庄幼稚师范院任职院长；1940年，他建立了江西省立幼稚师范，并进行了为期7年的师范教育实验与改革，培养了大批教育人才。

在此期间，陈鹤琴广泛开展"活教育"实验，致力于将"活教育"运动传播到中国大地。同时，陈鹤琴关注特殊儿童，开始筹建上海特殊儿童辅导院，使中国特殊教育逐渐开始发展。陈鹤琴始终站在时代前列，在实践中大胆探索中国儿童的需要，在与时俱进的幼儿教育实践中，丰富教育思想与更新教育理念，成为真正的教育家。

（三）勇于创新：教育家成家的核心之处

时代需要创新，教育更需要创新。教育家要在教育领域中敢于开拓，对教育

---

① 黄书光.陈鹤琴与现代中国教育［M］.上海：上海教育出版社,1998.

事业做出创新。只有这样，教育才能有可持续发展的空间，创造出与时俱进、适应中国儿童的教育方法。创新不易，但教育工作者基于一定的教育实践，尝试在某一领域中做出突破，也是创新。

陈鹤琴对教育的创新主要集中在领域、方法以及思想上。领域创新主要是在儿童领域内，开启了学前教育中国化、本土化的先河。陈鹤琴选择一个空白的领域进行深耕，是学术勇气也是教育创新。方法创新是指采用西方的实验、实证研究方法来展开幼儿教育的相关探究。基于实证的研究方法，使"活教育"的实验，无论是理论还是实践都更具科学性。

陈鹤琴思想创新中最突出的就是"活教育"思想，它是在中华传统儒家文化、西方先进教育思想以及国家危亡之压迫三重影响之下的产物，也是西方教育思想本土化[1]。"活教育"目的论是对卢梭"自然人"思想的借鉴和吸收，他提出了"做人"的目的论，结合我国传统文化与国情完成了目的论的本土化改造，在"做人"的基础上，提出"做中国人""做现代中国人"的新要求。活教育课程论受到了杜威与德可乐利的影响，他强调儿童应在自然生活与社会生活中，主动获取知识经验，根据中国儿童的特殊性，建构独具中国特色的"五指活动"课程体系[2]。"活教育"教学论还借鉴了杜威的"做中学"与蒙台梭利的"工作"教育思想，并将"做"的范围扩大为整个自然与社会，在"做中学"的基础上提出"做中教"的观点，扩充改善了德可乐利的教学法，形成"活教育"本土化的教学论[3]。可见，陈鹤琴的教育思想是对古今中外教育理论精华本土化的重要突破，他并不是机械地照搬外国先进教育思想，而是立足于中国传统文化与基本国情建构了"活教育"思想体系。

① 黄书光.回归人本：教育本土化办学的价值共识——陈鹤琴、陶行知办学实践探索 [J].教育研究,2016,37(2):134—140.

② 王俊杰.民国时期外国学前教育思想本土化改造研究——以陈鹤琴"活教育"理论为个案 [D].长沙：湖南师范大学,2018:11—16.

③ 黄书光.陈鹤琴与陶行知教育思想比较——教育家办学的本土探索 [J].生活教育,2022(3):11—16.

阅读陈鹤琴人生，领悟卓越教师之路

王舒平[①]　李怡[②]　汤阳[③]

（浙江师范大学，金华，321000）

摘要： 陈鹤琴先生是我国幼儿教育的开拓者与奠基人，其一生心系国民教育，苦心钻研幼儿教育，致力于发展中国本土化教育，不畏艰难地进行了一系列开拓性的儿童心理和儿童教育的科学研究和实践。回顾陈鹤琴的教育人生，揣摩其教育思想的理论精髓，探求其与当前教育改革和教师专业发展的契合点，对当今教育事业发展具有重要时代意义。

关键词： 陈鹤琴；人生；教师

一、读：陈鹤琴的教育人生

陈鹤琴的一生就像一首激情四溢的诗歌，高唱着教育救国，低吟着学海无涯，从一名普通人成长为中国幼儿教育的奠基人。回顾他的成长之路，对今天的教师成长具有借鉴意义。

（一）家庭：认识的起点

儿童在接受学校教育之前，都会先接受家庭教育。家庭教育对于陈鹤琴的成长非常重要，这是他认识世界的起点。

陈鹤琴是浙江上虞人，1892 年出生于一个普通的小商人家庭。他的父亲是一个恪守礼教伦常的封建男人，坚守"父子有别"的传统思想，因而给孩子们的感觉总是冷冰冰的。

陈鹤琴的母亲与父亲截然不同，她对陈鹤琴幼年的成长影响非常大。他的母

---

① 作者：王舒平，浙江师范大学小学教育专业硕士研究生。

② 作者：李怡，浙江师范大学小学教育专业硕士研究生。

③ 作者：汤阳，浙江师范大学小学教育专业硕士研究生。

亲是一位非常传统的中国妇女，她勤劳坚强、善良勇敢，经常告诫孩子们"吃得苦中苦，方为人上人"，用博爱精神潜移默化地影响着陈鹤琴。这使得陈鹤琴切身体会到爱在教育中的价值，因此十分强调在子女的教育中爱的重要性。

二哥陈鹤闻短暂而坎坷的一生对陈鹤琴同样具有启发意义。二哥一直教育幼小的陈鹤琴要好好读书，像他一样考取功名。优秀的二哥本可以出人头地，但是科举制度对人才的摧残，加上生活的不如意使他英年早逝。每当陈鹤琴回忆起二哥，总会感叹"二哥的死是谁造成的？""社会如此沉闷，正当娱乐一无所有"①。二哥的遭遇使他看到了死教育的危害，也明白了读书并非为了科举。这激励着他向新教育、新知识不断探索，为日后"活教育"的提出埋下了伏笔。

家庭环境对陈鹤琴的影响是基础性的，父亲、母亲和二哥三个重要人物从不同方面给了陈鹤琴多样化的人生启示，既在幼年陈鹤琴心中打上了深深的烙印，也为成年陈鹤琴的学术思考奠定了基础。

（二）学校教育：人生观的奠基

学校教育对陈鹤琴的影响是深刻性的，对他的成长具有广泛而深远的意义。

陈鹤琴七岁时进入私塾读书，王星泉先生是他的启蒙老师。在多个私塾的学习生活给陈鹤琴先生留下了深刻印象，尤其课间欢乐的游戏时光，为后来他研究儿童玩具提供了经验材料。

后来，随着中西方文化交流的不断深入，陈鹤琴有机会来到教会中学——蕙兰中学读书。这既是陈鹤琴接受新教育的起点，也是他成长的转折点。从此他的人生观发生了巨大变化：从只知道要读书变成立志济世救人，从小我到大我。这也成为陈鹤琴选择学前教育的初衷：为广大儿童谋福利。

如果说蕙兰中学的学习解放了陈鹤琴的学习观和人生观，那么在圣约翰大学和清华学堂就是陈鹤琴教育救国理想萌芽的地方。在这里，陈鹤琴接受了科学知识和先进思想的洗礼和熏陶。陈鹤琴在《我的半生》中这样描述清华的生活："我得着了不少有用的知识，认识了许多知己的朋友，还获得了一点服务社会的经验，

---

① 陈鹤琴. 我的半生 [M]. 上海：上海三联书店，2014.

立下了爱国爱民的坚强基础。"[1] 可见，陈鹤琴在青年时期就已经积攒了浓厚的爱国爱民之情。

正是这样的感情驱使着陈鹤琴在国外留学时能毅然选择学习教育，立志为国家培养能救人民于水火的人才。留学经历对于陈鹤琴来说意义深远。这四年里，他广泛学习各种专业知识，还选修了许多课程，了解了学习的技巧和研究的策略。陈鹤琴不仅从中开阔了视野，还培养了科研能力，为今后在学前教育领域发光发热打下了坚实的基础。

由此可见，一个人的蜕变往往是从接受学校教育开始的，一个人的成长要追溯到他青年时期的求学生涯，因为这是一个人世界观、人生观和价值观等多种理念的重要形成时期，是一个人持续奋斗的思想源地。

（三）知行合一：教育思想的形成

在西方教育思想的熏陶下，陈鹤琴开始反思中国的教育现状，不断思索如何改造中国教育？如何为中国教育寻觅出路[2]？

1919 年，陈鹤琴受郭秉文的邀请回国，在南高师开始了教育改革之路，并且从此一直积极投身其中。首先，他赶上了进步主义教育改革的快车，从精气神开始鼓励学生自治，并以此激起学生参加爱国运动的热情。其次，关注女子教育，打破男女不同校的陋习。再次，陈鹤琴于 1922 年发表了《语体文应用词汇》，为普及教育、平民教育、乡村教育等提供了基础性保障[3]。最后，陈鹤琴把自己留学时学到的科学方法引入教育研究，特别是在心理学方面，提倡实验法，推动了测验运动在中国的蓬勃发展，顺应了科学教育思潮。

这些贡献不仅有益于国家的进步，而且促使陈鹤琴不断思考、实践，他对长子陈一鸣的观察就是最好的证明。陈鹤琴以陈一鸣为研究对象，编写了一系列家庭教育著作。他从陈一鸣上学时开始思考中国的幼儿教育，鼓楼幼稚园也因此诞生。推动了中国化幼稚园的模式探索不断深入发展。

---

① 田敬义. 教育家陈鹤琴个体成长史研究 [D]. 天津：天津师范大学，2019:12—09.

② 同上。

③ 同上。

陈鹤琴从陈一鸣的成长开始思考中国的幼稚教育，作为一名教育工作者，他用科学严谨的态度在教育领域不断探索，为"活教育"的系统实验奠定了基础。新中国成立后，陈鹤琴秉持开放包容的心态，接纳任何有益于新中国发展的文化，并结合社会主义教育的需求，不断丰富自己的教育理论，将"活教育"的精神糅合到新儿童的教育中，进行了一系列有益探索[①]。

陈鹤琴一直以科学的态度来研究教育，以博爱的精神来爱护儿童，并临终写下了"我爱儿童，儿童也爱我"。九个字浓缩了他的一生，意蕴深沉！

二、思：陈鹤琴的教育精神

（一）坚定执着，热爱教育，一生心系国民教育

陈鹤琴一生热爱教育，始终坚定地反思教育现状、构建教育理论、践行教育理想。他深知中国国民教育发展的艰难，但他想办好教育的心始终如一。正是基于这种信念，陈鹤琴吸收国内外优秀教育理论，不畏艰辛，先后创办了多所小学、女子中学和工人夜校。即使在战争期间，为保障孩子能受到好的教育，他带领孩子跋山涉水转移，寻找安全的地方继续学习。

他深知教育对一个国家发展的重要性。在创办幼师时，陈鹤琴就意识到很多孩子因家庭等原因不能得到应有的基础教育，就努力进行沟通，帮助学生完成学业。在创办学校之初，甚至连基础的办学环境都没有，陈鹤琴选择亲自动手开山路，亲自购买建校的材料，寻找保障师生基本生活的物资来源，势要"变荒山为乐园"。不仅建校时他亲力亲为，甚至在学校建成之后，学校的教学体系、设备等陈鹤琴也要亲自制定设计，因为他坚信这些是要符合儿童的发展需求的，而他所有的努力都是为了更好的教育[②]。

（二）尊重儿童，热爱儿童，苦心钻研儿童教育

陈鹤琴一生热爱儿童，牵挂战争时期儿童的教育，牵挂家庭困难的学生能否接受好的教育。为此，他努力创办多所难民难童学校、儿童保育院，不辞辛苦，为教育事业奔走筹集经费保障。

① 田敬义. 教育家陈鹤琴个体成长史研究［D］. 天津：天津师范大学，2019：12—09.

② 黄书光. 陈鹤琴与现代中国教育［M］. 上海：上海教育出版社，1998：114.

陈鹤琴是一位深受孩子喜爱的"校长妈妈"，他花了毕生的心血去研究儿童教育。为了使儿童教育科学化，他详细记录了自己的孩子成长的不同阶段，研究其身心发展情况，得到科学化的理论并实践。因为热爱儿童，他排除万难为孩子创造合适的教育。

尊重儿童与热爱儿童是陈鹤琴对待儿童教育的真实态度。陈鹤琴认为孩子蕴含着巨大力量，有着很多不能预知的光辉未来。他一改传统教育方式，强调一种"活教育"，一种灵活的以自然、以社会为教材的属于孩子的课程，让孩子在教育中焕发生命的活力而非为死的知识限制了自身的发展[1]。

陈鹤琴爱全世界的儿童，他想要实现的是一种全世界都关爱儿童、关注儿童教育的大爱，他倡导国际友爱精神，呼吁维护所有儿童的利益，并大力发展国际儿童互助运动，这种博爱的教育家精神，值得所有的教育者学习与践行。

（三）心系国家，探索实践，发展中国本土化教育

陈鹤琴有着坚定的爱国情怀，他心系国家在贫弱背景下的教育发展问题，摒弃传统教育弊端，借鉴西方教育中的优秀思想，吸收我国传统教育中的优秀资源，创立了本土的教育理论与实践体系。

陈鹤琴认为一味地抄袭西方并不适合我国国情。他针对我国具体实情和儿童的身心发展规律，大胆对我国传统教育和西方先进教育做取舍，取其精华，弃其糟粕，吸收先进教育理论，开展了一系列实践探究。他从教学法、课程、教师发展等方面进行深入细致的研究。从儿童角度出发，倡导幼儿园课程、教育各方面都应该适应儿童的心性，而不能将儿童看作"小大人"[2]。陈鹤琴提出的"活教育"理论体系是一种关注人本身的教育，是在深入分析儿童心理与我国国情后提出的。他对幼稚教育、师范教育以及学校教育制度等进行的深入改革，是一种利国利民的"活教育"，他坚持教育应该培养人、培养中国人，并且培养现代中国人。

---

①　黄书光. 陈鹤琴办学的实验根基与"活教育"的理论创生 [J]. 基础教育，2013，10（5）：5—10.

②　田敬义. 陈鹤琴：从寒门之子到儿童教育家 [J]. 天津市教科院学报，2017（06）：56—59.

三、启：陈鹤琴的人生哲理

（一）有理想：前提条件

陈鹤琴心怀教育理想，他的一生都在为教育事业而奋斗，坚持实践探索与理论研究结合，试图为中国找到一条符合国情的幼儿教育及幼儿师范教育的发展道路。当下教师所处社会环境更为丰富多彩，专业发展所具备的客观条件比陈鹤琴当年更具优势，现代教师应不断拓宽眼界，勇于在为教育事业的奋斗中树立理想，砥砺心志[1]。

习近平总书记曾在北京师范大学考察时发表重要讲话，对做"好老师"提出四点要求，其中第一点就是要有理想信念。它指出了新时代好老师必备的基本品格，为广大教师的成长进步指明了方向。

（二）爱智慧：必要条件

陈鹤琴在美国学习期间，一方面系统学习了教育学、心理学等教育理论知识；另一方面广泛涉猎与教育理论相关的知识，为建构自己的教育理论体系奠定了坚实基础。

在长子出生后，陈鹤琴对他做了长期的持续观察与记录，后归纳集结出版了《儿童心理发展之研究》一书。这启示我们现代教师要想在教育理论研究方面取得成绩，除了要系统掌握教育理论知识，还要具备在日常生活和教育活动中开展探索的强烈愿望和持恒精神。

新时代，我国教育面临新的使命，呼唤教师积极投身教育改革。教师要不断提高专业发展水平，推动教育突破发展瓶颈，以更好地顺应时代需要。教师在扎实掌握教育理论知识和学科专业知识的同时，也要将其"内化于心""外化于行"，不断研究教育新现象，解决教育新问题，持续提升教育理论素养[2]。

（三）思社会：基本路径

陈鹤琴进入清华学堂学习后，得知学堂的经费是美国退还的庚子赔款，自己获得的优厚学习条件其实来自人民，由此萌发了救国爱民的思想。他与几位朋友

---

[1] 王露.陈鹤琴个人教育哲学及其启示 [J].连云港师范高等专科学校学报，2022：6—30.

[2] 同上。

一起创办青年会，向社会提供服务活动，成立了补习夜校以及城府村义务小学，兼任两校校长。在教育实践中，他逐渐树立起热爱儿童与热爱教育的观念。

后来，陈鹤琴于清华学堂毕业，原计划选择学医，但他反复思考，明确了自己的志向是"为人类服务，为国家尽瘁"，但是医生医病，而他想医人，从而定下献身教育事业的人生目标。陈鹤琴将自己的人生与社会紧密相连，为社会奉献了人生，现代教师也要将自身的发展与国家、社会发展相结合，从"小我"走向"大我"，关注社会发展与需要，不断提升自身的专业素养，修炼自身的精神境界，成为一名拥有扎实的专业知识、广阔的学术视野、博大的人生格局的人。通过个体与社会的持续互动，不断提高自我发展水平，这是教师自我提升的重要路径。

（四）用真心：内在动力

不论是陈鹤琴创办青年会，还是以长子为研究对象撰写《儿童心理发展之研究》，都向我们展示了陈鹤琴对教育的一片真心。因为这一片真心，陈鹤琴走上了为教育事业而奋斗的征程，在研究与实践的道路上不辞辛苦，并将自我的命运融入国家命运，推动着祖国教育事业的发展。

教育是播种未来的事业，我们必须用真心真情参与，让其日臻完善。要想成为一名好教师，就要形成内在发展的动力，以自觉提升自身素养，奉献教育事业。在专业发展中，要孜孜以求，形成自身的教学风格；在育人中，用自己的真情去亲近与理解学生，与其进行心与心的沟通，从而让学生感受到教育的温暖与快乐。唯有教师形成了对教育和学生的热爱，教育才可能绽放出更多可能性，学生的生命成长才会拥有无限的可能性。

（五）敢创新：核心所在

教师要勤于反思，勇于创新。陈鹤琴的教育思想的形成离不开其积极开展的教育探索。"做中学，做中教，做中求进步"是他教育思想的核心理念，也是他在教育实践中认真贯彻的原则。现代教师应该向陈鹤琴学习，扎根于教育实践开展反思和探索，按照"行动—思考—行动"的螺旋式提升的逻辑路径不断创新教育行动，从而不断提高教育质量，助力每一个人的发展①。

习近平总书记指出："创新是一个民族的灵魂，是一个国家兴旺发达的不竭动力。"②创新是时代的产物，是社会前进的动力，教育的发展也需要不断创新。现代教师要敢创新，通过教育创新为社会发展输送需要的人才。教师是教育教学的实施者、领导者，必须培养自身的创新精神，没有创新型的教师，就不可能有创新型的学生，也难以构建创新型的教育。

时代呼唤教育家，通过陈鹤琴的成长史，审视其人生经历与思想发展的历程，有助于我们从中吸取积极的经验，获取丰厚的精神动力与信念支持。在新时代背景下，教育面临着新任务和新挑战，教师要努力向人民教育家学习，做有理想信念、有道德情操、有扎实学识、有仁爱之心的"四有"好教师。办人民满意的教育，应是每一位教师的追求，也是陈鹤琴给予我们的重要启示。

---

① 王露. 陈鹤琴个人教育哲学及其启示 [J]. 连云港师范高等专科学校学报, 2022:6—30.
② 习近平. 在欧美同学会成立 100 周年庆祝大会上的讲话 [Z]. 人民日报, 2013.

第二章 "活教育"思想的当代价值

陈鹤琴"理想教师"思想及其当代价值

林天清[①]

（浙江师范大学，金华，321000）

摘要： 陈鹤琴是我国现代著名的教育家、思想家，提出了著名的"活教育"思想。本文以陈鹤琴的"理想教师观"为研究对象，阅读其相关的著作，分析理想教师观的形成背景，概括理想教师观，并结合现代的教学需求与困境，阐述其理想教师观对当今教师以及教学的启示。

关键词： 陈鹤琴；理想教师；教师素养；教学方法

一、陈鹤琴"理想教师"思想的时代与理论背景

（一）时代背景：师资力量薄弱与师范教育匮乏

"中华民国"成立之后，曾通过一系列措施来促进新式教育的开展。但是实际上效果却不尽如人意，以南京为例，无论是教学资源还是师资力量都较缺乏。此外，由于教师缺乏正规且完整的师范教育，没有接受先进教育理念的指引与熏陶，

---

① 作者：林天清，浙江温州人，浙江师范大学小学教育专业硕士研究生。

在教学上会忽视儿童的兴趣和心理特点，使学生难以产生对学习和事物的兴趣。

陈鹤琴引用陶行知先生的"教死书，死教书，教书死"来描述中国教育腐化，提出了令人深思的问题——怎样使教师"教活书，活教书，教书活"？[①]基于此，陈鹤琴开展了形式多样的教学实验，以此来探索理想教师的形象与样态。

（二）理论背景：实用主义哲学思想在中国生根发芽

五四运动的爆发，促进了中国"新式教育"的改革。在这期间，美国的实用主义教育思潮进入中国，对陈鹤琴产生了巨大的影响。

陈鹤琴首先受到杜威思想的影响。他倡导的以儿童为中心、依据儿童心理特点和兴趣爱好来设置课程的理念、"活教育"的方法论等则是受到了西方先进教育思想的启发。

其次，在克伯屈教学思想的影响下，陈鹤琴主张在教学中要多尊重儿童的天性。而桑代克的儿童心理学研究则为陈鹤琴研究儿童心理以及探索符合儿童心理的教学方法奠定了坚实的基础。

最后，实用主义里注重实验的精神深深影响了陈鹤琴。在其影响下，陈鹤琴回国后便创办了幼儿园、小学等，开展了形式多样的教育实验，总结得出儿童的心理，并基于相关的结果对理想的教师应拥有何种素养进行了深入的思考，形成了自己独特的"理想教师观"[②]。

当然，陈鹤琴并没有实行"拿来主义"，而是立足于当时我国的现实情景，继承和发展了西方教育思想，形成具有中国特色的教师观。

二、陈鹤琴 "理想教师"思想的主要内容

（一）"理想教师"的教师修养

1. 以慈母的心肠关爱学生

陈鹤琴在无锡的一所小学演讲时谈道，教师必须具备"慈母的性情"，用情感去感化学生[③]。陈鹤琴认为，教师只有像对待自己的孩子一样去关爱学生，才能

---

① 陈秀云，柯小卫.陈鹤琴思想读本小学教育[M].南京：南京师范大学出版社,2012:2.

② 同上。

③ 陈秀云，柯小卫.陈鹤琴思想读本小学教育[M].南京：南京师范大学出版社,2012:3.

与学生增进深厚的感情，促使学生产生学习的兴趣与对教师的信仰之心，并为教育教学奠定坚实的基础。

此外，教师对待儿童还应该做到一视同仁。陈鹤琴指出，"普通的教师往往会因为一些儿童的生活习惯不符合一般儿童而感到厌恶，这是错误的做法"[①]。教师应该对儿童保持高尚的情感，不能因为学生在家庭出身、学习成绩、长相外貌、生活习惯等方面的差异而歧视学生。

最后，陈鹤琴还强调教师应该去了解并适应儿童的心理[②]。因为学生是活生生的人，每个学生的能力、性格等方面的发展过程和时期存在差异，这就使得他们的心理状态也存在着一定的差异。教师只有采用妥善的方法去了解和适应学生的心理，才能更好地引导学生改变不良行为。

2. 有怀疑态度和研究精神

陈鹤琴以发展视角研究教育，认为社会、教育与教材教法三者之间是环环相扣的整体，即社会的不断发展会带动教育的发展，而教育的发展又会促使教材教法发生变化。因此，教师必须有怀疑的态度，要结合时代的特点对以往的教材内容和教学方法进行辩证思考、勇敢怀疑、推陈出新[③]。当然，这种怀疑也不是片面地全盘否定，他明确批判与反对教师"总是怀疑"他人看法和"不愿效法"他人建议的做法。

教师还要有研究的精神和能力，这主要表现在两方面：一是教师要在怀疑的态度基础上，克服墨守成规，研究教材是否符合时代的需要、学生的心理特点等；二是要放大眼睛去留心生活，观察生活中的事实，思考其能否变成教学的材料，能否变成教材。陈鹤琴极力反对"死教书"、一味地拿书本教书的行为，认为书本上的东西不一定适合现在的社会，也可能阻碍教学的进行[④]。教师应该将"自然"当作教材，去留心观察自然万物，灵活地运用与改造大自然和社会上的材料，使

---

① 陈秀云，柯小卫．陈鹤琴思想读本小学教育 [M]．南京：南京师范大学出版社，2012:26.
② 同上．
③ 陈秀云，柯小卫．陈鹤琴思想读本小学教育 [M]．南京：南京师范大学出版社，2012:4.
④ 同上．

他们变成可供教学使用的教具，促进教学的顺利进行。

3. 拥有广泛而正确的知识

陈鹤琴认为一个优良的现代教师，应该学习多方面的知识，用广泛而正确的知识来完善自我。他认为，教师的责任是重大的，要学习哲学来健全思想，学习社会科学来丰富教学内容、了解现实世界的趋势、现实社会的现象以及创造一种中国化的教育，还要学习自然科学去了解自然的奥秘和征服大自然[①]。可见，教师不仅仅是教育者，同时也应该成为社会上的工作者和大自然的征服者。他应当具备丰富而广泛的知识，以自己的综合素养来促进儿童综合素养的提升。

此外，陈鹤琴还强调教师要具备教育学术的修养。教师要明白作为一位教育者，学习知识的终极目的不是丰富自己的学识、武装自己的思想，而是将知识传授给学生，让学生掌握正确的知识[②]。教师要注重学习运用教育教学方法，去研究更好的教育方法，从而把自身习得的正确的知识和态度传达给儿童。

4. 能亲身参与和以身作则

教师是除了父母，与学生接触最密切的人，教师的一言一行都会对学生的心理和行为产生影响。因此教师在日常的教学、与学生相处的时间里，要尽量做到亲身参与、以身作则。陈鹤琴以"农夫"来做比喻，告诫教师要懂得自己去做事情，通过以身作则、给儿童树立榜样的方式来感化儿童[③]。除此之外，教师还要减少对学生的成见，不能总是在儿童的身上寻找缺点，而是要善于反省自身的不足，改正自身的缺点，执行对学生的同等要求，从而成为学生更好的榜样。

除了凡事亲身参与，教师对儿童的指导也应该尽量去亲身指导。这不仅表现在教师不能以旁观者的身份去指导和批评学生，还表现在教师在学生练习的时候要做到亲自辅导与个别辅导。陈鹤琴以学生写字为例子，反问教师如果不在学生练习写字时进行个别指导，学生又如何能够知道自己写字的不足，又如何能够有

① 陈秀云，柯小卫. 陈鹤琴思想读本小学教育 [M]. 南京：南京师范大学出版社，2012:30.

② 同上。

③ 陈秀云，柯小卫. 陈鹤琴思想读本小学教育 [M]. 南京：南京师范大学出版社，2012:5.

所改进呢？① 所以，教师要在学生练习时亲身参与辅导，这不仅是教师的责任，也是教师所应有的良好修养。

5. 有健全身体和良好心境

陈鹤琴认为，成为理想教师首先就是要有健全的身体，是进行教育教学的前提和基础。教书不仅仅是将知识传授给学生、用知识武装学生的头脑，更是在健全的身体的基础上去培养学生多方面的品格。

其次，陈鹤琴着重强调良好心境与和蔼态度的重要性。陈鹤琴认为美国总统林肯虽然面孔丑陋，但能保持内心愉快的秘诀就是所谓的"诚于中，形于外"，即保持良好心境、和蔼态度和友善的举止。正是这些善意的举止和仪容姿态让林肯收获了许多的好感与尊重②。

最后，陈鹤琴强调了教师发音的重要性。主要包括两个方面：一是教师平常授课的音调不能太高，否则容易刺激学生的神经，影响学生听课；二是教师的措辞要得体，得体的措辞会让同一句话显得更加动听，引起学生的注意，激发学生学习的兴趣。

（二）"理想教师"的教育教学方法

1. 教学要依据儿童身心发展规律

陈鹤琴非常痛恨传统教学中的"教死书，死教书，教书死"，他用自己童年读私塾的回忆来说明这是违背了儿童天性的错误的教学方法。正确的教学方法应该注重运用学生的眼睛，让学生去观察鱼的动作、观察萝卜的生长状态、观察万物，去直观地感受世间万物，积累丰富的感性经验③。陈鹤琴指出，观察的作用是多样且强大的，不仅能激发学生学习的兴趣，还能促进其全面发展。

教学中还要注重"用手的学习"。陈鹤琴认为，学生在感性经验的基础上通过亲自尝试，会让记忆保持得更加长久。因此，我们应在教学中多设置一些"实验"活动，引导学生通过动手操作获得更为全面、细致和丰富的知识。

① 陈秀云，柯小卫. 陈鹤琴思想读本小学教育 [M]. 南京：南京师范大学出版社，2012：5.

② 陈秀云，柯小卫. 陈鹤琴思想读本小学教育 [M]. 南京：南京师范大学出版社，2012：26.

③ 陈秀云，柯小卫. 陈鹤琴思想读本小学教育 [M]. 南京：南京师范大学出版社，2012：82.

综上，陈鹤琴在教学中非常注重实物的观察和实地的实验，以此让学生全面而系统地学习知识，加深对知识的理解，从而获得"活"的真学问。

2. 教师要善于运用"整个教学法"

学科虽然独立设置，但它们之间是存在内在联系的。陈鹤琴当时就批判了小学课程设置过分割裂的现状，认为儿童的生活应该是完整的、连成一片的，如果按照学科不同构建课程，会破坏这种整体性，是违背了儿童的生活、心理以及教育原理的。因此，陈鹤琴主张采用"整个教学法"，即不采用分科教学，而是以某个学科为主线进行综合教学，以此来联络各个学科，增强学科之间的融合与学习的趣味性，让学生在学习某个学科的过程中也能学到其他学科的知识①。

为了落实"整个的教学"，陈鹤琴倡导大单元教学。单元教学在教学组织形式上要采用分组教学的形式，在教学中既有教师的讲授，又有学生的自由小组讨论，以此来调动师生的积极性，促进师生之间的双向交流，克服传统教学中的弊端，提高教学的效果。

3. 教师要多运用游戏化教学方法

游戏化的教学方法是陈鹤琴非常重视与倡导的一种教学方式。陈鹤琴指出，儿童生性是具有一颗爱玩游戏的心的，是喜欢游戏和比赛的，教师应该好好利用儿童的这一天性，通过开展游戏和比赛来鼓励学生、教学生学习各种功课②。虽然我国传统的教学方式是反对游戏教学的，但陈鹤琴本人却十分肯定游戏教学对儿童的价值，肯定了游戏教学可以帮助儿童强身健体、培养儿童的高尚道德、发展学生的脑筋以及让儿童在上课之时获得休息。游戏教学可以使学生在快乐中学习，获得动手实践的机会，同时激发其学习兴趣，以此来提高教学的质量。

陈鹤琴认为，游戏与比赛的开展不是盲目的，还是要遵循以下几个原则。一是要注意游戏和比赛开展的结果，即使输了也要多鼓励儿童，不能让失败的儿童灰心，丧失学习的兴趣；二是要考虑多方面的因素，如教材、时间和环境等，力求能在最优的条件下开展游戏，收获良好的效果。

---

① 陈秀云，柯小卫. 陈鹤琴思想读本小学教育 [M]. 南京：南京师范大学出版社，2012:7.

② 同上。

三、现代启示

（一）提升教师综合素养，推进教师队伍建设

陈鹤琴心中的理想教师并不是只会教书，而是要具备多种素养。教师要不断提升自身的身体素养、研究素养、职业素养等，成为一名优秀的教师。

首先，教师要提升自身的身体素养。陈鹤琴认为拥有健全的身体和良好的心境是教师开展教学的基本前提和首要条件。教师应该加强体育锻炼，增强自身的身体素质，保障教学顺利进行。教师要以良好的心境保持积极向上的人生态度和对职业发展的向往，与学生和谐相处，增进与学生之间的感情，从而以一种全身心投入的生命状态促进教育事业的发展。

其次，教师要不断提升自身的职业素养。职业素养包含两个方面：一是教师的职业能力修养，二是教师的职业道德修养。在职业能力修养方面，教师要树立终身学习的理念，不断丰富与完善自我，以此传授给学生更全面的知识。在职业道德修养方面，教师要像对待自己的孩子一样对待学生，毫无保留地付出自己的感情，用爱去温暖学生，促进双方之间的了解，在良好的氛围中让学生热爱学习，以此来增强学生的学习兴趣。

最后，教师要不断提升自身的研究素养。教师不能死盯着课本，进行"死教书"，而是应该具备怀疑的态度和研究的精神，探索符合时代发展需求的教学内容和教学方法，对自己的教学进行反思，逐渐形成独立思考的能力。此外，教师还应该放大眼睛，留心生活，时刻思考生活中的哪些事物可以转化成为教材内容和教具，以此不断更新自己的教学认识，丰富自身的教育世界和教育内容，提升自身的教育境界。

（二）尊重儿童之间差异，实施分层教学

陈鹤琴非常重视儿童的天性，主张不能压抑儿童的天性，要依据儿童的天性展开教学。

首先要尊重儿童之间的差异，不歧视学生。陈鹤琴认为学生之间不管是外貌、家庭背景还是学习能力，都存在着普遍的差异。教师要对所有的学生一视同仁，

不因学生之间的差异而对一些学生产生成见，而要用仁慈的心肠来感化学生，让学生也能成为一个有爱心的人。在此基础上，教师也要看到学生在学习能力、学习基础等方面的差异，针对不同层次的学生提出不同的学习要求以及采用不同的教学方法。

其次要注意尊重儿童的天性。教师应该尊重儿童的天性，并利用儿童的天性开展活动，突出学生学习的主体性，提高学生的学习兴趣，发挥儿童独特的创造力。教师要针对不同的天性实行不同的方法，让学生的学习与生活变得丰富多彩，拥有快乐而充满生长气息的童年生活。

（三）注重学科知识联系，开展跨学科的学习

陈鹤琴批判传统的分科教学方式，它割裂了学生的生活，学生学到的都是零碎的知识，因此需要开展整体教学以及大单元的教学。但是，分科教学也有其优势：它的逻辑性较强，能够突出教学的结构性和连续性，有助于提高教学的效率，帮助学生快速掌握人类历史积淀下来的文化成果，帮助国家快速培养专门化的人才。因此，分科教学也不能完全废除。现代教学既要突出分科教学的优势，也要在"分"中有"合"，通过建立不同学科之间的有机关联，推进德智体美劳五育融合，促进学生的全面发展。跨学科教学既能够保证学科独特性，又打破学科之间的割裂状态，让知识学习更具有整体性与系统性。

跨学科学习强调打破学科之间的界限，寻找学科知识之间的共通点，通过学科之间的融合，培养学生的综合能力。跨学科学习往往以某个学科为主干，让学生在真实的问题情境中发现问题和解决问题，从而提高活学活用知识的能力和处理问题的能力。不同学科本身蕴藏着其看待事物的独特思维或视角，通过跨学科的学习，有助于从多视角、全方位对事物进行整体把握，深化对事物的认识，从而避免狭隘与片面。

跨学科学习注重学生的直接经验与间接经验的结合。传统分科教学由于内容的确定性与单一性，过度结构化与逻辑性的内容使得教学失去了更多可能性空间，教师往往倾向于讲授法，从而学生获得的是基于文字符号的间接经验，缺乏自主

参与其中的直接经验。跨学科学习则从不同学科视角切入一个概念或事物，它注重学生的动手实践能力，让学生在具体的情景和实践中通过独立、合作和探索等方式自己去解决问题。

农村学校乡土课程资源开发的价值旨归、现实困境及优化路径
——基于"活教育"思想

王伟悦①

（浙江师范大学，杭州，310000）

摘要：乡土课程资源开发能促进农村学生了解、适应和热爱乡村，推动教育现代化，助力乡村振兴。当前农村学校乡土课程资源开发正面临开发主体及合作机制不清、内容及深度局限、提升体系缺失和渠道固化等现实困境。研究基于活教育思想探索优化路径，指出农村学校乡土课程资源开发应建立多元主体参与的开发团队，形成独立交替的动态合作机制以厘清开发主体并加强合作；关注多种样态存在的乡土资源，聚焦资源深度开发的持续课程以改善乡土课程资源的开发结构；构建全面立体的多维提升体系，拓展丰富适宜的资源开发渠道以保障有效开发。

关键词：乡土课程；资源开发；"活教育"

2022年，党的二十大报告提出了"以中国式现代化全面推进中华民族伟大复兴"的重大命题②。教育现代化是中国式现代化的重要组成部分，教育事业的发展水平是衡量现代化的重要指标③。农村教育的现代化是中国教育现代化不可或缺的一个部分，学校乡土课程建设作为乡村教育的重点工作，是农村教育现代化的重要构

---

① 作者：王伟悦，江苏南通人，浙江师范大学学前教育专业硕士研究生。

② 习近平．高举中国特色社会主义伟大旗帜 为全面建设社会主义现代化国家而团结奋斗——在中国共产党第二十次全国代表大会上的报告（2022年10月16日）[N]．人民日报，2022-10-26．

③ 韩喜平．以教育现代化赋能现代化强国战略目标的实现[J]．国家教育行政学院学报，2022(7)：3—9．

成。乡土课程资源开发是乡土课程建设中的关键环节，为后续课程实施奠定基础。陈鹤琴活教育思想中蕴含着乡土课程资源开发的宝贵经验，本文试图基于活教育思想，厘清乡土课程资源开发的价值旨归，阐明当前农村学校乡土课程资源开发面临的现实困境，并提出相应的优化路径。

一、活教育思想下农村学校乡土课程资源开发的价值旨归

（一）聚焦乡村教育场域，促进农村"人"学在乡村

陈鹤琴先生曾说："人都是过着社会生活的，人不能离开社会而独立。"[①]农村是乡村学生活动的场所，农村学生生在乡村、家在乡村，自他们出生便深刻地影响着他们的发展，产生教化作用。乡村教育应充分认识到乡村教育的独特性，深入开发乡村教育资源，保障学生"学在乡村"。换言之，学在乡村不仅是学校地理位置在乡村，还包括学校课程建设在乡村，即开展在地化课程的开发与建设。有学者在分析社会学家拉图尔（Bruno Latour）的"行动者—网络"理论（Actor-Network Theory）[②]时肯定了"非人类"行动者的代理作用，指出"非人类"行动者作为人类社会可能性的一种条件，扮演着中介角色[③]。乡土资源作为一种"非人类"的存在，正是值得关注的重要行动者，它以一种中介角色为置身其中的人的行动与实践提供了可能条件，甚至决定着事物的走向。为此，乡土课程的建设，首先要回归乡土本身，立足于乡村资源进行有效开发。

根据布迪厄（Pierre Bourdieu）对场域的定义："各种位置之间存有的客观关系的网络或构型"[④]，每个特定行动者在场域中的位置是场域的特定规则、行动者的习惯和行动者的资本（社会、经济和文化资本）之间相互作用的结果。乡村教育处于乡村这一由地理、文化等要素构成的场域之中，置身其中的每一个行动者都被打上了场域的烙印。因此，农村教育课程资源的开发，必须聚焦乡土场域，

---

① 陈秀云，柯小卫.陈鹤琴教育思想读本 活教育 [M].南京：南京师范大学出版社，2012.

② Bruno Latour.Reassembling the Social:An Introduction to Actor-Network-Theory[M]. Oxford:Oxford Press,2005.

③ SAYES E.Actor-Network Theory and methodology:Just what does it mean to say that nonhumans have agency?[J].Social Studies of Science,2014,44(1):134—49.

④ 布迪厄，华康德.实践与反思：反思社会学导引 [M].李猛，李康，译.北京：中央编译出版社，1998.

基于乡村教育场域，构建富有个性、适切性的学校课程。

在农村教育场域中，乡村和学校不是相互隔绝的，而是交融贯通的一体。学校在乡村之中，乡村是农村学校乡土课程资源开发的天然宝库，为课程的开发提供了内生路径。学校作为乡村的文化中心，其自然也肩负着育人的核心使命，它以乡土课程为载体，促进农村学生更好地理解乡村，发挥乡村资源的育人价值。由此，形成"乡—人—校"双向循环链。学生通过学在乡村，提高对乡土的理解与认识，把握其优势与不足，与教师、村民等共同建设学校课程与文化。

（二）挖掘乡村文化资源，促进"中国人"乡村认同

费孝通认为传统的乡土社会是一种以"差序格局"为特征的熟人社会[1]。吴重庆则提出当前农村是"无主体熟人社会"[2]，杨华根据这一概念和自身对农村的观察，指出当前中国农村正面临村庄主体性缺失、公共性缺失和归属感缺失的三大境遇[3]。陈鹤琴先生说："因为我们是中国人，必然要过中国的国家生活，必须爱我们的国家。"对于中国乡村学生来说，也必然要过乡村的生活，必须爱他们的乡村，形成对乡土文化的认同。对乡村的认同，关键在于提炼乡土文化序列，激活乡土文化基因，以乡土文化的浸润，改变农村学生"身在乡村而心不在乡村"的局面。乡村教育是促进乡村认同的突破口，因为教育是一种高级的濡化活动[4]。

"濡化"概念由美国人类学家赫斯科维茨（Melville Jean Herskovits）在书中首次提出[5]。教育大辞典将"濡化"界定为"人的一生中为获得文化教养而学习的过程"[6]。在开发乡土课程资源的过程中，学生不断接受乡村优秀文化的洗礼，唤醒乡村意识、强化乡村认同、树立乡村文化自信。因此，乡土课程资源开发要以乡土文化为精神内核，丰盈乡土底蕴[7]。"教育这一社会现象之所以出现、存在和

① 费孝通. 乡土中国 [M]. 北京：北京联合出版社，2021:6.

② 吴重庆. 无主体熟人社会及社会重建 [M]. 北京：社会科学文献出版社，2014:6.

③ 杨华. "无主体熟人社会"与乡村巨变 [J]. 读书，2015(4)：31—40.

④ 郑金洲. 教育文化学 [M]. 北京：人民教育出版社，2000:11.

⑤ 曾文婕. 文化学习引论 [D]. 广州：华南师范大学，2007.

⑥ 顾明远. 教育大辞典8[M]. 上海：上海教育出版社，1991:3.

⑦ 刘万海，张荣澳. 乡土文化浸润下乡村校本课程的在地化开发 [J]. 当代教育科学，2022(6).

发展，主要就是出于自上而下文化传播的需要。"① 教育的存在需要文化，文化的传播也依赖教育，两者密不可分。优秀乡村文化的传播，是乡村学生形成乡土认同的基础。农村教育应善于挖掘和转化乡村文化资源，通过对优秀文化的传承与发展，促进学生对乡村文化的认同，让乡村文化成为学生持续发展的重要动力，融入其中以提升学生对乡村的归属感。

（三）激发乡土情怀，促进"现代中国人"参与乡村建设

乡村教育现代化作为实现教育现代化的必要保障，应以培养具有现代视野和建设能力的乡村人才为追求。这一目标正契合活教育思想目的论中培育具有健全身体、创造能力、服务精神、合作态度和世界眼光的"现代中国人"。2017 年，习近平同志在党的十九大上提出实施乡村振兴战略，这是推动全面建设社会主义现代化国家的重大战略，也是推进中华民族伟大复兴的重要任务②。乡村教育作为国之大计，肩负着为村育人、为国育才的伟大使命。

乡村教育通过乡土课程资源开发，增进学生对乡村的了解和热爱，不断培育其乡土情怀。新时代的"乡土情怀"，不仅是人在情感上对乡村的依恋和寄托，更是对乡村付诸实践的建设，正如杨鹏等人指出的："要依托乡村振兴背景实现情感与现实的共融。"③ 学生要通过身体力行的实践，推动乡村传统文化与现代文明的有机整合，实现乡村振兴。

费孝通在《乡土重建》中写道："人都有根，他的茂盛来自这个根，他的使命也在加强这个根。"④ 以培育农村学生对乡村的反哺之情为价值取向的乡土课程资源开发，能强烈激发学生的乡土情怀，推动其将来参与到振兴乡村和建设乡村的不懈奋斗中。

---

① 郑金洲. 教育文化学 [M]. 北京：人民教育出版社，2000:11.
② 谱写新时代乡村振兴新篇章 [N]. 人民日报，2017-12-30.
③ 杨鹏，胡恒钊. 乡村振兴中农村中学生乡土情怀培育研究 [J]. 教育实践与研究，2022(2).
④ 费孝通. 乡土重建 [M]. 长沙：岳麓书社，2012:1.

二、农村学校乡土课程资源开发的现实困境

（一）资源开发的主体性困境

1. 开发主体不清

当前学界对农村学校乡土课程资源开发的主体尚未达成共识，使得课程资源开发的实践呈现"主体缺位"的现象，甚至有"主体单一化"的倾向，主要表现在开发主体的角色局限和来源局限两个方面。

在对乡土课程资源开发主体的研究中，教师往往是重点，于是很多研究仅论述教师的开发意识和能力问题。把课程开发主体的角色简单让位于实施课程的教师，过度依赖教师职能发挥而忽视了其他主体的参与。首先，校长作为学校工作的领导者，理应在课程建设中发挥积极作用，但调查结果显示，很多校长对乡土课程资源的认识和支持水平较低，其主体性有待加强[1]。其次，学生在课程资源开发中的主体地位常被忽视。学生是教育的主体，既是课程接受者，也是课程的开发者。学生的兴趣和需要应是课程开发的出发点和立足点。陈鹤琴先生在论述课程编制时就强调要依据儿童的心理。再次，课程领域的专家团队拥有丰富的专业知识与经验，能够为课程开发提供专业指导，但在实践中，这一主体的参与程度也有待提高。最后，袁利平等人认为乡村的乡绅对乡村有着丰富的了解和见证，对乡土课程的建设往往十分热心，多倾听乡绅和村民的意见，才能获得乡土课程资源开发的一手资料[2]。村民作为长期参与乡村活动的主体，在课程开发中也被忽视。

此外，乡土课程资源的开发还表现出开发主体来源局限的弊病。课程开发的主体来源仅仅限于乡村内部，而忽视了乡村以外城镇教育力量的联合参与。这种主体来源的单一化可能导致课程资源开发场域封闭、视阈局限和理论滞后，从而影响课程开发的质量。故而，厘清乡土课程资源开发主体的角色和来源，是破解乡土课程资源开发主体性困境的关键命题。

2. 合作机制不明

乡土课程资源的开发需要各方人员的协作配合，以提高课程资源开发的效率

① 王翠苹. 乡土课程资源开发与利用的现状调查研究 [D]. 郑州：河南大学，2012.
② 袁利平，温双. 社会转型时期乡土课程的价值定位与开发路径 [J]. 教育科学研究，2018(1)：69—72.

和质量。然而，现有课程资源开发各主体虽然具备较强的开发意识和热情，但由于合作水平较低，依然呈现出"主体缺位"的尴尬局面，主要原因是课程开发主体间缺少明确的合作机制，导致各方面的资源难以实现整合。

合作机制的不清直接影响社会资本对课程建设的介入。由于缺乏明确的合作机制，社会力量便无法准确分配于课程开发各主体，从而阻碍有效合作，影响课程资源的开发质量。因而，明确课程资源开发的合作机制对于强化课程资源开发各方的主体地位，提高课程资源开发主体的合作水平具有重要的意义。

（二）资源开发的结构性困境

1. 开发内容不全

现有课程资源开发多关注物质层面的资源，从而导致课程资源开发内容不全。《现代汉语规范词典》对"资源"的定义是"生产资料或生活资料的天然来源"①。资源就是一切可以利用的物质和非物质性因素②。简单来说，乡土资源是存在于乡村中的可利用的各种要素的总和。乡村的环境生态、产业经验是资源，文化历史、民间娱乐是资源，还有陈鹤琴所说的"木屑竹头，破布碎纸"亦是乡村的宝贵资源。

乡土课程资源的开发既不能只关注物质层面，仅以挖掘环境物产等实体要素为追求，而忽视其中蕴含的历史文化，也不能空谈乡村的历史人文，而忽略承载这些文化资源的物质实体。除此之外，乡土课程资源的开发也不能只看到当下生活的资源，而忽视厚重的历史资源；不能只追求具有典型乡土特色的资源而忽视生活的日常资源；等等。

总之，对乡土课程资源的开发要以整体关联式的思维，对物质资源和非物质资源因素有机整合、将过去与现在的资源充分融合、将生活化与特色化的资源密切结合，乡土课程的建设才会百花齐放、精彩纷呈。

2. 开发深度不够

农村学校乡土课程建设的探索容易掉入"追求容量而轻视重量"的陷阱。对乡土资源的挖掘如果只是浮于表面，"就资源论资源"，而没有深入挖掘资源背

① 吕叔湘. 现代汉语规范词典 [M]. 北京：外语教学与研究出版社，语文出版社，2004.
② 黄浩森. 乡土课程资源的界定及其开发原则 [J]. 中国教育学刊，2009（1）.

后的深刻蕴含，既不能促进学生认识乡村、热爱乡村，也无法实现对乡村文化与技艺的传承。此外，对乡土资源的开发不是一蹴而就的，只追求短期目标的达成，而不重视学生对乡土资源的长期追踪体验和持续动态生成，那么开发出来的课程便与陈鹤琴所批判的"死课程"如出一辙。

乡土课程资源的开发还存在"就开发论开发"的问题，缺少对开发出的课程资源利用的考量。很多学校在课程建设中将资源的开发与利用两个概念混淆，认为开发就是利用，陷入认识误区。乡土课程资源只有先经过合理开发和适当转化，而后才能被师生有效利用。因此，对课程资源的深度开发还要求在开发之初考虑课程资源的利用问题，开发出能有效利用、重复利用和长期利用的资源。只有对乡土课程资源进行深度开发，才能提高课程建设的质量，且降低后续课程资源利用的难度，提高课程建设的效率。

（三）资源开发的保障性困境

1. 开发能力不强

在学校与学生接触最多、影响最大的是教师[1]，教师应是课程开发的主力，提高教师的乡土课程资源开发能力是保障乡土课程资源有效开发的重点工作。乡村教师相比城镇教师，在学历、资质和培训上的劣势可能是导致其课程开发意识不足且能力不强的外部因素[2]。此外，在快速城镇化背景下，很多乡村教师自身对于乡村的认同和归属水平较低，本着"离农"的立场，认为乡村教育应向城镇教育看齐，以教授能使学生适应城镇生活需要的知识和技能为重心[3]，这样的乡土课程资源开发必然缺乏信念和动力。因此，提高教师的课程资源开发能力既需要借助外力，也需要激发内驱力。

除了教师，其他开发主体也在乡土课程资源开发中有着重要影响。例如，校长对乡土课程建设持消极态度，便会在精神和制度层面阻碍课程资源的开发。学

[1] 冯文全，杨宁宁. 农村幼儿园乡土课程的开发与利用 [J]. 现代教育科学，2014(6).

[2] 王雯，邱家俐. "活教育"理论下农村幼儿园隐性课程资源开发探究 [J]. 教育导刊（下半月），2020(10)：19—22.

[3] 孙宽宁. 乡土课程的困境及其超越 [J]. 课程教材教法，2021，41(9)：29—36.

生和村民如在课程资源开发中缺乏积极思考、意见表达、经验提供和实践探索，那么课程资源开发的能力也必将大打折扣。此外，乡土课程资源开发中的非主体性角色，如学生家庭、乡村企事业组织和行政组织等，他们的支持和参与水平也是影响乡土课程资源开发能力的重要因素。

2. 开发渠道不清

根据"活教育"思想，大自然大社会都是活教材。然而，由于开发渠道的局限，实践中对乡村自然与社会中的资源开发并不充分。现有乡土课程资源开发以固化的线性开发思维为主导，导致方式单一和固化，缺乏多样性和灵活性。这种线性思维导致主体对课程开发渠道的认知模糊，不利于对乡土资源的充分挖掘，也会造成开发过程中的资源浪费。实际上一条渠道往往能开发出多种不同的资源，一种资源也往往有多条开发渠道。充分开发乡土课程资源必须摒弃固化的思维方式，也要重视前期对课程开发渠道的梳理工作。通过结合农村各方面的实际情况，从多个视角、多个维度和多个方式进行切入，深度开发乡土育人资源。

三、活教育思想下农村学校乡土课程资源开发的优化路径

（一）主体性困境优化路径

1. 建立多元主体参与的开发团队

厘清乡土课程资源开发的主体应避免主体单一论的倾向，而秉持多元主体观，肯定教师、校长、学生、专家和村民在乡土课程资源开发中的主体地位，积极组建多元主体参与导向的课程资源开发团队[1]。教师是课程资源开发的主力军，校长应成为统领教师队伍开发课程的"领头羊"。课程领域专家应贡献智慧，提供专业支持。学生作为课程开发中的关键主体，也要积极参与学校乡土课程资源开发[2]。陈鹤琴强调："儿童的世界，是儿童自己去探索，去发现的。他自己所发现的世界，才是他的真世界。"课程资源开发中的"儿童视角"无法取代"儿童的视角"。学生所体验的真实的乡村生活才是开发乡村资源的原始资料，这样开发的课程才是满足学生兴趣和需要的"活课程"。此外，还要积极促成乡村村民参与到乡土

---

① 刘晓慧，高天明. 校本课程开发：目的、主体与实践 [J]. 教育导刊，2016(3).

② 赵兵. 浅析学生在校本课程开发中的主体地位 [J]. 现代教育科学，2008(2)：58—60.

课程资源开发的团队中来。

乡土课程资源开发要打破城镇与乡村二元对立的困局，农村学校要敢于走出乡村，积极联系城镇的教师和专家，编织范围更广大的课程开发联络网，交换学校课程开发中的经验智慧以提供不同的视角和方法。连通城镇与乡村，建设多元主体参与的课程资源开发团队，是乡土课程资源开发的前提和基础。

2. 形成独立交替的动态合作机制

若缺乏有效的合作机制，即使建立了乡土课程资源开发共同体，也难以形成课程资源开发的合力。破局的关键是在肯定各主体独立与交替地位的基础上，形成动态性的主体合作机制。尹达在研究主体协同教学时提出了一项"独立合作交替"策略[①]，可将其转化到乡土课程资源的开发中。具体来说，课程的开发首先应当建立开发共同体，明确共同合作是基本方式；其次，承认各课程开发主体的相对独立性与自主性。这有责权统一的意味，表明各主体都有对课程资源开发的权利与责任。在课程开发中，各方都可以积极地提出意见，推动课程资源更好地开发，同时也有义务给予支持，贡献自己的主体性智慧。

"交替"是课程资源开发主体合作机制的关键。"交替"具有两层含义。第一，根据主体对于课程资源的经验程度而言，熟悉某项乡土资源的主体应在开发过程中把握主体的核心。这表明课程资源开发主体的核心是非固定的。第二，"交替"的含义指向课程开发的进程。一项课程在开发之初可能由这一主体占核心地位，对开发起重要影响。但在后期，对资源的进一步挖掘中，学生主体、专家主体等则可能占据核心，甚至直接影响课程开发的走向。主体的交替，使得真正在某一领域具有专长的人成为领导者与推动者，通过动态调整也防止某一个人的偏见与专断，从而保证乡土课程资源开发的质量。

（二）结构性困境优化路径

1. 关注多种样态存在的乡土资源

乡土课程开发的资源是乡村中一切具有教育价值且能被学校吸收、利用和转

---

① 尹达. 主体协同教学：内涵、策略与价值 [J]. 天津师范大学学报（基础教育版），2014, 15 (4)：6—10.

化的资源。乡村相比城镇，具有独特的自然环境和地理条件。陈鹤琴曾将自然比作"标本、仪器和宝库"，认为大自然是最好的"教师、教具和教材"，"自然的资源取之不尽，用之不竭，从自然中直接学习知识，是确实而经济的做法"。除了自然，乡村的建筑、产业和能源等也都是重要的资源，乡土课程资源的开发应努力向学生呈现乡村世界的独特与丰富。

对隐性资源的挖掘是乡土课程资源开发的重点。课程资源的开发要关注乡村中流传的儿歌、谚语、故事、游戏、歌曲和戏剧等文学艺术资源，关注背后的历史人文要素。乡村的传统技艺承载着乡村独特的精神文化，需要课程开发人员保持长期的关注，既能够作为当事人进入其中，也可以作为旁观者进行反思批判。

总之，"地方历史、地理、物种生态、文化习俗、人物风情、生活生产经验及社会科技进步等一切有利于实现课程目标的物质性和非物质性的因素"都应该被纳入乡土课程资源开发的视阈中[1]。通过充分开发多类型、多样态的乡土课程资源，促进乡土课程建设的丰富多元。

2. 聚焦乡土资源的可持续开发

乡土课程建设要避免停留在"参观展览"的浅层样态，从而滑向形式主义的窠臼。不能以"为学校赢得关注和资源"为初衷进行课程资源的机械式开发[2]，而应深度挖掘乡土资源中促进学生认乡爱乡的课程要素，让乡村真正走进课程，融入学生内心，让乡土资源焕发新的生命力，成为学校育人不可或缺的一部分。这无疑需要学校进行乡土课程资源的持续开发，不断深化和拓展，让乡土课程资源可持续化。

乡村课程资源可持续化意味着以长期课程建设为导向。长期性有两层含义，就学生而言，乡土课程资源的开发要以激发学生对乡村的长期兴趣为宗旨，让学生真实地参与其中，有充足的时间充分感受和体验乡村的魅力；就乡土课程本身而言，要珍惜每一次乡土课程资源开发的机会，开发出能有效利用、重复利用和长期利用的资源，实现资源开发的最大效益。只有长期深入地进行乡土教育资源

---

[1] 黄浩森. 乡土课程资源的界定及其开发原则 [J]. 中国教育学刊, 2009 (1).

[2] 段会冬. 乡土课程建设的三种境界及其反思 [J]. 当代教育科学, 2020 (7): 16—22.

的开发，乡土课程才能真正焕发出生命活力，才能真实促进乡村学生的生命成长。

（三）保障性困境优化路径

1. 构建全面立体多维的能力提升体系

构建课程资源开发团队提升体系可以有效增强课程开发主体和其他人员与组织在乡土课程资源开发中的能力。这一体系应覆盖对乡村教师的职后培养，弥补乡村教师在学历、资质和培训机会上的不足。学校应当建立激励性考评机制，以奖励激励为主要手段促进乡村教师专业知识和能力的提升[1]，扎实乡村教师的理论素养，提高乡村教师的实践能力。

此外，学校和教育部门应定期举办面向乡村教师和校长的课程建设主题的讲座分享、培训研讨和外出观摩等活动，定向提高乡村学校教师和校长的乡土课程资源开发能力。融合高等学校教育理论、中小学实践和乡村文化的混合培养路径也是有益的探索，通过跨界互动、融入现代信息技术等方式能促进乡土课程资源开发共同体开发能力的整体提升[2]。

乡土课程资源开发能力提升体系中还应明确包含对学生、村民和乡村组织的针对性培养。活教育理念所倡导的"做中学"可以很好地引导学生在乡土课程资源开发过程中不断发现问题、解决问题，充分锻炼、积累经验，逐渐提高参与课程资源开发的能力。学校宣传、建立资源开发基地、课程资源公益化和产品化等方式的探索则有助于家庭、村民和乡村组织通过明确的途径和方式在乡土课程资源的开发中积极参与、贡献力量。探索立体贯通的专业成长路径，构建覆盖多人员、多组织参与的提升体系是提高乡土课程资源开发能力的积极尝试。

2. 拓宽丰富适宜的资源开发渠道

乡土课程资源的开发要根据不同的资源类型选择适切的路径，进行有针对性的开发。任何一种资源类型开发的渠道都不是唯一，也不能是单一的。开发环境资源既要通过观察获得直观体验，也要借助地理、历史等资料的辅助把握背后的文化内涵；开发文学艺术资源，既要查找相关文献，也要到博物馆、纪念馆等场

① 董书晴. 乡村教师激励机制发展面临的困境及其对策 [J]. 西部素质教育，2022, 8(13).

② 戴伟芬. 乡村教师混合培训路径——基于第三空间理念 [J]. 教育研究，2022, 43(8): 31—41.

所获得实地体验，还要通过人物访谈、口述历史等把握其来龙去脉；开发乡风民俗资源既要通过个体的感性认识和体验，也需要从不同学科（如人类学、社会学、教育学等）视角进行理性客观的分析。

在信息技术覆盖的大数据时代，以海量信息和即时互动为特征的网络也为乡土课程资源的开发提供了极大的帮助[1]。因此借助网络媒体等平台，推进乡村教育资源数字化建设，促进城乡教育资源一体化，也是挖掘乡村课程资源的重要手段。总之，对课程资源开发渠道的探索应摒弃固化的线性思维，拓宽视野，探索丰富且适切的资源开发渠道，不断发掘乡土教育资源开发的更多可能性。

中西文化差异下外来教育思想本土化路径探索
——以陈鹤琴教育思想本土化历程为例

严珍珍[2]

（浙江师范大学，杭州，311231）

摘要：中西方的文化差异巨大，在多元化发展的潮流之下，中西文化发生了激烈的碰撞。教育作为文化传播的载体，既要谨防外来文化入侵思想，又要避免故步自封。实现东西方文化在教育上的融合是当前要继续解决的难题。基于陈鹤琴的西方教育思想本土化的范例，从文化差异的角度出发，结合已有研究，对西方教育思想本土化中的社会价值和教育内容两个方面的冲突与整合历程进行比较分析，对外来教育思想在中国实现本土化实施路径提出三点建议：构建开放文化容纳机制：辩证看待外来教育思想；搭建文化平等交流平台：实现向外吸收、向内协调；创生文化实践基地：促进实践与理论双向创生。

关键词：教育思想；本土化；陈鹤琴；后殖民主义

---

① 唐亚娟. 专题探究性教学课程资源开发的意义及路径 [J]. 教育理论与实践 , 2017, 37 (5).

② 作者：严珍珍，安徽池州人，浙江师范大学学前教育专业硕士研究生。

多元化、全球化发展的大背景下，世界各国的教育思想相互传播和渗透。后殖民主义从文化的视角指出：当今东—西文化存在着"边缘—中心"的不平等的社会等级结构，要谨防西方国家在文化上的霸权地位①。在不同的文化背景下进行教育实验势必会造成不同的结果。如何提高文化自信、提高本土文化的国际话语权，如何促进教育思想本土化，是当前教育理论和思想中国化所要面临的重点和难点问题。

20世纪初期，我国已开始对外来教育思想本土化的探索，且取得卓越的成就，譬如，陈鹤琴借鉴美国的进步主义教育思想并成功本土化，建构了"活教育"思想。然而，当下依然存在幼儿园盲目照搬西方教育理论和实践的现象。因此，从中西文化差异视角出发，对陈鹤琴教育思想本土化历程进行分析，从中吸取经验教训，并借鉴其有益经验，继而摸索出一条外来教育思想本土化的可行路径，十分必要。

一、中西文化差异的理论建构

（一）中西文化的二元对立

"后殖民"是建立在"殖民"的概念基础之上的。"二战"以后，虽然各殖民地在政治与经济上纷纷开始独立，但是在文化上的殖民却没有结束，因此将这种对文化上的殖民称为"后殖民"②。20世纪70年代，社会学家开始关注到西方文化在国际上的霸权地位，通过不平等的文化交流方式，使弱势国家成为西方文化的被动接受者。著名东方主义批判学者爱德华·萨义德深刻地批判了西方国家建立起的"东方主义"，他认为"东方主义"是一种基于"东方"与"西方"之间分裂的本体论与认识论所形成的③。西方主义殖民时期产生的种族优越感使他们极具文化自信，从而合理地将东方主义认定为幼稚的、不成熟的思想。无独有偶，斯皮瓦克在《后殖民理性批判：通向正在消失的当下历史》一书中，也提出类似的观点。在他看来，帝国主义正在建构一种"主体—建构"的西方神话，营造西

① 洪晓楠. 科学文化哲学研究 [M]. 上海：上海文化出版社，2005：267，270—272.

② 项贤明. 后殖民状况与比较教育学 [J]. 北京师范大学学报（社会科学版），1999(3).

③ 祝刚，王语婷. 论比较教育学的后殖民主义转向及其价值意蕴 [J]. 比较教育研究，2022,44(5).

方文化成为普世性真理的假象①。因此在西方文化不断隐性渗透前提下，造成了东西文化的二元对立，构建了"边缘—中心"的东西文化差异社会等级结构。

（二）后殖民主义理论

后殖民主义理论主张打破"宗主国"与"前殖民地"之间不平等的文化交流关系。他们批判西方文化的世界中心地位的同时认为东方文化不应被边缘化，东方文化也可能成为世界文化的中心。对此，霍米·巴巴强调边缘化的文化也有其重要的、独特的价值②。因此，后殖民主义强调在进行文化交流的时候，要注重本土文化的适宜性，排除外来文化的偏见，防止本民族文化边缘化，使弱势国家文化回归到世界上本来地位。

总体来说，21世纪，我国虽然已经摆脱了前殖民地的身份，实现了政治经济独立，但是在国际上的文化地位始终未获得应有的位置。中华民族拥有着悠久的历史、丰厚的文化底蕴，树立本国文化自信，特别是在引入外来思想时，更加需要充分考虑本土适宜性，提高本土文化的话语权，防止西方文化的隐性渗透。

二、中西文化差异中陈鹤琴教育思想本土化历程分析

19世纪末20世纪初，中国沦落为半殖民地社会。那时的中国亟须注入新的教育思想，从而达到教育救国的目的。然而，未经消化吸收的西方教育思想不仅不能本土化，还出现了类似水土不服的现象，甚至出现了全盘西化的极端趋势。特别是在20世纪初的新文化运动，国外的各种教育思潮纷纷进入中国，如进步主义思想、蒙台梭利教育思想等。在后殖民主义理论视角下，中国虽然摆脱了半殖民地的社会，但实际上早已沦为了后殖民的对象。陶行知先生指出当时的中国幼儿教育存在三大疾病：外国病、富贵病、花钱病③，为了"治病"，学者们纷纷开始进行教育改革试验。陈鹤琴的"活教育"思想，也是当时社会现实的生动写照。下面将从文化的角度分析同时代陈鹤琴先生将外来教育思想本土化的历程，为探

---

① 姜勇，柳佳炜. 论教育研究的中国道路 [J]. 湖南师范大学教育科学学报，2021（9）.

② 严仲连. 中国学前教育的殖民与后殖民 [J]. 学前教育研究，2009（4）：27—31.

③ 王俊杰. 民国时期外国学前教育思想本土化改造研究——以陈鹤琴"活教育"理论为个案 [D]. 长沙：湖南师范大学，2018（5）.

索当下教育思想本土化提供一定的思路。

（一）中西文化在社会教育价值观中的冲突与整合

1. 中国的新文化运动与西方的进步主义教育运动

文化的兴盛往往伴随着思想的兼容并包与国家的开放民主。无论是百家争鸣还是新文化运动，都受制于时代的发展。站在时代风口浪尖上的教育家，只有审时度势、抓住时机，才能促进教育的发展。陈鹤琴完美地充当了时代的"放哨人"。

20世纪初的中国，迎来了全国思想大解放的高潮时期。新文化运动打开了国人的知识大门，各种教育思潮纷纷涌进，在这个背景下，教育家不得不对传统教育进行反思，寻求新的理论创新。陈鹤琴于1914年赴美国留学，深受进步主义运动的影响，这个意义上，陈鹤琴看到了中国教育的希望。中国与美国所处的教育时代背景相似，都渴望改变传统教育，美国的进步主义教育给陈鹤琴提供了教育改革的范本。回国后的陈鹤琴紧紧地抓住了中国教育改革的时机，积极进行各项教育改革试验，在"天时、地利、人和"条件下教育改革的试验获得了大成功。

2. 中国的大众教育与西方的精英教育

东方文明一度以农耕文明为主，倡导集体主义，为此，东方的教育方式也以集体主义教学为主。20世纪初期，中国经济发展滞后，农村人口占据中国总人口的大多数，教育的普及程度较低，农村教育明显落后于城市教育，且农村人中文盲的数量惊人。为此，工农大众的教育问题成了亟须解决的问题；西方国家自古以来奉行贵族教育，于是接受教育的程度和形式，一定意义上成了身份的象征。20世纪西方率先完成工业革命，经济发展遥遥领先于东方，由于西方倡导个人主义，而且西方优秀的精英教育，大都采用个别化的教学方式，旨在追求高质量的优质教育。

20世纪初，陈鹤琴考取了清华学堂的公费奖学金，赴美留学[①]，他关注到当时的美国与中国在经济上、教育上有天壤之别。回国后的陈鹤琴，看到中国的幼儿教育普遍存在着盲目照搬西方的现象，他深感痛心不已。陈鹤琴强调，我们要办的是中国的教育，要培养的是中国的儿童，是不同于洋人的、不同于古人的、不

① 章琳. 陈鹤琴：中国幼教之父 [J]. 中国档案，2021（11）.

同于成人的儿童 ①。因此，在引入进步主义教育思想时，陈鹤琴结合中国教育的实际情况，实施了改革措施，创办了适应中国大众的教育。譬如，中国的经济发展滞后，教育难以普及，陈鹤琴提倡教育要从学校走向社会，他主张大自然、大社会都是活教材，同时创办了公益性的幼儿教育机构——南京鼓楼实验幼稚园 ②。他深知中国师资匮乏，因此并没有借鉴西方的个别化教学方式，而是依然采用中国的集体教学，从而提高了教育的效率。

3. 中国的"内省"教育与西方"求知"教育

中国人自古以来受中庸之道的影响，追求对影响人心灵的教育；而西方接受的教育理念是向外探索的精神，探寻对知识的验证，所以更加强调科学性知识 ③。20 世纪初的中国虽然在思想上有了初步的启蒙，但启蒙教育相对的是中国的传统教育，探求的是摒弃中国传统教育的弊端，注入现代式思维，走入中国的现代化教育，并非摒弃中国的传统教育走入西方的现代化教育。中国传统教育与现代教育并非二元对立的关系，而是不断递进融合的关系。

陈鹤琴自幼接受中国的传统教育，他深知传统教育的利与弊。他并没有完全摒弃中国的传统教育，而是在此基础上借鉴西方并不断地进行理论和实践的改革与创新。譬如，陈鹤琴提出了教学的四个步骤——实验观察、阅读参考、发表、检讨 ④。其中，"检讨"是指儿童完成自己的作品以后，由老师组织，集体对作品进行反思与评价。由此可以看出陈鹤琴先生秉持了中国的反思精神，不追求标准答案，强调向内省察；在教育内容上融入了中国的传统故事；在教学方法上也因为中国注重集体精神而坚持中国传统教育的集体教学。

---

① 王振宇，秦光兰，林炎琴. 为幼儿教育发现中国儿童，为儿童创办中国幼儿教育——纪念陈鹤琴先生诞辰 125 周年 [J]. 学前教育研究，2018(1).

② 王伦信. 教育家陈鹤琴新论 [J]. 河北师范大学学报（教育科学版），2016,18(6).

③ 姜勇，柳佳炜. 论教育研究的中国道路 [J]. 湖南师范大学教育科学学报，2021(9).

④ 张永英. 陈鹤琴"活教法"思想溯觞及对当前幼儿园课程改革的启示 [J]. 南京师范大学学报（社会科学版），2021(6).

（二）中西文化在教育内部的冲突与整合

1. 基于中国国情的目的论

实用主义教育思潮涌入中国，陈鹤琴"活教育"的教育目的受到杜威"实用主义"的教育目的的影响。杜威提出教育即生长，教育的目的在于促进儿童内在自然生长，为儿童的当下生活做准备[①]，杜威的教育目的，是针对传统教育束缚儿童自然天性而来的。由于当时的美国综合国力十分强盛，国际地位也远远超中国，在陈鹤琴看来，机械地照搬杜威的理论显然是行不通了。为了解决这一冲突，他在批判传统教育之余，更加强调以儿童为中心的"活教育"体系。

针对传统教育的弊端——压抑儿童天性、对儿童进行灌输式教育等，陈鹤琴认为，应当把教育还给儿童，以儿童为中心，以儿童的自然发展作为教育的目的，因此，他提出"活教育"教育目的的第一点，即"做人"。针对当时中国风雨飘摇、内忧外患、惨遭列强欺辱的现状，他主张教育应当发挥它的社会作用，不仅培养人，更应当培养的是热爱祖国的中国人。基于此，他提出了"活教育"教育目的的第二点，即做"中国人"。由于当时中国国民的素质整体不高，陈老以发展的眼光提出"活教育"目的论的第三点，即做"现代中国人"，具体可展开为五点内容：拥有健全的身体、有创造的能力、有服务的精神、有合作的态度、有世界的眼光。以上五点内容分别根据国人"身体素质低下""故步自封""缺乏科学探索精神""自私自利、缺乏团结精神""目光短浅"的特质而提出来的[②]。

由此可见，陈鹤琴的"活教育"的教育目的，虽然借鉴国外，但仍是在已有的基础上，结合我国国情，进一步细化而来的。因此"活教育"的教育目的是符合中国特色的教育目的。因为陈鹤琴对当时的国情有着非常深刻的洞察与见解，所以才能够将"活教育"的教育目的进行全面而系统的本土化改造。

2. 基于中国生活实际的课程论

课程是学校文化和教育文化的载体，也是我国优秀文化传递的重要途径。好的课程内容决定了当代儿童价值观的走向。如果盲目照搬、照抄国外的做法，不

---

① 杜威. 杜威教育论著选 [M]. 赵祥麟，王承绪，编译. 上海：华东师范大学出版社，1981.

② 陈鹤琴. 陈鹤琴全集 [M]. 南京：江苏教育出版社，2008.

加以改革和结合实际而引入课程，必然会产生东西方文化的冲突、教育课程目标的冲突。因此，课程目标应当始终紧密联系我国的教育方针，坚定地培养中国儿童。

陈鹤琴的"活教育"课程理念，融合了杜威教育即生活、学校即社会的课程观念。杜威针对当时美国的传统教育，脱离生活实际而出"以学生为中心"的实用主义教育观，他强调要把学校打造成雏形的社会，以便儿童更好地适应社会，但是当时的中国积贫积弱已经根深蒂固，对教育的投入微乎其微，难以维系整个学校的良性发展，因此"学校即社会"在中国是很难实现的。为了解决这一冲突，陈鹤琴提出"大自然、大社会都是活教材"①，即鼓励儿童从学校中走出去，从生活中学习，不仅解决了当时资源匮乏的问题，而且将教育与生活紧密联系在一起。

为了实现教育目的，陈鹤琴还借鉴德可乐利的"整体教学法"，强调促进儿童整体上的发展，开发了"五指活动"。"五指"是指五个部分既是一个整体，又可以灵活地伸缩变换，这是对传统教育机械化的一大改造，同时也是当前幼儿园五大领域的前身②。"五指活动"包括科学、健康、文学、社会、艺术五个部分，其中教育内容强调与中国实际紧密联系。比如，为了改善幼儿身体羸弱、素质低下的问题，开设多项体育活动，鼓励幼儿走出教室③。

由此可见，陈鹤琴的课程论始于生活、终于生活，既强调教育要与中国的生活实际相联系，同时也培养儿童的实际生活的能力，以便能更好地适应当下和未来的生活，这是对杜威先生课程观本土化改造的一大亮点。

3. 基于中国实践的教学论

由于传统教育内容脱离实际，儿童对书本中枯燥的知识难以把握，杜威归纳出了"做中学"这一教学理论，认为教育即经验的改造，重视儿童的直接经验。陈鹤琴接纳了杜威的这一理念，但同时提出，教学不应当只是围绕学生，还应当是教师与学生相互进步的过程，因此，他进一步外延"做中学"的内涵为"做中教""做

---

① 程秀兰. 陈鹤琴幼儿教育思想及其成因 [J]. 学前教育研究，2006(3).

② 李梦琪，李姗泽. 陈鹤琴教育思想研究40年：回溯与展望 [J]. 学前教育研究，2020(8).

③ 陈鹤琴. 陈鹤琴全集 [M]. 南京：江苏教育出版社，2008.

中求进步"①。

"做中学"针对学校教育脱离实际，强调让儿童深入实际，在实践中学习，并且扩大了杜威"做"的范围：不仅仅面向校内，更应在大自然、大社会中学习。"做中教"强调教师要走进儿童的生活，教师角色由权威者向指导者、促进者转变，教师也要从实践中学习、在实践中教，亦师亦友，教学相长，教师与学生都在做中求进步。

陈鹤琴教育思想最成功之处就在于他十分重视实践，能够将理论与实践结合，用理论指导实践，用实践更新理论。比如，陈鹤琴教育思想的实验基础，取材于长子陈一鸣。后来陈鹤琴先后创办了南京鼓楼幼稚园，以及中国第一所公立幼儿师范学校——江西省实验幼稚师范学校（后改为国立）②，对幼儿教师进行专业的培训。在不断的实践中，陈鹤琴构建了"活教育"的思想体系，完成教育理论的本土化。

三、中西文化差异下外来教育思想本土化实施路径

后殖民主义强调要为东西方打造平等的文化交流话语权。新西兰教育家Christle 按照双向创生的哲学原则设计课程，提出了 GANMA、GARMA、GALTHA 三个中心概念，实现澳大利亚课程本土化课程改革③。我国探索外来教育思想本土化实施路径仍然需要结合中国实际，具体可分为以下几个部分。

（一）构建开放文化容纳机制：辩证看待外来教育思想

后殖民主义理论指出，中西文化存在"中心—边缘"的社会等级结构，应当提高弱势国家的文化话语权。这就意味着不能一味排斥西方文化，而应在借鉴西方文化的同时提高本土文化地位。霍米·巴巴指出：在反对帝国主义的过程中不能将自身带入这种成为第一世界的普遍主义文化之中④，因此，对待外来教育思想应当秉持着兼容并包的开放态度，积极引入外来教育思想，共建文化多元性，应以公正客观的态度评估、审视外来教育思想文化。

① 陈鹤琴. 陈鹤琴全集 [M]. 南京：江苏教育出版社，2008.

② 王炳照，秦学智. 陈鹤琴学前教育思想的传统文化渊源 [J]. 学前教育研究，2006(3).

③ 安妮·黑克琳·胡森，张家勇. 多元文化教育和后殖民取向 [J]. 比较教育研究，2003(1).

④ 姜勇，柳佳炜. 论教育研究的中国道路 [J]. 湖南师范大学教育科学学报，2021(9).

陈鹤琴把进步主义教育思想引入国内时，恰逢中国思想界开启了百家争鸣的新文化运动。新文化运动秉持凡有争鸣必有创新的理念，这为陈鹤琴构建一个高包容性、高开放性的"活教育"思想体系营造了良好的开端。

为了更好地促进中西方教育思想的融合，首先，增强本土文化自信力，以本土文化为基础，才能实现多元思想的融合；其次，教育专家应充当时代思想"放哨人"的角色，充分吸收外来教育思想的精华，尝试构建多元的、平等的、自由的文化本土化机制，在此机制下消除东西方文化的二元对立，允许东西文化的自然碰撞；最后，教育专家应充当时代思想"评价者"的角色，发挥好文化过滤器的作用，结合本土实际，取其精华去其糟粕，逐步使国外的教育思想和教育理论向本土化、地方化、特色化和民族化转变。

（二）搭建文化平等交流平台：实现向外吸收、向内协调

邬志辉在书中指出，本土化有三种境界：移植、借鉴和对话。其中对话是本土化的最高境界，即实现一种由内到外、由外到内的双向对话的过程①。20世纪初，陈鹤琴引入美国进步主义教育思想的另一契机，就在于杜威的访华之行。杜威是美国进步主义教育的发起人，访华两年期间恰逢陈鹤琴教育思想实践初期，杜威与陈鹤琴就中国的实际情况进行了深刻的探讨。实现教育思想外部借鉴，同时内部不断实践协调，使得中国与美国进行了更深层次的文化交流，促进了中美文化的融合，有效地促进进步主义教育思想向"活教育"思想的转变。

一场文化上的实践并不是单向的文化输入，而是一场双向的交流。在开放的文化容纳机制下，东西方教育思想进行交流，绝不是西方站在霸权的视角下营造普世性文化的假象，而是要摒弃东西方文化的二元对立，使东西方站在平等的视角进行沟通交流。

"向外"各国分别建立专家交流委员会，由文学专家、教育专家、教育实践人员等多主体构成，从不同视角对东西方教育思想进行专业上的解读，促进东西文化的融合。"向内"结合本国的文化背景进行改革协调，革新传统教育并不意味着完

---

① 邬志辉. 教育全球化：中国的视点与问题？[M]. 上海：华东师范大学出版社，2004：281—283.

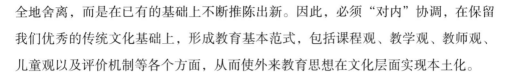

全地舍离，而是在已有的基础上不断推陈出新。因此，必须"对内"协调，在保留我们优秀的传统文化基础上，形成教育基本范式，包括课程观、教学观、教师观、儿童观以及评价机制等各个方面，从而使外来教育思想在文化层面实现本土化。

（三）创生文化实践基地：促进实践与理论双向创生

实践与理论并不是割裂的，而是双向创生的过程。多年以来，我国幼儿教育本土化效果不佳，很大的原因在于缺乏真正有效的实践，譬如，蒙台梭利的儿童教育思想。不同国家的教育理论、思想、方法都存在极大的差异，未经实践的检验的理论便难以推广和应用。陈鹤琴对西方教育思想进行本土化推广，起初陈鹤琴并不是立即全面推广他的教育思想，而是开展实地的实验，补充大量的实践资料。譬如，对其长子陈一鸣进行长达 800 多天的观察，在南京鼓楼创办幼稚园实践基地等。实践基地是"活教育"理论的重要思想来源。

在实践中不断反思理论，在理论中不断进行实践，从而最终形成了适合中国的"活教育"思想，此种实践求真的精神非常值得后人继承和发扬光大。当下的教师既要充当时代的"思想者"，也要兼任时代的"实践者"。在中国的大片沃土上，播种思想的种子（理论），勤勤恳恳地耕耘（实践），建构"理论—实践"的双向循环机制。

"活教育"思想对当代幼儿教育的意义与启示

黄子恬[1]

（浙江师范大学，金华，321000）

摘要：中国现代幼儿教育奠基人陈鹤琴的"活教育"思想，针砭时弊、直击现实困境，其目的论、课程论及方法论的影响巨大，对新时代幼儿教育具有重大的理论价值和实践价值，也为新时代幼儿教育改革和幼儿健康成长提供经验启示。

---

[1] 作者：黄子恬，浙江义乌人，浙江师范大学小学教育专业硕士研究生。

关键词： 陈鹤琴；"活教育"思想；幼儿教育；理论价值；实践价值；经验启示

陈鹤琴投身幼儿教育，积极开展各项幼儿教育实验研究，是中国现代幼儿教育的先驱。他被誉为"中国的福禄贝尔"和"中国幼教之父"，是中国幼儿教育发展历程中的一面示范性旗帜。"活教育"是其先进教育观点的高度凝练与体现，对我国的幼儿教育影响深远。

"活教育"主要有"目的论、课程论、方法论"三大纲领性内容。这是陈老长时间从事幼儿教育探索的经验汇总，也是中外教育思想碰撞的产物。在这个意义上，"活教育"思想不仅理论基础深厚，实践操作性也很适合。

陈鹤琴时代的幼儿教育，在中国可以说是"一片荒漠"。他致力于中国幼儿教育的本土化发展，拒绝完全西化的幼儿教育，采用科学方法和手段，不断地完善幼儿教育课程形式、教学方法及教学内容，在学习外国先进教育理念、举措的基础上，构建更符合中国国情的幼儿教育[①]。

"活教育"思想依据实际，以幼儿为中心，摆脱传统幼儿教育观念的束缚，遵循幼儿心理发展规律，培养真正意义上的"人"。同时将"大自然、大社会"作为"活"教材，鼓励幼儿通过亲身体验、实践锻炼的方式，从"做"中学。在新时代背景下，陈鹤琴的"活教育"思想对幼儿教育发展有何价值，需要新的审视与思考。

一、"活教育"对新时代幼儿教育的理论价值

陈鹤琴的"活教育"思想以"活"为中心，以"做"为方法，以"育"为根本，兼具实践性、适用性和创新性，兼具教育意义和实践启示，对当前的幼儿教育改革提供了理论层面的借鉴，对中国的幼儿教育事业产生了深远影响。

（一）以"活"为中心

以"大自然、大社会"为活教材的课程论，反对传统幼儿教育以纸质书本作

---

① 张洋.陈鹤琴幼儿教育思想对我国学前教育的启示[J].文教资料，2021（12）：164—165.

为幼儿学习的主要启蒙材料,转变旧教育观念。同苏霍姆林斯基一样,陈鹤琴也强调大自然的作用,重视幼儿回归大自然的重要性,强调幼儿只有在大自然中学习和劳动所获得的知识才是最直观、最直接、最真实的知识。为此,他并不否认书中所提供的知识,而是反对将以文字为主要载体的书本作为幼儿的教材。

陈鹤琴鼓励幼儿与大自然、大社会直接接触,在他看来,只有大自然、大社会才是鲜活的,才是能直观感受的"活教材"。为此,陈鹤琴提倡把通过书籍获得的间接知识和从大自然中获得的直接生活经验相融合。例如,陈鹤琴在向幼儿介绍壁虎时,会带孩子们去大自然中观察真实的壁虎,了解其外观及爬行方式等,特别是在对壁虎各个身体部位研究中,鼓励孩子们用手触摸,进一步激发幼儿的好奇心和对未知事物的兴趣。一句话,"耳听为虚,眼见为实,手动为真",只有这样获得的知识才是真实的[①]。

陈鹤琴倡导的以"活动和单元"为中心的课程形式,提出只有亲身体验参与的课程形式才能真正符合幼儿的天性和身心发展规律。这一做法与当时旧式学科分开独立组织、互不关联的传统课程形式,形成鲜明的对比。这就好比一只手的五个手指,既紧密相连,又有各自特点,因而以"活动和单元"为中心的课程形式又被称为"五指活动"课程。具体如图1所示,这五种活动虽然各具特色,但是一个整体,体现了整合的教育思想,形成了多方的教育合力,从而进一步促进幼儿心智和身体的发展。

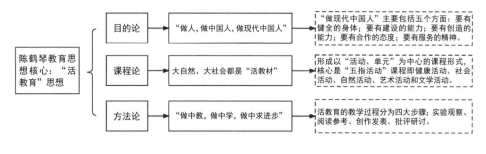

图 1 陈鹤琴"活教育"思想主要内容体系

---

① 张洋.陈鹤琴幼儿教育思想对我国学前教育的启示[J].文教资料,2021(12):164—165.

（二）以"做"为方法

"活教育"的方法论强调"做"是最基本的方法，其基本原则如图1所示，进一步确立了幼儿的主体地位，鼓励幼儿通过多感官参与体验来认知新鲜事物，在"做"的过程中幼儿便能获得相关知识和直接经验。在一定程度和意义上，教学的游戏化也是"做中教，做中学，做中求进步"实际运用的具体体现。

由于缺乏教师指导的"做"，学生更容易偏离学习的方向而产生盲目性。为此，陈鹤琴将"活教育"教学全程大致分为图1所示的四个部分。在他看来，"活教育"的四个教学步骤是不可分割的一个统一整体。

"活教育"的目的论，具体内容如图1所示，陈鹤琴将"做人教育"当成"活教育"目的论的行为准则[1]。在他看来，把教育目的归为"做现代中国人"，应具备如图1所示的体现为德育、智育和体育三个方面综合发展要求的五个方面条件，其中"要有健全的身体"是首要条件[2]。"活教育"的教学原则建立在教育学原理、儿童心理学和自身认知经验基础之上，以"做"为基础，借助多感官参与实践活动，全面激发学生学习兴趣和积极主动性。

（三）以"育"为根本

教育的根本目的是教书育人。陈鹤琴认为只有通过教育才能全面提高国民的整体素质，才有振兴民族的希望。"活教育"理论吸收了古今中外优秀的教育思想，结合中国的教育实际而形成，致力于幼儿教育的有序开展，探究如何实现真正的育人价值[3]。"活教育"理论特别强调教师教"活"书、学生读"活"书，这是其口号的一部分。

在师生关系方面，"活教育"强调应以幼儿为主体，在教育方式上提倡诱导启发、循循善诱、积极鼓励，从而更好地发挥教育的育人功能。陈鹤琴主张幼儿教育应以德育为主、智育为辅，不能主次颠倒。为此，教师要以身作则，用实际行动和

① 苏刚，庄云旭.陈鹤琴活教育理论及其现代价值[J].现代教育科学，2008（6）：98—99.

② 张洋.陈鹤琴幼儿教育思想对我国学前教育的启示[J].文教资料，2021（12）：164—165.

③ 项雯纤.运用陈鹤琴"活教育"理论推动当代幼儿教育改革创新的路径探索[J].课堂内外·教师版（初等教育），2020（11）：157.

教育性语言，为幼儿树立榜样。"活教育"鼓励从日常点滴小事做起，培育儿童勤劳节俭、友爱互助、尊老爱幼、热爱学习等优秀品格。

二、"活教育"对新时代幼儿教育的实践价值

陈鹤琴是一位实干的理论家，他亲身力行，深入幼儿教育教学第一线，从实际观察和实践活动中获得直接知识经验。因此，他主张理论联系实际，"活教育"应将幼儿的直观经验和书本的间接知识进行相互融合，遵循循序渐进的原则，做真正意义上的"人"。于是，陈鹤琴探寻着一条具有中国特色的幼儿教育之路，对当下的幼儿教育改革有着实践层面的重要借鉴意义。

（一）在实践中获取"直接经验"

陈鹤琴早年在美留学期间，受杜威"实用主义"观点影响很大，重视教学实践的重要性和学习主体对直接经验的获得。陈鹤琴认为，幼儿的学习应走出室内，走进大自然和社会，积极主动地参与各种实践活动，注重幼儿的亲身体验和多感官参与所获得的直接经验，并以实物为具体研究对象，发挥纸质书本的辅助参考作用[1]。无论是"活教育"，还是"实用主义"，幼儿亲身实践和直接感知获取经验的重要性都不言而喻，正所谓"眼过千遍，不如手过一遍"。"活教育"遵循的教育方式，即引导学生在实际实践活动中学习技巧和技能，获取一定技巧和技能的直接经验和间接知识。在亲身实践和动手操作中，教师指导并帮助幼儿发展动手能力，提高其问题解决能力，为接下来的发现问题和解决问题，奠定重要的实践基础。

（二）在实践中遵从"循序渐进"

"活教育"思想目的论遵从一定的循序渐进原则。幼儿的身心成长有一定的发展规律和年龄阶段特点，为此，切忌急功近利的"拔苗助长"式教育方法，否则结果只能适得其反，不仅违背了幼儿身心发展的规律，还破坏了幼儿的天性，对幼儿既有生活经验以及个体差异未能加以充分考虑、未能适时给予幼儿适当的激励、未能发现幼儿的"最近发展区"，不能促使其真正发展[2]。可见，远离幼儿

---

① 徐希玲.陈鹤琴"活教育"思想对幼儿教育的影响[J].新智慧,2019(28):117.

② 同上.

实际生活经验，强行灌输脱离实践的理论知识，定然妨碍幼儿真正理解知识的确切含义，难以唤醒幼儿的学习兴趣，从而造成幼儿排斥、抵触知识的不良后果。因此，在实际教学中，教师应选择幼儿感兴趣的事物、话题和教具，基于幼儿既有的认知经验，循序渐进地引导幼儿，发现问题、探索问题、解决问题，全面拓宽和增加幼儿的视野和生活经验。

（三）在实践中做真正意义"人"

"做人教育"与教育的根本目的——"教幼儿学会做人"观点基本一致，陈鹤琴主张教育的根本目的并不是简单地向幼儿传授书本上的枯燥知识，而是培养幼儿学会如何做"人"。新时代下的幼儿教育，不仅注重培养幼儿在实践活动中如何成为真正意义上的"人"，也注重幼儿"德智体美劳"各方面的均衡发展；不仅关注幼儿身体健康的发育，也关注幼儿心理健康及道德情感的良性发展。于是，好的教育为幼儿个体身心健康和谐发展营造良好环境，有助于幼儿在实践中获得较多的直接生活经验，为幼儿长大成为真正意义的"人"打下坚实的基础。陈鹤琴提出的"做人教育"体现了以人为本、以国家民族为重、以时代进步为追求的目标，是新时代幼儿教育改革所应坚持的理念和追求的目标①。

三、"活教育"对新时代幼儿教育的现实启示

基于中国国情，以幼儿身心发展规律为前提的幼儿"活教育"思想，重视家庭教育的作用，贴近幼儿的生活经验，提倡多样化教学方法，这不仅为学前教育一线教师提供了有力的指引，也为现今我国幼儿教育实践改革和更新幼儿教育理念方面，提供了重要的现实层面的指导。

（一）重视家庭教育的作用

陈鹤琴非常重视家庭教育，他认为学校教育需要家长的积极配合，才能取得事半功倍的教育效果，形成家校合力，实现家校共育。由于幼儿在早期接受的家庭教育影响着其未来一生的发展，可见家庭教育对幼儿具有重要的奠基作用。另外，在幼儿的教育目标上，家长应摆脱以"小家"为中心的束缚，树立"为国而教"

---

① 张洋. 陈鹤琴幼儿教育思想对我国学前教育的启示 [J]. 文教资料，2021（12）：164—165.

的大教育观，实现由"个人型"向"国家型"的转变，将孩子培养成对国家有贡献的人，在这个意义上，家庭教育与学校教育目标一致，因此，家庭教育也担负着培养幼儿"德智体美劳"全面发展的重要任务。真正的家庭教育对父母的要求就在于，父母要尊重儿童的独立人格；父母之间的教育步调应保持一致；父母应给予幼儿真正的爱[1]。当下社会，一些父母采取"鸡娃式教育"，为了不让自家孩子输在起跑线上，过早过多地学习了大量脱离实践的理论知识，导致孩子性格的扭曲，萌发极端行为等严重不良后果；另一些极端父母对孩子的教育置之不理，在他们看来，教育孩子是学校和教师所应承担的责任，与父母无关。于是，在一定程度上，纵容了孩子不良行为的滋生和不良习惯的养成。因此，父母应定位好自己在家庭中的教育角色，真正地了解自己的孩子，设身处地地理解自己的孩子，借助家庭教育助力孩子实现更好、更快、更高地发展。

（二）贴近幼儿的生活经验

教育既源于生活，又超越生活。幼儿教育在人的一生中有着重要的作用，是人成长过程中的一个重要开端。处于幼儿期的人可塑性极强，因此幼儿阶段是塑造人生观、价值观和世界观的重要教育阶段。"活教育"引导幼儿主动了解、感知周遭自然环境和社会环境，远离电子产品和网络世界的侵害。"活教育"立足大自然的丰富多彩，强调教学内容的选择和教材的选取都需要顺应幼儿天性、符合幼儿身心发展规律和社会发展。陈鹤琴强调培养幼儿良好行为习惯的重要性。然而，当下的父母和教师亲力亲为，造成幼儿生活常识薄弱。为了让幼儿学会如何生活，学会做一些力所能及的事情，培养其良好生活和学习习惯[2]，"活教育"从幼儿现有认知经验出发，唤醒幼儿学习欲望，设计贴近幼儿生活经验，容易接受理解的课程，帮助幼儿真正地理解课程知识。同时引导幼儿在生活中做到尊重他人，用多种方式引导幼儿了解遵循基本的社会行为准则。这在一定程度上有助于幼儿形成良好的规则意识，约束幼儿的不良行为，从而提高幼儿的道德认识和智力水平，使得幼儿的身体和心理都得到长足的发展。

---

① 唐秋怡. 基于陈鹤琴家庭教育理论对儿童教育的研究 [J]. 基础教育研究，2022(6)：86—88.
② 刘静. 论陈鹤琴幼儿教育思想的现实意义 [J]. 亚太教育，2016(12).

（三）提倡多样化教学方法

"活教育"提倡"和谐相处、相互促进"的师幼关系。当下社会，教师虐待幼童的新闻时有发生，令人发怒。幼儿教师应充分尊重幼儿，意识到与幼儿之间的合作互助的平等关系。与此同时，教师还应当寻求多样化的教学方法，譬如"玩游戏、讲故事、做手工"等游戏活动，充分调动幼儿的学习兴趣，摒弃"书本是万能的"错误观念，摆脱传统单调、枯燥、死板的教育观念，将各种课程进行有效大融合，形成有条理、有体系的课程系统。随着教学内容改变，课堂开展形式也应随之改变，通过增加教师与幼儿互动频率，加强幼儿和教师间的信任感。陈鹤琴曾说过"游戏是幼儿的第二生命，是幼儿的天性使然"，因此教师应多用游戏的形式来激发幼儿的学习兴趣。可见，教学游戏化顺应幼儿爱玩好动天性的必然要求，将游戏融入教学，使教学变得生动有趣，将单纯的玩耍转变为富有艺术的教育，引导幼儿在游戏的过程中，通过"做中学，学中做"获取一定的理论知识和实践经验。游戏教学适应幼儿的天性，培养幼儿的学习兴趣，促进学习效率的提高。在游戏教学过程中，教师应鼓励幼儿多感官参与活动，积极融入自然与社会，学习新知识、保持健康身体；教师应有意识设计有意义的活动来增强幼儿身体素质，保护幼儿受教育的权利和机会。

四、结语

陈鹤琴一生都在践行："我爱儿童，儿童也爱我。"无论是学校教育还是家庭教育，无论是登台授课还是伏案写作，陈鹤琴对幼儿教育相关问题的深入研究，形成了新颖、科学和独具特色的"活教育"思想体系。现在中国儿童教育困难还有很多，有待进一步改进和完善。在新时代背景下，通过当下的热烈讨论和持续探索，充分挖掘能够呈现陈鹤琴"活教育"精髓的实践资源，对幼儿教育的现实启示意义重大。人们应用辩证发展的眼光，讨论陈鹤琴先进教育思想对现在幼儿教育的意义，应从不同角度参考借鉴，把握新时代幼儿教育发展的"变"与"不变"，为当前幼儿教育改革和幼儿的健康成长，提供一定的参考和借鉴。

"活教育"思想历史渊源与现实意义

于晨清[①]

（浙江师范大学，金华，321000）

摘要： 作为中国近代幼儿教育的奠基人，陈鹤琴的"活教育"理论萌芽与发展的历程，与他童年时代的家庭生活、青年时期的求学经历以及当时的时代背景都有着密切的联系。研究陈鹤琴"活教育"理论的历史渊源及其对现代幼儿教育的启示意义重大，它能帮助我们很好地把握"活教育"理论的精髓，并将其发扬光大，进而推动我国的教育事业的蓬勃发展。

关键词： 实践性；先进有效；历久弥新；见解独特

陈鹤琴先生是中国教育史上光辉璀璨的明星，在中国教育现代化旅程中发挥着重要的推进作用。尤其是他提出了一套较为完整的"活教育"理论体系，为未来我国幼儿教育理论的持续发展夯实了根基。

1892年，陈鹤琴出生于上虞一个衰败的商人家庭，在中西方文化强烈对流冲击的情况下，他对自己幼时在私塾中经历的刻板僵化的教育进行了深刻反思，认识到改变当前的教育局面迫在眉睫，同时也明确了自己的人生理想：用教育拯救国家。

1919年，求学在外的陈鹤琴接到南京高等师范学校的邀请，希望其回国任教。怀揣着报效祖国与人民的理想，陈鹤琴结束了国外的求学之旅来到南京，开启了他的教学生涯。在杜威进步主义教育与其他志同道合的教育同伴的影响与支持下，陈鹤琴渐渐形成了属于自己的成熟的教育观，并以自己的孩子为研究对象来探析幼儿心理发展成长的规律与特点。在陪伴孩子成长的过程中，陈

---

① 作者：于晨清，浙江金华人，浙江师范大学小学教育专业硕士研究生。

鹤琴认识到当时的家庭教育不足以支撑孩童的成长需求，亟须开展专门的孩童教育来弥补这一缺陷。于是，陈鹤琴在南京开办了中国第一个幼儿研究中心——南京鼓楼幼稚园，《我们的主张》《家庭教育》等一系列教育理论著作也陆续发表，陶行知先生的晓庄学院此时也成为陈鹤琴落实其教育理念的重要实践地。在这样的教育试验下，"活教育"逐步有了雏形，并于1940年在江西实验幼师正式开展"活教育"的教学改革①。1941年《活教育》月刊的创立标志着"活教育"理论的正式诞生。

一、"活教育"理论体系的源头与发展

陈鹤琴的活教育理论的提出与其家庭成长、求学经历以及他身处的时代背景都有着密切的关系。陈鹤琴关于幼儿教育的探索正处在新文化运动时期，"变革"是当时的主旋律。处于这种时代背景之下，陈鹤琴对幼儿教育进行独立思考，进而形成了一套"活教育理论"②。

"活教育"理论的思想体系主要包括三大部分，即目的论、课程论与方法论，这三者的关系可以比喻为船帆、船身和船桨的关系。船帆控制方向，船身承载重量，而船桨使船航行，如同教育目的指导教育实施，课程使教育有实施的载体，而方法使教育落地。

（一）动荡时代需求下的产物：目的论

在目的论上，陈鹤琴提出教育最终是要使人学会"做人、做中国人、做现代中国人"。"做人"一词看似简单却饱含深意，陈鹤琴将其作为教育的根本宗旨与首要任务，强调要"从小教起，从小教好"。从另一层面来说，这也是陈鹤琴在道德教育上的重要思想体现。"做中国人"与"做人"相比多了一个地域框定，这与陈鹤琴当时的生存环境有一定关系。

1892年出生的陈鹤琴成长在国家动荡时期，帝国主义的入侵与国内新思潮的兴起伴随着他的成长。面对民族危亡和封建压迫，国人意识到只有从思想观念

① 田敬义. 教育家陈鹤琴个体成长史研究 [D]. 天津：天津师范大学，2019.

② 金林祥，涂怀京. 陈鹤琴研究的世纪回顾与前瞻 [C]. 纪念《教育史研究》创刊二十周年论文集(1)——教育史学理论及史学史研究 [出版者不详]. 2009：264—272.

上强大起来才能拯救民族危亡、实现中华崛起。新文化运动的到来更是中国一次空前的思想启蒙，此时中国近代教育思想也开始摆脱传统教育文化的束缚，迎来新生时机。这也就能理解当时提出"做中国人"这一教育目的的意义。这不仅承载着陈鹤琴的浓浓爱国情，也是他对未来教育所培养出的人才应具备特性的希冀。"做现代中国人"是教育目的论中层级最高的，他体现了陈鹤琴的全面素质发展教育观。"现代中国人"与当时中国只注重"书呆子"的封建人才培养模式相对，强调当代教育要培养的中国人应当具备五大条件。新时代党的教育方针中需要明确的根本问题为教育应当"培养什么人、怎样培养人、为谁培养人"，这一问题在"活教育"的目的论中得到了很好的回答，它具有时代性、民族性、发展性，直到现在也不过时。

（二）封建体系反省下的效果：课程论

陈鹤琴幼时的童年教育经历是孕育"活教育"中课程论观点的重要路径之一。1899年，七岁的陈鹤琴在当地私塾接受教育，循规蹈矩的学习作息和千篇一律的学习内容拼凑了他的童年时光。枯燥的教学内容与方式使得陈鹤琴明白国家的教育需要改变，而充实的大学时光和海外留学经历帮助陈鹤琴对改进国家教育有了具体的想法和实践。针对国内的旧教育，陈鹤琴提出要以大自然、大社会为"活教材"，强化课程的生活性和现实性，将课程分为儿童健康活动、社会活动、自然活动、艺术活动和文学活动。"健康"可对应"体"，"文学"可对应"智"，"自然"可对应"劳"，"社会"可对应"德"，"艺术"可对应"美"，德智体美劳是一个儿童全面成长的必备品，也是当今素质教育的心之所望。陈鹤琴在《活教育的目的》中提到，有健全的身体才能承担建设现代中国的伟大事业，有建设的能力才能适应国家的需要，建设能力大到文化传承，小到道路修筑，无论是哪一种都需要建设者充分的知识储备与实践能力，因此为了国家的未来与人才的发展，"活教育"理论所提到的课程应当源于生活、自然，落于多方、多途。

（三）灵活教育推行下的保证：方法论

陈鹤琴先生拒绝传统的死教育，指出教育要灵活，强调学习的实践性。早年在国外，杜威、克伯屈的先进教学法等对陈鹤琴的教育思想有巨大的启发，而陶行知的"教学做合一"也成为其落实"活教育思想"的借鉴灵感之一。"活教育"理论提到，儿童的学习要"做中教，做中学，做中求进步"，并提出要以儿童的现实生活经验和自身兴趣来选择"做"的内容与场所。"要把小孩看作小孩，不可妄想缩短他做小孩的时期，不可剥夺他在小孩时期中应该享受的权利。"①处于孩童时期的学生具有较强的求知欲和行动力，因此如果需要收获较好的教学效果，则需要给予学生充分的学习主体性和实践性，帮助学生在学习中有更多的亲身体验，刺激学生形成"我是自己学习的主人"的意识。

在这样的教育观念指引下，陈鹤琴将"实验观察—阅读参考—发表创作—批评研讨"作为落实教学的四个步骤。①实验观察，指的是将现实生活作为学习的对象，学生通过调动自身五官在现实环境中寻找并获得"活的"直接经验；②阅读参考，即学生要在自身寻找到的直接经验基础上阅读课外书籍或材料，从而收获间接经验，充实知识储备；③发表创作，需要学生学会将自己的直接经验和间接经验充分融合，通过充分调动主观能动性将知识转为书面表达出来；④批评研讨，作为教学过程的最后一环节，起着总结延伸的作用，它旨在通过教师与学生的合作反思，寻找学习过程中的优缺点，不断进步。以上四大教学过程体现思维的逐层提升，并都有一共同点，即都牢牢紧握方法论中的"做"字，强调学生的学习主动性和参与性。

总之，活教育理论的三大组成部分皆有其产生的原因与意义。在完整的理论体系的形成过程中，无数的教育试验与思想更新促进着理论的进步与发展。并且在之后的教育实践中，陈鹤琴持续不断地将活教育理论应用于幼儿教育，甚至突破幼稚教育范围，为小学教育、中学教育等提供先进有效的教学观念。

二、"活教育"理论的特点

从 20 世纪 20 年代前后开始，随着时代和社会的发展，陈鹤琴努力为本土儿童创造教育机会，十余年间先后创办了多所小学和幼稚园，陈鹤琴取其精华去其

---

① 刘军豪. 陈鹤琴家庭劳动教育思想的内涵、原则与路径 [J]. 陕西学前师范学院学报,2020:4—21.

糟粕，在保留国内传统教育优秀之处的同时积极吸收国外进步的教育思想，结合时代特点与需求将"活教育"与新的儿童教育有效融合，辩证灵活地将"活教育"的价值发挥到极致，直到 20 世纪 40 年代末，"活教育"才真正拥有了属于自己的系统科学的理论体系。"活教育"理论的诞生虽远在 20 世纪 40 年代，但它生生不息存于至今，这与它自身所具有的特点分不开。

（一）鲜明民族性——教育更新的基础

"活教育"理论是陈鹤琴在救亡图存的时代特性下逐步形成的，目的论中的"做人、做中国人、做现代中国人"体现了这一教育理论的鲜明民族性与时代性。虽然陈鹤琴的教育思想与其国外的教育经历有很大的关系，但是因幼年时期长达六年的私塾教育，祖国伟大深厚的传统文化也使得陈鹤琴能辩证看待东西方各自的教育优势。在提出目的论的相关观点时，陈鹤琴强调："这是中国教育的唯一特点，不苟同于其他各国的教育目的。"[①] 其中的"中国""现代"二词充分体现了本国本民族的需求与特点。例如，在"做现代中国人"所需具备的条件中，陈鹤琴提到其中一大条件是拥有健全的身体，这与以往国民被讥笑为"东亚病夫"有一定的关系。而另一大特点是能够合作，陈鹤琴提出这一观点的原因是他认为中国人的个性较强，喜欢各自为政，以陈嘉庚的失败经历为教训，他认为从小就要锻炼小朋友的合作能力，这样才能让他们成为国家的主人。可见，有效的教育观点必定是以国家的基本国情为基础的，具有鲜明的民族性与时代性的教育思想与观点是其历久弥新的关键法宝。

（二）多重试验性——教育扎根的途径

任何教育的改革都需要经历的一个过程就是问题的发现，有了问题才有动力，有了动力才有解决的方案。陈鹤琴先生的"活教育"理论生根于国家需要进步的年代，发展于国家能够进步的时代。在传统封建的旧教育与进步创新的新教育碰撞之时，陈鹤琴没有将西方教育照搬照抄，而是在能够吸取的前提下将新旧教育各自的优点充分融合，并积极创办具有中国本土特色的幼儿学校，将理论付诸实

---

① 龚诗昆. 谈陈鹤琴活教育思想与《思想道德修养与法律基础》课程改革 [J]. 学理论, 2010.

践，去验证、去发展。自1919年回国任教之后，陈鹤琴与陶行知等人倡导"自治"学习，创办鼓楼幼稚园，并将自己的儿童教育观点融进现实，创建中华儿童教育社，从事与儿童相关的学术研究，等等。直到20世纪30年代，"活教育"理论体系才得以构建成型。可见，陈鹤琴的教育思想体系不是无根基的，在其正式诞生之前早已经历多层试验与考证，正因如此，"活教育"理论的地位才如此坚不可摧。

三、"活教育"理论的现实启示

"活教育"思想延续至今，无论是目的论、课程论还是方法论，每一个观点不仅适合当时的时代发展，在现今的教育发展中也占有一席之地，与党对教育事业提出的要求"志同道合"[①]。虽然它的提出一开始是针对幼儿教育的，但事实上对每一阶段的教育都有非常大的借鉴价值。在对活教育理论的思考下，有两点值得我们审思。

（一）"爱国主义"是教育的根基

爱国主义是中华民族精神的核心，是党和人民的使命与追求。在内忧外患的时刻，是陈鹤琴内心的爱国之情激励着他心连家国，脚踏家土，在怀着拯救祖国的愿望中不断前进汲取养分，由此闯出了一条属于中国的教育道路。百年前陈老提出"做人、做中国人、做现代中国人"的教育目的论，可见其早已发现爱国主义的重要性，因此将其作为教育的目的[②]。当前在中国共产党的带领下，中国"要坚定走中国特色社会主义道路，坚持'四个自信'"，而这些"自信"的产生来源于内心的爱国情怀。当前的教育重视道德教育，则更需重视德育中的爱国主义教育。一线教育应当将爱国主义教育作为基础教育的重要更新方向，将爱国主义融入日常教学并积极组织爱国主义教育的相关活动，例如，显性的爱国教育可以是升国旗，隐性的爱国教育可以是助人为乐以助社会平安的教导。爱国不是口号，而是行动，幼儿教育处在中国教育阵线的前头，因此应当更加注重。

---

① 苏刚，庄云旭. 陈鹤琴活教育理论及其现代价值 [J]. 现代教育科学，2008 (12)：98—100.

② 陈鹤琴. 活教育的目的 [J]. 教育，2009 (19)：60.

（二）"做"要突破课堂加强与社会的联系

陈鹤琴以五指活动作为实施"活教育"的重要载体，涉及自然、文学、艺术等学习内容，而将这些学习内容真正落实靠的却是"做中教，做中学，做中求进步"。《儿童的一百种语言》一书中说："教师在幼儿的教育中扮演着支持者、引导者和合作者的角色，要充分尊重幼儿，就要给予幼儿探索表达的空间。""做"一词大部分人对它的理解主要集中于其本身的意思，即动手操作、亲身体验，而对于动手操作、亲身体验的环境却鲜有注意。陈鹤琴将儿童的学习空间扩大至社会和自然，增强了教育的灵活性，使教育免于书本局限之苦。但当前的许多学校将学生在五育方面的学习操作局限于课堂，有时实践范围最大也只是校园。反思一下，这样的教育是否真正能帮助学生树立宽广的学习观与知识观，将"做"扩大至社会与自然，应当成为我们前进的方向。但对于基础教育的任务而言，实践场地的扩大对课时的影响非常大，这一道路的"前进"任重而道远。

四、结语

"我爱儿童，儿童也爱我。"陈鹤琴去世前留下了这样一句话，短短九个字，蕴含着深深教育情。陈鹤琴的一生都与教育联结在一起，对于他来说，教育不是一份工作，不是一项任务，是跨越万水千山汹涌浪流而后峰回路转的希望，是经历漫漫长路日暮途穷而后冰解冻释的坚持。"活教育"理论的产生离不开陈鹤琴对教育的独特见解以及泽被天下的胸怀。他充分考虑当时的时代特征与需求，在杜威进步主义教育的影响下，逐步构建出适合自己国家社会的"活教育"。虽然"活教育"理论距今已有将近一百年的时间，但它却与新时代中国特色社会主义下的教育方针和目的紧紧贴合，具有充分的灵活性与现实性。无论是过去还是未来，"活教育"依旧会在教育长河中熠熠生辉，陈鹤琴先生也将会如同璀璨明星般在教育史上千古留名。

浅谈陈鹤琴"活教育"思想的当代实践价值

王泽 ①

（浙江师范大学，金华，321000）

摘要：拥有赤子心，筑梦教育魂。陈鹤琴先生重视儿童教育，苦心钻研，为中国教育发展作出了巨大贡献。在展望新发展面对新挑战的今天，关心和研究儿童发展越发重要，我们应当重视并吸取陈鹤琴先生"活教育"思想的精髓，将其应用在如今的教育过程中。近年来，有学者呼吁"回归到陈鹤琴"便回应了这一点。那么教育为何以及如何从儿童抓起呢？"中国幼教之父"陈鹤琴先生提出的"活教育"思想为我们指明了方向，笔者认为其对当代中国教育学的实践启示可归结为：做人，做事，做学问。

关键词：陈鹤琴；活教育思想；儿童发展；当代实践价值

一、做人：立德树人，升华自身，裨益社会

"做人，做中国人，做现代中国人"是陈鹤琴先生对儿童应当发展成什么样的人的思考，即教育的目的是人的生长和人的发展。陈鹤琴这一教育目的的提出体现了国外教育思想的中国化。陈鹤琴先生认为人是社会性的高级动物，生活在社会大环境中就需要具备社会特性，于是他提出要"做中国人，做现代中国人"，我们自出生就处于同一大环境，作为中国人，我们必须热爱自己的国家，为中国现代化作出自己的贡献。

在互联网时代，移动学习模式打破了传统教育时空的局限，多元化学习方式更是为学习者提供了"生长和发展"的机会，而当今许多孩童出生便成了数字化原著居民，传统文化与现代文化的交替、外来文化对传统文化的冲击都给青年一

---

① 作者：王泽，浙江金华人，浙江师范大学教育技术专业硕士研究生。

代提供了多元价值观。然而，网络是一个开放的公共空间，任何积极或消极的思想都可能寄居在互联网上，在这种情况下，青少年的道德观念将受到冲击。例如，河南某高中的一名女教师被"网暴"去世，温柔热情的老师在网络直播上课的过程中遇到未成年的"恶魔"，他们在课堂上播放吵闹的音乐，通过污言秽语、人身攻击搅乱正常的课堂秩序，其恶俗程度令人震惊。这些屏幕背后的"作恶者"，他们都曾是教师眼中"祖国的花朵"，在教师精心培育下为何还会发生此类悲剧？韩愈有曰：师者，传道授业解惑也。作为教书育人的工匠，现代教师真正做好了传道和育人工作了吗？唯分数论的片面教育让我们得知当前教育重视知识灌输而忽视了德性培育。

陈鹤琴先生从三个不同层面论述了"做人"应具备的基本素养。一般来说，人必须具有仁爱之心、共情心、倾向公正心、助人为乐之心，品德高尚、人格健全、习惯良好亦是做人的原则；作为中国人，必须认识到国家的命运与自己息息相关，拥有着共同人文精神的中国人应当团结一致，为了共同的目标而奋斗；作为现代中国人，必须具备以下五个条件[①]：一是"要有健全的身体"；二是"要有建设的能力"；三是"要有创造的能力"；四是"要能够合作"；五是"要服务"。诚然，陈鹤琴先生提出的"做人"思想是人的生长的起点，也是教育的起点和归宿。而人性本利己，当下国人更是缺乏合作意识，悄悄"内卷"，为了自身利益而损坏集体利益，视他人的服务为理所当然之事，遇事"躺平"、互相"拉踩"的社会现象比比皆是。因此，全社会应齐心协力积极践行和实现立德树人的根本任务。

（一）家庭教育：父母言行需深思，错习陋习要纠正

墨子曰：染于苍则苍，染于黄则黄，所入者变，其色亦变。丝织品如此，教育亦如此。环境是影响人的成长的重要因素之一，陈鹤琴先生认为对儿童的教育应当从其"含苞"时就着手，为避免孩子未来只知利己而不知利人，父母必须科学地进行家庭教育。特别是当下独生子女家庭居多，儿童与同伴接触的机会减少，分享意识不强，亟须父母对孩子做好"利他主义"思想的引导，具体来说：

---

① 陈虹. 陈鹤琴"活教育"目的论的启迪 [J]. 人民教育，2002（12）：19—20.

1. 科学地了解儿童发展的特点

儿童道德发展存在阶段性特征，因此父母有必要先了解儿童道德发展的阶段性特征，依据儿童特征进行针对性的教育。例如，儿童充满好奇心、喜欢模仿，那么父母便可以借助儿童亲身经历的事件对其发问，引发儿童的好奇心并对此发表"态度"，引导孩子树立正确的价值观。

2. 重视父母角色对儿童的影响

俗话说，父母是孩子最好的老师。的确如此，从孩子具有认知能力开始，他们最先接触和认识的就是自己的父母，父母的一言一行都是孩子学习的"教材"。父母具备多重角色。从社会层面来看，父母是学习者，学习先进的、正确的育儿观念，特别是老一辈具有宠溺孩子的思想，家庭内部成员首先应当统一育儿观念，跟孩子交流的语言要恰当、温和，善于倾听且不替孩子做决定，行为举止端庄，做事主动且负责；从学校层面来看，父母是合作者，与学校形成家校合力，父母要主动且及时地与教师沟通孩子的学习和生活情况，发现问题及时合作解决；从孩子层面来看，父母是引导者，要意识到孩子的独立性和个体差异性，尊重孩子，不替孩子做决定，不让口中"别人家的孩子"湮灭了孩子的自信。

3. 善于利用生活场景

陈鹤琴先生认为生活是最好的德育场域，父母与子女的互相尊重、彬彬有礼、信守诺言和关心爱护之间无不渗透着德育的影子[①]。比如，当孩子表现出正确的道德行为时，父母要及时表扬和肯定，使得此类行为得到正强化；当孩子违背道德准则时，不要一味责怪，而是耐心倾听孩子的想法，帮助孩子分析事情背后的原因，并使其认识到事情的严重后果，引导孩子改正，在具体情境中帮孩子树立是非、善恶的观念。

（二）学校教育：德育教育需重视，师德榜样要树立

"立德树人"是党的十八大提出的教育教学的根本任务，要求学校教育将树正德、立志向作为教学的主要抓手，全面实施素质教育。陈鹤琴先生的"做人"

---

① 吴丹. 陈鹤琴家庭德育思想及启示 [J]. 中学政治教学参考, 2018 (30)：75—76.

教育具有鲜明的示范性和引导性①。欲望学生为君子，自己首当为君子，只有自己为德才兼备之人，学生才能从教师的言行中潜移默化地学习做人的本领，升华自身并施于他人。学校作为学生受教育的主阵地，更应当迎合时代所需，重视并营造良好的教育氛围，打造具有广博的学识和高尚品德的教师队伍，教师要将德育贯穿于整个教育教学的过程中。由"活教育"理论可知，当代教师在进行德育时应注意充分把握幼儿的心理特征。例如，幼儿喜欢课外活动、喜欢被赞扬、喜欢合群，对此教师应当根据学生心理发展的阶段特征安排学习环境、学习活动设备、活动形式等②，为学生尽可能多地提供合作交流的机会。正如皮亚杰道德发展阶段论所言，儿童道德发展过程中会表现出无规则意识、强调个人意愿的自我中心意识、常以表面化的结果判断行为的好坏等。因此，教师在日常教学中，应重视班集体建设，树立班规，树立正面榜样，组织团体合作性的课内和课外活动，提供亲身经历道德判断事件的机会，培养学生的公正观念、利他主义观念，最终使每个人都能够站在他人的角度想问题，富有同情心。

（三）社会教育：良好风气要宣传，法律制度勿忽视

人是社会的人，社会力量对于儿童的发展也起着重要作用。如今，互联网遍布全球，社会相关机构可以利用网络宣传正确的价值观，让儿童在积极健康的能力场中成长，同时，法律可以作为原则的防线，让规则意识深入每一个中国人的骨髓，懂得做人的底线。

二、做事：知行合一，锻造本领，灵活应变

陈鹤琴先生在《活教育要怎样实施》中指出，"活教育"是其结合杜威的"教育即生活""学校即社会"提出的，他认为儿童的学习应当适应社会，教育不仅仅是让学生适应当下的社会，还要赋予学生解决未来难题的能力。那么如何让学生具备这样的能力呢？"活教育"提倡"做中学，做中教，做中求进步"，他认为旧教育受到固定的课程与教材的限制，而不考虑学生的认知基础和经验基础，不考虑环境的适宜性，这种方法只能教育出"书呆子"。因此，我们应从"大自然、

---

① 范丽娜，方建华. 陈鹤琴"做人"教育的基本内涵及育人价值 [J]. 教学与管理，2016（30）：8—10.

② 缪晓静，齐霄阳. 解析陈鹤琴德育教育思想 [J]. 兰台世界，2014（28）：48—49.

大社会"出发，为学生创造具体的学习情境，真正触摸大自然和社会从而获取直接经验，再辅以书本的间接经验，如此学生才不会被困于学校的围墙之中，而是历万事、知世事、做正事。

当下，独生子女居多，他们从小在家庭的呵护下成长，许多人在面对矛盾的时候需要借助周围很多人的力量，而不能独立完成，对事情缺乏自己的思考，这会影响其未来的个人生活和社会工作。即使这些人很会"做人"，能够凭借大家的喜爱联合周围的力量共同解决问题，但这并非行稳致远的根基，若要更好地成长，还是要认认真真做事，把基础打牢，从基层小事做起，练就过硬本领。因此，受陈老"活教育"理念的启发，笔者认为拥有会"做事"的能力非常重要，那么教师应该如何教学生学会做事呢？

（一）注重引导学生兴趣与需求

意愿和需求的产生是学生行动的直接动力，因此在教学过程中，教师应当抓住学生的好奇心和求知欲，在教学情境中设计不同的角色，并赋予角色具体的任务，引导学生明确自己做事的目的。当学生对事件有了明确的认知，便会使用元认知对做事的过程进行监测和调整，那么学生"做成事"的概率就更大。

（二）教会学生解决问题的方法

面对同样的问题，不同的学生也许会选用不同的方法去解决，虽然问题最终都会被解决，但效率不同可能会导致最终结果的不同。我们常常强调要教会学生独立解决问题，这无疑是值得提倡的，但课堂是一个整体，在缺乏组织和规则的条件下，许多事情是学生个体做不到的。因此，教师更应引导学生合作，合作的过程不仅诱发学生懂得倾听他人的观点，也给学生提供了更多的解题思路，将独立与合作结合使用，会教会学生更加灵活地处理问题。

（三）组织学生积累经验

正如陈鹤琴先生所言："做"即是知行合一，只有理论与实践得以结合，知识与技能才能得以结合，因此教师要善于观察和利用日常教学中的典型案例，引导学生分析事件的结果是什么，为什么会有这样的结果，如何做才能避免或实现这样的结果。由原因到结果、由特殊到一般地为学生构建做好一件事的完整系统。例如，某学生因帮助同学而翻墙外出被学校处罚，教师首先约谈学生了解原因，接着借助此事召开一次主题班会，向全班学生介绍此事件，让大家一起帮助此同学分析这样的做法不妥在哪里，应当如何做。无论大事小事都能够反映一个人的办事能力，因此我们在做事的时候应该理智地思考想要达到某一结果采用什么样的做法比较恰当，用正确的方法做事才能将事情做好。

三、做学问：学贵有疑，创新钻研，全面发展

面向 21 世纪教育振兴行动计划，国务院明确提出了素质教育，其核心是注重培养学生的问题解决能力和创新能力，为新时代的发展培养创新型人才。而当下"唯分数论"教育理念仍是许多学校教育的主潮流，教师急于灌输，学生被动接收，大学生缺乏自理能力的案例屡见不鲜。陈老在"活教育"理念之教学论中表示，灌输式的课堂呆板无趣，儿童的天性被牢牢地束缚住，教师只是一味地传授知识，对儿童的要求也只是背会即可，这样的教师并未悟出如何教会学生"学问"，学生也无法掌握真正的"学问"。

陈先生认为教育一定要打破死气沉沉的局面。在活教育中，儿童充分享有亲身实践，在生活中、自然中吸取知识的主动权；教师负责引导学生思考，发出"是什么？""为什么？""怎么做？""如果不这样我还能怎么做？"等一系列主动思考的疑问。把儿童作为课堂的主体，让学生在反思实践中学习教材知识、正确价值观，通过思辨性问题培养学生的辩证思维和创新能力。

（一）由"不问"到"会问"，求真务实

让学生主动思考可以从引导学生主动提问开始。当前课堂中或许存在许多学生不敢提问的现象，教师可以通过课后谈心、匿名调查等形式了解学生不敢发问的原因，然后有针对性地引导学生提问。首先，民主和谐的师生关系能够营造无拘无束的课堂氛围，给予学生大胆发问的信心；其次，给学生提供发问的机会是学生主动提问的基础；最后，及时客观的反馈可以增强学生提问的频次。正如陈鹤琴所说："积极正向的鼓励胜过消极否定的惩罚"，教师的鼓励能带给学生主动表达想法的力量。

那么学生仅仅通过提问就可以有效获取学问吗？答案是否定的。提问也是一门艺术，教师还应当引导学生学会有效发问。首先，明确问题的边界，太模糊的问题触碰不到本质，可能只会让学生知其然而不知其所以然；其次，联系生活实际提问，真实的情境能够让学生将知识与现实应用结合，更有利于理论与实践相结合；最后，学会多类型提问，避免学生停留于是非类的简单提问，结合追问型、讨论型提问更有利于深入挖掘真理。

（二）由"会问"到"善问"，审时度势

做学问不囿于课堂，特别是学生到了大学以上的学习阶段，甚至是毕业后自己的学习历程，都会是获取"学问"的过程，因此善于问问题是提高自身能力的一种有效途径。首先，具备反思意识，提问不一定要表达出来，高级思维也是发问的一种形式，我们在做事前可以先在心中问问自己"我应该做什么？用什么工具？我想达到什么结果？什么方法效率最高？"等一些问题，从而做到心中有数；其次，问题角度要开放，如果从横向探究不出结论，便尝试从纵向发问思考；最后，让提问成为一种习惯，善于从自己的生活中发现问题并试图寻找解决问题的方法，乘着时代的小船不断前行。

（三）由"善问"到"追问"，高瞻远瞩

有时，学生或许会听到"合作伙伴"们的想法，这对他们来说问题变成了结果，对于这部分学生，教师可以利用讨论和追问法，有条不紊地引导学生一步步分析问题，从概念到原因再到结论，系统地讲解知识的原委。首先，提供思考的环境，单个学生更容易陷于思想的旋涡，教师可以组织小组合作学习，让学生的认知发生冲突，再给学生解决冲突的机会；其次，扩大活动范围，给学生提供解决跨学科问题的机会，提高学生解决综合问题的能力；最后，设计提问课程，教给学生语言表达的艺术，让学生知道如何有效提问。

做人是做事和做学问的基础。我们通过教育使儿童具备了基本知识和基本技能，但如果儿童不知如何用所学去服务社会、不知如何帮助他人，那么这样的教育是无效教育；若儿童并未真正内化知识，他便缺乏灵活做事的能力；若儿童不能迁移、洞察问题本质，他便缺乏灵活学习的能力。因此，我认为陈老的"活教育"启示我们现代教育要围绕"做人、做事、做学问"进行，我们要培养的不是"书呆子"，也不是不讲人情的"恶魔"，而是能共情、能协作、能创新、能钻研、能奉献的新一代中国人。

新时代小学教育发展的张力及其调适
——基于"活教育"理论的省思

王慧①

（浙江师范大学，金华，321000）

摘要： "活教育"理论是陈鹤琴先生在结合自身教育实践后总结出的一套适合中国国情的教育理论，是其全部教育思想的核心与命脉所在。"活教育"理论不仅在我国教育发展的不同时期发挥着举足轻重的作用，而且在不同学段的教育中也展现出特有的意义和价值。进入新时代，我国愈发重视小学教育的发展，小学阶段是学生身心发展的关键时期，也是实现全面发展至关重要的时期。本文将"活教育"理论与小学教育结合起来，旨在通过对"活教育"理论的审视与反思，总结我国小学教育发展所具备的张力并探索出调适的路径，以期为我国小学教育体系的建设与完善提供借鉴和参考。

关键词： 陈鹤琴"活教育"；新时代；小学教育；价值

我国教育的发展并非一帆风顺，而是在不懈探索之中持续革新的过程。教育也并非一成不变，在不同历史背景下呈现出不同的特点。处于时代之交的教育家们就曾一针见血地指出我国教育发展的"隐疾"，例如，民国时期的教育大家陶行

---

① 作者：王慧，河南安阳人，浙江师范大学课程与教学论专业硕士研究生。

知先生就曾提到："中国教育的症结在于一个字'死'，无论是传统教育，还是清末以来的所谓洋学堂教育，依然延续着科举传统——死读书、读死书和读书死，迷信书本教育。"① 同时期，我国著名的教育家、儿童心理学家和儿童教育专家陈鹤琴先生，则就此问题在儿童心理、家庭教育、幼儿教育、小学教育、特殊儿童教育等方面进行了开拓性的研究，旨在找到适配中国国情、符合儿童发展的本土化、合理化、普遍化的幼儿教育路径，并在此过程中形成了具有划时代意义的"活教育"理论。其理论的内核主要体现在《儿童心理之研究》《家庭教育》《语体文应用字汇》等书，以及《幼稚教育》《儿童教育》《小学教师》《活教育》等刊物中②。本文主要介绍陈鹤琴先生"活教育"理论的内涵以及其有关小学教育的内容，结合我国当前小学教育发展的现状，为之后小学教育的发展提供启发。

一、陈鹤琴"活教育"理论的价值意蕴

1946年，陈鹤琴提出"活教育"的三大目标：做人，做中国人，做现代中国人；大自然，大社会，都是活教材；做中教，做中学，做中求进步③。这三大目标集目的论、课程论、方法论于一体，具有时代性、进步性、指导性特点，对我国教育产生了深远影响。

（一）目的论：做人，做中国人，做现代中国人

陈鹤琴"活教育"的核心是培养和完善人格，让儿童成为更好的人。在2022年召开的党的二十大报告中，特别强调要"办好人民满意的教育，全面贯彻党的教育方针，落实立德树人的根本任务，培养德智体美劳全面发展的社会主义建设者和接班人"，说明我国始终重视在教育中对人的培养。"做人"体现出个体性的特点，主要指教育要教会学生如何待人接物，如何促进个人的全面发展；"做中国人"体现出社会性的特点，主要指教育要教会学生如何去热爱自己的国家，要推动学生形成正确的国家意识；"做现代中国人"体现出时代性的特点，主要指教育要教会学生与时俱进，具备顺应时代变化的现代精神。目的论是"活教育"

---

① 李刚. 从"死教育"到"活的教育"[J]. 南京晓庄学院学报，2010（2）：16—24.

② 中国大百科全书教育卷编委会. 中国大百科全书·教育 [M]. 北京·上海：中国大百科全书出版社，1985：29.

③ 陈鹤琴. 活教育（理论与实施）[M]. 上海：立达图书服务社，1974：前记.

理论之根基，是其开展教育实践的出发点。

（二）课程论：大自然，大社会，都是活教材

陈鹤琴十分看重通过活教材实现"活教育"，他曾提出"这是'活教材'，这是'活知识'，这是'活教育'"①。教育终究要通过课程教学来实施，陈鹤琴的课程论鼓励学生走出教室、走进生活、走进社会，在亲身实践中获得知识、获得经验。在此基础上，他提倡课程内容要来源于生活，并且要符合儿童心理；在学科教学方面，他提出了"五指活动"课程，打破了传统的课程体系，在活动中促进儿童各方面的综合发展，同时也能加强学科间的联系；在教材编写方面，他认为教材应该适应儿童发展，要展现出教学内容的多元性激发学生的学习兴趣；在课程组织方面，课程教学要顺应儿童身心发展规律，坚持以儿童经验为中心。课程论是陈鹤琴"活教育"理论的关键，是其开展教育实践的发力点。

（三）方法论：做中教，做中学，做中求进步

陈鹤琴重视以"做"为主，让学生在实践经验中学习。他曾提到"做了就与事物发生直接的接触，就获得直接经验，就知道做事的困难，就认识事物的性质"②。而且他还将以"做"为中心的方法论分为四个步骤，也就是我们所熟知的"四步教学法"：实验与观察、阅读与参考、发表与创作、批评与研讨。首先，"实验与观察"就是要引导学生在观察实验中获得初步的知识并提出相关问题，培养儿童学习的自主性；其次，"阅读与参考"是第二步，就是要鼓励学生在发现问题后自己通过查阅资料与思考来寻找解决问题的方法；再次，"发表与创作"环节起到连接前两个步骤的作用，能够发展学生的创造思维；最后，"批评与研讨"是最后的步骤，也是学生输出的过程，可以借助小组讨论等方式来完善前期的成果。方法论是陈鹤琴"活教育"中的精华，是其开展教育实践的落脚点。

二、陈鹤琴小学教育研究的主要内容

陈鹤琴先生十分重视小学阶段的教育，结合自己小学时期在私塾里的一些教育经历，他尤其强调："小学教育是国民的教育，是造就人才的开端，是发扬文

① 陈鹤琴. 活教育的教学原则（二）[J]. 活教育，1941（5）：134—135.
② 陈鹤琴. 陈鹤琴全集（第5卷）[M]. 南京：江苏教育出版社，2008：67.

化的始基,所以比中学、大学教育更加重要。国家的发展,青年的前途,全在小学教育的改进。"①其对于小学教育的研究主要体现在四个方面:小学管理、小学各科目教学、小学教材读物以及对于小学教师素养。

(一)小学管理的主要原则

关于小学管理的主要原则,陈鹤琴曾归纳总结为人性化、学术化、规范化和精细化四个方面。①小学管理人性化,是指管理学生和校工时要少用慎用惩罚,并且要给予他们足够的关爱和尊重,坚决杜绝专制化管理,旨在营造良好的校园人际氛围;②小学管理学术化,是指以学术研究精神为指导制定小学管理目标,并且设立专门机构安排专门人员承担教育管理工作,旨在营造良好的校园学术氛围;③小学管理规范化,是指校工的工作要严格依照规定进行,所做的事项都作为考察的方面,教师的专业培训活动也要严格遵循有关要求,旨在营造良好的校园学习氛围;④小学管理精细化,指的是和学校相关的一切事务都列入学校管理的范畴之内,事无巨细都要落实到位,旨在营造良好的校园环境氛围。总结来说,"从细微处入手"是陈鹤琴在小学管理的实践中归纳出的主张和要点。

(二)小学各科目教学的研究

关于小学各科目教学的研究,陈鹤琴曾在《儿童教育》杂志上的《几条重要的原则》中归纳出小学教育的八条重要原则,即:寓学于做;利用和引发学生的动机;用眼的学习比用耳的学习准确;能教学生相互的指导;开始的学习要特别留意特别慎重;练习时要给予充分的注意和指导;分类的比较原则;比赛和游戏。这八项原则分别涉及教学目标的设立、教学过程的实施、教学方法的选择三部分内容。首先,教学目标的设立,包括"寓学于做"以及利用学生动机,教学目标是开展教学的先决条件,对小学各科目的教学来说,最为关键的就是让学生在实践中获得知识并且激发学习动机;其次,教学过程的实施,包括"用眼学习""学生相互指导""留心开始的学习"以及练习时的注意和指导,教学过程的实施是重要内容,对于小学生来说,他们的知识储备不够完善,思维方式也比较单一,

---

① 陈秀云,陈一飞. 陈鹤琴全集(第4卷)[M]. 南京:江苏教育出版社,2008:36.

所以各科教师要特别关注学生的学习进展，发挥学生的主体地位；最后，教学方法的选择，包括"分类比较"以及比赛和游戏，教学方法的选择是关键要素，对小学教学来说，课程内容涉猎广泛，要让小学生吸收各科目的知识就要选择学生可以接受的多样化教学方法，在宽松的氛围中学习。总体来说，"实现学生全面发展"是陈鹤琴在小学各科教学研究中提炼出的目标和旨趣。

（三）小学教材读物的编写

关于小学教材读物的编写，陈鹤琴认为我国小学教材在内容和文字等方面的编写存在诸多违反儿童心理的现象，并指出："旧有的课本，由于宗教势力或其他政治势力有形无形的统治，使它充满了反科学的神话迷信，这是具有强烈毒素的麻醉品，它对于儿童以及整个人类文化的危害是既深且巨的。"① 陈鹤琴曾参与编撰教材300余册，他认为好的教材应该符合以下要求：在内容选择上，要来源于生活激发学生兴趣；在文字呈现上，要通俗易懂便于学生理解；在书本编制上要抓人眼球，具体体现在封面精美、插图贴切、语言简练以及容量适中等方面。作为我国首位编写小学教材的心理学家，陈鹤琴提到："我们要研究所用的教材是否适合儿童的需要，我们更要检讨以往策励将来把所有的教材重新估量。"② 总体来说，"符合儿童需要"是陈鹤琴在小学教材读物编写中概括出的原则和经验。

（四）小学教师素养的论述

关于小学教师素养的论述，陈鹤琴认为小学教师应具备以下几种重要品格：慈母的性情和热爱儿童的心肠；怀疑的态度和研究的精神；利用与改造环境的精神；亲身去做，为人师表；教师之间要精诚合作。他一直把爱儿童作为当教师的首要条件："一个热爱儿童的教师，他是会全心全意地为儿童谋幸福，继续不断地改进自己的工作。反之，一个不热爱儿童的教师，他是不会时时刻刻想到应该如何指导儿童生活，如何使儿童得到更合理的教养的。所以，热爱儿童，是一个做优良教师的起码条件。"③ 首先，教师要具备质疑和研究精神，现在倡导培养"研

① 李可闻. 陈鹤琴小学教育研究之探索 [D]. 大连：辽宁师范大学,2016.

② 陈鹤琴. 发刊词 [J]. 小学教师,1939(1)：1—2.

③ 张凤琴. 世界著名教育思想家陈鹤琴 [M]. 北京：北京师范大学出版社,2012:93.

究型教师",说明对于教师来说,不能只教现成知识,还要注入更多自己的思考,不断发展自身能力;其次,要善于利用与改造环境,教师要具有创造性,小学教师则要更多关注教学环境,因为小学生的思维比较活跃,只有打造良好的教学环境才能帮助学生实现良性发展;再次,要亲身实践为人师表,小学阶段是一个学生成长的关键时期,教师产生的影响甚至会伴随学生一生,所以教师要扮演好自身的角色,当一个好榜样;最后,教师之间要精诚合作,小学科目多而且知识之间会有重合,所以教师之间要及时沟通交流,积极开展跨学科教学,共同促进学生全面发展。总体来说,"教学相长,师生共进"是陈鹤琴在小学教师素养的分析中凝练出的观念和智慧。

三、新时代基于"活教育"理论我国小学教育发展的张力及其调适

我国小学教育的发展跟随时代发展不断变化革新,尤其是在 2022 年实施新课改的背景之下,新政策的出台为小学教育取得长足进步提供了有利条件。但是,在发展的过程中仍然存在一些问题亟待解决、完善。陈鹤琴先生的"活教育"理论以及他关于小学教育的研究在一定程度上可以为我国小学教育的进一步优化提供不竭动力,为解决小学教育中出现的问题提供参考借鉴,为进一步深化小学教育改革提供发展契机。

(一)新时代小学教育发展的张力

1.小学教育处于"教师中心"与"学生中心"的张力之中

步入新时代,虽然在小学教育上我国更加强调"以学生为本",但是在实践过程中仍然不可避免以教师的教为中心的课堂现象的发生。在大部分课堂上都会出现以下情景:教师根据教学目标自顾自讲授,学生则作为被动接受的一方跟着教师的进度学习。似乎教师和学生、学生和学习内容之间都是隔绝的,以教师教为中心的课堂忽略了学生学习的主体性地位,把学生当成了知识的容器,实施一味地控制和灌输,这样的教学往往很难实现教育的真正目标。而且显然,这种教学方式也是违背了陈鹤琴先生"活教育"理论中目的论的要求和宗旨的,不利于发挥学生的自主性。小学教育若处于"教师中心"和"学生中心"的张力之中,

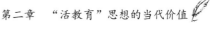

就容易导致师生关系和角色出现混乱。

2. 小学教育处于"方式单一"与"需求多元"的张力之中

目前，我国小学教育大多还是采取填鸭式教学，教师讲完课后让学生读背抄写等，例如，部分小学语文老师为了让学生记住古诗，会让他们多抄写，这样的方式可能会让学生背古诗背得滚瓜烂熟，但是他们对具体的内容可能并不了解。没有适当的背景知识的引入，没有课后的巩固拓展，没有新颖的教学方式，学生可能记住的只是冷冰冰的"死"知识，知其然却不能知其所以然。而对于小学生来说，他们的培养目标不仅仅在于学到多少知识，更重要的是在这个阶段可以养成良好的学习习惯以及为未来的学习和发展打下基础，而单一的教学方式无法满足他们多样的需求。正如陈鹤琴先生"活教育"理论中所倡导的"活教书"，教师只有通过多样的教学方式把知识活化，才能更好地展现出"活知识"的意义和价值。小学教育若处于"方式单一"和"需求多元"的张力之中，就容易造成学生高分低能现象的发生。

3. 小学教育处于"重教材"与"轻实践"的张力之中

教材是教师教学的依据，也是学生学习的主要资料。小学教育也存在教学中过度依赖教材的问题，即重知识传授，而忽视了实践的作用。小学阶段是一个人发展的黄金时期，学生的智力、思维方式、处事能力都在这一阶段获得初步发展，而仅仅学习书本上的内容无法满足学生全面发展的需要。陈鹤琴先生在"活教育"理论中，特别强调了要善于利用大自然和大社会作为"活教材"，鼓励学生在做中学，在亲身实践参与中发展综合能力。所以，学生参加适度的实践活动是有必要的，因为只有在真实的问题情境中，才能锻炼他们应对和解决问题的能力，才能发展和锻炼他们的思维。小学教育若处于"重教材"和"轻实践"的张力之中，就容易引发唯书本至上的不良后果。

（二）新时代小学教育发展的调适

1. 明晰教师角色定位，提升教师职业素养

从教师角度来看，教师需要把课堂的主导权交给学生，以学生为中心，重视发挥学生的主动性，明确教师是学生学习的辅助者的角色定位。同时，教师也应该自主采取措施来提升自身的职业素养。例如，教师可以通过多读资料和文献来不断加强专业知识储备；可以通过积极参加教学培训等方式来不断完善教学技能；还可以通过参加教育教学课题项目来提高教学科研能力。这也是陈鹤琴先生不断强调的"教学相长，师生共进"的要旨所在。只有教师真正做到热爱学生、敬业奉献、为人师表，才能促进师生良性互动，从而实现学生的高质量发展。

2. 厘清学科课程边界，实现教学方式变革

从教学角度来看，小学阶段科目种类多，内容也比较杂，不同科目之间的教学内容也存在重叠和交叉。如果要实现更为有效的课程教学，就要在严格区分课程边界的基础之上，实现不同知识之间的共同发展。例如，2022 年版《义务教育课程标准》中新增加了"跨学科主题学习"板块，就是要求每门学科课程用不少于 10% 的课时来实施跨学科主题学习。这在一定程度上为小学教学提出了更高的要求，也为小学教学提供了一个崭新的思路，小学可以通过开展跨学科教学的方式来实现课程内容之间的融合，进而促进学生对不同知识的理解和掌握。这也是陈鹤琴先生关于课程教学八条原则的精华所在。只有教学方式满足学生多样化的需求，才能提高教学效率，从而保证教学的有效性。

3. 发挥教材指导作用，培养学生家国情怀

从教材角度来看，我国小学阶段的教材呈现出多样化趋势，在编写的过程中也更多关注学生的感官体验以及考虑到学生的接受能力。由于教材是学生接触到的重要资源，教材的质量很大程度上决定了学生学习的质量，所以要充分发挥教材的指导作用，就应克服"唯教材"的倾向。例如，我国目前倡导的"文化自信"，这也对教材编写提出了新的要求，教材内容要积极正面，同时要能展现和发扬中华优良传统文明，能够培养学生的家国情怀。这也是陈鹤琴先生关于教材编写要

顺应社会发展体现文化内涵的要求所在。只有教材坚持民族化的发展方向，发挥出应有的价值和作用，才能产生积极影响，从而推动学生形成正确价值观。

四、结语

陈鹤琴先生倡导的"活教育"是具有中国特色和民族精神的理论体系，蕴含着他对中国教育发展前途的期待。2022年，恰逢陈鹤琴先生诞辰130周年，我们欣喜地看到"活教育"理论以其强大的生命力影响着我国新时代小学教育的发展。我们要将"活教育"理论贯穿小学教育始终，切实做到以"人"为核心，实现立德树人的根本任务；以"活"为理念，促进课程多元化；以"做"为依托，发展实践性教学，在探索中不断挖掘"活教育"理论的深层价值。

陈鹤琴"活教育"思想的理论内涵、时代价值和实施路径

陈璐琪[1] 徐倩[2] 赵欢[3]

（浙江师范大学，金华，321000）

摘要： 陈鹤琴是中国20世纪著名的教育家，他的"活教育"思想体系是一个完整的理论体系，主要包括目的论、课程论以及教学论，其理论知识对于当今教育改革具有重要理论意义，探索"活教育"思想在小学教育上的价值，为培养学生核心素养、关注素质的全面发展、家校合作等方面提供参考。

关键词： "活教育"；理论内涵；时代价值；实践路径

"活教育"理论是具备完整性的，是陈鹤琴在借鉴了国外思想后，根据本国国情进行一系列的实践探索后，逐渐形成的适合中国幼儿的理论体系，这是具有划时代意义的，中国的幼儿教育思想不再照搬国外思想，而是有了自己的智慧。

---

① 作者：陈璐琪，浙江衢州人，浙江师范大学小学教育专业硕士研究生。

② 作者：徐倩，浙江余姚人，浙江师范大学小学教育专业硕士研究生。

③ 作者：赵欢，四川绵阳人，浙江师范大学小学教育专业硕士研究生。

一、"活教育"的理论框架

陈鹤琴的理论体系形成主要是吸收了西方自然主义的思想并借鉴了国内教育家陶行知的理论，"活教育"理论包括目的论、课程论以及教学论。

（一）基于社会的目的论

陈鹤琴所处的时代正值中国面临内忧外患之际，拯救民族危亡是当时许多仁人志士的理想追求，陈鹤琴也不例外。他认为只有摆脱传统教育文化的束缚，学习先进的教育思想才能改变国家和民族的命运。关于教育的目标，陈鹤琴响亮地提出要"做人，做中国人，做现代中国人"[①]。

1. 做人

做人是最基本意义的目标，陈鹤琴认为教育的本质是培养"人"，基本意义上的人应该要热爱人类、热爱真理和具有独立的人格。"做人"不仅体现了对人类所有个体生命价值的珍视，也体现对人类共同生活准则的确认和维护。

2. 做中国人

陈鹤琴以"做人"为基础，把教育目标精准到"做中国人"，彰显其理论的民族性。要在小学中培养学生的民族热情及爱国主义情怀，让学生成为爱祖国的中国人。这对于现在的教育也是非常重要的。

3. 做现代中国人

"做现代中国人"体现"活教育"的时代精神[②]。陈鹤琴认为教育不能脱离中国实际，教育要培养的人是具有民主科学思想的现代中国人。他赋予"现代中国人"五个方面的要求：第一，要有健全的身体；第二，要有建设的能力；第三，要有创造的能力；第四，要能够合作；第五，要有服务精神。"活教育"的目的论从人类情感和认识理性出发，依次赋予民族意识、国家观念、时代精神和现实需求等含义，体现了陈鹤琴对人的发展、教育与社会变革的追求[③]。"活教育"

① 安超.基于联合生活的成长共同体：陈鹤琴"活教育"课程的社会学意识 [J].河北师范大学学报（教育科学版），2022，24（6）：30—36.

② 陈繁."活教育"理论：语义阐释与时代价值——兼论幼师生劳动教育的实践路径 [J].开封文化艺术职业学院学报，2020，40（12）：159—162.

③ 陈繁."活教育"理论：语义阐释与时代价值——兼论幼师生劳动教育的实践路径 [J].开封文化艺术职业学院学报，2020，40（12）：159—162.

理论最具特色的一点是教会学生如何成为一名现代中国人，这也是中国教育的唯一特点[①]。

（二）基于生活的课程论

"大自然、大社会都是活的教材"是对"活教育"课程论的概括。陈鹤琴反对传统的以学科知识为主的教育，主张从大自然和大社会出发，让学生在自然和社会的直接接触中通过亲身观察获取经验知识，直接向大自然、大社会学习[②]。但他不是只强调经验、否定课本，他摒弃唯书本论和唯经验论，主张将理论和实践有机结合，改变传统学科组织形式，提倡杜威的活动中心，以活动为主线，创设"五指活动"的课程组织形式，把幼儿园课程归为五类活动，以帮助儿童健康全面成长。

（三）基于实践的教学论

陈鹤琴主张学习要以"做"为基础，这也是教学论的起点。儿童年龄尚小，对世界充满好奇，要鼓励儿童去看、去听、去摸、去闻、去尝，鼓励他们通过自己的五官去感知世界，认识世界，这样才能发挥儿童的想象力和创造性，培养儿童良好品格，激发学习兴趣，提高学习效率。陈鹤琴虽然尊重儿童学习的自主性和实践经验的获取，但他也认为儿童在"做"的时候往往是盲目的，需要教师进行有效引导。引导不是替代儿童思考，不是直接告知结果，而是要用正向鼓励取代消极制裁。

"活教育"教学全程分为四步：实验观察、阅读思考、创作发表、批评检讨。实验观察是指儿童用自己的五官感知物体，获取直接经验，但是这里的直接经验并不是指儿童对外在刺激做出的被动反应，而是儿童通过感官结合思考获得的主动经验[③]。阅读思考意味着儿童在获取了直接经验后参考已有资料，弥补直接经验的不足，进而能够纠正书本知识的错误。传统教育将书本知识和实际生活相割裂，儿童无法将教育与实际生活相互联结。"活教育"的教学内容取自大自然、大社会，

---

① 王建刚，刘少坤. 陈鹤琴"活教育"思想在近代教育中的意义 [J]. 兰台世界，2013 (27)：117—118.

② 龚诗昆. 谈陈鹤琴活教育思想与《思想道德修养与法律基础》课程改革 [J]. 学理论，2010 (12)：258—260.

③ 张永英. 陈鹤琴"活教法"思想滥觞及对当前幼儿园课程改革的启示 [J]. 南京师范大学学报（社会科学版），2021 (6)：47—55.

并且参照课本，儿童在获取了直接经验后需有目的地阅读相关信息资料，节省时间，减少试误，站在前人的肩膀掌握学习方法，继续自己的研究。创作发表提倡创设情境，让儿童通过文字报告的形式把自己的收获表达出来，在交流中借鉴，发展自我。最后教师与学生共同检讨学习成果并总结经验教训。"活教育"教学的四个步骤环环相扣，紧密相连。

二、"活教育"的时代价值

陈鹤琴钻研西方教育思想，同时立足于祖国实际，研究适合中国人的中国方案，他的活教育思想充分体现了一种创造精神，对于当今的教育教学也有着重要参考价值。

（一）目的：立足本国，放眼世界

陈鹤琴不但提出活教育的目的是"做人，做中国人，做现代中国人"，而且认为这是中国教育的唯一特点，历史告诉我们，在教育目的上一定要根据自身实际制定最适合自己的，盲目地模仿是没有效果的。为了更好地培养社会主义建设者和接班人，在教育目的上就要做到以上三点，"做人"就是要与社会相联系，热爱生命，能处理好与社会的关系；"做中国人"彰显了教育目标的民族性，做学生要学习祖国文化，热爱祖国，有坚定保卫祖国的信念，能在他人诋毁祖国时予以反击；[①]"做现代中国人"则说明了学生不仅要学习本国的知识，更需要全面发展，拥有强健的体魄、为他人服务、能与他人合作，能在国际舞台上实践，跟上信息化潮流，适应时代的发展，成为未来社会高素质人才，担当民族复兴大任。中国教育必须不断在历史中反思，把握时代发展中的"变"与"不变"，沿着历史之轨，循着正确方向，推进中国教育不断前行[②]。

（二）课程：立足现实，强调直观

针对传统教育课程内容固定，教材不变的缺点，陈鹤琴提出了"大自然、大社会都是'活教材'"的课程论[③]。反对传统的课程内容并不是舍弃传统教育，而

---

① 范琐哲，张雪梅. 陈鹤琴"活教育"对新时代小学教育的价值 [J]. 乐山师范学院学报，2022，37（10）：113—119.

② 李超. 陈鹤琴"活教育"思想及其时代意义 [J]. 教育文汇，2020（11）：23—25.

③ 苏刚，庄云旭. 陈鹤琴活教育理论及其现代价值 [J]. 现代教育科学，2008（12）：98—100.

是对传统教育理念取其精华，去其糟粕，与时代结合。在课程上，陈鹤琴强调"大自然、大社会"的重要性，提倡学生直观感受世界，独立思考，这不仅能拓宽学生的视野，而且能大大激发学生的学习欲望和创造精神。

（三）教学：立足儿童，着重动手

"做中教，做中学，做中求进步"强调儿童的主体地位和动手实践，学生在教学中要立于主体地位，主动积极参与到教学中去，学习状态直接影响到学生的学习成果。学生在学校中不仅要学习知识，还要发展学生的核心素养，直观接触可能是他们最喜爱的探索方式。

三、"活教育"的实践路径

陈鹤琴的"活教育"思想具有重要的实践价值，对于改善如今小学课堂单一的教学模式有着重要的指导意义。不仅如此，"活教育"思想对于家庭教育、社会教育也有很强的借鉴价值。基于"活教育"思想对于改革当今小学教育的启示，提出如下实践路径。

（一）利用自然资源，直观探索知识

儿童对自然有着天然的好奇心和敬畏心，自然对于儿童有着极大的吸引力，也是他们知识与生活经验的重要来源。因此，我们可以充分利用自然环境组织教学活动，把自然资源作为教学素材，以调动学生学习和思考的积极性，进而培养他们的动手、动脑能力。比如，在教育过程中，教师可以将自然中的花草树木带入课堂，与课堂进行有机结合，引导学生走出课堂[1]。

（二）贯彻全人教育，进行针对性教育

"全人教育"最初为人之为人的教育；接着是知识的教育；最后为均衡发展心智，促进人格健全的教育。在《儿童心理及教育儿童的方法》一书中，陈鹤琴先生强烈反对把幼儿当作大人进行教育的做法。小学生虽然比幼儿年纪稍大，但是也不能将小学生看作大人，学生是独立的，学生的思想是和大人完全不一样的，教育教学和活动要考虑到学生的发展状况，学生的身心发展也是有一定顺序的，

---

[1] 严衍珺．浅谈在幼儿教育中应用自然资源的方法 [J]．天天爱科学（教学研究），2022,229（9）：1—3.

因此教学不可完全脱离学生的认知。

（三）重塑幼儿地位，激发内生动力

陈鹤琴指出：活教育的中心是儿童，儿童就是能动中心，学校中的一切活动是为儿童。学校教育应尊重学生的主体地位，尊重学生的内在需求，充分发挥学生在学习、成长中的主动权。

首先，儿童教育应突破场域的局限。教师为了方便管理，常常喜欢将学生禁锢在教室内，这种做法为教师的管理带来了许多便利，但却有悖于儿童的天性，剥夺了学生游戏与快乐的机会。

其次，教师应充分发挥游戏的作用。许多教师由于受到习惯、经验等因素的影响，习惯采用集体教学模式，对采用游戏教学法有畏难情绪。事实上，游戏的过程就是学生在探究中获得知识、经验，提高能力的过程。教师可以通过科学构建合作型游戏，将学生分成不同的学习小组，让幼儿在游戏活动与他人进行合作，并主动与伙伴交流自己的想法，共同完成教师布置的任务，从而提高语言表达、交流合作等能力①。

（四）协同三方力量，形成教育合力

陈鹤琴的"活教育"思想不仅指导学校教育工作者如何更好地认识和教育儿童，还高度重视家庭以及其他社会成员对于儿童教育的价值。陈鹤琴认为父母对幼儿的影响巨大。父母在生活中首先可以为孩子创设多种符合其年龄特征的动手实践、游戏的机会，并给予学生足够的陪伴，在共同活动中习得技能、培养情感；其次，在实验、观察的基础上，引导孩子想办法，通过各种途径寻找解决的办法；再次，在前两步操作的基础上，通过多种方式表达自己的想法、感悟；最后，家长可以与学生共同进行讨论、反思。如此一来，学生的体验感、收获感以及成就感就大大提高了。此外，社会应该充分利用各种传统文化节日或是举办各类节目，让学生在亲身参与活动的过程中收获感悟、发展兴趣。只有家庭、学校、社会在思想、行为上形成合力，才能更好地践行"活教育"思想，并充分发挥"活教育"思想

---

① 王越. 游戏在幼儿园教育教学中运用与融合的策略探究 [J]. 考试周刊，2022（47）：157—162.

的优势。

四、结语

在教学中强调培养学生的核心素养，也是要培养德智体美劳全面发展的学生。陈鹤琴的理论和现代培养全面发展的人的观念有不谋而合之处，不仅促进了当时的教育改革，还依旧指引着现在的教学改革。

总之，"活教育"是在实践基础上形成的符合中国国情与儿童心理发展特点的教育理论体系。小学教育作为基础教育的重要组成部分，对于儿童的身心发展起到决定性的作用[①]。"活教育"的确立虽然距今年代久远，但其仍然闪耀着智慧的光芒，在当今社会中无论是对幼儿教育还是小学教育都有着很强的指导作用。

---

① 范琐哲，张雪梅. 陈鹤琴"活教育"对新时代小学教育的价值 [J]. 乐山师范学院学报，2022,37(10)：113—119.

第三章 "活教育"思想引领下的儿童教育

陈鹤琴儿童体育思想及其当代价值

陈晓涵 ①

（浙江师范大学，金华，321000）

摘要： "一切为儿童"是陈鹤琴儿童体育思想的出发点和落脚点，"儿童健康第一"是其思想的中心。陈鹤琴儿童体育思想体现出人本性、和谐性和互动性，对当下我国的儿童体育具有重要的指导价值，主要体现在三个方面：以儿童为中心，尊重个体生命的独特性；以竞赛相协助，增强体育游戏的实效性；以资源促优化，引入专业化的体育教师队伍。

关键词： 陈鹤琴；儿童体育；当代价值

陈鹤琴先生是我国近代做幼儿教育理论实践研究的先驱。他一生依据我国国情勤奋研究，引进吸收国外先进教育理念和方法，建设具有我国特色的儿童教育体系。目前，我国儿童教育依然存在一些问题，引起了国家和社会的高度关注。本文试讨论陈鹤琴儿童体育教育思想的基本内容、主要特点以及对我国儿童体育

---

① 作者：陈晓涵，浙江永康人，浙江师范大学小学教育专业硕士研究生。

教育的当代价值，以此为指导我国儿童健康教育、增强全民族的体质提供借鉴。

一、陈鹤琴儿童体育思想的基本内容

（一）儿童"健康第一"的教育主张

陈鹤琴对儿童健康十分重视，经过长期观察和试验，他总结了大量的宝贵经验，并提出了一系列关于儿童健康教育的措施。陈鹤琴尊重人发育生长的规律，他认为儿童从小没有强健的身体，就会影响成年的身体健康，因此学校需要重视儿童的健康。他还通过观察发现儿童身体较弱就不易于学习，因此他向社会喊出"体育要居首位"的口号，并提出儿童教育"健康第一"的教育主张。

（二）发展儿童健康的重要措施

1. 给儿童充分的娱乐和游戏

陈鹤琴站在教育的立场，展开了儿童游戏与健康关系的研究。他发现游戏不仅有利于儿童心理发展，还有利于其身体健康，因此极其提倡儿童做游戏。儿童本来就喜动，如果不吵不闹，便失去了最可爱的活泼精神。游戏对儿童身体发展意义重大，因此他极力倡导利用游戏促进儿童发展。

2. 儿童卫生与健康

陈鹤琴提出儿童教育的第一任务是保证其身心健康。首先，校园的环境应依照卫生的要求来布置；其次，要严格积极培养儿童的卫生习惯。

3. 重视户外活动

陈鹤琴认为新鲜的空气、明亮的日光，都是小孩子强身的要素。他观察发现户外的教学可以增加儿童的快乐，强健儿童的身体，因此提出儿童的活动最好能够在户外。他认为空气、日光是生命的根源，运动、游戏是健康的要素，两者结合是儿童生长发育所不能缺少的。

4. 发展儿童各种活动动作

依据陈鹤琴的思想，儿童时期正确的体态对日后的身体姿势和健康成长关系重大，所以特别要注意对儿童动作的教育。他指出：一个人的身心发展在他最早的几年当中是最迅速的，也是最基础的，所以儿童各种活动动作的发展在这一阶段非常重要。陈鹤琴把发展儿童各种活动动作称作"动作的教育"。

5. 锻炼儿童的体格

陈鹤琴认可苏联对儿童体格锻炼的教育方法，批判中国对儿童的教育过度注重防护，从而导致儿童变得娇嫩。为此，他向社会、家长提出给儿童充分的运动机会以发展儿童的身体，提倡锻炼儿童体格，以便更好地适应各种环境。

二、陈鹤琴儿童体育思想的主要特点

（一）人本性

"一切为儿童"体现了儿童体育人本性的特点。人本性强调在开展体育教学活动时，应发挥儿童的主体性作用。儿童作为活动的主体，教师应为其创造一个欢快轻松的环境，积极地引导儿童发现问题、解决问题，学会自主地探索和学习，正确地认识自我与自然、社会的关系，养成运动的习惯和掌握维持健康的常识，使其理解体育的积极意义和对个体生命发展的价值，而不是直接告诉儿童所谓的正确答案或运动规则。在这个过程中，首先，要让儿童通过个人探究或小组合作学习的方式，根据自己的喜好选择适宜的学习方式，并在过程中丰富自身的学习经验①。其次，释放儿童的天性。儿童有自己的思想，能独立思考问题。教师应当根据儿童的天性积极地引导儿童，而不是以一个独裁者的身份规定和限制儿童的思想。在体育教学中，陈鹤琴充分尊重儿童爱玩的天性，重视娱乐和游戏，强调户外活动的重要性，这对于激发儿童参与体育学习，自主开展关于体育的探索具有重要意义。

（二）和谐性

和谐性强调儿童身心的全面发展。早在20世纪20年代，陈鹤琴就提出改变中国人的体质、解放中国儿童的身心健康是件大事。这就要求教师在进行体育教学时，认识到儿童的身体健康与心理健康是相互融合、相辅相成的关系，不可偏废。另外，教师要了解儿童的身心发展规律，根据其发展情况因材施教。让每一个儿童都能够基于自身的身体状况获得适切的体育指导，促进其身体与心理的共同发

---

① 董鹏，程传银．陈鹤琴培智体育教育思想研究［J］．武汉体育学院学报，2020（3）．

展。适合儿童身心发展的教学，既可以激发儿童强烈的兴趣，又可以让儿童在轻松愉快的氛围中锻炼自己的身体[1]。

（三）互动性

"游戏为主"的实践方式体现了互动性的体育思想。喜欢游戏是儿童的天性，在体育教学中，教师可以设通过游戏教学，让儿童更具有参与的积极性，并提高其自我认识、发展动作能力，提高健康水平等。

"活教育"提倡大自然、大社会都是活教材。在体育教学活动中，教师要以大自然和大社会为题材，让儿童真正参与到大自然和大社会中，亲身体验、主动探索，从而获得直接经验并升华为理性认识，更大程度地激发儿童的求知欲和探索欲，也能够启发其热爱生命、保持健康的价值观念。

三、陈鹤琴儿童体育思想的当代价值

（一）以儿童为中心，尊重个体生命的独特性

"活教育"的中心是儿童，儿童在学习过程中居于主体地位。在教学过程中，教师应当赋予儿童参与的机会，通过师生共同讨论，使其获得真实的体育训练，形成正确的体育认知。

在现在的体育教学活动中，常常出现教师代替学生的现象。例如，有些教师把控严格、死板，对器具的玩法做了统一的规定，不鼓励儿童自主摸索研究不同的玩法。由于担心发生安全问题，教师常常在体育活动中限制儿童对体育锻炼的自主探索。此外，在某些教学中，教师为认为儿童的动作慢影响教学进程，便出现代替的现象，儿童完全失去了自己亲身体验的机会。体育应以儿童为中心，使其亲身感知和体验，以此把握自身身体的特性，理解自己身体的潜能与限度。

（二）以竞赛相协助，增强体育游戏的实效性

在我国，体育游戏普遍偏重形式主义。比如，由于教师的高度管控，导致游戏演变为任务难以真正激发学生的学习兴趣和自主探索的欲望。首先，教师为节约时间，统一设置器具摆放方式。其次，对时间的限定过于苛刻。最后，对儿童

---

① 李玉瑛. 课程游戏化与儿童体育教学 [J]. 江西教育, 2019 (30).

的动作缺乏有效的行动反馈。此外，在体育教学中还存在混班的情况。在整个游戏过程中，与其说是儿童在游戏，倒不如说是教师们在游戏。

要增强体育游戏的实效性，学校可以引入体育竞赛作为一种活动形式，激发学生的体育热情。通过组织体育竞赛，以竞争的氛围促发儿童积极向上的精神。

（三）以资源促优化，提高体育师资的专业性

1. 规范体育场地

活动场所是实施体育活动的前提和基础，因此要重视体育场地的制定和规划。目前学校的场地建设整体符合儿童身心特点，为儿童体育活动提供了良好的条件。从安全的角度来说，有了规范的体育场地，儿童在参与体育活动时更加安全。从环境塑造角度来说，良好的场地环境与文化氛围，不仅能够为儿童提供丰富的体育体验，还能够为儿童带来较好的审美体验。总之，为了更好地实施体育活动，学校应加强对体育场地的建设，符合儿童的特点，为体育活动服务[①]。

2. 引入专业化的教师队伍

学校中存在大部分教师承包一切教学活动，体育教学不同于一般的教学活动，其中不仅涉及器械的使用，更涉及人体组织、营养健康、动力学等各方面的专业知识。为此，从教育管理部分到学校应严格体育教师引入与管理，以专业化的教师队伍引导儿童参与体育活动，增强体育的科学性，充分彰显体育的育人价值。

陈鹤琴"整个教学法"在小学语文教学中的运用研究

陆鑫宇[②]

（浙江师范大学，金华，321000）

摘要： 陈鹤琴提出"整个教学法"的幼儿课程观，倡导将知识整个地、有组织地、系统地教给儿童。目前小学语文教学过程中存在碎片化教学、与学生生活相脱离、

① 武超，王晓珑，闫平. 陈鹤琴"活教育"体育观研究［J］. 体育文化导刊，2017（8）.

② 作者：陆鑫宇，江苏无锡人，浙江师范大学小学教育专业硕士研究生.

应试化取向等问题，基于陈鹤琴"整个教学法"理念及其启示，小学语文教学应进行大单元教学，推进语文教学生活化，以改善语文教学环境，促进学生语文核心素养的培养。

关键词："整个教学法"；大单元教学；生活化教学

陈鹤琴先生的"整个教学法"批判幼儿教学将各个学科割裂的课程观，它导致幼儿学到的都是分裂的、不完整的知识。他认为，整个教学法应当把儿童应学的知识有组织、有系统地传授给他们。"整个教学法"是陈鹤琴重要的课程理论，是20世纪三四十年代幼儿园课程实施的指导思想和具体要求①。"整个教学法"有助于打破割裂式、点状化的课程与教学，促进课程内容与教学的系统化与整体化，从而为儿童形成对知识与事物的体系化认识提供契机。

《义务教育语文课程标准（2022年版）》要求课程内容应"突出课程内容的时代性和典范性，加强课程内容整合"，注重课程内容与生活、与其他学科的联系，注重听说读写的整合，这与陈鹤琴秉持的"整个教学法"殊途同归。本文基于小学语文的特点与教学现状，结合陈鹤琴的"整个教学法"，提出了当前提高小学语文教学质量的路径。

一、"整个教学法"概述

陈鹤琴一生致力于从中国国情出发，学习和引进西方教育思想和方法，建设具有民族特色的中国现代儿童教育。"活教育"理论主要分为目的论、课程论与教学论三部分。"整个教学法"是陈鹤琴课程论中的一部分。

陈鹤琴认为幼儿园课程主要是为了帮助儿童适应当下的生活，而不是为未来的生活做准备。幼儿园课程要以儿童的生活经验为依托，并且不仅是局限于单个儿童的生活经验，而且是符合整个年龄段儿童特征的生活经验②。

陈鹤琴强调幼儿园课程不能脱离儿童的生活。儿童的生活经验与成人不同，教师与儿童沟通交流，尝试从儿童的角度理解儿童。幼儿园教育活动不只是儿童

---

① 田景正，祝绮．历史地位与当前影响：陈鹤琴"整个教学法"评析 [J]．生活教育，2018(8)：22—26.

② 王伦信．陈鹤琴教育思想研究 [M]．沈阳：辽宁教育出版社，1994：158—178.

个体经验的简单重复，是多种刺激的结合。这种刺激不是来自某个儿童或某一处场景，而是多个儿童与各个地方，这种刺激越多，产生的不同的需要越多，教师再利用课堂教学等来满足儿童的需要。

幼儿园课程以儿童为中心，满足不同儿童的个性化需要。幼儿园课程要有弹性和灵活性，能够针对不同儿童提供不同的课程内容，让儿童在教学中感受到自由与成长，充分发展自己的兴趣和特长。

虽然幼儿园课程强调遵循生活与尊重儿童个性，但是这并非意味着幼儿园课程不需要做任何计划组织，只是迎合和满足学生。陈鹤琴认为，凡是教育，就需要有教育目标，需要制订教育计划去完成教育目标。陈鹤琴将这种"有目标，又符合生活"的幼儿园课程概括为"整个教学法"。

陈鹤琴认为分科教学只适合高年级学生，而幼儿园只适合"整个教学法"。幼儿园课程不应该分科，而是在儿童生活经验的基础上，在各门课程之间建立有机联系，使其内容融为一体，最终归于儿童的生活。

基于"整个教学法"的理念与小学语文的特点，笔者认为这种教育理念也适用于小学语文教学。

二、小学语文教学现状

（一）学生学习缺乏主动性

语文新课标指出，教师是教学的参与者、组织者和引导者。教师在语文课堂上，要积极与学生对话，紧跟学生的心理发展走向，确保学生是课堂的主人。但是，受传统教学方式的影响，学生的课堂参与度不高。教学活动趣味性薄弱，难以激发学生的兴趣[①]。部分小学语文课堂以碎片化的知识点为主，以应试为导向，教师重点讲解知识点与考点，将课文进行分解式的解读和讲授。教师在上课时也更习惯于分类教学，将语文课分为阅读课、识字课、写作课、口语交际课等，教授各个类型的学习技巧，得分秘诀。学生或是教师都习惯于这种教学方式，学生不愿意积极主动思考，更不敢在课堂上表达自己内心的想法，从而制约了学生的独立

---

① 李慧萍．浅谈小学语文教学现状及应对策略 [A]．廊坊市应用经济学会．对接京津——社会形态基础教育论文集 [C]．廊坊市应用经济学会：廊坊市应用经济学会，2022:1541—1543.

思考以及语言表达能力①。原本丰富的语文转变为枯燥乏味的知识点，语文学科的育人价值没有充分发挥，学生课堂参与度不足，不利于学生语文思维的培养。受传统教育观念的影响，部分教师在开展教育教学工作时，难以有效实现与学生之间的交流互动②。语文课程应在真实的语言运用情境中，通过积极的语言实践，积累语言经验，培养学生的语言文字运用能力，提升学生德智体美劳各方面的素养，而不只是为了升学考试。

现有语文教学模式导致学生成为被动的参与者，缺乏学习的主动性。小学语文的课程体系应是整体的、系统的，要能够帮助学生提升思想文化修养，建立文化自信。以割裂式的知识点讲授和应试为目的的教育，导致语文课程与教学僵化，教师成为知识的讲授者与权威，致使学生处于被动的学习状态。同时，以教师为主的课堂导致学生不愿意主动学习，更愿意接受碎片化的知识，学习浮于表面，失去深度思考能力，难以形成个性化的语文素养和语文能力。

（二）教学方式单一

语文教育仍然是以课本、板书以及多媒体课件为主，教师在授课时受到条件的限制，课堂教学方式难以进行创新③。语文教学应该贴合学生的生活实际，以学生为中心。但在传统语文课堂离学生的生活越来越远，教师的教学方式单一，过于强调掌握知识，忽视了学生的接受与理解能力。语文教材中的许多知识与学生的生活密切关联，然而这些在教学中往往被教师忽视了，学生成为知识的被动接受者。

教学方式单一的核心体现为情景建构的缺失。教师更多从抽象的、符号化的知识点出发，强调学生对知识的记诵，甚至掌握一些答题的技巧，从而导致语文远离了日常生活，语文的学习无法与学生日常生活建立有意义的联系。语文课堂上，不仅是学生心理的积极建构，更是学生参与到生活实践而获得行为保持的过

---

① 潘建生. 小学语文教育的现状及对策 [J]. 学园, 2018, 11 (12): 111—112.
② 李慧萍. 浅谈小学语文教学现状及应对策略 [A]. 廊坊市应用经济学会. 对接京津——社会形态基础教育论文集 [C]. 廊坊市应用经济学会: 廊坊市应用经济学会, 2022: 1541—1543.
③ 潘建生. 小学语文教育的现状及对策 [J]. 学园, 2018, 11 (12): 111—112.

程①。文化自信、语言运用、思维能力、审美创造的核心素养，必须借助多元化的教学方式才可能养成。现有语文教学只注重学生的"学"，并且是基于教师视角的被简化的"学"，大大降低了语文学科的育人价值。

（三）忽视学生自主生成

当前学校语文教学存在功利化取向。在教学中，教师多关注那些可见的、可被测评的知识点与能力。为了确保知识的传授，教师用权威替代了学生的自主思考。在这种教学模式下，教师即使接受了新的教育理念，也很少运用于实际课堂中。例如，在教师提出问题后并未给予学生充分的思考时间，而选择几位思维反应更快的学生，而忽略了思考较慢但思考较为全面的学生。换言之，教学只关注少部分学生，而未关注所有学生，不能确保大多数学生能够生成知识，使得教学效率低下②。

忽视学生自主生成的语文教学，一方面导致学生自主思考能力的弱化，难以发现与发展自身对语文的兴趣，也无法形成独立自主的语文学习观，将语文知识视为学习的主要方面，从而遮蔽语文所蕴含的丰富的中华文化、复杂的情感表达、充满诗意的审美体验等。另一方面，使得语文学科本身的育人独特性与特殊性难以发挥，当语文成为一种知识传输的过程时，也就失却了语文本有的语文味。因为语文味意味着：积极进行语言运用，具有良好语感；有一定的思维能力，思维具有一定的敏捷度与灵活性；能够进行审美创造，通过感受理解作品，获得丰富的审美体验，具备健康的审美意识和正确的审美观念③。而这些都是功利性教学所不具备的。

三、"整个教学法"对小学语文教学的启示

（一）实行大单元教学

大单元教学是近年来的教育热点，在许多学科中被应用。在教育内容上，不再局限于单篇文章或单节课，而是将整个教学内容整体分析与解读，在教学内容

---

① 于甜. 基于逆向设计理论的小学语文大单元教学设计优化研究 [D]. 武汉：华中师范大学，2020.

② 王鹏辉. 小学语文阅读教学主问题设计现状调查研究 [D]. 镇江：江苏大学，2022.

③ 于甜. 基于逆向设计理论的小学语文大单元教学设计优化研究 [D]. 武汉：华中师范大学，2020.

大框架下建立系统内容。在教学设计上，大单元教学需要建立一个大的教学框架，这个框架需要教师共同探讨建构，而不是单独设计和教学。

统编版小学语文教材的颁布，教材进行大单元整合，符合大单元教学的发展趋势，有利于一线教师的大单元教学开展。陈鹤琴"整个教学法"要求打破学科间的壁垒，将知识完整系统地教给学生。学生接受的是有系统有方法的整体性的教育，而不是单一的知识点与碎片化知识，这与大单元教学理念吻合。在进行小学语文大单元整合时，不能按照单一的模式直接套用。

教师正确理解大单元教学首先体现在能够研制教学目标。许多教师在设计大单元教学时，会直接把单元导语作为教学目标。这种将单元知识点进行简单罗列，目标之间没有内在逻辑联系，将教材中要求的阅读策略、写作方法等当作教学目标。大单元教学下的教学目标应具有逻辑性，注重学生基础知识与基本技能的培养，这是发展语文核心素养的前提。

大单元教学在建立合适的教学目标后，教师要关注学生的学习态度与学习兴趣、学习收获与反思，关注其应用能力。总之，大单元教学充分体现了陈鹤琴"整个教学法"的内涵与核心，以整体教学的形式推进教学过程，促进学生发展。

（二）从学生的生活实际出发

陈鹤琴"整个教学法"倡导教学从学生的生活实际出发，要适应学生当下的生活，而不是为了未来生活做准备。在语文教学中，要时刻与学生的生活相联系，从生活中来，到生活中去，让学生能够将所学知识应用于生活。同时，语文也有自己的生活化界限，教师在教学过程中不能够随意拓展生活化外延，过度渗透生活案例，脱离教材本身，不考虑学生的实际学习情况，这样可能会走入另一个极端，导致非生活化[①]。教师在教学前要对教材进行充分研读，紧跟时代变革，融合当下生活的重要话题，引导学生将课程内容与生活实际相联系。

语文教学生活化应是能够培养学生语文核心素养的生活化。在现有语文教学中，教师更多地关注学生的课堂表现，这样的生活化教学是徒于形式的，与生活

① 李慧．小学语文生活化教学实施策略研究 [D]．合肥：合肥师范学院，2019.

化理念相悖。语文教学需要生活化，但并非毫无选择的生活化，更不能将生活化泛化。若不能精准把握课文教材的育人价值，不结合学生的认知发展规律，无以从本质层面培养学生的语文核心素养，激活学生的自主思考，即使有丰富的生活素材和案例，也难以发挥其价值，甚至导致学生远离生活。

陈鹤琴"整个教学法"以学生的全面发展为目标，以学生的生活实际为基础，以学生的年龄特征与心理发展为依据。语文教师要实现生活化教学，教师首先要对教材有充分的了解和分析，形成自身对教材的见解，以此为基础，进行学习外延的拓展。其次，创设符合学生学情的生活化场景。最后，将语文学习与日常生活融通，在语文课堂之外进行生活化渗透。打破语文课堂的界限，走出课堂，拓宽语文学习的空间与时间，促进学校、家庭与社区的资源整合，让学生感受到语文学习的快乐。

一切为儿童：略论陈鹤琴的德育思想

陈璐①

（浙江师范大学，金华，321000）

摘要：陈鹤琴是我国现代幼儿教育的奠基人。他一直秉持着"一切为儿童"的教育理念，长期致力于幼儿心理、幼儿教育的实验及理论研究，形成了丰富的德育思想。他认为德育应从儿童期开始，提升全体人民思想道德是中华民族发展的关键；他提出"做现代中国人"的德育目标，形成了爱国主义教育、道德品质教育、劳动卫生教育、教师师德教育等德育内容体系。基于此，提出了暗示法、奖惩法、实践法、故事教学法等德育实践路径。

关键词：陈鹤琴；道德品质教育；"活教育"；德育效果

---

① 作者：陈璐，安徽阜阳人，浙江师范大学思想政治教育专业硕士研究生。

一、德育的地位和作用

中国向来注重德育的价值,"以德为先"一贯是中国教育发展的基本理念之一。人的儿童期具有很强的可塑性,道德教育应从儿童开始。陈鹤琴提出"儿童期"这一概念,指出儿童期包含两种意思:一是能力发展时期,儿童的身体脑力、道德意识、行为习惯等的发展;二是儿童期具有发展性特质,即可塑性或可教性。总之,这一时期是个人能力发展的最佳阶段,一些习惯和道德观念在此时也最易养成。

陈鹤琴在其著作《儿童心理之研究》一书中提出儿童应有良好的德育环境,他指出:"小孩子生来大概都是好的。到了后来,或者是好,或者变坏,这是环境的关系。环境好,小孩子就容易好,环境坏小孩子就容易变坏。"由此可知,德育在儿童期具有至关重要的地位,周边环境对于儿童道德的养成起着重要作用。

概言之,陈鹤琴认为抓住最佳时间、创造良好的德育环境能够帮助学生塑造健全人格,为其未来的发展打下坚实的基础。

二、"做现代中国人"的德育目标

基于对德育的地位和作用的深刻认识,陈鹤琴提出了要培养孩子"做现代中国人"的德育目标。陈鹤琴在《活教育的目的论》一文中明确指出活教育的目的在于"做人,做中国人,做现代中国人"[1]。"做人"是"活教育"广义目标,意在于培养学生热爱真理、热爱人类的品格。"活教育"的精准目标是"做中国人",以引导学生热爱自己的国家与同胞,团结国民为要义。在此基础上,陈鹤琴进一步明确了"做现代中国人"的目标,强调"活教育"目的的时代性。何为"现代中国人"?基于中华民族所面临的严峻使命与对中华民族的优缺点的反思,陈鹤琴跳出狭隘视域,完善了"现代中国人"五种要求,具体包括:

第一,要身体健全。针对当时身体羸弱、缺乏活力的民族传统身心面貌,陈鹤琴提出要有健全身体的要求。身体是一切思想与行动的载体,健全的身体是拥有积极的生命状态、充满活力的精神面貌的基础。

---

① 熊红.陈鹤琴德育思想初探[J].中小学管理,1995(6).

第二，要有建设的能力。"建设"意指通过某种行动创造出原本不存在的事物，是推动事物发展的重要力量。从人类本性来看，建设能力是人异于其他动物的重要标志；从现实需要来看，长期的外侮和内乱，造成中国"破坏多于建设"。

第三，要有创造的能力。陈鹤琴指出，我们应培养孩子的创新意识和创新能力，引导他们勇于突破困难、敢于去创新，诱导和启发儿童的创造欲。

第四，要能够合作。这种团结合作精神的培养需要从儿童开始，培养他们有合作的意识和能力，懂得为集体尽一份力，甚至在必要关头选择牺牲小我成全大我。这种团结合作靠的并不是某种强制力量，而是靠全体社会成员内心的高度自觉来实现的。

第五，要能够服务。陈鹤琴认为人与动物最大的区别在于人的社会性，动物的自私是不可克制的，而人的自私可以通过道德观念来克制。教育应培养孩子有服务的精神，通过教育克服人的利己本能，引导他们主动帮助他人，懂得什么是"大我"，养成儿童服务社会的崇高德性。

三、德育内容

德育内容是德育目标的体现，是基于德目标的认识而对教育学生的思想、政治、道德方面的知识、理论、思想观点等的综合设计。以"做人""做中国人""做现代中国人"为核心目标，陈鹤琴提出了丰富的德育内容体系。

（一）爱国主义教育

爱国是做中国人最基本的道德准则。我们要做中国人，便要有我们国家的保障。唯其如此，就必须爱我们的国家，不能让他任人宰割。陈鹤琴十分重视培养儿童和幼儿教师的爱国主义精神，他明确将激发儿童爱国爱群体和民族精神的发展作为儿童社会活动的实施目标。在《怎样做人民的幼稚园教师》[①]一文中，陈鹤琴指出要培养学生爱祖国、爱人民、爱国旗、爱毛主席、爱人民解放军以及国际友爱，憎恨祖国的敌人的意识。要指导儿童明辨是非，知所"爱"也知所"憎"，要爱新中国、爱社会主义国家，而对于压迫剥削弱小人民的帝国主义应该表示憎恨，

这样"爱"才能更加明确，更加彻底，更加有力量。

陈鹤琴不仅是一位教育家，还是爱国主义的积极践行者。他曾经因为多次支持科学进步的文学和教育活动，遭受暗杀和恐吓，在条件如此艰难困苦的情况下，他仍然选择不放弃，继续教育实践研究，并对教育事业贡献极大。

（二）道德品质教育

陈鹤琴认为通过教育，培养出来的人应该是具有顾己顾人、有同情心、讲礼貌、尊重他人、诚实、有爱心等优秀道德品质。

关于顾己顾人，他指出："今日之孩童不能顾虑他人的安宁，则他年之成人即将侵犯他人的幸福。"[1]可见陈鹤琴对顾及他人安宁的重要性的理解。他通过举例说明顾虑他人安宁在日常生活中的体现。比如，在坐公交车时，先上车的乘客可能会向前伸腿、占用他人区域平躺在座位上，而后上车的乘客就只能拥有狭窄的空间，这种人很有可能是在年幼的时候没有被教育要顾虑别人安宁的道理。因此，如果我们要想把小孩子培养成为有优良道德品质的人，就必须在幼儿时期就开始慢慢教他们顾虑他人的安宁和幸福。

我们要帮助孩子树立同情心，同情心在家庭和社会中都是一种不可或缺的美德。陈鹤琴指出同情行为不是天生就有的，要在后天慢慢培养，尤其要在日常生活的小事中，使得孩子明白表达同情并做出相应的行为之于儿童自身与他人的重要意义。

我们要培养孩子讲礼貌的道德品质，中国人自古以来就十分重视礼仪，要求尊敬长辈，爱护幼小。陈鹤琴认为讲礼貌的道德品质，首先须有成年人以身作则，为孩子树立榜样，小孩子是善于模仿成人的行为的。

我们要培养孩子尊重他人的品质。所谓尊重，是对身边他者的认同与肯定，并做出符合基本道德规范的行动，使他者获得被认同、被肯定的情感体验。陈鹤琴以保姆为例，指出小孩子不允许对保姆态度傲慢，而要善视、尊重保姆。

陈鹤琴还极其重视孩子诚实品格的塑造，提出我们要采用多种方法去考察他

---

① 秦元东．为儿童创设良好的环境——论陈鹤琴关于幼稚园环境创设的思想 [J]．学前教育研究，2002(6)．

们，禁止小孩子作假，只有这样才能培养他们成为诚实可信的中国好青年。在《小孩子怎样学待人接物》①的文末处，陈鹤琴还提出我们应当教小孩子要怀有爱心，要学会去爱人。总之，陈鹤琴十分重视品德教育，主张要通过道德教育帮助儿童、青年塑造健全的人格。

（三）劳动卫生教育

在《怎样做人民的幼稚园教师》②中，陈鹤琴提出了要重视儿童的劳动教育。适宜的劳动活动能够很好地发展儿童身体的技能，增强儿童体魄。陈鹤琴认为劳动活动最好能在户外进行，因为空气和阳光对于儿童健康的重要性是不言而喻的。

关于卫生习惯，陈鹤琴提出了二十五条原则。养成良好的卫生习惯是促进儿童身心健康发展的必要条件，只有拥有健康强壮的体魄，小孩子才能更加幸福。因此，在日常生活中我们要帮助孩子养成良好的卫生习惯，增强儿童体质，改善儿童精神面貌，促进其健康成长与发展。

（四）教师师德教育

教师的素质和工作水平是教师开展德育工作的重要条件。教师是学校德育工作的主要实施者，因而教师自身的师德水平直接关系德育水平，关系学生未来的成长和发展。陈鹤琴非常注重幼儿师范教育，1950年陈鹤琴撰文《怎样做一个理想的教师》③详细阐述了幼儿教师所应具备的素养。

首先，陈鹤琴认为教师应做到热爱学生，尊重学生，只有这样德育才能够顺利开展。教师应把每一位学生都视为自己的孩子，平等地对待每个学生。要用爱温暖孩子的内心，从而帮助学生树立正确的价值观。其次，教师应该具备专业的教学技能。因为德育的过程很复杂，所以教师要系统地学习德育专业知识，要掌握德育的规律，进而采取科学的德育方法教育孩子。最后，教师必须具有良好的职业道德和教育素养，因为学生都具有一定的向师性。只有当教师成了学生的榜样，发挥积极引导作用时，德育才可能达到理想的效果。

① 顾明远. 学习和发扬陈鹤琴先生的教育思想和精神 [J]. 生活教育，2008(6).

② 缪晓静，齐宵阳. 解析陈鹤琴德育教育思想 [J]. 兰台世界，2014(28)：48—49.

③ 虞永平. 中国幼教之父——陈鹤琴 [M]. 南京：南京大学出版社，2019.

四、德育方法

德育方法是以德育目标、德育内容和受教育者身心发展特点为依据，在进行德育工作时所采取的方式、手段。陈鹤琴对德育方法进行了全面而深刻的探索，包括暗示法、奖惩法、实践法、游戏法、故事教学法等。

（一）暗示法

陈鹤琴在《家庭教育》一书中，经常强调儿童是最易受暗示的，家长应当正确把握孩子的身心发展规律，适时地给予积极的暗示。暗示是对孩子实施心理影响的一种委婉含蓄的方式，积极的暗示能够迅速地对孩子产生教育效果，以一种"润物细无声"的方式引导儿童做出正确的、积极的选择。陈鹤琴为了不让他的长子陈一鸣用破棉絮裹着身体当毛毯玩，他没有直接命令孩子丢掉破棉絮，而是暗示他破棉絮十分不卫生，他可以去找母亲要一块更好的，接着陈一鸣就去找母亲要了一块干净的毯子。

总之，积极暗示能够引导孩子们积极主动地按照父母的意愿做正确的事。对于一些良好的行为习惯、道德观念，我们都可以用暗示来养成。

（二）奖惩法

孩子们都是好奖励、恶抑制的，只有奖惩施得当，德育才能取得更好的效果。

陈鹤琴认为，在家庭教育中，父母越奖励孩子，孩子就越喜欢学习，越喜欢学习，他们就拥有更强大的学习能力，从而掌握更多的本领。例如，当孩子主动为父母做一些事时，无论事情本身做得如何，父母都应该鼓励表扬孩子，由此，孩子内心的善良才可能在正向的反馈中不断被激发。

关于惩罚，陈鹤琴在《我们应当怎样责罚小孩子》一文中做了具体论述。他以自己的女儿念慈逃学和小伙伴去仰华山游玩为例，指出当小孩子犯错时，我们应当探索小孩子作恶的原因，并将其往正确方向上引导。陈鹤琴还指出，我们不应在别人面前责罚小孩子，因为大多数小孩子是非常好面子的。如果父母当着其他人的面教育孩子，孩子就会觉得受到了很大的侮辱，就有可能对自己的父母产生怨怼。小孩子如果讨厌、怨恨父母，就不再愿意听父母的教训了。

（三）实践法

陈鹤琴十分注重"做"的德育方法，他在《活教育的教学原则》一文中强调"凡是学生能够自己做的，你应该让他自己做"，让孩子在亲身实践中明白德育的意义。他主张让儿童多来大自然和大社会，因为这些事物是真实存在于儿童生命之中，具有"温度""生命"的，以此为出发点，能够很好地激发孩子的兴趣。儿童在和自然与社会的接触中，体悟道德的重要意义，并在潜移默化中受到优良影响。

（四）游戏法

在《儿童心理之研究》一文中，陈鹤琴指出喜欢游戏是儿童的天性，这是天然的现象。他还提到各种高尚道德如自治、忠实可信、自立自强、有组织有纪律等美德的养成，大部分都能在游戏中得到实现。游戏在培育儿童良好的道德品质方面发挥着重要角色，通过参与游戏，儿童既释放了自己的天性，也在游戏规则和玩伴的互动中形成了自治、独立、诚实等重要品格。

（五）故事教学法

解放初期，社会上还存在着许多不良的书籍，对此，陈鹤琴在《加强对儿童和青少年共产主义道德品质教育的几点建议》一文中请求政府迅速肃清不良书刊，并组织安排相关专家编写合乎社会主义思想、符合儿童身心发展规律的读本。陈鹤琴主张利用故事书进行教学，并撰写《如何利用故事教学对幼稚生进行爱国主义教育》一文。利用故事教学法，一方面可以保护儿童的求知欲，启发儿童的智慧；另一方面可以培养儿童的性情，丰富儿童的情感世界。

陈鹤琴就故事书如何编写提出了一些具体的措施，他指出我们在编故事时，必须在儿童日常生活范围内，而对于人物的描述，要多采用儿童熟知的人物，比如爸爸妈妈、劳动英雄等。当我们在给孩子们讲故事时，可以采用儿童的口吻，添加一些动作，甚至化妆表演来方便儿童接受和理解。

陈鹤琴的德育思想是以教人做现代中国人为主旨，并将其贯穿在他一生的德育理论研究和实践活动之中，形成了一套成熟完备的儿童德育思想体系。一切为儿童，一切为教育，正是因为蕴含着这种挚诚的情感，陈鹤琴德育思想才彰显出了如此顽强不息的生命力。

陈鹤琴与陶行知儿童教育思想之比较

陈琪琪① 董佳翰②

（浙江师范大学，金华，321004）

摘要：儿童教育是教育的永恒主题，儿童阶段的身体发育和习惯养成对个人的成长具有奠基作用和长足影响。本文从教育实践、教育目的、教育内容及教育方法四个方面，对陈鹤琴和陶行知的儿童教育思想进行阐述和比较，进一步明晰两人教育思想的异同之处。最后，得出三个方面的儿童教育启示：关注儿童实际生活和体验，注重儿童创造力的培养，谋求家庭、学校和社会的通力合作。

关键词：陈鹤琴；陶行知；儿童教育；创造

20 世纪的中国深陷民族危机，社会（包括教育领域）进行着激烈变革。陈鹤琴（1892—1982）和陶行知（1891—1946）作为中国著名的教育家，是教育变革与教育创新的探索者。两人有着十分相似的教育经历——既受到中国传统私塾教育的熏陶，又在接受新式教育后赴美求学，在归国后各自通过长期的教育实践，构建出了各具特色的本土化儿童教育理论。尽管二者的理论各具特色，但在热爱儿童、根植儿童命脉、注重儿童教育的本土化和现代化上，却表现一致。他们提倡"中西融通"，强调对西方先进教育理论的吸收、改造和创新③。本文通过探讨和比较陈鹤琴与陶行知儿童教育思想的形成、发展及主要构成，形成对当下儿童教育理论与实践的有益经验与启示。

一、儿童教育实践："一切为了儿童，为了儿童的一切"与"为了苦孩，甘为骆驼"

陈鹤琴在美国留学归来后便展开了对儿童教育的探索。他是首位在中国使用

---

① 作者：陈琪琪，浙江金华人，浙江师范大学课程与教学论专业硕士研究生。

② 作者：董佳翰，浙江温州人，浙江师范大学课程与教学论专业硕士研究生。

③ 熊贤君．陶行知创造教育思想探微 [J]．教育研究，1999(11)：53—57．

追踪观察法研究儿童心理发展特点的儿童心理学家。经过了严密的研究，他撰写成了《儿童心理之研究》《家庭教育》等书。为了方便研究，陈鹤琴成立了我国第一所幼稚园——鼓楼幼稚园。在鼓楼幼稚园中，陈鹤琴进行了全面的实验，初步形成有关儿童教育理念体系。之后，陈鹤琴认为将其理念落实需要知识经验丰富的专业人员，因此他将实验的重心转向了对幼儿师资的培养，创立了中国第一个专门培养幼师的公立幼稚师范学校。在长期的实践探索中，这些成果慢慢形成一套完整的"活教育"理论体系，这是他对中国儿童教育的全新尝试。

陶行知一生热爱人民、关爱儿童。他关注的教育主题包括平民教育、乡村教育、普及教育等，创办了多个教育组织和学校，撰写了很多有关儿童教育实践的学术论文。陶行知关于儿童教育的思想，集中体现在"生活教育"和"创造教育"方面。1927年，为探索符合国情的中国教育的新道路，陶行知在南京创办了晓庄学校，着手其乡村教育的实验，生活教育理论逐渐成形。1939年，战争形势越发严峻，陶行知在重庆创办了育才学校，收留战争中的孤苦儿童，旨在培养创造性人才。因坚持独立办学，陶行知耗尽个人资财，以写字、讲演、卖文为生。陶行知通过教育实践形成了丰硕的研究成果，发表了一系列关于儿童教育实践的文章。这些都表明陶行知的儿童教育思想在教育实践的基础上日臻完善。

陈鹤琴和陶行知都以强烈的爱国情感和严谨的科学精神，开展众多教育实践活动。基于当时的基本国情，他们与过分压抑儿童天性的旧教育进行持续斗争，虽然教育改革与实践探索不同，但是都体现了相近的教育观念。作为"中国幼教之父"的陈鹤琴，一生都致力于儿童教育和儿童教师教育，试图建立富有生机活力的儿童教育体系。而陶行知一生的教育奋斗，都以使劳苦大众及其子女受教育为宗旨。

二、儿童教育目的："做现代中国人"与"做现在的主人"

陈鹤琴谴责旧式教育禁锢儿童天性，阻碍儿童的健康生长。他认为教育的目标是培养儿童"做人、做中国人、做现代中国人"。"做现代中国人"是其中的最高要求，为了使儿童能够形成健全的人格和综合的素质，陈鹤琴格外重视儿童德智体美的全方位发展。

陶行知的儿童教育思想首先源自青少年时期乡土文化的熏陶和对中国广大苦难儿童的深厚同情。在欧美教育家的儿童观影响下,结合当时的中国国情,他提出了创造教育和生活教育的思想,主张让儿童做"现在的主人"。熊贤君将陶行知创造教育的目的分为两部分:对于学生而言,创造教育的目的是使学生手与脑的高效配合,实现"手脑双挥""手脑联盟""手脑双全",这既是目的也是手段;对于教师而言,教师应通过创造教育培养出令自己骄傲的学生并形成关于创造的理论与技术[①]。陶行知的生活教育主旨包括生活含有教育的意义,实际生活应当成为教育的中心。也就是说,生活是教育的目的,实际生活影响着教育的内容和形式。生活与教育相伴相生。

关于儿童教育的目的,陈鹤琴和陶行知都反对忽视儿童主体、抹杀儿童个性的旧教育,强调对儿童创造力的培养,陈鹤琴把"创造力"当作现代中国人的必备素质,陶行知则将"创造"作为儿童教育目的的关键词。二者都希望教育能够促进儿童调动思维与进行创造。不同的是,陈鹤琴进阶式的教育目的从人的发展出发,逐渐从抽象至具体,不仅增加了教育的内涵,还使得教育体现民族意识、国家观念和时代精神。而陶行知从社会现实生活和儿童本身的独特个性与特点出发,规定了儿童教育的具体培养目标。其核心内核在于创造新的生活,创造全新的中国,解放儿童的创造力,启发儿童改造生活的觉悟性,培养儿童手脑结合的实践能力。

三、儿童教育内容:"大自然、大社会都是'活教材'"与"生活为创造之源泉"

教育目的的实现需要依托合理且有意义的教育内容。陈鹤琴认为,人生活在自然和社会中,从自然界中所获取的自然资源,在社会生活中所形成的语言、思想、人际关系等都是儿童学习的内容[②]。当然,陈鹤琴也并非完全对教科书的作用持否定态度,他所编写的教科书始终秉持着"儿童生活"的理念,选取最贴近儿童生活经验的素材,采用单元一贯制的形式,激发儿童对所学内容产生共鸣。在课程设置上,他提出采用五指活动课程展开教学,正如儿童的五根手指一般,彼此相

① 熊贤君. 陶行知创造教育思想探微 [J]. 教育研究,1999(11):53—57.

② 北京市教育科学研究所. 陈鹤琴文集(上)[M]. 北京:北京出版社,1983:112.

对独立但互相联系渗透，形成一个整体①。

在育才学校"创造月"计划中，陶行知阐述了其创造教育的内容，将其分为四个部分：一是创造健康的堡垒，二是创造艺术的环境，三是创造生产的园地，四是创造学问的气候。之后，陶行知在《育才学校节略》一文中，对创造教育的内容进行补充，提出了创造教育的第五点，即创造真善美的人格②。关于课程，陶行知提出学校课程的编制要以培育学生的"生活力""创造力"为追求，尊重学生主体，遵循学生的需要和潜能，克服传统课程以知识体系为原则的缺陷。关于教材，陶行知并不否定教材的作用，但他认为教材的编写需破除传统教材的缺陷，将其作为一种工具来使用。

传统教育将儿童局限在教室内"读死书"，割裂儿童所学内容的完整性，陈鹤琴和陶行知对此深恶痛绝。他们主张儿童教育的内容不仅要来自书本，还要来自社会自然和现实生活；强调儿童直接经验与间接经验的并重，使教育与儿童完整的生活相贯通。但陈鹤琴所提出的课程论更具体、更具操作性，强调儿童应在与大自然的接触中理解知识。而陶行知关于课程的构想所涉及的内涵则更加广泛，与其普及教育的内核相关联，更具延伸性。

四、儿童教育方法："做中教、做中学、做中求进步"与"教学做合一"

教育的内容源于自然和社会。陈鹤琴提出"做中教、做中学、做中求进步"的观点，强调儿童需自己动手实践，以加深记忆、形成知识储备及提高动手能力。这一教育方式同样贯穿于陈鹤琴所撰写的《家庭教育》中，他格外强调父母要从日常生活中出发，让孩子在接触与实践中增长经验。

陶行知反对传统的考试制度和教学方法。基于大量的教育实践，他提出了儿童教育的原则和方法。第一，儿童具有极大的创造潜能，教育首先需解放儿童的创造力。第二，教学做合一。这是陶行知的生活教育思想在教学方法问题上的应答，具体来说，教的方法根据学的方法，学的方法根据做的方法，教和学都要以做为中心，实现教、学、做三者的有机合一。第三，质疑辩难并进行因材施教。陶行知认

---

① 北京市教育科学研究所. 陈鹤琴文集（下）[M]. 北京：北京出版社，1983:39.
② 陶行知. 陶行知教育名篇——创造的儿童教育 [J]. 新课程教学，2017(11):46—48.

为，质疑辩难是学生进行创造的第一步骤，它是创造教育的重要方法。此外，学生千差万别，教学自然需要各因其材，要避免完全地统一设计的教学模式和方法。

陈鹤琴与陶行知批判旧教育中学校与社会割裂、劳心与劳力分离、死记硬背盛行的现象，他们要求教育要重视儿童在学习中的自主性和创造性。关于教育方法，两人都受到杜威实用主义教育思想的启发，强调"做"的重要性，但二者的侧重点有所不同 ①。陈鹤琴强调教师和儿童在"做"的连接下实现教学相长，注重教师的引导作用，这同样体现在家庭教育中。而陶行知从其"教学做合一"的方法论出发，提出教与学的方法互为根据，并将"行（做）"视为知识的来源和创造的基础，强调将理论与实际相结合。

五、陈鹤琴与陶行知儿童教育思想的当代启示

陈鹤琴与陶行知都是中国近现代卓越的教育家。关于儿童教育，两人都有着丰富的办学经验，开展了诸多教育活动，形成了本土化的儿童教育理论，为推动中国化儿童教育和师范教育体系的创立为中国儿童教育事业发展作出了重要贡献。尽管两人在儿童教育思想上有相同之处，但对儿童教育的目的、内容和方法等有不同的侧重点和表达方式 ②。厘清和比较两人的儿童教育思想，对当今的儿童教育实践和理论的发展具有重要的启发作用和借鉴意义。

（一）在实践中学习——聚焦儿童的实际生活和体验

长期以来，儿童教育的理论与实践相脱离。儿童教育的改革应聚焦当下基础教育的课程改革，课程内容与教学方式要注重与生活相联系。陈鹤琴和陶行知都格外注重儿童在自然和社会中学习，倡导儿童的直接经验，摆脱"唯书本论"。正如陈鹤琴设置五指活动课程，让儿童在实验、阅读、创作和研讨中收获知识，而陶行知则提出，儿童应通过生产劳动的方式展开学习。当下的儿童教育要让儿童参与到现实生活的活动中，走出教室、走出校园，挖掘自然所给予的丰富学习资源，感受世界的多姿多彩。

---

① 〔美〕约翰·杜威. 我的教育信条 [J]. 赵祥麟，王承绪. 杜威教育名篇 [C]. 北京：教育科学出版社，2006：2.

② 孙培青，杜成宪. 中国教育史 [M]. 上海：华东师范大学出版社，2019（7）：476—485.

（二）在探索中创造——关注儿童的好奇心和经验

传统的知识观将知识视为绝对真理，这极大影响了教育教学的方式，儿童只能死记硬背，被动地接受知识，不利于其发展。陈鹤琴和陶行知都强调要解放儿童的思维，重视对儿童创造力的培养，关注儿童的好奇心与已有经验。而儿童的好奇心则是这种本能和倾向的表现。因此，在教学中教师要格外注重激发儿童的好奇心，鼓励儿童在体验中学习，找到自身的兴趣和特长。同时，面对儿童的困惑不解，教师要积极予以回应，尊重儿童、欣赏儿童，从儿童既有经验出发，为其提供适宜的材料，引导儿童将旧经验与新经验相结合，自主探寻问题的答案并主动思考事物之间的关联性，使儿童能够在持续不断的探索中，充分彰显自身的个性，建构对社会生活的独特理解，拥有对周遭事物进行创新和改造的能力。

（三）在合作中发展——注重教育的家校社协同

狭隘的教育观认为教育只发生在学校内、课堂中，由教师全权负责。教育的发展和社会观念的更新使人们意识到：儿童教育不仅仅是学校的任务，更需要家庭、社会和学校的通力合作。作为中国近现代学前儿童教育理论和实践的先行者，陈鹤琴非常重视家庭教育、重视家庭与学校的合作，同时也十分注重儿童的学校生活与社会现实生活的联系。而陶行知则一生致力于普及教育，将儿童视为普及教育的重要力量，创造性地运用"小先生制"，使儿童的学校教育与家庭、社会相连接，儿童在接受教育之后又成为知识的传播者，从而使更多人有接受教育的可能。尽管今天的我们没有面临先生们所处时代的严重民族危机，但我们仍需思考新时代下该如何促进家校社合作。一方面，教师需要有意识地在教育活动中寻找家校合作的可能，例如，召开家长会以促进教师与家长间的沟通或设置学校参观日，方便家长进一步了解学生的课堂生活；另一方面，学校可以引入更多的社会活动到儿童的教育中，如组织学生参观博物馆或进行志愿活动等，从而加强儿童学校教育与社会的联系。

游戏童年 启智心灵

——纪念陈鹤琴先生诞辰130周年

邹惠琳①

（浙江师范大学，金华，321000）

摘要： 游戏理论是陈鹤琴教育理论的重要组成部分。他认为尊重、理解儿童，在一定意义上就是要尊重、理解儿童的游戏天性。游戏有利于儿童各项能力的培养，能够有效地促进幼儿的社会性和交往能力的发展。本文将从陈鹤琴的儿童游戏思想出发，探析其本质、目的、价值和内容，进一步挖掘儿童游戏的意义。

关键词： 陈鹤琴；儿童游戏；游戏理念

在教育界，人们对游戏的认识起源于幼儿园之父福禄贝尔的恩物②。在福禄贝尔看来，游戏是儿童的内在本能，没有儿童不喜爱游戏（活动）③。恩物作为一定游戏活动的载体，试图从不同方面刺激儿童，从而促进其全面发展。与恩物不一样的是，游戏是形式也是内容，是目的也是手段。可见，游戏是形式与内容、目的与手段的统一。

中国儿童教育之父、"东方福禄贝尔"陈鹤琴认为，游戏对学生心灵具有重要的塑造作用。在他看来，幼儿园的教育实质上就是游戏教育，在这个意义上，游戏既是儿童教育的内容和形式，也是儿童教育的目的和手段④。于是，基于游戏活动本能的儿童教育，是人之为人的教育，也是全人类的发展的多元教育。

---

① 作者：邹惠琳，江西赣州人，浙江师范大学小学教育专业硕士研究生。

② 恩物（gift），是指德国学前教育家福禄贝尔为儿童设计的一套玩具，作为儿童认识万物和理解自然的初步手段。福禄贝尔认为这些玩具是适合儿童特点的上帝的恩赐物，故名恩物。

③ 席勒.审美教育书简 [M].冯至，范大灿，译.上海：上海人民出版社,2021:125.

④ 黄书光.陈鹤琴与现代中国教育 [M].上海：上海教育出版社,1998:4.

儿童游戏教育的核心是儿童的生活，本质是儿童的全面发展，其目的旨在培养身心健康、有道德、有社会生活能力的儿童，涉及儿童的全面发展。本文将从陈鹤琴的儿童游戏思想出发，进一步探析其本质、目的、价值和内容等。

一、游戏的本质：儿童内在生命的外化

陈鹤琴指出：游戏蕴含着巨大的德育价值，是儿童学习的最重要形式，它给予儿童的绝非简单的乐趣和经验①。

游戏的本质是儿童内在生命外化表现为一种"游戏生活"，但以"游戏生活"自居的儿童不可简单地被等同于"游戏儿童"。儿童需要被理解、尊重和容纳，这就意味着游戏的内容、形式、组织和实施必须充分考虑并适应儿童身心发展的特点或需要，使之能被儿童在智力上理解和情感上接受。在这个意义上，游戏（活动）必须符合儿童的生理和心理现实。陈鹤琴之所以有现在的成就，得益于他的游戏童年：陈鹤琴在课堂上有自己的游戏玩法。"在指甲上套上盔甲，表演了一场戏"，他和同学们会在手指上画上各种各样的面孔，比如孙悟空和二郎神，然后把小帽子放在手指上相互打斗，就像孙悟空、二郎神在天界搏斗一般。孩子们的游戏能力总是惊人的相似。鲁迅也有相似的经历，他曾在上课时偷偷躲在教室后面，沉浸在小说里。

游戏的本质是儿童内在生命外化表现为一定的娱乐性和教育性。游戏时儿童积极主动、心情愉悦，他们总能通过游戏掌握沟通技巧、动作技能，发展社会性情感，体验到情感满足，建立一定自由和自信，最终在不断突破和完善自我。

游戏的本质是儿童内在生命外化表现为现实生活的缩影。在游戏的世界里，儿童可以"随心所欲""恣意妄为"，接触并体验成人世界的模样。"玩"是儿童生命力的彰显，"游戏精神"是儿童的天性。在一定的人身安全范围之中，人们应允许和鼓励儿童接触一切。在陈鹤琴看来，当下的教育应给儿童提供充足的时间和适度的刺激，让儿童充分暴露在游戏中，体验大自然的一切。因为只有在游戏中，儿童的内在生命才能得以外化，修养身心、涵养天性。

---

① 黄书光.陈鹤琴与现代中国教育 [M].上海：上海教育出版社,1998.04.

二、游戏的目的：做德智体美劳全面发展的现代中国人

"活"的教育即有意义的教育、有价值的教育。游戏对儿童健康成长和全面发展的意义和价值不言而喻，于是，游戏（活动）也是重要的"活"教育形式之一。陈鹤琴强调研究儿童游戏的最终落脚点是为了改进儿童教育，也是为了儿童能够接受更多更优质的"活教育"①。在他看来，"活教育"是没有固定教法的，只有靠人们自身努力，做实验，做中学，从做中求结果。

教育的宗旨是做人、做现代中国人。做现代中国人是教育宗旨也是活教育的主要目的和要求。儿童游戏的理念是活教育理论的核心部分。从"教育"到"儿童教育"，从"游戏"到"儿童游戏"，陈鹤琴把如何教育儿童游戏的理念贯穿整个活教育，既是活教育的核心主线，也是活教育帮助儿童游戏和培养游戏儿童想象力、合作力和沟通力的重要体现。

除了儿童游戏、活教育，陈鹤琴还关注儿童心理和家庭教育问题。在各项各类儿童教育教学实践中，他始终坚持把儿童的身、德、体、美人格的健康发展放在第一位。陈鹤琴特别重视儿童如何具有良好的体魄。在他看来，身体健康的好坏对一个人的生命、理想和志向有着重要作用，身体不健康的人往往很容易灰心丧气，失去力量，无法担当社会赋予的重任。身体不健全是人自身的遗憾，也是对祖国和社会资源的浪费，因此，富国必先强种，强种必先强身。当下唯有通过增强体质锻炼，才能更好地面对现代社会的各种挑战。

陈鹤琴指出游戏的目的是做德、智、体、美、劳全面发展的现代中国人。他进一步明确"现代中国人"的五种特质：健全的身体、建设的能力、创造的能力、能合作、要服务。活教育旨在培育"现代中国人"的五种特质，培养具有历史责任感和使命感，德、智、体、美、劳全面发展的高素质中国人。

三、游戏的价值：全面发展儿童素质教育

在芬兰的《早期教育国家课程纲要》中，游戏被视为幼儿的一种意义体验。游戏不仅可以满足幼儿的内在需求，帮助幼儿面对复杂的、具有挑战性的世界，

---

① 北京市教育科学研究所．陈鹤琴教育文集 [M]．北京：北京出版社，1983：12.

还可以让幼儿从小就对社会产生热情，能自由地抒发情感。无独有偶，联合国经济合作与发展组织也发布了与之相关的研究成果。该研究结果表明，游戏可以促进儿童社会情感的发展，所有的儿童都会经历委屈、失落等不良的负性情绪，特别是愉快的户外游戏可以使儿童的负性情绪得到极大地缓解。

儿童不仅能够接受游戏中的挑战，也能放松身体和愉悦心情。为了让儿童沉浸在游戏情境中，教师不仅需要创造并保持一种轻松的氛围，让儿童感到舒适和快乐，还要帮助儿童不断地体验大自然，面对真正的困难，让有意义和有价值的学习成为儿童的主动选择。

游戏为儿童提供直接经验，巩固和改造旧经验，生成和发展新经验。在这个过程中，儿童的精神与身体被彻底放松，智力被深度发展，情感获得极大满足，进而为儿童自身的全面成长提供最充足、最富有动力性的准备。陈鹤琴认为游戏的直接价值是给儿童带来快乐，间接价值是发展儿童的个性，引导儿童成为优秀的社会公民，进而过上更好的生活[1]。

一般而言，游戏的价值具体表现在四个方面[2]：游戏促使儿童积极参与（游戏）活动，充分调动儿童的体能，促进儿童的身体健康，锻炼儿童的肌肉和骨骼，帮助儿童更好地消化和吸收的同时刺激血液循环、改善肺部呼吸，培养儿童的高昂斗志。

游戏有助于儿童社交，建立良好友善的人际关系。儿童游戏活动，特别是集体游戏活动，不仅关涉儿童的社交能力，还关涉儿童的人际关系。儿童通过参与集体游戏活动，体验、习得自控自律、独立自主、刚正不阿的优良美德，形成和发展的正确的道德意识、积极的情感和正面的行为习惯，助力儿童的大脑发育。

游戏通过增加和增强多感官刺激，促进儿童身心的全面发育和发展。儿童积极主动参与游戏活动，形成有效的反馈，在发现问题和解决问题中，提高儿童的甄别—判断能力、感觉—感知能力、观察—探究能力、假想—想象能力。游戏滋养儿童的精神，有助于儿童精神的良性发展。儿童参与游戏活动，意味着基于既

---

[1] 肖林根，谭祥花，王卫华. 陈鹤琴与福禄贝尔儿童游戏思想之比较 [J]. 教育与教学研究，2022：4—25.

[2] 黄进. 游戏精神与幼儿教育 [M]. 南京：江苏教育出版社，2006：6.

有的规则和超越既有的生活，与同伴进行有效的精神交流与互动。也就是说，当儿童游戏时，他才是完全的人。

游戏的价值在于全面发展儿童的素质教育。教师在开发和实施儿童游戏活动中，将游戏与教学的关系从两者并列走向两者融合，将游戏与教学相互融合、互相生成[①]。教师就必须把游戏融入课程、融入教学的各个环节，为此最重要的一环就是创建基于游戏的课程，一种从游戏中来到游戏中去的儿童课程。

基于游戏的课程是陈鹤琴 "生活教育"理念付诸实践的重要体现。他指出：儿童是发展中受尊重的独特个体，他们在游戏中学习知识、掌握技能、涵养品德。为此全面贯彻好生活教育的理念，教师的变通能力主要体现在将教学游戏化、赋予儿童机会独立开展和组织游戏活动、锻炼儿童无师自通和自学成才的能力。

总之，游戏有直接价值和间接价值。后者主要是指不仅可以发展儿童的身体和心灵，增强儿童的感官，还可以帮助儿童更好地适应生活。为了更好地发挥游戏教学的功能，教师应该围绕自然和社会的中心主题来组织学科教学，而不是只专注于传统的课本学习。究其本源，游戏的真正意义是激发儿童的兴趣，促进其主动学习，使其素质得到全面的发展。

四、游戏的内容：全面开展具象性和精神性的活动

在《儿童心理学》一书中，陈鹤琴阐述了"力量剩余说""生活预备说""复演说"等游戏理论。一般而言，力量剩余说把游戏看作休息的良药。生活预备说，强调游戏为儿童未来完满生活奠定基础。虽然儿童的命运、未来的前途大概率在成人手中，但是儿童仍然对未来持有自主性。"复演说"是指模仿前人的动作，但儿童在复演的过程中，不只是模仿还有独立的思考。

儿童游戏的内容相当广泛，根据各种游戏对儿童产生影响的不同，陈鹤琴把这些游戏划分为四种：身体游戏、社会游戏、语言游戏和生活游戏。

游戏不仅取材于儿童的实际生活，也以生活为载体，使得具象性和精神性的游戏活动，充满生活的气息和想象意味，具有心理性、适龄性和现实性。可见，

---

① 华爱华，朱佳慧．游戏与教学融合的关键：游戏与教学互为生成——华爱华教授访谈录 [J]．江苏幼儿教育，2017(1)：4—5.

游戏对儿童的全面发展和精神成长有着重要的影响。陈鹤琴指出，儿童在不同阶段对游戏有着不同的要求。在这个意义上，儿童游戏的内容应是丰富且适当的。"丰富"是指游戏的内容多样且全面，能较好地满足儿童各方面发展的需要。"适度"是指游戏的内容要适合儿童的身心发展水平与年龄特征。

为了获得好的游戏教学效果，就需要改变人们对儿童的看法。陈鹤琴呼吁要对儿童教育进行课程教学改革。在他看来，快乐才是儿童的归属，而游戏的出发点和终点就是快乐[1]。只有当游戏为儿童带来快乐时，儿童才会喜欢上游戏。陈鹤琴通过测试发现了儿童游戏的心理特点：对于儿童来说，游戏与工作区别不大。

与福禄贝尔一样，陈鹤琴也制作了各种教具和各种游戏活动，培育儿童的阅读和书写能力（如识字卡片和字母托盘），提高儿童的数学逻辑推理能力（如计数游戏）。他反对学前儿童教育"小学化"倾向，结合我国学前教育的实际情况，实现了从"在做中学"到"在游戏中学习"思想蜕变[2]。"在游戏中学习"的理念扭转了"灌输式"的教育旧习，解决了学前教育中理论与实践相脱离的问题，全面构建我国现代学前教育的理论框架与实践依据。

具象性和精神性的活动情境，有助于儿童形成良好的学习习惯，培养不畏困难、勇于发现和乐于尝试实践品格及想象力和创造力。在家庭游戏活动中，家长与儿童的亲子互动，有助于家长与儿童双方在情感和认知等诸多方面获得全新的认识和理解[3]。陈鹤琴儿童教育理论秉持"为了儿童""在于儿童""成为儿童"的教育理念，把人们的目光引向"活教育"和"生活教育"，强调教育的初心和最终目的永恒不变："一切为了儿童""让儿童成为儿童"。

---

[1]　车立云，车立芬. 陈鹤琴儿童游戏思想研究及其启示 [J]. 教育教学论坛，2022 (27) : 37—40.

[2]　张翠芹. 陈鹤琴的"活教育"思想及其对当今幼儿教育的启示 [D]. 南京：南京师范大学，2007.

[3]　陈秀云，陈一飞. 陈鹤琴文集 [M]. 南京：凤凰出版传媒集团，江苏教育出版社，2007:12.

游戏生成课程对陈鹤琴"活教育"思想的借鉴与发展

王佳昱①

（浙江师范大学，杭州，311231）

摘要： 游戏作为幼儿发展的主要载体，其与课程的关系一直是幼儿教育学者致力于厘清的。"游戏生成课程"意在利用幼儿自主游戏中的教育契机，链接游戏与幼儿必备的知识技能，以轻松自主的方式掌握知识。实践过程中可与高校合作，提高教师研究水平，携手支持幼儿发展。

关键词： 陈鹤琴游戏观；游戏；课程；游戏生成课程

陈鹤琴先生长期致力于研究儿童心理学，根据以自己的儿子为对象的观察记录，出版《儿童心理之研究》一书，其中一章阐述了游戏活动，对后来我国开发幼儿游戏教育生成课程意义重大。幼儿自主游戏中存在许多有价值的教育时机，研究陈鹤琴先生的游戏教育思想，对于当下幼儿园游戏课程开发与实践意义深远。

一、陈鹤琴活教育思想中的游戏观

陈鹤琴先生将游戏视为幼儿与生俱来的兴趣，认为游戏是幼儿发展的载体。不过他所说的游戏不是随心所欲地玩乐，而是以幼儿身体精神的发展为目的，需要教师精心安排组织的游戏。

（一）游戏的价值与动力

游戏是幼儿的天然兴趣，幼儿在游戏中不断实现自身发展。在陈鹤琴先生看来，游戏的价值有四个：①发展身体，幼儿游戏时既发展身体又锻炼精神；②培养高尚道德，幼儿游戏是一种集体活动，有一定的规则，游戏中幼儿不断自律且受到他律以形成道德观；③锻炼大脑，幼儿在游戏时需要调动自己的智慧与玩伴互相

---

① 作者：王佳昱，河南驻马店人，浙江师范大学学前教育专业硕士研究生。

配合；④释放压力，由于游戏是幼儿自己想要做的事情，所以幼儿通过游戏能缓解学习压力、疏解情绪。由此看出，游戏不仅是幼儿生活中的乐趣所在，还是促进他们道德与智力发展的重要媒介。

陈鹤琴认为游戏包括游戏力量和游戏能力。游戏力量是身体上的，即体力的发展；而游戏能力是心灵上的，即智慧的发展。随着幼儿不断成长，两因素的比重也在不断变化。此外，游戏发生还有两个附加条件——快感和好动的天性。游戏必须是幼儿可以获得满足感与愉悦感的自发性活动，是其与生俱来的爱好。

（二）游戏性教育

基于游戏对幼儿教育的重要意义，陈鹤琴先生提出游戏性教育。他认为可以将游戏应用到幼儿的动作养成上，现代幼儿园课程实施也借鉴了陈鹤琴先生这一思想，将游戏融入其中，越来越关注幼儿的参与感与情绪体验。游戏性教育的前提是要了解幼儿心理发展特点，根据幼儿发展阶段的不同特点进行有针对性的教育，这样才是适合幼儿的教育。

二、游戏生成课程

游戏与课程在幼儿园相融，游戏是幼儿当下发展水平的直接体现，课程既要让幼儿乐于参与，也要关注游戏中存在的问题，以此引导幼儿获得更好的发展。

（一）游戏与课程

游戏是幼儿感知、探索世界的特殊方式，游戏期也被称为不成熟期[①]，它意味着此时的幼儿需要引导与帮助。游戏作为一种不成熟的心理发展状态，其中往往存在许多教育契机，也有适于生成课程的问题。

1. 游戏

关于游戏，不同学者有不同的定义。荷兰文化史学家赫伊津哈从文化中蕴含的游戏意义角度来解构游戏，认为游戏是一种真正的自由。张永红从幼儿整体生活中界定游戏，认为幼儿游戏的本质属性是幼儿的一种无强制的外在目的的、在假想的情景中发展的假想的成人实践活动[②]。现代学者普遍认为游戏具有四个特

---

① 李萌茜，肖遥. 幼儿游戏的本质、价值以及权利探究 [J]. 山西教育（幼教），2020(9)：30—33.

② 张永红. 幼儿游戏的本质属性管窥 [J]. 学前教育研究，2001(3)：47—49.

性。①自主性：游戏开始、发展、结束全由幼儿自己决定；②无外在强制性：幼儿的游戏是不顺从任何不参与游戏的人的想法的；③假想性：幼儿在游戏时会想象出不在身边的物品，或者将某个物品作为替代品来帮助自己继续游戏；④愉情性：游戏给幼儿带来的只有愉快的情绪体验，一旦幼儿感觉游戏的愉悦消失便会终止游戏。总之，幼儿的游戏是幼儿自由地选择玩法、玩伴，完全源自自身兴趣的文化性活动，游戏中可以体现出幼儿对于世界的看法。

2.课程

课程作为规范化的教育载体，在幼儿教育中具有举足轻重的地位。其课程开发包括确定目标、选择教育经验、组织教育经验、评价四个过程。幼儿园课程开发途径来源多样，如从国家制订课程方案、生活经验、幼儿游戏等。其中由游戏生成的课程是较符合幼儿兴趣的，具有直观性、及时性以及游戏性的特征。直观性是指游戏引发的课程是为了解决游戏中的问题，幼儿上课时可以联想到游戏中的真实情景，课后操作时也有直观材料的支持；及时性是课程是教师观察到幼儿游戏中表现出的经验缺乏而创设的，解决当下问题；游戏性表示课程内容、形式和目的都是为游戏提供经验支持。游戏是幼儿学习最主要的方式之一，丰富多元、贴近生活、整体联动的游戏能够让幼儿的学习自然发生[1]。高品质的游戏课程应该是在支持幼儿游戏的过程中自然生发的，并随着游戏进行而不断深入，重点关注游戏的教育价值。

（二）游戏生成课程实践

1.游戏生成课程的内涵

传统游戏生成课程一般表述为游戏课程化，然而这种表述在词义上带有强迫性和机械化倾向，因此在本文中使用"游戏生成课程"概念，以表达游戏课程是顺应幼儿意愿的。一般来说，游戏生成课程是在教师对幼儿进行细致观察后，了解幼儿当下发展水平，选择与幼儿当下游戏密切相连的知识技能，帮助幼儿顺利进行游戏的课程生成过程。游戏生成课程强调从幼儿的游戏出发，及时把握幼儿学习的生长点，通过引导和建构新游戏，促进幼儿学习与发展的过程[2]。从游戏中

① 何苗，王燕. 一体化理念下的高品质幼儿园游戏课程构建 [J]. 教育科学论坛，2022（32）：38—41.

② 王振宇. 论游戏课程化 [J]. 幼儿教育，2018（12）：3—8.

生发课程可以有效改善课程碎片式布局，以游戏为主线来链接课程，实际上意味着以幼儿兴趣为基点实施课程，可以达到整体育人的效果。陈鹤琴先生始终认为儿童自身的本能和能力是教育的素材与起点，这与游戏生成课程的概念内涵是一致的。当然，在具体的实施过程中，教师还要注重生成性教育资源的充分利用，促使游戏活动能和幼儿的生成课程充分地融合在一起，从而有力推动幼儿更快成长①。

2. 游戏生成课程的价值

陈鹤琴先生认为由游戏生发的课程最为贴合幼儿身体发展，课程开发过程的起点是幼儿现有发展水平，是教师经过分析与充分思考后做出的行动，这类课程有助于促进幼儿道德知识的整合，引发幼儿思考，也是幼儿园实践课程的有力补充。

（1）有助于促进道德知识的整合

道德培养作为一种内隐性的过程，实践起来较为困难。而游戏更贴合幼儿的学习方式，在与同伴游戏过程中通过同伴的情绪反馈感知自己行为的适当性，并辅以系统课程讲解，在实际体验和系统知识两方面共同对幼儿进行品德教育，整合知识用于实践，幼儿可以获得完整的道德教育。

（2）有助于引发幼儿思考

由游戏生成课程可以引发幼儿思考与知识的整合，如在角色扮演游戏中教师可以通过表情表达感情，幼儿便可以将感情表达迁移到肢体动作语言中；在建构游戏中，教师向幼儿介绍垒高的技能后，幼儿不仅在游戏中可以尝试垒高，还可与以往其他技能结合起来搭建。

（3）有助于补充幼儿园实践课程

游戏生发课程不仅可以帮助幼儿发展，也可以提高课程质量。游戏是儿童自己的活动，幼儿是课程的主体，教师此时需要做个配合者。

3. 实践要素

陈鹤琴先生教育思想中的游戏兼具计划性和变通性②，其目的、内容和形式都不是一成不变的。生成课程起点是游戏中存在的发展问题。教师应深入观察幼儿游

---

① 张洁然. 课程游戏化理念下的幼儿园生成课程探索 [J]. 新课程教学（电子版），2022(17)：152—154.

② 肖林根，谭祥花，王卫华. 陈鹤琴与福禄贝尔儿童游戏思想之比较 [J]. 教育与教学研究，2023, 37(1)：14—26.

戏过程，对照幼儿各阶段应达成的目标设计课程，帮助幼儿获得游戏策略。生成课程目标不仅包括三维目标，还应关注游戏的顺利进行和幼儿的深入思考。教师应指出游戏中的困难，由幼儿讨论并通过实验来解决，最后由教师进行总结。生成课程应以幼儿获得的知识来衡量课程质量，评价目的是促进幼儿发展，评价主体是幼儿，同时也要结合游戏过程中教师的评价。总之，游戏生成课程只是课程实施的一种形式，是对于游戏中幼儿发展水平的关注和提高，是一种较有问题聚焦意识的课程。生成课程不是固定化的，不需要教师刻意组织，幼儿才是课程资源的整合者。

三、游戏生成课程对活教育游戏观的借鉴发展

陈鹤琴先生活教育思想核心在于建设符合中国特色的、真正属于幼儿的学前教育体系。以下是促进幼儿园游戏生成课程发展的几点建议。

（一）幼儿园与高校联合，共同开展实践研究

1925年陈鹤琴先生将鼓楼幼稚园新园区定名为东南大学教育科实验幼稚园。以借助高校的资源和研究力量，促进幼儿园自身的高质量发展。同时，幼儿园中出现的问题都是具有真实研究价值的，幼儿园也可以成为高校进行教育研究的实践场地，幼儿园与高校相互促进，共同合作。

（二）提高教师研究水平，开展针对性课程

陈鹤琴先生提到教师要进行研究，这对学前教育质量提高有重要意义。教师是一线人员，也是具有理论基础的研究者，生成课程的中心是幼儿，而实践者是教师。而如今问题主要集中在教师缺少主体化意识，对幼儿能动性关注不够、放手意识与反思能力较弱等。对此笔者认为应从幼儿教师培养的宏观角度入手解决，在政治制度层面完善教师管理制度并形成结构完整的培训制度。教师需要密切关注幼儿活动，同时充分利用环境资源，形成社会育人格局。

（三）基于幼儿视角，配合幼儿发展

游戏生成课程归根到底是为了促进幼儿发展，其主体与受益者也应该是幼儿。现如今幼儿园中存在追求教学效率而不顾效果、教师控制权过重等问题，究其原因，是教师没有做到以幼儿为本。幼儿为本的理念就是教师将幼儿发展放在第一位，

给予幼儿足够的尊重。比如阅读活动中，教师应给予幼儿阅读策略，而不是机械讲述故事。教育策略也应是基于幼儿视角的，符合幼儿的学习方式。

游戏生成课程是幼儿游戏的衍生形式，它对游戏教育职能进行拓展，也是新的课程开发模式。但也能清楚地看到，它与陈鹤琴先生教学游戏化是一脉相承的，是对陈老活教育思想的发展传承。幼儿园应看到幼儿游戏的价值，尊重幼儿游戏的权利，创设有准备的环境支持幼儿游戏课程的开发与实施。将计划性与灵活性相结合，兼顾预设与生成[1]，使陈鹤琴教学游戏化与游戏课程化有机结合，服务于学前教育高质量发展。

陈鹤琴美育思想研究

韩菲[2]

（浙江师范大学，金华，321000）

摘要： 陈鹤琴非常重视儿童美育，提出美育对于发展儿童欣赏力和创造力具有重要价值。本文充分挖掘陈鹤琴"活教育"中的美育思想，包括走进儿童生活、创造良好环境、寓游戏于审美、走"中国化"道路等基本理念，在教师发展、教学目标、教学内容等方面对于当前幼儿园美育有重要借鉴价值。

关键词： 陈鹤琴；活教育；美育

美育，即审美教育，是一种感性的、充满生命和情感的教育，旨在培养孩子们对美的敏锐感知及独特的审美观念。1923 年，陈鹤琴亲身实践，成立了中国最早开展幼儿教育实践的鼓楼幼稚园，形成了他系统的"活教育"幼儿教育理论体系，并提出将美育贯穿幼儿教育的始终的思想。如今的教育也越来越重视美育，我们批判灌输式教育，倡导培养学生的感悟、鉴赏与创造能力。在美育培养上，陈鹤

---

① 张晓晓. 课程游戏化与游戏课程化——陈鹤琴幼儿游戏观探新 [J]. 鹿城学刊，2022，34（3）：80—83.
② 作者：韩菲，山东济南人，浙江师范大学小学教育专业硕士研究生。

琴给了我们很多启发。

一、"活教育"中美育的基本理念

（一）走进儿童的生活

陈鹤琴先生主张"大自然、大社会都是'活教材'"，即让儿童在与自然、社会的直接接触中，在亲身观察中获取经验和知识①。儿童天生对美的事物有一种亲近、向往的情感，因此陈鹤琴提出，美育应渗透在幼儿教育当中，并融入儿童的生活。

音乐教育是美育的重要组成部分。陈鹤琴提出"儿童生活音乐化"②，主张将音乐寓于儿童的生活当中，让孩子多接触大自然和社会，从中汲取灵感，拓宽视野，丰富经验，陶冶性情。我们要用音乐帮助儿童养成良好的品格，使其热爱生活、热爱艺术，让音乐在儿童成长过程中发挥独一无二的作用。

（二）创造良好的环境

陈鹤琴认为，我们的行为和思想都是环境刺激的产物，"环境"在儿童成长中的作用至关重要③。儿童的成长环境包括学校环境、家庭环境、自然环境和心理环境。在学校环境方面，学校可开设美育课程、创造愉悦舒适的课堂氛围、形成良好的校园风气、建设优美的校园环境等。而家庭环境则是幼儿最初的审美对象。陈鹤琴在《家庭教育》一书中，系统地记录了他家庭美育活动的实践经验和成果，如房间布置干净整洁且富有设计感、创设美育的环境、提高自身审美素养、传授美的价值观等。在自然环境方面，要给孩子更多的机会接触、探索大自然。在心理环境方面，要保证孩子的心理健康、为孩子树立良好的行为典范④。

（三）寓游戏于审美

陈鹤琴在《儿童游戏》一书中记录了 70 则游戏，很多都与音乐、美术有关。陈鹤琴将音乐、美术游戏纳入课程安排，并将一些中国传统乐器作为玩具融入课

---

① 北京市教育科学研究所.陈鹤琴全集（第 2 卷）[M].南京：江苏教育出版社,1989:864，892，876.

② 陈鹤琴.陈鹤琴教育文集（下卷）[M].北京：北京出版社,1985:400.

③ 北京市教育科学研究所.陈鹤琴全集（第 4 卷）[M].南京：江苏教育出版社,1991:458.

④ 陈鹤琴.陈鹤琴教育文集（下卷）[M].北京：北京出版社,1983:148.

堂教学中。他认为游戏的作用有以下几点：首先，它是一种调动儿童积极性、使儿童活泼快乐的活动，能够增强体质，减轻疲劳；其次，它可以增强思维的灵活性和运动的灵敏性；再次，游戏也是休息的灵丹妙药；最后，游戏还可以训练公民品德。所以，陈鹤琴尤其倡导游戏教育，并提倡要为儿童创造良好的游戏环境。游戏教学重视引导幼儿进行游戏，是陈鹤琴美育思想中的关键环节。

（四）走"中国化"道路

那时，中国的幼稚园普遍模仿美国，陈鹤琴提出要探索一条适应我国国情、符合我国儿童发展规律的道路，使教育"中国化"。他认为首先要使课本、教学计划与目标等适应中国国情。例如，在音乐教育上，倡导学习民族特色音乐，使用中国的器乐进行教学，从而激发儿童对中国传统器乐文化的理解与喜爱[1]。在美术教育上，在让孩子走进自然和社会取材的同时，还要了解中国传统的艺术形式及美术元素的工具，感受诗词歌赋的独特意蕴，感受中国传统艺术之美。

二、"活教育"对现在幼儿美育教育的意义

（一）提高幼儿教师的美育素养

陈鹤琴认为要改善教育现状，先要从改善师资水平入手。他提出幼师应该具备多种技能，同时要了解世界现状，知识储备丰富，能够掌握儿童心理发展规律。幼师要努力提高自身审美素养，用正确的美学价值观去教导儿童。

如今，我国幼师的美学素养普遍不足，还有一些中小学的音乐美术教师直接由其他任课教师兼任。因此，幼师需要加强专业技能学习，提高美学素养，才能更好地教学。

除此之外，教师的美学观念要与时俱进，理解每个孩子都是不同的个体，都有自己独一无二的想象力和创造力[2]。教师要做的是启发和引导儿童自由表达，创造自己的作品。教师不能用条条框框去规定美，否则，儿童就是在机械地完成千篇一律的作业。

---

① 刘兰. 陈鹤琴"活教育"中的美育思想对当代幼儿美育的启示 [D]. 石家庄：河北师范大学.

② 彭立勋，陈鼎如，汤文进. 美育辞典 [M]. 南昌：江西教育出版社，2018:7，316—317，192—193.

（二）改善幼儿美育课程设计

1. 综合课程观

陈鹤琴指出，儿童学习的各门科目并不是互相独立的，而是联系密切的。这与我们现在所倡导的综合课程观不谋而合。尤其是在审美教育中，我们更是要将审美渗透在各个学科、各个领域。陈鹤琴首次提出了音乐与其他学科相融合，对于现在的教育有很强的借鉴意义[1]。如今，幼儿教育的美育课程只停留在唱歌、跳舞、画画阶段。综合课程是新课程改革的趋势和方向，教师也由单纯的知识传授者转变为活动的组织者与设计者，这样，儿童就能在"美"的陪伴下，增长知识，培养能力，朝着更好的方向发展。

2. 美育目标重视创造力

国家需要拥有创造力的人才，它是我们新时期培养人才的目标。创造力不是固定的知识和单一技能，而是一种复合能力或多种能力、心理品质的综合[2]。陈鹤琴非常重视儿童的创造力，在幼儿园美育目标的制定中，创造力也是不可缺少的。而且，幼儿时期是创造力发展的关键时期，教师一定要抓住这个时期，关注和引导儿童的创作行为，为儿童提供可创作的活动。那么，我们该如何培养孩子的创造力呢？首先，我们要给予孩子的创造以足够的重视。当孩子创造出他们满意的作品时，要有正向的鼓励和引导。其次，注重孩子的好奇心。我们要激发孩子的好奇心，在了解孩子后，能持续产生新的变化。再次，我们要关注经验。经验是儿童创造的基础，只有让孩子看得多、看得深、看得广，才能为孩子的创造打好基础。最后，尊重孩子的个性与自由。在美术教育中，陈鹤琴反对"临摹"式的教学方法，他认为这种机械的教学方式会扼杀学生的想象力，削弱他们的创造力，并且会剥夺他们的个性特质，这样的"创造"是毫无"自由"可言的[3]。

3. 美育内容来源于生活

艺术与生活密不可分，既源于生活，又高于生活。因此，美育课程的内容也

① 北京市教育科学研究所. 陈鹤琴先生全集（第2卷）[M]. 南京：江苏教育出版社,1989:123.

② 张文新，谷传华. 创造力发展心理学 [M]. 合肥：安徽教育出版社,2004:9—10.

③ 陈鹤琴. 家庭教育——怎样教小孩 [M]. 北京：中国致公出版社,2001:210.

不能脱离生活，应该让儿童在生活中发现美、感受美。偏离儿童生活的美育是空洞的、乏味的、灌输的。艺术只有与生活紧密结合，才能焕发鲜活的生命力，才能让孩子们接受和喜欢。在生活中，美育无处不在，教师要善于把握时机，运用适合的方式，引导孩子去欣赏和感受。

此外，儿童的成长环境离不开家庭、学校和社会。因此，三者应共同努力，形成教育合力，创造适宜儿童成长的环境。

三、总结

陈鹤琴一生都在大力促进我国教育事业的发展，其"活教育"的思想，是结合中国现状以及发展需求提出的，一套完整的、符合中国国情的教育理念[1]。它对我国现代教育影响很大，这一思想强调游戏、自然、环境、音乐等重要作用，审美教育思想贯穿始终。他的许多观点对当今的教育改革仍然具有重要的指导意义。

"活教育"中的美育理念具有深刻的现实意义。它提倡美育要走进儿童的生活，要为儿童创造良好的环境；强调游戏对于美育的重要作用，要坚持美育走"中国化"的道路，等等。因此，陈鹤琴的儿童美育思想对现代幼儿美育工作的开展有巨大的作用，为我们提供了优秀的典范，值得现在所有幼儿教师的借鉴和学习。如今，我们也要更加重视幼儿美育，为儿童树立正确的美育观念。

陈鹤琴健全人格儿童教育观对新时代小学教育的启示

吕烨[2]

（浙江师范大学，金华，321000）

摘要： 健全人格是儿童心理结构全面发展的重要目标，也是培养学生核心素养的重要因素之一。陈鹤琴高度重视儿童人格的健全发展，其健全人格儿童教育观能够为新时代小学教育提供理论依据及方法指导。新时代小学教育应以培养"有

---

① 陈秀云，陈一飞. 陈鹤琴文集 [M]. 南京：江苏教育出版社，2008:4.
② 作者：吕烨，浙江温州人，浙江师范大学小学教育专业硕士研究生。

理想""有本领""有担当"的时代新人为目的,在"活"中开展大单元教学,在"做"中掌握具身性知识,在"动"中提高全身心健康,在"育"中获得综合化发展,并注重加强家校社之间的协同联系,为儿童的成长和发展打造良好的教育环境和氛围。

关键词: 陈鹤琴;健全人格;新时代小学教育;启示

一、健全人格教育观对新时代小学教育的目的价值

陈鹤琴关于儿童健全人格的教育思想始见于他的"活教育"思想体系。他的"活教育"的培养目的为"做人、做中国人、做现代的中国人",这不仅包含了对儿童人格发展和完善的要求,还涵盖了对个人理想的追求与规划。它回答了新时代要培养什么样的人的问题,这既是需要每一个教育工作者思考的问题,也是当前我国对小学教育育人目标的要求。

(一)培养"有理想"的爱国少年

"做人"是陈鹤琴"活教育"目的论的最基本的目的,体现了其社会性属性。陈鹤琴认为人具有社会性,不能独自与社会脱离。因此,教育应当更加关注学生人格的发展,引导学生做一个真正的人。同时,他以"做人"为依托,强调学生必须做"中国人"。通过教育,使儿童能够热爱人类,珍视个体生命价值;热爱真理,自觉维护人类生活的共同准则;热爱国家,延续中国的光荣历史,并努力提高中国的世界地位。

习近平总书记曾言:"有了坚定的理想信念,站位就高了。"[1]时代新人应有高远的理想和追求,为实现中华民族伟大复兴的中国梦贡献自己的力量。小学阶段是九年义务教育的起点,是儿童认知能力发展的关键时期,儿童在这一阶段逐步形成自己的性格、品德、行为习惯等。因此,应当注重对儿童爱国情感的培养,使之逐步形成正确的三观和远大的人生追求。

---

① 习近平. 给北京大学考古文博学院 2009 级本科团支部全体同学回信 [N]. 人民日报,2013-05-04(1).

（二）培养"有本领"的高能少年

陈鹤琴反对"死读书"，认为学生不仅要掌握知识，还要会运用知识。他主张让学生通过亲身实践，在自然环境和社会环境中获取直接经验。只有"从做中学"才能让儿童切实掌握知识。陈鹤琴将"活教材"的教育思想付诸实践，编写了包括语文、数学、英语、音乐、美术等多门学科的学生教科书以及教师参考书。在教材编写中，陈鹤琴反对纯理论知识的单一呈现，他以儿童心理的发展规律为落脚点，以单元游戏为主线，设置了补图、上色、填字等环节，提高学生的思考和自我学习能力。

在新课改的大背景下，教育应把立德树人作为根本任务，学生不仅要扎实掌握理论文化知识，还要具备能够将其融会贯通于实践中的能力。但是当前的教育往往只关注书本表面的理论知识，导致了学生的高分低能。教育不能只关注书本知识，而应当在各种教育实践活动中，激发儿童的学习积极性，切实提高儿童的核心素养，让儿童成为学习的主人。

（三）培养"有担当"的时代少年

教育作为上层建筑，反映了一个时代的社会背景，因此教育目的随着时代的发展而变化。原始的教育关注人生活技能的学习，以生存为教育目的；古代的教育关注人德才兼备的塑造，以培养治国人才为教育目的；近代的教育关注西方技术的学习，以救国存亡为教育目的。在内忧外患的时代，陈鹤琴先生审时度势，认为要培养紧跟时代步伐，能够推动国家乃至世界发展的中国人。这在当前的时代背景下仍有很强的借鉴意义。

新时代所要培养的人不仅要具备想干的态度、能干的本领，更重要的是有敢干的勇气。教育不仅注重儿童学业水平的提高，更应该注重儿童能力素养的发展。当前各类教科书中均有对学生道德品德、人格品质培养的教学要素，教师应当利用好这些教学要素，以时代精神浸润儿童的精神灵魂，锻炼儿童吃苦耐劳的精神，养成其勇于试错、敢于担当的良好品质。

二、健全人格教育观对新时代小学教育的育人价值

（一）在"活"中开展大单元教学

陈鹤琴吸收了杜威的教材心理化思想，将"经验具有整体性"的教育思想融入了教材的编排上面，认为教材的编排应当建立在情境之上，使儿童在完整的教学情境中进行意义学习。在教学形式上，陈鹤琴反对孤立且分离的情境学习，认为让学生死记硬背有违学生的身心发展规律。

但是在当前的小学教育中，尽管各科教材均以主题和单元的形式呈现，但是课文与课文之间、单元与单元之间彼此独立。新课改之后，"大单元教学""项目式学习""学习任务群"的概念逐渐流行开来，但在实际中，教师仍然习惯于将每一篇课文独立开来进行讲授。事实上，教师应当善于将单元中的各篇课文、各个环节、各种学习板块进行整合。比如，小学语文四年级上册第七单元的单元主题为"家国情怀"，教师可以利用国庆节这一节日背景，将古诗三首《出塞》《凉州词》《夏日绝句》与现代诗《延安，我把你追寻》进行古今对比，突出不论是哪个时代，国家安全是永恒不变的主题。通过调整，将单元课文巧妙地围绕同一主题进行教学，可以使学生实现完整意义的学习。

（二）在"做"中掌握具身性知识

在教学方法上，陈鹤琴以"做中学，做中教，做中求进步"作为"活教育"的方法论。他曾说："一切的学习，不论是肌肉的，不论是感觉的，不论是神经的，都要靠'做'的。"[1] 陈鹤琴主张利用"大自然"和"大社会"开展教学。儿童在与生活的实践中能够获取最直观的经验，这种直接经验给予儿童的印象更深刻。尽管陈鹤琴并不反对在教室系统学习书本知识，但相比于课本教材而言，自然和社会能够给孩子带来最为直接的感知。

在新时期小学教育中，教师应当选择贴近学生生活的教学案例，让学生通过解决实际问题掌握学科知识，深化认知结构。在教学组织形式上，应当打破学科之间的壁垒，加强学科整合，将学生头脑中原本割裂的知识联系起来，促进学生核心素养的形成与发展。陈鹤琴指出教师应该能具备改造环境的精神："我们要

---

① 陈秀云，陈一飞.陈鹤琴全集（第5卷）[M].南京：江苏教育出版社，2008:8.

利用日常的用具，来改造成为教具。"①比如，教师可以将麻雀牌改造成用于凑对子、缀句用的识字教具。这同样适用于当前的教育教学，教师可以通过自制教具调动学生的学习积极性，让学生在获得知识的同时体验到探索和发现的乐趣。

（三）在"动"中提高全身心健康

陈鹤琴通过长期的观察，发现体弱多病的儿童不肯听话，容易发脾气，这会对他的学业发展造成一定的阻碍，而身体强健的儿童活泼敏捷、听从教导，且学业表现较好。因此，他十分重视儿童身体健康状态，他曾说："要强国，必先强种，强种先强身，要强身先要注意幼年的儿童。儿童的身体不强健，到了成年，也不会强健。"②陈鹤琴不仅关注儿童的饮食、穿着，认为合理的膳食结构和饮食习惯有利于儿童养成强健的体魄，也关注儿童心理，认为教育不能违背儿童心理发展规律，否则必定达不到其预期的效果。

热爱运动的人更加擅长处理心理情绪，因此生理健康与心理健康往往是相辅相成的。体育是五育之一，是学生健全人格发展中不可缺少的一部分。新时代的小学教育应当高度重视学生良好身体素质的养成。在教学上，应当把游戏作为儿童体育的主要教学手段。游戏不代表毫无纪律的"放养式"教学，教师在体育活动开始之前，应当先对活动的方式、要求、注意事项等进行解释说明。在运动时要对学生进行一定的指导，以使其掌握运动技巧。体育教学应以儿童为中心，结合儿童的年龄和特点选择合适的运动游戏，真正地做到尊重儿童天性，促进人格健全发展。

（四）在"育"中获得综合化发展

劳动教育是陈鹤琴健全人格教育观的重要组成部分。陈鹤琴认为，劳动教育对儿童具有独特的育人功能，劳动教育与儿童道德、智力、体力和美感的发展之间有着不可分割的联系。儿童在劳动过程中，通过感受劳动的艰辛，锤炼吃苦耐劳、坚持不懈的品格。"小孩子试验物质可以得到许多经验，长进许多知识。"③在开

---

① 陈鹤琴. 怎样做小学教师 [M]. 上海：华东师范大学出版社，2013.

② 北京市教育科学研究所. 陈鹤琴全集（第 4 卷）[M]. 南京：江苏教育出版社，1989:115.

③ 陈秀云，陈一飞. 陈鹤琴全集（第 5 卷）[M]. 南京：江苏教育出版社，2008:8.

展劳动教育的过程中，能够让儿童真正地"做中学"，掌握相关知识经验。儿童进行劳动活动的过程，也是刺激肌肉的发展，提高体能的过程。劳动还是开展美育的重要手段，在浇花、泥塑的过程中收获美感体验。因此劳动教育在儿童健全人格的培养过程中起到了重要的育人功能。

当前，国家也越来越重视学生的劳动教育，随着《义务教育劳动课程标准（2022年版）》的发布，劳动教育也正式成为一门独立的课程。但是当前小学教育中的劳动教育往往将劳动窄化为具有服务性质的体力劳动，譬如把劳动简单地等同于干家务等活动。劳动应是自主自觉的生命活动，因此小学阶段应当关注学生劳动的过程，以学生在劳动过程中提高体能、发展品德、掌握知识、获得审美等要素为评价标准，将劳动教育作为学生综合素养发展的重要载体。

三、健全人格教育观对新时代小学教育的实践价值

（一）集群共生：突出学校教育的集体性

陈鹤琴反对个别教育，认为儿童应该在群众中和集体中成长起来。他指出："我们要让孩子在群众中、在集体中成长起来，培养他们良好的思想品德。不要把他们留在家里。"① 儿童的成长离不开与同伴的交流，在学校中儿童能够相互影响，相互学习。学校教育是学生进行道德教育的重要场所，因此教师应当充分发挥学校教育的集体性，利用集体的力量来感化学生个人，利用学生个人的良好品格来推动集体的发展和进步，从而使所有学生都能获得良好的发展。同时，应当创造高质量的集体生活，利用集体活动恢复学生对人和自然的感受力，培养学生的"高光时刻"，以学生榜样推动集体进步。

（二）合作共育：提高家校联动的积极性

陈鹤琴认为父母是儿童的第一任老师，儿童的发展在很大程度上会受到家庭环境的影响。陈鹤琴指出："人类的动作十分之八九是习惯，而这种习惯又大部分是在幼年养成的。所以幼年时代，应当特别注重习惯的养成。"② 此外，陈鹤琴强调，良好习惯的培养不仅要"慎之于始"，还要"慎之于终"，因此仅仅依赖

---

① 北京市教育科学研究所. 陈鹤琴全集（第4卷）[M]. 南京：江苏教育出版社，1989:115.
② 北京市教育科学研究所. 陈鹤琴全集（第2卷）[M]. 南京：江苏教育出版社，1989.

学校教育的力量是远远不够的，家庭教育应当对儿童的知识积累、思维发展、习惯养成负全部责任。和谐的家庭氛围是儿童健全人格发展的形成环境和重要条件：其一，父母应能够根据儿童的年龄特点，为儿童提供相应的学习游戏；其二，父母应该为儿童营造良好的艺术环境；其三，父母应当以身作则，引导儿童养成良好的阅读习惯。教师应当加强学校与家长之间的联系，引导家长配合学校工作，使家校相互配合，共同促进学生发展。

（三）互助共长：加强校社协同的育人性

陈鹤琴认为自然和社会是儿童学习的不竭源泉，社会文化环境能够在潜移默化中对儿童造成深远的影响。由于小学生大部分的时间都是在小学校园以及家庭中度过，缺乏对社会的感知与协调能力，因此学生应学会处理自己与"群体""集体"之间的关系，提高对社会环境的适应能力。新时代的教育不能局限于课堂，还应当统筹多方，协同育人。学校组织的各项社会实践活动，不仅有利于提高学生的知识素养，也是提高学生社会交往能力的重要抓手。唯有家校社三者联动互助，发挥各自的教育功能，对学生形成闭环式的影响教育，方能全方位地提高学生的综合能力，为学生的未来发展筑基。

陈鹤琴儿童音乐教育思想研究

丁新月 [①]

（浙江师范大学，金华，321000）

摘要： 陈鹤琴先生的音乐教育思想是活教育理论体系中的重要组成部分。他在幼儿音乐歌曲的创作、乐器选择以及教师培养方面都有其独到的见解。为当前幼儿音乐教育提供了可资借鉴的宝贵财富。本文主要研究陈鹤琴先生儿童音乐教育思想的内容及发展方式，并阐述了陈鹤琴音乐思想对于当今儿童音乐教育的现

---

① 作者：丁新月，安徽无为人，浙江师范大学小学教育专业硕士研究生。

实意义。

关键词： "活教育"；宝贵财富；音乐教育

一、陈鹤琴音乐教育思想产生背景

陈鹤琴先生被誉为"中国幼教之父"，毕生致力于幼儿教育在国内的普及与发展，其教育理念几乎包含了儿童素质的方方面面。长期以来，中国传统幼儿教育及青少年教育，过分迷信课本知识，授课方式局限于课堂，并且只有极少数人可以受到良好的教育。"新教育"改革推动了我国教育的革新，国际国内的大环境的变动以及留学美国的经历使得陈鹤琴先生萌生了创立新的教育思想体系的想法。

民国初期强调西方的科学素养教育，希望快速地推动中国人的整体科学素质。然而在识字率仅为 10% 的民国初期，任何形式的教育普及都十分艰难。而音乐教育向来更是极少数人的专利，在当时的社会环境下，幼儿教育尚且未受重视，推广幼儿音乐教育更是步履维艰。然而陈鹤琴先生坚定地认为，普及幼儿音乐教育十分重要，也迫在眉睫。

1923 年，陈鹤琴成立了南京鼓楼幼稚园，开启了"中国化幼稚园的实践"，这是江苏省第一所幼儿园。南京鼓楼幼稚园的创设，使当时的幼儿接收到了良好的教育，也为之后国内开办幼稚园奠定了基础。陈鹤琴先生不仅重视幼儿的身体素质发展，更重视幼儿的心理教育和美育。他认为一个健全的人格是在早期建立起来的，因而对于学前教育，陈鹤琴先生强调"活教育"观念，主张通过丰富多彩、生动活泼的教学形式来培养儿童全面发展[1]。在国内幼儿音乐教育领域，陈鹤琴先生也提出了自己独特的见解。他在《我们的主张》中，强调了幼稚园应当重视音乐的观点。陈鹤琴在对自己孩子成长的记录中，发现音乐易于使孩童入睡，孩童也乐意听和谐的乐律，更激发了他想要发展幼儿音乐教育的信心。

然而，彼时艺术欣赏只流行于少数人中，大多数国人缺乏审美能力，这对于民族文化的创新与发展产生了阻力。陈鹤琴先生深知提高国民欣赏力的重要性，

---

① 陈鹤琴. 陈鹤琴全集（第 2 卷）[M]. 南京：江苏教育出版社，1992:290.

并指出提升国人欣赏力的关键要从幼儿园教学中展开。陈鹤琴先生在这一阶段明确了儿童音乐教育的目标：提升幼儿欣赏音乐的技能，从而长远提高中华民族的欣赏水平，满足孩童唱歌的欲望，激发儿童的爱国情感。

二、陈鹤琴幼儿音乐教育的实践与探索

（一）幼儿音乐歌曲的创作

儿童喜欢唱歌，喜欢唱简单的歌。但为儿童谱写一首简单的启蒙歌曲却不是一件易事。这就需要教师具有一定的音乐素养，在创作之初便进行指导。首先，要把握歌曲的韵律；其次，要了解儿童心理与特点；再次，需要在歌曲中加入一些生动有趣的故事情节，使其更加适合儿童；最后，需要根据幼儿年龄、心理特征等进行创作。陈鹤琴与钟昭华、屠折梅合编了《世界儿童歌曲集》《世界儿童节奏曲集》，从中精选汇集成《儿童韵律曲及歌曲集》作为鼓楼幼儿园的教材。其中的歌曲颇具特色，大多数采用国外歌曲韵律，以本土化风格填词，韵律简单，朗朗上口，儿童十分喜爱。例如，歌曲《小兵丁》中，不断地强调小兵丁与中国人的观念和合作的重要性。作为教材，《歌曲集》给教师提供了多种选择途径，可以灵活有效地安排歌曲教学。《韵律集》则提供了可选择的思路。教师将韵律运用到其他课程或活动等更广阔的环境，引导学生填词创作，既优化了教师的组织能力，也激发出了幼儿的创造力与想象力。

（二）幼儿教学乐器的选择

乐器作为承载不同情感，不同风格音乐的器物，对于幼儿音乐素养的启蒙以及发展，都具有深远的意义。20 世纪西方的幼儿乐器启蒙教学十分多样，钢琴、小提琴等乐器的普及程度很高，虽然有诸多优点，但价格十分昂贵，要求教学者水平高超。但鉴于当时国情，大范围推广西洋乐器教学并不现实。而中国本身就有着不逊于西方的民族乐器，但会的人却很少，不利于在普及幼儿教学的过程中推广。陈鹤琴先生也深谙此理，随即把研究方向转向了我国民间的传统响乐[①]，如锣、鼓、铃、钟等。这类乐器造价低廉，便于携带，对使用者的要求不高，十分

---

① 李晋瑗. 陈鹤琴音乐教育思想研究——兼评《儿童韵律曲及歌曲集》[J]. 中国音乐教育，2008(6).

适合作为幼儿的启蒙乐器。此外，此类乐器还具备广大的群众基础，既可以作为启蒙教学，又弘扬了民族传统。幼儿园的儿童可以轻易使用动作需求小的乐器进行演奏，从而对音色进行识别，辨别其使用场景。通过激发孩子对于不同乐器的兴趣，鼓励孩童协作合奏，把握节拍伴奏等，以激发孩子对音乐的创造性思维。

（三）幼儿音乐教师的培养

教师是幼儿音乐教育的启蒙人，在20世纪的早期，幼儿音乐教育教师十分稀缺。陈鹤琴则要求教师有掌握节拍，识别节奏的能力，最好会一种以上的乐器。这是对音乐专业素质的硬性要求，同时，音乐教师还需要掌握基本的教学素养。首先，教师要以儿童为中心，树立一切为了儿童，让回归儿童生活的音乐教育观。能结合儿童的身心特点，把发展儿童审美的能力融入教学中[1]。要顺应儿童心理的发展，不应根据成人的经验加入杂乱无章的知识。其次，在教学内容的选择上，应体现直观和感性经验。以歌谣化、口语化、游戏化等形式增加儿童的兴趣[2]。最后，教师应与孩童家长积极沟通，提升家长对于幼儿音乐教育的认识，纠正父母忽视音乐，只在乎炫技等错误观点。为孩子创造一个有生机、有活力的家庭音乐环境。

（四）幼儿音乐教育思想在"活教育"理念中的升华与发展

经历了二十余年本土化的幼儿教育实践，陈鹤琴先生形成了自己的活教育理论体系。它促进了幼稚教育向科学化、合理化、系统化方向的转变[3]。活教育的观点，包含教材选取、教学方法、组织形式、家庭生活等各个方面。陈鹤琴先生将"活教育"的内容具化为五个方面，即科学、社会、文学、健康、艺术活动[4]。陈鹤琴在他的活教育理论中，明确了儿童音乐教育的目标，即满足唱歌的欲望、锻炼节奏感与节奏动作、协同的情感，进而欣赏音乐的技能。与陈鹤琴早期的音乐教育目标相比，活教育理念下确立的目标更明确更精细，更有力促进幼儿的全面发展。

① 齐易.陈鹤琴儿童音乐教育思想与当代音乐教育思想的一致性 [J].天津音乐学院学报（天籁），2004.

② 张雁.陈鹤琴"活教育"课程论思想对音乐教育的启示 [J].教育理论与实践（学科版），2009（1）.

③ 张翠芹.陈鹤琴的"活教育"思想及其对当今幼儿教育的启示 [D].南京：南京师范大学，2007.

④ 王雯，邱家俪."活教育"理论下农村幼儿园隐性课程资源开发探究 [J].教育导刊（下半月），2020（10）.

根据"做中教、做中学、做中求进步"的要求，陈鹤琴要求把游戏、舞蹈、乐器教学等融入音乐教学的课堂，在课堂的实践中不断探索幼儿音乐教学的新方法[①]。活教育强调的不只是在课堂上教育，而是把音乐融入幼儿日常生活的方方面面，真正让幼儿热爱音乐。

三、陈鹤琴儿童音乐教育思想的内涵与当代价值

虽然活教育思想的提出距今有半个世纪之久，但其中的观点和方法在当今仍非常具有前瞻性。

（一）让幼儿音乐融于生活中，与现代学科综合的音乐思想具有一致性

人类艺术发展的整个历史是与生活息息相关的。但是，无论是科学发展还是人文艺术的衍化，都需要其他旁系知识的融合以获得突破，超越历史。同样，艺术创作的融合可以把生活与情感呈现得更多面和圆满，艺术表现形式上也可以创造出更多维的形象。这反映到教学上便是知识与知识的联系，当今所强调的课程综合化就是以此为目标。在课堂上丰富幼儿音乐教学的多样性，将不同形式的教学方法融入课堂。鼓励孩子将学到的韵律在生活中展现，发展自己喜欢的音乐形式。

（二）指明幼儿音乐发展方向，与我国现代幼儿音乐教育目标具有一致性

陈鹤琴先生活教育理论提出幼儿音乐教育需要符合我国国情，具备中国化与科学化。在音乐教学的过程中，要汲取中华传统音乐中的精华，同时弃其糟粕。最大限度地传承好中华传统音乐[②]，是每一个幼儿音乐教师需要实现的目标。此外，一些使孩童失去童真的教学方法也不可取，容易背离音乐素养教育的初心。陈鹤琴先生的观点与我国全面推行素质教育的理念也十分相似，不是把音乐看作一门单独的学科，而是从儿童素质整体提升的角度去反思之前音乐教育的不足。

（三）创立系统音乐教学框架，与现代幼儿音乐教育体系具有一致性

"活教育"的理论尤其强调了教育的活力，传统幼儿音乐教育局限于课堂，教授固定的死知识[③]。活教育将音乐教育渗透到孩子生活的方方面面。整个自然、

---

① 张雁.陈鹤琴"活教育"课程论思想对音乐教育的启示 [J].教育理论与实践（学科版），2009.

② 李欢，王小英.陈鹤琴儿童音乐教育思想的内涵与当代价值 [J].现代教育管理，2015(10):6.

③ 陈鹤琴.陈鹤琴文集（下卷）[M].北京：北京出版社，1985:400.

社会、家庭都是孩子的课堂，这进一步扩大了孩子的舞台与发挥的空间。而在教学成果评估方面，幼儿音乐教育不以"分数"论英雄，而是回归音乐教育的初心，以是否提高了儿童的审美能力，是否让儿童热爱音乐为评价标准。这不仅是对儿童音乐教育的创新，对当前进行教育体制革新也有着非常重要的意义。

（四）陈鹤琴先生的发展心理学，与音乐教学结合心理学具有一致性

发展心理学是陈鹤琴先生非常重要的教育研究成果之一。通过大量的实验数据，陈鹤琴先生总结归纳了 3~6 岁幼儿的心理特征。同时，他指出，不能简单地把这段儿童年龄的心理特征融入其毕生发展进行研究，应从儿童成长的整体过程全面观察[①]。在音乐素养发展方面，陈鹤琴先生认为幼儿的音乐需求是根据不同年龄段变化的。幼儿既会在短期内偏爱某一种音乐要素，也会长期稳定喜爱某一种音乐要素，幼儿由此产生由掌握单一音乐要素到综合音乐要素的能力。这就启发教师要根据儿童不同年龄段选择匹配儿童心理发展的音乐教材[②]。运用整体性与发展性的眼光去观察幼儿成长期的音乐能力发展变化，可以发现它都是在不断变化的。幼儿音乐教师需要把握机会，对于孩童理解错误的音乐知识进行及时的纠正。

四、结语

"一切为孩子，一切为教育"是陈鹤琴先生在 1981 年国际儿童节的开题词，也是陈鹤琴先生将毕生投入儿童教育的真实写照。幼儿音乐教育只占其一生成就的极小部分，但这无异于从只开了一扇窗，到建好了整座楼。现代我国幼儿音乐教育的不断完善，极大程度上达成了陈鹤琴先生的教育目标。但我国当今幼儿音乐教育的发展仍然存在许多问题，需要我们一代代教师不断完善、不断投入。陈鹤琴的音乐教学理念是大家学习的榜样。在学习中继承，在继承中创新，让陈鹤琴先生的教育理论在新的时代中继续发扬光大。

---

① 孔冉 . 3~5 岁幼儿音乐欣赏能力的发展特点研究 [D]. 大连：辽宁师范大学，2015.

② 闻静 . "整体与平衡"——陈鹤琴幼儿音乐教育思想之探究 [D]. 福州：福建师范大学，2018.

理解中国儿童教育的新视角：
陈鹤琴儿童心理学研究的特点分析及其当代启示

林诗慧[①]

（浙江师范大学，金华，321000）

摘要：陈鹤琴关于儿童教育的思想，以先进性和解放性为中国儿童教育打开一扇窗。对其儿童心理学研究的特点分析和启示挖掘是理解中国儿童教育的新视角。关于其儿童心理学研究主要呈现三个特点：价值取向上为中国教育发现中国儿童、研究内容上从儿童心理研究向儿童心理测验、儿童培养机构研究扩展，解释视角上以科学的教育研究方法全面深刻研究中国儿童心理发展。未来研究应重塑"以人为本、教学相长"的价值新共识，重建"时代共生、回归本真"的育人新生态，重释"导学引领、共情超越"的教师新角色，重构"求精善思、知行合一"的学习新样态，以期推动我国儿童教育的纵深发展。

关键词：陈鹤琴；中国儿童教育；儿童心理学研究；特点分析；当代启示

陈鹤琴是一位富有民主精神、与时代共进的实干主义教育家，他的思想内涵丰富，意义非凡且影响深远，研究主题覆盖广泛，研究对象年龄跨度也较大。尤其是关于儿童心理学的研究，不仅成为幼儿教育思想的基础，也是中国儿童教育学的重要理论来源。对陈鹤琴儿童教育研究的价值取向以及内容特点的分析，不仅为理解当代儿童发展提供了新视角，丰富和完善了我国儿童教育的相关理论，而且为当代儿童教育发展提供启示，推动了我国儿童教育事业蓬勃发展、纵深向前。

一、陈鹤琴对儿童心理学研究的概述

西方教育家很早就将儿童视为一个独立的且对社会产生积极贡献的群体，并逐渐关注儿童教育的科学性。受西方思想的影响，陈鹤琴先生经过深思后，决定

---

① 作者：林诗慧，浙江温州人，浙江师范大学小学教育专业硕士研究生。

从基础教育做起，改变中国儿童的教育问题。陈鹤琴留下了400多万字关于儿童心理学研究的教育著作，对中国乃至世界的幼儿教育产生了极大的影响。

（一）陈鹤琴对不同年龄段儿童的心理特点研究

陈鹤琴指出，"儿童不是成人的缩影，而是具有独特生理与心理特点的个体"①。他基于对长子陈一鸣的跟踪研究，细致描述各个年龄段儿童的心理特点，并针对儿童心理发展的阶段性特征，提出了实施家庭教育的要求与建议（表1）。

表1 陈鹤琴关于不同年龄段儿童的心理特点及相应家庭教育指导建议

阶段	儿童心理特点	家庭教育建议
新生儿 （0~1个月）	从感觉、动作、情绪及生理现象等方面描述儿童的心理特点	环境、饮食、睡眠方面的保育和教育
乳儿 （1个月~1岁）	儿童动作发展；儿童表情发展	动作与良好情绪的教育
步儿 （1~3.5岁）	儿童行走发展；儿童研究发展	行走与言语的教育
幼儿 （3.5~6岁）	从言语、思维、行走、社会性发展、情绪转变等方面阐述幼儿身心发展特点	思想、社会性、情绪等方面的教育

（二）整体观维度下儿童心理的共同特点研究

陈鹤琴不仅从年龄上探究儿童的心理特点，还从整体观视角出发，探索儿童这一群体心理发展的共同特点。1925年，陈鹤琴在《家庭教育》一书中指出儿童具有的七大心理特点。他认为儿童应该是天真烂漫的，因为这才是儿童的"天性"。因此，家长不仅应当了解儿童的身心发展特点，还应该树立科学正确的儿童观，遵循儿童的心理特点进行施教，使儿童获得充分且全面的发展（表2）。

表2 陈鹤琴关于儿童心理的共同特点思想

儿童心理特点	家庭教育建议
好动心	正确对待儿童的天性，不能责罚儿童，而应给予儿童动手操作的机会
好奇心	保护并尊重儿童的好奇心，提供新鲜事物，激发儿童提问
模仿心	以身作则，为儿童提供模仿学习的好榜样
游戏心理	为儿童提供充分游戏的机会，如画图、浇花、泥塑等，寓教育于游戏
好合群	为儿童创造同伴交往的机会，给儿童驯良的动物作为伴侣以缓解孤独感
喜欢野外生活	带领孩子走出家门，接触大自然、陶冶心灵
喜欢成功	给予儿童动作完成的简单任务，帮助孩子获得成就感

① 柯小卫. 读陈鹤琴《儿童心理之研究》[J]. 生活教育，2015（23）：14—18.

二、陈鹤琴儿童心理学研究的特点（图1）

只有深入其中，研究者才能明确某一研究的理论价值、实践意义，以实现对其的传承与突破。通过回顾陈鹤琴儿童心理学研究的学术演进历程以及对教育领域的拓展，分析儿童心理学研究价值取向、研究内容以及解释视角，为理解中国儿童教育提供新视角。

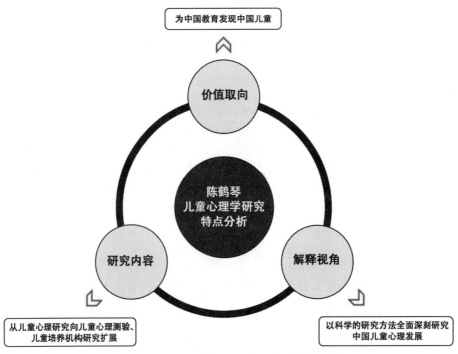

图 1　陈鹤琴儿童心理学研究的特点分析

（一）价值取向：为中国教育发现中国儿童

陈鹤琴既不研究"洋儿童"，也不研究"古儿童"，而是研究现代中国儿童。他既不倡导用外国教育理论指导中国教育改革，也不主张让中国教育现状迎合先进思想，而是扎根中国大地，研究中国儿童，思考中国教育问题，探索中国化儿童教育理论。

1.成为解放中国儿童的第一人

中国儿童的地位和权利在 20 世纪初才开始有了根本性的变革。作为解放中国儿童的第一人，陈鹤琴先生功不可没。封建科举制度长期且严重压抑了儿童的个性，摧残儿童的自由，背书、读书、写字成为儿童的日常生活。在中国儿童教育、儿童心理教育几乎一片荒芜之时，赴美留学且正准备攻读心理学博士学位的陈鹤琴却决定应邀回国任教。

2. 陈鹤琴对西方教育思想的中国化改造

"什么是儿童""怎样教育儿童"一直是陈老思考的问题。赴美留学期间，陈鹤琴系统了解美国先进教育教学方法，如杜威的"做中学""学中做""教育即生活"等。他对西方教育思想的中国化改造主要在体现在教育目的、课程论、教学方法、儿童玩教具等方面。

关于教育目的，西方教育家强调以儿童为中心，而未明确指出教育要培养什么样的人。陈鹤琴针对当时中国的现状，提出中国教育的目标是培养"现代中国人"，而儿童教育应聚焦当下，旨在养成良好举止与习惯，挖掘内在兴趣，培养生活艺术，进而帮助儿童形成"健全人格"。在课程论方面，陈鹤琴在杜威以儿童的直接经验为课程组织基础的思想的基础上，提出了五指活动课程和圆周法、直进法和混合法三种课程编制方法，主张儿童的学习就像人的五根手指，教育者应该有机连通知识，并将其合理、系统地编制在儿童生活中，成为当今我国幼儿教育五大领域的思想渊源。关于教学方法，陈鹤琴吸取老师克伯屈的思想精髓，肯定了"直观性"的教学模式，并与张宗麟等人提出"儿童经验""儿童生活""集体合作"等原则，结合自然社会资源，将学生的学校与家庭生活紧密连接。在儿童玩教具的设计上，陈鹤琴吸取蒙氏教具的有关设计理念，肯定了游戏在儿童发展中的作用。陈鹤琴在引进西方教具的基础上予以改造，创造了双人木马、彩色主权竹筒等一系列培养幼稚生想象力和创造力玩教具，并成立了玩具研究机构，为后代留下宝贵的财富①（表3）。陈鹤琴对儿童教育的改革与发展体现了从"全盘西化"到"中国化"的转变，因此，可以说掀起了20世纪的一场教育革命。

---

① 柯小卫，彭海蕾. 杜威教育思想对于陈鹤琴"中国化"幼教改造的影响 [J]. 陕西学前师范学院学报，2019, 35（6）：84—89.

表3　陈鹤琴对西方教育主要思想的中国化改造

思想改造	西方思想	中国化改造
教育目的	"以儿童为中心"	培养"现代中国人"养成健全人格
课程论	杜威的活动经验课程观	（1）根据儿童心理和社会需要来编制课程； （2）提出五指活动课程和圆周法、直进法和混合法三种课程编制方法
教学方法	（1）克伯屈：设计教学法； （2）杜威："学校即社会""教育即生活""做中学"	（1）强调"直观性"的教学方式； （2）开发并利用自然社会资源
儿童玩教具	蒙台梭利：蒙氏教具	（1）开发培养想象力和创造力玩教具； （2）成立玩具研究机构

（二）研究内容：从儿童心理研究向儿童心理测验、儿童培养机构研究扩展

陈鹤琴首开中国儿童教育之先河，从儿童心理学研究向本土心理测验、儿童培养机构研究扩展。其思想具有一定的开拓性，建树非凡，影响深远。

1. 儿童心理研究的理论演进与实践检验

陈老早年留学霍普金斯大学，1919年，陈鹤琴学成归国，历任南京高师教授、东南大学教授兼教务主任，并主讲儿童心理学课[①]。1923年，陈鹤琴在家中成立了我国第一个"实验幼稚园"——南京鼓楼幼稚园。1925年，陈鹤琴将自己的理论整理成《儿童心理之研究》一书，详细讲解儿童的心理发展规律，广泛传播科学的教学理念与策略。

2. 开拓中国化的儿童心理测验研究

在科学主义教育思潮兴盛时期，陈鹤琴与时俱进，不仅关注儿童认知过程的心理特点，而且引进西方儿童测试量表和测验方法，并亲自改编和实施，为中国儿童教育提供科学依据。1921年，陈鹤琴结合中国国情，与廖世承合著《智力测验》一书，介绍了35种智力测验，推动中国测验运动的开展。经过四年心理测试理论研究和教育实践后，两人合著《测验概要》，不仅适用于我国儿童，也适用于我国师范及高中生，推动了未来中国测验事业的发展。1931年，陈鹤琴先生与我国著名心理学家艾伟等人创建了中国测验学会，设计了一套包含六种学力测验和一种智力测验的中国儿童知识水平测验，旨在发现中国教育的弊端，提高我国的教

① 车文博. 陈鹤琴儿童心理学思想探新 [J]. 学前教育研究，2006(3)：9—13.

育质量。其思想从儿童研究扩展到儿童测验、儿童培养机构的研究，丰富了中国儿童教育研究的理论成果。

（三）解释视角：以科学的研究方法全面深刻研究中国儿童心理发展

在仅靠观察法研究儿童心理发展的时代，运用科学客观的方法研究儿童心理发展的具有先驱意义。陈鹤琴先生结合观察法和实验法对长子陈一鸣进行长期跟踪研究，并以实验为基础，开展幼稚园的实验工作，体现了他实事求是的科学立场、客观严谨的科学态度，以及求真务实的科学精神。

1. 通过观察日记实验法进行儿童个案心理研究

陈鹤琴认为儿童有自己的心理特点，因此，他运用科学客观的方法对儿童展开研究。陈鹤琴关于儿童的研究，始于1920年12月26日，他通过摄像机和文字对儿子的生长进行详尽的记载。对儿童的生命发展与心智成长有了更深入的认识。同时，他善于学习西方先进的学术价值，注重知行合一。他将自己的观察日记与研究心得编纂成讲义，在儿童心理学课上分享。陈鹤琴是中国对3岁前儿童进行个案心理追踪研究的第一人，推动了中国儿童研究事业的进一步发展[1]。

2. 以实验为基础开展幼稚园工作

陈鹤琴一直呼吁科学研究幼儿教育，认为幼儿教育只有经过比较普遍、长久的试验，才能确定其是否可行与有效，才能具有科学意义。于是，陈鹤琴于1923年在家中成立了南京鼓楼幼稚园，这是我国历史上第一所开展教育科学研究的幼儿园，旨在通过创建中国特色的幼稚园园舍，改变当时中国幼教机构存在的三大弊病：外国病、花钱病、富贵病，使幼儿教育面向大众，不仅符合中国国情，也遵循幼儿心理和教育原理。为达成以上目标，南京鼓楼幼稚园以实验为基础，开展了包括幼稚生习惯和技能课程实验、玩具研究实验、教学实验等全面性的幼儿园工作，为其他幼稚园形成有序科学的教学日常与教师教研工作提供样板[2]。

---

① 朱水莲. 发现每一个中国儿童——"纪念中国首例儿童活动个案研究100周年学术研讨会"综述 [J]. 早期教育, 2021 (9): 25—27.

② 田景正. 20 世纪 20—40 年代中国学前教育的变革及启示 [N]. 湖南人文科技学院学报, 2006-05-08.

总之，陈鹤琴先生立足中国国情，将现代西方教育有价值的理念融入中国实际中，探究儿童教育的本质与动力。他将理论与实际相结合，形成关于儿童心理研究的系统成果，开中国儿童教育研究之先河。

三、陈鹤琴儿童心理学研究对当代教育的启示

陈鹤琴关于儿童心理学的思想不仅成为当时儿童教育的一盏指明灯，也是推动当今中国儿童教育深化改革的源头活水。

（一）重塑价值新共识：以人为本，教学相长

如果说 20 世纪是儿童的世纪，它让我们用 100 年的时间来重新认识儿童，领悟儿童教育的真谛[①]。那么，"教育新三问"则是 21 世纪我们如何继承与发展陈鹤琴儿童教育思想必然面对的时代之问。

其一，关注人才需求，奏响素养教育主旋律。我们的儿童是时代的儿童，也是世界的儿童。为应对教育新挑战，推动教育可持续发展，我们必须培养具有世界眼光、实践意识与能力和人文精神的全人。在高素质人才越来越成为国际竞争的决定因素的当代，我国教育应积极适应世界教育改革的趋势，牢固立德树人的目标，明确中国学生应对未来所需的核心素养，并将素养的培养落实到每一项育人环节中。

其二，加强观念引导，聚焦学生个性全面成长。培养素质全面的新时代发展人才是国家的教育宗旨，因此，新时代的教师必须在坚定为党育人、为国育人决心的前提下开展教育。首先，教育实施者要明白人综合发展的重要性，要具备科学的教育价值观。其次，对于学生的发展而言，学生是充满独特性的个体，因此，教育要给予学生发出真实的声音的机会。最后，应该关注教育的现实发展。教育价值观的优化需要好的教育底蕴的熏陶，要从小培养其对中华文化的自豪感和认同感。

（二）重建育人新生态：时代共生，回归本真

在教育逐渐走向功利化的当下，我们不禁思考：何为教育本真？本真教育在于"使人成为人"，让人成为世间最美存在的教育。实现本真教育，必须关注教育的初心和使命。

---

① 边霞，孙悦含．儿童研究的视角转换及其实现 [J]．教育研究与实验，2022(5)：25—31．

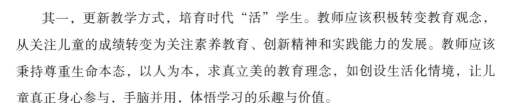

其一，更新教学方式，培育时代"活"学生。教师应该积极转变教育观念，从关注儿童的成绩转变为关注素养教育、创新精神和实践能力的发展。教师应该秉持尊重生命本态，以人为本，求真立美的教育理念，如创设生活化情境，让儿童真正身心参与，手脑并用，体悟学习的乐趣与价值。

其二，融合现代技术，创新课堂新模式。互联网、大数据、云计算等现代新技术手段不断发展，为教育纵深发展提供了便利。在信息化社会，教师要借助科学技术赋能教育，不断提高自身的信息化素养。教师可以借助科技助力教学场景的数字化，如运用翻转课堂挖掘学生在课堂中的思维潜力、运用科技助力教学过程数字化等。

（三）重释教师新角色：导学引领，共情超越

教育是面向未来的事业，教师要为了学生的未来而教，因此，成为学生自主发展和学习成长的引领者、未来学习与教育变革的驱动者是教师发展的新样态。那么，"知当下而展未来"便成为我们每一个教育工作者都应深入思考探究的问题。

其一，导学引领，成人成才。未来教育充满着挑战性。为迎接未来教育的挑战，一方面，作为知识的先学者和整合者，教师应该充分了解学科前沿知识并有效整合开发，学会运用多样学习方式，促进学生主动学习、深度学习与跨界学习，并在学习中健全人格、培养能力、养成个性；另一方面，在人工智能的冲击下，作为学生成长的引路人，教师更加需要走进学生的内心，关注学生的需求与情感。

其二，共情超越，渡人渡己。国际化的迅速发展，也给教育带来了诸多挑战。未来的教育会更具交互性，未来的教师更需亲和力，未来教育中也更加需要人文关怀。因此，未来教师应脱离功利，让教育回归育人本位，"把人当人"，以文化来感化、教育学生。教育是一场渡人又渡己的修行，在育人的同时，教师也培养自身能力，带着学生走向更美好的诗和远方。

（四）重构学习新样态：求精善思，知行合一

良好的学习形态是教育价值重建的重要保障。学生应该怎样学习？我们应该促进学生高阶思维的成长，让学生的学习向现实世界敞开。

其一，反刍学习过程，发展解决问题的高层次能力。面对一项新任务，人的行为模式往往是由自我系统、元认知系统、认知系统和知识系统一同控制的。具体而言，自我系统决定着是否介入新任务，元认知系统提出解决的目标和策略，认知系统处理相关信息，知识系统支持着三种系统工作。深度学习的过程就是将知识深度加工的过程，需要四个系统的相互协作、共同配合[①]。实践参与的实质是让学生参与问题的解决，因此，教师应积极创设能够触发学生内心的深层动机的问题情境，引导学生提高自身的元认知能力，帮助其不断反思学习过程，调整学习策略，由浅入深、由分到合、由知到行，调整策略，最终实现目标。

其二，搭建实践平台，关注真实性学习下的体验进阶。陈鹤琴主张教学与生活一体，明确大自然、大社会是知识的主要源泉。学生是社会中的人，必须将学生学习的资源和场所拓展到社会中去，学校应主动担起协同育人的职责。一方面，搭建有形的学生校外社会资源场馆，如校外的生态农场、社区学习中心、研学基地等，为学生知能转化创造条件；另一方面，重视无形的社会资源的利用，如创建校外文化空间，对儿童进行精神文化的熏陶、人文审美能力的培养。

以上四个方面互相联系、相互渗透、相辅相成，构成一个有机整体。重塑价值新共识是教育发展的必要前提，重建育人新生态是教育发展的重要保障，重释教师新角色是教育发展的内在要求，重构学习新样态是教育发展的关键条件，共同推动当下儿童教育的可持续发展。

四、结语

陈鹤琴的一生被民主精神所浸润，对于中国儿童而言，陈鹤琴就像一个永不褪色的"明星"，其关于儿童、儿童心理以及儿童教育等方面的思想仍对当代教育具有深刻的指导意义。未来教育改革应以"儿童的视角"继续展开研究，真正做到倾听"儿童的声音"，使教育为儿童所拥有，因儿童而有意义。

---

① 盛群力. 旨在培养解决问题的高层次能力——马扎诺认知目标分类学详解 [J]. 开放教育研究，2008（2）：10—21.

共话陈鹤琴：让教育"活"起来的儿童游戏

傅方静①

（浙江师范大学，金华，321000）

摘要：陈鹤琴先生是中国幼儿教育体系的重要奠基人。他在 20 世纪 20 年代提出的关于儿童游戏教育的观点，对于后世探寻游戏与教育的融合有重要价值。陈鹤琴的儿童游戏思想具体体现为游戏在校园中、家庭中和社会中的形式"活"，以及囊括教育性、实践性、趣味性和艺术性的内容"活"上。重视儿童游戏不是放任儿童玩乐，而是致力于如何使游戏与教育融合，让儿童在游戏的过程中接受"活"的教育。通过对陈鹤琴先生儿童游戏思想的研究，探索儿童游戏的价值以及让教育"活"起来的儿童游戏的特征，以继承和发扬陈鹤琴先生的儿童游戏思想和"活教育"思想。

关键词：陈鹤琴；"活教育"；儿童游戏

在成人看来，儿童玩游戏只是在虚度光阴、玩物丧志，严重忽略了游戏的教育价值。随着时代的进步和观念的变革，人们的儿童游戏思想也在进一步演变。陈鹤琴先生作为"中国幼教之父"，很早就开始了儿童游戏理论和实践的研究，引导人们关注儿童，关注游戏的价值。

一、"活"游戏的价值追求

陈鹤琴先生基于"活教育"理论提出，儿童游戏具有让儿童在游戏中接受教育的价值，他致力于探寻游戏与教育的融合，真正将游戏教学的价值最大化。这出于儿童天性探索世界的自然价值，让儿童在游戏中自主创造、积淀想法，并获得丰富情绪体验和情感价值。

---

① 作者：傅方静，浙江温州人，浙江师范大学小学教育专业硕士研究生。

（一）自然价值：游戏即是儿童的小世界

游戏的一切价值都源于它的自然价值。孩子们生来好动，充满好奇心，容易被身边有趣的事物吸引。这种天性促使他们通过游戏与这个世界沟通，游戏是他们认识世界、理解世界和探索世界的方式。当下许多教育者强迫孩子们摒弃天性，压制内心对游戏的渴望，这是不切实际的。

陈鹤琴先生通过科学研究儿童心理，揭示了游戏对于儿童不可替代的自然价值。教育者们必须认识到，游戏不但不会阻碍儿童学习，相反它很有可能成为孩子学习与成长的促进者。由于游戏的内容和过程会潜移默化地影响孩子的生活习惯甚至价值观念，教育者们需要重视游戏对孩子的影响，认真思考使游戏促进孩子发展的好路径。

（二）社交价值：在游戏中代入社会角色

游戏是儿童融入社会的一种重要方式。对于儿童来说，游戏即工作，通过与同伴一起感受不同种类的游戏，经历游戏的过程、学习不同的游戏规则。

儿童在遇到新玩伴时，从陌生的距离到逐渐熟悉的过程纯粹而简单，很多时候是以共同感兴趣的游戏开始的，通过游戏拉近了彼此之间的距离，这是儿童代入社会角色和融入社会的方式。在不同种类的游戏中，儿童与同伴时而需要分工，时而需要合作，在此过程中也会发生些许口角，在潜移默化的过程中儿童也在学习如何处理小纷争、如何与同伴进行交往，通过在游戏中代入角色的形式体会融入社会的方式，因此游戏对儿童成长来说具有重要的社交价值，它为儿童融入社会做准备。

（三）创新价值：游戏是积淀想法的载体

儿童以游戏为生命，游戏是他们生活不可或缺的一部分。在游戏与玩玩具的过程中，儿童不是仅仅在接受成人的智慧创造，其中还有他们自己的自主创新和想法的积淀。例如，儿童在游戏的过程中，通过搭积木，创造出自己脑中所思所想的实体；通过对大自然产物的再创造，展现了自己新奇的想法；通过自主探索，根据生活需要变废为宝，这些都是儿童积淀想法，自主创造的过程①。

游戏的创新价值在于它能够帮助儿童发挥想象力，不被拘束在条条框框的死

---

① 易海燕．幼儿园游戏式教育的重要性 [J]．家长，2021 (7)：177—178.

板教育中。游戏除了有规则性，还具有创造性，能够让儿童自己主动去思考、去创造[①]。曾经有一所幼儿园中的孩子们在看到火箭的原型之后，根据自己的想法用石头摆出了一艘火箭，翱翔在宇宙的火箭被孩子们用普通的鹅卵石拼成，用不同的颜色勾勒。孩子们为它取了名字，设计了火箭应该具有的功能，地面上简单的设计是他们脑海中无限的想象与创造。孩子们通过自己的智慧用石头这样简单的自然物创造出了脑海中的想法，这是他们主动的创意与想法，体现了陈鹤琴先生"大自然、大社会就是我们的活教材"的思想，让儿童利用天然的环境获得"活"的教育，获得真实的直接经验[②]。

（四）情感价值：在游戏中获得情绪体验

陈鹤琴先生认为，游戏是儿童的生活与生命。在游戏的过程中，孩子不仅能锻炼身体，培养智力，在情绪上也能获得非常丰富的体验。游戏在带来认知价值的同时，也有它的情感价值。孩子游戏的过程也是其释放天性的过程，他们带着好奇探索世界，从中获得愉悦的感受，有助于培养他们的探索精神。

如今，一些家长忽略了孩子情感体验的需要，游戏被视为学习的最大阻碍而被禁止。但事实上，游戏在一定程度上是孩子情绪发泄的途径，一些现实性的不愉快与压力能够在游戏中得到释怀，如果压抑孩子在情绪上的释放，负能量无法得到排解，久而久之内心积压的情绪越来越大，就可能造成孩子道德上的扭曲发展，逐渐出现一些用暴力发泄的行为，也会影响到孩子身心的健康发展[③]。

二、形式"活"：多环境渗透儿童游戏

游戏作为儿童成长中不可或缺的部分，是儿童日常的一种生活状态，孩子游戏的天性和权利不可以被剥夺。教育者们通过探索让教育"活"起来的儿童游戏，让游戏成为让儿童综合发展的辅助者。通过多环境渗透儿童游戏，让儿童在每个环境下获得不一样的游戏体验和情绪感受。

（一）在学校教育中开展游戏式教学

陈鹤琴先生提出的"活教育"理论体系，要求教师要"教活书、活教书、教书活"，

① 张晓晓.课程游戏化与游戏课程化——陈鹤琴幼儿游戏观探新[J].鹿城学刊，2022,34（3）:80—83.

② 车立云，车立芬.陈鹤琴儿童游戏思想研究及其启示[J].教育教学论坛，2022（27）:37—40.

③ 孙金平.基于情感视角的小学中年级儿童游戏探究[J].少年儿童研究，2020（7）:22—33.

学生要"读活书、活读书、读书活"①。在充分认识到游戏的本体价值后，如何将游戏融入教育教学当中呢？教师在对儿童进行知识教学的过程中，可以融入游戏的教学方式，即让儿童游戏"活"起来，从游戏生活化向游戏式教学演进，最终成为教学中发挥重要作用的一部分。

游戏式教学值得推广，尤其在低龄阶段的学校教学中。要知道，幼儿园的孩子与专注能力强的初高中生不同，他们注意力的集中时间较短，对于他们来说，教师讲授型的教学形式过于单一，采取游戏式教学能够激发他们学习的自主性和趣味性。游戏化教学将与传统教学不同，它以学生为中心，学生角色从被动变为主动，这样更有助于低龄学生在参与游戏活动的过程中获得自我探索和发现②。

（二）在家庭教育中渗透游戏活动

家庭是教育的第二场所，孩子很多习惯的养成、观念的积淀，都是在家庭潜移默化的影响下形成的。陈鹤琴在儿童心理研究中强调游戏是儿童的生命，儿童天生就有一颗"游戏心"等，同时注重孩子的家庭教育以及劳动教育③。在家庭教育中家长应秉持儿童爱游戏的原则，让孩子在游戏中成长。父母和儿童一起通过游戏的形式学习家务、培养习惯，不仅有利于孩子成长，亲子关系也会因游戏形式的沟通而变得融洽和美。这是顺应儿童天性的，让家庭教育"活"起来的教育方式。

（三）在社会发展中重视游戏价值

对于儿童的社会生活来说，游戏意味着工作，这是由他们所处的认知发展阶段决定的。著名的心理学家皮亚杰提出了关于认知发展阶段的相关理论，认为一个人在不同的年龄阶段所具有的认知特点和认知能力有着很大的差异。

除了校园和家庭中的游戏，儿童在生活、社会中也在经历游戏。大自然为儿童创造了天然的游戏环境，儿童在与大自然接触的过程中，可以学到许多校园里没有的知识，也可以验证许多校园里无法被验证的猜想。大自然是最好的教科书，

① 吕萍萍.基于"活教育"理念的小学数学体验式教学研究[D].扬州：扬州大学,2022:12—16.

② 盛梦娇.融入趣味元素，释放儿童天性——在小学科学教学中开展游戏化教学的策略研究[J].天天爱科学（教育前沿）,2022(5):33—34.

③ 刘军豪.陈鹤琴家庭劳动教育思想的内涵、原则与路径[J].陕西学前师范学院学报,2020,36(8):42—46.

社会也是活教育的场所，能够让儿童获得直接经验[①]。

三、内容"活"：多方面践行儿童游戏

"活"游戏不仅体现在其多样的形式上，更体现在其囊括多方面的丰富内容上。各式各样、不同种类的游戏培养了儿童多方面的素养，指向了培养全面发展的人的教学目标，具体体现在教育性、实践性、趣味性和艺术性上，让儿童在"活"游戏中得到多方位的塑造。

（一）教育性：游戏活动蕴含知识

陈鹤琴先生在研究儿童游戏的过程中，就提出了将游戏与教育融合的合理设想，运用这种源于自然天性的探索精神发展幼儿的智力。陈鹤琴先生主张"活教育"是贴近自然的，通过与大自然的接触，幼儿能获得直接经验，通过亲身的感受领悟许多自然的道理。

陈鹤琴先生认为游戏是能够帮助儿童学习的，幼儿的游戏是他们了解这个世界的方式，教育者们可以将学习活动转化为游戏活动，将知识蕴含于游戏活动中，幼儿能获得愉悦的情绪体验，让读书不再枯燥，游戏也不再只是玩乐。

（二）实践性：儿童自己作为核心

幼儿游戏最大的一个特点就是"做"，也就是让儿童动起来，在动手实践中获得直接经验和感受，这也是让"死教育"变为"活教育"的过程，"死教育"只传递枯燥的间接经验，孩子缺失了经历自己做的过程。游戏不是教育的目的，却是教育的重要手段，游戏是一种学习方式和手段，是让孩子在游戏过程中通过"自己做"培养实践能力[②]。在幼儿时期践行具有实践性的游戏，可以激发儿童学习的自主性，也满足了儿童天性好动的特点。

富有实践性的游戏还能锻炼身体，陈鹤琴先生指出这个关系幼儿未来的健康成长。儿童在游戏的过程中会集中所有的精气神，尤其是在跑和跳的时候，实际上是一种运动的过程。所以幼儿园不仅要有教室内教学，还要有户外活动场所。

---

① 张晗．浅谈陈鹤琴先生"活教育"思想之"活"[J]．早期教育，2021（48）：12—13.

② 史晓倩．陈鹤琴儿童游戏思想的演进与启示[J]．陕西学前师范学院学报，2020，36（11）：24—31.

（三）趣味性：发掘有乐趣的游戏

要让教育活起来的儿童游戏应该是富有趣味的，教育者们要发掘事物的趣味性，创造游戏条件。游戏具有的趣味性对幼儿具有很大的吸引力，如果教育者们能善于利用这种趣味性，深入挖掘身边优势条件的趣味性，将枯燥的知识与游戏结合起来，能够发挥促进儿童主动地学习的作用。

陈鹤琴先生的"活教育"思想还格外重视玩具的价值。玩具也是游戏趣味性的重要组成部分，陈鹤琴认为玩具和教科书一样重要[①]。作为开展游戏的载体，玩具为儿童带来丰富的想象力和创造力，能够发展儿童多方面的感官功能，促进儿童全面的德、智、体、美、劳的综合发展[②]。基于活教育思想，陈鹤琴开创了我国儿童玩具的研究，他亲自制作玩具，办玩具加工厂，根据孩子的认知特点设计适合于不同年龄孩子的玩具。

（四）艺术性：游戏发展审美能力

幼儿阶段是培养一个孩子审美能力及艺术技能的奠基阶段，是一个让孩子从感受美、发现美到能够独立创造美的过程。陈鹤琴先生的"活教育"思想也涉及了幼儿美育思想的内容，认为富有审美的环境是尤其重要的，所谓耳濡目染，让孩子在富有审美的环境中成长，孩子的审美水平会得到潜移默化的提高。幼儿时期，游戏是孩子主要的感知和学习的方式，也广泛存在于孩子的生活环境中。教师和家长可以扩展各式各样的游戏资源，通过富有艺术性的游戏渗透发展学生的审美能力，让幼儿在游戏的过程中感受美、创造美，提升审美水平。[③]

在具体实践过程中，幼儿园可以根据孩子的年龄层设置独具特色的游戏供儿童参与。例如，爱好汽车的小男孩可以利用积木搭建出汽车赛道或用彩笔勾勒出自己的理想汽车；小女孩可以通过装扮玩偶、为玩偶设计穿着搭配来表达自己的审美想法。因此，教师可以在实际教学中，通过绘声绘色的游戏形式，让儿童在富有艺术性的音乐或绘画活动中获得渗透性的学习。

① 滑红霞.陈鹤琴儿童玩具思想及现实启迪[J].山西教育（幼教），2019（11）：4—7.

② 杨福梅.陈鹤琴"活"玩具设计与推广的教育人类学分析[J].红河学院学报，2022，20（6）：143—146.

③ 徐建钰."活教育"思想在幼儿审美教育中的渗透[J].当代家庭教育，2022（31）：121—124.

第四章 "活教育"思想引领下的课程与教学

"活教育"方法论指导下小学数学量感体验的教学探索

孙玉婷①

（浙江师范大学，金华，321000）

摘要：《义务教育数学课程标准（2022年版）》把"量感"作为新的核心素养，将度量作为一个较独立的领域，旨在深化学生对量的意义、比较、运算与估计等理解，由此引发量感教学改革。目前量感教学存在的问题之一是学生缺乏完整度量过程的体验，从而难以理解概念、体悟度量的本质。基于陈鹤琴"活教育"做中学的方法论，量感教学需注重学生的活动体验与实践，积累直观感知经验以促进对量感内涵的深入理解，在尊重学生发展规律的前提下注意教学内容阶段性与一致性的特点，充分利用课外时间培养量感。

关键词：量感教学；"活教育"；体验

一、新课标变化引发量感教学改革

《义务教育数学课程标准（2022年版）》提出一项新的核心素养——量感，指出量感的内涵与意义，为量感教学提供引领与指导。"量感"的加入，让更多

---

① 作者：孙玉婷，山东淄博人，浙江师范大学小学教育硕士研究生。

教师关注到这一新的核心素养并思考适切的教学方式，使学生在有意义的数学活动中获得能力提高，形成核心素养。

2022年版新课标中量感的内涵可分成两部分，一部分是原课标一直要求的基础知识与基本技能的内容；还有一些内容更侧重基本思想的体悟与基本活动经验的获得。与复杂抽象的"数与代数"内容相比，量感的教学内容看似简单，却蕴含着丰富的育人价值，对学生的数学能力提高甚至数学素养发展具有积极作用。

在小学数学教材中，与量感相关的知识内容有长度、面积、体积、容积、时间、质量等，上述内容在2011年版课标中属于"图形与几何"领域，而2022年版课标将时间、质量等内容调至"综合与实践"，设计了"时间在哪里""身体上的尺子""年月日的秘密""曹冲称象"等主题活动①。这样变化的目的是让学生积累数学活动经验，丰富对量的体验，在活动中加深对量的理解，发展量感，感悟数学知识之间、数学与生活之间的联系。新课标还强调各个领域主题的联系与一致，强调以系统、整体的眼光看待量感教学，促进学生将各领域知识主动联系起来，形成知识体系，逐渐完善量感结构。

二、"活教育"方法论对数学教学的意义

数学以"数"为核心，小学生对"数"的认识需要有适当的感性经验作为支持，小学生的认知发展规律与数学抽象性的特点决定了教师在数学教学中要注重学生感性经验的获得，促使小学生将感性认知逐渐转变为理性认识。

陈鹤琴主张学生学习以"做"为基础，让学生在体验中思考，从"被动接受者"变为"主动思考者"，强调学生的主体地位与感性经验。学生在"做"时是身心的积极参与，学生的好奇心与注意力促使其积极思考与认识事物，这种主动、自觉的参与会影响学生对知识技能的理解程度②。"做"并不只是活动双手才叫做，凡是耳闻、目睹（观察）、调查、研究都包括在内，陈鹤琴活教育思想"做中学"方法论的本质是实践。陈鹤琴认为学生通过"做"与事物发生接触，就能得到直

---

① 中华人民共和国教育部. 义务教育数学课程标准（2022年版）[S]. 北京：北京师范大学出版社，2022：7—47.

② 苏刚，庄云旭. 陈鹤琴活教育理论及其现代价值 [J]. 现代教育科学，2008（12）：98—100.

接经验，知道做事的困难，增加做事的兴趣，从而认识事物的性质，发展做事的能力，增强自身独立性[①]。总之，"做"既是认知的起点，也是认知的终点，通过"做"的方式，学生才能获得整体全面的认识，才能将所学知识运用到复杂的情景之中。

在教师的有效指导与启发下，"做"的过程中可以渗透智育、德育、体育和美育等，促进学生手脑协调、保持兴趣、发展合作精神等，这与培养学生的核心素养目标相一致。陈鹤琴以正确认识儿童特点为前提，以活动为主要方式，充分发挥儿童的自主性，通过"做中学"获得丰富的直接经验，促进儿童的个性、创新精神及实践能力的发展，这一教育观符合儿童教育的发展规律[②]。

三、量感教学与"活教育"方法论具有目标一致性

"活教育"方法论为量感教学提供有益参考，与量感教学在目标上具有一致性。首先，量感教学与"活教育"方法论都重视体验对学生核心素养发展的意义。在理解统一度量单位意义的教学中，教师让学生用不同的方式经历测量的过程，比较测量结果，感受统一度量单位的意义与必要性。这种活动经验还可以迁移至其他度量单位的学习，使学生深刻认识度量的本质。坚持"活教育"的体验式学习将有助于学生在动手与动脑中丰富与发展量感。

其次，量感教学与"活教育"方法论都尊重儿童的认知特点与规律。在系统的数学学习前，学生只有生活中的经验，并没有形成量感意识、量感思维与严谨表达，因此，量感教学中的体验活动需要教师引导学生学会正确感知与表达，引导学生用严谨标准的方法思考问题。这样，学生才能在活动体验中实现从直观感知到理性推理的发展，完善认知结构。在量感教学中，只有尊重学生身心发展的规律，把握其在不同阶段对"数"与"量"认识的特点，才可能让学生真正把握数学知识，获得学习信心与成就感，增强学习主动性。

四、基于"活教育"方法论的量感体验教学建议

（一）在体验中感知度量意义与统一单位的必要性

量感培养依托的知识内部结构清晰，关联性强，因此学生在初步认识测量时就应

---

① 叶小芳，杨荷泉. 陈鹤琴的"活教育"理论体系及其教育实践[J]. 宁波职业技术学院学报，2013，17（4）：27—30.

② 高谦民. 陈鹤琴的儿童教育观[J]. 学前教育研究，2002（2）：21—22.

在测量经历中形成充分的感知与体验，建立起关于测量的正确认知框架，为之后的学习奠定基础。北师大版的教材编排（图1）充分利用活动体验以发展学生量感，为设计量感教学活动提供借鉴与参考。如二年级上册第六单元第一节——测量教室的长，学生按照自己的思考选择测量工具，在测量过程中初步感知度量有一定的标准，认识度量是标准单位的累加，如果以数学书的长度为标准度量教室，教室大约有37本数学书那么长。这一节的学习也为认识工具尺原理与统一单位奠定基础。

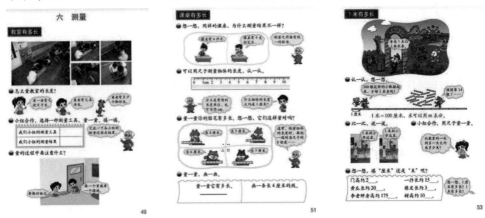

图1 北师大版二年级上册"测量"单元教材内容

学习第二节时，学生在度量教室长与课桌长的体验中认识到度量的工具不同导致累加的结果也不同，这就导致结果之间难以互通和交流。在学习第三节时，学生借助前两节的学习经验推理得出1米由10厘米累加而成，再通过多样的测量体验使学生形成1米有多长的表象，建构与丰富长度的知识结构。总之，量感教学通过对不同工具测量结果的比较和切身体验，学生真正意识到度量统一的必要性，就此明晰了度量学习的价值和意义，从而促进学生灵活运用知识。

不仅是度量长度，在度量面积、体积时也可以体会到度量的本质是度量单位的累加。量感的培养是一个长期的过程，一节课或一个单元的教学对于深刻体会度量意义还远不够，需要学生在类比与反复中逐渐完善与更新度量意义的认识。

（二）在体验中发展估测能力

教师在教学计量单位时常强调测量技能的掌握，这导致学生在解决问题时容易形成思维定式：若想知道一个物体的长度或面积，就要量出或算出准确的数值。当脱离书面做题环境在现实中遇到度量问题时，部分学生常无法顺利解决。因为学生在日常中并没有建立起关于估测的经历，较难想到利用估测解决问题。即使想到了估测，也因为没有较好的估测经验使估测结果与真实结果相差甚远。估测是现实生活中的必备能力，在现实生活中需要度量某个物体的长度、面积或体积时，借助表象复现与估测更容易解决问题。

关于表象复现与估测的能力也需要在活动经验中逐步积累，通过不断地观察—估测—对比—调整—重估—对比……逐渐更新与清晰脑中关于标准单位的表象。比如一拃、一庹、腿长等身体的部位就是不同长度的度量单位。此外，通过各种实际测量体验，学生自然地认识到测量存在误差，体悟到需要根据实际情况来选择合适的单位。学生经历与体验得越多，形成的知识基础与联结越多，当遇到复杂的问题情境时更容易唤醒学生已有经验以处理和解决问题。

（三）注意量感教学的阶段性与一致性

尽管增强体验对丰富学生量感具有积极作用，但也要避免走入"过度体验、只有体验"的误区。一方面，量感教学需注意学生学习的阶段性特点。量感的培养讲求循序渐进，不同阶段有不同的发展目标与要求。对于低段来说，量感教学侧重直观感知，初步建立起知识结构与联结；对于高段则侧重借助已有知识在想象与推理中认识新事物，加深与完善知识结构与联结。量感教学要注意教学内容的阶段性与一致性，既分阶段有计划地逐渐发展学生量感，又关注各阶段知识技能与能力发展的联系与递进。换言之，量感教学应是整体性、系统性的，需要基于学生不同发展阶段进行恰当的引导，并建构起不同知识之间的关联。另一方面，尽管体验对于量感教学不可或缺，但体验是教学手段而不是教学目的，量感的培养不能仅仅停留在对量的感性体验，还需在体验的基础上经历抽象概括的过程将知识上升为理性认识，朝量感的高级阶段过渡[1]。数学教学中的体验与日常体验不同，体验的过程要获得数学知识、发展数学能力，体验的结果要进行总结与反思，

---

[1] 高博豪，吴立宝，郭衎. 量感的内涵与特征 [J]. 天津师范大学学报（基础教育版），2022,23(5):7—12.

最终上升到心理与情感层面。

（四）课内教学与课外体验相结合

学生量感的长期培养不能仅依靠课堂教学，在课外的度量体验不仅能保持与发展学生量感，还能使学生感受数学与生活之间的紧密联系。在长度方面，可以度量家中常见物体的高度，先估后量，与自己的身体尺对比并形成联结，加深对各种长度的直觉印象，还可以随着自身的生理成长及时更新身体的度量单位。在面积方面，仍可采用先估后量的方式，记住常见物体如课本、小笔记本、地砖等表面积，通过密铺想象估测面积。或是估测长度后使用面积公式估算面积。在体积方面，学生亲自在各种容积的容器中放置不同容积的物体，感知常见物体的容纳空间并探索更节省空间的收纳方式。在重量方面，日常购买食品、日用品等物品时可以掂一掂重量。

以课外实践和体验为基础，将量感的认识与日常生活相结合，不仅有助于发展学生的量感，还能积累生活经验，进一步将度量与生活建立联系。事实上，日常中看似"意义不大"的体验实际上已经在学生脑中有了感受与印象。学生通过实践操作，不断提高思考问题和解决问题的能力，在逐渐应用量感中体会量感的重要性与便利性，在课内外结合与经验长期积累中逐渐建立量化的方法与思维。这种能力的培养不再将眼光局限于知识的习得与应试能力的提高，而是在真正培养未来公民在社会生活中需要的能力。

"活教育"理念在新时代幼儿品德启蒙中的运用

蒋思玥[①]

（浙江师范大学，杭州，311200）

摘要："活教育"是陈鹤琴先生基于特定时代背景建立的中国化、科学化的

---

① 作者：蒋思玥，四川内江人，浙江师范大学学前教育专业硕士研究生。

幼儿教育理论体系。新时代"立德树人"背景下，幼儿品德启蒙的重要性被提升到了一个新的高度，但仍存在成人化、表面化、僵硬化等问题，而"活教育"理论对更好地进行幼儿品德启蒙仍具有重要的指导意义。本研究从目的论、课程论和方法论三大方面系统阐述了"活教育"理念在新时代幼儿品德启蒙中的运用：一是要确立幼儿品德启蒙目标的多维向度；二是要将生活作为幼儿品德启蒙实施的资源基础；三是要灵活选用幼儿品德启蒙的多元策略。

关键词： "活教育"；幼儿品德；品德启蒙

一、引言

陈鹤琴是中国现代著名的儿童教育家。他的"活教育"思想体系，打击了旧教育，为中国教育作出了巨大的贡献。

当下，"活教育"理论对幼儿教育发展仍有深刻的启发。它首先提出了"做人，做中国人，做现代中国人"的目的论，强调了教育的"育人"本质，这与新时代幼儿品德教育的所强调的"立德树人"是一致的。

目前，幼儿品德启蒙过程中仍存在一些问题，这导致了幼儿品德启蒙成效不佳。"活教育"理论强调以幼儿为本，了解和尊重幼儿，既有专门的儿童训育原则，也在其他领域渗透着儿童德育的精神和方法，为我国新时代幼儿品德启蒙提供了重要启示。

二、活时代：确立幼儿品德启蒙目标的多维向度

"活教育"的目的论看似简单直白，却包含了深刻的意蕴。他所提倡的是全面的、现代的、中外兼容的教育，这与新时代幼儿品德启蒙的追求是一致的。

（一）关注幼儿的全面发展

《幼儿园保育教育质量评估指南》指出，"品德启蒙"的最终目的是"为培养德智体美劳全面发展的社会主义建设者和接班人奠基"。但是，现在这一问题常常被忽视，盛行已久的应试教育就是这一问题的集中体现。在应试教育中，目的与手段关系颠倒，教育的全面育人功能被忽视，这一消极影响也蔓延至幼儿教育。

因此，新时代幼儿教育应坚持"立德树人"的根本宗旨，以培育儿童的德智体美劳全面发展为目的，使得幼儿学会"做人"。其中，幼儿品德启蒙对幼儿学会做人具有引领性意义，它与其他四育相互促进，持续推进幼儿全面发展。

（二）强调幼儿利他性品德的萌芽

陈鹤琴认为人与动物的根本差别就在于是否具有社会性，人不仅是一个自然人，而且是一个有德行的、有丰富内涵的社会人[①]。从人的发展规律来看，幼儿的认知发展主要处于自我中心的阶段；从现代家庭结构来看，随着"独生子女"式家庭结构的普遍化，幼儿往往养成了以自我为中心的习惯，从而难以主动地、有意识地站在别人的立场思考问题，尚未发展出较好的移情和共情能力。

现代社会中人与自然、人与人的关系越来越密切，个体只有在集体之中才可能获得发展。个体不可能只是向社会索取，更需要为他人和社会付出。因此，培养幼儿会关爱、能合作、肯服务等利他性品德是品德启蒙最核心的一部分。

（三）注意目标的层次性和基础性

陈鹤琴将道德由低到高分为若干个层次：损人利己—利己而无损于人—互利—自我牺牲，指出"像这种'助人'的好道德，是要慢慢儿培养起来的"；"普通的人能够做到'互助'也已经很不错了"[②]。我们首先应清楚认识到幼儿德育的基础性，幼儿道德启蒙应摒弃"高标准""大口号"，要遵循幼儿品德发展的规律，结合幼儿的实际情况，制定符合幼儿身心发展状况的目标。其次，德育的基础性原则并不排斥幼儿道德境界的提高，"基础"意味着绝大多数人应该达到也能够达到的道德底线，但同时它也兼有发展的隐性要求，基于真善美的原则不断向上引导。

总之，幼儿品德启蒙应该顺应新时代的需求和要求，主动应对教育多元化、教育信息化、教育国际化、教育终身化对德育工作的影响，主动研究新一代幼儿的身心特征[③]；保持鲜明中国本色，在历史的长河里去粗取精挑选出适宜的文化结

---

① 黄婧智. 陈鹤琴幼儿德育理论与实践研究 [D]. 南京：南京师范大学，2019.

② 陈鹤琴. 陈鹤琴全集（第 5 卷）[M]. 南京：江苏教育出版社，2008：672—673.

③ 顾永安. 陈鹤琴"活教育"训导原则的德育探析与启示 [J]. 江苏教育学院学报（社会科学版），2002(6)：46—49.

晶，将中华优秀传统文化和社会主义核心价值观融入课程；还要突破仅仅培养幼儿道德认知的局限，将道德视为调整幼儿个体自我信念与行为、个体与社会以及自然关系的基本准则，引导幼儿成为一个人格健全、道德高尚且具有公民意识和责任担当的个体[1]。

三、活生活：幼儿品德启蒙实施的资源基础

陈鹤琴指出："现在幼稚园的弊病在于与环境接触太少。小孩子生来无知识，是在与环境社会相接触中渐渐稍有知识，稍有能力的。接触的机会愈多，知识愈丰富，能力也愈充分。"[2]旧教育以书本为唯一的教学材料，教育与儿童的生活相脱离，儿童所获得的只是间接经验而缺乏亲身体验与感知，导致其认知的片面性与绝对化。因此，陈鹤琴确立"大自然、大社会都是活教材"的课程论，认为儿童要在自然和社会中获取生动鲜活的直接经验，但这并不意味着要完全抛弃书本，而是要意识到不能仅仅依靠书本，大自然和社会等真实生活资源拥有着更丰富、更有价值的教育意义。

（一）联结生活：善用真实的品德教育资源

在传统德育模式下，德育实施过程是教育者将道德知识和道德规范强加给幼儿，这样就导致幼儿对道德认知抽象化，缺乏真实的感知与体验。自然和社会是德育的天然资源，幼儿通过亲近自然、直接感知、亲身体验中获得直接经验，有助于其由内而外地唤醒，形成道德认同，促发道德行为。

首先，自然和社会可以引发幼儿对品德的思考和探索。例如，当幼儿在生活中遇到插队现象，可以就此对遵守规则进行讨论。

其次，自然和社会为德育课程提供活动的材料。例如，引导幼儿认识生命、爱护生命时，可以借助一朵花的成长和衰亡过程使抽象的生命概念具体化。

最后，大自然和大社会中不仅只有"事"和"物"，还有"人"。例如，通过参观敬老院和福利院，通过与老人、志愿者、护工等的互动中进一步理解和实践"尊重"和"友爱"等品德。

---

① 彭凤．"立德树人"教育思想指导下的幼儿园德育 [J]．学前教育研究，2020（7）：89—92．

② 陈鹤琴．陈鹤琴全集（第2卷）[M]．南京：江苏教育出版社，2008：3．

概言之,幼儿品德教育要围绕实际生活与幼儿体验,用真实的课程内容和情境来激发幼儿的道德认知、道德情感,启发其道德行为,从而提高幼儿的道德品质。在教学方式上,打破传统的只关注教材和集体教学的弊病,深入发掘大自然和大社会中所蕴藏的德育资源,促使幼儿在感知与体验中发展自我与自然、社会之间的关系,从而建立起一种有机的道德观和道德情感①。

(二)律己与利他:家庭生活中的双向品德启蒙

家庭是幼儿接触到的第一个社会缩影。陈鹤琴指出:"父母应当教育孩子学会顾及他人的安宁。"②人们的习惯大多是在幼年时代养成的,家庭是孩子的第一所学校,因此,家庭应从小就要培养孩子良好的道德教育及良好的行为习惯。陈鹤琴强调家庭要从律己和利他两个角度对幼儿进行德育。

1.引导幼儿能够严于律己

陈鹤琴十分重视幼儿诚实守信的良好品德,尤其指出做父母的必须禁止小孩子作伪③。这里的"作伪"更多指的是后天环境和教育造成的行为上的虚伪。例如,家长对孩子给予承诺后却找借口或耍把戏敷衍过去。这样会让父母失去孩子的信任,从而陷入无法管教孩子的恶性循环之中。此外儿童天生善于模仿,父母的作伪行为也会暗示幼儿用同样的方法去欺骗别人,甚至酿成大错。

2.引导儿童学会宽以待人

陈鹤琴十分重视培养孩子的同情心和爱心,要对人有礼貌、尊重别人,要爱父母、爱别人,引导孩子成为一个知礼守序、乐于助人的人④。他举了其儿子陈一鸣清晨起床吹洋号的例子。陈一鸣在大家普遍还在睡觉的清晨就迫不及待地吹响号子。陈鹤琴意识到不妥就立马和一鸣沟通,及时将顾虑别人安宁的话说给他听、做给他看,而不是大声训斥,引导孩子做出正确的选择。

此外,孩子虽然年龄小、能力弱,但也要拥有爱人之心。爱人可以先从爱父

---

① 黄静.生态体验视域下的幼儿园德育[J].学前教育研究,2020(7):93—96.

② 陈鹤琴.陈鹤琴全集(第2卷)[M].南京:江苏教育出版社,2008:606.

③ 陈鹤琴.陈鹤琴全集(第2卷)[M].南京:江苏教育出版社,2008:610.

④ 李自斌.陈鹤琴儿童家庭教育思想述评[D].武汉:华中师范大学,2006.

母开始，引导幼儿在日常生活中给予父母的回馈，让孩子感受到爱人是一件幸福的事情，从而愿意爱和主动爱。

综上，陈鹤琴认为家长的引导和榜样作用对幼儿品德发展具有重要的意义。现代家庭在幼儿品德教育方面主要存在"缺场、缺能、越位"的问题。一方面，有的家长认为孩子的智力发展高于一切，忽视了品德教育的重要性，在幼儿品德发展的关键期"缺场"；而随着国家对"立德树人"的不断强调，更多家长认识到了品德的首要地位，但是，却认为品德是教出来的，从而导致道德灌输，不重视自身的言传身教，在教育方法上"缺能"。另一方面，有的家长以极端强势的方式凌驾于幼儿主体之上，如别人想玩自己孩子的玩具时，不询问孩子的想法而直接命令他把玩具给其他小朋友。因此，家长要"在场、赋能、正位"，不仅在观念上重视品德教育，科学了解和尊重孩子，积极暗示、正面鼓励，更要身体力行为幼儿建立良好的模仿对象，身先垂范、以身作则，从而为幼儿创造良好的德育环境。

（三）生活中的教育协同：幼儿品德启蒙的有力保障

陈鹤琴谈道："至于说儿童教育的范围，广义地说，应该把社会和家庭的教育包括在里面。社会、学校、家庭三者要相辅相成而行，有机地联系起来，儿童教育的理想才容易达到。"①因此，单靠幼儿园的作为是远远不够的，要促进家、校、社三者紧密联系，动用全社会的力量来进行幼儿品德启蒙。一方面，幼儿园应该帮助家长形成良好的德育意识和一定的能力，并积极主动地发掘和联系家庭和社会中可利用的资源。另一方面，家庭和社会要主动参与到幼儿品德启蒙中，家长应和教师沟通，关注和支持幼儿良好行为和品德的形成；社区应开放图书馆、邮局、医院等硬件设施并积极建设精神文化资源，合理运用舆论导向和大众传媒的作用，规范网络和现实中的价值观传播，为营造全方位的良好德育环境提供强有力的保障和支撑力量。

四、活方法：幼儿品德启蒙的多元策略

幼儿品德启蒙的方法，要以对幼儿发展特点有深入的了解为基础。陈鹤琴指

---

① 张翠芹. 陈鹤琴的"活教育"思想及其对当今幼儿教育的启示 [D]. 南京：南京师范大学,2007.

出"从人治到法治""从法治到心理"的训育原则，也就是说德育要从个人权威转向遵循法理再到了解对象的心理，"要对于作为幼儿教育基础的儿童心理做全面、系统、切实的科学实验……特别要重视对幼儿从出生到学龄前这一段的心理发展和各年龄的心理特点的研究包括心理活动的生理机制、心理活动和生理变化的关系，掌握幼儿的特点和心理发展的规律，把幼儿教育的工作建立在科学的基础上"①。没有基于儿童而实施的教育是无法取得良好结果的。研究和了解儿童的身心规律和特点是进行"活教育"的前提和基础。在品德启蒙中，我们也要去研究儿童品德发展的规律，把握不同发展阶段的特点，把握不同儿童发展的差异，以此形成科学合理且有针对性的教学方式，满足幼儿身心发展的需要，在不同情境中灵活选用适宜的方法促进幼儿品德发展。

（一）实践中体验

"做中教，做中学，做中求进步"是"活教育"的方法论原则，一切的学习"凡是儿童自己能够想的，应当让他自己想；凡是儿童自己能够做的，应当让他自己做"②。那么"做"的内涵和实质是什么呢？

"做"意味着给予儿童亲身参与实践的机会，使其在与自然、社会与儿童互动中，以探究的精神，获得有关道德的认知与体验。一般而言，以"做"为核心的道德教育包括以下内容：首先，儿童在大自然和社会中亲身体验和实践操作，为儿童提供"做"的机会和环境，初步形成道德体验；其次，是引导儿童主动研究，在实验、阅读、创作、研讨中成长，形成自我的道德认知；再次，结合道德认知，创设道德情景，回归日常生活，引导儿童知行合一，在行动中证实和改进道德认知、强化自身良好品德习惯、萌发积极道德情感、形成初步的道德意志，不断促进知情意行相统一；最后，是允许儿童"自我管理"，激发其道德自主。让儿童自主管理，让儿童教儿童，有助于道德规范的相互学习与传播，在自主和自由的选择中逐渐形成良好的行为习惯，促使其将自我与同伴进行比较，从而获得积极暗示，形成良好的同辈道德文化。

① 陈鹤琴. 北京市教育科学研究所. 陈鹤琴教育文集（下卷）[M]. 北京：北京出版社,1985:215.

② 陈鹤琴. 陈鹤琴文集 [M]. 南京：江苏教育出版社,2008:373.

（二）言语引导

1. 以理服人

说服是德育的最基本、最简单、最直接的方法，"活教育"反对以势压人，强调以理服人，主张运用推心置腹的谈心方法引导儿童去认识。幼儿德育应摒弃外部的强制灌输和空洞的说教，基于儿童的立场，以幼儿能够明白的表达方式进行引导。成人应摒弃自身所谓的权威与高高在上的姿态，要以儿童的语言和姿态与儿童对话，通过举例说明让说理更加直观，通过正反对比让说理更加清晰，给予儿童充分的理解和信任，防止言之无物。在现实生活中，则要针对具体的情景需要整体分析，以生动形象的语言激活其对道德的认识，通过"情"与"理"的结合，让儿童感受到道德之于日常生活的重要性。

2. 暗示提醒

幼儿理解能力、逻辑思维等能力也尚未发育完善，而说理属于间接知识的传递，其作用是有局限的。道德的养成更依赖于整体环境的建构和塑造，源自环境的潜移默化比显性的说理更为重要。因此，道德教育很重要的一部分是环境育人，将显性教导和隐性暗示相结合，让道德规范与行为嵌入其日常生活之中，形成内在的认同。

暗示可分为语言、动作和心理暗示。语言暗示，体现为各类文字符号与宣传画报等文化的塑造。陈鹤琴提出"从消极到积极"的原则，批判教师常常消极地制裁幼儿的犯规或错误，甚至用专制的和粗暴的管理方法，却不积极地消除不良行为的动机。儿童喜欢被称赞，具有很强的模仿心和暗示感受性，所以，鼓励和奖励等积极引导对于培养儿童的自尊心、自信心和积极性具有重要作用，但需注意奖惩要适度，毕竟奖励与惩罚都属于外界刺激，最终是应该回归到促进儿童独立性和自觉性的养成[1]。

（三）游戏学习

游戏是幼儿园的基本活动，是幼儿学习的主要方式。陈鹤琴指出，"各种高尚道德，几乎都可以从游戏中学得。什么自治、什么克己、什么忠信……这种种

---

① 陈鹤琴. 陈鹤琴全集（第 1 卷）[M]. 南京：江苏教育出版社，2008:143—149.

美德之养成,没有比游戏这个利器来得快、来得实切"①。游戏是幼儿自发、主动、有愉悦情绪体验的活动,不管是自带规则约束的益智游戏或体育游戏还是创造性游戏都蕴藏丰富的德育意义。由于儿童天生爱玩的天性,在游戏中进行品德教育,更符合幼儿的身心特点,成效也会更显著。如在"捉迷藏"游戏中,幼儿可以学习遵守规则、独立、诚实等精神。通过参与游戏,有助于幼儿置身情景之中,基于游戏规则做出恰当的行为选择和道德判断。

(四)榜样示范

陈鹤琴十分重视教师在德育实践中的"向导""指向""榜样"作用,他在《怎么样做人民的幼稚园教师》一文中对幼儿园教师修养方面提出了基本要求:首先是在思想政治方面,要坚定正确的政治立场、明确教育目的和教师的重要任务;其次是在业务修养方面,幼儿园教师要精通业务,要了解教师本身的品质是养成儿童品格的重要因素,应处处以身作则②。过往人们对于教师专业技能的重视远远多于专业理念和品德修养等方面,因此,为了培养德才兼备的"活教师",建设高素质幼儿园师资队伍,必须更加重视幼儿教师师风师德及良好德育意识和能力的提高。

幼儿园教师首先是一个有专业信仰和专业责任的人,要明晰"为谁培养儿童、培养什么样的儿童、怎样培养儿童"的重要责任;其次,要努力提高自身优良品德,要想让幼儿成为有同情心、有合作精神、有服务热情等品德的人,教师首先要以同样甚至更高的水平来要求自己,做到宽以待人、严于律己;最后,教师要确立现代德育理念,包括对德育的本质、德育的价值观、主体德育观、过程德育观的理性认识和信念,具备良好的德育意识和德育管理、应用及研究的能力③,品德教育的机会隐藏于一日生活之中的各个方面,教师需要善于捕捉细小的教育契机对幼儿品德进行引导。

(五)关系支持

模仿学习是幼儿获取经验的重要方式之一,教师不仅应在显性的师幼互动中

---

① 陈鹤琴.陈鹤琴全集(第1卷)[M].南京:江苏教育出版社,2008:151.

② 虞永平.陈鹤琴关于幼儿园教师发展的主张及其现实意义[J].中国教师,2022(7):92—96.

③ 顾永安.陈鹤琴"活教育"训导原则的德育探析与启示[J].江苏教育学院学报(社会科学版),2002(6):46—49.

有意识地严格要求自己为幼儿树立榜样，更要注意隐性的或不直接作用于幼儿但对其有重要影响关系的建立和有效支持。

1. 师幼关系："从对立到一体"

陈鹤琴指出，"幼儿教师应当成为孩子的朋友"，这样儿童更容易亲近老师、更乐意接受教师的熏陶和教导。但在传统幼儿园教育中，教师与幼儿之间地位悬殊：教师高高在上，用权威对幼儿发号施令，幼儿只能服从照做，而这种对立的关系会引发种种冲突和问题，教师无法对孩子进行品德行为上的诱导[①]。儿童品德启蒙最核心的就是爱，这种爱是普遍的、不设置前提条件的爱。这种爱在德育工作中最直接的表现就是建立良好的师生关系，构建平等、民主的育人氛围。当前，师幼关系已摆脱旧有的完全对立，但距离达成以平等尊重、儿童立场、教师引导基础之上的师幼一体新高度还需要教师更加明确自己的角色和职责，更加相信儿童的潜能和力量，更加倾注自己的爱来滋养儿童的品德。这种爱是无差别的爱，需要教师摒弃传统的对幼儿标签化的认识，与充分的耐心和尊重发现每一个幼儿的独特之处，让每一个幼儿都获得其所应该获得的发展。

2. 同事关系："从分家到合一"

陈鹤琴认为教师之间互助的同事关系也有利于幼儿的品德发展。他指出，当时学校中的教师间有许多隔阂而产生派别，"专任教师只管知识的传授，不会承担管教学生如何做人的任务；对学生的训导责任全都落在训育主任和及训育员的身上了"[②]。虽然现在已不存在训育和教育的明显界限，教学的教育性原则也被大众所接受，但德育的任务几乎还是全部由幼儿教师所承担，忽视了幼儿园其他员工的影响和重要作用。不仅是所谓的主班或配班教师应对儿童进行德育，还是幼儿园的管理层、保育员、厨房工作人员等，都应积极参与其中，发挥自身独特的育人功能，为促进幼儿的道德发展提供另一种方式或视角。例如，管理人员可以多多策划跨班或混龄的活动等以促进幼儿之间的友爱互助。总之，幼儿园所有成员之间应精诚合作、协同互助，为幼儿品德发展创造良好的环境。

---

① 黄婧智. 陈鹤琴幼儿德育理论与实践研究[D]. 南京：南京师范大学, 2019.

② 陈鹤琴. 陈鹤琴全集（第5卷）[M]. 南京：江苏教育出版社, 2008:108.

五、结语

陈鹤琴是中国现代幼儿教育的先驱，他为探索研究中国化、科学化、大众化的幼儿教育道路付出了毕生精力，贡献卓越，其"活教育"思想既向下深深扎根于中国土壤，又与时俱进、具有世界眼光，至今仍然具有强大的感召力和生命力，是我国幼儿教育的可贵宝藏①。我们也需要继续深入研究"活教育"思想，学习陈鹤琴先生的问题意识、反思意识、研究意识、服务精神和爱国精神等，推进幼儿品德启蒙工作不断前行，培养全面发展的现代中国儿童。

陈鹤琴"活"玩具思想及其时代价值

池晓敏 ②

（浙江师范大学，金华，321000）

摘要：陈鹤琴在"活教育"理念下提出了"活"玩具思想，强调玩具对于儿童身心发展的重要价值，并指出儿童自制玩具的重要性。针对当前社会家长忽视儿童玩具和指导，玩具制造企业缺乏教育眼光、教育机构缺乏正确的玩具观念等现象，论文以陈鹤琴"活"玩具思想为基础，分别就家长、企业和教育机构如何进一步发挥玩具的育人价值，促进幼儿身心发展提出了针对性的建议，以此启发家长、幼儿教育机构、玩具企业树立正确的玩具观，促进儿童的健康成长。

关键词："活"玩具；玩具观；"活教育"；时代价值

一、陈鹤琴"活"玩具思想内涵

陈鹤琴"活"玩具思想内涵包含玩具的定义、玩具的意义、"活"玩具的标准、玩具的自主性、玩具的使用时间等内容，既继承了中国文化传统，又吸纳了新思想，

---

① 虞永平. 活教育的时代意义与实践指向 [J]. 早期教育，2021（48）：4—9.

② 作者：池晓敏，山西太原人，浙江师范大学小学教育专业硕士研究生。

开拓了未来玩具思想的新眼界①。接下来将详细陈述有关部分：

首先，对玩具的定义。现代人对于玩具的理解过于狭义化和物质化，陈鹤琴先生认为"儿童看的听的触的笼统可以叫作玩具"，也就是说，玩具不仅是物质层面的可供儿童玩耍的器具，而且是广义上能够赋予儿童以玩的体验的所有事物②。

其次，玩具的意义。玩具对于促进儿童的成长具有重要作用。因为玩具设计本身意在引导儿童向某一方向发展或培养某一方面的能力。陈鹤琴由此提出了"玩具可以育人"的观点。

再次，"活"玩具的标准。什么是活的玩具？陈鹤琴先生认为活的玩具会动、会变化，而不是只能陈列、摆着赏玩的。活玩具可以强身健体，培养孩子动手动脑的能力；可以陶冶孩子的情绪，培养良好的情感；更可以启发儿童的思维。活的玩具应该质地优美、结构牢固、安全可靠。

又次，玩具的自主性。陈鹤琴指出"凡是儿童能够做的，应当让他自己来做"自制玩具不仅可以培养儿童珍惜玩具、节约的美德，还可以培养儿童的动手能力、创造力、创新力等，应当鼓励儿童自主制作玩具。

最后，玩具的使用时间。陈鹤琴认为，玩具的使用时间需要适当限制。不要让儿童一天到晚在室内玩玩具，而是应该接触大自然。

二、陈鹤琴"活"玩具思想形成过程

（一）关注时期

20世纪20年代，陈鹤琴成立鼓楼幼稚园时就已经开始关注儿童玩具了。当时陈鹤琴先生发现中国社会存在着"外国病"，不管是在幼儿园里还是家庭里玩的玩具都照抄美国。他认为可以模仿国外先进的地方，但是不能丢掉中国自己的文化，所以，他决心改变中国的教育，首先从南京鼓楼幼稚园入手③，关注到玩具的重要性，在学习国外玩具的同时融入中国元素。

---

① 滑红霞. 陈鹤琴儿童玩具思想及现实启迪 [J]. 山西教育（幼教），2019(11)：4—7.

② 苗芳芳. 陈鹤琴儿童游戏本土化探索及其启示 [D]. 重庆：西南大学，2010：8.

③ 田春玲. 陈鹤琴南京鼓楼幼稚园个案研究及其当代启示 [D]. 大连：辽宁师范大学，2007.

（二）萌芽时期

20 世纪 20 年代末，陈鹤琴改造外国玩具融合中国元素已经初步获得成果，开发出了十几种玩具，但是，他没有止步于此，而是在更深层次对玩具进行了探索。陈鹤琴开始制定好坏玩具的标准，其玩具思想初步形成。1925 年，他出版了《儿童心理之研究——游戏》一书，标志着其玩具思想雏形的形成①。

（三）成长时期

20 世纪 30 年代，陈鹤琴有机会前往欧洲 11 国考察，这使他的思想得到极大的成长和发展。1937 年七七事变后，陈鹤琴建立了第一个玩具工厂，他收留大量的难民并且对适龄儿童进行扫盲教育。在大量实践的基础上，陈鹤琴先生制定了第一个《幼稚园课程标准》，确定了玩具的标准，同时，开设玩具研究所，专门研究和开发玩具。

（四）完善时期

陈鹤琴先生凭一己之力开辟了中国玩具的新篇章，通过研究丰富了我国的玩具品类。陈鹤琴还对内举办玩具展览会，传播了先进的玩具思想②，并对外进行玩具出口，这不仅缓解了国内的经济紧张，还向世界树立了中国玩具的品牌形象。经过一段时间的努力，他还开辟了其他类型的出口贸易之路，收入增加的同时也向世界展示了中国风貌，为建立良好的国际关系打下坚实的基础。

三、陈鹤琴"活"玩具思想时代价值

（一）家长篇

1.树立正确的玩具观

首先是玩具的数量，不是越多越好，而在于其是否是活玩具；其次是玩具的选择，不是越昂贵越适合；最后，是玩具的质量，尽量不选择毛绒玩具，多选择质地优美、颜色鲜亮、耐玩的玩具③。除了以上标准，还要结合自身能力选择适合儿童的玩具。

---

① 何洁.陈鹤琴儿童玩具思想研究 [D].南京：南京师范大学,2016.

② 徐伟.陈鹤琴先生论儿童玩具 [J].早期教育,1988(12):3—4.

③ 陈虹.（陈鹤琴家教故事之十二）给孩子什么样的玩具 [J].早期教育（教师版）,1995(1):24—25.

2.注重玩具的成人指导

现在的家长存在一种"玩具可以替代我"的思想观念，但这种思想是错误的。在儿童玩玩具时，成人要进行恰到好处的指导，这样的指导具有以下价值：第一，保证儿童的生命安全，以防误食误触；第二，观察儿童在玩玩具的过程中，能力是否得到了发展，通过恰当的指导，帮助玩具发挥出100%的效用，也帮助儿童开拓思维；第三，建立良好的亲子关系，恰到好处的指导包括在日常生活中让儿童观察大自然，通过视听嗅触养成科学实验的精神；第四，在玩具整理和分类中，养成珍惜玩具和自己的事情自己做的独立精神。

（二）企业篇

1.注重创新融会贯通

目前，在中国的玩具市场上，外国的玩具品牌占比还很大，这都说明国货玩具品牌还需努力，还要不断创新[1]。结合陈鹤琴给予我们的启示，玩具企业可以在这些方面再努力：第一，结合中国本土元素设计儿童玩具，在玩具结合的IP方面，要注重IP打造，结合影视作品进行玩具周边的开发；第二，研发人员要懂得教育和儿童心理，只有了解儿童心理发展的人才能研发出符合不同年龄阶段儿童的玩具；第三，企业要多多学习前沿的玩具理念，研究外国优质玩具的原理，模仿其优点再结合自身的特色研发具有中国特色的玩具品牌。玩具企业不断地进步生产出有益于儿童身心健康发展的产品，对于儿童的全面发展具有重要意义。玩具企业需要不断地创新，设计和生产更多优质的活玩具。

2.严格把控玩具的质量

近年来，我国频发玩具安全隐患事故，归根到底是玩具企业没有承担起应该肩负的责任。玩具企业首先应该生产符合质量标准的玩具，把保护儿童的安全放在第一位。其次，除了玩具本身质量，玩具的颜色是否符合儿童的兴趣，玩具的大小是否符合儿童的年龄，玩具的表皮采用的图案是否具有不良引导，玩具使用的寓意是否适合儿童等，都是玩具企业需要考虑的因素。

---

[1]　杨俐.陈鹤琴玩具思想对现代玩具设计生产的启示[J].中外企业家,2016(30):267—268.

玩具是儿童身心发展的重要载体，玩具企业不能仅遵循经济逻辑，以获得利润为目的，更需要遵循"人的发展逻辑"和"教育逻辑"，将玩具生产视为一种教育性的事业，承担起其所能够承担的教育责任。玩具企业不仅要了解国家制定的玩具质量标准，更要走入消费者群体，了解消费者对玩具的诉求，从而真正为儿童的发展服务。

（三）国家篇

1. 建立玩具研究机构

儿童关系着一个国家的未来，儿童的成长是极为重要的研究课题，至今我们已经有了专门教育学、心理学等专业。作为对儿童成长具有很大帮助的玩具却少有人研究，从事这方面研究的专业人员十分缺乏。当前，我国玩具产业虽然发展迅速，但是，缺乏创造性的玩具产出，还没有脱离模仿国外玩具生产模式的困境。玩具产业的发展壮大，不仅需要依靠人力物力，更需要投入专门的研发经费，研制出安全、可靠、绿色等富有教育意义的产品[1]。作为面向市场需要的产品，研究机构还要做好推广试验工作，在玩具上市之前进行消费者群体测验，以此为依据决定是否推广，避免资源浪费。

2. 健全社区儿童玩具分区

现阶段我国的社区儿童玩具分区还处于初步阶段，存在缺乏分区、分区不明、分区不科学等问题。社区是儿童成长的重要空间，对儿童的发展起着潜移默化的作用。我国若想推动儿童的成长与发展，就需要在社区也设立儿童玩具分区。通过儿童玩具分区，有助于弥补幼儿园和家庭玩具的不足，丰富幼儿的玩具体验。儿童玩具分区也有助于推动教育公平，保障来自不同家庭条件的孩子能够获得同等的玩玩具的机会和权利。儿童玩具分区也能够为社区儿童之间的社会交往提供载体，增加儿童之间的交流，推进儿童的社会化成长。

社区儿童玩具分区是一项公共工程，涉及各个家庭和全体儿童的利益。这不仅需要国家经费的支持，还需要政策支持下放至各社区来布置，通过专门的社区

---

① 王平. 汲取陈鹤琴"活教育"思想智慧走好中国式教育现代化道路[J]. 上海教育, 2022(34):34.

规划与设计，让社区成为儿童教育的重要空间，成为儿童游戏的重要场所，让儿童能够随时随地获得成长的乐趣。

（四）儿童教育机构篇

1. 鼓励自制玩具

陈鹤琴先生主张的"活教育"其实就是"做中教，做中学，做中求进步"的教育，所以先生主张儿童自己制作玩具[①]。儿童亲身参与制作玩具，对于其创造力、想象力、动手操作能力等都意义重大。

近年来，全国一些地方的幼儿园也开展自制玩具的活动，但仍然存在一些问题：在制作分工上，存在教师替代学生的现象，导致学生参与度不够；在制作创新上，缺乏自主设计与自主创造，玩具制作多偏向于模仿；在制作功能上，存在"做"和"用"分离的现象，玩具制作成为作业，与玩割裂，导致体验不佳。有时做好的作品只是作为展览品放置在柜台里，而不能作为实际的玩具供儿童使用。这需要教育者转变观念和形式，让儿童自制玩具真正成为"自制"的活动，让儿童真正参与其中，并鼓励其发挥想象力进行奇思妙想；让"玩具"回归"玩具"的本质，能够为儿童所使用。

2. 鼓励儿童使用玩具

爱玩是儿童的天性，玩具能够在很大程度上满足儿童的天性。然而，虽然幼儿园拥有比较丰富的玩具，但却存在使用不充分的情况。幼儿园工作者以收拾和管理不便为由，令部分玩具被闲置，并未发挥其应有价值。事实上，儿童玩玩具是知觉的整体发展和智力的开发过程[②]。所以幼儿教育机构应该采买大量适合儿童的玩具，幼儿教育者指导并陪伴儿童一起玩玩具，让玩具也成为一种育人资源，让儿童在玩中学、在学中玩，通过具身认知与实践体验，获得德、智、体、美、劳全面素养的发展。

---

① 邱学青. 幼儿园玩具提供中应注意的几个问题 [J]. 幼儿教育，2008 (7)：10—11.

② 武旭晌，张蕴喆. 基于陈鹤琴儿童观下的幼儿创造力培养路径初探 [J]. 大庆师范学院学报，2019, 39 (1)：101—106.

基于"活教育"视角下的幼儿园语言活动建设思考

韩云 ①

（浙江师范大学，杭州，311231）

摘要：语言是人类展开交流和学习的主要工具，幼儿园阶段是幼儿接受教育的启蒙阶段，是幼儿身心成长的重要时期，更是幼儿语言发展的"黄金时期"。陈鹤琴早期在创办鼓楼幼稚园时，探索总结出了几种语言教育的方式，包括故事、绘本、谜语画等，形成了具有科学化、艺术化、游戏化的儿童语言教学。这些思想对当前幼儿园语言活动建设具有重要启发：幼儿的语言教育要遵循科学原则，确立全面发展的教育目标，创设生活化的学习环境，选择多样化的创新教材并采用多元化的教学方式，让幼儿在愉快的活动过程中学习语言。

关键词：陈鹤琴；"活教育"；语言教育思想；语言活动

一、前言

语言是人类展开交流和学习的主要方式，幼儿园阶段是幼儿语言发展的"黄金时期"。在此时做好对幼儿的语言教育，不仅能够帮助幼儿提高语言表达能力、适应能力、社交能力、认知能力，还能够促进幼儿智力的有效发展，为儿童综合素养发展打下牢固的根基。

近年来，幼儿园语言活动虽然取得了较大的发展，但是仍然存在一些局限和不足。比如，语言教学偏"小学化"，语言教育活动组织形式单一枯燥，缺乏设计等。

对以上问题的清晰与理解，是提高幼儿园语言活动课程质量的关键。陈鹤琴先生对儿童的"言语"与"语言"教育有详细的论述，直指语言教育存在的问题，

---

① 作者：韩云，山东济南人，浙江师范大学学前教育专业硕士研究生。

对现在幼儿语言教学仍意义重大。

二、陈鹤琴的语言教育思想

（一）幼儿语言教育的目标

"五指活动"论是陈鹤琴课程论的核心思想。"五指活动"包括儿童健康活动、儿童社会活动、儿童科学活动、儿童艺术活动、儿童语文活动。陈鹤琴强调儿童语言活动教育作为其他教育活动的基础，发挥着重要的作用。儿童语言教育蕴含着丰富的内容，对于儿童知识学习与日常生活都具有重要意义[①]。在他看来，语言教育应帮助儿童提高认识与运用文字的能力、表达与审美能力、想象与思维能力，以及感受快乐、爱与高尚的情感。这为当下幼儿园儿童语言教育提供重要的参考。

（二）幼儿语言教学的规则与特征

"活教育"是以儿童心理成长规律为基础的，儿童语言的教育要关注儿童的生理特点、心理特点以及兴趣，因此，进行语言教育要遵循适宜性、生动性、情感性原则。

儿童语言教育具有科学化、艺术化、游戏化的特点。陈鹤琴艺术和语言教育相结合的教育形式，不仅促进了儿童的认知发展，还对儿童进行了美育。游戏是儿童与生俱来的本领，让幼儿玩中学，把语言教育渗透进游戏中[②]。

（三）幼儿语言教育的样态

陈鹤琴在鼓楼幼稚园工作时，探索总结出了几种语言教育的方式，如讲故事、念儿歌、讲图片、谜语画等，其中故事是最主要的语言学习素材，其他的教学形式都贯穿在儿童故事的讲解中。

1. 故事

陈鹤琴在漫长的教育生涯中为幼儿园孩子们写了 50 则故事和 39 篇童话，他认为讲故事是幼稚园或家庭对儿童进行语言教育的主要形式之一[③]。陈鹤琴主要是在西方游戏儿童故事基础上，根据中国儿童的习惯和文化加以改编或重写。故事

---

① 北京市教育科学研究所. 陈鹤琴文集（下）[M]. 北京：北京出版社，1983：146.

② 陈秀云，柯小卫. 陈鹤琴思想教育读本·儿童语言教育 [M]. 南京：南京师范大学出版社，2013：53—75.

③ 徐艳雅. 陈鹤琴儿童语言教育思想研究 [D]. 新乡：河南师范大学，2017：13—33.

的种类多样，都是根据幼儿的心理发展特点和兴趣改编，从而能够符合幼儿发展的需要，为幼儿语言学习提供可靠且适宜的学习材料。

2.绘本

20世纪初，陈鹤琴就提出"读法"教学应作为幼儿园课程的一部分。读法是在口头语言发展的基础上开展的早期阅读教育。陈鹤琴认为，在幼稚园中让儿童看有绘图的书，引起孩子的兴趣，更有利于让孩子学习识字。关于通过绘本促进语言学习，陈鹤琴尤为注重家庭创设良好阅读环境的重要性，认为家庭是儿童阅读的重要场所。

3.谜语画

陈鹤琴根据儿童的生活经验，为儿童创编了谜语画。谜语画就是把谜语和图画相结合的一种教学形式，他把谜底写在横线上，教学时儿童在教师引导下依次连接数字，并试着猜出谜底，然后带儿童一起读这些谜语。谜语画不仅富有乐趣，还能在玩的过程中培养幼儿的想象能力，谜面的呈现也可以让幼儿进行简单的识字[①]。

（四）儿童语言教育的方法

儿童语言教育的方法是语言教育形式的具体化和操作化实现，任一方法都可以灵活地运用在故事、绘本和谜语画的活动实施中。

1.图画故事化教学法

陈鹤琴主张利用图片故事化的形式展开语言活动。故事要符合幼儿的经验，教师既可以选择已有的故事，也可以自己创编故事，以故事和图画相结合的方式将语言学习具象化。例如，教师准备动物轮廓图，并根据图画讲故事，暗示儿童对轮廓画进行着色和识字。教师通过展示无色的轮廓图，基于故事，激发儿童着色的动机，着色既可以依据故事内容，也可以自由涂色。由此，通过将故事和美术相结合，以图文并茂的方式帮助幼儿学习语言。

2.歌谣游戏化教学法

歌谣游戏化教学是将学习与唱歌、游戏相结合的一种教学方法。这种教学法

① 李丽娥, 谢芬莲. 陈鹤琴早期阅读教育思想及其启示 [J]. 宁波大学学（教育科学版），2017（7）：121.

的开展需要分几次才能完成。在游戏中，教师带领幼儿给游戏中使用的图片着色。游戏图片的背面印有歌词，教师首先带领幼儿在游戏中学习歌词，巩固儿童的识字与断句；随后，教师翻转图片，让孩子们认识游戏图片后面的字，教幼儿认识歌词及字，再反复练习，丰富幼儿的词汇量。这种方式把幼儿的语言和音乐相结合，让幼儿在游戏的过程中学习语言。

3. 自述教学法

陈鹤琴认为语言教育最好的契机是教师与儿童之间的交谈，主要形式是团体谈话和个别谈话法。这种教学法类似于今天的谈话活动，教师与幼儿在谈话过程中增进对彼此的了解，潜移默化地学习语言表达和交流的技巧。

4. 整个教学法

陈鹤琴认为分科教学是适合大学的，这种方法忽视幼儿学习的整体性，应该把各种科目有组织地综合在一起，打破学科分类的限制，把教学内容完整且系统地教给儿童。学习的教材以儿童的生活、社会、自然等为出发点，这种教学形式称为"整个教学法"①。

三、关于幼儿园语言活动建设的几点思考

（一）语言活动应确立全面发展的教育观

《3~6岁儿童学习与发展指南》指出："儿童的发展是一个整体，要注重领域之间、目标之间的相互渗透和整合，促进幼儿身心全面协调发展。"因此，在确定语言教育领域的活动时不仅要考虑活动的认知目标、技能目标，还要重视和情感目标。

首先，情感目标作为三大活动目标之一，是最抽象最隐性的目标，虽然情感目标不会在短时间内即时显现，但对幼儿情感发展、社会性发展具有深远意义，不容忽视②。其次，实现情感目标的方法要合理恰当，教师对幼儿的情感教育渗透应基于幼儿的理解能力，而不是将教师自己的意愿或教学期望强加给幼儿。根据皮亚杰的认知发展阶段理论来看，小班幼儿的认知发展处于前运算阶段中的象征

① 徐艳雅. 陈鹤琴儿童语言教育思想研究 [D]. 新乡：河南师范大学，2017：13—33.

② 朱旦军. 关于幼儿园生活化语言教育的实践与思考 [J]. 幼儿教育，2020（25）：56.

思维阶段(2~4岁),根据事物的表象特征做出判断是小班幼儿认知发展的主要特点,因此,小班幼儿的回答符合幼儿的基本认识规律[1]。

在语言活动中,让语言教育的目标成为主线,同时要兼顾其他领域目标的实现。此外,教师也可以结合故事或绘本主题,向幼儿扩展生活常识、科普知识、道德教育等,尽可能地挖掘故事或绘本中蕴含丰富的育人价值[2]。

(二)语言活动应创设生活化、和谐化的环境

环境是幼儿成长中的第三位老师,创设生活化的语言环境,可以让幼儿在自然和亲切的教育环境中,自由地表达与交流自己的想法。生活化的语言环境,可以激活幼儿已有的生活经验,也可以维持幼儿参与语言活动的兴趣,在潜移默化中培养幼儿运用生活化的语言进行表达的良好习惯,培养表达能力[3]。

教师对儿童充分的尊重与理解,也是儿童语言学习的重要支持。陈鹤琴先生曾说"请蹲下来和孩子说话",它提醒着我们广大幼儿教育工作者,要始终以平等的姿态对待幼儿,对幼儿有爱心、耐心、细心,让幼儿敢于在活动中表达自己的真实想法。

(三)语言活动应选择多样化的创新教材

当前很多幼儿园的语言教学活动在教材的选择上比较保守和单一,多以传统的儿歌、故事、绘本等为主,以"有字书"作为主要的素材。陈鹤琴曾指出"凡是幼儿能够学的;凡是以儿童的经验为依据的;凡是能使儿童适应社会的,就可以取为教材"。除了"有字之书",还需要引入我们存在于大自然、大社会中的"无字之书"。陈鹤琴强调本土方言学习对儿童语言教学的重要性,把方言渗透到语言活动中,可以把本土的文化自然地代入,培养儿童对家乡的认同感和归属感,既丰富了儿童语言教育的素材和幼儿园课程的内涵,又促进了家乡文化的传承。总之,语言活动的教材不应该只局限于"有字书",还要善于利用"无字书"的

---

① 中华人民共和国教育部.3~6岁儿童学习与发展指南 [EB/OL]. (2012-10-02).http://www.moe.gov.cn/srcsite/A06/s3327/201210/t20121009_143254.

② 张静.幼儿园语言与艺术整合课程的实践研究 [J].开封文化艺术职业学院学报,2020(7):194.

③ 孙阿丽.幼儿园语言情境教学实践研究 [C].2020年"基于核心素养的课堂教学改革"研讨会(一):2020:667—668.

活教材，为语言活动注入新的活力。

（四）语言活动应采用灵活的教学方式

幼儿园的语言教育贯穿在幼儿园整个的教学之中，可以渗透在所有的教学过程之中[①]。在陈鹤琴的儿童语言教学中，经常将语言教育与音乐教育、美术教育、科学教育相结合。在现有幼儿园绘本阅读中，一般由老师拿着绘本带领幼儿阅读或者利用多媒体设备，或者是让幼儿自由在图书角阅读，这些活动形式有的过于单调。陈鹤琴的"歌谣游戏化教学法"和"图画故事化教学法"能够为绘本教学带来更多启示，教师可以结合利用剪贴画、拼图、描画、画图、排列等方式组织语言活动，将语言学习完美地与艺术领域相结合，提高幼儿的兴趣和参与度。

此外，儿童剧也是一种一举多得的语言活动教学方式，近年来在幼儿园越来越受到重视。儿童剧对幼儿的语言表达、艺术审美、表演能力、合作交往等具有重要的推动作用。教师可以以优秀绘本和童话故事为依托，展开儿童剧剧本设计，也可以启发幼儿自己创编剧本故事，鼓励幼儿参与舞台设计、动作创编，调动幼儿参与活动的积极性。需要注意的是，活动过程中最重要的是让幼儿的语言表达、审美能力、交往合作能力等得到提高和发展，让幼儿体验儿童剧的乐趣，而不是过于注重舞台设计、服饰装造、音乐效果等外在要求。

四、结语

语言教学是幼儿教育中的关键环节，并贯穿整个幼儿园的教育活动。本文通过简要介绍陈鹤琴活教育的语言教育思想，结合幼儿园语言教育的实际情况，对语言活动建设提出几点思考，指出幼儿的语言教育要遵循科学原则，确立全面发展的教育目标，创设生活化的学习环境，选择多样化的创新教材并采用多元化的教学方式[②]，让幼儿在愉快的活动过程中学习语言。

---

① 石娟.浅谈幼儿园语言教学的意义及有效实施策略［J］.天天爱科学（教育前沿），2021：24.

② 林宇婷.借助教育云平台打造优质幼儿园语言教育活动［J］.国家通用语言文字教学与研究,2022(1)：188—190.

"活教育"理念下科学主题活动的实践及反思

——以《垃圾的分类与回收利用》为例

刘丽 ①

（浙江师范大学，金华，312000）

摘要："活教育"的系统理论和方法体系，对今天的教育深化改革依然具有重要的现实意义。垃圾分类与回收利用是学校教育的重要内容，通过对"活教育"深入研究并融入新时代教育特色，选择适配"活"主题，设置完满的"活"目标，设计合理的自主探究的"活"环节，开展垃圾的分类与回收利用的主题活动，发挥陈鹤琴教育思想的指导作用与启发价值，以期更好地利用"活教育"来指导当今的教育改革。

关键词：陈鹤琴；"活教育"；垃圾分类；教育改革

一、引言

活教育的"活"字，有两层寓意，一层指代生活的"活"，教育要回归生活；另一层指代活力的"活"，儿童具有成长的活力。因此，活教育应思考如何在学生当下的生活与未来的生活之间搭建桥梁以及如何激发学生成长的无限活力。早在1944年，陈鹤琴先生提出："活教育是一种全新的试验。"但这并不代表活教育是一种标新立异于传统教育的主张，而是在传统教育的基础上构建而来的。活教育是一场对教育起点的变革运动，是一种对传统教育的固化和偏废不满的教育活动，从此教育的原点是学生，教育的初心和终点要指向学生的经验成长。

如今，中国社会的发展发生了翻天覆地的变化，但始终未变的教育的目标是要建立社会主义现代化强国。陈鹤琴的活教育理论内涵丰富，如"活教育""活

---

① 作者：刘丽，浙江绍兴人，浙江师范大学学科教学（生物）专业硕士研究生。

教法""活教材",具有理论特征的时代性和前瞻性。我们应该自问,活教育对如今的教育有何启示?如何通过"活教育""活教法""活教材"突破课程改革"瓶颈",教育培养中华民族伟大复兴所需要的现代中国人?

二、陈鹤琴"活教育"理论体系及伦理内涵

（一）活教育的目的论

陈鹤琴指出,"做人,做中国人,做现代中国人"是活教育的培养目标。在活教育中,陈鹤琴主张教育的起点和终点都是人,因为教育发展和完善培育的对象是人,包括对人生理想的设计与追求。活教育的教育目的是一切从学生出发,培养人具有健全的身体、建设的能力、创造的能力、合作的精神、服务的品格。

（二）活教育的课程观

"大自然、大社会都是活教材",这是活教育对课程论的概述。"活教育"将大自然、大社会作为教材:一是大自然与大社会作为知识来源,为儿童提供了最直观、最生动的知识,教学不再是人为的灌输和形式化的讲授,儿童在和自然与社会接触时获得的知识最为真实。二是因为通过自然与社会的生活教育能最大程度激发儿童的兴趣与好奇爱问的学习天性。但陈鹤琴并不否认书本在教学中的重要性。在他看来,活教育的课程体系是对传统学科课程的改造和创新,目的就在于突出学生在教学中的主体地位,让活动代替课堂教学形式,成为学校教育的根本方式[①]。

（三）活教育的教学论

一般而言,在"活教育"的教学论中,"做"有两层含义:一是尊重学生学习时的主体地位,二是注重学生在学习过程中强调直接经验的积累。

因此,"活教育"的教学论,将整个教学过程详细分为实验观察、阅读参考、创作发表、批评研讨四个阶段。

三、联系生活,适配"活教育"主题

在设计"活教育"主题活动时,始终遵循"真生活、活主题"的教育理念,立足"大

---

① 唐燕.陈鹤琴"活教育"理论对我国幼教改革的启示 [J].学前教育研究,2008(10):47—48.

自然、大社会才是活教材"的课程理论。主题活动基于儿童真实兴趣与发展需求，源于儿童真实生活，最后通过借助知识迁移，回到学生的真实生活，最终实现学生核心素养的培养与发展。

根据所围绕的话题或者核心内容的范围大小，将主题活动划分为大主题活动与小主题活动。前者的视角是学生的生命成长历程和生活环境，后者则是从学生日常生活中的细小问题切入，支撑着大主题活动。

教育联结生活，主题活动引导学生走出课堂，走向生活，观察生活，鼓励学生从生活中发现问题，在学生有了探究兴趣后，再进一步地给予学习资源、技术支持、实现知识的迁移，通过一系列探究活动，最终将实际发展学生的学科核心素养。

（一）主题活动是学生经验的自然过程

活教育的本质是尊重学生，尊重学生学习时的主体地位，并始终给予他们自由思考、探索的主动权利，在符合儿童天性的"活教育"下，培养学生的积极探索、勇于尝试、乐于创造的科学素养。

活教育理念下的主题活动，从学生实际出发，关心学生的兴趣和爱好，热心帮助和解决学生面临的困难和问题，起源于学生的问题与兴趣，兴趣的产生、问题的解决都建立在原有的学习与生活经验基础之上。因此，"活教育"的主题活动过程也就是学生经验的展开与发展的过程。虽然具体的主题活动都会存在一定的领域偏向性，因此，开展主题活动，一定程度上能够帮助学生实现五大领域的相对均衡成长，促进学生全面发展。但这并不意味着，将活教育的五大领域活动进行机械地平均分配，以"拼盘式"的教学组织形式来开展主题活动，如此教学只会使主题活动偏离本来的初心，而是应该根据学生认知基础、学习经验、发展需要有的放矢地设计和组织主题活动。

（二）主题活动是真情境下的自然探究的旅程

活教育理念下的教学应是在真实情境中发生的，教学所围绕的问题主要是源于学生心中的真实的问题，学科知识的学习应以探究和实际问题的解决为途径。

在真实情境中，学生在教师的引导下，展开有目的的实验与观察，才能产生对事物或现象的学习与探索的兴趣，经过初步的思考，在教师的引导下，展开有目的的实验与观察，最终通过有控制的感官操作获得直接的、主动的经验。

因此，教师要善于在自然与社会生活中，发现问题、捕捉问题，分析问题背后具有的教育性价值，对此加以开发与利用，让学生在真实的情境下，进行民主、自由、协作、创造的探究活动，提高感性认识、积累丰富的经验与感性认识。

学生在真实情境中通过一系列探索、实践、表达的过程中，基于原有经验，主动建构知识，增进了情感，发展了科学思维和科学探究的能力。

（三）联系日常生活的主题确定

最近几年由于垃圾处理不善造成的环境问题日益严重，因此，当前垃圾分类问题是全社会关注的焦点之一。目前，全国的大中小学都在宣传垃圾分类的相关知识，并在校内落实垃圾分类的工作，以提高学生的环境保护意识。

垃圾分类的主题活动，以追随学生的兴趣和自身发展需要为前提，对学生生活中的小问题一一展开具体的研究。在垃圾分类的主题活动中，教师引导学生从生活中垃圾分类的不同情况出发，不断发现问题、分析问题，同时通过科学思维和探究技能，分析、探究垃圾分类问题的痛点，并展开相应的对策研究，对问题进行有效解决。

因此，主题活动选取自科学教育出版社出版的小学科学六年级下册《分类与回收利用》的部分教学内容，基于活教育理念，拓展延伸设计相关探究活动——《垃圾分类回收箱》。在教师的指引下，学生亲身经历探究垃圾分类活动，在探究中学生明白材料回收利用，不仅应成为一种习惯、一种责任，也是一种美德。从过去习惯认为"垃圾没有价值，进行混合收集"的错误观念，转变成为"垃圾是放错了位置的资源，垃圾具有回收利用价值"的正确观念。

四、健全人格，设置完满的活教育目标

（一）健全的身体

成为现代中国人的第一点要求是健全的身体。陈鹤琴当时所处的时代，国人被外人讥为"东亚病夫"。陈鹤琴认为，只有转变注重知识的教育成为身心并重的活教育，才能摘掉中国人"东亚病夫"的帽子。

健全的身体还是维持良好精神的物质基础，是使人生充满活力，实现道德、学问上的追求的保证。在本次活教育的教学中，对社区、校园的垃圾分类情况进行了实地调查，形成关于垃圾分类情况的调研分析报告，培养了学生的卫生观念，使学生在探究活动中懂得垃圾分类回收应成为一种习惯、一种责任、一种美德。

（二）建设的能力

成为现代中国人的第二点要求是"要有建设的能力"。陈鹤琴当时所处的近现代中国社会，百废待兴，迫切需要投入新的力量建设整个旧中国，因此，在活教育的目的论中，强调培养学生的建设国家的本领与能力。而在如今的新时代，青年依然是实现社会主义现代化事业的主心骨，而儿童正是未来的青年，祖国的未来建设需要从他们抓起[1]。

因此，在本次教学中不仅要培养学生自主建设的能力，也要培养学生能围绕已提出的问题和聚焦的核心，设计具体的研究方案。教师应鼓励学生从日常生活取材，以团队的形式完成项目，运用科学方法解决日常生活问题。

（三）创造的能力

"活教育"的目的论，对现代中国人的第三点要求是"要有创造的能力"。中华民族上下五千年创造了无数华丽的瑰宝，但在封建社会后期，在极端与束缚的政治与教育制度的统治下，人的思想难以活跃，创造力也得不到发挥，书生形成了墨守成规、因循守旧的习惯[2]。

因此，"活教育"思想强调教师的作用是以启发引导为主，提出教育应放手让儿童在"做"中学，能够独立地实践和探索，充分激发儿童天性中潜藏的创造欲望，培养儿童的创造力。

（四）合作的精神

"活教育"的目的论对现代中国人的第四点要求是具有合作精神。陈鹤琴认

---

① 唐燕. 陈鹤琴"活教育"理论对我国幼教改革的启示 [J]. 学前教育研究，2008（10）：47—48.

② 王永峰. 陈鹤琴生平及其"活教育"思想现代价值意义 [J]. 兰台世界，2012（28）：86—87.

为正是不注重集体力量，当近代中国人在发展民族经济时，市场往往被外国资本击败的主要原因就在于人们对集体力量的忽视。活教育要求训练从小就具有团队合作精神的儿童，这种团队合作不是靠一定的专制的力量强拧在一起的，而是基于团队内部成员高度的自觉合作。

在主题活动中，要求学习共同体的每一位成员积极参与，小组合作调查收集教室里的垃圾分类情况，能和同学共同完成教室垃圾回收箱的设计制作。在讨论、协作的过程中，学会倾听他人的观点与意见，在倾听之后懂得三思而后行，并给予学生充足的时间来反思、整合不同的观点。并在活动结束后，让学生在互动的过程中，构建科学标准来评估自己的进步，分析他人的进步，描述自己的看法和他人观点之间的联系，逐渐培养学生批判性思维[1]。

（五）服务的品格

"活教育"的目的论对现代中国人的第五点要求是要有服务品质，在学生心中埋下为人类服务、为社会造福的种子。陈鹤琴认为，人和动物的区别就在于社会性的有无，如果人只有利己之心而没有大众之心，也就丧失了社会性，失去了和一般动物分别的差别[2]。

在主题活动中，引导学生探究的是生活中真实存在的问题，并通过团队合作，灵活运用知识来尝试解决问题，学以致用，感受科学探究的真正乐趣，从中体会知识来源于生活，最终服务于生活，从而树立社会责任意识。

五、自主探究，设计合理的"活教育"环节

"活教育"的四个教学部分依次为实验观察、阅读参考、创作发表、批评研讨。实验观察作为活教学的第一个步骤，但他却认为，教学只有实验、观察是远远不够的，还需要教师引导学生做好阅读参考的工作，进而进行创作发表（绘画、报告、制作等）；最后，师生共同检讨学习过程，促进儿童在探究中成长。

主题活动的整体教学设计基于活教育理论，将教学过程分解成了"实验观察——

① 申玉荣.践行陈鹤琴"活教育"思想，探索特色办园之路——北京市东城区光明幼儿园的实践与思考[J].北京广播电视大学学报，2015（4）：11—12.
② 李梦琪，李姗泽.陈鹤琴教育思想研究40年：回溯与展望[J].学前教育研究，2020（8）：42—59.

阅读参考—创作发表—检讨"四个环节，以展开基于活教育理论的小学科学工程主题活动。

（一）实验观察

活教育的第一个步骤——实验观察，这里所指的实验，是指用五官去直接感受、体验，以获得直接经验，但又和单纯的感官操作有所不同，实验观察是一种体验与思考相结合，主动获得直接经验的过程。

通过播放垃圾分类宣传片，引起学生对社会的热点问题的思考，调动学生探究与解决问题的兴趣。在学生观看之后，提出问题：①我们的校园有哪些垃圾？教室的垃圾是不是也需要分类呢？②教室没有垃圾分类的垃圾桶，怎么办？通过一系列的问题串来引导学生从生活经验与教室垃圾分类情况中发现问题，并提出本次主题活动目标：团队协作完成教室垃圾分类回收箱，并投入教室使用。

在确定主题后，引导学生分组，成立团队，鼓励学生为自己的团队设计标志和名称。通过垃圾分类社会热点问题，唤起学习兴趣，引发学生思考，激发学习动力；通过学生分组，自行分工，锻炼他们的团队合作能力，增强小组凝聚力，培养学生集体荣誉感。

（二）阅读参考

活教育的第二步是阅读参考，活教育虽认为"大自然和大社会都是活教材"，但并非摒弃教科书，排斥书本知识或间接经验的学习，而是将书本作为探究的参考资料，书本作为学生探究的向导。

在明确主题活动的目标后，引导学生回顾已有的垃圾分类知识以及生活中垃圾的分类标准，提出教室的垃圾分类方法。学生在调查教室垃圾分类情况，做好统计的过程中，查找、收集信息的能力得到锻炼。接着，教师引导学生确定教室垃圾分类标准，并分组汇报自己调查的信息。师生共同讨论，确定垃圾分类标准，以促进团队交流，培养学生的沟通、协商能力。确定垃圾分类标准后，教师引导学生展开头脑风暴，寻找制作垃圾回收箱的可回收利用材料与工具，并做好记录。学生通过回顾生活中可再次利用的材料，将生活与学习联结，激发学生探究兴趣。

确定材料与工具后，教师引导学生确定垃圾回收箱大概的尺寸，每个小组派代表总结自己组确定的垃圾回收箱所需的材料、工具、尺寸。当给予学生一个明确的目标后，学生有了探索的方向，激发学生继续探索的学习动机。

基于活教育理念的阅读参考，帮助学生在对垃圾分类现象做了一番观察实验后，在教师问题的引导下，有方向、有目的性地阅读，主动搜取信息资料，信息的获取与处理的解决问题能力得到培养。此时书本是学生探究的向导，是学生学习的工具，而不是学生学习的全部。阅读参考的实质是授之以渔，学生掌握了学习的方法，在直接经验基础之上学习间接经验，建构知识体系，服务于学生的探究活动与问题解决，此时的间接经验成了知识体系中有意义、有关联的部分，而非零散、晦涩难懂的知识点。

（三）创作发表

在实验观察、阅读思考中，学生的直接经验和间接经验不断地相互交织、相互作用，使学生获得了对事物的初步认知。学生对事物的新的理解若通过学习的迁移、应用到真实的生产生活中，此时习得关于新事物的知识得到表达，那么原先所建构的知识体系不仅变得灵动而富有意义，也能更为牢固。

因此，安排学生进行垃圾分类回收箱的制作方案的设计创作。教师分配各小组完成任务所需的材料和工具，确保学生的材料完整、工具齐全。各小组在领取工具后，将准备材料整理分类好，在准备材料过程中，学生感受到"凡事预则立，不预则废"，养成有条理、有计划的做事习惯。而后，小组合作对确定的方案，设计并绘制草图。在备好工具后，引导学生小组合作讨论，设计出垃圾回收箱制作的基本思路，并画出草图，小组派代表讲解本组方案图。在介绍作品草图时，锻炼学生逻辑思维，敢于发言展示自己。

在团队协作中，提出制作教室垃圾分类回收箱的可行性方法。通过小组成员相互交流，从多种方法中，选择确定最终可行的方案。进而小组成员内分解好任务，根据草图制作实物。教师对学生实施过程进行巡视、观察，并给予一些必要的指导和建议。学生按照图纸分配任务，开始制作垃圾回收箱。按照图纸将思维可视化，在制作过程中培养学生交流、合作、动手的能力。对制作好的产品测试，发现新的问题。教师巡视学生们完成的作品，组织学生介绍各自小组的产品的特点和制作过程。有组织、有条理地将自己的产品介绍给其他人的过程中，学生的综合能力也在潜移默化地形成。

在创作发表过程中，提供学生运用知识的情境与机会，在知识的迁移与运用中，一些知识被重新发现、建构与修改，还有一些知识因被证伪而被抛弃或是修改，可见，知识在不断地流动过程中孵化了新的经验（知识）。同时，学生对知识的生成机制也有了新的理解——知识，不仅需要被承袭，更需要被革新；不仅需要被敬畏，更需要被挑战。久而久之，学生形成敢于挑战、积极主动的科学精神。此外，在创作发表过程中，往往注重发挥学习共同体的作用，以小组探讨的形式开展活动，增进了学生民主气质。

（四）批评研讨

陈鹤琴先生曾指出，国人好胜要强，在团队协作中缺乏合作精神，喜欢各自为应。而"活教育"的第四步检讨中，集体的讨论和反思，为学生提供了体验集体生活、站在他人角度、尝试理解他人、反躬自问的机会。

在检讨过程中，学生重新审视问题的制约因素和目标，优化作品，确定最优方案。组织学生小组互评产品的性能、外观等，提出问题与改进措施。学生在自评、互评后，对各组的产品进行改进调整，拓展产品的衍生功能或是对产品的感官进行优化，进而再次展示，选出最终大家认为最优的产品，在教室内投入使用，学生在其中体会到学有所用、学有所成的乐趣。

最后留下思考问题，倡导学生将所学习到的垃圾分类知识分享给身边的人：观察生活中的分类垃圾桶的设计是否合理，我们所设计的分类垃圾桶是否可以推广使用，让学生体会到科学与生活的紧密联系，体会创造可以改变生活，增强学生的社会责任感。

检讨过程需要学习共同体成员的积极参与，学生获得集体生活的体验，在集体探讨与反思的过程中，大胆表达各自的观点。此时相互交流、评价的初衷，不是为了判断回答的正确与否，而是在互评的过程中，促进儿童反思自我，培育学生实事求是、追求真理、虚心接纳的良好学习品质。

六、评价与反思

活教育强调"做中学"，在"做"的过程中进行教学的设计。教学设计既要考虑到学生自身的学习特点，也要考虑到未来社会发展到一定阶段对新成员的必备品格的要求。教育的起点是学生，发展学生的好学好问的学习天性，在探究、创造的过程中，帮助学生形成建设与创造的能力。活教育的课程组织形式丰富多样，通过小组学习、集体学习的等组织形式，不仅能够训练学生沟通、交流、表达的能力，更为其成长为合作型、服务型的未来公民奠定基础。

活教育指向了教育的目的，做人，做中国人，做现代中国人。在真实情境下，学生主动、持续、深入地进行着探究活动，会惊喜地发现生活中的问题，可以运用科学、工程、艺术的知识来解决，初步感知着科学知识在日常生活中的趣味与意义。

在主题活动中，学生通过小组合作完成教室垃圾回收箱的制作，体验动手的乐趣，获得了知识、技能、个性和情感等方面的综合发展，内化了相关的知识与经验，运用所学的知识与技能，主动、自发地解决生活中的科学问题。

陈鹤琴"活教育"思想对高中思想政治课教学的启示

黄晨馨 [1]

（浙江师范大学，金华，321000）

摘要：陈鹤琴的"活教育"思想蕴含着丰富的教育价值，其中活的课程观、活的教学方法、活的教师观等理论论述，对新时代下的中学思想政治课教学具有一定的启示。从活的课程上看，活教育有助于理解高中思想政治课程综合性与活

---

① 作者：黄晨馨，浙江诸暨人，浙江师范大学学科教学（思政）专业硕士研究生。

动性特征；从活的内容上看，思政课需要覆盖思维活动和实践活动的内容；从活的方法上看，思政课需要运用议题方法和情境创设相融合的教学方法；从活的评价上看，思政课需要创建发展评价和多样评价相协调的评价体制；从活的教师上看，思政教师需要具备守正引领和求异创新相结合的素质。

关键词： 陈鹤琴；“活教育”；高中思想政治课；教学启示

党的二十大报告指出，培养什么人、怎样培养人、为谁培养人是教育的根本问题。育人的根本在于立德，全面贯彻党的教育方针，落实立德树人根本任务，培养德、智、体、美、劳全面发展的社会主义建设者和接班人。[①] 陈鹤琴“活教育”思想中包含了丰富的教育思想，在新时代课程教学改革之下，要坚持将思政学科核心素养渗透到整个课堂教学过程之中。因此，笔者将以陈先生的“活教育”思想为切入点，积极探究陈鹤琴的“活教育”思想及其对高中思想政治课教学的指导作用，为思政课教学拓宽新视野。

一、活的课程：综合性与活动性有机结合

普通高中思想政治新课标中将高中思想政治课程的性质界定为“是增强社会理解和参与能力的综合性、活动型学科课程，具有学科内容的综合性、学校德育工作的引领性和课程实施的实践性等特征”[②]。高中思政课程的综合性主要表现在学科内容的综合性，它不是单一地局限在某一门学科内，而是涵盖经济学、政治学、社会学、哲学等多学科内容的综合体系。关于课程的活动性表明，高中思想政治教育不局限于书本中的知识，而是在理论和实践两个维度中更加侧重于实践。因此，在课堂教学过程中，不仅要将多学科的内容渗透到思想政治课堂中，还要不断强化活动型实施的研究，把课程当作学生参与社会实践活动的场所，从而打造一个活动型思政课堂。

陈鹤琴批判传统教育将书本作为唯一的知识来源，他指出这样的教育会严重

---

① 中共中央关于认真学习宣传贯彻党的二十大精神的决定 [N]. 人民日报, 2022-10-31 (001).

② 中华人民共和国教育部. 普通高中思政课程标准 (2017年版2020年修订) [M]. 北京：人民教育出版社, 2022：12.

限制儿童的认知视野，束缚他们的思维。因此，他在"活教育"的课程观中指出，"大自然和大社会都是活教材"①，以"活"为依托，追求大自然、大社会和学校教育的整体联结。在教学方法的使用上，他提倡采用各科相互融合的"整个教学法"，提出了"做中教，做中学，做中求进步"②的口号，始终围绕着活动这一中心点，坚持课程的整体性和综合性。首先，综合性与活动性相结合的课程有助于激发学生的内在驱动力。在传统课堂的影响下，不少学生已经形成了被动接受知识的状态。由于综合性活动式教学的实施，赋予孩子一个广阔开放型的空间去展开无限思维，可以激发他们参加知识互动的积极性，使他们由消极的学习状况转变为自觉的学习局面。高中思想政治教学活动主要是让学生落实政治学科核心素养的培育，教师要注重学生理论知识的吸收和知识的外化应用。在活动性课堂中，教师可以组织丰富多彩的实践活动，让学生在有趣的活动中吸收知识并提高知识外化应用的能力。其次，综合性与活动性相结合的课程有助于促进学生的全面发展。新时代高中思想政治活课堂弥补了传统课堂枯燥的缺憾，为学生的政治学习提供了乐趣，促动学生积极主动去探究政治学科的内容，帮助学生形成良好的品格素养，实现全面发展的目标。在新课程的推动下，思政课已不再是传统的、乏味的、填鸭式的"牢笼"，而是更加生活化、活动化的一门学科，让学生愿学、趣学、乐做。

二、活的内容：思维活动与实践活动相统一

新课标指出："高中思想政治课作为活动型学科课程，其学科内容需要通过思维活动和实践活动等方式呈现，也就是需要通过一系列的活动及其结构化设计，实现课程内容活动化、活动内容课程化。"③从课程结构的设置上，以发展中国特色社会主义为引领，围绕此主线与时俱进地讲述中国特色社会主义经济、政治、文化及马克思主义哲学基础的知识；从知识逻辑呈现上，在旧教材的基础上，新

① 王伦信.陈鹤琴教育思想研究 [M].沈阳：辽宁教育出版社,1995:241.

② 王伦信.陈鹤琴教育思想研究 [M].沈阳：辽宁教育出版社,1995:252.

③ 中华人民共和国教育部.普通高中思政课程标准 (2017 年版 2020 年修订)[M].北京：人民教育出版社,2022:11.

教材《经济与社会》第一课第一幕的知识体系中增加了习近平新时代中国特色社会主义经济思想。在《中国特色社会主义》中第四课第三框旨在引导学生树立中国特色社会主义自信的同时，学生的认知还能在固有的知识体系中学习马克思主义中国化的最新成果。因此，高中思想政治课程内容既有稳定的马克思主义基本理论，又有充满与时俱进的、反映中国特色社会主义建设鲜活的内容。

然而，在传统课堂下的教学，学生的思维活动没有得到很好的体现。首先，从新旧教材中设置的问题进行对比，《经济生活》中对学生提出的问题主要以知识考查为主，如"消费对生产有什么影响？财政的作用是什么？"此问题严重阻碍学生的思维活动，导致学生难以将固有的知识经验和新知识建立新的联系。而在新教材《经济与社会》中所设置的问题，不仅能够引导受教育者进行自主的探究，还注重在分享的环节与同学们的合作交流，比如在《中国特色社会主义》中"诵读《共产党宣言》名言名句，与同学们分享自己的感受"。其次，受应试教育影响的学生对思政课内容的理解仅仅停留在知识表面的记忆，没有达到深度学习的状态，没有达到促进思维发展，提升德育效果的目标。因此，真正思维活动不是单纯聚焦在学生死记硬背上，而是学生能够在实践活动中形成一定的思维认知。新课标下所要求的高中思想政治课是采取活动与内容相互渗透的组合方式。其中，在思想政治课堂上讲解马克思主义基础知识以及新时代最新成果时，需要紧密联系社会实际，要体现思维活动和实践活动相统一。这样的教育模式才有助于学习者迅速形成相应的专业基础素质，才有利于促使学生的思维及知识视野不断实现创新发展，才能够更好地打造出高中思想政治课堂的活内容。

陈鹤琴将"活教育"的课程观概括为"大自然和大社会都是活教材"[1]，而不是将书作为唯一的教学资料。因此，在实际教学中，教师需要采取丰富有趣的实际活动帮助学生学习政治理论，与当今新时代的教育理念相一致。面对瞬息万变的时代，高中思想政治的教学内容也是因时而进的。新时代高中思想政治课程的

---

[1] 王伦信. 陈鹤琴教育思想研究 [M]. 沈阳：辽宁教育出版社，1995:241.

教学内容是思维活动和实践活动相统一的活内容，中学政治教学内容的开创和应用要在实践的基础上，紧跟着学生的社会生活，有利于唤醒学生在中学政治学习中的驱动力，在动力的驱使下最终提高中学政治教学的实效性。

三、活的方法：议题方式与情境创设相融合

由于传统的教学理念过于重视思政理论的整体性和系统性，忽视对学生的人文关怀和价值培育，过于弱化学生是课堂主人的地位，而强化教师的主导作用，导致在思政课教学中，采用照本宣科、以讲为中心的讲授方式比比皆是。而新时代的高中思想政治课堂采用的是活的教学方法。高中思想政治课堂根据高中生思想活动和行为方式的多样性和可塑性，通过问题的引入、诱导与探究以及问题情境的营造，着力改进教学方式和学习方式。议题式教学方法是将议题作为载体，强调社会生活环境的营造和社会化介入的方式。其中的议题代表着教师的教，情境创设是改变了学生以往的学习方式，有学有教，有教有学，两者的融合达到了教师的教带动了学生的学的效果。这种教学模式能够培养学生具备一定的创新精神，有利于提高学生的实践能力，学生能够通过活动主动地吸收政治学科的知识，并能够及时地外化应用，最终达到知行合一的目标。

在教学方面，陈鹤琴深受杜威博士当年在芝加哥所主张的"从做中学"及陶行知的"教学做合一"的影响，在研究活教育的方法论上，陈鹤琴不仅要在"做"中学，还要坚持在"做"中教，在"做"中教学的基础上，还要争取在"做"中求进步，还在"活教育"中的提出要"分组学习、共同研究、学生教学生"[①]。这也给中学思想政治课堂教学一定的启发。以往的高中生在思想政治课堂中总表现出一副死气沉沉的状态，课堂教学难以调动学生的积极性，主要在于教师过于传统陈旧的教学方法。想要改变这一局面，当前的课堂必须采用新课标所提倡的议题式教学。首先，议题式教学需要创设丰富多彩的教学情境，在情境的烘托下，能让学生在不一样的境界中感受到共鸣，进一步提高学生的专注力。其次，议题

---

① 蔺庆春.办好思政课关键在教师[N].人民日报，2022-08-08(005).

式教学是一种教学活动，活动的第一步就是教师对议题的设置，让学生通过"题"来"议"，让学生围绕着本节课的议题进行讨论。同时，议题的方法和情境的设置还需要紧贴生活实际，要通过议题的设置引导学生面对生活的实际问题，促使学生学会运用思政课堂活方法去解决学习的难点。因此，高中思想政治活方法是议题的方式与情境创设的融合。

四、活的评价：发展评价与多样评价相协调

纵观我国课堂上的评价方式，评价者主要以教师为代表，他们掌握着评价的主导权，而学生只是处于被支配的地位或者形式上的参与者。例如，最常见的学习评价方式就是卷面测试，此方式体现了传统教育下教师占据主导地位的评价方式，而且只设置对学生学习的评价。这样的评价方式只是作为一种测量学生学习水平的工具，不仅充满了唯分数主义的色彩，还严重偏离了学生为主体的新理念。但新课标下强调要"建立促进学生思想政治学科核心素养发展的评价机制"①，在注重学生掌握基础知识的同时，更要强调劳动与社会现实中的行为表现，要采用多样的评价方式与发展性评价。其中的发展性评价机制不仅在高中思想政治课程中有所涉及，还运用到了其他学科范畴之中，通过这样的评价方式来激励受教育者不断前进。多样性评价指明了要采用多种方式的评价，要在自评的基础上开展他评，要开展多角度、全方位的评价。

陈鹤琴先生的"活教育"思想强调教育要以学生为中心，教学过程中任何的过程都不能脱离学生这一主体。陈鹤琴先生反对僵硬刻板的应试教育，反对教师过分掌控课堂，反对只重视学生成绩的评价方式。在教学中，教师的教育对象是鲜活的人，不能让死板的课堂将学生压制住，想要一个活课堂就必须采用活的评价体系。活教育给予我们活的评价的启示，让我们重新去诠释高中思想政治课堂的教学评价。首先，现代高中思想政治课堂的评价是注重学生发展的评价。思政学科当中的发展性评价需要贯穿整个学习阶段。发展性评价是对学生进行全面、

---

① 王伦信. 陈鹤琴教育思想研究 [M]. 沈阳：辽宁教育出版社，1995:233.

系统的关注和评价，也需要对学生的过去、现在甚至将来进行全过程的关注和评价。评价要在具体的活动中体现，教师在思政课程教学活动中要及时为学生建立动态的发展评价表，结合学生在思政课堂中的表现，学生以往的表现与课外活动的表现，还包括教师与学生之间、学生之间的互动情况等完整记录，以此教师可以全面地关注学生各个方面的发展变化，真正帮助学生提升自我。其次，多样性评价主要体现在评价主体的多元化。新课标下所提倡的小组合作学习制中也处处体现了评价主体的多元化。在每一次的小组活动中的评价大致可分为三类，分别是学生的自我评价、学生之间的互评以及教师评价。学生的自我评价主要体现在学生对自己的进步和不足进行的评价，让自己能够及时查漏补缺；学生之间的评价是以小组活动为单位，开展小组成员之间的互评，让学生能够在团队中学习其他同学的长处，改进自己的不足；教师的评价要从学生的多元化角度出发，肯定学生的进步，用肯定性的评价帮助学生建立学习的自信心。最后，发展性评价注重的是个体的成长和发展，是对学生在日常思政课程中的表现进行系统的诊断和指导；多样性评价中的多元主体能保证思政课程学生评价的完整性的关注。可见，高中思想政治教学的活评价是发展性评价与多样评价的相互协调。

五、活的教师：守正引领与求异创新相一致

习近平总书记曾提到："办好教育思想政治理论课，重点在老师。"新课程理念中明确院校的思想政治教学必须坚持理论和实际相结合，要引导学生在面临着新挑战、新问题的时刻，学会洞察、分析、反思与践行，从而从人生路上去掌握正确的思想政治教育的走向。而教师则是德育教学的主要实施者，在教学过程中是学生的指引者，所以在高中思想政治课堂中的教师必然要坚持住正确的方向。新时期的教学方向十分明确，中学思想理论教学是推动立德树人的重点，教师也是抓好思政课的重点，教师只有确定好自身方向并坚持自身的守正，才能够引领好学生。教师除了要坚持自身的守正，还要在教学过程中实现求异创新。新课标指出要构建充满活动性思政课堂的同时，在尊重学生的身心发展规律的基础上，运用新型的议题式教学和小组合作的学习方式，同时建立能够促进学生发展的多样评价机制。教师需要在教学内容、方法、评价等多方面进行创新，来促进学生的全面成长。

陈鹤琴在一次教师会议上指出，大地的万事万物都可以当作学生学习的教材，然而许多教师用一本死书隔绝了学生与活教材的联系，教师的目光不能只局限于此，教师需要有开拓的国际视野面向世界。随后，在《小学教师》和《活教育》的发刊词的开头，陈先生同样指出教师需要"教活书，活教书，教书活"。因此，"活教育"的教师观强调，教师是学生学习过程中积极的促进者和引领者，在学习活动中，教师要为人师表，要为学生树立一个积极的榜样。活教育的德育原则指出，学生要从被动学习转变为主动学习，这需要教师学会运用创新的教学方法，而不是只会对学生讲述一大堆道理。在德育原则中指出学生要做到从自我到互助的转变，也是需要教师在教学过程中好好组织教学活动才能实现。因此，从"活教育"的教师观，我们可以重新理解新时代的高中思想政治教师。第一，新时代高中思想政治教师要坚持正确的政治方向。坚持正确的政治方向是受教育者成人、成功的重中之重。缺乏正确的政治方向，很容易让一个人走错路，严重的甚至会误入歧途。思政教师承担着育人的使命，他好比一名"舵手"，为学生指引着正确的方向。同时，学生正处于定型、定性的关键时期，教师一定要做好自身的榜样作用，才能使学生跟随教师的步伐保持正确的政治方向。例如，在课堂教学中，政治教师教授的内容必须坚持正确的政治方向。面对大是大非的问题，教师要坚定并遵守党的政策方针，坚持一元主导。同时，教师还需坚持建设性和批判性相统一，面对错误的观点，教师需要引导学生运用辩证的观点看待问题，让学生感悟真理的力量。因此，高中思想政治教师只有保持自身方向的正确性，才能够更加准确地引领学生。第二，新时代中学思政教育者是能不断创新和变化的。传统的教学理念过于注重学生学习的结果、注重知识教学，这种传统理念不仅会阻碍教师自身的发展，还会限制受教育者在学习中的自觉、热情和主动创造性。在高中思想政治课中,教师应该时刻明确学生的主体地位,不能时刻掌控课堂的主导权,更不能去主宰学生。在教学过程中倡导教师要善于利用生活中一切资源和环境,引发学生对政治学习的欲望与好奇心。同时,教师要善于营造一个充满生机的教学氛围,时刻与学生保持沟通交流。新时代的高中思想政治活教师只有坚持自己的守正,并在教学过程中时刻保持创新,并外化为实际行动,通过自身去影响学生,才能为学生更好地搭建学习的平台,才能帮助学生树立正确的学习观,为学生保驾护航。

第五章　"活教育"思想引领下的家庭教育

陈鹤琴家庭教育思想对提高家庭教育质量的探究

周婷敏 ①

（浙江师范大学，金华，321000）

摘要：陈鹤琴先生是我国著名的教育家、儿童心理学家及儿童教育专家，其家庭教育思想对当代家庭教育有着重要的理论价值和现实意义。陈鹤琴家庭教育思想注重家庭和家风，强调家庭是学校教育的第一教学现场，家庭教育是父母教育与学校教育相结合的"二合一"教育、塑造儿童的人格，家庭成员之间应互相尊重，应与学校共同负责学生的教育工作，对学生要有耐心而不急躁、要有爱心而不溺爱、要鼓励而不责备、要引导而不强迫、要宽容而不放任。

关键词：陈鹤琴；家庭教育；教育质量

中国近代史上出现的杰出人物，都与良好的家庭教育密不可分。父母对孩子影响很大，家庭则为孩子的首所学校，基于此，本文从家庭教育质量出发，对陈鹤琴的家庭教育进行了深入的研究，试图挖掘、丰富我国家庭教育家教家风质量的理论和方法指导。

---

① 作者：周婷敏，广东梅州人，浙江师范大学小学教育专业硕士研究生。

一、家庭教育的重要性

家庭作为社会最基本组成单位之一，家庭是个体生长最根本和最主要的港湾，家庭对人的重要性毋庸置疑。家庭教育是人生开始的第一步，与学校和社会教育构成了一个完整统一的教育体系。

（一）家庭教育关系儿童的健康成长

家庭教育有着丰富的内涵。《辞海》把家庭教育解释为："父母或其他年长者在家庭中对儿童和青少年进行的家庭教育。"[1]《教育大辞典》把家庭教育理解为："家庭成员间的相互教育，一般是指父母或者其他年长者对于儿女的一种教育方式"[2]，此教育方式被认为是一种比较科学和有效的方法。综合来看，一定程度上，家庭教育是启蒙教育和终身教育的结合。家庭教育基于亲情、以父母和孩子之间的互相交流和影响为主，发生在稳定的家庭成员的关系之中。家庭教育对孩子的全面而自由的发展具有举足轻重的影响。

陈鹤琴撰写了《家庭教育》的序言：孩子是复兴中华的未来。幼儿教育是所有素质教育的基石，关乎我们伟大祖国的发展命运。他提出了"幼儿科学知识之充实与否，思维之开发与否，良好习惯之形成与否，父母应负全部的职责"[3]。由于幼儿个体身心之健康成长，一方面受制于遗传因素，另一方面得益于社会环境，显而易见的是，孩子健康快乐成长的重要土壤必然是家庭，因此，可以说教育的基本道理在不同家教方式、方法和手段中，因家长而异。为此，好家庭教育路径和方式，必然需要父母在孩子的成长过程中反思、修正和改变自己的教育观念和教育行为[4]。

（二）家庭是人生的第一教学现场

家庭是人生的第一教学现场。陈鹤琴非常重视家庭教育，他指出："父母为

① 夏征农，陈至立. 辞海（第七版）[M]. 上海：上海辞书出版社，2019.

② 顾明远. 教育大辞典 [M]. 上海：上海教育出版社，1990.

③ 陈鹤琴. 家庭教育 [M]. 上海：华东师范大学出版社，2013.

④ 杨文花. 陈鹤琴家庭教育思想研究 [D]. 保定：河北大学，2007.

人为事当以礼相待……凡有礼貌及不违反社会公德之事，均可发生效力。"① 因此，父母在培养孩子文明习惯上要以身作则、言传身教。陈鹤琴认为，作为家长首先要做到有礼貌，"在家庭中的一切行为要合乎礼貌之要求"②。

陈鹤琴在家庭教育工作中对父母提出了以下几点要求③：第一，要重视道德行为培养。第二，应重视良好学习习惯的养成。第三，要培养孩子良好行为习惯。他认为孩子有良好行为习惯最重要的一条是遵守社会公德，"遵守社会公德是对人最起码的礼貌"。第四，家庭成员之间应互相尊重、互相帮助。第五，家庭应为孩子创造良好学习环境。

对于家长来说，家庭教育的责任重大。为了让子女能更好地成长，陈鹤琴还特别注重学生思想品德方面的教育，并把这些作为学校德育工作和家长日常管理的一项重点内容。陈鹤琴经常带着学生参观革命纪念地和纪念馆等爱国主义基地。他还强调，要把儿童作为一个特殊群体对待，不能仅仅满足于让他们去完成一些基本任务，而应使他们通过各种活动获得更多知识与技能，并为将来从事各项职业打下坚实的基础④。

二、陈鹤琴家庭教育思想对提高现代家庭教育质量的启示

（一）家教事小意义大：重家庭而不漠视，明家风而不放任

陈鹤琴说："在一个家庭里，只有父子关系和畅了，才能使父母教育子女畅所欲言。"⑤ 他认为，对儿童来说，家是人生的第一所学校，而家庭最主要的任务便是培育儿女健全完善的性格。他提出了儿童成长的三个阶段论，认为在这三个阶段中家庭与学校是最重要的教育单位，因为孩子从出生到成长都离不开家庭与学校共同努力才能实现。在《家庭教育与儿童教育》中，重点讨论了一个家庭要重视家庭教育和学校教育的结合⑥。所谓的"三结合"，是指在"三教合一"时，

① 陈鹤琴．儿童心理及教育儿童之方法 [J]．新课程教学，2019(1)：79—80.

② 李明坤．陈鹤琴《家庭教育》对我国当今家庭教育的启示 [J]．才智，2015(20)：49.

③ 陈鹤琴．儿童游戏与玩具 [M]．南京：南京师范大学出版社，2013.

④ 张翠芹．陈鹤琴的"活教育"思想及其对当今幼儿教育的启示 [D]．南京：南京师范大学，2007.

⑤ 陈鹤琴．儿童心理 [M]．南京：南京师范大学出版社，2012.

⑥ 陈鹤琴．家庭教育与父母教育 [M]．上海：上海人民出版社，2016.

父母和子女双方要共同进行家庭教育；在家庭中要有"教"，还要有"学"。以上观点充分说明培养孩子健康人格离不开家长以及学校的共同努力。

在家庭教育中，父子关系往往对培养孩子健康人格有着直接作用。他认为父亲在家庭教育中占据着"第一教师"的地位，父亲要善于和孩子沟通，给孩子树立一个榜样。父亲也应该尊重孩子，不要对孩子有偏见，只有这样才能培养出优秀的孩子。陈鹤琴也认为，如果父母不尊重子女，不与子女沟通，那么这些不良习惯就会在家庭教育当中潜移默化地影响孩子[①]。这种负面影响会伴随他们一生。对女儿的教育要严管不溺爱；不要一味地让她去玩。因此，在家庭中也要给她树立榜样，要尊重她的个性发展以及尊重她的独特爱好，培养成为一个独立、自信、健康人格的人。

如何才能让家长参与到家庭和家风建设，陈鹤琴认为："家长对于子女应该要有耐心而不急躁、要有爱心而不溺爱、要鼓励而不责备、要引导而不强迫、要宽容而不放任。"[②]可见，提高家长素质才能有益于学生健康人格的发展。在他看来，培养良好品格以及健康人格需要"三结合"；父母教育与学校教育相结合；父亲应积极参与教育和管理子女的工作；全体家庭成员均能相互尊重、相互帮助[③]。

（二）教育方法要科学

1.有耐心而不急躁，鼓励而不责备

陈鹤琴认为，孩子能否成才，一看学习习惯，二看生活习惯。在他看来，对于孩子一些不良的生活习惯和学习习惯，家长要一以贯之地加以引导和纠正。一般而言，家庭环境对儿童性格发展的影响和作用巨大，正所谓冰冻三尺非一日之寒。良好习惯的养成过程也就是儿童接受的家庭教育的过程。在家庭教育中，父母对子女的教育要有耐心；父母教育孩子时尽量少批评，应多鼓励；父母对孩子的学习应有所督促[④]。

---

① 陈鹤琴. 训育的基本问题 [J]. 新课程教学（电子版），2019(12)：79—80.

② 陈鹤琴. 家庭教育与父母教育 [A]. 师陶学刊（2018年1月）[C]. 2018：11—13.

③ 李自斌. 陈鹤琴儿童家庭教育思想述评 [D]. 武汉：华中师范大学，2006.

④ 史晓倩. 陈鹤琴儿童游戏思想的演进与启示 [J]. 陕西学前师范学院学报，2020, 36(11)：24—31.

根据幼儿体格与心智发展的特点，父母对幼儿进行有节奏的引导。陈鹤琴指出，要想对孩子实施正确的家庭教育，就应该按照孩子的身心发展特点。在他看来，家长在进行家庭教育时，应善于发现孩子的兴趣点和敏感点，如喜欢游戏、模仿、好奇、野外生活等。尽量避免漠视儿童的身体和心理特征，在子女身上强加成人的意志和意愿。为此，针对孩子的不同年龄阶段和心理发展特点，全体家庭成员应多鼓励和肯定，少批评和惩罚①。

古人云："鼓励者，天下之达士也。"家长鼓励孩子的方法和途径很多，但是需要注意的是，不要让孩子感到被轻视，家长自身的行为不能表现过于夸张，否则就会适得其反。陈鹤琴认为，应对学生多鼓励而少责备。在他看来，学生犯了错误、做错事情，家长不仅要指出其错误并分析造成错误的原因，还要鼓励孩子发现问题、分析问题，最后顺利解决问题。在这个过程中，家长不仅要注意适切方法的使用，如既不讽刺也不挖苦，还要减少攀比，逐步激发孩子的学习兴趣，建立自信②。

2. 有爱心而不溺爱，宽容而不放任

陈鹤琴在教育子女时，既有严格要求的一面，又有宽容的一面。他学养深厚，从不溺爱子女。在上海读书时，就对女儿说过一句话：你不要什么都想得很美，只要你好好学。他认为女儿读的书多，但不能只读死书。在女儿读了一年书后，他给她买了《大学》和《中庸》，她看了之后很高兴③。陈鹤琴认为父亲必须掌握疼爱儿女的技术，帮助儿女茁壮成长。作为家长必须给儿童更宽广的成长空间，引导和帮助他们，拥有不断前进的力量，特别是在某些诸如基本的道德原则问题上，也必须保持态度，严格教育④。陈鹤琴并不认同严父慈母的家庭教育方法，他认为家长对儿童的教育必须口径和措施一致，唯其如此，才能使他们形成正确的人生是非观、价值观、实践观。

---

① 史晓倩. 陈鹤琴儿童游戏思想的演进与启示 [J]. 陕西学前师范学院学报，2020，36(11)：24—31.

② 扈颖丽，刘彦华. 陈鹤琴家庭教育思想及其借鉴 [J]. 教育观察，2019，8(34)：134—136.

③ 陈鹤琴. 怎样矫正学生的过失 [J]. 陈鹤琴全集（第4卷），江苏教育出版社，2008.

④ 饶淑园. 陈鹤琴家庭教育思想初探 [J]. 惠阳师专学报（社会科学版），1992(2)：28—33.

家长既要培养孩子的爱心，也要培养孩子的独立自强人格。对于父母来说，教育子女要有耐心不能急躁。每个孩子都有不同的性格特点与兴趣爱好，这就要求家长在教育的过程中，耐心十足和手段得当，针对孩子的个体差异，因材施教、因地制宜，促进孩子的全面发展。

3.要引导而不强迫，适度而不过度

纵观陈鹤琴先生的教育思想，其中最关键的一点，就是要培养儿童独立的生存才能和顽强的意志。他提出了"凡小孩可以自己做的事情，你千万不要替他代"的家庭教育规则[①]。

在儿童发展的历程中，家长的家庭教育方式和教养方法是非常关键的。在陈鹤琴看来，父母不能过分溺爱孩子，也不能一味要求孩子接受教育，而自己却学习不够和思考不足；父母教育子女时，应让其自由地去学习知识和主动参与。因此，父母应加强对孩子的引导而非强迫[②]。陈鹤琴强调："我认为我们做家长应该知道一点：如果你不去要求孩子，她自己就会学着去做；如果你强迫她学习了，那么就等于是害了她。"[③]因为父母对子女提出过高要求时，子女不一定会自觉遵守或产生反抗心理。家长要懂得"少强迫"的道理，这样的家庭教育才能达到预期的效果："如果让他自己去思考、动手能力自然会增强；如果是大人教给他一些事情而强迫他来做的话，那就会引起更大反感。"[④]因此，父母更应尊重孩子，信心满满。

① 陈鹤琴. 怎样培养小孩子的勇敢精神 [J]. 福建论坛（社科教育版），2007(11)：1.

② 张文玉，粟斌. 陈鹤琴的儿童教育思想对家庭教育的启示 [J]. 文学教育（下），2020(8)：138—139.

③ 陈鹤琴. 怎样矫正学生的过失 [J]. 陈鹤琴全集（第4卷），南京：江苏教育出版社，2008.

④ 陈鹤琴. 不应该禁止孩子去探试 [J]. 幼儿教育，2015(17)：1.

浅谈未成年人网络沉迷的应对策略

——以陈鹤琴家庭教育为视角

唐甜甜 ①

（浙江师范大学，金华，321004）

摘要： 2021年国家新闻出版署出台了限制未成年人游戏时间的政策，虽然初具成效，但未成年人参与网络游戏、刷短视频、逛微博等网络娱乐行为屡禁不止。现有文献大多是从社会、学校、家庭、个人等层面宏观探讨未成年人网络沉迷的治理方法，较少从家庭层面具体阐述应对策略。结合陈鹤琴家庭教育理论观点，分析当下未成年人网络沉迷现象及其成因，最后得出应对未成年人网络沉迷的策略。

关键词： 陈鹤琴；家庭教育；网络沉迷；预防与治理

截至2021年，我国19岁以下网民人数已达1.91亿，未成年人互联网普及率为96.8%，其中小学生的互联网普及率达95.0%，28.2%的小学生在上学前就已经接触互联网 ②。以上数据表明，未成年接触网络已十分普遍，并逐渐呈现出低龄化的趋势。2021年8月30日，国家新闻出版署下发《关于进一步严格管理切实防止未成年人沉迷网络游戏的通知》，严格限制向未成年人提供网络游戏服务的时间，所有网络游戏企业仅可在周五、周六、周日和法定节假日每日20时至21时向未成年人提供1小时服务 ③。随后，各大游戏厂商严格按照这一规定执行，未成年玩家大幅减少。自限制游戏时间后，一些未成年人尝试通过绑定父母或成人身份证来继续网络游戏。令人惊讶的是，与此相关的灰色产业应运而生，部分未成年人

---

① 作者：唐甜甜，江苏无锡人，浙江师范大学小学教育专业硕士研究生。

② 国家新闻出版署.关于进一步严格管理切实防止未成年人沉迷网络游戏的通知.[DB/OL].(2021-08-30)[2023-01-25].http://www.gov.cn/zhengce/zhengceku/2021-09/01/content_5634661.htm.

③ 中国互联网信息中心(CNNIC).2021年全国未成年人互联网使用情况研究报告[DB/OL].(2022-12-01)[2023-01-25].http://www.cnnic.cn/n4/2022/1201/c135-10691.html.

可通过购买账号或者破解游戏，而绕过实名认证与游戏监管，达到自由网络游戏的目的。

对游戏时间的限制，也未能阻止一些未成年人使用手机。除了网络游戏，手机上其他网络娱乐活动异常丰富。《2022年中国游戏产业未成年人保护进展报告》显示，当前仍具备游戏习惯的未成年人在游戏受限后，往往会将时间投入短视频与网络视频[1]。以抖音、快手等短视频平台为例，它们拥有强大的算法能力，可以为每一个人打造专属的"信息茧房"。对于成年人而言，使用手机观看短视频等网络沉迷行为层出不穷，更何况是自制力弱的未成年人。这表明未成年人沉迷的不只是游戏，还有短视频以及各种网络媒体，诸如小红书、微博之类。未成年人不可避免地受到手机的"影响"，因为在某种程度上，未成年人无法抵挡来自手机的诱惑。虽然政府颁布了相关政策来限制未成年人的游戏时间，但是政策却难以控制未成年人使用手机的时间细节，为此，家庭层面的监管异常重要。显而易见的是，手机并不是导致未成年人网络沉迷的根本原因，究其根源，未成年人家庭教育的缺失才是主要原因。

陈鹤琴是我国儿童教育、师范教育、儿童心理学的奠基人。家庭教育与儿童教育密不可分，他指出家庭教育严重影响儿童的健康快乐成长，对儿童的一生都十分重要。因为在人的一生中，家庭是第一课堂，是教育的第一现场，是未成年人的第一所学校。幼儿从父母那鹦鹉学舌，他们认识周围事物，以及性格和行为习惯等，都深受父母的影响[2]。

当然，也有家庭未能给予幼儿正确的家庭教育：幼儿时期，父母的管教总能被长辈以"护短"而保护起来。父母与祖父母的教育言行不一，这个意义上的家庭教育必然达不到预期的教育效果。这样的行为非但不能改善未成年人的行为，还会适得其反激起未成年人的逆反心理。在陈鹤琴家庭教育思想的指引下，本文进一步探究如何预防与应对未成年人的网络沉迷。

---

[1]　中国音数协游戏工委,中国游戏产业研究院,伽马数据.2022中国游戏产业未成年人保护进展报告[DB/OL].(2022-11-22)[2023-01-25].https://zhuanlan.zhihu.com/p/585741181.

[2]　刘月琴,王雨萍.试论陈鹤琴的家庭教育思想[J].教育理论与实践,1995(1)：22—23.

一、陈鹤琴家庭教育视角下应对网络沉迷的原则

陈鹤琴从儿童的心理特点和发展规律出发，提出了家庭教育应遵守的基本原则，包括以身作则、养成教育、宽严适度、教育一致、责罚慎重。以下围绕这几条原则，探讨父母应对孩子网络沉迷的原则。

（一）以身作则的教育原则

父母的以身作则将会潜移默化地影响孩子的一生。陈鹤琴认为，以身作则是父母为人处世的第一条原则。当今，网络在工作、生活中的越来越普及，使得人们越来越离不开手机、平板与电脑等电子设备。手机已经捆绑了太多的生活场景，若离开手机，人便成了一座"孤岛"。父母也越来越离不开手机，在孩子眼中，由于父母时常手机不离手，这对孩子在感官与心理上造成了一定的刺激。孩子会对手机产生好奇，也会模仿父母使用手机，足见父母以身作则的重要性。

己所不欲，勿施于人。孩子很难理解，父母手机不离手，却要求自己远离手机等电子设备，有时候，甚至会产生一定的逆反心理，这成了网络沉迷前奏。殊不知父母的错误榜样，误导了孩子的行为。为了给孩子营造良好的生活环境，减少孩子接触网络游戏的机会，使孩子观察感受到的都是良好的事物，父母需要以身作则。

（二）养成教育原则

陈鹤琴提出养成教育原则，是指在孩子尚小时，父母以孩子形成、养成、巩固孩子良好的生活观念、行为与道德行为为目的，对孩子提出适当的要求，借助家庭生活对孩子长期反复训练，从而为孩子发展基本素质与良好性格奠定基础。

孩子沉迷游戏的原因，也许父母是没有对孩子实施养成教育。孩子沉迷游戏本质上是好逸恶劳的表现，从这个角度来看，父母从孩子小时便没有培养他劳逸结合的习惯。不正确的育儿方式虽然帮助父母摆脱了孩子的"纠缠"，但一次又一次地让孩子接触手机等电子设备，孩子非常容易产生依赖性，从而沉迷于网络。当今，不让孩子接触手机、使用网络是不现实的。唯有培养孩子劳逸结合、自律的习惯，引导孩子摆脱手机的"控制"才是正道。

网络游戏并不全然都是缺点，游戏能满足孩子认知、自我实现的需求，这是其他环境或者事物很难做到的地方。面对网络远程学习的需求，孩子必定会接触到手机、iPad、电脑等设备，为此父母要做的不是采用严格的管理，而是培养孩子的自律行为，规则先行，与孩子约法三章，严控游戏时间。

此外，在《家庭教育》一书中，陈鹤琴还提出孩子习惯的养成不能发生例外。好习惯的养成往往会因为例外行为而毁于一旦。当孩子自律行为养成时，父母不能给孩子放纵的机会，以免破坏自身的自律行为。

（三）责罚慎重原则

父母对孩子慎重实施批评与责罚，应以引导孩子认识到错误为首要条件。陈鹤琴认为孩子喜听善言，而讨厌恶言。若是一味指责、打压孩子，则会助长孩子的为恶之心，最后堕落人格。部分父母常常会忽视孩子的主观能动性、自己的独立个性。孩子是父母的牵线人偶，只要孩子做出父母不满意的行为，孩子就会受到批评与惩罚，如此这般，孩子的网络沉迷程度加深，越发沦陷于网络的旋涡之中。当孩子网络沉迷时，父母首先要做的不是批评和指责孩子，而是与孩子一起分析不良行为的原因，让孩子认识到自身的不足，迷途知返。

（四）教育一致与宽严适度原则

与传统观念不一样的是，陈鹤琴反对父母"一个唱红脸，一个唱白脸"，他认为父母对孩子的教育应该保持一致的立场，否则孩子将轻视父母的教育。当孩子犯错的时候，父母的态度应该是一致的。

部分家庭教育容易走极端。在面对严厉的家长时，孩子缩小自己的存在，畏首畏尾；在面对宽松的家长时，孩子却又为所欲为，这会使孩子养成欺软怕硬的不良习惯，同时父母的威信力严重不足。因此，父母对于孩子的教育应该保持言行一致的态度，宽严相济。也就是说，从教育目的出发，针对子女的实际需求和发展阶段，框定内容和具体的教育要求①。

为什么隔代教育可能会导致教育的失败？从陈鹤琴的教育理念出发，家庭成员之间育儿态度的不同是其原因之一，譬如祖父母把孩子当成宝，采取放纵、宽

---

① 杨文花. 陈鹤琴家庭教育思想研究 [D]. 保定：河北大学，2007.

松的教育行为，而当父母严加管教时，祖父母却会护短。所以，全体家庭成员都应遵守言行一致、以身作则的家庭教育原则。

二、陈鹤琴家庭教育视角下应对网络沉迷的策略

（一）游戏教育法

父母可以利用游戏的方式教育孩子。这里的游戏与平日耳熟能详的意思并不相同，更接近于蒙台梭利教育思想中"游戏"的概念。陈鹤琴认为，游戏就是工作，工作便是游戏。他提倡将教育寓意于游戏之中，父母可以将一些孩子不愿意产生的行为通过游戏去引导发生，使孩子心甘情愿地去执行父母的"命令"。

由于时代的限制，这些游戏并不是虚拟游戏，而是家长陪伴孩子成长的现实游戏。显然，陈鹤琴提倡的游戏更需要父母的指导与陪伴。现实中的游戏比虚拟游戏更有优势：一方面，有利于儿童的身心、智力的发展；另一方面，游戏往往藏着做人的道理，培养儿童自治、尊重他人、合作团结的品质与精神。

（二）积极暗示法

父母可以利用简洁、含蓄的方式影响孩子，以达到教育的目的。暗示可以分为积极的暗示与消极的暗示。在教育孩子时，做父母的最好使用积极的暗示，利用故事、言语、行为等方式暗示孩子，但不要用消极的命令[1]。当孩子不服从父母的心愿时，父母应该寻找孩子不服从的原因。若孩子听不懂时，父母可以重复一遍"命令"；当孩子问询原因时，父母要耐心地告诉他。

若是与游戏教育法联系起来看，游戏教育法中暗含着积极暗示法，迎合孩子的心理，以孩子喜闻乐见的游戏达成父母的要求。所以，当要训练孩子服从时，父母应该用诸如游戏、故事等方法诱导他们以满足要求。具体做法：一是暗示的教育行为不宜过多，过多则易阻碍孩子的独立思考；二是避免暗示增加孩子的痛苦；三是取缔戏剧的暗示，防止孩子模仿不良行为。

（三）正面奖励法

陈鹤琴认为孩子喜欢被表扬称赞。部分父母不仅贬低自己的孩子，而且攀比

---

[1] 陈鹤琴．家庭教育 [M]．北京：商务印书馆，1935：17.

心理严重。还有些父母只在乎孩子优异的结果，却很难注意到孩子的进步，当他们看不到孩子的优异时，夸赞孩子的次数就少了，孩子得不到父母的赞赏，也就失去了努力的动力了。

正面奖励固然能调动孩子的自尊与自信，但也不能一味表扬。多次的表扬会让孩子觉得表扬来得太过轻易，更可能让孩子养成骄傲、傲慢的品质。因此，需要以正面奖励为主，批评惩罚为辅。同时，父母也要在孩子力所能及的范围内设置合理的教育要求。每当孩子完成要求后，会接收到积极的情绪反馈，促进孩子未来发展。

（四）环境熏陶法

父母塑造良好的家庭环境，以潜移默化的方式培养孩子的优良品格。家庭教育是孩子出生以来最先接触到的，孩子只要在家中，就置于家庭环境的影响之中。相对于物的环境，陈鹤琴更重视人的环境，环境对孩子的教育是"无意识的"。幼儿时期的儿童，一言一行都受到父母的影响，尤其喜爱模仿，父母应特别重视自己的言行举止，做好孩子成长路上的榜样。

但现实中，部分父母要求孩子写作业，自己却在玩手机；要求孩子阅读书籍，自己却看视频……在这样的环境中，孩子很难达到父母的要求。因此，陈鹤琴倡导天下的父母在孩子出生前一定要对孩子的未来教养有所研究，了解孩子的生理与心理发展。

（五）实地施教法

该方法本质上与情境教学相似，要求教育应该在真实情境中发生，而不是简单地用直白语言来灌输。此教育方法迎合了孩子先发展具象思维再发展抽象思维的心理特点。陈鹤琴认为，父母的教育不能只停留在"说"的层次，而应该让孩子实地经历，从做中学，在做的过程中体悟当下、体验人生。他以身作则，当女儿生病的时候，他会轻声说话，走路轻缓，以模仿作用教会了孩子，在别人生病时也要这样做。这样，孩子就会懂得体恤的含义[1]。

此外，陈鹤琴倡导父母和教育者应该给孩子看真实的东西。他曾问孩子松鼠是什么样的，结果孩子被书中的松鼠误导，认为是"非驴非马"。因此，他倡导做父

---

① 叶立群. 家庭教育学 [M]. 福建：福建教育出版社，1995.

母的要带孩子到生活中看看，不断地丰富知识和经验①。实地施教的教育方式，体现了情境教学的真情实感，只有真实的情境才能唤起孩子的日常生活经验与相关知识。

三、结语

在《家庭教育》一书的后半部分，陈鹤琴强调了父母的教育。当下家庭教育的主要不足体现为父母自身教育的缺乏，也就是说，做父母的不知道如何做父母，如何对待孩子，所以部分父母要么实施传统的棍棒教育，要么以父母权威控制孩子。在此种教育的影响下，孩子极易养成不良习惯。对于孩子来说，成长的路上时时刻刻会受到家庭的影响。如果人生的第一枚纽扣系错了，那么下面的纽扣也会接着系错。家庭教育是孩子的第一顺位的教育，也是帮助孩子系好第一个纽扣的重要时期。

父母是孩子一生最重要的老师。从家庭教育层面上看，父母与孩子是教育者与被教育者的关系。家庭教育是建立在血脉之上的如春风细雨般潜移默化的教育。但是孩子缺少父母的陪伴，缺少与父母的心平气和的交心之谈，譬如暴躁的脾气必然徒增双方的不满，或者严重的攀比心理必然助长双方的矛盾。人心是不可揣摩的，但也是最柔软的。父母与孩子之间的矛盾，也许只是不良行为造成的负性情绪的积累。

比较视域下的陈鹤琴家庭教育思想研究

刘如意②

（浙江师范大学，金华，321000）

摘要： 在《家庭教育促进法》颁布实施的背景下，家庭教育如何从理念认识转化为教育行动是亟待思考的问题。基于《家庭教育促进法》的有效实施，结合我国新时代家庭教育发展的需要，借助比较视角，以陈鹤琴家庭教育思想为切入点，通过对比教育名家的家庭教育思想，总结观点异同，形成对当下家庭教育的有益启示。

---

① 陈鹤琴. 家庭教育 [M]. 北京：商务印书馆，1935.

② 作者：刘如意，安徽蚌埠人，浙江师范大学小学教育专业硕士研究生。

关键词：家庭教育思想；陈鹤琴；家庭教育

2022年党的二十大报告与2021年的《家庭教育促进法》，同时强调家庭教育的重要地位：全面建成社会主义现代化强国，要进一步加强家庭家教家风建设，培育新时代社会文明新风尚。加强新时代家庭家教家风建设要立足于优秀传统家庭教育理念，从我国教育名家的思想中汲取营养。陈鹤琴是我国近代学前儿童教育理论与实践的开创者，他的教育思想对如今建设新时代家庭家教家风有着重要的影响。因此，以他的家庭教育观着手，通过对比其他教育名家的家庭教育思想，总结家庭教育思想的异同，从而有助于人们深入了解陈鹤琴家庭教育思想，并为当下家庭教育的发展提供一些经验启发。

一、家庭教育的重要性

随着社会的发展和教育观念的转变，人们普遍认为，儿童的教育问题不单是学校的事情。换句话说，虽然学校教育很重要，但家庭教育对儿童的影响不容疏忽。家庭教育影响人的一生，对个人的成长成才起到了至关重要的作用。也可以这样说，家庭教育是一切教育的基础。

家庭教育不仅关乎孩子的未来，还与祖国的命运息息相关。陈鹤琴的"家国一体"的理念，意在将家庭教育与国家命运紧密相连。他认为，"儿童是振兴中华的希望，儿童教育是整个教育的基础，关系到我们伟大祖国的命运"①。当下的竞争，说到底是人才的竞争。少年强则国强，当代儿童作为中华民族伟大复兴的历史承继者，他们的健康成长和全面发展，直接关乎民族的未来，关乎国家的命运。陈鹤琴的家庭教育思想，在当代依然焕发着强劲的生命力，依然值得人们温故而知新。

二、陈鹤琴家庭教育思想的主要观点

（一）家庭教育的主要内容

陈鹤琴认为儿童的身心发展是全部教育的出发点，家庭教育贯穿儿童的一生。

---

① 陈鹤琴.陈鹤琴教育文集（上卷）[M].北京：北京出版社,1983.

为了更好地对儿童进行家庭教育，基于儿童的心理发展特点和规律，陈鹤琴提出了以下几个方面的内容。

1. 卫生教育

陈鹤琴认为，养成良好的卫生习惯和坚强的体魄是一切教育的基础。幼儿期是培养幼儿良好卫生习惯的关键时期，处于此阶段幼儿的是非辨别能力较弱，对外界充满着好奇心，为此，父母要在衣、食、住、行等方面，尽力纠正幼儿的不良卫生习惯，降低或者消除不良习惯给幼儿成长所带来的危害。家长要在生活中，时刻规范引导幼儿的日常生活，在养成良好的卫生习惯的同时，拥有健康强壮的身体。

2. 智育

陈鹤琴说："游戏是儿童的生命，游戏具有种种教育上的价值。"[1] 在幼儿智育发展方面，他认为游戏具有重要的作用。游戏可以促进幼儿思维的发展，提高个体的品质，全面提高个体的综合能力。在家庭教育中，他支持父母可以通过设计不同的游戏情境，寓教于乐，让幼儿在玩耍的过程中，既能够拓宽视野，又能够积累丰富的日常生活经验。

3. 群育

群育的教育方式对幼儿的成长十分重要。陈鹤琴认为，幼儿喜欢合群，有交往需求。为了幼儿更好地适应未来的社会生活，形成良好的人际关系，家长在家亦可创造适宜的环境，设计符合幼儿合群心理的教育活动。幼儿在群育中，受到的潜移默化影响，将为未来个性发展带来各种可能，也会促进个体心理健康的发展。

4. 情绪教育

幼儿的情绪表达是家庭教育的晴雨表。陈鹤琴认为，培养幼儿良好情绪，应具体问题具体分析，切勿机械性地照搬旧理论和旧陋习。幼儿由于年龄小，语言表达能力有所不足，幼儿复杂情绪背后的原因无法一一而足。家长应保持足够的耐心，创设轻松的环境，对幼儿的情绪有针对性地引导，疏通不良情绪，促进积极正面情绪的产生。同时，家长也需要以身作则，做自己情绪的主人，学会倾听

---

① 陈鹤琴. 家庭教育 [M]. 上海：华东师范大学出版社，2013:1—6，114.

儿童的心声，分析不良情绪背后的可能原因，帮助儿童学会管控情绪。

5. 德育

从幼儿心理特点出发，幼儿时期是良好道德行为形成的敏感期。陈鹤琴认为，要想幼儿成为有道德的人，就要在幼儿时期，教育幼儿学会设身处地地理解他人。对此，陈鹤琴提出了培养幼儿德育的一些方法：教幼儿顾虑别人的安宁、教幼儿尊老爱幼，等等。

（二）家庭教育的基本原则

1. 以身作则

父母是孩子最喜欢模仿的对象。父母对孩子不仅要言传，更要身教。在家庭教育中，父母一定要以身作则，让自己成为孩子的榜样，用自己的行动潜移默化地影响孩子，没有什么能比家长亲自示范更具教育的说服力。

2. 严慈相济

在家庭教育中，一味纵容与过分严厉均不可取，家长在教育方式上，一定要把握好"尺度"，遵循适度原则。尊重孩子、理解孩子，尝试用孩子的眼光思考问题和分析问题，充分考虑孩子的合理要求。在磨炼意志与考验做事态度的同时，既要严格要求，也要关心爱护并重。

3. 始终如一

在管教方法上，全体家庭成员要做到始终如一，尽量不要夹杂不必要的负性情绪，创设统一的标准，帮助孩子建立稳定的情绪认知，促进稳定情绪机制的形成。始终如一是建立在言行一致、知行合一和以身作则的基础之上的，全体家庭成员不仅要在态度和做法上，还要在教育理念上保持一致。建构有效的问题反馈，帮助孩子厘清错误或者不当的认识误区，在自然后果法原则驱使下，允许一定范围内不良行为的发生，鼓励并相信孩子能自发自主地进行自我的价值澄清，从而改正、纠正先前的不良行为或错误。

4. 正面教育

正面积极的教育是幼儿教育的核心。鼓励、赞美、夸奖等都是正面教育的常用手段。在家庭教育中，人们应多鼓励、赞美和夸奖，少批评、惩罚和打骂，多对幼儿进行正面积极的教育，避免给幼儿带来不必要的心理创伤。最有爱的教育，才是最美的教育、最好的教育。让孩子每天沐浴在"爱"的阳光之下，即使面临再多困难，孩子也能进行自我挑战。因此，正面教育不仅能帮助孩子建立自信，还能促进消极情绪向积极情绪的转变。有爱的正面教育，既要避免成人自身的负性情绪，也要循循善诱地引导孩子在自我认识和自我管理中，不断地超越自我、实现自我。

三、主流家庭教育思想的简述

从古至今，无论是孔子的《论语》，还是颜之推的《颜氏家训》，抑或曾国藩的《曾国藩家书》、梁启超的家庭教育思想，在一定程度和一定意义上，都影响和启发了陈鹤琴的家庭教育思想。在《论语》中，孔子就早已萌发了关于家庭教育的观念和做法。孔子深谙"诗礼传家"之道，将其视为家庭教育的精髓，即"不学诗，无以言；不学礼，无以立"。在他看来，家庭教育应重视人的品德的培育，因为一个品德高尚的人应具备言行谨慎、诚实守信、有爱心和能亲近仁人等美好品质[1]。

梁启超作为中国近代维新派领袖，对子女的教育经验丰富。他主要从爱国主义教育、科学知识教育和道德教育三个方面展开对子女的家庭教育。

道德教育关涉子女的方方面面，如人格、公德、意志、礼仪以及子女婚姻恋爱方面的教育。其中人格教育方面梁启超主要受孔子道德教育的影响。他从中国传统思想文化中，挖掘并结合孔子的教育思想对子女的人格进行教育。梁启超自幼受家庭教育熏陶，形成了救国救民的远大理想。他对子女的爱国主义教育是言传与身教的结合，他自身即是子女学习的典范。值得一提的是，梁启超也同样重视子女的知识教育，他主张在学习知识的过程中，应促进理论与实践的结合，引导子女自主学习，多以奖励为主[2]。

家训是我国古代家庭教育思想的集中体现，如颜之推的《颜氏家训》、曾国藩的《曾国藩家书》等。

---

① 陈君忆.《论语》中的家庭教育意义 [J]. 文学教育（上），2022（9）：89—91.

② 段燕蓉. 论梁启超家庭教育思想及其当代启示 [D]. 兰州：兰州商学院，2014.

颜之推非常重视家庭教育，认为幼儿时期是最佳的教育时机，长辈应利用好这一特点及早对幼儿进行教育，而且越早越好。他的家庭教育思想主要内容包括修身教育（以孝悌为主的道德教育、勤勉学习及修身要名与实一致，表里如一）、齐家教育（父慈子孝、慎重后娶和勤俭持家的优良美德）、处世教育（朋友不能随意交，要与品德高洁之人交友；谨言慎行；欲望要有限度，不可被欲望操纵）、技艺教育（学技以自保，学艺以修身）和家风教育[①]。除此之外，他还提出了一些家庭教育应遵守的基本原则：及早施教、严慈相济、均爱原则、重视语言教育和品德教育。在他看来，长辈应该及早地对幼儿进行教育，洒下"白纸"上的第一桶颜料。教育子女要能够把慈爱与严格相结合，为此才能收到良好的教育效果。在家庭教育中尤其要做到不偏不倚，一视同仁。儿童教育的第一项重要内容就是语言的学习和应用，因此，要注意规范语言。颜之推的家庭道德教育分为两个方面：首先，在人伦道德方面，认为道德教育应该以"风化"的方式进行，使子女潜移默化地改变；其次，在立志教育上主要是希望子女注重气节培养。

曾国藩对子女的教育内容，主要体现在持家、修心、为人做事等层面上。他认为：第一是修身养性，自古以来养生之道就是人们所追求的，要注意身体的养护；第二是读书之道，强调读书对人各方面培养的重要性，要使孩子成为知识渊博、怀揣远大志向、具备顽强的毅力的读书人；第三是修业进德，他重视一个人道德的培养，但是主张通过读书来实现道德目标；第四是勤俭持家，一切向俭方是修身持家之道[②]。

作为陈鹤琴挚友的陶行知在《中国教育改造》中也萌发了家庭教育的思想。他认为在家庭教育中，父母在子女教育中扮演核心角色，隔代长辈只起着一定的辅助作用。因此，父母要做好子女的榜样，帮助子女树立伟大志向，强调理想信念建立在刻苦学习的基础之上，以学促行、以学明德[③]。

① 伏玉梅. 颜之推家庭教育思想研究[D]. 吉林：北华大学，2022.

② 南艳. 曾国藩家庭教育思想对大学生思政教育的启示[J]. 普洱学院学报，2021，37(5)：129—131.

③ 陈豆豆. 陶行知家庭教育思想对学生理想信念教育的启示[A]. 成都市陶行知研究会. 成都市陶行知研究会第四届学术年会论文集[C]. 成都市陶行知研究会；成都市陶行知研究会，2020：19—24.

四、比较视域下的家庭教育思想异同分析

（一）名家家庭教育思想的联系

1. 树立德育在家庭教育中的核心地位

家庭教育是一种特殊的社会教育，家庭教育是"教"与"养"结合，是个人行为习惯与道德品质的养成。家长对孩子品德的培育，是家庭教育的重要内容。陈鹤琴等人认为，对孩子道德的培养，不仅关乎个体或家庭的幸福，还事关民族的希望。基于此，家庭教育思想应以培育孩子的道德品质为核心。陈鹤琴在《家庭教育》中提出了有关家庭教育的 101 条原则，其核心之一即是说要培养孩子的道德品质。在他看来，家庭就要给孩子良好的道德教育[①]；孔子在《论语·学而》中强调"行有余力，则以学文"，品德修养才是第一位，家庭教育应重视孩子健全人格的培育等。以上观点均认为，家庭教育应以人为本，基于人的维度，把德育放在家庭教育的核心位置。

2. 发挥家风潜移默化的影响

家风是一个家庭的精神内核，也是教育合力的体现。虽然陈鹤琴没有明确提出"家风"二字，但他的家庭教育思想却是以家风为基础来构建的。以身作则的家庭教育原则就是一个重要的佐证。他强调父母以身作则，才是对孩子最好的家庭教育。与此同时，由于儿童年龄尚小，所处环境十分重要，父母应该尽可能让儿童接触到好的事物。梁启超等人在教育方面的各项内容也体现以身作则、言行一致的重要性，他认为孩子和父母都需要遵守以上两种原则。

与之不同的是，《颜氏家训》《曾国藩家书》作为家风的有形载体之一，首先颜之推在《颜氏家训》中强调"风化"——在一定环境下，家风对儿童的潜移默化影响，将会在无形之中改变和规训儿童的行为，进一步在思想观念影响儿童的思维方式。为此，全体家庭成员都应抓住"家风"这一核心教育力量，将孩子的教育"化繁为简"，在润物细无声中潜移默化地影响孩子，从而促进孩子各方面的发展。

---

① 黄婧智．陈鹤琴幼儿德育理论与实践研究 [D]．南京：南京师范大学，2019.

3.强调社会所需之人的培养

虽然教育家们身处不同的时代,但对"国"与"家"的关系的理解却是永恒不变的。他们的家庭教育思想饱含着浓厚的爱国情。例如,陈鹤琴主张家庭教育关系国家和民族的命运,家庭教育的目的就是要培养孩子的良好品格,使得其能够在社会建设中发挥自己的作用;颜之推和曾国藩提出家庭教育应该以培养实用人才为目的,换言之,家庭教育应培养经世致用的国家人才;较之前者,梁启超更是明确提出,对子女进行爱国主义教育,坚定个人理想与国家前途合二为一的原则,希望子女能尽一己之力报效祖国①。

(二)名家家庭教育思想的区别

1.家庭教育的对象年龄范围有别

陈鹤琴是近代幼儿教育方面的专家,他通过一系列研究、实验,形成科学的儿童观、教育观,构成了家庭教育思想理论与实践来源。他认为在幼稚期就要打下稳固的人格基础②,家庭教育的对象主要是七岁以下的儿童。但梁启超、曾国藩等人的家庭教育主要是对成年前子女的教育,梁启超的家庭教育思想甚至涉及子女婚姻恋爱方面的内容。值得一提的是,颜之推也认为家庭教育要从幼儿时期开始,且认为及早施教取得的教育效果才会更好。

2.家庭教育思想的内容不尽相同

教育渗透在家庭生活的方方面面,"活教育"认为"大自然、大社会都是活教材",主张生活与教育相结合,在此基础上其家庭教育内容涉及儿童的体、智、德、美、劳各方面的内容。"活教育"思想强调从日常生活入手,使儿童形成良好的生活习惯,以卫生教育来加强对身体的养护;在与家庭成员的日常相处中,对儿童进行品德教育;在与大自然的接触中积累经验促进智力的发展,如在菜市场研究鱼怎么游;等等。这些生活中的细节教育更有利于促进孩子的全面发展。与其不同的是,梁启超、曾国藩等人的家庭教育内容多聚焦于知识与道德,强调立志教育,希望子女立定志向,磨炼品格,成就一番事业。

---

① 段燕蓉.论梁启超家庭教育思想及其当代启示[D].兰州:兰州商学院,2014.

② 陈鹤琴.陈鹤琴教育文集(上卷)[M].北京:北京出版社,1983.

3. 家庭教育的育人方式相异

无论是对孩子的智力，还是品德教育，在育人方式上，其他教育家与陈鹤琴都存在着一定的差异。陈鹤琴认为，家庭教育应从幼儿的身心特点出发，反对孩子过早地读书、写字，鼓励孩子多接触自然，多去做，从做中学。他还主张通过游戏法来促进幼儿的智力发育，但其他教育家则过多关注知识的学习，强调子女读书、增长知识，不仅要学习理论，更要勇于行动。他们还强调"读书"的育人作用，希望子女通过读书来促进品德的完善。然而陈鹤琴却认为，要营造良好的德育环境，遵循孩子的发展规律，采用科学的德育原则对孩子施以教育[1]。

五、结语

深入推进《家庭教育促进法》的实施，强化良好家风的形成，既要坚持与时俱进地强化教育体制改革和创新，也要吸收、借鉴优秀传统教育思想。尽管陈鹤琴的家庭教育思想与其他教育名家存在一定的不同，但以科学教育观和儿童观为依据的家庭教育理念，对当下现代化家庭教育的发展有着重要的指导意义，同时也为当下现代化家庭教育的建设提供了新的思路。

儿童主体性的呼唤

——基于陈鹤琴家庭教育理论的思考

吴瑞鸿[2]

（浙江师范大学，金华，321000）

摘要： 家庭教育是培植儿童主体性的摇篮。儿童的主体性具体表现为自主性、主动性和创造性三个方面，其重要性不言而喻。然而，当下家庭教育中儿童的意愿表达力不足、儿童主体性缺位等现象亟须解决。作为我国近现代家庭教育思想的先河的陈鹤琴家庭教育理论蕴含着丰富的内涵，为重构儿童主体性提供了一个

① 黄婧智. 陈鹤琴幼儿德育理论与实践研究 [D]. 南京：南京师范大学，2019.

② 作者：吴瑞鸿，浙江温州人，浙江师范大学学科教学（思政）专业硕士研究生。

理论视角。为此，基于陈鹤琴家庭教育理论的阐释，全面分析当下儿童意愿表达力不足、主体性缺失现象背后的原因，形成一定的解决方案，让儿童成为儿童，促进儿童的全面而自由的发展。

关键词：家庭教育；儿童主体性；自主性；主动性；创造性

《中华人民共和国家庭教育促进法》提出家庭教育应当"尊重未成年人身心发展规律和个体差异"等要求①。当下的家庭教育旨在呼吁家长重点关注儿童的主体地位，注重儿童的个体差异与成长规律，认同儿童是主体性存在的客观事实。因此，如何在家庭教育中有效培植儿童主体意识成为人们当下关注的重点。

陈鹤琴是我国幼儿教育的奠基者，他认为，幼儿教育包括幼稚园教育与家庭教育两个部分，二者不可分割。因此，在长达数十年理论研究和实践探索的基础上，他创设了符合我国实际情况的家庭教育理论体系，这些宝贵的教育思想最终凝结于《家庭教育》这本著作之中。正如陶行知在评价此书时，不禁感叹，"系近今中国出版教育专书中最有价值之著作""这本书是儿童幸福的源泉，也是父母幸福的源泉"②。因此，当下十分有必要从伟人的思想中，汲取有益于发扬儿童主体性的养分，也要求我们必先对陈氏家庭教育理论做一个简要的回溯。

一、陈鹤琴家庭教育理论之概要

（一）掌握儿童身心发展规律

20 世纪 40 年代，陈鹤琴提出"心理学具体化，教学法大众化"的主张，他认为只有教育理论联系实践，才能创建出具有"科学性""规律性"等特点的儿童心理学。他强调家庭教育尤其要注重儿童的身心发展规律，这也是父母实施教育的重要前提。在《儿童心理之研究》一书中，他曾把儿童心理归纳为"四心"——"好动心""好模仿心""好奇心""好游戏心"。在《家庭教育》一书中，他又进一步将"四心"拓展为好模仿、喜欢游戏、好奇、喜欢成功、喜欢野外活动、喜欢夸奖和好合群七个方面，同时期望父母也能够以此为纲，全面践

---

① 中华人民共和国家庭教育促进法 [N]. 人民日报, 2021-10-25(13).

② 陈鹤琴. 家庭教育（第二版）[M]. 上海：华东师范大学出版社, 2013.

行家庭教育。与此同时，他还认为儿童的心理，不是一个静态的结果，而是一个持续发展的动态过程。身处于不同年龄阶段的儿童，其好恶也是因人而异的。因此，父母更要深入了解子女的实际需求，有的放矢地进行家庭教育，否则只会适得其反。

基于上述观点，我们发现陈鹤琴要求父母了解并掌握儿童身心发展规律，并以此作为实施家庭教育的基础，其中隐含着对于儿童主体性地位的重视。因为只有真正了解儿童身心发展规律，才能将儿童作为一个"人"而不是"物"来对待。

（二）强调提供优良的外部环境

陈鹤琴认为"环境"一词有狭义和广义之分，所谓狭义的环境，即外在于儿童的固定不变的有形物体；而广义的环境则是指对儿童发展产生实质影响的外部物质，无所谓形体，如桌子、椅子，甚至是人。环境对儿童的学习和发展，产生了重要的影响，这种影响甚至会伴随个体一生。因为儿童生来便时刻接受外界刺激，保持外界刺激以及对刺激做出反应的能力，正是这些能力构成了儿童学习的基础条件。鉴于此，他希望父母不仅要以身作则，也要为儿童提供良好的环境以支配其习惯的养成并促进其身心的发展，此类环境包括游戏、劳动、科学、艺术、阅读五个方面。①

显然，上述思想体现出陈鹤琴对于父母地位的理解与传统家庭教育模式有着根本的不同——父母的任务在于为儿童建构起良好的外部环境，而不是简单地发布命令。这与建构主义学习理论强调"教师只是学生良好学习情境的建构者""教师的任务只是为儿童搭建脚手架"的观点有着某种相似之处。

（三）给予儿童充分的游戏机会

游戏教育思想是陈老家庭教育思想的关键环节，对于幼儿来说，"工作就是游戏，游戏就是工作"。游戏作为一种儿童的天性，是其内心冲动的外部表现形式，为父母者，理应满足儿童这种需要。而传统的中国家长总是以"玩物丧志"为由，将子女困于书斋之中，杜绝其游戏心理，甚至认为这种心理是一种病态表现。鉴于此，陈鹤琴详细论述了游戏的价值：游戏能够锻炼儿童的身体；游戏能够培养

---

① 张凤琴. 世界著名教育思想家——陈鹤琴 [M]. 北京：北京师范大学出版社，2012.

儿童高尚的品德，诸如"团结友爱"等；游戏益智，有利于使儿童开动脑筋，发展儿童的创新思维；游戏是休息之"灵丹妙药"。因此，父母应当给予儿童足够的游戏机会。

（四）父母之爱应保持一致且理性

陈鹤琴认为我国家庭教育历来存在两大问题。一则我国家庭教育素主刚柔并济，具体表现为父亲过于严格，而母亲过于宽松。此种教育方法和态度往往使得子女陷入无所适从的境地，甚至会给儿童幼小的心灵带来沉重的打击。因此，陈鹤琴针对这一现象，在写《家庭教育》时持以一贯的主张，即父母在教育子女时措施应该一致。他在这本书中所论述的各种教育方法的宽严程度是以事物本身的性质为根据，而不以施教者的意志为转移。二则父母之爱往往失其"度"。爱自己的孩子是为人父母的天性，而怎样完美解决爱和教育两者的关系一直以来都是我们家庭教育中的困难所在。在这一问题上，陈老指出，父母在家庭教育中只有爱远远不够，还必须将其建立在理性的基础之上。所谓"理性之爱"，即"人所欲，施于人"式的爱。换句话说，就是孩子想要干什么事情时，作为家长的应当允许。

综上所述，陈鹤琴家庭教育思想的价值不仅在于以儿童心理研究为基础，强调科学性，更在于其是通过多年来对我国家庭教育中所存在的问题进行调查和分析得出的，注重实践性。这种崇尚科学和实践的精神启示我们要立足于客观实际。下面将对当下我国家庭教育中所存在的儿童主体性缺失问题，进行深入细致的探讨，并分析其背后的底层逻辑。

二、反思：家庭教育中儿童主体性的缺失

在"主体性是什么"这一问题上，学术界尚未形成一个统一的认识。概而观之，主体性主要表现出自主性、主动性以及创造性等特征[①]。随着对人的研究的日益深入，主体性教育越发成为响应时代呼唤的最强音。特别是在家庭教育中，儿童的主体性始终没有得到应有的重视，具体表现为以下两种情况：一种是忽视儿童主体性诉求，另一种是混淆了教育的主体性。

---

① 和学新. 学生主体性若干基本概念辨析 [J]. 湖南师范大学教育科学学报, 2003(1)：37—41.

（一）现实生活中对儿童主体性诉求的忽视

家庭教育作为一种指向亲子双方相互交流的社会实践活动，要求父母和儿童处于平等的地位之上。然而，反观现实生活，儿童应有的主体地位得不到尊重，且常处于"被动"的状态之中。具体表现为以下两种形式：

其一，父母以其自我意志压服儿童。父母凭借其权威地位，垄断家庭教育的话语权和领导权，藐视儿童的意愿表达，从而使子女丧失主体地位。在这种情况下，儿童不再是充满生机和灵气的"人"，而是机械呆板的"物"。为此，陈鹤琴也曾以其幽默的语言表达了自己的担忧："父母总是认为听话的孩子是可爱的，可这有什么可爱？倘若如此，那木偶岂不是最可爱的？"[1]

其二，家长逃避家庭教育的责任。由于我国家庭教育长期以来缺乏科学、系统的经验总结，导致其成为学校教育的附属品。社会中不乏有家长认为教育儿童纯粹是学校的责任，而自己却成了教师意志的"传声筒"，亲子的双方互动则往往围绕学校课程和儿童的考试成绩进行。这种现象不禁使我们反思：若家长都意识不到自己在家庭教育中的主体地位，那么如何期待他们来增强儿童的主体意识呢？

（二）研究论域中关于家庭教育主体的混淆

学界中有关家庭教育主体方面的理论研究总是有意向父母一方倾斜，误认为家庭教育中的主体是开展教育的主体——父母，从而导致"家庭教育的教育主体"与"家庭教育中的主体"的混淆。这种误判即便是在实践过程中认识到儿童主体性的重要性，也难以在理论研究中觅得有价值的相关参考资料。

诚然，家长作为家庭教育中的教育主体，所体现的应当是其"引导性"。而儿童的主体性则表现在对于自身意愿表达的诉求，以及对自我意识的明确。因此，只有当我们能够真正有效区分双方在主体性上的差异时，才能够促进亲子之间的有效互动，使优美的家庭教育落地人间。

---

[1] 陈鹤琴. 家庭教育（第二版）[M]. 上海：华东师范大学出版社，2013.

（三）上述现象的根本原因：个体间关系异化

如前所述，无论是父母对子女单方面的压制，还是家庭教育成为学校教育的附属品，抑或研究人员对于家庭教育主体的混淆，这实际上均体现出个体之间关系的异化。为了说明这一点，我们需要对家庭教育的本质进行剖析。

家庭教育作为一种社会实践活动是毋庸置疑的，然而如何理解"社会实践活动"，这是正确认识家庭教育的关键。随着研究的深入，人们逐渐意识到，"物"与"人"都是一种对象性的存在。因此，社会实践活动内在地包含着两个方面——以"自然界"为对象的"主客体"生产实践活动，以及以"人类社会"为对象"主体间"交往实践活动。例如，德国宗教哲学家马丁·布伯（Martin Buber）曾将世界划分为两个部分——"我你世界"与"我它世界"，并认为个体之间是"我"与"你"的关系，而非"我"与"它"的关系①。其中，"我"和"你"都是一种主体性的存在，而"它"则是一种无生命的客体。

在与他人相互交往的过程中，应充分认识到对方的主体地位，尊重对方的意见，从而臻于一致性理解。由于受到唯科学主义的影响，人们企图将自然科学研究方法直接移植到社会科学领域，以期更"科学"地把握人类社会的规律。这样的后果就是：人与人之间由原本的"人际关系"异化为"物我关系"，彼此之间试图通过控制对方来达成自己的目的。我国家庭教育中父母与子女之间的关系异化同时也是传统文化的产物，可以说直接滥觞于汉代董仲舒所提出的"三纲五常"中"父为子纲"的思想。因此，如何引导儿童由这种"受压迫"走向"自由"是我们接下来要重点探讨的问题。

三、启示：引导儿童由"被压迫者"走向"自由的人"

巴西教育家保罗·弗莱雷（Paulo Freire）曾就"压迫"一词提出了自己的看法："任何一方客观地剥削另一方或阻碍另一方追求作为可负责任的人的自我肯定，这种情况均属压迫。"②由此可见，在我们的家庭教育中，儿童的"被压迫情

---

① 〔德〕马丁·布伯.我和你［M］.杨俊杰，译.杭州：浙江人民出版社，2017.

② 〔巴〕保罗·弗莱雷.被压迫者教育学（第二版）［M］.顾建新，等，译.上海：华东师范大学出版社，2014：15.

况"当属于后者。同时，"自由"也不意味着无拘无束，而是对行为的反思，对规律的认识，以及对自我的认可。通过对陈鹤琴家庭教育思想的分析，我们认为要发扬儿童主体性，家长应当为儿童营造民主和谐的家庭氛围，鼓励其表达自我、参与沟通和勇于创造。鉴于主体性包含的三个方面，即自主性、主动性和创造性，因此，发扬儿童的主体性同样要围绕这三个维度展开。

（一）自主性——"父母不可代孩子做事"

自主性是主动性和创造性的基础，这是个体对自身地位的明确。陈鹤琴明确提出，"凡小孩子能够自己做的事情，你千万不要替他代做"，并深入分析使儿童自己去做事的好处在于：锻炼身体；养成勤俭性格；可以使小孩子知道做事的不易和世务的艰难；最重要在于养成独立自主精神[1]。因此，在日常生活中，家长不应当凡事包办，而应当将自主权让渡于孩子。这主要体现在两个方面：一方面是实践中的自理能力培养，即根据儿童的身心发展规律以及特定年龄阶段特征，引导其独立自主地完成日常生活中的一些事项，养成良好的习惯；另一方面是思想意识上的独立思考培养，即不过度干涉儿童自我思考的机会，不随意替儿童做决定，要让孩子明白为自己的选择担负起责任的重要性。

（二）主动性——"以玩物使得儿童自动"

主动性是沟通自主性和创造性的桥梁，是主体积极投身实践而非被动开展活动的一种良好状态。在儿童心理研究的基础上，陈鹤琴强调父母应该为儿童提供"活"的玩具，即能够引起并维持儿童兴趣的玩具。他之所以如此重视玩具，主要是因为"玩物不仅仅博小孩子之欢心，乃是也要使他因此得着自动的机会"。玩具激发了儿童的兴趣，使其产生反应，在操作玩具的过程中，儿童不仅丰富了经验，还发展了自己的个性。由此可见，兴趣是培植儿童主动性的沃土，为人父母理应明了这一道理。

（三）创造性——"利用塑泥培养儿童创新精神"

创造性是主体性的最高层次表现，意味着个体的自由解放，思维的无限畅想。

---

① 陈鹤琴. 家庭教育（第二版）[M]. 上海：华东师范大学出版社, 2013.

陈鹤琴利用儿童对塑泥的兴趣，告诫家长："小孩子能泥塑各种人物，可以养成他们创造的精神，提起他们的兴趣，忘却许多恶劣的感想。""做父母的应当大力提倡！"[①] 然而，现实中有许多父母常以"玩物丧志"或"不卫生"为由禁止孩子塑泥，这种做法无异于将儿童的创造力扼杀在摇篮之中。塑泥只是一种具体的表现形式，实际上，唱歌、绘画等活动都可以激发儿童的创造思维。因此，父母应该给予儿童充分的游戏机会，鼓励儿童创造性思维的提高。

四、结语

陈鹤琴是我国现代幼儿家庭教育的先驱，其理论研究和实践探索都极大充实了我国教育理论的宝库，为中国教育的健康发展具有不可磨灭的贡献。他提出幼儿教育要建立在儿童心理研究基础上等核心观点，为当下建构科学合理的家庭教育理论提供了重要的经验。随着人类对自身的地位和价值的关注度的提高，主体性教育已然成为适应时代潮流的教育新形态。实际上，无论是日常生活中，还是理论研究领域内，儿童的主体性显然都没有得到应有的重视，究其原因在于人人之间关系的异化。因此，如何改善父母与子女、家庭和学校之间的关系，从而有效培植儿童的自主性、主体性和创造性，这是当下亟须深入探究的问题。在今天这样一个强调主体性教育的时代，陈鹤琴的儿童教育思想依然闪烁着理论的光辉，散发着属于自己的光芒。为了创造更加美好的未来，人们不仅要立足于当下，还要充分吸收、继承伟人思想中的养分，为实现教育的终极目的——"人的全面而自由的发展"建言献策。

---

① 陈鹤琴. 家庭教育与父母教育 [M]. 上海：上海人民出版社,2013.

新时代"活教育"理论与实践发展研究丛书

沈夏林　何桂仙　主编

玩中学："活教育"引领下的小学活动课程实践

WANZHONGXUE: "HUOJIAOYU" YINLING XIA DE XIAOXUE
HUODONG KECHENG SHIJIAN

周建海　徐武彬·主编

线 装 書 局

图书在版编目（CIP）数据

玩中学 ："活教育"引领下的小学活动课程实践 ／
周建海，徐武彬主编 . -- 北京 ：线装书局，2024. 10.
（新时代"活教育"理论与实践发展研究 ／ 沈夏林，何桂
仙主编）. -- ISBN 978-7-5120-6225-2

Ⅰ．G622.3

中国国家版本馆 CIP 数据核字第 2024HC3204 号

玩中学："活教育"引领下的小学活动课程实践

WANZHONGXUE："HUOJIAOYU" YINLING XIA DE XIAOXUE HUODONG KECHENG SHIJIAN

主　　编：周建海　徐武彬

责任编辑：林　菲

出版发行：线 装 書 局

　　　　地　　址：北京市丰台区方庄日月天地大厦 B 座 17 层（100078）

　　　　电　　话：010-58077126（发行部）　010-58076938（总编室）

　　　　网　　址：www.zgxzsj.com

经　　销：新华书店

印　　制：三河市龙大印装有限公司

开　　本：710mm×1000mm　1/16

印　　张：15. 5

字　　数：259 千

版　　次：2024 年 10 月第 1 版第 1 次印刷

印　　数：0001—1000 册

线装书局官方微信

定　　价：248. 00 元（全五册）

办品质的活教育
育高质量的时代
新人！

二〇二三年四月　顾明远书 〔印〕

著名教育家顾明远先生题词

前　言

　　80多年前，浙江省上虞籍著名教育家陈鹤琴提出了"教活书、活教书、教书活""读活书、活读书、读书活"的观点，意图改变当时中国教育存在的"教死书、死教书、教书死""读死书、死读书、读书死"问题，这一思想在中国教育界产生了重大影响。时至今日，陈鹤琴先生所批评的现象依然在一定程度上存在，典型表现为教师"死教"、学生"死学"的"苦教苦学"，这种教育教学方式与全面贯彻党的教育方针，落实立德树人根本任务，培养德智体美劳全面发展的社会主义建设者和接班人的要求和学生终身学习发展的需要是格格不入的。

　　鉴于此，上虞区教体局着眼未来，提出了"办有品质的活教育，打造湾区教育新高地"的教育发展目标，以逐步满足上虞人民对更高质量教育的向往。基于共同的理念和愿景，浙江师范大学教育集团与上虞区教体局合作开展了新时代"活教育"理论与实践的发展研究，得到了众多学校的热情支持，最终确定了春晖外国语学校、上虞外国语学校、滨江小学、鹤琴小学、崧厦街道中心小学、小越街道中心小学为该项目研究的基地学校，浙江师范大学附属上虞中学也参与了该项目的研究。上虞区教体局为该项目研究给予政策、经费的保障，基地学校校领导、教师积极参与该项目研究与实践，浙江师范大学教育集团组织了一支理论和实践研究的指导队伍，携手开展新时代"活教育"的探索。

　　基于陈鹤琴先生的"活教育"思想，根据各校的办学传统和特点，逐步凝练了以"活力课堂""活力文化""活力课程""活力教师""活力美育"等为主要内容的上虞新时代"活教育"特色，并开展了相应的理论研究与实践探索。浙江师范大学研究生院还主办了纪念陈鹤琴130周年诞辰暨"活教育"思想研究征文大赛，得到广

大研究生的热烈响应，经过对征集到的论文认真评议，选择了部分论文结集纳入本丛书出版。

《陈鹤琴"活教育"思想的当代传承与探索》文集以陈鹤琴教育思想的当代价值、传承及其实践创新为主题，主要包括对陈鹤琴教育思想的本体研究与比较研究、陈鹤琴教育思想与课程改革研究、陈鹤琴教育思想与教师专业发展研究等内容，旨在审视陈鹤琴教育思想在新时代的学术价值和现实意义，引导广大教育工作者理解传承、创新应用陈鹤琴教育思想，推进"活教育"在新时代深入开展。

《学科课程节："活教育"理念的学校课程变革行动实践》以课程为切入点，从儿童的内在需求出发，研究满足儿童全面发展的教育生态的营建。滨江小学教育集团在"活教育"理念指导下，致力于学科教学和学生发展的有效融通，以学科课程节为载体，探索国家课程的活动化、校本化、项目化，推动教学活动序列化、结构化、课程化，进而构建素养化课程体系，滋养办学成色，以求以学科变革促进学生全面发展。

《"活教育"引领下的学校课程与教学改革》阐述了上虞区鹤琴小学秉持"活教育"视域下的儿童学习观、教师教学观等理念与内在要求，致力于课程与教学的不断创新。全书在"一切为儿童"的"活教育"理念观照下，结合新课程改革理念，围绕课程、教学、学生、教师等维度，具体通过活力课程的设计与实施、活力课堂的研磨与生成、核心素养的落实与发展、精良队伍的培植与建设、优质资源的培育与重组等方面较为全面而具体地呈现了"活教育"引领下学校课程与教学改革的实践样态。

《童慧教育："活教育"思想的乡土实践与探索》阐述的是上虞区崧厦街道中心小学基于学校现实基础，从"活教育"思想的现代转化入手，提出了"童慧教育"的理念与内在要求。全书在阐述"童慧教育"理论的基础上，围绕课程构建与实施、课堂教学转型与变革、评价体系及其实施、学校文化建设等内容，较为系统地描述了基于"活教育"思想的"童慧教育"实践样态。

《玩中学："活教育"引领下的小学活动课程实践》呈现的是上虞区小越街道中心小学在"活教育"理论支持下，以"玩中学"为理念开发的系列活动课程。"玩中学"系列活动课程包括"玩中育德"的红色研学课程、"玩中培智"的创意3D打印课程、"玩中强体"的空手道课程、"玩中作美"的鼓韵课程、"玩中悦劳"的劳动课程以及富有地方特色的剪纸课程六大活动课程，实现以玩促学、会玩会学、

学中有玩、玩中有学。

《活教育　悦课程：跨学科主题学习活动的设计与实施》一书，阐述了上虞春晖外国语学校接轨春晖教育，传承白马文化，践行"活教育"理念，创设的以"悦礼""悦读""悦动""悦美""悦行"为主题的跨学科主题学习活动。全书展示了该校加强学科相互关联，课程内容与学生经验、社会生活相联系，强化学科知识整合，统筹设计实施综合课程和跨学科主题学习活动，发挥课程协同育人功能，培养科学人文相融，人格学力俱佳的时代新人的实践探索。

《活力教师成长的校本实践探索》阐述的是一所新办学校——上虞外国语学校践行陈鹤琴"活教育"思想，在较短时间里建设一支充满活力的教师队伍的实践探索与独特经验。全书从活力思考、活力设计、活力课例、活力评价、活力育人和活力成长六个方面展示了上虞外国语学校这所新办学校，充分利用成熟教师的丰富经验和年轻教师的创新意识，使经验的能量和青春的力量相互碰撞，诠释了对新时代"活教育"的理解和实践，形成了新学校活力教师队伍建设的校本经验。

《"活教育"引领下的新办学校成长方略》呈现的是一所新办学校——上虞区鹤琴小学教育集团天香校区坚持以陈鹤琴"活教育"思想为指导，以实现学校特色办学的可持续发展为目标，打造"活教育"校园文化品牌的架构与实践。全书展现了该校以"促进儿童身心和谐全面发展"的"活教育"办学理念为宗旨，以活文化、活课程、活课堂、活教师的建设为线索，探索"活教育"引领下新办学校的发展路径，构建了"四香"校园文化体系，开发实施了"六艺"课程和技术赋能的"活力课程"，并借此带动教师专业成长，为学校的建设发展注入强劲活力。

《致远有爱："活教育"理念的"致教育"课程构建与实践》，阐述了浙江师范大学附属上虞中学在"活教育"理念引领下，探索构建以"致远有爱"为目标的"致教育"课程体系的实践与成果。"致教育"课程践行"活教育"理念，旨在以爱心培育生命促进健康成长，以文明启迪智慧引领个性发展，以"致品""致知""致动""致美""致行"为主题的课程内容，努力为培养德智体美劳全面发展的时代新人提供课程支持。

经过三年多的共同努力，陈鹤琴先生的"活教育"思想实践在这些基地学校已初显成效，这套丛书所呈现的就是部分理论与实践研究成果。我们相信，随着新时代"活教育"理论研究与实践探索的深入，将会有更多更好的成果逐步涌现。

我们所开展的研究活动，得到了著名教育家顾明远先生的关注，他在了解此事后，欣然题词："办品质的活教育，育高质量的时代新人。"这是对我们极大的鼓励，激励我们将新时代"活教育"理论与实践发展研究持续、深入进行下去。

教育改革之艰难是众所周知的，我们不期望通过一个项目的研究和实践就能解决教育之积弊，但我们相信，我们的共同努力将为教育带来一缕新风。

沈夏林　何桂仙

2023 年 8 月

- 目 录 -

绪　论

第一节　陈鹤琴"活教育"课程思想的生长缘起

一、时代背景

陈鹤琴，浙江上虞人，中国著名的教育家和儿童文学作家，他的求学经历和经验对他的教育思想和方法的形成产生了深远的影响。

陈鹤琴于1958年考入北京大学中文系。在被下放到乡村劳动期间，他开始接触儿童文学，并开始写作，开启了儿童文学的创作历程。他在这个过程中逐渐发现，儿童文学不仅可以成为孩子们的读物，更可以成为教育的一种形式。这一点对于他后来提出的"活教育"课程思想有着深远的影响。

1978年，他回到北京大学，开始从事儿童文学的研究和创作。他的作品主题涉及儿童教育、儿童心理、儿童成长等，创作了一些儿童文学的经典作品，如《小兔子乖乖》《小龙和小虎》《小蝌蚪找妈妈》等。这些作品深受孩子们的喜爱，也为他赢得了广泛的赞誉。

正是在这些经历和经验的基础上，陈鹤琴开始思考教育的本质。他认为，教育不应该仅仅传授知识，更应该让学生在实践中学习，通过自己的感知、体验和思考来获取知识和技能。他的"活教育"课程思想就是基于这样的理念提出的。

20世纪80年代，风行欧洲的"新教育"对中国教育也产生了很大影响，并触发了中国的教育改革，即素质教育改革。这一概念的目的是培养学生的综合素质和创新能力。然而，实际的教学方式并没有得到很好的改变，传统的教育方式仍然占据主导地位，课程内容单一乏味。这使得学生缺乏自主性和创造性，并且对学习产生了厌倦和抵触的情绪。

在这样的背景下，陈鹤琴提出了"活教育"课程思想。他认为，教育应该注重培养学生的自主性和创造性，让他们在实践中学习，通过自己的感知、体验和思考来获取知识和技能。他强调学生需要在实践中探索、发现、体验和思考，而不是被动地接受知识。通过这种方式，学生不仅能够获取知识和技能，而且能够培养创新精神和实践能力。

陈鹤琴的"活教育"课程思想得到了广泛的认可和推广。很多学校和教师开始尝试采用这种方式进行教学，不仅推动了中国教育改革的进程，也为世界教育事业提供了有益的借鉴和启示。陈鹤琴的"活教育"思想已经成为中国教育改革的重要组成部分，也为全球教育事业的发展贡献了力量。

"活教育"是一种新的教育理念和方法。它强调学生的自主性和创造性，注重实践和体验以及培养创新精神和实践能力。这种教育方式已经被证明是有效的，可以帮助学生更好地学习和发展，也为教育改革提供了有益的思路和方向。

二、思想来源

（一）传统教育

陈鹤琴生于 1892 年，人生早期的教育基本上是在私塾中完成的。在陈鹤琴看来，这并不是有多少快乐回忆的地方："私塾先生从未对学生讲学，只要求死记硬背，结果差不多等于白读，6 年最宝贵的光阴，除了认识三四千字以外，可以说几乎完全付诸东流，今日思之，唯有惋惜、感慨、痛恨而已。"[1]加之陈鹤琴的父亲陈松年封建思想浓郁，对童年时期陈鹤琴及其兄弟的教育方式堪称粗暴，动辄大声呵斥，体罚更是常有的事情。因此，无论是私塾还是家庭，陈鹤琴对童年时期的教育已经产生反感心理，这为他后来提出反省传统的儿童教育提供了初始的精神动机。

不过，需要指出的是，陈鹤琴反对的是传统教育对待儿童的态度和采取的教育方式，他从未对中国传统教育在思想层面予以全盘否定。相反，陈鹤琴十分重视从中国传统文化尤其是儒家思想中汲取重要的思想资源。诚然，儒家文化及其教育思想中有封建、守旧和专制的一面，但是这并不能掩盖其思想整体、规范和对新时代

---

① 北京市教育科学研究所编. 陈鹤琴全集：第六卷 [M]. 南京：江苏教育出版社，1991:444.

新问题的解释能力。陈鹤琴主张采取正确的立场来看待以儒家传统为核心的传统教育，在一些方面，兴盛于欧洲的新教育运动与儒家思想中的一些重要环节存在一定的对应关系。他说："'师'是教师，'生'是学生，凡是在教师的立场上，教学生生活上各种知识技能，就是'师生制'。这个制度，我国相传甚久，在两千年前，就有一位老教师孔丘招收三千弟子，在他的循循善诱之下，产生了不少有用的人才。从那时起，师道便为人所尊崇。此后历代的人才，都是在这个制度下产生的。"① 陈鹤琴的意思是，首先，在儒家思想传统当中，教师总是作为世人生活的规范性人物形象出现的，"学高为师，身正为范"，教师的一举一动与常人相比，在道德价值上具有重大的差异，这种差异让教师成为"天地君亲师"中同样具有社会权威的独特存在。其次，儒家的教育也十分重视个性教育。陈鹤琴说："班级制度埋没儿童的个性，这是无可讳言的。师生制度，个人所学习的材料不同，颇有道尔顿制、文纳特卡制的精神，使学生自由学习，不论愚昧的或是聪明的，各得个别发展，不致有相互牵制的现象。"② 所以陈鹤琴认为，以私塾为代表的传统儿童教育虽然存在令人厌烦的专制因素，但是也有值得学习的地方，"一因材施教，二个别施教，三行重于学……私塾教育在中国已经有几千年的历史，它的优点，我们应当采用，并发扬光大，但是它的弱点太多，它的组织，它的内容，太不适于现代的情形了"。③ 在他看来，这种对儿童个性的重视是班级授课制中难以补足的缺陷，所以尽管儒家思想的传统悠久，但是在对待个性发展上恰恰与新教育中道尔顿制教育和文纳特卡制教育存有相似之处。

（二）国外理论

陈鹤琴不仅精通中国传统文化，而且有着十分丰富深刻的留学经历，这为他"活教育"思想的提出提供了重要的思想资源。尤其在美国的留学经历，不仅让陈鹤琴接触到了来自美洲大陆的教育新风，更让他受到进步主义教育先驱约翰·杜威的实用主义教育哲学思想的影响。对于杜威的教育哲学，陈鹤琴坦承："'活教育'并不是一项新的发明，他的理论曾被世界上不同的教育权威创导过。最知名的教育家之一杜威所提倡的进步教育，对形成中国的'活教育'运动有相当大的影响。"④ "活

① 北京市教育科学研究所编.陈鹤琴全集：第五卷[M].南京：江苏教育出版社,1991:172.
② 同上。
③ 北京市教育科学研究所编.陈鹤琴全集：第六卷[M].南京：江苏教育出版社,1991:534—535.
④ 北京市教育科学研究所编.陈鹤琴全集：第六卷[M].南京：江苏教育出版社,1991:295.

教育"有着浓厚的实用主义哲学色彩，对现实生活的深切关注是陈鹤琴与杜威在对教育理解上的精神共鸣。所以杜威的教育哲学思想对陈鹤琴影响至深。

（三）个人实践

回国之后，陈鹤琴将自己的全部精力都投入中国教育民主化和科学化的运动中去。他以美国心理实验科学精神为方法基础，以长子陈一鸣为对象，开始了长达808天的行动记录，包括详细的观察、分析与研究。有学者认为"这项实验研究对儿童的动作、好奇心、模仿、语言、记忆、思维等方面做了科学的分析，积累了大量的第一手材料，为他后来提出'活教育'的教学原则等提供了素材"。[①]

为了进一步落实新教育精神，打破传统教育对儿童精神与肉体的桎梏，陈鹤琴在东南大学的支持下，于1923年提出了设立新式幼稚园的行动主张。同年秋天，陈鹤琴在南京写下中国基础教育具有创造性的一页——创办南京鼓楼幼稚园，自己担任园长。自此，陈鹤琴在张宗麟等教育家的支持下，以鼓楼幼稚园为教育基地，开展了长时间十分艰苦的教育探索。"鼓楼幼稚园对幼稚园的课程、故事、读法、设备和幼稚生应有的习惯、技能等进行了全面的实验。这些实验探索实际上抨击了当时中国幼稚园盲目外国化的腐败风气，使幼稚园教育牢牢地根植于现代中国的土壤上。"[②]陈鹤琴本人也对鼓楼幼稚园抱有很高的期待，将其视为"是中国幼稚园教育的摇篮""在中国是新鲜的事情"。而鼓楼幼稚园也确实"不负众望"，对后来陈鹤琴"活教育"课程思想的形成起了重要作用。除了鼓楼幼稚园，陈鹤琴还在江西省创办了国立幼稚师范学校，并联合国立中正大学附属小学、省立南昌实验小学等学校，共同进行活教育的实验与研究。[③]与鼓楼幼稚园不同的是，后者的重点是在幼儿园的课程探索上。

综上所述，陈鹤琴先生无论是在国外留学还是在国内探索，他从未更改自己想要变革和更新中国传统基础教育的决心。"活教育"理论也正是在这样的思想背景和实践探索中不断结晶而出的教育成果。陈鹤琴教育思想与中国的教育实践始终保持紧密的关联，这使得中国传统教育向现代化和科学化转向的过程更加有力。

① 彭攀.陈鹤琴"活教育"课程理论研究[D].长沙：湖南师范大学,2009：17.
② 同上。
③ 严碧芳.陈鹤琴幼稚师范课程思想及其启示[J].学前教育研究,2007(4):49—52.

第二节　陈鹤琴"活教育"课程思想的内容概述

一、内涵结构

"活教育"课程思想强调教育应该是一种有生命力的、充满活力的学习过程。这种课程思想的内涵包括以下几个方面：

首先，"活教育"注重学生的个性化发展，认为每个学生都是独一无二的，因此教育应该根据学生的兴趣和能力来制定课程，让每个学生都能得到最大的发展。这种个性化的教育方法可以让学生更好地发掘自己的潜能，从而更好地适应未来的社会。

其次，"活教育"强调学生的主体地位，认为学生应该成为课程的主人，而不是被动地接受教师的灌输。教育应该激发学生的学习热情，让他们成为学习的主人。这种方法可以让学生更好地掌握知识，而不是仅仅记忆知识。

再次，"活教育"注重知识与实践的结合，认为知识的学习应该与实践相结合，让学生在实践中得到更深刻的体验和理解。这种方法可以让学生更好地掌握知识，将知识运用到实际生活中。

最后，"活教育"重视情感教育，认为情感教育是非常重要的一部分。教育应该关注学生的情感需求，培养学生的情感能力和情感智慧，让他们成为有情感温度的人。这种方法可以让学生更好地与社会交往，更好地适应复杂多变的社会环境。

二、核心精神

"活教育"的核心精神是"活"，是儿童的"活"、教师的"活"、教材的"活"、课程的"活"、方法的"活"的综合。

儿童的"活"表现在打破只用耳朵听、眼睛看的方式，利用手、脑、口、耳、眼等多种感官，让学生在学习中体验、实践、探索，尽可能激发学生的兴趣与积极性。

教师的"活"表现在教师应该注重专业能力的提高，灵活运用多种教育方法，根据学生的不同需求和个性，采用不同的方式进行教育授课，在教育过程中发挥其主观能动性和创造性，为学生提供更丰富、更有启发性的教育体验。

教材的"活"表现在教材需要具有活页式的特点，允许学生根据自身需求进行选择、组合和重构，同时教师也需要随时增加、减少、改变、重组、重排教材内容，以满足学生的个性化需求。

课程的"活"表现在课程应该具有启发性和探索性，注重实践与体验，在课程安排上要兼顾学科知识与学生兴趣、实践与创新，鼓励学生探索学习过程中的疑惑与问题，从而培养学生的批判性思维和创造性思维。

方法的"活"表现在教育方法需要采用多样化、多元化的形式，注重互动、合作、探究和个性化的教育方式，让学生在学习过程中发挥主动性和创造力，积极参与学习，从而提高学习效率和学习质量。

综上所述，"活教育"的"活"精神特征是以学生为中心，重视学生的实践能力、创新能力和个性化需求，采用多种手段和方法，灵活运用教育资源和教育手段，在教学过程中关注学生思维、情感和行为的发展，致力于培养具有创造力、批判性思维和创新精神的人才。

三、主要特点

在"活"的教育精神指引下，"活教育"的核心特征就是"做"。"做中学"因此也成了"活教育"能够真正"活"起来的根本依靠。

"做中学"是一种基于动手探究的科学教育项目，旨在通过实践操作、发现问题和解决问题，促进学生对科学知识的深入理解和创新思维的培养。从目标、方法和效果三个方面来分析，"做中学"的"做"的特征如下：

首先，从教学目标上来说，"做中学"以"做"为核心，强调学生通过实践操作和探究自主获取知识、积累经验，从而提高他们的实践能力、创造能力和创新意识。目标是让学生从被动接受知识转变为主动探究和创造，从而真正掌握科学知识并能够应用于实践。

其次，从教学方法上来说，"做中学"以学生为中心，以教师为引导者，推崇"动手操作、实验探究、团队合作、多元评价"的教学模式。学生通过自己的实践操作，发现问题、解决问题并得出结论，从而更深入地理解科学知识。同时，"做中学"注重交流和合作，鼓励学生在小组中互相学习和协作，从不同的角度去思考和解决问题。

最后，从教学效果上来说，"做中学"可以更有效地激发学生的学习兴趣和主动性，培养他们的实践能力和创新意识。在"做中学"的过程中，学生通过自己的实践操作，不仅能够更深入地理解科学知识，还能够积累宝贵的经验，培养独立思考、解决问题的能力。同时，"做中学"也能够促进学生之间的互相学习和交流，增强学生的合作精神和团队意识。

可以说，"做中学"以"做"为核心，是一种基于动手探究的科学教育项目。在目标、方法和效果三个方面，都注重学生的实践能力和创新意识的培养。在"做中学"的过程中，学生能够通过自己的实践操作来发现问题、解决问题并得出结论，从而更深入地理解科学知识，培养独立思考、解决问题的能力。同时，"做中学"也能够促进学生之间的互相学习和交流，增强学生的合作精神和团队意识。通过"做中学"，学生不仅能够掌握科学知识，还能够将其应用于实践，并且在实践中不断积累宝贵的经验，从而更好地适应未来的职业发展和社会需求。

第三节　陈鹤琴"活教育"课程思想的历史意义与时代挑战

一、历史意义

陈鹤琴教育思想的历史意义是多方面的，不仅是中国教育改革的重要里程碑，也是对全球教育改革的重要贡献。

首先，陈鹤琴教育思想的历史意义在于它大大推进了中国教育改革。改革开放以来，陈鹤琴教育思想成为一种新的教育理念和教育方法。它突破了传统教育的束缚，提出了"以人为本"的教育理念，强调了学生的主体地位和个性化教育的重要性，为中国教育改革提供了新的思路和方法。陈鹤琴教育思想的推广和实践，让学生在学习中不再感到枯燥和乏味，从而更好地激发学生的学习兴趣和热情。通过"活教育"，学生可以更好地掌握知识和技能，同时也可以发展创造力、沟通能力和合作精神等综合素质。因此，陈鹤琴教育思想为中国教育改革提供了新的思路和方法，成为中国教育改革的重要里程碑。

其次，陈鹤琴教育思想的历史意义还在于它为全球教育改革提供了新的思路和方法。陈鹤琴教育思想的影响已经不仅局限于中国，也扩展到国外。例如，在东南亚地区，陈鹤琴教育思想得到了广泛的应用和推广。同时，陈鹤琴教育思想也为其他国家和地区的教育改革提供了新的思路和参考。陈鹤琴教育思想的重要性不仅在于它提出了新的教育理念和方法，更在于它为全球教育改革提供了新的思路和参考。

最后，陈鹤琴教育思想的历史意义还在于它对教育学科的发展产生了积极的影响。陈鹤琴教育思想提出了"活教育"的概念，强调了学生的主体地位和个性化教育的重要性，这对教育学科的发展产生了积极的影响。陈鹤琴教育思想的推广和实践，促进了教育学科的创新和发展，为教育学科的研究和实践提供了新的思路和方法。因此，陈鹤琴教育思想的历史意义在于它对教育学科的发展产生了积极的影响，为教育学科的创新和发展提供了新的思路和方法。

综上所述，陈鹤琴教育思想的历史意义是多方面的，它不仅对中国教育改革产生了重要影响，也为全球教育改革提供了新的思路和方法。同时，它对教育学科的发展产生了积极的影响，为教育学科的创新和发展提供了新的思路和方法。陈鹤琴教育思想的历史意义不仅在于它的推广和实践，更在于它对教育理念和方法的创新和发展，为教育改革和教育学科的发展提供了重要的启示和借鉴。

二、时代挑战

陈鹤琴的"活教育"教育思想和"做中学"教学理论是一种富有创新性的教育理念和教学方法，可以激发学生的学习兴趣和主动性，提高学生的学习效率和素质。但是，这些理论也存在一定的局限性。

首先，陈鹤琴的"活教育"思想和"做中学"教学理论过于强调实践性和操作性，忽视了理论性和系统性。这种教育方式容易使学生陷入表面化的实践中，而忽略对知识的深入理解和系统化的掌握。在学习过程中，理论性和系统性是非常重要的，它们可以帮助学生深入理解知识，掌握知识的本质和内在联系，从而更好地应用知识。如果教育过于强调实践性和操作性，学生可能会忽略对知识的深入理解和系统化的掌握。这种教育方式可能会导致学生只能掌握一些表面的技能，而不能深入理解知识，无法应用知识解决实际问题。因此，教育应该注重理论性和系统性，同时也要注重实践性和操作性。教育者应该帮助学生理解知识的本质和内在联系，引导学生将理论知识与实践操作相结合，培养学生的综合能力。这样，学生才能真正掌握知识，将其应用到实际生活中，成为有用的人才。

其次，陈鹤琴的"活教育"思想和"做中学"教学理论过于依赖教师的指导和引导，缺乏学生自主学习的空间和机会。陈鹤琴的"活教育"思想和"做中学"教学理论强调学生通过实践和体验来获取知识和技能，这与现代教育的趋势相符。然而，这种教育方式过于依赖教师的指导和引导，容易使学生变成机械的接受者和执行者，而缺乏自主思考和创造性思维。学生在实践过程中，往往需要教师的指导和引导才能完成任务。如果教师的指导和引导不足或不到位，学生可能会陷入困境，无法完成任务，从而影响学习效果。这也意味着学生在"做中学"过程中，对于知识和技能的掌握程度取决于教师的指导和引导水平，而不是学生自身的学习能力和努力程度。然而，教育应该是学生主体性和自主性的培养过程，而不是简单地接受外部的指导和引导。教师应该为学生提供一个自由的学习环境，鼓励学生探索和发现，激发学生的兴趣和热情。学生应该有足够的自主学习的空间和机会，通过自我探索和发现来获取知识和技能，从而培养其自主思考和创造性思维能力。因此，教育者应该在实践中不断探索和创新，探索一种更加自主和开放的教育模式，让学生成为自主学习者和创造者，从而实现教育的真正目的。

最后，陈鹤琴的"活教育"思想和"做中学"教学理论过于注重实用性和应用性，忽视了文化内涵和人文精神。这种教育方式容易使学生陷入功利主义和实用主义的泥潭中，而忽略了对人文精神和文化的传承。"活教育"思想诞生的特殊历史背景在一定程度上决定了其实用主义倾向。在当时国内教育发展滞后、国外"新教育"风起云涌，而社会的发展又迫切地需要教育能够培养有一定专业能力的从业者。于是，倾向于培养儿童具有实用性知识和技能的"做中学"教学理论就应运而生。陈鹤琴的"活教育"思想和"做中学"教学理论尤其重视实用性，强调学生要通过实践和实际操作来学习知识和技能，培养实际能力和解决问题的能力。他认为，学生只有在实践中才能真正掌握知识和技能，只有实践才能帮助学生深入理解和掌握所学内容，从而提高学习效率和实际应用能力。此外，他还强调学生要学以致用，将所学知识和技能与实际问题相结合，使学习具有实际意义和价值。陈鹤琴认为教育的最终目的是培养学生的实际能力和解决问题的能力，而这些能力只有在实践中才能得到锻炼和提高。他反对单纯的理论教育和书本知识，认为仅仅强调和追求所谓的"文化内涵"只会使学生变成"书呆子"，传统文人所追求的"人文精神"难以应对实际生活中的问题和挑战。因此，他提倡"做中学"教学理论，旨在通过实践和实际操作来加强学生的实践能力和解决问题的能力，使他们更好地适应社会的需求和发展。然而，教育的目的不仅在于培养学生的知识和技能，更重要的是通过教育传递人文精神和文化内涵，使学生具备健全的人格、高尚的情操和深厚的文化底蕴，从而成为有思想、有素养、有责任感的公民。传播人文精神和文化内涵可以帮助学生树立正确的世界观和价值观，提高他们的人文素养和审美能力，培养他们的创新能力和文化自信心，从而使他们更好地适应社会发展和文化交流的需求。此外，传播人文精神和文化内涵还可以促进跨文化交流和理解，增进世界各国之间的友谊和合作，为实现人类的共同繁荣和进步做出贡献。因此，教育不仅要重视实用性，也要传播人文精神，传递文化内涵，培养具有高尚情操、文化素养、创新能力和社会责任感的公民，为社会和人类的发展做出积极的贡献。

第四节 "玩中学"："活教育"课程思想的今日表达

一、关于玩的内涵分析

从哲学的角度来看，玩是一种复杂的社会行为，涉及身体和心理的许多方面。在哲学中，玩被视为一种涉及人类的本质和意义的重要概念。玩的哲学思想可以追溯到古希腊哲学家亚里士多德。他认为玩是一种自发的活动，不受外界的强制；玩是一种自由的行为，可以让人们自由地表达自己，探索世界。另一位哲学家荷布斯也对玩进行了深入研究。他认为玩是一种创造性的活动，可以帮助人们发现新的思路和解决问题的方法。他还认为玩是一种自我表达和自我实现的方式，可以使人们更加快乐和满足。现代哲学家胡塞尔也对玩进行了研究，他认为玩是一种自我超越的行为，可以帮助人们超越自己的限制，达到更高的境界。玩被看成一种创造性的行为，可以帮助人们创造新的世界和新的自我。可见，玩的哲学思想是多方面的，涉及人类的本质、意义和自我实现等方面。它可以帮助人们发现新的思路、解决问题，同时也可以让人们更加快乐和满足。

从心理学来看，玩是指人们参与游戏、娱乐和休闲活动时所表现出的行为和心理状态。关于玩相关的心理学思想主要有流畅经验理论、自我决定论以及功能理论。流畅经验论认为，人们在玩游戏或参与娱乐活动时，通常会进入一种流畅的状态，这种状态被称为"流畅经验"。在这种状态下，人们会感到自我意识消失，时间感变得模糊，专注于当前的活动，体验到一种愉悦的感觉。自我决定论认为，人们参与某项活动时，会受到内在动机和外在动机的影响。内在动机是指人们通过自己的兴趣和需求来推动自己参与活动；而外在动机则是指人们为了获得奖励或避免惩罚而参与活动。在玩游戏或参与娱乐活动时，内在动机通常比外在动机更为重要。功能论认为，玩的功能包括放松、社交、探索、学习和创造等方面。通过玩游戏或参与娱乐活动，人们可以放松心情、结交朋友、探索新的领域、学习新的知识和技能以及创造新的东西。以上这些心理学思想的来源包括心理学研究、实验和理论以及对人类行为和心理状态的观察和分析。这些思想帮助我们更好地理解人们为什么喜欢玩游戏和参与娱乐活动以及这些活动对人们的心理和生理健康有什么影响。

玩在教育学中被视为儿童学习和发展的重要途径。皮亚杰认为，儿童通过游戏来探索世界、发展认知和解决问题。他认为游戏是儿童认知发展的主要来源之一。玩构成了儿童在教育过程中认知行为发生的必需条件。弗洛伊德认为，儿童通过游戏来表达内心的欲望和冲突，并通过游戏来解决这些问题。儿童的游戏被看成他们解决内心冲突的主要方式。蒙台梭利认为，儿童通过自主的探索和游戏来学习和发展。他说："儿童的学习应该是自主的、有目的的、富有创造性的。"大量教具的开发和应用，让蒙台梭利更加确定"玩游戏"是教育儿童最好的方式。更加重要的是，弗洛伊德和埃里克森都认为，儿童通过游戏来发展自我认同和社交技能。弗洛伊德说："儿童通过游戏来学习社交技能和自我表达。"埃里克森说："儿童通过游戏来发展自我认同和社交技能。"布鲁纳认为："儿童通过游戏来建立概念和理解，并将这些概念和理解应用到实际生活中。"鲍德里亚说："儿童通过游戏来学习文化和社会规范，并将这些规范应用到实际生活中。"因此，游戏在教育学中被视为儿童学习和发展的重要途径。儿童通过游戏来探索世界、发展认知、解决问题、建立概念、发展自我认同和社交技能，学习文化和社会规范。

综合以上哲学、心理学和教育学的基本观点，玩是儿童在游戏中学习和发展的重要方式，是一种有效的教育方式和方法。玩包括五点内涵：①运用玩具和游戏来促进儿童的学习和发展。玩具和游戏可以激发儿童的好奇心和创造力，帮助他们探索世界和学习新知识。②玩可以促进儿童的身体、智力和情感发展。通过玩，儿童可以锻炼身体，提高智力，增强情感表达能力。③玩可以帮助儿童学会社交技能。在玩中，儿童可以与其他孩子互动，学习合作、分享和交流等社交技能。④玩可以帮助儿童解决问题和应对挑战。在玩中，儿童可以尝试解决问题，面对挑战，锻炼自己的解决问题能力和应对能力。⑤玩可以培养儿童的想象力和创造力。玩可以激发儿童的想象力和创造力，帮助他们发展自己的独特想法和创意。

总之，玩是儿童学习和发展的重要方式，通过玩，儿童可以获得知识、锻炼能力、培养社交技能和发展想象力等。因此，在儿童教育中，应该积极运用玩具和游戏等玩的形式，促进儿童全面发展。

二、新时代小学活动课程改革中的玩趋向

随着新时代的到来，小学教育也在不断地发展和改革。其中，活动课程的改革成了重中之重，《义务教育课程方案和课程标准（2022年版）》明确强调学生主体性，教育教学改革注重让学生成为学习的主体，通过游戏、趣味性的活动等方式，让学生在自主、自发的情况下进行学习，提高学习的主动性；强调经验的重要性，教育教学改革注重让学生在学习过程中获得更多的体验，通过游戏、趣味性的活动等方式，让学生在学习中获得更多的体验，提高学习的效率；强调多元化的教育方式，教育教学改革注重多种教育方式的运用，通过游戏、趣味性的活动等方式，让学生在不同的教育方式中进行学习，提高学习的效率；强调教育教学的趣味性，教育教学改革注重让学习过程变得有趣，通过游戏、趣味性的活动等方式，让学生在学习中获得乐趣，提高学习的效率。在这样导向的教学过程中，玩逐渐成了一种趋向。通过玩，学生可以在轻松愉悦的氛围中学习和成长。在小学活动课程中，玩的方式不再是简单的游戏和娱乐，而是贯穿教学的始终，成为一种全新的教学方法。在这种教学方法中，老师通过各种富有趣味性的活动，激发学生的学习兴趣和创造力，提高他们的自信心和团队合作能力。通过这种方式，学生可以在不知不觉中学习知识，享受学习的过程。在玩的过程中，学生不仅可以学到知识，还可以培养出自己的兴趣爱好和特长。这样，他们可以在学校中找到自己的位置，让自己感到自信和自豪。同时，学生也能够学会如何自我规划和管理时间，让自己的生活更加有条理。这种技能在学生的成长过程中非常重要，因为它们可以帮助孩子在未来的生活中更好地管理时间和资源。因此，在新时代小学活动课程改革中，玩成了一个重要的趋向。通过玩，学生可以得到更全面的教育，更好地适应未来的社会。在未来的社会中，人们面临着更加复杂和多变的挑战，因此，学生需要具备更多的技能和素质。这些素质包括创造力、团队合作能力、自我管理能力等。通过玩，小学生可以在学校中获得这些素质，让自己更好地适应未来的社会。

（一）新时代的知识观：游戏也能包含知识，游戏也能传递知识

在新时代，知识是人类发展的重要资源，人们对知识的认知已经发生了变化。过去，人们认为知识就是记忆，只有记住了才能算得上知识。但是现在，人们更加注重知识的实用性，只有能够应用于实际生活中才算得上真正的知识。这种认知的

变化，是因为新时代所面临的挑战和机遇与过去不同，知识的应用能力成了评判知识价值的重要标准之一。因此，不仅要了解知识，还要能够将其应用于实际生活中，才能真正发挥出知识的价值。

在这种背景下，游戏也开始成了传递知识的一种手段。通过游戏活动，人们能够更加轻松地学习知识，而且可以将知识应用到实际情境中，加深对知识的理解和记忆。游戏利用了人类天生的好奇心和探索欲，使得人们在学习知识的过程中更加主动积极，从而更有效地获取和应用知识。游戏还可以将知识呈现得更加有趣、生动，使学习过程更加轻松愉快。因此，我们应该更加重视游戏对于知识传递的作用，不仅可以将游戏作为一种娱乐方式，更可以作为一种学习方式，从而更好地应对新时代的知识观。

同时，随着信息技术的不断发展，人们获取知识的方式也在发生着变化。网络、移动设备等新兴技术的出现，为人们获取知识提供了更加便捷的方式。人们可以通过搜索引擎、在线课程等方式获取知识，也可以通过社交媒体等方式分享、交流知识。这些新技术的出现，使得知识的传播和获取变得更加广泛和多样化，同时也加快了知识的更新速度。因此，我们应该充分利用这些新技术，获取更多的知识，不断更新自己的知识体系，以适应快速变化的社会和市场环境。

总之，新时代的知识观已经从"记忆"到"实用"发生了重大变化，知识的应用能力成了评判知识价值的重要标准之一。而游戏则成了一种有趣、生动的知识传递方式，通过游戏可以更加轻松地学习知识，并将其应用于实际生活中。同时，新兴技术的出现也为人们交流提供了更多的可能性，我们应该充分利用这些新技术，不断更新自己的知识体系，以应对快速变化的社会和市场环境。

（二）新的儿童观：儿童作为儿童本身，而不是作为"小大人"，爱玩是天性

从哲学角度来看，爱玩是儿童自然而然的表现。亚里士多德认为，人的本性是向着自身的完美发展的，而儿童正处于这种发展的阶段。在这个过程中，他们需要通过探索、尝试、游戏等方式来学习和成长。因此，爱玩也就成了儿童天性的一部分。在此，最具典型的哲学思想是中世纪宗教教育中的"小大人"思想与洛克的"白板说"思想之间的冲突。中世纪的宗教教育重视灌输宗教信仰和道德规范，强调学生应该尽早接受教育，以便能够成为虔诚的基督徒。学生被视为成年人的延续，应该接受成人的责任和义务，而不是被视为独立的个体。因此，儿童在中世纪的教育中往往

被压抑和限制，被要求遵守严格的规则和纪律。但是洛克认为，儿童天生没有知识和经验，应该被视为一张白板，需要通过观察和经验来获得知识和理解。他强调儿童应该被视为独立的个体，而不是小大人，应该被允许自由探索和发展他们的天性和兴趣。洛克认为，爱玩是学生天生的天性，应该被鼓励和尊重。尽管洛克的"白板说"并不一定符合今天教育学、哲学以及心理学对儿童天性的认识，但是他确实从一种新的角度推翻了中世纪宗教教育中错误的儿童观和游戏观，为后世树立新的儿童观（儿童作为儿童本身）提供了很好的思想基础。

从心理学角度来看，儿童的大脑在发育过程中需要不断地进行探索和实验，以便更好地认识自己和周围的世界。儿童的大脑在出生后不断成长和发展，因此他们需要经常接受新的、有趣的和有挑战性的体验，这有助于他们建立新的神经网络和连接，并加强已有的连接。通过游戏，学生可以获得自我表达和自我实现的机会，他们可以在安全的环境下自由探索，培养想象力、创造力、解决问题的能力以及社交技能等，还可以锻炼身体协调性、平衡感和空间感。

从教育学角度来看，儿童的学习方式与成人有很大的不同。他们需要通过亲身体验和实践来学习，而这正是游戏的本质。通过游戏，儿童可以掌握新的知识和技能，同时也可以发展自己的兴趣和爱好。因此，爱玩也成了教育儿童的一种有效方式。

从社会学角度来看，儿童的游戏也是社交化的重要途径。在游戏的过程中，儿童可以与同龄人互动、交流和合作，从而建立起彼此之间的友谊和信任。这些社交技能对于儿童的成长和未来的社交生活都有着重要的影响。首先，儿童在游戏的过程中可以与同龄人进行交流，并建立起彼此之间的联系和互动。这种互动有助于儿童建立起自己的身份认同和群体意识，从而加强他们与社会的联系。此外，在游戏中，孩子们也可以学会尊重他人的意愿和权益，培养出互相帮助、分享和合作的精神。其次，在游戏中，儿童可以学会如何在不同的情况下与人交往并解决问题。游戏场景中通常存在各种挑战和障碍，这需要儿童学会从多个角度思考问题，并探索多种解决方案。在这个过程中，儿童可以学会如何与他人协作，理解并容忍不同意见和文化，发展解决冲突的技能，这些技能在未来的社交生活中都将发挥重要作用。所以，儿童的游戏不仅是一种娱乐方式，也是他们建立社交联系和学习社交技能的重要途径。通过游戏，学生可以学会与人交往和解决问题，并且培养出社会化、合作和协调等重要技能，这将对其未来的社交生活产生良好的影响。

最后，从教育学的角度来看，儿童的游戏行为是一种自然而然的天性，并且在儿童的身心发展中具有重要的教育意义。游戏是儿童通过模仿、探索、想象等方式了解和理解自己所处的环境、社会和文化的重要途径。在游戏中，儿童能够主动地参与和体验，进而获得更丰富的经验和知识。儿童的游戏行为对于身心健康和发展也有很大的促进作用。通过游戏，儿童能够释放内心压力，缓解紧张情绪，提高抵抗力。同时，游戏还可以培养儿童的身体协调能力、反应能力、注意力和想象力等多方面的能力，有助于提高儿童的整体发展水平。需要注意的是，儿童在游戏中应该被视为儿童本身，而不是成人的小模型。因为儿童的思维方式、认知水平和行为习惯与成年人有较大差异，存在着儿童拥有的天性上的特点。儿童爱玩是他们与生俱来的天性，而不应该被视为一种"浪费时间"的行为。因此，家长和教师应该尊重儿童的天性，提供适宜的游戏环境和资源，让他们能够在游戏中自由地表达、学习和发展。

（三）新的学习观：学习的方式不止读书，游戏也是学习的方式

现在的教育体系往往注重知识传授，而忽视了个体的发展和创造力的培养。然而，学习的方式不止读书，游戏也是一种很好的学习方式，这一说法在现代科学研究中得到了证实。游戏中的角色扮演、情景模拟、任务挑战等元素可以帮助玩家获得知识和技能，提高解决问题的能力和创新思维能力。

一方面，通过游戏，儿童可以获得大量知识，掌握各种技能；另一方面，可以提高自己的协作能力和社交技能。另外，许多游戏还推进了 STEM（科学，技术，工程，数学）教育。比如机器人竞赛游戏和编程游戏，它们不仅促进了逻辑和问题解决能力的发展，还激发了学生对计算机科学的兴趣。

此外，游戏也可以提供虚拟体验来帮助人们掌握复杂的知识和技能。例如，在医学教育中，VR（虚拟现实）技术被用于放映手术过程，以便医生们更好地掌握手术技巧。另一个例子是驾驶模拟器，它可以让驾驶员练习各种驾驶技能和应对各种情况，从而提高驾驶安全性。

当然，作为一种学习方式，游戏也存在一些问题。因此，在选择游戏作为学习方式时，需要注意游戏的质量和适宜性，并合理安排学习和娱乐的时间。此外，教育工作者也应该一起努力，以更好地发挥游戏的潜力，帮助学生学习和成长。

三、"玩中学"活动课程思想的内涵

在新的知识观、儿童观以及游戏观的观照下，以玩促学、会玩会学、学中有玩、玩中有学的"玩中学"活动课程思想在此就有了建立的基础。"玩中学"活动课程思想是以儿童为中心的一种教育理念，通过游戏和实践的方式，让儿童在自由、快乐的氛围中学习和探索，并提高实践能力和创新精神。这种教育思想包括以下五个方面：儿童、知识、游戏、组织和评价。

（一）儿童

儿童是"玩中学"活动课程思想的主要对象。因为儿童天生具有好奇心和求知欲，所以应该让他们在游戏中发挥自己的想象力，进行自主探索和发现。"玩中学"活动课程思想强调关注每个孩子的个性差异，提供多样化的教育体验，满足每个孩子的学习需求。在这个过程中，培养儿童学习综合素质，引导其积极向上。儿童是"玩中学"活动课程思想实施的重要载体，也是顺利实施的基础。

（二）知识

知识是"玩中学"活动课程思想的基础，但它并不仅局限于书本上的知识，还包括各种实际经验和技能。"玩中学"活动课程思想鼓励学生在游戏和实践中提升综合素质，不仅要掌握学科知识，还要学会了解和应对现实生活中的问题。例如，在游戏中引导学生掌握自我管理技巧、社交沟通技能等实用技能。

在"玩中学"的课程中，强调的是学科知识与生活实践紧密结合，使获得知识成为一种有趣的体验。对于儿童而言，多样化的知识呈现方式可以满足他们多样化的需求，引导学生通过游戏、实验、体验等方式学习知识，激发他们的学习兴趣与积极性，从而在轻松愉快的氛围中提升自身的知识水平。

（三）游戏

游戏是"玩中学"活动课程思想的核心要素。游戏不仅可以激发学生的兴趣，还可以激发他们的学习动力和创造力。在游戏中，学生可以获取知识和经验，同时也可以提高思维和解决问题的能力。"玩中学"活动课程思想注重设计有趣、富有挑战性的游戏活动，让学生在游戏中学习和成长。

在"玩中学"活动课程思想中，游戏被视为一种内容丰富、多样化的教育方式。通过游戏的方式来引导儿童逐步理解知识，吸收相关意义，并将所学应用于实际生活中。游戏具有趣味性和互动性，使得孩子在实现自我价值的同时获得了快乐与满

足感，这是教育方式的一种创新。

（四）组织

"玩中学"活动课程思想将教师和学生打造成一个合作的学习团队。教师利用游戏和实践的方式，指导学生进行探索和发现，达到教与学的双赢。此外，教师还可以运用网络技术和资源，为学生提供更多的学习支持和平台。同时，"玩中学"活动课程思想鼓励学生之间相互合作和共享知识，形成良好的学习氛围。

在"玩中学"活动课程思想中，教师作为组织者和指导者，应该有意识地处理好探索与学习的关系，积极发挥自身的引导作用。引导学生与资源互相联结，注重协同合作，搭建良好的学习平台，从而推进"玩中学"的实践和方法论的不断改善。

（五）评价

评价是"玩中学"活动课程思想的重要环节。评价不仅关注学生的学科成绩，更注重学生的实际表现。"玩中学"活动课程思想强调多样化的评价方式，注重观察、记录、反思和分享，让学生在实践中不断完善自我，提高自我认知和综合素质。例如，通过记录学生在游戏中的表现，了解他们在实践中的问题和需求，以便更好地指导他们的学习和成长。

在"玩中学"活动课程思想中，评价的目标不仅是学生学科知识的掌握情况，更是用一个全面、个性化的评价方式来对学生进行评价和指导。因此，在实践过程中，需要根据学生的特点、性格、环境等方面综合考虑，采取多样化的评价方式，全方位展示学生的综合素质和发展状况，促进学生在评价中不断提升自我认识和探索深度。

总之，"玩中学"活动课程思想是一种富有活力和探索精神的教育理念，通过游戏和实践的方式，让儿童在自由、快乐的氛围中学习和成长。这种教育思想注重孩子的全面发展，强调创造性思维和实践能力的培养，是一种值得推广和应用的教育模式。

从儿童、知识、游戏、组织、评价五个因素出发，"玩中学"活动课程的基本精神可以归纳为以下五点：第一，端正游戏观念，游戏也能是学习。游戏不仅是一种娱乐活动，还可以是一种有效的学习方式，可以帮助孩子们更好地理解知识和应用知识。因此，我们需要正确看待游戏，并将其融入教育中。第二，明确游戏目的，儿童在游戏中成长。游戏的目的应该是帮助孩子们学习和成长，而不是简单地为了娱乐。因此,在设计游戏时,我们应该明确游戏的目的和意义,并确保游戏能够真正帮助孩子们学习。第三,创新游戏主题,充分开发游戏活动,将教育资源纳入游戏设计当中。游戏的主题应该与学生的需求和兴趣相关,从而激发他们的学习热情和动力。同时,我们还应该不断创新游戏的主题和内容,以吸引学生的注意力和兴趣。第四,开展游戏竞赛,在游戏组织中让儿童锻炼意志并获得成就感。游戏竞赛可以激发孩子们的学习热情和竞争动力,从而增强他们的学习效果。因此,在设计游戏时,我们可以考虑开展游戏竞赛,并为学生提供相应的奖励和认可。第五,在游戏中评价,游戏评价可以帮助学生更好地理解自己的学习成果和不足,并激励他们继续努力学习。因此,在设计游戏时,我们应该考虑如何进行游戏评价,并及时反馈给学生。同时,我们还应该鼓励学生自我评价,并帮助他们发现自己的优点和不足,从而更好地成长和发展。

四、"玩中学"与"做中学"的比较

"玩中学"的活动课程思想是"做中学"教学理论在今天的变形和升级。"玩中学"一方面继承了陈鹤琴"活教育"思想;另一方面也脱离了教育的功利性,从儿童的本性来看待教育,以游戏的方式来促进儿童的发展。所以,"做中学"是"玩中学"的思想源泉,"玩中学"是"做中学"的时代新解。具体来说,两种教学思想在思想背景、学习目标、实施内容和评价方式上存在不同。

(一)思想背景的差异

"玩中学"主张让儿童在自由、快乐的氛围中探索和学习。这种教育思想强调儿童个性化发展,不强求孩子按照成人设定的标准去学习。而"做中学"则是一种实践型学习方法,在解决实际问题的过程中提高学生的综合素质。这种教育思想强调实践、体验和认知的相互作用,鼓励学生通过实践来掌握知识和技能。

"玩中学"强调游戏化和主题化的教学方式,注重学生的学习兴趣和热情,以游戏化的方式来提高学生的学习动力和积极性。它认为,学生在轻松愉悦的氛围中掌握知识和技能,是更加有效和有趣的学习方式。因此,"玩中学"强调通过游戏、互动、探索等方式,让学生在学习中获得乐趣和成就感。

相比之下,"做中学"更加注重实践和体验,它认为,学生只有通过自己的实践和体验,才能真正地掌握知识和技能。在"做中学"中,学生需要通过实际操作、实验、项目等方式来学习和掌握知识和技能。因此,"做中学"强调学生要积极参

与实践，通过自己的亲身体验来深入理解和掌握知识。

两种教育思想的本质都是为了提高学生的学习效率和成果展示，但是在方法和实践上存在一定的差异。在教育实践中，教育者可以根据不同的教学目标和学生特点，灵活运用"玩中学"和"做中学"等教育思想，为学生的全面发展和未来的成长提供更好的保障和支持。

（二）学习目标的差异

"玩中学"的学习目标是培养儿童的兴趣爱好，让他们在愉快的游戏中获得知识，提高自己的学习能力和创造力。这种教育方法注重培养学生的主动性、积极性，让学生在快乐中成长，并且将玩耍和学习有机地结合起来。而"做中学"的学习目标是在实践过程中提高学生的综合素质，增强他们的实际操作能力和解决问题的能力。这种教育方法注重学生的实践能力和创新能力，并且在实践的过程中，让学生获得知识。

（三）实施内容的差异

"玩中学"的实施内容多样化，包括游戏、模拟、制作、剪贴等，通过兴趣获取知识。例如，儿童可以通过游戏学习数学、音乐等知识，或者制作小玩具、手工制品，从中学习科学知识和技能。而"做中学"的实施内容更侧重于实践项目和活动，学生需要在实践中掌握知识和技能。例如，通过参加社区志愿活动、实践课程项目来获取实践经验。同时，"做中学"更强调理论与实践相结合，通过讲解、讨论等方式加深学生对知识的理解。

（四）评价方式的差异

对于"玩中学"而言，评价方式应该是以学生的兴趣和能力为主要参考标准，注重培养学生的创造性和自信心。学生的成就可以通过展示作品、分享经验等方式来体现。同时，家长和教师应该鼓励学生尝试新事物，从中获取成就感和自我认可。对于"做中学"而言，评价方式应该是以解决问题和完成实践任务的能力为主要参考标准，注重培养孩子的实践能力和创新精神。学生的成绩可以通过项目或实践任务的质量、顺利完成的程度等方面来评价。

总的来说，"玩中学"与"做中学"都是注重学生主动性和积极性的教育思想，强调教育过程的趣味性和实践性。两者之间的区别在于，"玩中学"更加注重儿童的个性化和情感因素，强调在游戏中获得快乐和知识；而"做中学"更侧重于实践和体验式学习，强调在实践中提高学生的综合素质和解决问题的能力。教育者和家长应该根据不同阶段学生的特点和需求，选择适合的教育方法，发挥孩子的潜力和创造力。

五、"玩中学"活动课程思想的意义

在新时代，"玩中学"活动课程思想对基础教育中的教育理解和教育实践具有重要意义。从儿童的角度来说，儿童是"玩中学"活动课程的主体，在自由、快乐的氛围中探索和学习，可以培养其兴趣和创造性思维。现代社会中，儿童面临着各种挑战和机遇，他们需要具备更多的能力去应对未来的发展，如自主、创新、合作、批判等。这种教育理念能够满足儿童的需求，发挥儿童的主动性和积极性，培养他们健康、积极向上的心理状态。

从知识的角度来说，在"玩中学"活动课程中，知识传授不再以单方面的讲解为主，而是通过游戏、互动、实践等方式，让学生在吸收知识的同时产生浓厚的兴趣。这不仅可以提高学生掌握知识的速度和效率，还能帮助学生更好地将知识与实际运用相结合，增强灵活运用知识的能力。

从游戏的角度来说，游戏是"玩中学"活动课程的重要方式，它可以培养学生主动学习的意愿和方法，增强他们的创造性思维和团队合作精神。游戏不仅让学生在娱乐中获得知识，还能通过游戏的规则、角色扮演等方式来培养孩子的认知能力、情感态度和行为习惯。

从儿童游戏的组织上来说，在"玩中学"活动课程中，教师扮演着引导者和组织者的角色，必须具备丰富的教育知识和技巧。通过适当设置和引导游戏活动，教师能够调动学生的参与热情，让学生在自由、快乐的氛围中探索和学习，从而发挥学生的潜力和创造力。

从游戏的评价上来说，在"玩中学"活动课程中，评价方式不再只是单纯地按照成绩或者分数来评价，而是基于他们在实践过程中的表现和对知识技能的掌握情况来进行综合评价。这样不仅能够更好地发挥学生的实践能力和创新精神，还能够鼓励学生勇于尝试新事物，培养他们勇敢探索的习惯和自主学习的能力。

总的来说，"玩中学"活动课程思想在今天的教育中具有重要意义。它能够满足学生的现代教育需求，提高他们的实践能力和创新精神，培养他们积极向上的态度，并且让学生在快乐和自由的氛围中获得知识和技能。

第五节　"玩中学"课程思想指导下的小学活动课程设计原理

一、基本理念

"玩中学"活动课程思想的基本理念是：以玩促学，会玩会学，学中有玩，玩中有学。"玩中学"活动课程思想强调儿童个性化发展，注重培养学生的主动性、积极性和创造性思维。在小学活动课程设计中，尊重学生的兴趣、需求和特点，为学生提供多元化、有趣的学习方式和环境，让学生在自由、快乐的氛围中探索和学习。这一原则体现了教育应该以学生为中心，从学生的兴趣和需求出发进行课程设计，以更好地促进学生的学习和发展。

具体来说，以玩促学意味着通过游戏的形式来激发学习兴趣和动力，让学习变得轻松、有趣、有效。会玩会学则表示通过玩游戏等活动获得的技能和经验可以帮助学生更好地理解和掌握知识，从而更好地学习和成长。学中有玩，玩中有学则强调在学习过程中加入游戏、娱乐等元素，让学习变得更加有趣、生动、容易理解，同时也让学生更加积极主动地参与学习，提高学习效率。总之，这些说法都强调学习和娱乐并不是相互矛盾的，通过合理的融合可以使学习变得更加有效和有趣。

二、培养目标

"玩中学"课程思想的核心目标是促进孩子德智体美劳全面发展，让他们在愉快的游戏中获得知识，提高自己的学习能力和创造力。在小学活动课程设计中，应该注重培养学生的实践能力和创新能力，提高他们的综合素质和解决问题的能力。同时，为学生提供丰富的学习资源和机会，让他们在多元化的学习环境中获取知识和技能。这一原则体现了课程设计应该以培养学生的实际能力和创新能力为目标，以更好地适应现代社会的需求。

具体来说，"玩中学"活动课程在充分考虑儿童的身心发展水平和本学校具有的教育资源的基础上，应当围绕以下目标进行组织：

（一）团队合作能力

在游戏学习中，儿童应当学会与他人合作，分享资源和任务，尊重他人的意见和贡献。

（二）解决问题的能力

儿童应当以游戏项目为主要情境，学会分析在游戏过程中出现的问题，找到解

决问题的方法，并在实践中不断改进。

（三）创造力

儿童在游戏过程中一方面要学会遵守规则；另一方面在遭遇一些新的问题时，学会创造和创新，提出新想法和新方法，并有勇气尝试。

（四）沟通能力

儿童应当学会有效地表达自己的想法和意见，倾听他人的意见和反馈，并且能够以适当的方式与他人沟通。

（五）自我管理能力

儿童应当学会管理自己的时间、资源和情绪，以及制定目标和计划来实现自己的目标。

以上的目标体系也是“玩中学”活动课程实施的主要评价标准。

三、活动课程组织

从组织上来说，“玩中学”课程思想中，教师扮演着引导者和组织者的角色，必须具备丰富的教育知识和技巧。在小学活动课程设计中，教师应该灵活运用游戏、模拟、制作、剪贴等方式，引导学生在兴趣中学习和探索。同时，教师还需要提供适当的指导和支持，让学生在实践过程中获得成就感和自我认可。这一原则体现了教师在课程设计中应该充分发挥自己的专业知识和技能，为学生创造一个开放、自由、富有创造性的学习环境。

除了教师的组织以外，“玩中学”活动课程的组织还包括家庭支持、同伴互助、社区资源三大要素。家庭是学生学习的重要支持者，他们的支持和参与对学生的学习和发展有着重要的影响。因此，需要通过家校合作等方式，让家长了解课程设计的目标和内容，鼓励他们在家中提供学习资源和支持，以促进学生的学习兴趣和动力。同伴之间的互助和合作可以促进学生的交流和学习。在课程设计中，可以通过小组活动、合作项目等方式，让学生相互学习和帮助，提高他们的学习效率和自信心。社区资源是学生学习和发展的重要支持。在课程设计中，可以利用社区资源，如图书馆、博物馆、公园等，为学生提供更多的学习机会和资源，提升他们的学习兴趣和动力。

这些因素也是“玩中学”课程思想中非常重要的组成部分，能够促进学生的全面发展和提高教学效果。通过充分利用这些因素，可以为学生创造一个更加开放、自由、富有创造性的学习环境，以更好地促进孩子的学习和发展。

四、课程实施

从实施上来说，"玩中学"课程思想中实施内容多样化，包括游戏、模拟、制作、剪贴等。在小学活动课程设计中，应该注重游戏化和主题化的教学方式，通过游戏、互动、探索等方式，让学生在学习中获得乐趣和成就感。同时，应该注重实践和体验，让学生通过实际操作、实验、项目等方式来学习和掌握知识和技能。这一原则体现了课程设计应该更加贴近学生的生活和兴趣，让学生在愉悦的氛围中学习和探索，以更好地促进学生的学习兴趣和动力。在具体的教学实践过程中，应当根据理念、目标、组织形式、实施过程以及评价等制定实施方案，根据具体的游戏主题内容来确定各因素。

五、评价

从评价上来说，"玩中学"课程思想中，评价方式应该是以学生的兴趣和能力为主要参考标准，注重培养学生的创造性和自信心。在小学活动课程设计中，解决问题和完成实践任务的能力应为评价的主要参考标准，注重培养学生的实践能力和创新精神。同时，应该注重综合评价，通过项目或实践任务的质量、顺利完成的程度等方面来评价学生的表现。这一原则体现了评价应该更加关注学生的实际能力和创新能力，而不是简单地以成绩或分数作为唯一的标准。

具体来说，以五项能力目标为基准，"玩中学"活动课程的评价体系主要包括以下方面：

（一）团队合作能力评价体系

合作意愿：参与者是否积极参与团队合作，愿意与他人协作完成任务。

角色分工：参与者是否能够根据自身特长和团队需要，合理分配任务和角色。

协调沟通：参与者是否能够有效地沟通和协调团队内部事务，解决问题和冲突。

互相支持：参与者是否愿意帮助和支持其他团队成员，共同完成任务。

团队成果：团队是否能够达成共同的目标，并取得预期的成果。

（二）解决问题的能力评价体系

问题分析：参与者是否能够准确地分析问题，并找出问题的根本原因。

创造性思维：参与者是否能够提出创新的解决方案，有独立思考和创造性思维能力。

实施能力：参与者是否能够有效地实施解决方案，解决问题并达到预期的效果。

反思总结：参与者是否能够在解决问题的过程中进行反思和总结，从中学习和成长。

（三）创造力评价体系

创意产生：参与者是否能够在活动中产生新的创意和想法。

创造性表达：参与者是否能够将自己的创意和想法以创新的方式表达出来。

创意实现：参与者是否能够将自己的创意和想法转化为实际的行动和成果。

（四）沟通能力评价体系

语言表达：参与者是否能够清晰、准确地表达自己的意思。

听取反馈：参与者是否能够听取他人的意见和反馈，并加以考虑和改进。

社交技能：参与者是否能够与他人建立良好的关系，有效地沟通和交流。

（五）自我管理能力评价体系

自我认知：参与者是否能够了解自己的优劣势和发展方向。

目标设定：参与者是否能够设定明确的目标，并制订可行的计划。

自我激励：参与者是否能够激励自己，保持积极的态度和动力。

时间管理：参与者是否能够有效地管理自己的时间，合理安排任务和活动。

自我反思：参与者是否能够对自己的表现进行反思和总结，从中学习和提高。

"玩中学"的活动课程评价体系并非一套机械的实施计划，各个课程需要在组织实施过程中结合自身特点来理解和运用这种评价体系。总的来说，"玩中学"课程思想指导下的小学活动课程设计应该注重孩子的个性化发展，以游戏化和主题化的方式来提高学生的学习动力和积极性。同时，应该注重实践和体验，让学生通过实际操作、实验、项目等方式来学习和掌握知识和技能。评价方式应该以解决问题和完成实践任务的能力为主要参考标准，注重培养学生的实践能力和创新精神。教师应该充分发挥自己的专业知识和技能，为学生创造一个开放、自由、富有创造性的学习环境，以更好地促进孩子的学习和发展。

第一章　玩中育德：红色研学中的品德提升教育

　　立德树人是我国教育的根本任务。我们不仅要在课堂教学中提升儿童的道德认识能力，更要通过开发活动课程来提升儿童的道德实践能力。然而，虽然注意到了活动课程对儿童道德实践能力提升的重要意义，但是不少小学仍然用训诫、说教等传统的方式进行组织和讲学。这让不少儿童感觉虽然项目不同，但只是换了个地方上课而已。以此，要充分发挥活动课程的育德功能，除了要把握活动课程中的道德资源以外，还需要充分重视儿童爱玩的天性，让儿童在玩中学，在玩中感受品德的力量。为此，小越小学开发了一套红色研学活动课程。在这套课程中，采用了玩中学的学习方式，显著地促进了儿童的品德提升。

　　红色研学活动以中国共产党的红色精神为主题，通过参观、体验、互动等形式，让学生在玩中学，通过亲身体验和感受，加深对红色文化的理解。

　　首先，玩中学的学习方式可以激发学生的学习兴趣和主动性。通过游戏、实地考察等活动形式，学生可以主动参与，积极探索，培养他们对红色文化的浓厚兴趣。在游戏中，学生可以扮演不同的角色，了解革命先烈的事迹，体验他们的团结协作和勇往直前的精神，从而激发学生对正义、友爱、奉献等品德的追求。

　　其次，玩中学的学习方式可以帮助学生形成真实体验与情感共鸣。在红色研学活动中，学生不仅可以阅读和听取相关的历史故事，还可以通过参观纪念馆、革命遗址等地，亲身感受先烈们为了革命事业所做出的牺牲和奉献。这种真实的体验可以加深学生对红色文化的理解，引起他们的情感共鸣，从而培养学生的爱国情怀和民族自豪感。

此外，玩中学的学习方式还可以培养学生的团队合作和社交能力。在红色研学活动中，学生通常会组成小组，共同完成各种任务和挑战。通过团队合作，学生可以学会倾听、合作、协商等技能，培养他们的社交能力和集体观念。同时，通过与他人的互动与交流，学生还可以相互影响，共同提升品德修养，培养友爱、互助、公德等美德。

红色研学活动课程中，玩中学的学习方式与品德提升是密不可分的。通过玩中学，学生可以激发学习兴趣，形成真实体验与情感共鸣，培养团队合作和社交能力，以此促进他们的品德提升和全面发展。

第一节　课程背景

以玩中学为教育旨趣的红色研学活动课程开发，有三个方面的主要背景。一是学校在红色研学旅行教育方面的历史积淀，从 2016 年起，学校就将红色研学作为常态的活动课程。二是新时代红色研学课程实施对儿童品德成长具有重要意义，在传统的红色研学中加入游戏元素，能更加有效地达成德育教学目的。三是对国内红色研学活动课程开发已有经验的充分运用以及对不足之处的积极改进，以现代教育以人为本的教育精神来改良和促进德育活动课程的开发。

一、学校在红色研学旅行教育方面的历史积淀

"学而时习之不亦说乎"（《论语·学而》），"习"绝非坐而论道，而是不断实践的意思。古人游学之风盛行，既要读万卷书，又要行万里路，春秋时期孔子周游列国是中国最早的研学旅游，堪称世界研学旅游的先师和典范。因此，从古至今，研学始终是一项可以带领学生在思中游、游中学、学中悟的课外实践活动，且以行走的"活"课堂来实现育人的目标。2016 年之前，学校以春游、秋游的形式开展游学活动，主要是游玩看世界、看风景的课堂外的拓展活动。2016 年，根据《推进中小学研学旅行的意见》的指示，学校将研学旅行概念全新推进，近几年，根据学生的认知特点和心理发展，扎实开展了有益于学生成长发展的研学旅行。

当前，红色研学就是以红色文化的学习和红色精神文化的传承为研学目标和内容，同时结合研学旅行的要求而形成的研学活动，以其所具有的凸显爱国主义教育、

革命传统教育和现代建设成就等丰富的红色教育资源，成了研学旅行的重要组成部分。它对于促进学生感受祖国大好河山，感受革命光荣历史，形成正确的世界观、人生观、价值观起到了积极作用，也因此成了学校德育的新领地。2016年，教育部联合11个部委出台的《推进中小学研学旅行的意见》，也将红色研学旅行放在了重要的位置。

浙江上虞是一个历史悠久的城市，其红色文化历史尤为丰富，有上虞红色革命历史博物馆、浙东新四军北撤会议旧址、叶天底故居等红色革命教育基地，从了解家乡的红色文化开始，通过研学旅行的方式重走革命之路，重温红色精神，让学生在传承红色基因中健康成长。

二、新时代红色研学课程实施的目的和意义

新时代红色研学活动课程实施的目的有三个。首先，从教育学维度解读，研学旅行是一种三位教育活动，围绕自然、人与社会、人与自我三条线索展开，把教育的场所由封闭的学校引向开放的大自然和社会，对自然和社会进行观察、研究和体验，在这个过程中学生也得到了自我发展。其次，红色研学旅行和单纯的旅游不同，研学旅行者在旅行中观察、学习、研究、实践，是有目的、有计划的校外教育活动，是一种以游相伴、以学为主的旅行。研学旅行把旅游、学习、研究和实践有机统一起来，在旅游中学习，是全面推进中小学素质教育和提高学生核心素养的重要途径。红色研学以实地踏勘、实践参与的途径转变课堂形式，通过"沉浸式"体验，情景式教学实现教学目标和教育意义。再次，红色研学旅行也是一种以团队生活为形式，学生从事创造性、娱乐性和教育性的体验活动，不仅增长了学生的实践能力、交往合作能力，也有助于践行和培育学生的社会主义核心价值观和爱国精神。

新时代红色研学活动课程实施的意义在于，红色研学以红色教育资源为重要载体，旨在通过探究式学习的方式，帮助学生在研学过程中感受红色内涵，根植家国情怀。可以说，它是核心素养落实的重要载体。学校在开发红色研学课程时，立足区域红色教育资源，以主题项目化的形式开展红色旅行，鼓励学生通过研究性学习体验，让红色基因扎根内心，将爱国情怀融入血液中，落实核心素养的培养，充分认同自己的身份，激发爱党、爱国、爱家的意识和行动，让学生从小铭记历史，立志做新时代的奋斗者和追梦人。

三、国内红色研学课程开发的已有的经验与不足

国内红色研学活动课程开发已经有了很多值得借鉴的经验。如嘉兴具有丰富的红色资源，包括南湖红船、南湖革命纪念馆、南湖初心邮局等几十个红色基地、场馆。学校立足嘉兴实际，以不同的红色文化资源，抓住课程的四个关键要素，开发了红色知、意、行三大课程内容。开发校本课程内容，力求以行走的"红色课堂"实现以史育人、以文化人、以情动人。江西井冈山拥有深厚而独特的红色文化教育资源，在发展红色研学课程方面具有得天独厚的优势。为提升学生的红色革命精神，江西开展了红色研学课程，依托井冈山的独特红色历史遗迹，开展红色教育课程，以唤醒青少年的革命精神。

但是，目前红色研学活动课程的开发还存在不足。首先，研学课程形式单调，形式过于侧重参观浏览，学生的主体性和活动的体验性没有得到兼顾，注重"游玩"，并没有真正实现"玩中学"、知行合一的研学意义。其次，学校大多以宣讲、红歌形式来解读红色精神，借助课堂和校内活动等力量引导学生学习红色文化，模式单一且没有实践性，使学生无法与生活实际相结合，无法激起学生的兴趣和参与感。最后，大部分学校的研学课程以促进学生的核心素养发展为主，不太关注课程设计中对教师专业成长的发展意义。

四、"玩中学"式红色研学活动课程的实施意义与创新之处

以玩中学的方式组织实施红色研学的意义和创新之处在于突破传统的单调参观浏览模式，注重学生的主体性和活动的体验性，实现知行合一的研学意义。通过创新的研学活动设计和教学方式，可以激发学生的兴趣和参与感，使他们更深入地体验和理解红色文化的内涵。

首先，以玩中学的方式组织红色研学活动能够提供更多实践性的机会。通过参与各种互动活动、角色扮演、实地考察等形式，学生可以身临其境地感受历史事件的发生和红色精神的传承。这种实践性的学习方式可以增强学生的参与度和理解力，并促使他们将所学的知识与现实生活相结合。

其次，以玩中学的方式组织红色研学活动可以激发学生的创造力和思维能力。通过设计一些富有挑战性和互动性的任务和游戏，可以培养学生的创新思维、解决问题的能力以及团队合作精神。学生在这样的环境中扮演积极角色，能够更加主动地思考和学习，提高他们的学习效率和综合素质。

再次，以玩中学的方式组织红色研学活动可以促进教师的专业成长和发展。教师在设计和组织这样的活动过程中需要不断更新自己的教学理念和方法，不断提高

自己的专业水平。同时，教师还需要善于引导学生，发现学生的潜能和需求，为他们提供个性化的学习支持。这样的活动形式能为教师提供更多专业成长和发展的机会，提升他们的教学能力和专业素养。

总的来说，以玩中学的方式组织实施红色研学活动能够充分融合学习和游戏的元素，从而激发学生的兴趣和参与感，提高他们的学习效率和素质。这种创新的方式也能促进教师的专业成长和发展，进一步提高研学活动的质量和影响力。

第二节 实施方案

以玩中学为旨趣的红色研学活动课程实施方案主要有课程目标、课程定位、课程资源和组织保障四个方面。

一、课程目标

（一）总目标

通过红色研学了解上虞红色文化、红色革命知识和革命英雄故事，并在研学实践中通过游戏活动培养学生关键能力、创新能力、抗挫折能力、生存能力，磨炼学生意志品格，体悟幸福生活的来之不易。

（二）学生发展目标

红色研学课程能激发学生爱国情怀，增强集体观念、合作精神和社会责任感，帮助学生树立良好的社会主义核心价值观。

1.爱国主义意识：通过红色研学，可以深刻认识到祖国的强大和伟大，了解家乡上虞的红色文化，培养强烈的爱国主义意识。

2.革命传统教育：通过红色研学，能够让学生更好地了解中国革命的历史进程，革命先辈的事迹和精神，汲取英雄的精神。

3.团队合作和责任意识：研学需要集体完成任务，需要团队协作，通过研学活动，可以培养学生的团队合作精神，提高集体意识和协作能力、独立思考能力和责任意识。

（三）教师发展目标

更新教育观念，充分发挥研学旅行的育人功能，通过红色研学，锤炼品格、升华思想，成为塑造学生灵魂的精神导师。也让教师在旅行过程中，拓展教学事业，全面了解学生的兴趣和需求，扎实落实"立德树人"的育人目标。更能让教师培养团队合作和沟通能力。加深与学生的交流和合作，同学生拉近距离。

（四）学校发展目标

将"红色文化"充分融入学校德育教育中，让红色研学充分发挥实践育人功能，秉持"在环境中育人"的思想，通过情景式实践体验培养学生的爱国主义和红色基因传承，实现学校"活"教育的理念和目标。

二、课程定位

（一）作为"五育"课程的定位

2018年全国教育大会提出，努力构建德智体美劳全面培养的教育体系，把立德树人融入思想道德教育、文化知识教育、实践教育各环节。小学阶段的学生心智发展还不够成熟，但可塑性极强，德育就显得尤为重要，学校立足上虞红色文化，充分利用红色教育基地，深挖红色资源，开展校本红色研学，通过深度体验，以文化人，知行合一，以德育人。充分结合学校教育和校外教育，促进书本知识和生活经验的融合，实现实践育人，德育浸润童心。

（二）作为"活动"课程的定位

学生发展核心素养，主要指学生应该具备的，"能够适应终身发展和社会发展需要的必备品格和关键能力，研究学生发展核心素养是落实立德树人根本任务的一项重要举措，也是适应世界教育改革的发展趋势"。[①] 中国基础教育的主要问题，在于对书本知识的过度关注和对体验、活动，对社会实践的相对冷漠。而在大力倡导培养学生红色文化素养的背景下，利用研究学习和旅行相结合的形式，并以较为放松的学习方式让学生产生浓厚的兴趣，培养自主学习能力和探索研究能力，以红色文化为载体，引导学生形成正确的世界观、人生观、价值观，提高学生的红色文化核心素养。

（三）作为"玩中学"课程的定位

研学旅行课程与传统课堂有所不同，其表现为以下方面：

1. 开放性

研学旅行课程超越知识体系和时空限制，面向学生整个生活世界，课程的主题内容是弹性和开放的，课程的实施和评价也是开放的，强调研学活动过程中学生丰富的体验和个性化的表现，培养学生的创新精神和独特人格。

---

① 《中国学生发展核心素养》总体框架正式发布 [J]．上海教育，2016(27)：8—9.

2. 综合性

主题的设计和实施体现个人、社会、自然的深度融合，体现人文、科学、工程、艺术、道德的有机统整。

3. 自主性

充分考虑学生的兴趣和爱好，尊重学生的个性，强调过程中学生自主意识和能力的培养。

4. 趣味性

活动设计充分尊重学生的兴趣爱好，活动形式丰富多彩，增强趣味性和体验性，提高学生参加研学旅行活动的积极性，充分实现"玩中学"的研学意义。

三、课程资源

充分利用上虞区域红色教育资源，设计研学路线，以"上虞党史陈列室、浙东新四军北撤会议旧址、叶天底故居、永和馆（上虞县民主政府旧址）、许岙战斗纪念馆、浙东新四军后勤基地纪念馆"六大红色基因场馆为主阵地串起上虞红色基因研学之旅。

四、组织保障

成立课程开发与实践小组。由校长任组长，分管副校长任副组长，注重创新，兼顾特色，统筹推进工作。各部门明确职责，密切协作，全力做好课程实施与全面加强保障工作。

（一）学校主导，集中组织实施

学校可以利用课内课外时间、周末等时段，按照分年段、分班级的思路，就近对接当地的实践教育基地，由专门的指导老师负责，带领学生外出研学。

（二）学校指导，分散组织实施

学校专门制作研学旅行指导手册，鼓励家长利用寒暑假等时间，以亲子游的形式开展研学，以自由组合的方式，带领学生开展研学旅行活动。

第三节　内容设计

"玩中学"红色研学课程设计根据教育基本原理和学生身心发展的规律展开，以立德树人为根本任务，准确把握原则和路径。同时，通过对相关要素的分析，在红色研学过程中纳入游戏元素，构建玩中育德的活动课程新模式。

一、前期准备

（一）设计依据

"玩中学"红色研学课程的设计依据主要结合研学教育和红色教育的理念和要求。以下是设计该课程的一些基本依据：

1. 研学教育理念

研学教育强调学生通过实践和探究来获取知识和经验，注重培养学生的主动学习能力和综合素养。在"玩中学"红色研学课程中，课程设计将结合红色教育元素，在研学的基础上融入红色文化和革命历史，使学生通过实践了解和感受红色文化和先辈们的奋斗精神。

2. 红色教育要求

红色教育是指通过学习和传承革命历史和红色文化，培养学生的家国情怀、报国志向和社会责任感。在"玩中学"红色研学课程中，设计围绕红色教育的核心要求，如传承革命精神、热爱祖国、树立正确的价值观等，通过特定的活动和体验让学生深入了解红色历史和英雄事迹。

3. 多样化教学方法

为了增强学生的参与度和学习效果，教师可以采用多样化的教学方法，如实地考察、小组合作、艺术创作等。通过不同的方法和形式，激发学生的兴趣和好奇心，提高他们的学习积极性和自主性。

4. 红色资源和场景利用

设计课程时要充分利用红色资源和场景，如红色革命纪念馆、革命遗址、纪念碑等，创造浸入式的学习环境，让学生亲身感受红色历史的独特魅力。

（二）设计原则

1. 坚持教育性

紧紧围绕立德树人的根本要求，坚持以人为本，遵循学生身心发展与教育规律，根据不同学生的个体差异合理安排研学旅行，既要让学生学习文化知识，又要提高研学旅行的趣味性。

2. 注重时代性

充分领会新时期国家发展对人才培养的期望与要求，着重体现革命文化教育，保持与时俱进。

3.强化民族性

努力把核心素养植根红色文化的历史土壤,落实社会主义核心价值观的基本要求。

（三）研学路线

红色研学活动课程主要围绕地方六大红色教育基地展开，即六大点位：

点位1：上虞党史陈列馆

点位2：浙东新四军北撤会议遗址

点位3：叶天底故居

点位4：永和馆（上虞县民主政府旧址）

点位5：许岙战斗纪念馆

点位6：浙东新四军后勤基地纪念馆

二、设计思路

红色研学活动课程主要分为四个阶段，设计思路围绕这四个阶段展开。

（一）课前准备阶段

引入红色研学主题：介绍红色研学活动的目的和意义，激发学生对红色历史和英雄事迹的兴趣。

研究地点介绍：向学生介绍上述六个红色研学地点，包括历史背景、相关事件和人物等。

（二）实地考察阶段

点位1：上虞党史陈列馆

点位2：浙东新四军北撤会议遗址

点位3：叶天底故居

点位4：永和馆（上虞县民主政府旧址）

点位5：许岙战斗纪念馆

点位6：浙东新四军后勤基地纪念馆

在每个点位，学生可以跟随导游或教师的引导，参观展览、纪念馆、遗址等，了解红色历史和英雄人物的事迹和背景。

（三）活动体验阶段

角色扮演体验：学生分组扮演各个历史人物，通过情景再现，体验历史事件和英雄事迹。

创意表达活动：学生根据所见所闻，用绘画、写作、表演等方式，表达对红色历史的理解和感悟。

团队合作活动：学生分组完成一项与红色研学相关的任务，如设计一个展览、制作一份红色历史手册等。

（四）总结回顾阶段

团队分享和展示：每个小组展示他们的创作成果、角色扮演表演等，分享彼此的学习收获和体验感受。

思考讨论：引导学生回顾整个研学过程，思考红色历史的意义和对他们的影响，激发他们对历史与现实的思考。

三、主要内容

课程内容设计以"游"为关键，让学生走访参观，投入真实情景，重温革命历史。并以"研"为重点，让学生开展调查研究，资料收集等方式，实现学有深度、学有厚度、学有宽度。具体以"玩中学"为最终目标，将体验性和实践性相结合，引导学生积极参与研学活动，从而学习红色文化，体悟红色精神。（表1-1）

表1-1 红色研学实践活动计划表

研学主题	"追寻红色足迹传承红色基因"研学实践活动
研学目标	1. 继承和弘扬革命精神和理想信念，丰富艰苦奋斗的内涵，将崇高理想与现实学习、生活统一 2. 通过"追寻红色足迹传承红色基因"研学实践活动激发学生的爱国热情和对大自然的认识与热爱 3. 将爱国主义教育、地域文化教育紧密结合，培养学生的社会主义核心价值观；帮助学生树立正确的世界观、人生观、价值观，做一名有理想、有信仰的时代新人和共产主义接班人 4. 培养学生的参与、体验、创新、实践等研学习惯
研学线路	"党史"研学路：上虞党史陈列馆—浙江新四军北撤会议旧址—叶天底革命纪念馆—永和馆（上虞县民主政府旧址）—许岙战斗纪念馆—浙江新四军后勤保障基地纪念馆
研学地点	上虞党史陈列馆展示了自1926年7月建立中共上虞独立党支部以来，上虞人民在中国共产党的领导下，艰苦探索、改革创新、锐意进取的光辉历史。党史馆陈列了"土地革命战争时期""抗日战争时期""解放战争时期""社会主义革命和建设时期""改革开放新时期"等各个时期的上虞党史展板，整个陈列室主要以图片、文字和实物的形式，分新民主主义革命时期（解放篇）、社会主义革命和建设时期（探索篇）、改革开放时期（奋进篇）三个篇章，表现了党在上虞的奋斗历史，展示中共上虞地方组织的光辉历程及重大党史事件、重要党史人物活动
研学时间	第一天上午
研学任务	1. 参观上虞党史陈列馆，在上虞陈列馆中，学生聆听讲解员的详细讲解，参观过程中，认真听，随时提问，深入了解上虞地方党组织的光辉历程、重大党史事件、重要党史人物活动及产生的深远意义 2. 撰写"我心中的上虞"小故事，既可以写一写对于革命时代上虞的感受，也可以写一写现在上虞的变化和未来的设想

续表

研学主题	"追寻红色足迹传承红色基因"研学实践活动
研学地点	浙东新四军北撤会议遗址坐落于丰惠镇世济弄7号，为上虞区文物保护单位。这里曾经是中共浙东区党委和新四军浙东游击纵队司令部机关的驻地。民国34年（1945年）9月23日，中共浙东区党委扩大会议在此举行，会议决定奉中共中央指示北撤，并部署北撤后工作
研学时间	第一天下午
研学任务	1. 参观浙东新四军北撤会议遗址，跟随讲解员参观，了解这段革命历史的重要意义 2. 拍一拍浙东新四军北撤会议的具体线路，并画一画"我心中的英雄"的绘画作品，致敬英雄 3. 自制一顿红军饭，深刻体会幸福生活来之不易和革命时代的艰苦
研学地点	叶天底故居，位于上虞区丰惠镇虞光村，始建于清代中晚期，是革命烈士叶天底的老宅 叶天底（1898—1928年），中共上虞党组织创始人，也是我党早期活动家 著名学者钱君匋题写"叶天底烈士纪念碑"。明间檐柱挂有"为有牺牲多壮志，敢教日月换新天"一副。室内辟做展室，布置有《叶天底烈士生平事迹陈列》。故居前面有一天井，正中树立"叶天底烈士纪念碑"一方
研学时间	第二天上午
研学任务	1. 参观叶天底故居，了解叶天底生平故事，感受英雄的伟大 2. 以小组为单位，合作分工，有感情地读一读烈士书信 3. 以情景剧的形式来表演叶天底一生，感受英雄的气概和伟大的一生 4. 化身一名小记者，采访一下叶天底的亲人，通过访问的形式，了解更多关于叶天底烈士的故事
研学地点	永和馆（上虞县民主政府旧址）是依托于上虞县民主政府永和旧址改造而成，一度是上虞县抗战的政治中心，同时作为新四军浙东游击纵队的重要活动据点，集中展现了永和"红色古镇"的特点
研学时间	第二天下午
研学任务	1. 游玩参观上虞县抗日政府诞生地——永和镇，以小组为单位，拍摄"红色永和"的照片，去发现永和镇上的红色元素和文化，然后分享交流 2. 穿上红军服，开展一次红军体验之旅的拓展活动
研学地点	在中华人民共和国成立70周年和庆祝上虞解放70周年之际，许岙战斗纪念馆新馆正式落成开馆。位于浙江省绍兴市上虞区岭南乡，展厅内以"讨田战役"为主体，以时间为轴，通过场景、实物、文献资料重新组合和建构，真实、立体地还原了当年许岙战斗中军民同仇敌忾、团结一致、英勇杀敌的壮烈场景，为上虞区开展爱国主义教育提供了丰富生动的教材
研学时间	第三天上午
研学任务	1. 参观许岙战斗纪念馆，认真观看馆内的视频，了解革命故事 2. 在许岙战斗纪念碑前默哀献花，亲身体验射击、投弹、骑行等互动式活动，感受战斗的激烈 3. 在家中用轻黏土制作英雄雕塑，致敬英雄
研学地点	浙东新四军后勤保障基地纪念馆于2013年6月落成开馆，纪念馆分为三个展厅，通过图片、文字、实物、场景模拟等展陈方式，分述了"建立支部点燃火种""开辟基地支援抗日""坚持斗争迎接解放""为国捐躯永垂不朽""继承传统奋斗不止"五大篇章，生动还原了当地军民在抗日战争和解放战争时期斗争的热血场景
研学时间	第三天下午
研学任务	1. 通过VR全景形式回顾陈溪人民在抗日战争时期进行的光荣革命和生产斗争 2. 穿上红军服，开展救助伤员演练、手榴弹投掷等活动 3. 成为一名小小讲解员，将三天研学中某一个地点拍摄成一个红色研学视频

四、游戏设计

结合游戏要素，在设计红色研学课程的游戏活动时，充分考虑生动性、趣味性和生活性要求，设计了六大游戏主题：

（一）角色扮演

创建一个虚拟的历史情景，让学生扮演具有红色背景的角色，亲身体验历史事件，感受红色精神的力量。

红色故事角色扮演游戏指南

1. 确定角色和情景

根据红色历史和相关事件，选择相应的角色进行扮演，可包括革命家、红军战士、党员、普通群众等。

设定情景和事件，以便让学生在游戏中体验历史背景和英雄事迹。

2. 分配角色和介绍任务

将学生分组，每个小组担任不同角色并扮演相应的情景。

为每个角色分配任务和目标，让学生明确自己在游戏中的角色定位和目标。

3. 游戏规则和时间控制

设定游戏规则，例如行动轮次、约束和行为规范等，使游戏有秩序地进行。控制游戏时间，保证每个小组都有足够的时间完成任务和展示。

4. 模拟角色行动与交流

学生通过角色扮演，模拟红色历史中不同角色的行动和交流。学生可以进行对话、辩论、合作、传递信息等，以探索角色在历史事件中的角色与影响。

5. 提供支持和引导

教师可以担任导师或游戏主持人的角色，为学生提供必要的支持和引导。教师可以通过提问、提示和反馈，引导学生思考和深入探索角色的心态、动机和思维方式。

6. 游戏总结与反思

游戏结束后，组织学生进行总结和反思，让他们分享在游戏中所体验到的情感、思考和认识。引导学生思考游戏中的角色与现实的联系和意义以及红色历史对个人和社会的影响。

通过角色扮演游戏，学生能够更深入地理解和体验红色历史中的人物、事件和背景，增强对英雄事迹的感知和理解，同时培养学生的合作、沟通、解决问题的能力，激发他们对历史与现实的思考和思维。

（二）寻宝游戏

设计一系列线索和任务，学生需要通过解谜和寻找线索的方式，找到隐藏在场景中的红色文物或红色地标。这样的游戏可以激发学生的探索欲望和解决问题的能力。

红色场景寻宝游戏指南

1. 确定寻宝主题

在红色研学的背景下，确定一个与红色历史相关的寻宝主题，如在永和纪念馆寻找红军留下的宝藏、寻找某个英雄的文物（由教师设计）等。确定寻宝的目标和任务，让学生明确他们需要找到的物品或信息。

2. 设计线索与谜题

设计一系列线索和谜题，指引学生找到下一个目标地点或获取新的信息。线索可以通过文字、图像、密码等形式呈现，增加寻宝的趣味和挑战。

3. 划定寻宝范围

根据游戏的时间、场地和安全性等因素，划定学生的寻宝范围，可以是校园、博物馆、红色遗址等。需要确保游戏场地安全，并在寻宝范围内设立目标地点和隐藏线索的地方。

4. 组织学生寻宝

将学生分组，每个小组负责一次寻宝任务。学生根据线索与谜题，在规定的范围内前往目标地点，并找到相应的信息或物品。

5. 进行回顾与分享

在寻宝结束后，组织学生回顾寻宝过程，分享彼此的发现与心得。引导学生思考红色历史与寻宝主题的关联，深入探讨历史背景和人物故事。

通过寻宝游戏，学生能够以互动、探索的方式参与红色研学活动，培养他们的合作能力、解决问题能力和推理能力。同时，寻宝游戏提供了一种趣味性与激励性的学习方式，能增加学生对红色历史的关注和学习的兴趣。重要的是，教师应确保寻宝游戏的安全，并适当引导学生在游戏过程思考和反思，提高他们对红色历史的认知水平和思考能力。

（三）模拟战斗

针对某个历史战役或突出的红色事件，设计模拟战斗游戏，让学生根据历史背景和策略规划进行战斗演练。这样的游戏可以帮助学生更好地理解历史事件和红色精神的意义。

在红色研学中开展模拟战斗游戏需要谨慎考虑。因为战斗游戏涉及暴力和冲突的元素，需要保证游戏的安全性和教育性。

红色研学模拟战斗游戏指南

1. 设定明确的游戏目标和规则

确定游戏的目标，如模拟红军与敌军的战斗、红军突围等，目的是通过游戏体验学习红军的战斗策略和英勇精神。

设定游戏规则，包括游戏时间、安全规范、游戏区域和武器使用等。确保游戏过程中的安全性和秩序。

2. 使用安全的游戏道具和装备

不使用真实的武器和军事装备，可以设计和制作安全的战斗游戏道具，如红军帽子、红军标志等，以增强游戏的真实感。

使用软质道具代替硬性道具，以减少潜在的危险和伤害。

3. 强调合作与团队精神

鼓励学生以组队形式参与战斗游戏，培养团队合作精神。

强调游戏过程中的策略规划、沟通和团队配合的重要性。

4. 进行游戏前的安全指导

事先向学生详细介绍游戏的规则和安全指导，确保学生理解游戏边界和安全行为。

告知学生战斗游戏是模拟性质的，不允许真实攻击和伤害，强调游戏的友好性和教育性质。

5. 进行游戏后的反思和讨论

游戏结束后，组织学生进行反思和讨论，引导他们思考模拟战斗游戏对红色历史的理解和感悟。引导学生思考红军战斗的意义和传承价值以及如何将红军精神应用到实际生活中。

重要的是，教师在开展模拟战斗游戏时要确保学生的安全，并加强监督和指导。游戏本身应该注重教育性质和团队合作精神，以培养学生的红色历史认知和道德品质。

（四）艺术创作

鼓励学生通过绘画、音乐、舞蹈等方式来表达自己对红色主题的理解和情感。可以组织红色主题的艺术展览或演出，让学生展示自己的创造力和表演技巧。

红色主题艺术创作游戏指南

1. 主题选择与说明

选择与红色历史或英雄故事相关的主题，如红色革命精神、英雄事迹、红军生活等。

详细说明游戏的目标和要求，如以绘画、雕塑、音乐、写作等形式创作艺术作品，表达对主题的理解和思考。

2. 提供参考资料与讲解

提供相关的红色历史资料、图片、视频等素材，用于学生了解和参考。讲解相关的艺术技巧和表达方式，激发学生的创作灵感和想象力。

3. 分组合作与个人创作

学生可以分组进行合作创作，也可以个人创作，根据自己的喜好和创作方式选择参与方式。鼓励学生相互交流与合作，分享想法和创作过程，培养团队合作精神。

4. 提供艺术材料与工具

提供学生所需的艺术材料和工具，如画笔、画布、纸张、彩色笔、乐器等，确保学生有足够的资源进行创作。

5. 展示与评选

在创作完成后，组织学生进行作品展示，让他们相互欣赏与交流。可以设立评选机制，评选优秀作品，并给予鼓励与奖励。

6. 总结与回顾

引导学生总结创作的过程和所表达的意义，思考红色历史与艺术创作的关联。组织学生进行回顾与讨论，分享在艺术创作中的体验与感悟。

能够在红色研学过程中开展的游戏还有很多，学校可以根据自身的实际情况依以上指南为蓝本组织开展，也可以开发新游戏。通过以上的游戏活动设计，可以使红色研学课程更具活力和趣味性，激发学生的兴趣和参与度。同时，这些活动也能够促进学生的综合能力和素质发展，使他们更深入地理解和传承红色精神。

第四节 课程实施

一、多维度综合确定研学主题

研学的发展目标和实施方案都需要建立在一个明确的活动主题上，因此主题的选择就是课程实施的首要内容。

在确定红色研学课程的主题时，可以考虑以下几个要素：

（一）根据学生需要来明确主题

明确学生的学习目标和需求，如增强爱国主义意识、了解革命历史、培养团队合作等。从学生的需求出发，选择一个能够满足他们学习和成长需求的主题。

（二）根据历史事件和人物来明确主题

选择与红色革命历史相关的事件或人物作为主题，如中国共产党的建立、抗日战争中的英雄事迹、社会主义革命的历史进程等。这些历史事件和人物能够引起学生的兴趣，并帮助他们更好地理解红色研学课程的内容。

（三）根据地方特色和资源来明确主题

考虑当地的地方特色和资源，选择能够展示红色历史和文化的主题。这可以包括当地的红色遗址、纪念馆、革命教育基地等，通过实地参观和实践活动，让学生身临其境地感受红色历史。

（四）跨学科整合中明确主题

考虑将红色研学课程与其他学科进行整合，促进跨学科学习。例如，将红色历史与语文、美术、音乐等学科相结合，让学生在多个领域获得更全面的学习体验。

（五）根据时事热点来确定主题

根据社会的发展需求和价值观引导，选取能够培养学生社会责任感、公民意识和创新精神的主题。例如，讨论红色精神在当今社会中的现实意义，使学生明白红色历史对于塑造当代社会的重要性。

二、整体设计学习目标

确定主题之后，还需要依据主题来设计学习目标，注重目标的整体性，不能偏颇。

（一）知识目标

明确学生应当掌握的红色革命历史知识，包括相关事件、人物、发展脉络等。例如，了解中国共产党的起源和发展历程，熟悉红军长征的经历和意义等。

（二）情感目标

培养学生的爱国主义情感、责任感和关爱他人的意识，激发他们对红色革命历史的敬意和热爱。例如，通过学习革命先烈的事迹，让学生明白他们的牺牲精神和为国家和民族奋斗的伟大意义。

（三）思维目标

培养学生的批判性思维、分析能力和逻辑思维，在学习红色研究课程过程中，让他们能够准确理解和解读相关的历史文献和资料，形成独立思考的能力。

（四）价值观目标

引导学生树立正确的价值观，包括社会主义核心价值观、团队合作和公民意识等。例如，通过学习红色历史，引导学生形成崇尚正义、追求进步、服务社会的积极价值观。

（五）技能目标

培养学生的实践和调研能力，让他们能够运用所学知识开展相关的红色研学活动。例如，组织学生参观红色遗址、进行纪录片拍摄、开展小组研讨等，培养学生的实践能力和团队合作能力。

三、确定教学内容和活动安排

确定红色研学课程的教学内容和时间安排时，可以考虑以下几个要素：

（一）根据选定的主题，确定需要教授的相关知识内容

这可以包括历史事件、人物事迹、政治背景、社会环境等方面的内容。确保教学内容具有系统性和连贯性，帮助学生全面理解红色历史。

（二）实践活动和实地考察

安排与主题相关的实践活动和实地考察，让学生亲身体验和感受红色历史。这可以是参观纪念馆、红色遗址，与红色英雄后代交流，举办红色主题讲座等。确保活动能够增加学生的互动和实践参与，提高他们的学习兴趣和体验。

（三）学习资源和教具准备

准备相关的学习资源和教具，包括红色历史文献、图片、视频、模型、PPT 等。这些资源可以用于课堂教学、小组研讨和学生自主学习。确保教具的多样性和实用性，有效地支持学生的学习。

（四）课程时间和安排

根据教学内容的数量和深度，合理安排课程时间。可以根据需求和学校课程表的安排，分为多次课程或集中性课程。在时间安排上要考虑留出足够的时间进行活动、

实地考察和小组探讨。

四、分配任务和角色

根据主题，在活动课程的实施过程中分配学生的游戏任务和角色，如讲解员、研究员、团队组织者等，让学生在实践中深入了解和探索主题内容。

五、实施评估和反馈

（一）观察和记录

通过观察学生在课堂上的表现，包括参与度、表达能力、合作精神等方面，记录他们的学习状态和积极参与程度。

（二）个案研究

针对个别学生进行个案研究和观察，了解他们在红色研学课程中的学习情况和成长进步，包括知识理解、情感认知、实践能力等方面。

（三）小组讨论和互动

组织学生进行小组讨论、合作项目研究等活动，通过观察和参与其中，了解学生在合作中的表现和互动情况。

（四）书面作业和问卷调查

布置与红色研学课程相关的书面作业，如写作、报告、反思等，通过评阅作业来了解学生对所学知识和体验的理解。此外，还可以设计问卷调查来征求学生的反馈意见和建议。

（五）学习成果展示

组织学生展示他们在红色研学课程中的学习成果，可以是口头报告、展览、演讲等形式。通过展示，可以评估学生对所学知识的理解和运用能力。

（六）反馈和指导

根据评估结果，及时给予学生反馈和指导，让他们了解自己的优势进步和需要改进的方面。同时，提供具体的建议和支持，帮助学生进一步提升学习能力和红色研学的体验。

实施案例

参观叶天底故居，了解红色先锋故事

活动目标：

1. 学生通过实地参观，了解叶天底烈士的历史故事，感受英雄的红色革命精神，

激发学生的爱国热情和责任感。

2. 学生通过小组合作，团队出行研学，提高学生自主参与能力，跳脱出课堂，增强学生的团队合作和沟通能力，安全能力和实践能力。

3. 通过情景剧表演等形式，在培养学生创新能力的同时，让其更好地感受红色文化，感受英雄伟大的一生，培养爱国主义情感。

活动内容：

1. 参观叶天底故居，了解叶天底烈士的生平事迹，感受英雄的伟大。

2. 以小组为单位，合作分工，有感情地读一读烈士的书信。

3. 化身一名小记者，采访一下叶天底的亲人，通过访问的形式，了解更多关于叶天底烈士的故事。

4. 以情景剧的形式来演绎叶天底的一生，感受英雄的气概和伟大的一生。

5. 研学拓展，观看上虞自制电影党课《共产主义的上虞回答》，分享观影感受。

6. 研学总结，写下最大的收获。

活动时间：一天

活动对象：高年级学生

活动流程：

8:00—8:30 学生集合出发。

学生统一着装，在老师的带领下，从学校出发前往叶天底故居开展红色研学活动。

8:30—9:30 学生到达并参观故居。

学生通过参观叶天底故居，带着叶天底研学任务单进行参观学习，并在讲解员老师的讲解中，了解叶天底烈士更多的英雄故事。

问题1：叶天底故居的布局是怎么样的？

学生1：通过实地参观，发现故居是一栋面宽三间的二层楼房，占地面积约200平方米，坐北朝南。故居前面有一天井，正中树立"叶天底烈士纪念碑"一方。

学生2：故居虽然看起来是有点老旧，但一直被维修得很好，我通过故居的管理员了解到，叶天底烈士的故居在1987年由政府出资进行维修。并且在参观的过程我们要做到不破坏，不涂鸦，要对故居遗迹保护。

问题2：叶天底烈士伟大的一生，是怎么样的呢？

学生通过故居墙面上的一些叶天底烈士的记载文字中了解并总结：

叶天底（1898—1928），原名叶霖蔚，1898年在上虞谢家桥村出生，也就是从这里走向激情澎湃的"觉醒年代"。

1921年春，回家养病的叶天底，带回一批革命刊物和共产主义书籍，积极传播马克思主义，《共产党宣言》中文首译本就这样传到了上虞。

1923年底，叶天底加入中国共产党，以天为棺材盖，地为棺材底，自此改名为天底。

1926年7月16日，中共上虞独立支部成立大会召开，叶天底出任书记，上虞县第一个共产党基层组织诞生。

1927年叶天底被捕，面对敌人的威迫利诱，叶天底毫不妥协。1928年，叶天底英勇就义，年仅30岁。

随后同学们感叹道：叶天底一生只活了短短的30年，但这短暂的一生中，成为上虞革命斗争的领导核心。自此，人民革命斗争也随之在上虞这块古老的土地上蓬勃开展起来。

问题3：参观故居后，你对叶天底烈士哪句话感触最深？

学生1：叶天底烈士的那句"我决不愿跪着生，情愿立着死"，年轻的叶天底烈士勇敢且不畏牺牲的精神，令人佩服不已，作为新时代的少先队员，向他致敬。

学生2：叶天底烈士的"读书并不是专为文凭而读"让我感触颇多，他胸怀救国救民的崇高理想，为上虞革命贡献力量。让我明白，我要认真读书，但读书的目的是为学校、为社会、为国家去贡献自己的一份力量，而不只是拥有一张文凭。

9:30—10:30 有感情诵读烈士书信。

将学生分成3个小组，每个小组分工合作，首先认识叶天底的绝命书中文字并能熟读，因字体问题，同学们都很聪明将书信内容重新抄写了一遍。

内容为：

大哥：

我绝无生路，不死于病，而死于敌人之手。大丈夫生而不力，死又何惜！先烈之血，主义之花。但我最放心不下的母亲，希望你代我尽责抚养母亲。我决不愿跪着生，情愿立着死！

请你转告念先，他是幼年失了母亲的人，我的母亲是非常爱怜他的。我希望他，在我生时一样的看待我母亲。他现在既不能回上虞，又无处存身，我希望他投奔费德昭之处存身。李、罗二同志是最英雄、最忠实的同志。不要以我死而灰心，继续奋斗！因时间关系，不能多写，从此永诀！

你的弟弟最后一书信

天底

一九二八年二月三日

在练习的过程中，研学导师走过去观察，发现同学们为了能表达出更多情感，将信中的内容又做了一定的调查。最后也通过学生有感情地诵读，表达出叶天底烈士对母亲的牵挂和不舍，但为了中国革命事业，叶天底烈士还是英勇无畏，不怕牺牲。

10:30—11:00 采访叶天底烈士的亲属。

采访前学生合作提出了想要采访的话题：

故居管理员叶爷爷跟叶天底烈士是什么关系？

您为什么要亲自管理叶天底故居？

在您心中，叶天底烈士是怎样一位英雄？

学生在确认好采访的话题之后，随即派出了小记者进行了采访。通过访问，学生了解到故居管理员叶根法爷爷是烈士叶天底的侄孙，现已近80岁的高龄，他从小听家里长辈讲烈士的故事。

通过进一步了解，叶爷爷一直是义务看管，他希望用一颗红心让来参观的人们真切地感受到革命精神的传承。当然，在爷爷的心中，他认为叶天底烈士的英勇牺牲，虽令人感到痛惜，但为了革命的胜利和上虞的未来，叶天底就是一名先锋，一位英雄。

11:00—12:00 学生进行午餐和简短的休息。

12：00—13：00学生进行情景剧表演。

经过上午的参观研学、访问等形式，学生已经基本了解叶天底烈士的伟大一生。情景式的表演，可以让学生通过饰演叶天底烈士等角色，在自己设计每一句台词中，演绎出叶天底的红色精神和英雄气概，展现出英雄人物的榜样力量，并在表演中学习先锋人物，培养爱国主义精神。为此，我们设计了角色扮演游戏《送信者》，以革命烈士叶天底的《叶天底书信》为脚本，让参与者深入了解叶天底的精神和为人，同时感受那个年代的革命风云和艰辛。

课间小游戏

送信者

角色设定：

1. 叶天底：革命烈士，主角，富有正义感和牺牲精神。

2. 叶天底的朋友：同志，支持革命事业，同时也是关键的支持角色。

3. 场景设定：革命队伍，躲避追捕中，与同志进行秘密联络。

4. 任务设定：将重要情报传递给革命领导，同时避免被敌人发现。

游戏流程：

1. 分发角色卡片，让每个参与者了解自己的角色身份和任务。

2. 通过对话和互动，展现革命队伍的团结和纪律。

3. 参与者按照剧情要求进行游戏，可以通过对话和行动表达各自的角色特点和心境。

4. 设计密探角色，潜伏在队伍中，加大游戏难度。

5. 最后，根据游戏表现和角色发展，进行总结和反思，分享历史和红色研学的意义。

通过这样一个角色扮演游戏，参与者可以身临其境地感受革命时期的紧张氛围和英雄人物的精神。同时，也能够了解红色研学的目的，通过游戏互动的方式深入学习历史，加深对红色文化的理解和认知。

13：00—14：00观看上虞自制电影党课《共产主义上虞回答》，分享观影感受。

观看上虞自制红色电影党课《共产主义上虞回答》，时长40分钟，一节课的时间。

从红色电影中，让学生深入了解叶天底烈士，传承红色基因，弘扬民族精神。

学生1：《共产主义上虞回答》是一部很精彩的电影党课，一个个感人的故事呈现在我们的面前，正是因为有着像叶天底这样的英雄人物，才有我们如今幸福的生活。

学生2：看了电影，我们要珍惜现在来之不易的幸福生活，作为一名新时代的小学生，我们更要从小树立理想信念，努力学习，听党话，跟党走，成长为一个好少年。

14：00—15：00 研学总结。

1. 对此次《叶天底故居》研学活动进行评价。

2. 你在此次研学活动中收获了什么，成长了什么？写下你的收获和成长。

《叶天底故居》研学活动综合评价表

同学们，有意义的研学活动即将结束，在研学过程中请对自己在研学中自主管理能力和团队合作能力评价，评价方式为自我评价。 姓名　　　　　年级　　　　　　年龄 1. 活动中是否遵守活动安排，并能积极参与（请勾选）□是　□否 2. 活动中具有环保精神，安全意识，团队精神满意度（请勾选） 环保精神：□不满意，□较满意，□满意，□非常满意 安全意识：□不满意，□较满意，□满意，□非常满意 团队精神：□不满意，□较满意，□满意，□非常满意 3. 在活动中，你都做到了吗？做到了哪些呢？请勾选 □在公共场合讲文明，讲礼貌。 □在研学中关心同伴，热心助人。 □健康意识，不浪费粮食。 □遇到紧急情况，不慌乱。 □参观浏览时，爱护公物，遵守秩序。

15：00—15：30 一天研学结束，启程返校。

第五节　课程评价

一、评价目的

"玩中学"的红色研学课程评价目的以学生在德性上的成长，尤其是对革命人物的伟大事迹的精神认同为主要任务。具体来说，在红色研学活动课程对学生开展评价的目的在于：第一，培养爱国主义情感。通过学习红色研学课程，培养学生对祖国的热爱和对英雄人物的崇敬之情，增强学生的爱国主义情感。第二，培养历史意识。通过研学活动，使学生深入了解和体验革命历史，培养学生对历史的兴趣，激发学生对历史的思考和认识。第三，培养社会责任感。通过学习红色研学课程，使学生认识到自己是社会的一分子，培养学生的社会责任感。激发学生关心他人、关爱社会的意识和行动。第四，促进学生的身心发展。红色研学课程通常结合实地考察和实践活动，可以促进学生的身心健康和身体运动能力、观察能力和动手能力的发展，提升学生的综合素质。第五，塑造正确的价值观。通过学习红色研学课程，引导学生树立正确的历史观、价值观，培养学生正确的人生态度，塑造良好的行为准则。总的来说，评价的目的是全面了解学生在红色研学课程中的学习和成长情况，提供指导和反馈，同时也是为了促进学校、家庭和社会共同营造良好的教育环境，培养热爱祖国、有责任感、积极向上的新一代好公民。

二、评价原则

（一）多元评价原则

评价方法多样化，综合考查学生的知识掌握、实践应用、情感态度等多个方面的能力，以全面了解学生在红色研学课程中的发展情况。

（二）鼓励主体性原则

评价过程应鼓励学生的主动学习、主动参与和主动思考，注重发现学生的兴趣和优势，激发其内在动力，培养学生的自主学习能力。

（三）个性化发展原则

评价应注重学生的个体差异，避免简单的对比和机械的评价，要根据学生的实际情况给予个别化的反馈和指导，促进个体全面发展。

（四）培养实践能力原则

评价应注重学生的实践能力培养，关注学生在实际研学活动中的表现和成果，如参观访问、模拟活动、实地考察等，鼓励学生通过实践来探索和发现。

（五）综合素质发展原则

评价应关注学生的素质发展，包括学生的身心健康、社会责任感、创新思维能力等方面，注重培养学生的综合素质，促进其全面发展。

（六）学生参与原则

评价应让学生参与评价过程，鼓励学生对自己的学习和成长进行自我评价和反思，培养学生的自我认知和学习能力。

在评价过程中，教师应扮演好指导者和引导者的角色，注重引导学生的发展和进步，建立积极的学习氛围和互动环境，让评价成为促进学生发展的有益工具。

三、评价表

为了准确检测学生在红色研学活动中的学习成果，而不至于让学生仅仅为了游戏而游戏，我们根据"玩中学"的评价体系以及德育课程的具体特点制定了一套能够评价学生研学成果的量表（表1-2）。有专家认为，"学生是红色研学的主体，评价应从学生参与活动情况开始，评价方式由学生自评、小组评、教师评等，评价内容含显性成果和隐性成果，尤其应注重学生成长过程的隐性成果，对成果明显的学生予以授衔奖励。"红色研学的主体是学生，评价过程应当从学生的活动开始。在评价方式上，综合运用教师评价、学生评价以及小组评价等方式，尤其注重对学生隐形发展的评价，促进学生革命文化精神的发展。

表1-2　学生研学评价表

一级目标	二级目标	评价标准	自评	师评	家长评
关键能力	人文认知	在研学过程中了解上虞红色文化，学习上虞革命故事，感受英雄精神			
	探究学习	在研学实践活动中有探究精神，能自己解决问题，有创新能力和问题解决能力以及实践操作能力			
必备品格	学会共处	在研学中有团队精神，有合作领导能力			
	健康人格	在研学旅行中有良好的社会适应能力，养成不怕困难的意志品质			
核心价值	认识自我	学会正确认识自己，看到自己在研学过程中的缺点和不足，学会自我鼓励和接纳自己			
	爱国情怀	了解红色文化，有民族认同感和爱国主义精神，树立正确的社会主义核心价值观			

评价结果采用等级制：A 表示优秀，B 表示良好，C 表示合格

第六节　课程成果

红色研学活动课程的任务核心是让学生在革命文化学习过程中不断增强对中国共产党党史，以及共产党人伟大革命事迹的了解，知晓自己作为社会主义建设者和接班人所必须承担的历史责任，强化自立自强的道德观念，并通过协作学习的方式增进团队合作。真实的社会活动让孩子能够在现实时空中完成对历史的继承，锻炼时代需要的精神品格，如艰苦奋斗、自强不息、奋勇前进等。红色研学活动课程对

于儿童的精神成长和道德提升具有重要意义。

一、红色研学是行走的"活"课堂

与学校中的分科课程相比，红色研学旅行的重要意义在于让书本上的知识以更加"鲜活"的样态展现在学生面前。在分科课程中，学生在大部分时间里只能通过书本上的文字与图画来间接感受红色革命的伟大与崇高。这种教学方式容易让学生掌握历史事件，但是缺少培养学生对革命文化和革命先烈崇敬之情的作用，更缺少将今日的幸福生活与红色革命联系起来的能力。相反，红色研学旅行以活动课程的方式，不仅有组织、有计划，还能更加直观地让学生感受到真实的革命遗迹，进行"沉浸式"的学习体验。在这种鲜活的体验中，学生更容易生成对革命先烈的崇敬之情、对艰苦奋斗的认同、对中华伟大复兴的向往。

二、红色研学旅行是行走的"活"事物

红色研学旅行为学生突破"舒适圈"提供了最合适的机遇，这是学生生命开始的新挑战，能让学生变得大胆，勇敢去尝试新鲜的事物；去拼搏，去探险，感受自由和大自然中鲜活的事物。

三、红色研学旅行培养学生热爱祖国的品质

通过红色教育，学生能够认识到我们祖国的繁荣昌盛是由无数先烈前仆后继，英勇牺牲得来的，学生被伟大的革命精神深深感染，增强了爱国意识。铭记英雄，铭记历史，更加坚定了要成为一名德才兼备的新时代少年的决心，继而愿意为实现中华民族伟大复兴的中国梦贡献自己的力量。

四、红色研学旅行培养学生战胜困难的革命精神

毫无疑问，艰苦奋斗是红色研学旅行中最需要学生们体会的道德价值。学生能够十分真切地感受到，即使在充满着无数困难的艰苦环境中，我们的革命前辈依然为了解放中国而顽强斗争。正是艰苦奋斗的革命精神，激励着一代又一代的革命家投身到壮烈的革命事业当中，战胜困难，不畏艰险，是他们得以创造辉煌事业的共同精神。

五、红色研学培养学生坚韧不拔的意志品质

通过对红色文化的学习和宣扬，学生能够真切地了解到革命烈士在面对敌人、面对困难时，即使在严刑拷打、时局不利的情形下依然努力完成革命任务。这种坚韧不拔的意志也能够深深地撼动学生们幼小的心灵，在其思想中播下意志坚强的种子。

第二章　玩中培智：创意 3D 打印中的智慧增长教育

　　教育要促进学生智慧的增长并非一定要依靠课堂教学，能够让孩子自由动手的活动课程也能充分激发学生的思考能力，使其智慧在创造的激情中得到迅速增长。为此，学校开发了创意 3D 打印活动课程，让学生在具有游戏元素的活动的组织和实施中，实现智慧的增长，发展其创造性。在创意 3D 打印课程中，玩中学的学习方式与学生的智慧增长有着重要关联。

　　创意 3D 打印课程通过让学生参与创造和实践的过程，培养学生的创造力、解决问题的能力以及批判性思维等智慧能力。

　　一是玩中学的学习方式可以激发学生的创造力和想象力。在创意 3D 打印课程中，学生可以通过实际操作 3D 打印机、设计各种创意造型等方式，将他们的创意付诸实践。这样的实际体验可以激发学生的创造力和想象力，使他们能够尝试将自己的想法转化成物理对象，从而培养他们的创造性思维和创新能力。

　　二是玩中学的学习方式可以培养学生的问题解决能力。在创意 3D 打印课程中，学生常常需要面对设计和制作过程中的各种问题和难题。通过玩中学的方式，学生可以在实际操作中遇到并解决这些问题，培养他们的问题解决能力和逻辑思维能力。学生能学会分析问题、寻找解决方案，同时还会从错误中学习，不断改进和提升自己的技能。这种解决问题过程中的思考和实践将促进学生的智慧增长。

　　三是玩中学的学习方式还可以培养学生的批判性思维和实践能力。在创意 3D 打印课程中，学生不仅是单纯地操作 3D 打印机，还需要评估和改进设计，了解材料特性和机器运行原理等。这样的学习方式要求学生具备批判性思维和实践能力，能够思考和分析不同的设计选择，评估其效果，并做出相应调整。通过不断实践和反思，学生可以提高自己的判断力和逻辑推理能力，促进智慧的增长。

总的来说，玩中学的学习方式与创意 3D 打印课程中学生的智慧增长密切相关。通过激发学生的创造力和想象力，培养学生问题解决能力以及促进其批判性思维和实践能力的发展，玩中学的方式可以帮助学生在创意 3D 打印课程中不断提升智慧水平。

第一节　课程背景

3D 打印技术是指通过将数字模型转化为实体物体的工艺，它已经逐渐进入了制造业、设计以及教育等多个领域。3D 打印技术为学生提供了一种创新的方式来理解和应用科学、技术、工程和数学（STEM）的概念，同时也培养了他们的创造力和解决问题的能力。在教育领域，3D 打印活动课程的开发旨在通过实践和互动的方式，将学生从被动的知识接受者转变为主动的学习者和探索者。这种课程能够激发学生的兴趣，提高他们的参与度和动手能力，促进他们的团队合作和解决问题的能力，弥补当前 3D 打印课程开发的不足。

一、新时代创意 3D 打印活动课程实施的目的和意义

在全面贯彻党的教育方针，落实立德树人根本任务，提升学生创新精神、社会责任与实践能力的目标指引下，2016 年 3 月，国家颁布《中国学生发展核心素养（征求意见稿）》，旨在培养学生创新精神和创新能力的"创客意识"被纳入了中国学生发展核心素养。"'创客教育'的重要性就是通过'创客'实践活动，让学生将他们的大胆想法通过深入探究与实践变成实物，以激活学生创造性思维与创新意识，提升其核心素养。"[1]

我校以 3D 打印技术为依托，结合学校特色与周边丰富资源，尝试设计满足小学生学习需要，体现小学生学习规律的 3D 打印课程。该课程在总体上以项目化为主要学习形式，以"玩中学"为主要组织方式，并以引导学生将创意变成现实为核心，以贴近学生生活的具体事物为教学出发点，不断激发学生学习兴趣，循序渐进地开

---

① 郑贤. 基于 STEAM 的小学《3D 打印》课程设计与教学实践研究 [J]. 中国电化教育, 2016(8): 82—86.

展课程设计与教学实践。

二、创意 3D 打印课程开发的已有经验

国外 3D 技术在教育中的应用研究比较广泛，在英美两国开展的尤为普遍。在英国，3D 打印技术进课程早在十年之前就已经开设了实验项目，分别设置在 21 个不同的学校之中。同时，这些 3D 打印技术试验项目与已经十分成熟的 STEM 课程相互融合，使得英国本土学校在学生科学素养培养以及创造精神培育上取得了十分可观的成果。后来，3D 打印技术试验项目逐渐成熟，更多的课程如艺术、人文等也渐次加入，成为英国比较具有典型性的课程设计案例。

这种情况在美国更加普遍。在美国，3D 打印的课程几乎已经成为各种不同层次学校的必设课程。这与美国在 20 世纪后半期兴起的新教育运动有关，对今天美国公民科学素养的积淀以及未来持续的科学创新能力的发展都具有十分重要的意义。3D 打印课程已经成为美国打造"美国智造"的有力手段，成为美国在世界范围内提升制造业竞争力的关键砝码。

在我国，教育部在 2017 年 10 月颁发的《中小学综合实践活动课程纲要》附件 5 《设计制作活动（劳动技术）推荐主题及其说明》中，首次明确提出"3D 设计与打印技术的初步应用"的推荐主题及其说明。推荐主题及说明指出"了解 3D 打印技术原理，学习三维建模的方法和使用 3D 打印机的方法，了解 3D 打印的限制条件，学习产品设计应考虑的基本原则以及设计中的人机关系；运用 3D 打印技术进行创新设计，打印简单模型。认识与掌握先进技术，提高创新设计能力。有条件的学校可以配备多种打印方式与打印材料的 3D 打印机"。[①] 其实早在 2015 年初"科技是第一生产力"和"大众创业、万众创新"的发展大背景下，3D 打印依附创客空间的高涨热潮在教育领域就得到一定的发展。在我国山东胶州、江苏南京、上海等地，也已经形成了不同规模的 3D 打印课程开设局面。现在许多中小学相继配备 3D 打印设备，组建 3D 打印社团，建设创客空间，开发 3D 打印课程。3D 打印正逐步渗透到中小学教育中。

---

① 中华人民共和国教育部. 教育部关于印发《中小学综合实践活动课程指导纲要》的通知 [R/OL].
2017. 10. http://www.moe.gov.cn/srcsite/A26/s8001/201710/t20171017_316616.html.

第二节　实施方案

通过以"玩中学"组织方式实施创意 3D 打印活动课程，能够激发学生的学习兴趣和创造力，培养他们的实践能力和解决问题的能力。这种活动课程不仅能够提供实践机会，还能够促进学生的团队合作和沟通能力，为他们的综合素质发展打下良好基础。

一、课程目标

围绕"以美立人"办学理念，在学校拓展课程开发中，引入创新教育，通过对创意 3D 设计的启蒙学习，学习"严谨踏实，敢于创新"的人文精神，让学生逐步具备创新素养。以创新引领学校文化，以学校文化反哺创新。以创新推动学校课程创新、活动创新和教学创新，形成学校特色。以"活教育"为指导思想，以"玩中学"为设计纲领，创意 3D 打印课程教学的目标主要包括以下四个方面：

1. 了解 3D 打印技术的起源、原理和应用领域，体会 3D 打印技术与日常生活的密切关系，初识 3D 打印建模软件和 3D 打印机，了解 3D 打印技术的价值，培养学生学习使用 3D 打印技术的兴趣。

2. 认识 123Design 建模软件的操作界面，能熟练地使用各个视角观察物体。掌握 123Design 建模软件中工具使用的基本方法，包括转换、基本图形、草图、建造、修改、阵列、编组、合并、校准、文字、吸附、材质及快捷键的相应操作。通过模仿设计生活实例挂件、花瓶、笔筒、相框、印章、书签等掌握 3D 打印的基本操作、3D 打印产品后期处理方法和技巧。围绕 3D 打印与微创意，开设校本拓展课程，引导学生认识了解三维设计与三维打印技术，能够运用这一技术展现设计创意。

3. 以学生已有的生活阅历，喝水的杯子、玩具竹蜻蜓、特色乌篷船等实例为基础，创作出具有一定特色的创意作品，旨在让学生将 123Design 基本操作熟练掌握，并能转化到制作其他作品中去。

4. 初步运用已掌握的 3D 打印技术去解决日常生活中遇到的实际问题，让学生在体验造物的乐趣中培养分析、批判、创造等思维能力。

二、课程定位

小学 3D 打印创客课程在课程性质上偏向探究和拓展性，学校在设计 3D 打印课程教学时，会结合学生认知发展规律和学习兴趣等实际情况，教学对象以四、五年级的学生为主体，以创客社团及拓展课为支点，推进全校创客教育研究，并通过问卷和访谈了解学生的原有认知水平、兴趣、需求，确定课程目标。

根据皮亚杰认知发展阶段论，小学生处于具体运算阶段（7~12 岁），此阶段的学生能根据具体的事物、物体、过程来进行思维或运算。小学生好奇心强，思维发散，活泼好动，喜欢动手操作。因此，小学 3D 打印创客课程教学应侧重于培养学生的感性认识、想象力和动手操作能力，使用任务驱动教学法和项目教学法以激发学生的兴趣，通过让学生设计、打印与展示作品，使学生获得成就感和自信心，以达到培养学生创新能力，提高教学效果的目的。

三、课程资源

实施创意 3D 打印课程需要一些基本的资源和设备，包括以下几个方面：

（一）3D 打印机

这是创意 3D 打印课程的核心设备，用于实际制作学生的创意设计。根据学校和课程的具体需求，可以选择不同类型和规格的 3D 打印机，如桌面型、工业型或者校园共享型。考虑到学生的安全和使用便捷性，建议选择易于操作、维护和具有较好打印质量的 3D 打印机。

（二）3D 建模软件

学生在进行创意 3D 打印之前，需要进行设计和建模。因此，需要提供适合学生使用的 3D 建模软件。常见的可选软件包括 123Design 等，这些软件具有易学易用的特点，适合初学者进行 3D 建模操作。

（三）3D 建模教学资源

为了帮助学生学习 3D 建模和设计，教师可以准备相关的教学资源。这包括教学视频、在线教程、实例文件等，以便学生能够按照指导进行学习和实践。

（四）创意设计素材

为了激发学生的创造力和想象力，可以准备一些创意设计的素材，如图片、插图、模型等。这些素材可以作为学生设计的灵感来源和参考，帮助他们思考和发展自己的创意想法。

（五）原材料和耗材

在创意 3D 打印过程中，还需要一些原材料和耗材来制作物品。这包括 3D 打印材料（如 PLA、ABS 等）、支撑材料、胶水、剪刀、胶带等。确保学生有足够的材料供应，可以顺利进行实验和打印。

（六）安全设备和培训

在使用 3D 打印设备和进行实际操作时，学生的安全是非常重要的。学校需要提供必要的安全设备，如 3D 打印机摆放位置监控、安全眼镜、耳塞等。此外，学校或教师需要对学生进行安全培训，包括设备使用方法、操作规范等，确保学生能够正确、安全地使用 3D 打印设备。

以上是实施创意 3D 打印课程所需的基本资源。根据具体情况和教学目标，可以酌情添加或调整所需的资源。

四、组织保障

（一）成立课程开发与实践工作小组

由校长任组长，分管副校长任副组长，注重创新、兼顾特色，统筹推进创客教育迭代升级工作。各部门积极支持，明确职责，密切协作，全力做好课程实施、师资培训、空间建设和软硬件配备，全面加强要素保障。

（二）制订课程实施计划

由课程开发教师组根据学校实际、学生需求制定具体的、操作性强的课程实施计划，明确目标。课程内容的安排，要求重点明确，按从易到难，联系学生生活实际及课程资源的情况合理安排。

（三）加强课程实施队伍建设

教师团队是 3D 打印创客课程顺利实施的重要条件，鼓励其他学科教师共同研究如何应用学科知识解决课程教学中遇到的问题，邀请专家教学团队参与到教学、讲座、比赛等活动中，提供创客方面丰富技术优势及科研资源，有效推动项目式学习的顺利开展。

第三节　内容设计

创意 3D 打印活动课程的内容设计主要包括基本原理、关键要素、内容优化等方面。

一、前期准备

（一）设计依据

1."活教育"理论与"建构主义"理论

陈鹤琴指出，活教育方法论的基本原则是"做中学，做中教，做中求进步"。

3D 打印技术作为当下的一项创新技术，让学生亲身体验从无到有、创意变实体的构建过程，与活教育理念不谋而合。学生在"做中学"，获得的主体体验更加真实、直观，能更好地培养学生的创新精神、提高学生的实践能力。

皮亚杰建构主义提出在学习环境中应该包含"情境""协作""会话""意义构建"四大属性。在建构主义理论指导下，开展项目式 3D 打印课程，能够让学生在真实的情境中，通过小组讨论与协作，借助老师和同伴的帮助，利用必要的学习环境和学习资源，通过意义建构的方式获得知识与能力。

2. 学校的经验与资源

我校 2016 年初创办创客社团，将 3D 打印设计引进课程。目前，在资源方面较为齐备，课程能够结合学校特色、学生实际情况，选取贴近生活的建模主题，以体验课、社团活动课的形式开展。从点到面，逐步充实 3D 打印课程资源、提升教师专业素养、培养学生创新能力、完善课程管理和评价。

（二）设计的原则

1. 以学生为中心

"活教育"理论的特色之一就是坚持儿童的中心地位，"玩中学"的课程设计理念同样坚持以学生为中心的组织教学。在 3D 打印课程的设计当中，学生的现实生活以及真切需要是开展设计的灵感源泉，从学生自身的视角出发，选择他们相对比较感兴趣的内容作为载体来设计课程。

2. 解决生活实际问题

由于 3D 打印课程的基本原则是以学生为中心，学生的真实生活是课程设计的核心参考标准，因此学生在真实生活中看到的事物以及遇到的问题就成为课程设计过程难得的教学资源。所以，选择这样的教学资源一方面能够以学生兴趣为前提，有助于开展教学；另一方面也能够逐次引导学生理解和分析现实问题，如开展作品设计等，进而从课程上扫除知识盲区，学习解决现实问题的方法，并达到自己的使用需求。

3. 游戏融入设计

和谐、愉悦的游戏氛围更容易吸引学生参与教学活动，因此，将游戏教学融入课程可以使学生通过积极参与多样化的课程，身心得到全面发展。如设计学生感兴趣的玩竹蜻蜓的游戏，带领学生在玩的过程中探索竹蜻蜓的秘密，通过观察、比较、探究等让学生学习竹蜻蜓的飞行原理，对竹蜻蜓进行二度创新，并在创新实践过程中培养自信心与创新意识。

（三）路径设计

1. 跨学科知识整合

根据哲学认识论的基本观点，整体性是知识的基本属性之一。在知识的整体性约束下，所有的学科都不过是在不同的角度来呈现知识，因此不同学科之间就拥有了进行合作的前提。3D打印课程设计需要来自数学、物理、信息技术以及美术等学科的知识，如桥梁的制作、三维图形的绘制等等。所以学生能够在一门课程中感受来自传统分科课程的知识，而且能够从更加生活化和整体性的角度对其进行感知，真正实现教育的跨学科知识整合。

2. 创设真实情景

学生所学的知识应当融入情境当中才有意义，才有学科价值，真实的教学情境能充分调动学生学习的主动性和积极性，让学习回归真实。创设"真"情境，让学生在"境"中学、"境"中思、"境"中做、"境"中玩，更有助于提高学生运用信息技术知识解决实际问题的能力，实现"知识导向"到"素养导向"的转变。基于此，教师需要结合核心素养，设计适合本节课的学习目标，创设一个与学生生活、学习相关联，而且有挑战性的情境，为这个项目有效开展奠定基础。

教师可以引导学生依靠自己的生活经验引发联想，发散思维。例如，下雨天，我们总有忘记带伞的经历；厨房中，洗好的碗总会留有少量的水在碗底；笔筒内，总是会发现各种笔、尺子等文具杂乱无章地摆放在一起；等等。实际生活中遇到的问题往往更能激发学生探究问题的欲望。

二、设计思路

（一）资源设计

生活资源包括喝水的杯子、照明的台灯、防晒的帽子、多彩的花瓶、奇异的花盆、益智的玩具等，学生通过观察、比较、分析，设计出实用的3D作品。

人文资源也是学生3D设计中重要的资源之一。学生可以通过参观博物馆、古迹等，了解当地的优秀传统文化、传统习俗和艺术表现形式，增强文化自信和民族认同感，设计出融入传统的剪纸、乌篷船、亭台等3D作品。

（二）情境设计

1. 主题生发

在开展创意 3D 设计前，教师要具有敏锐的洞察力，了解和发现学生感兴趣的话题，以此生发活动的主题。确定主题就像确定一首乐曲的"序曲"一样。在活动中生发"儿时玩具"主题活动，教师发现学生对玩具特别感兴趣。教师追随学生的兴趣，生发活动主题，如"竹蜻蜓""华容道""鲁班锁"等。

2. 情境创设

以生活现象为载体创设情境，能更好地将课程内容与活动相融合。以《竹蜻蜓》为例：从竹蜻蜓会飞这一生活想象，引申"竹蜻蜓为什么会飞"这一问题，让学生观察原型、提出观点、建模设计、实物构建，学生对自己熟悉的事物畅所欲言，就是来源于他们的生活体验，对生活的关注。教学中，有学生提到用长方体设计的双叶容易产生小危险，应该改进设计：把边角进行倒圆角设置。面对学生个性化的设计，教师甚至无须多言，学生便能举一反三地提出新的方案。学生在与教师、小组成员彼此的交流中得到启发，思维亦碰撞出创造性的见解。课堂因源于生活、尊重学生的发展，学生探究能力、合作能力等得到较为全面的发展，也因学生的创新而变得美丽。

（三）学习策略设计

1. 三维建模，提升学生空间思维

常用的 123Design 建模软件界面简洁，形象化的图形按钮和直观的三维界面，让学生能轻松、快捷地进行立体直观操作，极大地发展了学生的空间思维。学生可以沿 X、Y、Z 轴移动，三个小圆点旋转，随心所欲地改变物体的位置和方向。教学过程中，教师适当引导，就能够助推学生从二维空间到三维空间的跃升。

案例 1：初识 123Design。

在初识 123Design 三维建模软件时，教师先让学生在工具栏——基本图形中选取长方体、球体、圆柱体、圆锥体等，亲自动手摆一摆，通过切换不同视角，感受空间立体感。

师：同学们，你们摆放的这些物体，站在一条直线上吗？

生：不确定。立体图形换个角度看就不一定。

师：是的，我们通过不同的视角看，会发现物体的位置会随之变化。同学们，我们现在画的是三维图，可是计算机屏幕是平面的（二维），所以我们看到的只是一个角度，这个角度是站在一条直线，换个角度就不一定了。

学生从不同的视图模式，感受三维建模的立体感，使原本抽象的空间想象变得具体、直观，思维的拓展是学生创造性学习体验与实践的基石。

2. 打印感知，培养学生创新精神

3D打印技术最大的好处是直观地将学生的想象变成可触摸的实物，让学生的创新思维和创造力得到释放，真正地做到让创意、设计、制作、展示融入一堂课中。当然，在教学过程中需要教师运用科学的方法进行指导，使学生设计行之有效。

案例2：竹蜻蜓的设计。

笔者在教授《竹蜻蜓的设计》这一内容时，先请学生仔细观察竹蜻蜓的形状，探究竹蜻蜓为什么会飞上天，怎么样才能飞得高飞得稳，竹蜻蜓的叶片和手柄要满足什么样的条件？学生积极讨论，将新的构思加入原型建模中，让学生自主探索各类参数的设置，通过实物打印进行最直观的论证。实验证明，叶片的厚薄程度、倾斜角度不同都会影响竹蜻蜓的飞行。

学生全程参与"观察—设计—实体"的教学过程，在快乐中体会创造的美好。英国著名教师戴夫怀特曾经说过，如果你能抓住学生的想象力，你就能抓住他们的注意力。3D打印技术通过实物打印展示，不仅直观地诠释了学生的想象，而且深深吸引了学生的注意力。学生在快乐学习的过程中，不断激发创新的欲望。

3. 基于模仿借鉴的创意

中国现代著名作家茅盾曾说过："模仿是创造的第一步，模仿又是学习的最初形式。"正确的模仿，是在学习别人的长处之后，同时能够弥补自身的不足，而不是照搬照抄，依样葫芦。创作中的模仿正是学生打破思维定式，对事物解构和重组，推陈出新的过程。因此，要提高学生的创新能力，教师需有意识引导学生，启发想象，指导模仿，带动操作，让学生既有创新的目标，又有实践的体验。

案例3：笔筒的设计。

在学生创作笔筒前，教师可以先让学生欣赏一些不同外观、功能的创意笔筒作品，引导学生在自己的作品中融入个性化元素。

师：同学们，观察一下，你们发现了什么不一样？

生1：跟传统的笔筒外观比它更新颖，小刺猬形状的笔筒真可爱！

生2：这个笔筒外面设计有4个小盒子，可以分类放橡皮、夹子。

生 3：这个笔筒还可以挂饰品呢，瞧着还可以挂在桌子上。

师：同学们，当我们的设计理念融入个性元素，我们会发现原来单一的作品变得更加有趣了。

接下来，鼓励学生在模仿的基础上进行个性化创作，从生活实际出发，经历设计美、制作美的环节，逐步实现创新与超越。

在实践中，笔者发现 3D 设计对发展学生的创造想象能力，培养独特的创意都具有重要意义。例如，在主题为"杯子"的作品设计中，学生创意四射，设计的作品有"可以折叠的杯子""四叶草水杯""自带音乐功能的水杯"等。

4. 基于问题解决的创新

创新要求学生打破固有的思维模式，带着对新事物的想象和憧憬去大胆设计、创造。例如，我们很难想到如何在沙滩上放置垃圾桶，在玩的同时能够方便地扔垃圾，既保持沙滩的整洁干净又不影响我们玩耍。这种移动垃圾桶的设计，既可以当铲沙子的工具，又方便我们扔垃圾，设计简单，创意无限。提出探究问题（从真实的生活经验出发）→探索解决方案（原型建模，构建新颖的创意模型）→设计创意作品（经验、技术整合形成创意，图形转变为作品），正是 3D 打印创新教学的模式。

三、主要内容

（一）课程内容概览

1. 初识 3D 打印技术。以介绍与 3D 打印相关的知识为主，比较偏重基础性，如向学生介绍 3D 打印的技术原理、应用范围及未来的可能发展趋势等，让学生对 3D 打印技术有一个大概的认识。

2.123Design 操作。由于 3D 打印在课程开发过程中的重点目标是让学生在了解基本的 3D 打印技术的基础上，能够学会基本的建模，而不是对相关知识的记诵。所以，该课程在实施过程中会重点引导学生熟练使用 123Design 软件的基本操作，让学生学会将自己的想法通过数字技术转变为现实，并争取能够运用到现实当中，解决生活中的具体问题，并体现出自己的设计创意。

课程内容从纵向上实现难度逐步加深，同时对思维发散和创新要求也随之递增。课程内容设计如表 2-1 所示：

表 2-1　3D 课程内容概览

课程等级	课题内容	学习内容
入门	走进 3D 世界——3D 打印	学习 3D 打印的概念、原理、应用领域、发展历史、发展现状、发展前景
	神秘的打印武器——3D 打印机	学习 3D 打印机的调平方法，学会更换打印材料，了解 3D 打印的流程及打印注意事项
	三维建模软件——123Design	认识 123Design 建模软件，安装软件，体验软件的界面
基础	源于生活灵感——挂件	了解挂件的构成，掌握 123Design 基本图形的三个操作：移动、旋转、缩放以及环形阵列工具的使用
	给铅笔安个家——笔筒	了解抽壳的作用，掌握抽壳工具和相减工具的使用
	把优雅带回家——花瓶	学会草图绘制、旋转、倒圆角等基本操作
	给家人的礼物——相框	学会草图绘制、编组、合并等基本操作
	阅读的小伴侣——书签	自由选择工具，掌握修改、合并、文字、吸附等相应操作
进阶	儿时的玩具——竹蜻蜓	探究竹蜻蜓的原理，了解作用力和反作用的物理概念，并能灵活运用 123Design 建模软件设计竹蜻蜓模型
	家乡的特色——乌篷船	了解船的结构并能运用 123Design 建模软件设计制作小船。不断改进结构，提高船的载重量和稳定性
	……	综合运用 123Design 建模软件设计生活用品

（二）课程框架

课程框架采用主题式的活动形式，主题内容设计趋于合理、贴近学生实际，有利于学生核心素养的培养。（图 2-1）

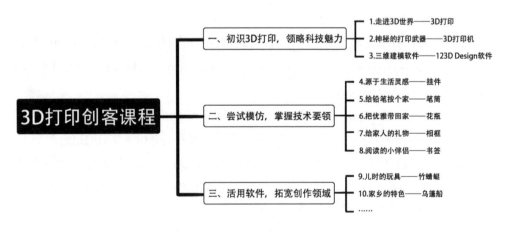

图 2-1　3D 打印拓展课程框架

四、游戏设计

游戏设计是创意 3D 打印活动课程中的重要组成部分，它能够帮助学生更好地理解和应用所学知识。以下是以"玩中学"为主要组织方式的创意 3D 打印活动课程的游戏设计：

（一）主题工具盒

设计一个主题工具盒，里面包含与主题相关的小工具和材料。例如，如果主题是宇宙探索，工具盒可以包括模型行星、星球、太空船等，学生可以使用这些模型来进行实践操作和模拟实验。

3D 设计打印主题工具盒游戏指南

1. 游戏目标设定

激发学生的创意思维和设计能力。

培养学生合作和团队合作的能力。

学习使用 3D 设计软件和打印机进行创作和制作。

2. 游戏准备

准备主题工具盒：每个主题工具盒包含一些特定主题的元素，如动物、植物、交通工具等。

准备 3D 设计软件和打印机：确保学生可以使用相关设备进行设计和打印。

3. 游戏流程

分组：将学生分成小组，每个小组包括 3~5 名学生。

主题选择：每个小组从主题工具盒中选择一个主题。

设计规划：小组成员一起讨论和规划他们的设计，包括形状、功能、尺寸等。

3D 设计：学生使用 3D 设计软件进行创作，制作他们的主题作品。

打印制作：一旦设计完成，学生将文件导出到打印机，进行打印制作。

展示分享：学生展示并分享他们设计和制作的作品，可以组织一个展览或展示会。

4. 游戏延伸

鼓励学生讲解他们的设计思路、挑战和解决方案。

提供机会让学生相互欣赏和评价彼此的作品。

讨论和分享 3D 打印技术的应用领域和未来发展。

（二）设计挑战卡

创建一系列的设计挑战卡，每张卡片上都有一个具体的问题或任务，学生需要使用 3D 打印技术来设计和制作解决方案。卡片可以包括不同难度级别的挑战，以适应不同年龄和技能水平的学生。

3D 设计打印挑战卡游戏指南

1. 游戏目标设定

培养学生的创意思维和解决问题能力。

提高学生的 3D 设计和打印技术。

激发学生的合作和团队合作能力。

2. 游戏准备

准备挑战卡：每张挑战卡上包含一个具体的任务或问题，如设计一个实用的道具、改进一个现有的物品等。

准备 3D 设计软件和打印机：确保学生可以使用相关设备进行设计和打印。

3. 游戏流程

分组：将学生分成小组，每个小组包括 3~5 名学生。

抽取挑战卡：每个小组从挑战卡堆中抽取一张挑战卡，即他们的任务或问题。

设计规划：小组成员一起讨论和规划他们的设计思路和解决方案。

3D 设计：学生使用 3D 设计软件进行创作，制作符合挑战卡要求的作品。

打印制作：一旦设计完成，学生将文件导出到打印机，进行打印制作。

展示分享：学生展示并分享他们设计和制作的作品，可以组织评选活动，让学生投票选出最佳作品。

4. 游戏延伸

鼓励学生讲解他们的设计思路、挑战和解决方案。

提供机会让学生相互欣赏和评价彼此的作品。

讨论和分享 3D 打印技术在解决实际问题中的应用。

这个游戏可以激发学生的学习兴趣和动手能力，并在过程中培养团队合作和沟通能力。同时，通过共享和讨论作品，学生可以相互学习和启发，进一步提高技术和设计水平。

（三）制作指南

提供详细的制作指南，帮助学生了解每个挑战的要求和步骤。指南可以包括图文并茂的说明以及相应的技术支持和提示，让学生能够更好地运用 3D 打印技术。开展制作指南游戏是小学 3D 课程中的一种创意活动，它可以帮助学生熟悉制作过程、培养解决问题的能力，并提高他们在 3D 设计和打印方面的技术。

3D 制作游戏指南

1. 游戏目标设定

学习 3D 设计和打印的基本知识和技能。

培养学生解决问题和自主学习的能力。

提高学生的合作和团队合作能力。

2. 游戏准备

准备制作指南：为每个小组准备一本制作指南，包含完成一个小项目所需的步骤和说明。

准备 3D 设计软件和打印机：确保学生可以使用相关设备进行设计和打印。

3. 游戏流程

分组：将学生分成小组，每个小组包括 3~5 名学生。

选择制作指南：每个小组选择一本制作指南，根据自己的兴趣选择不同的项目。

阅读指南：小组成员一起阅读制作指南，理解步骤和要求。

设计实践：学生根据制作指南所示的步骤，使用 3D 设计软件进行创作，制作项目所需的部分或整体。

打印制作：一旦设计完成，学生将文件导出到打印机，进行打印制作。

展示分享：学生展示并分享他们设计和制作的作品，可以组织反馈和评价。

4. 游戏延伸

鼓励学生相互学习和交流制作的经验和技巧。

提供机会让学生讲解自己的制作指南，分享步骤和要点。

鼓励学生改进和创新制作指南，提供更多的挑战和可能性。

（四）制作模板

提供一些标准的设计模板，作为学生开始设计的起点。这些模板可以包括一些基本的结构或部件，学生可以在此基础上进行创意的修改和延伸，发挥自己的想象力和创造力。

3D 制作模板游戏指南

1. 游戏目标设定

学习和应用 3D 设计的基本技巧和原则。

培养学生的创造力和解决问题的能力。

提高学生的空间想象力和 3D 模型的构建能力。

2. 游戏准备

准备制作模板：为每个小组准备一些 3D 模板，如简单的几何体、动物、植物等。可以通过在线资源或自行设计制作。

准备 3D 设计软件和打印机：确保学生可以使用相关设备进行设计和打印。

3. 游戏流程

分组：将学生分成小组，每个小组包括 3~5 名学生。

选择模板：每个小组选择一个模板进行设计和制作。

设计规划：小组成员一起讨论和规划他们的设计思路，确定模型的形状、大小等。

3D 设计：学生使用 3D 设计软件进行创作，根据模板进行模型的设计和构建。

打印制作：一旦设计完成，学生将文件导出到打印机，进行打印制作。

展示分享：学生展示并分享他们设计和制作的作品，可以组织欣赏和评价。

4. 游戏延伸

鼓励学生相互学习和交流设计的经验和技巧。

提供机会让学生讲解自己的设计思路和创意的实现。

鼓励学生尝试自行设计模板，提供更多的创作空间。

通过以上的认识工具设计，学生能够在"玩中学"的过程中更好地理解和应用 3D 打印技术，同时也可以激发他们的创造力和解决问题的能力。这些认识工具可以让学生更主动地参与学习，提高他们的学习效率和学习动机。

第四节　课程实施

根据实施方案，创意 3D 打印活动课程在我校逐步落实。本章主要节选了四节具有代表性的教学案例进行介绍分析，同时展现"玩中学"组织方式对于本活动课程的重要作用和影响。

一、创意 3D 打印活动课程之《章鱼挂件》

《章鱼挂件》一课是我校校本课程 3D 打印创客课程的第四课。本课主要内容 是围绕章鱼挂件的模型设计，学习 123Design 三个基本操作——移动、旋转、缩放以及环形阵列工具的使用。三个基本操作并不改变工作平面上的物体大小，改变的是视图的观察视角；使用环形阵列将选择的实体沿着一个轴进行圆形复制排列。教学中，为了引导学生从不同的视图模式感受三维建模的立体感，掌握 123Design 中基本图形的操作，教师应注重引导学生自主探究工具栏——本图形中长方体、球体、圆柱体、圆锥体等立体图形的使用，并仔细观察操作后实体在空间中变化，为之后学习 123Design 软件其他工具的使用方法打下基础。

本课的教学对象是已经对 123Design 有了初步认识的五年级学生。基本的知识点是学习在软件中对基本物体进行三个操作：移动、旋转、缩放等基本的编辑处理。为了帮助学生理解和掌握，笔者使用有趣的章鱼挂件作为任务载体，在设计挂件的过程中，引导学生进一步稳固知识并大胆创新。

实施案例 1

章鱼挂件

1. 教学目标

（1）认识 123Design 的界面，能熟练地使用各个视角观察物体。

（2）掌握 123Design 基本图形的三个操作和阵列工具的使用。

（3）在制作挂件的过程中感受 3D 建模的神奇，体验三维建模的乐趣，激发学生的学习兴趣，培养自主探究能力和创新精神。

2. 教学重点、难点

（1）重点：掌握 123Design 基本图形的三个操作和阵列工具的使用。

（2）难点：能够灵活运用基本操作和陈列工具完成建模。

3. 教学准备

PPT 课件、章鱼挂件。

4. 教学过程

整个教学过程运用《制作指南》的游戏方式，以章鱼挂件的实物观察作为课堂导入，再根据制作章鱼挂件的基本步骤进行模拟制作。

（1）实物展示，导入课题

教师出示 3D 打印的章鱼挂件。设问：章鱼挂件由哪些基础图形构成呢？

学生观察交流章鱼挂件的组成。

明确设计要求：用基础图形，设计有趣的章鱼挂件。

设计意图：章鱼挂件主要由基础图形球体、圆环组成，设计简单，作为第一次设计 3D 作品的学生而言，容易上手，能够让学生体验操作的乐趣，感受成功的喜悦，由此激发学生学习的兴趣及创作热情。

（2）探究新知，初步体验

①使用"移动／旋转"工具

提问：这些基本图形怎样才能变成章鱼呢？

介绍：通过移动可以把它组合在一起。

教师选择"移动／旋转"工具进行演示。

球体：默认半径为 10，将球体放置平面任意位置单击，作为章鱼头部。

球体：修改半径为 3，将球体移动至脸部合适位置单击，作为章鱼的眼睛。

圆环：外半径为 2，内半径为 1，将圆环移动／旋转作为章鱼的鼻子。

技巧：当按住右键并进行拖动，发现变更视角以更加有效地观察模型；尝试按住滚轮并上下拖动鼠标，发现可以使整个界面得到位移；在不移动鼠标的前提下，尝试搓动滚轮，发现可以整体改变整个界面的大小；最后，左击即可选中需要操作的模型。

提醒：当选中模型后，会出现三维方向的圆圈与箭头，前者为旋转模型，后者则是位移模型。确定自己的操作目的后，按住鼠标左右拖动就可以实现。同时，也可以把鼠标放置在圆圈或者箭头上，通过输入相关的数据来进行操作，当输入正值时，移动方向与箭头保持一致；当输入负值时，方向相反。

学生尝试操作，然后上台展示。

师：真棒，章鱼的头部出现了，那章鱼的触角我们怎么做呢？

生：先确定一个球体，复制、粘贴多个相同的球体，通过移动至章鱼头底部合适的位置。

互动提问：还有没有其他更好的办法？

设计意图：简单可爱的章鱼设计能较好地吸引学生去探究三维空间物体的设计方法，通过示范鼓励学生大胆实践，体验造物的乐趣，获得成功的感受。章鱼触角的设计一方面引导学生用新学的知识去制作，一方面为随后环形阵列工具的使用做好铺垫。

②使用阵列工具

出示章鱼触角和奥迪车标，互动提问：你们发现了什么？

教师介绍：其实，它们都可以看成某一部分通过阵列得到，只是阵列的方式不同，沿一条路径复制排列的，我们称为"路径阵列"；而通过一个轴进行圆形复制的，我们则称为"环形阵列"。那请你试着用"环形阵列"工具为我们的章鱼增添触角。

学生先尝试，并上台演示。

小结：环形阵列工具使用时，点击工具图标，先点击要阵列的物体，然后点击阵列轴，阵列轴可以是线段或物体平面，可以在数据框中输入阵列数量，点击空白处完成（如下图）。

"环形阵列"工具使用

设计意图：以学生在操作过程中产生的问题作为教学资源，解决"环形阵列"工具使用的困难，放手让学生去尝试和体验，加深学生对"环形阵列"的理解，为以后"阵列"工具中矩形阵列、路径阵列、镜像的使用埋下伏笔。

（3）知识巩固

互动提问：现在我们会设计章鱼了，那你能把它变成一个挂件吗？

学生使用之前的"移动／旋转"完成章鱼的挂件部分。

（4）巩固提升，设计创新

互动提问：大家想设计一个怎样的挂件呢？

学生交流。

学生实践并展示作品，说一说自己的作品，并相互评选出最具有创意和实用性的作品。

学生课后将自己的模型切片打印。

设计意图：发挥学生想象，让学生不仅能够将自己的想法付诸实践，大胆创新，还能解决自己遇到的实际问题，把学生的学习更多地引向实践。

（5）游戏拓展

同学们，我已经学习了3D打印章鱼挂件的基础知识了，下面我们组织一个小游戏，看看大家学习的怎么样。

课间小游戏

游戏制作指南

1. 游戏目标设定

学习和应用 3D 设计和打印技术。

培养学生解决问题能力和自主学习的能力。

提高学生的空间想象力和创意设计能力。

2. 游戏准备

准备 3D 设计软件和 3D 打印机：确保学生可以使用相关设备进行设计和打印。

准备章鱼挂件的参考图或模板：为学生提供可供参考的章鱼形状图案或 3D 模型。

3. 游戏流程

阐述挑战：简要介绍章鱼挂件的设计挑战，并解释挂件的要求和限制，如尺寸、形状等。

教学示范：展示通过 3D 设计软件进行章鱼挂件设计的基本步骤和技巧，帮助学生理解设计过程。

设计规划：学生根据挑战要求一起讨论和规划章鱼挂件的设计，包括形状、细节和装饰等。

3D 设计：学生使用 3D 设计软件进行章鱼挂件的创作，根据自己的设计意图进行模型的构建和调整。

打印制作：一旦设计完成，学生将文件导出到打印机，进行章鱼挂件的打印制作。

（6）归纳小结

总结：今天我们通过章鱼挂件的设计制作，学习了三个基本操作——移动、旋转、缩放以及环形阵列工具的使用。

提问：你觉得 123Design 还可以创作出生活中的哪些物品呢？

学生思考后回答。

小结：当大家的这些创意变成现实，相信我们的生活会变得更精彩！

设计意图：通过总结，为学生梳理本节课需要掌握的知识，对学生进一步巩固知识有很好的作用，而且能够引导学生进一步思考，为之后的课程做铺垫。

师：小笔筒大学问，想不想用上自己设计的笔筒呢？这节课我们一起来设计一款有个性的创意笔筒。

设计意图：知识与经验的积累为学生的创新进行了良好的铺垫，欣赏造型各异的笔筒既能增强学生对笔筒的感性经验，也能激发学生制作笔筒的创新思维。

（2）探究新知，初步体验

①使用“抽壳”工具

师：通过观察，你认为笔筒有哪些特点呢？

生：造型多样，功能丰富。

师：实用性是笔筒最重要的特点，在实用的基础上加点装饰会让笔筒更美观。

师：现在老师要把基础图形中的圆柱体变成一个笔筒，可以怎么做呢？

生：把圆柱体的中间掏空。

生：可以通过“修改”菜单中的“抽壳”工具来实现我们的想法。

教师选择“抽壳”工具演示操作。

学生尝试操作。

师：谁有信心上台尝试下使用“抽壳”工具？

师：咦，怎么结果不一样？

生：他操作时先选物体，然后选择抽壳工具，应该是先选抽壳工具，再选择物体。

师：你观察得真仔细！那我们再来试试抽壳操作。

学生再次尝试抽壳。

教师小结抽壳的一种操作：先选择抽壳工具，然后选择物体的一个面，可以抽空物体并敞开一个面。

师：我们回头看一下先选物体再选抽壳工具的操作，物体的外表面看不到变化，现在，老师借助“分割实体”工具来看一下。

生：哇，物体切开后，里面是空的。

师：在抽壳操作时，先选择抽壳工具，然后选择物体，选中的是物体的一个面，抽壳效果就是选中的面抽壳；当先选中物体然后抽壳，外表面看不到抽壳效果，但当把抽壳过的实体切开后，就可以看到，物体内成空的了。

师：请选择一个你们喜欢的笔筒外形，用抽壳工具做出一个简易的笔筒吧。

学生实践操作。

师：抽壳时可以做什么设置？

学生回答并演示修改厚度或抽壳的方向。

设计意图：以学生在操作过程中产生的问题作为教学资源。引导学生观察不同的操作会产生不同的效果，鼓励学生大胆实践，培养学生的探究能力，增强他们的学习自信心。

②学会对模型使用"相减"工具按钮

师：大家想想，用球体能做笔筒吗？为什么？

生：因为球体的底部不稳，所以球体做笔筒立不住。

师：有没有办法能让这个球体拥有一个可以使用抽壳技术的平面呢？

生：要是能切掉球体顶上的一块就好了。

教师出示两个物体，球的上半部分叠着一个方块。

师：我们以前用"合并"工具将它们相加，如果让它们相减会有什么结果呢？大胆尝试一下"相减"工具吧。

学生自主探究相减工具的使用，并仔细观察不同的操作步骤会产生的效果。

师：目标实体指执行完相减操作后要保留下来的物体；源实体指执行完相减后，与目标实体的重叠部分及其本身被减去的那个物体。两者必须有重叠。

设计意图：这一环节难度较大，需要采用迁移学习的教学方法，从"合并"工具的使用，过渡到"相减"工具的使用。同时，通过积极引导学生进行操作，来获得对于不同操作的直观感受，从而形成对于这两种不同技术手法的区分与理解。

（3）知识巩固

师：现在这个球体可以做笔筒了吗？

学生讨论后回答。

教师根据学生的回答分别出示物体的效果图（见下图）。

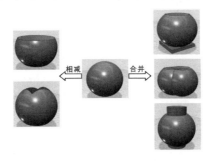

让球体变稳固

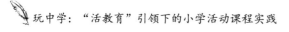

设计意图：巩固学生对合并、相减工具的使用，利用思维导图培养学生的联想和发散性思维。

（4）巩固提升，设计创新

师：你想设计一个怎样独特的笔筒呢？大家可以先相互交流一下。

学生交流。

师：大家都准备好了吗？让我们一起来制作吧！

学生实践。

师：如果已经完成笔筒外形的设计，可以考虑一下笔筒的颜色设计。

学生实践并展示作品，说一说自己作品的特点。

学生互评并以小组为单位评选出最佳创意奖，课后将自己的模型切片打印。

设计意图：这个环节的目的是让学生在交流评价中更加全面地看待自己的设计，形成对设计的新灵感和新体会，激发学生持续创作的欲望，培养学生的创新思维与创造能力。

（5）游戏拓展

开展以创意笔筒为主题的主题工具盒游戏可以帮助小学生学习和应用3D设计和打印技术，同时培养他们的创造力和解决问题的能力。主题工具盒与制作指南在游戏结构上具有相似性，可以相互参考借鉴：

课间小游戏

主题工具盒游戏

1. 游戏目标设定

学习和应用3D设计和打印技术。

培养学生的创造力和解决问题的能力。

提高学生的空间想象力和设计能力。

2. 游戏准备

准备3D设计软件和3D打印机：确保学生可以使用相关设备进行设计和打印。

提供创意笔筒的参考图片或示例：为学生展示不同形状、风格和功能的创意笔筒设计。

---

3. 游戏流程

阐述挑战：简要介绍创意笔筒的设计挑战，并解释工具盒的要求和限制，如尺寸、容量、功能等。

问题引导：提出问题，引导学生思考使用工具盒的场景和功能需求，如笔、尺、橡皮、图钉等。

设计规划：学生根据挑战要求和问题引导，一起讨论和规划创意笔筒的设计，包括形状、分区、附件等。

3D设计：学生使用3D设计软件进行创意笔筒的设计，根据自己的设计意图进行模型的构建和调整。

打印制作：设计完成后，学生将文件导出到打印机，进行创意笔筒的打印制作。

装饰和装配：学生可以在打印完成后进行装饰和装配，如上色、添加标识、插槽等。

展示分享：学生展示并分享他们设计和制作的创意笔筒，可以组织评选活动，让学生投票选出最佳作品。

4. 游戏延伸

鼓励学生相互学习和交流设计的经验和技巧。

提供机会让学生讲解自己的设计思路和创意的实现。

鼓励学生尝试不同形状、功能和装饰的创意笔筒设计。

通过以创意笔筒为主题的主题工具盒游戏，学生可以在实践中学习和应用3D设计技术，锻炼他们的空间想象力和设计能力。这个游戏可以激发学生的学习兴趣和创造力，并培养他们解决问题的能力。同时，通过分享和反馈，学生可以相互学习和启发，进一步提高设计水平。

（6）归纳小结，拓展延伸

师：今天我们通过笔筒的设计制作，学习了"抽壳"和"相减"两个新工具的使用。那么这两个工具可以用在我们生活中哪些作品的创作中呢？

学生联想后回答。

师：无限的想象会带来无限的创意，相信我们的生活会无限精彩！

设计意图：通过总结，帮助学生梳理和整合知识，加深对所学知识的理解和运用。拓展延伸到生活，既可以扩大学生学3D和用3D的时空界限，又能让学生将课堂所学运用到生活中去，从而拓宽学生的创新思维，激发学生的学习兴趣，激活学生的创造能力，实现教学效果的最大化。

三、创意 3D 打印活动课程之《竹蜻蜓》

《竹蜻蜓》一课是我校校本课程 3D 打印创客课程的第九课。本课主要围绕关键性问题"竹蜻蜓为什么能飞"这一问题，探究竹蜻蜓的原理，了解作用力和反作用力的物理概念，并能灵活运用 123Design 建模软件设计竹蜻蜓模型。本课内容与生活实际联系密切，能够帮助学生感受借助技术解决生活中遇到问题的方法和策略。本课的教学对象是小学四年级的学生，他们对 3D 打印课程兴趣浓厚。从已有技术能力维度分析，学生经过前几课的学习已经掌握了 123Design 的基本操作方法，能够制作出简单的 3D 模型；从知识体系维度分析，学生已经习得了基本实体的操作方法，能够灵活运用草图绘制、倒圆角、抽壳、合并等基本操作，而竹蜻蜓是多种基本操作的组合，在设计制作过程中需要引导学生观察、分析了解竹蜻蜓飞行原理以及影响竹蜻蜓飞行性能的因素，培养学生严谨的科学思维。

实施案例 3

竹蜻蜓

1. 教学目标

（1）在玩竹蜻蜓的过程中感受乐趣，了解竹蜻蜓飞行的科学原理，并从中培养学生的问题意识。

（2）借助 123Design 设计制作竹蜻蜓，提升学生对 123Design 软件的使用能力。

（3）通过小组探究反复揣摩竹蜻蜓的飞行原理，对竹蜻蜓进行二度创新，并在创新实践过程中培养自信心与创新意识。

2. 教学重点、难点

（1）重点：了解竹蜻蜓原理并能运用 123Design 建模软件自主制作简易玩具。

（2）难点：制作出能飞的竹蜻蜓玩具。

3. 教学准备

PPT 课件、竹蜻蜓玩具。

4. 教学过程

（1）话题导入

师：同学们，细心的同学会发现，老师今天不是一个人来的，我带了宝贝来。

大家想知道老师的百宝箱里有什么东西吗？（师拿出百宝箱中的竹蜻蜓）

师：这是竹蜻蜓，它有个神奇的功能，谁知道？

生：它可以飞到空中。

师：那你们玩过吗？在哪玩过？

生：我玩过，手轻轻一搓它就能飞上去了。

师：关于竹蜻蜓你知道多少？

生：20 世纪 30 年代，德国人根据竹蜻蜓的形状和原理发明了直升机的螺旋桨。

师：哇，你的课外知识真丰富！那我们一起来了解下竹蜻蜓的历史（PPT 课件出示）。

看来，小小的竹蜻蜓蕴含着大学问呢，这节课我们共同走进《竹蜻蜓》，一起来做个独特的竹蜻蜓！

设计意图：紧扣课题竹蜻蜓，从学生生活引入，抓住学生注意力，引导学生展开联想，拓宽学生的创新思维。

（2）活动探究

第一次玩

师：竹蜻蜓，你们想玩吗？

师：现在我们就来玩一玩。边玩边想：竹蜻蜓为什么会飞呢？

师：在玩竹蜻蜓之前，我们先来做个小实验：先把一个气球吹大，用手捏住，然后再一下松开，气球会怎样？

生尝试并交流实验原理。（吹足了气的气球嘴松开并放手，球内气体从气球嘴喷出，对空气施加向后的力，由于物体间力的作用是相互的，因此气球会向相反的方向运动。）

师：同学们科学知识真扎实！现在请你在手中转一转竹蜻蜓，仔细体会放飞的过程，讨论一下竹蜻蜓为什么能够飞起来？

学生汇报，教师小结：老师告诉大家，竹蜻蜓的叶片和水平旋转面之间有一个倾角（这个倾斜角度是可以调整的）。当旋翼旋转时，旋转的叶片将空气向下推，根据作用力和反作用力，叶片给空气一个向下的推力的同时空气也给了叶片一个向上的升力，当升力大于竹蜻蜓自身的重力时，竹蜻蜓便可向上飞起。可别小看它，这种简单而神奇的玩具曾令西方传教士惊叹不已，将其称为"中国螺旋"。

设计意图：小学生不宜单纯灌输科技理论知识，应该积极引导他们在实践中学习知识，在活动中发展能力。因此，让学生玩竹蜻蜓，在玩中了解竹蜻蜓的原理，引导学生主动学习、设计，并画出独特的竹蜻蜓。同时，培养渗透学生的创新意识。

（3）实践创新

① 3D 构思。

师：通过刚才的尝试与思考，再来仔细观察竹蜻蜓的结构，画出竹蜻蜓结构图。

学生绘制竹蜻蜓草图，教师巡视指导。

首先，以小组为单位，思考讨论如何在构造、玩法等方面改造竹蜻蜓。

其次，在现有的竹蜻蜓上加工改造，并画出草图。

② 3D 建模。

学生根据草图对各自的竹蜻蜓进行建模。

制作方形叶片；

制作倾斜叶片；

调整叶片；

建立中轴。

③切片软件进行切片处理。

④3D 打印机进行打印。

⑤交流评价：小组成员派两个代表介绍自己的作品，说说设计竹蜻蜓的过程。

设计意图：鼓励学生在现有竹蜻蜓的基础上加工改造，让学生敢于幻想、勇于创新。同时，让学生在纸上构思自己的设计方案，纸上设计完成以后，根据它进行3D 建模和打印的操作。在这一过程中锻炼学生的沟通能力，增长经验知识，让学生学会从实验结果中总结规律，学习到作用力和反作用力的知识，一举多得。

（4）创作表现

第二次玩

师：请同学们试飞自己设计的竹蜻蜓，思考：在 123Design 设计竹蜻蜓模型时，有哪些环节可以进行调整，以提高竹蜻蜓的飞行性能。

生：叶片的厚薄程度会影响竹蜻蜓的飞行。

生：还有倾斜角度也会影响竹蜻蜓的飞行。

生……

师：看来只要我们认真观察，积极思考，就会有所发现。

小结：看来只有探究它的本质，了解它的构造，才能更好地放飞它，我们才能设计出更好的作品。

设计意图：学生以探究者的身份参与第二次试飞活动，在活动中，他们对知识的学习，从被动强化转变为主动探索，感知知识间的相互联系，把知识真正地学活了。

（5）展示评价

师：同学们都做出了自己理想的竹蜻蜓，那就让我们一起来比一比吧！

评分标准：从"设计创意"与"飞行性能"两个方面进行评比。"设计创意"主要从作品的结构、工艺以及创意方面进行评分；"飞行性能"主要以竹蜻蜓的空中飞行时间为评分依据。

设计意图：通过评比活动给学生提供作品展示的舞台，引导学生在评比活动中多看看不同的做法、多听听他人的说法、多说说自己的发现、多玩玩新鲜的游戏、多做做勇敢的尝试、多试试新奇的创意、多想想解决的方法、多改改设计的方案。

（6）游戏拓展

师：同学们，英国乔治·凯利正是受了竹蜻蜓飞行原理的启发，悟出了螺旋桨的一些工作原理，并推动了飞机研制的进程。通过 3D 打印机，我们不但可以打印出竹蜻蜓，还可以把自己理想中的设计变成真正的作品。下面我们来玩一个挑战类的游戏，看看大家会有一些什么样的新想法呢。

课间小游戏

竹蜻蜓挑战卡游戏

1. 游戏目标设定

学习和应用 3D 设计和打印技术。

培养学生的创造力和解决问题的能力。

提高学生的空间想象力和设计能力。

2. 游戏准备

准备 3D 设计软件和 3D 打印机：确保学生可以使用相关设备进行设计和打印。

准备竹蜻蜓的参考图片或示例：为学生展示不同形状、尺寸和装饰的竹蜻蜓设计。

3. 游戏流程

创建挑战卡：根据不同的设计要素，设计一系列挑战卡，如设计蜻蜓的翅膀、设计蜻蜓的身体、添加装饰和细节等。

抽取挑战卡：每个参与者从挑战卡堆中抽取一张挑战卡，确定自己要完成的设计任务。

设计规划：学生根据抽取到的挑战卡，思考和规划自己的竹蜻蜓设计，确定形状、尺寸和装饰等。

3D 设计：学生使用 3D 设计软件进行竹蜻蜓的设计，根据自己的想法和挑战卡的要求进行模型的构建和调整。

打印制作：一旦设计完成，学生将文件导出到打印机，进行竹蜻蜓的打印制作。

装配和测试：学生将打印出的各个部分进行装配，并测试竹蜻蜓的飞行效果和稳定性。

展示分享：学生展示并分享他们设计和制作的竹蜻蜓，可以组织评选活动，让学生投票选出最佳作品。

四、创意 3D 打印活动课程之《一叶扁舟》

《一叶扁舟》一课是我校校本课程 3D 打印创客课程的第十课。本课以设计小船为载体，以"怎样让船保持稳定而不侧翻？""怎样减少船在行驶中的阻力？"作为核心问题引导学生认识船的结构，设计和制作一艘符合一定性能标准的小船。同时，让学生像工程师一样经历完整的工程设计过程，培养学生的工程思维、解决问题的能力以及团队协作的素养，体会设计对产品制作的重要性。

本课的教学对象是小学五年级的学生，他们对于船这种交通工具还是比较熟悉的，也有不少学生乘坐过绍兴乌篷船，因此，对船的设计他们非常感兴趣。通过之前 123Design 的学习，他们已经能构建出船的模型。在测试小船的过程中，还应学会发现问题，再进行调整与改进。五年级的学生经历这样的过程十分有意义，这将加深学生对作品设计的理解，培养学生工程思维和动手实践能力。

实施案例4

一叶扁舟

1. 教学目标

（1）了解我国船舶的发展情况，以点带面，激发学生的爱国热情和学习探究的兴趣。

（2）灵活运用123Design设计制作小船，并在测试过程中发现问题，不断调整优化小船性能。

（3）通过小组合作探究，体验"做"的成功和乐趣，培养综合运用所学的知识与技能解决问题的习惯。

2. 教学重点、难点

（1）重点：了解船的结构并能运用123Design建模软件设计制作小船。

（2）难点：不断改进结构，提高船的载重量和稳定性。

3. 教学准备

PPT课件、3D打印的小船。

4. 教学过程

（1）话题引入

观看绍兴乌篷船的图片。

设问：你们乘坐过船吗？还记得你们坐的船是什么样子的吗？学生在纸上画出心目中小船的样子。

设计意图：通过观看绍兴乌篷船引发学生思考船体的结构，激发学生对制作小船的兴趣。

（2）绘制小船

布置任务：用3D打印来设计制作一艘小船。

出示小船图片，明确设计要求：在纸上画出设计图；能稳定地浮在水面。

提问1：船底为什么不用平底，而是要通过倒角形成平滑的圆底？

知识点：因为只有这样的流线型，才能减小水的阻力。再设想一下，生活中的小轿车、动车和高铁的火车头，是不是都是流线型的？

提问2：船底为什么要倾斜呢？

知识点：因为船在倒退的时候，倾斜的船底同样有助于减小水的阻力。

提问3：船为什么能浮在水上？

知识点：根据阿基米德原理，浸在液体中的物体所受到的浮力大小等于它所排开的液体的重力，当浮力等于船的重力时，轮船就可以浮在水面上。

教师可以介绍下阿基米德定律（课件出示）。

小组合作完成小船的设计方案，汇报交流，说明设计理由等。

设计意图：引导学生按"思考—画图纸—制作"的步骤展开设计，引导学生按照设计图进行小船的3D模型构建，培养学生"工程与技术"素养。

（3）学生构思与三维建模

①出示要求：在模型基础上对小船进行创新，并绘制草图。模型完成后会进行水中承重比赛。

②三维建模：

船体：

A. 用三点圆弧和多段线，做出船体轮廓。

B. 选中平面使用拉伸工具拉伸船体。

C. 使用圆角功能将船体的棱边做成圆角，船底的棱边做成大圆角。

D. 选中上平面，使用抽壳工具。

舱板：

A. 拖出一个长方体，设置合适的尺寸。

B. 复制一个，并移动到合适的位置。

C. 合并两个舱板，并与船体对齐，使舱板比船沿低一些。

D. 使用分割实体和分离工具，将舱板多余的部分删除。

E. 舱板与船体合并。

船桨：

A. 拖出一个圆柱体，设置合适的半径和高度。

B. 旋转90°放于栅格上。

C. 拖出一个芳芳提，调整到合适的长宽高。

D. 合并两部分，将棱角部分分别设置成合适的圆角或斜边。

E. 旋转移动船桨到合适的位置上。

F. 复制一个船桨，并移动旋转到合适的位置上。

③学生根据草图在教师的指导下对各自的小船进行建模。

④教师巡视：提醒学生正确使用扭转命令，并让学生记住自己旋转的角度。

⑤利用切片软件进行切片处理。

⑥ 3D 打印机进行打印。

⑦模型上色：

A. 老师播放一些彩绘简单图案的幻灯片，为学生上色提供参考和灵感。

B. 学生对模型进行上色。

提醒：学生上色前先对整体的色彩或主题有一个构思和把握，然后再开始动笔，颜料要尽量少沾水，上色时动作小心，保持清洁。上好色后各组放到该组指定区域晾干——等待晾干过程中进行下一环节。

设计意图：引导学生发散思维，拓宽小船三维模型的设计。在 123Design 建模软件的使用过程中培养学生的设计思维。

（4）模型测评

①分组测评

对学生进行分组，每组学生把组内成员的小船放入水中，进行模型的测评工作。让学生将测试中发现的问题及时记录下来（见下表）。

测试记录单

"＿＿＿＿"号的测试记录单			
			＿＿＿班＿＿＿组
	载重量（克）	行驶距离（米）	存在的问题	我们的改进
测试一				
测试二				
测试三				

②互相交流

小组讨论：针对刚才发现的问题，我们的船还可以怎么改进？

小组根据测试环节发现的问题改进设计图，并在 123Design 建模软件中修改优化小船。

③课堂评比

每位学生上台把自己的小船放入水中，教师往上放入砝码，看谁的小船承受的重量最大。评选出"最佳小船"。

二、创意 3D 打印活动课程之《创意笔筒》

《创意笔筒》一课是我校校本课程 3D 打印创客课程的第五课。本课主要内容是围绕笔筒的模型设计学习 123Design 中抽壳工具以及相减工具的使用。

本课的教学对象是小学五年级的学生，本课的知识点是抽壳和相减。为了帮助学生理解和掌握，笔者使用学生熟悉的笔筒作为任务载体，运用了"主题工具盒"的游戏方式，在设计"创意笔筒"的活动过程中，鼓励学生在掌握技术的同时放飞想象，大胆创新。

实施案例 2

创意笔筒

1. 教学目标

（1）了解抽壳的作用，掌握抽壳工具和相减工具的使用。

（2）通过观察和分析，了解 123Design 不同的操作步骤能制作不同的物体；通过自主探究，掌握 123Design 中工具使用的基本方法。

（3）在制作笔筒的过程中感受创造的乐趣，激发学习 3D 的兴趣，培养创新意识，及自主探究能力。

2. 教学重点、难点

（1）重点：掌握抽壳工具、相减工具的使用。

（2）难点：能够灵活使用相减工具改变物体的外形。

3. 教学准备

PPT 课件、3D 打印的笔筒。

4. 教学过程

（1）欣赏笔筒，导入课题

师：笔筒，顾名思义，就是放笔的容器，人们把它称为"笔墨纸砚"之外的"文房第五宝"，说明它是书斋中的必备之物。笔筒大约出现在明朝中晚期，因为它使用方便，所以很快风靡天下，至今仍兴盛不衰！谁愿意介绍下自己的笔筒？

生 1：我用的笔筒又大又实用，能放很多东西，而且还能旋转。

生 2：我的笔筒像可爱的小花鼓。

生 3：我用的是小象笔筒，还可以当摆件。

……

设计意图：通过测试，学生会发现各种各样的问题，让学生思考问题解决的方法，培养学生发现问题、分析问题、解决问题的能力。引导学生带着同样的眼光去研究和揭示发现生活中的其他现象及其背后的规律。

（5）游戏拓展

为了看看大家对今天的课程内容掌握多少，我们一起玩个游戏，游戏的名字就是《制作模板小游戏》。

课间小游戏

制作模板小游戏

1. 游戏目标设定

学习和应用 3D 设计和打印技术。

培养学生的创造力和解决问题的能力。

提高学生的空间想象力和设计能力。

2. 游戏准备

准备 3D 设计软件和 3D 打印机：确保学生可以使用相关设备进行设计和打印。

准备小船的参考图片或示例：为学生展示不同类型、大小和形状的小船设计。

3. 游戏流程

简要介绍制作模板游戏的规则和目标以及小船的设计任务。

设计规划：学生根据任务要求和挑战，思考和规划自己的小船设计，包括船体形状、甲板结构、船帆等。

3D 设计：学生使用 3D 设计软件进行小船的设计，根据自己的想法和要求进行模型的构建和调整。

打印制作：一旦设计完成，学生将文件导出到打印机，进行小船的打印制作。

装配和调整：学生将打印出的各个部分进行装配，调整船体和船帆的位置和连接，确保小船可以平衡和浮在水面上。

测试和调整：学生在水容器中进行小船的测试，观察它的浮力、稳定性和航行性能，并进行必要的调整。

展示分享：学生展示并分享他们设计和制作的小船，可以组织评选活动，让学生投票选出最佳作品。

---

4. 游戏延伸

鼓励学生相互学习和交流设计的经验和技巧。

提供机会让学生讲解自己的设计思路和创意的实现。

鼓励学生尝试不同类型、材质和装饰的小船设计。

(6) 归纳小结

总结：经历了"明确任务—制订方案—3D 建模—3D 打印—作品测试—优化改进"的造船过程。生活中，还可以通过 123Design 创作出其他交通工具，只要我们带着同样的眼光去研究和揭示发现生活中的其他现象及其背后的规律。

设计意图：通过总结，为学生梳理本课经历的造物过程，引导帮助学生构建完整的知识体系。

第五节 课程评价

一、评价目的

（一）课堂转变体现学习价值

从"知识本位"转向"能力立意"，学生利用已有知识提出解决的方法，从"静态知识"转向"生活运用"，从"重知识理解"转向"能力为重"，从"模糊"转向"精准"。不仅要让学生"学会"前人积累下来的各种经验与规则，还要发展学生的智力和能力，让学生变得更"会学"。最重要的是，通过我们的教育，让学生体会到知识与科技的魅力，充分体现学生个人的经验、价值与情感，让学生变得更"爱学"。

（二）主题探究培养学生素养

学生通过参与主题式的 3D 设计研究活动，主动发现问题、获取知识、应用知识、解决问题，在活动中培养和发展学生对问题、现象进行探究的基本素养以及进行改造创新的基本素养。在团队合作中，更懂得合作的重要性，学会合作的方法，也真正感受到合作带给自己的进步。

二、评价方法

采用多样化的评价方式，如学生作品展览、学生过程性评价、学生综合评价。

三、评价流程

采取一看、二问、三对照、四评价的流程。看是指看学生是否掌握 3D 打印相关知识和操作流程；问是指现场询问学生 3D 作品的设计理念以及如何用 3D 建模软件解决遇到的问题；对照是指按照《学生课堂评价表》《作品评价量表》各项内容对学生进行逐一对照；评价是指在"看、问、对照"的基础上对学生进行客观评价，总结经验、指出问题、提出建议。

四、评价指标

使用学生课堂评价量表，对学生的课堂表现、合作交流、动手探究、作品汇报四个维度进行多元评价（表 2-2）。

表 2-2　课堂评价量表

一级指标	二级指标	分值	自评	互评	师评
课堂表现（25%）	按时上下课，不迟到早退，不无故旷课	10			
	认真听讲，课上讨论积极程度	5			
	能有条理地表达自己的意见	5			
	善于思考，提出自己的意见看法	5			
合作交流（35%）	积极和小组成员探讨协作，发现问题	10			
	小组分工明确合理，认真完成任务，善于帮助组内成员	10			
	积极举手提出疑问、寻找答案，能有条理地表达自己的意见	10			
	客观地评价他人，用于表达自己的观点	5			
动手探究（30%）	积极主动参与作品设计，按时完成作品	10			
	积极思考，敢于提出问题，手脑并用，探究解决问题的方法，有创新意识	10			
	善于积累，勇于探究，能够灵活地运用所学知识进行迁移	10			
作品汇报（10%）	仪态大方，表情自然，配合肢体语言，声音洪亮	5			
	讲解清晰，语言生动，课堂答辩准确性	5			
合计		100			

使用学生作品评价量表，对学生作品的技术性、艺术性、创新性、实用性这四个维度进行多元评价（表 2-3）。

表 2-3　作品评价量表

学生：＿＿＿＿＿＿作品名称：＿＿＿＿＿＿						
一级指标	二级指标	分值	自评	互评	师评	家长评
技术性（10%）	能合理使用 123Design 软件建模，作品尺寸设计合理	5				
	能运用切片软件对模型进行处理，并规范使用 3D 打印机打印作品	5				

续表

	学生：＿＿＿＿　作品名称：＿＿＿＿					
一级指标	二级指标	分值	自评	互评	师评	家长评
艺术性（30%）	作品造型优美，视觉效果良好	10				
	作品颜色搭配合理	10				
	作品体现设计能力和审美能力，有艺术感	10				
创新性（30%）	作品构思巧妙	10				
	作品基于模仿的基础上有创新	20				
实用性（30%）	作品打印精细	10				
	作品具有完整性	10				
	作品能成功使用	10				
合计		100				

第六节　课程成果

创意 3D 打印课程让学生在学习的过程中不断创新、主动思考，充分发挥新技术创意变实体的作用，体验设计—打印—再设计的过程，学生的分析、批判、创新能力得到了进一步提高。学生学习能力明显增强的同时，合作能力也得到了培养。近几年，我校学生多人次在"我爱 3D"创新模型设计赛中获奖。在课程的实施过程中，教师的教学观念得到了更新，课堂教学模式有所创新，在一定程度上促使核心素养落地课堂，教师的业务素养有了较大提升，基于经验与感受，整理了系列教学设计，写出了多篇相关教学论文与案例。

一、教师获奖情况

梁歆、罗云枫获绍兴市第二届"我爱 3D"创意模型设计赛一等奖；

沈岩、李胡柯获绍兴市第三届"我爱 3D"创意模型设计赛小学组创意设计三等奖；

黄锦浩获绍兴市第四届"我爱 3D"创意模型设计赛小学组拉力竞跑船舶设计二等奖。

二、学生获奖情况

倪晟、陆佳威获上虞区 2019 年中小学创客挑战赛创意智造项一等奖；

倪晟获 2019 年全省中小学生创客大赛一等奖；

尹梦熙、罗文滢的作品《党历日历灯》获 2021 年上虞区电脑制作活动创客竞赛三等奖；

徐思仰、张杜若的作品《多功能雪人收纳盒》获 2022 年全区学生信息素养提升实践活动数字创作三等奖。

三、研究论文以及教育案例获奖情况

《让学生打开"创意之门"》获上虞区三等奖；

《探微 STEAM 教育理念下的 3D 打印教学策略》获绍兴市三等奖，上虞区二等奖；

《3D 打印技术助力小学生创新能力的培养》获上虞区二等奖；

《3D 打印课程在小学信息技术领域的探索与实践》发表于省级期刊《格言》；

《基于 3D 打印技术的中小学生创新能力的思考》发表于省级期刊《读与写》；

活教育案例《快乐的学生，活跃的课堂》获上虞区一等奖；

课题《基于 3D 打印技术培养小学生创新能力的实践研究》获上虞区三等奖。

四、其他荣誉

学校创客教室被命名为上虞区第三批学科教室，第四批示范性学科教室。

五、学生作品一览（图 2-2）

雪人收纳盒

创意相框

折叠水杯

摆件

花盆

船

空气凤梨架

相框

图 2-2　学生作品

第三章　玩中强体：空手道活动课程中的强健体魄教育

伴随着新课标的实施，学校体育课程的发展已经逐渐从传统的体育项目向多样化的课程方向发展。传统的体育项目无法满足学生的多元需求，特色的体育活动课程因其独特性和吸引力而受到关注。空手道作为一种特色的体育活动课程，能够为学生提供一种全面发展的机会，并满足学生对于新鲜、有趣、具有挑战性的体育项目的需求。

在小学空手道活动课程中，玩中学的组织方式与强健体魄有着密切的关联。空手道是一项需要综合身体素质和技巧的运动，玩中学的学习方式能够提供一种愉悦的学习环境，激发学生的兴趣和积极性。通过玩中学的学习方式，小学生可以在轻松愉快的氛围中学习和练习各种空手道的技巧和动作。他们可以通过游戏、竞赛和模拟情境来加深对技术的理解和掌握。这种积极参与的学习方式能够激发学生的学习热情，增强他们的学习兴趣，并且培养他们的协作能力和团队精神。

同时，空手道活动课程也有助于学生的身体健康和强健体魄的培养。空手道的训练需要注重体能的锻炼，包括力量、速度、柔韧性和耐力等方面。通过玩中学的组织方式，学生可以在轻松的游戏中进行身体的锻炼，提高他们的身体素质和强健体魄。因此，玩中学的学习方式与强健体魄在小学空手道活动课程中有着密切的关联。这种学习方式能够提供积极的学习环境，激发学生的兴趣和热情，并且通过锻炼促进他们的身体健康和素质发展。

第一节 课程背景

空手道是一项历史悠久的体育运动，诞生在中国，后发展于日本，已经是现代社会最具影响力的格斗技艺之一。在小学推广空手道教育对促进学生的身心健康和品格发展具有重要意义。

一、国内外相关研究

空手道是一种起源于中国，发展于日本的格斗技艺，本义为"从中国传入的拳法"。[①]所以很久之前被称为"唐手"，后来改名为"空手道"。目前，空手道的主要流派主要有松涛馆流、刚柔流以及和道流、糸东流等。空手道文化内涵及教育理念对学生有独特的教育价值。一方面，作为一项体育运动，空手道具有十分鲜明的礼仪要求和礼节特征，强调以完整的形态终于行礼。学习空手道有助于学生养成尊师重道、克己礼让的优秀品德。同时，它的礼仪要求和礼节特征又为青少年在练习的过程提供了安全保障。空手道在日本很早就被冲绳部分纳入学校体育教习试行，1904年部省就批准将其正式作为冲绳师范学校体育补充教材空手道"型"和"组手"的练习式，对青少年身心健康以及性格、品格的塑造起到重要的作用，是学校教育中非常具有适宜性的体育运动教学，而且玩中学的组织方式与小学空手道活动课程有诸多契合点：

（一）游戏化教学

小学生更多是通过玩耍和游戏来获得知识和技能的。将空手道课程以游戏的形式呈现，可以增加学生的参与度和兴趣，提高他们的学习效率。

（二）分组合作

"玩中学"通常采用小组合作的形式学习，可以让学生在共同实践中互相帮助和配合，提高团队合作能力。在小学空手道课程中引入分组合作的活动，可以培养学生的协作精神和团队意识。

（三）竞赛和比赛

"玩中学"常常会组织各种竞赛和比赛，以激发学生的竞争意识和积极性。在小学空手道课程中引入一些简单的竞赛和比赛元素，可以让学生在游戏中体验到竞争的乐趣，同时提高他们的技能水平。

---

① 杨孟胜. 越南男子空手道运动员专项身体素质训练体系的构建 [D]. 北京：北京体育大学，2016：2.

（四）自主学习和探索

"玩中学"时学生通常更加注重自主学习和主动探索知识，他们更加有能力理解和应用复杂的概念。在小学空手道课程中可以通过开放性问题和自主探索任务，鼓励学生主动思考和独立学习，培养他们的学习动力和能力。

当然，以上仅为一些可能的契合点，具体的组织方式还需要根据小学生的年龄、兴趣和能力水平进行合理调整，确保课程的有效性和适应性。

二、课程实施的目的和意义

《义务教育体育与健康课程标准（2022年版）》的发布，对推进我国义务教育体育教学发展具有重要指导意义。浙江省绍兴市上虞区小越街道中心小学一直是区内的体育强校，获得过多项体育方面的荣誉。也对应着学校积极打造的"玥课程""越课程""阅课程""悦课程""跃课程"等五"YUE"课程群中"跃课程"的呈现。呈现"跃课程"的最好方法就是在国家政策的指引下，搞好现有的各类体育项目，引进新型的体育项目。在2019年笔者有幸参加了中日空手道教练员、运动员的培训班，加上以前的项目基础，故此，想在学校里开展此体育项目。终于，空手道课程2020年被引入小越街道中心小学，其中包含了特色课程、课间操、各级各类比赛等，并获得国家、省市大小各级各类赛事奖牌100多枚。取得好的成绩离不开学生坚持不懈地努力训练，"跃课程"起到了至关重要的作用，因为在运动员的选拔中起到了扩大基数的重要作用，能够更好地发现优秀运动员。

第二节　实施方案

一、课程目标

（一）总目标

通过学习空手道运动，让学生掌握一定的格斗技巧，提高学生身体素质，培养学生自信、独立、团结、协作、拼搏等优良品质。教师通过教学实践来提高自身的教学经验和业务水平，使教学设计更细致、更科学、更实际。通过在学校推广空手道来营造体育氛围，通过比赛来获得更多荣誉。

（二）学生发展目标

1.认知目标：能够说出所有空手道中的技术动作名称，并能说出简单的裁判知识。

2.技能目标：通过学习，使学生能完成空手道运动中的基础性动作。能力较强的学生能够完成较难动作。

3.情感目标：通过舞台展示、比赛、集训等途径，培养学生自信、独立、团结、协作、拼搏等优良品质。

学生在空手道的学习中，通过舞台展示、比赛、集训等途径，培养自信、独立、团结、协作、拼搏等优良品质。第一，舞台展示是学生展示学习成果和技能的机会，通过在舞台上向观众展示自己的实力和努力，可以培养学生的自信心。第二，参加空手道比赛可以增强学生的竞争意识和拼搏精神。比赛是一个能够测试和展示学生实力的平台，学生需要克服压力，展现自己的技巧和能力。在竞争中，学生会经历胜利和失败，从中学会坚持不懈、努力拼搏，学会接受失败并从中吸取教训。第三，集训是学生深入学习和实践的过程，它鼓励学生独立思考和解决问题。同时，集训也是一个培养团结和协作精神的机会，学生需要与伙伴们一起协作、互相支持，共同完成训练目标。

因此，通过舞台展示、比赛、集训等途径，学生不仅可以锻炼身体素质和技能，更重要的是能培养他们的优良品质。自信使学生相信自己的能力，并敢于面对挑战；独立性使学生能够主动思考和解决问题；团结和协作精神使学生能够与他人合作并共同实现目标；拼搏精神使学生学会努力奋斗并克服困难。

（三）教师发展目标

1.加强学科研讨，深化教育科研，提高教学质量

首先，能够提供跨学科的学习机会。空手道涵盖了物理、运动科学、文化历史等多个领域的知识。通过空手道课程，教师可以与其他学科教师进行合作，促进跨学科的学习和研究，丰富学科内容，提高教学的广度和深度。其次，提供实践与理论结合的机会。空手道是一门实践性强的课程，学生需要通过实际操作来掌握技能。教师可以通过实际指导和观察学生的实践过程，对理论知识进行实际验证，进一步了解学生的学习情况。同时，教师也可以将学生实际操作中的问题和困惑作为研究对象，进行教育科研，不断改进教学方法和策略。再次，提供观察学生综合素养的机会。

空手道需要学生展示他们的技能、动作协调性、心理控制能力等方面的综合素养。教师可以通过观察学生在空手道课程中的表现，了解学生的身体素质、团队合作能力、思维逻辑等方面的发展情况，为学生的综合素养评价提供参考。最后，提供培养学生品德与价值观的机会。空手道强调礼仪、尊重和自律等价值观念的培养，教师可以通过空手道课程来引导学生形成正确的品德观念和行为习惯，培养学生团队意识和道德责任感。教师可以对学生在空手道实践中体现出的品德表现进行观察和研究，从中得出有效的教育方法和策略。

2.加强业余训练，抓实项目本质，提高训练质量

首先，提升教师自身的专业素养。通过参与空手道课程，教师能够深入了解和学习空手道的技巧和理论知识，不断提升自身的专业素养。通过自身的业余训练，教师能够更好地掌握和理解空手道的运动特点和训练方法，从而能够更有针对性地开展教学工作。其次，增强教师对课程本质的把握。空手道课程不仅是一项运动，还涉及丰富的文化背景和道德教育。通过业余训练的参与，教师能够更加深入地理解空手道项目的本质，把握其核心的价值观和培养学生的目标。这将有助于教师更准确地传递课程内容，培养学生的道德品格和综合素养。再次，提高训练质量和指导能力。通过个人的业余训练，教师能够增加自己的实践经验，并将这些经验运用到课堂教学中。教师能够更加熟悉学生在训练中遇到的困难和问题，并能够提供更具体的指导和反馈。这样可以提高训练质量，帮助学生更好地掌握空手道技巧并提升自身素质。最后，建立师生共同成长的环境。教师通过业余训练与学生一同参与空手道活动，可以打破传统的教师与学生的角色界限，建立起更为平等和亲近的关系。教师与学生共同训练，能够在实践中相互学习、相互交流，共同成长。这种环境中的互动和合作，将有助于提高训练质量，促进学生的全面发展。

（四）学校目标

学校体育"四位一体"目标体系，是学校体育改革发展的新坐标，是新时代学校体育事业的行动指南和根本遵循，可以从目的、价值、路径三个向度把握其思想精髓。

1.提升身体素养：新时代学校体育的核心要义

空手道是一项身体素质全面发展的体育活动。通过空手道课程，学生可以进行各种形式的身体训练，包括力量、速度、灵敏度、协调性等方面的培养。这有助于

学生全面提高身体素质，提高身体机能和运动表现能力。同时，通过空手道课程，学生能够了解和体验到体育运动的乐趣和益处，培养对体育的兴趣，并形成体育意识。这有助于学生主动参与各种体育活动，形成积极的身体锻炼习惯，为终身参与体育运动奠定基础。因此，通过这一课程的开展，可以促进学生全面提高身体素质，培养健康生活习惯，激发体育兴趣，培养团队合作精神，提升自信和自我保护能力，为学生的全面发展和健康成长打下坚实的基础。

2. 涵养体育精神：新时代学校体育的价值追求

在空手道课程中，学生需要与伙伴们一起参与练习、对抗和表演等活动，需要相互配合和协作。这促使学生培养敢于拼搏、团结合作的体育精神，学会相互支持和信任，共同追求目标，培养学生的团队意识和集体荣誉感。空手道课程注重培养学生的自信和自我保护能力。通过学习空手道的技巧和原理，学生可以掌握一些基本的自我防卫技巧，增强个人安全意识，提高自我保护能力，培养学生的自信心。

3. 深化教学改革：新时代学校体育的创新路径

首先，空手道课程为学校提供了一种多元化的教学手段。相比传统的教室教学，空手道可以通过实际操作、实践体验的方式进行教学，帮助学生更好地理解和掌握知识。这种教学方式能够激发学生的学习兴趣，提高学习效率。其次，空手道涉及身体运动、文化历史、道德教育等多个学科内容。通过空手道课程，学生能够在实际动作中学习到科学知识、历史文化、道德价值观等方面的内容。这有助于加强跨学科学习和知识的综合应用，促进学科之间的融合。再次，促进个性化教育发展。空手道课程注重学生个体的发展。每个学生的身体条件、动作技巧、兴趣爱好都不尽相同，空手道课程可以根据学生的特点和能力进行个性化的培养和指导。这有助于促进个性化教育的发展，满足不同学生的学习需求，提高学生的学习积极性。

二、课程定位

（一）空手道课程是校园体育文化的重要组成部分

校园体育文化是校园文化中具有鲜明外显和深刻内涵的一部分。在外显上，校园体育文化既能够呈现在静态的雕塑等物质形态上，也能体现在动态的学生生活中；在内涵上，校园体育文化能够直观地反映出一所学校学生在体育锻炼和道德情操上的文化状态。虽然校园体育文化十分重要，但是任何一种校园体育文化都不是短期形成的，而是要经过长时间的积累，它的载体主要是校园体育运动和日常游戏，在运动中提倡更高、更快、更强，小学生体育课程与文化之间是密不可分的关系。从课程的角度来看，学校体育文化也是在课程教学中逐渐形成的文化现象，因此课程的组织、管理、实施和评价都能够在整体上对一所学校的体育文化形成影响。从文化的角度来说，学校体育文化也在一定程度上影响课程的设置，其中不仅包括学校的体育课程，还包括其他任意课程。在今天的小学教育中，跨学科、项目式的教学方式逐渐盛行，体育也参与其中。尤其是在一些具有传统体育项目的学校中，这种体育文化影响课程设置的现象就更加明显。

小学体育课程可以分为外显文化和内隐文化，前者包括小学体育课程制度以及相关政策等等；后者主要是指精神层面，包括小学体育课程的意识、思想和价值等。

（二）小学体育空手道课程文化涵养

1. 以人为本是小学体育课程文化的基础。新人文主义认为，人必须不断将自己的感受能力提升，明确自己的需求，依照自己的真实感受进行美丑、真假以及对错辨别，这一点主要注重的是实现人对价值取向的高层体验，注重实现人的内化过程。因为人是一切教育活动中最主要的资源和最重要的财富。体育课程教学不仅能强身健体，还能够为学生提供强大的精神支持和意志力训练，培养学生相互协作的团队精神，使学生能够在对彼此的支持中形成具有统一价值观的共同体，成为内化了中国文化的真正的中国人。

2. 体育课程的教学活动也是价值的传递活动。以强健体魄、文明精神为核心的体育价值观是小学体育课程文化中非常重要的组成部分。我国的小学体育课程文化不仅在面向学生的身体发展时提供条件与科学指导，更在体育课程中培养其正确的价值取向，为学生一生的发展奠定身体基础和精神基础。因此，尤其是在终身学习的社会，缺少体育教学的小学教育一定是不完整的，不涉及价值引导的体育教学也一定是不科学的。体育课程的教学价值并不比任何一门其他学科要低，将体育视为"副课"的应试教育思想亟待摒弃。相反，我们应坚持以人为本，以未来的发展为本，不断强化体育课程的内在整合力和凝聚力，从而成为所有体育活动实施者的行动指南：如何根据学生的年龄特点、认知基础、生活实际、兴趣爱好等建设具有充分吸引力和价值力课程内容的拓展性课程，这是关系到拓展性课程建设实效的重要工作。

三、课程资源

实施空手道课程需要一些主要资源来支持和促进学生的学习和实践。

（一）教学设施

学校需要配备适合开展空手道课程的教学设施，包括宽敞的体育馆或操场、标准的空手道训练场地、安全的器械设备等。这些设施能够为学生提供良好的学习环境和安全保障。

（二）专业教具

空手道课程需要使用一些专业教具，如安全护具（头盔、护腿、护手、护胸等）、木制刀剑、操纵器、训练器材等。这些教具能够帮助学生进行技巧训练、自我保护训练和对抗练习，提高学生的技能水平和安全保护。

（三）教材和参考资料

配备适合小学阶段的空手道教材和参考资料，有利于学生系统学习和实践。可以选择符合学生年龄和能力水平的教材，内容涵盖空手道的理论知识、技术要点、基本动作等方面，供学生参考和学习。

（四）资质训练师资

为了保证空手道课程的教学质量和安全性，需要配备具备相关资质和经验的训练师资。这些专业教练能够为学生提供系统的技术指导、安全训练和动作示范，激发学生的学习兴趣和培养专业技能。

（五）学生体检与评估

在开展空手道课程之前，对学生进行体质检测和评估，了解学生的身体状况和健康水平，以便制订合理的训练计划和教学安排。学校可以借助专业医生或体育教练进行体检和评估，确保学生的身体状况适宜参与该课程。

除了上述主要资源，还可以利用多媒体设备（如投影仪、电视等）来展示相关教学影片和示范，丰富学生的学习资料和视听体验。同时，学校也可以与空手道协会、社区资源等合作，开展外部训练和比赛交流活动，拓宽学生的学习视野和提供更广泛的机会。最重要的是，要充分利用和整合现有的资源，为学生提供丰富多样的学习机会和培养空手道技能的平台。

四、组织保障

小学空手道课程的组织保障包括以下几个方面：

（一）人员保障

确保空手道课程由具有经验和资质的教练员进行教学和指导。教练员应具备相关的空手道资质认证和教学经验，能够提供有效而安全的指导。

（二）安全保障

提供适当的场地和设施，确保学生在学习空手道过程中的安全。场地应具备合适的空间和地板材质，以减少摔倒或受伤的风险。同样，设施如护具、垫子和保护用品等也应提供，以保护学生免受潜在的伤害。同时，制定必要的安全措施，如规章制度、安全指导和应急预案等，以确保学生在训练中的安全。此外，学校应具备必要的急救设备和培训有关人员，以应对可能的急救情况和伤害。

（三）课程设置

根据学生的年龄和能力水平，设置合适的课程。课程内容应包括基本动作、技术训练、形式演练和实战练习等，既能够培养学生的技术水平，又能够培养他们的身体素质和自信心。

（四）管理保障

建立以学校校长为组长、分管副校长为副组长的空手道课程管理小组，实现责任到人、专人专责的管理模式。

第三节　内容设计

根据一般的教学规律和空手道课程的基本特点，其内容设计主要包括实施基础、基本旨趣、基本过程、课程架构和内容几个方面。

一、前期准备

（一）设计依据

1.课程团队和技术

"更快、更高、更强"是奥运会的口号，同时也是学校体育组对所有学生的培养方向。体育组一共有9位体育教师，每位教师有自己专精的方向，但是任何体育项目都是相通且相辅相成的，所以在很多课程安排上能互相探讨、相互促进。技术层面上，我们有最专业的教练员，本身是运动员出身，经过大大小小多次的培训，其中包括国培及多次省培，使得教练员的裁判理论及实战技术层次非常高。

2.学生资源

近年来，随着小越街道经济的不断发展，吸引大量新居民来小越街道工作与就业，新居民子女数占比超过全校学生数的2/5，接近1/2，学校办学规模日益增大。全校六个年级共计37个班级，在校生1640多人。在一个有着全国各地生源的大环境下，发展以身体为基础的体育特色课程，能取得更大的辐射作用。近年来，学校在拓展性课程建设上迈出了坚实的步伐，这为基于新时代要求进行教育的突破与提升打下了良好的基础。

3.玩中学的课程组织方式

上虞区小越街道中心小学是一所具有百年办学历史的学校。学校坚持以"一切为学生的发展服务"为办学理念，围绕"巧手塑心灵，剪彩成人生"的特色办学目标，充分开发"快乐学习"的学习旨趣，在学校打造的"越课程""阅课程""跃课程"等拓展性课程和课程群中，积极贯彻"玩中学"的组织方式，让学生在众多有趣的课程中找到自己感兴趣的、属于自己的拓展性课程。

（二）设计原则

开展空手道课程时，可以遵循以下设计原则：

1.安全第一原则

确保学生的身体安全是最重要的原则。在课程设计中，要考虑到学生的年龄、体格和技能水平，合理安排活动内容和难度，提供必要的防护用具，避免学生在活动中受伤。

2.学生发展原则

首先，需要根据不同年龄段学生的不同身体素质和技能水平，进行适度的挑战。课程设计应根据学生的能力水平，在合适的范围内提供挑战，激发他们的兴趣和成就感。其次，空手道可以促进学生的身体、智力和情感的综合发展。课程设计应兼顾技术训练、身体素质培养和品德教育等方面的内容，促进学生的全面发展。最后，空手道是一种集体性的活动，注重学生之间的互动和合作。课程设计应设置互动的活动形式和合作任务，培养学生的团队意识和合作精神，提高他们的社交能力。

3.玩乐与挑战并重原则

空手道活动应当以娱乐和挑战的方式呈现给学生，让他们在活动中感受到乐趣和成就感。课程设计可以包括趣味性的游戏、比赛和挑战，激发学生的积极参与和学习兴趣。

4. 循序渐进原则

空手道活动对于学生来说是一项技能的学习和掌握过程。课程设计应根据学生的学习曲线，循序渐进地引导他们学习和掌握不同的技术和动作，确保学习的连续性和可持续性。

二、设计路径

根据空手道项目的特色和学校的办学目标，结合学校课程体系中"跃"课程，本课程在开发的过程中经历了很多困难与难题，大致如下：

（一）教学用书的设计

根据学生的身体成长特点和认识规律，并以育人为目标，大力开发学生的自身能力。从多个方向进行教学用书的设计，结合项目本身的学习规律，再借鉴其他项目的特点，设计出更加符合小学生的空手道课程。

（二）教学视频的制作

首先需要有一定基础的高年级学生来演示各种各样的示范动作，教师在一旁仔细讲解，然后制作成视频，这样在其他小学生观看时更有助于激发其学习兴趣。

（三）自身加深对项目的研究

"读书百遍，其义自见"这句话不光针对文化课学习，也适用于任何的学习。比如空手道中的一个横踢腿动作，有很多种教法。假如不对技术动作进行多次的分析和实践，那么你也就只会从你师傅那里学来的一种或几种教法，但是只要完全理解了这个动作，就可以结合学生自身的身体特点来制定最适合他们的方法。

（四）确定评价方式

空手道在结构上分为两个小项目，"型"和"组手"。"型"的评价方式是通过演练来完成的，根据演练时表现出来的表现力和动作的正确程度来进行评价。"组手"则是根据年龄和体重相近的两个学生来进行对练，通过打点计分来确定胜负进行评价。

三、主要内容

课程分为基础篇和提高篇两个层次。基础篇以一至三年级为主，主要练习空手道基础拳法、步法、腿法。提高自身身体素质包括柔韧性、协调性、爆发性等。提高篇以四至六年级为主，结合前面所学的基础技术，发展技战术、裁判规则、开发悟性等。提高班的学生以参加各级各类的比赛为主，所以付出的时间也要比基础班多很多。

一至三年级（基础班）：在不断地提高身体素质的情况下，结合年龄段的特点安排以各种各样的游戏为主的练习。比如可以通过贴人游戏来提高学生的反应能力，通过三国追兵游戏来提高学生的爆发性等等。而后穿插各种空手道基本动作的学习，这样有助于提高学生学习空手道的积极性。

四至六年级（提高班）：有了一定的空手道基础后，随着年龄的增长，身体各个方面的优点都会慢慢地呈现出来，同样也可以让我们更清楚地看到哪里有更多的不足。通过观看高水平的比赛视频来观察优秀运动员的技战术，然后反思自己有哪些不足，一定要知道自己的缺点才会改过来，教练告诉你的或者其他同学告诉你的，不一定会有上面的效果。通过长时间训练和积累，才能在比赛场上发挥出常超的水平。（表3-1）

表 3-1　基本教学大纲

学习年级	学习的内容	学习的目的
一年级	1. 空手道礼仪教学及游戏 2. 冲拳及步法 3. 型的基础动作	通过游戏和简单的技术学习提高学生对空手道的学习兴趣
二年级	1. 游戏 2. 拳法及简单组合 3. 基础型学习	通过学习拳法让学生进一步了解空手道
三年级	1. 游戏 2. 腿法及简单组合 3. 中级型学习	已经对空手道有一定的了解，学习难度高的动作，激发学习积极性
四年级	1. 拳法、腿法深化练习 2. 摔法 3. 高级型学习	基本功扎实后，通过组手练习达到自我提升的目的
五年级	1. 技战术学习 2. 技战术在组手中运用 3. 高级型学习	不断提高实战的意识和能力，通过型练习提升自身精气神
六年级	1. 学习技战术分析 2. 学习常用的裁判知识 3. 高级型学习	为了能够更好地完成比赛，取得好成绩

四、游戏设计

在小学空手道课程中，游戏设计是激发学生兴趣、增强参与度和培养技能的重要组成部分。以下是一些可以在小学空手道课程中使用的游戏设计指南。

（一）动作模仿游戏

设计一些动作模仿游戏，通过模仿教师或其他学生示范的动作，学生可以锻炼动作协调性和观察能力。例如，模仿兔子舞动作或标准的空手道基本动作。

在小学空手道课程中，动作模仿游戏能够帮助学生更好地学习和掌握基本的空手道动作。以下是一个简单的课程安排，游戏主体可分为7个步骤：

空手道动作模仿游戏指南

1. 热身活动

开始课程前，进行一些全身热身活动，以准备做空手道动作。

2. 示范动作

老师示范一个基本空手道动作，要求学生仔细观察动作的细节和技巧。

3. 动作模仿

学生分组，一方模仿老师的动作，另一方观察并提供反馈。

4. 反馈和修正

学生完成模仿后，老师和其他学生可以提供反馈和建议，帮助他们改进动作的技巧和姿势。

5. 组合动作

逐渐将单个动作组合成一系列连贯的动作，让学生练习完整的空手道组合。可以设计一些简单的动作串联，让学生在模仿中慢慢掌握。

6. 竞赛游戏

为了增加趣味性，可以设计一些竞赛游戏，让学生互相切磋，提高技术水平。

7. 冷静活动

课程结束前，进行适当的冷静活动，有利于恢复身体状态。

当然，这只是一个基本的框架，实际的课程安排可能因不同学校和教师的要求而有所不同。在课程中，教师应该关注学生的安全，并根据学生的年龄和能力调整动作的难度。

（二）意识感知游戏

设计一些意识感知游戏，帮助学生提高反应能力和身体协调性。根据教学内容的差异，可以有听觉感知游戏、视觉感知游戏以及触觉感知游戏和反应速度游戏等。我们以听觉感知游戏为例，了解空手道意识感知游戏的基本框架。

空手道意识感知游戏（听觉）指南

1. 聆听音频指令：教师可以使用语音指令来让学生做出相应的动作。例如，发出"跳"的指令时，学生跳起来；发出"踢"的指令时，学生进行踢腿动作。通过使用不同的动作指令和变化的节奏，激发学生对听觉刺激的感知和反应。

2. 听觉判断游戏：播放不同的声音，学生要根据声音的特点进行判断。例如，播放拳击声和踢腿声，学生要分辨声音的来源，并做出相应的动作。

3. 聆听动作配对：将不同的空手道动作与声音配对，让学生通过听觉来辨认正确的动作。例如，播放踢腿声时，学生进行踢腿动作；播放拳击声时，学生进行拳击动作。逐渐增加难度，使学生能够准确配对声音与相应的动作。

4. 听觉引导追踪：教师用声音模拟移动物体的轨迹，学生通过听觉来追踪声音并转身进行相应的动作。例如，教师模拟手臂上举的声音，学生要根据声音的变化追踪并进行手臂上举的动作。

以上既可以作为一个游戏的不同步骤，也可以逐个深化成为多个独立的游戏。学校和教师可以根据自身的实际情况进行组织和修正。

（三）目标打击游戏

设立目标打击游戏，通过击中特定目标来获得分数或奖励。可以设置不同高度或位置的目标，学生使用合适的动作和力量进行打击，增强准确性和力量控制。例如，击中悬挂的气球、击中特定区域的泡沫垫等。

空手道目标打击游戏指南

组织展开目标打击游戏可以帮助小学生提高精准度、反应速度和目标感知能力。以下是一种可能的组织方式：

1. 设定目标：在教室或室外场地中设置多个靶标或标志，如贴纸、彩旗或标有数字的目标板。

2. 游戏规则：解释游戏规则并确保学生理解。例如，每个学生有一定时间，在指定范围内尽可能多地命中目标。可以设定比赛时间限制或限定射击次数。

3. 不同打击动作：让学生练习不同的目标打击动作，如手掌击、踢腿击、拳击等。确保他们掌握基本的动作技巧和正确的姿势。

4. 分组比赛：将学生分成小组，每个小组轮流进行目标打击。可以给每个小组分配不同的目标，并记录每个小组的得分。

5. 技术指导：为了提高游戏的效果，可以在比赛过程中为学生提供技术指导和反馈，帮助他们改善姿势、力量和准确性。

6. 计分和奖励：根据每个学生的命中目标数量或小组的得分，进行评分并给予奖励或认可。这可以激发学生的积极性和竞争意识。

在进行目标打击游戏时，安全始终是首要考虑。确保场地和设施的安全，并确保学生正确使用技巧和动作。监督学生的活动，避免发生意外情况。

（四）动作干扰游戏

设计一些动作干扰游戏，增加学生对环境和对手的适应能力。例如，通过设置移动的障碍物、变换的动作指令等，加大学生在实践中的挑战性。学生需要注意周围的干扰，并且准确执行指定的动作。

空手道动作干扰游戏指南

1. 设定游戏场地：在教室或室外场地中设置合适的空间，确保安全无碍。

2. 游戏规则：解释游戏规则并确保学生理解。例如，学生需要在指定的区域内进行指定的空手道动作，但在其进行动作时，教师或其他学生会引入一些干扰动作，如摆动臂腿、扔球等。

3. 动作干扰：设计一些干扰动作，如教师或其他学生走动、挥动物体等，在学生进行空手道动作时进行干扰。这样可以训练学生在干扰情况下保持稳定和专注。

4. 不断变化的干扰：逐渐增加干扰的难度和频率，鼓励学生适应不同的干扰动作并保持正确的空手道动作。可以通过增加干扰动作的速度、强度或引入多个干扰因素来提高挑战性。

5. 分组比赛：将学生分为小组，进行干扰游戏比赛。可以根据每个学生或小组完成的有效动作数量进行评分，并给予奖励或认可。

6. 观察和反馈：教师应密切观察学生的表现，并提供及时的反馈和指导。帮助学生改善动作技巧、提高适应能力和反应速度。

这种动作干扰游戏可以提高学生的反应能力、专注力和动作的灵活性。同时，要确保游戏的安全性，并根据学生的年龄和能力适当调整干扰的强度和类型。

（五）合作对抗游戏

设置合作对抗游戏，通过与他人合作来达成共同的目标。例如，创建小组 PK 赛，每个小组派出代表进行对抗，通过击中对方的目标或完成指定的动作组合来获得胜利。这可以锻炼学生的合作能力、团队精神和战略思维。

空手道合作对抗游戏指南

1. 分组：将学生分成两个或多个小组，确保每个小组人数相对平衡。

2. 游戏规则：解释游戏规则并确保学生理解。例如，每个小组派出一名代表，在规定的时间内进行对抗性的跆拳道比赛（PK 赛），可以采用点数制或直接比拼胜负。

3. 技术和策略指导：在游戏过程中，给予学生适当的技术指导和策略建议，帮助他们提高技巧和应对对手。

4. 赛程安排：根据小组人数和场地条件，制定赛程表，确保每个小组有机会与其他小组进行 PK 赛。

5. 观察和反馈：教师或指导员在比赛过程中密切观察学生的表现，提供实时的观察和反馈，帮助他们改进和提高。

6. 奖励和鼓励：根据比赛的结果或表现，给予学生适当的奖励和鼓励，以激发他们的积极性和竞争意识。

在开展合作对抗游戏时，要重视安全和公平。确保学生正确佩戴护具，设定明确的规则和限制，防止意外伤害和不必要的冲突。提倡合作和尊重的游戏氛围，教育学生通过竞争和团队合作共同进步。

这些游戏设计都可以根据学生的年龄和技能水平进行相应的调整，并且应该确保安全性和合适性。游戏的目的是让学生在轻松愉快的氛围中学习和练习空手道技能，激发他们的学习兴趣和参与度。同时，这些游戏也可以促进学生的身体协调能力、反应能力和团队合作能力的提高。

第四节　课程实施

实施小学空手道课程一般需要按照一定的步骤和计划进行，包括课程目标、教学计划、热身活动以及技术教学、练习巩固及应用和对抗等环节。以下将在阐述实施重点的前提下节选三篇教学设计来展现空手道课程教学的基本过程。

一、运用文字、图片、影像等多种资料耐心讲解

在小学一年级的空手道课程中，讲解是非常重要的一部分，它可以帮助学生理解空手道的基本概念、动作和技巧。首先，使用简单明了的语言。小学一年级的学生对于新的概念和术语可能会感到陌生，因此在讲解时应使用简单明了的语言，避免使用复杂的专业术语。尽量用能够让学生轻松理解的词汇和表达方式。也可以借用图片或图示辅助，使用图片、图示或简单的图解来辅助讲解，可以帮助学生更好地理解动作的要点和顺序。这些图示可以以书籍、投影仪或其他可视化工具呈现。

除此以外，空手道动作和技巧通常需要具体的示范和演示，让学生能够直观地理解。通过教师的示范或请学生进行示范，以展示正确的姿势、动作流程和技术要点。

其次，要分解和逐步讲解。对于复杂的动作或技巧，可以将其分解成更小的部分，逐步进行讲解。确保学生理解每个部分的动作要领，然后逐步组合起来。简洁明了地解释每个步骤的目的和关联，帮助学生建立起正确的理解和动作记忆。

再次，要与学生积极互动。在讲解过程中，鼓励学生参与互动和提问。通过提出问题并给予学生时间来思考，促进他们积极参与并加深对空手道知识的理解。在讲解结束后，提供及时的反馈和激励，鼓励学生并肯定他们的努力和进步。为了更好地了解学生的学习进展，应与学生及其家长保持沟通，及时反馈其在训练中的表现。

最后，强调安全与礼仪。在讲解过程中，不仅要传授技术和动作，还要强调安全和礼仪的重要性。教导学生如何正确佩戴护具、遵守指导员的指示和尊重对手。

实施案例 1

空手道基本入门

1. 教学课题：空手道基本入门。

2. 授课方法：先以对话的方式与同学们交谈在学习空手道上不懂的问题，然后再手把手复习和学习新内容。

3. 教学目标：使同学们了解空手道的起源、礼仪、发展，增加同学们的知识，在以后的日子里积极地锻炼身体，快速成长。

4. 教学重点：教会同学们基本的拳法并很好地使用礼仪。

5. 教学难点

（1）对象是一年级小学生，可能在教学上会有一定的障碍，这需要老师具备耐心及扎实的基本空手道知识。

（2）场地及工具的限制可能使同学们不能很好地感受空手道的乐趣所在。

6. 教学设计

（1）课程导入（预计时间：5分钟）：从运动方面开始讲起，问他们熟悉的可以锻炼身体的运动项目或游戏，然后过渡到空手道。

（2）新课解析（预计时间：10分钟）：先让同学们看一段视频从而认识空手道是什么？道服是怎样的？为什么要学习这门课？以便提高他们学习的兴趣，然后秀一段即将要学的空手道给他们认识。

（3）例题精讲（预计时间：15分钟）：①先讲礼仪：如何行礼，立正站立脚下呈小八字，双手下垂贴紧裤边，上身45度鞠躬，快下慢上。②授最基本的拳法：骑马立冲拳。先讲出拳的方法和轨迹，双拳贴紧腰部，拳心向上，然后贴着身体向前方正中心推送，最后转腕，拳心向下。③下肢呈骑马立：双腿开列，比肩略宽，脚尖朝前，腰背挺直，抬头挺胸。必须手把手教。

（4）课堂练习（预计时间：10）：老师喊口令让同学们来做，一个个地看是否做对，没做对的纠正一下；然后老师再教同学们做一遍。

课堂小结（预计时间：3分钟）：回顾这节课我们学了些什么，问一下同学们的感受来弥补教学方面的不足，以备下节课可以让同学们更开心地学习。

（5）课后作业（预计时间：1分钟）：在家洗澡或是有空时想想今天看的视频及学的拳法。在家里运用所学礼仪。

（6）课后小结：上完每一节课让我了解到小学生对空手道的接受能力，从而改变教学计划让同学们可以打好基本功。要耐心地教同学们拳法，把每件事一步一步完成，逐渐提高同学们的接受能力。

课间小游戏

追光游戏

在小学空手道教学中，追光游戏是一个有趣且有效的活动，可以帮助学生提升身体协调性和注意力。

1. 准备设备：准备一个手持发光棒或激光笔、一个暗室或较为昏暗的空间以及一段适合的音乐。

2. 游戏规则解释：向学生解释游戏规则和目标。告诉他们，他们的任务是追逐发光棒的光点，并尽量不让光点离开自己的身体。

3. 示范演示：进行一次示范演示，向学生展示如何使用发光棒或激光笔在房间中移动光点。演示时，可以选择不同的速度和路径。确保学生能够清楚地看到光点的移动路径。

4. 学生轮流追逐：每个学生轮流尝试追逐光点。适当调整光点的速度和路径，以适应学生的能力水平。确保每个学生都有机会参与和体验。

5. 关注身体协调性：鼓励学生在追逐光点时关注他们的身体协调性。提醒他们维持稳定的站立姿势、视线的跟随和手脚的协调。帮助学生建立姿势和动作的意识。

6. 增加难度和变化：随着学生的熟练度提高，可以增加光点的速度、改变光点的路径，或多个光点同时出现，增加游戏的挑战性。

7. 团队比赛：组织一个团队比赛，让学生分成小组。每个小组的成员轮流追逐光点，通过比较团队成员的表现，评出胜利的小组。

8. 讨论和总结：在活动结束后，与学生一起讨论他们的体验和发现。鼓励他们分享追光游戏给他们带来的挑战和乐趣。总结游戏的目的和对身体协调性的影响。

二、重视动作示范与重复练习

教师示范在小学空手道教学中非常重要，对学生的学习和发展有着积极的影响。首先，它不仅能够促进学生对于空手道技术动作的直观理解，通过观察教师的示范，学生可以直观地理解正确的姿势、动作流程和技术要领，还能够为学生提供视觉引导，帮助他们建立正确的运动图像和感知。学生通过观察教师的身体姿势、动作速度和动作协调性，可以更好地理解技术的执行方式和要领。

其次，空手道强调动作记忆与模仿，通过跟随教师示范练习，学生能够更好地进行动作记忆和模仿。他们可以通过观察和模仿教师的动作来逐步掌握正确的动作要领和技巧，并将其运用到自己的练习中。同时，教师在示范过程中有机会提供实时的指导和纠正。他们可以观察学生的练习过程，及时发现并纠正他们的错误或不规范的动作。这样能够帮助学生更快地纠正错误，提高技术的准确性和效果。

再次，通过示范和模仿，能够激发学生的兴趣和激励，学生能够感受到成功和进步的喜悦。他们可以与教师产生互动和联结，并受到教师的鼓励和认可，从而激发学习的兴趣和积极性。

实施案例 2

空手道基本技术动作——前手拳

1. 教学课题：空手道基本技术动作——前手拳。

2. 授课方法：主要以模仿为主，教师在前做示范，学生跟着教师一起练习。

3. 教学目标：使同学们了解空手道前手拳技术的动作要领，基本上能做出前手拳技术动作，增加同学们的知识，可以在以后的日子里积极地锻炼身体，快速成长。

4. 教学重点：前手拳进攻时手臂完全伸直。

5. 教学难点

（1）击打完成后，身体重心保持在两腿之间。

（2）场地小人多，可能使同学们不能很好地感受空手道的乐趣所在。

6. 教学设计

（1）课程导入（预计时间：5分钟）：上过几次空手道课后，学生对空手道也有了一定的了解，知道这是一项对抗类项目，但是我们前面练习的都是原地的技术动作，让学生自由想象，怎样才能在行进中进行进攻和反击？

（2）新课解析（预计时间：10分钟）：让同学们带着问题去看一段视频，空手道是怎样在行进中进攻和反击的？行进中的技术动作和原地的技术动作有何不同？

（3）例题精讲（预计时间：15分钟）：示范前手拳技术动作，讲解前手拳技术动作，让学生跟着老师完成分解动作，然后慢慢地完成完整的技术动作，少讲多练，教师巡回视察，及时发现学生存在的问题及时改正。

（4）课堂练习（预计时间：10）：老师统一喊口令让同学们来做，并抽一到两个学生进行示范展示，提出易错误的点，带着反馈跟着老师再练习几次。

课堂小结（预计时间：3分钟）：回顾这节课我们学了些什么，问一下同学们的感受来弥补教学方面的不足，以备下节课可以让同学们更开心地学习。

（5）课后作业（预计时间：1分钟）：在家里对着固定的任何一样物体进行前手拳练习20次，要求不能打到，在距离物体10厘米处停止。

（6）课后小结：学生在练习行进间的运动战时比在原地进行技术动作练习时积极性要高很多。提升了学生对新型项目学习的积极性。对项目的开展和学生的身心健康有重大的意义。

课间小游戏

动作接龙

在小学空手道教学中，进行前手拳的动作接龙游戏可以帮助学生更好地理解和应用技术动作，并提升他们的协调性和团队合作能力。

1. 整理技术动作：选择一些适合学生的技术动作，并确定接续顺序。确保这些技术动作之间有逻辑性，并且逐步增加难度。

2. 示范动作：老师或助教以优美流畅的方式示范第一个技术动作，并要求学生仔细观察。

3. 学生模仿：学生按照示范动作的顺序，依次模仿和表演每个技术动作。确保学生能够理解并正确地执行每一个动作。

4. 前手拳让：老师制作写有每个技术动作名称的牌子（可以用颜色或编号表示）。每当学生成功模仿并表演了动作，老师就给予他一张对应的牌子。

5. 动作接续：学生在获得牌子后，继续模仿和表演下一个技术动作。每个学生执行完自己的动作后，要将自己的牌子交给下一个学生。

6. 接续挑战：当学生的数量增加，可以提升接续技术动作的要求和难度。例如，要求学生按照特定的顺序执行动作，或增加更复杂的技术动作。这样，学生需要更好地观察和记忆前一个学生的动作。

7. 团队合作：继续进行接续，并将学生分小组进行比赛。要求小组成员紧密协作，尽可能快速、准确地完成整个动作接龙序列。比赛可以设置时间限制，或者比较哪个小组完成得更好。

8. 总结和反馈：活动结束后，与学生一起总结他们的体验和收获。鼓励学生分享他们在游戏中的技术发展和团队合作的体验。提供积极的反馈和指导，帮助学生不断提高空手道技术水平。

三、进阶组合技术强调融会贯通

在空手道中，组合技术是将不同的技术动作有机地结合起来，形成连贯的攻击或防御组合。例如，踢打组合，将踢腿技术和手技结合在一起，如前踢后拳、侧踢前肘等。通过快速的踢腿和手部攻击，可以形成连续、快速的进攻，增加攻击的多样性和威力。又如进退组合，组合前进和后退动作，以调整攻防的距离和角度。再如，前进踢腿后退防守、后退躲避再进攻等。通过灵活的进退组合，可以有效应对对手的进攻或制造进攻机会。学习空手道的组合技术对于提高实战能力、增加攻击多样性、提高应变能力、发展身体协调性和控制能力以及提升自信心和意志力等方面都具有重要作用。组合技术是空手道实践中不可或缺的一部分，可以帮助学生更好地应对各种战斗情境，提高整体的技术水平和竞技能力。

实施案例 3

空手道组手——组合技术

1. 教学课题：空手道组手——组合技术。

2. 授课方法：以观察法为主，教师做完示范后，学生能做到积极思考甚至举一反三。

3. 教学目标：使同学们了解空手道组手中组合技术的重要性，积极思考，做到举一反三。开发同学们的想象力和创造力，并能在组手中很好地运用出来。

4. 教学重点：组合技术之间连接的合理性。

5. 教学难点

（1）每一个动作完成充分。

（2）积极开动脑筋，除了老师教的组合技术外，自己能够创造出合理的组合技术。

6. 教学设计

（1）课程导入（预计时间：5分钟）：两个人进行组手时，怎样可以更好更容易得分？学生自由发言，并说出依据，让学生设身处地地去考虑，为何别人得分容易，自己想得分很难。

（2）新课解析（预计时间：10分钟）：继续让同学们带着问题看一段视频，看那些运动员是怎么得分的，得分最多的技术动作是什么？他们是怎样完成的？

（3）例题精讲（预计时间：15分钟）：示范两至三组合理的组合技术，最主要的是要讲清楚为何这是合理的，并且容易得分。让学生跟着老师完成动作，少讲多练，教师巡回视察，及时发现学生存在的问题及时改正。然后让学生自由创造组合技术，并讲出创造的原理，为什么想到可以这样组合？（重点）

（4）课堂练习（预计时间：10分钟）：老师统一喊口令让同学们来做，两人一组以组手的形式完成组合技术。抽一到两组学生进行示范展示，讲明原理。然后提出易错误的点，带着反馈跟着老师再练习几次。

课堂小结（预计时间：3分钟）：回顾这节课学了些什么，是否真的理解？回答出心里的答案。

（5）课后作业（预计时间：1分钟）：在家里对着固定的任何一样物体，进行组合技术练习20次，要求不能打到，在距离物体5~10厘米处停止。

（6）课后小结：所有的基础技术结合运用就成了组手，学生要反思如何在最简单的情况下得分，如何在最好的时机得分，如何运用最正确的技术得分。开发学生的悟性和动脑能力，对身心健康也有重大的意义。

对战游戏

开展技术对抗赛可以帮助学生体验实战环境，提升他们的技术水平和应对能力。

1. 第一轮示范：老师或助教示范一场技术对抗，可以选择自由搏击或者形式演练作为示范。确保示范中展示一些基本的技术应用和对抗策略，以帮助学生理解比赛的目标和规则。

2. 解释规则和安全要求：向学生解释技术对抗赛的规则和安全要求。包括保持适当距离、避免使用过激力量、不使用攻击性技术等。学生应该明确了解禁止的动作和部位，以确保比赛过程中的安全。

3. 分组和配对：将学生分成小组，并确定比赛的配对方式。可以根据技术水平、体格或其他因素来确定合适的对抗（比如让技术水平接近的学生对战）。

4. 设置比赛场地：确定比赛场地和边界，确保足够的安全空间供学生进行对抗。可以将场地标记出来，以便裁判和观众进行观察和评分。

5. 比赛开始：根据比赛规则和安排，开始对抗比赛。每一对对抗者依次进行比赛，可以根据时间限制、回合数或其他条件来进行判定。

6. 裁判和评分：指定裁判进行比赛评判，根据约定的评判标准进行评分。评分可以包括技术难度、动作正确性、姿势与使用的技术、进攻与防守能力等方面。

7. 反馈和总结：比赛结束后，与学生一起讨论比赛的经验和教训。提供积极的反馈和建议，让学生了解自己的优势和改进的方向。讨论比赛中出现的问题，并给予学生进一步的指导，帮助他们不断提高。

第五节　课程评价

一、评价目的

选拔目的：判断学生的体育学习潜力，根据选拔的要求和标准选拔学生。学生参加体育竞赛评选的进展评价是选优性的、面对少数学生。它不是教学目的，因此，这种评价不是体育教学的主要评价。

甄别目的：判断学生的体育学习状况，评定成绩主要判断学生的体育学习能力、学习效果等，是重要的目的之一，但非唯一。

开展目的：发现并帮助学生解决体育学习问题，帮助学生进步，指出学习的方向，明确学习目的。这种评价是面向全体的，是重要评价。

鼓励目的：反应学生的体育学习进步，鼓励学生进步。它是鼓励学生学的评价，能帮助学生获得自信，发现自己的学习潜能，明确努力方向，也是重要的评价。

二、评价方法

（一）科学化评价

评价的目的是发挥诊断、激励、调控等教学作用。评价考虑学生自我评定与组内互相评价等情况，评价应是对体育学习的态度、兴趣习惯、运动精神、学习成绩四个方面的综合评定。随着学生学段的升高，应更重视学生的自我评定和相互评定。而为了操作简便，可以把它们归纳成体育学习态度、运动技能水平、身体素质和运动能力、进步情况等四个方面。体育学习态度是指参与运动是否热情、主动，以使评价功能更好发挥，使学生更好地学习等。进步程度是将学生以前和现在两个阶段的水平进行比较得出的结果。运动技能和身体素质是可测的。为了操作简便，过程评价主要评价技能水平、身体素质和体育学习态度。终端评价对四个方面都进行评价，使用"优、良、及格、不及格"四级来评定。

（二）随机化评价

随机化评价是包括被评人随机、内容随机、时间随机、小组随机等灵活变动的评价方式。时间随机是指发现问题，任何有意义的时机皆可评；小组随机是指可评一组也可两组同时评；被评人随机是指可按顺序评，也可主动申请评；内容随机是指采用互动方式可评现学内容，也可评以前所学的内容。

小组评价分形成性评价和终结性评价两个层次。在形成性评价中，先由被评者简要讲解动作要领和自己的学习体会并做动作示范。由小组成员观察、分析、讨论、评价并提出意见，最后将情况填入记录表，交小组长校评，小组长核签后交给任课教师，由任课教师将每次评价结果登记在册，以备考核时参考之用。终结性评价为期末考试，由体育教师对学生进行统一考核。考核结果与形成性评价的结果相互结合，按照一定比例得出学生的最终学习结果，并及时反馈。

第六节　课程成果

空手道项目自 2019 年引入小越街道中心小学以来，参加大大小小比赛无数次，项目刚起步时，就在 2020 年参加第一次绍兴市青少年空手道锦标赛，也是第一届绍兴市青少年空手道锦标赛。当时是临时组队参加，在摸索中前行，包括我自己对比赛的流程和规则都是一知半解的。那次比赛小越街道中心小学有 10 名学生参赛，获得一枚金牌，两枚银牌，五枚铜牌。（图 3-1）

图 3-1　学生空手道比赛成果展示

经过一年的努力，在 2021 年参加的第二届绍兴市青少年空手道锦标赛中，以小越街道中心小学为班底的上虞区代表队获得了 10 金、7 银、12 铜的好成绩。其中小越街道中心小学贡献 6 金、6 银、8 铜。

学生进步的前提是教练必须有科学的训练方法，因此作为教练的我也要时时刻刻学习。2019 年我参加了中日空手道交流培训班，2020 年参加浙江省体育局举办的空手道精英教练员培训班。（图 3-2）

图 3-2　在教练员培训中获得的荣誉

2020 年、2021 年多次参加省市举办的裁判员培训班，先后获得空手道国家二级裁判员、国家一级裁判员。2022 年参加全国空手道国家级裁判员晋升培训班，并成功通过考核成为国家级裁判员。（图 3-3）

图 3-3　国家级裁判员证书

自 2022 年开始从事裁判工作，从市级锦标赛到省级各类赛事再到全国各类赛事，乃至国际性比赛上我都参加过执裁，也多次获得“优秀裁判员”等称号。

2022 年是关键的一年，我一边学习、一边完成学校的工作，另一边还要带学生训练。最重要的是，自 2022 年开始上虞区空手道队在小越街道中心小学试点，作为训练点教体局要下发任务的。所以作为教练员是带着任务在训练，伴随着相应的训练时间，训练强度也会上去。最终，在比赛中上虞区代表队顺利完成任务，获得 8 块金牌，5 块银牌，13 块铜牌。（图 3-4）

图 3-4　带领区空手道队在大赛中获奖

2023 年，绍兴市迎来四年一届的绍兴市十运会，小越街道中心小学空手道队代表上虞区参加空手道项目比赛，空手道项目一共 25 个小项，共产生 25 枚金牌，小越街道中心小学受年龄段限制只参加 15 个小项。经过 3 天的努力拼搏，最终获得 8 金 8 银 4 铜的好成绩。（图 3-5）

图 3-5　带领区空手道队在市十运会获奖

除了比赛以外，我们还把空手道带入课间操，自编了代替广播操的空手道操，还时常进行空手道操的比赛。（图 3-6）

图 3-6　学校空手道操比赛现场

我们也会参与学校里的各种活动，元旦欢庆会、庆祝六一节等，我们带来的表演总是最精彩，掌声也是最多的。（图 3-7）

图 3-7　空手道队员在节日庆典上表演

第四章　玩中作美：鼓韵活动课程中的音乐美感教育

党的二十大报告提出要全面贯彻党的教育方针，落实立德树人根本任务，培养德智体美劳全面发展的社会主义建设者和接班人。这就要求学校教育必须培养全面、和谐、完整的人，学校课程要为学生的全面发展和未来走向社会打下基础。核心素养是教育方针的具体化，是"立德树人"这个宏观要求的细化和操作化。中国提出的学生发展核心素养框架包括六大方面：人文底蕴、科学精神、学会学习、健康生活、责任担当、实践创新。学校要按照这一核心素养框架，进一步优化本校育人目标，使学校课程改革与国家政策法规的总体要求相衔接。

学校始终坚持以习近平新时代中国特色社会主义思想为指导，贯彻党的教育方针，遵循教育教学规律，坚持素养导向，进一步促进素质教育的发展，全面落实立德树人根本任务，培养德智体美劳全面发展的时代新人。

伴随着时代的进步与社会的发展，人们对教育的期望也越来越高，从"有书读"向"读好书"转化，希望每个孩子都能够实现全面发展，各种文化素养水平也能够不断提升，个性和兴趣也能得到有效培养。浙江省《深化义务教育课程改革的指导意见》把义务教育课程分为基础性课程和拓展性课程两大类，这要求义务教育在完成教育基本供给的基础上，要向多样性、选择性和灵活性发展，即教育的品质性要从统一性转向个体维度，尊重个人选择、鼓励个性发展、不拘一格培养人才。依据《义务教育课程方案（2022年版）》和《义务教育艺术课程标准（2022年版）》，指向培养审美感知、艺术表现、创意实践、文化理解等核心素养，结合学校课程建设的资源与实际，我们将继续坚持并进一步深化"越乡鼓韵"课程建设。

第一节　课程背景

上虞区小越街道中心小学在鼓韵课程方面有一定的历史积淀，而且鼓韵课程本身能够以美育的方式对学生身心产生重要影响。虽然当前鼓韵课程在不同学校都有开展，但是教育质量参差不齐。因此，我们结合已有经验，运用"玩中学"的组织方式，小越街道中心小学的鼓韵课程开发中有了新的推进。

一、学校在鼓韵教育方面的历史积淀

上虞区小越街道中心小学是一所具有百年办学历史的学校。学校坚持"一切为学生的发展服务"办学理念，围绕"巧手塑心灵，剪彩成人生"的特色办学目标，积极打造"玥课程""越课程""阅课程""悦课程""跃课程"等五"YUE"课程群，以供参与课程的学生选择。

作为浙江省非物质文化传承教学基地，绍兴市上虞区小越街道中心小学一直致力于鼓乐文化的传承，致力于"越乡鼓韵"课程的开发和鼓乐人才的培养。近年来，学校课程建设取得了可喜的成果，小鼓手们多次受邀参加区级以上政府部门组织的大型活动的开场演出，学校所呈现的鼓乐节目连续获得上虞区、绍兴市、浙江省等各级比赛一等奖十多次，鼓乐爱好者越来越多。"越乡鼓韵"课程作为"悦"课程群的核心课程，为学生音乐素养的培养和鼓乐传统文化的传承起到重要作用。

中国鼓是一种古老的打击乐器，是中华民族文化遗产中的瑰宝。十几年的研究经验告诉我们，演奏中国鼓是儿童很喜欢的音乐艺术活动。由《周易》"鼓之舞之以尽神"的记述可知，早在商周时代不仅出现了原始的鼓舞形式，而且鼓与舞相结合的乐舞形式，已成为鼓舞、激励人们团结奋进的精神力量。

通过鼓韵课程的建设与实施，让学生了解鼓乐文化，迸发出强烈的爱国爱乡情感；通过鼓乐学习，获得一门演奏技艺，用音乐来愉悦自己、感恩他人，为孩子进一步的潜能开发、音乐深造打造乐理基础；通过各种实践活动，如表演、比赛、考级、游学等，发扬鼓乐文化，培养自信、独立、团结、协作、拼搏等优良品质，进一步体现艺术教育的育人价值功能。

二、新时代鼓韵课程实施的目的和意义

（一）目的

通过鼓乐拓展性课程的实施，让学生了解鼓乐文化，迸发出强烈的爱国爱乡情感；通过鼓乐学习，获得一门演奏技艺，用音乐来愉悦自己、感恩他人，促进学生审美感知、艺术表现、创意实践、文化理解等核心素养的养成。为学生进一步的潜能开发、音乐深造打造乐理基础；通过各种实践活动，如表演、比赛、考级、游学等，发扬鼓乐文化，培养自信、独立、团结、协作、拼搏等优良品质。

（二）意义

使学生的情感世界受到感染和熏陶，在潜移默化中建立起集体荣誉感及合作精神，并培养起爱校、爱乡、爱国的情感，形成健康向上的审美观，进而养成对生活的积极乐观态度和对美好生活的向往与追求，在传承和弘扬中国传统文化中激发学生的历史使命感，培养学生自信、独立、团结、协作、拼搏等优良品质。

以课程的系统开发为抓手，以课堂教研、活动交流为载体，提升教师的课程开发、实施能力、课堂驾驭能力、活动策划能力，在助推学校打造鼓乐特色品牌的同时，打造属于个人的专业名片。

开发适合小学四至六年级学生使用的《越乡鼓韵》校本教材，开发与之配套的教辅资料，开发与校本教材配套的"微视频"课程。能结合学生年段学习实际，做好鼓乐教学与其他学科的整合，通过说鼓、打鼓、画鼓等维度，实现课程的统整。

三、国内鼓韵课程开发的已有经验与不足

（一）经验

在艺术领域，鼓象征着人的精神，舞表现着人的力量，因此在人类艺术史上最初的舞蹈（祭祀等）都包含着鼓与舞的结合。当今社会的快速发展，给传统文化带来了一定的冲击。我们关注到国内极少有学校开展鼓韵相关课程，对于一些有鼓乐教学底蕴和经验的学校，有必要建设相关课程。近年来，根据浙江省教育厅发布的《关于深化义务教育课程改革的指导意见》，要求全省中小学要深化课改，小越街道中心小学根据课改精神及学校规划，以培育"以鼓为友文化传承"的"鼓乐少年"为核心，致力于发展鼓文化的课程。通过开展这一传统课程来培养学生的民族精神和爱国热情，使我们优秀的传统文化得以有效传承。

（二）不足

鼓乐教师队伍还可以进一步充实。鼓乐传统文化的传承，教师是根本。拥有一支素质高的鼓乐教师队伍，是做深学校教学特色，传承鼓乐文化的重要条件。此外，即使有非专业教师想通过深造培训，获得初步的普及教学技能，又缺乏良好的平台与渠道。学生学习时空单一。现有的学习往往只停留在学校相关的教学时段内，离开了学校学生很难获得巩固性或进一步的专业指导。鼓乐推广条件受限。能够受到面对面鼓乐辅导的学生仍是极少数，有许许多多爱好鼓乐的孩子没能获得这样的机会，如果我们能让全校每个学生，甚至其他学校的学生都能获得鼓乐文化熏陶及学习的机会，那是最好不过的了。

作为"浙江省非物质文化传承教学基地"，学校从鼓乐文化打造、鼓乐课程建设、鼓乐社团组建、鼓乐交流强化等方面进行系统化的鼓乐文化氛围营造和鼓乐特色打造，为鼓乐文化的传承提供基础保障。

延伸"微视频"课程建设。通过鼓乐教学系列"微视频"的设计、制作和有效推广应用的研究，以具象化的，可触、可感的"微视频"形式，为教师、学生和家长提供既可以用作"教"又可用作"学"的教学视频，以现代传媒的独特优势，为推广成果、传承文化做出贡献。

第二节　实施方案

一、课程目标

（一）提高学生的审美感知素养

培养学生音乐表现能力及审美能力，逐步提高学生的演奏能力，培养学生健康的审美情趣及与他人合作的精神，并在演奏活动中享受美，陶冶情操。

（二）提高学生的艺术表现素养

通过学习，提升学生的节奏感与身体的协调性，能完成一些简单乐器的基础性动作，能力强的学生能够完成不同乐器的较难动作。

（三）提高学生的创意实践素养

支持和鼓励有想法、有能力的孩子进行鼓乐创编，提高相关的表演创作能力。

（四）提高学生的文化理解素养

在了解祖国鼓乐文化中使学生的情感世界受到感染和熏陶，在潜移默化中建立起集体荣誉感及合作精神，并培养起爱校、爱乡、爱国的情感，形成健康向上的审美观，进而养成对生活的积极乐观态度和对美好生活的向往与追求，在传承和弘扬中国传统文化中激发学生的历史使命感，培养学生自信、独立、团结、协作、拼搏等优良品质。

二、课程定位

基于育人目标的有效性论证，充分考虑其是否符合学校的办学理念，是否有利于培养学生发展的核心素养？是否能够被学生所欢迎？是否有利于达成育人目标？根据学生的年龄特点、认知基础、生活实际、兴趣爱好等建设具有充分吸引力和价值力课程内容的拓展性课程，建设既有实效又受学生欢迎的拓展性课程，以落实学校育人目标为最终落脚点。利用好包括人的资源和物的资源在内的可用资源。这里的"人的资源"主要是指进行拓展性课程建设和开设拓展性课程的教师；"物的资源"主要是指可供利用的校内外资源。充分利用好可用资源，能确保开发的拓展性课程顺利、有效。

三、课程资源

作为鼓乐特色学校，小越街道小学有比较丰富的鼓乐教育资源优势。这里的音乐教师人人都是鼓乐教师，这里的学生人人都受着鼓乐文化的感染。此外，学校还长年对接本地及区内外众多鼓乐专家，聘请校外辅导员，这为本课程建设提供了非常难得的教学资源和专业引领，使学校的优势资源完美地融入了课程中。

（一）课程团队整体优势

"务实、进取、合作、高效"是小越街道中心小学鼓乐教师团队的真实写照。学科组现有教师6人，以中青年教师为主，均有大学本科以上学历、中级职称及较高的鼓乐教学经验和水平，师资结构合理。组内青年教师虚心"学、赶、超"，资源共享，优势互补，形成了锐意进取、奋发向上的学术团队。

（二）学校生源的整体特点

随着近年来小越街道经济的不断发展和教育事业的长足进步，吸引大量新居民来小越街道工作与就业，新居民子女数占全校学生数的1/3。近年来，学校办学规模日益壮大。全校六个年级共计37个班级，在校生规模达1640多人。在一个有着大量全国各地生源的学校开设民族传统文化课程，能起到更加巨大的辐射作用。近年来，学校在拓展性课程建设上迈出了坚实的步伐，这为更好地基于新时代的要求进行教育的突破与提升打下了良好的基础。

（三）学校文化与办学特色

上虞区小越街道中心小学是一所具有百年办学历史的学校。学校坚持"一切为学生的发展服务"学为理念，围绕"巧手塑心灵，剪彩成人生"的特色办学目标，学校积极打造"越课程""阅课程""悦课程"等拓展性课程和课程群，以可供选择的课程剪彩学生的人生；围绕"乐教善导爱生立美"的教师队伍建设目标，让每一位教师自主发展、自觉发展、享受幸福教育人生；围绕"培养有规则意识的活力儿童"的育人目标，让每一位学生尝试兴趣、发现潜能、张扬个性、享受适合自己的教育。

作为浙江省非物质文化传承教学基地，学校积极实施鼓乐文化和剪纸文化的传承，并取得了诸多成果。

四、组织保障

一方面，聘请学科专家和特级教师形成学科专家指导团队提供课程建设顾问保障，指导"越乡鼓韵"课程建设与实施。具体如下：

彭上林（绍兴艺校原校长、省特级教师）

周仕（绍兴艺校打击乐核心专家）

另一方面，成立课程建设规划工作小组，明确职责、规范运作，为课程建设规划提供保障。

第三节 内容设计

一、前期准备

（一）设计依据

1. 基于育人目标

育人目标是学校基于自身文化和办学理念，以培养学生核心素养为导向，对学生德智体美劳等方面学习结果的全面概括，是对本校学生形象的一种理想要求。拓展性课程开发或开设，要充分考虑其是否符合学校的办学理念，是否有利于培养学生发展的核心素养，是否能够被学生欢迎，是否有利于达成育人标。

拓展性课程的开发与开设是实现学生的个性发展，实现对基础性课程的良性互补的重要课程，它必然指向对学校育人目标的承接，必然是为了实现良好的育人效果，促进学生各方面素养的提升。所以，拓展性课程的开发与开设，需要我们进行基于育人目标的有效性论证。

2. 顺应学生实际

如何根据学生的年龄特点、认知基础、生活实际、兴趣爱好等建设具有充分吸引力和价值力课程内容的拓展性课程，这是关系到拓展性课程建设实效的重要工作。

建设既有实效又受学生欢迎的拓展性课程，需要以落实学校育人目标为最终落脚点，充分了解学生的年龄、兴趣、生活及认知等特点，顺应学生的天性和实际。学校一直以来受鼓乐文化的浸润，学生都受到过一定的鼓乐文化熏陶，为此，我们努力深化鼓乐课程建设，使鼓乐这一传统文化在小越得到更好的传承与发扬。

3. 用好可用资源

拓展性课程开发要利用好可用资源，即人的资源和物的资源。这里"人的资源"主要是指进行拓展性课程建设和开设拓展性课程的教师；"物的资源"主要是指可供利用的校内外资源。充分利用好可用资源，能确保开发的拓展性课程顺利、有效。

作为鼓乐特色学校，小越街道小学有比较丰富的鼓乐教育资源优势。这里的音乐教师人人都是鼓乐教师，这里的学生人人都受着鼓乐文化的感染。此外，学校还长年对接本地及区内外众多鼓乐专家，聘请校外辅导员，这为本课程建设提供了非常难得的教学资源和专业引领，使学校的课程资源优势完美地融入了课程中。

4. 把握关键要素

本课程是根据学校的育人目标、办学特色和审美感知、艺术表现、创意实践、文化理解等核心素养培养目标，结合学生的认知特征与规律，从"鼓乐基础知识介绍""入门技能""拓展技能"等三个层次，将常规课程实施与教育信息化技术相整合，体现了与时俱进和务实性。它并非仅仅呈现鼓乐的基础知识与技能，还承载了丰富的中华民族古老的鼓乐文化，展现了悠久的中国鼓乐发展简史，是对中华民族源远流长的民族音乐文化的传承和发扬。

（二）设计原则

总原则：实践性原则、数字化原则、务实性原则、文化性原则

具体要求：积极打造具有浓厚鼓乐特色的校园文化环境，积极优化学校理念体

系文化，将鼓乐的精神融入学校的办学理念和育人目标中；积极推进鼓乐课程建设，注重实效性的考量，实施课程整合；积极做好鼓乐学员队伍组建，不断提高鼓乐教学质量，不断壮大鼓乐爱好者队伍，不断营造学校的鼓乐学习氛围；积极实施"引进来"和"走出去"策略，促进鼓乐教学质量的提高。

开展基于"微视频"的实施改进。通过数字化形式助力鼓乐教师的专业成长；通过信息化平台突破学员学习的时空限制；通过媒体化实施促进鼓乐课程的校外辐射。实施鼓乐教学的信息化。将微视频用于课前，把握疑难点；将微视频用于课始，明确重难点；将微视频用于课中，纠正不足点；将微视频用于课尾，引领拓展点。

（三）设计路径

基于现实性与实效性的考虑，结合学校的办学特色和育人目标，指向学校课程体系中"悦"课程的丰富与完善，已实施"越乡鼓韵"拓展性课程多年。本课程设计路径如下：

1. 科学设计教学用书

根据学生的认识特点与规律，指向育人目标，科学编排鼓乐教学的内容体系，体现教材的最大实用价值。当然，我们也根据教学的实际情况适时对教学用书作一些必要调整和完善。

2. 科学进行"微视频"制作

鼓乐打击动作形式繁多、技术内含丰富，为了实现较好的"微视频"制作和推广效果，根据一线教学经验，成体系、有重点、循序渐进地进行动作要领及注意点的微课呈现，使本"微视频"不仅能成为教师教学的"教材"，也能成为学生学习的"学材"，体现可学性和实效性。

3. 扎实推进鼓乐教学研究

进行进一步的鼓乐教学改革，将"微视频"在课堂教学中结合使用；在日常的教学辅导中，将"微视频"推送到微信群等现代媒体，让学生随时随地学习新动作、复习旧动作，以巩固、强化教学实效；通过适当途径与平台，将"微视频"共享给同行，供同行观看学习。通过实践研究，对教学用书和教学预案进行科学性判断，从而进行进一步的完善。

4. 合理确定学习评价方式

为优化教与学的工作，根据课程的特点，我们采用过程性评价和阶段性评价相结合，特长申报和常规评价相结合，自评、互评和师评相结合的方式进行评价。

二、设计思路

（一）科学化设计，奠素养目标之基

"越乡鼓韵"课程构思精巧、设计科学、循序渐进、生动有趣，将生涩的音乐知识用深入浅出、通俗易懂的图文加以叙述、说明；将繁难的鼓乐技能，以生动形象的情景式学习方式加以演绎。在教学实施过程中，与现行的小学音乐教材学习内容相结合，丰富音乐学习内容，拓宽音乐艺术视野。使学生受到鼓乐文化熏陶，使祖国的鼓乐文化得以很好地传承。（表4-1）

表4-1 "越乡鼓韵"教学体系构建和课程设置

第一学年教学结构体系和课程设置			第二学年教学结构体系和课程设置		
课次	内容	时间	课次	内容	时间
第1课	认识鼓的分类，了解鼓的结构	1周	第1课	乐理知识	2周
第2课	打鼓的站立姿势、演奏的要领	1周	第2课	鼓的演奏技法	2周
第3课	打鼓的花样	4周	第3课	训练曲一	2周
第4课	认识四分音符和四分休止符	2周	第4课	训练曲二	2周
第5课	八分音符的学习	2周	第5课	训练曲三	2周
第6课	十六分音符的学习	2周	第6课	训练曲四	2周
第7课	后十六的学习	2周	第7课	训练曲五	2周
第8课	前十六的学习	2周	第8课	训练曲六	2周
第9课	大切分的学习	2周	第9课	训练曲七	2周
第10课	击鼓动作分类	2周	第10课	训练曲八	2周

基于以上课程框架，我们精心设计学习方案，努力在日常的教学过程中务实提高学生的核心素养。

（二）数字化跟进，拓鼓乐教学之法

在鼓乐教学的过程中，会出现以下几个影响鼓乐文化传承的问题：①各校鼓乐教师队伍匮乏。鼓乐传统文化的传承，教师是根本。鼓乐教师队伍的匮乏，是鼓乐文化传承的主要瓶颈。一方面缺乏鼓乐教学的专业人才；另一方面，即使有非专业教师想通过深造培训获得初步的普及教学技能，又缺乏必要的平台与渠道，力不从心。②学生学习时空单一。现有的学生学习时空，往往只停留在学校相关的教学时段内，离开了学校特有的教学时空，学生很难获得巩固性或进一步的专业指导。有时甚至会因为缺乏标准化的指导，学生在家练习越练越走样。③鼓乐推广条件受限。能够受到面对面鼓乐辅导的学生仍是极少数，有许许多多爱好鼓乐的孩子没能获得这样的机会，有时虽然偶有机会，也往往机会奇缺。我们也进一步意识到，在鼓乐学习的机会上，小越街道中心小学的机会相比其他学校，应该还算富余的了。如何让校外甚至区外的学生都能获得鼓乐文化熏陶的机会，都能获得同样的学习机会?

　　致力于传承鼓乐这一象征着中华民族精神气质的传统文化，进一步促进鼓乐教学的推广，立足使命意识，决定实施与鼓乐教材相配套的鼓乐"微视频"课程的开发和使用。总共预计22课时。（表4-2）

表4-2　鼓乐"微视频"课程内容设置

	内容	视频节数
第一板块： 鼓乐基础知识介绍	鼓的种类	1
	站姿和持鼓槌方法	1
	打击入门技巧	1
第二板块： 入门注意事项	击鼓心	1
	打鼓边	1
	击鼓槌	1
	蹭鼓面	1
第三板块：提高篇	每课时一个提高性动作	15

　　"微视频"课程主要通过鼓乐教学系列"微视频"的设计、制作和有效推广应用的研究，以具象化的，可触、可感的"微视频"形式，为教师、学生和家长提供既可以用作"教"又可用作"学"的教学视频，以现代传媒的独特优势，为推广成果、传承文化做出贡献。

三、主要内容

鼓韵课程总体分为十次课，依次递进。

第一课　认识鼓的分类，了解鼓的结构

教材分析：

　　大堂鼓、扁鼓、五音排鼓都属于打击乐器。在这类乐器的结构造型上，基本上是用木材作为框架，两面蒙上牛皮或其他质料。演奏时，将鼓安放在木架上并固定，用双木槌对鼓面击打。其中，大堂鼓的鼓面较大，因此以鼓面为圆，从圆心到圆周可发出不同的音高与音色。一般而言，鼓心的音较低沉，愈向鼓边则声音愈高。击奏时，音量也能从弱到强，能够在很大程度上渲染情绪，因此是现代民间器乐合奏及戏曲音乐中常用的乐器之一。

　　学习目标：

1. 认识民族鼓的分类，了解大堂鼓的结构。

2. 通过触摸、观察，使学生了解大堂鼓的外形特征。

　　教学重点：认识大堂鼓、扁鼓、五音排鼓，了解大堂鼓的结构。

教学过程：

1. 谈话导入

同学们，你们知道什么是打击乐器吗？打击乐器是指利用敲击本体引起振动而发音的乐器。常用的打击乐器主要有大堂鼓、扁鼓、五音排鼓、大锣、云锣、木鱼等。今天，老师向你们介绍三种打击乐器：堂鼓、扁鼓、五音排鼓。

2. 新课学习

教师准备大堂鼓、扁鼓、五音排鼓，分别请学生观察、触摸。刚才同学们看到的鼓有大堂鼓，堂鼓以木为框，两面蒙牛皮。演奏时，将鼓放在木架上，用双木槌或单木槌敲击。从鼓面的中心依次向鼓边敲击，让学生感受不同位置上发出的不同音高和音色。

（1）认识大堂鼓的结构

大堂鼓从上往下依次由鼓面、鼓边、鼓钉、鼓框、鼓环组成。敲击的鼓槌由槌尖和槌尾组成。

（2）聆听一段堂鼓音频

大堂鼓在演奏时，力度变化也很大，音高和音色变化也很不同，所以对情绪及气氛的渲染有很大的作用，是民间舞蹈或者祭祀时用到的主要乐器之一。

3. 课堂小结

通过学习本课，同学们不仅认识了民族鼓的分类，掌握了大堂鼓的结构，还观看了精彩的演出视频。希望同学们在今后的学习中，能用这些乐器为歌曲伴奏。

第二课　鼓的站立姿势、演奏的要领

学习目标：

1. 认识大堂鼓，学习大堂鼓的站立姿势。

2. 学习大堂鼓的演奏要领。

3. 通过学习大堂鼓的站立姿势和演奏要领，学生能尝试演奏大堂鼓。

教学重点：学习大堂鼓的站立姿势和演奏要领。

教习过程：

1. 谈话导入

同学们，上节课我们认识了大堂鼓、扁鼓、五音排鼓，知道了大堂鼓由哪几部分组成。今天我们来一起学习一下大堂鼓的站立姿势。

2. 新课教学

（1）站姿

双脚打开，与肩同宽，人身与鼓要拉开一定的距离，在10~20厘米，两条腿站立时稍微弯曲，身体略前倾。演奏时（包括练习时）收小腹，双肩略上抬并将背肌稍稍拉紧，上身犹如怀抱着一个大圆球。

（2）握鼓槌

我们在握鼓槌时会用大拇指、食指和中指固定，要松紧适度。食指和中指要拉开一定距离，大拇指的压槌点处于食指和中指距离的中间。无名指和小指弯曲微微贴住手心，使五指成握拳状。要感到鼓槌是镶嵌在拳头中，鼓槌与拳头是一个不可分离的整体。

（3）鼓的演奏的要领

①鼓槌敲击时成"A"字形

大堂鼓的鼓面较大，敲击任何部位都能发声，但为了使鼓槌敲击的音色统一，必须将两槌敲在一点上。而要鼓槌敲在一点上，很可能在上下运动时互相碰击，所以鼓槌必须呈"A"字形，即左右手的手腕分开一些，而两鼓槌头合拢成"A"形。

②鼓槌敲击时的角度

鼓槌敲击时与鼓皮成四十五度角，这样使鼓槌接触鼓皮成点状，可使发声集中有颗粒性。为了音乐表现的需要，鼓槌接触鼓皮的角度可以四十五度为中心轴向上下变动。如需奏特强时，可将鼓槌平击，还可利用手掌连同鼓槌一起猛击鼓面。如需弱奏时可进一步将鼓槌竖起大于四十五度。

3. 学生结合教师的讲解，亲身实践、感受

4. 课堂小结

通过学习本课，同学们知道了敲击民族鼓时的站姿，怎样正确握鼓槌还亲自体验敲击民族鼓。希望同学们在今后的学习中，演奏水平越来越高。

第三课（上） 击鼓动作分类

学习目标：

1. 学习大堂鼓的击鼓动作。

2. 了解大堂鼓的演奏要领，为后面的练习打下坚实的基础。

教学重点：学习大堂鼓的演奏要领。

教习过程：

1. 谈话导入

同学们，上节课我们学习了大堂鼓的站立姿势和演奏要领，很多同学当了一回真正的小鼓手。今天我们一起来学习敲击大堂鼓时的四种不同的敲击方式。

2. 新课教学

同学们，我们知道在演奏鼓时，音量能从很弱到很强，力度变化也很大，那我们怎样才能做到控制手的力度，来更好地表现音乐呢？击鼓的动作有大份和小份之分，演奏快速度用大份，也就是用手指和手腕的力量；演奏慢速度用小份，也就是用手肘和肩膀的力量，下面我们一起来学习四种击鼓动作。

击鼓动作有四种：

（1）以手腕关节为活动中心的上下运动

这是敲击大堂鼓的基本动作。击鼓时运用手腕关节的上下运动，不用手指的助力，也不能带动小臂做上下的运动，更不允许手腕和小臂的左右摇动。手腕的上下运动使鼓槌的长度从尾端延伸到手腕，以增加击鼓动作的爆发力。同学们在刚开始学时要从手腕的小动作入手，再逐渐放大手腕上下运动的幅度。但要注意不能联合小臂的上下动作和左右摆动。

（2）以肘关节为活动中心的上下运动

演奏慢速度和强力度时，采用以肘关节为上下运动的中心，即把鼓槌的长度进一步延伸至关节，将鼓槌、手腕和小臂连成一条直线。运用肘关节为中心的上下运动不附加手腕的上下动作，要求击鼓动作单一以免击鼓动作复合带来节奏的迟滞。

（3）以肩关节为活动中心的上下运动

我们在演奏特强的力度时，常以肩关节为中心挥动大臂。这是一个复合动作，即在大臂向上抬起时，小臂同时弯成曲尺状，当大臂往下运动的同时小臂迅速与大臂拉直，使整个手臂和鼓槌成一直线。

（4）以三个指关节为活动中心的上下运动

这是一种高难度的击鼓动作，演奏快速度时用此法能有很好的效果。民间称此法为"捻"或"揉"。我们用大拇指、食指、中指紧握鼓槌。在三个手指中，食指的上下运动是关键。当食指上抬时，中指顺势低下，拇指的关节微微上曲。下击时，中指的上抬与往手心勾的动作相结合使食指下落，同时拇指迅速将关节拱起下压以加强扣击的力量。第四种方法无法急就，需经长时期的训练。开始练习时可以动作小一些，不求击发的力度，待指关节灵活了，三个手指能配合默契时，再放大动作练习扣击的力度，才能动作自如。

3. 学生通过教师的讲解，拿鼓槌体验用手指、手腕、手肘和肩膀不同的发力点来练习打鼓动作。

4. 课堂小结

通过学习本课，同学们掌握了用手指、手腕、手肘和肩膀不同的发力点来练习打鼓的基本动作，期待同学们有更大的进步。

第三课（中） 认识演奏记号

学习目标：

1. 学习鼓的演奏记号。

2. 通过学习各种演奏记号，为看各种打击乐谱做准备。

教学重点：学习各种演奏记号，熟记各种演奏记号。

教习过程：

1. 谈话导入

同学们，通过前几节课的学习，我们已经掌握了很多民族鼓演奏的知识。今天，我们来学习一些民族鼓曲谱中的演奏记号，为以后的看谱演奏打下扎实的基础。

2. 新课教学

同学们，我们在敲击鼓时经常会用到左右手。所以，在以后的练习曲中，节奏的上方会用两个英文字母"R""L"来表示右手和左手。

演奏记号：

（1）R表示右槌击打，L表示左槌击打。（除特殊情况需要注明外，一般不写出）

（2）＊双槌打击

准备动作：肘关节和大臂向外撑开，双手握住鼓槌，双手离鼓20厘米左右。

右槌击打左槌：击鼓槌时运用手肘带动手腕的力量，使右鼓槌击打左鼓槌的前端部分，发出清脆的"嗒嗒"声。

（3）⃝⃝ 双槌同击鼓面

准备动作：肘关节和大臂向外撑开，双手握住鼓槌高举至头顶。

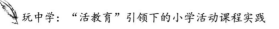

击打动作：双手鼓槌下落时做匀速运动，在下落时逐渐加速，当鼓槌下落近半时，顺下落之势紧扣鼓皮，使鼓声硬而有爆发力。

（4）〇 单击鼓边

大鼓鼓边的音色独特，它与鼓心音色成鲜明对比。单击鼓边分左、右手。敲击时一手利用手肘的力量举起鼓槌，另一手运用手腕的力量敲击鼓边。

（5）〇 双击鼓边

双击鼓边时将双手下放并移向鼓面左右离鼓腔近5厘米处，食指的指甲几乎触及鼓腔，使鼓槌尽可能长地接触鼓皮，成条状压击。敲击时手腕不能高悬或左右移动，而要定位，使鼓槌能敲击在鼓边的固定部位上。

3. 学生通过教师的讲解，自己记录和熟记各个符号，拿鼓槌练习单击和双击鼓边的动作。

4. 课堂小结

通过学习本课，同学们掌握了各个演奏记号，为后面的识谱和敲击打下了坚实的基础。

第三课（下）　乐理知识

学习目标：

1. 认识小节线、拍号、谱号。

2. 通过学习乐理知识，为看各种打击乐谱做准备。

教学重点：认识小节线、拍号、谱号。

教习过程：

1. 谈话导入

同学们，上节课我们学习了民族鼓曲谱中的演奏记号，今天我们来学习鼓曲谱中的小节线、拍号、谱号。

2. 新课教学

生活中，我们都看到过翠绿的竹子，竹子的中间有一节一节的竹节。今天我们学习的小节、小节线，就和我们的竹子构造非常的相似。下面我们一起来学习小节、小节线、终止线。

（1）小节、小节线、终止线

小节：是节拍的单位。音乐进行中，其强拍、弱拍总是有规律地循环出现，从一个强拍到下一个强拍之间的部分，即称一小节。在乐谱中，小节与小节之间用短竖线（小节线）划开。

小节线：乐谱中，在强拍面前，用来划分节拍单位的垂直线叫小节线。小节线的作用就是作为强拍的标记写在强拍的前面。也就是说，凡是在小节线的后面就一定是强拍。

终止线：一细一粗的两条竖线叫终止线。表示乐曲的结束。

（2）拍号

拍号是写在最前面的两个数字。下面的数字表示以几分音符为一拍；上面的数字表示每小节有几拍。常见的拍号有：

2/44 表示以四分音符为一拍，2 表示每小节有 2 拍

3/44 表示以四分音符为一拍，3 表示每小节有 3 拍

4/44 表示以四分音符为一拍，4 表示每小节有 4 拍

（3）谱号

谱号是写在五线谱最左端，用以确定谱表中各线间的具体音高位置的符号。常见的有一个声部的打击乐谱号和两个声部的打击乐谱号。

3. 学生通过教师的讲解，记录、熟悉这节课中讲的乐理知识

4. 课堂小结

通过乐理知识的学习，为学生自己识谱和练习打下了坚实的基础。

第四课　认识四分音符和四分休止符

学习目标：

1. 掌握音符的概念和特征。

2. 了解音符的时值。

教学重点：认识四分音符和四分休止符，结合曲谱练习。

教习过程：

1. 谈话导入

同学们，通过一段时间的练习，相信同学们对我们的民族鼓的知识了解得越来越多，打鼓的水平也越来越高，今天，我们结合前面所学的知识，自己来练习。

2. 新课教学

（1）认识音符

音符的概念：在谱表上表示乐音高低和长短的符号叫音符。

（2）认识四分音符合并四分休止符

X 四分音符；0 四分休止符。

（3）练习

   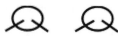

① 2/4XO|XO|XO|XO|

　　　　　　RLRL

② 2/4XX|OO|XX|OO|

3. 练习、实践

学生根据教师和教材的练习要求，结合谱子练习。

4. 课堂小结（略）

第五课　八分音符

学习目标：

1. 掌握八分音符的概念和特征。

2. 了解音符的时值。

教学重点：认识八分音符，结合曲谱练习。

教习过程：

1. 谈话导入

同学们，上节课我们认识了四分音符和四分休止符，今天我们继续来学习八分音符。

2. 新课教学

（1）认识八分音符

X 八分音符　时值：半拍

（2）练习

RLRLRLRLRLRLRLRL

① 2/4XXXX|XXXX|XXXX|XXXX|▌

RRLRLRRLRLRL

② 2/4XXX|XXX|XXXX|XX|▌

3. 练习、实践

学生根据教师和教材的练习要求，结合谱子练习。

4. 课堂小结（略）

第六课　十六分音符

学习目标：

1. 掌握十六分音符的概念和特征。

2. 了解音符的时值。

教学重点：认识十六分音符，结合曲谱练习。

教习过程：

1. 谈话导入

同学们，前面我们认识了四分音符和八分音符，今天我们来学习十六分音符。

2. 新课教学

（1）认识十六分音符

X 十六分音符　时值：1/4 拍

（2）练习

RLRLRLRLRLRLRLRLRL

① 2/4XXXXXX|XXXX|XXXXXX|XXXX|▌　＿＿

RLRLRLRLRLRLRLRLRRLRLR

② 2/4XXXXXX|XXXXXX|XXXXXO|XXXXXO|　＿＿＿　＿＿＿

3. 练习、实践

学生根据教师和教材的练习要求，结合谱子练习。

4. 课堂小结（略）

第七课　前十六

学习目标：

1. 掌握节奏前十六的概念和特征。

2. 了解前十六的打击方法。

教学重点：掌握前十六的概念和特征，了解前十六的打击方法。

教习过程：

1. 谈话导入

同学们，前面我们各个音符的练习大家都掌握得不错，今天我们来学习一个新的节奏：前十六。

2. 新课教学

（1）前十六

X̲X̲X 前十六　时值：一拍

（2）练习

RLRRLRRLRRLRRLRRLRRLRRLR

① 2/4 X̲X̲X̲X̲X̲X̲ | X̲X̲X̲X̲X̲X̲ | X̲X̲X̲X̲X̲X̲ | X̲X̲X̲X̲X̲X̲ | ▋ ▁ ▁ ▁ ▁

RLRRLRRLRRLR

② 2/4 X̲X̲X0 | X̲X̲X0 | X̲X̲X0 | X̲X̲X0 | ▁ ▁ ▁ ▁

RLRRLRRLRRLRRLRLRLRL

X̲X̲X̲X̲X̲X̲ | X̲X̲X̲X̲X̲X̲ | X̲X̲X̲X̲ | X̲X̲X̲X̲ | | ▁ ▁ ▁

3. 练习、实践

学生根据教师和教材的练习要求，结合谱子练习。

4. 课堂小结（略）

第八课　后十六

学习目标：

1. 掌握节奏后十六的概念和特征。

2. 了解后十六的打击方法。

教学重点：掌握后十六的概念和特征，了解后十六的打击方法。

教习过程：

1. 谈话导入

同学们，上节课我们学习了节奏中的前十六，今天我们来学习和它非常相似的一个节奏：后十六。

2. 新课教学

（1）后十六

XXX 后十六　时值：一拍

（2）练习

RRLRRLRRLRRLRRLR

① 2/4XXX0｜XXX0｜XXXXXX｜XXXX｜▎

RRLRRLRRRLRRLRRRLRRLRRL

② 3/4XXXXXXX｜XXXXXXX｜XXXXXXXX｜

RRLRLRLR

XXXXXXX0｜▎

3. 练习、实践

学生根据教师和教材的练习要求，结合谱子练习。

4. 课堂小结（略）

第九课　大切分

学习目标：

1. 掌握节奏大切分的概念和特征。

2. 了解大切分的打击方法。

教学重点：掌握大切分的概念和特征，了解大切分的打击方法。

教习过程：

1. 谈话导入

同学们，今天我们来学习一个新的节奏：大切分。

2. 新课教学

切分节奏：是旋律在进行当中，由于音乐的需要，改变常规的节奏规律，音符的强拍和弱拍发生了变化和强调而出现的节奏变化。

（1）大切分

<u>XXX</u> 大切分时值：2 拍

（2）练习

RLLRLLRLRLRLLRLRLRLL

4/4<u>XXXXXX</u>|<u>XXXXXXX</u>|<u>XXXXXXXXX</u>|　　　　——

RLLRLLRLRLRLRLRLLRLL

<u>XXXXXX</u>|<u>XXXXXXXX</u>|<u>XXXXXX</u>|

RLLRLRLRLRLRLRLRL

<u>XXXXX</u>|<u>XXXXXXXXXXX</u>|▌　　　——

3. 练习、实践

学生根据教师和教材的练习要求，结合谱子练习。

4. 课堂小结（略）

第十课　鼓的演奏技法

学习目标：

1. 掌握鼓敲击时的几种演奏技法。

2. 结合教材、图片尝试打击。

教学重点：掌握鼓敲击时的几种演奏技法。

教习过程：

1. 谈话导入

同学们好。通过前段时间的学习和实践，每位同学在自己的刻苦练习下，敲鼓的水平都有了很大的提高，今天我们来了解和学习除了我们前面讲到的一些基本动作外的一些其他敲击技法。

2. 新课教学

我们结合图片和视频来了解一下闷击和刮钉这两种演奏技法。

（1）闷击

左手用大拇指和食指为固定点握紧鼓槌，用左鼓槌后端按住鼓皮，右鼓槌稍轻敲击。一般用于轻松愉快的情景。

（2）刮钉

用右鼓槌的槌头贴着鼓钉刮奏，不同的力度可以刮奏出不同的声音效果。

3. 练习、实践

学生根据教师的讲解和观看视频，尝试练习。

4. 课堂小结（略）

四、游戏设计

在鼓韵课程中，游戏设计可以增加学生的参与度和乐趣，同时帮助他们更好地学习和掌握鼓韵技巧。我们围绕以下五点开展游戏设计：

（一）节奏模仿游戏

设计一个节奏模仿游戏，教师或学生拍击一段鼓点，其他学生要尽可能准确地模仿和重复这个鼓点。可以逐渐增加鼓点的复杂程度和速度，挑战学生的节奏感。

鼓韵课程节奏模仿游戏指南

1. 游戏规则设计：设计简单而有趣的游戏规则，以增加学生参与的积极性。例如，可以选择一段简短的鼓韵节奏作为模板，让学生模仿并跟随节奏。逐渐增加节奏的难度和复杂度，以挑战学生的能力。

2. 分组协作：将学生分成小组，每个小组选择一名代表进行模仿，其他小组成员则为他们鼓掌或给予鼓励。这样可以培养学生的团队合作和互动能力，同时也增加游戏的竞争性。

3. 演奏追踪：使用鼓韵乐器或者其他可产生节奏的工具，让学生按照模板节奏进行演奏。老师可以使用指挥棒或者手势来带领学生进行演奏，并及时给予反馈和指导。

4. 增加难度和变化：逐渐增加模板节奏的难度，如通过加快节奏、增加音符变化或者加入不同的鼓点等方式，让学生面临更大的挑战。同时，也可以鼓励学生自己设计并演奏自己的节奏模板，以培养他们的创造力和表现能力。

5. 奖励与鼓励：为学生设置一些奖励机制，如表扬、奖章或者奖励小礼物，鼓励他们积极参与游戏和努力改进自己的表现。同时，在游戏中提供积极的反馈和鼓励，让学生感受到进步和成就的喜悦。

（二）音乐接龙游戏

将学生分成若干小组，每个小组在鼓上演奏一个特定的鼓点，然后按顺序轮流进行，形成一个音乐接龙。学生需要注意和记住其他小组的鼓点，以便在自己的回合中正确接龙。

鼓韵课程音乐接龙游戏指南

1. 游戏规则设计：设计简单易懂的规则，让学生轮流接龙。每位学生需要继续前一位学生所演奏的鼓韵节目，可以是节奏、击打方式、乐器选择等。每位学生需要快速思考并发挥自己的创造力，将音乐接续得流畅而有趣。

2. 随机选择参与者：可以使用随机选择的方式确定接龙的起始人，如抽签或使用随机数发生器。这样可以增加公平性和激发学生的参与积极性。

3. 限制时间和节奏：为每个学生设定一个时间限制，如10秒或20秒，让他们在规定时间内思考和演奏接龙音乐。同时，为了保持音乐的连贯性，在时间结束后，其他学生可以鼓掌或使用指令来提醒下一个学生开始。

4. 提供鼓韵素材：为了帮助学生进行接龙，提供一些鼓韵素材作为参考，如不同的节奏模式、击打方式、乐器选择等。学生可以在这些素材的基础上，添加自己的创意和变化。

5. 创造演变规则：让学生逐渐改变接龙的规则，添加新的要求和限制。例如，接龙要求变更为同一乐器的连续演奏，或者要求使用特定的击打方式等。这样可以挑战学生的创造力和适应能力。

6. 总结和讨论：在游戏结束后，与学生进行总结和讨论，分享每个学生的接龙表现，评价他们的音乐创意和技巧。这样可以促进学生间的交流和学习，激发他们对音乐的兴趣和表现欲望。

（三）音乐故事创作游戏

鼓韵可以用于表达故事和情感。设计一个游戏，要求学生根据一段给定的故事情节或情感主题，使用鼓点表达出相应的情感或情节。学生可以根据自己的创意进行鼓点编排，呈现出独特的音乐故事。

鼓韵课程音乐故事创作游戏指南

1. 主题设定：为游戏设定一个音乐故事的主题，可以是学生感兴趣的话题，如动物、自然、冒险等。主题的选择应该符合学生年龄段的理解和兴趣，激发他们参与创作的欲望。

2. 小组合作：将学生分成小组，每个小组负责创作一个音乐故事。每个小组由几位学生组成，他们可以根据自己的兴趣和能力分配角色，如故事编写、音乐创作、鼓韵演奏等。小组成员可以共同合作，互相协商和分享创意。

3. 故事编写和配乐：每个小组根据主题，使用文字或图画编写一个音乐故事的情节或剧本。同时，学生可以为故事配乐，并选取适合情节发展的鼓韵节奏和乐器。他们需要思考如何将音乐与故事情节相结合，以创造戏剧性和表现力。

4. 探索音符和节奏：学生可以通过集体创作的形式，探索和尝试不同的音符组合和节奏模式，以呈现故事情节的不同场景和情感变化。他们可以使用一些鼓韵工具或乐器，通过击打或演奏，表达自己对故事的理解和想象力。

5. 表演和分享：完成音乐故事创作后，每个小组可以进行表演并分享自己的创作成果。在表演结束后，可以进行反思和讨论，学生可以分享彼此的创作心得和体会，增进对音乐表达和合作的理解。

（四）鼓乐竞技游戏

学生分成两个或多个小组，进行鼓乐竞技。每个小组有一段时间用于创作和排练一段鼓乐表演，然后在最后进行比赛和评分。可以评选最有创意、最有节奏感或最有团队合作精神的小组。

鼓韵课程鼓乐竞技游戏指南

1. 分组竞赛：将学生分成若干小组，并根据学生的鼓乐水平、技巧等因素进行均衡组合。每个小组可以选择不同的鼓乐组合和风格，如和声鼓、击打鼓、底鼓等。设立特定的竞技规则和评分标准，让小组根据规定时间内的演奏表现获得评分和排名。

2. 节奏比拼：设定节奏的速度和复杂度，要求小组或个人参赛者按照规定的节奏进行演奏。可以逐渐增加节奏的难度和变化，挑战学生的反应速度和准确性。评判可以根据演奏的准确性、稳定性和变化性来进行，以确保公正和客观性。

3. 鼓乐合奏：组织小组进行鼓乐合奏比赛，要求小组成员之间密切协作，演奏出整体和谐的音乐效果。可以设定不同的乐曲或节拍，让小组根据乐曲要求进行合奏演奏。评判可以根据合奏的协调性、演奏技巧和音乐表达来进行。

4. 创新演奏：鼓乐竞技游戏中可设置创新演奏的环节，鼓励学生发挥创造力和自由发挥的能力。例如，提供一段基本的鼓乐主题或节奏，要求学生个人或小组在此基础上进行创新和变化，展示个人或小组的特色和创意。

5. 获奖和表彰：为比赛设置奖项，如最佳团队、最佳表演、最佳技巧等，以鼓励和表彰学生的努力和成就。奖项可以是荣誉证书、奖牌或其他适当的奖励，以增加比赛的竞争性和吸引力。

（五）鼓奏游戏挑战

设计一系列的鼓奏游戏挑战，每个挑战都要求学生完成一段特定的鼓点或鼓奏技巧。例如，进行速度挑战，要求学生在规定的时间内尽可能多地完成一段鼓点序列。

鼓韵课程鼓奏游戏挑战指南

1. 游戏规则设计：设计一些有趣的鼓奏挑战规则，如按照节奏模式进行击鼓、模拟特定乐曲的鼓点、演奏难度逐渐升级的鼓乐片段等。确保挑战规则简单明了，能激发学生的参与积极性，并且加入一些竞争因素，如设定时间、计分等。

2. 挑战关卡设置：设定不同的挑战关卡，难度逐渐增加。可以从简单的基本鼓点开始，逐渐引入技巧性较高的鼓乐动作、复杂的节奏配合等，让学生逐步提升技能，并为他们提供适当的挑战与成就感。

3. 时间限制：为每个挑战关卡设定时间限制，让学生在有限的时间内完成鼓奏任务。这可以培养学生的快速反应和自我控制能力，并增加紧迫感和挑战感，同时提高学生的注意力和集中力。

4. 计分和奖励：为挑战游戏设置积分系统，根据学生的表现给予相应的分数或评价。可以根据击鼓准确度、节奏稳定性和表现技巧等方面进行评分。最后，为表现出色的学生提供奖励，如奖章、表扬或其他小礼物，激励他们积极参与挑战。

5. 分组竞赛：将学生分成小组，让他们在挑战游戏中进行竞赛。每个小组轮流进行挑战，并根据表现进行评分和排名。这样可以促进学生之间的交流和协作，培养团队合作精神和竞争意识。

这些游戏设计可以结合教学目标和学生的年龄特点进行调整和适应。通过游戏的形式，学生可以在轻松有趣的氛围中学习和练习鼓韵技巧，增加他们对鼓韵课程的兴趣和参与度。

第四节　课程实施

一、层层递进，筑鼓乐传承之基

就学校而言，进行鼓乐文化传承和发展，并取得深入的传承效果，并不是一蹴而就的，也不是光靠片面之力就能达成的。基于系统化的层层推进，是学校鼓乐文化传承的基础。通过层层递进的教学方针，学生可以逐渐了解和掌握音乐的基本概念、技巧和表现形式。这样的教学方式可以激发学生的学习兴趣，提高他们的学习动力和持续参与度。同时，层层递进的教学方针可以帮助学生系统学习鼓韵课程的基本技能，如节奏感、击打技巧、合奏能力等。逐步增加难度和复杂度的教学内容，有助于学生逐步掌握和运用这些技能。在鼓韵课程中，学生通常需要进行合奏或团队演练，通过层层递进的教学方针，学生可以逐渐培养团队协作意识和表现能力。他们需要相互配合、合理安排自己的节奏和击打动作，以达到整体的和谐和协调。

实施案例 1

《有趣的节奏——X 和 X》教学设计

课型：综合课

年级：小学一年级

课时：一课时

教学内容：人音版一下第 3 课

学情分析：一年级小朋友对于节奏等音乐知识知之甚少，但他们好奇的天性利于其对未知学习领域的探索。学生活泼好动，善于模仿，表情丰富，表演欲强的心理特征利于教师以游戏、律动等方法来实施教学。本课通过创设情景激发学生兴趣，由易到难，层层递进，让学生轻松学习，顺利达成学习目标。

教学目标：

掌握四分音符和八分音符的时值与读法。

教学重难点：

用四分音符、八分音符组合新的节奏并在游戏中练习巩固。

教学准备：多媒体教学平台、节奏棒

教学过程：

1. 创设情景，激发兴趣

师：欢迎同学们来到快乐的音乐课堂，陈老师有一个秘密要告诉大家，今天是我的生日，能和小朋友们在一起过生日，真是太开心了，那请你猜一猜：

2/4XX|XXX|

今天，我几岁？

生猜：老师，我觉得你30岁。

师：那你能用刚才老师那样的节奏回答我的问题吗？

生按节奏回答：

2/4XX|XXX|

今天，你30岁。

师：哦，你的节奏感真棒！今天是老师37岁的生日，我带来了一只美味的蛋糕，想和小朋友们一起来品尝。

2. 学习新课，玩中体会

师：瞧，这是一个完整的蛋糕，老师用"X"来表示，请小朋友用拍手来表示。（生用双手拍击一下）

师：一个"X"我们表示一个蛋糕，拍一下，那要是四个"X"该拍几下呢？

（课件出示）2/4XX|XX|

（生看节奏拍击4下）

师：同学们可真聪明！它就是今天我们要认识的新朋友——四分音符。一个四分音符就像一个完整的蛋糕，它的时值是一拍。请跟着老师用"ta"来读一读，拍一拍：

2/4XX|XX|

<u>ta ta ta ta</u>

师：你做得棒极了，老师要奖励你吃蛋糕，我把圆圆的蛋糕从中间切一刀，你看，蛋糕分成了几块？（2个半块）

师：你观察得真仔细，老师用"X"表示半块蛋糕，两个"X"合在一起，就变成了一个完整的蛋糕。（板书）<u>X</u>+<u>X</u>=X

师："<u>X</u>"是我们今天要认识的第二个新朋友，它的名字叫"八分音符"，它的时值是半拍，"<u>X</u>"经常是两个一起出现，我们可以把它写成"<u>XX</u>"，跟着老师一起来读一读：

2/4<u>XXXX</u>|<u>XXXX</u>|

<u>ti ti ti ti ti ti ti ti</u>

3. 巩固练习，加深印象

师："X"一拍一个音，"<u>XX</u>"一拍两个音，下面请跟着老师一起拍一拍，念一念：

2/4XXX|XXX|

tititatitita

（生按节奏边念边拍）

师：同学们都做得很棒。下面请你们用学过的节奏卡片自由组合成新的节奏。

XXXX	X	XXX	XX

（1）生创编新的节奏：

2/4XXX|XXX|XXXX|XXX||

XXXX|XXX|XXX|XXX||

（2）生用创编的节奏听歌曲《其多列》玩“跳房子”游戏。

课间小游戏

跳房子

1. 背景介绍：向学生介绍《其多列》这首歌曲，说明它的特点和鼓韵节奏的重要性。解释“跳房子”游戏的规则和目标。

2. 创编节奏：用之前学生创编的节奏，或者再与学生一起创编一段简单的节奏，在创编过程中可以灵活运用鼓和其他乐器，创造出富有韵律感的节奏模式。确保节奏能够与歌曲的旋律和节奏相协调。

3. 游戏规则解释：解释“跳房子”游戏的规则，即学生根据创编的节奏进行跳跃，每个节拍对应一个跳跃动作。

4. 游戏示范：老师和助教示范“跳房子”游戏的基本动作，并与学生一起进行几次练习，确保学生能够理解和掌握跳跃的节奏和方式。

5. 跳房子游戏：将学生分成小组，每个小组在歌曲《其多列》的伴奏下进行“跳房子”游戏。每个小组轮流进行，其他小组要观察和评价跳得准确度。

6. 评价和奖励：根据学生的跳跃准确度和节奏掌握情况进行评价，鼓励并奖励跳得最准确的。

4. 教师小结，拓展延伸

师：同学们，用四分音符和八分音符玩跳房子的游戏你学会了吗？其实在我们的生活中有很多声音就是由这两个节奏组成的，如清脆的敲门声“咚，咚，咚”小

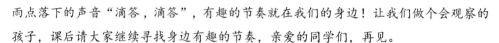

雨点落下的声音"滴答，滴答"，有趣的节奏就在我们的身边！让我们做个会观察的孩子，课后请大家继续寻找身边有趣的节奏，亲爱的同学们，再见。

二、把控全程，增鼓乐教学之力

一是课前预习，把握教学疑难点。借鉴"翻转课堂"的教育教学形式，将课堂内外的顺序进行调整，由传统的先教后学教学模式反转过来实施先学后教。民族大鼓的鼓面很大，对于初学的学生而言，在这么大的鼓面上敲击出统一的音色是难点。通过课前的微视频学习，学生能直观地学到鼓槌在上下运动时两鼓槌呈"A"字形、鼓槌与鼓面成四十五度角等一系列入门要点，这不但为后面的鼓乐学习打下坚实的基础，更能让老师了解到学生的学习疑难点，确保课堂教学的针对性和实效性。二是课始初学，明确教学关键点。新课伊始，学生可能还没有进入学习状态，还不能把精力集中到学习中来。故此，在课始适时通过生动有趣的视频形式呈现本节课要学习的内容，可以有效激发学生的学习兴趣，及时明确学习的关键点，促进学生更加专注地投入课堂学习中，从而实现课堂教学的高效。如重音移位练习是民族鼓学习中的一块重要内容，相同的节奏因为不同的重拍而呈现出不一样的音响效果。三是课中比对，突破教学重难点。当课程进入半节，或者大半节课的教学，已使学生有了初步的收获。特别是涉及鼓乐的演奏技巧方面，学生应该都掌握了初步的演奏技能。然而，鼓乐演奏艺术博大精深，需要在比较中才能得到更加深入的体会。对此，鼓乐教师可以采取现场演示的方式，但此种方式下，学生未必能看得很清楚，况且鼓乐教师也未必能够演奏出理想的效果来。所以，在课中通过视频的方式呈现较高水准的演奏表演，如有必要，进行暂停和回放，能突破教学重难点，最大程度地实现教学高效。四是课后拓展，引领教学发展点。鼓乐技能的习得，并不是一节课就能完成的事，它需要在课后进行更多的巩固和练习。基础打得好不好直接影响学习的深度。课后，给学生提供相关视频资源，能使学生在老师不在身边的情况下进行细节化且持续性的学习。练习的深入能使鼓手们的手腕更加灵活，左右手的发力更加匀称，能达到手法多样化、律动统一化、演奏合理化的教学效果，体现微视频在教学中的实际价值。

实施案例2

《有趣的节奏——XXX 和 XXX》教学设计

课型：综合课

年级：小学三年级

课时：一课时

知识点来源：人音版三下第 4 课

学情分析：三年级的学生已经具备了一定的基础，对音乐基本要素有了初步的认知和表现能力。这个时期他们的学习态度更加积极主动，思维活跃，活泼好动。因此，在教学中，我以丰富多彩的教学内容和生动活泼的教学形式，让学生充分感受节奏变化带来的乐趣，激发他们对音乐知识学习的浓厚兴趣，从而加深对所学知识的理解和表现力。

教学目标：

掌握前八后十六和前十六后八节奏的时值与读法。

教学重难点：

1. 八分音符、十六分音符与前八后十六和前十六后八节奏的区别与联系。

2. 掌握前八后十六和前十六后八节奏的演奏方法。

教学准备：多媒体教学平台、节奏棒。

教学过程：

1. 复习巩固，温故知新

师：欢迎同学们来到快乐的音乐课堂，这节课让我们继续学习有趣的节奏。你还认识它吗？（课件出示：X）

生：这是四分音符。

师：你回答得真棒，这是一个四分音符。一个四分音符就像一个完整的蛋糕，它的时值是一拍。用你的节奏棒跟着老师一起来拍一拍：

2/4XX|XX|

（生用节奏棒拍击）

师：你拍得真不错。在我们的生活中，你能想到哪些声音是由"X"组成的呢？

生：奶奶家养的小鸭子发出的叫声：

2/4XX|XX|

嘎嘎嘎嘎

师：真是一个会动脑筋的孩子，原来小鸭子的叫声就是由"X"组成的。再来看这个。

（课件出示：XX）

生回答：这是两个八分音符。

师：你学得真认真，一个"X"的时值是半拍，我们经常看到两个八分音符一起出现，就像两个半块蛋糕拼凑成一个完整的蛋糕，我们一起来拍一拍：

2/4XXXX|XXXX|

（生用节奏棒拍击）

师：节奏感真不错。身边有哪些声音是八分音符这个节奏呢？

生：小鸡的叫声：

2/4XXXX|XXXX|

叽叽叽叽叽叽叽叽

师：真是只可爱的小鸡。在和乐乐一家的游玩中，我们还认识了"XXXX"，它的时值就更短了，就像我们把一个圆圆的蛋糕平均分成四份，其中的四分之一就代表十六分音符的时值。谁能说说我们身边带有十六分音符的节奏呢？

生1：家里有客人来访，爸爸会说：

2/4XXXXXXXX|

你好你好欢迎欢迎

生2：山间的溪流在欢快地歌唱：

2/4XXXXXXXX|

哗啦哗啦哗啦哗啦

2. 新课教学玩中探索

师：孩子们的想象力可真丰富。我们的十六分音符最喜欢和八分音符玩了，你们瞧（课件出示：XXXXXX），有时八分音符在前，十六分音符在后，我们称为"前八后十六"节奏；有时顽皮的十六分音符排在前，八分音符跟在后，我们称为"前十六后八"节奏。用我们的节奏棒试着来打一打：

（1）2/4XXXXXX|XXXXXX|

（2）2/4XXXXXX|XXXXXX|

（生在拍击中感受"前八后十六"节奏和"前十六后八"节奏的区别）

师：同学们学得可真快。瞧，我们的节奏精灵们都来到了我们的音乐课堂，聪明的你能找到对应的名称并读一读吗？（课件出示）

（生在寻找、练习中巩固知识）

师：为能干的你点赞。调皮的前十六后八节奏想和大家玩捉迷藏，它将化身为音符藏到了好听的旋律中。请同学们仔细聆听，找一找它一共出现了几次？出现时请你用小乐器来表现它。（课件播放歌曲《嘀哩嘀哩》）

师：大家都找到了，它一共出现了4次。

课间小游戏

节奏猜猜猜

学生可以通过节奏猜猜猜游戏，让听觉观察和参与演奏，提升他们的节奏感知和听觉技能。这个游戏不仅有趣，而且能够激发学生的兴趣和参与度，增强他们对节奏的理解和运用能力。

1. 准备节奏卡片：准备一些节奏卡片，可以用纸片或卡片写下不同的节奏模式。可以使用基本的节拍符号（如四分音符、八分音符），也可以使用图形或颜色表示不同的节奏元素。

2. 游戏规则解释：向学生简要解释游戏规则，让他们了解游戏的目标和流程。解释每张卡片上的节奏模式应该如何演奏。

3. 示例演示：示范一张节奏卡片的演奏，确保学生能够听到和理解示范的节奏模式。

4. 小组或个人挑战：让学生分成小组或个人挑战，每次给他们展示一张节奏卡片。让他们根据卡片上的节奏模式来演奏。学生可以使用手拍、击鼓或其他乐器进行表演。

5. 回答和评估：学生完成演奏后，其他学生或老师评估其表演。鼓励他们分享正确演奏的方法。

6. 继续挑战：逐渐增加节奏卡片的难度和复杂性。可以加入更多的节奏元素或变奏，以提供更高的挑战。

7. 团队竞赛：最后可以组织一次团队竞赛，让学生分组进行比赛。每个小组轮流展示卡片上的节奏，并由其他小组猜测正确的答案。根据正确猜测的数量评出胜利的小组。

3. 拓展延伸学以致用

师：其实，我们的生活中就经常会用到今天学习的两个节奏，如学校运动会期间，总会看到孩子们在为自己班的运动健儿加油鼓劲：三 1 班加油｜三 1 班加油｜，有趣的节奏，美妙的音乐，就在我们身边，请同学们课后继续出发寻找。今天，快乐的音乐课就到这里吧，同学们，再见！

三、重点专攻，提鼓韵教学之效

在音乐教育中，重点专攻是指学生在学习音乐时选择特定的领域或技能进行深入学习和专研。这种专攻意味着学生将在音乐教育中投入更多的时间和精力，专注于培养某个特定领域或技能的专业素养。首先，在小学鼓韵课程中选择重点专攻可以培养学生的专业技能，使他们在这个特定领域内发展出更高水平的专业技能，培养出对音乐的深入理解和表达能力。其次，专攻某个领域可以让学生在特定的鼓乐技能上取得更大的进步和成就感。这有助于增强学生的自信心，使他们更加愿意面对挑战和展示自己的才华，引导学生的兴趣发展。再次，可以增强学生的专业意识。选择重点专攻可以帮助学生对鼓乐领域的专业知识和技能有更深入的了解。这有助于他们形成专业意识，培养专门领域的专业素养，为以后的学习和发展打下坚实的基础。

虽然选择重点专攻可以为学生带来许多好处，但在教学中也要确保学生有机会探索其他鼓乐领域，以培养他们的多样化音乐素养。

实施案例 3

《有趣的节奏——X.X》教学设计

课型：综合课

年级：小学四年级

课时：一课时

知识点来源：人音版四上第 1 课

学情分析：四年级的学生通过几年的音乐学习，已经掌握了基本节奏，积累了丰富的学习经验和方法，学生体验感受与探索创造的活动能力逐渐增强。具有初步感受音乐、表现音乐的能力。本课采用引导法、游戏、律动等方式巩固学生的拍感，使他们在多种亲身体验活动中获取知识和音乐实践经验，从而提高学习效率。

教学目标：

学习附点四分音符的读法。

教学重难点：

1. 四分音符、八分音符与附点四分音符的联系与演变。

2. 在歌曲中用自己喜欢的方式表现附点四分音符。

教学准备：节奏棒、多媒体教学平台、丝巾

教学过程：

1. 谈话导入，激发兴趣

师：欢迎同学们来到快乐的音乐课堂，今天我们继续来学习有趣的节奏。炎炎夏日，让你印象最深刻的是身边的什么声音？

生：树上知了的叫声。

师：我们一起来模仿一下知了的叫声：

2/4X. X|X. X|

知了知了

（生跟随老师一起模仿。）

2. 温故知新，学习新课

师：你发现知了的叫声有什么特点？

生：我发现第一个音要拖长，第二个音要读得短一些。

师：回答得真棒！这样的节奏我们该怎么记录它呢？（课件出示：X. X）

生：前面是一个四分音符，后面是个八分音符，中间有个小点。

师：你观察得真仔细。中间的点叫附点，四分音符加附点，时值就拖长了，短促的我们用八分音符来表示。这种音符我们叫它附点四分音符。跟着老师一起来读一读：

2/4X. X|X. X|

Tamtitamti

师讲解附点四分音符读法由来：

Xta四分音符（一拍）

XXtiti 八分音符（半拍）

师：把两个节奏精灵组合起来，我们一起来念一念，拍一拍：

2/4XXX|XXX|

<u>tatititatiti</u>

（生用节奏棒边拍边念。）

师：节奏感真不错，瞧，我们给它加上一条连线，读起来还会一样吗？

（课件出示：X<u>XX</u>）

师：听老师来读一读：

X<u>XX</u>

<u>tamti</u>

生：我发现它的读法和前面的附点四分音符读法是一样的。

师：真聪明。我们今天学习的附点四分音符，它的时值就和这个节奏一样。

（课件出示）

附点四分音符 X. =X+<u>X</u>

3. 练习巩固

师：请同学们听一听老师唱这两条旋律，你觉得哪条旋律中含有我们今天学习的附点四分音符？

（1）1=c

4/4 1.<u>3</u>51｜615-｜4.<u>5</u>31｜221-‖

（2）1=c

4/4 1351｜615-｜4531｜221-‖

生：第一条旋律。

师：小耳朵真灵。附点音符就在第一条旋律的第一小节和第三小节。下面请同学们听歌曲《采一束鲜花》，找找附点音符藏在什么地方。（生听歌曲，寻找）

师：你们真能干，附点四分音符就在副歌部分。现在请你拿起身边的彩色丝巾，给这三个附点的地方配上相应的舞蹈动作，同学们，让我们唱起来，跳起来。

4. 归纳小结

师：你们真聪明，用甩丝巾的方式来表现附点四分音符。附点音符十分具有推动力，给平稳的歌曲旋律增加了动感。唱准附点四分音符的时值对歌曲的情绪表达有重要的作用。同学们，记得在歌曲中去体验和表现附点音符，我们下节课再见。

课间小游戏

节奏串联

在小学鼓韵课程中，开展一次完整的节奏串联游戏可以帮助学生培养节奏感知和协作能力。

1. 准备节奏：准备一些简单的节奏模式，可以使用基本的节拍符号（如四分音符、八分音符）或图形来表示不同的节奏元素。确保每个学生都能理解和掌握这些节奏。

2. 游戏规则解释：向学生解释游戏规则和目标。说明他们需要在一起完成一个连续的节奏串联，每个人依次打出一个节奏元素，以共同创造一个流畅的节奏。

3. 示范演奏：老师或助教做一个示范演奏，打出一个简单的节奏元素，以展示节奏串联的基本概念和效果。

4. 小组协作：将学生分成小组，每个小组按照轮流的顺序进行节奏演奏。每个学生在他们的轮到时，接续前面学生的节奏并添加自己的节奏元素，确保学生能够流畅过渡并与前面的节奏相协调。

5. 监督和指导：老师和助教在游戏过程中监督和指导学生，确保节奏串联的连贯性和正确性。给予学生必要的帮助和纠正，帮助他们更好地参与游戏。

6. 整体演奏展示：当每个小组都完成了节奏串联的训练后，组织整体演奏展示。让每个小组依次进行节奏串联的表演。其他学生观察和欣赏，并评价他们的表演。

7. 团队合作和评价：鼓励学生互相合作和支持，学生可以互相给予鼓励和提供反馈。评价他们的合作能力和整体表现。

第五节　课程评价

一、评价目的

"玩中学"鼓韵课程的核心目的是让学生在鼓韵学习中不断提升自身的审美能力，丰富自己的审美体验。第一，鼓韵课程可以培养学生的音乐敏感性和欣赏能力，同时让学生能够通过参与鼓韵表演表达自己的情感和创造力。第二，鼓韵课程可以锻炼学生的身体协调性、节奏感和动手能力，有助于培养学生的良好体态和身体形象，并通过击鼓释放情绪，缓解学习压力，让学生的心理更健康。第三，培养学生的团队意识和合作精神。鼓韵课程通常是集体进行的，要求学生在演奏过程中与他人密切合作，共同协调节奏和动作，培养学生的团队合作意识、分工合作能力以及互助精神。第四，培养学生的自信心和舞台表现能力。通过鼓韵课程的学习和演出，学生可以逐渐提升自己的表演能力和自信心，培养展示自己的勇气和能力，增强学生的舞台表现力。第五，鼓韵课程还能培养学生的文化传统意识。鼓韵作为中国传统音乐文化的一部分，可以帮助学生了解和传承中华传统文化，增强学生的文化认同感和民族自豪感。

二、评价方法

（一）学生越乡鼓韵拓展性课程学习的评价

建立以人为本的学生评价观，即评价主体要由“单一化”走向“多元化”，鼓励学生学会客观地“自我评价”；评价标准要从注重“相对标准”转移到“绝对标准”与“个体标准”的相互结合；评价的方法要从定性与定量的“分离”走向定性与定量的有机“结合”。

1.过程性评价与阶段性评价相结合

过程性评价是在学习过程中随时对学生的鼓乐学习情况进行评价。它能使教师随时了解学生鼓乐学科各方面发展的程度，也能使学生随时发现自身存在的问题，并及时加以改进。结合过程性评价，给予学生相对公平、公正的阶段性评价。

2.特长申报与常规评价相结合

学校立足学生和教学实际，重视对学生进行知识掌握与能力运用的双向综合式评价。同时，作为学校的传统优势课程和素质教育的重要课程，学校主张每个学生都应当有机会参与古韵课程学习，尤其是在鼓韵方面展现特长的学生，需要给予重点培养，使其往“特长生”方向发展。学校为此确立了“特长生评比”制度，主要有舞台历练、考级赛事、游学推介、过程性学习等多项内容指标；程序上，尊重学生的个人意愿，由学生自己提出相关申请，进而由学校组织师生进行考查评比，每学年推评出若干个鼓乐特长生，支持其兴趣特长，促使其个性化发展。

3.自评、互评、师评相结合

以学生为中心也需要体现在评价上，因此我们主张以学生自评为基础，结合学生之间的相互评价并综合教师评价的评价方式。让学生参与评价，并且使自己的评价在整个评价体系中起基础作用，这对学生积极发挥主动性，对自己的学习行动负责具有重要意义。而且加入学生之间的相互评价以及教师评价，也能让整个评价过程更加科学，鼓舞学生获得更高的鼓乐学习成就。

（二）教师越乡鼓韵拓展性课程实施的评价

对教师教学的评价可以促进教学活动增值，促进被评价者自我完善，最大限度地调动其积极性，发挥其潜在才能。要使教学评价能服务于教学，更能促进教学，让每个教师各尽其才，发挥出最大的潜能，从而有效提高教育教学的质量。

1.过程性评价

过程性评价是指在教学过程中，不仅要重视教学的结果，还要重视此种结果的过程性状态，因为对于教育这种生成性的活动而言，过程比结果更加重要。因此，对教师的评价除了在学期结束时的总结性评价以外，还要评价教师在日常教学过程中的资料准备、方案预习、方法比较以及对学生学情的动态掌控、课程突发状况的处理等。在教学过程之外，还需考虑到教师是否在课堂之外对学生依然起到引导的作用，是否能够积极和主动地发现并解决学生遇到和提出的额问题，等等。总而言之，过程性评价就是要教师将教学的中心放在日常的教育过程当中，将学生看成一个不断成长着的人，让教师看到学生的知识、能力、道德等都是在这个过程中不断进步的，而不是仅凭一张试卷就能对学生进行全部评价。

2.多元化评价

多元化评价包括教师自我评价、同事评价、学生评价以及学校评价等相结合的办法，尽量多角度地对教师的教学活动作出客观评断。评价的目的是找出问题，诊断问题，进而解决问题，不断提升教学效果。

三、越乡鼓韵拓展性课程开发的评价

基于学校实际，评价课程开发在内容选材、课程设置、活动方案等方面，能否在确保学生基本的音乐素养的供给上，让学生个性发展、特色发展。

（一）内容选材的评价

课程内容的选择是否能有效促进学生音乐素养的个性化发展；是否兼顾学校特色、地域文化特色；是否能与教师的个人特色相结合，打造富有个人特色的专业品牌。

（二）课程设置的评价

课程的设置是否符合学生的年龄、身心发展的需求；课程的周期安排是否与学校的整体课程相协调、与课程改革指导意见精神相符合；课程的评价方式是否恰当等。

（三）活动方案的评价

课程的实施，必将带动多项活动的同步开展。活动方案的设计是否满足学生成长的需求；是否立足学校、立足生情；是否丰富而有成效。

第六节　课程成果

一、项目实施成效概览

在绍兴市上虞区第十二届运动会开幕仪式上，作为开场节目，小越街道中心小学鼓乐社团学生的"鼓乐呈祥"表演得到了全区观众的高度评价，该节目被区委、区政府授予"优秀演出奖"。近年来，学生的鼓乐节目先后八次获得区级以上比赛团体一等奖。其中，2019年，还获浙江省中小学艺术节团体一等奖。在此背景下，课程负责老师也先后在省市区各项评比中获奖，"舜乡鼓乐社团"相继被评为上虞区"优秀社团"、上虞区"精品社团"，鼓乐教室相继被评为上虞区"学科教室"、上虞区"示范性学科教室"。学校被评为首批上虞区"器乐教学基地学校"。

二、学生参演项目照片（图4-1）

图4-1　鼓乐表演现场图

第五章 玩中悦劳："YUE 劳动"中的快乐劳动教育

　　劳动教育的本质是以劳动实践的方式让学生感受到用自己的双手创造生活的美好体验。但是，当下的劳动教育不仅没有让学生感受到这种美好，反而不断消磨着学生参与劳动和享受劳动的激情。这一方面与小学的学业压力有关，另一方面也与部分学生家长以及教师对劳动的偏见有关。除此之外，我们发现其实对学校劳动教育的有效性的最直接影响因素其实是劳动教育的组织方式。缺乏趣味性的劳动教育，让学生感到枯燥和无聊，表现出不快乐的情绪。以此为鉴，上虞区小越街道中心小学结合陈鹤琴的活教育思想，以玩中学为导向，开发出了一套"YUE 劳动"的快乐劳动教育课程。YUE 劳动教育是一种注重培养学生兴趣和创造力的劳动教育方法。它通过创造性的活动和游戏化的方式，激发学生的学习兴趣，使他们更加主动地参与劳动教育。YUE 劳动课程注重实践操作，通过亲身参与各种劳动活动，培养学生的动手能力和实践能力。同时，它通常以小组合作的形式进行，培养学生的合作意识和团队精神。此外，YUE 劳动课程也注重培养学生的创造力和创新思维，通过自主设计和创造，激发学生的创造潜能，培养他们的创新能力。

第一节　课程背景

一、学校在劳动教育方面的历史积淀

小越街道中心小学创办于 1909 年，至今有 110 年的办学历史。由小越横山著名乡贤陈春澜于晚年出资筹建。一百多年来，学校几度易地，规模不断扩大，条件不断改善。在悠久的办学历史中，积淀了厚实的文化底蕴。近年来，学校充分挖掘地方特色与资源，探索出了一条以"YUE 劳动"为特色的劳动教育之路：学校依托剪纸，开发二十四节气纸艺劳动特色课程；背靠伏龙山农科基地开展"开心小农夫"责任田承包劳动以及"小小饲养员"喂养小动物劳动；结合学校以及家庭生活开展项目式劳动；除此之外，还会利用节假日开展节日劳动、公益劳动以及依托学校创客中心衍生出的主题特色劳动等。通过研究、体验，树立学生劳动意识，初步学会劳动基础知识和基本技能，养成良好的劳动习惯，培养学生勤奋学习、自觉劳动、勇于创造的精神，为他们终身发展和人生幸福奠定基础。

学校现有教职工 120 余人。学校师资结构合理，在编教师中，高级教师 7 人，大学本科及以上学历占 82%，区级以上名师、教坛新秀、学科带头人 16 人，中青年骨干队伍数量大而稳，进取心强。近年来，学校紧紧依靠全体教师，重规范、抓课堂、强基础，教育质量不断提高，学校先后被评浙江省标准化学校、浙江省艺术特色学校、浙江省体育特色学校、浙江省非遗传承基地等荣誉。以上这些优良的条件，为学校"YUE 劳动"课程体系的构建和实施，提供了扎实的基础保障。

小越街道中心小学多年前就开始规划伏龙山农科基地，并立足"YUE"拓展课程体系，开展各类劳动实践活动。成立了一批以少先队为主的伏龙山农科基地学生组织，进行了一系列丰富多彩的少先队劳动教育实践活动。

小越街道中心小学作为上虞区深化教学管理课改的试点学校，近几年来沐浴课程改革的春风，充分利用"民间剪纸"这一优秀教育资源，将其引进校园，引入课堂，建立以剪纸艺术传承为突破口的特色剪纸手工实践基地，开发了独属于小越小学的剪纸劳动课程，让学生了解剪纸技艺，掌握剪纸技巧，利用剪纸特色课程，努力培养学生热爱劳动、勤于劳动、善于劳动的品质。

二、新时代劳动课程实施的目的和意义

新时代小学劳动课程的实施旨在培养学生的劳动观念、劳动技能和劳动习惯，

提高学生的综合素质和适应未来社会和职业的能力。从三维目标、核心素养以及教学玩评一体化三点出发，可以更好地理解新时代小学劳动课程实施的目的。其中教学玩评是实现教学三维目标以及提升学生核心素养的一种教学方法，其核心是通过游戏和评价来促进学生的学习和发展。在小学劳动教育中，教学玩评一体化可以帮助学生更好地理解劳动的意义和价值，同时培养学生的劳动技能和劳动态度。从教学玩评一体化的角度出发，小学劳动教育的三维目标主要包括以下方面：小学劳动教育的第一个目标是培养学生的知识和技能。通过教学玩评一体化的方式，可以让学生在游戏中掌握各种劳动技能，如剪纸、编织、种植等。同时，评价机制可以激励学生不断提高自己的技能水平，从而更好地适应未来的工作和生活。小学劳动教育的第二个目标是培养学生的品德和态度。通过教学玩评一体化的方式，可以让学生在游戏中感受到劳动的快乐和意义，从而培养学生对于劳动的尊重和热爱以及对于劳动者的尊重和感激。同时，评价机制可以激励学生发扬团队合作精神和责任感，成为有用的人才。小学劳动教育的第三个目标是培养学生的创新和实践能力。通过教学玩评一体化的方式，可以让学生在游戏中锻炼创新思维和实践能力，解决实际问题。同时，评价机制可以激励学生自主学习和自主创新，成为具有创新精神和实践能力的人才。

小学劳动课程是学校教育中的一门重要课程，其实施具有重要的意义。

培养劳动观念。小学劳动课程实施的一个重要意义是可以培养学生的劳动观念。通过劳动课程的学习，学生可以了解劳动的意义和价值，认识到劳动是人类社会发展的基础和动力。同时，学生还可以感受到劳动的快乐和成就感，从而培养对于劳动的尊重和热爱，树立正确的劳动观念。

提高综合素质。小学劳动课程实施的另一个重要意义是可以提高学生的综合素质。通过劳动课程的学习，学生可以掌握各种劳动技能，提高自身的生产力和竞争力。同时，学生还可以培养团队合作精神和责任感，提高自身的社会责任感和社会适应能力。这些能力和素质的提高，对于学生未来的发展具有重要的意义。

促进身心健康。小学劳动课程实施的另一个重要意义是可以促进学生的身心健康。通过劳动课程的学习，学生可以锻炼身体，增强体质，预防和改善各种疾病。同时，学生还可以在劳动中放松身心，缓解学习压力，提高心理健康水平。这对于学生的身心健康发展具有重要的意义。

适应未来社会和职业。小学劳动课程实施的另一个重要意义是可以帮助学生适应未来社会和职业。随着社会的发展和进步，未来的职业和工作方式也会发生变化。通过劳动课程的学习，学生可以掌握各种劳动技能和工作能力，提高自身的竞争力和适应能力，更好地适应未来社会和职业的需求。

实现教学玩评一体化。小学劳动课程实施的另一个重要意义是可以实现教学玩评一体化。教学玩评一体化是指教学、游戏和评价的有机结合，通过游戏和评价来促进学生的学习和发展。通过教学玩评一体化的方式，可以让学生在游戏中学习劳动知识和技能，同时培养劳动态度和品德，提高创新和实践能力，从而更好地适应未来社会和职业的需求。

三、国内劳动课程开发的已有经验与不足

（一）经验

近年来，国家越来越重视中小学生劳动教育，文献梳理发现，关于小学劳动教育课程开发的课题研究还不少。2010 年，山东省滕州市南沙河镇冯庄小学撰写了《基于素质教育的劳动技术教育实践深化研究》，他们强调动手与动脑相结合，及时吸纳现代科技成果，培养学生创造性思维，使其形成基本的技术素养和现代劳动价值观念。上海嘉定县许建章、周志超撰写的《农村小学劳动教育研究报告》在《江西教育科研》杂志上发表。2019 年，上海闵行区浦江第一小学做出了关于劳动系列校本课程的研究，提出培养"德才兼备，全面发展"的新时代小学生，积极开发小学生劳动教育系列校本课程。

国内关于劳动教育的课程也是丰富多样，包括植物栽培、动物饲养、手工制作、环境保护等多个方面，可以帮助学生全面了解生产生活的各个方面；劳动课程与生活密切相关，能够帮助学生更好地理解生活中的各种现象和规律，培养学生的实践能力和创新能力；劳动课程注重实践操作，通过动手实践，学生可以更好地理解理论知识，培养学生的动手能力和创造能力；劳动课程注重团队合作，通过小组合作，学生可以更好地学习协作和沟通技巧，培养学生的团队精神。

（二）不足

现如今国家和教育工作者们虽然重视劳动教育，在其意义与目的上都有了深刻的研究并提出了很多见解，但是在小学劳动教育课程的内容方面创新不足，很大一部分在继承历史上的小学劳动教育课程内容。与世界各国相比，我国的小学劳动教育课程

内容在科学技术应用、美术设计等方面还比较缺失。小学劳动教育课程的模式方面国内没有相关研究，大多数小学劳动教育课程在模式方面还处在摸着石头过河的一个阶段。小学劳动教育课程实施过程中的意识很好，提倡"学校、社会、家庭"三者结合，但目前社会保障还不够充足，尤其是懂得专业劳动教育知识的师资力量相对匮乏，能够在理论上培养学生劳动品质、劳动情感等，但是在实践的体力劳动上提供的专业知识相对薄弱。教材和设备不足，部分小学劳动教材和设备质量不高，无法满足学生的学习需求；部分小学劳动课程与学科脱节，缺乏与其他学科的衔接和整合。

在吸取了劳动教育课程的相关经验以及明白了自身存在的不足之后，小越街道中心小学确立了以"玩中学"为导向的"YUE 劳动"课程体系，本课程能在一定程度上丰富和深化"活教育"理念下的小学劳动教育活动设计和课程建设，并在此基础上加强教师的培训，提高教师的劳动技能和实践经验，让他们能够更好地指导学生，帮助全体教师运用"玩中学"的教育经验设计出合理有效的劳动教育活动，在校开展科学适宜的劳动教育活动。同时，逐步完善劳动教室的设施和设备，提高劳动课程的实践性和趣味性。将劳动课程与其他学科进行整合，让学生在实践中学习各种学科知识。

第二节　实施方案

一、课程目标

YUE 劳动活动课程的目标主要有学生发展目标、教师发展目标和学校发展目标三个部分。

（一）学生发展目标

我国于 2016 年颁布的《中国学生核心素养框架》提出：中国学生发展的核心素养具体表现为"人文底蕴、科学精神、学会学习、健康生活、责任担当、实践创新"。"五育并举"也将劳动教育列入教育基本方针之中，遵照国家颁布的核心素养六大要素，针对小学生生理、心理发展实际，结合学校设置的劳动教育课程体系，本着"大劳动"理念，设立劳动教育培养目标（表 5-1），通过劳动实践，达到"以劳树德，以劳增智，以劳健体，以劳育美，以劳创新"学生劳动课程的培养目标，将贯穿学校劳动教育的始终，核心素养的四个方面相互联系、相辅相成，构成一个有机整体。在玩中学，在学中进行创造性劳动，提升劳动课程的内在价值。

表5-1　小越街道中心小学学生劳动教育课程培养目标

名称	目标阐述	核心素养指向	总目标
以劳树德	旨在通过劳动实现立德树人。引导学生崇尚劳动，尊重劳动，懂得劳动最光荣，劳动最崇高，劳动最伟大	健康生活 责任担当	全面发展的学生
以劳增智	旨在通过劳动促进智力发展。掌握劳动知识，拓宽视野，将课本上学习的理论知识通过劳动实践得到内化和升华	科学精神 学会学习	
以劳健体	旨在通过劳动实现强身健体。培养学生健壮体质，健全体格，锤炼意志，形成积极向上的健康心态	健康生活	
以劳育美	旨在通过劳动发现美好。培养学生在劳动中接纳自己，在劳动创造中形成发现美，体验美，鉴赏美，创造美的意识	人文底蕴 健康生活	
以劳创新	旨在通过劳动培养创新意识。进一步激发学生潜能，培养学生勤于自理，敢于动手，敢于积极创新实践的科学精神，创造性地开展劳动研究	实践创新 科学精神	

（二）教师发展目标

立德树人是教育的根本任务，培养德智体美劳全面发展的时代新人是国家对基础教育的要求和期许，而劳动教育在其中扮演着重要角色。在新时代，劳动教育的开展与教师作用的发挥有着直接紧密的关联，教师的劳动教育观念、劳动教育方法、劳动教育内容组织与选择以及劳动教育的评价等，都能够在最直观的意义上影响学生对待劳动以及对待未来生活的态度、能力和热情。为此，教师需要正确认识劳动和劳动教育，将劳动既看成人类生命存在的基本形式，也看成我们个体追求美好生活的积极形式。劳动教育是为了让学生获得生存感受、感悟、能力和热情的特殊课程，教师要成为能够综合劳动与生活、教学与实践、知识与能力的劳动教育者。更重要的是，教师还应当具备在劳动教育教学过程中不断传播中华文化、弘扬传统精神，融入时代思想，让学生真切地感受到劳动之美和劳动之作用。

要实现这样的培养目标，首先要求教师在劳动教育过程中能够率先树立正确的劳动价值观念与信仰，规范对待劳动和劳动教育的态度。不能将劳动误解为体力劳动和"粗活重活"，更不能将劳动降格为"低级工作"，这是立德树人根本目标下落实劳动育人的前提。其次是注重掌握生活、学习、知识、能力之间的综合，并通过具体的劳动案例或者劳动活动将其综合在一起，实现准确、即时且具有感染力的教学实践。最后，教师应该拥有一颗勇于坚持的心和善于发现的眼睛，只有真正热爱劳动、理解劳动的教师才能将劳动教育坚持下去，也只有真正善于发现的教师才能在当今复杂的社会形势中发现劳动之美。

（三）学校发展目标

一是增强劳动教育课程的思想性。认真学习领会习近平总书记关于教育的重要论述，全面落实立德树人根本任务，按照国家政策方针，结合地方资源和学生特点执行劳动教育课程。

二是增强课程的指导性和可操作性。以现代劳动理论和现代人本心理学为主要的理论基础，理解和遵循学生的身心发展规律，按照学生的认知特点进行准备并展开教学，落实"玩中学"基本课程组织思想，提升劳动课程 科学性和系统性，让劳动教育的每一个环节都具有指导性和鲜明的可操作性。

三是积极继承和借鉴优秀教学经验。既注重继承我国课程建设的成功经验，也充分借鉴国际先进教育理念，强化课程综合性和实践性，着力发展学生核心素养。同时，还要积极观照生活，从学生的真实生活中引入教学案例并进行案例分析；积极引入现代科学技术辅助教学，与时俱进地更新课程内容，体现课程时代性。

四是因地制宜地开展劳动教育活动。统筹规划，做大做好校本劳动教育基地——"伏龙山"农科基地。让基地成为落实劳动教育素养目标的主要平台，成为国家课程、地方课程和校本课程实施的载体。同时在校园内再开辟劳动场地，自主规划、设计、开发，有利于劳动教育课程的顺利实施。精心挖掘，打造校本化劳动教育项目。科学设计，建构特色化劳动教育课程资源群，依据校本资源实际，以实践性为原则，以素养目标为导向，开展科学论证、设计，精心编写劳动教育课程校本教材，分类建构特色化劳动教育课程资源群。

二、课程定位

2015 年教育部等部门联合发布了《关于加强中小学劳动教育的意见》，劳动教育在此之后受到越来越多的重视。2018 年 9 月 10 日，习近平总书记在全国教育大会上指出，要"培养德智体美劳全面发展的社会主义建设者和接班人"，将劳动教育纳入培养社会主义建设者和接班人的要求之中。德智体美劳"五育并举"的总体要求，丰富发展了党的教育方针，为构建全面培养的教育体系，形成更高水平的人才培养体系提出了新任务、新课题。

教育家苏霍姆林斯基认为，劳动是一种极为复杂的现象，可以揭示人的思想、情感、智力、美感、心理状态、创造精神，揭示教育和自我教育的意义。他强调，离开劳动，不可能有真正的教育。这说明劳动与教育是密不可分的，劳动教育与德育、智育、体育、美育相互交织、有机联系，是贯穿一切教育形式中的独特教育内容和形式。这是较为全面地理解劳动教育内涵的视角。具体来看，劳动教育既是与德智体美四育并列的概念，有自身独特的教育任务和使命，又是作为一门独立的专业课程，拥有自身独特的知识体系和实践要求，通过具体的生活劳动的方式来落实劳动精神和劳动技能的培养，辅助劳动教育目标的实现。

从核心素养的角度出发，中小学劳动课程与其他基础课程之间有着密不可分的关系。首先，劳动课程是培养学生实践能力和创新能力的重要途径。通过劳动课程，学生可以接触到各种实际问题，学习如何解决问题和创新思考。这种实践能力和创新能力是其他基础课程所不能替代的。其次，劳动课程也是培养学生社会责任感和团队合作精神的重要途径。在劳动课程中，就可以培养学生的团队合作精神。同时，劳动课程也可以让学生了解社会的需要，培养学生的社会责任感。最后，劳动课程和其他基础课程也是相互促进的关系。

小越街道中心小学的"YUE 劳动"课程依托"伏龙山"农科基地，学生直接参与养殖场、种植园和孵化室的劳动，体验真实的劳动感受，收获劳动带来的乐趣；同时，在学校劳动周、劳动月和各类主题劳动中创设真实情境，培养学生的劳动能力，激发学生的劳动热情。学校一切的劳动教育课程均在学生自己的体验和操作中推进，链接儿童的真实生活。

"YUE 劳动"课程体系由生活化劳动课程、生产化劳动课程、特色化劳动课程三部分组成。（图 5-1）

生活化劳动课程由日常家庭生活劳动课程和班集体生活劳动组成。生产化劳动课程由"开心小农夫"和"小小饲养员"组成。特色化劳动课程包含学校的"剪纸"特色课程，以及节日劳动，主题劳动，公益劳动，创客中心构成。

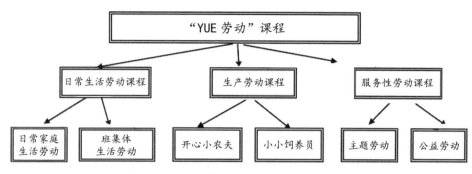

图 5-1 "YUE 劳动"课程体系架构图

三、课程资源

小越街道中心小学多年前就开始规划伏龙山农科基地。基地不大，却应有尽有：由责任田、养殖场、孵化室三部分组成，占地面积约 660 平方米。责任田里种植着各种瓜果蔬菜，养殖场里饲养着小到仓鼠，大到鸵鸟等各类特色动物，旁边的小鱼塘中还有许多小鱼和乌龟。更值得一提的是，农科基地还有两个占地不小的特色孵化室，先进的孵化设备，在同学们的精心照顾下，已经顺利孵化出了许多小动物。2023 年，学校又引进了 8 只可爱的"中华白兔"，在校园中为小兔子们打造了一片"萌兔园"。为此，学校开展了一系列有关兔子的跨学科项目活动。并以"YUE"拓展课程体系为核心，开展各类劳动实践活动。

四、课程保障

（一）组织保障

成立"YUE 劳动"课程开发实施工作领导小组，负责课程实施的开发、规划、指导、监督、评估等。采用"实践—开发—反思—改进"的循环式开发模式，保证校本课程的顺利实施。

（二）基本保障

1. 加强校园文化建设中强化劳动文化

学校将劳动习惯、劳动品质的养成教育融入校园文化建设之中。举办"大国工匠进校园""劳模大讲堂"等劳动榜样人物进校园活动，综合运用讲座、宣传栏、新媒体等，广泛宣传劳动榜样人物事迹，特别是身边的普通劳动者事迹。结合上虞本地的教育资源，让师生在近距离接触劳动模范，观摩劳动技艺，聆听劳动故事，感受劳动精神，体悟如何成为新时代的奋斗者。

在学生参与劳动实践的场所，营造"劳动光荣""双手创造财富"等主题的环境氛围，以环境感染教育学生。举办文化创意活动，在全体师生中征集"劳动标语""劳动口号""劳动漫画"等，并用以装饰校园。

2.建立奖励、激励机制，组织开展劳动成果展示、劳动技能竞赛等活动，为学生搭建展示自我劳动技能的平台，增加劳动比赛的趣味性，以吸引更多学生积极参与。

3.编定《小越街道中心小学学生劳动实践手册》，全面客观记录学生参与课内外劳动教育的过程和结果，客观公正地对学生进行评价，就专项劳动技能实施校内级别认定，并颁发证书。

4.培养专兼结合的"劳动教育指导师"队伍，学校要配备必要的劳动教育专任教师，加强业务培训，不断提高教师的专业指导能力。

5.做好安全保障，把安全放在第一位，建立健全安全教育与管理并重的劳动安全保障体系，制订劳动实践活动风险防控预案，完善应急与事故处理机制和法律服务机制，联防联控做好相关安全工作，加强安全教育，强化劳动风险意识。

（三）经费保障

加大"YUE劳动"课程实施中的经费投入，保障教学设施、设备能满足课程需要。开辟"YUE劳动"课程实施专项经费，对教师外聘、教材编制、特色展评等提供经费保证，确保学校"YUE劳动"课程改革持续发展。

第三节　内容设计

本课程内容设计主要包括前期相关准备、设计思路、主要内容和游戏设计四个方面。

一、前期准备

（一）设计的依据

1.理论依据

小越街道中心小学的劳动课程内容的设计具有鲜明的思想性，强调劳动是个人生存的基本形式，人只有在劳动中才能感受自己的存在并且追求幸福生活。劳动者是国家的主人，劳动只有类别不同没有贵贱之分，所有的劳动行为都应当受到鼓励和赞扬，所有不劳而获、贪图享乐的思想都应当被拒绝和驳斥。劳动教育不仅拥有显著的实践性，还有鲜明的认识性和建设性，劳动教育能够引导学生在认识劳动的基础上，不断提升自我，优化自我，实现树德、增智、强体、育美的目的，实现儿童和谐发展。

2. 现实依据

小越街道中心小学多年前就开始规划伏龙山农科基地。现农科基地饲养着各类动物，小到仓鼠，大到鸵鸟等各类特色动物，开垦了几亩地种植着各类瓜果蔬菜。学校立足"YUE"拓展课程体系，开展各类劳动实践活动。成立了一批以少先队为主的伏龙山农科基地学生组织，进行了一系列丰富多彩的少先队劳动教育实践活动。

小越街道中心小学作为上虞区深化教学管理课改的试点学校，近几年来沐浴课程改革的春风，充分利用"民间剪纸"这一优秀教育资源，将其引进校园，引入课堂，建立以剪纸艺术传承为突破口的特色剪纸手工实践基地，开发了二十四节气纸艺课程，让学生了解剪纸技艺，掌握剪纸技巧，利用剪纸特色课程，努力培养学生热爱劳动、勤于劳动、善于劳动的品质。

纵观几年来我们开展的各类劳动实践活动，虽然实践活动基本内容、基本途径、基本方法、基地建设，自主机制等方面的研究上积累了丰富的经验，取得了一定的成绩，赢得了社会的赞誉。但活动虽多，目标却没有体系，随意性大，且活动内容较为单一，活动收效甚微，在学校劳动教育特色课程方面的研究还缺乏力度和深度。因此，迫切需要从劳动特色学校创建的角度来重新审视和研究我们开展的各类劳动教育实践活动，并赋予新的生机和活力。

（二）设计原则

与其他活动课程类似，快乐劳动教育活动课程的设计原则主要包括以下几种：

1. 真实生活原则

快乐劳动教育都是基于真实生活展开的，具有生活性特点，在生活中劳动，为生活服务。快乐劳动教育注重学生亲身参与实际的劳动活动，通过实践操作来培养学生的动手能力和实践能力。学生通过亲自动手，体验和实践真实的劳动过程，掌握实际应用的技能和知识。

2. 游戏化原则

快乐劳动教育的场景打造和设计尽可能游戏化，在有趣、好玩的情境中促进儿童劳动观念的形成和劳动能力的提高。快乐劳动教育强调通过有趣的活动和游戏化的方式来激发学生的学习兴趣。学生在参与劳动活动时可以享受到乐趣和成就感，

提高他们的参与度和积极性。

3.成长性原则

快乐劳动教育的课程内容设计一切为了学生的德智体美劳均衡发展，成长为现代社会主义的建设者和接班人。快乐劳动教育倡导学生之间的合作和交流。学生可以以小组合作的形式进行劳动活动，培养他们的合作意识和团队精神。同时，学生可以通过交流和分享经验，相互学习和成长。同时，快乐劳动教育鼓励学生进行创造性的活动，在劳动过程中发挥自己的想象力和创造力。学生有机会自主设计和创造，解决问题并表达自己的想法和观点，培养他们的创新能力。

4.师生共建原则

在整个劳动课程的建设中，老师和学生共同参与，都是课程的建设者和参与者，以教师为主导，学生为主体，共同促进劳动教育课程的建设和发展。因此，快乐劳动教育倡导教师和学生之间的平等互动关系。教师应以平等的姿态对待学生，尊重他们的意见和参与。学生也被鼓励积极参与课堂讨论和活动，与教师保持良好的互动。另外，快乐劳动教育鼓励教师和学生共同参与课堂评价和反馈。教师可以与学生一起制定评价标准和方法，并与学生讨论反馈与改进的措施。学生也被鼓励参与自我评价和互相评价，共同提高学习质量。

（三）设计路径

1.知识的整合设计

语文课堂走进劳动实践基地，少先队员们拿着小本子，从不同的角度观察中草药颜色的变化、高度的变化等，小声分享着自己的观察结果。有同学分享："这是萝卜！躲在板蓝根的下面，好像一个小女孩撑着一把大伞。"还有同学分享："这叶子太神奇了，快看，叶子上半部分是普通的弧度，而叶子的下半部分却是像牙齿一样的齿轮状……"很快，同学们填写好自己的记录表格，把记录好的所闻所见所感写成观察日记，展示儿童视角的趣味世界。

数学源于生活，又应用于生活。少先队员们利用刚刚学过的知识来测量仙人掌的周长。少先队员们拿出尺子，以小组为单位，一起合作测量出了长和宽，计算出了周长。

当英语课堂遇上劳动教育，少先队员们深入百草园劳动实践基地认识各种植物的英文表达。小队员们带着事先准备好的英语卡片寻找卡片中的植物。少先队员们看看这，看看那，还时不时用英语互相介绍各种植物。

劳动教育与美术教育密不可分,相辅相成,相得益彰。户外写真课上,欣赏、取景、刻画,在老师的示范和指导下,少先队员们细心地画起来。在写生中体会大自然的丰富多彩。学生置身于大自然的美景之间,去看、去听、去感受,运用画笔抒发对大自然的喜爱之情。

劳动源于生活,科技创新劳动。少先队员们逐一认识了各个季节适宜种植的植物,掌握基本的种植技巧。学生在亲身实践中感受了劳动的乐趣与价值,提高了种植技能。

2. 真实的情境设计

适时开展班级卫生打扫活动,要求人人有劳动任务。在劳动过程中,指导学生学习扫地、洗抹布、擦拭桌椅;劳动结束后,组织学生互相学习,交流评比,总结经验教训,习得基本的卫生打扫能力。通过"洗涤小达人""谁的小手洗得最干净"等活动,营造积极劳动、讲究卫生的班级氛围。

通过家校结合的方式开展整理与收纳任务群活动。指导学生在劳动课程学习与实践中掌握整理与收纳的基本方法,如课桌上学习用品摆放整齐,书包里文具、书本整理有序。引导家长督促、鼓励学生在家中不断练习整理与收纳并长期坚持实践,养成习惯。可以通过展示、交流、汇报等形式,激发学生的参与热情。

3. 创新游戏设计

游戏是学生的天性,是他们认识世界的重要方式。小越街道中心小学的劳动教育内容的设计充分发挥游戏的独特作用和价值,因地制宜地为低年级学生设置游戏区域,在生活区中帮宝宝穿衣服、扣纽扣,在美工坊帮妈妈做礼物,在角色区扮演小厨师、小医生等劳动角色,鼓励孩子积极地参与到拉拉链、叠被子等游戏中,在有趣的游戏和浓厚的劳动氛围中,孩子们不知不觉地爱上劳动,争当劳动小达人。在游戏中增强自理能力,努力成为一个个自我管理和服务的小能手。

高年级的学生自理能力和独立性也进一步增强,学校通过"一日作息计划",在劳动基地化身"小小饲养员"和"开心小农夫",体会生产性劳动的价值。孩子们通过丰富的游戏活动,逐步养成了良好的劳动意识和劳动习惯。

二、设计思路

(一)设计资源

孕育创新课程资源。传统元素与现代元素互不融合是当前劳育实践的突出问题。传统劳动思想强调耕读传家、亦工亦学,蕴含以行践知、求索致道的育人思想,侧重修身养性。现代劳动元素强调砥砺创新、生活运用，蕴含学习思想、锤炼精神和培育能力的目标，侧重专业发展。只有融合两类课程资源，才能培育具有独特的中国劳动品质的劳动者。

传统项目与创新劳动工具结合。小越街道中心小学的生产劳动课程既设计了田间地头的身体劳动，又通过学习典型案例，感悟先进劳动工具的价值，进而引领学生以先进工具服务传统劳动，在保持传统农业生态与健康特色的同时，深入研究高效劳动方式。

传统精神与创新劳动品质结合。"节气厨房"课程根据二十四节气，学习中国饮食习惯和典型节气食品制作技巧，一方面继承尊重自然、敬天惜时、以劳养身的传统理念；另一方面培育分工合作、探究事物、服务他人的创新劳动品质。

传统文化与创新劳动形式结合。小越街道中心小学以中国传统节日为文化资源，借助 3D 打印技术打印粽子和祈福香包，组织机器人赛龙舟、在线虚拟赛龙舟等活动。创新劳动形式，丰富了传统民俗劳动的内涵，提高了趣味性和效率。

坚守学生自主活动类课程资源开发。小越街道中心小学着力开发出力流汗、身体力行类课程，促使学生以劳修心、以劳育德、劳中学知、知以劳行，培养健康身心，学会切实理解和改造客观世界。

加强身心协调类课程资源开发。身心协调不是生硬衔接体力劳动和脑力劳动，而是通过身体发展促进脑的发展。针对雕刻、篆刻、绘画、演奏等具有手脑并用特征的课程，开发者不仅要关注劳动技巧和审美方法，更要指导手部（肌肉、韧带）完成相关复杂动作的原理和方式，促进关于手、脑相互作用的认知和体会，从而发现身心协调在劳动生活中的重要意义和关键方法。

创新劳逸结合类课程资源开发。当前劳育在德性维度上指向诚实、辛勤和创造性劳动；在内容维度上指向生产、生活和服务性劳动。一味强调劳动意义，灌输劳动思想，不但违背人类享受生活的合理愿望，而且容易引起学生反感。小越街道中心小学补充闲暇教育，培育劳逸结合意识、以逸待劳能力，获取自由发展空间；融入"消费性劳动"，让学生在劳动中感受创造、变动和享用财富的快乐，通过消费性劳动深度认识劳动价值。

回溯自然性课程资源。当前学校高度依赖社会开发劳动课程资源，自然成分越来越少。如果长期脱离自然，学生可能患上自然缺失症、高楼孤独症，沉溺网络生活，迷失自然本我。我们必须主动回溯自然性课程资源，引导师生"体悟人与人、人与自然、人与社会的关系"，培养悦纳自我的心理，追求身体健康、精神愉悦的幸福生活。

开发自然感知与探索类课程资源。到海滨河滩进行环保调查与实践，到山地丛林进行植物观察与采集。打破秧田式教室对身体的束缚，在感知与探索自然的劳动中体会个体存在，觉察本身劳动意义。小越街道中心小学打破严苛的作业标准，鼓励学生天性的释放和观察力、想象力与动手能力的综合发挥。

开发自然与社会结合类课程。以校园区角动物养护课程为例，在照顾萌兔园的小兔子的同时，关注动物在人类社区的生存状况、疫情期宠物感染与救护等焦点问题，引导学生深入思考处理自然与社会关系的方法。

（二）设计学习情境

小越街道中心小学围绕相应资源建立主题游戏。打造"节气厨房"，用 3D 打印技术打印粽子和祈福香包；组织机器人赛龙舟、在线虚拟赛龙舟；滨河滩进行环保调查与实践；到山地丛林进行植物观察与采集；萌兔园照顾小兔子；劳动基地喂养鸵鸟等都让学生在游戏的过程中收获到劳动的快乐。

（三）设计认识工具

在游戏中，以游戏任务方式发展学生对劳动的认知。游戏在认知发展中的作用早已引起世界各国教育学、心理学乃至其他相关学科的关注。瑞士教育心理学家皮亚杰的认知发展游戏理论，更开拓了从儿童认知发展的角度来考察儿童游戏的新途径。他认为，儿童游戏的发生和发展，可反映并提供认知功能的发展水准变化，因为游戏不是儿童与生俱来的"本能"，是随着儿童的认知功能发展阶段逐渐发生和建立起来。在游戏时，儿童会注意到所摆弄物体之间的相似性与不同点，而当儿童发展到水平较高阶段，抽象思维开始萌芽时，游戏中遇到并操作的物体就有助于他们学习分类，使简单的类别与概念得到了发展。

对于儿童来说，玩游戏时，他们会按照自己的兴趣和愿望去接受外部环境的信息，并进行加工，使之适应自己的内部图式，即人脑中已有的知识经验的网络，来认识世界，促进认知发展。小越街道中心小学基于此，致力于让学生在游戏中以游戏任务的方式发展学生对劳动的认知。

（四）设计学习策略

从学科特性出发，将所有课程逆向分为三类劳育内容。挖掘文科类课程中的劳动观念、精神与品质等内容，透析理科类课程中的劳动逻辑、方法与能力等内容，寻求艺体类课程中的劳动鉴赏、审美与技巧等内容。

从学科主题出发，组织项目实践。通过项目实践，组合多学科的劳动要素，"在具体项目实施过程中灵活运用其他课程所学的知识进行劳动实践"，实现一般学科教学中的兼容性劳育目的。

从劳育特性出发，全面激活和顺向运用四育中的相关内容。立足劳育，主动寻求学科内容中的对接点、生长点；纲举目张，实现牵一发而动全身的统筹带动。

首先利用劳育的具身性，挖掘学科中的价值观培育类内容。充分挖掘语文综合性学习、数学生活体验、美术观察等内容，让学生在劳动实景中产生生理体验，引发心理体会，自主经历学科学习，自觉树立劳动价值观。

其次利用劳育的实践性，挖掘学科中的智力培育类内容。实践育人是劳动教育的鲜明特色，也是培养全面感知、获取牢固知识的关键渠道。深入挖掘便于付诸实践的学科内容，充分调动学生的眼、耳、手、脑，"促成劳动直接经验与学生已有间接经验的整合，形成新的认知结构"。

再次利用劳育的整全性，挖掘学科中的强体类内容。劳育强调体脑结合、身心协调，健康成长、整全发展。语文、英语、音乐学科中富含语言思维训练与身体力行协同类内容，体育、美术、道德与法治等学科中蕴含意志品质锻炼与身体力行协同类内容，均可重点开发。

最后利用劳育的情境性，挖掘学科中的育美性内容。劳育要求建构真实劳动情境，体现求真向美的劳动追求。挖掘语文中描述劳动者形象的篇章、数学中揭示劳动规律的原理、美术中呈现劳动画面的佳作、音乐中表现劳动心理的节奏、体育中蕴含劳动技巧的动作，鉴赏和感悟劳动的形象美、规律美、画面美、节奏美、动作美、情感美。保证四育课程各美其美，劳育内容美人之美，五育融合美美与共。

三、主要内容

"YUE 劳动"活动课程面向一至六年级的所有学生，如表 5-2 所示。

表 5-2　"YUE"劳动课程内容表

		低年级（一至二）	中年级（三至四）	高年级（五至六）
日常生活劳动课程	日常家庭生活劳动	★早晚刷牙、洗脸 ★定期整理房间 ★体验家庭卫生劳动 ★体验家庭农业劳动	★定期洗头、洗澡 ★整理房间、学习用品 ★争当家庭小助手 ★参与家庭农业劳动	★自我服务技能竞赛 ★争当家庭小能手 ★实践家庭农业劳动（饲养蚕、禽，水稻、蔬菜等种植）
	班集体生活劳动	★参与班级、校园卫生打扫 ★"劳动最光荣"主题活动	★校园环境卫生劳动 ★绿化校园劳动 ★"学习劳动，珍惜劳动成果"主题活动	★保护生态、美化环境劳动 ★"劳动创造一切"主题活动
生产劳动课程	开心小农夫	★参观农科基地 ★认识劳动工具的名称 ★观察生产劳动过程 ★了解农业及劳动产品 ★认识农业产品成果 ……	★农科基地（除草修枝）劳动 ★认识现代化劳动工具 ★学习体验劳动过程 ★动、植物生长观察 ★尝试种植农作物 ……	★基地种植、浇灌、除虫、收成劳动（甘蔗、蔬菜等） ★学习劳动工具的使用 ★学习掌握劳动与农科知识 ★探究农业科技的小实验，小课题 ……
	小小饲养员	★认识农科基地小动物 ★观察小动物习性 ★尝试给小动物喂食 ……	★探究了解人和动物关系，掌握正确的饲养方法 ★了解小动物习性 ★掌握小动物喂食规律	★开展动物主题探究活动，撰写研究报告 ★依据小动物的不同习性，展开有针对性的看护 ★依据规律，熟练掌握喂食时间和技巧 ★实践技术性劳动（如家蚕喂养等） ……
服务性劳动课程	主题劳动	★定期开展主题劳动教育活动，培养学生的劳动习惯，提高学生的劳动意识。例如，打扫卫生：扫地、拖地、擦家具、擦玻璃（里外两面）等；清理冰箱、灶台、洗手间、厕所；收拾房间：按照整洁、分类、有序、便利原则整理房间内所有物品；烹饪美食：准备食谱、买菜、烹饪、准备餐桌、洗碗盘等；洗涤衣物：包括洗衣、晾晒、叠衣以及放回衣柜全过程；日常采购：起草生活用品采购清单，购买生活用品；其他劳动工作：如看护幼儿、照顾老人等		
	公益劳动	★依托学校周边社区资源，根据社区需求，以班级为单位组织学生走入社区、乡村开展公益宣传、义务劳动 ★依托上虞区志愿者协会提供的适宜学生参加的社会实践、公益服务 ★依托家长委员会资源，进行场馆解说、服务及其他公益劳动，并长期合作 ★鼓励学生个人利用寒暑假等节假日自行联系单位进行社会劳动实践		

四、游戏设计

面向不同的劳动课程内容，我们也设计了不同的游戏。

在日常生活劳动课程中，游戏设计可以作为一个有趣而又富有教育意义的项目。通过游戏设计，学生可以培养创造力、解决问题的能力和团队合作精神。以下是一些常见的游戏设计项目，可以在课程中进行。

（一）整理物品竞赛

面向低年龄段的学生开展此游戏，可以培养学生的组织能力和合作精神。

劳动课程整理物品竞赛指南

1. 分组比赛：将孩学生分成若干个小组，每个小组有相同数量的参与者。确保每个小组中的年龄和能力水平相对均衡，以公平竞争为目标。

2. 设置比赛场地：准备一个有一定难度的场地，杂乱的房间或散乱的桌面。确保场地上有一些不同种类的物品，如书籍、玩具、衣物等。

3. 时间限制：规定比赛时间，让小组利用有限的时间来整理和归纳场地上的物品。时间可以根据场地大小和参与人数而定，通常10~15分钟是个不错的选择。

4. 整理规则：为比赛制定一些整理规则，比如告诉孩子们物品应该按类别归放，或按照字母顺序排列等。这些规则可以根据孩子们的年龄和能力做适当调整。

5. 评分标准：制定评分标准来评判小组整理的效果，如整齐度、分类准确度和速度。可以设立奖项，如整理最整齐的小组、最快速度完成整理的小组等。

6. 鼓励合作：着重强调团队合作的重要性，鼓励小组成员相互协作、分工合作以提高效率。可以设立一些奖项，如合作最好的小组奖，激励学生相互支持和合作。

7. 学习反思：在比赛结束后，与学生一起回顾整个过程，分享经验和观察。让他们发表对于整理物品的感受、遇到的困难和他们从中学到的东西。

（二）角色扮演游戏

这是一种较为常用的游戏方式，可以面向所有学生，也可以作用于大多数劳动课程，在日常生活劳动课程、生产劳动课程以及服务劳动课程中，都可以酌情使用。以下是角色扮演游戏的基本步骤，在具体实施中也可以灵活变动。以下是包括"开心小农夫"和"小小饲养员"在内角色扮演游戏的共同设计指南：

劳动课程角色扮演游戏指南

1. 角色选择：提供给学生不同的角色选择，如超级英雄、动物、职业人士等。让他们自由选择自己感兴趣的角色并决定角色名称。

2. 故事情节：设计一个简单的故事情节，让学生在其中扮演角色。这可以是一个冒险故事、探险任务或日常生活场景。确保故事情节对学生来说有吸引力，为他们提供一些目标和挑战。

3. 角色对话和互动：引导学生利用角色对话和互动。他们可以扮演自己的角色，并与其他孩子或成人进行角色间的对话。这可以通过角色立绘、道具或简单的对白来辅助。

4. 道具和服装：提供一些简单的道具和服装供学生使用，以增强角色扮演的真实感。可以提供一些基本的道具，如帽子、披风、玩具工具等，让学生更好地融入角色中。

5. 角色发展和冲突解决：鼓励学生在角色扮演游戏中发展自己的角色，并面对一些冲突和挑战。这可以帮助他们学习处理困难情况、解决问题和展现创造力。

6. 团队合作：组织角色扮演游戏时，可以邀请多个孩子一起参与。鼓励他们在游戏中合作、相互支持和协作，以达到共同的目标。

7. 反思和分享：结束游戏后，与学生一起进行反思和分享。让他们分享角色扮演的体验和感受，鼓励他们表达自己的观点和想法。

（三）目标达成游戏

设定特定的生产目标，并与学生一起制定达成目标的游戏规则和奖励机制。例如，学生可以通过完成一定数量的任务或达到一定的生产指标来获得游戏积分或奖励。这可以激发学生的积极性和竞争意识，同时促进团队合作和目标导向的工作文化。这种游戏方式较多应用于服务劳动课程，如"环境小卫士""我是志愿者"等。这种游戏模式需要与对象机构的共同合作才能进行，适用范围相对较窄。以下是一个简单的目标达成游戏的设计指南。

劳动课程目标达成游戏指南

1. 设定目标：明确游戏的目标，并将其可衡量化和可实现化。确保目标具有挑战性，但又不过于难以达成。例如，完成一项任务、达到一定数量的销售额、学习一门新技能等。

2. 制定规则和奖励机制：制定游戏规则，如完成任务的方式、时间限制和评估标准。同时，设置奖励机制来激励参与者。奖励可以是实质性的，如奖金、礼品或特殊待遇，也可以是精神上的，如赞扬、荣誉证书等。

3. 设计可视化追踪系统：创建一个可视化追踪系统，让参与者能够清晰地看到他们的进展和成就。可以使用进度条、图表或勋章等形式来展示参与者的目标达成情况。这将激励他们继续努力并有所成就感。

4. 团队合作与竞争：根据游戏的性质，可以鼓励参与者之间的团队合作和竞争。团队合作可以帮助参与者共享资源、互相支持和协同工作，而竞争则可以激发参与者的积极性和进取心。

5. 反馈和调整：定期向参与者提供反馈，让他们了解目标的实际成绩和改进空间。同时，根据参与者的反馈和游戏进展情况，进行必要的调整和优化，以确保游戏的有效性和吸引力。

6. 社交分享和庆祝：鼓励参与者在游戏过程中分享自己的经验和成就，并互相庆祝彼此的成功。可以提供社交平台或线下聚会的机会，让参与者之间交流互动，并从中获得更多的动力和支持。

由于不同课程在内容和组织形式上都有与生活实践密切相关的活动性特征，所以即使在不同的课程形式中，不同的游戏方式也可以相互借用、调换甚至丰富和变形。游戏设计的根本目的是促进学生学习的内驱力，让学生在美好的劳动体验中感受劳动创造的意义。

第四节　课程实施

一、将劳动教育浸润在日常生活中

习近平总书记高度重视学生劳动教育，多次强调要在学生中弘扬劳动精神，助其长大后能够辛勤劳动、诚实劳动、创造性劳动。为全面贯彻党的教育方针，落实立德树人的根本任务，培养德智体美劳全面发展的社会主义建设者和接班人，深入学习和贯彻习近平总书记在全国教育大会上的讲话精神。小越街道中心小学结合实际，在每天放学后和周末放假期间，分别扎实开展实施"劳动教育实践活动"，让学生正确认识劳动，养成良好的劳动习惯。

学校分低中高段列出了劳动实践活动清单，提供给全体学生参考。在这个过程中，各位家长在保证安全的前提下帮助学生较快地掌握了基本的生活常识与技能，采取多指导不代劳、多鼓励不责备、勤监督善总结的方法，采用游戏竞赛的方式，引导学生积极参与，并且在劳动中体味自豪感与成就感，爱上劳动，善于劳动，形成自强自立的优秀品质，为他们未来的幸福人生播种下勤劳质朴、无私奉献、无惧艰苦、向善向上的种子。

实施案例1

家务我最棒

活动目标：

1. 价值体认：学生懂得从小做一些力所能及的劳动是一种美德，从小养成热爱劳动的好习惯，崇尚劳动，尊重普通劳动者，树立正确的劳动观。

2. 责任担当：通过为父母分担力所能及的劳动，让学生体验劳动的辛苦和快乐，学会感恩父母，学会独立，学会担当。

3. 问题解决：通过动手实践，能够正确使用常见的劳动工具，锻炼学生的动手操作能力，掌握基本的劳动技能。

活动地点、对象、时间：

1. 地点：学生家里

2. 对象：一至六年级学生

3. 时间：每天放学后和周末放假期间

活动过程：

第一阶段（准备阶段）：确定主题，制订计划

1. 活动主题

家务劳动、田间劳动、手工制作等事务是孩子在成长过程中必须学会的生活基本常识与技能，这一活动的开展不仅能培养学生热爱劳动的好习惯，更能磨炼学生的意志，锻炼学生的动手操作能力。

2. 制定活动计划

为了将劳动教育落到实处，开学之初，各年级开展"家务劳动我最棒""田间劳动我会做""手工制作我能行"的调查活动，了解学生会做哪些家务劳动、田间劳动以及手工制作，然后以年级为单位进行交流。最后根据学生的年龄和能力层次，合理采纳学生和家长的意见，最终给学生制订一套详细的活动计划，为活动的开展做好充分的准备。

第二阶段（实践阶段）：依据计划，开展活动

各班依据计划自主开展劳动实践活动。在活动实施的过程中，各班老师通过班级群适时倡议和指导学生自主实践，并提醒学生在活动实施过程中，一定要有家长的陪同和示范，一定要注意正确使用厨具和灶具，一定要使劳动实践得到有力的安全保障。

同学们迅速依据计划行动起来，活动开展得如火如荼，各班级群中晒出的全是劳动照片、视频、周记等资料。

低年级的小精灵劳动起来有模有样，扫帚、拖把、抹布等清洁工具在他们手中特别听话。小小扫帚扫一扫，小小拖把拖一拖，地面干净啦！小小抹布洗一洗，擦一擦，碗筷盘子也干净啦！尽管有些笨手笨脚，有时弄得一身湿，但敢于尝试，乐于劳动的态度，确实值得表扬！

中年级的学生不仅会做家务，还会变废为宝进行手工制作。学生找出家中的废弃物，如卫生纸筒、易拉罐、洗衣液瓶子等重新组合，通过动脑、动手，设计成一件件简单的工艺品、日用品或科技小作品，为我们的生活增添了一抹色彩。

高年级的同学技高一筹，不仅会使用刀具切菜，还会做一些简单的家常菜。炒菜可不是一件容易的事情，它需要娴熟的手艺和认真的态度来完成，但是同学们却大胆地挑战自己，用自己的耐心与认真制作出了一道道色香味俱全的家常菜。除了家务劳动，高年级的同学还到地里给农作物施肥、浇水、除草，帮助家长采摘新鲜蔬菜，收割农作物。

课间小游戏

我和妈妈换角色

在劳动教育当中，最能产生直观意义的活动就是亲身体验。在家庭生活的劳动教育中，可以开展与父母交换角色的游戏活动，以此来感受在家庭中进行劳动的必要性和劳动的快乐。

1. 确定游戏目标：让学生体验妈妈的辛劳、意识到家务劳动的重要性等。

2. 角色准备：让学生和家长一起准备自己要扮演的角色，需要准备的物品可以是代表家务活动的道具，如园艺工具、厨具等。

3. 角色切换：学生和妈妈互相交换角色，学生可以扮演妈妈平时的家务活动，妈妈则扮演学生平常的学习和课堂活动。

4. 游戏体验：学生和妈妈开始按照新的角色进行家务或学习活动，如洗衣服、拖地等较为简单的劳动，这样可以互相感受并理解对方的努力和辛劳。

5. 讨论和交流：游戏结束后，组织学生和家长一起讨论和交流角色扮演的体验，可以引导他们思考和分享在这个过程中的感受和体会。

二、将劳动教育贯彻在真实的社会生产中

小学劳动教育的生产劳动教育是指通过实际的劳动实践，让学生参与生产性的活动，如种植、制作手工艺品、维护环境等。首先，在真实的社会生产中贯彻劳动教育能够培养劳动技能和实践能力，生产性劳动教育可以让学生亲自动手，参与实际的劳动活动。通过种植、制作手工艺品等活动，学生可以培养实际操作的能力，掌握各种劳动技能，提高他们的实践能力。其次，生产性劳动教育可以让学生体验到劳动的重要性，了解劳动所创造的价值。通过亲身参与劳动，学生可以更好地理解劳动对个人和社会的意义，培养劳动的自豪感和责任感，形成正确的劳动价值观。再次，增强综合素养。生产性劳动教育涵盖了多种技能和知识领域，如种植、制作、管理等。通过参与这些活动，学生可以综合运用各种学科知识和技能，培养综合素养，促进他们的全面发展。最后，还可以培养团队合作和社交能力。生产性劳动教育往往需要学生进行合作与协作。学生通过一起参与劳动活动，可以培养团队合作意识，学会与他人进行有效的沟通和协调。这对于培养学生的社交能力和团队合作精神非常重要。

实施案例 2

开心小农夫

活动目标：

1. 通过访问养兔能手，参观养兔场以及互联网杂志等多渠道获取有效信息，了解兔子的品种、生活习性、生长繁殖等特点。利用思维导图开展信息整合，培养学生收集处理信息，评价整理有效信息的能力。

2. 能根据校园生态环境特点，测量汇总、分析比较、展示评价，选择理想的兔窝搭建场所。

3. 能根据兔子的生活习性和生长繁殖特点，综合兔窝的安全、舒适、美观，绘制兔子们的萌宅设计图，在交流与测试中不断优化兔子的家。培养学生的项目统筹规划能力以及自主学习能力。

4. 培养学生在实际问题中不断解决问题的能力，能实地搭建户外的能够容纳 8 只小兔子的萌宅，兼具一定的安全牢固、美观舒适性。

5. 了解环境保护和可持续发展的概念，以确保他们的兔窝建造项目对环境的影响最小化，达到人、动物、自然和谐共处。

活动地点、对象、时间：

1. 地点：萌兔园

2. 对象：五年级学生

3. 时间：劳动课以及劳动拓展课

活动过程：

1. 入项：明晰任务，头脑风暴

导入项目：

关于兔子的养殖，你了解哪些？

如何在校园里给小兔子打造一个舒适、安全的家？为了给小兔子们一个舒适、安全的家，我们可能需要做哪些工作？

在分组讨论，集体交流的基础上，学生提出各自的驱动问题，汇总各小组的驱动性问题，围绕"我知道什么？""我还想知道什么？""我们可以做哪些事？"展开头脑风暴，明晰各阶段的任务。

2. 任务一：引进兔子，用心养殖

学习目标：通过多种渠道获取有效信息，并进行整合。知道养殖小兔子的基本常识；能够通过查阅互联网、阅读杂志等，学会照顾小兔子的生活起居。通过小组间研讨，初步确定观察记录方式，并能坚持观察记录兔子生活全过程。

核心问题：如何喂养小兔子？萌兔园的清洁工作该如何做？

学习活动：利用互联网、杂志等了解小兔子爱吃哪些食物；学会喂养小兔子的基本方法；学习打扫萌兔园；坚持观察记录小兔子成长的过程。

（1）查阅资料，喂养小兔

学生通过互联网和杂志等渠道了解兔子养殖的基本信息，整理出兔子爱吃的食物并掌握兔子喂养的基本方法。

（2）悉心照顾萌兔，坚持观察记录

在项目开始前，学生通过查阅有关兔子的各类资料，已经积累了一定的照顾萌兔的基本知识和能力。在此基础上，将萌兔园的兔子们交给学生进行照顾，并坚持进行观察记录。喂养兔子，打扫萌兔园成了同学们每天必备的劳动课，并乐此不疲。

为了精心照顾小兔子，学生轮流安排成员照料，每天定时观察小兔子的进食情况，适时添水，根据温度铺设保暖草料。还安排了专门的学生负责喂养，确保小兔子健康成长。

因为兔子的肠胃非常娇弱，所以兔子的食物也非常有讲究，兔子不能吃带水的草料和蔬菜，不然可能会导致拉肚子脱水而死，因此，兔子们的粮食必须是干燥的。兔子最爱吃的也不是胡萝卜，而是不带水的鲜草；兔子喝的水需要非常干净，勤换兔子喝的水是必不可少的。

悉心照顾小兔

3. 任务二：研究萌兔，了解兔子习性

学习目标：通过多渠道学习，了解兔子的生活习性、活动繁殖特点等，为兔子萌宅的设计搭建铺垫理论基础。

核心问题：兔子有哪些生活习性？兔子喜欢怎样的生活环境？

学习活动：通过网络搜索资料、参观养兔场、访问养兔人等渠道收集各方面资料，多方面了解兔子的生活习性、生长繁殖特点等，通过多方面了解，发现小越街道中心小学的厨师就养了不少的兔子，于是，小组成员组织参观了厨师家里的养兔场，并访问了养兔人，获得了兔子养殖的第一手资料。

（1）了解小兔习性，参观养兔场，访问养兔人

引进小兔后，小兔子们开心地生活在校园中，但是没有一个可以遮风避雨的地方，下雨了小兔子们总是跑来跑去寻找躲雨的地方，并且总是窝在一起相互取暖，于是大家展开多渠道资料的收集整理，交流分享。发现幼兔比较怕冷，养殖兔子的温度最好保持在25度以上，并且兔子的耳朵是它的温度计，摸一摸兔子耳朵就能了解兔子当下是否需要保暖，冬天刚过，室外的温度非常低，幼兔们的保暖问题成了一个问题，那怎样才能给幼兔保温呢？于是同学们商量后决定用家里的干稻草为小兔子铺窝，为了让小兔子们不淋雨，临时在萌兔园顶上罩了一张防雨棚，小兔子们的保暖问题算是暂时解决了。孩子们周一到周五分工合作照顾萌兔们，可周末怎么办呢？那就请学校打扫卫生的朱爷爷帮忙吧，于是朱爷爷也成了项目合伙人。夏天的时候，兔子们渐渐长大，成兔会比较怕热，夏季一定要注意降温，兔子们不能进行太阳直射，

不然会中暑，但一定的光照也是必不可少的；兔子喜欢挖洞，这也是要考虑的一个点。基于小兔子们的这些需求，学生心中兔子萌宅的功能结构雏形渐渐明朗，在此基础上绘制了调查访问表。

（2）整合有效信息，制作思维导图

信息收集之后，大家分小组整合，再集体交流，逐步形成思维导图，引导兔子萌宅的诞生。

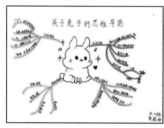 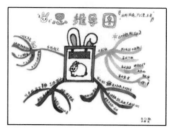

项目思维导图

4. 任务三：材料选择，设计搭建

学习目标：能根据要求和限制条件，明确要解决的核心问题，给小兔子们搭建一个舒适、安全的家。

核心问题：怎样给萌兔们设计并搭建一个舒适安全的家？

兔窝的限制条件有哪些？

如何让萌宅更加安全牢固、保温通风、美观环保？

学习活动：学生围绕任务目标和核心问题，明确设计目标和限制条件（安全牢固，通风保温、环保美观，成本等因素），分小组选择搭建材料，集体交流探讨，逐步完善萌宅设计图，并实地搭建萌宅。

（1）根据兔子的生活习性，设计萌宅图纸

在老师的指导和帮助下，同学们综合考虑环保、安全、操作、成本等问题，在一轮一轮的研讨中，学生在列举、否定、再列举中逐步统一观点。第一小组选用常见的pvc塑料板进行搭建，配合一些干草、泥土、纸板等材料，主打防雨性能；第二小组用木板，配合稻草、玻璃、纸板等，材料均在校园中选取，环保且成本较低；第三小组和第四组选用纸板进行搭建，辅以塑料、木条、铁丝网等，打造简约兔窝。

第一小组"月兔屋"设计图

第二小组"萌萌小兔之家"设计图

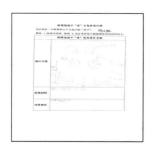
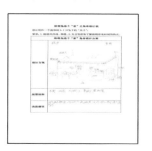

第三小组"跳跳屋"设计图　第四小组"胡萝卜洞"设计图

（2）收集材料，搭建萌宅

　　图纸和材料确定之后，大家就开始分头收集材料，校园里正在建造食堂和体育馆，学生请老师和建筑工人帮忙准备了一些木板、包装袋、铁丝等，还找了几块废弃的 pvc 板……材料准备齐全后，学生迫不及待地开始动工了。

　　搭建萌宅的过程中，总会经历无数次的困惑、失败、修改、推翻、重构等，才能把设计的萌宅图纸一步步变成一个真实的兔窝，在挫折与失败中不断改进，不断完善。各小组的设计图也经历多次的修改与完善。组员们全身心投入萌宅的建设工程，大家不仅学会了调查访问、构想设计，还学会了测量、切割、打孔、钉钉子、捆绑、油漆、绘画等。

修改完善

搭建萌宅

（3）萌宅美化，小兔自选入住

萌宅主体搭建基本完成之后，学生又开始商讨兔窝的装修。大家围绕兔窝的美化提出了一些问题：

如何美化萌宅，让小兔住得更舒适？

如何让萌宅和校园环境更加融合？

美化时选择哪些材料，如何平衡材料的环保与成本？

围绕这些问题，大家继续深入讨论交流，最终每个小组确定自己的装修方案，一步一步开始打造最美萌宅。

四间萌宅按期落地，小兔子们终于有了自己的新家，小萌兔们会喜欢哪一个新家呢？让他们自己选一选吧，利用中午时间，兔子们开启了寻宅之旅。

寻宅之旅

（4）萌兔惨遭袭击，萌宅面临加固

就在萌兔们入住萌宅没多久，我们的萌兔发生了意外。早晨，学生照例去喂养小兔子，却看到有一只灰色的小兔子头上被咬了一大口，血肉模糊，连骨头都露了出来，学生和老师都心疼坏了。学生寻求校医的帮助，为兔子简单消毒并处理了伤口，保证伤口不会感染。紧接着，到学校门卫室调查监控，发现原来是乘着天黑一只黄鼠狼窜进了兔窝，残忍地伤害了小兔子，幸好小兔子机灵，保下一命。面对着突如其来的噩耗，学生们又是伤心又是自责，后悔没有照顾好小兔，同时也察觉了兔窝的漏洞，不够坚固。于是痛定思痛，我们立刻展开讨论，到底怎样的萌宅能够对萌兔进行全方位的保护呢？

围绕"我们该怎么保护好小兔"项目组展开案发现场调研，请教养兔人，讨论交流：

怎样的萌宅才能防止老鼠、猫、黄鼠狼、狗等可能危害小兔的动物？

如何进一步加固萌宅？怎样才能阻止黄鼠狼再来偷兔子？

怎样才能安全保障小兔的户外活动？

接下来，学生在保障通风、保暖的前提下谨慎地加固萌宅。后面的诸多安全问题又给项目组一个新的研究方向，研究还在进行中。

三、让劳动教育生发学生的公益精神

《大中小学劳动教育指导纲要（试行）》指出：小学中高年级的学生应适当参加校园卫生保洁、垃圾分类处理、绿化美化等公益劳动，增强公共服务意识。通过参加校园志愿服务，不仅能让学生学习新技能，丰富劳动体验，提升集体和他人对自己的道德评价，感受服务他人的快乐和满足感，实现自己的价值。

这是一个面向全校师生的校园服务性劳动项目，校园志愿者依据自主选择的岗位，了解学生和教师对不同岗位服务的需求，自主制订服务计划，小组合作，依据计划，开展服务，通过服务劳动，提升实践能力，体味服务劳动带来的快乐。

实施案例3

小小志愿者

活动目标：

让学生利用知识、技能等为他人和社会提供服务，在服务性岗位上见习实习，树立服务意识，实践服务技能；在公益劳动、志愿服务中强化社会责任感。

活动地点、对象、时间：

1. 地点：校内外

2. 对象：高年级学生

3. 时间：劳动实践课

活动过程：

1. 整体实施过程

了解需求➡制订计划➡培训技能（游戏项目）➡学习实践（游戏项目）➡反思总结

2. 具体实施过程

入项活动（项目导学课）

（1）提出驱动性问题：如何在校园劳动岗位中体会到服务他人的快乐？

（2）小组讨论：志愿者结合"志愿者精神"和具体的服务岗位说一说"怎样才能成为一名合格的志愿者？如何让他人在自己的服务中感受快乐？如何让自己在劳动中感受快乐？"等问题独立思考、小组交流，并进行记录总结。

了解需求

网络调研：教师带领志愿者们通过问卷星发布问卷调查，通过调查结果了解师生对于每个服务岗位的需求。

制订计划

（1）分析讨论：学生依据调查问卷的结果，总结师生对于各自岗位的需求。

（2）头脑风暴：所有志愿者先独立思考自己对于问卷调查结果的理解、认识、做法等，再在组内交流，探讨解决方案。

（3）制订方案：每个志愿者小组分别汇报本组的交流成果，确定服务计划。

培训技能（目标达成游戏）

（1）向保洁阿姨学习

（2）向食堂师傅学习

（3）向大队辅导员学习

（4）互相学习

各校园服务岗位的志愿者们经过上岗培训后，按照《服务安排表》，正式上岗、开展服务了：饺子铺兑换服务岗、餐车整理服务岗、剩饭称重服务岗、厕所清洁服务岗、垃圾回收服务岗、文明小卫士服务岗、环保小卫士服务岗、健康小卫士服务岗、"亮眼睛"服务岗。

1. 学习实践之"探究性实践"

"如何更好地为大家服务？怎样的劳动更科学高效？"带着子问题，小小志愿者们通过观察，结合已有知识和能力进行合理分析，在实践中经历一次次"试错、纠正、改进"，不断调整和优化服务方法。

2. 学习实践之"调控性实践"

"如何能始终如一地坚持下去、不轻易放弃呢？"带着子问题，在长达 2 个月的项目实践周期里，同学们努力战胜困难，当遇到"学习任务紧、课间想和同学玩"等矛盾冲突时，志愿者们不断调整状态，体现出坚持不懈、主动和专注的优秀劳动品质。

这是一个监督岗志愿者的内心独白：

本以为作为组长只需要适当监督组员就可以，没想到这么烦琐。每天不仅要监督自己负责的班级做眼操，还要将自己组员监督的结果进行汇总，每天来来回回多少次，每天重复同样的内容。最重要的是组员偶尔还会忘记自己的在岗时间，需要时时去提醒。真的不想坚持下去了！

但我监督的几个班刚刚开始步入正轨，每天按时、认真做眼操，如果我放弃这个岗位了，是不是相当于放弃了自己努力的结果，也放弃了这些弟弟妹妹呢？？？

或许组员没有按时到岗是真的有事情耽搁了呢？或许我再提醒一次，他就能更好地监督呢？谁让我是组长呢？那就肩负起自己的职责吧！加油！加油！加油！

3. 学习实践之"社会性实践"（可用角色扮演游戏）

"如何充分发挥团队作用，让团队力量最大化？"带着子问题，同学们以小组为单位，经过一次次的小组合作，更多的学生在积极表达自己的同时，学会倾听他人、尊重他人的想法、适时妥协，真正地将团队的力量发挥到最大，提升了服务意识和社会责任感。

4. 学习实践之"技术性实践"（可用角色扮演游戏）

"用什么工具更高效，可以用其他工具合理替代吗？"带着子问题，"厕所清洁"服务岗的学生根据不同的情境要求，在劳动时不断尝试不同的工具，分析出各自的优缺点，主动地选用其他工具作为替代，从最初的马马虎虎，依样葫芦，到最后自己能独立、安全、熟练地使用各种清洁工具。

清洁工具的"革命"：看我们的厕所清洁小能手们弧形马桶刷、水刮器伸缩杆、空气清新剂……

课间小游戏

小小志愿者

学生作为志愿者参加公益劳动往往会在中后期产生兴趣衰减，进而失去劳动的热情。此时应该采用游戏的方式，让儿童再度集中到劳动教育过程中来。

1. 确定游戏的目标：让学生理解并体验志愿服务的意义，培养他们的社区责任感和团队合作精神。

2. 选择志愿服务项目：根据学生的实际情况和年龄特点，选择适合的志愿服务项目，如清理垃圾、植树、陪伴老人、帮助弱势群体等。确保活动的安全和可行性。

3. 制定关卡：将志愿者活动划分为多个关卡，每个关卡代表一个任务或挑战，学生需要完成当前关卡的任务才能解锁下一个关卡。

4. 确定积分规则：为学生设立积分系统，根据任务完成的质量和数量给予相应的积分。设立奖励机制，例如设立不同等级的勋章或徽章，学生通过累积积分可以获得相应的勋章奖励。

5. 组建志愿者小组：根据志愿服务项目的类别，组建相应的小组，每个小组有固定的任务和责任，鼓励学生共同合作。

6. 活动筹备：准备所需的工具和材料，如垃圾袋、园艺工具等。确保活动的顺利进行。

7. 活动执行：带领学生进入志愿服务地点，指导他们完成具体的任务，并注意安全和秩序。鼓励学生积极参与，享受服务他人和社区的过程。

8. 奖励和表彰：为积极参与和表现优秀的学生设置奖励和表彰机制，以激发他们的参与热情和主动性。

第五节　课程评价

一、评价目的

劳动课程评价是劳动课程体系建设的重要组成部分，对促进劳动课程目标的实现、保障劳动教育的实施效果等具有重要意义。因此，我校在对学生进行劳动评价时，遵循了评价的基本原则。注重过程性评价，采取多元化、多样化评价，灵活运用结果性评价。落实劳动教育"树德、增智、强体、育美"综合育人功能和价值。

二、评价方法

我校为每一位学生制定了劳动记录手册，实现了"一生一册"有目的地收集学生一学期以来的劳动学习和实践情况，了解学生在该段时间内所做的努力以及取得的进步，手册主要包括学期劳动清单、活动记录表、劳动评价表，劳动过程的照片资料，劳动感悟以及家长和教师评语等内容。

运用结果性评价。我校每学期定期开展"劳动金点子""劳动技能大比拼"系列活动，对学生的劳动知识、劳动技能以及综合运用等情况进行考评，按照 5% 的比例确定优秀名额并对获得优秀的学生进行劳动表彰。同时，及时与各个劳动教育实践基地建设情况进行总结交流，诊断问题，不断提升。

运用过程性评价。根据评价手册、劳动清单的记录结果，定期评选"劳动之星"。结合"学习、文明、孝心、体育、艺术、进步之星"采用星级卡片积累，兑换"彩虹少年"卡。在外出研学方面享受优先，也可担任一天"校长小助理"。并且及时指导学生记录、遴选综合实践活动、劳动教育经历及主要表现，纳入学生综合素质档案、成长档案。

劳动课程阶段综合评价是学期、学年结束时进行的综合评价，反映了学生劳动课程学习的水平和核心素养的阶段性达成情况。我校采用过程性评价与结果性评价相结合的方式，在各项劳动项目中开发设计评价量表，全面多元评价学生的劳动表现，在客观记录学生参与劳动实践情况的基础上，建立公示、审核制度，确保记录真实有效。

三、评价原则

（一）家校社共同参与，评价主体多元化

优质劳动教育的实现需要多方力量的共同支持。首先，学校在实施劳动教育的评价过程中十分重视学生家庭的参与, 以班级家长委员会为主体, 邀请有意愿以及重点参与过学校劳动教育的家长参与, 鼓励家长能够从家庭的角度审视学校劳动教育的科学性、全面性, 表达对学生的成长的满意程度。其次, 学校劳动教育作为一项活动课程, 社区是主要的活动场域, 因此, 邀请社会工作者参与学生的劳动教育评价, 也能够借助更加客观的视角审视教育过程, 使之得到更加完善的改进。再次, 这是以学校为单位的劳动教育评价, 学校依据相关的评价制度, 围绕教师、学生等主体, 对知识、能力、道德等要素展开评价。家校社区的多元化评价一方面能够很好地克服家庭、学校在评价过程中受制于主体的主观情感而出现评价倾斜的缺点, 另一方面能够从各自的角度为劳动教育评价提供更加多元的发展意见。当然, 小越街道中心小学在邀请家长和社区人员参与活动评价之前, 会做好相关的沟通交流, 遇到意见不一的地方, 会提出合理有效的解决方案。

（二）立足学生终身发展, 实现评价内容多样化

学校劳动教育的评价内容虽然有多重表达, 如以劳树德、以劳增智、以劳强体、以劳育美、以劳创新等等, 但是在根本上, 所有的内容都是为了服务学生的终身发展。因此, 立足终身发展, 小越街道中心小学在劳动教育活动评价过程中, 尤其重视劳动活动本身是否符合学生的发展特点、认知规律, 是否能够与学生的真实生活建立直接而且紧密的联系, 是否能够为学生的终身发展提供良好的指导作用和示范作用。同时, 立足学生的终身发展, 也要考查教师在劳动教育过程中的环节设计能力和活动实施水平, 要看教师是否科学地设计了劳动教育过程, 是否完整实施了整个教学环节, 能否对学生的劳动学习过程作出精准的指导和及时改正, 等等。当然, 由于评价内容比较多元, 还需要多元主体的参与, 所以评价内容环节, 仍需要教师和学生作为主体的评价。有了当事主体的参与, 学校劳动教育评价内容的实施就更加稳定、有效、全面地推进学生终身发展。

（三）过程评价与结果评价相结合, 实现评价方式多样化

上虞区小越街道中心小学既重视学生的学习成果, 也十分重视学生的学习过程, 不仅要求学生能够有所得, 更期望学生能够掌握方法, 在过程中不断精进所学。因此, 为了充分和科学地反映学生的学习过程, 学校不断推进对学生的过程评价, 为了检测学期后的学习成果, 学校也同时推进了结果评价。在过程评价中, 以学生自评和教师评价为主, 其他主体适当参与, 重点就学生在学习过程中的学习能力、学习态度、

团队合作以及知识掌握和能力运用等方面进行考察。在劳动教育中，过程评价尤其注重学生的劳动认知、劳动情感、劳动技能以及团队合作等方面。在结果评价中，学校按照规定制度，对一学期劳动教育活动进行总结性评价，尤其注重学生在接受劳动教育之后对其劳动价值的认识、劳动技能的学习以及劳动热情的促动。相比较而言，出于劳动教育的特殊性，劳动教育在评价方式上坚持以过程评价为主，过程评价与结果评价相结合的原则。学校将学生谈话、教师观察、档案记录以及典型案例等多种评价方法综合运用，注重对每一位学生都能实现更为公平和全面的评价。

第六节　课程成果

在物质条件不断提升，精神需要备受重视，学生核心素养重点发展的新时代小学教育中，快乐劳动教育成为新时代劳动教育的必然形态之一。快乐劳动教育以游戏为主要组织形式，实践陈鹤琴"活教育"思想。以"玩中学"课程组方式，通过快乐的劳动体验，学生可以理解劳动的重要性，学会尊重他人的劳动成果，并形成自尊、自立和尊重他人的价值观。通过亲身参与各种劳动活动，学生可以锻炼动手能力、协调能力和解决问题的能力。从小学习劳动技能，培养实践能力，将对学生的未来学习和工作产生积极的影响。

一、场域赋能构建了劳动教育总体框架

小越街道中心小学在悠久的办学历史中，积淀了厚实的文化底蕴。在新时代"双减"背景下，结合学校特色，形成"YUE 劳动"课程架构，分为生活化劳动、生产化劳动和特色化劳动三部分。生活化劳动由日常家庭生活劳动课程和班集体生活劳动组成。生产化劳动课程由"开心小农夫"和"小小饲养员"组成。特色化劳动课程包含学校的"剪纸"特色课程以及节日劳动、主题劳动、公益劳动、创客中心。

学校将省编《劳动》教材结合学校、学生实际，整合开发了《学生日常生活劳动清单》，以尊重兴趣、基于经验、联系生活、着眼发展为理念，背靠伏龙山农科基地，规划了常态区、责任田、养殖场、孵化室四大场域，让学生在其中接受劳动教育，养成劳动习惯、感受劳动快乐，从而唤醒正确的劳动意识、培养正确的劳动情感、形成正确的劳动观念，达到以劳树德、以劳增智、以劳健体、以劳育美、以

劳创新，培育崇尚劳动、尊重劳动的劳动者。学校根植教育现场，促进学生成长，提升学生幸福生活的能力，真正达到"五育并举"的目标。

二、挖掘特色开发了劳动教育精品课程

小越街道中心小学将劳动教育纳入课程方案，整体优化学校课程设置，保证劳动教育课每周每班不少于1课时，每周一主题，每学期组织2~3次分年级劳动技能比赛，并与各学科教育教学融合推进，促进横向学科融合，纵向学段贯通。学校每学年设立劳动周和劳动月，对劳动教育主题进行优化组合，集中体现课程教学成果，开展特色劳动教育实践成果展演活动。

近年来，学校充分挖掘地方特色与资源，探索出了一条以"YUE劳动"为特色的劳动教育之路：学校依托剪纸，开发二十四节气纸艺劳动特色课程；背靠伏龙山农科基地，开展"开心小农夫"责任田承包劳动课程、"小小饲养员"喂养小动物劳动课程以及"孵化小能手"特色孵化劳动课程，基地不大，却应有尽有：由责任田、养殖场、孵化室三部分组成，占地面积约660平方米。责任田里种植着各种瓜果蔬菜，养殖场里饲养着小到仓鼠，大到鸵鸟等多种特色动物，旁边的小鱼塘中还有许多小鱼和乌龟，新开发的荷塘到明年夏天一定能开出美丽的荷花，收获美味的莲藕。更值得一提的是，农科基地还有两个占地不小的特色孵化室，先进的孵化设备，在同学们的精心照顾下，已经顺利孵化出了许多小动物；同时，在全校范围内开展生活化劳动课程，包括日常家庭生活劳动、班集体生活劳动。

学校针对不同学段和学生特点，遵循学生身心发展规律，以生活化劳动、生产化劳动和特色化劳动为主要内容开展劳动教育，科学合理设置课程内容。低年级围绕劳动意识的启蒙，以个人生活起居为主要内容，感知劳动乐趣，注重培养劳动和劳动安全意识，知道人人都要劳动。中高年级要以校园劳动和家庭劳动为主要内容开展劳动教育，适当参加校内外公益劳动，体会劳动光荣，尊重普通劳动者。全年段开展特色化劳动教育，在劳动中培养创造性思维能力和动手能力，成为新时代创新型劳动者。

三、多措并举实现了劳动教育真实落地

强化劳动教育宣传工作。小越街道中心小学综合运用讲座、宣传栏、新媒体等，广泛宣传劳动榜样人物事迹，定期组织学生深入社区、医院、福利院、社会救助机构等开展志愿服务，深入农村开展体验活动，利用校外劳动教育实践基地，开展研学教育实践、志愿服务和公益劳动。

加强校园劳动文化建设。小越街道中心小学将劳动习惯、劳动品质的养成教育融入校园文化建设之中。结合植树节、校园采摘节、农民丰收节等节日，广泛组织以劳动教育为主题的社团活动、班队会、报告会、手工劳技展演活动等。在学生参与劳动实践的场所，营造"劳动光荣""双手创造财富"等主题的环境氛围，以环境感染教育学生。举办文化创意活动，在全体师生中征集"劳动标语""劳动口号""劳动漫画"等，并用以装饰校园。

发挥家庭劳动教育作用。将劳动教育纳入家校协同育人内容，转变家长对学生参与劳动的观念，明确不同学段劳动教育要求，制定家庭日常劳动清单，根据各年龄阶段学生特点，安排学生进行适量的劳动，指导家长每年有针对性地教会孩子1~2项生活技能，让家长成为学生家务劳动的指导者和协助者。

建立劳动教育奖励机制。建立学生劳动评价制度，评价内容包括参加劳动次数、劳动态度、实际操作、劳动成果等方面，指导学生认真填写好劳动记录册。组织开展劳动技能、劳动成果展示和劳动竞赛等活动，增加劳动比赛的趣味性，以吸引更多学生积极参与，全面记录学生劳动教育过程与成果，具体劳动情况和相关事实材料记入学生综合素质档案，让家长、社会力量参与评价，作为学生评优评先的重要参考。

第六章　玩出特色：新时代剪纸课程中的传统文化教育

　　艺术教育是人的全面发展中不可缺少的组成部分，它对学生的身心诸方面发展都发挥着积极影响。剪纸是我国优秀的民间艺术形式之一，也是小学美术教学的重要组成部分。我国著名儿童教育家陈鹤琴先生说过："儿童应该有剪纸的机会。"他认为剪纸有两方面的好处：一是可以养成独立消遣的好习惯；二是可以练习手筋。也就是说，剪纸活动可以让学生安静下来，专心致志干一件事情，还可以使他们的双手变得灵巧，手巧则心灵，训练双手有利于大脑的开发。

　　小越镇民间剪纸是江南剪纸流派的发源地，至今已有一千四百多年的历史。学校充分利用这一得天独厚的民间文化资源，自 2004 年起，就进行一系列丰富的民间剪纸传承和教学的活动。学校先后被评为绍兴市剪纸实验基地，系上虞区、绍兴市、浙江省三级非物质文化遗产传承基地。

　　为了更好地传承剪纸这一门民间艺术，从 2013 年开始，学校组织 12 位有剪纸特长的老师在绍兴市剪纸协会会长钱海琴老师的指导下，历时两年，几经易稿，终于完成了《小越民间剪纸》（共六册）的开发。2015 年，学校将《小越民间剪纸》正式列入校本课程之中。每个班级每周开设一节剪纸课，利用课堂教学的渠道来达到教学、传承的目的。实践证明，通过"剪纸艺术进课堂"活动，让学生从小接触剪纸，学习剪纸，不仅有助于培养他们动手操作能力和创造性思维能力，也学会了欣赏、构图、剪纸等艺术行为，带领学生走进剪纸艺术大观园，走进我们古老的璀璨文化。

第一节 课程背景

一、剪纸教学时代背景

剪纸，是我国特有传统民俗文化形式，至今已有三千多年的历史，是中华民族文化的重要组成部分。剪纸是一门极简艺术，纸张在与剪刀的每一次接触中改变自身的形态。这门极简艺术在新时代又焕发出新的生机。据《北京晚报》报道，"2006 年 5 月 20 日，剪纸艺术遗产经国务院批准列入第一批国家级非物质文化遗产名录。2009 年 9 月 28 日至 10 月 2 日举行的联合国教科文组织保护非物质文化遗产政府间委员会第四次会议上，中国申报的中国剪纸项目入选'人类非物质文化遗产代表作名录'"。[1]2011 年 2 月 25 日第十一届全国人民代表大会常务委员会第十九次会议通过了《中华人民共和国非物质文化遗产法》，规定了非遗剪纸的认定程序和保护措施，强调保护传统的手工剪纸技艺和发展现代剪纸工艺，同时设立专项资金以支持非遗剪纸文化的保护工作。在此背景之下，兼具历史传统与现代价值的剪纸文化成为我们不可多得的教育文化资源。

二、学校在剪纸教育方面的历史积淀

小越素有剪纸的民间传统。据考证，小越民间剪纸是江浙派属下江南分支的一个重要代表，其缘起小越镇倪梁村，自五代开始，至今已有一千多年的历史。小越民间剪纸文化积淀深厚，是小越乡间文化的重要组成部分。相传古代小越民间，行吉之日，不张悬锦缎，皆用彩纸剪人马以代，展现宏大的古代民间剪纸景观。至现代，每逢节日，户内门窗墙栏张贴红色剪纸以示喜庆吉祥之风俗，仍随处可见。

自 2004 年开始，小越街道中心小学就充分利用当地剪纸这一优秀资源，开展了以剪纸艺术传承为突破口的学校特色教育，学校编制了《奇妙的撕纸》和《有趣的剪纸》两册校本教材，开设剪纸社团，吸引对这项传统技艺有兴趣的孩子来学习剪纸。2006 年，剪纸艺术被列为第一批国家级非物质文化遗产名录，学校在剪纸教学方面的也有了一定的经验；2010 年 5 月，学校被授予"浙江省剪纸非遗传承教学基地"。经过几年的实践，很多学生喜欢上了这项"指尖艺术"，作为传承基地，又多了一份文化传承的责任，原有的单一模式已经满足了不剪纸传承的实际需要。

在这样一种背景下，学校成立了剪纸高级研修社，围绕课程、社团、活动、评

---

① 沈丰. 鱼和纸的奇妙时光 [N]. 北京日报,2021-07-21.

价四个环节，在原有校本课程的基础上开发了6册剪纸校本教材，并在每个年级开展隔周一节的剪纸技艺传承教学课程。这套教材吸取了我国民间剪纸的传统方法，从儿童思维的发展规律出发，将剪纸这一古老的民间艺术运用到学生的游戏和学习中，让学生在"玩纸"中学会"剪纸"，在乐趣中习得这项传统技艺。教材中较完整地归纳了剪纸的历史发展、技法的介绍、符号的识别以及各种纹样的折剪方法，特别适合教师教学之用，从而也确保了各个班级、各个层面的学生都能喜爱剪纸、学习剪纸。剪纸课程的开发利用不但能让剪纸艺术后继有人，而且能培养学生动手能力、创造能力、审美能力。

三、新时代剪纸课程实施的目标体系

（一）总目标

以新课程改革为契机，围绕"剪纸文化润泽下的如水教育"办学目标，在校本课程开发中，积极实践"巧手塑心灵，剪彩成人生"独特文化理念，传承、发扬、创新本地非物质文化遗产，以"一目之特色"带动"一体之发展"为目标，将特色项目作为学校人文教育的"酵母"和"枢纽"，进一步提升学校教育整体品牌。

（二）学生发展目标（表6-1）

通过学习欣赏，使学生了解小越民间剪纸文化历史，以及我国悠久的传统文化，传承非遗文化。通过动手实践，使学生掌握撕纸剪纸基本技法，培养其协作能力、审美情趣和创新精神，提高对社会生活的认知和适应能力，培养有规则意识的活力儿童，"剪彩"学生发展。

表6-1 小越街道中心小学剪纸课程学生发展目标

年级	课程内容	分层目标	
		能力目标	情感目标
一	趣味撕纸	培养学生手指的灵活度和力量，从而达到手、脑的协调发展	通过手工制作活动，培养学生的想象力、概括力
二	奇妙剪纸	通过实践，掌握剪纸的几种常见的折叠方法和使用手工小剪刀，培养他们聆听、观察、动手实践的能力	通过剪纸纹样的绘制和作品展示、欣赏等方式培养学生的审美能力、想象能力、观察能力和创造能力
三	缤纷剪纸	运用剪纸的基本技法对一年四季中的花鸟虫鱼和人物等生活物象进行剪纸创作，从而培养学生的观察能力、动手能力、思维能力、创造能力、审美能力	初步感知剪纸源于生活的传承脉络，通过欣赏优秀的剪纸作品，开发他们的智力和情趣，提高学生的综合文化素质

续表

年级	课程内容	分层目标	
		能力目标	情感目标
四	传统剪纸	通过对传统剪纸中富含寓意的形象进行剪纸教学，掌握剪纸的基本语言，能熟练运用剪刀，并对"镂空剪刻"的技法有初步的了解	通过了解剪纸的历史，感受剪纸作为我国传统文化瑰宝的意义，培养剪纸非遗创城的责任感和使命感
五	现代剪纸	通过认识生活中的剪纸元素，认识剪纸作为装饰纹样的母语是如何在生活、服饰及建筑中运用的，让学生熟练使用剪纸的基本技法	通过了解剪纸的历史，感受剪纸各种题材和样式以及剪纸装饰纹样在民族生活、服饰和建筑等方面所起的作用，让学生看到人类文化历史发展过程中的一些生活概貌
六	创新剪纸	使学生能够在延续传统剪纸实用性的基础上融合现代剪纸的特征，对剪纸艺术进行一定的创新	让学生体会剪纸源于生活，生活因剪纸而更加美好

（三）教师发展目标

更新教育观念，理解民间非遗文化的育人功能，努力挖掘地域资源，积极传播家乡文化，增进学科之间的融合，提升教师专业发展，培养"有朝气、具大气、添锐气"的教师队伍，"剪彩"教师发展。

（四）学校发展目标

围绕"剪纸文化润泽下的如水教育"办学目标，全面实施"以一目之特色带动一体之发展"办学策略，弘扬学校特色文化，"剪彩"学校发展。

第二节 实施方案

一、课程目标

通过学习欣赏，使学生了解小越民间剪纸文化历史以及我国悠久的传统文化，传承非遗文化。通过动手实践，使学生掌握撕纸剪纸基本技法，培养其协作能力、审美情趣和创新精神，提高对社会生活的认知和适应能力，培养有规则意识的活力儿童，"剪彩"学生发展。

二、课程定位

1.从人文观的角度出发,剪纸课程充分发挥学生的自主性、创造性,尊重学生意愿、行为与规则，在教师与学生之间建立起平等互动的关系。

2.从生态学意义上看，剪纸课程启动环境与学生互动，环境、材料对剪纸作用等方面寻找到了最佳切入点，在剪纸的过程中让学生深刻认识到环境保护的重要性。

3. 从心理学层面入手，剪纸课程将从探索学生学习动机、需要、好奇心、兴趣点着手，通过欣赏、游戏、操作、娱乐、交流等形式，培养有益于学生学会思考、想象、创造、探究等个性综合心理素质。

三、课程资源

校本教材6册（图6-1）。

图 6-1 校本教材 6 册

四、课程保障

本课程分别在各年级美术课中开展教学。属于非物质文化遗产——剪纸教学内容的启蒙阶段。本课程属于综合性课程，列入学校课表。本课程任课教师为学校剪纸高级研修社成员，师资配备强，每月开展集中备课、成员间的互相听课、磨课；每学期邀请剪纸非遗传承人来校指导2次以上。本课程原则上由有剪纸特长的美术教师执教，以课堂为阵地，以班级为单位开展传承教学活动。各年级教师参考6册校本教材执教，循序渐进，隔周一课时，每篇课文用时2课时。在教学的过程中，重视学生想象力、创造力、观察力、审美力的培养，尊重学生，重结果，更重学生体验的过程。同时，学校组建小传承人队伍，将班级教学中发掘对剪纸特别爱好、勇于创新的孩子组成校级社团，由美术老师和非遗传承人共同进行指导，充分挖掘教材的技艺教学和文化传承特性。

第三节　内容设计

与其他活动课程类似，剪纸课程的内容设计主要包括前期准备、设计思路、主要内容以及相关的游戏设计四个方面。

一、前期准备

（一）设计依据

1. 理论依据

剪纸课程的理论依据可以基于以下几个方面。首先，剪纸课程可以基于儿童认知和发展心理学理论，关注学生的认知能力和创造力的发展。根据儿童的认知发展阶段，设计适合他们年龄和能力水平的剪纸活动，以促进他们的认知和创造力的培养。其次，剪纸课程可以基于美育理论，注重培养学生对美的感知和欣赏能力。通过剪纸作品的创作和欣赏，培养学生对美的敏感性和判断力，提升他们的审美素养。再次，基于手工艺教育理论。剪纸课程可以基于手工艺教育理论，注重培养学生的动手能力和手眼协调能力。通过剪纸活动，学生可以锻炼手指灵活性、观察力和创造力，提高他们的动手能力和实践能力。最后，剪纸作为传统的中国民间艺术形式，剪纸课程可以基于文化传承理论，帮助学生了解剪纸的历史、传统和文化意义。通过剪纸活动，学生可以接触和探索传统文化，培养对传统文化的热爱和保护意识。

2. 现实依据

剪纸作为中国民间艺术中绚丽的瑰宝，千百年来一直散发着独具魅力的芳香，一张彩纸、一把剪刀，就可以活灵活现地表现内心世界的美感。我国著名儿童教育家陈鹤琴先生说过："小孩子应有剪纸的机会。"他认为剪纸有两方面的好处：一是可以养成独自消遣的好习惯；二是可以练习手筋。苏联著名教育家苏霍姆林斯基也曾说过："儿童的智慧在他的手指尖上。"

《义务教育艺术课程标准》指出："能初步感受并喜欢环境、生活和艺术中的美；喜欢参加艺术活动，并大胆地表现自己的情感和体验；能用自己喜欢的方式进行艺术表现活动。"同时也指出："教师的作用应主要在于激发学生感受美、表现美的情趣，丰富他们的审美经验，使之体验自由表达和创造的快乐。"随着新课程改革的推进，更强调学生个性的多样化，重视对学生创新精神、实践能力的培养，引导学生将课堂所学积极转化为生活所能，不断促进学生的终身发展和全面发展。在微观上，开展剪纸教学不仅能锻炼学生在精细动作上的专注力和控制能力，还能提升学生的审美能力和创造性思维；在宏观上，小学剪纸教学不仅是对中华优秀传统文化的继承与发展，也是对弘扬非物质文化遗产这一时代任务的呼应，与当下新课程改革的要求十分契合。

（二）设计原则

1.循序渐进的原则

从简单到复杂，设计剪纸课程时应根据学生的年龄和能力，逐步引导学生掌握基本的剪纸技巧。从简单的形状和图案开始，逐渐引入更复杂的剪纸作品，让学生能够逐步提高技能水平。

2.创造性表达和个性化设计的原则

鼓励学生在剪纸课程中展示自己的创造力和想象力。提供多样性的剪纸材料和主题，让学生能够根据自己的兴趣和喜好进行个性化的设计，发挥自己的独特创意。

3.重视趣味性和亲身体验性的原则

设计剪纸课程时应注重趣味性和亲身体验性，通过有趣的故事、游戏和实践活动，激发学生的学习兴趣和积极性。例如，可以设计剪纸比赛、合作剪纸项目或者剪纸展览，引发学生的参与和共同体验。

4.文化传承与创新的原则

剪纸作为传统的中国民间艺术形式，应在课程中融入相应的文化传承元素，让学生了解剪纸的历史、传统和文化背景。同时，也鼓励学生在剪纸创作中展示个人的创新和独特风格，结合现代元素和个人经验进行创作。

5.学生参与和合作的原则

鼓励学生在剪纸课程中积极参与和合作。通过小组合作、互相学习和分享剪纸作品，培养学生的合作精神和团队意识，促进彼此之间的交流和合作能力的发展。

（三）设计路径

1.以童谣、故事为主体的剪纸情节设计

上虞有大量的民间传统童谣和神话故事，传统童谣中具有各式各样的故事情节与活动，与美术剪纸（撕纸）教学活动有效结合，能激发学生剪纸天马行空的想象力、创造力与兴趣，提高他们的美术综合能力。

（1）利用上虞经典童谣中的游戏性情节。"儿童之视游戏，一如其视饮食，是故游戏者，儿童之事业，亦犹工作者。"童谣短小精悍，朗朗上口，和游戏相伴相生，在娱乐儿童方面，得天独厚。童谣长盛不衰的生命力也在于童谣的游戏性，像一泉活水，源远流长。如传统上虞童谣《黄狗抬轿》是我所收集整理的童谣中情节很有游戏趣味性的一首。该童谣很有意思地构建了一个小孩子一会儿哭闹一会哈哈笑的故事场景。在童谣说唱时可以让两个孩子两手向前十字交叉后与对方手拉一起，形成一座"轿子"，让第三个同学作为那个童谣中哭闹的小孩双脚跨进刚才同学双手十字交叉留出的空隙中，意味着"抬轿"。

还有一首《浪浪浪，马来哉》，这首童谣也具有很强的游戏性。两个人可以边唱童谣边游戏，其中一人坐在椅子上跷起二郎腿抖起来，另外一个人骑在他跷起来那只脚的脚背上，就当作在骑马，当说"浪浪浪"的时候，模仿马蹄声，就仿佛是童谣中的表达的骑马场景。我在课上利用童谣的游戏性，让低段学生在阅读欣赏的基础上，尝试用撕贴和剪贴的剪纸技法将其动态表现出来。（图6-2）

 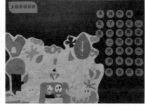 

浪浪浪，马来哉（局部）　　　黄狗抬轿　　　　　　四季鲜果

图6-2　学生习作

（2）抓住童谣的关键词巧妙创作。寻找童谣中的关键词，让学生展开丰富的想象。在《四季鲜果之旅》的童谣设计剪纸之前，找出每个月相对应成熟水果的名称，通过现代媒体的播放，走进上虞的各个乡间田野，了解四季鲜果的种植环境、生长状态和水果的基本造型。同时，低段学生本身拥有很强的创造性和想象力，喜欢用夸张和拟人等艺术手法表现，老师在学生了解基本造型的基础上可以因势利导，让学生的想象力在无穷无尽的变化中得到发展，学生也更容易体会到剪纸需要丰富的学识、生活经验以及大胆的想象，还要结合自己的身心特点，才能创作出符合自己心理要求、感动人的作品。

（3）模仿同类剪纸童谣绘本的故事性情节设计。如于平、任凭的《童谣剪纸迷宫》，讲的是民间流传且脍炙人口的童谣，还配有童谣内容的剪纸作品。学生可以根据自己编制的剪纸童谣里所需的造型再结合绘本中的形象，在模仿的基础上大胆创新。教师引导学生运用童谣中的某些故事或者背景作为素材进行剪纸创作，这就很好地与《小学美术教育指导纲要（试行）》指出的"能运用各种感官，动手动脑""能用自己的方式进行艺术表现活动"教育目标有机结合起来了。

2. 人物造型设计

人是社会活动的主要角色，在各种艺术形式的创作中，人物活动的千姿百态成为艺术家捕捉和塑造的艺术形象。剪纸艺术也不例外。学生需要了解和学习传统剪纸艺术独具的造型特点。（图6-3）

图6-3　学生在认真学习剪纸

（1）剪纸人物的人像造型：用线条连接构成造型是剪纸艺术的特点之一。其中，由于剪纸在手法上的特点，人物形象的口眉眼鼻都需要用线条连接在一起。因此，剪纸过程中对不同部位的位置以及比例的把握就非常重要，而且在一些比较特别的位置如眼睛，对线条的粗细以及曲直都有比较特别的要求。

（2）剪纸人物的变形与夸张：剪纸人物的造型与动作，经过集中概括而出现变形夸张，唯有变形夸张才能体现剪纸艺术的情趣。变形与夸张改变了人物自然正常的比例，一只大眼睛可以横跨鼻和耳之间，这正是剪纸夸张的特点。另外，剪纸人物的动作由于题材的不同也常用夸张的手法来增强人物的性格。剪纸人物中的夸张也要恰到好处，服从内容的需要。不能简单地认为变形夸张就是"拉长""放大"。否则就会畸形发展、适得其反。

（3）剪纸人物的比例：观察民间剪纸人物的身高，常常发现是五短身材。这也许是受到民间木版年面（如门神）或民间泥塑石刻的影响。或是为了适应剪纸造型及工艺的需要，把人物身材约定在一种特定的比例之中，从而不受"站七坐五"人体正常比例的束缚。因此，剪纸人物是根据具体内容、造型特点和个人审美情趣的不同而灵活掌握其身材比例的关系。从剪纸特点出发，在集中概括的过程中去塑造新的人物形象。至于在塑造儿童人物时，身材要适度缩短，比例变化要因材而定。

（4）剪纸人物的装饰：剪纸人物的装饰可以分为两个方面：一是形体装饰，二是衣着装饰。尤其是在一些女性角色上，需要使用一些特别的手法进行刻画，典型手法如锯齿纹、月牙纹以及由圆点和菱形点组合排列以装饰成为花朵或者花边等。其中，锯齿纹的用法主要用以刻画人物形体上的某些细节，尤其能够体现形体上的某种参差感，如眉毛、手指、裙边和帽子等。因此，锯齿纹在手法上的参差性，对特定形体的表现就能构成十分鲜明的渲染力。月牙纹常常用来表现形体的外在装饰，并且常常成组出现，如女性角色中的衣服和裙摆等，能够渲染出十分立体和敦厚的直观感受。同时，伴随着月牙纹在大小、长短以及方位上的不同变化，用以刻画不同任务的要求就能够被满足，所以月牙纹与锯齿纹一样，在剪纸艺术中用途都十分废广泛。两种手法常常相互结合，既能够刻画人物的细节形象，也能够凸显人物的外在装饰，使整个人物角色更加的立体、生动。

（5）剪纸人物的表情与动态：剪纸艺术因受其剪刻特点的制约，难以刻画出人物的丰富感情，民间剪纸注重形神具备，尤其重在写神。为了表达人物活动的本质特点，在刻画剪纸人物面部表情时，要注意人物动态的配合，使形与神融合于一体才有感染力。

（6）剪纸人物间的呼应：不论是一个人物的剪纸，还是两个人物或更多人物的剪纸，其中都含有相互呼应和情感交流的问题。这种交流是通过眼神和形体动作的传递，把人与物和人与人之间的感情呼应展现出来。

3. 构图设计

人物剪纸的构图和动物花鸟等剪纸的构图均以散点透视为基础。平视构图即把人与物体的多种形象排列在一个水平线上，避免了复杂的焦点透视关系，从而使人物形象更为舒展清晰，特征更为明显，节律感更强，使剪纸的单纯、明快、剔透的特色得以自由充分地展现。无论是方形、长形、圆形的构图都宜饱满充实。饱满不是景物无序地罗列，不是与主题相悖的填塞，而是以虚实得体、疏密有致的章法构成一幅严谨而疏朗的画面。人物剪纸构图不拘一格。既有装饰性稳定感较强的对称形式，也有在基本对称中求变化的构图形式，各具千秋，主要的剪纸构图规律有三：

（1）对称与均衡。剪纸艺术的基本要求之一：要将纸张按照一定的要求进行折叠，正确折叠纸张的目的就是要确保剪纸在细节和成品上体现出对称与均衡的特点。一般来说，剪纸在构图期间，就要求以对称的方式进行结构设计，对称是基本的结构模式。譬如，我国最早也是当下流传最广的剪纸作品对"喜"字以及团花剪纸等都是属于对称作品。除了对称之外，还需要有均衡，是指在剪纸的任何时候都要注意线条与长短的均衡性，保持剪纸作品的中心在纸张的中心，另外在锯齿纹以及月牙纹等技术手法的运用上，同样保持类似的大小和形状，确保自己的作品不会因为不同要素的参与而失去重心。对称的作品往往能够给人稳定、庄重、大方的美感，均衡则能够营造一种和谐的形式美感。（图6-4）

图6-4　构图精美的剪纸作品

（2）条理与反复。在剪纸过程中，条理是指有秩序地呈现我们想要表现的对象，如前面提到的眉毛、手指以及女性的裙摆等；反复则是只运用同一种手法在同一对象中重复展现，如锯齿纹就是需要反复呈现的纹理。条理与反复要求剪纸过程中运用相同的手法和同等的对称，在细节化的呈现过程中十分常见。

（3）节奏与韵律。相比较前两种规律，节奏与韵律比较抽象一些。节奏是指在剪纸过程中，反复运用同一种视觉因素，但是在不同时机会或繁或简，类似音乐中的重复的节拍；韵律则是同一形象或者不同形象有秩序或者有规律地反复呈现，类似音乐中的和弦，能让剪纸作品呈现一种有规律的变化的美，能够整体生发剪纸作品的审美效果，体现出一种欣欣向荣的直观感受。

除了以上规律外，剪纸技术在逐渐复杂的过程中还会涉及其他规律，这些规律大部分是在以上三个主要规律的演变中被发现的，它们在画面中的灵活运用，可提升整个作品的意境。

二、设计思路

与劳动教育、红色研学等活动课程不同，剪纸课程因为有一定的技术要求，所以其设计思路有明显的纵向深入的特征。

（一）引入设计与基础教学

使用兴趣导入方式，引起学生对剪纸的兴趣和好奇心，可以通过展示一些精美的剪纸作品、讲述剪纸的历史和文化背景，或者以故事方式介绍剪纸的魅力和应用场景等。

从简单的形状和图案开始，教授学生剪纸的基本技巧，如粘贴纸张、掌握剪刀的使用方法以及基本的切割和折叠技巧等。通过示范和学生跟随练习的方式，帮助学生掌握基础的剪纸技能。

（二）创意拓展与文化体检

鼓励学生发挥创造力，设计自己的剪纸作品。提供一些启发性的主题或素材，如动物、植物、节日等，让学生能够根据自己的想象力进行创作。同时，引导学生考虑如何运用不同的剪纸技巧和材料，使作品更加丰富多样。同时，结合剪纸的文化背景和传统，引导学生了解剪纸在中国文化中的重要地位和意义。可以组织学生参观相关的展览或进行剪纸文化的考察活动，让学生深入了解剪纸的历史、技法和具体应用等。

（三）合作与展示

通过小组合作项目或合作剪纸作品，鼓励学生相互交流和合作，分享创意和技巧。安排展示时间，让学生有机会展示自己的剪纸作品，增强他们的自信心和成就感。

（四）持续评估与反馈

通过对学生剪纸作品的评估和反馈，了解学生的学习和进步情况，并根据评估结果进行相应的指导和调整，以提高学生的学习效率。

在设计过程中，要注重培养学生的动手能力、创造力和审美素养，同时也要兼顾学生的兴趣和需求，创建积极、有趣和富有互动性的学习环境，让学生真正享受剪纸课程带来的乐趣与收获。

三、主要内容

课程分为基础篇和提高篇两个层次。基础篇由一年级《趣味撕纸》和二年级《奇妙剪纸》2册教材组成，教材设计以"培养学生剪纸的兴趣"为定位；提高篇由三年级《缤纷剪纸》、四年级《传统剪纸》、五年级《现代剪纸》、六年级《创新剪纸》4册教材组成，从剪纸的生活性、民俗性、艺术性和创新性四个递进的层面以螺旋上升的方式进行教材设计，这种方式一方面使教材的体系比较完整，同时也适合任何一个年级的单独教学。

（一）一年级（基础篇）：趣味撕纸（节选）

撕纸可以培养手指的灵活度和力量。因为撕纸的形状不是十分精细，同时需要有极强的想象力、概括力。俗话说：心灵手巧，这句话很有道理，反过来，只有手巧才能心灵。这本《趣味撕纸》为孩子提供了一些动手动脑的范例，利用生活中常见的普通材料，鼓励孩子按照书中提供的方法进行手工制作活动，从而达到手、脑的协调发展。共包含 6 个篇章，按照撕纸对象进行分类，每块内容包括儿歌念一念、动手撕一撕和"小博士的话"。

准备篇

1. 作品欣赏

撕纸作品

2. 动动手

用彩纸撕一撕下面这些图形：圆，好像太阳、皮球、小朋友的笑脸……正方形，多像桌子、箱子、饼干……三角形，可以做屋顶、小树、还可以做什么呢？半圆，多像撑开的小伞……椭圆形可以当西瓜、鸡蛋、小动物的身体等。

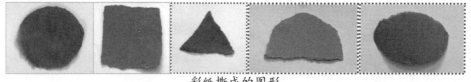

彩纸撕成的图形

（二）二年级（基础篇）：奇妙剪纸（节选）

对于学生来说，学习剪纸，通过折叠、绘画和使用手工小剪刀，一方面可以培养他们动手实践的能力；另一方面可以培养学生的审美能力、想象能力、观察能力和创造能力。这册教材内容丰富，造型生动直观，剪法简单明了，很容易使小朋友在学习过程中产生兴趣，掌握要领及规律。本册教材包含 5 个教学篇章和剪纸作品欣赏，共 15 课时。按照剪纸方法分类，每块内容包括相关知识、作品制作过程展示和课后小贴士，后面附有学生练习作品欣赏。

数字变变变

1. 相关知识

我们在生活中经常会用到 1、2、3、4、5 等数字，最初是印度人发明的，因为方便好用，后来被传入中东阿拉伯国家和欧洲。传递到欧洲之后，欧洲人误认为是阿拉伯人发明的，因此就被称为阿拉伯数字。

2. 作品制作过程

在纸上画出数字7的轮廓。　用剪刀剪出眉毛，眼睛，嘴巴和半圆斑点等。　将剪好的小东西贴到数字7的轮廓上。　用剪刀沿着轮廓剪下，小新版数字7出现了哦！

数字剪纸制作过程

3. 课后小贴士：喜欢这些可爱的数字吗？数字可以变成卡通人物，是否还可以变成其他的呢？赶快用你的小手，开启灵活的小脑袋，一起来变！变！变！

4. 学生作品一览

学生数字剪纸作品展示

（三）三年级（提高篇）：缤纷剪纸（节选）

剪纸是流传于我国民间的一种艺术形式，有着悠久的历史。剪纸有其很强的装饰性、趣味性，人们用剪纸装点房屋、环境，美化自己的生活。本册剪纸是通过对一年四季的观察，并将四季中的代表作品进行简单的示范，通过欣赏优秀的剪纸作品，从而开发学生的观察能力、动手能力、思维能力、创造能力、审美能力，开发他们的智力和情趣，提高孩子的综合文化素质。按季节分为春夏秋冬四个篇章，每个篇章包含3节教学课和1节欣赏课，每块内容涉及相关的花鸟虫鱼和人物，每一课内容由"诗词导入、技法指导、过程展示和作品欣赏"这四个环节来实施教学。

桃花

1. 诗词导入

去年今日此门中，人面桃花相映红。人面不知何处去，桃花依旧笑春风。

桃花图片

同学们，春姑娘悄悄地来了！你听到她的脚步声了吗？桃花就是她派出的第一位使者。你能用手中的小剪刀把它剪出来吗？下面就让我们一起来学习桃花的剪法吧！

2. 技法指导

桃花的组成：桃花由花瓣、花蕊和枝叶三部分组成。注意：花蕊部分（毛刺）可以用锯齿形剪哦！

锯齿形：首先在脑中模拟出锯齿的形状，然后沿着纸张的直线尝试剪出大小匀称、结构均匀的锯齿状。为了方便学生学习，可以尝试从直线剪纸慢慢过渡到曲线剪纸，熟悉了曲线剪出锯齿性之后，由简单到复杂，就能应用到具体的剪纸中去。先剪出一半圆线，顺着半圆线右边剪出一条弧线作为开口处（大约2厘米），然后，让剪刀在两手之间平衡稳当，右手持的剪刀尖放在左手的食指上，大拇指把剪的花瓣部位压牢，使它不容易错位。

3. 过程展示

(1)准备好一张桃花剪纸的模纸，用订书针把红纸和模纸订住。

(2)用剪刀先剪出叶子上的空白和花朵上的空白。

(3)在剪好小处空白后，着手剪花瓣上的毛刺，这些毛刺是锯齿纹的哦！

(4)一副漂亮的桃花剪纸就完成了。

桃花剪纸制作过程

作业：小朋友们，你还能剪其他形状的桃花吗？请聪明的你动动脑，把它们剪出来吧！

4. 作品欣赏

（四）四年级（提高篇）：传统剪纸（节选）

传统剪纸作品欣赏

剪纸是我国传统文化的瑰宝。剪纸的内容包罗万象，大多是劳动人民熟悉而热爱的自然景物，鱼虫鸟兽、花草树木、亭桥风景等。其中不少景物有着美好的寓意，寄托着人们对美好生活的向往，对吉祥幸福的期盼。本册教材突出剪纸的"传统"，体现传承思想。共有 17 课时，其中第一课介绍剪纸的历史，最后一课欣赏南北方剪纸的代表作品，其余 15 课时选取了传统剪纸中富含寓意的形象进行教学。每课包括"寓意学一学""剪纸作品欣赏""动手剪一剪"等部分内容。

鹿

1. 寓意学一学

在民间文化中鹿称为"候兽"，鹿是春天和生命的象征。鹿与"禄"同音，因此鹿有福禄之意，有高官厚禄之意。

鹿的图片

2. 剪纸作品欣赏

双鹿戏水　　　　　　　　　　　福禄寿喜

观察《福禄寿喜》，图中有哪几种传统剪纸元素？

3. 动手剪一剪

①将打印好的图案和红纸订在一起。②用剪刀剪出轮廓内的白色部分。③鹿的梅花部分用学过的毛刺剪法。④最后剪去轮廓外面的白色部分。

鹿剪纸制作过程

（五）五年级（提高篇）：现代剪纸（节选）

"传承小越剪纸，发扬传统文化，创新剪纸艺术。"这是本册教材的设计理念。目的是让学生了解剪纸艺术历史，熟练使用剪纸的基本技法；认识生活中的剪纸元素；认识剪纸作为装饰纹样的母语是如何在生活、服饰及建筑中运用的。剪纸以其丰富的题材和样式为人们所接受和传播，剪纸装饰纹样在民族生活、服饰和建筑等方面所起的作用，不仅是手工技艺的继承和转换，更为基础和重要的方面，即民族道德、文化、观念和情感的传承和发展。剪纸的学习，可以让学生看到人类文化历史发展过程中的一些生活概貌。围绕现代剪纸元素，涉及生活三大方面，每一课包含认识图形、剪出图形、装饰作品和相关传统纹样的欣赏，教材最后还附有古今剪纸博览。

围裙

1. 认识围裙

这里主要是指藏族围裙。在藏语中，围裙又称"帮单"，是藏族同胞日常生活中十分常见的生活用品。围裙在造型上并没有统一规制，但是在色彩上往往由多重色彩组合而成，主要的色彩是红、绿、天蓝、白等。这几种颜色相互交织，在丰富中又能呈现出一种和谐的美。就其实用特征来说，当人们做饭时，喜欢在腰间系个围裙，防止弄脏衣服。

藏族围裙剪纸作品

2. 剪出围裙

①准备一张宣纸，左右对折。②在宣纸上绘制图案，并剪刻。③剪刻完成后，慢慢展开。

藏族围裙剪纸制作过程

3. 为妈妈剪围裙

4. 作品欣赏

藏族围裙剪纸作品欣赏

（六）六年级（提高篇）：创新剪纸（节选）

本册教材内容以创新剪纸为主，以"现代剪纸"的创新特点为依托，用剪纸来美化生活、融入生活。本册教材的重点在于使学生能够在延续传统剪纸实用性的基础上融合现代剪纸的特征，对剪纸艺术进行一定的创新，让学生体会剪纸源于生活，生活因剪纸而更加美好。本册教材包含2节欣赏课和9节教学课，取材生活元素，体现创新，包括"欣赏""制作方法步骤""制作小贴士"等几方面。

现代剪纸欣赏

1. 中国传统剪纸

中国传统剪纸是以纸张、金箔等薄片为载体，用剪子、小刀等工具铰出或者刻出图案的一种民间艺术。传统剪纸的图案具有丰富的寓意，如桃子寓意"长寿"、蝙蝠寓意"福"、鱼寓意"余"……用简单的图案来表达美好的祝福。

喜上眉梢

玉凤富贵

连年有余

长寿如意

2. 中国现代剪纸作品欣赏

现代剪纸与传统剪纸最大的差别就在于它的绘画性，这样现代剪纸就具有了强烈的个性化倾向的印迹。——蒋正根（上海工艺美术学院教授）

现代剪纸——鱼与莲（张春颖）　　海派剪纸艺术大师李守白作品

3. 国外剪纸作品欣赏

剪纸不是中国特有的艺术表现手法，在其他许多国家，剪纸艺术也一直在被人们重视、被创新。

美国创新剪纸作品　　　　英国 Su Blackwell 纸雕作品

日本寺尾知文剪纸作品

4. 游戏设计

在小学剪纸活动课程中，可以结合游戏元素设计一些有趣的活动，以增加学生的参与度和互动性。

（七）剪纸拼图比赛

将一个完整的剪纸图案分成数个小块，每个小组或学生分别获得其中的一块，通过剪纸技巧将小块优雅地剪下来。然后，将所有小块重新组合在一起，看哪个小组或学生能够最快地还原出完整的剪纸图案。

剪纸拼图比赛指南

准备工作：

1. 准备一些已经剪好的剪纸图案，确保每组或每位学生都有一个剪纸图案。

2. 将每个剪纸图案分成数个小块，通过剪纸线路将图案划分为拼图的部分。

3. 准备背景板或大幅纸张，用于还原和组合拼图。

比赛流程：

1. 将学生分成小组，或者以个人形式参赛。

2. 为每个小组或个人分发一个剪纸图案的一个小块。

3. 在规定时间内（可以根据图案的难易程度和学生年龄来决定时间长度），每个小组或个人需要使用剪刀将自己的小块剪出来，并尽量使剪纸线路和图案的形状完美。

4. 时间结束后，每个小组或个人将自己的剪纸小块放在指定的位置，不要揭示其图案线路和形状给其他小组或个人看。

5. 小组或个人开始将剪纸小块还原和组合在一起，以还原出完整的剪纸图案。他们需要依靠自己的剪纸技巧和合作团队的努力来解决拼图难题。

6. 当一个小组或个人完成拼图时，他们可以按下暂停按钮，然后其他小组或个人将停止工作。

7. 最后，比较每个小组或个人的拼图成品，看谁能还原并组合出最准确、完整的剪纸图案。

8. 可以设立奖项或认可最佳的小组或个人的成绩，并鼓励学生互相欣赏和学习彼此的剪纸技巧。

注：在比赛中，可以加入一些规则和限制，例如每个小组或个人只能有一次尝试还原并组合拼图，或者限制他们在规定时间内只能使用左手剪刀等，以增加挑战性和乐趣。

（八）剪纸速度挑战

设置一个时间限制，要求学生在规定的时间内完成指定的剪纸任务，例如剪出特定的形状或完成一定数量的剪纸作品。比赛结束时，看谁完成得最快且质量最好。

剪纸速度挑战指南

准备工作：

1. 准备一些已经剪好的剪纸图案，确保每个参赛者都有一个剪纸图案。

2. 准备剪纸工具，如剪刀和纸张。

3. 设置起始线和终点线，以确保比赛的公平性和一致性。

4. 准备计时器和记录表，用于记录参赛者完成剪纸任务的时间。

比赛流程：

1. 将参赛者分成小组或以个人形式参赛。

2. 向每个参赛者发放一个剪纸图案，确保每个参赛者都有一个相同的图案。

3. 宣布比赛开始，参赛者开始剪纸任务。

4. 参赛者需要尽快但准确地将剪纸图案剪下来，尽可能完整地保留图案的线条和形状。

5. 当参赛者完成任务时，他们需要按下计时器，并且裁判员会记录下他们完成剪纸任务所用的时间。

6. 如果参赛者在剪纸过程中出现错误，他们可以选择继续剪纸或重新开始，但是会增加他们的完成时间。

7. 所有参赛者完成剪纸任务后，计算并公布每位参赛者的完成时间。

8. 可以设立奖项或称赞最快完成任务的参赛者，并鼓励其他参赛者互相欣赏和学习彼此的剪纸技巧。

在比赛中，可以设置一些规则和限制，例如规定参赛者只能使用特定类型的剪刀，或者规定参赛者需要按照指定的剪纸线路进行剪纸等，以增加挑战性和趣味性。

注：剪纸速度挑战赛激发了参赛者的竞争意识和快速反应能力，同时也提供了展示剪纸技巧和表演速度的机会。它可以鼓励学生积极参与和互相学习，同时享受剪纸的乐趣和刺激。

（九）剪纸迷宫挑战

设计一个剪纸迷宫的图案，并将其划分为几个关卡。学生需要剪出一条路径穿过迷宫，从起点到终点，避开障碍物。比赛结束时，看谁能够最快地解决迷宫难题。

剪纸迷宫挑战指南

准备工作：

1. 准备一些不同难度级别的剪纸迷宫图案，如简单迷宫、中等难度迷宫、复杂迷宫等。确保每个参赛者都有一个迷宫图案。

2. 准备剪纸工具，如剪刀和纸张。

比赛流程：

1. 将参赛者分成小组或以个人形式参赛。

2. 向每个参赛者发放一个迷宫图案，确保每个参赛者都有一个相同的迷宫。

3. 宣布比赛开始，参赛者开始剪纸任务。

4. 参赛者需要使用剪刀将迷宫图案中的通道剪开，形成一条通往迷宫终点的路径，同时避开障碍物线路，以便迷宫的起点和终点能够连接在一起。

5. 参赛者可以根据自己的节奏和策略，剪开通道和障碍物线路，试图找到出口。

6. 当参赛者认为自己已经完成迷宫时，他们可以停止工作，并通知裁判。

7. 裁判会检查参赛者的迷宫解答是否正确和合规，并记录参赛者完成迷宫所用的时间。

8. 对于有多个参赛者成功完成迷宫的情况，可以根据完成时间和解答准确性进行评比，并颁发奖项。

在比赛中，可以设置一些规则和限制，例如规定参赛者只能剪开特定形状和尺寸的通道，或者规定参赛者需要在特定的时间内完成迷宫等，以增加挑战性和公平性。

注：剪纸迷宫挑战赛可以激发参赛者解决问题和空间感知能力，同时提供展示剪纸技巧和创造力的机会。参赛者通过剪纸迷宫的挑战，能够在愉快的氛围中锻炼思考和动手能力。

第四节　课程实施

一、明确目标，有的放矢

确定课程的目标和学习重点，如培养学生的剪纸技巧、发展创意和美感、了解剪纸的文化背景等。确保每节课都有具体的学习目标，以便学生理解和衡量学习进展。

这需要了解教学环境，了解学校和学生的背景，包括学生的年龄、兴趣、知识水平和学习需求等。这可以通过学校教育部门与学生和家长沟通交流以及观察学生的兴趣和特点来实现。目标的明确要体现在学习重点上，根据剪纸的特点和学生的实际情况，确定学习重点。这可能包括剪纸技巧的掌握、创意表达能力的培养、对剪纸文化的了解等。优先考虑学生的基本技能水平和发展需求。同时，要设定可量化的目标，确保目标具体、明确且可衡量，以便评估学生的学习进展。例如，学生能够剪出指定的形状和图案、能够应用不同的剪纸技巧进行创意表达等。最后，要参考标准和课程要求，适配学习层级，根据学生的不同年龄和能力层级，调整教学目标的难易程度。对于年纪较小的学生，目标可以更注重基本的剪纸技巧和创作的乐趣；对于年纪较大的学生，目标可以更注重创意表达和剪纸技巧的进一步提高。

实施案例1

手拉手好朋友

孩童时期的友情真挚无比，学生在一起的时间有时比家人还多，他们能清楚地了解朋友的性格、兴趣爱好。把好朋友之间的情感用剪纸的形式表现出来，是学生乐意的事。

本课内容用纸以及身边容易找到的各种媒材，通过看看、想想、画画、做做等方法，大胆、自由地把所感所想的事物表现出来，体验造型、设计、制作活动的乐趣。本课遵循由易到难、循序渐进的原则，进一步对连续纹样进行创作，让学生在观察、探索的基础上，综合运用连续对折、绘画、剪纸以及装饰等方法，表现"手拉手"的人物。

教学目标

1. 继续学习连续纹样的基本知识，了解手拉手剪纸的方法。

2. 学习正确折叠纸张，运用对称剪纸的方法，表现相连的人物，并用已学过的各种线条和简单的图案进行装饰。

3. 通过剪纸制作手拉手的好朋友，感受同学的友情和温暖，体验成功的喜悦，进一步激发对剪纸活动的兴趣。

教学重点

继续学习连续纹样的基本知识，能用折、剪、添画的方法制作一组手拉手的纸人。

教学难点

用正确的折叠方法折叠纸张，学会看剪纸步骤图，剪出手拉手的人物。

教学准备

（学生）剪刀、彩纸、水彩笔或油画棒。

（老师）课件、范例、剪刀、彩纸、彩笔等。

教学过程预设

单个纸人　　　　　　　拉手纸人

1. 魔术游戏导入，激发学生兴趣

（1）师：今天老师给大家带来了一个人（出示单个纸人），跟我们同学相比，她好像孤零零的一个人，太可怜了。

学生中会有一定的反应：给她找个伴。

（2）师：大家不用担心，我刚从魔术大师那学来了一个本领。

此时教师学着魔术师的样子，很快地打开一串拉手纸人。

学生都用异样和羡慕的眼神看着老师手里的作品。

（3）师：现在老师手上的小朋友应该不会再感到孤独了。有了小朋友的陪伴，相信她们一定会跟我们同学一样快乐、开心！

（4）揭示课题：《我有一双小巧手——手拉手，好朋友》

二年级的学生对魔术游戏比较感兴趣，通过单个人到一群伙伴的陪伴，感受同学间的友情和温暖，同时调动了学生学习本课的积极性，也对下面的学习活动做了很好的铺垫。

2. 尝试、欣赏、示范

（1）尝试

师：有谁知道老师的拉手纸人怎么做出来的吗？

生：剪出来的，折出来的，先折后剪出来的……

师：老师想先请我们的三个小朋友来试试好吗？

要求剪出"手拉手"的长方形。学生上讲台尝试剪，下面同学也可以一起尝试。

以下是三位同学分别剪出的效果。

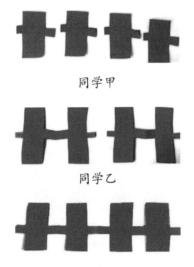

同学甲

同学乙

同学丙

师：怎么回事啊，有同学是单个的，有同学是两个拉手的，还有同学是全部手拉手的？

老师给学生大胆尝试的勇气进行充分的表扬和鼓励，激发学生的热情，也能使学生在尝试的过程中试错。

（2）欣赏

师：老师先给大家看看下面这幅图片。

剪纸手拉手娃娃

学生欣赏观察。

师：大家欣赏完画面后觉得他们都有什么共同特点呢？

生：手拉手的、每个人都一样的、连在一起的……

师小结：对，就是一个娃娃重复出现。他们的手拉手，像这样由一个图形连续、重复出现的纹样我们就称它为连续纹样。它具有重复、连续的特点。

欣赏、观察连续纹样图案，通过老师的讲解，了解它的特点及它的形式法则。知道连续纹样的形式美和节奏美。

（3）示范

师：下面看看老师是怎么来制作手拉手纸人的。

①折纸：将长方形彩纸三次对折，按照开口边朝右手边，闭口边朝左手边位置摆放。

②绘制图案：对称法绘制，手的位置延长到边缘。

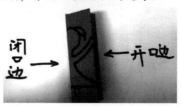

③剪：如果不知道剪哪个部分，可以先把要剪掉的部分画上阴影再剪。在剪的过程中一定要注意安全。

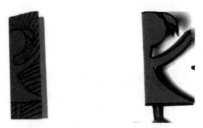

④展开添画完成，添加的时可根据画面的需要添加人物的表情、发饰、服饰等，可以是单色也可以是彩色，上色时注意底色与色彩的和谐搭配。这里纸是大红色，较深，老师用单色为例。

通过教师直观的教学示范折、绘、剪、添画的方法，解决教学难点。通过作品的欣赏，提高审美辨别能力，为接下来的实践做铺垫。

3. 创作体验

（1）作业建议：用折、剪、添画的方法做一组"手拉手的好朋友"。

（2）学生作业，教师巡回辅导，并提醒使用剪刀时的安全性及教室卫生。

自主探究，了解拉手娃娃的制作步骤及方法，加深印象。

4. 作品展示评价

（1）互相交流自己剪制手拉手好朋友的体会。

（2）作品展示，集体评议。作品有什么新意？（从形状、色彩等评议）

（3）教师小结

通过自己实践体会，加深印象。对作品的展示评价，感知美的魅力。

5. 课后拓展

相互赠送自己的作品，并鼓励学生课后剪出更美的作品布置周边的环境。

通过相互赠送作品，感受同学的友情和温暖，体验成功的喜悦。

课间小游戏

剪纸趣味猜谜

1. 准备剪纸图案：选择一些简单且易于辨认的剪纸图案，如动物、水果、物体等，确保图案形状和特征清晰可辨。

2. 分组竞赛：将学生分成几个小组，每个小组都有剪纸图案。每个小组的成员轮流做出剪纸，将剪纸的零件放在一旁，逐步揭示图案。

3. 猜测答案：在每个回合结束后，让学生通过观察零件的形状和位置猜测图案是什么。他们可以轮流猜测，猜对的小组获得积分。

4. 图案奖励：当学生猜对图案后，可以将完整的剪纸图案展示给他们，以确认答案的正确性。也可以给予猜中的小组奖励或表彰。

5. 创意设计：为了增加一些创造力的元素，可以设置一个环节，让学生根据给定的图案进行自由设计剪纸，然后其他小组根据剪纸来猜测图案和意义。

二、实践第一，积极示范

剪纸是一项手工艺术活动，因此具有很强的实践操作性，示范就成为其中必不可少的教学方式。教师可以向学生展示正确的剪纸技巧，并解释每个步骤的关键要点，确保学生能够清楚地观察和理解教师的剪纸动作，包括握剪刀的姿势、剪纸的方向和速度控制等。在学生进行实际剪纸操作时，教师可以逐步引导学生，一步一步地指导他们正确地剪纸。设立阶段性的目标，让学生逐渐掌握剪纸技巧，并逐渐增加难度。教师还可以提供一些简单的剪纸图案和练习题，让学生在实践中熟练掌握剪纸技巧。这些素材和练习题可以包括基本的线条、形状和图案，帮助学生熟悉和巩固剪纸的基本动作。鼓励学生进行群体演示，让他们在小组或全班面前展示他们的剪纸技巧和作品。这有助于学生互相学习和交流，促进技能的共同提高。面对一些特殊的个体，教师可以给予学生个体指导和反馈，帮助他们改善剪纸技巧和提高作品质量。教师可以通过与学生一对一交流、实际演示，或书面评价等方式，给予具体的建议和指导。

实施案例 2

六折团花

剪纸是一门有着悠久历史和深厚文化底蕴的民间艺术。在漫长的社会发展过程中，剪纸艺术凭借其简单易得的材料工具、丰富的审美内涵，伴随着民众生生不息的生命历程，成为日常生活不可缺少的组成部分。

有据可查的剪纸是 1959 年在新疆吐鲁番火焰山附近，出土了五幅南北朝团花剪纸，分别是对马团花、对猴团花、金银花团花、菊花团花、八角形团花。这五幅作品分别以"成双成对"的形式展现，说明人们在那个时候就已经掌握了纸的可折叠性，创造出对称与均衡的艺术手法。可见团花格式是剪纸中最为古老的格式。六折花相对三折花、四折花来说，多了点步骤，稍显复杂。但因其精美大方，也是初学者必学的花形之一。

教学目标

1. 观察了解六折团花的特点，提高学生的欣赏水平和生活情趣。

2. 通过学习六折团花的制作方法，提高学生的动手能力和想象力。

3. 通过尝试实践活动，培养学生创新探索能力。

教学重难点

重点：六折团花的特点及设计制作方法。

难点：纹样的设计及镂空的面积大小。

教学过程

1. 折

①取一张正方形纸，对角折叠，找出中心点。②以中心点为轴心，以目测的方法稍微调整，将三角形折叠成三等份角。③以中心点为轴心，再整体对折一次。

2. 画

①中心点对准自己，开口一面朝向右手。②两个三角的底边画上一条直线。③考虑整体纹样形式，可以花、动物、植物、人等为主。这里以花为主，先画好外形，内部花瓣从下面画锯齿，这样可以表现一朵花的形式。④下面可以自己进行随意的装饰，装饰纹样要注意左右穿插，还要注意左右不要连在一起。

3. 剪

先把外形剪出来，再剪里面的纹样。可根据图案疏密适当调整，使整体画面更美观一些。

4. 展

要一层一层地轻轻打开，不要急于一次性打开。

5. 根据团花折法的不同，还可以形成多种多样的效果。最后，我们来欣赏一些传统的团花作品。

课间小游戏

剪纸迷宫

由于六团折花需要学生有一定的空间推演能力，这对儿童的专注力有很高的要求，因此可以开展剪纸迷宫的游戏，让儿童熟悉六团折花的空间特殊性。

1. 规则和要求：解释比赛规则和要求，并给出一些基本的剪纸迷宫设计原则，如迷宫路径的连续性、出口位置的设定等。提醒学生注意剪纸线条的连贯性和完整性。

2. 设计准备：提供给每个学生一张正方形的剪纸，并准备剪纸工具如剪刀、铅笔等。

3. 设计迷宫：让学生利用剪纸纸和剪纸工具，设计独特的六折团花迷宫。他们可以利用团花的图案和形状自由设计路径和出口，创建一个迷人的剪纸迷宫。

4. 考验和评判：在规定时间内，学生需要将迷宫剪纸图案完成。然后，组织一次迷宫比赛，在规定的时间内，其他学生尝试解决每个迷宫。记录最快完成迷宫的学生，并根据剪纸迷宫的复杂度和创意性评价迷宫设计的优劣。

5. 结果和奖励：根据评判结果表彰和奖励表现出色的学生。可以设立最佳设计奖、最快闯关奖等不同奖项。

三、多维想象，激发创造力

剪纸工艺重视示范，但是并非一味地模仿，而是带有着丰富想象力和创造力的活动。教师可以尝试不同工具，用纸以及容易找到的各种媒材，通过看看、画画、做做等方法大胆、自由地表现所见所闻、所感所想，体验造型活动的乐趣。可以用碎纸来激发想象，一片片不规则的碎纸片（平时剪纸时剪下的小碎片），通过看一看、想一想、贴一贴、画一画等方法，变成一个个可爱的动物、人物等，自由抒发各自的见解和情感，把生活中的所见、所感和所想组合成有趣的画。教师引导学生用画、撕、剪、粘的方法进行简单的组合与装饰，表现自己改进用品的想法。仔细观察各种各样来来往往的车辆，引导学生观察生活、感受生活，懂得生活中处处存在美。通过简单几何图形的撕、粘的方法来表现生活中的物品，组合成型。除此以外，我们还可以采用多重组合，加深层次，以浙美版二上《淘气堡》一课为例，淘气堡是根据儿童身体发展特征设计的，通过科学的立体组合形成一个集游乐、运动、益智、健身为一体的新一代少年儿童活动中心，是学生比较感兴趣的游乐场所。为提高学生对拼贴制作的兴趣和启发学生的想象，提供了大量的图片资料，既有淘气堡的全景图，也有局部放大的儿童正在玩耍的图片。提示和步骤图为学生的造型表现活动提供了学习的素材，富有童趣的学生作品又为学生打开了创作的思路。

实施案例3

飞吧！蝴蝶！

教学目标：

1. 通过对话交流，学生能剪出自己心中的蝴蝶。

2. 学生自主讨论探究立体蝴蝶的剪法，培养学生自主学习、合作学习、探究学习的能力。

3. 激发学生对民间剪纸的热爱与传承，进一步提高对剪纸的认识和感知、创造剪纸立体美的能力培养。

教学重难点：让蝴蝶立起来的方法。

教学过程：

1. 印象中的蝴蝶——兴起（课前交流）

（1）欣赏《梁祝》旋律，师用剪纸展示梁祝剪影

《梁祝》背景音乐起。

师：多么优美、多么熟悉的旋律，你听过吗？它讲述的正是咱们上虞的一个故事。

（一边剪影一边述说故事）有两个学子，出外求学，途中相遇，一见如故，草桥结拜，同窗共读，整整三年，却不知其中一位竟是女子，女子返家，两人十八里相送，依依惜别。

（师展示剪影）问：他们是谁？

生：梁山伯和祝英台。

师：（把剪影贴在黑板上）梁山伯和祝英台最后怎么样了？

生：他们都死了，他们变成了蝴蝶。

师：是的，（把蝴蝶贴在剪影的两边）他们的精神化成了永恒的蝴蝶。飞呀飞呀，一直飞在我们的心中，给我们留下了深刻的印象。在你的印象中，这是怎样的蝴蝶呢？我们把印象中化蝶后的梁祝剪出来。

（2）师生共同剪印象中的蝴蝶并交流

师生一起剪印象中的梁祝蝴蝶。

师：我剪的是梁山伯，你剪的呢？

生：我剪的祝英台，我剪的也是梁山伯。

师：梁山伯与祝英台相遇会说些什么呢？今天我们对面坐着是我们的新同桌，请你和你的同桌碰一碰翅膀，交个朋友。（引导学生思考蝴蝶相遇时所说的话，一起交流，拉近距离）我们一见如故，让我们同窗共读，一起学习吧。（师小结并提示学生即将上课）

课间小游戏

剪纸速度挑战赛

为了提升学生的学习兴趣，并为下一步的剪纸活动"热身"，可以用剪纸挑战赛的游戏方式，来促进教学。

1. 准备素材：提前准备好相同大小的彩纸或剪纸，确保每位参赛者都有相同条件。

2. 设定时间：设定一个合理的时间限制，让参赛者在规定时间内剪出蝴蝶。

3. 准备模板：为了保证比赛的公平性，可以提供蝴蝶剪纸的模板供参赛者选择。模板可以是简单或复杂的设计，根据参赛者的年龄和技能水平来选择。

4. 规则说明：在比赛前向参赛者解释比赛规则和评判标准，如剪纸的准确度、美观度等。

5. 计时开始：在倒计时开始后，参赛者开始剪纸。可以用计时器或钟表来记录时间。

6. 结束和评判：时间结束后，参赛者停止剪纸。评委或老师评判每个作品的质量和美观度。可以根据剪纸的准确度和剪纸的美感来评判。

7. 颁奖：根据评判结果，颁发奖项或奖品给表现优秀的参赛者。

2. 心中的蝴蝶剪起来——实践一

（1）对话交流心中的蝴蝶

师：现在我们做回自己。梁山伯与祝英台可以把这种精神、这种梦想、这种友谊化成蝴蝶。我想我们自己心中也有一只这样的蝴蝶，你心中的蝴蝶长什么样的？

（学生会根据老师的提问来回答，老师通过学生的回答将重点拉至蝴蝶的形状、花纹、色彩上引导学生，为学生的创作提供元素）

（2）师示范自己心中的蝴蝶

师：想知道老师心中的蝴蝶吗？

老师心中的蝴蝶和印象中的蝴蝶一样，要有一双举世无双的翅膀，它是花瓣形的，上面是大的花瓣形，下面是花瓣形。还要有美丽的花纹。我希望我心中蝴蝶的翅膀如同我的心灵一样纯净、透明、透彻，所以我用白色，更想用镂空的方法，如果还喜欢它有丰富的色彩，可以选择你所喜欢的彩纸。让我们一起创造我们心中的美丽。

（师出示制作要求：心中的蝴蝶剪起来：用你喜欢的方式剪一只或多只蝴蝶，也可以将印象中的蝴蝶变成心中的蝴蝶）

（通过这一示范，旨在将生心中的形状、花纹、色彩展现在心中的蝴蝶身上）

（3）师生共同创造心中的美丽（梁祝音乐起）

（4）展示心中的蝴蝶

师拿着一件学生的作品一边评价一边小结。

师：一只蝴蝶慢慢地飞起来了，它是那么轻盈、那么欢快，简单的小圆点在它身上是那么生动、美丽。

又有一只飞过来了，小小的月牙纹在这只蝴蝶的身上是那么美好，那么圣洁。

快向你的朋友介绍一下你心中的蝴蝶。（引导小组交流、评价）

师：把你心中的蝴蝶拿在手上，往左，往右，自由地舞一舞。

师：我看到了一只只美丽的蝴蝶，老师在想：为什么这么美丽呢？我想，一定是心有多美，他的蝴蝶就有多美。让我们的窗户也因为你的蝴蝶而变得更加美丽。

（将人文精神融入课堂，使剪纸课堂完全为学生的学习服务，不仅只局限于教学生技能，更是通过作品、老师的评价性语言完全可以将德育内容渗入其中）

3. 心中的蝴蝶立起来——实践二

（1）学生小组探讨蝴蝶立起来的方法

师：心中的蝴蝶都以它们翩翩的舞姿来到了这里，吸引了我们所有人的目光，你瞧，有的好像在和朋友们聊天，有的好像在低头思考，有的还在懒懒地晒着太阳呢！你有办法能让蝴蝶立起来吗？

生：能。我来。（生将蝴蝶折一折）

师：对折一下就能立起来，既简单又实用。可以这样左右对折，也可以这样上下对折。

师：是不是每只蝴蝶通过对折都可以站立呢？给学生一只不能立起来的蝴蝶让学生来尝试。（提出疑问旨在让学生想办法解决对折也需要一定的窍门。要三点一面才能立起来）

师：一只蝴蝶只需要折一下就可以，那么两只呢？三只呢？四只呢？五只呢？多只蝴蝶呢？你有好办法吗？三个臭皮匠顶个诸葛亮！

要求生小组讨论后会演示方法。

师：你有办法让这么多美丽的蝴蝶一下子（师把剪影的纸卷起来，立起来。黑板上出示课题：飞吧！蝴蝶！）立起来吗？

生：有。我会。

师：请你来试试。（生把一窗户纸撕下）

师：这个方法不错，只要卷一下就能实现。真是团结力量大，心齐，才能立得更牢固。

师：有时候简单的一折一卷、一插一接就可以立起来，你还有更巧妙的方法，创造出更加美丽的立体造型吗？

生：可以放一根绳，把蝴蝶都粘在上面。

师：是的。也可以借助工具站立。

（2）师生共同交流反馈，师小结

师：只要动动我们聪明的脑袋，就会有很多很多方法让蝴蝶立起来，而且这些方法能把我们心中的梦想实现。你们有梦想吗？

生：有。

师：你的梦想是什么？

生：我的梦想是当个飞行员。

师：能把你的梦想剪入蝴蝶吗？

生：嗯，应该可以的。我可以在翅膀上剪个飞行器的花纹。

师：你的想法真是太有创意了。你也可以在剪的时候心里默默地想着。这样你的蝴蝶就会感受到你的心意，感受到你的梦想，你的梦想就会随着蝴蝶一起立起来。

（让学生可以了解剪入梦想并不是一定要将东西剪到蝴蝶身上去，而是一种意境）

师：你有和他不一样的梦想吗？

生：我梦想当个大老板。

（3）将梦想剪入蝴蝶

师：好，美好的梦想要靠我们的双手来创造。把我们的梦想剪入蝴蝶，把我们的梦想化成蝴蝶，让我们的梦想立起来。

（出示制作的要求：心中的蝴蝶立起来：用你喜欢的方式让蝴蝶立起来，并将梦想剪入）

音乐起

4. 心中的蝴蝶飞起来——展示与评价

师：你的梦想是什么？让我来猜一猜！

我从你的花纹中看出来了，是剪的云朵是吗？

师：是的。我看到了你的梦想，你瞧，站得多像个军人啊。你是用什么方法让它立得像个军人的？

师：好，就让这只带着你梦想的蝴蝶飞到我们的展示台上去吧！（通过师生的对话，不仅将学生的作品解释，更将学生所剪的蝴蝶评价了一番，从外形、花纹、色彩，最后从立起来的方法整个都包含进去了）

师：谁愿意来说一说你的梦想？（让学生自己评价自己的作品）

（师生交流评价、学生自评，展示了评价的多元性）

师：我们把承载我们心中梦想的蝴蝶舞到我们的展示台上，然后静静地站立，将心里的梦想轻轻地在心里说出来，带上美丽的翅膀，飞呀飞，穿过白云，飞向蓝天，美丽的彩虹在等着你，让心中的梦想在我们的生活中飞翔……音乐起！

最后的总结让学生带着梦想飞是个意境，创造一种氛围，不是具象的东西，并将梦想在生活中实现，渗透到生活。艺术源自生活。

四、玩中学艺，游戏课堂

遵循儿童的天性是教育的基本规律，是陈鹤琴"活教育"思想的思想根基。儿童喜爱游戏，也能够从游戏中学习知识，所以以"玩中学"的方式来组织活动课程就有了良好的适应性，呈现了"玩中学艺，游戏课堂"的积极景象。教师首先需要在课堂上，营造积极、友好和支持性的学习环境，让学生感到舒适和自信。积极的学习氛围可以激发学生主动参与和探索的欲望。然后选择一些有趣、多样化的剪纸项目，让学生感到挑战和兴奋。例如，在剪纸课程中引入动物、植物、节日等主题的剪纸项目，可以激发学生的兴趣和好奇心。其次，教师需要给出创造性的任务和游戏主题，给学生提供创造性的任务和项目，鼓励他们发挥想象力和创意。例如，让学生设计自己的剪纸图案或制作一个剪纸艺术品，这可以激发学生的主动性和参与度。当然，这也需要多样化的教学方法，如示范、故事讲解、合作学习等。通过多种方式呈现剪纸知识和技巧，可以满足不同学生的学习需求和兴趣。最后，还需要组织学生之间的视觉展示和分享活动，让他们展示自己的剪纸作品并分享创作经验。这可以增加学生的自豪感和动力，同时也可以促进学生之间的交流和互相学习。

实施案例4

茶香四溢

教学目标

1. 学习剪纸的单独纹样（窗花）和二方连续，感受剪纸艺术的装饰美。

2. 通过折、剪、贴的方式，对茶具进行拼贴创作。

3. 增强热爱中国传统文化的情感。

教学重难点

重点：剪纸的单独纹样（窗花）和二方连续。

难点：运用剪纸的负形对茶具进行创意拼贴。

教学课时

1 课时。

教具准备

各类茶具、纸、剪刀、固体胶。

教学过程

课前教师简易茶艺表演，学生闻香品茗，交流感受。提问：你们猜猜这个茶叶多少钱一斤？茶叶有价，宝壶无价，引出无价宝物——茶壶。

1. 挖掘壶特点，引出剪纸纹样—单独纹样（窗花）

（1）教师出示实物，学生观察壶，你喜欢这个宝物吗？你发现了什么？它有什么特点？引出壶身上的剪纸纹样—窗花。

（2）提问学生窗花的折法，教师示范折：对折，再对折，也可以先对角对折，再对折。教师再示范剪：左右穿插剪，点、线、面结合。

（3）学生尝试剪窗花。

（4）评价窗花，及时纠错。

（5）总结窗花属于单独纹样，是一种没有外轮廓及骨骼限制，可单独处理、自由运用的装饰纹样。引导学生初次体验用窗花装饰茶具，可在壶盖、壶身上装饰并指导贴法。教师作品展示。

学习窗花的折剪法，为装饰茶具做准备。

2. 再次挖掘壶特点，引出二方连续

（1）再次观察茶壶图案，寻找不同纹样——二方连续：由一个单独纹样向上下或左右反复连续而形成的纹样。

（2）学生尝试折剪二方连续。教师及时纠错。

（3）学生尝试用二方连续装饰茶具，可在壶身上下边圈，也可作为主体图案装饰并指导贴法。教师作品展示。

学习二方连续的折剪法，为装饰茶具做准备。

3. 学生作业，初次尝试小组合作形式，用单独纹样和二方连续装饰茶具。承上启下的作用，为下面纠错及负形的使用作铺垫

4. 负形的巧妙使用

（1）提问学生在装饰过程中遇到的困惑，图片展示同龄人练习中的错误：装饰

纹样太满或太空，纹样不够精美等，引导学生"知错就改"。

（2）展示作品中特殊图形的使用，引出负形的装饰。剪下的碎片，变废为宝。引导学生正确利用负形装饰茶具。

课间小游戏

剪纸拼图

教学过程进行大半，此时学生的注意力已经有所分散，因此可以通过游戏的方式来继续教学，提升兴趣，并且复习之前的学习内容。

以窗花为例，是一个很有趣的剪纸拼图游戏活动，以下是一些步骤和建议：

1. 准备窗花剪纸图案：选择一些已经剪好的窗花剪纸图案，可以有不同的形状和尺寸。如果有条件，可以让学生自己设计和剪纸窗花图案。

2. 分割窗花图案：将每个窗花图案分割成若干碎片。可以用剪刀将图案切割成几个大的部分，然后再将每个部分细分成更小的碎片。确保每个碎片都有足够的边缘，以便拼接时能够对齐。

3. 准备拼图区域：在课堂上为每个参与者准备一个拼图区域，可以使用一张大纸板或桌子，并在上面放置一个毛巾或底纸以防止碎纸滑动。

4. 开始拼图：将所有的碎片随机分发给参与者。他们需要根据碎片的形状和边缘特征，将它们拼接在一起，尽力复原初始窗花图案。可以规定时间限制，看看谁能在规定时间内完成拼图。

5. 检查和评分：在规定时间结束后，检查每个参与者的拼图结果。评判标准可以是拼图的准确度、美观度和完成时间。可以根据评分来决定并宣布获胜者。

注：在游戏过程中要注重参与者的平等和公平，让每个人都能享受到乐趣和挑战。

纠错提高作品质量，正确使用负形提升学生创新能力，变废为宝增强环保意识。

5. 学生继续作业，再次小组合作，用单独纹样、二方连续以及负形等知识点装饰茶具，并给作品命名

6. 作品展示并评价

7. 提升课堂，最后点题——《茶香四溢》

第五节 课程评价

一、评价目的

对校本课程开发和实施的评价是提高校本课程开发与实施质量的保证。学习评价的目的不仅是考查学生学习目标的达成度，更是检验和改进校本课程的目标和内容的设置，从而优化教学资源，优化教学过程，促进学生的发展和课程建设的发展。

二、评价方法

（一）坚持评价内容的多维化

对课程本身进行观察评价：分析课程目标的定位是否准确，课程内容的设置是否适合学生年龄特点，教学方法是否科学、合理，以便及时调整。

对学生的学习评价：不仅关注学生撕纸、剪纸能力的培养，更重视学生撕纸、剪纸兴趣潜能的发展；不仅关注结果，更重视学生的学习过程和学习态度，尤其是创新精神和实践能力方面的进步与变化。

（二）坚持评价主体的多元化

以任课教师的评价、学生的自我评价、学生之间的相互评价为主体，适时引入其他教师评价、家长评价、专家评价、社会评价等多种评价方式，使评价主体多元化。

（三）坚持评价方式的多样化

把结果评价与过程评价、定性评价和定量评价结合起来。评价方式可以灵活多样，例如：学生作品成长袋的充实；学生优秀作品的展出；学生作品中的小故事征集；学生心灵小火花收集；学生自我评价集、家长信息反馈集的制作等等，做到定性和定量相结合。

在学生的定性评价中，教师注重客观地描述学生的作品，以鼓励为主，并提出修改建议。教师根据每个学生的学习态度，作品的质量进行等级评价，适时地穿插描述性的语言、简单的图画等进行评价。定性评价以激励为主，做到正面引导。

第六节 课程成果

一、整体教育成果显著

学校以培养"心灵手巧"的越小儿童为最终目标，将剪纸传承融入学校工作的方方面面。让上虞区小越街道中心小学的老师善剪纸，学生会剪纸，使学校的剪纸声名远播。

（一）以剪纸为主要元素，打造充满剪纸韵味的校园文化

校园环境布置凸显剪纸特色。校园内小到文化标识、指示牌，大到宣传窗、文化墙，设计风格都以剪纸风格为主，随处可见镂空的"纸味"设计。学校对小越民间剪纸馆进行了第3次改造扩容。改造后的剪纸馆收纳了700多件剪纸作品，分为传统区和创新区，也体现了传承并创新的教育理念。学校 IP 系列形象"YUEYUE"充分融入剪纸元素和越小人文特色，其中之一就是正在剪纸的"悦悦"，一把小剪刀，成了孩子们表达内心、展现自我的工具，剪纸已经成为越小孩子必备的技能。

（二）以剪纸为突破口，构筑新型的校园德育教育阵地

以主题德育为入口，为德育活动输入剪纸血脉。组织多项主题剪纸比赛，以剪纸镌刻学生的家国情怀。2019 年是新中国成立 70 周年，学校以此为契机组织了"庆祝建国 70 周年""家·和"师生剪纸作品比赛。70 年的巨变就发生在我们身边，学生通过采访家里的长辈、网上搜集资料等方式感受祖国的巨变，感受"家·和"的幸福生活，用剪纸作品进行表达。三年中学校还组织了"请党放心强国有我"喜迎国庆、"剪莲颂廉"清廉文化进校园、"喜迎二十大"等多项主题剪纸比赛，充分激发学生热爱党、热爱祖国的情怀，加强学生的爱国主义、集体主义、社会主义思想教育，同时提高学生艺术素养。

以德育实践为平台，组织形式多样的剪纸传承活动。2019 年在上虞区少工委组织的"传承红色基因争做新时代好少年"微队课展示中，小越街道中心小学以剪纸为表现手法的微队课再次获得金奖。2020 年，受新冠疫情的影响，学校延期开学，剪纸社团的学生在辅导老师郑雯的带领下用"剪纸"这种越小特有的方式参与这场病毒防疫战。学生通过在剪纸作品中倡导身边人做好自我防护，不吃野生动物、减少走亲访友。同时，致敬所有奋斗在一线的工作人员，为武汉加油，为中国加油！

同年6月，学校开展"贤师回乡"系列活动之剪纸社团师生赴倪梁村开展"师心同剪"走亲活动，让大家了解这一项非遗文化的传承故事。现场还有几位宝刀未老的民间剪纸艺人也带来了她们的作品，并给学生讲解这些民俗剪纸的寓意，实现真正意义上的传承。与此同时学校充分利用"贤师回乡"活动平台，给小越民间剪纸插上了"数字"的翅膀，从图样设计、存稿到激光雕刻，为剪纸传承工作开辟了新的思路，助力乡村指尖艺术的传承。

二、获奖成果

（一）作品获奖

2015年7月，在"情系鉴湖"绍兴市剪纸艺术比赛中，有7位教师、15名学生分获一、二、三等奖，学校荣获优秀组织奖；2017年，浙江省第六届"张小泉杯"青少年创意剪纸大赛中，14件剪纸作品分别获得银、铜剪子称号和优胜奖，两位指导老师获得"优秀指导教师"称号，学校获"优秀组织奖"；2018年，10件作品在浙江省"张小泉杯"青少年创意剪纸大赛中获奖，在绍兴市"诗画江南醉美绍兴"剪纸比赛中，5位剪纸教师的作品分获一、二、三等奖，作品在绍兴非遗展厅展出；2019年，在"家·和"绍兴市剪纸艺术比赛中，12件学生作品和7件教师作品获奖。

（二）教研成果获奖

2015年，两位老师的剪纸微课分别获得区一、二等奖；2016年，《让"微"风浸润美术课堂——初探微课运用于校本剪纸课程》获绍兴市论文评比二等奖；2017年，倪燕老师的论文《剪纸校本课程实施中的问题及对策》在浙江省中小学剪纸教学研讨会上获得三等奖，课题《小学美术剪纸绘本创作实施策略初探》《小学美术教材裁剪和重组的实践研究》在上虞区立项；2018年，课题《以上虞童谣为素材的小学低段剪纸探究》在绍兴市立项；2020年，由学校剪纸创新研修团队共同开发的课程《知·纸·志——传统节气儿童趣味纸艺手作》获省数字资源开发优秀奖、区精品数字教育资源开发活动一等奖，在学习强国进行推介并入选之江汇。

三、研究论文和课题成果

论文《让"微"风浸润美术课堂——初探微课运用于校本剪纸课程》

论文《剪纸校本课程实施中的问题及对策》

《小学美术剪纸绘本创作实施策略初探》课题成果

《以上虞童谣为素材的小学低段剪纸探究》课题成果

四、相关报道（2021—2023 年）（表6-2）

表6-2　剪纸活动媒体报道一览表

1	剪纸迎新春文化有传承	教体在线
2	剪"莲"颂"廉"——小越街道中心小学将清廉文化融入剪纸创作	浙江省非遗网
3	传统剪纸迎国庆童心祝福献祖国	上虞教体在线
4	小越街道中心小学学生用剪纸来传承红色基因	浙江非遗
5	纸薄情厚，剪纸助力防疫战	浙江新闻客户端
6	贤师回乡，带来非遗文化	《绍兴晚报》
7	师心同剪文化留遗	浙江新闻客户端
8	"美丽母校，我爱您"——上虞小越街道中心小学毕业生创作巨幅剪纸作品	绍兴市非遗
9	小越街道中心小学六年级毕业生剪纸"母校"送母校	浙江新闻客户端
10	师生同剪传承非遗	《上虞日报》
11	校园里迎来了爱好剪纸的村民	浙江新闻客户端
12	传承剪纸文化打造"活YUE"课堂	《上虞日报》
13	小越街道中心小学工会开展"清廉"主题剪纸活动	上虞区教育工会
14	让学生"剪"出非遗故事	中国出版传媒商报
15	非遗进校园文化润童心	《绍兴晚报》

五、课程照片（图6-5）

六（3）班的学生创作剪纸喜迎祖国70华诞　　校剪纸文化艺术节上孩子们现场表演剪团花

剪纸社团的孩子在创作廉洁文化主题剪纸　　　　剪纸社团学生创作生肖剪纸

图6-5　学生剪纸活动照片

后 记

 绍兴市上虞区小越街道中心小学创办于1905年,至今已有118年的办学历史。"春澜分院"是学校初始名称,由小越横山著名乡贤陈春澜于晚年出资筹建。一百多年来,学校几度易地,规模不断扩大,条件不断改善。在悠久的办学历程中,积淀了厚实的文化底蕴。近年来,学校充分挖掘地方人文特色,已探索出一条以"剪纸文化"为特色的教育之路,把剪纸教育与品德塑造、情操陶冶、个性培养、学业提升相结合,引导学生学求智慧、学做真人,树立了严谨务实的校风和学风,是一所高质量、有特色的示范性完全小学。

 学校现有教职工120余人。学校师资结构合理,在编教师中,高级教师7人,大学本科及以上学历占82%,上虞区级以上名师、教坛新秀、学科带头人16人,中青年骨干队伍数量大而稳,进取心强。近几年来,学校紧紧依靠全体教师,重规范、抓课堂、强基础,教育质量不断提高,学校先后获得浙江省标准化学校、浙江省艺术特色学校、浙江省体育特色学校、浙江省非遗传承基地等荣誉。以上这些优良的条件,为学校"玩中学"课程体系的构建和实施,促进新课改的深化提供了扎实的基础。

 课程,历来是教育改革最核心的要素;课堂,永远是教育改革最重要的阵地。作为上虞区深化课改的试点学校,近几年学校沐浴课程改革的春风,开发了一系列具有本土特色的趣味课程:学校的红色研学活动课程,以中国共产党红色精神为主题,采用"玩中学"的学习方式,显著地促进儿童的品德提升;以3D打印技术为依托,设计了适合小学生学习的3D打印创客课程,课程采用项目化学习的形式,以创客教育思想为导向,以"做中学"为策略,激发学生学习兴趣;开发的空手道课程,让学生在玩中掌握了一定的格斗技巧，发展了学生的素质，培养了学生自信、独立、团结、协作、拼搏的优良品质；致力于鼓乐文化的传承，通过鼓韵课程的建设和实施，让学生了解鼓乐文化，获得演奏技艺的同时，充分发挥鼓乐育人价值；依托"伏龙山"农科基地的"责任田""养殖场""孵化室"以及"萌兔园"四大场域，开发了"YUE劳动"课程，努力培养学生热爱劳动、勤于劳动、善于劳动的优良品质；将"民间剪纸"引进校园，开展以剪纸艺术传承为突破口的特色教育活动，开发特色剪纸课程。绍兴市上虞区小越街道中心小学开发的"玩中学"课程，在实践中深受广大家长和学生的好评，让学生实现了学有所爱、学有所长。

参与本书编写的人员有：第一章徐梦蝶（绍兴市上虞区小越街道中心小学骨干教师、大队辅导员）；第二章沈文娟（绍兴市上虞区教坛新秀、学校教导处主任）；第三章徐彬（绍兴市上虞区小越街道中心小学骨干教师）；第四章陈莉芳（绍兴市上虞区学科带头人、绍兴市上虞区教坛新秀）；第五章陈佳文（绍兴市上虞区教坛新秀、学校教科室主任）；第六章倪燕（绍兴市上虞区十佳师德标兵、学校校长办主任）。

今后，学校将在现有"玩中学"课程的基础上，不断充实完善课程架构，扩大课程使用面，并将学校的课程建设经验推出去，供兄弟学校学习使用，增强课程影响力。目前学校已完成了《小越民间剪纸》《德行启蒙》《越乡鼓韵》等校本教材编写，并已投入使用。今后，学校还将加大校本教材的开发和研究力度，为学校的特色发展保驾护航。

周建海

2023 年 11 月

新时代"活教育"理论与实践发展研究丛书

沈夏林　何桂仙　主编

"活教育"引领下的学校课程与教学改革

"HUOJIAOYU" YINLING XIA DE XUEXIAO KECHENG YU JIAOXUE GAIGE

任芳芳·主编

线装書局

图书在版编目（CIP）数据

"活教育"引领下的学校课程与教学改革 / 任芳芳
主编. -- 北京 ： 线装书局，2024. 10. --（新时代"活
教育"理论与实践发展研究 / 沈夏林，何桂仙主编）.
ISBN 978-7-5120-6225-2

Ⅰ. G622.0

中国国家版本馆 CIP 数据核字第 2024CF8907 号

"活教育"引领下的学校课程与教学改革

"HUOJIAOYU" YINLING XIA DE XUEXIAO KECHENG YU JIAOXUE GAIGE

主　　编：任芳芳
责任编辑：林　菲
出版发行：线装書局
　　　　　地　　址：北京市丰台区方庄日月天地大厦 B 座 17 层（100078）
　　　　　电　　话：010-58077126（发行部）　010-58076938（总编室）
　　　　　网　　址：www.zgxzsj.com
经　　销：新华书店
印　　制：三河市龙大印装有限公司
开　　本：710mm×1000mm　1/16
印　　张：14.75
字　　数：246 千
版　　次：2024 年 10 月第 1 版第 1 次印刷
印　　数：0001—1000 册

线装书局官方微信

定　　价：248.00 元（全五册）

办品质的活教育
育高质量的时代
新人!

二〇二三年四月　顾明远书 🔲

著名教育家顾明远先生题词

编委名单

（排名不分先后）

编　委：王一玮　　陈枝钧　　宋莲芝　　张慧琴　　章坚峰　　张洁炯

余　钧　　钟丽丽　　章琼英　　杨伟萍　　陆晓燕　　凌雨琪

俞镇沸　　龚煜雯　　操慧珊　　石银芳　　周春霞　　章晓璐

王立苹　　倪炜丽　　王美乙　　龚永娣　　郑荷囡　　林泳桥

谢清清　　应湘婷　　叶慧琴　　黄　佳　　钟　莉　　徐　瑜

刘　斌

前　言

　　80多年前，浙江省上虞籍著名教育家陈鹤琴提出了"教活书、活教书、教书活""读活书、活读书、读书活"的观点，意图改变当时中国教育存在的"教死书、死教书、教书死""读死书、死读书、读书死"问题，这一思想在中国教育界产生了重大影响。时至今日，陈鹤琴先生所批评的现象依然在一定程度上存在，典型表现为教师"死教"、学生"死学"的"苦教苦学"，这种教育教学方式与全面贯彻党的教育方针，落实立德树人根本任务，培养德智体美劳全面发展的社会主义建设者和接班人的要求和学生终身学习发展的需要是格格不入的。

　　鉴于此，上虞区教体局着眼未来，提出了"办有品质的活教育，打造湾区教育新高地"的教育发展目标，以逐步满足上虞人民对更高质量教育的向往。基于共同的理念和愿景，浙江师范大学教育集团与上虞区教体局合作开展了新时代"活教育"理论与实践的发展研究，得到了众多学校的热情支持，最终确定了春晖外国语学校、上虞外国语学校、滨江小学、鹤琴小学、崧厦街道中心小学、小越街道中心小学为该项目研究的基地学校，浙江师范大学附属上虞中学也参与了该项目的研究。上虞区教体局为该项目研究给予政策、经费的保障，基地学校校领导、教师积极参与该项目研究与实践，浙江师范大学教育集团组织了一支理论和实践研究的指导队伍，携手开展新时代"活教育"的探索。

　　基于陈鹤琴先生的"活教育"思想，根据各校的办学传统和特点，逐步凝练了以"活力课堂""活力文化""活力课程""活力教师""活力美育"等为主要内容的上虞新时代"活教育"特色，并开展了相应的理论研究与实践探索。浙江师范大学研究生院还主办了纪念陈鹤琴130周年诞辰暨"活教育"思想研究征文大赛，得到广

大研究生的热烈响应，经过对征集到的论文认真评议，选择了部分论文结集纳入本丛书出版。

《陈鹤琴"活教育"思想的当代传承与探索》文集以陈鹤琴教育思想的当代价值、传承及其实践创新为主题，主要包括对陈鹤琴教育思想的本体研究与比较研究、陈鹤琴教育思想与课程改革研究、陈鹤琴教育思想与教师专业发展研究等内容，旨在审视陈鹤琴教育思想在新时代的学术价值和现实意义，引导广大教育工作者理解传承、创新应用陈鹤琴教育思想，推进"活教育"在新时代深入开展。

《学科课程节："活教育"理念的学校课程变革行动实践》以课程为切入点，从儿童的内在需求出发，研究满足儿童全面发展的教育生态的营建。滨江小学教育集团在"活教育"理念指导下，致力于学科教学和学生发展的有效融通，以学科课程节为载体，探索国家课程的活动化、校本化、项目化，推动教学活动序列化、结构化、课程化，进而构建素养化课程体系，滋养办学成色，以求以学科变革促进学生全面发展。

《"活教育"引领下的学校课程与教学改革》阐述了上虞区鹤琴小学秉持"活教育"视域下的儿童学习观、教师教学观等理念与内在要求，致力于课程与教学的不断创新。全书在"一切为儿童"的"活教育"理念观照下，结合新课程改革理念，围绕课程、教学、学生、教师等维度，具体通过活力课程的设计与实施、活力课堂的研磨与生成、核心素养的落实与发展、精良队伍的培植与建设、优质资源的培育与重组等方面较为全面而具体地呈现了"活教育"引领下学校课程与教学改革的实践样态。

《童慧教育："活教育"思想的乡土实践与探索》阐述的是上虞区崧厦街道中心小学基于学校现实基础，从"活教育"思想的现代转化入手，提出了"童慧教育"的理念与内在要求。全书在阐述"童慧教育"理论的基础上，围绕课程构建与实施、课堂教学转型与变革、评价体系及其实施、学校文化建设等内容，较为系统地描述了基于"活教育"思想的"童慧教育"实践样态。

《玩中学："活教育"引领下的小学活动课程实践》呈现的是上虞区小越街道中心小学在"活教育"理论支持下，以"玩中学"为理念开发的系列活动课程。"玩中学"系列活动课程包括"玩中育德"的红色研学课程、"玩中培智"的创意3D打印课程、"玩中强体"的空手道课程、"玩中作美"的鼓韵课程、"玩中悦劳"的劳动课程以及富有地方特色的剪纸课程六大活动课程，实现以玩促学、会玩会学、

学中有玩、玩中有学。

《活教育　悦课程：跨学科主题学习活动的设计与实施》一书，阐述了上虞春晖外国语学校接轨春晖教育，传承白马文化，践行"活教育"理念，创设的以"悦礼""悦读""悦动""悦美""悦行"为主题的跨学科主题学习活动。全书展示了该校加强学科相互关联，课程内容与学生经验、社会生活相联系，强化学科知识整合，统筹设计实施综合课程和跨学科主题学习活动，发挥课程协同育人功能，培养科学人文相融，人格学力俱佳的时代新人的实践探索。

《活力教师成长的校本实践探索》阐述的是一所新办学校——上虞外国语学校践行陈鹤琴"活教育"思想，在较短时间里建设一支充满活力的教师队伍的实践探索与独特经验。全书从活力思考、活力设计、活力课例、活力评价、活力育人和活力成长六个方面展示了上虞外国语学校这所新办学校，充分利用成熟教师的丰富经验和年轻教师的创新意识，使经验的能量和青春的力量相互碰撞，诠释了对新时代"活教育"的理解和实践，形成了新学校活力教师队伍建设的校本经验。

《"活教育"引领下的新办学校成长方略》呈现的是一所新办学校——上虞区鹤琴小学教育集团天香校区坚持以陈鹤琴"活教育"思想为指导，以实现学校特色办学的可持续发展为目标，打造"活教育"校园文化品牌的架构与实践。全书展现了该校以"促进儿童身心和谐全面发展"的"活教育"办学理念为宗旨，以活文化、活课程、活课堂、活教师的建设为线索，探索"活教育"引领下新办学校的发展路径，构建了"四香"校园文化体系，开发实施了"六艺"课程和技术赋能的"活力课程"，并借此带动教师专业成长，为学校的建设发展注入强劲活力。

《致远有爱："活教育"理念的"致教育"课程构建与实践》，阐述了浙江师范大学附属上虞中学在"活教育"理念引领下，探索构建以"致远有爱"为目标的"致教育"课程体系的实践与成果。"致教育"课程践行"活教育"理念，旨在以爱心培育生命促进健康成长，以文明启迪智慧引领个性发展，以"致品""致知""致动""致美""致行"为主题的课程内容，努力为培养德智体美劳全面发展的时代新人提供课程支持。

经过三年多的共同努力，陈鹤琴先生的"活教育"思想实践在这些基地学校已初显成效，这套丛书所呈现的就是部分理论与实践研究成果。我们相信，随着新时代"活教育"理论研究与实践探索的深入，将会有更多更好的成果逐步涌现。

我们所开展的研究活动，得到了著名教育家顾明远先生的关注，他在了解此事后，欣然题词："办品质的活教育，育高质量的时代新人。"这是对我们极大的鼓励，激励我们将新时代"活教育"理论与实践发展研究持续、深入进行下去。

教育改革之艰难是众所周知的，我们不期望通过一个项目的研究和实践就能解决教育之积弊，但我们相信，我们的共同努力将为教育带来一缕新风。

沈夏林　何桂仙

2023 年 8 月

- 目　录 -

第一章　做中学　悦成长——活力课程的设计与实施

第一节　做中学活力课程的整体规划

为贯彻落实《浙江省教育厅办公室关于建设义务教育拓展性课程的指导意见》(浙教办基〔2015〕78 号)的文件精神(以下简称《指导意见》),以立德树人为根本任务,构建符合素质教育要求的学校课程体系,致力于开发和培育每一位学生的学习潜能和特长,积极打造自主、高效、充满活力的生本课堂,特制订鹤琴小学"做中学"活力课程规划方案。

一、课程实施基础

浙江省绍兴市上虞区鹤琴小学创办于 1907 年,是我国著名儿童教育家陈鹤琴先生的启蒙之地。学校秉承陈鹤琴先生"一切为儿童"的办学理念,积极实践陈鹤琴"活教育"思想,以"做中学,做中教,做中求进步"的方法论,"大自然、大社会都是我们的活教材"的课程观为指导,以"做一个幸福的鹤琴人"为目标,持续行进在"基于活教育文化的精致化学校"的征程中。

(一)实施需求分析

1. "活教育"发展的需求:"做中学"是陈鹤琴先生提出的"活教育"思想的方法论,它是"中国社会的道地产物",对当下的教育改革依然有着重要的指导意义。由其创生的"做中学"实践课程,是学生个性成长、优质发展的抓手和基石。同时,我们也力求以"做中学"实践课程来发展"活教育"。

2.学生个性发展的需求：当前学生的基础知识、技能掌握得比较扎实，但精神成长比较滞后。现行的课程内容在一定程度上反映社会进步和科技发展，但仍存在"难、繁、偏、旧"的情况，且过于注重书本知识，与学生生活经验脱节，大大偏离了让学生"多元化"发展的目标。

3.教师专业发展的需求：新课改的实施离不开教师，教师需要快速成长。而"做中学"实践课程为教育教学带来了良好的机遇，并提供了平台和发展空间，能够促进师资队伍整体水平的提高。

4.学校特色发展的需求：面对机遇和挑战，我们在"一切为儿童"办学理念的引领下，对新的人才培养目标、课程体系、教学策略以及相应评价机制等做了较多的探索，形成了以"大自然、大社会都是活教材"为指导，以"让学生拥有更多的课程资源和尝试机会"为策略，以多样化的课程、教学、实践为途径，促进学生健康、责任、智慧三维因素协调发展的"做中学"实践课程。

（二）可用资源分析

1.硬件设施分析：学校教学设施齐全，拥有藏书量丰富的曹陈菊仙图书馆，以及音舞厅、录播厅、活动室、计算机房、实验室等专用教室。各场地都有专门的教室和训练场所，学校周边的公共设施，都可成为"做中学"实践课程的资源。

2.师资情况分析：学校拥有一支高素质教师队伍，为课程开发提供了坚实的基础。同时，学校还外聘了一些音乐、棋类、武术、主持培训等教师，补充了学校教育的不足。

3.家庭资源分析：学校特别重视家校联系。家长委员会、家长义工社、家长微课堂系列活动的开展，拓宽了家校合作范围，让更多、更优质的家长资源为校所用。

（三）学校特色定位

鹤琴小学是著名教育家陈鹤琴先生的母校，至今已有一百多年的历史。学校文化底蕴深厚，"活教育"氛围浓郁，让学校鲜活、精致。近年来，学校立足实际，按照上级要求，提出了"文化鹤琴，精致相约；活力鹤琴，幸福相伴"的办学思路。学校致力于优秀文化的传承与创新，优质资源的培育与重组，精良队伍的培植与建设，活力课堂的研磨与生成，用"人文"凝练文化，以"创新"激发活力，用"精致"彰显个性，以"幸福"体现价值，在特色社团、实践课程、家校联盟等方面走出了一条特色发展之路。

（四）课程现状分析

陈鹤琴先生提倡"整个教学法"，就是应该整个地、有系统地去教儿童学。因为儿童生活是整个的，教材也必然是整个的，不能是四分五裂的，从中可以清晰地看到这一理解是非常科学合理的。他的生活教育观让我们对"做中学"实践课程有了更深层次的理解：我们的课程也需要看到教育的全貌，需要在整合各学科的基础上，围绕培养目标，回归教育本质，以塑造一个真正的社会"人"。

从2009年开始，学校建构并开发了"做中学"的生活实践、学科实践和德育实践三大类课程。（图1-1）

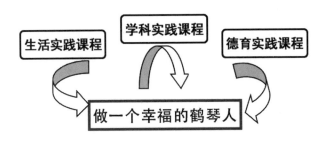

图1-1 "做中学"课程结构

生活实践课程：旨在奠基基础性学力，关注共同经验，通过教师技术的加工，把生活经验、拓展资源整合成学生全方位的生活，让学生做一个完满的生活者。

学科实践课程：旨在孕育创造性学力，丰富实践经验，通过教师智慧的加工，把学科知识、学科能力整合成学科素养，让学生做一个快乐的学习者。

德育实践课程：旨在培养发展性学力，促进个性化的发展，通过教师温暖的加工，把个人修养、社会关爱提升至国家情怀，让学生做一个温润的成长者。

生活实践课程、学科实践课程、德育实践课程三者共同为"做一个幸福的鹤琴人"奠基。

二、课程实施理念

"做中学"实践课程初具雏形，但如何和国家基础课程衔接，做好基础课程与拓展课程的整合，形成具有鹤琴特色的实践课程，需要学校加强顶层设计，不断细化规则、开发利用，以日臻完善、形成体系。

（一）课程理念和目标

1.课程理念

理念是实践和行动的指南，开发"做中学"实践课程应凸显下列基本理念：

课程观：课程被视为教育情境、教师和学生互动的生成性过程和结果。

学生观：学生展现个体差异，同时具备主动构建学习的能力，课程应根据学生的需求进行调整，学生参与是课程生动精彩的关键。

教师观：教师是课程的研究者、开发者和实施者，具备主动诠释和开发课程的能力。

2.课程目标

总目标：促使教师和学生共同参与"做中学"实践课程的再造，发挥团队合作精神，深化课程改革，推动课程的开发和利用。通过丰富学生的生活、培养学生的性情，扩展学生乐学的空间、发展的空间，增强学生学习幸福感，同时推动学校课程体系建设，凸显学校办学特色。

（1）学校特色发展目标：以"做中学"实践课程开发，推进学校以"做一个幸福的鹤琴人"为核心的课程体系建设，提升学生的核心素养，不断创新课程建设，促进学校办学特色的形成。

（2）学生个性发展目标：通过"做中学"实践课程的推进，拓展学生的学习方式，提供更多参与实践的机会，以获得积极体验和丰富经验。培养学生的责任感，加强信息处理、问题解决与创新思维能力，塑造合作、分享、积极进取等优良品质，促使学生成为"健康、责任、智慧"全面发展的个体。

（3）教师专业发展目标：通过"做中学"实践课程开发，打造一支勤于钻研、善于合作、敢于创新、精于反思、勇于奉献、业务精良、一专多能，并且有较强课程建设能力的教师队伍，让教师成为学者型教师，促进教师专业化成长。

（二）课程结构和设置

1.课程结构

以教育部《义务教育课程设置实验方案》《义务教育课程标准》、浙江省教育厅《关于深化义务教育课程改革的指导意见》为依据，鹤琴小学"做中学"实践课程分为基础类课程和拓展类课程，根据学生核心素养培育的需要，有机结合知识技能、创新精神和实践能力的学习和培养，进一步完善了原有的课程体系。

（1）基础类课程包括品德、语文、数学、英语、科学、体育、艺术等，为全体学生提供国家和地方课程标准规定的统一学习内容。为强化课程的选择性教育思想，"做中学"实践课程对基础性课程进行了创新，将其分为奠基性基础课程和分层性基础课程。奠基性基础课程是指国家规定的内容相对固定的课程，而分层性基础课程是在国家统一规定的学习内容下，根据学生学习能力、文化积淀、综合应用等方面的差异设置的内容相同但侧重点不同的课程，以满足不同学生的发展需求。

（2）拓展类课程是指根据地域和学校特色，结合学生核心素养培养目标、年龄特点、个性特长等，设计了突出兴趣性、活动性、层次性和选择性的课程。在"做中学"课程中，拓展性课程主要分为主题式拓展课程和自主式拓展课程。（图1-2）自主式拓展课程充分遵循"以学生为中心"的原则，贯穿课程内容、形式甚至开设与开发，为学生提供可自主选择的课程。主题式拓展课程则是根据学校创办历史中积累的校园文化特色活动，注重培育学生核心素养的课程。主题式拓展课程设计趋向于综合性，让学生在不同情境、角色中整合各方面能力，逐步形成恰当应对各种挑战的综合素养。

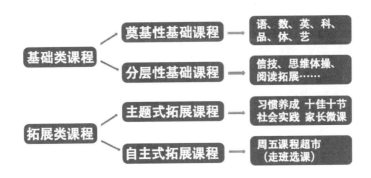

图1-2 "做中学"实践课程结构框架

2.课程内容

培养学生核心素养，关键是在实践操作层面有对应的课程来支撑，我们努力将核心素养层级目录和课程总体框架中的4类课程进行结合，确定"做中学"实践课程的内容，如表1-1所示。

表1-1   "做中学"实践课程内容

核心素养	基础类课程		拓展类课程	
	奠基性基础课程	分层性基础课程	主题式拓展课程	自主式拓展课程
身心健康	体育	阳光心理微型课程、空竹课程		选择课程（HQ战队、炫彩飞扬空竹队）阳光体育1小时
学习能力		主题阅读微型课	晨诵暮吟	经典赏析、名著阅读
自我规划	读书节系列活动		太阳鸟艺术节系列活动、"走进鹤琴园"	"我的事情我负责"生活自理课程
公民素养	品德与生活（社会）道德与法治	道德生活小课堂	"走进鹤琴园"上学习课程	安全、环保、国防、法治小课题
跨文化交流		社会实践活动	节日课程	十佳小导游评比
国际理解	英语	Sunny English	"走进鹤琴园"下	Sunny English
人文艺术	语文、艺术（音乐、美术、书法）	"献之书苑"特色课程	太阳鸟艺术节系列活动	菜单式课程（红黄蓝、水云间、玩电影等）
科学素养	数学科学	头脑风暴	探索者科技创新航模	实验操作趣味数学
信息素养	3D建模科技创新大赛	信息技术	信奥、电脑作品大赛等	信息学3D建模
综合素养		"可爱的上虞"课程	听写大赛	家校微课程

3. 课程设置

根据国家课程标准和《浙江省义务教育课程设置及课时安排》（2015年修订）的要求，合理安排"做中学"实践课程设置。

（1）奠基性基础课程和分层性基础课程安排（表1-2）

表1-2   "做中学"奠基性基础课程和分层性基础课程设置

课程	周课时　年级	一	二	三	四	五	六	说明
奠基性基础课程	语文	7	7	6	6	5	5	奠基性基础课程将原来的每节课40分钟规定为30+10分钟制，30分钟为师生互动课堂，10分钟为学生自主学习时间，中间设有铃声，将更多的学习时间留给学生自主发展
	数学	5	5	4	4	4	4	
	英语			3	3	3	3	
	科学			2	2	3	3	
	品德与生活（道德与法治）	2	2					
	品德与社会			2	2	2	2	
	艺术（音乐、美术）	4	4	4	4	4	4	
	体育	4	4	3	3	3	3	

续表

课程	周课时　年级	一	二	三	四	五	六	说明
	周课时数	22	22	24	24	24	24	
分层性基础课程	信息技术			1	1	1	1	
	硬笔书法	1	1					
	趣味口语			1	1			三、四年级英语趣味口语
	思维体操			1	1	1	1	开设数学思维研究、数学与科学整合的探究式课程
	经典阅读	1	1	1	1	1	1	开设绘本阅读、经典诵读等
	劳动技术			1	1	1	1	自理能力、生活规划
	周课时数	2	2	4	4	3	3	

（2）主题式拓展课程和自主式拓展课程设置及安排

①拓展性课程设置（表1-3）。

表1-3　"做中学"拓展性课程设置

选择性拓展课程	周五课程超市	体育	2	2	2	2	2	2	由于自主式拓展课程完全以学生为中心，因此课程内容可根据学生的需要随时开发与开设
		艺术							
		信息学							
		科技创新							
		……							
主题式拓展课程	综合实践拓展课程	少先队课	1	1	1	1	1	1	每周三下午和地方课程统筹安排
		家长微课堂名家进课堂	1	1	1	1	1	1	定期开展家长微课堂活动，邀请作家、画家、体育名家、"非遗"传人等，拓宽学习的视野
		传统文化体验							走进博物馆、"非遗"馆、孝德公园等
		十佳十节课程							以阅读节、科技节、体育节、艺术节等形式
	魅力小课堂								利用晨间小课堂和午间自主活动时间，开设基于学生素养培育的相应课程
	专题实践活动		6天/学年	6天/学年	7天/学年	7天/学年	7天/学年	7天/学年	学校运动会、春秋游活动、节日课程、夏令营等

②主题式拓展课程安排（表1-4）。

表1-4 "做中学"主题式拓展课程设置

类别	主题	学习领域	年级	任务与目标	具体内容
主题式拓展课程	科技天地	分享自然	低年级	会观察植物，能写简单的观察日记	以观察校园里的花、草、树木为主，学会观察，并记录
			高年级	观察动、植物与气候的关系，写观察报告	可以走出校园，到十八里景观带、龙山公园进行动、植物观察，撰写观察报告
		感悟奇迹	低年级	了解生活中的一些小发明、小设计	以实验操作、资料介绍、节目播放等形式，让学生了解科技与生活的关系
			高年级	提高动手能力，动手制作，动脑思考，有所创新	进行五"小"：小实验、小制作、小发明、小设计、小论文
		校园竞技	低年级	按照科学组的安排进行相关的科技活动	
			高年级	按照科学组的安排进行相关的科技活动	
	少先队活动	健康教育	低年级	减少意外事故和伤害的发生	学会拨打"110""120""119"，学会预防烧伤和电击，并会处理烧伤和电击伤口
			高年级	学会识别可疑的陌生人，初步掌握突发灾害发生时的自救能力	预防与处理煤气中毒，正确使用微波炉，如何识别可疑人
		环境教育	低年级	了解并实践小学生在环保方面的行为规范	对照小学生日常行为规范，运用说、唱、演等形式，开展环保教育
			高年级	珍爱生命，认识人与自然要和谐相处，增强环保意识与生态意识	通过表演、制作漫画、标语等方式参与社区及周边环境公共道德宣传
		心理健康教育	低年级	克服孤独、依赖、由学习与环境的不适应带来的困惑和交往障碍	开展想想说说"我喜欢和谁在一起……"和送心心卡"和好朋友说一句话"活动
			高年级	初步认识与体验人的生命是可贵的，珍惜生命	了解一些曾经在我国发生的重大自然灾害与突发事件，领悟人们在危难中守望相助、团结合作精神的可贵
		安全教育	低年级	知道常见的求援电话	结合争章活动落实要求
			高年级	学习必要的自救技能	开展模拟防灾害事故的演习活动
		法制教育	低年级	了解并遵守各项校规校纪和基本的社会规范。培养学生良好的行为习惯	开展行为规范养成训练
			高年级	懂得遵纪守法的重要性，养成遵纪守法的习惯	参加学校值勤活动，开展学生自主管理和自我教育能力的培养
	家长微课堂	主题教育活动	各年级	根据活动主题拟订	除家长微课堂外，各年级可结合节日，开展亲子运动会、水果拼盘、包粽子等亲子互动活动
	影视课堂	人类发明电影一百多年来，成功拍摄了许多经久不衰、永不过时的值得少年儿童观看的经典影片，这些影片从思想内容到艺术形式都饱含着数千年的人类文明成果，是提高学生素质的宝贵资源。影视课堂，根据小学生生理和心理发展的规律，通过观看来自世界36个国家500部经典影视片，让学生获得各种知识，不断提高综合素质，促进学生较全面、准确地感知世界，并在此过程中培养探究精神和创新能力。高年级学生推荐写影评				

③自主式拓展课程安排（表1-5）。

表1-5　"做中学"自主式拓展课程设置

序号	选择菜单	类别	指导老师	活动地点	招生人数	备注
1	献之书法	美学	金焕荣	书法活动室	30	
2	红黄兰绘画艺术	美学	钟　莉	美术活动室	30	
		美学	俞镇沸	美术活动室	30	
3	炫彩飞扬空竹队	健康	朱姣丽	校操场	40	
4	水云间文学团队	语言	陈　琰	文学社教室	30	
5	HQ战队（男）	健康	罗　宁	篮球场	20	
6	HQ战队（女）	健康	郑　忠	篮球场	20	
7	蓓蕾舞蹈	美学	张秋英	音舞厅	40	
8	天籁之音	美学	童　波	音乐室（二）	40	
9	泉水叮咚艺术团	美学	应湘婷	音乐室（一）	30	
10	探索者科技创新	科学	王剑鑫	综合楼三楼	30	
11	走进信奥	综合	叶慧琴	计算机房	30	
12	Sunny English	综合	罗　煜	综合楼四楼	30	
13	玩电影	美学	丁乐君	综合楼四楼	30	
14	数学小博士	科学	章坚锋	教学楼二	30	
15	爱拍投影社	美学	金越峰	教学楼二	30	
16	金话筒主持	语言	谢莉莉	行政楼三	30	
17	DIY手作坊	美学	徐　莹	综合楼四楼	30	
18	田径俱乐部	健康	马皎洁	操场	30	
19	奕趣棋社之国际象棋	综合	沈老师	棋类教室2	30	外聘
20	跆拳道组合	健康	李老师	科学馆大厅	30	外聘
21	悦耳丝竹（笛子）	美学	赵老师	音乐教室1	30	外聘
22	悦耳丝竹（葫芦丝）	美学	王老师	音乐教室2	30	外聘
23	拉丁舞	美学	丁老师	舞蹈教室2	30	外聘

（3）拓展性课程的特色探究

　　根据课程设置方案，结合学校特色，我们力求通过课程改编、课程整合、课程补充等策略，构建"做中学"整合后的课程整体框架。基本设想如图1-3所示。

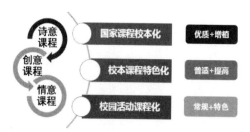

图 1-3　"做中学"课程整体框架

整合后的"做中学"实践课程分为三类：

诗意课程：在学科交叉的部分将国家课程校本化。以国家课程标准为框架，校本化开发和个性化实施各类基础类学科课程，实现"优质＋增值"。（图 1-4）

图 1-4　诗意课程整体框架

创意课程：在学科拓展的部分实现校本课程特色化。即通过开展丰富多彩的拓展类课程，组织成立社团和兴趣小组，培养孩子的动手能力、健康体魄、审美情趣等，实现"普适＋提高"。（图 1-5）

图 1-5　创意课程整体框架

情意课程：通过主题综合拓展把校园活动课程化。以综合实践活动、少先队活动、家校联盟等活动课程，引导孩子参与实践，主动将所学知识运用到实践和生活中去。培养孩子发现、解决问题的能力，实现"常规＋特色"。（图 1-6）

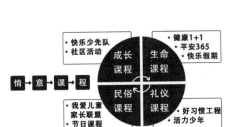

图 1-6 创意课程整体框架

三类整合课程关注学生的个性发展和可持续发展，体现教师的个性特长和兴趣爱好，以形成："互相信任、互相欣赏、互相悦纳、互相支持"的人际生态；"自我引导、自主管理、自觉学习、自信自强"的德育生态；"目标主导、以学为本、过程有趣、结果有效"的课堂生态；"岗位自主、职责自主、行为自律、文化自学"的教师专业生态。

三、课程实施规划

（一）实施安排

1. 课程实施的时间

为了适应"做中学"实践课程的整合内容需要，在保证课时总量不变的前提下，做了如下调整：

（1）标准课调整：将原来固定的每节课 40 分钟，改编为 30+10 制，30 分钟为师生互动探究时间，10 分钟为学生自主学习时间，中间设有铃声，保证了学生的自主探究时间。

（2）长短课结合：如周三的午间自主活动时间与第四节的队课连在一起，形成 60 分钟的长课，方便各班进行项目性拓展课程。周五第五节和第六节两节课连在一起，形成 80 分钟的自主式拓展课程。

（3）开设短课制：学校每天中午安排 20 分钟自主活动时间。其内容有红领巾 BBS、生活自理、好习惯伴我行等。

2. 课程实施的内容

（1）以学生为中心，提供最大限度选择

在"一切为了儿童"这一办学理念的引领下，以学生为中心，从国家课程标准的规定入手，梳理学生必须掌握的知识点与技能训练点，在目标明确的基础上，结合学生特点、学校资源以及学生认知要求等因素整合、重组教学内容。

奠基性基础课程（品德、语文、数学、英语、科学、体育、艺术、技术）确保学生掌握国家规定的必备知识和能力要求。

分层性基础课程在奠基性基础课程之上，凸显学校特色，开设优势课程，关注每一位学生的不同发展。

主题式拓展课程统一安排在周三下午，学校提出了科技天地、少先队活动、家长微课堂、影视天地四个专题和年段要求。每个年段根据学生年龄、个性特征自主安排内容。其参考课程为"可爱的上虞""走进鹤琴园"等。

自主式拓展课程安排在周五下午的专题实践活动日，根据学生年龄不同，分别安排80分钟的长课，方便学生专心地完成自己喜爱的某项活动。

以上四类课程层面不同、内容不同，选择面广，满足学生的各方面需要。

（2）以整合为策略，最大范围实施拓展

无论是基础性课程还是拓展性课程，都特别强调整合思想。

首先做好内容的整合。将德育培养目标渗透于各种课程学习中，实现全科、全程、全员育人。再将多种核心素养的培育整合到各类拓展课程中，在不增加负担的前提下，调动多元智能，让学生获得更多发展的机会和空间。

其次做好人员的整合。整合校内外体艺优秀教师、家长等资源，开设符合学生兴趣爱好需求的各类课程，培养学生兴趣爱好，形成良好的生活习惯和高雅的生活情趣。同时，定期开展校园展示会，为学生发展提供平台。

最后做好资源的整合。整合校本、区域、社区、社会等多方面资源，完善各类实践活动和主题体验活动，努力提高学生的实践能力，培养学生的劳动观念、集体观念、责任意识和创新意识，引导学生探究自然、体验生活、了解社会，着重培养学生实践、探究、服务、协作的能力。

3. 课程实施的步骤

（1）准备阶段

启动"做中学"实践课程开发工作，做好规划、组织、教学等准备工作：

①学校建立课程管理委员会，成立课程开发领导小组、审议小组、评价小组，制订课程规划方案、建立健全相关制度。

②评估学生对课程的需求，确定课程开发的重点。

③教科部发放课程申请表和参考选题。

④教师确定课程选题，填写申请表并撰写《课程纲要》交课程开发审议小组进行审议。

⑤把通过审议的课程列入《鹤琴小学"做中学"实践课程选课目录》。

⑥教师挖掘教材资源，选择或编写教材。

⑦教科部选配实践课程教师。

（2）实施阶段

①公布开设科目、指导教师及课程说明等，学生自主选择。

②统计学生选课情况，调整各课程学习人数。

③教科部确定课程形式，开设相应节次。

④教师制订学期计划，上交教科部检查。

⑤按课时计划，有目的、有计划地实施。

⑥开展教学研究，提升教师对教材的驾驭能力。

⑦定期检查、记录、测试，反馈实验情况，调查与诊断问题。

⑧教师按学期对教材内容、教材使用、学生学习效果进行阶段性总结评价。

（3）总结阶段

①教师整理讲义和实验材料。

②编写课程分析报告，进行反思性评价。

③教科部发放学生问卷，对教师进行评价。

4.课程开发的流程

课程开发流程包括需求评估、目标确定、框架建构、课程申报、课程评议、选课指导、班级组建和评价反馈。具体操作为：教师拟定目录，编写《课程纲要》，征求学生意见，经备科组、教研组初审，提交学校课程审议委员会审议，通过后纳入《选修课程目录》供学生选择。如果学生报名达到一定人数且不少于10人，准予开设。

5.课程实施的流程

（1）选课：学期开学前一周，教科部公布年级课程方案及授课教师，供学生选择。学生根据兴趣填报，每位学生可选报两个专题。教科部统计汇总学生志愿表。

（2）排课：教科部制订各年级课程开设计划，编入总课表，开学前下发到各班级。每年级每周一（两）课时，一学期按18周。公布课表时，同步公布授课教师和学习地点。

（3）上课：教师或小组按学校安排，在指定地点组织开展教学活动。要求与国家、地方课程相同。建立临时班级、小组，强化考勤和考核。教师要精心备课、认真授课，并根据实际情况完善课程内容，灵活调整教学方式；学生按教师要求，遵守学习纪律，积极参与活动，认真完成任务。

（4）考核：每专题学习结束后，教师考核学生，并向教科部提交课程实施总结。考核形式多样，包括测试、小论文、实验、设计、竞赛等，考核成绩计入学生学期总成绩。

6. 课程实施的策略

在课程建设中，我们提出了四项实施策略。

（1）亲身体验，"做"中引趣：我们强调学生亲自动手体验。如在科学实践活动展示课《水》的教学中，老师让学生运用各种感觉器官去分辨牛奶、水、醋等液体，从而认识水，以激发学生兴趣，让其学到知识。

（2）适时点拨，"做"中促思："做中学"的实践课程，是教育者与受教育者互相作用的动态活动。在教学中，老师不能放任学生自由散漫地"做"，而应参与其中，适时点拨，启发引导学生思考。如在数学老师执教《长方体的认识》一课。课前，老师请学生用学具自己搭一个长方体。老师接着追问："你是怎样挑选小棒的？选了几种颜色，分别有几根？你是怎样思考的？"学生在思考回答中，自然就明白了：长方体有 12 条棱，相对的棱长度相等。

（3）活学活用，"做"中创新："大自然、大社会"都是我们的活教材。我们应尽可能地带学生多参加活动，为学生创造学习知识、增长经验的机会。学生在课外活动中也往往能够运用课堂知识来实践，创造出许多令老师也想象不到的惊喜。如在制作鸡蛋保护器的科技活动中，有的学生利用降落伞的原理，减缓了鸡蛋下降的速度；有的学生把鸡蛋藏在泡沫塑料中，层层包扎；有的学生则把鸡蛋包好绑在风筝下面，让鸡蛋随风筝缓缓飘落。

（4）取长补短，"做"中评价：每一次活动后，我们尽可能地让学生先评价一下自己，在此基础上进行同伴互评，以取长补短、互相学习。结束之前，老师要及时反馈学生学习结果，好的及时肯定，错的帮助其分析纠正。

（二）课程评价

"做中学"实践课程的开发特殊性决定了其评价的特殊性。由于课程开发强调学校的自主权，因此评价以内部评价为主；课程开发的价值追求的是学生个性的发展，教师专业发展和学校特色的凸显，因此评价需要考虑多元性；课程开发的过程性要求评价过程注重动态变化。因此，在评价中需要关注学生的个性发展与能力提高，并从指导思想、师生参与程度、学校办学特色等方面进行全面考量。

1. 评价原则

我校对于"做中学"实践课程的评价遵循"四重""四性"原则。"四重"包括重过程、重应用、重亲身体验、重全员参与；"四性"指的是过程性、激励性、丰富性和多样性。

过程性评价程序：评价贯穿整个课程开发与实施过程，关注评价教师的积极性及学生的参与体验。

激励性评价方式：结合学生活动过程和研究结果，激励学生发挥特长、施展才能，创设有利于学生可持续发展的学习环境。

丰富性评价内容：根据学生的参与程度、学习态度、实践体验以及方法和技能的掌握进行全面评价。

多样性评价手段：采用教师评价与学生自评、互评相结合，书面材料评价与学生口头评价、活动展示评价相结合，定性评价与定量评价相结合等方法。

2. 评价内容

"做中学"实践课程的评价体系分为四个部分，分别是课程目标与课程计划的评价、课程开设准备与投入评价、课程实施过程评价和课程实施效果评价。这四部分在课程质量的四个控制点上进行评估，以实施全程质量管理和保障。

（1）课程目标与课程计划的评价：包括课程设计的意义，开设课程的必要性、现实性和可行性，希望该课程达到的目标，课程目标与学校培养目标的一致程度，课程目标实现的基础以及课程大纲的科学性、适用性、时代性等。

（2）课程开设准备与投入评价：包括教师的知识准备、教学资料的准备、教学组织与教学安排、实验参观调查等。标志性信息包括课程计划、教学设计、讲义等。

（3）课程实施过程评价：包括教师评价和学生评价，教师评价主要关注教学态度、教学方法、教学水平；学生评价主要关注学生的兴趣、感受等。课程实施评价主要关注课堂教学过程，采用专家听课、教师访谈、学生调查等方式收集信息，以评估教学质量。

（4）课程实施效果评价：评价目的主要包括课程实施是否达到教育目标，发现实施过程中存在的问题和寻求改革建议等。评价将通过对学生进行问卷调查，向专家、同行教师和教学管理部门征询意见等方式收集信息。

3. 学生评价

学生采用"自我参照"标准进行"自我反思性评价"；师生、生生之间进行相互评定。对学生的表现性评价注重以下四个方面：

（1）注重过程性评价：在课程实施的过程中，重点关注学生实践的过程，注重学习期间的体验和表现。教师通过观察即时评价学生在活动中的行为和情绪变化、参与情况和努力程度等方面的表现，并将其作为评价学生的依据之一。

（2）注重多元化评价：鼓励并尊重学生多样化的自我表达方式：如演讲、绘画、写作、表演等，同时引导学生进行自我评价、生生评价。倡导教师、学生、家长、校外指导教师等多元主体参与评价，增强评价主体间的互动。尊重学生独特的生活经验和认识成果，采用多把尺子评价学生。

（3）注重反思性评价：评价旨在促进学生发展。教师要引导学生反思实践活动，调动学生的认识和情感，激励学生自觉记录活动过程，投入问题讨论，主动审视自己的学习，逐步完善行为，拓宽视野，达到自我反思、自我改进的目的。

（4）注重综合性评价：综合考虑学生各方面的表现，将评价等级分为"优秀""良好""一般""较差"四类，作为学生获得课程学分和评选优秀学生的依据之一，任课教师负责落实评价，教科部负责统一登记、存档管理。学生如有异议可向学校提出，学校负责核实并及时反馈。综合性评价主要包括以下几个方面：

①学生在该课程学习的学时总量。

②学生在学习过程中的表现，如态度、积极性、参与状况等。

③学生的小组评议意见和任课教师的评价。

④学生家长的反馈。

⑤学习成果（通过实践操作、作品鉴定、竞赛、评比、汇报演出等形式展示，记录于学生的成长档案袋内）。

4. 教师评价

教师参与"做中学"实践课程的工作是其业务考核的重要内容之一。学校旨在通过评价促进教师教学水平的提升，尝试建立一种全面评定教师教学业绩的体系。评价方式包括自我评价、同行评价、学生评价和领导评价，并强调多元化的方式，将结果评价与过程评价、定性评价与定量评价相结合。每学期，学校召开实践课程研讨会，展示优秀教师的成功经验，解决存在的问题，并及时总结课程实施情况。

对教师教学工作考核的标准是：

（1）教师从教必须有计划、有进度、有教案，并保留考勤评价记录。

（2）教师应按学校整体教学计划的要求，完成规定的课时与教学目标。

（3）教师应保存学生作品及在活动或竞赛中取得的成绩资料。

（4）教科部通过听课、查阅资料、访问等形式对教师考核，并记入业务档案。

（5）任课教师要认真写好教学反思，及时总结经验。

（6）教学的实际效果，学生的学习成果，学生的反映。

（7）学生家长的反映。

（三）管理保障

1. 课程管理结构图示（图1-7）

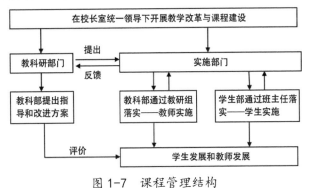

图 1-7 课程管理结构

2. 组织保障

（1）建立"做中学"实践课程管理委员会

成立鹤琴小学"做中学"实践课程管理委员会，校长任主任，分管副校长任副主任，成员为教科部主任、学生部主任及各个年级主任。负责学校"做中学"实践课程的总体规划和管理，制定并完善相关工作制度和奖惩条例。下设四个工作小组：

"做中学"实践课程开发工作领导小组：教科部主任担任组长，成员为聘请的专家、各科教研组长、部分骨干教师，负责组织、协调、检查和落实课程进行中的事务性工作。

"做中学"实践课程审核工作领导小组：学生部主任担任组长，负责课程课题指导及审核工作。

"做中学"实践课程评价工作领导小组：分管副校长担任组长，负责推进各年级课程教学实践、研讨活动和成果评比，以及资料积累等。

"做中学"实践课程学生选科指导小组：少先队大队辅导员担任组长，成员为班主任及部分学生会成员，负责对学生的选科进行指导。

（2）强化相关职能部门的责任范围

①教科部

A.制订课程实施方案，课时计划，加强课程师资管理，指导各年级组、备课组制订实施计划。

B.落实各班指导学生了解各门学科，并做好学生选课，以便对全校课程进行规划。

C.根据计划安排课时和教学（活动）场所。

D.加强对每位教师开设课程的指导与测评，对活动过程进行监控。

E.每学期举办一次"做中学"实践课程研讨会，分享优秀教师的成功经验，展示学生的学习成果，及时总结"做中学"课程的实施情况，解决存在问题。

②年级组、班主任和上课教师

A.对学生的活动进行日常管理，协助教科部做好课程的实施、评价认定工作。

B.对学生进行活动的安全教育、纪律教育、法治教育等。

C.指导学生进行课程申报，组织学生按照要求上课。

D.研究学生的实际情况，为课程管理提供依据。

E.联系各学科教师之间的合作，以促进课程全力的形成。

③教研组及备课组

A.根据学校的整体安排，协助教师填写课程申报表，制订学期教学进度计划。

B.对教师进行指导，确保其完成教学和管理的各项要求。

C.及时反映课程实施中出现的问题及教师的教学需求。

3. 制度保障

制定《鹤琴小学"做中学"实践课程规划方案》《鹤琴小学"做中学"实践课程开发指南》《鹤琴小学"做中学"实践课程评价制度》《鹤琴小学"做中学"实践课程奖励制度》。

4. 配套保障

（1）加强图书馆、实验室、专用教室、活动基地等设施的建设，合理配置各种教学设备，为课程实施提供必要的物质保障。

（2）学校在外出学习、教学研究、校本教材编写等方面为参加"做中学"实践课程研究的教师提供物质支持。

（3）学校设立专项经费，设立课程研究及奖励基金，保障课程的开发和建设。

（4）建立校际资源共享机制，积极争取教育教学科研部门的指导和支持，加强对教师的课程理论培训。

（5）在课时、学校事务安排等方面进行全盘考虑，保证研究时间与空间。

（6）"做中学"实践课程与必修课程一样，计入教师工作量，充分肯定教师"做中学"实践课程实施的成果。将教师的课程开发能力和实绩与教师的各项评聘挂钩。

（7）学校对教师开发的实践课程进行考核，采用听课、查阅资料、调查访问等方式，评选出优秀实践课程铅印成册，并予以奖励。教师的实践成果记录于教师业务档案中。

（8）为满足师资培训的需求，学校加强师资队伍建设，创造条件，鼓励教师参与培训，做到有计划、有目标、有考核、有成效。同时，建立科学合理的奖励制度，以激励教师们积极参与。

（四）目标展望

我校将整合学校的一切资源，调动一切积极因素，挖掘一切潜在的能量，组织开发、实施"做中学"实践课程，努力提高这一过程的有效性。

1. 尽可能满足一切学生发展的需求，促进学生健康、高质量的发展。

2. 尽可能促进教师得到充分的专业化发展，造就一支科研型、专家型的教师队伍。

3. 尽可能建设一门"传统文化与现代文明交融，人文素养与科技素养并重"，体现以"做一个幸福的鹤琴人"为目标的，具有现代化、特色化、个性化的"做中学"实践课程体系。

四、课程开发指南

（一）"做中学"实践课程开发指导思想

以《国家基础教育课程改革纲要》和课程标准为指导，结合我校"一切为儿童"的办学理念，以"做一个幸福的鹤琴人"为目标，培养"健康、责任、智慧"的鹤琴小学生。

（二）"做中学"实践课程开发的总目标

"做中学"实践课程开发旨在充分发挥团队合作精神，深化课程改革，全面推进课程的开发和利用；丰富学生的生活经验，涵养学生的性情品德，通过课程建设拓宽学生乐学的空间，增强学生的学习幸福感。同时，着眼于推进学校课程体系的建设，彰显学校办学特色。

（三）"做中学"实践课程开发的组织实施

为了有效实现"做中学"实践课程的开发目标，鹤琴小学设立了"做中学"实践课程管理委员会，该委员会承担课程的总体规划、宏观调控、研究和实施等职责。同时，成立"做中学"实践课程开发工作领导小组制订全面的规划，指导研究、实施和评估整个实践课程开发过程。在实施过程中，将负责校本培训、检查实施情况、协调各部门工作，组织教师编写校本教材，并安排教师进行相应的课堂教学。为确保实施的针对性，该小组还将对课程研究和实施进行指导和评估，随时根据学生需求调整课程内容。此外，本校还设立了"做中学"实践课程审核工作领导小组，该小组负责制定相关规章制度，深入了解课程实施情况，对实践课程进行有针对性的审核和考核。

为了全方位提升教师的专业水平，成立了学校"做中学"实践课程师资培训工作领导小组，该小组将定期组织培训活动，促使教师有计划、有目标地参与培训，提高其教学能力；注重积累课程改革的有关资料，及时分享教改信息，以确保实施工作的顺利进行。此外，学校还建立了"做中学"实践课程评价工作领导小组，该小组将负责深入实施课堂教学，指导开课、听课、评课等活动，确保各年级实践课程的教学实践和成果评比得以有效展开。同时，我们还特设了"做中学"实践课程学生选科指导小组，以确保学生在选科方面得到有效的指导。

（四）"做中学"实践课程开发基本原则

1. 人本性原则："做中学"实践课程观以尊重人的个性发展为根本出发点，课程设计以促进学生素质全面发展为中心，以整体、优化的课程结构观为核心内容。课程选择以人为本，尤其重视不同层次学生的学习需求，使其得到尊重和满足。

2. 整体性原则："做中学"实践课程的开发遵循从整体的角度分析课程目标和结构。"做中学"实践课程的开发中重视学科课程和活动课程，重视隐藏在课内外和校园文化中的课程因素，使学生有较广泛的爱好及特长。

3. 科学性原则：深入系统地学习与课程改革相关的理论，借鉴外来经验，结合本校实际，以科学的精神和严谨的态度，解决遇到的实际问题和困难，采用调查研究、科学决策、实验总结等方式创造性地开展工作。

4. 灵活开放性原则：根据学生的实际情况确定教学内容和教学方法，教师应从学生实际出发，因材施教，灵活调整。课程内容体现宽泛性、综合性、可变性，课程评价要体现主体性和差异性。

（五）"做中学"实践课程开发的课程类型

1. 生活实践课程：旨在奠基基础性学习，关注共同经验，通过教师技术的加工，把生活经验、拓展资源整合成学生立体的生活，让学生做一个完美的生活者。

2. 学科实践课程：旨在孕育创造性学习，丰富实践经验，通过教师智慧的加工，把学科知识、学科能力整合成学科素养，让学生做一个快乐的学习者。

3. 德育实践课程:旨在培养发展性学力,促进个性化的发展,通过教师温暖的加工,把个人修养、社会关爱提升至国家情怀，让学生做一个温润的成长者。

（六）"做中学"实践课程课时计划

我校的"做中学"实践课程分为学科拓展、主题活动、社团活动。学科拓展每周一课时，由学科教师负责；主题活动安排在每周三下午，由学校统一筹划；社团活动安排在每周五下午，可由学生自行选择，允许换课。

（七）"做中学"实践课程开发的途径与要求

根据课程开发内容的来源,我们把课程开发活动分为三种类型:选用、改编、新编。课程选用标准是根据学校的办学目标制定的，依据标准从众多现有课程资源中选择比较适合的课程；课程改编是教师根据学生和学校自身的现实条件，对已有的课程进行局部修改或结构调整；课程新编是指所有的课程成分都是依据学校现有的师资和校本特色资源由教师新开发的，不依赖现有的课程材料。

具体要求：

1. 明确课程类型，制订发展目标、规划及纲要。

2. 在开发过程中，开展课程要求评估，进行课程资源分析。

3. 课程开发的个体内容应以教案、教材、资料袋等形式确定。

4. 教师应不拘泥于某一内容、类型，根据课程设置方向，基于学生的情况选择适当的课程内容和活动形式并进行实验。选取适当形式与内容开发并开展实验。

"做中学"实践课程开发的程序主要有五个阶段：

1. 建立领导机构："做中学"实践课程开发机构由校长、中层领导、高级骨干教师、课程专家共同组成。校长为"做中学"实践课程开发提供组织保障和领导保障。其职能是咨询、把关、审查和提供帮助。

2. 需要评估：需要通过评估为开发活动奠定基础。学校在课程开发过程中采用问卷调查、访谈等方式调查分析学生需求，明晰学校育人目标，发掘课程资源。在课程实施过程中进行跟踪调查，及时调整和改进课程设置。

调查内容主要包括：（1）社会需求。（2）学生需求。（3）学校及所在地的教育资源的状况。（4）教师的专业素养和学生的学习状况。（5）家长对学校开发课程的愿望和建议等。

3. 确定课程目标：在分析与研究评估的基础上，经过学校课程审议领导小组的审议，确定"做中学"实践课程的总体目标，制定课程的结构框架。

4. 组织与实施：根据"做中学"实践课程的总体目标与课程结构，开展教师培训。教师自主申报，学校课程审议领导小组基于课程目标和教师能力进行审议。审议通过后，编入《学生选修课程目录与课程介绍》。学生根据自己的志愿选课，选课人数达到一定的数量后，才准许开课。在此基础上，学校形成一份完整的《"做中学"实践课程开发方案》（包括需要评估、课程的总体目标、课程结构与门类、实施与评价的建议以及保障措施等）；教师在课程实施之前或过程中撰写《课程纲要》。

《课程纲要》一般包括下述内容：

（1）课程目标的陈述（目标呈现必须全面、恰当、层次分明。要求写 3～5 点）。

（2）课程内容或活动安排（重点突出，从易到难对课程内容、组织形式或活动安排进行排列）。

（3）课程实施（涵盖组织形式、课时安排、场地、设备、教学方法等内容）。

（4）课程评价（主要是对学生学业成绩的评定，包含评定方式、记分方式、成绩来源等）。

5.评价：主要针对课程进行设计评价、实施评价和学生学习的评价，以及"做中学"实践课程开发方案的评价与改进建议等。

（八）"做中学"实践课程的评价

1.学校评价

学校根据课程开发目标建立评价准则，将采用多样化的评价方式，定期对课程实施展开评价。评价结果将向社会公开，接受社会各界对"做中学"实践课程的监督。

（1）定期开展《学校"做中学"实践课程开发方案》的评价活动，提出改进建议，为制订新的教学进度计划奠定基础。

（2）组织教研组定期评价教学进度计划，并对照实施情况调整与完善教学进度计划，为制订新学年的教学进度计划做好准备。

（3）定期检查部分教案，组织教师交流讨论教案的修改，为教师的后续教学提供建议。

2.教师评价

为充分发挥评价对教育教学的促进作用，学校尝试建立一种全面评定教师教学业绩的体系。评价体系体现评价主体的多元化，将自我评价、同行评价、学生评价、领导评价结合起来；评价体系体现评价方式的多样化，把结果评价与过程评价、定性评价与定量评价结合起来；评价体系体现评价内容的多维化，改变单纯以学业成绩和升学率来评价教师教学业绩的做法。

（1）教师教学计划目标清晰、进度安排合理，并存有记录。

（2）教学应按学校整体教学计划的要求，达到规定的课时与教学目标。

（3）教师应保存学生的作品、资料及在活动、竞赛中的成绩资料。

（4）教科部采用听课、查阅资料、调查访问等方式进行评价，优秀者优先评先评优。

3.学生评价

学校要发挥评价对学生素质发展的激励功能。评价的内容应侧重态度与能力，减少量化，多进行分析性评价。要在活动中评价学生，根据不同学生的实际背景进行个性化评价。同时，要帮助学生学会自我评价。

（1）侧重于态度与能力，减少量化，多进行分析性评价。

（2）在学生活动情景中评价，学生自我评价。

（3）采用加分奖励，每名学生每学期要选学一门实践课程，完成规定内容给2分。

（4）"做中学"实践课程不采用书面考查方式，但要作考勤评价记录。

（5）教师根据学生参加的态度进行评价，结果作为评"六小学生""三好学生"的依据之一。

（6）学生成果可通过实践操作、作品鉴定、竞赛、评比、汇报演出等形式展示，成绩优秀者记入学生学籍档案并上报推荐参加区级以上各项活动。

（九）"做中学"实践课程开发的管理与保障

1.组织管理与保障：成立课程领导组、课程指导组，保障课程的实施管理。

2.制度保证：制定课程审议制度、教学管理条例、教师培训制度、校内评价制度、校内课程管理职责、激励制度。

3.课程计划管理：学校制订《"做中学"实践课程开发方案》，并在每学年实施前递交上级主管部门审议。每学年的8月底前为"做中学"实践课程开发准备时间，此时，学校进行课程需求评估调查、方案制订、教师培训等准备工作，9月正式实施。

4.课程实施管理："做中学"实践课程在实施过程中要充分体现学生学习活动的自主性、探索性、创新性；学习方式的活动性、实践性、综合性；教学过程的情境性、合作性、建构性；教授方式的灵活性、针对性、创造性。学校在保证各类课程的合理比例的基础上，充分发挥课程对学生发展的不同价值。

5.教师管理：以备课组、教研组为单位，联合开发管理。

6.教材管理：课程可选用教师指导用书，为学生提供必要的学习材料。

7.课程评价管理：每学年必须审定一次"做中学"实践课程以完善课程评价制度，并在学生档案中记录学生学习情况。

第二节　课后服务课程的整体规划

一、课后服务实施背景

为贯彻落实中共中央、国务院《关于进一步减轻义务教育阶段学生作业负担和校外培训负担的意见》、浙江省教育厅《关于进一步做好义务教育阶段学校课后服务工作的实施意见》等文件精神，学校围绕立德树人的根本任务，特制订鹤琴小学基于儿童立场的课后服务整体工作方案，构建符合素质教育要求的课后服务课程，积极打造自主、高效、充满活力的课后服务，增强课后服务的吸引力。

二、课后服务实施基础

上虞区鹤琴小学现有 31 个教学班，78 名在编教师，1200 余名学生。学校教学设施齐全，图书馆藏书量丰富，还有音舞厅、录播厅、活动室及艺术、棋类、计算机等专用教室。并配有专兼职的教师，为学生多样化发展提供了必要的条件。

学校拥有一支爱岗敬业、业务精湛、充满活力的高素质教师队伍，丰厚的人力资源为课后服务的开发提供了坚实的基础。同时，学校还外聘了一些笛子、葫芦丝、围棋、跆拳道、小主持人培训教师，补充了学校教育的不足。学校重视家校联系，积极拓宽家校资源，让更多、更优质的家长资源为校所用。

三、课程建设基本理念

（一）课程建设目标

1. 让家长放心

满足家长合理需求，解决家长接送困难，提供高质量的服务，提升学校的公信力，使家长更具有获得感和幸福感。

2. 对学生负责

通过基础＋拓展课程服务，满足学生个性发展需求：以扎实的基础服务，帮助学生夯实学科素养；以丰富多彩的活动指导学生"做中学"，培养关键能力与核心素养。

（二）课程建设原则

1. 学校主导与社会参与相结合

一方面学校应主动承担托管工作，充分利用场地、资源等优势，合理安排校内托管服务，积极提供多种免费在线学习服务，有效组织各种课后培养活动，以满足学生多样化的学习需求，促使学生更好地回归校园学习；另一方面，应充分利用社会资源、志愿者等力量参与课后服务，不断丰富服务内容，提升服务品质。

2. 学生自愿与满足需求相结合

为了满足学生需求，课后服务必须坚守学生和家长自愿参加的原则。学生家长应主动提出申请，并自愿做出选择，学校不得强迫或变相强迫学生参加。同时，学校应积极回应社会的关切和期盼，做到"应托尽托"，扩大服务的覆盖范围，尽可能减轻家长的负担。

3. 教师自愿与统筹安排相结合

学校一方面应鼓励和支持教师在保证正常职责工作任务的质量和数量前提下，自愿参与课后服务；另一方面应充分考虑教师的身体状况和家庭情况，合理安排教师参加课后服务，不得强制教师参加或分派任务。

4. 公益普惠与成本分担相结合

实施课后服务要坚持公益性和成本分担相结合的原则，通过财政补助和收取服务性费用等方式筹措经费。在服务性收费方面，要遵循成本补偿和非营利原则。对经济困难家庭的学生参加课后服务，可以根据学生资助政策申请减免。同时，学校应主动向家长公开课后服务项目、服务对象、服务时间、服务内容以及收费标准等信息。

5. 完善制度与提升服务相结合

学校要将安全放在首位，制定并落实学生活动管理、值勤、检查监督、安全管理等制度，确保课后服务的安全有序进行。同时，学校要注重课程的选择性，允许学生自主选择和更换感兴趣的课程。学校应提供必要的条件和资源，以指导和鼓励学生养成良好的自我管理习惯，增强其自我成长能力。教师在处理课堂与课后的关系时，应努力做到在课堂上教尽所教，确保学生在课后能够学会学好。对于遗漏的知识或其他学习困难的学生，学校可以进行个别辅导，但不应将课后作为课堂教学的延伸来进行集体上课或教授新内容。

四、课后服务实施规划

（一）课程设计思路

为积极践行让学生"直接向大自然、大社会去学习"的理念，我校与上虞区谢塘镇中心小学和下管镇中心小学组成教育共同体，以期实现以强带弱、共同发展。顺应时代新要求，充分挖掘家庭、学校及社会三方面的教育资源，实现资源共建共享，从而创新课后服务形式、提升课后服务质量、提高课后育人成效。同时，希望在学校之间创造性地探索科学的共建共享方式，深化课后服务的内涵与价值，共同实现"学有所托、学有优托"的课后服务目标。

（二）课程基本体系

课后服务是指义务教育阶段学校在完成正常的教育教学任务之外，为满足学生多样化需求，基于学生自愿，由学校提供具有公益属性、非基本公共服务范畴的"安全有序、健康向上、公益普惠、丰富多彩"的课后育人服务。根据上虞区教育体育局整体安排，我校实施"5+2"的"基础＋拓展"的课后服务。

基础服务安排：学校提供看护性质基础性托管服务，指导学生完成当天的作业，并针对学习困难的学生安排辅导与答疑。学校的基础服务分为一、二年级与三至六年级两部分内容。三至六年级完成学科家庭作业，教师对学有困难的同学要提供帮助。一、二年级不布置书面作业，我们设置了一些与学科素养有关的，学生较感兴趣的"悦享童年"学科素养拓展课程。

拓展服务安排：指学校开展的丰富多彩的兴趣小组、社团活动及家长课堂，供参加托管的小学生选择。学校的拓展服务分成兴趣拓展和体育活动两部分，在学生拓展兴趣的同时保证每个学生有 20 分钟的体育锻炼时间。

从周一至周五，学校分别安排了各级各类的社团活动、年段项目化学习、家长课程、新华书店的整本书阅读和社区、教共体学校之间的漂流课程。

（三）课程实施路径

1. 整合多样课程，盘点挖掘课后服务资源供给

（1）摸清师资力量，开发课后课程

开学伊始，学校针对拓展性课程、项目化学习选题意向对在职教师进行了调查。从调查结果来看，老师们可以根据自己的兴趣和特长开设课程。但是，由于课后服务时间长，参与课后服务的学生比例高，我校依然存在师资力量不足和课程较为单一的问题。

（2）调动家长热情，给予课程支持

我校历来重视家校合作，托管服务启动以后，我校向全体家长发出参与课后托管的邀请。从统计数据看，家长课堂的内容涉及面广，又与社会实际生活相联系，是对学校课程的有益补充。家长的支持不仅让课后服务活动更丰富，还能让学生更具选择性。

（3）走访社区资源，打通学习空间

我校处于旧城区，教育设施有限。因此，课题组积极寻求社会支持，这是课程

资源开发的有效途径。秉着公益、规范、多元、共赢的原则，学校与多家机关单位建立了协作关系，引进剪纸、竹编、越剧等课程。这些课程水平较高，有利于学校进行课程统整，发挥最大育人效果。

（4）联合教共体学校，寻求资源互补

鹤琴小学与下管镇中心小学、谢塘镇中心小学是上虞区"教学共同体学校"，在教师发展、教学研究等方面长期开展协作，取得了明显的成效。鹤琴小学由于校园面积小、设施老旧，课程资源难以拓展。谢塘镇中心小学是中国著名导演谢晋的母校，学校以谢晋电影文化为发展特色。下管镇中心小学地处虞南山区，具有丰富的乡土特色，不仅开发了多种传统文化课程，还建起了现代化校园农场。因此，学校立足"教共体"的共建优势，积极探索学校间课后资源互建互享的路径。

2. 探索交互路径，打通课程互通的"任督二脉"

（1）课程漂流：基于优质课程的校际互通

鹤琴小学、谢塘镇中心小学、下管镇中心小学三校均有多项课程被评为省、市、区精品课程。这些都是经过很多实践的、可以推广的优质课程资源。

①精品课程漂流：三所学校课程基础较好，均有多项成熟的精品课程，可以实现校际之间的共享。课程漂流是指在三所学校之间有选择、轮动式地开展课程交换实施。

②指导老师走校：在课程漂流的同时，推出精品社团指导老师的走校活动，互相邀请有特长的老师进行校际间的走教，以丰富学生的课后服务内容。

③双师协同培养：在校际走课活动中，三方学校都派出骨干参与协同教学。协同教师要帮助授课教师准备器材、管理学生、个别辅导、课后巩固等，同时也要参与技能学习，掌握传授要点。这不仅实现了学校间、师师间的传帮带，也助力了课程的推广。

（2）社团驻校：基于公益支持的社区共联

课题组尽可能地和社会团体联动，实现区域统筹、共驻共建、协调发展。

①公益性助力：充分发挥社会团体的公益性质，将其有效地转化为课程资源。如，寻求学校周边的新华书店的支持，每周三在此开展全校的阅读深化行动；把红色收藏馆、文化广场作为学生实践活动的基地，不定期开展项目式学习等。

②多元化参与：为使各社会团体更好地融入学校晚托辅导，学校推出了体验式选课和套餐式选课的方式。社会团体的课程以菜单呈现，以班级为单位进行走班教学。各班可以先尝试体验，由学生和老师一起对该课程进行评价，并根据大家的爱好决定是否参加套餐式的学习。

③精细化管理：我们对这些课程进行了严格的评估管理：要求课程目标明确、课程内容丰富、课程形式多样、课程实施规范、双师协同教学。从学生点名、课前准备、课堂协作、课后辅导、评价总结五方面全方位跟踪授课。学校编制了《鹤琴小学课后托管服务志愿者服务记录表》《上虞区非物质文化遗产项目传承人进校服务签到表》，要求详细记录服务的内容和过程。

（3）家长课堂：基于提质增效的家校共育

家长课堂已开展多年，但以往其只为本班服务，这无疑会浪费资源。鉴于此，学校开始尝试开展"班级试课—年段走课—全校选课—校际展课"的改革。在家长自愿申报的基础上，我们先进行班内试课，班主任填写家长志愿者服务表，从中遴选受学生欢迎、效果良好的家长课程并在同一年段中走课，再由年段长推荐至全校，供全校学生选课，从而让更多的学生享受优质的课程。

（4）同步课堂：基于"互联网+"的交叉循环

鹤琴小学是第一批浙江省"互联网+义务教育"结对帮扶学校，和谢塘镇小、下管镇小从2019年始就建立了同步课堂的互教互研活动。在实践中，我们发现优质的社会课程和家长微课程不仅可以在校内流动，还可以借助同步课堂的方式进行校际间的流动，实现内、外交叉循环。

借助"互联网+"，最大限度上共享了家、校、社三方资源，突破了路途远、资源缺、交流单一的局限，让城乡孩子感受到了不一样的教育。

3.设计实施策略，创新课后托管的共享模式

创新课后托管实践模式，充分发挥家庭、学校、社会三者的育人功能，有助于提高课后托管质量。

（1）以生本理念为导向，开展做中学的项目学习

我们以陈鹤琴先生"做中学"的方法论为指导，以项目为载体，以主题为基础，以学生为中心，采取了跨界式开发和跨校式开发两种形式。

①跨界式项目研究：有共同爱好、不同特长的老师合作完成一个项目。

②跨校式项目研究：鹤琴小学与下管镇小合作开发《基于校园农场的项目式学习》。

（2）以培养个性为目标，开启自主选择的套餐服务

①选择基础服务：三至六年级以任课老师为主，辅导学生完成语、数、英等学科作业。一至二年级的"做中学 悦成长"学科拓展活动。

②选择拓展服务：学校的社团活动有校级社团和年段社团，除校级社团是自由报名、指导老师甄选外，其余社团均按学生自由报名参加；项目式学习、家长课程和漂流课程以年段为单位进行走班选课；整本书阅读按学校安排轮流进新华书店进行阅读。这些课程以先体验后选择的方式进行选课，主要分为"选课＋体验＋评价＋推荐＋再选课"五步进行。同时，对雨天室外不能按时授课等意外情况，我们还提供了三校前期录制的网络课程。

（3）以协同教育为基石，开设活力"课后来吧"

在现实中有不少的孩子存在"看护真空"。为此，我们在学校门卫旁设置了一个"课后来吧"，为学生提供书桌和阅读书籍，并安排专门的老师看护，也有一些家长和社区志愿者参与管理，随着人员增多，活动也丰富起来了。

（四）课程实施保障

在健全托管制度的过程中完善教育教学管理模式，优化课后托管运行机制，以提升课后托管总体发展的质量与水平。

1. 拓展课程选课制度

制定《绍兴市上虞区鹤琴小学课后拓展课程学生选课指导及管理制度》，该细则包含了学生选课指导制度，课程申报制度，教师、家长、社会团体课程审核制度和课程的评价制度。

2. 多元课程评价机制

我们针对课后晚托开展了"三色太阳鸟"争章活动，分别是绿色太阳鸟的健康章、红色太阳鸟的规则章和蓝色太阳鸟的智慧章。每一枚章都下设细则，要求老师与学生之间互相评比、及时奖励。评价分周评、月评、期末评三种方式，学生各类章的每周积分卡达20分，获太阳鸟章。每月各班中三类章优胜者，获金色太阳鸟章。每

月获金色太阳鸟章的同学期末评"活力好少年"，全校表彰。

3. 托管教师管理机制

我们制定并实施了《绍兴市上虞区鹤琴小学课后晚托教师管理制度》，对晚托教师应具备的素养做了具体规定。学校给授课的家长和社会团体课程的指导老师配备了协作教师，并规定不得收费，不能为社会机构做宣传，更不能把孩子推荐给培训机构。

4. 课后托管安全制度

我们制定并实施了《鹤琴小学课后托管安全管理制度》，明确延时服务保障措施。从课前点名、教师协同、器材管理、特异体质学生管理、课后护送、课后来吧的管理及应急预案几方面保障学生安全。

五、课后服务成效及反思

（一）课程成效

1. 从"单向帮扶"转向"城乡共建"：实现了课后服务资源的有效共建

通过建立交流机制，活用校际间的人才与资源，最大限度积聚学校优势；通过统筹协调，探索形成合作紧密、优质高效课后托管共同体的路径和方向；以创新赋能，对课后服务的内容、手段、管理机制等实现多方面的创新。创新课后服务需要发挥教育合力，依托校际共享共建，弥补不同学校课后服务之不足，打通教育的"任督二脉"，这不仅有助于创新托管的实施策略，提高托管质量，还有利于为学生打造健康成长的良好环境。

2. 从"单打独斗"转向"协同合育"：形成了课后服务的城乡协同共育

依托区域优势，立足校际合作，本课题旨在建立平等、合作、互赢的"教育合伙人"共同体，从而打破校际壁垒，形成较为稳固且具有生命力的协同育人路径。优质的教育资源是促进学校发展的重要因素，每所学校的教育资源存在差异，校际共享共建能够有效推动教育资源的优势互补，从而推动城乡教共体学校从"单打独斗"迈向"协同合育"。

3. 从"单维服务"转向"五育并举"：深化了课后服务的多元育人价值

首先，以生为本，创新了多样课后托管方式。其次，依托社会、家庭，建立协同育人模式，以弥合不同社区中的群体差异，增进儿童的社会融入感。学校所提供的丰富课后服务课程，极大地激发了学生的多样潜能，让其享有了公平而有质量的教育。

（二）反思展望

实践中，我们发现校际间的课程漂流还可以向更宽广的范围扩展。与之相适应，精品社团指导老师走校制，可以从政策层面实施，并给予一定的奖励措施。学生课程的选择和评价可以更灵活机动一些，这样更有利于学生素养的全面提升。

第三节　拓展性课程活动方案举隅

在《做中学实践课程》方案的指导下，学校开发了丰富多彩的"做中学"系列课程：实践课程"二十四节气@上虞"、数学课程"动起来 更精彩"、美术课程"虞见·童画"，以及同下管镇小联合开发的劳动课程"四时田园"等。

一、"二十四节气@上虞"课程纲要

（一）课程背景

1. 课程开发的理念基础

日月盈昃，辰宿列张，寒来暑往，秋收冬藏，二十四节气是我国历史文化的精粹，也是中华民族破解自然之谜的智慧密码。然而，在今天，先进的科学技术逐渐改变了过去"望天吃饭"的局面。当农耕不再需要紧密参考二十四节气时，由农业文化所产生的节气传统、民歌民谣、生活习俗也与我们的生活渐行渐远。

（1）对中华文化的坚守

我们的祖先通过观察太阳，认识到了一年中时令、气候、物候等的变化规律，并形成了节气文化的知识体系。这一客观规律是农耕时代社会生产、生活的时间指南。它不只指导了生产生活，还让人类知道要敬畏自然、亲近自然、尊重自然、保护自然，其价值是永远也无法磨灭的。如何让二十四节气成为认同传统文化的载体，让其深入人心，是我们当下应思考的。我们希望通过探寻家乡的节气特征，让学生了解勤劳智慧的上虞人民从"靠天吃饭"发展到"四季仙果兴农"的数字经济的辉煌历程，以更好地把节气中蕴含的文化内涵传承下去。

（2）对教育智慧的坚信

很难想象，不融入大自然，就能拥有踏着落叶寻找日月星辰，跨越千山游历自然美景的那份愉悦。所以，儿童教育家陈鹤琴说"大自然、大社会都是我们的活教材"，到大自然中去观察，做中学、做中教，才能长知识。因此，我们提倡孩子用多种方法学二十四节气，如小主播说节气、小歌手唱节气、小达人做中学等，通过说、游、唱、编、做"五个一活动"深入剖析二十四节气。

（3）对健康理念的坚持

随着农业科技发展，虽然节气对人们的制约已经减弱，但它仍然对生产生活起着基础指导作用，依旧是人们衣、食、住、行的重要参考。遵循天道规律是我们天人合一的自然养生观，也是对健康、责任、智慧的最好诠释。

2. 课程开发的目的意义

（1）拓宽教材边界，开发学习资源

语文课本有关于《二十四节气歌》的内容介绍，科学教材也有关于月相、自转公转等板块的学习。但是语文教材中对于《二十四节气歌》的学习要求只停留在了背诵的层面，而科学教材中的知识点也相对零散。因此，通过课程的拓展，让学生有序学习了解节气的相关知识显得很有必要。

（2）重视自然规律，学习文化传统

二十四节气充分体现了中国人尊重自然规律和可持续发展的理念，这与我们现在所提倡的重视生态保护、追求可持续发展的理念不谋而合，也就意味着它仍具有极强的现实意义。但学生们对它只是识记性的学习，对于其背后蕴藏的博大精深的文化内涵却缺少了解。

（3）回归自然生活，了解传统习俗

学生大都"两耳不闻窗外事"，与生活脱节，很多孩子连传统习俗都不了解，更谈不上对农作物、农时、养生等的认识。

（4）尊重发展规律，于做中学知识

"大自然、大社会都是我们的活教材"。著名儿童教育家陈鹤琴提出让儿童在与自然和社会的直接接触中，在亲身观察中获取经验和知识。"活教育"的课程论并不摒弃书本，只是强调历来被忽视的活生生的自然和社会对教育的重要性，书本知识应是现实世界的写照，应能在自然和社会中得到印证，并能够反映儿童的身心特点和生活特点。他把"活教育"的内容具体化为"五指活动"：健康活动、社会活动、科学活动、艺术活动和文学活动，其目的是培养儿童理想的生活。

总之，二十四节气不仅是一种时间体系，更是一套具有丰富内涵的生活与民俗系统。当其与上虞地方特色相关联，孩子们才能更好地认识节气，更好地传承文化。

(二)课程目标

1. 了解上虞地方的二十四节气的时间节点、气候特征、物候现象、农事活动、传统习俗、民歌民谣、起居养生等知识。通过说一说、做一做等形式，加深学生对这些知识的了解，感受自然的变化。

2. 通过小主播说节气，掌握上虞的二十四节气中气候与物候之间的关系，能结合生活观察、寻找、描绘节气特征。

3. 尝试在各节气时了解上虞的仙果及与二十四节气相关的上虞特色民俗和文化，培养热爱中华民族、热爱家乡情感。

4. 了解与二十四节气相关的诗歌、民谣，吟唱、创编相关的民谣，通过给诗歌配画，了解诗歌的美丽，增加知识底蕴。

5. 收集气象、农业谚语，培养学生收集和处理信息的能力。

6. 学会使用工具制作与农事、民俗相关的器材：雨量器、测风仪、河灯等，设计活动的路线图、安全疏散方案等，培养学生的动手能力和生活情趣。

7. 通过活动，加深对二十四节气的认识，增加学生亲近自然的机会，培养学生热爱自然的情怀。

(三)课程结构和设置

本课程适用于一至六年级学生，共分为四册，每册分别包含6个主题，每个主题下设计三个活动，分3课时完成，合计72课时，教学周期为四个学期，具体内容结构如表1-6所示。

表 1-6 "二十四节气 @ 上虞"课程结构与设置

册	序号	主题	活动	课时安排	总计
春语	1	花从筐里发　叶向手中春 （立春）	活动一："莓"好生活 活动二：万象更新 活动三：测量气温	3	18
春语	2	好雨知时节　当春乃发生 （雨水）	活动一：暗香浮动 活动二：春夜喜雨 活动三：自制雨量器	3	18
春语	3	微雨众卉新　一雷惊蛰始 （惊蛰）	活动一：千树万树梨花开 活动二：春雷响　万物长 活动三：制作水果电池	3	18
春语	4	仲春初四日　春色正中分 （春分）	活动一：千年梯田 活动二：醉春烟 活动三：油菜花开	3	18
春语	5	今日清明节　园林胜事偏 （清明）	活动一：茶香四溢 活动二：春城无处不飞花 活动三：制作艾饺	3	18
春语	6	明朝知谷雨　无策禁花风 （谷雨）	活动一：碧油千片露红珠 活动二：春山谷雨前 活动三：蚕的一生	3	18
夏至	7	立夏天方霁　闲情喜暂舒 （立夏）	活动一：桑葚紫了 活动二：蔷薇飘香 活动三：制作小杆秤	3	18
夏至	8	小满天逐热　温风沐麦圆 （小满）	活动一：春晖园里赏枇杷 活动二：小荷尖尖 活动三：剥茧抽丝	3	18
夏至	9	时雨及芒种　四野皆插秧 （芒种）	活动一：青露营地 活动二：粒粒辛苦 活动三：小麦的一生	3	18
夏至	10	夏至熟黄瓜　秋来酿白酒 （夏至）	活动一：二都杨梅红了 活动二：蝉鸣声声 活动三：立竿是否无影	3	18
夏至	11	倏忽温风至　因循小暑来 （小暑）	活动一：丁宅水蜜桃熟了 活动二：映日荷花 活动三：研发绿豆芽新菜品	3	18
夏至	12	大暑三秋近　林钟九夏移 （大暑）	活动一：了解三伏贴 活动二：稻花飘香 活动三：认识火罐	3	18

册	序号	主题	活动		课时安排	总计
秋实	13	今日才立秋　凉风已萧瑟 （立秋）	活动一：虞生优梨		3	18
			活动二：满阶梧桐			
			活动三：做桃核手串			
	14	处暑无三日　新凉直万金 （处暑）	活动一：野藤葡萄		3	
			活动二：畅游郊野			
			活动三：制作灯笼			
	15	八月白露降　湖中水方老 （白露）	活动一：风情夜市		3	
			活动二：白露凋花			
			活动三：斗蟋蟀			
	16	夏天多忆此　早晚得秋分 （秋分）	活动一：猕猴桃成熟了		3	
			活动二：丹桂飘香			
			活动三：秋分竖蛋			
	17	袅袅凉风动　凄凄寒露零 （寒露）	活动一：下管魁栗		3	
			活动二：东篱采菊			
			活动三：搭高			
	18	霜降三旬后　蓂馀一叶秋 （霜降）	活动一：柿柿如意		3	
			活动二：霜叶红了			
			活动三：大树笔记			
冬藏	19	立冬犹十日　衣亦未装绵 （立冬）	活动一：九九女儿红		3	18
			活动二：秋收冬藏			
			活动三：制作风向标			
	20	久雨重阳后　清寒小雪前 （小雪）	活动一：芦花飘扬		3	
			活动二：小雪温情			
			活动三：自制香肠			
	21	大雪舞萦盈　千山漫廓清 （大雪）	活动一：舜水长流		3	
			活动二：雪花飞舞			
			活动三：父母小时候的游戏			
	22	一阳初动处　万物未生时 （冬至）	活动一：步步"糕"		3	
			活动二：数九寒天			
			活动三：道墟蒸羊肉			
	23	小寒连大吕　欢鹊垒新巢 （小寒）	活动一：年年有鱼		3	
			活动二：围炉夜读			
			活动三：腊八粥			
	24	墙角数枝梅　凌寒独自开 （大寒）	活动一：皂李风味		3	
			活动二：凌寒独开			
			活动三：衍生万物　纸润心田			

每个主题我们下设三个活动，主要框架如图1-8所示（以主题一为例）。

图 1-8　主题一活动流程

播节气：小主播播报节气，设置"你说我说"栏目，让学生自由说说对节气的认识。

走家乡：小导游走家乡的游记（中年级）或导游词（高年级），通过对这些游记或导游词的学习，了解与节气相关的上虞民俗民风。

交流坊：交流节气中的养生、运动。

操作坊：对节气蔬菜、水果的营养和功效、吃法等的了解与操作。

读一读：每个节气安排一首诗歌，通过鉴赏诗歌，进一步了解节气。

唱一唱：每个节气安排一首歌曲，有曲谱及学生范唱，可以扫码听。

画一画：每个节气都配上小画家俞曼青的绘画，并让学生自己也画一画。

编一编：展示学生节气的创编内容，图配画，设置创作园栏目，附老师的话。

做中学：主要安排在活动三，通过了解活动、你知道吗、动手制作等，把科学课中的观察培植活动、劳技课中的动手制作等活动结合起来，设置边学边做栏目，把民俗民风搬进课堂。

二、"动起来，更精彩"课程纲要

"动起来，更精彩"是"双减"背景下课后服务拓展活动的学习材料。本材料适合三至六年级学生使用，设计以数学学科为主，融合科学、体育、劳动技术等学科的活动性内容，力求做到集趣味性、操作性、现实性、探索性、开放性、思想性与方法性于一体。该课程通过教师加工、改进，激发学生在"动手做"学习项目中的兴趣，引导其积累活动经验，磨砺数学思维，解决现实问题，旨在奠基学生的基础性学力，培养其发展性学力，孕育创造性学力及科学探究的意识和能力。

（一）课程背景

实施课后服务是贯彻习近平新时代中国特色社会主义思想和党的十九大、二十大精神的重要举措，旨在进一步提升教育服务水平、缓解家长压力、减轻学生作业负担，是积极推进教育事业、促进学生健康成长、全面实现"五育并举"的重要途径。"基础＋拓展"的活动安排能促进学生核心素养的提升，让"双减"有效落地。如何构建符合素质教育要求的课后服务课程，开发学生的学习潜能，积极打造自主、高效、充满活力的课后服务，增强其吸引力，是目前我们亟须解决的问题。我们从学生已有知识经验出发，精心设计活动内容，其设计主要有三大理念：

数学与生活：数学是高等智慧生物的共有思维，但它并非一门晦涩难懂的学问，而是一种朴实的智慧。这种智慧源于生活实际，是多个学科知识的融合。我们结合生活实际，通过"小艾"这一主体人物观察生活—产生疑问—思考问题—行动解决的过程，用通俗易懂的语言呈现出数学知识和原理，让学生在掌握数学知识的同时，感受数学与生活和其他学科之间的关联。

数学与活动："动手做"是课程的一大亮点。引导学生通过实践活动，创造性地解决生活中的实际问题，其主要受陈鹤琴先生"活教育"理论的启发。"活教育"观让我们对"动起来，更精彩"这一实践课程有了更深层次的理解：我们的课程也需要看到教育的全貌，在整合各学科知识的基础上，还学生以整个教育，塑造人文、人格、人生都健全的真正的社会"人"。

数学与思维：小学数学教学的根本任务是全面提高学生素质，其中最重要的是思维素质。"数学是思维的体操"，作为一门研究数量关系与空间形式的科学，数学不仅具有高度的抽象性、严密的逻辑性，而且具有广泛的应用性。数学以其自身特点，为培养学生的创造性思维提供了极大的空间。

数学思维训练融合了相应的故事情节，使学生掌握数学知识的同时，也使其兴趣更为浓厚，在训练学生思维的同时，培养其分析和解决问题的能力，促使学生形成持续发展的能力。

（二）课程目标

1."身体中的数学"教学目标

（1）掌握用手指读数，手指帮助计算、换算的方法，在手指的帮助下能熟练地读万以内的数，有规律地计算9乘几、几十几、几百几十几的题目以及理解和记忆常用的长度单位、面积单位和质量单位。

（2）了解人身体中的秘密，掌握身体中的有趣的尺，巧用身高、影长、声音作为尺进行测量；掌握身体各部分之间的比，巧妙地进行比、倍、分数间的转化；了解身体中的一些指数，进行鞋码和体重指数的换算，了解十六进制的制秤原理。

（3）通过行走，知道其包含的数学问题因素主要有路程、速度和时间。探索单人行走、双人行走的相遇及追问题中路程、速度和时间之间的关系。

（4）了解简单组合的方法，通过参赛组合、血型配对、指纹比对活动，知道从简单的列举中寻找规律，能用连线、列举、列表等方式来表述。

（5）体验身体各部分与数学之间的联系，了解身体的机能，激发学生学习的兴趣和探究的乐趣。

2."绳子的花样玩法"教学目标

（1）掌握绳子打结的多种技巧，从打结的数量与绳子分段中找到规律，掌握"植树问题"的解题思路，体验数学与生活的联系。

（2）体验民间游戏的快乐，通过翻花绳的游戏，熟悉翻花绳的规则，能设计出多样玩法，从中找到对折中的数学问题，找到对折次数与段数之间的规律，解决相关的生活问题。

（3）知道可以借助绳子测圆或不规则物体的周长，精准测量不规则物体周长。

（4）通过绳子测量物体时有多余或不够的情况，理解盈亏问题的解题方法，培养学生分析问题和解决问题的能力。

（5）用绳子包装礼盒，能正确计算各种包装方法的绳子长度，探索怎样包装用绳最短，从中发现规律。

3."纸的创意玩法"教学目标

（1）认识 A4 纸，掌握撕纸技巧，探索如何撕纸最长，培养学生的动手能力及自主探究、合作交流的能力。

（2）培养学生的估算意识，能估计撕下纸的长度，用重叠问题的解题策略来精准计算纸条的长度。

（3）了解中心对称图形，经历平分长方形以及验证只要通过中心点就能把图形平分的过程。能利用等积转换的方法平分三角形和梯形，渗透转化的数学思想。

（4）通过游戏，破解大圆穿越小正方形孔之谜的过程，探索直角三角形三边关系，能利用层层推理的方法推导出斜边的长度，渗透数形结合的数学思想。

（5）能利用折纸的方法推理 A4 纸长和宽之间的比例关系——白银比例，并理解 A4 纸运用白银比例的缘由，会创造白银矩形和黄金矩形。

4. "梦想起飞"教学目标

（1）知晓地图语言的三要素，会看懂指向标定向法和经纬网定向法，以及如何判断比例尺的大小。了解地图的各种语言，感受科技的日新月异。

（2）掌握测量的基本方法和步骤，通过小组合作、合理分工，对校园进行实地测量，并通过测量的数据，确定合适的比例尺，绘制校园地图。

（3）运用找圆心的方法，解决生活中与圆有关的数学问题：瓦当的修复、篝火晚会中的座位安排问题和校园160米跑道的起跑线，感受数学与生活的紧密联系，体会找圆心的价值和意义。

（4）在用圆规画圆的基础上，想办法利用身边的各种工具创造画圆的方法，创造各种美丽的图案。

（5）了解各种密码的表示方法，通过提供的线索推理密码，感受排列方法不同、不同位置看到的结果不同，以及自我描述数的特征。感悟密码在生活中的广泛应用，培养学生的推理能力和逻辑思维能力。

（6）通过货比三家，理解同一商品选择价格便宜，不同品牌选择性价比高的商品；理解利润率的含义，能用设数法来解决利润率的相关问题。

（7）了解汽油价格的组成部分，能根据市场行情估算油价，培养学生用数学的眼光，了解与自己生活息息相关的事情。

（三）课程的结构和设置

本课程适用于三至六年级学生，共分为四册，每册分别包含4个主题，每主题下设计三个活动，分3~4课时完成，合计51课时（该课程应用于课后服务的晚托时间，每课时时长约1小时）。每课时又可根据内容的不同设置长课与短课，即时长不一，整合与拓展不同课型，教学周期为八个学期，具体内容结构如表1-7所示。

表1-7　"动起来，更精彩"课程结构与设置

课程名称	序号	主题	活动	课时安排	总计
身体中的数学	1	指尖上的智慧	活动一：巧用手指读数	4	15
			活动二：巧用手指计算		
			活动三：巧记常用的单位		
	2	身体中的奥秘	活动一：有趣的尺	3	
			活动二：有趣的比		
			活动三：有趣的换算		

续表

课程名称	序号	主题	活动	课时安排	总计
	3	行走中的问题	活动一：单人行走	4	
			活动二：双人行走—相遇		
			活动三：双人行走—追及		
	4	生活中的组合	活动一：参赛组合	4	
			活动二：血型配对		
			活动三：指纹组合		
绳子的花样玩法	1	心有千千结	活动一：绳子打结的几种方法	3	12
			活动二：植树问题		
			活动三：编绳子		
	2	百折不挠	活动一：翻花绳	3	
			活动二：对折中的数学问题		
			活动三：制作流苏		
	3	可圈可点	活动一：用绳子测量物体周长	3	
			活动二：绳子测量的数学问题		
			活动三：用绳子编相框		
	4	捆载而归	活动一：绳子包扎礼盒的方法	3	
			活动二：绳子包扎礼盒中的数学问题		
			活动三：用包装绳制作装饰品		
纸的创意玩法	1	深"撕"熟虑	活动一：一张 A4 纸可以撕多长	3	12
			活动二：撕纸中的数学问题		
			活动三：创意纸条		
	2	一分为二	活动一：平分中心对称图形	3	
			活动二：平分其他图形		
			活动三：纸的前世今生		
	3	穿越纸片	活动一：探寻谜底	3	
			活动二：圆有多大		
			活动三：纸穿身体		
	4	白银比例	活动一：折纸寻规律	3	
			活动二：图解找比例		
			活动三：折纸与创作		

续表

课程名称	序号	主题	活动	课时安排	总计
梦想起飞	1	画地成图	活动一：地图的语言	3	12
			活动二：丈量的技巧		
			活动三：校园的地图		
	2	"圆"来如此	活动一：修复瓦当	3	
			活动二：篝火晚会		
			活动三：确定跑道		
	3	寻找宝藏	活动一：密码达人	3	
			活动二：海岛寻宝		
			活动三：终极挑战		
	4	财商学院	活动一：货比三家	3	
			活动二：盈利水平		
			活动三：油价估算		

课程根据数学学科的特点和小学生的年龄特征，以思维训练为主线，以数学思想为暗线，以有趣的活动为支撑点，以一个人、一根绳、一张纸、一个校园里的事为情节进行编排，采取循序渐进的编写方式，安排了方法攻略、技巧突破、举一反三、拓展延伸等环节，力求图文并茂、学练结合、层次鲜明。表1-8为各册主要内容中蕴含的数学思想和方法。

表1-8 "二十四节气@上虞"课程蕴含的数学思想和方法

课程名称	序号	教学内容	主要运用的思想方法
身体中的数学	1	指尖上的数学	化归思想：如9、99、999乘几的计算用了化大为小、化繁为简找规律的方法
	2	身体中的奥秘	类比思想：如分数、倍、比之间的联系中类推
	3	行走中的问题	比较思想：如路程相等的情况下，速度快用的时间就比较少
	4	生活中的组合	符号思想：如参赛组合中用字母、连线等方式一一列举
绳子的花样玩法	1	可圈可点	数学模型思想：如用绳子上打的结表示端点，每段绳子的长表示间隔
	2	一分为二	变和不变的思想：如对折的次数、平均分的份数和每段的长度之间的关系探究
	3	可圈可点	极限思想：如用绳子测量物体的长度时用了化曲为直的思路
	4	捆载而归	比较思想：如探究包装绳的长度时，六种不同的方法，长宽高的不同绳长也不同
纸的创意玩法	1	深"撕"熟虑	集合思想：如重叠问题中可以运用集合的思想表示出重叠与不重叠的部分
	2	一分为二	等量代换思想：如三角形、梯形这种非中心对称图形去等积转换的方法
	3	穿越纸片	数形结合思想：如直角三角形三边关系时推导斜边的长度
	4	白银比例	符号思想和模型思想：如用纸折出白银比例和黄金比例

续表

课程名称	序号	教学内容	主要运用的思想方法
梦想起飞	1	画地成图	对应思想：如指向标定向法和经纬网定向法中找到相对应的数据和方向
	2	"圆"来如此	最优化思想：如修复瓦当时在找圆心时的多种方法中选择垂直平分线

三、"虞见·童画"课程纲要

（一）前言

1.课程的背景

（1）素养提升，任重道远

小学美术教育是基础教育的重要组成部分，其着眼点在教育。它以美术为媒介，在培养学生美术知识的同时，更注重学生核心素质和关键能力的培养。美术创作是儿童美术素质和能力的综合体现，因此，美术学习对于提高儿童的综合能力意义重大。培养美术创作能力是美术教学的一项重要任务，需要师生的共同配合。为此，我们开发了"虞见·童画"这一拓展课程，师生一起看虞山舜水、寻虞味乡情，让学生观察、写生和创作相结合，在丰富多彩的活动中获得创作的灵感，感受创作的快乐。

（2）地方文化，润物无声

上虞人杰地灵、习俗深邃、民风淳朴。今天，我们正以超人的力量擘画上虞高质量发展的宏伟蓝图。《虞见·童画》画册的创作，能够促进学生了解本地文化，提高学生的审美能力，培养学生的热爱家乡文化之情。具有地方特色的童画，是学校拓展性课程绝佳的资源。

（3）学校个性，彰显特色

我校课程改革着眼于社会发展对人才的要求，从学生的全面发展出发，根据学生及学校发展实际，精心设计与规划课程，我们"做中学"实践课程体系，包含了生活实践课程、学科实践选修课程、德育实践课程这三大板块。"虞见·童画"美术拓展课程，属于"生活课程"。它以积淀"人文素养"为核心，提供给学生欣赏童画的大平台，让民间优秀传统文化融入校园，使其得到更好的传承和发展。学生从小积累人文素养，积淀民族内涵，才能成长得更好。

2.课程的性质

"虞见·童画"美术拓展课程是集视觉、人文、实践、趣味于一体的童画实践课程。

（1）视觉性

"虞见·童画"美术拓展课程凸显视觉性，选用大量色彩鲜艳、构图奇特、造型有趣的童画作品,带给学生强烈的视觉感受。走访家乡、欣赏名作、创作童画、宣讲故事贯穿课程始终,来自童画的视觉冲击影响着学生的审美和创新能力。

（2）人文性

本课程具有强烈的人文性,通过开展童画欣赏活动,对学生进行充分的人文情感渗透。童画创作中蕴含了许多文化精髓,能带给学生多种审美感受,有助于提高学生的审美情趣,促进其人格健康发展。

（3）实践性

"虞见·童画"美术拓展课程力求带给学生一种童画欣赏的探究氛围,并巧设各种综合实践活动,将传统的美术绘画转变为探究性拓展活动,变枯燥的美术教学为生动的实践活动,一步一步带领学生开启童画创作之旅。

（4）趣味性

"虞见·童画"美术拓展课程把童画欣赏贯穿始终,极具趣味性。走家乡、说家乡、画家乡变成童年的游戏,学生在玩中学、在学中玩,自主参与趣味化体验,提升生活经验,扩展知识技能,学习往往事半功倍。

3.课程的基本理念

"虞见·童画"课程是基于课程性质和学生发展需求构建的,有四个方面:

（1）坚持以美育人

课程注重引导学生积极参加各类艺术活动,通过丰富多彩的教学活动,丰富学生审美体验,学习和领会中华民族艺术精髓,增强民族的自信心和自豪感。同时充分发挥童画教学的特有魅力,让学生了解家乡文化的多样性,课程内容适应不同年段学生的认知特征,以灵活多样的教学方法激发学生的审美情趣。

（2）挖掘乡土情怀

课程让学生通过欣赏、探索家乡文化,自主体验家乡的风土人情,用童画来表现孩子眼中的家乡,从而了解家乡文化的丰富性,多角度认识美术的特征及其表现的多样性,在潜移默化中激发学生的乡土情怀。

（3）聚焦核心素养

在课程实施中,实地走访和美术写生、游讲相结合,极大激发了学生的美术欣赏力,使学生能积极表达、实践自己的想法,是比较全面的童画拓展学习,有利于学生美术素养的形成。

（4）培养创新精神

课程重视学生创新思维的培养，采取多种教学方法，引导学生学习运用美术语言，鼓励学生在艺术创作中发挥想象力和创造力，将创意转化为成果。通过综合和探究学习，引导学生在具体情境中发现美、欣赏美，提高其综合实践及解决问题的能力。

（二）课程目标

1. 总目标

课程目标：在教师的参与、指导下，学生进行童画欣赏活动，在认识、感受、交流、模仿等过程中，体验美术创作的乐趣，获得多种感官体验，积累审美经验，激发学生对美术学习的持久兴趣，学会对童画进行多方位的欣赏与评价，逐步提高理解、评述与审美能力，积累人文素养，传承本地优秀民间美术，增强民族自豪感。

2. 单元教学目标（表1-9）

表1-9 "虞见·童画"单元教学目标

单元	单元教学目标
一、虞越遗迹	1. 通过体验式的活动观家乡的古村故居，深入了解家乡的古建筑 2. 通过欣赏，感悟童画中丰富的情景表现 3. 掌握作画的技术，观察时突出主体，处理好线条，注意画面构图，掌握观察近大远小的透视关系等 4. 学会用语言表达看到的情景，提高学生的想象力和语言表达能力
二、虞山舜水	1. 通过走访景点，感受家乡的不同地貌和物产 2. 通过多角度欣赏，理解童画中情景。试着用美术来表达丰富的情景 3. 尝试用国画来表现家乡，绘画时注意留白，以及近中远景之间的空间感 4. 学会以故事的方式说明创作意图
三、虞风虞俗	1. 通过参加元宵灯节、中秋祭月、祭财神等活动，了解家乡的风俗 2. 通过欣赏，解构童画的"生活形"，感受童画的"生活味"。培养学生初步的观察、想象、体验和语言表达能力 3. 尝试以故事的方式说明创作意图
四、虞圣乡贤	1. 通过实地走访虞圣乡贤发源地，了解名人名事 2. 通过欣赏，感受国画色彩的丰富多样，初步培养学生的色彩感觉和审美情趣 3. 尝试以故事的方式说明创作意图
五、虞味乡情	1. 通过品尝家乡美食，了解家乡不同节日的不同美食 2. 通过欣赏，感悟童画中丰富的情感表达。学会用美术语言表达情感，提高学生的想象力和情感表现力 3. 尝试以故事的方式说明创作意图
六、虞地鉴宝	1. 通过对家乡祭祀用具、越窑青瓷、玉雕工艺、老式农具家具和家居用品的调查访问，了解家乡的工艺 2. 通过多角度感悟欣赏，理解童画中蕴含的情感内涵。试着跟随自己的内心，用美术的方式表达情感 3. 尝试用故事的方式说明创作意图

（三）课程内容设置

本课程适用于三至六年级学生，共分为六册，每册分别包含6项活动，每个主题下设计6个活动，分6课时完成，合计36课时，教学周期为四个学期，具体内容结构如表1-10所示。

表1-10　"虞见·童画"课程内容结构设置

序号	单元主题	活动	课时安排	总计
1	虞越遗迹	活动一：东澄古村	6	36
		活动二：曹娥古庙		
		活动三：名人故居		
		活动四：巍巍古塔		
		活动五：古桥虞韵		
		活动六：悠悠老街		
2	虞山舜水	活动一：千年梯田	6	
		活动二：围垦滩涂		
		活动三：曹娥江畔		
		活动四：四季仙果		
		活动五：三溪梅园		
		活动六：长塘竹林		
3	虞风虞俗	活动一：元宵灯节	6	
		活动二：端午五黄		
		活动三：门神祈福		
		活动四：祭舜大典		
		活动五：中秋祭月		
		活动六：五显财神		
4	虞圣乡贤	活动一：虞舜耕田	6	
		活动二：竹林七贤		
		活动三：入幕之宾		
		活动四：当代茶圣		
		活动五：人间至味		
		活动六：一切为儿童		

续表

序号	单元主题	活动	课时安排	总计
5	虞味乡情	活动一：梁湖年糕	6	
		活动二：端午印糕		
		活动三：清明艾饺		
		活动四：虞舜十碗		
		活动五：冬味鱼干		
		活动六：美味果酿		
6	虞地鉴宝	活动一：祭祀用具	6	
		活动二：越窑青瓷		
		活动三：玉雕工艺		
		活动四：老式农具		
		活动五：老式家具		
		活动六：家居用品		

每一项活动下设走家乡—品风情—赏作品—试笔墨—讲故事五个环节，让学生了解家乡文化的多样性，变枯燥的美术写实为生动活泼的实践性活动，一步步带领学生开启童画创作之旅。

（四）课程实施

1.实施原则

（1）审美性原则

关注课程教学目标的达成，尊重学生的个性差异与审美多样性。能因人而异，鼓励学生大胆欣赏自己喜欢的童画作品，并表达独特观点。

（2）体验性原则

要求学生参与多种童画欣赏活动，亲身体会虞地传统民间特色，逐步形成审美趣味和美术欣赏能力。除此之外，在体验中学生还应认知作品的思想内涵、形式风格以及表达的思想情感等，并用多种方式表达自己的感受与认识。

（3）趣味性原则

根据不同年龄、学段，设计不同的趣味课题进行有层次的教学。抓住学生的审美兴趣点，有层次、有计划地设计多种欣赏体验活动，提高学生学习的积极性。

（4）综合性原则

该课程具有综合性的特点，需要教师具备较强的教材整合与指导实践活动能力。教师在教学中，要引导学生学会综合学科知识和经验，在体验、感悟、探究中，真正融入活动，并结合其他学科完成特定的拓展性作业，提升美术素养。

2. 课程实施

"虞见·童画"是美术欣赏课程，因此它有三个实施关键点：

（1）"2+2"课时，高效教学

课程实施要做到循序渐进、扎实有效。课程推行每个单元"2+2"课时的安排模式，这有助于教学活动更深入及有层次地推进。

（2）"内＋外"资源，整合教学

课程始终要体现趣味性和创新点，因此需要整合各方资源，使其创作不枯燥，真正走入学生内心。

（3）"动＋静"模式，趣味教学

要做到高效教学，需要有一系列与童画的碰撞，让其内容更接地气，创作技法更有童味的策略。而真正走进童画、理解童画，又需要静态的思考和感悟。因此，我们的教学模式需"生动有趣""动静结合"。

（五）课程评价

课程评价的主要目的在于激励学生发展。本课程的评价以课程目标和内容为评价基准，充分尊重儿童个性发展，提倡多元、开放的评价观念，注重过程性评价、整体性评价，关注儿童的全面发展。

1. 评价理念

（1）采用多元评价方式

强调评价标准、手段、形式的多元化，从学生的知识、情感、态度等各方面系统开展评价。全面、客观、公平地评价学生在活动中的个性化表现。此外，善于运用学生自评、生生互评以及师生互评等方式体现评价主体的多元化，形成积极、友好、平等和民主的评价关系，让评价成为学生能力提升的载体。

（2）过程评价与结果评价相结合

注重过程性评价，以多元化、立体化的评价，全面反映学生的学习表现。同时也重视结果性评价，确立评价标准，客观反映学生的综合学习能力。在过程性评价中要对学生的各种活动方式给予充分的肯定，允许学生有不同的见解，而且其呈现学习结果的形式也可多样化。

2.评价方式

（1）评价单

注重结果性评价，通过创作过程、自我体会等角度，记录个体在学习过程中的表现和活动成果。（表1-11）

表1-11 "虞见·童画"课程评价单

创作主题				
班级		姓名		
评价等级	★★★★★（用星级表示，最高5颗星）			
评价内容	我能做到	自己评	同学评	老师评
走访过程	认真倾听，用心感受			
	善于交流，敢于质疑			
	同伴互助，探讨问题			
	个性表达，观点独特			
创作过程	对名家名作的理解			
	选择一个点进行创作			
	讲一讲创作画里的故事			
老师总评				

（2）童画故事大王评比

实行"童画故事大王"的评比。可以用写，也可以语音上传，采集童画创作中自己感兴趣的地方，用文字或绘画的方式记录下来。

（3）童画展评

利用班级、宣传栏、微信公众号等多元展示平台，以个体或集体的形式开展各种评比。围绕个人对童画的理解，进行创作活动，凸显个性亮点，展示学习成果。

（4）童画争章

实行童画争章评比活动，通过欣赏童画的不同方面，评出最佳风情章、最佳构图章、最佳新意章和最佳演说章，使学生的个性特长得到最大化的发展，激励学生的学习兴趣和探索精神。

（六）课程的保障

1.组织保障

（1）借助学校相关组织机构。借助学校各类机构为课程建设提供组织保障。

（2）成立工作小组。成立"虞见·童画"课程建设规划工作小组，明确职责、规范运作，为课程建设规划提供保障。

2.制度保障

为更好地落实总体课程目标，学校制定了一系列的课程管理制度，这些制度也为童画课程建设有序有效的推进提供了保障。

3.其他保障

（1）争取学校的支持

争取学校加大对课程改革的经费投入，采取有力措施解决各种问题。做好专项资金预算，积极向上级部门争取资金，建立童画创作工作室等。

（2）切实提高教师课程实施能力

加大教师培训力度，切实转变其教育理念、课程意识，提高其课程领导力、开发力、执教能力。注重激发教师参与课程开发和实施的积极性。

（3）争取社会、家长的支持

通过各种途径宣传学校新课改亮点、政策导向和学校实施各类课程的优良基础，形成家长、社会、学校共同支持课程建设的良好氛围。

第二章　做中教　求进步——活力课堂的研磨与生成

第一节　深度学习，活力课堂教学的变革目标

"深度学习"的概念最早源于人工神经网络的研究，1976年瑞典学者马顿和萨乔将深度学习引入教育领域，逐渐引起人们的广泛关注与研究。在新课改的背景下，深度学习既是培育和发展核心素养的重要途径，也是我国课程教学改革不断深入的关键。著名教育家杜威强调学生自主学习和反省思维，其所倡导的"做中学"蕴含着深度学习的思想。教育家陈鹤琴的"活教育"思想也强调了深度学习的重要性。鹤琴小学在"活教育"理念的引领下，将深度学习作为课堂教学改革的重要目标和变革方向。

学校集思广益，多方寻找当下教学中存在的问题，并通过整合优秀教学方案、分析典型案例等途径，为"活教育"的发展提供了可借鉴的方向。在不同学科的课堂教学中，学校教师秉持着"构建鼓励提问的课堂文化""把学生的问题应用到教学中去""在真实世界中用探究的方法处理实际工作"和"用我们的行动变革我们的实践"等理念，进行有意义的深度教学，从而帮助学生成长得更好。

一、语文活课堂：深度阅读，促人文素养

语文课程的基本特点是工具性和人文性的统一，旨在促进学生人文素养的全面发展。遵循学生身心发展的特点和核心素养形成的规律，以识字与写字、阅读与鉴赏、表达与交流、梳理与探究等实践活动为内容主线，为学生提供更为综合、丰富的语文学习体验，使其在语言文字运用中既能够掌握实用技能，又能够培养对人文艺术

的深刻理解。语文课堂教学改革应关注学生在语文阅读学习上的困难，帮助学生探索个性化的阅读方法，丰富学生的精神世界。

教学探索："起承转合"式的小古文深度学习策略。

小古文教学是小学语文教学中的重难点之一，但由于小古文的语言习惯与现代汉语差别较大，学生和教师总会觉得枯燥、无味。通过内容对比分析会发现，部编版义务教育小学语文教科书中增加了很多关于传统文化的内容，包括古诗和古文。这对学生传承和发扬中华优秀传统文化提出了更高的要求，也对教师教学古文提出了更高的要求。教师在指导学生学习小古文的过程中，应基于学科核心素养，培养学生的阅读兴趣，提升学生的学习能力。本文基于教学实践案例，呈现"起承转合"式的小学阶段小古文的教学策略，以帮助学生深度阅读小古文，培养其人文素养。

（一）追根溯源：小古文教学之"起"

小古文教学应从理解其中的文字和文章来源出发，降低学习难度，帮助学生克服消极情绪、提高学习兴趣。

1. 文字之"起"

"起"取"起源"之意。《说文解字》将汉字分成象形、指事、会意、形声、转注、假借六类，在日常教学中可经常用这些方法来帮助学生理解和记忆字词。

小古文依照的是古人的语言习惯，因此小古文的教学也可沿用上述六种方法，对于古文中的一些生僻字词，教师可以采取适当的方法进行解释从而帮助学生理解。虽然有时学生不太理解异体字等专业名词，但是只要他们能初步认识到文字的字形、字义会随着时间而发生改变即可。

2. 文章之"起"

每一篇小古文的第一个注释一般都是其出处，除了让学生记忆，教师还需引导学生对一些经典篇目进行分类，通过掌握文章来源帮助学生更好地了解小古文中所蕴含的知识和情感内容。例如，"雅量"意指宽宏的气度，《世说新语·雅量》记载的是名士们的雅量故事。《王戎不取道旁李》选自《世说新语·雅量》，学生在知道这两者的关系后，再去阅读《王戎不取道旁李》就会更多关注其中人物的举止，了解王戎是一个从容不迫，遇事仔细观察、谨慎思考的人。

（二）承上启下：小古文教学之"承"

小古文教学的关键之策是培养学生的承接意识。学生不仅要学会联系全文理解同一个词在不同语境下的含义，能据已有的知识理解文章字词的意思，还要学会结合时代背景尝试对文章做出创新性解答。在承接意识的培养中，不断提高学生的迁移能力和联想能力。

1. 承接全文，解析一词多义

一词多义常见于小古文阅读中，这需要学生理解全文后再去分析字词的意思。例如，《王戎不取道旁李》重复三次使用"之"字。第一次和第三次学生很容易认识到"之"字是代词，指代"李子"。困难的点在于"人问之，答曰：树在道边而多子，此必苦李。"中的"之"字。大部分学生都认为这里的"之"指"王戎"。但是，这样解释并不完整，其真正指的是"王戎不去摘李子，反而一动不动"这件事。

2. 承接旧知，理解古今异义

小古文的教学特别注重前后文的联结。在初学阶段，为了加深学生印象，教师需要不断唤起学生对已有知识的回顾。当新文章中的某些字词意思与已学的知识相同时，教师需要呈现学生学过的文章内容，引导学生根据已有知识快速理解掌握字词，促进知识的迁移。但若意思不相同时，则需要教师帮助学生梳理该字的常见意思，并引导学生根据已学的文章内容再次对两篇文章的意思作区分，促进知识的同化和顺应。

3. 承接现实，破除思维桎梏

小古文阅读还需要"跳"出文章。"跳"出文章不是脱离文章，而是引导学生从现实出发，在读懂文章的基础上用自己的阅读视角去关照文章。教师和学生都不应该将教科书和教参上的一切奉为圭臬，尤其是在小学阶段，学生的思维活动且未形成定式，教师应引导学生以发展的眼光看待文学经典。

（三）形式转换：小古文教学之"转"

"转"枯燥的小古文为学生喜闻乐见的内容和形式，从而激发学生的学习兴趣，这是小古文教学的重要策略和必要环节。教师一方面可以通过漫画、故事等形式趣味演绎小古文，另一方面可以适当改编文言文的内容。

1. 趣味演绎

小学阶段选取的小古文都具有趣味性，因此教师在教学时可以借助多种手段让小古文变得更加生动。例如，《王戎不取道旁李》可以借用漫画的形式让学生自己来说一说、演一演这个故事。丰富的表述、生动的表情一定会让人记忆犹新，这也非常符合该单元要素的要求：用自己的话说说故事。

小古文的趣味性需要教师紧跟时代不断去挖掘寻找，让"古"文焕"新"颜。

2. 书写改编（内容）

古文并不因语言而与现在格格不入，从另一个角度讲，正因为它年代久远，"玩"起来才有更多可能，也更有意思。如果说，前文提到的趣味演绎是在形式上下功夫，那么，书写改编就是在内容上做文章。如，《自相矛盾》以"矛"和"盾"为矛盾焦点，在学习完自相矛盾意思之后，我们不妨将"矛"换成"子弹"，"盾"变为"防弹衣"，更便于学生理解"自相矛盾"这一成语。

（四）深度融合：小古文教学之"合"

"合"指的是小古文教学一方面要与学生的日常生活相融合，回归学生的真实生活；另一方面要与学生的情感价值相契合，引发学生的情感共鸣。

1. 与生活情境相融合

我们一直强调要从实践中来，到实践中去，如果脱离实际，便容易陷入"虚无主义"。教材中选取的小古文多与生活联系紧密，其教学也同样需要关注实际。例如，《王戎不取道旁李》需要调动生活经验，路边的李子如果香甜，必定很多人摘取，不会"多子折枝"，因此推论路旁苦李。

2. 与情感价值相契合

统编教材的小古文虽然不多，但都精心挑选。其中有涉及道理和启迪的、有涉及学习劝诫的、有涉及知己交往的。例如，《少年中国说》，通过阅读学生会感受到自豪，从而更加热爱现在的中国，为中华之强大而读书。

"起承转合"式小古文教学方法，通过对古代文言文篇章的分析和解读，将学生引入由"起""承""转"和"合"四个环节组成的教学过程中。然而，这种方法仍然需要在实践中进一步完善和探索。

二、道法活课堂：深度对话，促道德素养

道德与法治课程指向于社会发展和学生成长的需求，旨在培养学生的核心素养。道德与法治活课堂应具备政治性、思想性、综合性和实践性的特征。其教学改革应注重通过培养学生良好的道德价值观和法治意识，提升他们的法律素养和责任意识，以丰富教学方式让学生主动、深入地参与学习，形成积极的道德和法治思维，为个人成长和社会进步做出积极贡献。

教学探索：漫画融入小学高段道德与法治课堂教学的实践路径。

漫画深受儿童的喜爱，它以其独特的魅力感染学生的心灵，能激起学生强烈的好奇心，从而引发学生发现和思考问题，在潜移默化中影响学生的德育发展。基于此，本文尝试在高段道德与法治课堂中适时插入漫画，对重难点展开趣味性教学，引导和激发学生进行深入学习，实现漫画和道德与法治学习的有效对接，让课堂学习焕发出生机。

（一）以画激趣——精选漫画，使教学"亲近易懂"

据调查，很多学生平常都很喜欢漫画。漫画种类繁多，其中不乏优秀的，但也有缺乏"营养"的作品存在。因此，正确地甄选，选择健康、积极且贴合教学内容的漫画作品至关重要。只有如此，它才能真正为课堂服务。为此，师生进行了分工合作，利用课内外时间，从多种渠道找寻能为课堂所用的漫画资源，同时教师也鼓励有兴趣、有能力的学生进行自主创作，最后以单元为板块分类整理，以配合不同单元的学习主题。

以四年级下册第三单元"美好生活哪里来"为例（表2-1），本单元的学习旨在让学生认识和尊重各行各业的劳动者及劳动，帮助学生树立正确的劳动观念。教师选择了一系列歌颂漫画，让学生通过漫画了解人民的生活离不开各行各业的劳动者，从而尊重和感谢劳动者，珍惜劳动成果。

表2-1　四年级下册第三单元"歌颂漫画"主题

单元主题	教学内容	教学目标	漫画内容
美好生活哪里来	我们的衣食之源	认识农业的重要性，感受粮食的来之不易，懂得珍惜粮食及劳动成果	引入漫画：《杂交水稻之父》漫画图文结合，讲述了袁隆平爷爷从立志为民众解决吃饭问题，到全身心投入杂交水稻研究的不懈的努力过程
	这些东西哪里来	初步了解工农业生产活动的过程，从中体会劳动者的艰辛	引入漫画：《探访玩具厂》漫画描绘了玩具从设计、选材、制作、加工、检验、包装直到被运送到商店的整个过程
	生活离不开他们	知道每天的生活离不开各行各业劳动者提供的服务，感受不同职业的劳动者给人们生活带来的便利，尊重所有的劳动者	引入漫画：《最美劳动者》漫画描绘了一组农民、工人、警察、司机、医生、教师的人物形象，呈现了他们专注劳动时最美的样子

又如六年级下册第一单元"完善自我 健康成长"（表2-2），这一单元的学习旨在让学生树立完善自我的观念，学会尊重、宽容、反思。因此，教师选择了一系

列讽刺漫画引入课堂，以揭露生活中存在的一些不良现象，引发学生的思考。

表2-2　六年级下册第一单元"讽刺漫画"主题

单元主题	教学内容	教学目标	漫画内容
完善自我　健康成长	学会尊重	认识到每个人都有尊严，都应当得到尊重。尊重他人是一种好素养，学会从语言和行动等方面尊重他人	引入漫画：《嘲笑》漫画中左侧男子用夸张的表情嘲笑右侧男子，被嘲笑的男子低头默默走开。其实左侧男子自己也不是那么完美，因为他有着一嘴大龅牙
	学会宽容	学会宽待、原谅他人，包容他人的错误和缺点，一起构建和谐的生活	引入漫画：《宽容》漫画描绘的是女子和男子起争执后，女子面带微笑，但内心却燃烧了一把熊熊烈火。对话框里出现几个文字"看，我多宽容"
	学会反思	认识到反思对成长的意义，初步掌握反思的方法	引入漫画：《全力反思中》男孩做错了事，妈妈让他站在墙角自我反思。然而，男孩耳边传来太多的声音"你错了没有？""下次还这样吗？""就不能让人省点心吗？"……最后男孩瘫坐在地上，哭着说："能让我静静地反思会儿吗？"

（二）以画促学——运用漫画，使教学"知趣共融"

漫画作为学生喜闻乐见的素材，本身就有助于课堂教学及学生理解掌握知识，激发学生深入思考。在课堂中，教师要根据教学需要合理选择漫画素材，真正把好的漫画作为道德与法治的课程资源运用，让学生从中快乐学习、深入体验、获得收获。

1. 未成曲调先有情——漫画导入，激发兴趣

"兴趣是最好的老师"，高年级的学生虽然已具备一定的学习主动性，但长期单一的教学方式难免让其厌倦，这时候有效激发兴趣才能为其提供源源不断的学习动力。在课堂开端引入与本课知识密切相关又深入人心的漫画，就能牢牢抓住学生的视线，激发其强烈的求知欲，营造活跃的课堂氛围，提高课堂教学效率。例如，在教学五年级下册《我们的公共生活》一课时，教师在导入时先出现了一组漫画，让学生仔细观察，说说漫画上的哪些行为是正确的、哪些是错误的，并分析原因。这一组漫画的出现顿时吸引了学生，参与课堂的积极性迅速被点燃。

2. 最是润物细无声——漫画助力，突破难点

一堂好课不仅要妙趣横生，更要突出重点与难点，而漫画就能以较强的直观性和示范性助力知识点的学习。例如，在教学六年级下册《应对自然灾害》一课时，

为了让学生明白地震时的正确做法，教师利用漫画进行直观展示，让学生跟着漫画模仿示范动作，当即学以致用。这样一来，课堂难点更易被理解和突破，学生对知识点的印象也更为深刻了。

3. 醉翁之意不在酒——漫画寓意，得到启发

在众多漫画之中，有些是幽默搞笑型的，有些则是讽刺警醒类的。恰到好处的讽刺警醒有时效果惊人，让学生从中得到启示。例如，在教学四年级下册《有多少浪费本可避免》一课时，教师融入了一张带着讽刺意味的漫画。漫画中的男士点了一大桌子菜品一人独享，边吃边说："请多吃，我买单！"而对面坐着的竟是一个垃圾桶。图中的深意极易领会，当然，教师"醉翁之意不在酒"，学生其实是一边看漫画一边做自我教育。

4. 道是无情还有情——漫画压轴，升华情感

情感是课堂教学的主线，有情感的课堂才富有生命力。良好的情感基调是提高道德与法治课堂吸引力的重要途径。教师可据课堂需要巧妙地运用漫画，让学生在喜怒哀乐的情感体验中受到教育。例如，教学四年级下册《我们的衣食之源》一课时，就用了袁隆平爷爷的漫画压轴，漫画再一次勾起了学生对袁爷爷深深的思念，相信当他们吃着香喷喷的米饭时，一定会在脑海中浮现袁爷爷的身影，课已终，情流淌。

5. 柳暗花明又一村——漫画延伸，拓展创编

道德与法治作为一门综合性课程，教学内容自由灵活，教师可以以教材为基点，结合学生的实际生活，尝试构建开放、多元、融通的课堂环境，全面关注儿童多彩的生活和个性化的体验与表达。例如，教学六年级下册《地球——我们的家园》一课后，鼓励学生积极行动，为保护地球贡献自己的力量。

学生就地取材，在课后实践活动中真实体验、创作漫画作品。学生从中感受了养绿护绿的乐趣和生命的美好，并为地球变得更美而尽了一份绵薄之力。

（三）以画破研——玩转漫画，使教学"活力无限"

《道德与法治课程标准（2022年版）》明确指出要选择适宜的活动形式，使儿童在自己喜欢的活动中获得发展。丰富的教学形式是有效的"保鲜剂"，能为漫画教学增添不一样的味道。通过创设不同的学习形式，吸引学生尽情投入，快乐活动，汲取收获与智慧。

1. 议中抒己见

【教学片段】五年级下册《弘扬优秀家风》

谈话导入：中国是一个文明古国，自古以来，有许多家庭都很重视家风的传承。你知道什么是家风吗？

漫画评议：仔细观察，漫画上展现的就是一些优秀的家风，分别是什么？我们可以通过什么举动来弘扬这些优秀的家风？

递进追问：你们家族有哪些优秀的家风？随机采访。

本课围绕"家风"一词展开学习，通过漫画让学生在观察、议论中了解什么是家风？有哪些优秀家风？漫画上的人是通过哪些举动展现优秀家风的？学生在观察议论中掌握了知识，相信他们今后也能做得更好。

2. 评中辨是非

【教学片段】六年级下册《学会尊重》

激趣导入：现代文明社会，我们倡导人人平等、互相尊重，但是在生活中，我们总会遇到一些不尊重他人的行为，如这张漫画的内容。

若有所思：看到这样的画面，你有什么想说的吗？

辩证分析：大家刚才都指出了左侧男子的不当行为。那么，谁还能从另一个角度来辩证分析一下？左侧男子是否也不那么完美？别人又是怎么对待他的？

在课堂上，教师不仅要关注学生独立思考、判断的能力，同时要关注其思维的缜密性，引导他们多角度、辩证地分析问题。在这一环节，教师通过追问引导学生从另一角度对漫画进行辩证分析，让学生理解：当左侧男子嘲笑右侧男子的身高时，应该认识到自己身上也有不完美的地方。右侧男子只是默默走开，他不像左侧男子那样，其实，不尊重他人就是不尊重自己。

3. 做中见实效

【教学片段】四年级上册《低碳生活每一天》

总结回顾：通过今天的学习，我们知道地球已经"发烧"了，全球气候变暖将会给地球上的生命带来很大的灾难，所以"低碳行动"刻不容缓。

追问延伸：除了刚才交流的这些，你们还知道平时我们可以做哪些"低碳行动"吗？

漫画导行：董明轩同学用两幅漫画来给大家做个绿色提醒，一起来看看我们还能怎么做。

学生通过课堂学习，结合自己的生活经验，把想到的、想做的用漫画形式画下来，并以此为指导，付诸实践。

4.画中拓兴趣

【教学片段】六年级下册《地球——我们的家园》

总结课堂：地球，是我们每个人赖以生存的家园，一起行动起来，为保护我们美丽的家园贡献自己的力量。

引发思考：你理想中的地球是怎样的？怎么做才能让它变得更加美丽，让我们的生活变得更加幸福呢？

漫画创作：请把你的所思所想用漫画的形式展示出来吧！

创作漫画环节，给了学生大胆展示的空间，这也是学以致用。在课堂中，教师注重挖掘教材，从学生已有的生活经验和知识储备出发，为学生提供丰富的创作灵感。

画中有"话"，以图说"理"。漫画以其独特的魅力融入课堂教学，激发学生的好奇心、求知欲，培养学生的思维能力，丰富了课堂形式，拓展了教学资源，提升了教学效果。

三、数学活课堂：深度思考，促思维素养

数学对培养人的理性思维、激发科学精神以及促进个体智力发展具有重要作用。数学活课堂旨在培养学生的数学兴趣，培养其数学思维和问题解决能力及创新和合作精神。通过改革使数学课堂更加有趣，帮助学生建立起对数学学科的积极认知和深入理解。

（一）教学探索一：新课标背景下小学数学游戏化的教学路径

新课程标准背景下，数学教学应从"知识"导向转向"素养"导向，从教师"教会"走向学生"学会"，从"浅层学习"走向"深度学习"。这需要思考以下三个问题：学生是否真实参与学习活动？学习过程是否真实发生？学习是否有深度的发生？解决第一个问题的关键在于挖掘学生的兴趣点，引导学生主动投入学习活动。24点游戏是经典的数学游戏，教师以此贯穿数学的运算知识，可以让学生在游戏中由浅入深地思考，发展数学素养。

1.初识"24点"：深度玩

为了激发学生的学习热情，发展学生的应用意识和创新精神，学校每年都会开展趣味数学节活动，借助传统玩具和数学游戏启迪学生智慧。其中，三年级的活动内容就是"算 24 点"。笔者对两个三年级班的学生进行了调查（表 2-3），发现大部分学生没有接触过 24 点游戏，但对它兴趣较大。

表 2-3　学生对 24 点游戏的了解现状调查

是否知道 24 点游戏		人数	占比
不知道	不想玩	4	5%
	想玩	66	76%
听说过		14	16%
知道玩法		3	3%

【教学片段示例】初识 24 点

师："老师给大家带来了一个游戏，想知道吗？"

生："想！"（超大声）

教师展示扑克牌（仅保留 A-10）

生："扑克牌！""老师，你要教我们怎么玩牌吗！"……

师："没错，听清楚游戏规则：翻四张牌，把上面的四个数字，A 则代表 1，通过加减乘除运算，使最后的得数为 24，每个数字只能用一次。"

生："什么意思啊？"（不少同学有些懵）

师：翻出四张牌，对应的数字分别为 1,2,3,6，"怎样通过运算，让它们的结果为 24？"

生："3+2-1=4，4×6=24。"

师："那我请个同学上来给我们再翻四张牌。"

教师选了一个同学，翻出的数字为 3,5,2,1。

师："好，留给大家自己思考，平时课间同学们也可以互相写数字算算 24 点，也可以回家和爸爸妈妈一起算，其实有窍门，就看你找不找得到了！"

（1）借力玩具，高度投入

扑克无疑是一项吸引学生注意力的利器，教师一拿出扑克，所有学生都被吸引住了，这就是深度学习的第一步"高度投入"。学生感兴趣了才会参与、思考，他们的思想才能高度投入学习活动。

（2）主动参与，体验成功

在听了游戏规则后，不少学生在第一次尝试时无从下手，但两个简单的算式让他们领略了24点游戏的魅力，因为解出后让学生能获得成功的体验。它可以激发儿童的挑战兴趣，从而更加积极地参与学习活动。

【教学片段示例】

生："老师，我们算24点吧！"

不少同学纷纷表示支持。

师："好，不如我们分成四个大组来比赛一下，我出题，最快且写正确的同学，本组加1分，看哪个组最好！"

随着游戏的进行，气氛逐渐火热，不少同学随时准备冲上讲台答题。

（比赛结束）师："你们都是怎么算得又快又对的，有什么小窍门？在纸上写一写。"

生1："我会去找4和6或者3和8，因为4×6=24，3×8=24。"

生2："还有2×12=24，12+12也行。"

（3）深入思考，提炼方法

没有深刻地思考就不能掌握道理，即使得到了也容易失掉，在数学上亦是如此。在逐渐能够比较熟练地计算24点后，学生逐步摸索出一些技巧方法。此时引导学生进行归纳总结，有利于发展学生的数学思考能力，同时培养学生形成结构性的思维能力，提升数学素养。

（4）充分经历，培养数感

在兴趣的促使下，学生主动参与游戏，而成功的兴奋感也不断刺激着学生的游戏热情。相较于平时计算的枯燥乏味，算24点则需要学生自己选择和设计计算过程，而这就需要考验学生对抽取的数字与"24"之间关系的敏感度。通过这一过程，能充分培养学生的"数感"，即指关于数与数量、数量关系、运算结果估计等方面的感悟。

2.再遇"24点"：深度思

在人教版教材四年级下册的第一单元《四则运算》的练习中也出现了"算24点"的内容。

（1）结合教材，扩充思维支架

《四则运算》这一单元的主要内容是在学生已经掌握整数四则混合运算以及带

小括号的混合运算的基础上，对四则混合运算顺序的归纳总结，并且第一次出现了中括号，使四则混合运算的知识趋于完整。在三年级玩 24 点游戏时，几乎所有学生都会主动把计算过程用综合算式列出来，这就需要学生能够合理运用小括号，准确把握计算顺序。而这恰好也符合四年级下册《四则运算》这一单元的教学目标。

此外，在列综合算式时，难免出现小括号不够用的情况，学生便会产生新的疑问，小括号外面该怎么表示，是再加上一个小括号吗？这样的疑问促使他们主动去探究，从而形成积极的内在动机。学生在探索中自然而然就了解了中括号的作用。

【教学片段示例】

出示学生错例图。

师："看，你发现了什么问题？"

生："这个算式不对，它不等于 24，4×8-2=30 了。"

师："你能猜到这位同学原本所想的计算过程吗？"

生："他应该是想先算 7-5=2，再算 8-2=6，然后 4×6=24。"

师："那你们能帮他改一改吗？"

生："可以改成 4×(8-7+5)=24。"

师："是个好办法，那如果要按照他的计算过程，你能改吗？"

生 1："在外面再加个括号。"

生 2："可是已经有个括号了，要怎么加？"

生 3："再来一个呗！"

生 4："不是，我知道，应该要用中括号！"

师："嗯中括号，不如你上台来写一写，怎么用？"

学生上台板书算式：4×[8-(7-5)]=24

师："是什么意思呢，不如你来当当小老师，为大家介绍一下中括号吧。"

（2）头脑风暴，开拓创造思维

学生思维能力随着年级而升高，简单的 24 点计算已经不能满足学生的发展，除了把数字从 1 到 10 扩展到 13，还可以用头脑风暴增加其难度和趣味性。在数学学习中，不少学生往往只求结果，而不重过程，抑或是对"一题多解"不屑一顾。而头脑风暴可促使学生的思维得到最大提升，同时培养学生的自信心与创造力。此外，这样的活动也可以让学生感受到集体的力量，有利于增加班级凝聚力，培养学生的团队精神。

（3）迁移运用，突破思维盲点

数学学习如果没有迁移运用，那么就是简单的认识、机械的计算，仅仅停留在浅层的学习；只有将知识真正运用到新情境中去解决问题，学生才能真正深入理解，突破思维瓶颈，得到能力提升。例如，在四年级下册第三单元《运算律》的学习之后，学生对数学运算的知识又有了更进一步的认识，能否结合具体情况，灵活选择合理的算法，是该单元的难点。

3. 延续"24点"：深度学

随着数学学习的不断深入，24点游戏有更多计算方式供学生选择，也需要学生能够更加灵活运用运算知识。而除了24点游戏之外，其实还有许多蕴含数学知识的游戏，重要的是学生是否能用数学的眼光与思维去观察思考。

（1）目标驱动，摆脱思维惯性

在计算24点游戏中，学生慢慢摸门道，计算逐渐熟练，但也因此会形成稳定的思维方式。然而24点的精妙之处，就在于它总会有出其不意的解法，若思维固化，则会钻进死胡同。

学生在数学学习和解题的过程中，往往习惯于正向思维而缺乏逆向思维，但其实对于某些问题，反过来思考，以目标为导向，从结论往回推，反而可以让问题简单化。改变思维的方向，敢于让思维向对立面发展，对学生的数学素养和解题能力的培养都极具意义。

（2）纵向贯通，凸显数学"本色"

由于小学数学教材"螺旋式"的编排方式，同一领域的内容会在不同年级不断出现，并逐步加深拓展。尽管知识点比较分散，但其内在的联系却极为重要，抓住本质，打通知识间的关联，才能够更好地构建知识结构。

①为何是24点？——本质探寻

在探索了诸多24点的玩法后，回归本身，为什么这个游戏是24点而不是23点、25点呢？如果翻四张牌算23点或者25点会出现什么情况？学生在试玩后发现，游戏不断陷入死局。其实算24点时所谓的凑两数相乘的方法，就是把24分解因数得到 1×24，2×12，3×8，4×6，反观23和25，分解因数的基本形式很少。其实约数个数多，解法也就多，游戏的成功率就会大大提升。

②真的无解吗？——整体把握

到了高年级，学生在计算 24 点时，除了整数的四则运算，也可以运用分数的四则运算，曾经无解的题便也有了新思路。

更甚者，在小学之后的数学学习中，学生还会学到更多的运算符号，平方、开方甚至阶乘，曾经无解的 24 点，用其他算法也能够有解。由此，学生在玩"算 24 点"的游戏中，能不断活化数学运算知识，发展高阶思维能力。

③横向拓展，带上数学"滤镜"

24 点游戏终归只是一项游戏，那么是否还有其他蕴含数学知识的游戏，不妨由学生来找一找、玩一玩，看是否能用数学知识来获取游戏胜利。其实比起让学生学会数学知识和运用数学知识，更重要的是让学生能够带着数学的眼光去观察、去发现，带着数学的思维去思考、去创造。24 点游戏就像是一粒种子，让学生获得了快乐与知识，发展了运算与思维能力，增强了团队意识和创新精神，更带上了数学"滤镜"，让学生从"浅学"走向了"深学"。

（二）教学探索二：指向理解的小学数学概念教学策略——以《平均数》为例

数学思想是数学的核心，是获取知识的手段。数学概念是揭示数学对象的本质属性和特征的思维形式。每一个概念中都蕴含着丰富的思想方法。教师在数学教学中，应该从理解入手，抓住概念的核心内涵和思想方法；在知识生发处原型引入，迁移应用；在概念展开处反复渗透，比中求异；在巩固提升处深入剖析，概括强化，使学生逐步学会从数学思想方法的高度把握知识的本质和内在的规律。平均数作为统计与概率教学的内容，不仅仅是让学生学会求平均数，更重要的是对平均数意义的理解，让学生在收集、整理、分析数据的过程中，体验平均数的现实意义和作用，认识理解抽象概念背后的丰富内涵。下面以《平均数》一课为例，结合教学片段分析，探讨数学思想与概念理解的融合策略。

1. 从最基本的事实出发："相通"还需"相融"

数学要从数学现实出发，从生活现实出发，提出问题，解决问题，然后经过概括提高，升华为数学概念和法则及其数学思想，从中达成概念理解与数学思想的相融相通，互琢玉成。

（1）铺垫——原型引入，迁移经验

数学中每个概念往往具有深刻的背景，有着各自的产生和发展。"平均数"源于现实生活，是从生产、生活实际问题中抽象出来的，对于"平均数"的教学要通过一些感性材料，创设抽象与概括的情境，引导学生提炼概念的本质属性。

【教学片段】比赛判输赢

"六一"儿童节到了，红、黄两个队参加一分钟夹玻璃球比赛的场景。课终，老师出示红队和黄队的比赛结果，请学生裁判来判定输赢。（表2-4）

表2-4 一分钟夹玻璃球比赛结果

	队员1	队员2	队员3
红队	15	15	15
黄队	14	16	15

生：我统计了两个队的总夹球数是45，我认为这两个队不分胜负。

生：我觉得两个队平均每人的夹球数都是15，我也觉得这两个队名次相同。

大家一致认为两队实力旗鼓相当、不分胜负，老师没有满足于此结果，而是继续追问：

师：红队一分钟夹球的一般水平是15，可以理解，为什么黄队一分钟的一般水平也会是15呢？

生：我把每次投中的数字加起来，再除以3，结果是15。

生：我把这三个数从小到大排队：14、15、16，中间数就是这组数的平均数。

生：我觉得不用这么复杂，只要从2号队员中拿出一颗给1号，每人的结果也都是15。

此片段尝试从最基本的事实出发，经过一些铺垫以直达一个可以触摸"平均数"本质意义的有利位置。教学中，老师通过向学生提供开放和真实的问题：为什么你们认为红队和黄队不分胜负？学生的辩论中，先求总数再平均；等差数列中，中间数就是平均数；移多补少这些数学思想和方法被自然激发，有效地发挥了已有学习经验的正迁移。

（2）抽象——化隐为显，适时融入

生活中到处有数学，到处有数学思想。在教学中，对这些生活现象的理解应该远远超越"生活数学"的范畴，从数学内部引入，用数学的眼光、抽象的思维来看待这些现实情境，去理解和掌握这些知识。

【教学片段】增加一名队员

蓝队队长向裁判提出一个请求：我们队能否增加一名队员参赛？

生：我们人少，他们人多，当然不同意啦！

生：人多，夹球的总数也一定多了，我们不是输定了啊！

生：人数不同，机会不等，这样做不公平！

增加一名队员，蓝队一定赢吗？电脑屏幕出示蓝队四名队员的成绩：14、12、11、15。

成绩一出，教室里顿时安静了下来。

生：蓝队只有4号队员的成绩与红、黄队的平均数相同，其他三位队员都很差，输了！

生：红队最低成绩是15，黄队最低成绩是14，蓝队只有11，我觉得也输了。

生：虽然蓝队的总成绩是52，红黄队只有45，但平均每人夹球的个数，还是其他两个队多，我觉得输了。

师：对呀，在人数不等的比赛中，为确保比赛的公平性，我们往往不比——夹球的总个数，而是比——每人夹球的平均数。

师接着问：那么蓝队每人夹球的平均个数是几呢？你能估计一下吗？请验证……

概念是思维的细胞，是感性认识飞跃到理性认识的结果，而飞跃的实现要经过分析、综合、比较、抽象、概括等思维的逻辑加工，需依据数学思想方法的指导。在概念的揭示中，老师没有过早地下结论，而是通过安排一场比赛，分析红、黄两队的胜负情况；赛中增加一名队员，比较参赛的合理性；猜猜蓝队平均每人夹球的个数，想办法验证猜测是否正确等过程，让学生积极参与数据的分析与处理、概念的探索和推导，从而揭示出隐藏于概念之中的思维内核，此时，数学思想与概念理解相融相通。

2.重视演变的过程："点到"还需"深究"

教学中对一些概念、定义的教学，如果只注重结果，让他们在一知半解的基础上去死记硬背、机械记忆，那么他们总是难于理解和掌握，更不会灵活地应用。结合学生的实际情况，重视概念的形成过程，在学生理解的关键处设置关卡，层层推进，理解才更深刻。

（1）重塑——循序渐进，螺旋上升

南京大学郑毓信教授曾提到，"重组"或"重构"通常指的是以一种崭新的视角重新审视熟悉的事物。在教学过程中，教师要关注学生在数学学习中面临的现实情境，引领他们用积极的思维方式思考，及时调整、重新构建其原有的观念体系。

【教学片段】平均个数可能是小数吗？

红队增加一名队员后出现了一个特别数：这位4号队员夹了0个。这时候红队的平均个数还是15吗？为什么？大家一致同意（15+15+15+0）÷4，然后在计算器的帮助下算出结果是11.25个。此时一位学生站起来问："老师，不对呀！夹球的个数应该都是整个的呀！怎么会有0.25个呢？"经他这么一提，其他同学也有些搞混了：这个平均个数可能是小数吗？

师：这个11.25代表1号队员夹球的个数吗？

学生异口同声地说：1号是15个，不能代表。

师：那么能代表2号、3号、4号队员夹球的个数吗？

回答是肯定的：不能！

师：这个11.25既不表示1号队员的水平，也不表示2号、3号、4号的水平，那它究竟表示什么呢？

生：表示的是红队整个队的一般水平。

师：是啊，平均数不同于原始数据中的每一个数，但又和每一个数息息相关，它代表的是这组数据的整体水平，所以，每个队员夹球的个数都是——整数；而这个平均数却不一定是整数，还可以是——小数。

在这个过程中，"平均个数可能是小数吗？"这个问题冲击了学生的认知结构，进而打破了原有的认知平衡。课堂上，老师通过让学生说说这个平均数所代表的含义，使学生进一步明白了平均数是刻画、代表一组数据的整体水平，不同于原来的数据，但会随着原来数据的变化而变化。随着认知活动的开展，学生对"平均数"的认知在重塑中得到完善，学习也变得更为有效。

（2）比较——剖析概念，比中求异

比较是一种基本的逻辑思维方法，在概念教学中，合理、巧妙地运用比较，既有助于讲清数学概念，又能使学生准确、牢固地理解概念。

【教学片段】猜猜黄队4号队员夹了几个？

猜一猜：如果黄队得了第一名，4号队员可能夹了几个球？

一说猜，学生就来劲了，有的还特意说了一个很大的数，在他的带动下，学生一个比一个说得大，显然，他们已经感受到：4号数字只要尽量大，肯定得第一，但这种猜想，又缺少了生活的真实性。因此，当一位学生说：我猜他夹了200个，教室里响起了大笑声。此时，老师适时地抛出：最大数不确定，我们需要考虑可行性。但我们却能找到那个最小数，你能求出他最少夹了几个吗？

比一比：下面是两个学生的做法，你觉得哪种方法比较合理？

生1：13×4+1-15×3=8 个

生2：（13+1）×4-（14+15+16）=11 个

生1：我认为只要总个数多1个就能胜。

生2：我在求平均数多1。

虽然两种方法都采用了总个数－前三名队员的成绩=4号队员的成绩，但经过比较，大家一致认为总个数加1的方法更合理。

数学思想方法属于逻辑思维的范畴，学生对它的领会和掌握具有一个从个别到一般、从具体到抽象、从感性到理性、从低级到高级的认识过程。因此，在教学中，要注意反复渗透、螺旋推进，不止于点到，更深入挖掘。蓝队4号队员最少夹了几个球？我的成绩出来后，我们队的平均个数提高了2个，4号队员到底夹了几个球？其实质是总数量÷总份数＝平均数，这一基本关系式和移多补少方法的逆应用，学生只有充分理解了平均数的意义和本质，才能用诸多策略求出4号队员的最少个数和最终个数。在此，数学的类比、抽象、概括、逆向思考等数学思想在教学中有机渗透，学生的思维也更加敏捷和开放。

3. 挖掘习题的内涵："小题"还需"大作"

最后，教师提供变式练习可让学生深刻理解概念和运用知识解题，多角度地理解数学方法，化归数学方法，变中抓不变，掌握知识本质。在概念教学中，以理解为核心，撬动数学思想的杠杆，深度关注探究过程，适度调节概念理解与数学思想的反复渗透，必能引导学生走进数学的"灵魂深处"，感受数学的魅力！

【教学片段】多层次练习求平均数

练习一，根据四次成绩求平均数，数字比较接近，学生用找基准数的方法很快能得到平均数。练习二，篮球队员平均身高是160厘米，队员身高可能155厘米吗？可能有175厘米吗？为什么？这道说理题，让学生进一步理解平均数的含义。练习三，根据平均分和其他两门功课的成绩，求第三门功课的成绩是一道逆向思考题，要求灵活运用数量关系。练习四，加入了为什么要去掉一个最高分，去掉一个最低分的辩论。

（三）教学探索三：小学数学教学中培养学生逆向思维的实践策略

数学是思维的体操，学生的思维能力是影响"四能"，尤其是分析问题、解决问题能力的重要因素。逆向思维是一种由果索因，知本求源，从原问题的相反方向着手的一种思维方式，教学中运用合理，往往能事半功倍。以三年级求《经过时间》一课为例，可以发现逆向思维对学生学习的重要性。

【教学片段】经过时间

淘淘下午放学回到家后开始做作业，从镜子里看到钟面（该钟面只有刻度没有数字）是6：20，做完作业后，再看桌上的钟正好也是6：20，这是怎么回事？他做作业花了多长时间？

生1：一年级时老师教我们只要把试卷反过来看，所以我画了6：20的钟面，把本子翻过来看可以看出实际时间是5：40。

生2：先画6：20的钟面，再根据竖的一条对称轴画出另一半，实际也是5：40。

生3：钟面画好后，我只要拿到镜子前照一照就行了。（镜中看时间）

（这时，有学生反问道：那如果教室里没有镜子，作业不做了？）

生4：其实，我们只要在钟面上反向写时刻就行了。12和6位置不变，1写到11的位置，2写在10的位置，这样依次倒着写过来，再读出时刻就可以了。

这种方法真的可以吗？许多同学忍不住用笔标出来，检验是否正确。（逆向写时刻）

生5：老师，这样逆着一写，我发现了一个规律：对称的两个点1+11=12，2+10=12……6：20+5：40=12，是不是所有的镜面时间和实际时间加起来也是12呢？（计算也能得出来）

这一番话如一石激起千层浪。前面的几种方法都要先画出时刻，而最后一位学生提出来的方法显然要方便许多。这节课学生收获到学习的喜悦，而教师也深刻地感受到：数学，原来这样逆一逆，能散发出如此芬芳的魅力！于是便开始了"可逆性"知识的教学之旅。

1.概念教学"逆求证"——加深理解

数学概念是双向的。在平时的教学中，学生习惯概念从左到右的运用，于是就形成了思维定式，当需要逆用时常表现出迟钝、不习惯。因此在教学中教师要有意识地引导、启发学生加强对概念的逆用、逆证和逆叙，以加深对知识的理解和掌握。

（1）反向区别，引导逆叙述

对于一些明确的概念，要能够有效地区别，除了形成概念时的正确建模外，有时可以把概念再"逆"叙述一遍，以加深学生对概念的理解。通过对概念的逆叙，让学生理解有些概念具有可逆性，而有些概念没有可逆性，以此使学生对概念的内涵与外延更加明确。如图2-1所示。

只有一组对边平行的四边形是梯形（顺叙） 梯形是只有一组对边平行的四边形（逆叙）	方程一定是等式（顺叙） 等式一定是方程（逆叙）
（具有可逆性）	**（没有可逆性）**

图 2-1　概念逆序

（2）反向分析，引导逆分解

对于形成表象的那一类概念，要善于反向分析，引导逆分解。如上虞区优质课评比中，我校老师上的是《厘米的认识》这一知识。在形成1厘米的正确概念时，学生在尺上找出了很多的1厘米：0—1，1—2，2—（3）—4……之间的长度都是1厘米，甚至有一位同学进行了总结性发言："每相邻两个数字之间的长度都是1厘米。"许多老师也许觉得教到这就好了，但这位老师却把学生形成的1厘米"逆"了一下，引导学生发现：反过来看，2—1，3—2，4—3……之间的长度也都是1厘米。看似简单的一个小逆转，却使学生头脑中的1厘米"动"了起来，可以顺着画过去，也可以倒着画过来，只要这样的一段长度就可以了。

（3）反向例举，引导逆应用

学数学如同踏足宝山，但若不解题则徒劳无功。要在解答数学问题时做到迅速而准确，关键在于牢固掌握数学思维方法。而要形成扎实的数学思维方法，首先要对数学概念进行深刻透彻的理解。在教学中，教师可以通过多种形式的变式训练，让学生尝试把知识从正反两面去理解与应用。如在《倍的认识》一课中，可以设计这样几组练习：

求一份数的题：16是（　　）的2倍；（　　）的2倍是16。

求倍数的题：2的（　　）倍是16；16是2的（　　）倍。

求几份数的题：2的8倍是（　　），（　　）是2的8倍。

这一组题从左向右看是语言逆叙述，从上下三题对比看，是分别求一份数、倍数和几份数的题，是知识的逆应用。教师在出题后还可以建议同桌之间互相出题，在不断地变换中促进学生对"倍"的理解。

2.计算教学"逆思考"——减少错误

《义务教育数学课程标准（2022年版）》指出：数学是人们生活、劳动和学习必不可少的工具。小学数学教学的一项重要任务是培养学生的计算能力，这对学生学习和今后参加生产劳动具有十分重要的作用。很多一线的数学教师都明白这一点，平时也十分注重对学生计算能力的培养。但大部分数学教师采用的方法是"强化训练"。一张一张的计算练习纸，一遍一遍地练习，使学生的计算能力逐步提高。可是这样的计算教学方法很大程度上增加了学生学习和教师教学的负担。因此，在计算教学过程中，教师适当让学生"逆"一下，会大大提高计算的准确率。

（1）用逆向思维进行验算

小学的数学计算，最基本的是加减乘除。如果数学教师有"逆一逆"的意识，从一年级教计算开始，就培养学生的逆向思维。每道题算好后，口算也好，计算也好，均养成"逆一逆"的习惯进行验算，加法用减法，减法用加法，乘法用除法，除法用乘法。例如，学生计算9–3这道题，得出差是6，再想6+3是不是等于9，这个差究竟有没有算对。

（2）用逆向思维一题多变

小学低年级的填数题和高年级的解方程，这两个知识块对一些学习相对困难的学生来说是难点。例如，被除数、除数和商的表格练习题，有同学同样求被除数，学生一题做对了，一题却做错了。其实，这位学生对如何求被除数这一知识点是没有掌握的，前面一题之所以对，是因为9÷7除不了，后面一题9÷9能除了，答案就写"1"了。为什么这类题学生的出错率会那么多？这是因为很多老师对这类题的教学往往采用让学生熟记六个公式的方法：一个加数＝和－另一个加数、被减数＝减数＋差、减数＝被减数－差、一个乘数＝积÷另一个乘数、被除数＝除数×商、除数＝被除数÷商。对这6个公式，学生往往死记硬背，无法深刻理解其真正含义便无法真正地熟练运用。

在教学这类题时，教师可以利用加法和减法、乘法和除法的互逆关系，使填数方法简单化，大大减少这类题的错误率。以下图为例，左边这组题，利用加法和减法之间的逆运算关系，明白"被减数"就是加法算式中的"和"，"减数"就是加法算式中的"加数"，所以只要记住求加数用减法，求和用加法计算。右边这组题也一样，利用乘法和除法之间的逆运算关系，明白被除数就是乘法算式中的积，除数就是乘法算式中的乘数，所以只要记住求乘数用除法，求积用乘法计算。这样一教学，复杂的知识就变得简单了，学生完全理解，提高了教学效果。（图2-2）

$$5 + 3 = (\qquad)$$
$$(\qquad) + 3 = 8$$
$$(\qquad) - 3 = 5$$
$$8 - (\qquad) = 5$$
被减数 ⟶ 和
减数 ⟶ 加数

$$5 \times 3 = (\qquad)$$
$$(\qquad) \times 3 = 15$$
$$(\qquad) \div 3 = 5$$
$$15 \div (\qquad) = 5$$
被除数 ⟶ 积
除数 ⟶ 乘数

图2-2　逆向填数练习题

（3）用逆向思维活用定律

小学数学中，我们会学到很多的运算定律，如交换律、结合律、分配律、减法的性质等，这些运算定律主要是为简便计算服务的。但学生在学习这些运算定律的时候却往往只停留在识记的层面，未能达到理解的层面，于是经常出错。在运用这些运算定律时，教师可以通过设计顺向和逆向对比的练习（图2-3），以达到活用定律的效果。只有顺逆互鉴，才能让学生真正理解。所以，在计算教学中让学生"逆一逆"，能大大提高学生计算的正确率。

减法的性质

$$65-(15+31) \qquad 70-28-22$$
$$=65-15-31 \qquad =70-(28+22)$$
$$=50-31 \qquad =70-50$$
$$=19 \qquad =20$$

乘法分配律

$$25 \times (40+4) \qquad 54 \times 36-54 \times 6$$
$$=25 \times 40+25 \times 4 \qquad =54 \times (36-6)$$
$$=1000+100 \qquad =54 \times 30$$
$$=1100 \qquad =1620$$

图2-3　逆向运用运算定律练习题

3.图形教学"逆翻转"——提高能力

《义务教育数学课程标准（2022年版）》指出空间与图形是人们认识和描述生活空间、进行交流的重要工具。在教学过程中，不仅能有效地促进学生观察、操作、想象和分析推理能力的发展，还能使学生更加深入地认识现实空间及图形，加强形象思维、空间观念和创新意识的培养。在空间和图形教学中，教师要有"逆一逆"

的意识，并在课堂上加以贯彻和落实，对于学生各方面能力的提高有着不容忽视的作用。例如，在小学一年级的认识图形教学中，教师准备很多生活中的物品，从这些物品的形状中，抽象出基本图形：长方形、正方形、三角形等。然后寻找这些图形的特征，进而真正认识这些图形。在学生掌握图形的特征后，老师再让学生根据这些图形想象生活中有哪些物体的面也是这样的形状。看似简单的一"逆"，让学生从眼睛看到的图形到想象的图形，这对于一年级学生空间能力的发展有很大的促进作用。

4. 解决问题"逆推理"——展示思维

解决问题的教学，历来是小学数学教学中的一个难点。对于小学生而言，解决问题的意义不只停留在能够解决某一类问题，以及获得某一类问题的结论和答案上，而应基于解题的经历和形成的相应经验、技巧、方法，从而把握一定的解决问题的策略。

（1）逆推分析法

逆推分析法是指把问题发生的顺序倒过来，从结论开始，执果索因，逆向推导，逐步还原，数学中所谓的"还原问题"其实就用了逆推分析法。例如，二年级下册42 页中的一道例题：求问题"能买几个？"这一问题顺着理解就是求 56 里面有几个8，用除法计算。也可以从问题入手"逆着"思考：要求问题需要知道哪些信息？再列式计算。两种思路不同，学生展示的思维过程是不一样的。

（2）举例反证法

同样以上面的例题为例，教材还安排了进行验证的要求："解答正确吗？"这就需要学生把刚才解决问题的思路逆向进行，把答案代入原来的数量关系中进行验证，从而判断出结果是正确的或是错误的。在教学实践时学生呈现了两种验证方法：

方法一：一个地球仪 8 元，7 个地球仪的价格就是 8×7=56（元），正确。

方法二：56 元买了 7 个地球仪，每个地球仪的价格是 56÷7=8（元），也正确。

学生验证的过程，是展示数量关系的过程，是对原有思路的一种逆思考，对于解决问题能力和逆向思维能力的发展具有促进作用。

（3）转化题型法

所谓解题的转化策略，就是在解题过程中，不断转化解题方向，从不同的角度、不同的侧面去探讨问题的解法、寻找最佳的方法。以常见的相遇问题为例：

甲从东城走向西城，速度为每小时五千米，乙从西城走向东城，速度为每小时四千米，如果乙比甲早 1 小时出发，那么两人相遇的地方恰好在东城和西城的中间，问东西两城的距离是多少千米？

由于路程和、速度和、相遇时间三个量中仅有一个是已知的，因此想求相遇时间就比较难。那么可以根据"两人恰好在两城中间地方相遇"这一信息点，把甲从东城向西城走，倒过去，看成甲、乙同时从西城向东城走，甲在中间地方追上了乙。这样"相遇问题"就转化成了"追及问题"：甲、乙两人从东城走向西城，甲的速度为每时走 5 千米，乙的速度为每时走 4 千米，如果乙先走 1 小时，那么甲能够在东城与西城中间的地方追上乙，问东西两城之间的距离为多少千米？这样一改变，自然就降低了题目的难度，学生根据每小时追上 1 千米，先行的 4 千米需要 4 小时追上（求出了相遇时间），两地间的距离就是两个甲行走的路程，$5×4×2=40$（千米）。

基于上述的教学实践与思考，逆向思维是促使学生的思维从片面到全面、从表面到实质、从单一到多元走向成熟的必经之地。在教学中，只要教师善于捕捉逆向思维的素材，用心指导逆向思维的运用，让学生在错误中学习，在克服中进步，定能展现"柳暗花明又一村"的美景。

（四）教学探索四："减负提质"背景下小学数学课堂练习优化的实践策略

高质量课堂的基础之一应当包括高效、高质量的练习设计。设计高质量的数学课堂练习一方面能够提高学生有效运用知识解决简单实际问题的能力，另一方面能够帮助教师了解学生学习情况，同时检查自身的课堂教学效果，及时调控教学。本文在厘清当前小学数学课堂练习设计所存在困境的基础上，本着"源于教材，高于教材"的理念，提出小学数学课堂练习设计的有效策略和措施。

1. 小学数学课堂练习设计的现实困境

通过访谈交流、调查实践发现，在当前的数学课堂中课堂练习设计的质量有待提高，许多教师组织设计的课堂练习存在着影响练习质量的"四忽视"现状。

一是忽视练习设计的循序渐进。在课堂上许多教师习惯把书上的题目做完了事，练习题的设计常常是过多地模仿例题，重复单调，杂乱无章，练习的设计不循序渐进，不能使学生从练习的安排中领会到知识的结构、加深对基本概念法则的理解，忽视练习设计的循序渐进。

二是忽视练习设计的探究过程。现行教材以及各类练习册主要是书面练习，而其他形式的练习设计，如动手练习、动口练习、社会实践等则很少，目的在于应付书面的考试，局限于封闭性的练习，这些课堂练习大多是条件明确、思路单一、结论确定的封闭性习题，缺少那些条件隐蔽、思路开放、灵活多变的习题。这些练习答案单一，而学生对解题思路的分析和探索过程老师根本无法知晓，忽视练习设计的探究过程。

三是忽视练习设计的个别差异。我们对学生多是"一刀切"的练习设计，不关注学生之间的差异，对学习基础、接受能力不同，兴趣爱好各异的一个班的学生来说，布置同样质与量的练习势必造成有些人"吃不饱"，有些人又"吃不了"的状况，忽视练习设计的个别差异。

四是忽视练习设计的思维训练。现在由于减负，学生的配套练习本很少，我们的老师不辞辛劳为学生推荐其他的练习资料，让学生自己去购买练习，美其名曰"熟能生巧"，这样单纯地依赖模仿记忆侧重了技能训练，设计的练习最直接的目的是帮助学生掌握知识，所以练习停留在简单模仿与重复上，忽视练习设计的思维训练。

2. 小学数学课堂练习设计的有效策略

一个好的练习效果必须以充实的课堂练习内容和精心的材料设计为前提，没有好的、合适的练习材料就不会有好的练习效果。练习材料的来源和途径：第一，直接使用课本习题。课本中的练习以基础题为主，辅之以变式发展题和应用题，每一道题目皆是编者经过精心设计出来的。因此在课堂练习的安排上只要调整练习顺序，按照层次安排就可以了。第二，自行设计或改编题目。如果教师觉得课本已有的练习设计无法很好地体现知识基础，不利于学生的思维发展、数学方法的形成，那么可以自己在课本练习的基础上进行改编，或者根据自己班级的学生情况来自行编写练习题目。

（1）联系生活、注意材料的应用性

数学教学的"生活化"不仅可以提高学生数学学习的主动性、积极性和趣味性，而且可以增强学生的数学应用意识。小学数学课本上的练习大多源于生活，而这些生动活泼的内容一旦被列入教材，就显得抽象而呆板，如果教师能创造性地对教材内容进行还原和再创造，将数学练习融合于生活中，就可以使原有的练习为我所用。

案例：《求平均数》（第八册），练习中有一题是给出一组学生身高数据，算出平均身高，来巩固"平均数＝总数÷个数"的这种方法。我们的一位老师是这样做的：先给出浙江省10岁儿童的平均身高是143厘米，问"我们班的身高水平是在平均身高之上还是不到平均身高呢？"引出要算班中学生的平均身高，再让学生统计小组中从前排到后排10个人的身高，最后通过计算，得出小组的平均身高，与143厘米进行比较。同样是计算学生平均身高的练习，但这位老师的练习设计不但巩固了求平均数的方法，还让学生明白了算平均数的必要性，生活中需要平均数；算平均数的这些数据是怎样来的；从平均数中可以获得哪些信息；等等。经过老师智慧的闪动，使这一个练习题耳目一新，产生的效果也是天壤之别。

（2）抓住重点、注意材料的针对性

在一堂新授课上，练习设计首先应当为刚刚讲授的新知识服务。因此，在设计时要注重学生对于新概念的建立，针对本节课的重点、难点进行设计，同时节奏不能太快，要注重教学知识的螺旋发展。其次，应当安排巩固练习，以起到强化新知、练习巩固的目的。

案例：（三年级）乘数末尾有"0"的乘法。首先，成组出示直接写得数的口算题：$200×3$、$200×2$、$30×3$、$5×50$、$6×50$、$5×300$……要求学生在规定的时间内完成，并说一说自己是怎样口算的。接着出示：$390×40$ 乘得的结果是 156 个百，即 15600。当学生明确了"末尾添0"的算理以后，让学生进行成组的单项练习：把下面的答案写完整。

$$480×60=288 \quad 540×70=378 \quad 2700×150=405$$
$$150×70=105 \quad 6800×80=544 \quad 340×50=170$$

练后让学生思考说一说，填几个"0"，怎么来的？安排适量的"末尾添0"的单项练习，学生较快地掌握了乘法的此种简便方法。不难看出这一练习强化了新知识的巩固。这种针对新知识的关键问题，突出重点的练习，能起到花时少、收效快的作用，最能使学生达到练习的目的。

（3）循序渐进、注意材料的层次性

练习材料不能孤立地进行设计，应当关注本节课知识与前后知识之间的有机联系，这样才能够让学生建构起知识框架，将本节课所学习的知识融合到已有的知识体系中。如果教师在设计题目的时候与前后知识割裂开来，只注重本节课的新知，就会导致学生学得凌乱琐碎，学生的思路容易混乱，出现知识混淆、兴趣索然的情况。因此教师在编排练习时务必要考虑练习内容的层次性。

案例：学习了《同分母分数加减法》的教学后，大家觉得这类题学生都掌握得很好，发现每个同学对课堂上的练习均能正确解决，老师对这堂课很满意。可是班级里的学习优秀生不满意了，数学课上"吃不饱"总觉得不过瘾。我们在学了同分母分数加减法后，安排这样几个层次的练习：

①基本练习：A. 口算：$\frac{1}{3}+\frac{1}{3}$、$\frac{5}{7}-\frac{2}{7}$、$\frac{5}{11}+\frac{4}{11}$、$\frac{b}{a}+\frac{c}{a}$、$\frac{a}{b}-\frac{c}{b}$（a、b > 0，a > c）B. 笔算：$\frac{7}{18}+\frac{13}{18}$、$\frac{13}{20}-\frac{7}{20}$。

②综合练习：A. 填空：$\frac{5}{(\ )}+\frac{7}{(\ )}=1$、$\frac{(\ )}{(\ )}-\frac{2}{5}=\frac{2}{5}$、$\frac{3}{11}+\frac{(\ )}{(\ )}=\frac{7}{11}$、$\frac{(\ )}{(\ )}-\frac{1}{6}=\frac{5}{6}$。B. 解方程：$\frac{1}{5}+x=\frac{4}{5}$、$x-\frac{7}{13}=\frac{5}{13}$。

③发展练习：仿照$\frac{7}{11}=(\ )+(\ )$、$\frac{7}{11}=(\ )-(\ )$，分别编出5道加法和减法计算题。

上述三个题一次呈现，要求大家在规定时间内完成。老师不急于对这些结果的对错进行评价，而要给学生必要的时间，自己去练习，能独立完成到哪个层次？然后请学生有代表性地汇报交流，既"保底"又不"封顶"，学生的学习积极性很高。总的来说练习的难度要由易到难，要求也要由低到高逐步提高，做到循序渐进。

（4）训练思维、注意材料的开放性

"数学是培养创造性思维最合适的学科之一"（苏联科学家卡尔皮语）。有些老师对教材不甚理解，"忠于"教材，克隆教材，成为教材、教参的奴隶。这些教师奉守着以教本为本的信条，练习材料过于单一、封闭，恪守一例一题的传统模式，以接受性的学习为主，单纯地依赖、模仿和记忆，缺少思考的深度和广度。我们设计具思考性的练习材料，要让学生在探索学习的过程中，感受和体验知识的发生和发展的过程，主动地创造性地获取知识，培养了学生创造性思维能力和思维品质。一方面要训练学生思维的多向性，如案例1。"一题多问"和"一题多变"能引导学生从多角度、多层次观察和分析问题、沟通知识的内在联系，培养创造思维能力。另一方面，要注重训练学生思维的广阔性，如案例2。

案例1：看到"a是b的$\frac{5}{6}$"，要求学生联想到：①a与b的比是5：6（横向）；②b与a的比是6：5（逆向）；③b是a的$\frac{6}{5}$倍（横向、逆向）；④a比b少它的$\frac{1}{6}$（纵向）；⑤b比a多它的$\frac{1}{5}$（纵向、逆向）；⑥a增加它的$\frac{1}{5}$与b相等（纵向）；⑦b减少它的$\frac{1}{6}$与a相等（纵向）。

案例2：在下面式中的（）内填上适当的分数：$\frac{9}{10}$＝（）＋（）＝（）－（）＝（）×（）＝（）÷（）。学生可根据四则运算各部分之间的关系进行思考：如果确定一个加数是 $\frac{1}{2}$，则另一个加数是 $\frac{9}{10}-\frac{1}{2}=\frac{2}{5}$；确定减数是 $\frac{1}{15}$ 则被减数是 $\frac{9}{10}+\frac{1}{15}=\frac{29}{30}$；确定一个因数是 $\frac{1}{3}$，则另一个因数是 $\frac{9}{10}\div\frac{1}{3}=\frac{27}{10}$；确定被除数是 $\frac{1}{3}$，则除数是 $\frac{1}{3}\div\frac{9}{10}=\frac{10}{27}$。

3. 小学数学课堂练习设计的有效措施

有效的措施是取得高效的课堂练习设计的保证，要想达到预期效果，必须同时具备好的练习方式与材料以及恰当有效的措施。

（1）增加练习内容的趣味性

小学生对数学的迷恋往往是从兴趣开始的，由兴趣到探索，由探索到成功，在成功的体验中产生新的兴趣，使其数学学习不断取得成功。但数学的抽象性和严密性往往使他们感到枯燥乏味，要使学生在数学学习活动中体会到数学是那么生动、有趣、富有魅力，强化数学练习的趣味性十分重要。

一是以趣引疑。古人云："学起于思，思源于疑。"教学中根据教材特点，通过趣味性练习设置悬念，揭示矛盾，如"循环小数"的教学后，1÷7，2÷7，3÷7……的结果既有趣味性又有规律，引起学生认知冲突，学生就会生疑，就会要求释疑，就会产生求知欲。

二是以趣诱奇。好奇心是对新异事情进行探究的一种心理倾向。小学生具有极强的好奇心，他们会对新异的信息提出各种各样的问题，推动他们去观察、思考。在教学中，可以利用趣味性练习，对学生的好奇心加以诱发，激发他们的求知欲。

三是以趣促思。课外练习作为课堂练习的有效补充和扩展，也应当引起足够重视。比如在教学利息的计算之后，可以让学生对家长进行调查，或者向银行的工作人员进行访问，了解提前或者延后支取利息的情况。

（2）发挥练习评价的激励性

尽管新课程改革强调评价的重要性，但是大多数教师仍然只关注到了自身教学方法的优化调整，忽视了对于学生们的课堂练习的评价。然而对学生的课堂练习进行评价的过程既是师生情感交流、思想碰撞的重要手段，更是提高教学效果的有效途径。在过去的课堂练习评价中，教师往往会使用"√""×"等方式来进行评价。这样的评价方式尽管能够评判学生答案对错，但是枯燥乏味，不能够很好地体现学生的解题思路和方法、能力素养和品质等方面。然而这些要素却往往指向了学生的学习潜力，是评价的关键所在。因此，课堂教学中可以适当地利用教师评语来对学生的课堂练习进行评价，能够更好地指向学生的学习品质，激发学生的学习兴趣，积极引导和鼓励学生，提高课堂练习的有效性。

（3）丰富练习形式的媒体性

媒体辅导教学，它确实能改进教学效果，可以把课堂练习不拘形式地加以利用。特别是在和低年级小朋友练习一些"空间与图形"的练习题时，多媒体软件鲜活、生动、直观，令人耳目一新，能极大地吸引学生的注意力，如练习五年级的有关"旋转"的练习题，要求学生进行空间想象，并动手画出顺时针或逆时针旋转90度后的图形。这个练习学生都有些困难，但结合多媒体辅助教学后，学生的空间意识大大提高，兴趣浓厚，提高了练习效率。

基于对课堂练习重要性的认识和课堂练习设计现状的分析和反思，从现状出发、从"有效"入手，反思当前哪些练习是有效的，哪些练习是低效甚至是无效的，探索有效练习的设计策略、练习的结构与层次性、练习的形式、练习的教育价值及教师在练习中的地位等问题，力争使学生学得既扎实又轻松，让学生在数学练习中既掌握知识又要发展思维能力，更要让其对数学学习产生积极的良好情感，实现真正意义上的"减负提质"。

四、科学活课堂：深度辩证，促科学素养

科学是一门体现科学本质的综合性基础课程，具有实践性。科学课堂教学变革可以全面提升学生的科学素养。科学活课堂通过实践性的学习活动培养学生的思维能力、问题解决能力和合作精神，增加其实践经验，帮助学生更好地应用科学知识解决生活问题。

教学探索：指向科学论证能力提升的小学科学实验课堂教学策略

预测是指在掌握现有信息的基础上，依照一定的方法和规律对未来的事情进行测算，以预先了解事情发展的过程与结果。在小学科学实验前，让儿童依据生活现象、已有知识或直觉经验，对将要产生的实验现象或实验结果进行"有理有据"的猜测，这样可以有效促进学生主动探究，提升其对科学实验的兴趣。

我们收集整理了五年级学生对科学实验的预测，发现不少问题。如：种子发芽必须要有水吗？蚯蚓喜欢干燥明亮还是潮湿黑暗的环境？这些贴近学生真实生活的问题，猜测轻而易举。但也有部分内容，学生预测结果不一，且各有各的理由。关注学生的预测理由，让他们尽量说充分、找依据，并根据学生预测适当改进实验，可以加深实验获得，在做中学、学中思、思中辨的过程中发展学生的创造力、想象力和批判性思维能力。

（一）适时调整：是谁干扰了我的预测？

在第五课《沉和浮》的浮力教学中，当同学们对大小不同的泡沫受到水的浮力进行实验后。教师安排了这样一项课后延伸：容器中有三个相同的瓶子，其中①号是空瓶，②号瓶子里装了约三分之一的水，③号瓶子中装了约三分之二的水，盖紧瓶盖，放入水中。请你猜测一下几号瓶子所受的浮力最大？

生1：我觉得①号瓶子受到的浮力最大。因为轻的瓶子会浮起来，而重的瓶子则沉下去，说明①号瓶子受到的浮力最大。

生2：我也觉得①号瓶子受到的浮力最大。就像橡皮泥做的小船，空心的能浮在水面，而实心的则沉下去了，浮上来的受到的浮力大。

生3：我觉得③号瓶子受到的浮力最大。因为我喜爱游泳，在游泳池里游泳时我发现浅水区浮力小，深水区浮力大，游泳比较轻松。

生3的回答，马上引起了一些同学的强烈反对：游泳时我们的头浮在水面上，不是更像瓶①吗，难道你是趴在水底游泳的？

生4：我觉得③号瓶子受到的浮力最大。因为①号瓶子是空瓶子，分量最轻，②号瓶子里装了约三分之一的水，③号瓶子里装了约三分之二的水。①号瓶子的浮力等于它受到的重力。而②号瓶子和③号瓶子比①号瓶子重，受到的浮力肯定比①号瓶子大，否则②号瓶子不会半浮半沉了。

生5：我们刚刚做过的实验中，虽然大、中、小三块塑料块都是浮在水面上的，但大泡沫排开的水量大，浮力也最大，因此，我觉得①号瓶子最小，②号瓶子和③号瓶子都在水下，它们的体积一样，排开的水量也一样，所以我觉得②号瓶子和③号瓶子应该是一样的吧！

在这个实验中，学生的预测各有各的道理，而且每人都觉得自己的理由是最正确的。课后，教师对学生的预测进行了分析：生1受第一课《物体在水中是沉还是浮》实验的干扰，认为小石块、回形针等物体是沉的，主要是它们重，而泡沫塑料块和带盖的空瓶等物体是浮的，是因为这些物体轻，归根结底是把沉和浮等同于浮力大和小了。生2受第3课《橡皮泥在水中的沉浮》一课实验的干扰，认为把橡皮泥做成空心能上浮，①号瓶子刚好也是空心的，上浮是因为浮力大。说到底，也是混淆了沉浮与浮力的大小的概念。生3的生活经验提醒他深水区浮力大有一定的争议。而生4从①号、②号瓶子的比较中，觉得②号瓶子没有沉到水底，它受到的浮力应该比①号瓶子大，其实也是受轻重与沉浮的干扰。

可见，教材先安排沉浮再学习浮力，让学生根据生活经验来研究科学知识的方法根深蒂固，导致学生忽略了用科学知识解释生活经验的方法。生5是运用物体受到的浮力与排开水量这一因素相关去解释现象，给其他学生一定的冲击，也让教师对教材的编排产生了质疑。在新一轮的教学中教师调整了教学顺序：把本单元8课时，5~8课关于浮力的研究提上来，把1~4课沉浮的研究推后，把科学概念的构建放到首位，以加深学生对概念的理解和运用。

（二）适当补充：小材大用，生活处处有科学

在《传热比赛》这一课的实验中，比较铜、铝、铁三种金属材料的传热性能谁最好之前，教师也安排了预测环节。

【教学片段】比较铜、铝、铁三种金属材料的传热性能

师：你觉得我们可以通过怎样的实验来比较？

生：只要在金属条上等距离放火柴棒，加热后看哪根金属条上的火柴先掉下来，哪种金属的传热性能就最好。

师：这种方法的建议是值得认同的，可在实验前，你能猜一下哪种金属传热最快吗？（几乎80%以上的同学都认为铁的传热性能最好）

生1：我们家里烧菜的锅、烧水的壶是铁做的，我觉得铁的传热性能好。

生2：我觉得"趁热打铁"这个成语，也说明铁的传热性好。

生3：是吗，武打片中制造兵器的都是把火烧得很旺，打好后放入冷水马上就冷了。

生4：可是为什么我们的电线里面是铜丝而不是铁丝啊，导电和导热应该也是一样的吧？

证据说明一切，在实验后，学生惊奇地发现，结果和自己的预测竟然背道而驰：铜第一、铝第二、铁第三。实验之后，教师接着围绕"生活中为什么用铁锅而不用铜锅、铝锅，不仅仅考虑导热性这一性能，是否还有其他的知识呢？"这一问题提供了一串生活小知识，由此，学生知道了铁锅可以治疗缺铁性贫血，是目前最安全的锅。

铜锅容易产生有毒的锈，且产量不多，价格昂贵；铝锅长期使用容易衰老。

（三）适度改进：记录探究片段，精准实验结果

《摆的研究》是"时间的测量"单元的第六课，教师用一组荡秋千的图导入内容，引发学生发现问题，从而引出"摆的快慢与什么有关"的猜想：

生1：我觉得和绳的长短有关，我比较过，短绳荡得快、荡得高。

生2：我觉得应该和后推力有关，力量大荡得高，力量轻荡得低。

生3：我觉得和荡的人有关。爸爸比较重，一起荡秋千总比我荡得高。

生4：荡秋千也是有技巧的，听了前面同学的猜想，我也觉得应该和推的力量、绳的长短有关。

......

经过猜测，学生普遍觉得探究影响摆的快慢的因素可以从改变摆锤重量、摆绳长度和摆幅大小三方面开展。然而在实验时，却屡屡出现问题：

1. 学生多次不改变摆绳长度和摆幅大小，改变钩码重量来实验时，发现分别用一个钩码和两个钩码时，前者摆19下，而后者只有18下、17下。

2. 改变摆绳长度时，绳子60度角摆动20秒，长的19下，短的24下。

3. 三个实验同时进行，由于时间长、数据多、操作难度高，而且获取的数据并不精确，学生争执较多。

对此我们对实验进行了微调。

改进一：测量的时间从20秒缩短到10秒。

改进二：摆锤由钩码更改为体积一样、重量不一样的三个瓶子，避免了因增加钩码而改变摆线长度的尴尬。

改进三：实验时采用三个小组分类做不同的实验，同时进行，两两对比，便于学生直观地观测和探究。

经过微调，有效提高了实验效率，控制了实验中的变量，让实验更精准，更让学生找到了实验的信心。

科学是一个不断猜想、不断试错、不断发现的过程。其重要性在于它是科学探索和发现的起点，是推动科学进步和创新的关键。这一过程中，学生的科学论证能力也在不断发展。

五、美术活课堂：深度创造，促艺术素养

美术活课堂坚持以美育人，引领学生在健康的审美实践中感知、体验与理解艺术，逐步提高欣赏美、表现美、创造美的能力。它通过提供丰富的学习机会和创作环境，激发学生的艺术兴趣和创造潜力，培养他们的艺术素养和审美能力。

（一）教学探索一：美术学科素养培育视角下小学水墨画课堂教学策略

中国基础美术教育已经进入培养学生图像识读、美术表现、审美判断、创意实践、文化理解等五大核心素养时代。以五大素养为核心的美术教育旨在教会学生用美术与跨学科的方法来解决美术问题及生活的各种问题。那么，如何在教学中践行这些核心内容呢？我们认为，美术教学的基点是视觉形象，"图像识读"和"美术表现"是两个基本素养，其余三个素养由这两个基本素养衍生。历史悠久的中国水墨画历来就是美术基础教育的核心内容，我们以水墨画课程为美术课堂教学改革的内容，围绕"图像识读"和"美术表现"两大素养分析和构建课堂教学的方式和路径。

1.图像识读——解读水墨画的符号意义

图像识读是个人对视觉影像的理解及运用能力，特别是对艺术品、电视及电影的分析及鉴赏的能力。教师以水墨画为载体发展学生的图像素养，具体而言要遵循"读本质—读形式—读内涵—品画作"的教学路径。

（1）读本质，感受水墨画的本真样态

中国绘画发展到宋元，越过一个分水岭，进入了"文人画"时代。文人们用笔墨来表达悲喜，不求工整，随兴所至。少儿水墨画是学生借助国画来进行自我表达、自我诉求、自我完善的过程。我们希望看到的是学生真实的生活与想法，这是对现实的感悟及学生生命本真的展示。

（2）读形式，把握水墨画的表达形式

"线"是中国画的灵魂，是水墨表达的重要武器。这与儿童与生俱来的以"线"造型的本心不谋而合。他们把作画融汇于主题的情境中，展现精彩自我。既锻炼了其线描功底，又培养学生的创造性思维。

（3）读内涵，解构水墨画的文化特征

中国水墨画，无论是工具材料还是画作本身，都承载着悠久的中华文化。我们可以"以小观大"，以感知当时的社会文化，也可以"以大观小"，通过当时的文化特征，理解每一物的意涵。

（4）品画作，体会水墨画的情感赋义

一是品名作。学习中国水墨画，师传统是一个有效又直接的方法，那些传世经典就是我们学习的宝库。虽然，我们不提倡一味摹古，但还是需要掌握传统的水墨语言，这对于拓宽学生眼界、提升学生审美意义重大。

二是品童画。学生由于时间和注意力分散，经常不能相对完整地表达创作意图，往往是瞬间的灵感表达，这需要老师及时点拨，引导他们通过组合、调整、修改等方法来完成创作。这个品画，既是教师自己的发现和解读，也是学生相互之间"碰撞"产生的智慧火花。通过教师不断地引导，学生逐渐形成自己的审美判断，画面表现和谐统一，逐渐消除那些随笔填形、理路不明、线条呆板的现象。

2. 美术表现——彰显水墨画的创意实践

当前水墨画教学虽已蓬勃开展，但是教学方法单一的"技法导向"型教学和缺乏课程序列的"游戏导向"型教学却还在教学中占着主要地位。"技法导向"型教学以示范和临摹为主，严重影响了学生学习的兴趣。学生不仅学不到精髓，还会以为技法就是艺术的全部。"游戏导向"型教学以贯彻"自由学习"为原则，教学内容缺乏序列性，课程缺乏目标导控。这种方法忽视必要的传统技法，忽视对学生的多种思维训练，以及意志力的培养。因此，我们认为少儿水墨画教学"美术表现"素养的实现，需要美术教师从思想认识到引领指导的全方位落实。

（1）教学观念变革：内在引导和外在传授的平衡

就教学方法来说，"技法导向"和"游戏导向"之间应有某种平衡，即内在引导和外在传授的结合。学生的成长是一个不断适应社会的过程，只有用综合的方式予以引导，他们才能健康成长，成为全面发展的人。

第一，从游戏的"无法"走向学习的"有法"。要让学生体验线条变化、用笔轻重急缓之美。儿童水墨画最终要表述具有可赏性的画面形象，而并非纯粹的笔墨符号。"法"的示范与指导最终为构造学生心中的理想样态服务。

第二，从技能的"有法"走向表现的"无法"。一切技能都是为创造服务的，水墨学习的目的是画者能运用一些技法创造独特的画面来表达心境。教师在教学中过分强调技法会适得其反，学生的创作就成了技法的效仿。技能虽然有法，学生的表现却不要拘泥于此，教师要尽力排除外在影响，关注学生的所观所想，引导他们专注放松地作画，那么绝妙作品会不经意间产生。

（2）教学材料挖掘：材料应用和技法创新的融合

随着美术观念的革新，少儿水墨画的材料在不断地被探索。让水墨画和其他画种材料结合已是许多现代水墨画家的喜好，这亦可用在少儿水墨画的体验中。如与油画棒、丙烯颜料、水彩颜料的结合，会出现意想不到的效果。另外，拼贴法、喷绘法、拓印法、揉纸法等小技巧都可以尝试，学生在探索中不断发现水墨之美，培养了创造精神。

（3）表现题材拓展：生活气息和情感共鸣的并重

传统"文人画"的表现题材非常狭隘，欣赏的对象也是文人及王公贵族，与老百姓生活接轨的作品少之又少。到了近代，一些革新派大家的崛起，才让其趋向平民化。少儿水墨画展现的自然是少儿的见闻与思想。但是，水墨画的表现对象也需要选择和规划，使之能与其技法相契合。我们经过积累，归纳了以下五类题材：①花鸟体验，初步感知水墨韵味，了解画面布局。②表现动物，以笔墨塑形，体会画面组合。③感受山水，借势造景，尝试创作。④塑造人物，体会线的质感，墨的渲染，丰富水墨语言。⑤想象表达，创作故事，用好每一件水墨武器。这是学习水墨的一个循序渐进的过程，顺序不能颠倒。

（4）表现形式开发：模仿再现和独特意趣的结合

我们在实践中开发了帮助学生学习水墨画的几大途径。

第一，师法名家，创造性地模仿。水墨画名作都有自己的独特之处，是我们学习的模本。我们不仅要重点关注作者表现水墨的方法，如构图、用墨、造型等，而且要分析其风格特点，在体验中感受方法，最后在自己的理解基础上完成创意作品。

第二，师法自然，注重写生。生动的画面离不开观察自然，深入体验生活。我们观察时要用心分析，从不同角度、不同时间去感受，这些是临摹无法代替的，有感受的画面才具有灵气。

第三，师法本心，创意无限。学习水墨的终极目标是学生通过观察、想象、构思等用水墨材料来创意表达自己的想法和情感。水墨表现的形式不拘一格，写生创意是其最佳形式之一。在写生的前提下再进行联想，学生既培养了写生能力，又训练了创造力。总之无论何种题材与内容，都要用水墨的独特意趣来表现。

美术学科核心素养指导下的少儿水墨画教学是一个重要的开端，有取向、有意境、有趣味的教学模式将为文化的传承开辟一条大道。本文以我们的教学实践为支撑，较为细致地论述了少儿水墨画教学对五大核心素养的践行，旨在抛砖引玉，为大家提供一些参考。

（二）教学探索二：肌理艺术融入儿童美育课堂的教学改革实践探索

肌理又称质感，是指物体表面的组织纹理结构。由于物体的材料不同，表面的组织、排列、构造各不相同，因而产生不同的触觉质感和视觉质感，即各种纵横交错、高低不平、粗糙平滑的纹理变化。肌理是艺术创作的重要表现形式，喷洒、剪贴、拓印、刮绘、堆涂等多种技法被广泛运用到绘画中去，从而产生了许多传统笔法之外的新技法。作为一种抽象的绘画语言、视觉语言，以及一种情感的符号，以其独特的魅力在古今中外的美术作品中承载着情感的丰富内涵，增强了艺术作品的情感与渲染力。在儿童美术教学中，我们也非常重视这种特有的艺术语言，设计了很多有关肌理的课题，如二年级的《纸板画人像》《印印画画》，四年级的《藏书票》，等等。但我们在教学中发现，由于学生习惯于传统的、工整的美，习惯于平涂的绘画技法，很难接受肌理这种粗犷豪放且色彩斑斓的艺术效果，让学生感受到这种奇妙的艺术语言是一大难题。因此，亟须探索肌理艺术融入儿童美育课堂的方法和路径，让学生充分感受肌理的艺术魅力，品味到肌理的奇妙之处，让学生们在艺术的广阔天地中更自由地翱翔。

1. 立足课堂场域，感受肌理之美

任何物体表面都有其特定的纹理变化，这种特定的纹理变化所呈现出的神奇的视觉感受，正是绘画艺术所探求的肌理效果。肌理在绘画艺术中的审美价值不可低估，它有着其他表现手法难以实现的美学特质。例如，一年级的《水彩游戏》一课，让小朋友在水彩游戏中感受了水彩画那种难以名状、自然天成、亦真亦幻、神奇美妙的艺术效果。这种特殊的视觉语言，就是水彩画有别于其他画种而特有的语言魅力，即水彩画的肌理美。又如，二年级的《印印画画》一课，让学生通过创作活动初步感受树叶拓印的特殊肌理效果，获得审美感受，进一步体验绘画形式的多样性。那么，如何在有效的课堂内，让学生发现肌理—感受肌理—创造肌理，最终运用奇妙的艺术语言，创作出富有个性的作品。我们在教学中通过以下环节来实现：

（1）欣赏名作，提高艺术品位

罗丹曾说："艺术家所见的自然，不同于普通人眼中的自然。" 肌理并不都是美的，只有当它在一个特定的空间、特定的环境、特定的光线之下才能呈现出某种美感。画家正是从这里汲取了艺术的灵感，把这种自然肌理感觉恰当地运用到视觉语言表现中去，创造出人为的艺术肌理之美。给学生直接欣赏优秀的肌理艺术作品，能启发学生更好地理解肌理，从美的角度去欣赏肌理，从而提高艺术品位。在上《印印画画》一课时，我们就给学生带来了一些优秀的版画作品，并给学生简单介绍了一些有关版画的知识。让学生更好地了解版画，感受由此出现的特殊肌理效果，领悟肌理这种奇妙的艺术语言。

（2）融入情感，提升艺术修养

大自然千姿百态，世间有万物之貌，这是构成视觉形象最基本的要素。物体表面都有一层"肌肤"，在自然的造化中，它有着各种各样的组织结构，或平滑光洁，或粗糙斑驳，或轻软疏松，或厚重坚硬。物体表面的组织纹理变化，使之形成一种客观的自然形态，即肌理，从而给人以不同的视觉感受。要让学生能够表现肌理，首先要让他们学会欣赏肌理。只有当他们真正感受到了大自然景物中的肌理美，才能更有激情地去表现它。一旦画家将自然的肌理与他们的情感融合，就能激发创造的激情，通过运用多种材料、工具和特技等技法来创造出各式各样、逼真生动、无尽变幻的艺术纹理，从而形成一种全新的视觉表达方式。如在《印印画画》一课中，我们就请学生观察、触摸各种各样的树叶，让他们充分了解树叶的形状、叶脉的纹理，感受到这些自然物的美丽之处。这样，学生才能创作出有感情的作品。

（3）观赏童画，掌握制作技巧

吹塑纸版画是我们在儿童画教学中经常提到的一种绘画技法，它色彩亮丽、厚重，有一种特殊的肌理效果，学生都很喜欢。所以，我们会经常把它带入课堂。如在教学《藏书票》一课时，我们在课堂上先出示了几幅儿童版画作品，学生非常激动，急着问这么独特的色彩是怎么出现的，表现出了强烈的求知欲望，整堂课也收到了很好的教学效果。学生制作的藏书票新颖、有创意、色彩亮丽，肌理效果也处理得很好。

（4）尝试操作，品味艺术魅力

在技术实践中应用艺术肌理不仅能丰富艺术的表现力，还能增添画面的生动性与趣味。这在儿童画的创作中是切实可行的。学生对此也有着浓厚的兴趣。如五年级的《在快乐的节日里》，要求制作一幅表现节日题材的刮刻版画。当学生了解了制作技法后，很愿意动手尝试，看着自己的创作成果，他们表现得异常激动，为这种神奇的肌理效果而感动。另外，在教学中还可以经常教学生一些特殊的技法，从而达到特别的肌理效果，品味肌理特有的艺术魅力，如在画水彩画时，我们会教学生洒盐法，这种方法充分利用了盐的易溶性特点，具体做法是让学生在画面湿时撒上盐粒，等盐粒融化后再将颜色拍开，就能形成类似雪花的小白点，特别像百花竞放，细看又似雪花飞舞……在种种技法的尝试操作中，学生兴奋不已，也增加了对美术的浓厚兴趣。

2. 承托自然意蕴，品味原始肌理

生活作为艺术表现和创作的重要源泉，对于肌理艺术表现而言，亦是如此。自然中其实蕴含着许多玄妙无穷和变幻莫测的自然肌理，如色彩斑斓的天空、波澜壮阔的大海、如梦如醉的藕花深处、霞光瑰丽的夕阳、重峦叠嶂的山峰、朦胧梦幻的雨景等。然而，这种大自然的美丽肌理在有限的课堂内无法一一列举。这就要求学生自己带着审美的眼光去探寻。只有当学生具备了这样一种欣赏能力，他们才会对这些感兴趣。

（1）布置"课外作业"，探索自然肌理的多种方式

作为一名美术教师，应该给学生提供一个鼓励他们去观察、去欣赏的平台。这时，教师的引导作用就很重要，我们可以结合教材，适当地布置"课外作业"。以《我们身边的线条》这一课为例，教师可以提前鼓励学生去寻找自然界中的线条，去品味大自然中各种线条的不同韵味：流动的水波、起伏的山峦、层层叠叠的云彩、飘逸的柳枝……让学生在这诗一般的自然界中读出线条的神韵，对线条产生独特的、更深的理解。这时学生再回到课堂上来创作就有了无穷的灵感，优秀的作品就是这样诞生的。

这种课外作业不仅学生喜欢，也深受家长的赞同。现在的家长对学生的培养是我们有目共睹的，每个寒暑假、双休日都会带着学生出去走走。美术教师要充分抓住这个机会，告诉学生出去旅游时也要做个有心人，用美术的眼光带回更多的收获！

（2）及时反馈，给学生展示自己收获的舞台

教师可以自己带头，把假期里看到的、收集到的资料和同学们分享。学生通过在课堂上展示自己收藏的照片，与同学互相欣赏，实现资源共享，这一过程蕴含着学生自己全新的视野和独到的见解，更能抵达学生的内心深处。基于此理念，在教学《印印画画》这一课后，我们曾布置了这样的作业：再去大自然找找美丽的肌理，看谁的眼睛最亮。当教师再一次走进教室，学生就争先恐后地把自己的收集成果展

示出来：天空云彩的神奇变幻、老树皮的斑驳粗糙、墙面瓷砖的各种花纹、动物皮毛的各种斑纹……教师被学生的热情深深感动了！由此，学生对肌理的认识更深了，在接下去《倒影》《印人像》的学习中，他们创作出了更加新颖和效果别致的作品，并让自己的个性得以体现，创造思维得以激发。

肌理承载了人们的审美与情绪，科学合理地运用肌理进行教学，可以有效地增强学生对艺术语言的敏锐度，提高学生的审美水平和能力。在肌理艺术教学中培养学生养成一种自觉的审美习惯，使他们能够为周围一切美的事物所感动，感受到它浓浓的艺术韵味，使他们能够学会体验生命中的美好事物，带着这样美的旋律、美的气质去感受生命，成就幸福美好的未来人生。

第二节　单元整体，活力课堂教学的多元探索

单元整体教学以单元为基本的教学单位，以融合为基本的教学理念，以探究为基本的学习方式，通过联结单元内各个组成部分，将教材内容转化为教学内容，实现由教教材到教学生的转变。

单元整体教学以培养学生核心素养为教学目标，对教与学的双方都提出了挑战。教师要考虑如何从教学科转向教学生、从设计教转向设计学，为学生的核心素养发展进行整体的教学设计，这需要教师转变思维与行为方式。学生从"听讲"走向在整体情境中完成任务的"实践"，也要经历一个过程，还会发生"两极分化"的情况。不过这个阶段往往很短暂，当全体学生适应了全身心参与学习以后，所有学生都会获得学习能力的提升。

一、定核·进阶·联通：立足单元整体的语文项目化学习设计与实施

《义务教育语文课程标准（2022年版）》指出，从学生语文生活实际出发，创设丰富多样的学习情境，设计富有挑战性的学习任务，激发学生的好奇心、想象力、求知欲，促进学生自主、合作、探究学习。新课标强调增强课程实施的情境性和实践性，促进学习方式变革，拓展语文学习空间，提高语文学习能力。

立足单元整体的项目化学习，遵循新课标理念，以单元教材为依托，在深入解读教材的基础上，对其进行优化整合，营造真切的学习情境，设定核心任务，引领

学生积极探究，并通过丰富的多元评价，实现评价与任务的联通，全方位提升学生的综合素养。

基于此，笔者以统编教材四年级下册现代诗单元为例，结合自身实践，从"定核""进阶""联通"三点来论述立足单元整体的项目化学习方法的设计与实施。

（一）定核：核心任务与驱动问题相因相生

核心任务的设定，统领着立足单元整体的项目化学习。它源于真实情境，激发学生内驱，贯穿整个项目始终，通过积极参与语文实践活动，鼓励学生运用高级思维进行学习和探索。我们考虑从以下三点来确定一个有价值、有驱动力的核心任务。

1. 核心素养导向，确定任务目标

《义务教育语文课程标准（2022年版）》指出核心素养是在学生积极的语文实践活动中积累、建构并在真实的语言运用情境中表现出来的，是文化自信和语言运用、思维能力、审美创造的综合体现。项目化学习，应以此为导向，致力于提升学生核心素养，让学生边学习边思考，不仅要重视任务本身，更要重视隐藏在任务背后的思维发展过程和审美创造等能力的培养。

鉴于此，结合本单元内容和学生学情，制定学习目标。（表2-5）

表2-5　诗歌项目化学习目标

目标维度	具体目标
文化自信	在朗读、创作、表演等活动中，感受祖国语言文字的魅力，培养学生喜欢诗歌、热爱生活、珍爱生命的情感
语言运用	在赏析、积累、梳理中，培养学生收集整理资料的能力，感受诗歌独特的风格，在朗读中体会诗歌情感，能用诗歌的方式表达自己的生活和感受
思维能力	在整合、比较、探究中，发现现代诗的特点，能大胆地用自己的发现进行现代诗的仿写和创作
审美创造	能用喜欢或独具的方式展现诗歌之美，培养学生欣赏美、表现美、创造美的能力

项目化学习任务的设定，需以提升学生语言运用能力为中心，综合培养学生的思维能力、审美创造、文化自信，同时让学生在发现问题、分析问题、解决问题中提高语言运用能力。

2. 单元解读导行，规划项目过程

统编教材四年级下册第三单元为现代诗学习单元。本单元选编了四首中外现代诗作品，安排了"轻叩诗歌大门"的综合性学习，旨在让学生走进诗歌的世界，领略诗歌之美。

纵观单元课文编排，可以发现：从读的角度看，《短诗三首》《绿》《白桦》

指导学生通过品析典型的语言，体会诗歌所表达的独特的感受，并让学生在朗读中体会诗中的真挚情感；《在天晴了的时候》让学生结合自己喜欢的诗句，和同学交流感受，整个过程体现从"扶"到"放"的进展。从写的角度看，课文和园地都鼓励学生结合典型例子进行仿写，让课文真正能导学。

本单元是一个综合性学习单元，从综合性学习活动进程看，先摘抄收集现代诗，再试着当"小诗人"写诗，然后根据已有的积累，创编小诗集，最后举办诗歌朗诵会，整个过程有序展开，步步升阶。

综合整个单元的安排，从学习诗歌到创作诗歌，从吸收到表达，从制作到展示，科学而有序。以此规划项目进程，符合学生的学习进程与学习规律。

3.真实情境导学，确立核心任务

衍生自生活中实际需求的语言文字运用是语文学习情境的根源，旨在解决真实的现实问题。教师应善用语文学习资源和实践机会，打造一片开放的语文学习空间，激发学生对问题探究和解决的热忱与兴趣。

学习现代诗单元时，正是一年中春光最明媚的时候。此时结合学习策划一场"春日芳草诗会"应时应景。它生发在学生最近的兴趣点上，本身充满挑战性和召唤力。这样基于真实情境的核心任务就点燃了学生的热情，从策划到成果展示，形成一个完整的学习闭环，且这个闭环又是开放的，它植根于学生的实际生活，最后又归于广阔的生活。

（二）进阶：活动进程与层级挑战相辅相成

立足单元整体的项目化学习凸显综合性、实践性的特点。要想学生从中实现学力增值、能力进阶，要做到以下两点。

1.层级挑战，任务有阶

连续开展富有挑战的系列学习活动是项目实施的关键。活动的展开应能激发学生的学习热情与学习潜能，让学生从中体验快乐感和成就感。

通过梳理单元学习内容，结合项目开展进度，笔者设置了"发现诗歌之美""创作诗歌之美""丰富诗歌之美""展示诗歌之美"四个任务板块，并结合每一具体内容设置各子任务，从而实现整个活动过程的层级跃升与相互融通。（图 2-4）

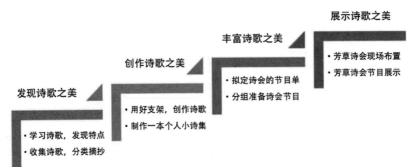

图 2-4　现代诗单元的任务进阶

有阶任务既尊重学生的学得过程，又点燃了其学习内核，鼓励其大胆挑战。这种经历带来的冲击感和深刻感，是普通学习所不能给予的。

2. 搭建支架，思维爬阶

在真实情境中运用所学知识是项目化学习追求的目标，它能够激发学生全身心，确保学生在层级挑战中有坚实的基础，从而保证活动具备富有挑战性和可行性的双重特点。

（1）整合支架，探寻特点

认识现代诗的特点，是本次诗歌项目化学习的起点。在学习课文时，教师的引导很关键，要让学生通过朗读来激发他们的想象力，感受诗歌中所描绘的画面，领略其中蕴含的韵味和情感，以初步体验现代诗的独特语言特点。在此基础上，教师可以引导学生对本单元诗歌进行整合学习。（表 2-6）

表 2-6　第三单元诗歌整合

诗名	作者	内容	情感	现代诗特点
短诗三首	冰心	母爱	对母亲的依恋和怀念	富有节奏感 独特的感受 丰富的想象 独具的语言 真挚的情感 （根据学生回答总结）
绿	艾青	颜色	对生命力的赞美	
白桦	叶赛宁	植物	对白桦及所代表的家乡的喜爱与赞美	
在天晴了的时候	戴望舒	雨后天晴的景象	对雨后天晴的清新活泼的世界的喜爱	

在这样的整合支架下，学生共同探寻现代诗的特点：

诗歌读起来朗朗上口，悦耳动听，很多是押韵的。

诗歌充满着想象力，在诗人的世界里，阳光是绿的，整个世界都是绿的。

诗歌的语言很特别。阳光是'绿的'，寂静是'朦胧'的，小草'炫耀'着新绿。

⋯⋯

最后，师生共同梳理出"富有节奏感""丰富的想象""真挚的情感"等现代诗的特点。

整个学习中学生纵横联系，比较品析，展现了很好的分析、归纳能力。

（2）借助支架，锤炼语言

从学习诗歌到创作诗歌，我们要引导学生抓好课文中典型的支架，借助支架锤炼语言，体验当小诗人的成就感。（表2-7）

表2-7 一诗一仿写

诗名	支架	支架提炼	仿写
繁星七一	这些事——是永不漫灭的回忆： 月明的园中， 藤萝的叶下， 母亲的膝上	1. 分行表述 2. 先总后分 3. 相关事物的列举	基础性仿写：仿照着写一个片段，特别注意"__的__"格式的事物的列举
绿	刮的风是绿的， 下的雨是绿的， 流的水是绿的， 阳光也是绿的	1. 独特的语言写出诗人独特的感受 2. 长串的排比，丰富的想象	1. 基础性仿写：用"____是绿的"句式写一个片段 2. 选择性仿写：仿写整诗，从颜色的丰富，对颜色的想象，到动态描写颜色
白桦	毛茸茸的枝头， 雪绣的花边潇洒， 串串花穗齐绽， 洁白的流苏如画	用拟人手法写植物	选择性仿写：用拟人手法写你喜爱的植物
在天晴了的时候	炫耀着新绿的小草， 已一下子洗净了尘垢； 不再胆怯的小白菊， 慢慢地抬起它们的头	用拟人手法写雨后天晴的景象	1. 基础性仿写：用拟人手法续写雨后天晴的一个片段 2. 选择性仿写：地点变换（在天晴了的时候，该到____去走走）；时间地点变换（在____的时候，该到____去走走）。仿写片段或整诗

借助支架，一课一仿写，解决了学生创作初期无从下手的难题，使其写有方向、写有方法，并设置基础性仿写和选择性仿写，以满足不同学生的创作需求。

（3）衍生支架，丰富创作

仿写是创作的第一步，如何丰富学生对现代诗的认识从而更有创意地创作诗歌，是教师需要深入思考的问题。

例如，在学生积累诗歌的过程中，我们开展了"拼拼贴贴写诗行"的创意写诗活动。把诗歌剪成语条形成词语素材区，同学们拼贴词语进行创作。有趣的诗行纷涌而出：

风吹口哨跑过田野。

春风吹开柳芽。

阳光在心中融化。

由于有丰富的词语素材这一"衍生支架"支撑，学生能够打破句式的束缚，感受词语陌生化搭配、碰撞所产生的独特诗意，整个活动充满着新鲜感和挑战性。

3.迭代优化，能力进阶

单元整体的项目化学习活动，是一个不断产生问题、分析问题、解决问题的过程。项目化视域下，问题并非阻碍了活动，相反它在推进活动的同时，也让其向着更优的方向前进。例如，举行"芳草诗会"活动前，学生们通过"发现问题—思考讨论—重新制定"的过程，使节目单更加完整、丰富。

从问题梗阻到问题梳理到问题优化，项目化学习珍视问题资源，具有波折式学习意识，重视学生过程性学习体验，以问题为切入口，深入探究学习，寻找最佳解决途径，并实现学生高阶思维和综合素养的提升。

（三）联通：任务过程与学习评价相融相合

基于单元整体的项目式学习实践中，评价十分重要。科学合理的评价不仅能为学生提供思想引领，也能驱动学生参与项目学习，引导学生反思与总结，实现自主发展。

项目实施过程可与评价相连相通，在活动中生成评价，以丰富评价的方式促进学习、改进方法，从而更好地推进活动开展，实现评价和学习活动的互融互进。

1.趣味性评价：从"简单"走向"丰富"

项目化学习任务过程的开展与评价共进。每个学习活动的推进，我们都让评价量表先行，让学生在这种全程评价中行有方向和动力，同时注重过程性评价和终结性评价的结合，并大胆开创趣味性评价，让评价起到更好的激励和导向作用。

诗会展示中，我们让学生选择表情包参与即时评价，这样的趣味性评价随活动生成，既尊重学生作为项目化学习主人的地位，又丰富了评价的形式。它贴合学生心理，深受学生喜欢，使学生个性得到发展、进步得到肯定、创新得到鼓励。

2.立体型评价：从"单一"走向"多元"

为了确保学生的持续学习以及培养他们核心素养，评价应该从多个角度切入。项目化学习强调全程评价，既关注个体活动，也指向小组合作，这种立体型评价在导航学生学习的同时，也避免了因形式单一引起的偏颇，做到评价相对全面、客观。

通过"创作诗歌之美"活动环节评价表的前置，学生明确了本环节要求，既要学会制作诗集，也要乐于与同学分享创作。评价维度融合知识能力、情感态度等方面，同时，关注个人及其在小组活动中的表现，通过自评、互评、师评等实现多元评价，以便更好地启发学生的心智、引领学生的活动。

立足单元整体的项目化学习，根植于单元整体教材，源于真实的语文实践活动，指向学生核心素养的形成，在核心任务中驱动，在层级挑战中进阶，在全程评价中联通，是一种有价值、有生命力的语文学习方式，值得我们去探索和尝试。

　　二、设疑·探求·创造：立足核心素养的语文学习任务群的设计与实施

　　《义务教育语文课程标准（2022年版）》指出，要遵循学生身心发展规律和核心素养形成的内在逻辑，以生活为基础，以语文实践活动为主线，以学习主题为引领，以学习任务为载体，整合学习内容、情境、方法和资源等要素，设计语文学习任务群。

　　"文学阅读与创意表达"学习任务群作为六大任务群之一，旨在引导学生在语文实践活动中，通过整体感知、联想想象，感受文学语言和形象的独特魅力，获得个性化的审美体验；了解文学作品的基本特点，欣赏和评价语言文字作品，提高审美品位；观察、感受自然与社会，表达自己独特的体验与思考，尝试创作文学作品。

　　六年级下册第一单元紧扣"民风民俗"的主题，编排了《北京的春节》《腊八粥》《古诗三首》《藏戏》四篇课文，还有口语交际《即兴发言》，习作《家乡的风俗》，以及展示了中华民族灿烂多彩民俗文化的《语文园地》。根据单元学习要求，首先是能分清内容的主次。其次是习作时注意抓住重点、写出特点。这是非常典型的阅读写作相结合的单元，属于"文学阅读与创意表达"学习任务群。

　　下面以六年级下册第一单元的教学为例，分享笔者的实践探索。

　　（一）立足课标，设置任务情境

　　根据"文学阅读与创意表达"第三学段学习内容的要求，结合六年级下册第一单元文本内容的特点，以期带领学生领略中华多彩民俗，从沉浸式体验中发现其魅力，做好传统文化传承人。通过品读名家大师的作品，感受文学语言和形象的独特魅力，提高审美能力，学会灵活运用，能表达自己独特的体验与思考。

　　1. 基于教学目标，确定主题情境

　　以核心素养为主要目标，结合单元语文要素，确定以下教学目标：

　　（1）会写"蒜、醋"等37个字，会写"热情、自傲"等38个词语。

　　（2）有感情地朗读课文，背诵《寒食》《迢迢牵牛星》《十五夜望月》三首古诗。

　　（3）能分清课文内容的主次，了解课文的详略安排及其效果，体会到详写主要内容的好处。

　　（4）体会课文不同的语言风格，感受丰富的民俗文化。

（5）能结合实际介绍家乡的某种风俗或写自己参加一次风俗活动的经历，完成"家乡的风俗"主题的写作。

依托丰富有趣的教材内容，结合学生的生活体验，创设出一个学习性强、趣味性高的大情境主题——"中华风俗游园会"。以此感受传统文化，体验民俗风情。由远及近，立足实际，为推广家乡的风俗文化而贡献自己的力量。

2. 整合学习任务，构建活动链条

以"中华风俗游园会"这个情境为核心，设计四个学习任务、九个学习活动，形成活动基本任务框架。（图2-5）

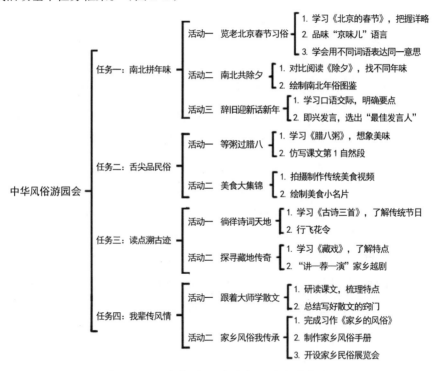

图 2-5 "中华风俗游园会"的任务框架

（1）南北拼年味。学习《北京的春节》，了解老北京丰富多彩的民俗活动，关注课文的详略安排，体会其效果。品读老舍独特的"京味儿"语言，结合语文园地学习语言表达的丰富性。通过"阅读链接"的对比，关注各地年俗的独特性，了解南北方"同年不同味儿"。引导学生从亲身体验入手，进入口语交际"即兴发言"的学习，指导学生紧扣话题、条理清晰、措辞合理、自信大方地完成发言。

（2）舌尖品民俗。从《舌尖上的中国》的视频切入，学习《腊八粥》，品味沈从文先生细腻的描写，了解湘西民俗，照样子写写自己喜欢的食物。回顾身边的特色传统美食，亲手体验制作并视频记录。最后收罗各地传统美食，绘制小名片，弘扬舌尖上的民风民俗。

（3）读典溯古迹。学习课文《古诗三首》，深入了解传统佳节。重温古诗中的相关典故，体会诗人所表达的情感。结合学习语文园地的"书写提示"，用行楷来书写这三首古诗，提升古诗的美感。再学习古人行个飞花令，积累并推广更多与传统节日习俗相关的诗词。利用藏戏表演视频，激发学生对藏戏的兴趣，了解其开山鼻祖唐东杰布的传奇故事，明确藏戏的三大特点。由藏戏联想到家乡的越剧，组织好一场集介绍、推荐、试演三部曲于一体的小剧场，宣传越剧。

（4）我辈传风情。这是本单元学习任务群的重点和核心。引导学生熟读本单元的课文，了解散文的基本特点，归纳《北京的春节》《腊八粥》《藏戏》的语言及写法的特色。引导学生自主讨论总结，为散文做好知识储备。完成"家乡的风俗"主题写作，集合成册，校内共享，让民俗在笔尖流传。活动的最后，以班级为单位，开设一个家乡民俗展览馆，将所有学习活动的成果——呈现，带给参观人员全方位的沉浸式体验，做好称职的家乡风俗传承人。

四大任务围绕"中华风俗游园会"的主题，环环相扣，相辅相成，从阅读体验到实践汇总，引领学生在学习中逐步提升文学阅读和创意表达的能力。

（二）聚焦文本，探究表达秘诀

结合新课标在"文学阅读与创意表达"这一学习任务群提出的"尝试创作文学作品"的要求，立足本单元要求，引导学生跟着大师学写散文。

首篇课文是老舍的《北京的春节》。老舍的语言透露着独特的京韵，"杂拌儿""玩意儿""闲在"等词语充满了浓浓的生活气息。全文清新自然，就像是一位老北京人将家乡的春节习俗娓娓道来，俏皮又温馨。

沈从文先生的《腊八粥》则写于他从湘西来到北京的第三年，他以乡间生活为背景，找寻了城市生活无法拥有的童年乐趣、天伦之乐，充满了对湘西的回忆。通过主人公"八儿"的视角，借助其乐融融的腊八节家庭生活场景，展现了节日风俗，引起了读者们的强烈共鸣。

《藏戏》的作者是马晨明，这是一篇集知识性、人文性、趣味性于一体的民俗散文。文章以"总—分—总"的关系结构进行描写,以三个反问句构成排比的形式开篇,令人心生好奇,激发读者的阅读兴趣。通过藏戏的形成及特点,呈现传统戏剧独特的艺术魅力和神秘的藏族文化。

同时这三篇散文也存在着共通之处,描写详略得当、主次分明,能让读者清楚地找到表达的重点。且都源于生活,贴近读者的日常,阅读起来很亲切。

引导学生们通过共同讨论,最终总结归纳了十六字秘诀。

1. 雅俗共赏。散文不应该只讲高雅,也可以语言脍炙人口,拉近与读者的距离。

2. 真情流露。散文,尤其是叙事散文更应该注重个人内心情感的真实抒发和自然流露。唯有真情最动人,这是对学生写散文中最简单也最难达到的要求。

3. 巧用修辞。好修辞能让散文锦上添花,本单元的散文中随处可见比喻、夸张、拟人、反问等修辞手法,让文章生动、有灵气。

4. 有详有略。有详有略能增强文章内容的丰富性,也使读者更加容易抓到重点,突出中心。

引导学生把握散文文体特点,从语言、情感、写作方法等维度读好课文,内化于心,外化于行。

(三)趣味实践,展现创意审美

语文核心素养的第四个方面——审美创造,需要锻炼学生具有初步的感受美、发现美和运用语言文字表现美、创造美的能力,以及具备健康的审美意识和正确的审美观念。本单元学习目标最终指向引导学生发现民俗之美,激发热爱民俗文化,传承优秀传统文化,因而任务群学习中设计了形式丰富的语文实践活动,致力于鼓励学生在主动探究后进行个性化的创意表达,培养其审美能力,助推其积极弘扬民俗文化。

1. 逻辑美——思维导图,厘清脉络

思维导图是一种将思维形象化的方法,对于抽象思维能力比较差的学生,思维导图独特的"图像记忆",能帮助学生更快速地厘清文章脉络。

学生们抓住春节喜庆的氛围,用自己喜欢的方式梳理,不仅提高了学习效率,也提升了逻辑思维。

2. 规范美——依托量表,多元评价

以评助学才能促进学生更好发展。课堂教学评价是过程性评价的主渠道,为了真正践行"教—学—评"一体化,激发学生学习的积极性,我们设计从"自评、互评、师评"三个主体进行五个维度评价，教师可以根据评价表的结果及时给予发言学生针对性的鼓励和指导，充分发挥多元评价主体的积极作用，也确保了评价的科学性、整体性。

3. 创意美——个性表达，凸显素养

本次学习任务群也包含了许多拓展性作业，给学生更多发挥个性的空间。例如，在活动中引导学生收集更多南北方年俗的差异，做成"南北年俗图鉴"。学生们打破学科的壁垒，用绘画的形式展现出了南北方春节习俗方面的区别，挖掘出了不少意想不到的习俗。

在本单元学习任务群的学习过程中，学生了解了更多的民风民俗，积累了写散文的经验，激发了对传统习俗的热爱，增强了文化自信，还在实践活动中提升了审美创造的能力，可谓是一次行之有效的尝试。在之后的"文学阅读与创意表达"学习任务群的建构和开展中，确立贴近学生生活主题，引导学生在真实情境中沉浸式体验，在任务驱动中学思结合，在实践活动中突破创新，向美而行，真正提升学生的语文核心素养。

三、提纯·提炼·提升：指向高阶思维的数学单元项目化作业设计

新课程方案及标准明确提出，要基于核心素养发展的要求，设计课程内容，优化内容的组织形式。由此，作业在课程研究中也已不可或缺。王月芬博士曾说，作业从来不是教育领域的一个"小问题"，它就像一把尺子，能够测量出学生掌握知识的程度，也能清晰地反映出学生的综合素养。作业作为课堂教学的延伸，是落实核心素养的重要载体，也是推开思维的一扇窗。

单元教学对课程进行结构式的组织与重构，让学生在学习中接受真实任务，锻炼多种解决问题的能力，扩展其知识的深度，是集理解、分析、评价、综合、创造、批判能力于一体的高阶思维的深加工。基于此，笔者尝试从在单元统整中对知识"提纯"、在主题贯穿中对方法"提炼"、在多元表征中促评价"提升"三个维度助推单元作业设计，以探究可行的优化路径。

（一）知识提纯：素养统整单元，促思维可见

崔成林教授认为，作业要关注课堂教学无法达成的需要，作业目标要倡导素养立意，其终极指向高阶目标，即问题解决与应用、思维迁移与创造。单元教学秉持整体教学观，重视学生学习经历的整体性和发展性，特别是真实任务和学习境遇的介入、

结构式的学习经历、开放性的教学，都有助于扩展知识的深度和广度，让思维可见。

1.由点及面，体现一致性

课程内容的结构化是指对原有课程内容从结构化的角度重新进行整合，对同一主题下的相关内容进行合并、删减或调整。它会让课程内容整体结构更清晰，主题也更鲜明。笔者尝试对人教版四年级下第七单元《除数是两位数的除法》做出了调整。（表2-8）

表2-8 《除数是两位数的除法》内容调整对比

整合前			整合后	
口算除法		口算除法	商的变化规律	商不变性质口算除法
		练习课		商的变化规律
笔算除法	商是一位数的除法	除数是整十数的除法	除数是整十数的除法	练习课
		练习课		除数是整十数的除法
		四舍试商		练习课
		五入试商	试商调商	四舍五入法试商
		练习课		练习课
		靠五试商		靠五试商
		练习课		练习课
	商是两位数的除法	商是两位数的除法	灵活试商	"除数折半商四五""同头无除商八九"
		练习课		练习课
商的变化规律		商的变化规律	简便计算	利用商不变性质进行简便计算
		简便计算		

调整后的教材将《商不变的性质》进行前置，提前学；把笔算除法和余数变化规律合并，结合学；把"四舍"和"五入"试商安排在同一课时，比较学；同时补充折半试商、同头试商等特殊的试商方法，多元学。这样的改变让学生更容易理解计算教学的一致性，促进知识的活学活用。

内容的结构化，是为了落实教与学过程中的结构化。教材重组的同时，三色口袋作业设计也发生了相应的改变。例如，在笔算除法和余数变化规律这节课中，教师先请学生展示自己的前测作业（图2-6），并引导学生用商不变的规律说一说：为什么左边一组题的答案都是4？右边一组的答案出现了分歧，分歧的关键问题是什么？

图2-6 学生的前测作业

根据前测的实际情况进而设置红色口袋：小组合作验证 50÷20 的余数到底是几？通过验证，学生发现商不变，但余数随着被除数和除数的变化而变化。为进一步透析本质，更直观地发现余数与被除数、除数同质，我们结合具体的生活情境，让学生用人民币摆一摆、说一说。

摆和说的过程让学生发现余数的变化规律和被除数、除数的变化规律相同，所以商不变，余数要随着被除数和除数的变化而变化。而后，我们又设置了蓝色口袋作业，让学生根据 25÷2=12……1，创造不同的余数。

计算，就是算一算有几个计数单位。在学习过程中，三色口袋作业设计，让学生通过摆一摆、画一画、证一证等数学活动，发现了不同的计数单位引起的余数变化，这样就让新知旧知相关联，使计算具有一致性，学生更容易理解和接受。

2. 触类旁通，体现迁移性（图 2-7）

数学知识间的内在联系是非常紧密的，每一部分新知识既是前面知识的延续与发展，又是后面知识的基础和铺垫。但这些知识又因为学生的认知特点和发展规律，被分散安排在不同年级与单元。

图 2-7 运算定律的迁移

把握知识的"前沿后续"，有利于学生更深刻地理解运算定律，更灵活地运用运算定律。如在乘法分配律的作业设计时，老师通过计算长方形周长让学生进一步理解乘法分配律：一块长方形草地的长 64 米，宽 36 米。长方形的周长可以怎么求？

教学中通过数形结合的方式，从实际数据的计算（64+36）×2=64×2 + 36×2，到抽象的符号表示（a+b）×c= a×c + b×c，通过引导学生发现知识之间的关联，在其思维建构过程中实现有意义的学习体验，从而培养学生的高阶思维能力。

3. 多维关联，体现综合性

一般来说，课程内容的结构化呈现采用主题整合的方式。在教学中，可以通过查阅资料，用思维导图、数学小报等方式提炼研究成果，把零散的知识整合成有序的"知识块",引导儿童触摸知识的内核,实现学习过程的最优化。

例如,在《除数是两位数的除法》单元教学后,老师布置了两项实践作业,学生选择其中一项完成:

①以"思维导图"的形式对单元知识内容进行梳理、总结、回顾。

②以"数学小报"的形式对本单元的重点知识、易错点进行总结。

学生完成作业的过程是在有效构建知识结构体系,有助于其深刻领会知识的本质,把握知识的关联及高阶思维的发展。

（二）方法提炼：任务驱动内生,助学习进阶

任务驱动学习是从真实问题出发,以方法提炼为载体,让学生在真实的情境中运用已有的知识和学习经验去分析问题、解决问题的过程。单元作业设计在推进的过程中,借助单元统整的方式设计主题活动,从而让教学活动聚焦核心问题,不仅有助于发展学生思维的广度和深度,而且可以助推学习的进阶发展,提高学生内生学习力。

1. 分步推进,深化数学理解

深化对数学的理解是单元作业设计的立足点。越简单往往越本质,教学中我们需要关注数学概念的历史本源,以及现实问题向数学问题的转化,自然地实现生活概念到科学概念的建模。

例如,特级教师袁晓萍老师在圆单元开启课《造圆术》中,用了两个不可以：不可以使用圆规,不可以用圆形物品,让学生挑战"造圆"。整体呈现学生的作品,思考工具是什么？方法又是什么？带着问题"评价圆"。为什么这些圆有点方、有点走形,怎么样更圆一点"改造圆",从而提炼出画圆的几个关键要素：固定、旋转、半径、无限接近,学生对圆的认识有了充分的感知和理解。在这个过程中,教师通过有意义的任务,构造含有认知冲突的情境任务,让学生经历心理挣扎,经历有意义的做和思,建立了生活与数学的联系。

2. 小步优化,丰富学习经历

丰富学习经验是单元作业创生的增长点。在作业设计中,应当强调知识的应用性以及运用的新知识、新技能、新思维以及新方法等。与此同时,还要适当渗透一些实践性作业,让学生动手做一做,引导他们用亲身感受来获取知识,从而加深对知识的理解和运用。如在五年级下《长方体和正方体》这一单元作业中,我们设计

了这样一道操作题，让学生先尝试完成。

【初探】工人师傅要将长、宽均为12厘米，高为6厘米的长方体压缩饼干盒装入棱长为18厘米的正方体包装盒里，最多能装几盒？怎样才能装下？

交流反馈时，我们得到了两种不同的答案：

18÷12=1（盒）……6（cm） 18÷12=1（盒）……6（cm） 18÷6=3（盒） 1×1×3+2=5（盒） 答：能装5盒。

大多数同学的做法

18×18×18=5832（cm³） 12×12×6=864（cm³） 5832÷864=6（个） 答：能装6盒。

少部分同学的做法

显然，左边的答案虽然是错的，但从过程看，可得知孩子进行了积极的思考，其思考方法是正确的；右边的答案虽然是正确的，但又不符实情。

【深究】能装几盒，用正方体纸箱体积 ÷ 长方形压缩饼干体积可以吗？

"老师，我觉得这种方法是不可取的！"班级中，数学最好的那个孩子嚷嚷起来。在他的影响下，插嘴的孩子也多起来了。

"对呀，我们学面积的时候就知道，不能拼接的物体不能这样按大面积÷小面积＝块数方法做，这道题目长方体不能剪开，当然也不能用了。"

"这道题，我画过图了，先平的放三盒，再在右边和后面各直的插一盒，答案是5盒，可如果照提示中的做法，就可以放6盒了，难道盒子可以拆开吗？"

"可，如果我们横放、竖放、侧放、穿插起来放，或许能节省空间！"

"长方体长宽12厘米，高6厘米，与正方体棱长18厘米之间，这些数字有点特别呢？"当这些声音响起时，刚刚的信心开始动摇了，大家陷入了深思。

【验证】我把操作器材拿出来，请孩子们试着摆一下。有了前面的想法，孩子们摆前三块的时候，不再像起初那样先平放三块，而是平的、竖的、侧的各放一块。再在右边放一个侧面的，前面放一个竖的，右后再平放一个。在反复的摆放中，孩子们终于如愿地摆放成功了6块。看到孩子们灿烂的笑脸，我也长吁了一口气。

3.稳步跨界，发展创新思维

培养创新思维是单元作业设计的落脚点。打破学科边界，促进学科间的互相渗透和交叉，可以帮助学生在不同界域的知识之间形成联系，激发内在学习动力，促进学生综合素养的全面提升。

例如，在人教版三年级上册第一单元《时分秒》单元教学后，老师布置以下实践作业：

①制作一个能拨的时钟，拨钟面，说时刻。

②了解时钟与方向的关系；如果12点钟方向看成北方，那么3点、6点、9点钟可以看成什么方向？

③钟面可以看时间，可以定方向，还可以干什么？想一想，说说你的创意！

这项实践作业，把数学作业与美术设计、科学作业有机结合：同学们把废物循环利用，制作出各种美丽的钟面，同时又拓宽了知识面，学习用"时数折半对太阳，12指的是北方"的方法辨别方向。数学与不同学科的融合，实现思维的跨越，体现出无限的创意。

（三）评价提升：依托多元表征，让目标落地

评价是一种反思性的"元认知"能力，是对认知的认知，是一种高阶思维。因此，作业与评价要融入教学，作为学生学习活动的重要内容进行统筹考量。

1. 基于目标，优化评价的维度

在单元教学中，单元学习目标是单元教学的总目标，课堂教学目标和作业目标需要与单元学习目标保持一致。如在估算教学中，我们设置了相应的评价指标，以促进学生理解学习目标，以及正确合理地评价自己的作业过程。（表2-9）

表2-9　估算教学的评价指标

评价指标	内容描述	得分情况
完成情况	完成作业的数量及完成度	☆☆☆☆☆
知识应用	应用所学知识去进行估算	☆☆☆☆☆
创新指标	估算的方法有所创新，有数学味	☆☆☆☆☆
成果展示	用数学日记、小报等方式展示成果	☆☆☆☆☆

2. 关注细节，加强评价的精度

评价是教师与学生交流互动的重要桥梁，是教师对学生的学习情况最直接、最及时的反馈。目的是帮助教师全面了解学生的学习情况，发现其不足并及时给予引导。评价时教师应当关注细节，注重过程化评价，以促进学生学习。

3.成果展示，拓展评价的广度

我们可以从自评、组评、师评、综合评价四个维度，对学生进行综合学习能力的评价。贯彻"作业、评价与展示"一体化的设计理念，以展促学，以评促优，实现学生能力的提升。

单元统整、任务驱动、儿童本位等策略，无疑为高阶思维指向下的单元作业设计创设了探究的空间，实现了目标的协调一致、内容的逐级深入和思维的进阶提升，为学生数学学习注入新活力，促进学生数学学科核心素养的全面发展。

四、剖释·重构·反思：基于核心素养的数学单元整体教学的设计与实施

（一）剖析：单元整体解读，核心知识提炼

1.单元整体解读

核心素养具有整体性、一致性和阶段性。以"单元结构化教学"为抓手，重整单元教学内容，优化单元教学路径，给予学生更加系统的、更具挑战性的学习体验，是落实核心素养的有效路径。鹤琴小学集团数学组以《除数是两位数的除法》单元教学为例，从单元整体教学为着眼点，扎实有效地开展了"单元整体教学路径图"的教学研究。（图2-8）

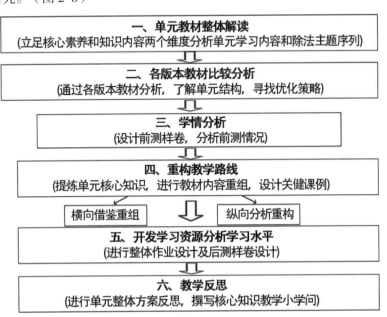

图2-8　《除数是两位数的除法》单元教学路径

（1）分析主题序列：整体感悟凸显本质

人教版教材内容在二年级下册编排了"表内除法""有余数的除法"，三年级下册安排了"除数是一位数的除法"，四年级上册安排"除数是两位数的除法"，五年级上册安排了小数除法，最后在六年级上册安排了分数除法。在教学中，要把除法这一核心知识点置于知识体系中进行考虑，凸显除法与乘法在知识本质、思考方式等方面的一致性，并从学生已有知识经验出发，引导学生在除法与其他相关知识及现实生活情境之间建立联系，促进学生理解与迁移知识。

（2）梳理教学内容：厘清层次 展现思路

本单元课程的主要内容包括口算和笔算除法，编排时强调层次性，通过阶段性总结呈现计算思路，让学生经历探索、发现、总结计算方法的过程，以培养他们解决问题的灵活意识和能力。其主要内容安排如图 2-9 所示。

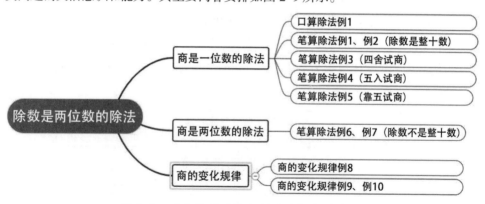

图 2-9 《除数是两位数的除法》教学内容

作为小学生在学习整数除法的最后阶段，本单元专注于探讨两位数除数的除法。在学习过程中，重点是引导学生掌握试商的方法，并根据计算难度进行层次化的编排。我们从一位数商的除法开始，逐渐过渡到两位数商的除法，并运用商不变的规律来简化计算过程。这个单元的教学不仅为学生创造了自主探索和合作交流的学习空间，也旨在培养他们灵活计算的意识。

（3）比较版本异同：适度扩张 充分整合

"两位数除数的除法"是小学数学中"数与代数"领域的一个重要主题，也是培养学生运算能力这一学科核心素养的关键阶段。在人教版、北师大版、苏教版和浙教版等四个版本的教材中，各具特色。在教学过程中，我们应该充分对比和分析

这些版本,既借鉴它们的优点,又弥补其不足,并尝试提出自己的教学设想。(表2-10)

表2-10　四版教材《除数是两位数的除法》内容对比

人教版		北师大版		苏教版		浙教版	
内容	例题	内容	例题	内容	例题	内容	例题
整十数除以整十数口算	80÷20 83÷20≈ 80÷19≈	三位数除以整十数 买文具	80÷20 160÷30	两三位数除以整十数	60÷20 96÷20 150÷30	三位数除以整十数	540÷60 540÷40
几百几十数除以整十数口算	150÷50 122÷30≈ 120÷28≈	三位数除以一般两位数 参观花圃	154÷22 120÷18	三位数除以整十数	420÷30 420÷50	商两位数除法	945÷45 736÷32
两位数除以整十数笔算	92÷30 178÷30	三位数除以一般两位数 秋游	192÷24 184÷46	商一位数,四舍五入试商	197÷32 192÷39	首位试商,不调商	288÷32 200÷65
商一位数四舍试商	84÷21 430÷62	商不变规律	350÷50	四舍试商调商	272÷34	首位试商调商	290÷36 134÷26
商一位数五入试商	197÷28	路程时间速度	280÷4 240÷4 240÷3	商两位数	252÷36	同头无余商9、8	320÷35 320÷38
商一位数靠五试商	240÷26	总价数量单价	12÷3 15÷5	介绍一些试商方法	练习中	口算试商	85÷19 107÷17
商两位数除法	612÷18 940÷31					多种算法	280÷35＝ 280÷5＝7
商不变规律	780÷30 120÷15					商不变规律	2400÷200 150÷20
商不变余数变	840÷50						

经过梳理发现:人教版和苏教版结构类似,都采用了四舍五入法试商,都从除数是整十数的除法开始,其中笔算例题依据商是几位数来编排;北师大版的教材的

编排分为笔算、商不变规律、常见的数量关系三个主题，其中笔算例题是以除数特征进行编排。浙教版也是先教学商两位数，首位试商，再安排商的变化规律进行教学。

除此之外，四类教材有相似之处，也各有特色。（表2-11）

表2-11 四版教材《除数是两位数的除法》编写特色

教材版本	人教版	北师大	苏教版	浙教版
编写特色	结合估算教学；增加靠五试商	按主题编排；关注除数特征；增加常见的数量关系	四舍五入法合并；除数是两位数的编排在练习中；没有商的变化规律	除数是整十数，商一位数在三年级学习；更关注算法的多样性

通过比较，我们得到了一些启示：除法是学生普通觉得难的运算，教学时要合理安排、降低难度。要启发学生根据除数的特征，选择口算试商、同头试商、靠五试商、折半试商等技巧，让试商更灵活。要利用商不变的规律，让除法更简单。

2. 核心知识提炼

《除数是两位数的除法》作为整数四则运算的收官之作，将旧有知识巩固深化，类比迁移到更多位数的学习，继而为后续小数除法打好铺垫。因此本单元的教学在小学阶段"数与代数"领域起着承上启下的作用，是计算教学的一次飞跃。教学时要摸清知识脉络，直击知识核心。

（1）变与不变，脉络显现

在先前三次学习整数除法后，学生已经基本掌握竖式结构，初步理解除法竖式的算理和算法，但都停留在利用表内除法的口诀求商阶段，随着除数变为两位数，口诀求商已经变得困难重重。这一进阶学习，使得到商的过程变得复杂，常常需要口算估商、笔算试商调商。

①除数是两位数的口算除法

教材设置例1、例2同为除数是整十数，都呈现了两种口算方法，一为表内除法，二为根据几个几十是几十／几百几十来反推。但编排层次却有所递进，例2撤去小棒图，化直观为抽象。被除数与除数的改变，事实上并未完全改变算理算法，两种口算方法归根结底是商不变性质的实际应用，最后都可借助这一性质回归到先前学过的表内除法。

②除数是两位数的笔算除法

笔算除法的计算过程比较复杂，学生普遍存在以下问题：

其一，常见计算错误。数位没对齐；余数要比除数大；除到哪一位没有将商上到那一位；最后一位不够除没有商0占位。

其二，试商速度慢。个别学生不理解试商；三位数除以整十数的口算能力不强；缺乏合理的试商方法，有时需要多次试商才能求得准确的商。

关于常见错误是学习态度的问题，可以通过培养计算习惯解决；而试商问题是学习能力的问题，则需通过教学计算训练解决。针对这一教学难点，教材将例题分层次、分阶段安排，分化了重点，分散了难点。例1和例2的目的是解决试商和商的位置写法的难题；通过教授例3和例4，学生可以学会利用四舍五入法将除数近似为整十数进行试商；例5的教学教会学生在除数与整十数不接近的情况下，根据具体情况采取不同的灵活试商方法；例6的教学侧重于商为两位数的除法，让学生弄清每位商的正确书写位置；而例7的教学则解决了当余数不足以除时，商为0要占位的问题。

从例1到例7，教学目标在逐层次递增，但从知识逻辑分析来看，笔算除法的试商过程都是需要"商不变性质"这一脚手架来辅助支撑，如430÷62，将62四舍看作60去试商时，想的是43÷6。因此商的变化规律在启迪学生计算方面至关重要，教材也特别单独设置了这一模块在单元末进行发现总结。通过例8的教学使学生了解商的变化规律，渗透函数思想及变中有不变的思想；例9、例10则是商变化规律的应用，理解简便运算中余数的含义。

（2）落实四基，教材呈现

新课标中指出要在教学中落实四基，四基的落实利于保障学生数学核心素养的发展。结合本单元核心知识及四基要求，总结出"四基"在本单元教材中的具体呈现。（表2-12）

表2-12　　"四基"在教材中的具体呈现

四基	在教材中的呈现
基础知识	1. 会口算整十数除整十、几百几十的数（商一位数） 2. 掌握两位、三位数除以两位数的笔算方法，并能列竖式正确计算除数是两位数的除法 3. 经历探索商的变化规律的过程，了解商的变化规律，灵活运用商的变化规律进行简便计算
基本技能	1. 会正确计算除数是两位数的除法 2. 会灵活应用商的变化规律解决简便计算 3. 灵活试商的技能
基本思想	1. 渗透转化思想、对比思想、数形结合思想、函数思想、变中有不变的思想 2. 猜想、验证、归纳思想
基本活动经验	1. 积累用对比、联系观点看问题的方法和变中有不变的思想看问题的经验 2. 积累估、试、调商的经验 3. 积累用转化思想思考问题经验，以及从头到尾思考问题的经验和利用直观方式解决问题的经验（第一、第三两条是长效目标，应贯穿整个单元），发展学生的运算能力

（3）关注学情，确立核心

经过单元整体解读和前测分析，我们对单元知识脉络进行深一步的剖析，基本确立以下几个核心知识模块：

①商的变化规律

除数是两位数的除法算理与一位数相同，只是计算时需将除数按"整体"计算这种方式，还是第一次出现，这其实是算理的问题。从前测结果来看，在"170÷30"中，学生受"除到哪一位商在那一位"的影响，将除得的商写在十位。可见本单元的教学难点是算理的理解，商的变化规律则能很好解释这一错误算法的缘由，并探讨出余数不同的问题，进而理解除数是整十数的计算算理。

②快速试商的技巧

除数是两位数的除法计算，相对除数是一位数的除法而言，计算难度增加了，主要体现在计算次数的增加带来计算程序的复杂，这就更需要学生具有快速试商的技巧，提高计算技能。结合生活实例，让学生经历想办法得到商到快速得到商的过程，在由慢到快的转变中学会用四舍五入、靠五试商等多样试商法去计算除数是非整十数的笔算。

③调商大小的应用

实际上，对学生来说，通过试着求商并不是一件难事，无非针对不同计算情况选取合适方法的效率问题。只要在经历调商的过程中，能理解不同方法之间的区别与联系，掌握灵活试商调商的技巧并进行实际应用，通过积累问题解决经验，学生能够真正具备解决多位数除数的能力。

3.撬动思维内核，突破除法难点

（1）多样试商，降低难度

除数是两位数的除法竖式计算是小学数学数与代数模块的重点，而试商又是教学的难点、学生的痛点，究竟是什么成了学生计算的拦路虎，又该怎样引导学生突破试商的难点呢？在教材例题中主要引导学生学习了四舍五入试商法和靠五试商法，但由于学生没有记熟 $15 \times (1{-}9)$、$25 \times (1{-}9)$ 的值，试商方法不熟练且单一，造成学生试商速度慢、错误率高。因此本单元的重中之重在于引导学生掌握多种试商的方法，根据除数的特征选择行之有效的方法，进而灵活试商。

①口算试商

有些除法的商很容易由乘除法的口算得到，例如 36÷12，商是 3；而有些除法借助商不变性质，同时去零后也可以借助表内除法的口算得到。

②四舍五入

把除数四舍或五入使之变为整十数，进而借助口算试商计算，如上述提及的例 3、例 4：430÷62，把除数四舍为 60；197÷28，把除数五入为 30。这一种方法是通用的方法，也是最有效的方法，特别是对于一些盲目从 1 开始试乘的后进生，此法更为方便。

③靠五试商

这类方法其实是三段法中的一种，即把除数首位的下一位数划分为三段：1、2、3 为下段，4、5、6 为中段，7、8、9 为上段。下段和上段按四舍五入法试商，中段看成中间数试商（除数是几十四、几十五、几十六时，看作几十五去试除）。因此把中段的试商法也称为靠五试商，但这一方法需要熟记几十五的倍数，要求较高，一般仅当除数十位上的数字较小时，才用 15、25、35 去试除。如例 5：240÷26，把除数看作 25，根据 240 里能有几个 25 得商 9。

④同头试商

把被除数跟着除数一起舍或入，然后试除。例如，教材第 80 页练习十四中的 302÷52，如果把除数看作 50，则被除数看作 300（同舍）；302÷57，如果把除数看作 60，则被除数看作 310（同入）。

31)270	23)196	52)302	63)496
38)270	39)196	57)302	69)496

试商时，什么情况下商可能试大了？什么情况下商可能试小了？

⑤折半试商

当被除数的前两位是除数的一半时，直接商 5。例如，教材第 92 页练习十八中的 345÷68，被除数的前两位 34 是除数 68 的一半，就直接商 5。

先判断下面各题的商是几位数，再计算。

792÷36	462÷84	656÷82	686÷34
400÷25	640÷45	345÷68	598÷26

适当学习一些特殊的试商法，可以提高试商效率，也能提高学生学习兴趣。但

往往也需要因生施教，后几种试商法作为四舍五入法的补充，对于学生的数感等要求较高，于优等生来说起着事半功倍的效果，而对后进生来说可能就事与愿违，起着事倍功半的反向作用了。同时教材并未编排这些试商方法的内容，所以教与不教已成为当下很多教师的困惑。

（2）多项整合，借力助推

①提前商的变化规律

口算除法对于学生来说并无挑战性，没有深层次的知识架构，学生思维的拓展空间不大。事实上，口算除法是发现商不变性质规律的过程，也是应用这一规律的过程。

笔算除法的试商过程无不渗透着商不变性质，将除数是非整十数的笔算通过四舍五入法变为整十数，继而被除数和除数分别去"0"进行计算。当只有除数的末尾出现0而被除数的末尾没有0时，一部分学生认为可以去掉0（无形将商扩大了10倍），一部分认为补在商的末尾（将商扩大到原来的100倍）。此时我们将商的变化规律提前教学，就可借助这一性质解释计算过程中的诸多错因。

除法是乘法的逆运算，本册教材的第四单元为《三位数乘两位数》，学生学习了积的变化规律，单元末也启迪学生继续探究商的变化规律，故将商的变化规律提前有着循序连贯性。

②统整除数是整十数的除法与余数问题

学生在应用商不变性质的计算时，往往将商和余数的变化一并论为相同，使得商和余数二者总有一错，这是很多孩子计算的痛点。我们希冀在教学除数是整十数的除法时，有机整合余数问题，打通学生认知思维的局限。例如 $170 \div 30$，多数孩子想到 $17 \div 3 = 5 \cdots\cdots 2$，便想当然 $170 \div 30 = 5 \cdots\cdots 2$ 或 $170 \div 30 = 50 \cdots\cdots 20$。此时我们化抽象为直观，借助小棒，170 为 17 捆小棒，30 为 3 捆小棒，问题转变为 17 捆中有 5 个 3 捆，还多两捆，两捆即 20 根，故商为 5，余数为 20。

（3）多元思维，以学促用

①计算教学融入真实情境

基于真实情境，开展问题解决进而发展学生核心素养是全世界面对核心素养本位的课程与教学挑战而选择的核心策略。在数学学习中引入真实情境，让学生在解决真实情境中复杂、开放的真实问题中发展技能，培养解决真实问题的能力。当学生在和真实情境相互作用的过程中，建立起知识与知识、知识与生活之间的联系，学会用数学的眼光观察世界、用数学的语言表达世界、用数学的思维思考世界，以此发展起能够应对 21 世纪挑战的数学关键能力和必备品格。

②拓展提升余数变化规律

在教学除数是整十数的笔算除法后，我们联系旧知引入商不变性质的 3 道计算（8÷3=2……2；80÷30=2……20；800÷300=2……200），引导学生用竖式方法证明并对比观察，发现"商不变，余数不同，被除数变大余数也变大"。在学生初步发现这一规律的时候，再次出示巩固理解余数问题题型。

培养学生的思维能力是数学教学的一个重要命题，它需要教师依据学生的认知状况，采用多样的教学方式，点燃学生思维，从而将认知转为能力。这一单元的整合课程，也能以此调动学生的主观因素，去助力其除法计算能力提升。

（二）重构：前测结果分析，重组教材内容

1. 前测结果分析

（1）前测对象

鹤小教育集团：鹤琴小学四（2）班（43 人），天香小学四（5）班（32 人）

本次问卷共下发 75 份，回收 75 份，均为有效问卷。

（2）结果分析

学生对除数是一位数的计算说明比较全面，而这些知识是"除数是两位数的除法"的教学的基础。学生能通过打通新旧知识，完成新知构建。当然，限于四年级学生的心智水平，还不能对后阶段的学习内容进行猜想。所以课堂教学应该加强新旧知识的沟通，让学生了解数学知识的脉络，真正实现完整意义的构建。

2. 教材内容重组

从学生的前测分析学情，我们发现，本单元的教学难点是理解算理和掌握试商方法，考虑学生已有的知识基础和学习能力，我们进行了以下探讨：

（1）商不变性质如何归置

教材中的"商的变化规律"这一知识被放在学生学完除数是两位数的除法后，但根据研究，我们选择将"商的变化规律"前置教学。

①缘何前置——学生错例需要我们前置

从前测中不难发现，当面对"170÷30"这样的笔算除法时，很多学生就无从入手了，如果将商的变化规律提前教学，就能应用规律去避免产生这类错误。

②教材为何后置——知识逻辑支持我们前置

本单元的教材编排大致可分为三段：第一段是口算除法以及除数是整十数的除法，帮助学生理解算理；第二段是试商调商，帮助学生掌握算法；第三段是商的变化规律和商不变性质，抽象概况，巩固应用。教材编排从算理到算法再应用，层层递进，而当我们将商不变性质前置后，应用与算理算法相融合，能够更好地培养学生的数学思维能力。

③可否前置——教材内容允许我们前置

首先，在本册教材的第四单元"三位数乘两位数"中，学生已经学习了"积的变化规律"，在单元末尾还提到了"商的变化规律"，而乘法和除法本就可以相互转化。同时，除法和乘法的紧密联系也可以使学生在做口算除法时自然而然地运用想乘做除的方法。

其次，在教材中"商的变化规律"这一块知识所选用的例题均为口算除法，不需要用到笔算除法，所以教材内容也允许我们将这一块知识提前。

（2）知识结构如何完善

①性质前置，提前余数问题

在学生学习了商不变性质后，140÷30 这类题目除基本的笔算方法之外，更会想到简化为 14÷3 再计算，计算过程会方便，但余数不同。这原本是本单元最后一课简便计算讨论的问题，前置后，余数问题就有必要提前，并通过余数问题进一步理解除数是整十数的计算算理。

②取消划分，扩大认知背景

教材在编排笔算除法时分两个阶段，前 5 个例题商是一位数，后 2 个例题商是两位数。我们在处理时，不再以商的位数作为例题的设计依据，而是同时出现。

从学生角度分析，在学习除数是一位数的除法时，已经讨论过商的位数问题，可以将这种经验进行迁移；从教学材料分析，在划分了商是一位数和商是两位数之后，反而导致了知识点上的割裂。教材中这一课选用了两个例题为"92÷30"和"178÷30"，其中例 2"178÷30"是被除数的前两位不够除，要看前三位，那么也应当顺势呈现被除数是三位数且前两位够除的情况，如"278÷20"。只呈现商是一位数的除法，计算类型不够丰富，将"278÷20"这样的除法补充进来，既能丰富除数是整十数的除法的计算类型，又能使学生在更大的背景中学习，有利于知识结构的形成。

3.试商困难如何突破

在本单元的教学中，试商是非常关键的一步，对学生来说，由于除数从一位数变成两位数，试商也是特别困难的一步，因此帮助学生掌握试商、调商的方法是本单元教学的一个难点。

（1）估中有算，算中有估

估算是学生攻克试商困难的垫脚石。在教材"口算除法"这一课中就安排了相应的除法估算，意在为后续的试商做铺垫。事实上，在试商的过程中就有估算的存在，例如，教材中"四舍法试商"的课例"84÷21"，把21看作20进行试商，这就蕴含了估算。而在前测中我们也发现有些学生在估算时会忽略掉"想乘做除"这种方法，这对试商也有一定的影响，可见学习估算对于试商很有必要。

因此，我们将"商的变化规律"前置的同时，安排估算的教学，并且在"除数是整十数的除法"这一课笔算除法中，继续渗透估算，让学生体会估中有算，算中有估，培养学生把估算当成笔算除法试商的一种思考路径的意识，能够利用估算快速而准确地试出商。

（2）四舍五入，整合试商

从计算程序上分析，"四舍"法和"五入"法是试商的一般方法，两者都是将除数看成整十数，方法是一致的。且此前的教学中，学生也已经学习过"四舍五入"这一估算方法，两者相通，因此，这两课可以有机整合，并同时教学商是一位数和两位数的除法，充分利用"除数是整十数的除法"的基础，明确试商调商的方法，这节课解决计算的一般性（简洁性）问题。

（3）多样试商，灵活选择

相较于能够解决一般计算问题的"四舍五入"法试商，当学生遇到除数为26、36、44等接近于几十五的数时，试商调商的难度会大大增加，选择合适的试商方法尤为重要。

除了"四舍五入"法试商外，试商的方法还包括其他的技巧，教材例7将除数看作几十五试商，练习中还安排有"同头无除商八九"和"除数折半商四五"的渗透。

由于学生对于几十五的倍数不太熟悉，看成几十五试商对学生具有较大的挑战性，且当除数为65、75、85等这样较大的数时，其个位的"5"对商的影响并不大，与其将它们看成几十五去想，还不如整十数方便，这就需要学生能够正确选择合适的试商方法。从效果上分析，"同头无除商八九"和"除数折半商四五"这两个技巧的应用更为普遍，看成几十五试商则具有比较大的局限性。因此，我们将这些试商技巧重新整理，做更适合学情的教学处理。

鉴于以上分析，我们大胆将"商的变化规律"前置教学，把口算除法融于其中，并在笔算除法中应用商不变性质，使其与算理算法相结合。性质前置后，我们在"除数是整十数的除法"中提前讨论余数问题，并取消商是一位数和商是两位数的划分，使得学生形成更加完整的知识结构。与此同时，为了更好地突破试商这一教学难点，我们在算理教学中不断渗透估算，强化学生的估算能力，为试商做铺垫，整合"四舍"试商和"五入"试商，并调整试商技巧的教学。

（三）反思：后测结果分析，反思教学方案

1.后测结果分析

（1）情况说明

后测班级：天香小学四（4）班36人。

本次后测问卷共下发36份，回收36份，均为有效问卷。

（2）结果分析

从结果来看，绝大多数学生已经能够灵活地利用除数是接近整十数的两位数，商是一位数的笔算除法的计算方法和"四舍五入"试商、调商有关笔算的方法，巧妙填写竖式。从后测统计看，学生不存在此次阶段性学习有关的知识技能性错误，究其原因是忽略了个位不够减从十位退掉了1个"十"，十位在计算时要先减这个"1"再继续减。

2.教学方案反思

鹤琴小学数学教研组从单元整体教学为着眼点，提炼了"除数是两位数的除法"的核心知识，重组教材内容，对单元进行整体合理的结构安排，并制定研究框架检验研究的效果。以"两位数除法"单元教学为例，我们可以从教材的横向比较入手，综合利用计算教学的四个维度：掌握度、稳定性、灵活性和深刻性，来统一指导教学。通过挖掘数学的本质、全面理解知识结构以及深入思考数学的价值，最终达到培养学生数学核心素养的目的。

（1）重视教学反思，有效评估教学效果与整合思路

单元整合教学的目标是为了让学生构建基于整体和联系的认知结构，更好地发展数学能力和数学素养，一切思考与教学的行为都应该围绕着这个目标展开。因此，

在"除数是两位数的除法"单元整合中，要用计算的四个维度（计算的掌握度、计算的稳定性、计算的灵活性、计算的深刻性）统领教学，实施"教、学、评"一体化，及时了解学生知识能力的发展情况，及时调整内容整合思路与教学设计，从而实现教学目标的最大化。

（2）精设课堂结构，让学生在经历过程中促进深度学习

单元整合教学的课堂结构应改变师问生答、教师牵引的线性结构，紧紧抓住整合的内在知识联结点和发展线索，设计以学习活动贯穿，以学生积极探索、主动迁移和互动交流为核心的板块结构模式，一个板块是基于一个任务或问题引领下的一个学习活动，促进学生真正经历过程，实现深度学习。

在"除数是两位数的除法"单元整合中，运用类比迁移的思想方法，构建"除数是一位数的除法"与"除数是两位数的除法"之间的联系，让知识学习呈现结构化的特点。可以尝试设计整合除数"是"整十数除法学习板块（口算除法和笔算除法的4个例题）、除数"非"整十数除法学习板块（"调商"和"不调商"）、"商是两位数除法"学习板块。

第三节　多维评价，活力课堂让成长真实可见

教学评价是对教学过程和结果进行价值判断的活动，旨在为教学决策提供参考。它涉及对教学活动的实际和潜在价值进行判断。教学评价研究教师教学和学生学习的价值，包括对教师、学生、教学内容、教学方法手段、教学环境、教学管理等因素的评价。评价的类型有诊断性评价、形成性评价、总结性评价、相对性评价等。评价的方法包括量化评价和质性评价。它们为对教学过程和结果进行准确的、全面的、有效的判断提供了多样化的手段和工具。评价时需遵循客观性原则、整体性原则、指导性原则、科学性原则和发展性原则。

一、鹤琴小学综合素养评价方案

（一）指导思想

以中国学生核心素养为基准，根据学生年龄特点，围绕学校建设要求，从"做人、做中国人、做现代中国人"入手，建设一套学生综合的考评评价系统。让管理智能化、

工作过程化、学生教育常态化，培养全面发展的"五好"活力儿童。

（二）评价原则

1. 主体性原则

始终尊重学生的主体地位，将学生置于人的位置上，并充分尊重学生的个性。同时，我们要充分发挥学生自我评价和互评的主体作用，以及与他人进行评价，体现以学生为主体的教育思想。

2. 激励性原则

学生在学习和成长的过程中渴望被赞美和鼓励，这是他们心理上的需求。因此，我们应该宽容学生的错误，发现他们的闪光点，并鼓励他们不断进取，追求成功。通过多元化、多角度的方式，让学生充分体验到成功带来的愉悦，满足他们健康心理需求。

3. 发展性原则

积分卡评价的目的不仅是评价学生的过去和现在表现，更重要的是关注学生的全面发展。通过积分卡评价，学生能够在取得成功后反思和总结经验，进而促进他们的全面健康发展。

（三）评价内容及标准

评价内容包含"做人""做中国人""做现代中国人"三项内容。每项内容均设置3个维度9项积分卡项目，并采用不同颜色的太阳鸟印章进行代币奖励。（表2-13～表2-15）

表2-13 "做人"的评价内容及标准

健康（共设9项积分卡项目）（绿色太阳鸟章）做人	珍爱生命	两课两操，保质保量	1. 积极参加体育课、活动课，态度积极，出勤率高 2. 认真完成早操和眼保健操，动作标准、精神饱满
		体质强健，技能娴熟	1. 主动参加体育俱乐部或体育运动项目竞赛 2. 熟练掌握跑步、跳绳、篮球、游泳等运动技能
		生活卫生，坚持锻炼	1. 养成良好的生活卫生习惯，按时睡觉，不挑食 2. 坚持每日锻炼1小时，按时完成体育作业
	健全人格	积极主动，乐观开朗	1. 能够主动完成老师布置的任务，不需他人提醒 2. 保持整天的好心情，把笑容传递给老师和同学
		自尊自信，戒骄戒躁	1. 接受自己，相信自己，勇于接受新的挑战 2. 对取得的成绩和表扬保持谦虚，不骄傲自满
		知错能改，善于自控	1. 他人指出自己的问题时能虚心接受，不再犯错 2. 会自我调节，不让愤怒、害怕等情绪控制自己
	劳动意识	做事自主，生活自理	1. 独立完成一天的学习任务，不事事向他人求助 2. 自己整理书包、课桌，饭后收拾餐桌和餐具
		交往和谐，团结合作	1. 和班级同学友好相处，发生矛盾能主动调节 2. 与同伴一起参与服务活动，共同努力，获得成果
		热爱劳动，认真负责	1. 高效完成自己的劳动打扫工作，检查一次过关 2. 完成自己的分配到的职责和任务，不半途而废

表 2-14 "做中国人"的评价内容及标准

规则（共设9项积分卡项目）（红色太阳鸟章）做中国人	健康生活	大方坦诚，言而有信	1. 真诚待人，言行一致，不说谎、不作弊 2. 说到做到，能够兑现自己许下的承诺
		乐于助人，志愿奉献	1. 主动帮助有困难的同学，能为老师排忧解难 2. 参与学校、班级组织的志愿服务活动，热心公益
		不畏挫折，自强不息	1. 受到打击后能够马上振作，而不是一蹶不振 2. 能够为自己制订计划，每天执行、每天进步
	自我管理	勤俭节约，爱护环境	1. 珍惜资源，及时关闭水电开关，坚持光盘行动 2. 不踩草坪、不随意采摘花果，坚持垃圾分类
		尊师敬长，礼貌待人	1. 尊重老师和长辈，见到老师主动问好 2. 与同学交往有礼貌、能谦让，礼貌用语挂嘴边
		遵守秩序，管理班级	1. 上课不开小差，下课不追跑打闹，排队静、齐、快 2. 能够参与班级管理，劝阻违反纪律的身边同学
	国家认同	热爱祖国，热爱人民	1. 认真参与升旗仪式，标准行队礼、响亮唱国歌 2. 热爱华夏同胞，善待身边的人，对校园欺凌说不
		知法懂法，明辨是非	1. 认识到法律的重要性，积极响应法治宣传教育 2. 掌握基本的法律法规知识，能够分辨违法行为
		坚守正义，抵制犯罪	1. 能够用法律武器保护自己，捍卫合法权益 2. 坚决远离毒品等有害物质，具有防诈骗意识

表 2-15 "做现代中国人"的评价内容及标准

智慧（共设9项积分卡项目）（蓝色太阳鸟章）做现代中国人	乐学善学	目标清晰，志存高远	1. 能够确定学习目标，并付诸行动和努力 2. 向榜样学习，树立人生的远大理想
		活学善思，进步不息	1. 认真上课，积极发言，学习方法科学高效 2. 不断吸取经验教训，每天都比昨天进步一点点
		扎根传统，弘扬精髓	1. 熟读、背诵经典古诗文，了解历史故事 2. 积极参与优秀传统文化的学习和弘扬
	乐学善学	思维活跃，观点独到	1. 能够在学习生活中提出好建议、金点子 2. 勇于表达自己的观点，善于交流
		动手操作，探究实践	1. 积极参加兴趣小组，勇于探究 2. 能够利用资源，解决实践中遇到的困难
		发挥潜能，培养特长	1. 培养一项自己的兴趣爱好，并坚持下来 2. 能够发现自身的优点，并扬长避短
	国际理解	掌握外语，国际交流	1. 勤奋学习外语 2. 能够用外语和国际友人友好交流
		适应发展，未来意识	1. 学习掌握信息技术，善用网络资源辅助学习 2. 适应时代发展，有全球化视野
		坚守正义，抵制犯罪	1. 知道中国梦的含义，认识自己未来的时代责任 2. 树立报效祖国和家园的意愿、志向

（四）评价方法

周评—月评—期末评。

周评项目：

健康：设绿色太阳鸟章，奖绿色太阳鸟积分卡。

规则：设红色太阳鸟章，奖红色太阳鸟积分卡。

智慧：设蓝色太阳鸟章，奖蓝色太阳鸟积分卡。

每周各类积分卡分别满20分获得相对应的太阳鸟奖章。

月评项目：设金色太阳鸟章，班级推荐校级月健康星、规则星、智慧星各一名。

每月中每周获绿色太阳鸟章评为健康星，每月中每周获红色太阳鸟章评为规则星，每月中每周获蓝色太阳鸟章评为智慧星。每月集齐各色太阳鸟奖章的学生获得本月的金色太阳鸟章。

期末评项目：校级"活力好少年"。

每月获得金色太阳鸟章的学生评为期末"活力好少年"。

（五）积分卡的使用和管理

1.全体老师有权利、有义务按规定使用和管理好积分卡，但要防止滥发。乱丢积分卡现象。

2.全体老师要及时颁发积分卡，激励优秀生的同时也要照顾后进生，适当降低难度，酌情颁发积分卡。

3.全体老师精确定量积分卡评价，如实按要求颁发；对模糊定性的积分卡评价要严格控制。学校大队部对积分卡发放进行控制，以求得班级之间的平衡。

4.定期统计学生得卡数，如实记录在学生成长档案中，每周、每月、期末各统计一次。及时表扬表现突出的学生，以树立榜样。

5.对严重违纪的班级，在下学期酌情减低下发的积分卡数。

（六）活力好少年表彰和奖励

1.平时要鼓励学生积极争卡，学生得卡时，班内及时表彰，以推动学生争卡的积极性。

2.各班级要及时统计好每位同学的卡数，并把星级少年名单按月上报大队部。

3.每学期末学校召开表彰大会，表彰各班级的活力好少年，授予奖章。

4.活力好少年的名单及照片将在校园网、校宣传栏上公布。

5.学生获得的积分卡数作为期末评先评优的依据。

6.对于优秀学生，学校将取其学习的镜头组建校园文化墙。

二、多元互动评价，　发挥多方潜能

以往教学评价以教师为中心，形式单一，已难以适应学生多元发展的需要。评价过程原本就是学生接受教育及主动学习的过程。所以，在日常教学中，我们应采取学生自我评价、小组评价、教师评价等多元的发展性评价，以促进学生发展，更好地激发其潜能。

（一）学生自评、自我肯定与自我反思引领

学生是课堂真正的主人，教师仅仅是一个组织者、引导者，让学生在学习过程中做好自我评价，可促进其自我成长。因此，学生自我评价前，教师要做好引领，让其正确地认识自我，客观地评价自我，并在自我肯定中赢得自信、获取力量；在自我反思中发现问题、解决问题。

1.自我肯定

新课标注重"以人为本"，学生是学习活动的主体，同样也应该是评价活动的主体。因此，在日常教学中，应该放手让学生进行自我评价。当然在这之前，教师需细化要求，让学生评有可依，避免随心所欲。对于学生自己做得比较好的地方，对照细则给予奖励。这样的自我肯定，能让学生更加积极地去实践。

对于教材中一些较难操作的内容，学生往往会缺乏信心，这时可以进行多元评价，制定评价细则时要适当放宽要求。对一些完成差的孩子，鼓励他们从参与态度、习惯养成等方面做出自我肯定，并做出相应奖励。

笔者认为让孩子保持一份"我很棒"的积极心态，远比"我不行"的消极心态要强得多。再说，将来社会需要复合型人才，一个在这方面弱的孩子也有可能是其他方面的天才，自我评价要从自我肯定做起。

2.自我反思

自我反思是学生自我认识、自我提高的过程，可以促进其成长。日常教学中，让学生在学习交流、听取他人意见后，进行自我反思：可以总结成功经验，也可以查找自身不足。引导学生进行自我反思评价是必要的，你会发现，学生在交流中学到了知识技能、悟到了道理，在自我反思后做出的改变，远比教师苦心说教要有效得多。

（二）小组评价，赏识互评与交流合作结合

小组评价是一种学生相互学习的评价方式。它既有知识的交流，也有行为的互动；既有情感的传递，也有思维的碰撞。因此，小组评价前我们要加强学生之间的交流合作，做到赏识互评和交流合作相结合。让学生学会用赏识时的眼光去评价别人，更好地发现、学习他人的长处，认识、弥补自我的不足。这种互动评价，有效地培养了学生的互助合作意识，让学生获得了平等友善的交流体验，促进其身心发展。

1. 赏识互评

实践证明，学生对批评比较抵触，对赏识却能欣然接受，所以，要引导学生用欣赏的眼光来评价同学，让学生在同伴的赏识中学习、发展、成长。教师可以引导学生先在小组里交流学习，先发现别人的优点，达到相互学习、共同提高的目的。小组交流合作后，引导学生展开赏识性小组互评，以增强他们的成功获得感。当然在评价过程中，还特别关注那些没有获奖的学生，引导全体学生将评价的视角转移到其他方面，努力挖掘其优点，再适当提出意见。让他们在同伴的赏识中树立信心、体验成就感，从而使每个学生都能有所收获。

2. 交流合作

小组交流合作是劳技课最基本最常用的一种教学组织形式。它从个性出发，以小组为单位，通过分工协作、互相交流，讨论实施方案，并进行具体操作实践。小组成员往往在交流合作的过程中做出赏识评价，而赏识评价往往也能促成小组成员更好地交流合作。所以笔者认为交流合作和赏识互评不是独立存在的，而是互相依存、互相促成的。在小组评价时，需要把两者紧密结合起来。让学生在小组交流学习的过程中，建立赏识性小组互评模式，在小组既合作又竞争的氛围中，帮助个体达成目标，形成正确对待自己与他人的态度。

（三）教师评价、过程评价和成果评价并重

有人说，教师是一轮太阳，总是竭尽所能，用自身的光和热吸引每一个学生。教师评价应当做到过程评价与成果评价并重，既要关注学生学习的成果，也要时刻关注他们在学习过程中的发展变化。教师评价要过程和结果两头兼顾，但更应该注重过程性评价。

1. 过程评价

教师要密切关注教学过程中的点点滴滴，时刻留意学生的实时表现。抓住闪光点，对学生的观察能力、思维能力、动手能力、创新能力，以及参与课堂的情感态度等方面及时作出相应评价。学生遇到困难时，及时给予鼓励，学生取得进步时，及时加以肯定。

2. 成果评价

学生成果很大程度上反映了学生对所学知识要领和技能操练的掌握程度，所以成果评价不容忽视。成果评价需要我们做好两方面的工作：①作品展示；②交流评价。交流评价可以通过学生自我评价、小组评价、教师评价等形式展开，而作品展示需要动一番心思。

如果教师能在作品展示环节做足功夫，那么成果评价效果也必定水到渠成。首先，作品展示最常见的形式把学生作品贴在黑板上、挂在墙上、放在展台上进行展示。其次，利用多媒体手段也是展示评价学生作品的一种好方法。此外，作品展示评价还可以通过竞赛方式进行。

为了更好地展示课堂的魅力，教师应该摒弃传统单一的评价模式，采用多元互动的发展性评价，以激发学生的多方潜能。普罗塔克说过："儿童不是一个需要填满的罐子，而是一颗需要点燃的火把！"多元化互动评价应该就如同一把火炬，不但可以点燃学生的学习热情，而且可以激起其进一步探索的欲望，让他们潜能像火山爆发一般喷涌而出。

三、"三币联评"：在"学—练—赛"中培育体育核心素养

以往体育课堂教学评价多是单一评价，以教师口头评价为主，教学重"内容标准"的传授、轻"表现标准"的评价，针对学生在各环节的练习成果，教师未能及时明确评价、反馈，课堂评价体系不完善。《〈体育与健康〉教学改革指导纲要（试行）》明确指出要丰富评价内容，倡导开展多元评价，注重建立对"知识、能力、行为、健康"综合评价指标体系。《指导纲要》要求综合育人，培养学生的核心素养。笔者借助学校所实施的"活力太阳鸟，鹤小好少年"学生素质成长手册，将"健康、智慧、规则"三色币评价融入学生课内、课外体育锻炼学习中，以"知识、能力、行为、健康"为评价基点，探究三色币评价体系对提高课堂教学效果、培养学生核心素养形成的有效性。

（一）"活教育"思想孕育"三币"评价体系

我们学校在传承、创新陈鹤琴"活教育"思想的办学过程中，把它内化为"健康、规则、智慧"。在育人目标指导下，"健康、规则、智慧"三色币评价应运而生。绿色"健康币"象征生机、活力、安全等，意为健康；红色"规则币"，常作提醒、警戒之用，意在引导学生做事遵守规则有底线；蓝色"智慧币"是智慧的颜色，也代表宽容与爱。三币联动育体、育智、育心，全面促进学生综合发展。

三色币的评价机制为课时评、周评，月评，最终在期末参与学科成绩综合评定。三币兑换具体机制如表 2-16 所示。

表 2-16　"活力太阳鸟　鹤小好少年"评价体系

序号	评价	奖励	兑换规则
1	课时评	智慧币　规则币　健康币	根据课堂内容要求评价奖励不同币
2	周评（成长卡）		每月一张成长卡： 20 个健康币兑换一个绿色太阳鸟，红色和蓝色太阳鸟兑换同健康币
3	月评		成长卡上三色太阳鸟币每种颜色集齐四个，共 12 个兑换一张金色太阳鸟
4	评选月度个人星	每月表彰　健康星　规则星　智慧星	月评评出班级的健康星、智慧星、规则星
5	期末成绩综合评定依据		根据月度成长卡作为学科综合评定及学生评奖评优依据

（二）"三币联评"有效落实"学"与"练"

笔者在实施中让学生分组合作学习，将其与三色币评价相结合，让学生组内自评、互评，做到内容简洁、便于实施。

1."三币联评"推进课堂常规常态化

课堂要以提升学生素养为核心价值追求。我们将"健康、智慧、规则"评价贯穿课程始末，要求扎实落实课堂常规。课堂常规往往容易被忽视，集合、整队等看似无关紧要的小细节，最能培养学生的规则意识。实践中，以上内容交由小组长检查落实。如表 2-17 所示。

表 2-17　准备部分评价细则

奖项	课堂常规	队列队形	准备活动	奖励方法
健康币		对口令做正确反映	能做出跪跳起、支撑提臀跳动作方法	本环节练习中，每人至多可获得2枚不同徽章
智慧币	能够回答教师提问关于学过的内容名称		提问时能说出练习内容名称	
规则币	1. 着装符合要求 2. 做到"快、静、齐" 3. 无携带危险物品	口号响亮，守纪律	有序参与、练习	

2. "三币联评"实现学、练、赛明确化

评价是为了关注学生的学习，学生的学习程度需要过程性评价，尤其是大班教学，教师在有限的时间内，不能面面俱到，及时评价所有学生，学生在学习中的获得若不能及时反馈，学生体验不到成就感，很容易放弃学习，尤其是小学阶段的学生。

器械体操极具挑战性。"健康币、规则币、智慧币"被应用于"学、练、赛"各个环节，具体评价实施如下：

（1）单一身体练习。练习内容：原地跳上成跪撑；练习要求：直臂顶肩，双脚踏跳，双手撑跳箱中线，整个脚背压箱，评价内容如表 2-18 所示。

表 2-18　"学"的评价细则

奖项	评价要点	奖励方法
健康币	1. 直臂顶肩 2. 双脚踏跳 3. 双手撑箱中线 4. 整个脚背压箱	组长根据要求考核，全做到奖励3枚，做到3点奖励2枚，2点奖励1枚，若有进步再奖励1枚
智慧币	1. 回答本练习跳上支撑名称 2. 说出该练习3点要求	全部答对得2枚；答对1题得1枚
规则币	学会保护帮助他人	能够有序进行练习，并积极主动保护帮助他人得1枚

（2）组合练习。练习内容：上一步跳上成跪撑＋跪跳下；练习要求：跳下到指定位置（线）积极摆臂，起跳充分，能屈膝缓冲保持2秒，评价内容如表 2-19 所示。

表 2-19　"练"的评价细则

奖项	评价要点	奖励方法
健康币	1. 双脚踏跳，跳上直臂顶肩 2. 跳下屈膝缓冲2秒，落地稳 3. 起跳充分，落地远（1号线、2号线、3号线）	组长根据要求考核，做到3点要求，落地1号线奖励2枚，2号线3枚，3号线4枚 做到其中1点奖励1枚，若有进步再奖励1枚
智慧币	1. 能说出该环节练习内容名称 2. 能说出该动作要求（要点）	组员之间在原地等待时接受考核，全部答对2枚；答对1题得1枚
规则币	有序听从组长组织，并认真完成教师要求	能够按照教师要求与组长的组织，有序进行得1枚

（3）在赛中，学生常因求赢而无规则意识，为做到公平公正，该环节打分为自评制和互评制。比赛内容：上一步跳上成跪撑＋跪跳起＋多种形式跳下。要明确游戏比赛规则，自主分工参与练习，评价要求如表 2-20 所示。

表 2-20　"赛"的评价细则

奖项	评价要点	奖励方法
健康币	1. 跳上直臂顶肩 2. 跳下屈膝缓冲落地稳 3. 有体操起势—结束亮相动作	考核时能够做到 3 点且动作舒展，要求奖励 3 枚 能够做到其中 2 点奖励 1 枚，若后续有进步再奖励 1 枚，每人 3 次机会
智慧币	能够对组员进行动作展示评价	参照展示要求，能正确评价 3 点得 1 枚
规则币	遵守比赛规则及认真评价组内成员	遵守规则，认真展示得 1 枚

课堂教学中要关注个体差异，尤其是学困生，因此在每节课结束时，从"健康、智慧、规则"三方面进行小组内自评、师生互评，评出本节课进步奖，只要学生有进步，教师奖励其一枚币，这也是增值性评价的体现。

（三）"三币联评"切实推进大课间评赛

课堂学技能，大课间练技能、赛技能，学生学习的最终目的是"能练""会赛"，能学以致用，最大限度发挥教材价值。而其评价往往都带有主观情感，为避免课堂小组制的评价流于形式，大课间的二次评价也是教师对学生自评、互评的检验。在大课间赛时评价仍以分组练习为主，贯彻实施组长制评价。

以器械体操《多种形式的支撑跳跃活动》内容为例，在本环节评价中，规则尤其重要。本环节加入增值评价，关注个体差异，尤其是学困生，对进步的学生实施奖励，对原地踏步甚至退步的学生实施惩罚。三币联动评价，激发学生潜能，使活动得到有效实施。（表 2-21）

表 2-21　大课间（器械体操）练习评价

奖项	评价要点	增值评价	奖励方法
健康币	学生要能说出所学动作的名称	较前一次回答有进步	奖励（惩罚）1 枚
智慧币	1. 能跳上成多种形式的支撑 2. 基于上一条练习中做到"直臂顶肩，屈膝收腹" 3. 赛时表现出一定的动作幅度和力度，展现动作的连贯性，在完成跳上练习后做到落地稳和准、姿态美 4. 跳下落地接做前滚翻、侧滚翻等	1. 至少做出两种动作 2. 能做到其中两点 3. 能动作连贯 4. 落地后能做出滚翻或爬行	评价时能做到 3 点奖励 1 枚，能做到 4 点奖励 3 枚；进步者在每次练习中可额外获得 1 枚，反之扣 1 枚

续表

奖项	评价要点	增值评价	奖励方法
规则币	1. 能够遵守规则，有序练习 2. 能够学会保护自己、帮助他人 3. 克服心理障碍，表现出不怕困难、勇敢挑战自我和坚韧不拔的意志品质 4. 学会自我评价和他人评价	1. 遵守规则，有序练习 2. 能克服心理障碍 3. 学会保护自己和帮助他人	1. 无视规则扣3枚，取消比赛资格 2. 能做到3点奖励1枚；能做到4点奖励2枚 3. 较之前练习能克服困难，突破自我奖励2枚

（四）"三币联评"让学生核心素养形成看得见

基于体育学科核心素养，通过明确师生共同评价的学生体育学习任务，以三币评价贯穿课内"学、练、赛"与课外（大课间）"练、赛"为途径，"健康币"考评学生体能与技能，对学生学习态度、学习过程、健康行为全面评价；"智慧币"考评学生知识素养，同时将体育与健康知识传授扎实落实；"规则币"，考评学生情感态度价值观，培养学生合作精神，让学生学会遵守规则、帮助他人、勇于承担责任，增加学生认同感。

三币联动评价通过课内、课外体育学习锻炼，共同落实"运动能力、健康行为、体育品德"，让学生在合作竞争的运动中巩固完善技术学习，发展体能素质，将体育核心素养的德育"可视化"，将学生外在的行为化为内核。极大提升学生课堂练习效果，实现"以体育智，以体育心"。践行了新时代学校体育工作的指导思想，明确体育锻炼帮助学生"享受乐趣，增强体质，健全人格，锤炼意志"的要求。（图2-10）

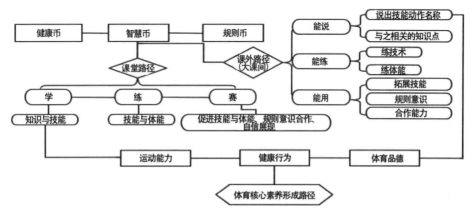

图2-10 学生体育核心素养形成路径

体育教学评价是在教学中有目的地对教学内容和学练标准进行的判断过程，需要结合教学实际，注重评价的广泛性和持续性，不能单一、浮于表面，要长期、持续地存在于体育课堂，形成有"内容必评价"的良好教学模式。分组合作也需要长期磨合，及时有效的教学评价能够帮助教师随时随地发现问题，有助于提高学生能力，增强其体育综合素养。

四、创设组织活动，护航评价之旅

案例背景："快乐读书吧"是统编小学语文教材的创新之举，旨在激发学生的阅读兴趣，让学生习得一些基本的阅读方法。然而在真正的教学实践中，总能发现"快乐读书吧"引导下的课外阅读现状不容乐观。

大部分学生缺乏阅读自觉，老师不布置就不读，哪怕布置了阅读作业，很多同学也是以"翻书"代替"看书"，并未静下心去认真读，这从课外阅读小检测中就能反映出来。

"快乐读书吧"推荐书籍的阅读质量参差不齐，长此以往，课外阅读会越来越边缘化，而学生也会失去主动阅读的动力。因此我认为可以抓住学习"快乐读书吧"的契机，帮助学生们找到适用的阅读方法，形成良好的阅读习惯。

"快乐读书吧"是实施整本书阅读学习任务群，实现整本书阅读评价的主要载体。《语文课程标准》（2022年版）指出：注意考察阅读整本书的全过程，以学生的阅读态度、阅读方法和读书笔记等为依据进行评价。由此可见，更应该关注过程性评价。

在本学期教学"快乐读书吧"时，我就以《童年》为例，设计并开展了一系列的课外阅读评价活动。

（一）活动描述

1.图文并济

《童年》是高尔基自传体小说三部曲中的第一部，描述的是阿廖沙苦难的童年生活，刻画了19世纪俄国形形色色的人物，因而解读本书的人物形象是非常重要的任务。

为此我这样布置了作业，一半同学画感兴趣人物的思维导图，一半同学绘制人物关系图。孩子们利用思维导图，从外貌、性格、爱好等角度去解读，使人物更有血有肉。通过梳理人物关系图，大家突破了外国小说人名难读难记的关卡，理解人物矛盾也就容易多了。学生们根据图纸，通过上台分享来获取我校独有的智慧币，在评价活动的开展过程中，学生们都充满了创作热情，不仅加深了对人物的了解，也加快了阅读的脚步。这证明孩子们的阅读是有效的。

2. 百家争鸣

根据课本内容的提示，抓住情节能帮助我们更好地读懂故事。我利用了周三的美文赏析拓展课，以阅读感悟和实时评论的方式开展活动。

首先结合"阅读摘录"这项常规作业，我给学生布置了几周的专题阅读，专门用来摘录《童年》的精彩片段，并写下感悟。我挑选了部分优秀作业与大家展示分享，一方面可以鼓励会读书的孩子，另一方面教不会阅读的学生掌握读书方法。学生唯有用心阅读，以情入书，才能走进人物、读懂故事。

其次，我在课件上出示了《童年》中的几个片段，邀请学生来评论。同样的片段，每个孩子思考的角度不同，抒发的观点自然也不同。我对积极参与评论的孩子施以个性化的评价，表扬他们发言评论的勇气，肯定他们评论的独特视角，促使每个学生都全情投入，通过思想火花的碰撞，阅读变得更有趣了，连平时不怎么爱发言的孩子也能说上一两句。

3. 声入人心

朗读是书面语言的有声化，是用声音增强原作力量的一种手段，当然我们的评价活动少不了经典情节朗读的环节。学生按小组先进行组内朗读比赛，再推举小组代表上台展示，在班内推选出一名"最佳朗读者"。朗读比赛标准为"读通、读准、读好"，这项活动不仅考查了学生的阅读深度，也锻炼了朗读能力。全班范围的评价公平公正，提高了学生的专注力，触发了大家的阅读思考。活动中有单人朗读，也有小组分角色朗读。（表2-22）

表2-22　朗读评分表

朗读评分表		
朗读流利（5星）	字词无误（5星）	情感到位（5星）

4. 诚心推荐

这项评价活动需要在阅读完整本书之后进行，鉴于大部分同学还在阅读。我计划组织每个学生写几句话来推荐这本书，并将推荐语贴在书背面，拿回去给家长看，如果家长有兴趣阅读，就证明这位同学成功了，这会让学生体会到参与感和成就感。

（二）案例总结

从我班的评价活动开始至今，我已总结出以下指导建议：

1. 部分学生的阅读感悟，总把阅读当成阅读理解来对待，失去了阅读的趣味。我们要推崇个性化阅读，推崇真情流露，做最本真的小读者。

2. 阅读需要制订计划，不能随性而读，相对连贯的阅读能帮助学生养成良好的阅读习惯，也能让阅读更准确高效。

3. 相比于传统的阅读，多元评价触发的阅读更能激发学生的阅读兴趣，也能锻炼学生多方面的阅读能力，寓教于乐，形成良性循环。

4. 鼓励师生共读、生生共读、亲子共读，多视角多维度下的阅读能营造更加积极主动的阅读氛围，在交流分享中更能体会别样的精彩。

本次借助"快乐读书吧"开展的《童年》整本书阅读，让我认识到，课外阅读要想成为有效阅读，确实少不了评价的手段。本次学习任务群的实践心得，用十个字概括就是"从评价中来，到评价中去"。从评价中来——在评价活动前置布置下，过程中不定期地汇报展示，一方面使我看到了学生们的阅读状态，掌握了学生们的阅读能力；另一方面也督促学生养成良好的阅读习惯，提高阅读效率。到评价中去——从评价结果中总结经验，反向帮助我探索出继续推进整本书阅读的指导建议。借助评价反馈，激发学生积极反思，习得更多合适自己的阅读方法。

此外在评价活动中，我们也做到了评价主体的多元化。通过多主体、多角度的评价，帮助学生处理好语文学习和个人成长的关系，发掘其潜能，助其学会自我反思与管理。最后希望通过大家携手努力，使我们的孩子能成长为主动的阅读者、积极的分享者、有创意的表达者。

第三章 "慧"学习 "项"未来——核心素养的落实与发展

第一节 科学探究，展开创新思维的翅膀

《义务教育科学课程标准（2022 年版）》指出：义务教育科学课程是一门体现科学本质的综合性基础课程，具有实践性。开展科学探究类项目化学习有助于学生保持好奇心和探究热情，培养科学观念，发展科学思维，在实践中培养科学探究能力和自主学习能力，从而逐渐形成科学的态度与社会责任。

科学探究类项目式学习是一种以实际生活场景为背景，通过创设良好的学习情境和愉快的教学氛围，设计适宜的探究问题，引发学生的认知冲突。该项目让学生经历以探究和实践为主的多样化的学习方式，让学生在探究的过程中培养动手能力，提升创新思维，促进其自主学习和合作学习。

一、共享地球项目的设计与实施：以"植绿护绿"主题为例

（一）项目规划

陈鹤琴先生提出"大自然、大社会都是活教材"，意在让学生在实践中解决实际问题。因此，我们的课堂应该向自然、社会拓展，让学生在实践中去观察、体验、积累和活化知识，并把习得创造性地运用于学习和生活。我校在教学中努力践行"活教育"思想，积极探寻适宜生命成长的实践活动。近年来，我校遵照活教育思想之精髓，结合当前的素质教育要求，精心策划了"植绿护绿"综合实践的系列活动。

"植绿护绿"活动以陶行知先生、陈鹤琴先生的先进教育理论为基础，其宗旨

是引导儿童动手动脑、亲自实践，充分体验科学探究的过程，发展其探究与解决问题的能力。当学生们把"植绿护绿"活动变成生活的经历时，对生活的热爱和对生命的尊重都将得到升华。

（二）项目开展

阳春三月，适合开展"自己的花是让别人看的"的植绿护绿活动。经历了一年级认识各色花草和二年级播种的活动，学生们观察了植物的生长过程，体验了劳动的快乐。在此基础上，为了提升三年级学生的认知，我们开展了"植绿护绿"项目活动。

1. 自己做花盆——我们是小小环保实践者

在家长的帮助下，学生们开始用废弃物品创作花盆，在此他们发挥了爱想象的天性，创作出了各式各样的小花盆，体验到了极大的创作乐趣，也增强了环保意识，更践行了环保的生活理念。

2. 自己种秧苗——我们是小小绿色志愿者

环保花盆做好之后，接下来就是播种。生活在城市里的学生，不会区分不同绿色植物。趁此机会，正好让他们学会正确认识和区分。学生们走进菜场、走向田野，和自己的家人一起动手，把植物种在自制花盆中。学生们种下"希望"，期待着"美好"。

3. 自己看变化——我们是小小科学探索者

植物种下之后，学生们把它们摆放在学校绿色植物展台上，再在教师的指导下，学会了一些科学护理绿色植物的好方法，学生们全身心地投入护绿中，正能量在护理照顾中传递。

4. 自己护花草——我们是小小绿植养护者

在一个月的活动中，学生们用绘画或文字的方式把植物的生长过程记录了下来。同时，为了让校园里充满绿色，学生们还倡议：保护环境从我们开始，从身边做起，让大家都来播种绿色、播撒文明。

（三）项目成效反思

1. "植绿护绿"成了学生们主动探究的试验田

陈鹤琴先生指出，每个孩子都有自发的学习潜能，因此教育的目标不是将经过挑选的知识强加于他们，而是培养他们自主学习的愿望。我们应该赋予学生自主探索的权利和自主学习的方法，而非简单地将乏味的知识注入他们脑中。

2. "植绿护绿" 架起了师生互动的桥梁

在种植活动中我把学生们的兴趣、需要放在首位，强调学生们的直接体验，重视活动过程对学生们发展的意义，强调师生共同构建。例如，学生们在自己种植的向日葵上发现了钻心虫，大家积极查阅资料，寻求家长帮助，找出解决问题的办法。一段时间里大家共同收集有关七星瓢虫的各类资料，对它有了全面深入的了解，大家虽忙，却趣味盎然。而我的任务，就是从中有目的地观察学生们与自然互动的情况，记录他们感兴趣的探究行为并予以支持，活动成了师生互动交流、共同探索的过程。

3. "植绿护绿" 提供了学生们主动发展的资源

学生们将种植的植物经过清洗消毒，并将其分类整理入资源库。艺术、技术和科学课程的学生们可以以这些植物为创作素材。在与材料互动的过程中，学生们能够主动发展自己的能力。

4. "植绿护绿" 成了学生们环保教育的摇篮

"植绿护绿"是学生进行环保教育的良好途径。例如，土是环境中的重要因素，我要求学生们观察土上有什么，土中又隐藏着什么，使其观察到土地上生长着各种花草、农作物；在泥土里发现树根、草根、小昆虫等。在一个个问题的解决过程中，学生们对环境的重要性有了全新的认识，并在亲身参与的过程中，建构了许多切实可行的环保知识经验。

"植绿护绿"综合实践活动作为核心项目，承载了新课程理念的成长之处。它不仅意味着全新课程形式的涌现，更象征着各种体现时代精神的新课程理念的孕育。前路漫长且艰辛，我们将秉持探索精神不懈追求。只要我们保持内心的静谧，并持续不断探索，综合实践活动必将成为提升学生综合素养的最佳途径。

二、解码文化项目的设计与实施：以"探秘古罗马数字"主题为例

（一）项目规划

小学生在刚开始接触数学时也许还抱着好奇和新鲜感。但随着年级升高，教师为了提高分数而大量布置习题，导致大多数小学生提到数学想的都是大量痛苦做题的经历。试问在这种功利性观念引导下，学生怎么会对数学产生兴趣呢？

学者的理论研究和一线教师的实践研究，探索出了数学史融入小学数学教学的方法，以期达到营造高效课堂，实现更好的数学教育。

我们根据科学性、可学性、有效性、人文性、趣味性这五大原则选取史料，采用附加式、复制式、顺应式、重构式将数学史融入教学设计，教师通过实施教学，将历史与现实、数学与人文联系在一起，最终指向"立德树人"根本任务的落实。

（二）项目开展

1. 教材和学情分析

人教版小学一年级上册数学教材的第五单元《6~10的认识和加减法》中的两个《你知道吗？》栏目展示了中国古代算筹记数法和古埃及象形记数法。

虽然这两种记数方法已不再在现代生活中使用，但我们可以以古罗马数字1~20（Ⅰ、Ⅱ、Ⅲ、Ⅳ、Ⅴ、Ⅵ、Ⅶ、Ⅷ、Ⅸ、Ⅹ、Ⅺ、Ⅻ、XIII、XIV、XV、XVI、XVII、XVIII、XIX、XX）为例，深入挖掘其中的思维内涵，并通过拓展课程帮助学生领悟数学思维，推动数学思维的发展。

因为这节拓展课安排在学生学完《11~20以内数的认识》后，所以学生已经认识了20以内的数，掌握了数的顺序，并能正确读写、会比较数的大小，同时也为日后学习100以内数的认识乃至更大的数打下了良好的基础。（表3-1）

表3-1　古罗马数字1~20创编的思维层次

水平层次	对应数字	具体表现
第一层次	1、5、10	数系中的基本数字，直观感受
第二层次	2、3	将基本数字1重复叠加，感受"组合加"
第三层次	6、7、8	将基本数字1和5组合叠加，进一步感受"组合加"
第四层次	4、9	将基本数字叠加的方法进行辨析，产生"换位减"的创编方式
第五层次	11、12、13、15、16、17、18、20	将基本数字1、5、10组合叠加，同时也是创编规则的综合运用
第六层次	14、19	既有"10＋□"的"组合加"，又有4、9的"换位减"，两者需要融合运用

根据这一数学史料素材，学生可以感受数字创编过程中的关联性和统一性，进而认识到可以用基本规则进行推理的重要价值。此外，学生从小接触的都是阿拉伯数字，这节拓展课也可以让他们认识到阿拉伯数字的简洁美，从而提升他们对数学学习的兴趣。

2. 教学方案设计

以"古罗马数字创编"这一活动贯穿本课。基于此，设计了如表3-2和表3-3所示的教学环节。

表 3-2　改进前的规划及方案

教学过程计划		
教学环节	**实施策略**	**解决问题**
创设情境	了解中国古代算筹和古埃及象形数字，引出古罗马数字	了解古代数字的多样性，感受前人的智慧
问题聚焦	学生创编 10 以内的古罗马数字	随着数字增大，仅用 I 的叠加显得不方便，自然而然引入用不同基本数字叠加
小组合作	创编 11~20	在创编过程中深入体会数字的创编规则
讨论交流	如何创编 14、19	优化、补充数字创编规则
与阿拉伯数字对比	古罗马数字与阿拉伯数字的对比之下，领略阿拉伯数字的简洁美	感受阿拉伯数字的简洁性

表 3-3　改进后的规划及方案

教学过程计划		
教学环节	**实施策略**	**解决问题**
创设情境	了解古罗马数字 I、V、X 分别代表数字 1、5、10	直观感受古罗马数系中的基本数字
问题聚焦	学生创编 10 以内的其他数字	随着数字增大，仅用 I 的叠加显得不方便，自然而然引入用不同基本数字叠加
小组合作	创编 11~20	在创编过程中深入体会数字的创编规则
讨论交流	如何创编 14、19	优化、补充数字创编规则
与阿拉伯数字对比	古罗马数字与阿拉伯数字的对比之下，领略阿拉伯数字的简洁美	感受阿拉伯数字的简洁性

3. 教学实录

（1）第一次执教

首先，教师给学生创设了一个穿越回古代的情境，让学生了解古代不同国家创造出的不同的数字符号，在这一环节中学生们纷纷感慨古人的智慧。此时教师顺其自然地引入：同学们，让我们一起穿越到古罗马，用自己聪明的大脑去创造数字吧。接着创编 10 以内的数字，尝试用不同数字叠加的方法创编数字。掌握了 10 以内的数字创编方法，紧接着小组合作创编 11~20，在这一过程中探讨交流如何创编 14 和 19 这一难点，需要学生融合运用"10 ＋□"的"组合加"还有 4、9 的"换位减"。最后回到现代，将古罗马数字与阿拉伯数字对比，让学生感受阿拉伯数字的简洁美。

本节拓展课主要提供给学生自己创编数字、发现创编数字的规则的机会，所以教师给予学生自主尝试的机会，但结果并不令人满意。而且教师也没有利用好课堂的黄金时间，课堂时间安排也不够合理。课后，教师仔细反思学生没有达到教学目标的原因。首先，教师提供的"支架"不足。作为改进，在第一个环节先让学生了解古罗马数字Ⅰ、Ⅴ、Ⅹ，这样提供了学生的创编数字的"扶手"，也提高了效率。其次，教师教学经验不足，不能很好地抓住课堂上精彩的生成。为此教师通过请教教师傅，并在第二次试教中多展示优秀学生的作品，让更多的学生能在课堂上表达，做到把课堂真正还给学生。

（2）第二次执教

第二次执教教师从创设情境、创编数字以及和阿拉伯数字展开对比这三个层面来展开教学，让整节课显得脉络清晰。

精彩一：创设情境，认识基本数字1、5、10。

师：我们已经对20以内的数字有了基本的认识，这些数字叫作阿拉伯数字。今天，我们也来当一回聪明的古人，穿越到古罗马时代，做古罗马数字的创编者。

师：这是古罗马时候的斗兽场。数一数，这里有几只猛兽？（引入古罗马数字Ⅰ）

一只手有5根手指，代表数字5。（引入古罗马数字Ⅴ）

两只手共有10根手指，代表数字10。（引入古罗马数字Ⅹ）

精彩二：合作探究，用"组合加"的方法创编2、3、4、6、7、8、9。

师：同学们，古罗马数字的基本数字为Ⅰ、Ⅴ、Ⅹ。接下来，你能用这三个数字去创造其他数字吗？（出示任务单）

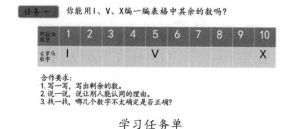

学习任务单

小组合作探究，结果展示。大部分学生顺其自然就创造了Ⅱ、Ⅲ、ⅢⅠ。（采用叠加的方法）

师：大家把Ⅰ一个个叠加起来。看来，我们创编数字可以用基本数字叠加的方法。那么我们来看这位同学的作品，你有什么建议？

师：真聪明。6可以是Ⅰ和Ⅴ叠加起来，所以6是Ⅵ。同理，7是Ⅶ，8是Ⅷ，9是Ⅸ。同学们真棒，都学会了用叠加法来创编数字。

在这一过程中由繁到简自然过渡，初步建立学生创编数字的自信心，感受自己与古人的想法有相通之处，数学思想并不神秘。

精彩三：提炼迁移，运用规则创编11~20。

师：刚才我们创编古罗马数字 1~10 时，运用了哪些数字规则？（基本数字 Ⅰ、Ⅴ、Ⅹ；相同的基本数字可以连用，但不能超过 3 个；小的数字在左是减、在右是加）接下来我们要继续运用这几条规则创编 11~20。

师：你们能确定的数字有 11、12、13、15、16、17、18、20。不太确定的数字是 14 和 19。请同学们把自己的想法写在黑板上，我们大家一起来讨论。

师：大家觉得哪种写法正确？请说明理由。

师：我们再回忆一下之前的规则，或把这两个数字放到 11~20 中的表格中仔细观察。现在，你们觉得哪种写法更合理？

师：非常好，你们把道理表达得真清楚。因为小数在左是减、在右是加，所以应该是ⅩⅣ。那 19 应该怎么写呢？

师：古罗马人在创造数字时就遵循了这样的规则，而你们跟他们一样有智慧，也创造出了这些数字。真了不起！

（三）项目成效反思

1. 激发学习兴趣，营造数学氛围

通过两节课的观察以及和学生、听课教师的交流反馈得出，学生上课积极性比往常的课要更高，并且独立和合作的探究活动让学生对数学的探究热情也更高涨，数学史的渗透（创编古罗马数字的过程）让学生感受到数学知识的魅力，从而使这节课的教学氛围非常融洽。此外，学生在创编古罗马数字的时候，激发了其对数学学习的兴趣，为未来数学学习奠定了良好的基础。

2. 创设认知冲突，促进学生思维成长

本节课的第一个探究性问题侧重于让学生经历"观察分析、尝试解决"的过程。在创编4、6的过程中产生了第一次认知冲突，学生意识到创编规则不仅只有"加"法有效，"减"法同样有效。第二个探究性任务侧重于利用认知冲突让学生经历"批判质疑、分析论证、反思优化"的过程。学生对于14、19数字的创编有不同的想法，在思辨的过程中找到最优的数字书写方式。

3. 传承数学文化，感悟数学精神

数学史融入课堂让学生体会到了历史与现实、数学与人文之间的联系，知道了自己学习的数学知识是几千年来数学家智慧的结晶。数学家积极探索、善于发现、执着研究的精神也将不断地激励学生积极进取，使其对数学的兴趣日益浓厚，心底里不再惧怕数学学习、不再觉得数学学习是一个枯燥练习的过程，而是坚定地继承数学现有的宝藏，去勇敢开拓数学世界的奥秘。

三、电路空间项目的设计与实施：以"双控电路设计"主题为例

（一）项目规划

1. 主题确定

本项目源于小学科学四年级《电》单元知识，学生学习了简单电路的连接方法，会利用电源、导线、用电器点亮小灯泡和用开关控制电路等知识，还能模拟安装照明电路，自主设计儿童房间中的电路。但细心的学生发现，家里房间中的电灯是里外两个开关来控制的，而自己在课堂上做出来的电路中，往往是一个开关来控制一盏灯。用两个开关来控制一盏灯是否可行？怎样的开关才能实现双控？本项目通过给学生一真实的驱动问题：自主探索双控开关可行性的方法，给儿童房间模拟安装双控电路，鼓励学生走进生活，用自己所学的知识去解决生活中的实际问题，从而强化自身的科学素养。

该项目设计课时为3课时，适合在小学五年级及以上年级学生中开展。项目流程如图 3-1 所示。

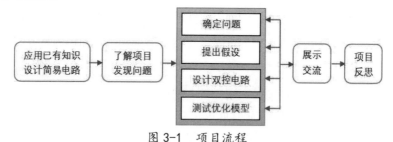

图 3-1　项目流程

2. 目标确定

（1）通过连接，发现单刀开关无法实现电路的双控。

（2）利用调查研究，发现双控开关的秘密。

（3）设计、改进自己的方案，能让自己的作品更加完美。

（4）培养学生相互合作的精神。

（二）项目开展

1.任务一：连接电路，让两个开关控制同一个灯泡（1课时）

（1）创设情境，发现问题。学生在课堂上带来了关于开关控制的视频，视频里呈现的是她在家里的发现，自己房间里的灯泡，有两个开关，一个在门口，一个在床头，不管开关哪一个，都能控制灯泡的亮与灭。而科学课堂上是否也能实现用两个开关来控制一个灯泡呢？

（2）分析问题，尝试解决。老师给学生们提供了一个小灯泡，两个开关，一个电源，若干根导线，由于有了电路的初步基础，很快学生们就组装了起来，经过反复尝试，学生连接的电路如图3-2所示。

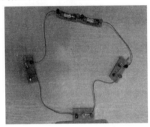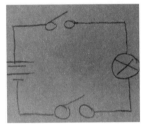

图 3-2　学生组装的电路连接

学生们自主试验了几次，发现这样连接，两个开关可以同时控制一个小灯泡的亮与灭，可反复测试后又发现了一个问题：那就是这样连接，当其中有一个开关处于打开状态的时候，另一个开关就失去了作用。学生们马上就意识到这样的连接是有问题的，于是又一次展开研讨，不断尝试，几分钟后，有个别学生有了另一种连接方式。通过试验，学生发现这样的连接只有一个开关有用，另一个开关根本就起不到任何的作用。

（3）再遇问题，提出质疑。学生们多次尝试连接，其中也出现了好多种不同的连接方式，无一例外地，所有的连接方式都不能达到像家里房间中的一样。学生们开始怀疑是不是用这些电器元件无法达到双控的效果。

2.任务二：调查研究，连接双控电路（1课时）

（1）分工合作，多方查询双控原理。遇到问题怎么解决？学生们说可以上网查询，也有学生说家里有亲戚是电工，可以问那些有经验的电工。于是他们自发分组，有2个组的学生在网络上寻找双控电路的原理，并做好仔细的记录；有3个组的学生负责询问家长或专技人员，咨询有关双控电路的知识。

（2）交流分享，多元论证问题所在。大自然、大社会都是我们的活教材，调查访问、网络查询让学生们似乎领悟到了问题的症结所在。在交流分享会上，他们纷纷发表自己的观点：

生1：我觉得关键在于开关的问题。

生2：老师给我们的开关是单刀开关，只能单向控制一盏灯。要双控，必须改进我们的开关。

生3：单刀开关只能断、连一条电路，而双控需要两条电路。

生4：我从亲戚那里拿来两个他自制的双控开关，我们可以拆一拆、连一连，看看连接情况有什么不同。

……

对于生4的提议，大家都非常感兴趣。于是一群学生凑在一起，研究双控开关与单刀开关的不同之处。

（3）比较分析，多维优化开关控制。单刀开关与双控开关的本质区别在哪里？学生们开始了他们的探索之旅，在拆一拆、连一连、比一比中寻找到了两种开关的区别。（表3-4）

表3-4　单控开关与双控开关的比较

单控开关	双控开关
只有两个接线柱	有三个接线柱
只能形成一条电路	可以实现两条电路
只能单向控制	既可以当单向开关，也可以做双控开关

3.任务三：实际操作，让房间里的灯实现双控（1课时）

双控电路的连接已经实现，那么就要用在真实的环境中。学生们利用老师准备好的模拟房间，将这些电器元件连接到房间中。

（1）讨论安装位置。学生们综合考虑门、书桌、床、窗户等因素，如照明灯，要用双控开关，门口放一个，床旁边也放一个；阅读灯用单控开关，可以放在书桌的旁边等，在讨论中，确定下灯、开关、电源的位置。

（2）动手安装元件。根据设计好的方案，将灯、开关、电源安装到相应的地方。安装前学生们自发地用电路检测器检测一下各元件是否完好，再安装到墙上。

（3）导线连接电路。元件安装完毕后，学生们用导线把各元件连接起来，再不断切换开关，检测电路是否通，开关是否可以实现双控。

（4）交流—展示—评价。各个小组展示交流自己的作品，展示中学生们发现家里的电线都是看不见的，哪怕是能看见的电线，也是非常整齐的，还用卡扣钉在墙壁上，而自己设计制作的房间中，线路杂乱无章，非常难看，所以他们决定对房间的线路进行整体的改进。

（5）重新排布线路。经过学生们的精心设计，对导线的位置进行了重新的思考和布局，然后再次连接导线，最后呈现了一个自己觉得比较完美的作品。（图3-3）

图3-3 学生电路作品

（三）项目成效反思

1. 项目成效

（1）遇见"真"情境，发现"真"问题

在建构主义理论中，"情境""协作""会话"和"意义建构"是学习环境中的四大要素。本项目提供给了学生一个真实的情境，学生们通过比较现实生活中的双控开关和自己组装的电路之间的不同，产生了探究双控开关的兴趣，开始了探寻双控开关的研究。

而项目开展之前，学生们都以为双控开关只要在电路中增加一个开关就可以了，但通过实践操作，发现两个单刀开关并不等于一个双控开关，双控开关中蕴含着更多的有关电路的知识。这一发现更是激发了他们学习的积极性和主动性，使被动学习转化为主动学习，大大提高了学习效率。

（2）开展"做"中学，体验"做"中趣

本项目以学生为中心，以问题为导向，多个任务层层递进，帮助学生由易到难，逐步掌握了双控开关的搭建方法，了解了电路工作原理。学习中，学生经历了"真实问题—小组分析—设计图纸—小组交流—改进设计—模拟组装—改进组装—展示评价"的完整探究过程，提高了学生的动手操作能力和严谨求真的科学态度，也让学生们收获了成功的喜悦。

项目的终点是新学习的起点。在成果展示阶段，学生们又萌生了改进开关的想法，将开启新一轮项目的实施。情境的迁移、运用、转换是一个不断循环的过程，在这个过程中学生运用知识解决实际问题的能力也迭代增长。

2. 项目反思

本项目的实施，促进了学生科学思维的发展，在项目实施过程中，学生了解了更多的电路的知识，为学生今后更好地研究科学打下了一定的基础。但由于本项目的知识点有点超出学生已有的科学知识，特别在研究双控开关时，开始时毫无头绪，但经过调查询问之后得到了很好的解决。

第二节　体验生活，解码美好世界的奥秘

《义务教育课程方案（2022年版）》要求加强课程内容与学生经验、社会生活的联系，强化学科内知识整合，统筹设计综合课程和跨学科主题学习。体验生活类项目化学习加强了学生与生活的联系，突出探究式的学习方式，加强知行合一、学思结合，注重培养学生在生活中综合运用知识解决问题的能力。

体验生活类项目式学习是从实际生活场景出发，加强学习活动与学生经验、社会生活之间的联系，设计多样化的学习活动，引导学生在学中玩、玩中学，激发学生自觉探索世界的愿望。体验生活类项目式学习有助于激发学生的好奇心和求知欲，培养学生在真实情境中解决问题的能力。

一、"非遗"传承项目的设计与实施：以"二十四节气"主题为例

（一）项目规划

1. 主题确定

随着科技的进步和时代的变迁，二十四节气在今天人们关注程度日渐式微，其背后所蕴含的精华已经被逐渐遗忘。当前精神文化发展需求，需要我们守住传统文化之脉，筑牢民族之魂。因此，我校通过语文与音乐、美术等艺术类学科的融合，以古诗词为媒介，激发学生们的发散性思维，寓教于乐，以弘扬二十四节气文化，在全校营造古韵之风兴盛的氛围。二十四节气不但内涵丰富，而且作为非物质文化遗产在时代变迁中实现再创作、再传播、再传承，正是"非遗"发展的基本规律和

重要任务。

基于此，本项目的驱动性问题为二十四节气在今天存在的意义是什么？为什么我们仍然需要它？项目以上虞丰富的古诗词资源为基础，围绕二十四节气展开，让多元化的艺术形式与古诗词相结合，发挥不同文艺形式所长，赋予文本上的二十四节气更丰富的展现空间，同时拓展二十四节气文化传承的形式、内容和渠道，让学生们更立体地感悟、传达诗意，培厚精神土层，让二十四节气更焕发新活力，让优秀传统文化得以延续。

2.目标确定

（1）了解二十四节气的来源，通过思维导图来梳理二十四节气；通过制作趣味转盘，将古诗和二十四节气相关联。

（2）通过读诗，把握古诗节奏，感受其押韵美、音乐美、诗律美以及意境美，在诵读静思中，开启与诗人心灵的对话。

（3）通过画诗，激发学生想象力和创造力，感受诗中有画、画中有诗的意境美，让二十四节气更深入人心。

（4）通过吟唱古诗，感受古韵诗情，让学生能跨越时空，品啄诗词中的广阔天地，让诗韵浸润学生心灵。

（5）读写结合，创编二十四节气诗，锻炼学生的写作能力，扩大学生的想象空间，激发学生对古诗的兴趣，加深对古诗的感悟，提高写作水平，培养学生的创新精神，让诗情更绵长。

（二）项目开展

1.任务一：了解节气（1课时）

（1）学习目标

了解二十四节气的来源，通过思维导图来梳理二十四节气；通过制作趣味转盘，将古诗和二十四节气相关联。

（2）学习活动

①设置情境，了解节气：二十四节气是什么？

②头脑风暴，思维导图：选定喜欢的季节，小组合作，发散思维，制作思维导图。

③创意比拼，趣味转盘：根据喜欢的季节，合作收集相关古诗，制作趣味转盘。

④成果展示，相互评价：小组间轮流展示作品，创意作品上墙展示。

2.任务二：诗意节气（1课时）

（1）学习目标

通过诵读古诗，把握古诗节奏，学会声调语调的变化，感受其押韵美、音乐美、诗律美以及意境美，在诵读、静思中，开展与诗人心灵的对话，深刻体悟古诗的韵律美。

（2）学习活动

①小组分工，收集古诗：每一小组根据自己选择的季节，收集其中包含节气的相关古诗，并了解诗意。

②小组比赛，诵读古诗：开展主题活动，小组比拼，在诵读中注意情感的释放，从而对古诗语言文字产生个性理解和感受。

③互相评比，颁发奖状：通过生生评、师生评等形式，选出8位"小小诵读家"，颁发奖状。

3.任务三：图说节气（1课时）

（1）学习目标

通过画诗，激发学生想象力和创造力，通过绘画，感受诗中有画、画中有诗的意境美，让二十四节气更深入人心。

（2）学习活动

①日积月累，创意书写：将收集的古诗写到书签和扇面上，争做小小书法家。

②组内合作，共创诗画：组员相互合作，将古诗中的包含的元素，用线条和色彩，更为具象更加艺术性地表达出来，诗中有画，画中有诗，并在一旁描绘诗歌画面，创造性地写出对古诗词的理解、感悟。

③展示讲解，互相评价：小组派代表上台展示，优秀作品上墙展示。

4.任务四：吟唱节气诗（1课时）

（1）学习目标

通过吟唱二十四节气相关古诗，感受古韵，让古诗更具艺术感染力，感悟诗情，让学生能超越时空的界限，共同品味诗词中的广阔天地，让诗韵流淌到学生心中，浸润人心。

（2）学习活动

①吟诵古诗，感受韵律：小组分工，学习唱调。

②形式丰富，创意连连：通过快板、越剧、方言吟诵等创意方式来吟诵古诗。

5.任务五：创编节气诗（3课时）

（1）学习目标

读写结合，创编二十四节气诗，锻炼学生的写作能力，扩大学生的想象空间，在充分想象中，激发学生对古诗的兴趣，加深对古诗内容的感悟，提高写作水平，培养学生的创新精神，让诗情更绵长。

（2）学习活动

①发散思维，创编诗词：根据自我理解，创编诗词。

②制作书签，设计圆扇：将创编诗词题在书签和扇面上，以趣味创意的形式展现。

③辩论比赛，板报展示：开展辩论比赛，并将整个项目学习作品设计为板报。

④赠送作品，宣传节气：走出校园，赠送作品给大众。

⑤平台推广，深入人心：通过拍摄短视频，在当下流行的短视频平台进行宣传；并在小雪时，在学校公众号发布节气推广文。

（三）项目成效评价

1.项目评价

本项目在开展中要利用过程性评价和结论性评价开展自评、互评，生生评，师生评，线上评，线下评，个人评和团队评等方式进行评价，以激发学生对二十四节气的兴趣、对传统文化的热爱，达到以评促学的目的。（表3-5、表3-6）

表3-5 项目化学习过程个人自评表

	评价内容	自我评价
学习过程评价	明确问题，辩证思考设计的优缺点	☆☆☆☆☆
	提出有效解决问题的方案	☆☆☆☆☆
	能运用多种方法查找资料、收集信息	☆☆☆☆☆
	能对收集的信息进行针对性的筛选	☆☆☆☆☆
	能和小组成员一起探讨问题，合理分配任务	☆☆☆☆☆
	能虚心地听取组员的建议，进行修正	☆☆☆☆☆
	遇到小组成员都没办法解决的问题时能积极向家长、老师寻求帮助	☆☆☆☆☆
	能及时地梳理过程，整理学习笔记，撰写心得	☆☆☆☆☆
学习结果评价	有详细的方案说明，具有较强的新颖性和创造性	☆☆☆☆☆
	作品质量高，结构完整，能充分体现创造思维	☆☆☆☆☆
	能合理使用数据和资源，全面、多角度进行分析和思考	☆☆☆☆☆
	对模型能进行测试优化，并根据问题及时对设计方案和草图进行详细修改与标注，改进效果明显	☆☆☆☆☆
	汇报展示详细，能完整表述项目流程，对设计阐述科学合理、清晰、逻辑性强，表达方式新颖	☆☆☆☆☆
	能和同伴、家长开展有效的合作学习，小组成员互相启发，全体成员积极参与	☆☆☆☆☆
通过本项目活动，我的收获有：		

表3-6　项目化学习过程团队评价表

评价内容	自我评价
我所在的团队成员之间配合密切，气氛和谐	☆☆☆☆☆
我们的团队有较强的发现问题和解决问题的能力	☆☆☆☆☆
我们的团队成员之间分工合理，能发挥各自的特长	☆☆☆☆☆
我们的团队成员之间能包容、协同	☆☆☆☆☆
我们的团队在遇到问题时能进行积极的讨论和反思	☆☆☆☆☆
我们团队合作完成的作品质量高	☆☆☆☆☆
我们的团队展示作品的方式新颖、效果好	☆☆☆☆☆

2.项目成效

本项目把语文学科与音乐、美术等学科相结合，寓教于乐，进一步提高了小学生对中华传统文化的认知程度，激发了其对非遗文化传播者这一身份的使命感，释放了其内在艺术追求。弘扬传统文化离不开对传统节日及风俗的传承和创新。作为教育工作者，教师的责任不仅是教授学生知识和技能，更要通过构建校本课程，促进其养成健康心理、健全人格和对中华文明的强烈自信。

（1）浅吟低唱，文化在坚守中认同

二十四节气的意义并不仅限于对农业生产的指导意义，它还提醒人类应该遵循客观规律，亲近自然、保护自然的积极生活态度，其所蕴含的文化价值是中华文明生生不息、薪火相传的文化基因。

一首首节气诗，不仅可诵，更可唱。已经被选入小学课本的《二十四节气歌》，伴随着一代又一代中国人的成长。以任务为驱动，引导学生整理各节气的代表诗作进行吟唱，给诗配画，使学生从古诗词中体会诗意美与节气智慧的叠加效应，充分彰显中国传统文化的博大精深。

（2）起承转合，文思在活用中泉涌

古诗是一种融多种艺术为一体的文学艺术。起承转合最先形成于诗歌的韵脚格律。在品味二十四节气诗的活动中，任务一是了解节气，让学生在探寻节气的特征中，感知物候的起承转合；任务二是诗意节气，让学生通过查找节气诗歌—诵读节气诗歌—品味节气诗歌的过程体会意境美、韵律美；任务三是图说节气，学生自发地给诗歌配画，用画笔画出多彩的、立体的节气；任务四是吟唱节气，让学生在低吟浅唱中进一步探知节气诗的内涵；任务五是在这样的起承转合中，把活动推向了高潮，学生兴致勃勃地创作节气诗，描述自己眼中家乡的节气。

这一系列活动，使每一个节气变得闪闪发光，也让诗意更直观、韵律更优美、意境更丰满、诗情更绵长，从而让学生在活动中文思泉涌。

（3）厚积薄发，文采在思辨中飞扬

二十四节气中的诗情画意离不开生活的土壤。需把每个时节的诗词与上虞这一地方的习俗融合起来，让学生寻找家乡的习俗，学、传家乡的手艺，收集民间的谚语。通过多元化的表现形式，唤醒了学生的文化基因，滋养了学生的精神世界，中华传统文化在学生们一首首自创诗作中绵延赓续。

二、设计推广项目的设计与实施：以"梅好时节"主题为例

（一）项目规划

1. 主题确定

我们的祖先通过观察，认知了一年之中时令、气候等的变化规律，并形成了节气文化的知识体系。它也成为农耕时代社会生产、生活的时间指南。它不只具有指导意义，还包含人类敬畏自然、尊重自然的积极态度，其价值永远无法磨灭。如何让二十四节气成为文化认同的载体并走进学生心里？为此，鹤琴小学课程组编写了《二十四节气@上虞》这一具有地方特色的校本学习材料。这一研究的定位在上虞，通过探寻其节气特征，让学生感受勤劳智慧的上虞人民从"靠天吃饭"到"四季仙果兴农"的数字经济，让民俗文化更"接地气"。

上虞杨梅的成熟季节在二十四节气中的第十个节气——夏至。上虞杨梅品质好、历史久，每年都吸引众多游客纷至沓来，至2021年上虞已开办了十五届杨梅采摘节。如何利用杨梅节活动扩大上虞四季仙果品牌的影响力；如何从儿童的视角去策划、开展杨梅节活动；如何在汇聚智慧的同时培养学生的核心素养和关键能力，是我们开展此项目的初衷。

策划上虞杨梅采摘节是一项综合性的复杂工程，对于学生来讲过于烦琐，有些真实情境与学校情境之间的联系非常脆弱，很难常态化。因此，我们对杨梅采摘节需要考虑的一些问题进行了梳理，通过问卷调查，让学生选择自己感兴趣的问题去研究。

本项目的内容设计源于生活实际，基于儿童立场，始于兴趣爱好，指向学生素养养成。本项目从二十四节气——夏至小主播的播报开始，带着同学们走进杨梅节现场，交流采摘杨梅时自己的真实体验，从中产生共鸣，引发改进杨梅节活动设计的需求。在调查了解大众需求的基础上，从儿童立场提出改进方案：尝试设计摘杨梅神器，防止高空摘梅的危险；尝试改进保鲜技术，防止杨梅腐烂变质；尝试进行杨梅代言，助力四季鲜果之旅。该项目实施需要学生根植于生活，从大自然、大社会中汲取知识，并和自己的学科本体知识深度融合，在体验中创生。该项目针对五年级学生，共6~8课时，长1~2个月，涉及科学、数学、语文、信息技术、美术、音乐等学科知识。

2. 发展目标确定

本项目以"如何解决以往采摘中遇到的问题，如何整合有限资源进行问题改进，如何让慕名而来的旅客感到便捷、舒适、安全、快乐，提升上虞四季鲜果的品牌"为问题驱动。三个问题由一条主线串联，那就是"鲜"，"鲜"是上虞杨梅独一无二之处。因此该项目的核心概念应定位为用工程技术和实验对比设计采摘工具和保鲜方法。在项目中需运用数学统计知识，分析做出合理的推理；运用基于语文、美术、音乐等学科的审美意识以及线上＋线下平台，推广技术成果和杨梅的美誉度。由此确定了本项目的发展目标：

（1）了解杨梅树冠大枝脆的特点及摘杨梅时的防范措施。

（2）了解杨梅的营养价值和药用价值及其易变质的特性，掌握杨梅的保鲜措施。

（3）根据不同采摘器具存在的利弊，提出改进建议，并能动手制作模型。

（4）根据传统、现代保鲜技术，提出适合杨梅保鲜的方法，进行对比实验，从数据中得出结论。

（5）对任务信息进行有效加工重组，设计上虞杨梅代言的方案。

（6）在交流中表达自己的观点，能接受和融合别人的意见，反思成果，优化设计。

（7）感知杨梅节的方案设计是一个复杂的系统工程，细心考虑每一个小细节，以专业周到的服务承接八方来客，让上虞杨梅成为一种文化。

（二）项目实施

本项目根据学生喜好，节选了部分杨梅节方案进行改进，以学生的视角来解决"采摘神器的设计""保鲜技术的改进""上虞杨梅的代言"这三方面的项目化学习问题。

1. 任务一：独具匠心 采摘神器我设计（2课时）

（1）学习目标

了解高空摘杨梅的危险，能通过亲身体验发现摘梅神器的不足，明确改进的必要性；了解摘梅神器各部分组成，能绘制设计图，和团队成员交流，达成共识，改进装置；对已成形的摘梅神器进行测试，提出优化方案，再改进。

（2）核心问题

理想状态的摘梅神器是怎样的？怎么利用现有器材进行改装或组装？这样的摘梅神器有什么优点？

（3）学习活动

活动1：理想中的摘梅神器设计。

①设置情境，访谈调查。理想中的摘梅神器是怎样的？（可伸缩，易采摘，不损坏，成本低，易推广）

②亲身体验，发现问题。出示现实中的摘梅神器（简易组装版的和网上购买版的），感受体验，从中发现问题，提出改进的建议。归纳出杨梅神器所需要的基本架构：伸缩杆、切割器、收集袋，还可以增加一些如显示器、电动控制按钮、摄像头等装置。

③独立设计，完成方案。独立设计采摘杨梅的神器，能突出自己的设计理念，完成设计图初稿，预设问题，提出解决方案，并准备介绍词展示自己作品的长处。

④交流讨论，二次修改。在小组讨论的基础上能吸取他人的优点，分析自己设计中存在的问题，进行二次修改。

在设计图的交流评价中，学生们发现有些设计图是凭我们现在的能力可以改进的；有些设计是需要用多媒体、计算机技术的，大家还不能操作。但大家一致认为不能放弃这些设计，我们可以不断改进、不断进步。

活动2：制作并改进采摘神器。

①准备制作杨梅神器需要的材料：小剪刀、伸缩杆、自制收集袋、控制开关。

②学生以团队形式按照设计图制作采摘神器。

③测试自己制作的采摘神器，对测试结果进行综合评价分析，发现问题，再改进。学生从垃圾捡拾器、知了捕捉器中得到灵感，设计了由"控制剪＋伸缩杆＋长网兜"组成的第一代伸缩式摘梅神器。

活动3：采摘神器的展示与评价。

①采摘神器的展示交流：为什么要这样设计？整个团队在活动中遇到了哪些问题？怎么解决的？最大的收获是什么？

②采摘神器自评互评：从操作方法、实用效果、美观程度和成本等方面进行综合评价，完成任务一制作评价表。介绍采摘神器设计项目化学习的整个过程，可以用制作思维导图、PPT等方式进行。

2. 任务二：数字赋能 保鲜技术我改进（2课时）

（1）学习目标

了解传统与现代的杨梅保鲜技术，比较分析其优缺点，扬长避短设计杨梅保鲜技术，能利用数据验证、介绍自己的保鲜技术，能听取别人的方法，及时改进自己的方案。

（2）核心问题

传统与现代杨梅的保鲜技术各是怎样的，有什么优缺点？怎样进行传统与现代的完美结合，既保鲜又节约成本？

（3）学习活动

活动1：传统保鲜技术 VS 现代保鲜技术。

①设置情境，访谈调查。让学生采访梅农是怎样给杨梅保鲜的，为什么用竹篮、垫蕨草？杨梅烧酒有什么功效？传统技术一般可以保鲜多少天？

②上网查询，现场观察。现代保鲜技术有哪些？走进物流快运公司，采访快递是怎样包装、运输水果的？国内或国外一般多长时间能运到？

③辩论明理，达成共识。进行"传统 VS 现代"的辩论赛，活动先在各班进行，评出最佳辩手两位，然后每班最佳辩手参加年段的总决赛。学生通过辩论，了解了其各自的优缺点，从而达成传统与现代握手言欢的共识。

活动2：保鲜技术改进方案设计。

①竹筐与塑料筐的选择实验：通过实验，80%以上的学生认为竹筐保存杨梅优于塑料筐或保鲜膜。

②铺蕨草与包保鲜膜的实验对比：通过实验，学生发现常温下用蕨草比较好，冰箱冷藏用保鲜膜比较好。也有学生说，用蕨草的口味比较好。

③放冰块控温（用温度计测试温度）与气调控温（用冰箱控制指定温度）的实验对比。

这个实验中变量比较难控制。用冰块冷藏，两天时间冰块就化成了水；且外界温度不同，冰块冷藏箱内的温度会随着变化。但气调控温就能保持恒温。学生对每一个温度都进行了测试和观察，发现零摄氏度到零下1摄氏度，杨梅的口感最好，到零下5摄氏度，杨梅表面会结一层薄薄的霜，虽然还不成冰棱，但影响色彩和口感。

④根据实验数据设计保鲜方案

同学们利用蕨草、杨梅层层隔开的方式，既能减震、防虫，又能保湿，确保杨梅新鲜；利用调节装置，根据杨梅大小进行调节，提高了空间的利用率；根据冷气下沉的原理，把冰块改成直立冰棒，让冷气均匀散发，可以起到更好的保鲜效果。

活动3：保鲜方案的展示与评价。

①保鲜技术的展示交流：为什么要这样设计？有什么特色？整个团队在辩论、实验、设计、改进等环节遇到了哪些问题？团队是怎么解决的？最大的收获是什么？

②保鲜活动评价表。（表3-7）

表3-7 保鲜活动评价表

任务目标	老师给我的星星	我给自己的星星
我认真参与了辩论的整个过程	☆☆☆☆☆	☆☆☆☆☆
我能用多种方法收集资料	☆☆☆☆☆	☆☆☆☆☆
我的设计科学、合理	☆☆☆☆☆	☆☆☆☆☆
我能认真听取同伴的建议	☆☆☆☆☆	☆☆☆☆☆
我可以合理分配时间	☆☆☆☆☆	☆☆☆☆☆
我一共获得了（ ）颗星星		

3. 任务三：触网上行 上虞杨梅我代言（2课时）

（1）学习目标

了解上虞杨梅的优点，针对其特点设计代言内容和方式。能通过问卷、调查的方式积极参与为上虞杨梅代言的活动，以扩大上虞"四季仙果"品牌的影响力。

（2）核心问题

上虞杨梅的突出特点是什么？怎么为上虞杨梅代言？

（3）学习活动

活动1：设计问卷表，确定代言内容及方式。

调查让学生知道了从哪个点出发、用什么方法介绍上虞杨梅更受欢迎。基于调查，学生们也进行了多种方式的推介。

活动2：用自己喜爱的方式为上虞杨梅代言。

寻找合作伙伴，一起设计代言。同学们根据爱好，自由选择同伴开展代言设计。有的编写童谣，有的绘制名片和广告画，有的做小导游，大家用自己的方式来表达对家乡的爱。活动结束后同伴间互相评价，进行修正。

活动3：代言方式的展示与评价。

"我为上虞杨梅作代言"的展示交流：为什么要这样代言？有什么特色？整个团队在代言过程中遇到了哪些问题？团队是怎么解决的？最大的收获是什么？

在"我为上虞杨梅代言"环节，同学们通过一场"云赴会"，对上虞杨梅进行了"云品鉴"：有的同学化身为小设计师设计了一张张精美的书签，书签上有二维码，扫一扫可以全面了解上虞杨梅；有的化身为小画家，画了一把把团扇；有的拍摄了一个短视频，得到了许多点赞，竟然还收到了订单。

（三）项目展示评价

1.项目评价

本项目在开展中要利用过程性评价表和结论性评价表开展自评、互评、线上评、线下评、个人评和团队评等方式进行评价，以帮助学生把握成果形成的方向、方法，激发学生的学习热情，达到以评促学的目的。（表3-8、表3-9）

表3-8 项目化学习过程个人自评表

	评价内容	自我评价
学习过程评价	明确问题，辩证思考设计的优缺点	☆☆☆☆☆
	提出有效解决问题的方案	☆☆☆☆☆
	能运用多种方法查找资料、收集信息	☆☆☆☆☆
	能对收集的信息进行针对性的筛选	☆☆☆☆☆
	能对收集的信息进行合理的分析和总结	☆☆☆☆☆
	能和小组成员一起探讨问题，合理分配任务	☆☆☆☆☆
	在探究过程中曾怀疑过自己的设想	☆☆☆☆☆
	能虚心地听取组员的建议，进行修正	☆☆☆☆☆
	遇到小组成员都没办法解决的问题时能积极向家长、老师寻求帮助	☆☆☆☆☆
	能及时地梳理过程，整理学习笔记，撰写心得	☆☆☆☆☆
学习结果评价	有详细的方案说明，具有较强的实用性、可行性、新颖性和创造性	☆☆☆☆☆
	作品质量高，结构完整，能充分体现工程思维	☆☆☆☆☆
	能合理使用数据和资源，全面、多角度地进行分析和思考	☆☆☆☆☆
	对模型能进行测试优化，并根据问题及时对设计方案和草图进行详细修改与标注，改进效果明显	☆☆☆☆☆
	汇报展示详细，能完整表述项目流程，对设计阐述科学合理、清晰、逻辑性强，表达方式新颖	☆☆☆☆☆
	能和同伴、家长开展有效的合作学习，小组成员互相启发，全体成员积极参与	☆☆☆☆☆
通过本项目活动，我的收获有：		

表3-9 项目化学习过程团队评价表

评价内容	自我评价
我所在的团队成员之间配合密切，气氛和谐	☆☆☆☆☆
我们的团队有较强的发现问题和解决问题的能力	☆☆☆☆☆
我们的团队成员之间分工合理，能发挥各自的特长	☆☆☆☆☆
我们的团队成员之间能包容、协同	☆☆☆☆☆
我们的团队在遇到问题时能进行积极的讨论和反思	☆☆☆☆☆
我们团队合作完成的作品质量高	☆☆☆☆☆
我们的团队展示作品的方式新颖、效果好	☆☆☆☆☆
我们的团队经常反思工作中存在的问题	☆☆☆☆☆

2.项目成效

本项目通过共情式调查分析、科学性的实验研究、创造性的问题解决，让学生们全程参与了杨梅节若干项目的改进设计，使学生的关键能力得到了一定的提升。同时通过走进节气，了解节气对鲜果的影响，激发敬畏自然、保护自然、尊重自然的积极态度；通过走进农村，了解果农的日常生活，在学生心里种下了人文关怀的种子。

（1）小工具大智慧，在动手实践中建构"迁移＋感悟"的操作模式。

在摘梅神器的设计活动中，学生能不断地优化问题解决的方案，设计了自己理想中的第一代、第二代、第三代的摘梅神器。但在实际的制作中，学生发现自己许多的想法由于知识储备不足、材料准备不充分等原因，在目前还无法形成成品时，不免沮丧。因此，教师在指导学生完成第一代摘梅神器的创作中，通过让学生思考如何选择材料，如何收集到自己需要的材料，这些材料为什么这样组合，成本是怎样计算的等问题，使学生发现自己理想状态的第二代、第三代神器是从"摇控器""无人机"等生活原型中受到启发而形成的创意，从而产生未来要改进"无人机"技术，用"无人机"代替人力的信心和决心。

（2）小改进大作用，在比较分析中形成"数字＋技术"的融合模式。

在杨梅保鲜技术的改进项目里，通过一场辩论赛，让学生在确立辩论主题、收集辩论资料、展开激烈探讨的过程中感受传统保鲜技术与现代保鲜技术需要深度融合。同时通过竹筐与塑料筐的选择、蕨草与保鲜膜的比较、冰块控温和气调控温的对比等一系列实验分析，在数据比较中确立自己的改进方案并不断优化方案。在这个过程中，学生在"提出假设—猜想验证—动手实验—测试优化—达成共识"的过程中感受到了数字赋能、技术创新的优势所在，为以后开展类似的项目学习铺设了绿色通道。

（3）小角色大责任，在角色代言中完善"线上＋线下"的互动模式。

在本项目的实施中，学生深刻地感受到了"自然"对农业的影响，从而引发学生对人与自然关系的深入思考。精细管理、技术改进是一方面，另一方面我们也要顺应自然、敬畏自然，做生态农业，建绿色家园。因此，在代言过程中学生都自觉地加入了许多人文关怀因素。学生能从不同角度来看问题，用代言方式告诉更多的人：绿色、生态、美味是"四季仙果"的必走之路。

3.项目反思

本项目的实施能聚焦实际问题的思考，围绕解决问题展开探究式学习。学生能够明确他们的探究目标和学习意义，并在解决问题的过程中锻炼能力，提升自我效能感和社会责任感。

（1）在问题情境中启迪，体现由扶到放的教学转变。

本项目中所有的驱动问题都是围绕"杨梅节方案改进"展开。在这个比较复杂的大工程面前，学生通过问卷的形式从设计摘梅神器，开启了一段"锁鲜"之旅。在由点及面的探索中，老师将知识点分割成梯状小问题，形成具有趣味性、连续性、综合性的分级、分类问题支架群。学生在这样的情境中"剥茧抽丝"般地解构问题，从教师扶着做到启发做，再到自觉做，实现知识与问题的循环构建。

（2）在问题递进中迁移，呈现由此及彼的多元转换。

本项目的学习注重调动学生知识、能力、品质等创造性地解决问题，更注重学生把自己对核心知识和学习历程的深刻理解迁移在新情境中。如在第一代摘梅神器的测试过程中，学生惊喜地发现该采摘器不仅可以摘杨梅，还可以修剪树枝，采摘枇杷、樱桃、栗子等。

（3）在问题解决中唤醒，实现由师到生的责任转移。

本项目中驱动性问题设计，促进了学生社会参与的意愿和责任意识。而这个责任意识是学生在"设计一款顺手的摘梅神器，降低农民的危险因素""代言一次上虞杨梅，促进果农增收"等活动中形成的，这种设计不仅让学生明白了"我会做什么"，还更深层次地理解了"我为什么这样做"，从而促进学生关注社会、理解社会，唤起他们的责任意识。

当然在整个项目化实施的过程中，也面临许多问题和困惑。例如，知识技术层面的缺失，难以从高阶思维的角度解决学生的需求。因而不能帮助学生制作杨梅采摘器中的传送带，无法提供气调保鲜的实验环境，不能用科学精准的标准来判断绿色、生态，还不能对学生错误的资源、失败的成果进行合理的利用等。

第三节 躬亲实践，培育积极劳动的精神

如今，国家全面加强了大、中、小学劳动教育，育人方式进入了"五育并举"的新时代。小学正值学生习惯养成的关键期，我们要紧密结合学校办学理念和学生实际，开展以劳动教育为主线的育人模式，从小培养学生勤劳踏实、自力更生、艰苦奋斗的品质，传承和弘扬中华民族的伟大精神。

劳动实践类项目式学习是一种以实际劳动场景为背景，通过让学生亲身参与实践活动，培养他们的实际动手能力和解决问题能力的教育方式，同时帮助学生将理论联系实际，提升学习效果和兴趣。

一、耕耘希望项目的设计与实施：以"小黄牛拓荒"主题为例

（一）项目规划

1. 主题确定

作为一所百年老校，我校素来十分关注学生的全面发展，通过对学生的问卷调查，我们发现学生在家中多由老人照料，老人普遍溺爱孩子，舍不得让其劳动，或担心他们做不好。因此学生普遍自理能力较弱，劳动意识淡薄，缺少良好的劳动习惯，这个现状令人担忧。基于此，我们确定了以躬亲劳动为主题的"小黄牛拓荒"学习项目的设计与开展。

2. 发展目标确定

基于劳动实践项目式学习既要具备一般项目化学习目标的特征，又要凸显劳动教育的文化价值和跨学科价值。"小黄牛拓荒"项目确定了发展目标。

（1）班级发展目标

本班紧密结合国家教育方针，在德、智、体、美的基础上发展劳动教育，同时落实"双减"，秉承"劳动赋能，以劳育人"的理念，打造和实施"小黄牛拓荒"系列活动，鼓励学生人人参与，全面培养学生的劳动素养和创新精神，促进个人和班级的共成长。

（2）学生发展目标

树立"劳动最光荣"的理念，引导学生化身为勤劳、踏实、能干的"小黄牛"，在劳动中提升能力，培养勤劳踏实、自力更生、艰苦奋斗的精神品质。

第一阶段：自我服务阶段——自己的事情自己做。旨在让学生初步形成劳动意识，唤醒学生的劳动热情，养成良好的劳动习惯，拥有一定的自理能力，服务自我，促进自我成长。

第二阶段：集体协同阶段——家校的事情齐心做。旨在通过丰富的活动激发学生的参与热情，让其从中体验快乐，掌握一定劳动技能，发扬集体协作精神。

第三阶段：社会实践阶段——大家的事情放手做。旨在通过开拓劳动实践的基地，让学生在劳动中开阔视野、增长知识，并勇于创新，逐步实现五育并举。

（二）项目开展

项目式学习以学生为中心，以小组合作探究为主要形式。为顺利开展项目，激发学生的兴趣，师生共同商议以象征勤劳高尚、任劳任怨的"黄牛"命名班级，这正是学生需要的精神品质，并让学生自主讨论、设计形成班牌、班徽。由此开始"小黄牛班"的拓荒之旅项目活动。

1. 自我服务阶段——自己的事情自己做

在第一阶段，班主任引导学生初步形成劳动意识，唤醒学生的劳动热情，服务自我，拥有一定的自理能力。鼓励学生们积极参与劳动，逐渐养成习惯，促进自我成长。具体包括以下活动：

（1）劳动教育班会：去除田间"杂草"

低年龄段的学生由之前的生活习惯所致，劳动意识淡薄，劳动能力也非常薄弱。此刻的班级就像一片杂草丛生的荒地，我们结合低段学生的年龄特点，设计了"小黄牛"系列主题班会。

通过一学年活动开展，学生们逐步增强了劳动意识，也学习到了很多基本的劳动技能。在最后展示活动中，我们邀请父母观摩，每个学生都出色完成了各项劳动技能展示，在自评、互评、家长评中收获了成长。

（2）节日里的劳动：深耕净化土壤

要让学生的劳动素养得到稳定持久发展，家庭指导必不可少。有了之前的"自理能力展示活动"做铺垫，我们与家长积极沟通，达成共识，一同营造劳动教育的良好氛围。

同时，根据学生的实际情况，设置了"节日里的劳动"系列活动，以传统节日为切入点，引导学生感受不同劳动带来的乐趣。如在清明节时做艾果。

2. 集体协同阶段——家校的事情齐心做

在中期阶段，引导学生在做好自我服务的基础之上尝试参与集体劳动。通过多种的方式，一方面激发学生参与的热情，在劳动中体验快乐；另一方面学生能掌握一定的劳动技能，发扬集体协作的精神。具体活动如下：

（1）"小黄牛"召集令：悉心种下"小苗"

为了让更多学生参与集体服务，我们发布了"小黄牛"召集令。这受到学生的积极关注和踊跃参与，教室氛围变得更和谐。岗位每学期换岗一次，给予学生更多参与机会。这样，一棵棵稚嫩的"小秧苗"被悄悄种下，悄然成长。

（2）三色币奖励制：加点"水"和"养料"

好的评价能够促进个体和集体的成长，是学生成长道路上的向导。因此，我们结合学校的三色币奖励机制，设置班级综合素质评价细则，侧重于劳动素养的评价，提高学生劳动的积极性，让其收获满满的成就感。

绿色为健康币，是针对学生的卫生习惯和劳动能力的评估和奖励；红色是规则币，用于奖励学生在劳动过程中讲规则、有秩序，能和同伴友好协同；蓝色为智慧币，是为学生在劳动过程中学以致用，进行创新的奖励。每种颜色的币得到二十张就能兑换一个相应颜色的奖章，贴在当月的个人成长卡上。如果这个月的每一周都获得了三个章，那就能成为本月的金色太阳鸟章，展示于班级的"争章明星栏"。

3. 社会实践阶段——大家的事情放手做

有了前期的实施和铺垫，进入第三阶段便可顺水推舟。在社会实践阶段，鼓励学生放手去做，在劳动中大胆增知创新，实现五育并举。具体活动如下：

（1）春季种植活动：给予阳光雨露

因地制宜，利用学校现有的资源开辟劳动实践基地，制订详尽的劳动体验计划，放手让学生自主参与，掌握劳动技能，体验劳动创造美的过程。在活动中让学生增长知识，积极创新，提高劳动实践能力。

在春季种植活动中，学生齐心协力，各显身手。不仅学习到了种植花草的知识，还有了更多的体验和收获。学生们看着亲手栽种、悉心养护的花草蓬勃生长，劳动的种子早已在其悄悄发芽、慢慢成长。

（2）田间插秧体验：助力茁壮成长

除了家校的劳动实践，还需放眼于校外农田基地，给予学生更广阔的劳动天地。每年暑假，开展为期三天的下田劳作活动，"小黄牛"们背着锄头、戴着斗笠，纷纷走进田间，体验锄田、播种、插秧、除草、采摘、收割……

"小黄牛"们的拓荒之行还在继续，这已然成了他们生活的一部分。他们还将丰富多彩的劳动实践生活做成了劳动手账，每个学生都用劳动为自己的成长赋能，在劳动中得到锻炼、成长。

（三）项目成效反思

1. 运用科学的育人理念

我们从班情发现学生缺乏劳动意识和劳动能力的问题，并围绕问题进行分析，制定阶段目标和实施计划，以"劳动赋能，以劳育人"为理念开展"小黄牛"拓荒系列活动，通过学生感兴趣的方式，开展丰富的活动，形成劳动至上的班级文化，让学生在无形之中得到熏陶。

2. 构建系统的育人方略

班级育人方略从班情分析到目标确定，再到路径实施都做了整体规划，以"小黄牛"拓荒系列活动为载体，设定班级整体发展从"个人—集体—社会"，引导学生形成"自己的事情自己做"—"家校的事情齐心做"—"大家的事情放手做"的进阶成长，既有阶段的整体推进，又有阶段侧重点，具有完整性、系统性。

3. 运用丰富的育人载体

以学生为主体，师生共创丰富的活动，以此促进学生劳动素养的提高。活动设置由点到面，贴近学生生活，可操作性强，学生参与度高。活动过程中注重学生的亲身体验和实践收获，真正达到育人目的。

三年的实践活动始终紧密结合劳动教育，既有专业知识引领，又有实际操作体验，逐渐形成了以实践体验为特色的劳动教育新格局。拓展了学生学习的外延，满足了学生个性发展的需求，培养了学生的多种技能及创新能力。在"劳动赋能，以劳育人"的班级理念下，班级干净整洁，面貌焕然一新，成功在学校内外多次获奖。在班级文化的浸润下，"小黄牛"们以劳动为荣，从拥有自理能力到助他力，再到社会实践力、创新力，日益蓬勃、积极向上，如一片欣欣向荣的田地，充满着生机与希望。

劳动,点亮学生的童年之光。

二、手作佳肴项目的设计与实施:以"舌尖上的团圆"主题为例

(一)项目规划

"小孩小孩你别馋,过了腊八就是年……"中国人过年有很多习俗,上虞历史悠久,也有许多地方特色浓厚的过年习俗,更有精美的上虞美食。让学生在体验上虞民俗中传承传统文化,树立地域文化自信和自豪,是开展"舌尖上的团圆"活动的初衷。

通过与学生沟通,确定学生的兴趣所向,激发学生对过年美食,尤其上虞特色美食充满探索欲望,由此开展以"舌尖上的团圆——年夜饭的N种打开方式"为主题的考察探究活动,并确定了活动方案。(图3-4)这些子项目看似相互独立,其实有一条主线串联,那就是"舌尖上的团圆"。

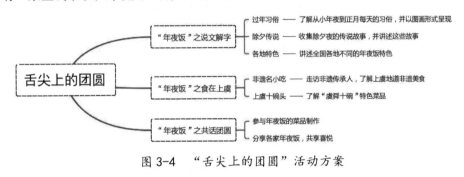

图3-4 "舌尖上的团圆"活动方案

(二)项目开展

1.准备阶段

开展为期2个月的调查活动,收集并记录过年期间每天的习俗、传说故事,并在家长的帮助下,以文字、绘画形式进行记录;在感受中国文化多元性的基础上,观看纪录片《年的味道》中对上虞优秀传统文化的介绍,收集整理上虞传统美食的相关资料,采访非遗传承人,了解传统美食的制作工序,感受传统与现代的融合,锻炼语言表达能力和实际应变能力;和家长一起参与年夜饭的制作,在提高动手能力的同时,感受亲子合作的乐趣。

2.任务1:"年夜饭"之说文解字

所谓"过年",其实从小年夜开始到正月十五,每天都有不同的习俗。这些习俗由祖辈传下来,但也在逐渐丢失,因此需重新寻回并用图画记录下来。

中华文化源远流长、博大精深，其中少不了传说故事，它在人们口口相传中流传下来，夸张有趣，亦假亦真，往往被赋予了美好愿景。由此，引导学生尝试利用互联网收集这些传说故事，用音频、视频绘声绘色地讲给大家。

3.任务2："年夜饭"之食在上虞

非物质文化遗产是我们优秀传统文化的重要组成部分，为了了解上虞的非遗名小吃，我们走访了几位"非遗"传承人，并在采访中尝试制作这些小吃。（图3-5）

[采访记录]

采访时间:2023年1月19日

采访地点:丰惠镇夹塘村

采访人员:魏翼枫、陈梓芯

问:郭爷爷，您是从什么时候开始做火糕的?

答:我们家做大糕传到我儿子已经是第四代了，我是第三代。最早是我的爷爷郭坤财在宣统年间创办了"德源馆"南货店，专业制作大糕，至今已有一百多年历史。那时候我们的店面在村里的老街上。我是20岁开始跟我爹做大糕，那时候做大糕不是在专门的店面，而是挑着材料和工具到人家家里上门去敲大糕，傍晚去，敲一整晚。后来才在专门的店铺里做。现在有了快递，我们还把大糕做好包装好，寄到杭州、上海这些地方，因为在那里买不到这么正宗的大糕。

问:大糕和我们上虞人的民俗有什么关联?

答:夹塘大糕和上虞的民俗息息相关，特别是在二月初一至五月初五端午节的一百天左右时间里，是大糕的旺季，家家户户都要吃大糕。大糕也是毛脚女婿在订婚后一年，到岳父母家拜访的必备礼品，少则几十箱，多则上百箱，用于馈赠多方的亲朋好友。虞南地区特别是丰惠、永和、下管等他尤其盛行，虞北的崧厦等他也有，且往往用量都很大。

问:郭爷爷，你们的大糕有什么秘方，为什么特别好吃?

答:我们做的传统的大糕上面印有"福禄寿喜""四季发财"这些字样，吃起来柔软可口、香甜油润。我们坚持使用他的优质乌红豆，虽然成本比较高，但是煮出来的豆沙特别香，特别糯，吃起来和普通的豆沙就是不一样。现在也有创新，有其他各种馅的，包括黑米啊、松花啊、艾草啊，都是创新的原料，主要年轻人喜欢。

图3-5 "非遗"传承人访问记录

4.任务3："年夜饭"之共话团圆

往年的年夜饭总是由长辈制作，而今年的团圆饭，我们发布"尝试做一道菜给我们的亲人"的项目任务，也许它不是最美味的，但一定是最暖心的。

（三）项目成效反思

习总书记说要"增强文化自信"，这种文化自觉与文化自信源于对传统习俗和上虞文化的深入了解，要在亲身实践中逐步形成。本次活动通过小组合作，了解过年习俗，让年味更加丰富；走访非遗传承人，让年味更加传统；亲身参与制作，让年味在分享间更加浓郁。

第四节 问题解决，发展自主学习的能力

如今，国际社会越来越期待培养具有创新素质和实践能力的人才，问题解决能力是学生的素养之一，引起广泛关注。问题解决能力是指学生综合各学科知识，经过思考、发现提出问题，依据特定情境和条件表达解决问题，并能进行反思的能力。问题解决能力为学生日后的生活和学习奠定了重要基础。

问题解决项目式学习是一种以实际问题为导向，通过独立或合作的方式，利于跨学科知识和技能解决实际问题的学习方法。它是以学生为中心，通过完成一个完整的实践性项目而进行的教学活动，它让学生运用已有知识和经验，亲自在具体情境中解决实际问题，进而培养其主动学习和动手实践的能力，进而促进其创新思维和综合素质的发展。

一、身边科学项目的设计与实施：以"书包减肥"主题为例

（一）项目规划

"书包减肥"不是一件时髦的事，通过调查，课题组发现其相关减负方法还停留在学术探讨或是口头支持上，并无具体的解决办法，因此，我们在专家指导下，尝试展开了"书包减肥记"项目式学习活动，希望能够通过实践，探究可行方法，真正让书包"减肥"成功。

（二）项目实施

1. 准备阶段

在活动开展前期，我们在校门口开展书包称重活动，发现学生书包均超过 3 千克，三年级以上学生的书包平均超过 4 千克，而六年级甚至超过了 5 千克。面对如此严峻的状况，我们确定了"书包减肥记"项目，围绕"书包整理""课桌整理""作业建议""储物柜设计"和"书包设计"这五个方面进行探究。

2. 实施阶段

具体活动与实施时间，如表 3-10 所示。

表 3-10 "书包减肥记"活动流程

	活动时间	活动内容
第一阶段	2022 年 3 月 22 日~26 日	全校书包重量抽样调查
第二阶段	2022 年 3 月 29 日~4 月 2 日	开题指导，确定五项研究子课题
第三阶段	2022 年 4 月 6 日~23 日	采访调查，获取前期数据 数据分析，提出改进建议 查找资料，寻找更优方法 动手实践，获取最初成果
第四阶段	2022 年 4 月 26 日	中期交流，细化现有方案
第五阶段	2022 年 4 月 27 日~5 月 14 日	美化方案，完成最终成果
第六阶段	2022 年 5 月 17 日	总结小组方案，成果汇报

3. 总结阶段

（1）关于自主探究方法的习得

在不断暴露、改正问题的过程中，学生初步学会"观察并提出问题—作出假设—制订计划—得出结论—交流探讨"这一自主探究方法。

（2）关于储物柜、课桌、书包、作业本的设计改进

在活动过程中，小组成员渐渐意识到现有的学习物品无法满足学习需要，因此，学生通过丰富想象设计平面图，开展对生活物品的改造，培养了创造思维、动手能力和问题解决能力，此外还加强了节约资源的环保意识，提升了综合素养。

4. 关于宣传册子的编写

书包超重是一个社会性的问题，解决需要更多的宣传手段。于是，我们发布了海报的宣传任务，最后将学生的宣传海报整理为一本宣传册。

（三）项目成效反思

本项目重点探究了"书包整理""课桌整理""作业建议""储物柜设计"和"书包设计"这五个方面，其中"作业建议""储物柜设计"和"书包设计"对学校、社会提出了要求，"书包整理""课桌整理"则对学生自身的学习习惯提出了要求，也是项目推广、践行中的重中之重。当然，具体的学校、社会推广还需要更多的时间和技术支持。书包"减肥"的成功不仅有利于学生的生长发育，同时也培养了学生良好的学习习惯。这次学习活动中，学生积极完成自身的任务，在思考探索中解决自己生活中的问题，这种以学生为主体的学习方式，让教育更能够真实地发生。

二、民族同心项目的设计与实施：以"你好，山哈！"主题为例

（一）项目规划

1. 主题确定

根据《浙江省教育厅办公室关于下达跨地区教共体结对学校及帮扶民生实事任务的通知》要求，2022年2月，绍兴市上虞区鹤琴小学与景宁畲族自治县实验二小组建跨地区教共体，开启了一场跨越山海的教育相约。

丽水景宁畲族自治县是全国唯一的畲族自治县。畲族是中国少数民族之一，"山哈"指居住在山里的客人，是他们的自称。畲族有一套相济相补的新的生活生产系统，一套完整的创生模式，一套拓荒精神养育出来的特色文化。走近畲族，经历交流、碰撞，增进理解，才能更好地交融、互惠。"你好，山哈！"项目便是通过虞景两地学生互感兴趣的内容，如畲族建筑"寮"与江南水乡民居和传情彩带的设计，进行文化、技术的融合，实现两地的同频共振。

本项目适合三至六年级学生，时长4周，共8课时，涉及科学、数学、语文、美术、技术、工程等学科。

2. 发展目标确定

畲族建筑"寮"依山而建，江南水乡民房临水而居，两地民居有自己的文化地理背景。如何整合两地的防潮措施，进行技术改进？如何融合两地的文化元素，建一座具有两地文化特色的"寮·江南"，以促进虞景两地深度发展？根据以上核心问题，本项目以提取资源、甄选资源、建立模型、迭代优化为过程线索来架构发展目标。具体如下：

（1）制作地方名片、交流家乡特色，进一步了解虞景两地文化，在深入交流中提取富有畲族文化气息的元素。

（2）根据勘测数据，对两地民居进行分析，提出合理的防潮措施，并通过实验进行论证。

（3）以"寮"的设计为主体，以"带"的编织为纽带，设计出具有两地特色的文创工作室，使其成为两地文化共建共生的载体。

（4）对信息进行有效加工重组，培养学生借已有知识解决实际问题的能力。

（5）通过项目实践，感受不同地域的文化魅力，养成探究的习惯，初步形成精准表达和高效合作的能力。

（二）项目开展

为了解决驱动问题，本课为学生安排了三项任务，一是结缘景宁，品读"輋"乡；二是结庐山谷，"寮"动人心；三是结情织带，承"古"创新。任务之间、任务内部呈现符合逻辑的思维阶梯。

1. 任务一：结缘景宁，品读"輋"乡（2课时）

（1）学习目标

了解家乡，用图文的形式制作家乡的名片，展现家乡的精神文化风貌。推介家乡，用传递名片、讲述故事、微视频拍摄等方式和丽水的小伙伴们进行深入交流，产生共鸣。品读畲乡，在探究中深入了解畲族文化，寻找自己感兴趣的内容开展研究。

（2）核心问题

两地的文化各有什么特色？怎样才能互惠共融？

（3）学习活动

活动1：我为家乡绘名片。

家乡是多彩的，拥有着一张张特有的名片。倡议两地学生开展"我为家乡绘名片"活动。

活动2：我为家乡做宣传。

带着家乡的名片，同学们走进景宁实验二小，和那里的学生开展了"名片对对碰"的活动。学生们详细介绍了自己家乡，又仔细听了实验二小学生们的介绍，并提出了许多问题。

经历了个别交流、圆桌会议、演说推广，学生对"山大车"——"輋"（读音同"畲"）乡的文化产生了浓厚的兴趣。当听说其中一位"蓝"姓女孩就是畲族人时，大家更是围着她提出了许多问题。

活动3：我和你，在一起。

参与活动的两地学生在两校建立共教体关系后就已经在鸿雁传书了，这次面对面的交流让学生们产生了深入交流、共同学习的向往。

学生们在议论中逐渐形成了一条清晰的思路：建立跨文化的异质小组，相互间互换角色，共情体验，设计一座江南水乡的"寮"。

2.任务二：结庐山谷，"寮"动人心（4课时）

（1）学习目标

以文化为桥，以建筑为梁，通过对畲族建筑"寮"和江南水乡民居的比较，分析两地文化、气候对建筑的影响，运用已有知识对两地建筑进行设计和防潮措施的改进，进一步促进虞景两地的文化融合。

（2）核心问题

文化特质在民宿设计中怎样体现？建筑风格与气候有何关联？怎样进行防潮设计？

（3）学习活动

活动1：实地勘测，揭开"寮"的面纱。

畲族先辈以游耕为主，为适应这种生计方式，他们在山谷间搭建简易山棚，称为"毛寮"，而后逐渐演化成"竹寮""土墙厝""瓦寮"，现多为"瓦寮"。为更好地认识"寮"的结构，尝试深入畲族古村落，进行实地考察。

第一站：进入畲寨东弄，听当地的设计员介绍"香菇寮"。

畲族的"寮"原来没有正大门，为防止山贼，门开在左右两边；畲族的"寮"没有一根钉子，畲民们采用榫卯结构来连接……学生将这些发现进行了记录。

第二站：走进封金山，实地察看还有畲民居住的"喜寮"。

在这一站，学生走进没有正门的寮，发现这里的"寮"十分潮湿，墙上斑点很多，柱子下面的石磴是防潮的，屋顶和二楼中间有空隙，也是为了更好地采光和通风。

第三站：走进畲族最古老的村落，建在海拔700多米的大张坑。

大张坑是第五批中国传统村落，现只有55户200多人。这里山墙屋檐宽大，屋顶与墙壁间有一个三角形是空的，用于透风。畲民的厨房多搭建在屋后，屋后的檐多为两层，其中有多半是空着的，有利于光照和通风。由于房子建在半山腰，山下冲下来的水势猛，各家各户四周都有深深的下水沟，但也因此蚊虫较多。

第四站：走进畲族博物馆，带着思考的眼光仔细阅读、观看。

博物馆中不仅有文字介绍，有具体的实物模型及视频介绍，学生观看后即兴进行了"我发现了……""我有什么提问……"的《学生们眼中的寮》的微视频拍摄，把自己的发现和疑问录制下来，分享记录。实地勘测后，同学们用制图和文字的方式把这一趟的收获和思考记录下来。

活动 2: 比较分析，提出防潮的策略。

任何一个地方的民居都和当地的气候、文化息息相关。在上虞本地建畬族特色的文创工作室，可以结合本地的民居进行改进。在老师的指导下，同学们分工合作，进行了两地降水量、建筑结构、防潮措施的比较。

①两地降水量比较。

学生从网上查到了 2022 年的数据，数据显示：景宁的年降水量比上虞多 173.6 毫米，景宁的降水量最高值在 6 月，上虞在 9 月；景宁的平均高温高于上虞 1 摄氏度，平均低温低于上虞 1 摄氏度。

②两地建筑结构比较。

建筑材料的区别：畬族传统的瓦寮多为木头结构，现在建筑已是水泥结构，与上虞民居相差不大，畬族墙体为黄泥，上虞用白石灰粉墙。

屋顶的区别：寮的屋顶多有两层，现也多用瓦片，屋檐较大，屋顶与楼层间有空隙，屋顶坡度较大；上虞的屋顶只有一层，屋檐较小，屋顶和楼层间没有空隙，屋顶的坡度相对小一些。

两地山墙的设计差别很大。寮的山墙屋檐大，墙体与屋顶有三角形的空隙，主要用于通风。上虞的房屋屋檐基本没有空隙。

③两地防潮措施的比较。

两地的房屋都比较潮湿，上虞的房子墙体多用可以防潮防霉的白石灰，且更有利于反射光及散热。寮的柱子都装有石礅，四周都有一条水沟，且上梁都有一层缝隙以通风。

可见，在上虞建寮可用水泥结构，石灰粉墙，房顶两层，上面一层可以跷脚，加强光照，山墙的屋檐适当增加，留有一定的缝隙，屋的四周可以建水沟，但要进行一些改进。

活动 3: 规划设计，初步建立模型。

在充分讨论的基础上，同学们动手画设计图。绘制时，有的按照数学课知识再加上了整体效果图；有的在科学课《船的设计图》中得到一些技巧，在方格图上设计，并标注材料、数量等；有的则根据家里购买房子的图绘制了平面图。

尝试采用"画廊漫步"的交流方式，观摩其他同学的设计，学习别人设计的优点，也可以给对方提出建议。同时学做解说员，向他人介绍自己的设计思路及细节，并记录这些"设计师"提出的建议。小设计师们还就如何防潮问题采访了有建筑经验的老师傅，采纳各方建议后开展方案权衡。（表3-11）

表3-11 "寮"的设计方案权衡表

标准	方案1	方案2	方案3	方案4	方案5	备注
房屋结构是否稳固，承重好						
室内通风是否合理，去湿好						
室外排水是否畅通，防水好						
墙面装饰是否美观，有特色						
室内布局是否舒适，采光好						
总　分						

每项最高5分，精确到十分位。最后选择一幅大家都认可的设计图动手制作模型。

建模型是一个比较复杂的过程，需要绝对的耐心和细心。同时更需要互相配合，比如，粘一个柱子就需要大家相互帮助稳固、递材料。

活动4: 验证猜想 实验探索变量。

模型搭建后，我们利用模型进行了三组对比实验。

实验一：有排水沟与没有排水沟的湿度对比。

尝试对有无排水沟的两幢房子进行了降水量的模拟实验。发现有排水沟的房子水很快排出，一节课后房子干燥，没有排水沟的房子水渗透情况较差，一节课后房子周围还是湿的。

实验二：山墙有空隙与没有空隙的湿度对比。

尝试对同样没有排水沟，一座山墙有空隙，一座没有空隙的房子进行同等降水量的模拟实验，过了一个晚上后发现有山墙空隙的房子比较干燥。

实验三：立石磴与没有立石磴的湿度对比。

在相同降水量的情况下，没有立石磴的柱子被水弄湿，而立石墩的柱子没有湿掉。

通过对比实验，总结出了防潮的几种策略：

策略1：出檐，使屋顶高耸、屋檐低下，坡度越大，雨水的流速越大，从而减少连绵降水对建筑缝隙的渗透。

策略2：透风干燥，利用砖石等进行镂空雕刻，填充在预留洞口位置，使墙体中立柱周围的空气上下对流，从而排出潮湿气体。

策略3：立柱，柱础不仅是承受屋柱压力的奠基石，也是房屋木柱防潮防腐的"神器"。

策略4：院落导排，有组织排水系统包括屋面处理、砖瓦铺砌、檐口处理以及院落地面和地下的排水沟等。

策略5：运用空调、除湿盒、苏打粉、洗衣粉、咖啡渣、活性炭、香薰蜡烛等进行室内除湿。

3.任务三：结情织带，承"古"创新（2课时）

（1）学习目标

了解畲族彩带的发展历史，提取富有畲族文化气息的元素，介入上虞特色文化，将两地文化元素进行整合，使其成为两地文化共建的载体，更具有文化的辨识度。

（2）核心问题

如何设计富有虞景两地文化元素的结情织带？

（3）学习过程

活动1：匠心传承 经纬交织学技艺。

学生有幸与彩带的传承人面对面交流学习，学习编织彩带的技艺，体会编织彩带之不易。随后，学生还学习了制作畲族香包，穿针引线间完成了防虫防潮的畲族香包实现个人的成长。

活动2：文化互鉴 赓续薪火汲智慧。

在名片对对碰活动中，学生产生了把上虞的文化元素融合到彩带中的设想。经历学习编织彩带、博物馆参观的过程，彩带上畲族独有的符号，贴合了畲族人对生活的美好追求理念，让学生有了再创造的想法。

他们提取富有畲族文化气息的元素，融合上虞特色文化，将两地文化元素进行拆散和再组合，使其更具有文化的辨识度，成为两地文化共建的载体。

活动3：迭代优化 融会贯通创新意。

经过重组的彩带，不仅是传统畲族姑娘心中的彩带，更是见证两地文化共建共生的彩带。

整幢房子以白墙为主基调，正门的对联以彩带的织纹为底色，上联：今在上虞哈味生活，下联：结缘畲族共富智进，横批"你好，山哈！"，两边的墙上分别设计两个中式窗，配以彩带的花纹。屋后的墙上用一条彩带绕成曹娥江的形状，周边贴上一些越窑青瓷。左右两侧的山墙，一侧是畲族的图腾凤凰，另一侧是上虞的孝德文化。

哈味文创工作室将成为虞景两地融合发展的见证，更是探索虞景"教育共富"的一个缩影，后阶段还将在两地进行设计满意度调查。

（三）项目评价展示

1.项目评价

本项目在开展中要利用过程性评价和结论性评价开展自评、互评、生生评、师生评、线上评，线下评和团队评等，以激发学生探秘畲族文化的兴趣，及对传统文化的热爱，达到以评促学的目的。（表3-12、表3-13）

表3-12 项目化学习过程个人自评表

	评价内容	自我评价
学习过程评价	明确问题，辩证思考设计的优缺点	☆☆☆☆☆
	提出有效解决问题的方案	☆☆☆☆☆
	能运用多种方法查找资料、收集信息	☆☆☆☆☆
	能对收集的信息进行针对性的筛选	☆☆☆☆☆
	能和小组成员一起探讨问题，合理分配任务	☆☆☆☆☆
	能虚心地听取组员的建议，进行修正	☆☆☆☆☆
	遇到小组成员都没办法解决的问题时能积极向家长、老师寻求帮助	☆☆☆☆☆
	能及时地梳理过程，整理学习笔记，撰写心得	☆☆☆☆☆
学习结果评价	有详细的方案说明，具有较强的新颖性和创造性	☆☆☆☆☆
	作品质量高，结构完整，能充分体现创造思维	☆☆☆☆☆
	能合理使用数据和资源，全面、多角度进行分析和思考	☆☆☆☆☆
	对模型能进行测试优化，并根据问题及时对设计方案和草图进行详细修改与标注，改进效果明显	☆☆☆☆☆
	汇报展示详细，能完整表述项目流程，对设计阐述科学合理、清晰、逻辑性强，表达方式新颖	☆☆☆☆☆
	能和同伴、家长开展有效的合作学习，小组成员互相启发，全体成员积极参与	☆☆☆☆☆
通过本项活动，我的收获有：		

表 3-13   项目化学习过程团队评价表

评价内容	自我评价
我所在的团队成员之间配合密切，气氛和谐	☆☆☆☆☆
我们的团队有较强的发现问题和解决问题的能力	☆☆☆☆☆
我们的团队成员之间分工合理，能发挥各自的特长	☆☆☆☆☆
我们的团队成员之间能包容、协同	☆☆☆☆☆
我们的团队在遇到问题时能进行积极的讨论和反思	☆☆☆☆☆
我们团队合作完成的作品质量高	☆☆☆☆☆
我们的团队展示作品的方式新颖、效果好	☆☆☆☆☆
通过本项目活动，我们团队的收获有：	

2.项目成效

本项目以共情式的交流互动、科学性的实验研究、创造性的问题解决，让学生全程参与了"你好，山哈！"项目的设计。该模型是在学生实地勘测、数据分析、规划设计的基础上建立的，以明确其可行性和合理性，有利于学生关键能力的提升。同时在深入畲乡考察、学习的过程中，感受畲民拓荒力量的质朴和智慧，体悟传统文化的博大精深，培养了学生鉴赏传统文化的能力，提升学生对传统文化的认同。

（1）实地考察，一站一风景

项目化学习实质上是为了更好地理论联系实际，为问题找到实际的解决方案的学习过程。在项目实施前站，同学们结合"24 节气 @ 上虞"的课程学习，播节气、走家乡，探历史文脉、看风土人情，为上虞名片的制作和推介夯实了基础；项目实施中端，指导老师带着学生们跨越山海，不远千里奔赴景宁进行实地考察，畲寨东弄听专业人员介绍香菇寮，封金山喜寨看畲民的民居，到海拔 700 多米的大张坑看最原始的畲族村落，畲族博物馆细细观察与思考……每一站老师提供学生一张任务单，联系当地的专业人员讲解，帮助学生像专家一样观察和思考，让知识在学生的眼中逐渐立体化、可视化。

项目化学习既要关注学生的认知发展，也要关注其社交发展。因此在整个过程中，我们加强了学生社会性互动，建立了跨文化的异质小组，和景宁实验二小的学生们

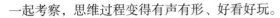

一起考察，思维过程变得有声有形、好看好玩。

（2）思维具象，一图一世界

设计是整个工程的核心部分。基于前期的实地考察、对比分析，围绕驱动性问题，以两地民居的差异化现象作为新的思考点，综合分析人、物、环境三个方面，独立设计，用"图"表达自己的设计想法。为了让学生们绘制更专业的图，指导教师安排了制图前讨论。草图成形后，开展画廊漫步，让学生在互相学习、互相点评中改进方案。学生在充分考虑现实条件的基础上进行评判和比较，激发新的创意再优化方案，最终形成较为理想的设计图。

（3）模型表达，一屋一创意

模型制作是把平面设计转化为立体设计，将设计理念付诸实践的桥梁，突破了传统二维的局限性。它最重要的功能是辅助设计、检验设计以及展示设计。学生通过搭建寮的模型，培养了设计兴趣和动手能力，同时通过对比实验，极大地活跃了设计思维，提高了设计表现技能和技巧。

项目化学习不能只停留在设计阶段，只有经过动手操作和作品展示后，学生才能有所收获。寮的模型也不能只停留在框架结构，还需要许多文化元素的修饰。学生的成果显性化，有利于促进学生模型思维、科学思维等高阶思维的发展。

3.项目反思

本项目的实施能聚焦实际问题，围绕解决问题展开探究式学习。学生能够明确他们的探究目标和学习意义，并在问题的解决过程中锻炼能力，提升其自我效能感及责任感。

（1）做中学，悦成长，给学生以自主和探索

本项目围绕"寮"的设计，从技术上改进防潮措施，从创意上融合文化元素，把驱动性问题转化为明确的目标。在探究过程中，我们始终以陈鹤琴先生"做中学，做中教，做中求进步"的方法论为指导，让学生亲身经历，推动学生主动、持续地投入项目，在探究中实现迁移，在评价中展示价值。基于"做"的学习不再是知识的一次性介入，其历程更加开阔深邃，对学生的价值观引导、情感和思维培育有更好的效果。

（2）跨学科，众筹资，给探究以深度和温度

本项目注重资源众筹，上虞和景宁两地师生，线上线下交流互动并行，既有各

地的特有资源，也呈现两地融合的元素，大家互评互鉴，深入协作，在细节打磨中不断迭代优化。

本项目涉及科学、数学、语文、美术等学科，以跨学科理解为目的，根植于学科思维，实现学科整合。其真正意义是培养学生的跨学科素养，实现从学科素养到核心素养的飞跃。活动中我们注重调动学生知识、能力、品质，创造性地解决问题；更注重学生把自己对核心知识和学习历程的深刻理解，在新情境中迁移应用。这种跨学科式学习，打破了知识教学碎片化、学科课程孤立化的局面，帮助学生提高了综合、完整、开放的问题解决能力。

（3）慧学习，"项"未来，给教育以理性与创造

本项目运用学习支架，引导学生在项目探究过程中去探索发现，对外部信息进行主动地选择、加工和处理，成为有意义的主动建构者、善于借智慧的探究者。同时，学生对这些知识不是简单的累加，而是融入自己的思考和理解。这样的学习超越了知识传递，走向有意义的探究、有价值的创造。

在整个项目化实施的过程中，我们遇到最多的问题是技术层面知识的缺失，难以从高阶思维的角度解决学生的需求。例如，老师绘制设计图的能力，动手制作模型的能力，运用模型去实验的能力，移花接木、借石攻玉等能力还需进一步提升。

第四章　小学问　深研修——精良队伍的培植与建设

第一节　校本研训与教学改进双向赋能的创新实践

教师专业发展是教师职业日趋专业化的必要途径，不仅有利于教师专业能力的提升，而且对推动学校高质量发展也具有重要意义。随着新课程标准的颁布，教学改革的浪潮不断冲击着教师的教学理念、推动着教师的专业成长。由此，如何构建校本研训体系以促进教师专业成长成为学校发展的核心。

为全面深化课程改革，促进教师专业成长，学校总体构建了校本研训与教学改进双向赋能的体系，有效提高了教师队伍及课堂教学的质量。

一、进阶·迭代·变革：赋能教学改进的研训体系构建

学校根据教师的教龄、教学水平等，将教师分为"新蕾—新秀—资深—首席"四个发展梯队。总体构建了以规范、高效为价值取向与行动准则，以"进阶·迭代·变革"为特色的校本培训机制；制定分层精准的研训目标，以适合不同阶段教师的发展需要；提供阶梯性、拓展性的研训内容，以促进教师跨越式发展；建立"三三制"研训模式，推动教师专业能力纵深发展。

（一）目标进阶：开创梯队型教师专业发展研训机制

教师的发展要经历适应阶段、定型阶段、突破阶段和成熟阶段。为促进教师梯度成长，培养教师综合能力，学校统筹规划，分层培训，建立梯形发展机制。遵循教师群体差异，明确各层次教师的定位，通过不同阶段任务驱动，激发教师积极主

动提升能力。

学校根据教学年限及教学水平将教师分为四个层级：新蕾教师、新秀教师、资深教师和首席教师。这种模式可帮助教师找到最适合自己的个性化培训方式，实现深度发展。

新蕾教师的主要特点是年龄小，教学及管理经验不足，但有较为丰富的理论知识与较高的工作热情。针对他们的培训主要是尽快了解学校的各项规章制度、适应工作环境以及融入学校。新秀教师是学校的中坚力量，他们可塑性强，有一定的教育教学经验。对他们的培养目标是站稳讲台，努力提升自己的专业水平与教育教学规范。资深教师在教学中已经具备了比较丰富的经验，对于所教学科有了相对成熟的把握。对他们的主要培训方向是加强对教学教法的研究，走向专业的研究型教学。首席教师是学校最资深的教师队伍，他们的教学经验丰富，具备带领团队进行合作学习的领导力。对其的培训内容是浓缩教育教学理念，形成特色的教学方法，带领团队教师成长。（图4-1）

图 4-1 教师专业成长梯队

四个梯队环环相扣，教师通过不同阶段的培训积累，实现教学、科研、管理等能力的提高。

（二）内容迭代：生成一体化教师专业发展研训内容

教师的成长不仅是方式的变革，更需要研训内容的更新。只有不断充实自我、追求超越，教师才能实现层级跨越，课堂才能保持长久活力。

1.课例拓深：内部纵向理解

课例拓深是指教师通过对已有课例的深入挖掘和剖析，实现自身对课例认知的纵向深层次理解，从而达到提高教学水平的目的，这对新蕾教师和新秀教师理解课程、提高教学水平意义突出。

新蕾教师要通过多听课选择自己感兴趣的课例深入研究。新秀教师要注重课例比较能力的发展。比较课例是比较同一位特级教师不同时期上的课发生了哪些变化，为什么这样变。也需要比较同课异构的课例，不同教师在选择和处理教材的方式、方法上有什么区别、各有什么特色等。

2. 课题拓宽：中部横向开放

课题研究是促进教师成长和课堂横向发展的重要方式。通过课题研究能够提升课堂横向开放水平，深度促进教师专业素养和研究能力的发展。资深教师和首席教师在这个过程中扮演着重要角色。

资深教师的课题研究能力，不是指资深教师开始做课题，而是指教师在经历课例的研究、比较的基础上，做具有自己教学主张的课题。首席教师要更进一阶，能在创作有较高深度的课题的过程中提高课题研究能力。

3. 课程拓延：外部多向操作

课程拓延是指通过开发课程来延伸教师专业发展、拓展课堂边界，从而实现课堂由横向向外部多向发展。

教师根据学校和学生的现实需要，设计并实施有针对性的教育活动。此时，教师不仅是课程开发的参与者和实施者，也是专业发展的主体。首席教师要发挥自身在课程开发中的引领和示范作用，为其他教师提供指导和帮助。这个阶段的教师理解、表达、分析、沟通等能力已炉火纯青，其研究要更加注重课程开发能力的延展，以修炼出能体现自身风格的成果。（图4-2）

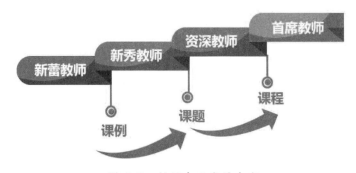

图4-2　教师专业发展内容

这些研训内容需要通过阶梯性、关联性、拓展性的设计，促使课堂向内部纵向拓深、中部横向开放拓宽、外部多向操作拓延，逐步形成了课例—课题—课程"三课一体"的进阶式培训体系。

（三）方式变革：开展"三三制"教师专业发展研训模式

为加速教师成长，我们根据不同阶段教师的专业成长需求，设计了"三三制"教师专业发展体系，实现教师专业发展研训方式变革。在实践中成长，在成长中进阶，带动学校教师队伍专业水平发展。

1. 以分层指导为抓手，推动纵深成长

学校结合教师专业成长和教育教学水平等发展需要，建立"新蕾教师＋新秀教师"的青年教师成长学院、"新秀教师＋资深教师"的骨干教师发展学院以及"资深教师＋首席教师"的卓越教师领航学院。学院以"发现"作为工作方法、以"记录"作为推进方式、以"激励"作为评估策略、以"课程"作为研修平台，开展"五个一"活动：读一本书，打磨一节课、做一次讲座、开展一次项目化学习、进行一次成果分享。研修活动通过过程性记录、导师制帮护和微格化考核等方式，为教师的自主学习、研讨交流、实践探索等提供各类帮助，不断完善基于不同发展阶段、面对不同问题的分层指导式校本研修模式。

2. 以专业活动为载体，促进高位发展

学校以专业活动为载体，针对"课例—课题—课程"研训内容，分级打造"新蕾教师＋新秀教师"的启航杯赛、"新秀教师＋资深教师"的护航杯赛和"资深教师＋首席教师"的领航杯赛。

启航杯赛采用"听＋说＋教＋评"的课例修炼活动。依据"教学无定法，贵在自得法"的理念，从课堂教学基本功出发，激活教师专业成长的积极性。护航杯赛采用"项目＋问题"的课题提炼活动。活动分为核心问题的提炼、项目活动的开展、关键课例的设计和课题的结论四个环节展示成果，引导教师聚焦教学核心，课堂教学实现从"优秀"到"卓越"。领航杯赛采用"教学主张＋课程设计"的课程淬炼活动。活动以观点报告和课例展示的方式进行，形成鲜明、独特的教学主张，实现教师"教学自觉"。（图4-3）

图 4-3　"三三制"教师专业发展体系

"三三制"的教师专业发展研训体系，基于教师的真实需求，通过抱团发展促进共同进步，实现教师培养的多维立体、多元发展。这种研训方式不仅让教师在适合的平台得到有效的发展，更能让参与研训的教师都能感受到来自集体的关注和被同伴认可的快乐，进而明确专业成长的目标，实现自我价值。

二、导向·整合·关联：依托校本研训的教学质量改进

一方面，学校层面的教师专业发展应凸显实践性以及围绕教学进行的改革；另一方面，随着课程改革的深入推进，育人导向及培养素养导向将成为课堂改革的必然。教师进阶的主阵地是课堂，因此推动教师专业发展必须走进课堂。为推动课堂改革，学校从专家视角出发，突破现有观念探索，创生以"导向·整合·关联"为特色的教学质量改进策略。

（一）课程目标创生：高位突破，体现导向性

课程是学校实现人才培养目标的主要渠道和关键环节，而课程目标的建构是课程教学的中心问题。课程目标集中反映出教育者的使命与诉求，是教学的出发点和归宿，是教师对学生达到学习成果的明确阐述。因此，课程目标建构应是教育教学改革的基点和教师实现进阶的导向。

课程目标反映了现在的育人价值取向。我国教育改革从"双基目标"到"三维目标"，再到"核心素养目标"，体现了不同时期对课堂教学目标不同的设计要求。当前学生发展核心素养包括文化基础、自主发展、社会参与三个维度，具体表现为人文底蕴、科学精神、学会学习、健康生活、责任担当、实践创新等六大素养，以培养"全面发展的人"。且由此为基点，每个学科细化出学科化、个性化的学科核心素养。这些标准和要求只有成为课程目标才能成为教育教学的指南。这需要教师

以课程标准为依据，结合教学和学生的实际情况，从素养发展出发对教学目标进行素养化处理，将学科知识、关键能力、素养目标表述清晰，要设计明确、可操作性强。只有从全面育人的高度去确定教学目标，才能有效培养核心素养。

（二）课程内容创生：由点及面，体现整合性

课程内容是教师开展课堂教学的有力抓手，其结构性是新课标主要变化之一。整合性是指对原有课程内容从结构化的角度重新整合，对同一主题下的相关内容进行合并、删减或调整。进行重组和整合后的课程内容，整体结构更清晰，主题也更鲜明。

1. 聚焦课程知识"点"，凸显学科本质

以小学数学的数与代数为例：在小学阶段"数与代数"领域由原规定的零散的"数的运算""数的认识""探索规律""常见的量""正比例、反比例""式与方程"六大主题统整为"数与运算"和"数量关系"两大学习主题。既做到从学科本质上的化繁为简，让形式更具有条理、逻辑，同时从学生视角上符合学生学习的需要。

2. 拓展内容组织"面"，实现素养进阶

内容的结构化，是为了落实教与学的结构化。落实于各学科主要呈现在主题的整合之上，如语文学科：新课标设置了基础型、发展型、拓展型三个学习任务群，体现本次语文课程改革以任务为导向的侧重方向。在教学中，教师要精心选择、重组整合，把零散知识整合成有序的"知识块"，再围绕学习任务开展板块式的探究活动，引导儿童触摸知识的内核，获得素养的提升。

（三）教学过程创生：任务驱动，体现关联性

发展学生的核心素养是教育改革的重心与重要目标。这需要教师改变原有教学观念和模式，课堂指向核心素养发展。任务驱动的教学方法强调以学生为主体，以分层的学习任务为主导，以实践活动为主线，强调有计划、分步骤、递进式展开学习活动，以助推学生核心素养的形成。

知识是具有紧密内在联系的，新知识不仅是以往知识的延续与发展，更是后续知识的基础和铺垫。但这些知识又因为学生的个体差异，呈现散点状态。因此，优质的学习任务应针对具体问题，分层设置任务，让学生在自主探究中发现知识间的关联，运用旧知探索新知，不断重组自己的认知结构，实现有意义的建构。

首先，任务的设计要体现层次性，既要有利于解决问题，也能让每个孩子都能参

与，引导学生步步深入，实现从低阶到高阶的发展。其次，任务的分解要体现层次性，教师要根据学生不同安排不同的任务，学习期间适当提供支架，引导学生进行自主、合作探究。最后，任务过程也要体现层次性，学生的探究要从低到高，步步深入。

三、同频·互融·共进：双向赋能研训模式的深度思考

2023年2月至今，鹤琴小学的教师们在研训和课堂教学实践中不断尝试和思考。一方面，学校构建了研训体系为教师专业发展赋能。教师们在梯队型研训目标、层次性研训内容和"三三制"研训方式的指引下实现了不同程度的发展。另一方面，学校将课堂教学探索融入教学实践，多次改进课程目标、内容、过程，有效提高了教师教学能力，为全面推进和不断深化教师专业发展提供了有价值的经验。

在先期探索中，我校成立了以青年教师为主体的"鹤之深"的共同研修班，探索并形成了各学科教学新主张和新模式。自成立以来，研修班每位教师都上过研究课或公开课，并积累了相关课例，很多青年教师积极参加教师专业特长展示活动，基本技能大大提升，并在资深教师引领下开展了课题研究，开展教学实践，撰写相关论文等。

道阻且长，行则将至。基于前期的实践探索，学校将在"学习共同体""过程教学"的理论指导下，进一步优化教师专业发展体系，为教师专业发展的校本化探索提供更多实践支撑，建设高质量的教师队伍。同时，以教师的发展促进学生课堂上的深度学习，进而让课堂焕发生命活力，实现师生共同成长。

第二节　基于教学环节改进的教师专业发展校本实践

2022年4月，教育部等八部门印发《新时代基础教育强师计划》（以下简称《计划》），力求破解教师队伍建设的深层次矛盾，构建一套完整的教师队伍建设政策体系，系统提升我国教师的教书育人能力，全面推进高质量教师队伍建设。推进教师专业发展是一项长期且重大的系统工程，也是鹤琴小学一直以来的努力方向。

鹤琴小学建校至今已有一百多年，人文底蕴深厚，教师队伍建设历史悠久。但当前学校数学老师普遍年龄偏大，主要体现在这些教师虽然教学经验较为丰富，但在教学上更多凭借"老经验"，难以接受新的教学方式。由此部分数学教师的教学

设计存有惰性，长此以往，其教学方式将越来越落后，难以适应课程与教学改革的要求，从而陷入专业发展的困境。因此，学校将数学"小学问"的研究作为教师专业能力提升的"载体"，进而打破课堂教学现状，激活教师专业发展积极性，助力教师自我成长与专业发展。

一、"小学问"：教师专业发展的精准定位

教师专业发展需要学校针对教师自身特点和发展实际精准定位，明确教师发展目标。何谓"小学问"？它的切入点非常小，并不是指一节课，而是其中某个知识点，就是教师在上课时教学某一知识点的特别出彩之处。挖掘"小学问"有两大要点，一是定位课堂教学的核心要点，唤醒教师专业发展的自觉；二是聚焦关键的教学环节，完善课堂教学实践。

（一）定位核心要点，唤醒专业发展自觉

关注课堂教学的"小学问"，是指我们要研究教学中自己教得最出彩、学生参与度较高、对知识理解较好的一个教学小环节，并分享给老师们，让其得到感悟：原来可以这样教，原来可以教得这样有趣。有时教师看完长篇大论的论文不一定会有感触，但别人教学中的某个点却会令其茅塞顿开。如果在研修时我们不断记录、分享、学习、讨论，教师的教学水平一定会得到有效提高，进而感受到教学研修的快乐，最终自觉参与研修，提升自己的课堂教学能力。

（二）聚焦关键环节，改进课堂教学实践

一线教师更加关注课堂教学实践，他们对某些知识点，特别是对某些练习题的教学，一定有独到的见解。但在平时，大家对此的交流少之又少，多的是一节完美的教研课的呈现，参与教师分享自己的反思与建议。但很多教师听完教研课都觉得：课很好，但很多东西不适用于自己的课堂。其实"小学问"的交流学习才是真正有用的。把平时记录的"小学问"进行分享、讨论，去其糟粕，取其精华，把好的教学方法直接拿来用于自己的课堂，在实践中继续完善，教师的教学水平一定会得到有效的提高，同时也会对学生发展思维、智力起到很大的作用。

二、"深研修"：教师专业发展的模式构建

鹤琴小学在明确教师成长目标后，结合学校教师实际，从"精设方案—主题聚焦—协作交流"出发，构建教师专业发展模式，让教师在研究"小学问"中体会研修的快乐。

（一）以精设方案为着眼点，多模块助推教师进步

针对大部分教师对"小学问"较为陌生的现象，学校秉持着尊重教师的原则，设计层层递进的教师专业发展方案，观照教师的专业发展。我校教师专业发展方案主要有四个模块，各围绕关键问题让教师通过特定活动了解"小学问"。第一个模块围绕着"如何收集整理小学问"的问题，通过专家讲座组织教师进行"小学问"的目标定位学习；第二个模块围绕着"如何向优秀'小学问'学习"的问题，通过微课学习组织不同学段的教师制定不同类型的小学问；第三模块围绕着"如何记录自己的'小学问'"的问题，通过问记录组织教师设计或收集整理"小学问"；第四模块围绕着"如何学习、讨论、研究'小学问'"的问题，通过教研活动组织教师通过线上平台讨论和研究"小学问"。（图4-4）在以上学习中，教师经历专家引领到微课学习，再到自己尝试撰写以及与同伴的交流学习"小学问"，于是每位教师对"小学问"的研究能力都能不断提升。

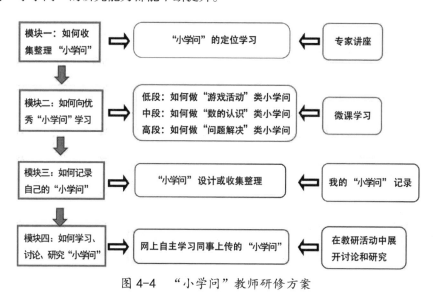

图4-4 "小学问"教师研修方案

（二）以主题聚焦为立足点，多维度赋能教师成长

在教师专业发展方案的指导下，学校聚焦"专家引领—微课学习—骨干引领"三大主题，为实现教师的专业发展赋能。首先通过专家指引为其提供指导，其次通过微课学习为其提供资源，最后通过骨干引领为其提供经验。

1. 专家指引，提供教师专业发展的指导

专家指引是教师专业发展的重要途径。学校将专家名师等资源引入学校，可以有效促进学校教师的专业化成长。研修初期，学校邀请数学教研员万林峰老师为我校教研组做专业讲座，围绕核心问题展开论述，直击痛点，以帮助教师在学科专业领域进一步深耕，促进其教学能力和科研能力的成长。

2. 微课学习，提供教师专业发展的资源

学校整合已有的不同学段的数字化资源，以微课的形式呈现"小学问"的具体撰写方法（表4-1）。针对低段、中段、高段的知识内容，有针对性地进行指导。在三类微课的学习和讨论中，有价值的"小学问"不断涌现，教师不断把自己的教学特色融入教学内容，增强教师做"小学问"的信心。

表4-1　不同学段微课学习内容

学段	低段	中段	高段
微课主题	如何做"游戏活动"类"小学问"	如何做"数的认识"类"小学问"	如何做"问题解决"类"小学问"
研修内容	小学低年级学生活泼好动，注意力集中时间有限，用游戏活动的方式进行教学，的确合学生的年龄、心理特征，并且能够促进儿童的有效参与。数的教学最关键的是理解数的意义，通过举出实例理解、用其作用和价值来理解、借助线段图、面积模型图来理解等，让游戏进入低年级课堂，让学生学得更快乐，把研究成果记录下来，就是一篇"小学问"	数的教学最关键的是理解数的意义，这次讲座提出了很多帮助学生理解数的意义的方法，如举出实例理解、用其作用和价值来理解、借助线段图、面积模型图来理解等。老师们觉得这些方法都很实用，是能够直接运用于课堂的	"小学问"究竟是什么？把书中的教学图例稍做修改，使之更加简洁明了，这就是"小学问"。在"问题解决"的内容教学过程中，放入适当的、简洁明了的图例，可以帮助学生更好地进行问题解决。看来，如何研究好的图例，使之更简洁、明了，更有利于问题的解决，这就是"小学问"

3. 骨干引领，提供教师专业发展的经验

青年骨干教师是中流砥柱，能够带领教师队伍专业化的不断发展。因此，学校挖掘校内优秀青年教师形成骨干教师队伍，以引领年轻教师率先开展"小学问"的研究。在研修中，学校形成了教师专业发展共同体，以骨干教师为引领，助推教师的专业发展。

（三）以协作交流为支撑点，多场域联结教师合作

在教师专业发展方案引领和主题培训指导下，教师初步具备了"小学问"的基础知识，学校还搭建数字化交流平台，帮助其联通理论与实践。首先教师依托网络平台相互交流"小学问"，实现了教学能力的共同提高；其次网络平台进一步拓宽了校际教师共话"小学问"的途径，校内和校外合力助推教师的专业发展。

1.校内交流偕行，教学能力共同提升

为整体提升教研组的教学能力，学校充分利用网络为教师研修搭建交流平台。数学教研组围绕"小学问"这一研究主题，在钉钉平台展开深入交流和沟通。组内教师先尝试自主探究并记录，其他教师提出建议，在此基础上进一步修改完善。在实践中，教师教育教学能力不断提升。

2.校际交流同振，教学质量共同提高

为拓宽教师研修的场域，鹤琴小学与其他小学缔结校际发展共同体。校际发展共同体在教师研修、学校发展等方面积极进行互助，从而实现了校际资源共享、优势互补，更促进了学校整体教学质量的提高。教师在与兄弟学校的交流中围绕"小学问"这一主题，分享研修成果，交流研修困惑。校际"小学问"交流活动的开展不仅搭建了与兄弟学校联系的桥梁，也为教师提供了相互交流的平台。

三、"显成效"：教师专业发展的深化思考

长期以来，学校围绕"小学问"的研究构建了教师专业发展研修模式，坚持研究与实践并进，数学教师在研修过程中一边学习"小学问"，一边在实践中进行尝试，将理论学习成果应用于实际教学中。同时学校也有效地突破了数学教师专业发展动力不足、课堂教学效果不明显的实际困境，呈现了许多显性成效。

一是汇编"小学问"书籍，打造教师专业发展成效推广的重要媒介和工具。"小学问"的研究融于每位教师的教学中，让大家不仅能主动分享自己的"小学问"，也能及时吸收他人的"小学问"，在交流互助中，助力每位教师的专业发展。在研修中，学校将教师们交流的内容汇编成册，涵盖一至六年级内容，供教师参考学习。但由于研究时间不足，每册"小学问"的数量也少，因此学校将进一步推动以"小学问"为载体的研究，充盈"小学问"书籍的内容。

二是提高课堂教学的质量，增加学生对课堂的喜爱度。"小学问"的研修依托名师工作室，以专家、骨干教师为引领，通过微课学习、观看讲座、指导课题研究等方式培养青年教师，全方位提高教师的综合能力，使学校拥有一支素质高、业务精、活力强的教师队伍。教师能力的提高也进一步提高了学生的学习兴趣。

总之，就实践经验而言，以"小学问"为载体培训教师，内容切入点要小，与老师平时的教学要联系紧密，要能切实提高教师的教学和研究能力，才能有效助推教师的专业发展。行而不辍，履践致远，学校将继续优化以"小学问"为载体的教师专业发展研修模式，形成具有推广性的校本化实践经验，助力教师专业发展。

第三节　基于教学经验改善的各学科创新实践案例

一、"京"韵传音，"歌"沐童心

2022年音乐新课标"新三科"（舞蹈、戏曲、影视）落地，"了解和学习以京剧为代表的中国戏曲、曲艺音乐及体验其不同的风格戏曲"成为中小学音乐教学的重要内容，然而随着流行音乐和互联网的普及，传统戏曲很难引起学生的学习共鸣。为了贯彻落实新课标精神，探索"京腔京韵"入课堂的有效路径，笔者以"京歌"教学，实现"戏"与"歌"的有机融合，增强戏曲教学的趣味性，以实现传统戏曲与现代文化的有机整合，落实小学音乐课堂戏曲教学的目标。

"京歌"是具有京剧元素的一种歌曲，是对京剧的改良与创新与对现代歌曲的充实与丰富。笔者以五年级下册第五单元《京韵》为切入点，并选择四、六年级的与京剧有关的音乐作品进行单元教学，旨在培养学生对京剧的兴趣，同时也体现了"新课标"弘扬民族音乐的基本理念。针对学生对京剧艺术了解较少的实际情况，在教学设计上，笔者注重以学生为主体，围绕"唱、念、做"的设计思路，注重运用音乐本体语言的力量，强化学生的审美体验，促进学生掌握和领会戏曲音乐文化的风格、神韵。

（一）多觉联动，激发学习兴趣

1. 从服饰扮相入手，吸引学生眼球，激发京剧学习兴趣

服装华美、头饰精致是京剧艺术的一大特色，当看到京剧人物身着虎皮，画着大花脸，男生觉得威风凛凛；青衣旦角略施粉黛，水袖轻盈，又让女生羡慕不已。教师不妨着一身戏服，哼一段京腔，以这样独具京味的导入方式，锁牢学生的目光，激发学生的学习兴趣，也为整节音乐课铺设有京味儿的情感基调。

2. 从视听感受入手，抓住学生耳朵，丰富京歌感知路径

教师可以利用现代化媒体资源，丰富学生的认知，促进课堂直观情境的构建，让学生提高对京剧的认知。在上课前可以给学生播放一些京剧名段，如《苏三起解》《梨花颂》，或是播放《说唱脸谱》的MV，亦可运用课件展示剧目的故事脉络，让学生如身临其境。这样能够较好地抓住学生的"新鲜感"。

3. 从模拟场景入手，学生参与表演，营造京歌学习氛围

教师可以在黑板上粘贴不同人物扮相的脸谱贴画，或者挂上一些表现经典京剧

剧目场景的挂件，创设京剧情境。而后让学生模仿造型，营造京剧氛围，引导学生对京剧产生好奇心，这样的导入能够迅速使学生入情入境。

（二）唱念做打，提升表现能力

京剧以"唱、念、做、打"为其基本的表演手段。教师可以利用其设计教学环节，在唱的方面要求有板有眼，强调唱对声调、讲究韵味。念要抑扬顿挫，富有节奏感、旋律感与音乐性。"做"和"打"都为生动的演绎，要"做"得美，有感染力，能准确表现神情，展现人物的精神面貌。

1. 体会念功寻京味

念白是一门通过艺术加工产生的、在读和唱中间的舞台语言艺术。它常在京剧中表达人物的内心独白，体现人物的内心思想。教师可先示范，帮助学生从中掌握要领、找到感觉。

【案例1】

如《京调》教学片段：

师：听老师来，你觉得老师念的和你平时读的歌词有什么不同？

生：节奏上不同，老师念的声音很透亮。

师：没错！老师念这段歌词用了"京白"的方式，大家一起来试试。请同学们将声音提到眉心，用手抵住肚子，一起念"生旦净丑角色全"，感受一下念的时候，要注意念的时候小肚子要鼓起来哦。

师：请同学们尝试按照板式来念，注意一板一眼，不要落下每个"过板"处。

师："念白"注重字正腔圆，我们念的时候尝试加上"惊提"的表情，这个表情有三个动作要领：提眉、瞪眼、张嘴。咱们慢一点将每个字的腔都念足了哦。

通过学念"京白"，体会独特的发声感受——头腔高位，引导学生合理利用气息。念白环节为后续京歌学习打下基础的同时，使得发声练习完成从无趣到生动有趣的转变。

2. 品味唱功感京腔

"唱功"是京剧最为重要的表现手法，讲究唱出韵味、唱出感情。"口传心授"是京剧最基本的流传方式，所以教师可逐句教唱，通过声乐的艺术感染力，表现京歌所展现的精神气韵。教师在引导学生品味唱功时，需要提醒学生注意正确的发声状态、合理的气息技巧、独特的行腔特点。

3. 演绎身段展京韵

京剧的学习在传承中华优秀的传统文化的同时，更是一个体会领悟独特传统人物"精气神"的过程。教师可通过示范将《我是中国人》的那份豪迈洒脱表现出来，学生进行模仿，进一步感受京歌的魅力。

【案例2】

如《我是中国人》教学片段：

师：同学们，京剧演员不仅唱功了得，他们的表演也十分到位，只有这样才是一个好的演员。在这次演绎中，我们需要注意在相应部分加上手和眼的动作。

师：丁字步，左手提拳，右手四指并拢，虎口状反掌打开。诸如："龙的传人"竖个大拇指，"文明古国"双手打开；"堂堂正正"转个头，"中国人"在胸前坚定的握拳。

【案例3】

如《京调》教学片段：

欣赏《苏三起解》，学生观察苏三的步伐仪态，跟着老师模仿，把力量集中在脚部，且呼吸自然下沉，开始练习时双手叉腰，以便帮助腰部的平稳，练到一定程度后手势可根据人物、情节来变换。膝盖松弛，眼睛平视，腰要立，抬动脚后跟，膝盖轻提。

表演时既要有内心的体验，又能通过外形加以表现，不流于形式。让学生在课堂中感受京剧魅力，拓宽眼界，提升文化内涵。这个教学环节学生不但能掌握歌曲，还能感受京剧的别样风采。

（三）多维拓展，演创巧妙结合

1. 创设锣鼓场面

"场面"是指京剧演奏时的伴奏队伍，在京剧表演中京剧伴奏该环节至关重要，作用在于渲染气氛，体现人物的性格特点。在"拓展实践"的教学环节，教师可出示大锣、小锣、铙钹等乐器，与学生互动。

【案例4】

师：出示"锣鼓经"：仓｜才｜台｜才｜仓｜才｜台｜才｜仓｜才｜台｜才｜……

师：请同学们尝试用锣鼓经伴唱，明确分工。（里圈女生念锣鼓经，外圈男生表演唱《我是中国人》）

结合锣鼓经，让学生感受京剧文化最传统的练习方式，了解京剧不同场景需要的典型伴奏乐器，再通过演奏锣鼓经，体验和感受京剧场面的韵味。这能延续学生极好的学习状态，将课堂的氛围推向高潮。

2. 创编京味新曲

把京剧融入"阿卡贝拉"也是一种新的尝试。"阿卡贝拉"是一种纯人声的演唱形式，利用"阿卡贝拉"这种新颖的形式创编京味新曲，带给学生全新的感受。

【案例5】

从锣鼓经中提取固定音型做人声伴奏，从四年级京歌《龙里个龙》中提取旋律音，表演规定演唱顺序。第一遍演唱《苏三起解》，第二遍演唱《京调》，按照演唱内容将学生分成三组。最后，学生穿上自己设计的京味服装进行综合表演。

此活动涉及学生知识的关联和能力的迁移，调动学生的京剧学习经验和现学知识的整合运用能力。

（四）以曲育人，弘扬民族文化

1. 总结归纳，升华内心情感

（1）对比京歌与京剧之异同，加深学生对戏曲文化的理解。以学习任务单的形式进行小组讨论，让学生相互分享学唱京歌的心得体会。

（2）衍生戏歌、地方戏等，拓展民族音乐文化的认知。教师拓展学生更广泛的戏曲知识，让学生有意识地担当起传承戏曲文化之重任。

2. 课外延伸，实现育人目标

教师要充分利用京歌教学课堂的优势，强化对学生灌输和渗透戏曲艺术，以不同的方法去引导学生养成健康的戏曲鉴赏习惯。这样学生不仅能得到美的享受，还能受到爱国主义教育；这样才能振兴戏曲，弘扬民族艺术，振奋民族精神。

教师还可利用开展相应的社团活动、乡土音乐课程等，设定一周一次的教学活动。利用课外拓展活动打造多种艺术平台，在潜移默化中培养学生对戏曲的审美意识和审美能力。

作为新时代的音乐教师，我们不但要紧跟潮流，而且要扎根传统，利用创新精神开辟音乐长远发展的道路，让学生在潜移默化中接受美育的教育和传统道德观念的熏陶。而今后，京歌也将构建起传统与现代音乐教学的纽带，开启新的传承之路。通过音乐课堂这一窗口，让学生了解我国戏曲文化的优秀之处，从而使小学生从小就有文化自信。

二、小组化学习的有效实施与探究

小组学习是小学体育教学中常用的一种教学模式，旨在通过让学生共同学习，来实现学生个体以及彼此之间学习效果的最大化。然而，在小学低年级体育教学中，学生对小组化学习虽有一定认知，但实践不足，因此，小组化学习往往流于形式，难以形成意识，更难在课堂中实践。

笔者以水平二器械体操单杠《直臂悬垂摆动》教学为例，依托"知识本位"到"素养本位"新型教学观，运用核心素养导向的体育教学策略开展教学。通过小组化学习的教学方式，合理分组、任务驱动、强化评价，为学生搭建小组化学习平台，切实提高体育课堂学习效果。

（一）合理分组，角色赋予，增加小组学习参与性

在小组化学习的课堂上，学生分组十分重要。基于不同内容，两人或三至四人一组讨论可能更为有效。小组可以随机和即时形成，但有的学习任务重，对于小组划分，要考虑怎样分才能让学习效果最大化。

1.合理分组，初步建立合作意识

在本单元学习初期，考虑悬垂摆动教材的特殊性，场地器材的有限性，笔者将学生首先按照身高进行男女混合分组。要想使小组化学习有效，人数多少是另一个重要因素，鉴于安全考虑，在练习中，一组中至少有3人需要做保护工作，加上评价、练习者各1~2人，因此，笔者将各组人数定为6~7人，并且兼顾学生能力水平异质化分组，希望学生可以各自发挥优势，体验多样性的收获。

2.赋予角色，强化确立责任意识

利用小学低年龄段学生善于表现、争强好胜等特点，给予小组成员不同任务，让学生明确自己的职责，培养学生的责任意识，如图4-5所示。

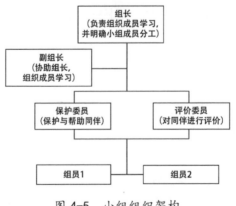

图4-5 小组组织架构

为组内每一名学生赋予具体的角色，确保所有学生参与学习。角色确定后，组内成员之间有相互监督权。组长制下，组内人员进行角色轮换，确保每位同学通过建立小组合作共同体，积极参与，体验到不一样的收获和责任，培养小组合作意识，并能通过锻炼弥补不足。

（二）明晰任务，问题引导，增强小组学习探究性

明确的合作任务是小组化学习的基础。教师应设计具有挑战性和实际意义的任务，任务要清晰，标准要明确。然后教师要向学生展示和分析学习任务，使学生明确自己的任务及需要达到的标准，使学生能够在小组合作中完成任务。此外任务设置需循序渐进，确保每个学生都能参与其中。

1.结构化设置，学习任务循序渐进

笔者以结构化的形式，循序渐进设置学习任务，即从单一的"学"到组合的"练"，再到游戏中"赛"。激发学生学习的积极性，引导学生分析任务，明确目标，找出关键知识点，帮助学生形成解决问题的思维与学习方式。如表4-2所示。

表4-2 学习任务单设计表

任 务	任务内容	目标任务要求
任务一	模仿人体秋千	1. 全握杠悬垂前后摆动身体 2. 坚持摆动2次以上，落地稳
任务二	摆动过一定线高	同伴合作，保护帮助，完成摆动，前摆时，身体或脚高过线
	摆动越线下	同伴合作，摆动过障碍时，可根据组内同伴情况调节，需组内所有成员皆可通过的高度
任务三	单人过线后有远度	摆动三次过线不碰线，落地时可以挑战不同颜色的圆片，圆片分数分别为1分、2分、3分
	双人PK赛	摆动三次过线不碰线，落地时挑战不同颜色的圆片，小组内成员之间发起挑战
	双人合作	摆动三次过线不碰线，落地时可以挑战不同颜色的圆片，双人同时进行，组内进行挑战赛
任务四	游戏	以小组为单位，进行积分接力赛

学习任务过于简单，既无法激发学生的思考，还可能导致学生厌学或课堂纪律混乱，而学习任务过于复杂，会让小组感到压力甚至畏缩放弃。因此，在任务设置时，要结合学情，让学生在同一时间按不同角色分别完成任务，使学生学有所得，体验成功后的喜悦和成就感，激发学生的学习积极性，同时在任务单驱动下，小组目标

明确，任务明晰，学生练习热情高涨，凸显团队力量。

2.驱动性问题，搭建问题任务支架

问题是触发学生思维的引擎，没有问题的教学，难以激发学生的求知欲，导致学习动力不足，也不能引导学生深入思考，学习将停留在表层和形式上。在学习的过程中，要科学引导、及时提问，以引起学生的思考和讨论，让其思维得到发展。根据主线问题，设计彼此关联、逐渐递进的问题链，问题之间不能脱节、跨度过大，问题之间可以通过思考、引导、学习越过。（表4-3）

表4-3 问题链建构

关键问题	摆动有幅度
问题1	向前摆动时如何发力将腿举得高超过绳子的高度？
问题2	前摆落地过绳时，如何做到不碰绳子？
问题3	向前越过绳落地时，如何做到既不碰线，又越得远？

笔者依据本节内容，对关键问题进行有机拆分与细化，设计衔接自然、有梯度的问题链；在讨论中一步步加深学生对所学内容的理解，启发学生紧紧围绕学练任务去发现规律；每个任务都重点突出，具备开放性和弹性，有助于学生知识体系的构成；在这一过程中积极引导学生分析问题，探索解决问题的方法，培养学生的探索精神和分析问题的能力，刺激学生深度思维形成。

（三）以评促学，以评促教，提高小组学习有效性

评价在小组学习中不可或缺，一个完整的教学系统必然离不开评价，体育课堂的教学评价是伴随着学、练、赛随时发生的。在小组学习中，应侧重对任务完成情况的评价，以此调动学生的积极性，使学生能够及时掌握自己的学习情况，调整学习方法，但要注重评价多元化。

1.依据组内形成性评价，关注个体达成

成功实施合作学习的关键在于建立起学生对个人学习负责的机制。尽管合作学习是学生在小组合作下实现的，但我们对合作学习的评价仍要聚焦学生个体。因此，在布置合作学习的任务时，需要设计让学生个体完成的任务，以便能够体现出学生个体的学习成果。以本节课为例，如表4-4所示。

表4-4　任务一完成情况评价表

任务内容	模仿人体秋千																	
奖励	每次练习能做到两条得5分									每次练习能做到一条得3分								
目标任务要求	1号同学			2号同学			3号同学			4号同学			5号同学			6号同学		
	第1次	第2次	第3次	第1次	第2次	第3次	第1次	第2次	第3次	第1次	第2次	第3次	第1次	第2次	第3次	第1次	第2次	第3次
1. 全握杠直臂悬垂前后摆动身体 2. 坚持摆动2次以上，落地稳																		
合计分数																		

　　评价是对学练赛的统筹和总结，通过评价可以对学生的学习过程和效果进行判断，达到把握学生情况，查找问题以及为后续学练改进铺垫的目的。评价要客观，方式要简单，内容要简明，学生容易理解。通过评价让学生体验到成功的乐趣。评价表的记录是小组合作学习凝聚力的有效性证据，让学生从会做到会评，既加强了团队协作，又促进学生认真思考和积极练习。（表4-5、表4-6）

表4-5　任务二完成情况评价表

任务内容	模仿人体秋千																							
思考问题	问题1：向前摆动越过绳子怎样做才能不碰绳子并且做到落地不摔倒？																							
奖励	每次能做到三条5分												每次能做到两条3分											
目标任务要求	1号同学				2号同学				3号同学				4号同学				5号同学				6号同学			
	第1次	第2次	第3次	第4次	第1次	第2次	第3次	第4次	第1次	第2次	第3次	第4次	第1次	第2次	第3次	第4次	第1次	第2次	第3次	第4次	第1次	第2次	第3次	第4次
1. 全握杠，摆动2次过线 2. 过线不碰线 3. 落地稳																								
合计分数																								

表4-6　游戏"合作共赢"评价表

规则要求	1. 未做滚翻扣 1 分 2. 未拉手跳扣 1 分 3. 触网扣 1 分 4. 未同时返回扣 1 分					
奖励	1. 未犯规全队每人奖励 5 分 2. 全队犯规达到 3 次，每人奖励 3 分 3. 全队累计犯规达到 4 次，不奖励					
游戏次数	1 号	2 号	3 号	4 号	5 号	6 号
1 次						
2 次						
犯规累计 1						
犯规累计 2						

2.开展组间多元化评价，关注共同提高

在小组合作练习评价中，既要组内互评，也要组际互评，让学生对合作小组集体作出评价，反映学生集体或个人的素质情况。要评价学生的知识掌握情况、学习态度、学习能力等。增强学生参与合作的意识，改变以往教师评学生听的局面，让学生真切感受到自己是学习的主人。通过这种方式，增强学生的集体责任感、荣誉感，进一步提高其分析能力。（表4-7）

表4-7　小组合作学习组间评价表

组别	学习态度 （25 分）	组内互助 （25 分）	练习氛围 （25 分）	总结表现 （25 分）	总平均分
1 组					
2 组					
3 组					
4 组					
5 组					
6 组					

在小组化学习过程中，对于学生和教师而言都有得有失。评价可以检验教学任务完成情况，促进学生达到预期的学习目标，及时发现教学中的问题。

以任务驱动，问题导向，在帮助学生实现自我成长的同时，也增加团队凝聚力；以目标统领，问题导向，促进小组间相互交流学习，学思结合，共同进步。在小组化学习中，以问题导向，学生在学练中有明确的任务目标，既要个体独立的学习，也要融入合作学习。任务单的设计，不仅让学生明确学练内容，还在学练过程中通过自评或互评，有针对性地帮助自己和同伴进步，达到共同发展的目的。

在小组化学习中，沟通交流对学生而言十分重要，在增强学生学习动力的同时，也让学生真正成为课堂的主人。小组合作化学习同时也向我们展现了潜移默化培养组建团队、达成共识和沟通交流的社交技能，以及对培养学生关键能力和必备品格具有重要意义。

第五章　全场域　新增量——优质资源的培育与重组

第一节　游戏化教学的价值与案例研究

陈鹤琴将游戏形容为儿童的生命，在他看来，游戏是儿童最重要的生活，也是培养道德、接受知识、丰富经验、训练技能、焕发个性的主要方式，在家庭与学校教育中应当被特别重视。

教育中，我们应为儿童提供各种游戏机会，不仅是相对静态的画图、剪图、着色、穿珠、塑泥等单独游戏，还应进行锤击、浇花、玩沙等活动游戏，这些与儿童身心发展联系密切，富有教育价值与意义；同时符合儿童"好动""好奇"的特征，使儿童获得更多经验。

一、立足"活教育"理论，提高课间游戏质量

（一）问题发现——游戏"时空"难以得到保障

问题一：课间游戏时间得不到保证。

下课铃声响，有的老师还要拖会儿堂，真正留给学生的时间可能只有七八分钟，甚至更少。而有些科目，如音乐、美术、计算机课要去专用教室上课，孩子们还得匆匆赶路，根本没有游戏的时间。

问题二：课间游戏活动空间有限。

现在孩子们的教室大部分在楼上，课间十分钟下楼活动，时间根本不允许。因此，走廊成了唯一的室外活动场所。但走廊根本容纳不下那么多学生进行游戏，而且还

存在很大的安全隐患。

问题三：课间室外游戏少。

有部分孩子课间做作业，根本不休息；有部分孩子坐在位子上聊天、画画，既缺少阳光的照射，又缺少肢体的运动。

问题四：课间游戏活动单一。

在室外活动中孩子大都玩拍手游戏，活动单一，有益身心的游戏活动少；更有一部分孩子在追跑打闹，很不文明。

问题五：传统游戏未传承。

孩子模仿能力强，校外的一些不健康的歌谣、顺口溜在孩子们的活动中出现，而本地的一些优秀、健康的游戏歌谣却被遗忘，需要去挖掘优化。

（二）项目实施——创设张弛有度的游戏空间

1. 主要行动

（1）通过综合实践主题活动广泛收集大量的传统小游戏。经过分析，我们发现性别、个性不同的小学生在不同季节、不同年段的游戏也各有不同。同时，也发现一些游戏在教室里玩很不安全。所以大家悉心设计调查问卷，合理筛选，推出了一系列适合不同特质孩子的游戏项目。在这基础上，我们鼓励师生创作新型游戏，并在此基础上创编游戏童谣，丰富游戏内涵。

（2）对现有的游戏进行科学的分类，共有角色游戏、活动游戏、智力游戏、结构游戏等，针对每种游戏的适合人群进行了合理推荐。

（3）在"活教育"理念指引下，指导学生利用校园中废旧物品自主制作游戏道具，布置游戏场地。

（4）建立"小小队长负责制"，利用多种资源对各班队长的游戏技能与组织能力进行培训，再由队长负责以一教五，合理组织，层层推介，最后在全班学生中全面展开。

2. 项目开展以来的效果

（1）初步完成课间游戏的整理与创编工作，充实了学校"做中学"校本系列教材

①采集游戏，精心筛选

项目组成员借助综合实践主题活动，通过网络资源、查阅书籍、日常摘抄等形式，收集了大量游戏和童谣，利用活动时间对其在学生中推广的可能性进行讨论，初步

选择出角色游戏、活动游戏、智力游戏和结构游戏等4大种类共80多个游戏项目（表5-1），这些游戏不仅促进了学生骨骼肌肉的发育，还锻炼了他们的运动技能和技巧，促进了学生课间活动的文明度，师生都比较喜欢。

表5-1　游戏总汇及分类

游戏种类	集体游戏项目
角色游戏	丢手绢演手绢、花开花落、老鹰跳着捉小鸡、彩蛋飞蝴蝶、龙中之鸟、盲人穿鞋、自营小店、角色大互换等
活动游戏	拔河写字、刁功不凡、小英雄寻宝记、超级任务、不要激怒我、你看你说我做、听口令做反动作、吹蜡烛等
智力游戏	巧记数字、巧运球、看词编谜语、商品大竞猜、数字畅游汉字王国、瞎摸瞎猜、妙语连珠、动词对对碰、猜猜他是谁等
结构游戏	快乐易拉罐、西瓜派对、头顶气球走、神奇方块、魔方大赛、堆长城、地雷阵等

②普及推广，合理改编

"老鹰捉小鸡"一直是低年级课间经典游戏之一，它将提高学生灵敏协调能力、团结协作能力等与趣味性、娱乐性融为一体，一直广受师生们的青睐。但是如果学生长时间重复着同一种玩法，也会慢慢失去兴趣。就像社会要发展创新，游戏也不能落伍。因此我们将"老鹰捉小鸡"这项体育游戏进行了些许改进。比如，小鸡被抓后去了哪里？这就是创新思路的初端。有学生问答"被老鹰吃掉了！"这也就是游戏的变化所在，老鹰捉到的小鸡被老鹰同化，直到将所有小鸡包括鸡妈妈一网打尽，游戏才结束。通过这种简单变化，增强了游戏本身的趣味性，提高了游戏的难度。其实，像这样的游戏还有很多，只要我们在这些固有模式上稍加利用和改进，那就是创新。

③吟唱儿歌，统一规则

在课间游戏活动的传授过程中，我们发现课间游戏中的儿歌、童谣则是一把开启儿童能力多方位发展的"金钥匙"，它们既有趣味性又有娱乐性。儿歌中有趣的情节让儿童不用老师提醒，就自然专注起来。孩子们在愉快的游戏中边唱边玩，同时获得能力的提升。

附游戏童谣：

一、抬花轿（拍手游戏）

一月一，年初一，一月二，年初二。

年初三，早上床，今夜老鼠娶新娘。

老鼠女儿美丁当，想找女婿比猫强，

太阳最强嫁太阳，太阳不行嫁给云，

云不行，嫁给风，风不行，嫁给墙，

墙不行，想一想，还是嫁给老鼠郎。

大小老鼠来帮忙，抬花轿，搬嫁妆，

喝喜酒，闹新房，新郎新娘拜堂啦！

二、五只小猪（角色互换）

这只小猪上市场，

这只小猪没有去，

这只小猪吃饱饱，

这只小猪没得吃，

这只小猪"呜咿呜咿"一路哭着回家去。

三、拍拍手

拍手心，拍手背

（各自拍手心两下，拍手背两下），

拍拍肩，拍拍腿

（拍肩两下，拍腿两下），

你也拍，我也拍

（自拍一下，两个右手相拍一下，有自拍一下，左手相拍一下），

我们两人乐呵呵

（自拍一下，两人双手对拍一下，再自拍一下，对拍一下）。

四、炸果果（角色游戏）

炸，炸，炸果果，

腰里披着个皮索索，

你搽胭脂俺搽粉儿，

咱俩人变个扭扭嘴儿。

（2）学生在课间游戏中得到了快乐

重视学生的兴趣是实现优化课间游戏的有效保证。从目前所收集反馈的信息来

看，学生们对此普遍比较喜欢。

项目组通过问卷，将项目实施前和实施一学期后，学生体会课间快乐的前后调查做了对比。（表5-2）

表5-2 队员体会课间快乐的前后测查表

问题	项目	实验前		实验后		变化	
		人数	百分比	人数	百分比	人数	百分比
你认为现在的课间快乐吗？	快乐	12	24%	42	84%	+30	+60%
	一般般	21	42%	6	12%	-15	-30%
	不快乐	17	34%	2	4%	-15	-30%
你认为这样的课间对你减轻学习压力有帮助吗？	有帮助	11	22%	38	76%	+27	+54%
	没帮助	22	44%	1	2%	-21	-42%
	一般般	17	34%	11	22%	-6	-12%

从表5-2可以看出：

项目实施以后，孩子的课间状况发生了天翻地覆的改变，如今的课间游戏得到了孩子们的广泛喜欢。

学生将课间游戏活动所带来的影响归纳为以下几方面：

一是获得了知识：认识了许多传统游戏，如抖空竹、独轮车等；

二是掌握了技能：学到了许多技巧，提高了平衡、支撑能力等；

三是培养了优良的道德品质：如谦让、团结、友爱等。

（3）在课间游戏中学生的创新意识、团队意识得到了培养

项目实施以来，培养了学生的创新精神和实践能力。学生们自玩、自创、自编的游戏不断涌现。项目组对三年级1班50名学生的"同一游戏器具多种玩法"进行对比调查。（表5-3）

表5-3 三（1）班"同一游戏器具多种玩法"前后测查表

项目	实验前				实验后				变化	
	玩法3种以上人数	占总人数百分比	玩法6种以上人数	占总人数百分比	玩法3种以上人数	占总人数百分比	玩法6种以上人数	占总人数百分比	玩法3种以上人数	玩法6种以上人数
蹦蹦球	23	46%	12	24%	44	88%	28	56%	+21	+16
沙包	35	70%	15	30%	50	100%	32	64%	+15	+17
方木头	36	72%	21	42%	50	1005	38	76%	+14	+17

表5-3让我们惊喜地发现，学生对同一游戏器具更新了很多玩法，孩子们有些玩法令老师都很惊喜。

陈鹤琴先生说过"大自然，大社会都是活教材"。为了充分满足游戏的需要，项目组组织孩子们利用生活中的废旧物资开发制作自己的游戏道具。据统计，师生合作共自制游戏道具100余件。

在项目的实施过程中，我们在5个实验班中各自选了8人作为课间游戏的"小小队长"，将中队分成若干个游戏小队，建立了"小小队长"全权负责制的管理模式。每一个新游戏的推介与日常游戏的管理都由小小队长负责。这一模式在游戏推广中起到了很大的作用。无论是课间还是课外，都能看见孩子们互帮互助练习的身影。

项目组对这些"小小队长"在班中任班干部的情况（任班干部的在全体小小队长中所占的百分比）进行了前、中、后测试，结果如图5-1所示。

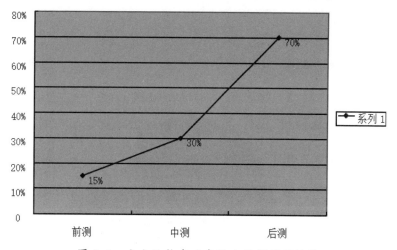

图5-1　小小队长在班中任班干部情况统计

如上图所示，小小队长在游戏活动中团队意识和组织能力有了很大的提高，在班中任班干部的人数急剧增多。

（三）模式归结——建构基于体验的游戏模式

1. 按照不同年级特点推介是优化课间游戏的必要前提

在项目实践过程中，要根据不同年段儿童的不同身心特点，确定不同的游戏项目，力图在自主参与中，帮助学生在自己的兴趣爱好及能力范围内学会文明竞争、友好合作，并努力实现优化课间游戏的目标。

（1）小学低段（小学一、二年级）

游戏特点：趣味性、可模仿性强，操作简单、具象化，强调集体游戏。

游戏类型：实践游戏（练习性游戏）。

例如，找人行动、盲人穿鞋、顶屁股等。

（2）小学中段（小学三、四年级）

游戏特点：有情节，有想象，有任务驱动，有延续性，鼓励小组合作。

游戏类型：结构游戏、假想游戏（象征性游戏）。

例如，东南西北、魔方比赛、传电报等。

（3）小学高段（小学五、六年级）

游戏特点：允许儿童在活动中自我控制并按照自己的想法去处理。能折射一定的社会关系、社会规则。

游戏类型：规则游戏、问题解决游戏。

例如，形形相拼、正对与反对等。

2. 小小队长全权负责制的管理模式是实践陈鹤琴教育思想，优化课间游戏的有效管理方式

课间游戏的管理一直是我们比较重视的。既然广泛开展课间游戏，科学有效的管理是必须的。

实践证明，小小队长全权负责制的管理模式是实践陈鹤琴教育思想，优化课间游戏的有效方式。

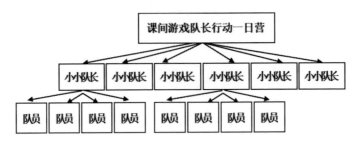

图 5-2　课间游戏"小小队长"全权负责制的管理模式

如图 5-2 所示，课间游戏的最高管理组织是"课间游戏队长行动一日营"。在一日营中，师生对新游戏进行开发尝试、熟练掌握，使得"小小队长"对游戏了如指掌。然后根据年龄特点和各场地限制进行合理的调整，确保这一阶段全体学生有新游戏玩而且各年级不重复。小小队长负责好本小队的日常游戏管理。在游戏的过程中发现新玩法，再反馈到"课间游戏队长行动一日营"，进行再次推广。

3.利用废旧物资科学合理地开发游戏器具是实践陈鹤琴教育思想，优化课间游戏的有力保障

开展游戏必须配备器具，利用废旧物资科学开发游戏器具是优化课间游戏的最佳保障。我们的经验是：

（1）平时要注意生活、学习废旧物资的积累。

（2）开设"游戏器具"研发社团，并与"手工劳技"学科整合，师生合作，科学合理地开发。

（3）设立"游戏器具"专利奖，鼓励那些有价值、能广泛推广的游戏器具制作。

二、小学低年级数学游戏化教学的行动研究

（一）学戏相长，激发学习兴趣

1.课程开发与实施的意义

数学是一门偏重于理性思维的学科，其抽象性和逻辑性使得不少学生产生畏难心理。在教学中，如果教师忽视对学生兴趣的培养，一味地以做题来提高成绩，数学学习便会更加冰冷枯燥。数学新课程标准认为，数学教学不仅要重视学生获得知识技能，而且要激发学生学习兴趣。而数学游戏集知识性和趣味性于一体，可以有效调动学生学习探究数学的兴趣和积极性。游戏与数学在逻辑思维和线性规则的相似性，为两者的融合以及"学戏相长"奠定了基础。秉承学校"乐学、勤学、活学"的学风，我们确定了对这一课题的研究。

2.国内外相关研究综述

国外研究者对游戏和教学的讨论和实践成果颇丰。早在两千多年前，雅典便出现许多玩具，如陀螺、铁环及泥制动物等。在我国，孔子的"知之者不如好之者，好之者不如乐之者"就最早阐明了兴趣对于教育和学习活动的重要，成为游戏教学最早的理论雏形。

这些研究按内容主要分为三类，一是关于游戏的教育价值探讨；二是游戏教学的策略及应用研究；三是对游戏教学等学理探讨。但总体来说，关于这一课题尚有进一步细化研究的余地。在本课题的研究中，我们将把一些好的理论、经验结合我校的实际情况加以有效利用，使之成为我们课题研究的理论依据和实践指南。

（二）寓教于乐，发展游戏化教学

1. 研究的目标

（1）通过课题的实施，让学生在游戏化的课堂掌握数学的基本知识、技能，并从中获得活动经验及数学思想方法。

（2）通过课题的实施，树立教师运用游戏教学的观念，提高课堂教学效率。

（3）通过课题的实施，提高学生对数学学习的兴趣，推动学生发展社会化，在游戏中提高合作与交往的能力，培养学生高尚的品质。

（4）通过课题的实施，让学生积极参加数学评价活动，感受数学活动中的成功。

2. 研究内容

（1）"游戏化"教学现状调查分析研究

通过观察、统计等科学研究方法，找出"游戏化"教学方面存在的不足，分析问题的症结所在，为研究奠定基础。

（2）"游戏化"教学能力的行动研究

①教学资源游戏化，激发学习兴趣。

②教学过程游戏化，突破教材重难点。

③教学内容游戏化，培养探究应用能力。

④学生评价游戏化，享受数学的成功。

（3）"游戏化"教学学生成果评价

①让学生通过写数学、画数学等形式对"游戏化"教学内容进行生活运用，促进学生认知结构的成熟和发展。

②对学生参与游戏学习的多种形式进行鼓励性评价，从而有效激发学生学习数学的兴趣。

3. 研究方法

（1）对比实验法。主要是加强日常实验中的细化比较，包括教学设计、教学手段、教学效果等，并将其以文摘形式进行记录，为课题顺利进行积累资料。

（2）问卷调查法。即对实验过程中学生的反应（知识层面、情感层面、能力层面）进行问卷调查，从中得出结论，对实验进程进行随时调控。

（3）行动研究法。即在实验过程中，解放学生的手、脑、眼、嘴，让学生的多种感官参与实践，在"游戏化"教学行动中培养学生的综合能力。

（4）经验总结法。在实验过程中，注意及时总结优秀的经验；如果发现不足，就及时调整，保证实验的顺利进行、深入展开。

（三）游戏为介，培养数学素养

1. 小学低段数学游戏化教学现状调查分析

（1）问卷制作与调查对象

"小学低年级数学'游戏化'教学的行动研究"教师问卷共设12道题，学生问卷共设11道题。我们分别对部分小学的教师和学生做了问卷调查。调查过程共发教师问卷11份，共收回有效问卷11份；共发学生问卷100份，共收回有效问卷份94份。

（2）问卷调查结果与分析

学生层面：男生50人，女生44人。很喜欢学数学——占35%。认为数学课上有必要玩游戏——占97%。在课堂上玩游戏——占31%。数学课上玩游戏会使数学课更有趣——占100%。课后会用游戏方法来学习——占10%。

教师层面：女教师10人，男教师1人。课堂上经常使用游戏——占9%。使用竞赛型游戏居多——占64%。使用游戏时学生会忽略学习内容——占73%。数学课上玩游戏会使数学课更有趣——占100%。在课堂导入时使用游戏居多——占55%。认为游戏教学法课前准备时间过长——占18%。

调查发现，学生们都喜欢游戏化的教学课堂，为了让更多的学生喜欢上数学课，教师要改变以往满堂灌的教学习惯，让学生做到真读、真思、真学……，运用课堂游戏能提高学生的学习自主性，发展学生的智力，让学生爱上数学。

2. 小学低年级数学游戏化教学实施的策略

（1）教学资源游戏化，激发学生学习兴趣

除法是比较难理解的数学概念，所以除法的学习应该像加、减、乘一样，加强数学活动经验的积累。教学中应更重视实践操作对学生理解除法概念的支持作用。为了引导学生加深对平均分的理解，我们制作了《分物除法》的网上互动资源，让数学变游戏，让学习更有趣。游戏中一共有18个橘子，选择不同数量的小动物，平均分配橘子。小动物的可选数量：2只、4只、6只、8只。确定好小动物数量，拖动橘子到对应小动物的木筐中，将18个橘子全部平均分配给所有小动物，正确平均分配后可以获得奖杯奖励。可重复开始游戏进行平均分的操作。本节课通过分物游戏，让学生通过把小数目实物进行平均分的操作过程，初步体会平均分的意义，积累平均分物的活动经验，通过三次分物游戏，从"玩"中找到融合的切入点，引导学生逐步加深对平均分的理解，初步建立平均分的概念，使他们在玩中加深对所学知识的理解与掌握。我们课题组还在老师的带领下尝试制作微课，并融入游戏环节，让抽象静止的数学知识变得生动形象，易于理解和掌握。只要老师牢固树立融合的意识，就可以在"学中玩"与"玩中学"的过程中捕捉到融合的契机和切入点。这样的多媒体手段与低年级数学游戏相结合的教学，给学生的多重感官刺激，使数学教学趣味性和应用性大大增强。（图5-3）

图5-3　多媒体与游戏相结合数学教学方法展示

（2）教学过程游戏化，突破教材重难点

计算练习中，学生往往会因为枯燥而对练习产生抵触心理。有老师设计的《100以内数的加减法》复习课，先从猜年龄的游戏中感悟100以内加减法的应用，接着在教学过程中以智慧大闯关为主线，设置森林小医生、数学小诊所、猜一猜、神机妙算四关，引导学生主动回忆100以内的数的加减法计算知识，正确熟练地进行计算，进一步提高了学生的计算能力。还有老师执教的《1000以内数的认识》从数数游戏、报数游戏引入，找准起点。而掌握千以内的数位顺序及各数位上数字的意义，会正确地读写并数数又是本节课的重点所在。为突出这个重点，本节课教学设计用卡片摆数、利用计数器写数、看小立方体图找计数单位，还有利用数轴写数、找数，都紧紧围绕"数的意义"展开。通过具体实践活动，让学生数数、计数、用数，培养学生的合作能力，以及学习数学的兴趣和自信心。（图5-4）

图5-4　游戏化数学课堂实践展示

（3）教学内容游戏化，培养探究应用能力

把游戏活动与知识探究结合起来，是数学课程标准赋予数学课堂的使命，它提倡让学生体验、探究形式多样的学习活动，从而增强学习感悟，促进知识学习；同时，学生在趣味浓郁的氛围中快乐学习，从而产生对知识学习的亲切感，让数学学习更富实效。比如，在学完《七巧板》后我们设计了课后拓展游戏。游戏人数：1 人或多人。游戏规则：①把七巧板从盒子里倒出来，不重叠摆放在桌面上，以最快的速度将 7 块板摆放回盒子里。②依照下面的图样拼图，每一个图都必须用 7 块板，且板在一个平面上，不能竖放或叠放，用时越短越好。游戏攻略：①注意每块板的边长，找出七巧板的长短对应关系。②先以大三角形可以摆的位置作为突破口，再根据目标图形逐一摆拼。③熟识一图多种拼凑的方式。在这个游戏中只有细心观察、动手实践，才能发现图形的拼法。这不仅培养了孩子的思维能力，还培养了其分析、判断的综合能力。我们还布置了课后作业：自己制作七巧板，拼出你所想象图形的样子，如各种人物、动物等，还可以编故事，如守株待兔等。（图 5-5）

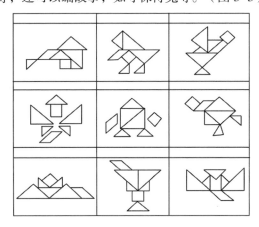

图 5-5　游戏化数学教学成果展示

在数学学习中引入游戏时，要科学解读学生的心理，让游戏能激起学生学习的兴趣，这样的游戏才能有效辅助教学。让学生在玩中感悟数学知识，从而让学生的数学学习更加主动积极，真正地走上探究知识之路，进而让数学学习充满创造性。

（4）学生评价游戏化，享受数学的成功

在学校趣味数学节中，设置十佳七巧板小达人、十佳魔尺小达人。在游戏中设置时间小主人、观察小尖兵、思维小天才、口算小能手。寓教于乐，让学生在游戏中学习，在考中提升，在参与中享受学习数学的快乐、体验成功的喜悦。这样的形式，不仅考查了学生的基础知识技能、发展了数学思维，还能培养他们的数学表达能力

和实际运用能力。而且无论形式、内容，都能更全面、更客观地展示孩子在一学期内的进步与成长。（图5-6）

图5-6　趣味数学节活动现场

实践证明，把游戏融入小学数学教学，更能刺激学生学习，让其积极参与知识探究。因此，教师要深入挖掘数学知识的特性，并有机地整合学习资源，以游戏为载体，搭建学生探究数学的桥梁，让他们在玩中实现求知目的，使有效教学成为学生数学核心素养稳健发展的有力推手。

（四）成果探究，提高师生能力

1.激发学生学习数学的兴趣，提高学生的学习能力

通过课题实验，学生的综合素质提升很快。一是学习的兴趣更高；二是对知识的掌握有了新标准；三是提高了自主学习能力；四是提高了合作学习能力；五是提高了探究学习能力。学生在游戏化的课堂中进一步掌握了数学基本知识与技能，并在过程中获得相应数学思想方法及活动经验。学生不仅乐学、勤学、活学，且能做到学有成效，并学以致用，逐步建立起学习成就感和深入学习的自信心，形成一定的数学运用能力，助推学生的终身学习。

2.培养了新型的师生关系，提高数学课堂教学效率

研究中，我们把较复杂的教学内容置于轻松愉快的教学活动中去，使教学变得有趣、生动，让学生不知不觉地主动学习、加工知识并内化、提高语言运用能力，开创了数学教学的新模式。

3.促进教师教科研活动开展，提高自身业务素质

实验中，在校名师工作室宋莲芝和余钧老师的带领指导下，我重点把课题思想落实到一、二、三年级组。一年中，我们积极投入课题实验，同时，努力学习教育学、心理学知识，刻苦钻研新课标与新教材，虚心听取各方面意见与建议，形成了良好

的教研氛围，养成了良好的教研习惯，切实转变了教学观念，提高了自身的业务修养。在研究中，本课题组取得了较多的成果。多名老师的学术论文发表，优质课获奖。

（五）问题思考，复盘教学成果

本课题的诸多经验，对小学低年级"游戏化"教学具备指导作用，值得在实践中进一步完善与推广，但还有一些问题有待改善：

1. 由于学生的个体差异造成了学生知识经验的差异，如何在参与中兼顾学生的差异性，还有待进一步研究。

2. 在"游戏化"教学中，如何选择和持续利用游戏道具，也是后续要研究的。

总之，通过一年的实践，课题组成员都认为实验极有成效，并且找到了低年级数学"游戏化教学"的多种实施策略。实践证明，在小学低段的数学课堂中融入游戏，更能够提高学生的学习积极性，帮助学生树立良好的认识需求，推动学生认知结构进一步发展与成熟。当然，实验也存在着一些问题，我们将会继续努力，使其更加完美。

第二节　学科教室的资源规划与整合实践

我们认为："做中学"的教学模式是一种预设的、过程性的、复杂的综合活动，是学习者、教育者、教育情景相互作用的动态活动。在研究中，我们按照"建构、开发、使用及推广"这几个步骤，充分考虑学习者、教育者、教育情景等因素，动态构建学科教室。

根据课题实施方案的安排，我们将本课题分为三个阶段进行了研究。

一、学科视域下学科教室资源的规划和设计

伴随着社会环境变化和教育理念更新，课堂教学也在不断变化，以教师为中心，依靠目视耳闻和训练传递知识的方法，正在被以学生为中心的通过情境构建课堂的方法取代。新的教学形式对教室提出了新的要求，我们结合学校实际，从学习空间革新、校园文化建设、学科教室培育三方面规划设计学科教室。

（一）融入学科元素的学习空间革新

以学生为中心的空间构建理念，以及促进学生主动学习、协作学习和提高解决问题能力的设计目标等理论，给了我们很多启发：学习不再局限于课堂，学习空间也不再局限于教室、实验室、机房等教学空间。它可以在校内校外的任意场所。因此，我们特别主张把校园建成一个融入学科元素的、处处可以学习的空间。

（二）融入学科元素的校园文化建设

校园是孩子们的第二个家，是学生学习、成长、学会生活、学会做人的地方。由此，需要将学科元素广泛渗入校园文化的建设，打造一个具有学科文化氛围的校园文化环境。

我们把学校的各个楼层按不同学科分布，配合学校的拓展性活动课程的开展。富有"做中学"特色的校园布局给学生们创造了一个多功能、有层次、自由的学习环境。这不仅在时间和空间上满足了学生汲取知识的需要，同时也在学科与学生之间搭建了桥梁。

1.融入学科元素的学习共同体建设

学科教室是一个广阔的学习空间，一批有共同兴趣爱好的研究团队在这里交流共享、互动创作。学校有很多这样的学习共同体，他们成了一道道校园特色风景线。在这里，我们展示的是校"绘本发烧友"组成的"彩虹团队"。

2.激扬生命情感的课程文化设计

苏州大学教育学院的朱永新教授曾说："教室是一副扁担，一头挑着课程，一头挑着生命，卓越的课程才是教育最核心的东西……"所以，我的教室里应该是让每位孩子感到温暖的、值得依靠的、能愿意为之服务的，这间教室独一无二，是孩子生命中无法复制的人生驿站。对他们来说，走进的教室、遇上的教师、经历的课程的不同，其生命便会呈现无限的可能性。

2017年，鹤琴小学"做中学"实践课程方案被评为绍兴市学校整体课程一等奖。学校从顶层出发，引导老师们参与健康、规则、智慧三类课程的开发与整合。

在学校三类课程的引导下，全校各班从班级文化、班级课程、家校共建入手，让教室的内涵不断延展，研发了教室环境课程、晨诵课程、生日课程、四季课程、节日课程、班级社团课程等。这些课程让孩子们童年生活更丰富。

（1）教室环境课程

鹤琴小学每学期都要进行"美丽教室"评比。这些美丽教室是老师、孩子、家长一起参与、设计的家园。在多年的积累和推广下，形成了具有鹤琴特色的教室环境课程。我们让教室的每一处都有孩子的创作，真正成为孩子的教室。

（2）晨诵课程

每天早晨，孩子们在音乐和诗歌中开始一天的学习——这是晨诵课程。低段是大量有趣的童谣和优美的儿童诗。中段是古诗词课程。每天20分钟，用声音、诗歌唤醒生命，这是我们诗意生活的开始。

（3）四季课程

自然是最美的教室与资源。我带着孩子们走进文人墨客的笔下，阅读四季。春天种植，夏天灌溉，秋天收获，冬天踏雪赏梅。

（4）节日课程

引导熟悉传统节日历史，诵读相关诗词。中秋节做月饼、放河灯，喝茶赏月；重阳节登山、采摘，走访敬老院；春节剪窗花，走进生肖文化；元宵节制作汤圆、灯笼，猜灯谜……

（5）班级社团课程

学校社团种类繁多，如岩石社团、魔方社团、空竹社团，它们都是根据孩子们的兴趣创办的。课余时间，通过与趣味相投的同学们研究，每人都有收获。

（6）生日课程

我们的课程包括最隆重的生日庆典，为小寿星编制独特的富含其生命特质的生日故事，在全班同学面前讲述。让同学们根据故事进行生日诗、生日画创作，并装订成册，成为孩子最独特的生日礼物。

这样的教室，这样的生活，让我们看到了生命的美好，也让孩子每一天上学时都充满期待和向往；结束一天的学习时对教室充满留恋和不舍。

教室，是我们要达到的地方，它包含了我们论及教育时所能想到的一切。

（三）增加技术支撑的学科教室培育

学科教室还应该有一套数字化的智慧教学环境，能够支撑优秀教师教学智慧的物化与传播，提高教师教学水平与质量；支撑学生开展自主、协作与个性化学习，让学生在学会知识与技能的同时，提升创新性思维能力，使学生轻松、愉快、高效地学习。为适应新课程改革，我们主动谋划，积极申报学科教室、创新实验室的建设，并通过教育云等服务平台，拓展和延伸学科教室的多课程融合。（表5-4）

表 5-4　学科教室硬件设施配置

名称		个数
显示设备（任选其一）	投影仪	1 台
	电子白板	
	触摸一体机	
	交互电视	
路由器		1 台
无线 AP		1 台
推拉式黑板（可选）		1 个
分组高清录播系统（可选）		1 套
智能移动学习平板		根据学生数量适配
充电柜		学生数量 /60
课堂交互电脑		1 台
温湿度监测器（可选）		2 个
空气质量监测器（可选）		1 个
人体位移传感器（可选）		3 个
光照监强度测器（可选）		2 个
可计量墙面插座（可选）		4 个
窗帘电机及配套滑轨（可选）		3 套
高清摄像机（可选）		2 台
红外转发器（可选）		1 个
单火线三路 10A 开关（可选）		1 个
单火线两路 10A 开关（可选）		1 个
密码指纹锁（可选）		1 个
门窗磁探测器（可选）		1 个
水浸监测器（可选）		1 个
竖型网关（可选）		1 台
声光报警器（可选）		1 个
六路场景开关（可选）		1 个
粉尘监测器（可选）		1 个
移动插座计量版（可选）		1 个
吸顶式考勤基站（可选）		1 台
双频电子识别卡（可选）		60 个

注：左侧整列合并单元格为"硬件"

二、学科教室建设与学科教学的综合与融通

现代教育理论认为，人类的思维的源头不在于大脑，而在于活动。陶行知说过："在劳力上劳心是一切发明之母。"可见让孩子动手"做"是何等重要。

在学科教室的应用推广中，我们深入贯彻"做得细致，学得扎实，玩出名堂"的教室建设理念，以"做"为主线，实现"教"与"学"在做中合一，"情"与"知"在做中互促。

（一）经历体验，"教"与"学"在做中合一

积累经验不是通过简单的活动和思考就可以完成，它更强调的是一种真实的情境与体验。在学科教室里，教师更容易创设类似的问题情境，组织探究性活动，以启发学生多角度地获取多样化的信息，积累丰富的探究经验。

不断地进行猜想、验证再思辨，才是真正获得探究经验的过程。需要创设具有开放性、多样化的情境，让学生身临其境地去真正经历探究的过程，才能获得更科学、丰富的经验。

（二）巧设媒体，"情"与"知"在做中互促

影视资源包含了人类文明的优秀成果，小小的空间里容纳下无数精彩。鹤琴小学"玩电影"社团，很好地利用了影视资源的优势来拓宽学生的思维。他们的做法如下：

1. 雪中送炭，设在写作亟须处

儿童写作最怕无话可说，学生在五下第一单元的习作中就遇到了这样的难题：给西部的小学生写封信。为此，指导老师精心为学生选择了《美丽的大脚》这部影片，把西部鲜活的生活搬进课堂，展开了习作教学。

首先，通过电影片段，了解西部风貌，感受黄土高原的风土人情，抓住其中有缺水的细节，揣摩人物内心，进行片段写真。其次，抓住电影中呈现的西部落后的生活场景，想象山区孩子们到了北京后的生活。最后，给影片中的一个西部孩子写一封信。

影片中的场景给学生留下了深刻的印象，有了具体可感可解的人物，孩子们的作文完全是内心的倾诉。如，一个孩子给影片中的王大河写信——

……在操场，每个人手捧着盆器，抬头望着天空，祈求着老天能下雨。你——

王大河眼睛直直地望着天空，嘴巴张得老大老大的，露出了黑黑的牙齿，一动不动地焦急等待着。同学们焦急等待着，张老师焦急等待着，可是乌云却节节衰退，太阳又露出了狰狞的面孔。我知道，你失望了、沮丧了……此时此刻，我多想化身成你头上的那片乌云，化身成大大的雨点飞向你……

2. 锦上添花，设在习作创意点

在以人文为主题的单元习作中，如何让学生乐于表达呢？例如，第四组课文的主题是：他们让我感动，内容是写一件令人感动的事。其实这种主题教师不用特别指导，学生就能写出优秀的习作来。但用上了广告，开展感动广告的教学，学生的习作就不再泛化，而是紧紧抓住了"抓住典型细节刻画人物"的单元训练点，深化了主题，创意了习作教学。（教学片段例举）

师：同学们，为什么刚才的广告能打动你呢？

生：因为刚才那个妈妈为孩子系鞋带的情境让我想到我的妈妈也是这样的。

师：哦，看来这个广告是源于我们的生活，才打动了我们。

生：广告中妈妈笑起来很亲切，好像在鼓励孩子要勇敢些。

生：广告中妈妈向孩子伸出手时，很简单的动作，用了慢镜头特别感人。

师：这就是广告抓住细节表现人物特点的方法。让我们重温这些细节，看看导演还用了哪些手法吸引观众。

此时，"情"与"知"在做中相融：学生想象着画面，习作感情真挚，细节描写细腻，此时，学科教室也充分发挥了其精准教育的功能。

三、梳理发生在学科教室里的学科整合策略

小课堂，大社会。教育从来都不只是校园内的事，在社会发展变革中，教育面临着巨大的挑战，单一学科很难培养出适应社会发展需求的人才。

经过一年多的分组实验、研究，课题组在实践中总结出学科整合的一些经验：

（一）学科课程资源整合的路径

这个路径有三个维度、三个要素、四条途径。三个维度：知识技能（基础性、技术性）、过程方法（思维、逻辑、辩证方法）、情感态度价值观（动机、兴趣、价值取向）。三个要素：基点（教材）、隐性点（经验和生活）和显性点（网络书报及广播电视）。四条途径：类比、生成、融入、提炼。

> **隐性点**（经验和生活）
> 融入（方法的应用）↓ 提炼（逻辑的理顺）
> **基点**（教材）
> 类比（思维的扩展）↑ 生成（方法的迁移）
> **显性点**（网络书报及广电）

维度一：知识与技能（基础性、技术性）。

> **隐性点**（经验和生活）
> 融入（知识的应用）↓ 提炼（技能的再现）
> **基点**（教材）
> 类比（知识的扩充）↑ 生成（技能的强化）
> **显性点**（网络书报及广电）

维度二：过程方法（思维、逻辑、辩证方法）。

> **隐性点**（经验和生活）
> 融入（兴趣的激发）↓ 提炼（价值的实现）
> **基点**（教材）
> 类比（动机的巩固）↑ 生成（价值观的完善）
> **显性点**（网络书报及广电）

维度三：情感态度价值观（动机、兴趣、价值取向）。

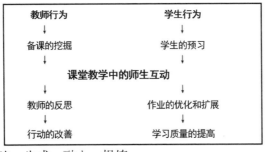

四条途径：类比、生成、融入、提炼。

（二）学科课程资源整合的框架

我们力求通过课程改编、整合、补充等策略，构建整合后的课程整体框架。

整合后的课程分为三类：

诗意课程：在学科交叉的部分将国家课程校本化。即在遵循国家课程的标准下，因地制宜地校本化开发学科课程并进行个性化实施，实现"优质＋增值"。

创意课程：在学科拓展的部分实现校本课程特色化。即通过开展丰富多彩的拓展类课程，成立社团和兴趣小组，培养孩子的动手能力、健康体魄、审美情趣等综合学力，实现"普适＋提高"。

情意课程：通过主题综合拓展把校园活动课程化。以综合实践、家校联盟、少先队活动等活动课程，引导孩子参加探究活动，主动将所学到的知识运用到实践和生活中去。培养孩子们发现并解决问题的能力，实现"常规＋特色"。

三类整合课程关注学生的个性发展和可持续发展，体现教师的个性特长和兴趣爱好，以形成学校良好的人际生态、德育生态、课堂生态、教师专业生态。

（三）整合的课堂教学组织形式

每一个教师对其学科课程的感悟不同，学生的知识与能力也有差异，由此产生了变化多样的课程设计方式，并在实施过程中呈现出多样化的课堂教学组织形式。

1. 学科本位、综合渗透

这是一种以本学科为主干并借助相关学科内容的教学设计，主要针对的是学科间的"渗透点"和"缺失点"，是课程内容整合的主要方式。

学科本位，是以不如学科课程内容为基本点建立相关的"知识组块"。"综合渗透"，是实现其他学科内容促进本学科学习的迁移运用，而不是代替其他学科的教学。可借才能用，不可借则不能生拉硬扯、画蛇添足。这种设计的巧妙之处在于"借用"，表现为某一知识点向其他相关学科的发散。在本报告中例举到的《连加》以及影视资料的巧用属于这一类型。如此设计既保持了学科本身内在逻辑，又实现教学进程的统一。与传统的分科课程不同的是，教学内容不是孤立的学科知识点，而是多维的"相关学习组块"，这依赖于学科间的相关性；教学活动则以学科主题为起点，在相关学科内容的有力支撑下，以解读学科内容、运用学科内容为终点。因此，学科思想和学科的教育功能可以得到更好体现，学习过程就能更为有效。

2. 相关主题、课程补融

这样的设计方式是一种和跨学科相关的综合专题设计。以不同学科间的"交集"和"盲点"内容为核心，打破了学科间的界限与壁垒，是补充"学科本位、综合渗透"

课程设计方式的应有之义。其突出特点是分科课程间的相容与互补，其表现形式主要是没有学科界限的相互包容型的专题设计。这种科际相关整合专题的设计更多地依赖于相关学科的协作，教学设计与实施需要以学生的有意义学习为原则，主题的"质"重于"量"，不搞牵强性的形式主题，其教学进程不能完全通过常态下的分科教学实现。因此，无论是教学时间还是整合方案的设计都需要靠协商解决，因此需要花费一定的精力去进行前期准备与设计。

四、结论及讨论

实验期间，《基于做中学教学模式的学科教室建设探究》作为学校的龙头课题在全校范围内开展。研究中，有的是一个部门承担一项研究，全校所有班级都是实验班级；有的是一门学科中的骨干教师承担一项研究，该成员所在班级为实验班，相应的平行班级就成为对比班级。其间，我们紧紧围绕课题方案确定的研究内容、目标和方法进行课题研究，定期进行活动展示、课堂展示、案例总结等，取得了初步成效。

（一）研究结论

1. 学科视域下的学科教室更精准、更丰富

学科教室的建设，主要为学生提供开展科学探究、实践活动的学习场所，以及个性化的数字化的评价机制，重点在于培养学生的科学精神、科学思想和理性思维，从而提高学生的思维能力和问题解决能力，提升学生的核心素养。

学科教室是教师教学、学生学习与活动、师生交流的场所。这里有先进的教学设备设施，教师和学生在此可以实现对各学科资源的整合。

2. 发生在学科教室里的"做中学"策略

我国著名教育家陈鹤琴指出"做中教、做中学、做中求进步"是"活教育"理论的基本原则。陈鹤琴先生注重教学中儿童直接经验的习得，认为教师应该鼓励儿童亲身去实践，直观感受知识，从而获得最为直接的经验。

如何培养学生的探究意识和动手能力，使"做"与"学"有机结合？在学科教室的应用中，我们总结了实现"做中学"的四项策略。

（1）亲身体验，"做"中引趣

在课题实验中，我们充分利用了学科教室的设备齐全、材料丰富，让学生多动手、多体验。让学生通过观察去品味、研究。如在科学实践活动展示课《水》的教学中，

老师通过丰富的活动让学生能充分运用各种感官去分辨牛奶、水、醋等各类液体。学生在体验中被激发兴趣，学到了知识。

（2）适时点拨，"做"中促思

学科教室中的学习强调以学生为主，教师要做一个合格的学习组织者、伴随者、指导者。但也不能放任学生自由散漫地"做"，而应参与其中，适时点拨，引导学生思考。如在数学学科的展示活动中，老师执教了《长方体的认识》一课。课前老师先请学生自己搭长方体，接着有针对性追问学生关键性的知识，在互动中，学生自然明白了长方体的某些特性。

（3）活学活用，"做"中创新

在学科教室中，我们应尽可能地进行主题式、项目式学习，让学生综合运用各学科知识，带学生多开展丰富的课外活动，为学生创造学习知识、增长经验的机会。学生也往往能够把学到的知识应用到实践中去，创造出许多令老师也想象不到的惊喜。

（4）取长补短，"做"中评价

每一次活动后，我们尽量让学生先评价一下自己，在此基础上进行同伴提醒，以取长补短、互相学习。最后由老师把学习结果反馈给学生，好的及时肯定，有错误的帮助其分析原因，进行纠正。

"做"中学，让学生从被动的知识接受者转变成为知识的共同建构者，极大地激发了学生的学习积极性和主动性。开阔了教师的教育视野，转变了教师的教育观念，更好地激发了教师的智慧生长。

（二）问题讨论

1.本课题研究工作的反思

要进一步加强对相关课题研究的校际互动，特别是上海静安区陈鹤琴小学、陈研会的校际互动，以使研究得到更多专家的指导、同仁的支持。

教师是课题研究的第一要素，只有落实在个人化的行为上，最终才能体现在学校的发展上、课题研究的深化中。因此，要让更多的教师参与本课题的实施。

学科教室建设有待进一步完善：技术支撑有待进一步提升，要多参考优秀学校的学科教室；要进一步结合学校的特色、种子教师的特长来建设学科教室，让学科教室更好地为教育教学服务；要进一步注重学科间的整合，教师共同体的建设，让更多趣味相投的老师参与学科教室建设。

2.本课题研究的方向

在开展本课题研究的同时，我们也在同步进行省级课题"基于学科教室建设的做中学实践课程的整合"研究，两课题互为基本、互相促进，使"活教育"研究在校内蓬勃发展。

第三节　同步课堂教学与微课的融合实践

"互联网+"时代，信息技术对社会各个领域影响深远，教育也不例外。浙江省人民政府从 2019 年 1 月起全面实施"互联网＋义务教育"工程，其核心要义在于通过信息技术的手段，实现教育流程再造、教育数据共享，构建起以学习者为中心的"互联网＋教育"的新生态。我校作为第一批浙江省"互联网＋义务教育"结对帮扶学校，自 2019 年，就开始了同步课堂、微课教学实践，探索可复制与推广的"互联网＋义务教育"有效实施模式。

一、同步课堂教学微课设计的趣味原则

本课题认为微课的开发和应用，有助于提高同步课堂的教学实效。因此，设计以学习者为中心的微课的质量成为关键。只有精心设计好每一节微课，让孩子们"悦"在其中，才能让学生全身心地投入学习。

（一）学科融合　悦在其中

微课的教学内容需要精而为之，但内容太精炼小学生会难以理解，如果在阅读中科普、在游戏中讲解，则会适当降低难点、增加趣点，让孩子们乐在其中。我们通过读懂教材意图使目标明确化、利用思维导图使思考可视化、构建开放话题使反馈多元化的"三化"研究，让微课教学更有效。

【教学设计片段 1】

学生阅读《人如何让肥皂泡工作》一文后，老师就聚焦难懂术语做指导——阅读科普作品的时候，我们可能遇到一些不理解的科技术语，比如，有同学问："'水膜'是什么？'矿石'和'空岩'有什么不同？"我们怎么来解决呢？

【教学设计片段 2】

我们看，作者是怎样一步步来解释"人如何让肥皂泡工作"这个问题的呢？首先，他让我们思考：是什么东西帮助我们去除污渍？再继续思考：肥皂是怎么做到这一点的呢？泡沫又是什么东西？最后，作者举了个例子：在工厂里，人们用同样的做法区分矿石和"空岩"。阅读的时候，我们可以画一个这样的思维导图。

【教学设计片段 3】

在阅读推进课中，我选择了"人造食品"这一具有发展性的话题——

第一步，了解米·伊林时代的人造食品技术。

第二步，对比阅读人造食品的最新研究成果。

第三步，抛出绿色食品概念，引发学生深入思考。

（二）游戏体验 妙趣横生

小学生注意力集中时间短。同步课堂缺少了传统课堂中教师即时的提醒和关注，屏幕前的孩子注意力分散因素更多。要让学生保持学习兴趣和热情，我们就要想办法，用游戏、活动、趣味化解读等，把课堂变得有意思，使学习富有吸引力。我们从文本解读趣味化、课堂架构游戏化和实验穿插活动化三个方面入手，趣化微课助力下的同步课堂。

（三）师生合作 其乐无穷

同步课堂教学中，调动学生参与非常重要。微课设计时，教师要注意语言表达的亲和性和鼓舞性，引领学生进入创设的情境；注意让学生进入课堂的现场化；关注持续阅读的过程化；运用第二人称对话的临场化。

【教学设计片段 1】

在阅读分享课中，我设置的第一个环节是：阅读成果我来晒。从制订阅读计划到绘制思维导图、摘抄读书卡、制作读书小报，每份阅读成果下面我都郑重地出示学生姓名，并对其作品进行恳切的评价。

【教学设计片段 2】

设计了丰富的阅读延伸活动，以促进学生自主阅读。

《十万个为什么》是一本科学启蒙作品。这套书涵盖数学、物理、化学、生物等领域。书中提出了许多有趣的问题。读读这套书，试着找找问题的答案。

【教学设计片段3】

导读课开始时，"屏幕前的你，是否也向身边的人提过一个又一个问题？"阅读文本时，"请你按下暂停键，打开语文书第33页，读一读这段话"。推介阅读时，"你看，这本书不仅内容有趣，语言也非常生动。作者总能把简单的问题想得细致入微、讲得津津有味"。阅读分享课结束时，"亲爱的同学，快乐读书吧的科普列车就要和你说再见了。但是，科学没有终点站，屏幕前的你，可要继续进行这一趟科普阅读之旅哦"。

二、同步课堂教学微课的实施模式设计

岭南师范学院的雷励华老师认为，同步互动混合课堂教学模式的基本要素包括知识的讲授、情境的创设和师生的互动等三个方面。结合微课的特点，本研究也基于以上要素，以人教版小学数学五年级的《植树问题》一课为例，在课前、课中、课后等课堂多阶段应用所设计的微课，创设情境，还运用了两校合作开发等方法。

（一）前置性微课，以小见大，精准把握学情

本研究借助微课打破传统课堂的时长限制，在课前应用前置性微课，做中引趣，启动学习热情，引发初步思考，建立生活联结，在最大限度上保证同步课堂的教学效果，这样不仅能够弥补受援校学生基础知识的不足，逐渐缩小城乡学生之间的差距，还有助于在双方教师之间树立起牢固的情感连接。

（二）探究型微课，见微知著，深化教学内容

微课教学需要构建一个完整精炼的教学过程，可以是由浅入深的正向迁移、开门见山的难点呈现、缜密细致的思维导图，也可以是化繁为简的巧妙整合，只要设计精妙，即使学习时间碎片化也能吸引眼球。设计中我们通过抓住关联点，整合教学内容；立足生长点，递增数学思考；拓展延伸点，制作思维导图等方法让学生更深一步地理解概念的本质。

（三）拓展性微课，举一反三，提升学习效果

微课一个很大的弊端是缺乏互动性，学生只能看和听，可以快进、回听，但有问题却无法提问交流，教师也无法及时掌握和评价学生的学习效果。同步课堂也会如此，但所幸有课内外的结合，有时空的拉伸。我们通过让学生参与微课制作、建设拓展性微课群、微课讨论平台等，让学生在大范围内实现与多人互动。

三、同步课堂教学跨校混合式教学实践

同步课堂不应局限于线上，还应在课前、课中、课后进行线下的指导和跟进，才能有效保障同步课堂的教学效果。在基于同步课堂的"线上＋线下"的跨校式的混合教学实践中，我们以同步课堂的"交互性"和"协同性"为核心，围绕组织管理、技术扶持和教学实践进行问题总结，形成多元交互，协同发展的同步课堂环境。

（一）多元交互促深度学习

1989年，美国远程教育学者穆尔定义了交互的概念，他把交互分为三类：学习者与学习资料之间的交互；学习者与教师或专家之间的交互；学习者互相之间的交互。后来，远程教育者们又加上了一种交互，学习者和媒介的交互。在同步课堂教学中，课题研究团队力争让多个主体通过多种形式互动，在学习内容的关键处设计，在学习活动的形式上创新，在学习环境的改进上扶持，实现信息的最大化，构建开放而具有活力的同步课堂。

（二）协同运行促互相提升

同步课堂是一个具有多层次、多元性、复杂性和开放性等特点的系统。协同理论指出，系统内部各个子系统之间的协同作用能够决定系统最终的协同效果。由此可知，系统想要形成有序的结构，其巨大内驱力来自主体间协同。因此本研究以主体间协同为基础，以主体间的组织与协调作用为动力，促使各主体之间形成优势互补，协同发展的良性循环。我们通过优化整合教学程序、合理聚合教学力量、渗透融合教育技术，以网络为中介，保障同步课堂教学的信息交流的畅通和表达的准确。

四、同步课堂教学与微课融合实践的研究展望

（一）探究优质资源库的建设和积聚

实验时，我们把教师的原创及网上的一些微课上传到了"之江汇"课题空间，并对其进行了学科、单元、难易的分类。其创新之处在于资源的应用灵活，不同的资源对应不同学生的学习。

（二）探索深度融入的微课应用模式

实验中，我们对微课的设计和应用开展了研究。在设计中，我们重视远程学校学生、游戏、动手操作入微课，以及学科融合入微课和讲授性微课。在应用上我们分别在课前、课中、课后设置了前置性微课、探索性微课和拓展性微课。其创新之处在于增加了学生的课堂融入感，碎片化的微课更容易突出重难点，也易于分层教学。

（三）探寻高质的同步课堂实施模式

同步课堂不应局限于线上，还应在课前、课中、课后进行线下的指导和跟进。我们对同步课堂中双师协同教学的11个案例进行了师师、师生、生生之间的行为分析，总结出了主讲教师和远端教师协同备课—协同授课—协同评估"三协同"的双师协同模式。

实验结果表明，两端学校的老师、学生及家长均对此作出了肯定的评价，尤其是学生参与同步课堂表现出了极大兴趣和热情，因而，实验研究在提高同步课堂教学效率，培养学生合作精神，提升教师专业成长等方面均取得了良好的效果。

在后继的研究中，同步课堂协作团队有待进一步扩张，协作的力度也需要再加强。同步课堂微课资源要质高而广、有针对性。微课的应用也不能局限于模式，而要按需选用、因材施教、分层设计，才能让两端的学生都有收获。

新时代"活教育"理论与实践发展研究丛书

沈夏林　何桂仙　主编

童慧教育："活教育"思想的乡土实践与探索

TONGHUI JIAOYU:"HUOJIAOYU"SIXIANG DE XIANGTU
SHIJIAN YU TANSUO

夏伍华　姜丽凤·主编

线装书局

图书在版编目（CIP）数据

童慧教育："活教育"思想的乡土实践与探索 / 夏伍华，姜丽凤主编 . -- 北京：线装书局，2024. 10.
（新时代"活教育"理论与实践发展研究 / 沈夏林，何桂仙主编）. -- ISBN 978-7-5120-6225-2

Ⅰ. G62

中国国家版本馆 CIP 数据核字第 2024QH4262 号

童慧教育："活教育"思想的乡土实践与探索

TONGHUI JIAOYU："HUOJIAOYU" SIXIANG DE XIANGTU SHIJIAN YU TANSUO

主　　编：夏伍华　姜丽凤

责任编辑：林　菲

出版发行：线装書局

　　　　　地　　址：北京市丰台区方庄日月天地大厦 B 座 17 层（100078）

　　　　　电　　话：010-58077126（发行部）　010-58076938（总编室）

　　　　　网　　址：www.zgxzsj.com

经　　销：新华书店

印　　制：三河市龙大印装有限公司

开　　本：710mm×1000mm　1/16

印　　张：13.5

字　　数：226 千

版　　次：2024 年 10 月第 1 版第 1 次印刷

印　　数：0001—1000 册

线装书局官方微信

定　　价：248.00 元（全五册）

办品质的活教育
育高质量的时代
新人！

二〇二三年四月　顾明远书 🔲

著名教育家顾明远先生题词

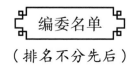

（排名不分先后）

主　编：夏伍华　姜丽凤

编　委：徐益锋　顾利芳　朱　峰　丁广川

前 言

　　80多年前,浙江省上虞籍著名教育家陈鹤琴提出了"教活书、活教书、教书活""读活书、活读书、读书活"的观点,意图改变当时中国教育存在的"教死书、死教书、教书死""读死书、死读书、读书死"问题,这一思想在中国教育界产生了重大影响。时至今日,陈鹤琴先生所批评的现象依然在一定程度上存在,典型表现为教师"死教"、学生"死学"的"苦教苦学",这种教育教学方式与全面贯彻党的教育方针,落实立德树人根本任务,培养德智体美劳全面发展的社会主义建设者和接班人的要求和学生终身学习发展的需要是格格不入的。

　　鉴于此,上虞区教体局着眼未来,提出了"办有品质的活教育,打造湾区教育新高地"的教育发展目标,以逐步满足上虞人民对更高质量教育的向往。基于共同的理念和愿景,浙江师范大学教育集团与上虞区教体局合作开展了新时代"活教育"理论与实践的发展研究,得到了众多学校的热情支持,最终确定了春晖外国语学校、上虞外国语学校、滨江小学、鹤琴小学、崧厦街道中心小学、小越街道中心小学为该项目研究的基地学校,浙江师范大学附属上虞中学也参与了该项目的研究。上虞区教体局为该项目研究给予政策、经费的保障,基地学校校领导、教师积极参与该项目研究与实践,浙江师范大学教育集团组织了一支理论和实践研究的指导队伍,携手开展新时代"活教育"的探索。

　　基于陈鹤琴先生的"活教育"思想,根据各校的办学传统和特点,逐步凝练了以"活力课堂""活力文化""活力课程""活力教师""活力美育"等为主要内容的上虞新时代"活教育"特色,并开展了相应的理论研究与实践探索。浙江师范大学研究生院还主办了纪念陈鹤琴130周年诞辰暨"活教育"思想研究征文大赛,得到广大研究生的热烈响应，经过对征集到的论文认真评议，选择了部分论文结集纳入本丛书出版。

《陈鹤琴“活教育”思想的当代传承与探索》文集以陈鹤琴教育思想的当代价值、传承及其实践创新为主题，主要包括对陈鹤琴教育思想的本体研究与比较研究、陈鹤琴教育思想与课程改革研究、陈鹤琴教育思想与教师专业发展研究等内容，旨在审视陈鹤琴教育思想在新时代的学术价值和现实意义，引导广大教育工作者理解传承、创新应用陈鹤琴教育思想，推进“活教育”在新时代深入开展。

《学科课程节：“活教育”理念的学校课程变革行动实践》以课程为切入点，从儿童的内在需求出发，研究满足儿童全面发展的教育生态的营建。滨江小学教育集团在“活教育”理念指导下，致力于学科教学和学生发展的有效融通，以学科课程节为载体，探索国家课程的活动化、校本化、项目化，推动教学活动序列化、结构化、课程化，进而构建素养化课程体系，滋养办学成色，以求以学科变革促进学生全面发展。

《“活教育”引领下的学校课程与教学改革》阐述了上虞区鹤琴小学秉持“活教育”视域下的儿童学习观、教师教学观等理念与内在要求，致力于课程与教学的不断创新。全书在“一切为儿童”的“活教育”理念观照下，结合新课程改革理念，围绕课程、教学、学生、教师等维度，具体通过活力课程的设计与实施、活力课堂的研磨与生成、核心素养的落实与发展、精良队伍的培植与建设、优质资源的培育与重组等方面较为全面而具体地呈现了“活教育”引领下学校课程与教学改革的实践样态。

《童慧教育：“活教育”思想的乡土实践与探索》阐述的是上虞区崧厦街道中心小学基于学校现实基础，从“活教育”思想的现代转化入手，提出了“童慧教育”的理念与内在要求。全书在阐述“童慧教育”理论的基础上，围绕课程构建与实施、课堂教学转型与变革、评价体系及其实施、学校文化建设等内容，较为系统地描述了基于“活教育”思想的“童慧教育”实践样态。

《玩中学：“活教育”引领下的小学活动课程实践》呈现的是上虞区小越街道中心小学在“活教育”理论支持下，以“玩中学”为理念开发的系列活动课程。“玩中学”系列活动课程包括“玩中育德”的红色研学课程、“玩中培智”的创意3D打印课程、“玩中强体”的空手道课程、“玩中作美”的鼓韵课程、“玩中悦劳”的劳动课程以及富有地方特色的剪纸课程六大活动课程，实现以玩促学、会玩会学、学中有玩、玩中有学。

《活教育　悦课程：跨学科主题学习活动的设计与实施》一书，阐述了上虞春晖外国语学校接轨春晖教育，传承白马文化，践行"活教育"理念，创设的以"悦礼""悦读""悦动""悦美""悦行"为主题的跨学科主题学习活动。全书展示了该校加强学科相互关联，课程内容与学生经验、社会生活相联系，强化学科知识整合，统筹设计实施综合课程和跨学科主题学习活动，发挥课程协同育人功能，培养科学人文相融，人格学力俱佳的时代新人的实践探索。

《活力教师成长的校本实践探索》阐述的是一所新办学校——上虞外国语学校践行陈鹤琴"活教育"思想，在较短时间里建设一支充满活力的教师队伍的实践探索与独特经验。全书从活力思考、活力设计、活力课例、活力评价、活力育人和活力成长六个方面展示了上虞外国语学校这所新办学校，充分利用成熟教师的丰富经验和年轻教师的创新意识，使经验的能量和青春的力量相互碰撞，诠释了对新时代"活教育"的理解和实践，形成了新学校活力教师队伍建设的校本经验。

《"活教育"引领下的新办学校成长方略》呈现的是一所新办学校——上虞区鹤琴小学教育集团天香校区坚持以陈鹤琴"活教育"思想为指导，以实现学校特色办学的可持续发展为目标，打造"活教育"校园文化品牌的架构与实践。全书展现了该校以"促进儿童身心和谐全面发展"的"活教育"办学理念为宗旨，以活文化、活课程、活课堂、活教师的建设为线索，探索"活教育"引领下新办学校的发展路径，构建了"四香"校园文化体系，开发实施了"六艺"课程和技术赋能的"活力课程"，并借此带动教师专业成长，为学校的建设发展注入强劲活力。

《致远有爱："活教育"理念的"致教育"课程构建与实践》，阐述了浙江师范大学附属上虞中学在"活教育"理念引领下，探索构建以"致远有爱"为目标的"致教育"课程体系的实践与成果。"致教育"课程践行"活教育"理念，旨在以爱心培育生命促进健康成长，以文明启迪智慧引领个性发展，以"致品""致知""致动""致美""致行"为主题的课程内容，努力为培养德智体美劳全面发展的时代新人提供课程支持。

经过三年多的共同努力，陈鹤琴先生的"活教育"思想实践在这些基地学校已初显成效，这套丛书所呈现的就是部分理论与实践研究成果。我们相信，随着新时代"活教育"理论研究与实践探索的深入，将会有更多更好的成果逐步涌现。

我们所开展的研究活动，得到了著名教育家顾明远先生的关注，他在了解此事后，欣然题词："办品质的活教育，育高质量的时代新人。"这是对我们极大的鼓励，激励我们将新时代"活教育"理论与实践发展研究持续、深入进行下去。

教育改革之艰难是众所周知的，我们不期望通过一个项目的研究和实践就能解决教育之积弊，但我们相信，我们的共同努力将为教育带来一缕新风。

沈夏林　何桂仙

2023 年 8 月

序 言

上虞崧厦街道中心小学创办于 1905 年，是一所百年老校。童慧教育对于崧厦街道中心小学来说，有着深厚的地域文化根源。上虞崧厦近代有两位"童慧圣人"，一位是夏丏尊先生，他热爱儿童，终身从教，是我国第一位把《爱的教育》翻译、介绍到中国的人，从而深深地影响着从那时起的历代中国人；另一位是金近先生，他是著名的儿童文学作家，他的许多童话作品如泉水一般浇灌着一代又一代中国人的童年，影响着他们的一生。这样两位圣人都是从崧厦这一方热土中走出来的。

什么是"童慧教育"？"童慧教育"是以儿童为本，注重儿童对自我成长的价值体认，尊重知识、能力、批判思维的获得，充分开发儿童的天性智慧和后天的成长实践智慧，为儿童未来智力的个性化发展服务的教育。同时也是以儿童为本位，以智慧发展为基本成长点，以实现儿童全面发展的教育，包括对儿童先天智慧的认识和保护，以及对其后天智慧的发现和发展，是儿童生理发展与心理发展的最为重要的基础性研究。

崧厦街道中心小学以陈鹤琴"活教育"思想为基石，结合新时代育人目标，立足学校发展特色，开展"童慧教育"的实践与研究，是时代的引领，慧心的选择，是借助上虞和崧厦的地域优势，深化课程改革，以奠基新时代乡村学校的办学高地为目标，在小学教育领域中的一项极具意义的探索。经过多年的实践，童慧教育的"有趣""有情""有理"理念在崧厦街道中心小学得以落地，并且焕发出教育的活力。学校先后创建为中国新样态实验学校、全国篮球特色学校、浙江省体育特色学校、浙江省校本培训先进集体、浙江省书香校园、浙江省美丽校园、浙江省卫生单位、浙江省红领巾示范学校、浙江省少先队先进集体。2020 年被评为浙江省首批现代化学校。

在新的发展时期，振兴乡村教育是教育均衡发展的重要任务，教育共富是大家的共同使命。期待崧厦街道中心小学在“活教育”思想引领下，不断完善“童慧教育”的理念，推动课程建设与教学变革，在建设乡村新样态学校的征途中取得更大的成绩。

周　青

2023 年 3 月

- 目　录 -

绪论　"活教育"思想的核心及现代转化价值

　　为冲破传统教育思想的束缚，推动民族教育革新，陈鹤琴接纳吸收进步主义教育思想，形成了适切于中国教育发展的"活教育"思想体系。"活教育"以个体性完善和社会性发展为基础，强调教育的民族性和时代性特征。与"死读书"的传统教育相反，"活教育"的教学内容取自大自然和大社会，注重实践和直观经验的获得。对现代教育而言，"活教育"拓宽了教材内容的选择渠道，重塑了师生主体关系，孕育了核心素养观的雏形。

第一节　"活教育"思想的时代背景

　　20 世纪初，半殖民地半封建性质的中国处于救亡图存的关键时期。仁人志士对教育促进社会变革抱有很高的期待，然而传统封建制度笼罩下的"死教育"一味灌输书本知识，使教育脱离现实生活。一大批致力于民族复兴的知识分子前往西方接受教育，寻求我国教育改革的适切之路。1914 年，陈鹤琴先生毕业于清华学堂，1917 年进入美国哥伦比亚大学师范学院，攻读教育学和心理学，1919 年获教育硕士学位。1919 年夏，陈鹤琴先生回国，受聘于南京高等师范学校任教授，后任国立东南大学教授。

一、冲破传统教育思想束缚的现实需要

　　封建思想统治下的教育，以"四书""五经"为主要教学载体，将考取功名作

为读书的主要目的，一般采用死记硬背、照本宣科的学习方法。到晚清前期，世界已经发生巨大变革，但在传统儒家思想的影响下，晚清统治者仍践行闭关锁国的对外政策，致使进步的学校教育体系始终得不到建立和完善。长期以来的封建传统教育不仅脱离了现实生活，也使儿童失去学习的兴趣，日益感受到心理的压迫。在中国传统教育中具有重要地位的科举制，在明清时期逐渐僵化，使读书人的思想受到禁锢，其人才选拔机制已成为社会发展、人才培养的障碍，教育文化前景一片灰暗。

清末"新政"时期，清政府开展了以"中体西用"为指导思想的一系列教育改革，但以维护清政府统治为目的的"新政"仍与传统旧教育有着千丝万缕的联系。封建王朝瓦解后，迎来了对传统教育的自觉改造时期，但所谓的新式学堂在实质上仍然没有摆脱传统教育思想的影响。在学校里，教师是教学的中心，学生只是被支配的成员，远远没有被赋予主体性的地位，学校充斥着"死的方法""死的课堂"[1]。这正是长期封建教育体制笼罩下带来的"死教育"。

二、汲取外来进步文化教育经验的成果体现

1905 年，在西方学制的影响下，清末"新政"废除科举制度，教育制度发生剧烈变革。20 世纪初，为进一步改革传统教育体制，寻求适切中国教育的发展之路，一大批优秀青年前往西方接受教育。哥伦比亚大学师范学院作为进步主义教育运动的中心，培养了一大批教育和心理科学的留学博硕士，包括陶行知、郑晓沧、陈鹤琴等。陈鹤琴在美求学期间，就受到过领导进步教育运动的杜威、强调自由式讨论和启发式问答教学法的克伯屈、组织教育考察活动的孟禄等人的直接影响[2]。

1915 年，由陈独秀创办的《青年杂志》拉开了新文化运动的序幕，唤醒了知识分子改变中国社会的理想，沉睡几冬的教育文化事业开始复苏。五四时期，追求民族独立和发展进步的呼声日益高涨，由郭秉文接任校长的南京高等师范学校，虽还未展现出蔡元培改革北京大学时期的宏伟气度，但已初现锐意改革、名扬江南的端倪，后与东南大学一度成为全国教育科学的研究和传播中心。任教于此的诸多学者教授都师承自哥伦比亚大学，秉承的教育理念与美国进步教育思想相通。

中华教育共进社是五四时期成立的教育社团之一，得到南京高等师范学校教育科的重点支持，在其后的发展中一直倡导以美国进步教育思想改革中国教育。社团在 1921 年与《新教育》杂志社等组织合并组成中华教育改进社，杜威为名誉董事之

---

① 王伦信. 陈鹤琴教育思想研究 [M]. 沈阳：辽宁教育出版社，1995：221.

② 王伦信. 陈鹤琴教育思想研究 [M]. 沈阳：辽宁教育出版社，1995：224.

一，陶行知为主任干事。中华教育改进社所办刊物重点介绍实用主义思想、进步主义教学改革的实验和方法。陈鹤琴作为教育社团的骨干成员，深受进步主义教育精神的陶冶，在留美归国后完成的相关著作和论文，无不蕴含着发展儿童个性、自由、兴趣的进步主义思想。以上种种都是应和当时教育改革时代节律而产生的共鸣，成为陈鹤琴提出"活教育"思想的重要来源。

第二节　"活教育"思想的核心

20世纪40年代，《活教育》月刊创立，标志着陈鹤琴"活教育"理论的诞生[①]。在全民抗战的背景下，"活教育"将时代赋予教育的重大使命融于实践中，围绕社会现实背景，在培养个体主体性的前提下，重视个体的社会性发展，将课程文化寓于大自然和大社会中，强调实践取向的经验积累和研究精神，使腐化的教育变为有生气的"活教育"[②]。至20世纪40年代末，形成了相当完整的教育理论体系。

一、主体发展的教育目的

（一）社会性：认同主体发展的社会性取向

教育的目的在于培养人，完善和发展人。陈鹤琴超越个人本位和社会本位的育人观念，认同主体发展的社会性取向的教育目的。

人本身作为一个个体存在，具有特殊的个体性，需要发展个体的情感意识，深化个体对外部世界的体认，不断发展以谋求完善自我。因此，"活教育"倡导"做一个真正的人"，此即一般意义上的人，必须满足无差别地热爱全人类，热爱真理并捍卫真理，并"应该以'世界一家'的思想作为人类最终目标"[③]。强调"热爱人类""热爱真理""构建人类共同体"，不仅要求个体珍视生命，发展社会情感，提升社会道德，而且要构建清晰的认知体系，形成对人类规则、与自然相处法则的公认，最终致力于"人类共同体"的美好愿景建设。

可见，"活教育"在阐述对个体人生理想的追求的过程中，已经跨越了单纯寻求个体发展的目标，而是将人的发展置于社会学的角度，强调人处于社会中与他人

---

① 王伦信. 陈鹤琴教育思想研究 [M]. 沈阳：辽宁教育出版社，1995：235.

② 同上。

③ 陈鹤琴. 创建中国化科学化的现代幼儿教育 [M]. 北京：金城出版社，2002：391.

发生的交互关系,并努力建立、维护好这个关系,使其为人与人的共同生活、友好协作、改进社会而服务。

(二)民族性: 葆有国家情感和民族精神

立足抗战时代背景,陈鹤琴在提出"做人"的基础上进一步强调"做中国人",将视野聚焦到了国家和民族,此时育人目标更显民族精神、时代特色。

"在世界上还存在各个国家时,做一个中国人必须热爱自己的国家——这个拥有长期光荣历史的国家,并尽力来提高中国在世界各国中的地位。"① 人处于社会中,始终脱离不开特定的社会历史情境,因此作为国家的一分子,个体长期浸润于民族的历史文化之中,已经留下国家和民族的鲜明印记,保有国家和民族的精神情感,他将满怀对国家的热爱,并努力提高国家的地位。

除了个体情感体现在对民族和国家的热忱外,个体也需要紧密联系与之相处的同胞们,生活在同样国土的人有着息息相关的命运,因此"他也必须热爱生长在同一块国土上有着同样命运的同胞们,他们为同一个目标,即为自己国家的兴旺发达而努力"。在同一块土地上的中国人,应尽力团结起来,共同在抗日战争中抵御外敌,保卫祖国,提高中国在国际上的地位。可见,"活教育"思想的提出,在当时的年代背景下有着特殊的育人要求,肩负着反抗侵略、解放民族、救国图强的艰巨任务。

(三)现代性: 赋予立足时代的世界胸怀

陈鹤琴不仅立足当时中国救亡图存的历史境遇,号召对外争取民族独立、对内建树科学民主,而且放眼时代,瞩目未来教育发展的全球性,提出"做现代中国人"。

做现代中国人意味着不仅要热爱自己的国家,过好国家的生活,而且应放眼世界,过好世界的生活;不仅要了解中国社会发展的规律,还要关注世界潮流的走向;不仅要致力于中国的民主独立,还要为世界和平而奋斗②。这使教育目标回归到"做人"的向度——"以'世界一家'的思想作为人类最终目标",为全体人类的幸福而不懈奋斗,实现人类命运共同体的构建。从这一角度上讲,"做现代中国人"又增加了"做世界人"这一维度的理解。

为了对国民性进行更新改造,提高整个中华民族的素质,实现"活教育"的目的③,陈鹤琴提出做现代中国人必须具备的素质,并在《创建中国化科学化的现代幼

① 陈鹤琴. 创建中国化科学化的现代幼儿教育 [M]. 北京:金城出版社,2002:391.

② 陈鹤琴. 陈鹤琴教育思想读本:活教育 [M]. 南京:南京师范大学出版社,2012:8.

③ 王伦信. 陈鹤琴教育思想研究 [M]. 沈阳:辽宁教育出版社,1995:238.

儿教育》进行了阐述[①]：第一，要有强壮的身体。身体健康是一切学习、社会活动的基础，是良好精神状态的基础，应从小锻炼培养。第二，要有创造力。破除长期以来极端专制制度的束缚，倡导激发儿童的创造力，有力推动社会蓬勃发展。第三，要有合作精神。在民主的环境下，依靠团体成员高度自觉，协作交往，使得团体活动迸发出巨大的力量。第四，要有社会服务精神。教育的意义在于促使个体完善，养成服务社会的崇高道德感，进而推动社会进步，构建和谐社会。第五，要心胸开阔、目光远大。拥有豁达的胸怀和世界的眼光，才能做一个世界人。

二、反对"书呆子"取向的课程文化

（一）取自大自然和大社会的活教材

陈鹤琴将人的发展置于社会的大环境中，强调个体的社会性取向，将社会性寓于儿童的自然属性之中，统一自然性和社会性为儿童教育成长过程中的影响属性[②]。如此，教育的实施扩大到大自然和大社会中，这种取自大自然和大社会的教学资源被称为"活教材"。

作为我国最早一批留美并专修教育学和心理学的学者之一，陈鹤琴对儿童教育用书非常重视，并且强调儿童用书要从儿童心理出发。早在 20 世纪 20 年代，陈鹤琴在《编译儿童用书与儿童心理》的演讲中就明确提出："现在我们中国，要言教育儿童，第一困难的，就是没有儿童用的书。各处书坊，虽不乏此项出版物，而求其适合儿童需要者寥寥无几。但编译儿童用书，并不是随随便便所能成功的，必根据儿童的心理而后可。"

"大自然、大社会都是活教材"的表述源于对传统书本教育的批判。陈鹤琴认为，由于儿童长期受到传统教育的束缚，教学内容常常被困于"书"中。教师授课，称为教"书"，学生肄业，称为读"书"。以纸质材料为主的传统书本成为儿童的主要学习内容，"读书"和"教书"成为当时学校教育的主要内容[③]。传统书本编写形式僵化，以提供间接化、形式化的事实知识为主，所编排的插图和文字等易脱离儿童的现实生活，更将大自然、大社会隔离开，使儿童失去学习的兴趣。

"儿童的世界多么大，有伟大的自然，急待他去发现。有广博的大社会，急待

---

① 陈鹤琴. 创建中国化科学化的现代幼儿教育 [M]. 北京：金城出版社，2002：392.

② 安超. 基于联合生活的成长共同体：陈鹤琴"活教育"课程的社会学意识 [J]. 河北师范大学学报（教育科学版），2022，24（6）：30—36.

③ 王伦信. 陈鹤琴教育思想研究 [M]. 沈阳：辽宁教育出版社，1995：241.

他去探寻。"① 为拉近儿童与自然、社会的距离，使儿童摆脱只知道拿着书本死读书的"书呆子"形象，陈鹤琴呼吁引导儿童去大自然、大社会中去学习。大自然和大社会是知识的直接来源，通过直接接触和直接观察可以从这些活的资源宝库中获取直接经验、知识。并且，儿童乐于将自己置于自然、社会的教育场域中，这样更能激发儿童的学习兴趣，提高儿童的学习效率，促进儿童对知识的理解。然而，陈鹤琴并没有全盘摒弃书本，他肯定了书本映照大自然和大社会的知识经验的教育功能，并提出正确处理好学校教育、儿童生活、自然、社会之间的关系②。

（二）以活动体现儿童生活的整体性和连贯性

课程组织形式需要体现科学性，遵循儿童的身心发展规律，探讨儿童与自然和社会交往的规律。儿童与外部世界的交往是通过活动进行的，因此"活教育"以活动的组织形式开展课程。

在南京鼓楼幼稚园教学的过程中，陈鹤琴打破了分科教学课程，借助大自然和大社会的活动场，以综合活动为课程组织形式，整合课程内容，形成完整的课程系统。为此，设计了体现儿童生活整体性和连贯性的五指活动③：儿童健康活动以培养儿童健康的身心；儿童社会活动使儿童通过了解个体与社会的关系，激发爱国情感和民族精神，并以世界胸怀关注时代发展趋势；儿童科学活动旨在增加儿童的科学知识，提高创造能力；儿童艺术活动能够培养儿童审美意识，提高审美情趣和鉴赏能力；儿童文学活动借助童话、诗歌、剧本等载体提高儿童语言文字运用的能力、文学创作的能力。

为保证活动组织的连贯性，"活教育"课程没有具体的时间表，而是根据儿童的活动表现和掌握情况灵活调整课程时间，课程编制体现出弹性与科学性。课程内容必须提前拟定，拟定主体既可以是教师，也可以是儿童，且应该能够满足根据现实教学临时变更的条件。这使得课程更加生活化、灵活化、理想化。

三、以"做"为基本原则的教育方法

（一）导向积极的活动体验和经验积累

以杜威的"从做中学"和陶行知的"教学做合一"为思想奠基，陈鹤琴提出"做中教，教中学，做中求进步"的教学方法论。以"做"为基本教学原则，"活教育"

---

① 陈鹤琴. 活教育的教学原则 [M]. 上海：上海新华书店，1948：9.

② 王伦信. 陈鹤琴教育思想研究 [M]. 沈阳：辽宁教育出版社，1995：243.

③ 陈鹤琴以人的五个手指的关联性为喻，提出"五指活动"理论，包含健康活动、社会活动、科学活动、艺术活动、语文活动五方面的内容。

强调积极的活动体验和经验积累。

以大自然、大社会为活教材，儿童通过与自然、社会的直接接触开展活动，在"做"的过程中获得直接经验，具体体现在教学过程中。"活教育"的教学过程分为实验观察、阅读参考、创造发表、批评检讨①。直接经验获得的途径之一在于有目的、有计划的实验和观察，儿童通过亲身做和体验激发学习兴趣，善于发现问题并乐于解决问题。以直接实验观察为基础，陈鹤琴强调直接经验和间接经验的结合，通过阅读学习参考已有的知识，以此为基础获得更大的突破。在整理、思考、融会多种思想观点后，形成自己的学习成果，发表创造，最后在集体讨论、研究后进一步完善结论。

以上教学过程在尊重儿童心理的基础上，通过儿童的积极活动与体验统合为一个整体，通过具体的步骤让"活教育"的实施可行化、切实化，具有极强的目的性和指向性，进而为积极的活动体验和经验积累奠定基础。

（二）启发寓于创造中的"自动研究"精神

"没有一个儿童不好动的，也没有一个儿童不喜欢自己做的。"②在对"活教育"的教学原则阐述中，陈鹤琴鲜明地强调"做"的重要性，包括"凡是儿童自己能够做的，就应当教儿童自己做""凡是儿童自己能够想的，应当让他自己想""你要儿童怎样做，就应当教儿童怎样学"等，其中蕴含着鼓励儿童自己做、自己想、自己学的儿童主体地位思想。

在儿童自己去做、去想、去学的过程中，培养"自动研究"精神。"自主学习""研究创造"离不开"做"和"劳动"，更离不开合作、启发等教学理念。兴趣是自主性学习的基础，鼓励式教学、比赛式方法、教学游戏化、教学故事化等都体现出兴趣化教学原则，旨在保证学生积极的心理状态，激发儿童内在的主动学习的精神。

以兴趣为学习发力点，儿童在"做"中亲身观察、科学实验，从而锻炼了研究能力。在美国留学时，安德鲁教授在科学研究方面给了陈鹤琴很大的启发，因此他在教育探索的进程中十分重视科学的研究方法和研究的精神，倡导以实验和观察开展事实研究。实验研究打破了唯书本为获取知识唯一通道的学习方法，大大提升了学生的研究能力和创造品质，具有十分重大的实践指导意义，真正促进了学生的创造性发展。

（三）学教一体：师生交互联合生活

人际交互是课堂教学的本质，师生交互联合是"活教育"的重要教学形式。在

---

① 王伦信. 陈鹤琴教育思想研究 [M]. 沈阳：辽宁教育出版社，1995：245—246.

② 陈鹤琴. 活教育的教学原则 [M]. 上海：上海新华书店，1948：2.

集体学习中，教师与学生之间的互动交往比较密集、直接，学教一体的思想代表陈鹤琴注重构建师生成长共同体，意图在学校教育中最大限度地发挥教师与学生共同联合的作用。

师生交互联合生活并非传统意义上的教师教、学生学的填鸭式教学，而是更注重教师的引导作用，强调学生的主体地位，通过师生相互观摩、学习、交流，达到教学相长的效果。"活教育"提出"分组学习，共同研究"的教学原则，有别于班级教学和个别教学。分组研究，教师从旁协助指导，从教师—学生的单轨单向传输式教学转为师生、生生之间的多边双向沟通，从而营造出公共、民主、自由的学习气氛，有利于激发学生积极的学习心理。

师生交互除了体现在课堂中，也发生在学校举办的各种联合活动大会上。陈鹤琴通过开展艺术活动大会、健康活动大会、社会活动大会等师生集体活动，将师生活动紧密联合，强调"活动的联合""共同生活""集体生活"，使学校体现出社会生活的性质，从而让师生联合生活对教育产生更大的作用。

第三节 "活教育"思想的现代转化价值

"活教育"思想历经岁月洗礼，其核心思想对现代教育仍有重要的转化价值，对小学教育的改革与实践具有重要的指导意义。在强化素质教育的基础上，"活教育"孕育了核心素养教育观的成型，并将自然、社会资源宝库引进学校教育，以新型的师生关系培育起现代小学的"活教育"。

一、孕育核心素养教育观的成型

（一）德育为先，坚持立德树人根本任务

为确定教育工作的方向，陈鹤琴提出"从小到大""从不觉到自觉""从自我到互助"等十三条训育原则，其中蕴含着德育的精神要旨。其一，教育需从小抓起，培育儿童养成良好的行为习惯，在儿时引导其埋下善良的道德种子。其二，发挥儿童的潜在力量，激发儿童善意的内在体制，自觉生发出道德情意。其三，拥有"舍己为人"的崇高道德观念。

陈鹤琴的"活教育"理念体现出对德育高度重视。《义务教育课程方案（2022

年版）》在指导思想方面强调"以习近平新时代中国特色社会主义思想为指导""落实立德树人根本任务，发展素质教育""坚持德育为先"，并明确以"坚定理想信念、厚植爱国主义情怀、加强品德修养"为培育目标①。可见，在义务教育阶段应突出德育，加强道德培育，关注道德层面的教育价值。这就要求小学阶段要重视道德品质的养成，做到认识道德规范、形成道德意识、内化道德情感、践行道德行为，以责任意识、服务精神投入社会发展、民族振兴的事业。

（二）聚焦核心素养，培养全面发展的人

陈鹤琴将"做人，做中国人，做现代中国人"作为教育目的，认为人既需要以个体性完善自我，又应当以社会性走向世界，服务社会。个体性和社会性的发展要求人的全面发展，在教育中以人为本，通过健康、社会、科学、艺术和文学在内的五指活动，以"做"为实践重心，培育热爱国家、热爱世界的人。这都能够反映出陈鹤琴的育人观符合教育的客观规律，也体现出素质教育观、核心素养教育的基本思想。

科学的素质教育观以面向全体学生，促进人的全面发展为核心要义，要求学生学会做人做事、学会求知创新、学会健康生活、学会劳动审美，引导学生成长为德智体美劳全面发展的社会主义建设者和接班人。

以个体性发展为基础，面向社会的社会性发展是核心素养教育观的育人主张。为使学生具备适应未来发展的正确价值观、必备品格和关键能力，现代教育倡导聚焦中国学生发展核心素养，关注爱国情怀、社会责任感、创新精神和实践能力的培育，以促进学生终身发展，满足未来社会发展需求②。

二、推进多样课程资源的开发

（一）自然资源：拥抱活生生的知识宝库

"大自然是我们最好的教师。大自然充满了活教材，大自然是我们的教科书，我们要张开眼睛去仔细看看，要伸出两手去缜密的研究。"③大自然中充满了"活教育"的天然教材，蕴藏着多种多样的知识宝库，在教育教学中充分引进自然资源是重视直观性教学和感性经验获得的表现。

其一，将大自然的资源带入教室，把教室装扮得具有自然气息。可以在窗台放

① 中华人民共和国教育部.义务教育课程方案（2022）[S].北京：北京师范大学出版社,2022:1—2.

② 中华人民共和国教育部.义务教育课程方案（2022）[S].北京：北京师范大学出版社,2022:4.

③ 陈鹤琴.活教育的教学原则[M].上海：上海新华书店,1948:18.

些花草植物，让儿童亲身观察、培育，发现种子成长的奥秘。教师还可根据一年四季景物的变化特点，使教室体现自然变化的特点，体现教室环境布置变化的动态性。其二，让基础学科课程多点和自然交壤的机会，多使用实物教具让儿童直接观察，获得直接经验；适切安排部分课堂迁至大自然中，用生动活泼的自然资源激发儿童兴趣。其三，开展拓展性课程，生成相关活动主题，引导儿童在与大自然接触的过程中获得有关自然的知识、形成尊重生命的态度、增强保护环境的意识。

（二）社会资源：引入活跃的教育培训细胞

"我们为什么不去研究抗战建国来做研究史地的中心或出发点呢？我们为什么不研究第二次世界大战来了解各国的史地及我民族的文化呢？大社会大世界都是我们的活教材，我们为什么不从'现代'的活教材研究到'过去'的史事、'过去'的地理呢！"[①] 因此，被人类改造过的社会环境，具有丰富的人文内涵，也可以成为教育资源。学校可以组织儿童参观历史文化遗迹、观摩现当代建筑、欣赏城市乡村样貌等，关注人文社会领域，在课程中融入传统文化，体现家国情怀、民族特色，培育儿童的爱国精神和民族精神。

引入社会资源，将儿童的学习场域扩大到社会实践中，可以打破传统教室的静默学习，真正让课堂活起来，成为学习实用技能的场地。这些活跃的教育培训细胞，能够在各个方面给予儿童教育的支持。在与社会资源的课堂交互中，以"做"为实践重点，首先在于亲身观察，再次需要通过查阅书籍文献，辅以间接经验的支持，并通过文字、绘画、影像等形式记录下自己的情感理解，与他人交流后形成新的学习成果。

三、重塑师生关系

（一）儿童不是"小人"

传统的儿童观认为儿童与成人的本性本能是一样的，只是身量体格比成人小，因此便有了"小人"的称呼[②]。陈鹤琴以长子陈一鸣为观察对象，用科学的方法描述了儿童的心理特征，认为儿童有其独特的生理、心理特点，应科学掌握与尊重儿童生长发展的规律。"活教育"也始终体现儿童中心的思想，把握与尊重儿童的身心发展特点，开展一切围绕儿童生活、揭示儿童日常生活意义的活动。

秉承儿童主体观的思想，现代教育教学应注重把握和尊重学生的生理、心理特

---

① 陈鹤琴. 活教育的教学原则 [M]. 上海：上海新华书店, 1948:20.

② 北京市教科所. 陈鹤琴全集：第6卷 [M]. 南京：江苏教育出版社, 1992:535.

征[①]。其一，优化课程内容结构，强化课程的实践性要求，亲身"做"符合学生的知识获取渠道，易于强化知识逻辑体系的构建。其二，根据学生核心素养发展水平，明确不同学段学生的学业成就表现特征，形成学业质量标准，科学评价学生的各类活动。其三，评估各领域发展水平，形成科学化课程。其四，根据学生在不同学段认知、情感、社会性等方面的发展特点，以及个体性、多样化的学习发展需求，以适宜性的课程为教学内容，采取适宜性的方法因材施教。

（二）拒绝"旁观者"的教师身份

不同于蒙台梭利"自由活动"和"安静看客"的课堂观和教师观，陈鹤琴强调教师应对课堂有充分的预备，认为不应完全放任纵容课堂，而应对学生采取适时适当的指导[②]。

近年来，现代课堂在呼吁回归学生主体地位的道路上，愈加重视将课堂还给学生，然而这容易陷入一个误区，以生为本并不意味着学生在课堂上的绝对自由。学生是正在发展中的人，他们的生理、心理都没有完全发展成熟，因此需要引导者引领学生走向正确的学习轨道。从这个角度看，教师不应成为课堂上的旁观者。因此，教师需要时时注意学生在课堂上的表现，了解学生的学习诉求和发展障碍，及时提供相应的指导帮助，教给学习方法、学习策略，以帮助学生逐步走向独立、走向成熟。

"引导者"绝非仅仅困于"督促者""辅助者"的角色，若将教师单单视为向学生提供教材、演示教具使用的人，则会降低教师的职业幸福感和尊严感。因而需要将教师"人"的情感融入教学，以爱关心学生，以爱热心教育。如此，才会进一步提升教师的职业价值。

（三）呼吁师生共同体的教育形式

师生共同体的教育形式是师生集体学习、联合生活的表现。通俗来讲，这是教师和学生共同探索、相互学习的教学模式，具有社会性的表现特征，在共同参与、多边交互中发挥出师生共同体的力量。

现代教学组织课堂内外的活动，大多将教师视为组织者，将学生视为参与者。这就割裂了活动组织整体性、统一性的意义，教师为上位领导者，学生成为被动参与的人。理想的活动应为师生双方共同协商、策划、组织、参与，其性质应当是以

① 中华人民共和国教育部. 义务教育课程方案（2022）[S]. 北京：北京师范大学出版社，2022：4.

② 安超. 基于联合生活的成长共同体：陈鹤琴"活教育"课程的社会学意识 [J]. 河北师范大学学报（教育科学版），2022，24（6）：30—36.

集体创造体现儿童的完整生活。这种教育形式更加注重教师的加入，强调让教师弯下腰来和儿童共同活动，在民主、平等的气氛中学习生活，这是现代教学尤其应注意的一点。学校可以开展各类活动，如戏剧演出、运动竞赛、文学创作、诗歌朗诵等，有适切的主题，紧密关联生活，以师生联合的形式开展，旨在构建社会生活的雏形。

　　总而言之，现代教育教学应始终映照儿童生活，联合生活资源，以生动活泼的活动课程，启发儿童在实践中培养学习兴趣，培育自主研究的精神，提高解决问题的能力，回归知识为生活服务的价值准则。

第一章　童慧教育的理论构建

以"活教育"思想为背景孕育而出的童慧教育，是在"立格育人"办学理念，"爱润童心"办学精神映照下而成型的较为成熟的教育思想体系，具有丰富的学理内涵，通过探讨童慧教育的缘起、内涵、理念等，能更好地厘清童慧教育的内在机制，让童慧课堂的实践具有理论的支撑。

第一节　童慧教育的缘起与内涵

童慧教育的建立缘起于崧厦街道中心小学的办学实际和理论指引，是切实关注学生发展与成长的思想体系。以乡土实践为缘起，将培养学生核心素养作为教学要旨，建立童慧教育创新体系。童慧教育以"童心""智慧"作为双内核，以学生发展为教学中心，打造智慧课堂，呼吁开发学生天性智慧，促进学生智慧成长。

一、童慧教育的缘起

《义务教育语文课程标准（2022 年版）》（简称新课标）围绕立德树人根本任务，强调在实践活动中发展学生的核心素养[1]。乡土是课程学习的载体形式之一，以其亲属性、根源性、实践性，与个体形成独特的血脉联结，易于学生在乡土实践中获得生活经验，发展核心素养，培育民族根和儿童心。童慧教育以实践活动为内核，是提升乡村教育品质的创新体系，成为崧厦街道中心小学发展乡土教育的有利选择。

---

[1]　中华人民共和国教育部. 义务教育语文课程标准（2022 版）[S]. 北京：北京师范大学出版社，2022:2.

（一）深厚的地域文化滋养童慧教育

教育的发展必然受到地域文化的哺育，与地方社会的进步，生活文明紧密地联系在一起。

上虞位于浙江省绍兴市东部，钱塘江南岸。处在杭州与宁波之间，与上海隔江相望，总面积 1362 平方公里。截至 2022 年，上虞区户籍人口 71.42 万人。上虞历史悠久、人文底蕴深厚。早在距今 3000 多年的甲骨文中，就已经有了"上虞"的文字记载，上虞建县距今已有 2200 多年，是浙江省建县最早的县份之一。上虞是中国古代传说中舜帝的出生地，更是全球最早的青瓷发源地之一。上虞作为梁祝传说中祝英台的故乡，也是全国著名的"葡萄之乡""杨梅之乡"。在历史上，曾出现"舜会百官""东山雅聚""白马春晖"三次名人大聚会，涌现出了古代唯物主义哲学家王充、东山再起典故的谢安、中国山水诗开创者谢灵运、国学大师马一浮、气象学家竺可桢、"茶圣"吴觉农、电影名导谢晋等著名乡贤。

崧厦街道地处宁绍平原北部，是虞北地区的中心城镇，全国闻名的"中国伞城"。崧厦街道历史悠久，早在 1600 多年以前的东晋隆安四年（公元 400 年），时任吴郡内史的袁山松兼辖崧厦，因抗流寇战死沙场，乃建袁公祠以纪之，并称其所筑之城为"嵩城"。后又改称嵩下市、嵩城市、嵩镇、嵩厦街。1936 年，《中国古今地名大辞典》中记载为崧厦镇，一直沿用至今。崧厦原境内后郭淩遗址出土夹砂红陶和鼎足等文物，证明早在新石器时代晚期，就有先民在此繁衍生息。1949 年 5 月，崧厦解放，6 月建立红色政权崧厦镇人民政府。2019 年 11 月 8 日，绍兴市举行市区 9 镇撤镇集中揭牌仪式，崧厦镇改为街道。现崧厦街道下辖 4 个社区、38 个行政村，人口 23 万。崧厦东接沪杭甬高速公路，104 国道、上三高速、萧甬铁路近在咫尺，杭甬运河贯通东西，交通便捷，区位优势十分明显，是虞北地区 23 万人口的经济、文化、交通中心。

崧厦人文昌盛，名贤辈出。宋代至明清，仅进士、举人就有 110 位之多。近代，连仲愚热心公益，一生修筑海塘造福乡里；潘炳南作为中国红十字会的创业先驱，一生行善乐此不疲；裴云卿、裴正庸等金融界巨子，为中国民族资本的崛起做出了巨大贡献，还情系故里，捐资举学；更有地理学家屠思聪，著名教育家夏丏尊，著名儿童文学家金近，体育外交家、"奥运之父"何振梁，工程院院士周炯槃，中科院院士景益鹏等，都是崧厦众多乡贤中的杰出代表。崧厦还是虞北抗日根据地，有着光荣的革命传统。早在 1938 年，吕家埠就成立了虞北第一个中共支部，更有烈士章辅、严洪珠、连德生等为共产主义理想而奋勇献身。

崧厦经济繁荣，精神独立。自晋以来，历代崧厦人在原是荒芜的海域辛勤劳作，建设美好家园。改革开放以来，勤劳智慧的崧厦人面对发展机遇，勇于迎接挑战，不断开拓创新，以吃苦耐劳精神，风雨无阻的毅力创造了"中国伞城"和"建筑名镇"两大奇迹。新时期崧厦人紧紧抓住前所未有的良好机遇，充分利用崧厦的区位优势、基础优势，以及崧厦人的创业优势，励精图治，开拓创新，加快建设现代中心镇，使古老的崧厦更加充满迷人魅力，使激情创业的崧厦人更加美好而诗意地栖居。一个集聚功能较强、规模布局合理、功能设施齐全、交通畅达、环境优美的区域性中心，具有高品质生活环境的现代化工贸型小城市日趋形成。与崧厦经济发展、社会文明同步的崧城教育在这丰厚的地域文化滋养下，与时俱进。

（二）崧小的百年历史孕育童慧教育

一百多年前，先贤们秉承着"儒为国之宝，士为席上珍"之传统，热心桑梓，关怀子弟，用他们的心血、汗水和智慧建造了崧小。

崧厦小学创办于 1905 年，即清光绪三十一年。其前身为崧陵书院。学校初创时名为上虞县立崧厦高等小学堂，首任校长为钱濒湘先生。1912 年，崧厦高等小学堂按照当时民国政府颁布的《小学校令》，将校名改为上虞县立第二高等小学。1931 年，学校又与当时同在东庵渡的时术小学合并，再次更名为县立崧厦小学。然而就在此时，日军开始大举侵略中国，一时硝烟四起，战火纷飞，学校也由此一度陷入困境。东庵渡校舍被滕祥云匪部占用，学校被迫迁到雅房弄，后又转至祝家街夏家。直到 1945 年 10 月，带着对抗战胜利后的无限喜悦与憧憬，崧厦小学回到经修缮后的东庵渡校舍，重新开学上课，并将校名改为崧厦镇中心国民学校。1949 年 5 月，上虞解放，崧厦镇中心国民学校由县人民政府接管，并将学校再次更名为崧厦区中心小学。此后的数十年间，学校多次更名、搬迁，曾先后将崧厦区中心小学改名为崧厦镇第一小学、崧厦公社中心小学、崧厦区中心小学、崧厦镇小学、崧厦区校，校址也由原来的东庵渡迁到同仁桥，后又转到喻光村灌池头。1985 年 2 月，学校被正式冠名为崧厦镇中心小学。此后，又在党和政府的关心扶持下，学校在何家村征地 10 亩，建造起了全新的校园，并将何家村小学并入崧厦镇中心小学。1992 年 3 月，学校又征地 2 亩，扩展运动场，建造综合楼，至此，崧厦镇中心小学才走入平稳、健康、和谐发展的轨道。使学校真正高速、有特色地发展的是全国新课程改革春风，特别是 2013 年 6 月，学校异地新建，2014 年 9 月工程总投资 8500 万元，占地 76 亩，建筑面积 26000 平方米的新校舍投入使用。学校现代化教育设施齐全，按浙江省标准化学校一类标准配备，学校硬件设施一流。校内体育馆、标准体育场一应俱全。

一百多年来，一代又一代的崧小人自强不息、励精图治、薪火相传，从这片美丽的土地上走出了一批又一批的优秀学子，既有像魏克民教授这样的中医药研究巨擘，又有像景益鹏教授这样的天文研究名流；既有像车广荫先生这样默默无闻，辛勤耕耘在文化教育沃土上的文人雅士，又有像俞铁阶先生这样身在商海，情系乡间的爱心商贾；当然，还有像连一民、张邦铣、俞招海等这样的政坛要人、军界首长，他们在不同的岗位上为母校增光添彩，续写着前进中的辉煌。青出于蓝而胜于蓝。新一代崧小人坚持"立格育人"校训，努力追求"爱润童心"学校精神，深化办学特色，继续寻踏着先人们的足迹，与时俱进，开拓创新，创建"国学崧小、智慧崧小、美丽崧小"品牌，办有温度、有美感、有智慧的学校，成为省内外有一定知名度的乡村品牌学校。学校全面推行立格教育，倾心打造美丽校园，取得了可喜的成绩：学校教育质量全区领先，国学品牌日益凸显，篮球特色家喻户晓，美丽校园享誉全省；学校男子篮球队获上虞区小学生篮球比赛十三连冠，并代表绍兴参加浙江省第三届青少年阳光体育运动会小学生篮球比赛；《篮球韵律操》、学生合唱队、鼓号队、小导游获区一等奖；舞蹈比赛荣获区第一名；中国象棋甲、乙、丙组都获奖，其中甲组获区团体第一名，囊括甲组男女个人前两名；学校先后创建为中国新样态实验学校、全国篮球特色学校、全国应急安全教育示范学校、浙江省体育特色学校、浙江省校本培训先进集体、浙江省书香校园、浙江省美丽校园、浙江省卫生单位、浙江省红领巾示范学校、浙江省少先队先进集体。2020 年被评为浙江省首批现代化学校。

（三）乡土实践是培养学生核心素养的重要途径

2013 年底，在中央城镇化工作会议上，习近平总书记提出，要提高城镇建设水平，"让居民望得见山、看得见水、记得住乡愁"。儿童教育同样要让他们望得见山、看得见水、记得住乡愁。电影大师谢晋说过："故乡好比是天空中飞的一只风筝，我们人不论离风筝有多远，总有一根线连着风筝，牢牢地牵在手里。"乡土在《辞海》里的解释是"故乡；家乡"。家乡用"乡土"这样的词语来表达，最早是在春秋战国时期，《列子·天瑞》里有这样一句话："游人去乡土，离六亲。"到了今天，乡土已经成了一个热篇，表现在社会科学领域里有两门学科"乡土历史""乡土地理"。在文学创作里，是重要的创作流派。比如，著名作家赵树理、马烽的"山药蛋派"，他们的文学创作有很浓的地方气；著名作家孙犁的"白洋淀派"，他的作品反映的都是他那个地方的生活。还有许多作家的作品自然地带着浓浓的乡土味。最有代表性的就是鲁迅，他写的每一篇小说的背景都是绍兴水乡。

新课标指出，各地都蕴藏着多种课程资源，学校要有强烈的资源意识，认真分析本地和本校的特点，充分利用已有的资源，积极开发潜在的资源。上虞素以历史悠久、文化兴盛、山水秀美、交通便捷、物产丰富、人杰地灵而闻名。自公元前 222 年上虞建县，迄今已有 2200 多年历史。家乡的地域优势，山水、人文、历史等都是学习、体验、实践的丰富资源。因此，可以充分开发利用当地乡土资源，作为学校课程资源的实践基地，给予学生真实体验学习的机会。这充分呼应了"活教育"的理念，将大自然、大社会作为课程学习的"活"的资源，引导学生在与自然、社会的直接接触中，不断获取成长的知识和经验，从而亲身印证书本上的相关知识。

教育部颁发的《关于全面深化课程改革落实立德树人根本任务的意见》，提出了要培养学生的核心素养，即学生终身发展和社会发展所需要的必备品格和关键能力，这正在成为当今课改的着力点。我们能为明天培育怎样的新一代，取决于我们今天能够给他们以怎样的教育。2022 年，教育部颁布《义务教育课程方案（2022年版）》。义务教育课程方案修订以落实核心素养为重点，贯彻了勇于探究、乐学善学、社会责任等核心素养要点，旨在培养"有理想、有本领、有担当"的人[1]。通过乡土实践，能够有效培养学生的核心素养，在自主发展、社会参与等维度，促进学生学会学习、健康生活、责任担当、实践创新等。此外，在教育日益现代化和全球化的今天，学校应着力培养具有国际视野的人才，让儿童通过宽广的视野去认识世界，了解和尊重不同的文化，学会合作和交流。教师需要承担振兴乡土文化的教育责任，培养儿童热爱乡土的情怀，了解本土的历史和传统，热爱家乡的山山水水，拥有应有的民族自尊心、自信心和自豪感[2]。

---

[1] 崔允漷，郭华，吕立杰，等. 义务教育课程改革的目标、标准与实践向度（笔谈）：《义务教育课程方案和课程标准（2022 年版）》解读 [J]. 现代教育管理，2022(9)：6—19.

[2] 王乐，孙瑞芳. 乡村振兴背景下乡村教师传承乡土文化的责任、困境与路向 [J]. 当代教师教育，2021，14(2)：24—30.

（四）培育民族根和儿童心是乡土实践的重要诉求

乡土是生命成长的"根"，它伴随着童年的温暖记忆而成为每个人生命的底色。儿童出生以后，看到的第一个世界就是他的家乡。所以，人不管走到哪里，都会牢牢地惦记着自己的家乡。家乡的山水、草木，童年的伙伴、游戏，故乡的邻里、亲人，连同童年生活的记忆，都化为一个人生命不可分割的一部分。儿童在故乡充满泥土味的空气中成长，在乡亲的音容笑貌中濡染着故乡的文化，塑造着独特的人格。乡土孕育了每个个体对于世界的原初感受，形塑着每个人的世界观的雏形。对于每个学生来说，从乡土中获得早年生活经验是相当重要的，对他成年以后的生活也有着很大影响。所以，乡土是生命成长的"根"。迄今已有2200多年历史的崧厦，其山水、人文、历史等都是学习、体验、实践乡情教育的丰富资源。捡拾本土丰富资源和文化，集聚古越文化、风光、风俗、特产，构建乡情教育课程体系，将乡音、乡情、乡土融入孩童血脉，延续历史文脉，为乡土教育开启一扇崭新的窗，是着重探索和追求的一条乡村学校办学之路。

乡土实践能够培育民族魂和儿童心。以乡土习作为例，乡土资源是习作最贴近儿童生活的题材，为丰富儿童写作题材、提高写作质量创造了可能[①]。乡土作文植根于儿童生活，是生命表达的需求。乡土写作以儿童生活的环境中的自然要素和人文要素作为写作素材，让儿童通过用自己手中的笔描写家乡的风土人情、自然风貌来赞美家乡，开阔视野、丰富知识、深化情感、提高写作水平，从而培养热爱家乡的思想感情。儿童的写作离不开乡土，只有让儿童去关注乡土、表达乡土，才能激发每个儿童心里最柔软的那一块，他们也最有话可说，最有话可写。乡土作文整合地域资源，是乡土文化的召唤，乡土资源最为丰富。《上虞地方文化丛书》的出版，小学《可爱的上虞》地方教材的推行，"知我上虞，爱我上虞，兴我上虞"系列活动的蓬勃开展，为乡土写作教学创造了一个良好的外部环境。开发乡土资源，可以催生写作情感、丰富写作题材、提升写作技能，使得在乡土写作教学中，学生能在乡土人文的熏陶下，激发写作兴趣，贴近现实生活，培养热爱家乡、建设家乡的思想感情。

（五）童慧教育是提升乡村教育品质的创新体系

童慧教育以儿童发展为本，注重启迪学生智慧，促进学生可持续发展，是提升

---

① 戴平．乡土作文回归本真，飘溢浓"乡"：乡村习作教学探究 [J]．写作，2016(2)：69—71．

乡村教育品质的创新体系，契合了教育现代化的时代需求，是高屋建瓴的智慧之举。

其一，寻找文化原点，走内生发展之路。崧厦街道中心小学是一所百年名校。早在 1905 年，"时术初级小学堂"便在崧厦东庵渡的映水庵正式成立了。100 多年来，学校培养出一大批优秀人才。他们为学校教育树起了一座座精神的灯塔，立起了一座座人格的丰碑，为崧厦街道中心小学培育具有"崧小人格"的"新崧厦人"指明了方向。以崧厦先贤的人格精神为指引，以培育具有"崧小人格"的"新崧厦人"为目标，以立格课程构建为主线，崧厦街道中心小学积极创设知识拓展类课程，增加主题活动类课程，加强实践体验类课程，倡导德育导行类课程，旨在帮助崧小学子立健全人格、养志趣性格、修好学品格、健身心体格、扬创造风格。

其二，构建童慧课程，打造课程文化新样态。童慧课程的核心价值是引导学生向善向美，幸福成长，努力成为社会主义事业的合格建设者和可靠接班人。童慧教育以乡土为课程资源，将振兴乡土文化，提升乡村教育品质为追求。其课程具有以下特点：基础类课程校本化，将国家课程校本化。特色类课程精品化，篮球、国学是特色，学校专门开设特色类课程，把特色做深做透。不断丰富、完善校园活动文化，凸显学生的个性文化，让校园处处充满生机和活力。拓展性课程选择化，拓展性课程给学生更多的选择空间，崧厦街道中心小学的拓展性课程主要根据教师自身特长和学生兴趣开设，穿插邀请校外有一技之长的社会机构人员、专业人士来校开设并进行指导。

二、童慧教育的内涵

"童慧教育"是以儿童为本，以教师的教学智慧开展高效教学，充分开发儿童的天性智慧，唤醒智慧课堂，为儿童的优化发展服务的教育思想体系。首先，儿童具有朴质童心，对周遭事物有着最原始、单纯的理解。童心是珍贵的，他们如同一张白纸，即将抹上多彩的颜料。其次，儿童具有天性智慧。然而在成人的眼里通常认为儿童是无知的，否则为什么称儿童教育为"启蒙"呢？确实，儿童不太明白成人世界的许多规则，他们需要不断地认识社会、适应社会。但是，这并不等于儿童没有天性智慧。而挖掘儿童的天性智慧，需要教师的教学智慧，使课堂更加高效，使课堂充满智慧。因此，从"童心"和"智慧"切入，揭示童慧教育的内涵。

（一）童心：儿童为本，敬畏朴质童心

童心朴质而纯洁。"童心"是明代哲学家李贽提出的一个重要学术概念，所指的就是儿童特有的天真淳朴之心。《焚书》卷三有言："童子者，人之初也。童心者，心之初也。""童心者，真心也。"他认为，由于"道理闻见"的侵扰，"人之童心渐失"；并认为"《六经》《语》《孟》，乃道学之口实，假人之渊薮也，断断乎不可语于童心之言所矣"……把圣贤经书视为"童心"之对立物。他的《童心说》载《焚书·杂述》，认为人先天具有天真淳朴的"童心"，"童心者，真心也"，"失童心者，绝假纯真，最初一念之本心也"，否定了仁、义、礼、智、忠、孝等伦理是人的本性。为保持"童心"勿失，他认为须减少和排除通过闻见而得的知识，读圣贤之书亦须警惕。所有这些，在当时社会是具有反封建礼教束缚之意义的。

童慧教育以"童心"为内核之一，强调树立正确的"儿童观"，敬畏童心。意大利教育家蒙台梭利在其所著的《童年秘密》中指出：从远古到 20 世纪初，人类社会的文明虽已向前发展，但在对待儿童的问题上仍属蒙昧无知，既不了解，亦不关心。家庭仅给予孩子生命，学校教育是以成人为模范来改造儿童的；"教育"一词几乎成为惩罚的同义语，儿童身心倍遭摧残。为此，他呼吁全社会必须了解儿童，关心儿童，承认儿童的社会权利，为儿童建设适合他们成长的环境[1]。家长须接受能使婴幼儿健康成长的必需的教导，学校更须依据儿童的天性采用教育方法，社会要为儿童的发展成长提供合适的条件。可见，教育需以儿童为本，尊重儿童主体性，敬畏童心，尊重儿童的权益，善于倾听他们的声音，保护儿童自主学习感知知识的自由度和规律性。

敬畏童心，应以"向真""向善""向美"为价值取向，呼吁儿童在与学校、大自然、大社会的真实接触中，充分体验、领悟、感知生命本真的意义[2]。童慧教育切忌外部的单向灌输，要因势利导，潜移默化地让他们自己去体验去感受。童慧教育强调教师专业化能力的塑造，高素质教学水平的培养。在课堂中，教师只做个引路的人，以保护童心作为出发点，基于学生的身心发展规律，激活学生内在认知冲突，充分引起学生的求知欲、探索欲。教师在课堂上注重对话、合作、探究的学习方式，赋予儿童心灵上、活动上的自由，促使儿童善于思考、乐于实践。总之，以"活教育"思想为引领，提供学生真实的实践场域，促进学生与学校、自然、社会三个维度的活动充分契合，为学生搭建起"童心飞扬"文化生态课程体系，促进学生的可持续

---

① 单中惠."儿童"是谁？蒙台梭利如是说：蒙台梭利对儿童身份问题回答之初探 [J]. 湖南师范大学教育科学学报，2019, 18 (1)：1—5+42.

② 胡晓燕. 文化生态视域下童心课程建设的评价机制初探 [J]. 小学教学研究，2022 (35)：25—26.

发展。

（二）智慧：生命本体，开发天性智慧

儿童具有天性的智慧。"慧"是梵文的意译，佛教三学中之慧学。《大乘广五蕴论》："云何慧？……断惑为业，慧能简择，于诸法中，得决定故。"即指以佛智决断疑念而获得决定性正确认识的那种精神作用。《大乘义章》谓："观达，名慧。"这当然是最早对"慧"的解释，带有很浓的宗教色彩。现在，"智慧"也就是"智力"，即使适合于环境的行为得以产生的心理能力。集中表现为反映客观事物深刻、正确、完全的程度，以及应用知识、解决问题的速度和质量。智慧不完全是后天形成的，其中的一些重要部分是与生俱来的，这就是天性的智慧。"天性"，就是人的先天本性，语出《荀子·儒效》："是非天性也，积靡自然义。"法国的卢梭崇尚儿童天性，他在《爱弥儿》中说："出自造物主之手的东西，都是好的，而一到了人的手里，就会变坏了。""天性论"亦称"遗传论"，是关于人的发展的心理学理论之一，认为遗存、先天获得的素质特征对个体发展起决定性作用。当然，这也不否定后天发展的可塑性和重要性。洛伦兹认为，人的行为发展，即使在青春期与后成年期也会受先天本能的制约。这说明，智慧是有天性的，这种天性智慧，更多地体现在受教育的童年时期，因此在儿童身上会体现很多，保留很多。也因为如此，所以儿童才具有健康发展的各种可能性。

童慧教育充分认识到儿童具有天性智慧。发展心理学等前沿学科的研究表明，人的智力可以分为"天体智力""流体智力""晶体智力"。"天体智力"是与生俱来的、先天的智力因素，人的一生发展的各种可能性，多与这种先天的、处于遗传基因的智力条件有着密切的关系。这种"天体智力"，集中表现在儿童智慧之中。"流体智力"是指人在成长过程中，面对成长中蒙受的各种困难，而提出相应的不同解决方案，并在这样的成败过程中所收获的智力。而工作记忆训练可以提高儿童的流体智力成绩，并且这种训练效果具有持续的稳定性[1]。所谓"晶体智力"主要体现在老年，那是通过长年积累而沉淀下来的一种智力晶体。这就决定了老年并不一定就是"废物"。大器晚成、老树着花者，正是晶体智力所发挥的作用。

儿童是有"天体智力"的。对此，鲁迅先生在《人生识字糊涂始》一文中有这样一段话："孩子们常常给我好教训，其一是学话。他们学话的时候，没有教师，

① 彭君，莫雷，黄平，等．工作记忆训练提升幼儿流体智力表现 [J]．心理学报，2014，46(10)：1498—1508.

没有语法教科书，没有字典，只是不断地听取、记住、分析、比较，终于懂得每个词的意义，到得两三岁，普通的简单的话就大概能够懂，而且能够说了，也不大有错误。"鲁迅先生在这里正是从儿童学说话这一事实说明了儿童具有天体智力。否则，对于像说话如此复杂，牵连到语音、语法、逻辑，甚至是修辞等多门学问的事，居然也可以在"两三岁"前学会，于此足见儿童的天体智力是不容小觑的。儿童蕴含着天体智力，然而智慧的显现与增长需要教育教学的开发，因此天性智慧作为童慧教育的重要内容之一，需要辅以教学手段促进其在儿童体内的发展。

童慧教育强调回归生命本体，将"智慧"作为重要的内涵，在生命的起始阶段即童年，开发儿童的天性智慧。儿童是生命全程中最重要、最特殊的阶段，是生命起始、奠基的阶段，童年的生命发展对一个人生命的全程发展具有重要影响。因此，教育维系着人的精神生命，又紧密地连接着人的智慧发展。教育教学离不开儿童的天性智慧，同时又滋养着人的智慧发展。童慧教育，既要追求教育的高效，又要重视个性化和差异化教学，充分开发每个学生的天性智慧。发展学生的天性智慧，强调个性化和差异化教学，意味着教师应充分了解学生个体的心理特点、性格特征、学习方式等，基于学生的个体生活和个体经验，尊重学生的差异和不同，开发适合学生的课程；因材施教，采用不同的教学方法充分保证学生的个性化学习、差异化发展，以此让每一位学生都能充分开发天性智慧，找到适合自己的学习方法，体验到学习的快乐，提升自身的核心素养，从而打造平等、民主、包容的童慧教育。

"童"与"慧"是崧厦街道中心小学优化教育理念的新成果，也是近年来教育培养理念转型升级的重要标志。"童心"和"智慧"作为童慧教育的双内核，彰显出童慧教育的育人理念——以儿童为本，打造智慧课堂，开发儿童的天性智慧，促进儿童的可持续发展。进一步地讲，"童"与"慧"的合力应当是小学教育的一笔极其宝贵的财富，开发好这笔财富，小学教育才会极大地提高质量与效益。

第二节　童慧教育的理念与内在要求

厘清童慧教育的核心内涵为"童心""智慧"，以此为基础，明确童慧教育的理念与内在要求，有助于厘清童慧教育的实践机制。童慧教育立足"有趣""有情""有理"三大理念，强调教学内容的生长性、教学过程的生命性和学习方法的生成性。在此基础上将乡土性、协同性以及开放性作为童慧教育的内在要求。

一、立足"三有"，构建"童慧教育"新理念

"童慧教育"注重儿童对自我成长的价值体认，尊重知识能力、批判思维的获得，充分开发儿童的天性智慧，为儿童未来的个性化发展服务。具体落实到课堂教学上，童慧教育追求的是在教学中，学生主动体悟，师生心理相容，在知能拓展的同时获得情感的愉悦、思维的拔节、文化的滋养，围绕"有趣""有情""有理"三大基本理念，着力创生一种以智促智、以慧引慧、以灵激灵的师生智慧对话的课堂。

（一）凸显"有趣"：指向生长性的内容采择

所谓"有趣"，包含三个层面：第一个层面是要教给学生有意思、有意义的知识，确保学习内容的鲜活有趣；第二个层面指的是聚焦关键话题，使内容的呈现富有趣味，激发学生的探究欲望；第三个层面指的是展开教与学的环境是饶有意蕴的，让师生在情境中自觉成长。

其一，选择有意味的材料。教什么永远比怎么教更重要。叶圣陶先生认为，课程"向来随教师的意向，程度的浅深，教法的精粗，百问可得百答，各不相同，所以结果从没有定状"。即便是教学训练目的相同，具体到每一次教学，"教什么"的内容也不一样，所要抽绎的学习内容本质也不同，这就需要教师在紧扣教学目标的基础上生成教学内容，探讨教材内容的内在联系，以启发学生的智力，培养学生的智慧[①]。在童慧教育中，以学习力紧扣教学目标的达成，深入解读教材，挖掘教材内容的内在联系，研究学生的年龄和知识结构特点，在此基础上，合理选择、整合、延展有意味的学习材料，引入恰当的教学方法，构架起素养整体结构的基础。

其二，切入有意义的话题。如何达成教材编排意图，让学生在认识、理解学习内容的基础上更好地掌握和迁移？对此，教学中有效话题的设置至关重要，是教学过程中最关键、最智慧的环节。话题可以分为引导性、探索性、辩论性、创新性、迁移性等多样化话题[②]，需要教师根据教学情境选择合适、有意义的话题，以启迪学生智慧，激发学生探索交流的愿望。在童慧教学中，教师在了解学生内部情感世界的基础上，可以通过抓住教学内容的矛盾点创设主问题，并围绕主问题辨疑析疑，

---

① 王颖群.丰富课堂 启发智力：教学材料的选择运用与启发式教学 [J].福建教育学院学报,2008(5)：43.

② 李军霞.论教学对话中"话题"的设置 [J].教学与管理,2012(12)：135—136.

引起学生的认知冲突，从而达到提升学生学习热情、发展学生高级思维的教学效果。

其三，创设有意蕴的情境。课堂是完成教学任务的主要场所，课堂必须创设令人舒畅的教学情境。无序的课堂会使教师失去50%的教学时间，也淹没了学生的个性心理和学习内容本身的趣味性。科学创设具身性的教学环境，能够促进小学生的全面和谐发展，有助于打造优质高效课堂①。此外，必要的情境创设能引领学生自觉地产生联想与想象，进而比较分析，发现并掌握其中隐含的规律，这样的学习才是有意义和有价值的，才能从根本上保证课堂的魅力，给学生带来真正的自由与快乐。

（二）落地"有情"：开展生命性的主题交流

教学过程中所有构成要素都应当以形成学生的自主活动为目的而加以统整，都须服从学生自主活动的组织。所谓"有情"，即既要发扬教学载体的感受力、鉴赏力和创造力，又要创设具有生命性的学习共同体，在主体交流中激活探究、培养思辨、阐发联想，促进儿童自我意识的确立、独立评判意识的形成和健全人格的塑造。

其一，彰显生命力，体悟独特情意。学生是有生命力的个体，具有天性智慧，对事物有着个性化感知和理解，对世界能够产生独特情意的体悟。促进学生体悟事物的独特情意，需要学生切身置身于实践场中，在真实的活动现场具身参与、实践、体悟。童慧教学践行"活教育"思想，主张"做中学，做中教，做中求进步"，在具身实践中亲身地做，促进知识建构、思维成长，真切地领会教学材料中的所写所记，进而从自身的先验经验出发，获得学习后的独特感悟，从真实情境中获得智慧。

其二，自主性学习，促进批判思考。新时代小学教学强调以学生为主体，注重塑造"思维型教学文化"，要让批判性思维在小学教学中落地生根②。一方面，需要儿童善于提取有价值的信息并加以重组勾连，促进消极记忆向积极记忆、消极言语向积极言语、无意义向有意义转化；另一方面，也需要教师引导儿童从被动接受走向主动学习，跳出狭隘的"自我陷阱"式的思维误区，大胆跨越"众所周知"等"他人陷阱"式障碍。

其三，拓展性学习，激发智慧火花。智慧来源于文化的长期积淀，因此，要让学生开展拓展性学习，丰富学习经历，拓宽学习路径，实现更广泛的学习与积累，融合个性生命，让学生更具生命的张力和智慧的火花。更深层次地探讨，拓展性学习为个人发展、社会意义和学习本身的价值开辟了全新的探究空间，实现了激发智慧、

---

① 晋银峰，尹永彩. 基于具身认知理论创设小学教学环境 [J]. 教育理论与实践，2022，42（5）：9—12.
② 李莹. 小学语文阅读教学中的思维培养策略研究 [J]. 语文建设，2021（2）：46—48.

指向未来的学习诉求[①]。

（三）着力"有理"：聚焦生成性的过程方法

学习方法的背后是学习的规律在支配和指挥着，掌握学习方法就是遵循学习的规律。从某种角度上说，课堂教学就是依循规律进行教和学，针对规律巧借图式、学单促进学习、关联融通等外显性行为教授方法的过程。

其一，导图支架，激发"慧思"。"放射性结构思维导图"是英国心理学家托尼·巴赞发明和推广的思维导图模式，它以一个中心议题或一个知识点为核心的思维或记忆的内容，重在提升学生的"思维力"。在课堂教学中，导图支架作为一种彩色的、容易记忆的、有高度组织性的图解，是一种有效表达师生思维过程的可视化学习工具。

其二，巧用"三单"，展开"慧学"。活动单是教师根据教学内容、教学目标、个体风格和学生实际预设的学生课堂学习活动的"路线图"，是能把教材智慧还原成学生鲜活的情境，并激发学生深度思考的催化剂。盘活多样分层、能力导向的活动单研制策略，为学生的多元发展提供多种选择的可能，达成个性化的、理性的发展。而教师作为学生学习的引导者、支持者和学习资源的提供者，主要需做到以下几点：预学反馈，关注前置学习与自学能力；协同导学，聚焦有效合作与探究能力；拓展生活体验，注重实践与关联能力。

其三，串联反刍，触发"慧悟"。串联是指将教材与儿童串联起来，把这个儿童同其他儿童串联起来，把一种知识同多种知识串联起来，把昨天学到的知识同今天学习的知识串联起来，把课堂学到的知识同社会上的事件串联起来，把儿童的现在同未来串联起来，从而挖掘教材中"真"的知识、思想与情感。反刍则是指教师适时地把话题返回原点，在儿童不能理解的时候做再次阐述。一旦反刍之后，不仅能唤醒学生学习的兴趣，还能将学生的思维由表层引向深处，让每个学生都有所得。需要说明的是，教育语境下的深度学习，更多的是属于狭义概念。据此，反刍要避免"伪儿童化"的行为，"有的教师是在引导学生思考、解答问题，但实际上，他们在引导中添加了许多附加条件，苛求答案的标准、统一"。同样地，由于学生具有个体性差异，经历相同的学习过程，不同的学生同样的言语输出，学习效果却大相径庭。显然，深度的艺术的教与学，其实际取得的学习效果必然有差别；但更重要的是，让学生自然学会理性深入的思考，形成深刻认知思维的习惯，追求不断拔节、深度

① 魏戈. 拓展性学习：探索学习科学的新维度 [J]. 现代教育技术，2019, 29 (5)：19—25.

延展的思维①。倘若如此，学生的情感必然丰盈生动，知能和思维必定经历探索。这样的课堂，才是我们期待与追求的具有更高境界的课堂。

二、乡土·协同·开放：童慧教育的内在要求

童慧教育以儿童为本，考虑学生的心理特点和学习规律，在实践中开展智慧教学、高效教学，充分调动学生的学习兴趣，发挥学生的天性智慧，促进学生的积极发展。为实现童慧教育的育人目标，需要挖掘童慧教育的乡土性、发挥童慧教育的协同性以及拓宽童慧教育的开放性。

（一）挖掘童慧教育的乡土性

最民族的就是最世界的，最乡土的就是最心灵的。地域性、文化性、儿童性是童慧教育内容的核心。童慧教育，从本质上讲，就是以人为本，尊重儿童成长发展的规律，尊重知识获得的基本规律，尊重技术应用的基本规律，是以教师的教学热情点燃学生求知的激情、以教师的智慧开启学生探究的内驱力，实现效益最大化，达到师生智慧共生的一种教育。这样的教学中师生关系和谐，课堂氛围轻松活泼，学生思维活跃，互动积极，主动探究、感悟，在知识能力拓展的同时更获得情感的愉悦、思维的拔节、文化的滋养。

一所校舍新建的乡镇小学，怎样开展乡土教育呢？崧厦街道中心小学的回答是：引导孩子们从了解学校的历史开始，从熟悉崧厦这片土地开始，从热爱上虞家乡开始，拉近孩子们与传统文化之间的距离，努力培养国际视野与乡土情怀的美格少年。崧厦街道中心小学基于乡土资源，努力实现传统文化的乡土表达。深挖学校资源和乡土资源精心打造乡土课程，联结乡贤故事讲述乡土文化精髓，开展丰富多样的校园活动促进学生智慧发展与健康成长。

崧厦街道中心小学在挖掘童慧教学的乡土性方面，进行了积极的实践与探索："儿童乡土写作"拓展性课程基于地域特色和优势，利用越地丰厚的乡土文化资源，编写《儿童乡土习作导学》校本教材；"欢乐篮球"课程结合了上虞传统游戏和地方音乐元素，并较好地将其与上虞乡贤、奥运功臣何振梁所倡导的奥运精神和乡土体育文化相结合；"地方戏曲"课程，是对"乡土非遗"的学习和传承，课程重点是学唱越剧、莲花落，内容以上虞相关戏曲选段为主；"伞花朵朵"课程，是对崧厦伞文化的学习与宣传，包括开播"小伞花"电视台和举办伞花艺术节；"谢晋电

---

① 孟庆甲．数学教学要追求思维的深度发展 [J]．教学与管理，2020（14）：34—35．

影艺术欣赏"课程，是对学生的电影艺术的启蒙，对乡贤谢晋爱国精神、爱乡精神的传承。这五门课程组成了崧厦街道中心小学的"儿童乡情文化教育课程群"。

崧厦街道中心小学的教育者清醒地认识到：国家课程的校本化是中小学教育教学的基础，我们要重视传统文化进校园，但在落实过程中不能把传统文化和国家课程对立起来，而是应该按照课标要求、学生发展需求，通过优化学校课程的顶层设计，将传统文化融入国家课标课程，形成符合国家课标要求、学校发展特色、学生认知规律、各个学段相互衔接的课程体系。以乡土、乡情为主线，除了将国学、传统戏曲戏剧、非遗文化、民俗风情、书法、国画、民乐等内容融入教学，使语文、体育、音乐、品德、综合实践等得到有机地整合，崧厦街道中心小学更着力培养学生的传统礼仪，以及具有地方乡土特色的文化传统节日的兴趣爱好，通过亲身感知与实践，提升学生对乡土传统文化的整体感知。

（二）发挥童慧教育的协同性

一是拓展性课程与文化活动的协同。目前，崧厦街道中心小学 32 个班级的学生共享 68 个特色社团，其中，有三分之一的社团都带有乡土的、地方的文化特色，让学生有很强的参与感，如青瓷社、茶道社、国学社等。在这些特色社团中，传统文化进校园是以一种"融合式、浸润式"的方式开展教学。崧厦街道中心小学广泛开展艺术演出、广场展演、名家展示、经典赏析、实地参观、亲身体验等活动。在国学进校园中，崧厦街道中心小学创办国学文化节，以"经典浸润童年　智慧点亮人生"为主题，开展诵读经典比赛、国学故事配音、名著情景剧表演、"玩转国学快乐成长"等诵经典、知经典、悟经典系列活动，引导学生在活动的亲身体验中，接受优秀传统文化因子。

二是童慧教育中师生、生生的协同。过程和方法中引进佐藤学的学习共同体的思想，实施策略上引入"311"——"3"单：预学单、导学单、拓学单；"1"图：思维导学图；"1"课：微课。通过"311"教学策略，教师在课前能够精准地判断学生的学情，在课中能够以"导"的方式引导学生自主学习，在课后能够拓宽学生的思维，师生协同完成教学目标。生生协同旨在最大限度地发挥学生合作的力量，形式多种多样，可以是同桌二人，小组四人，还可以是班集体共同参与，通过对话与交互激发群体智慧，提高学生问题解决能力、合作探究能力，促进学生社会情感发展。

（三）拓宽童慧教育的开放性

鲁迅先生曾经说过："只有民族的，才是世界的。"曾几何时，国人崇"土"而轻"洋"，望洋生畏，闭关自守，造成国势式微，清末是最典型的例子。又几何时，国人崇"洋"而轻"土"，盲目全盘西化，结果是邯郸学步，水土不服。多元智能理论、个性化教育经验、翻转课堂、第56号教室的故事……多元的世界带给教育多样的风景。放眼世界是现代学生走向世界的必然趋势，其核心在于构建具有国际视野的童慧教育。

一是理念的与时俱进。童慧教育作为一种新型思想体系和教学样态，本身就具有开放性、包容性与创新性的特点，接纳和吸收适合的教学理念等。因此，可以在童慧教育中引入小班化、学共体、支架式教学、思维导图等新型教学理念、工具、范式，以期挖掘儿童潜力，发扬儿童天性智慧。以支架式教学为例，小学生还未习得成熟的学习技能、方法，因此教师需要提供给学生相应的学习支架，作为扶梯来给予学生学习支撑。儿童也是发展中的人，他们的学习能力会随着个体身心发展以及外部支持逐步得到提升，因此学习支架也需要灵活变动，具备个性化和持续化的特点。

二是搭建研究共同体平台。童慧教育研究共同体作为交流协作平台，能够积聚多方智慧，开拓创新，探索教育发展新路径，为教育现代化建设添砖加瓦。例如，引入智慧评价、发展性评价等，解决相关评价问题，完善童慧教育研究。因此，智慧教育需要更多的新兴力量加入，鼓励各方共同应对时代发展给教育带来的挑战。此外，还可加大国际合作和国际交流，提高开放程度，拓展国际科研合作的广度和深度，构建童慧教育多领域、全方位的合作开放新格局。

第三节　童慧教育的研究与实践轨迹

崧厦街道中心小学是一所百年名校，学校以"立格育人"为办学理念，以"爱润童心"为办学精神，培养具有国际视野与乡土情怀的美格少年。学校语文学科基地在夏伍华名师工作室的领衔下，在深化课程改革的过程中，积极开展"活教育"校本教研，合力打造具有崧小特色的"童慧教育"课堂教学品牌。童慧教育建设成果斐然：举办童慧课堂与支架式教学专题研讨、思维导图与童慧课堂专题研讨活动；

承办全区、全街道的统编教材专题培训；举办"童慧语文"专题现场会；《活教育引领下基于地域文化的乡情课程群构建》在全国新样态学校论坛大会上做经验分享；语文名师工作室团队赴四川凉山彝族自治州支教送教，至河北威县和镇东小学送教；童慧教学经验在西塘小学、崧厦镇中学做专题讲座；"基于乡情文化的拓展性课程群开发的实践研究"课题在绍兴市级立项；"小学'童慧语文'研究与实践"被评为绍兴市首批"品质课堂"项目；出版了《崧城论坛·"童慧教学"》专辑……两位成员的有关语文论文获绍兴市级一等奖，2个语文课题在区级立项，各成员多篇论文在省级以上刊物发表，一成员被评为上虞区语文学科带头人……令人瞩目的成绩让"童慧教育"在崧厦街道中心小学生根开花！

一、专家引领，指明"童慧教育"发展方向（图1-1）

图1-1　"童慧教育"发展研讨会现场

2019年，崧厦街道中心小学在深化课程改革的过程中，努力学习和实践陈鹤琴先生的"活教育"思想，一直坚持"以人为本，全面发展"的理念，重视培育学生核心素养，积极探索与实践"童慧课堂"教学研究。学校特请全国小语教育专家、著名特级教师周一贯老师来校指导基于"活教育思想"的"童慧课堂教学"。周老师围绕"童慧课堂指向深度学习的教学"主题，结合学校的办学理念和学校精神，对崧厦街道中心小学童慧课堂做深入的主体解读，提出了6条可操作性的课堂教学策略。2019年3月21日，上虞区教研室7位教研员一起走进学校，进行"童慧课堂"教学调研。各位教研员调研了各学科的课堂教学情况，并一一做了点评，充分肯定了学校各门学科教师在课堂上落实新课改精神，落实学校办学理念，培养学生全面核心素养的特色做法，并对"童慧课堂"的深度开发提出了建议，为教师落实学生智慧成长、提高课堂质量、童慧课堂教学指明了改进方向。

2019年6月13日，由夏伍华校长带队的小记者团走进上海交通大学，拜访崧厦街道中心小学杰出校友、中国科学院院士景益鹏教授，聆听科学故事，参观李政道图书馆，并一起探讨学校未来发展方向。景益鹏教授指出，学校教育应当踏实地从

基础做起，重视学习实践，你们的童慧课堂理念先进，策略优化，值得学习和推广。（图1-2）

图1-2　夏伍华校长在上海交通大学调研

二、多方合力，打响"童慧教育"学科品牌

（一）聚焦课堂，夯实"童慧语文"教研底气

在"活教育"思想引领下，基地语文教研组紧紧围绕"童慧语文"确定研究主题，在学校教科室统一安排下，积极开展教研组活动，通过借鉴、吸收国内外教学范式研究的成功经验，结合崧厦街道中心小学的实际，总结提炼出语文学科童慧课堂教学范式，寻求适合学生自主、主动地学习语文的策略，合力打造具有崧小特色的"童慧语文"教学品牌，建立"三有三让"式的课堂教学方式，确保课堂焕发生机活力。依托崧城论坛、名师工作室、浙派名师活动开展系列"童慧语文"专题研讨活动，落实导学单、思维导图、拓展微课、小组合作在课堂教学中的运用，培养学生的学习兴趣，提升学生的思维能力，让学生在知识能力的拓展中获得情感的愉悦、思维的拔节、文化的滋养。（图1-3）

图1-3　"童慧语文"课堂教学现场

（二）专业导航，促进"童慧语文"团队成长

基地通过多种途径，邀请各地特级教师、教育专家来校做专题培训和专业引领，让全体教师吸纳先进的教学理念，为教师专业成长导航，促进团队成长。

2019年3月22日，举行浙派名师单志明语文教学专场诸暨童慧课堂支架式研讨活动，单老师为我们展示了阅读指导课《拉萨古城》及"基于学习支架式的小学语文学习活动设计"专题讲座。他从"什么是学习支架""什么是支架式学习活动""什

么是促学系统"三个问题为切入点，结合各学科丰富的教学课例，从学生的兴趣点、学生语言的增长点、学生的理解疑难点几个维度，探索学习支架的开放性、探索性、层次性以及整合性。通过图片、影像、范例、思维导图、合作交流等多种学习支架建构，助推童慧课堂的发展。（图 1-4）

图 1-4　名师单志明语文教学专场现场

2019 年 6 月 11 日，开展了"思维导图与小学语文教学"专题研讨暨崧厦街道中心小学童慧课堂教学研讨活动，特别邀请省特级教师张敏华来校指导。张老师做了题为"思维导图与小学语文教学"的专题讲座，从"重视思维训练""认识思维导图""绘制思维导图""思维导图对语文学习的作用"等几个方面对老师们作了专业的引领，并结合统编版教材丰富的教学案例，为老师们在教学中科学运用"思维导图"打开了视野，让"思维导图"在童慧课堂教学中落地生根。（图 1-5）

图 1-5　省特级教师张敏华来校指导

2019 年 8 月 26 日，承办了区统编教材培训。8 月 27 日，特别邀请省特级教师何夏寿老师做全镇统编教材专题培训，以全面提高崧厦街道中心小学教师对统编教材的认识，正确把握教材的方向，更好地使用好统编教材，助力每位教师的专业成长！（图 1-6）

图 1-6　省特级教师何夏寿统编教材培训现场

2019 年 10 月 23 日，浙江省莫国夫名师网络工作室送教活动在崧厦街道中心小学举行,活动以最常态的课堂教学为序幕,夏伍华名师工作室的陶圆圆老师执教了《忆读书》一课,莫国夫老师结合《忆读书》一课的教学及自己的观察,与教师们分享了以"学习共同体的价值理念与实务"为主题的讲座。莫老师重点阐释了"学习共同体"的理念来源及核心要素。晓畅的理论解读、鲜活的课堂实例在老师们的心中不觉也掀起一场"静悄悄的革命"——课堂应该是"润泽"的。(图1-7)

图1-7 省莫国夫名师网络工作室送教活动现场

（三）课题研究,助推"童慧教育"深度开发

为进一步提高课题研究质量,助推"童慧教育"深度开发,学校加大教科研指导力度,先后邀请特级教师吴毅松老师、区教师发展中心朱建敏老师、浙江师范大学教授刘万伦、浙江师范大学博士阮高峰、绍兴市教育教学研究院教科研指导中心主任骆新华、徐雪刚教研员等专家来校指导,剖析课题中存在的问题,提出修改研究的意见。(图1-8)

图1-8 "童慧教育"深度开发研讨会现场

2019年11月18日,学校邀请沥海镇中心小学的倪建东老师作"我的项目我做主"的教改项目专题讲座。倪老师结合自己的亲身实践和具体的案例,分别从认识教改项目、选择教改项目、设计教改项目、梳理教改成果等方面介绍教改项目的撰写方法,为老师们做专业的指导和引领。

在专家们的精心帮助下,2019年,基地课题研究稳步推进。"基于乡情文化的拓展性课程群开发的实践研究"课题在绍兴市级立项；"乡土名品课程群"正在申报绍兴市精品课程群；"基于'儿童化'的小学语文阅读教学改进策略的研究""智慧图书管理系统建设与运用课题研究方案"在区级立项；"核心素养视域下的小学语文童慧课堂研究"正在申报绍兴市级课题；"新样态城镇小学'立格育人'课程体系建构的实践研究"正在申报省级课题；"小学'童慧语文'研究与实践"被评为绍兴市首批"品质课堂"项目；《基于地域文化的乡土课程群构建》《编织乡土情怀 点亮乡村教育——谈乡情文化拓展性课程群开发的思考与实践》两篇论文在核心期刊发表。

（四）合作共赢，建立"童慧语文"学习联盟（图 1-9）

图 1-9 "童慧语文"学习联盟成立现场

基地尝试通过建立教育联盟学校进行学校之间的合作对话、共生共享、共同发展的方式，借助彼此的力量，相互关怀与促动，在学习研究、合作分享中实现共融、共练、共润、共赢。

2019 年 9 月 17—21 日，浙江外国语学院教育学院组织浙派名师小数班、小语班、中语班、中数班的 58 位学员开展送教河北威县的活动。夏伍华校长就统编教材中"快乐读书吧"教材板块分享了《小泡泡大奥秘》的教学经验，破解统编教材实践中遇到的实际困难，赢得了教育学院院长吴卫东，汪潮、张孔义等教授和威县教育局局长等专家领导的一致好评。（图 1-10）

图 1-10 浙派名师河北威县送教活动现场

2019 年 11 月 11—15 日，夏伍华名师工作室走进四川省宁南县朝阳小学、静星中心校、南松新镇中心校等校送教援培。此次活动聚焦于小学语文统编版教材和课外阅读指导课，是对陈鹤琴"活教育"思想教育实践的一次示范辐射，充分展示了"活教育"思想的魅力，更是对基地"童慧语文"理念的一次分享与推广。屠亚芳老师展示了示范课《忆读书》和《小钞票历险记》，通过搭建一系列支架，由浅入深，让学生真切地体会到读书带给作者的快乐，给每一个孩子的心中画下了浓墨重彩的一笔。（图1-11）

图1-11　夏伍华名师工作室到四川送教援培

夏伍华校长做了"'快乐读书吧'的学理分析与教学建议"的讲座，从课程的准确定位、课型的选择、课堂的实施三个维度诠释了"快乐读书吧"在统编教材中的地位、作用和操作建议，为语文教师引领孩子快乐阅读，实践阅读课程化，"课内外阅读一体化"的新课程思想带来崭新的思路。此次活动得到了当地学校校长和老师们的一致好评。

2019年11月7日，夏伍华名师工作室团队走进崧厦镇东小学送教，陈菲菲和钱卫国两位老师分别执教了四年级上册的《王戎不取道旁李》和五年级上册的《题临安邸》。夏伍华校长和陶圆圆老师分别进行了观点分享——《"小泡泡"里的大奥秘》《化繁为简，长文短教》，为镇东小学的语文教学提供了很好的范例，让语文教师在统编教材的使用上更合理，更高效。（图1-12）

图1-12　夏伍华名师工作室在崧厦镇东小学送教

为推进崧厦街道中心小学镇域一体化发展，努力营造"同发展、共进步、促均衡"的氛围，构建"师资一体、教研一体、装备一体、管理一体"的工作机制，2019年

9月和10月，夏伍华校长还分别在崧厦西塘小学、崧厦街道中学等做"童慧课堂"的专题讲座，辐射引领，促进全体教师素质提升。（图1-13）

图1-13　夏伍华校长"童慧课堂"专题讲座现场

2019年9月25日，在区教体局的关心下，学校开展了与新西兰奥克兰学校结对签约交流活动。此次结对仪式架起了两地和两校友谊的桥梁，将促使双方建立探究式学习联盟，让"童慧语文"融入国际视野，走向更广阔的舞台。（图1-14）

图1-14　与新西兰奥克兰学校结对签约现场

三、课程整合，提升"童慧教育"教学品位

教育家陈鹤琴先生在"活教育"中指出，教育的培养目的是培养孩子学会"做人，做中国人，做现代中国人"。基地在"活教育"思想的引领下，努力挖掘地域资源，精心梳理课程资源，聚焦学生核心素养，打通"书香校园课程""国学经典课程""入学课程""毕业课程""乡土化课程""研学课程"等课程边界，串起一系列的乡情文化课程群。（图1-15）

图1-15　乡情文化课堂现场

11月10—11日，基地开展了2019年"研学活动促成长，'活教育'课堂在路上"秋季研学活动，走进诸暨米果果小镇和绍兴科技馆，参观完乡村振兴叙事馆、火龙果种植基地、现代农业科普馆，进行古法捕鱼、手编草绳、面点烙饼、土屋建造和蝴蝶探究等课程学习，让学生在实践中接受教育，感受到了游玩中学、活动中学、互动中学、合作中学的乐趣。（图1-16）

图1-16　"玩中学"实践活动现场

基地紧紧围绕"国学经典"扎实开展阅读，做好书香校园文章，率先引进"云图书"智能化管理系统。2019年11月7日，全省图书管理骨干教师培训会上，崧厦街道中心小学作为绍兴地区唯一受邀学校，由李立军副校长在会上做"习典育人，打造书香校园新样态"的经验分享，介绍了学校近几年坚持落实"活教育"思想，分享书香校园建设经验，受到杭州师范大学图书馆副馆长许小平和来自全省各地市教育技术中心、各地图书馆管理员代表的一致好评。

2019年10月20日，校长夏伍华受邀在第二届全国新样态学校论坛上发言，将基地课程开发的经验结合著名现代教育家、儿童教育家陈鹤琴先生家乡上虞的"活教育"思想，分享给来自全国近千名校长、教师，得到了教育部教育发展研究中心副主任陈如平、教育部基础教育课程教材发展中心课程处处长陈云龙，以及教育部、中国教科院基础教育研究所的专家团队和全国新样态联盟实验区、实验学校代表的一致好评。

百年名校——崧厦街道中心小学始终秉承"立格育人"的办学理念，践行"活教育"思想，深度研究"童慧教育"课堂教学，助推学校跨越式发展。

四、"读写教室"，助推"童慧教育"进阶发展

为了推动"活教育 活课堂"的变革，助推崧厦街道中心小学"童慧课堂"教学改革，2021年3月25日，浙师基教"学术支持团队"课题组负责人张振新院长带领相关专家，赴崧厦街道中心小学，对接项目推进工作。4月30日，由浙江师范大学"读写教室"首席专家王国均教授领衔的专家团队进驻崧厦街道中心小学，举行了绍兴市首个"读写教室"项目的揭牌仪式。

崧厦街道中心小学对"读写教室"项目"培养独立而成熟的读写者"，发展活的读写工具，为他人的学教而设计，可评价、可设计、可展示、可活用等理念和做法高度认可。"读写教室"项目的启动，是崧厦街道中心小学深入践行活教育、深度推进童慧语文的新举措；是进一步全面提升课堂品质，提高教学质量，提高教师教学水平的良好契机。

（一）探索教学—研究"双轮驱动"，线上—线下混合推进的项目实践方式

为了持续推进活教育"读写教室"项目，专家组充分利用现代媒体，采取线上线下混合式的推进方式，每周与项目组老师都有交流。项目组先举行"读写教室"线上组会，项目组老师汇报教学研究与教学设计进展，专家组进行线上指导，布置课堂展示任务；然后专家组深入崧厦街道中心小学课堂，通过现场说课、听课、评课、磨课，推进课堂深度转型与成果转化。

2021 年 5 月 13 日下午两点，"读写教室"第一次线上组以微信会议方式举行，崧厦街道中心小学的校领导、课题组成员，以及浙江师范大学专家共 18 人参加了线上组会。按照线上组会议程，两位教师向大家展示了上一次公开课的教学设计思路及改进策略，浙江师范大学王国均老师对两位老师的展示进行了互动式点评，并对不同文体的路标式教学设计进行了指导。还布置了会后相关研究文献的延伸阅读任务，并提出以研究促进教学设计的提升与课堂转型，以优化后的教学设计为基础，实现教学成果向研究成果转化，进而实现教学—研究的"双轮驱动"。

（二）磨课评课，以"读写教室"理念推动"活教育"的课堂实践

2021 年 6 月 4 日，崧厦街道中心小学举行了"革命传统文化、中华优秀文化"进课程磨课活动。由浙江师范大学王国均老师、钟晨音老师、上虞区教师发展中心周颖主任等人组成的专家指导团来校进行磨课指导。

上午，崧厦街道中心小学姜丽凤副校长、吴洁老师分别展示了《大鱼山上的铁血战士》《悯农》两个课例。

首先，由姜丽凤老师演绎《大鱼山上的铁血战士》，该文选自新编教材《故事中的党史》。姜老师巧设"情境"，巧用"联结"，带领学生回到了抗战时期。同时，姜老师注重营造共情氛围，师生一起听爱国歌曲、读英雄故事、品英雄精神、寻英雄故里，让学生认识了那位宁死不屈、舍身为国的抗日英雄严洪珠叔叔。（图 1-17）

图 1-17 姜丽凤老师"活教育"课堂现场

课后，专家指导团对这堂课进行了点评和指导。王国均老师结合"任务式学习"教学理念，提出合理的课堂任务，他认为在课堂任务驱动下，学生应有更多展示成果、汇报成果的时间。钟晨音老师结合课堂观察，提出课堂形式创设可以更丰富多样，更新颖。周颖主任肯定了两位老师的观点，并提出展示课的课堂主体应是学生，她特别强调课堂上任务驱动的重要性，提出学生可尝试运用写小诗歌、编小报、演课本剧等方式来汇报自己的所学所获。

接着，由吴洁老师演绎《悯农》，该文选自新编教材《故事中的经典》。吴老师亲切、温和的课堂语言让学生如沐春风，又通过教师朗诵、观看图片、模仿动作等环节让学生充分体会到锄禾的辛苦。最后联系生活，缅怀袁隆平爷爷，让学生对勤俭节约有了更深刻的认识。（图1-18）

图1-18 吴洁老师"活教育"课堂现场

课后，专家指导团对这堂课进行了点评和指导。王国均老师提出诗歌的学习应重于朗读，读出韵味。他肯定了吴老师优秀的语文教学素养，提出整堂课可以尝试运用"路标式"教学方式，通过吟诵来贯穿语文课堂的主旨，通过"路标式"教学来让语文课堂耳目一新。

（三）多元并进，展现"活教育"实践的多种样态

崧厦街道中心小学作为绍兴市首所"读写教室"基地学校，在读写教室理念的引领下，小心探索，大胆实践，取得了一定的成效。2021年9月27日，由浙江师范大学"读写教室"首席专家王国均老师领衔的专家团队再次到崧厦街道中心小学，围绕本学期"读写教室"项目的推进、成果的总结、展示课的设计等重点工作，与学校"活教育"课题组成员进行了深入的交流与讨论。

为交流和展示小学作文教学成果，推动广大教师研究作文教学，发现和培养青年骨干教师，新体系作文教学研究共同体、上海师范大学小学语文研究中心、上海

教育出版社《小学语文教师》编辑部将共同举办第六届"新体系作文"青年教师教学评比观摩暨名师作文教学论坛活动。为了更好展示"读写教室"理念，体现"活教育"的课堂新样态，项目组经过前期的动员和准备，力推课题组教师积极参赛。王国均老师对课题组徐老师立足自身诗歌写作特长，以儿童诗写作教学作为参赛内容的想法给予了高度认可，并对教学设计进行了指导。同时鼓励徐老师以参赛为契机，在崧厦街道中心小学建设体现"活教育"思想的独具特色的"诗歌教室"，展现读写教室的多种样态。

针对前期"读写教室"的实践探索，专家组积极引导课题组教师总结提炼实践成果，通过参赛与发表，提升崧厦街道中心小学在"活教育"研究领域的影响力。经过课题组教师的准备与修改，"读写教室"项目已经有多个课题和论文获奖。围绕论文发表，专家组有针对性地对童谣写作框架、串联阅读两篇文章进行了指导。

（四）深耕读写，"活教育"读写教学工具的培训

2021年10月29日下午，崧厦街道中心小学迎来了浙江师范大学的专家组及衢州市白云学校陈红梅副校长带领的专家团队。学校全体语文教师及周边学校部分骨干教师参加了此次读写工具的培训活动。

首先由衢州市白云学校的邵晨老师带领四（5）班的孩子学习《西门豹治邺》一课。（图1-19）邵老师的课堂灵动大气，教学设计灵巧精妙，紧紧抓住本课的语文要素"了解故事主要内容，简要复述课文"，通过海报、翻翻卡等读写工具，让学生的思维可视化，让语文要素在不知不觉中落了地，让学生向"成为独立而成熟的读写者"更近一步。

图1-19 衢州市白云学校邵晨老师教学现场

精彩的课堂之后，邵晨老师又对《西门豹治邺》一课作了说课。她以"着眼学情，聚焦要素，定目标"；"以学定教，顺学而导，显思维"；"语用结合，延伸课堂，

助复述"三大板块翔实地阐述了自己的教学构想，不但解了听课老师们的疑惑之处，而且刷新并提升了大家的教学认知。

如果说邵老师的课堂是读写教学一个点的呈现，那么接下来陈红梅老师的两个讲座则是面的展现。陈老师首先做了关于"读写教室理念下习作工具设计"的讲座。她从"素材、构思、表达、修改、目的"五大类介绍了习作工具，如：卡牌（观察翻翻卡、六感记录卡、推敲卡牌），手工素材箱，写作路标海报，手工微书，火车作文……

随后，陈红梅老师又结合现在的"双减"背景，向老师们作了"读写教室理念下，多阅读策略课堂的实践"的讲座。她提出"双减"的目的是四个字"学为中心"，与读写教室的目标"培养独立而成熟的读写者"不谋而合。她从"读写教室"的环境建设，课程结构，教学模式谈起，提出"多阅读策略教学"的意义。其中运用大量的实践解读"X + 批注"多阅读策略的操作路径，干货满满。（图1-20）

图 1-20　陈红梅老师讲解"读写教室"教学新理念

陈老师的两个讲座分别从习作和阅读的角度出发，对接相应的理论和接地气的教学实例，切切实实向老师们展现了读写教学工具在日常教学应用中的神奇力量。

第二章　童慧教育的课程构建与实施

　　教育是新城镇化建设的基础与先导，在新城镇化建设的大背景下，教育改革与管理要根据城镇化建设的需要与学校教育的实际进行创新探索。2019 年，崧厦街道中心小学在践行"活教育"思想的过程中，组建科研团队，积极探索童慧教育，取得了丰硕的成果。科研团队遵循新样态学校的育人理念，探索、提炼崧厦地域文化，深入推进童慧课程，全力开展童慧教育的课程建设与实施，努力建设一所"有人性、有温度、有故事、有美感"的新样态学校，让每一个学生都能愉快学习、幸福成长。

第一节　童慧课程的建设基础

　　一所学校的课程建设，首先要了解教师团队、学校生源的整体特点、学校文化与办学特色，这是进行课程建设的基础。在此基础上可明确课程体系的可利用资源，使课程体系的搭建更有立足点和抓手。

一、教师团队

　　团结协作、爱岗敬业是崧厦街道中心小学教师团队的真实写照，在学校"立格、健体、习典、育人"办学理念的指引下，全校教师持续内修师德，外强技能，特别注重以智慧教育之法武装自身，进而服务学生。崧厦街道中心小学是一所百年名校。学校现有 117 位教师，其中高级职称 23 人，中级职称 66 人，初级职称 28 人；区级 / 市级名师、区级 / 市级学科带头人、区级名班、教坛新秀等荣誉 32 人；35 岁及以下

15 人，36 岁至 40 岁 34 人，41 岁至 45 岁 40 人，46 岁至 50 岁 13 人，51 岁至 54 岁 14 人，55 岁及以上 1 人。师资结构、教师的年龄梯度较为合理。

教师关系融洽，能充分做到教学资源共享，教学研讨气氛浓厚。全体成员在智慧教育素养上均有较高的水平，并且具备基本的信息技术能力，能与时俱进地积累课程资源和素材，利用多种平台开展教学和研究。大部分教师有着丰富的教育教学实践经验，能独当一面，各级学科带头人的引领示范作用明显。青年教师虚心"学、赶、超"，中年教师倾力"传、帮、带"，资源共享，优势互补，形成了锐意进取、奋发向上的学术团队。

崧厦街道中心小学夏伍华校长坚持"童慧教育"理念，带领中青年教师传承"活教育"思想，让学校的教学研究蔚然成风，已经出版专著 6 部，主持省级课题 10 多项，荣获 6 项省级成果奖。近三年来已有 10 余项课题获得区级以上一、二等奖；在市级以上立项及获奖 9 项，省级课题立项结题 2 项；获得区级、市级优质课一等奖 11 人。每学年均有 30 人左右在各级各类杂志上发表。学校读写教室团队研究成果曾在《小学语文教师》上发表。夏伍华校长撰写的《批注策略教学的价值与实施路径》被人大复印资料《小学语文教与学》全文转载。

针对童慧课程的建设，教师团队也面临一些挑战：教师需进行深入的理论学习和技能准备，特别需要专家的指导和引领。教研组需进一步强化组内教师群体科研意识，加强教育科研与课程实施的有机结合，提高科研活力。教师需克服日常教育教学任务烦琐的困难，挤出时间投入自我学习、反思、研究，积极积累相关成果。

二、学校生源的整体特点

近年来，崧厦街道中心小学招收的均为施教区内的学生，生源较稳定。全校共有 29 个班级，学生总数 1500 人左右。他们是分别来自本街道顾家弄社区、祝家街社区、跃进桥社区、共何村、新光村、潘韩村、严巷头村、丁泽村的适龄儿童。这些社区地处老街周边，家庭经济状况良好，家长有一定的文化程度，大部分具有科学管理孩子的意识，乐于与老师沟通，家委会也在各班发挥着重要的作用。学生接受着较为理智的家庭教育，表现得自信、活泼，不少还有着一技之长。但也有个别学生因父母双方外出打工，留守在家，无法第一时间获得家长的关爱和支持，缺乏良好习惯的养成教育。

三、学校文化与办学特色

崧厦街道中心小学是一所具有优良教育传统，人文积淀丰厚的百年名校。早期学校就确立了"尚德、勤学、健美、创造"的校训，邀请了一大批的专家硕彦来校讲学、考察，推行新教育，传播新文化，由此发展了一代又一代名师贤才，积淀了深厚的文化底蕴，在社会上声誉斐然。

异地新建之后，学校在继承中创新，在改革中发展。以"立格、健体、习典、育人"的办学理念，弘扬"文明、健康、务实、创新"的校风和"让学生学会学习、学会生活"的育人特色，凸显"敬业、爱生、勤勉、求精"的教风和"勤奋、善思、博学、笃行"的学风，传承和弘扬本校历史传统，丰富教育内涵，凝练学校特色。

学校坚持"基础＋选择"的小学教育价值定位，在努力奠定每个学生人格发展与学力发展基础的前提下，关注学生的个性差异，满足学生的不同兴趣和学习能力的需要，帮助其获得充分发展，致力于把学生培养成能够适应未来社会生存、发展需要的合格公民。

四、建设保障机制

（一）组织保障

1.学校相关组织机构

借助学校各类机构，如校长室、教科室、政教处、总务处等为童慧课程建设规划提供组织保障。

2.聘请学科专家指导团队

聘请省内外知名教授和特级教师形成学科专家指导团队，提供课程建设顾问保障，指导课程建设与实施工作的展开。

3.成立课程工作小组

成立课程建设规划工作小组，明确职责、规范运作，为课程建设规划提供保障。

（二）制度保障

为更好地落实学校的总体课程规划，学校制定了一系列的课程管理制度，这些制度也为童慧课程建设有序有效的推进提供了保障。这些管理制度包括崧厦街道中心小学各年级课程设置及课程内容总览（试行稿）、崧厦街道中心小学社团活动方案（修订稿）、崧厦街道中心小学阅读考级办法（试行稿）、崧厦街道中心小学学生成长记录与综合素质评价方案（修订稿）、崧厦街道中心小学教师评价方案（修订稿）等。

（三）其他保障

1. 建设经费的大力支持

学校加大对课程推行的经费投入力度，采取有力措施，解决好童慧校本选修教师配备与培训等问题，及时补充、更新选修课表走班所需要的设施设备。做好专项资金预算，积极向上级部门争取资金，建设童慧课程的专用教室，改善教师办公条件，配置教师专用备课和教研活动专用场所。

2. 切实提高教师课程实施能力

加大教师培训力度，切实转变教育理念，增加课程意识，提升课程领导力、开发力、执教力；鼓励教师通过进修、自学等方式拓展并丰富自己的课程教学经验，向学生开设选修课程。

3. 争取社会、家长的支持

通过各种途径宣传学校童慧课程亮点，形成家长、社会、学校共同支持课程建设的良好氛围。同时，加强与兄弟学校、社区和相关单位等的联系，合理利用社会资源。密切与学生家长的沟通，切实做好学生选课、深入学习等的指导工作。

第二节　童慧课程的目标与构建原则

课程目标是课程教学活动的出发点和归宿，也是进行课程评价的主要依据，不仅对学生的学习起到导向作用，而且能够指导教师进行教学决策。童慧课程以目标明确为先，总领课程构建，成为课程构建的风向标和指南针。

一、童慧教育的课程目标

（一）课程建设的总体目标

立足崧厦街道中心小学的悠久历史和发展现实，依据学生成长规律、教育规律和社会发展规律，秉承学校"立格、健体、习典、育人"的办学理念，合理利用各级资源，充分借助现代传媒，有效渗透童慧教育，特色推进童慧课程，努力打造具有学校特色的充满生命活力的智慧课堂。

（二）课程建设的具体目标

童慧课堂旨在优化师生关系，创新课堂教学样态，实现教学效益最大化，达到师生智慧共生。

1.引入创新型教学方式，并进行本土化改良，以教师的教学智慧实现高效教学。

2.以儿童为本，考虑学生的心理特点和学习规律，充分调动学生学习积极性，发挥学生的天性智慧，促进学生的积极发展。

3.师生关系和谐，课堂氛围轻松活泼，学生思维活跃，互动积极，主动探究、感悟，在知识能力拓展的同时更获得情感的愉悦和滋养。

二、童慧课程的构建原则与教学路径

（一）童慧课程的构建原则

1.彰显人文性原则

崧厦街道中心小学作为一所具有优良教育传统，人文积淀丰厚的百年名校，童慧课程的构建应在此基础上与时俱进、开拓创新，兼具时代性、人文性。学校师生永远都是一所 学校发展的主体。课程特色的建设与发展， 必须与学生个性发展、教师专业成长有机结合。学校童慧课程的构建应致力于培养学子独特的精神气质、提升教师的专业素养和提高学校的教育品质， 实现学生全面发展基础上的个性成长、教师一专基础上的多能发展。

2.强化高效性原则

学生是有差异的个体，有自己独特的学习路径，因此教学应关注差异，开展智慧教学，达到高效教学的目标。高效教学，意味着教师应针对学生的学情特征，观察学生的课堂学习成效，灵活调整教学步骤和教学内容，改进教学方式，提升教学效果。

（二）童慧课程的教学路径

1.师师协同——让每一个孩子得到关注

师师协同不仅在于课堂教学背后工作的合作，还在于打破传统课堂一人包班、一包到底的格局，在课堂教学中施行双师协同授课，实现教师资源的全面联网，以期激活整个教学系统[①]。

（1）互动大而优化——因材施教多了一个平台

协同教学让教师有充分的机会把更多的眼光投向学生，更多地关注教学细节，减少和杜绝被边缘化的学生，同时也让教师可以更多地照顾到学生的差异性，针对不同发展水平的学生进行分层教学，进而给学生提供更为适性的教育。在协同课上，

① 孙晓光. 试论合作教学中的"师师合作"[J]. 山东教育科研,2001(1):27—29.

每当学生进入自主学习阶段时，或自由朗读课文，或自主写话，或小组合作等，两位教师都会游走于学生之间，观察学生的学习状况，细听个别同学发表意见。发现学生有不懂的问题，及时予以帮助解决。师生交往频率加大，互动密度增高。

（2）细节关注——习惯养成多了一个契机

小学生往往活泼好动，上课时注意力容易分散。而专心听讲、认真倾听、坐姿端正、书写工整等学习习惯的养成，低段是关键期。在传统的课堂中，如果发现有个别学生思想开小差，通常的处理方式一般是老师停下来提醒这几个学生专心听课。这样做会使原本在专心听课的学生转移注意力，最终会使授课进度受到阻滞。而在我们的协同教学课堂中，主教教师不停止授课，协同教师会悄悄地走到这些同学旁边，提醒他认真听讲。这样既不会浪费时间，也不会引起其他学生的不随意注意，同时还保证了这几个学生的学习质量，督促了良好学习习惯的养成。

（3）一分钟评价——优点呈现多了一次机遇

在协同课堂中，最后一分钟协同教师有一个小结评价，这是我们协同课堂独有的一个举措。主讲教师上课时，协同教师按照课堂观察记录表的内容，仔细观察并记录学生的学习情况，并做好记录表的梳理、统计与小结。下课前一分钟，协同教师根据课堂观察小结，向全班同学反馈本堂课大家的学习情况，进行表扬和鼓励。对课堂表现优异或者是进步突出的学生，协同教师会颁发学校自制的"奖励卡"。所以结课前的"一分钟点评"成为学生最期待、最快乐的时候。

（4）八分钟提示音——作业堂堂清多了一份保障

减轻学生课业负担，要从抓课堂教学效能入手。作业堂堂清，是减轻小学生课业负担的重要路径。在协同课堂中，崧厦街道中心小学设置了"八分钟作业提示音"，通过这种方式引导教师在课堂中落实精讲多练的教学方式，提高课堂教学效率，给学生留足作业时间。在作业时间里，主讲教师与协同教师分工配合，针对学生的学习水平，密切关注作业状态，对学生作业进行分层指导、帮助与批改，努力做到不留"尾巴"在课后。

（5）优势互补——个性发展多了一点空间

对于学生来讲，协同教学可以让他们吸收到多位教师的精华。对于一线教师来讲，由于传统的班级授课把教师之间做了隔离，在实际的工作中，教师往往是"单打独斗"，独自解决班级里的问题。教师通过协同合作，能使教师在真实的教学情境中，看到、学到其他教师在教学上的专业表现，在共同的任务中，相互对话、相互切磋，这对教师的教学经验的积累、精进专业技能起到极大的推动作用。

当然，考虑到教学的成本，我们学校的师师协同教学并不是所有的课、所有教学不加选择地展开，而是因时因人因班展开。我们通常安排这样三种协同分配方式：新老教师协同，重在促进新教师成长；师徒结对协同，重在促进师徒共建；同班（或平行班）教师协同，重在关注学生个性发展。旨在尽量让师师协同发挥它应有的效应。

2. 生生协同——给每个孩子施展个性的舞台

生生协同是指学生与学生之间的合作互助，主要研究的是小组之间的合作协同。小组学习是小班化教学的基本形式[①]，也是小班化教育追求课堂高效率的关键点，是形成小班课程文化的核心。将其作为学校小班化课堂教学改革的主要抓手，要求每一位教师、每一门学科、每一堂课都要尝试小组学习，所有的校本教研活动都能关注"小组学习"展开，让"小组学习"在实践中研究、在研究中提升。

（1）活动导学单的推行

"活动导学单"是通过"活动单"，引导学生在"活动"中自主学习。"活动单"既是教师的教学工具，也是学生自主学习、合作发展的重要支架。在"活动导学单"的引导下，学生能围绕活动任务和目标，主动用眼看、用耳听、用脑想、用口读、用手写，充分激发学生学习的主体性，让学生在活动中学习知识、发展能力、协同合作、展示个性。

（2）小组合作板的运用

小组合作板就是将小组合作的成果用板的形式进行展示，小组成员可以将成果用写、画、贴等形式展示在合作板上，一般用在成果的展示和交流环节。小组合作板主要有四大功能："展示"功能——在小组合作板上，可以快速、便利地展示小组的学习成果。"反馈"功能——通过小组合作板上相关信息的呈现，教师可以快速了解学生的学习状态，以便教师及时调整教学进程与方法。"合作"功能——可以基于小组合作板，围绕学习任务，进行小组分工，开展合作学习。为了充分调动小组全体成员的参与度，需要制定一定的合作规则，鼓励小组中学习能力较弱的同学也能积极参与，例如在挑选小组合作任务时，可以让能力较弱的同学首先挑选。这样可以充分调动每个小组成员的合作积极性，提高他们的合作意识与能力。"交流"功能——小组合作板在完成的过程中，小组内部成员可以相互交流，在进行小组学习成果展示时，小组之间可以借助合作板，看到其他小组的学习成果。这样一来，

---

① 张学华. 小班化教学及其反思 [J]. 当代教育科学, 2003 (9) : 25—27.

小组之间也能基于合作板，相互质疑、相互点评、相互学习。

3. 走班协同——让学生享受更优质的课堂

走班协同教学的主要形式有平行班之间的走班、名优教师走班、典型课走班教学。通过走班教学，可以让学生有机会体会到不同教师的教学风格和特长；对于教师而言，走班协同教学也有利于教师间的专业交流与合作，基于教师专业特长的优化组合，提升学科组群体协作能力。（表2-1）

表2-1 走班协同教学表

单元序号	主题单元分析	执教者	喜欢理由	走教路线
五	本单元围绕"可靠的亲情、友情"组织专题，使学生在学习课文中体验爱与真情，学会表达和回报父母对自己的爱，懂得关心别人	任娟珍	教师上课风格属于激情型的，对于情感丰富的文章有较好的解读和演绎	三（1）班→三（2）班→三（3）班
六	本组教材围绕"神奇的科技世界"这个专题编排，目的是让学生获得相关的科学知识，同时激发他们对科学的兴趣	郑淑华	对先进的科学比较感兴趣，平时比较关注科学发展趋势，可以为学生提供更多的资料	三（3）班→三（1）班→三（2）班
七	本单元围绕着"国际理解和友好"组织教材内容。课文内容丰富，体裁多样。旨在培养学生广阔的文化视野，克服文化偏见	赵瑾旻	关心世界趋势，热爱和平，特别在儿童诗教学上有比较好的方法	三（2）班→三（3）班→三（1）班

走班协同中，注重让教师教自己喜欢的内容，教自己合适的内容，教自己拿手的内容。这样既可以让学生享受相对优质、均衡的教学，又让教师教学任务进行"瘦身"，为教师的教学特色与风格的形成提供了机会，加快了教师的专业成长，提升了教师的教育教学能力，为教师的发展创造了机遇[①]。

第三节 童慧课程的框架体系

以童慧教育的课程目标、课程构建原则为基础，开展童慧课程的顶层设计，整体构建童慧课程的框架体系，逐渐形成童慧教育课程的特色。

一、童慧课程建构的顶层设计

构建童慧课程，打造课程文化新样态。在立德树人目标下针对儿童特点，以童慧课程构建为主线，积极创设知识拓展类课程，增加主题活动类课程，加强实践体验类课程，倡导德育导行类课程。加强基础类课程校本化、拓展性课程选择化、特

---

① 刘瑶，卢德生. 我国分层走班制教学研究审思［J］. 当代教育科学，2019（5）：29—33.

色类课程精品化建设，全面提升学生素养。

（一）童慧教育主旨

实施"N+2+3"全课程，激发学生的学习潜能、志趣潜能、价值潜能、创新潜能、动力潜能，从而培养学生特长，发展学生个性，引导学生向善向美，幸福成长；从崧厦街道中心小学起步，努力成为社会主义事业的合格建设者和可靠接班人。

（二）课程设计思路

围绕办学理念，聚焦"智慧"，开展智慧教育，构建"N"+"2"+"3"童慧教育全课程体系。（图2-1）

图 2-1 童慧课程体系图谱

【童慧教育纲要】

圆心：教育思想——童慧教育。

内圆：培养目标——具有童心和智慧的向善向美的"新崧厦人"。

中圆：课程结构——N项学科渗透课程，2类专题课程，3项活动模式课程。

外圆：措施途径——各学科中渗透；多样化拓展性课程、《我们一起爱篮球》、北师大国学教材；3项活动，即场馆基地体验、综合活动实践、家校协同共育。

二、童慧课程的框架体系与特点

童慧课程的框架体系可以概括为："N+2+3"，"N"是指N项学科渗透课程，2是指2类专项课程——篮球与国学特色课程，以及丰富多样的拓展性课程。3是指"场馆基地""活动实践""家校协同"三大模式，达到全方位、多渠道育人。（表2-2）

表 2-2　童慧课程框架体系一览表

课程		童心　智慧　向善向美
N项学科渗透课程	语文	在语文学习过程中，引导学生理解、热爱国家通用语言文字，体悟中华优秀传统文化中蕴含的爱国情怀、荣辱观念，提高审美情趣，厚植中华文化底蕴，坚定文化自信。主要载体有统编教材文本、课外相关拓展读物。培养爱国主义感情、社会主义思想道德和健康的审美情趣，发展个性，培养合作精神，逐步形成积极的人生态度和正确的价值观
	数学	"童慧数学"注重通过教师的"引"触发学生的"思"，培养学生自主探索数学规律的能力。教师要留足供学生思考、探讨数学问题的空间与时间，在学生思考、探究的过程中及时进行引领、指导与帮助。主要载体为教材、相关学具
	思政	深入了解中华民族传统文化所蕴含的美德与伦理，培养学生热爱自然、关心社会、关爱他人的意识，养成严于律己、敢于担当的优秀品质，形成正确的世界观、人生观和价值观，坚定理想信念，增强国家认同感和民族自豪感，成为"以实现中华民族伟大复兴为己任的有理想、有本领、有担当的时代新人"。主要载体为相关格言、人物、故事、民俗等
	体育	体现"以生为本"的核心理念，尊重学生身心发展规律，有效提升课堂教学效果，打造高效课堂，激发学生学习兴趣，促进学生身心健康的全面发展，推动学校体育特色课程发展。主要载体形式为体育活动、体操、仰卧起坐、跳高、跳绳、毽球和体育文化知识等
	其他	英语、科学、艺术结合学科特点，选择相关学科领域的书籍、学科基本常识、优秀人物、学科成就等，开阔学生视野，引导学生深入体会不同学科的魅力，领会不同学科的思想方法，培养学生不断学习、勇于探索学习精神，成为向善向美的"新崧厦人"
2类专项课程	拓展性课程	拓展性课程以生为本，主要根据教师自身特长、学生兴趣开设，并邀请校外有一技之长的社会机构人员、专业人士来校开设和指导。让每个学生根据自己的兴趣爱好自主选择。拓展性课程集合了教师特长、学生意愿和学校特色，让每个学生都能找到自己的兴趣所在，发挥自己的特色所长，寻找到自己的快乐天地
	特色类课程	做精特色课程，篮球、国学是崧厦街道中心小学的特色课。学校自编《我们一起爱篮球》教材公开出版，全校推行篮球韵律操。引进北京师范大学的国学教材，开设国学基础课程、开展国学文化节，全面提升孩子的素养和情操。 创设丰富多彩的节日文化，开辟十佳十项活动，以节日文化的营造推进校园活动的展开，提升学校品位。其中上半年为"伞花旅游节""爱心义卖节""英语节""伞花艺术节""创意风筝节"；下半年有"奥梦体育节""书画节""国学文化节""崧城美食节""乡土游戏节"
3项活动模式课程	场馆基地模式	景益鹏院士工作站、车广荫书法馆、校传统文化馆、少先队传统教育馆、中华传统文化长廊、党史教育长廊、传统书法展厅、伞文化传承馆、青瓷文化研究室、英鹏科普馆、沈天智的臭豆腐摊、"崧厦文化陈列馆""天外天"制伞实践基地等
	活动实践模式	社团活动类：经典诵读、我爱童诗、乡土写作、古筝社团、中国舞蹈、传统剪纸、臭豆腐制作、越剧传唱、中国书法、中华小古文、论ða天地、小小园艺家、课本剧、笛子演奏、巧手十字绣、崧厦小伞花、越窑青瓷、创作剪纸、中国象棋、乒乓球等。 崧厦街道中心小学烙印的系列课程 读书节、国学文化节课程、伞花艺术节、书画节课程、英鹏科技节课程、创意风筝节课程、奥梦篮球考级课程、奥梦体育节、乡土游戏节课程
	家校协同模式	家长学校、家长委员会、家校联系网、小记者夏令营、红色故地、博物馆等

童慧课程具有以下特点：

（一）基础类课程校本化

将国家课程校本化，如每周2节品德课分解成1节国家课程品德课，1节涵括班队活动、少先队活动、主题教育等校本品德课。每周2节美术课分解成1节国家课程美术课，1节以陶艺、国画、水彩画、布艺、剪纸、青瓷等专项教育为基础的校本美术课。每周2节音乐课分解成1节国家课程音乐课，1节以律动、形体、小器乐等专项教育为基础的校本音乐课。

一至六年级每周开设1节校本体育课，校本体育以篮球操专项教育为基础选择。三至六年级每学期至少安排4课时用于农科技和家庭科学小实验教学。每学期开设不少于七节数学操作类课，以培养学生的动手能力，发展数学空间思维，等等。

对核心的基础类课程，努力实现童慧课常态化，每节课融入童慧教育思想，以培养学生良好的素养和情操。以"童慧语文"为例，在新一轮语文课程改革的进程中，统编语文教材越来越重视吸纳文质兼美的作品。越来越多的教育者认为，语文教育需要更重视本质意义的学习，即在语文学习过程中感受"生存情感"，透视文本的"内在视域"。"童慧语文"正是以儿童为本，注重儿童对自我成长的价值体认，尊重知识能力、批判思维的获得，充分开发儿童的天性智慧，为儿童未来的个性化发展服务的语文和语文教育。具体落实到语文课堂教学，童慧语文追求的是在语文学习中，学生主动体悟，师生心理相容，在知能拓展的同时获得情感的愉悦、思维的拔节、文化的滋养。在"活教育"思想引领下，基地语文教研组从崧厦街道中心小学实际出发，总结提炼出语文学科童慧课堂教学范式，寻求语文策略，促进学生自主学习语文，打造具有崧小特色的"童慧语文"教学品牌。

（二）拓展性课程选择化

每周三下午开设2节选修课，孩子们自主选择，走班上课。学校29个行政班，现开设的拓展性课程已多达58门，每学年师生选择一门自己喜欢的课程，通过过程性与总结性、静态展示和动态表演相结合进行考核评比，确保选择性课程实施的质量。

（三）特色类课程精品化

篮球、国学是崧小的特色，学校专门开设特色类课程，把特色做深做透。学校自编《我们一起爱篮球》并公开出版，全校推行篮球韵律操，人人会跳篮球操，个个会显篮球艺。学校引进北师大的国学教材，开设国学基础课程、开展国学文化节，全面提升孩子的国学素养和立格情操。

第四节 童慧课程的实施路径与教学模式

从童慧课程的框架体系构建入手，规划课程实施路径，明确六大实施模式，并探讨构建课程的"311"教学模式，明确校本教研载体与策略，完善课程建设保障机制。

一、童慧课程的实施路径

童慧课程的实施路径包括学科渗透模式、拓展课程培养模式、特色课程培养模式、场馆基地模式、家校协同模式和活动实践模式。

（一）学科渗透模式

学科教学是对学生进行童慧教育的主渠道。教师可根据学科的性质和学生的年龄特点、心理状况，在传授知识、培养能力的同时结合教材进行培养。

1. 语文。语文是提升学生思维，培养学生童心和智慧的重要课程。语文教材中选取的是文质兼美的文本，能够培养学生向善向美，形成良好的素养和情操。因此，每节语文课都是开展童慧教育的渠道，教师应精心设计语文课程，教给学生各项语文学习策略，促进学生形成主动学习的意识，提高独立自主学习的能力。

2. 道德与法治。统编版《小学道德与法治》教科书，是依据党的十八届四中全会中提出的"关于全面推进依法治国若干重大问题的决定，将法治教育纳入国民教育体系，从青少年抓起，在中小学设立法治知识课程"的思想精神，并遵循《青少年法治教育大纲》的要求进行编写。具体编排遵循"自我—家庭—学校—社区（家乡）—国家—世界"螺旋上升的逻辑，设计了"我的健康成长、我的家庭生活、我们的学校生活、我们的社区与公共生活、我们的国家生活、我们共同的世界"等六大领域。道德与法治课也就成了培养崧小学生的主要学科基地。

3. 美术。将每周2节美术课分解成1节国家课程美术课、1节校本美术课。校本美术以陶艺、国画、水彩画、布艺、剪纸、青瓷等专项教育为基础选择。自2015学年起，美术专职教师结合自身特长，向学校提出校本美术实施年段、班级和内容申请，学校鼓励兼职教师积极参与校本美术课程的开发性实施或共享性实施。

4. 音乐。将每周2节音乐课分解成1节国家课程音乐课、1节校本音乐课。校本音乐以律动、形体、小器乐（如葫芦丝等）等专项教育为基础选择。自2015学年起，音乐专职教师结合自身特长，向学校提出校本音乐实施年段、班级和内容申请，学校鼓励兼职教师积极参与校本音乐课程的开发性实施或共享性实施。

5. 体育。一至六年级每周开设1节校本体育课，校本体育以篮球操专项教育为基础选择。自2015学年起，体育专职教师结合自身特长，向学校提出校本体育实施年段、班级和内容申请，学校鼓励兼职教师积极参与校本体育课程的开发性实施或共享性实施。

6.地方课程。一至六年级每周开设 1 节地方课程，学习《人·自然·社会》《孝德教育》《可爱的上虞》等内容。

学校将随着课改的不断深入、师资条件的逐步成熟，不断增强学科教学能力，将童慧教育融入日常学科教学。

（二）拓展课程培养模式

1.根据教师自身特长、学生兴趣开设。每位教职工都身怀绝技，语文教师原来是烹饪高手，数学老师是绘画大师，门卫师傅有"深藏不露"的青瓷手艺……

2.邀请校外有一技之长的社会机构人员、专业人士来校开设和指导，让每个学生根据自己的兴趣爱好自主选择。

3.编写相关校本教材。挖掘学生兴趣，发展孩子个性，形成拓展课程校本化精品课程。

（三）特色课程培养模式

1.编写特色教材，全校推行篮球韵律操，人人会跳篮球操，个个会显篮球艺。

2.引进国学教材，开设国学基础课程、开展国学文化节，全面提升孩子的国学素养和立格情操。

3.创设丰富多彩的节日文化，开辟十佳十节活动，以节日文化的营造推进校园活动的展开，提升学校品位。包括"伞花旅游节""爱心义卖节""英语节""伞花艺术节""创意风筝节""奥梦体育节""书画节""国学文化节""崧城美食节""乡土游戏节"。丰富、完善的校园活动文化，凸显学生的个性文化，让校园处处充满生机和活力。

（四）场馆基地模式

1.利用校外场馆进行熏陶。上虞历史悠久，人文底蕴深厚，拥有较多的具有地方特色的社会文化场馆资源，如崧厦文化陈列馆、上虞博物馆、上虞围涂史迹陈列馆、曹娥江河口大闸文化展览馆、浙东新四军北撤会议旧址纪念馆、谢晋故居及影视文化馆、竺可桢纪念馆、祝温村新农村建设示范基地、瓷源小镇等。崧厦街道中心小学充分利用校外场馆，将各项专题教育向社会拓展，尤其是将主题鲜明的社会文化场馆作为各类主题教育的基地，结合重大节日或纪念日，深入校外场馆进行"游学"，或者邀请场馆到学校举办专题展览，达到预期的教育目的，形成学校的德育特色。

2. 建立校内素养活动场所。在校园内建立多个素质活动场所，如党史长廊、经典长廊、校史陈列馆等，定期组织学生参观学习。将学校环境布置与学生活动有机结合，凸显学校童慧教育。校内主要场馆及基地有景益鹏院士工作站、车广荫书法馆、校传统文化馆、少先队传统教育馆、中华传统文化长廊、党史教育长廊、传统书法展厅、伞文化传承馆、青瓷文化研究室、英鹏科普馆、学校青瓷制作室、校园种植园。

（五）家校协同模式

1. 家庭教育。父母是孩子第一任老师。父母与子女的接触时间最长、感情最亲，父母的情感和言行潜移默化地深刻影响着孩子的全面成长。学校加强对家庭教育的指导，是深化童慧教育，实现家校同步的有效途径。家校共育，不仅是定期召开家长会，还要求家长经常参加学校的主题教育活动，及时交流家校、师生在爱国主义教育中的感悟、体会，形成独特的教育网络。

2. 社会实践。社会实践是学生走出校门，接触社会，熟悉、了解国情的教育活动形式。联合社区、街道、村镇等单位，组织学生参观浏览红色纪念馆、考察访问红色地点和红色人物，对先进人物和事迹进行研究学习，以及利用寒暑假主动参与农业劳动和社会服务，等等。

（六）活动实践模式

1. 班队教育活动。班队活动是教育的重要途径，是在教师指导下，学生自主参与、自我教育的主要形式。班队主题教育活动，是对平时各种分散教育活动的提炼、综合和升华，给学生以强烈的感染和深刻的教育。

2. 科技文体活动。通过科技进校园、参观科技馆等活动，学生从小培养爱科学、讲科学、用科学的兴趣。用倡导学科精神，树立科教兴国的志向。通过国学文化节、崧城庙会等艺术活动，陶冶学生的思想情操，提高他们的审美情趣，弘扬中华优秀传统文化；通过健身节、冬季长跑等体育活动，提高学生的身体素质，使他们懂得健身强体的道理，树立为国争光的远大理想。

3. 阅读交流活动。优秀读物是民族精华和世界优秀文化的结晶，是青少年的精神食粮和良师益友。开展书香阅读、书香少年评比等活动，可以帮助学生明志、明理、求知、成才，是对学生进行童慧教育的重要途径。

4. 研学活动。根据学期计划，在春、秋两个学期，进行相应的研学活动。一、二年级以了解家乡为主题，主要参观海上花田和崧厦馆；三、四年级以体会劳动实践为主题，安排大通农场、祝温农事研学活动；五、六年级以锻炼意志和科技兴国为主题，安排绍兴科技馆和军训体验活动。对童年的快乐回忆，能给孩子留下深刻记忆的，更多的是某一次活动。将学校的众多实践活动，整理成一个相对稳定的活动课程体系，能更好地丰富学生的童年生活。

二、童慧课程的教学模式

童慧课程突出"311"教学模式——"3"单：预学单、导学单、拓学单；"1"图：思维导学图；"1"课：微课。

（一）预学单和批注式预习是童慧课堂的基础

预学单是教师为了帮助学生达成学习目标所设计的一个预先学习导引单，是培养学生预习习惯，增进学生自学能力的重要工具和载体。与传统口头布置预习任务相比，预习单的任务更加明确，更有利于增进学习效果，恰当地使用预学单，可以较好地培养小学生独立分析学习任务和内容的能力，为学生学习新内容提供支架。能让教师通过预习分析学情，把握教学起点，同时引导学生形成良好的学习习惯，提高其自主学习的能力。对于高段的孩子，教师需要建议他们在预习时做批注。通过圈圈画画，把学习感受、疑难问题，随手批写在书中的空白地方，以帮助梳理重点内容，深入理解。

（二）思维导学图帮助深度学习

学生在预习时使用思维导图，不仅可以让学习内容的层次脉络、要点难点一目了然，还可以调动学生学习的积极性，更可以激发学生去更多地思考与学习有关的内容，从而拓宽自主学习的深度和广度。而且，思维导图的应用范围极广，教师可以在课前或在课上利用思维导图来概括教学的主要内容；可以利用思维导图作为复习工具，引导学生对一个阶段的学习内容进行复习；可以作为学生的课堂笔记，将老师所讲的内容经过筛选，提取关键字，做成课堂笔记；还可以进行小组的合作式的学习，大家集思广益，并在小组活动中锻炼合作的品质。

（三）小组合作助力童慧课堂

童慧课堂的学习小组的组成，根据学生的学习能力、兴趣爱好等进行综合评定，然后搭配若干学习小组，组内成员由优秀生、中等生、潜能生 4~6 人组成。小组成员根据学习任务和各自的特长，明确任务分工，承担小组学习中的具体角色，如小组讨论的主持人、记录员、汇报员，一定时间后角色互换，使每个成员都能从不同的角色上得到体验和锻炼。

（四）鼓励更多的孩子在课堂上发言

到了高年级后，不少学生都有胆怯心理，怕出错后老师批评、同学嘲笑。慢慢地他们举手发言的次数越来越少，后来甚至在课堂上做个隐形人。这就要求教师尊重学生的差异，关注学生的兴趣生长点，及时调整教学目标、教学环节、教学方法，因势利导，让每一个学生都有展现自己特长、发展自我潜能的机会或平台。

（五）让微课翻转童慧课堂

微课教学具有时间短、教学内容少、主题突出、内容具体等特点，最大的好处是使教学化难为简。让学生通过微课对教学的重难点进行自学，再在课堂上通过教师的指导、学生间的协作学习掌握和内化知识，实现先学后教的课堂反转。以"童慧语文"为例，课前可以设计文章的背景或是作者、主人公的微课，让学生初步感知文章写作的时间背景或作者写作的心态；然后依据微课中提出的要求自学课文。课后可以借助微课及时给学生补充与所学内容相关的课外知识，开阔学生的眼界，拓展课堂外的延伸。

（六）保证每堂课 8 分钟的作业时间

童慧课堂就是要追求高效的课堂教学，真正实现减负。在教学中，全面发展学生自主学习与合作学习能力，课堂教学讲重点、难点、易错点，舍去一些低价值的教学环节和内容，为学生当堂完成作业争取时间。要提高每堂课的作业质量，布置精准提质、拓展迁移、发展思维的作业，不布置重复性、惩罚性作业。

（七）精彩评价点亮童慧课堂

进入高年级后，你真棒！不错！很好！这样的评价已经无法起到对学生的激励促进作用了。这也是导致高年级孩子上课发言不积极的原因之一。所以，教师在注重课堂教学语言的同时，更要关注对学生的课堂教学评价。具体方法是：可以恰当运用比喻、排比、对偶、拟人、夸张等多种修辞手法，使评价更富有感染力；恰如其分地使用评价语，激发学生学习动力，启迪学生思维，创造轻松愉悦的课堂氛围，给学生正确积极的引领，让学生受到教育、启发，进而提高学生的综合素质。要做到这些，教师就必须提高自身的语言修养，广泛阅读，不断积累，灵活地运用评价语点亮充满智慧的课堂。

（八）拓展性延伸为童慧课堂插上翅膀

有些重要的学习内容在课堂教学中戛然而止，耐人寻味，留给了学生极大的想象空间，这给学生课后延展性学习与思索带来了机会，可以启发学生自主学习、自主探究，使学生加深对课程教学内容的理解，发展想象力和创造力。有些教学内容不能再被看作简单的知识或技能的载体，而应看作提升学生自身学习能力的一个阶梯、一个范本，是丰富自身学科底蕴，培养自身学习品质的媒介。这就需要教师引发向其他内容的探究，教师要不失时机地向学生提出延伸性、挑战性问题，激发学生课外学习的热情与兴趣，进行有效课外拓展。

三、童慧课程的深度拓展

对照新样态学校的理念和要求，内生改革才刚刚起步。接下来将进一步实施美丽校园的美丽行动，推进智慧校园的智慧行动，操作策略上，进一步探索游考改革，进一步强化实践课程，进一步加快童慧教育的改革步伐。

首先，深化课程改革。要稳步推进童慧课程计划的实施，重视综合实践活动、节日课程的有效推进，尝试低段学科课程整合，加强大数据分析下的评价改革，从整体育人高度努力创建"有温度，有故事，有美感，有智慧"的新样态学校，让每一个学生都能愉快学习、幸福成长。

其次，加强对外交流。进一步加强教育交流与合作，拓宽教育视野。加强校际合作，充分发挥"绍兴市乡土教育"名师工作室的作用，总结推广童慧教育经验；推进"家校共育"，完善学校、社区联动的教育机制，充分运用社会教育资源，促进学校教育向社会延伸。推选优秀教师去国外学习、交流和培训。

再次，丰富德育内涵。根据教育部《中小学德育工作指南》的要求，结合崧厦街道中心小学实际，积极探索青少年学生思想道德建设规律，进一步促进学生全面发展，努力培养文明守纪、心理健康、自信向上、朝气蓬勃、和谐发展的合格小学生。

最后，建设智慧校园。借绍兴市现代化学校创建的东风，完善校园的基础设施，优化有线与无线双网覆盖的网络环境，尽快建设起数据共享平台和综合信息服务平台，提高学校教育信息化水平。

第三章　童慧教育的课堂转型与变革

苏霍姆林斯基说："一个人到学校上学，不仅是为了取得一份知识的智慧，而主要是获得聪明。因此，我们主要的努力就不应该仅用在记忆上而应用在思考上，所以真正的学校应是一个积极思考的王国，应该让学生生活在思考的世界里。"可见，在学校，对学生进行的更应该是智慧教育，课堂应成为学生的智慧之旅，闪耀出师生的双重智慧光芒——学生的学习智慧与教师的教学智慧。

以"活教育"思想为背景，童慧教育在以"做"为中心的方法论中充分彰显了实践的重要性，主张以"大自然、大社会为活教材"，重视直接经验的获得。本着"儿童中心""参与""实践"的原则，童慧教育深入课堂常规教学，从语文学科出发，不断拓展延伸到各学科领域，构建"活教育"背景下的童慧课堂新样态。

第一节　童慧语文的新型样态

自2020年起，崧厦街道中心小学在童慧语文的课程样态研究中，成立"童慧语文"课题组，在浙江师范大学王国均教授读写团队的指导下，结合乡村学校实际，以"活教育"理念为引领，以"读写教室"为载体，在不同年级进行了批注式阅读的智慧教学探索。童慧语文在批注式阅读方面的尝试教给学生阅读策略，促使学生独立自主阅读，是启迪学生智慧，实现高效教学的重要途径。

一、批注策略教学的价值与实施路径

古人云："读文无批注，即偶能窥其微妙，日后终至茫然，故评注不可已也。"

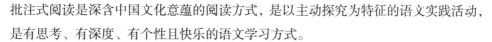

批注式阅读是深含中国文化意蕴的阅读方式，是以主动探究为特征的语义实践活动，是有思考、有深度、有个性且快乐的语文学习方式。

（一）从方法走向策略：传统批注的价值转化

传统阅读中的批注，更多的是一种将疑问、感受、理解、评论等提炼、固化的技术手段。批注阅读是运用批注细读文本的阅读行为。批注策略教学的核心价值是发展思维，培养学生独立而成熟的阅读素养。雷米·卡里尔（科罗拉多大学丹佛教育与人类发展学院学习设计与技术专业的副教授）和安特罗·戈迪娜·加西亚（斯坦福大学教育研究生院的助理教授）撰写的《批注》一书提出了很多崭新观点，颠覆了对传统批注经验的认识。借鉴此书观点，结合实践探索，笔者发现作为策略的批注有以下五方面的价值：

1. 留下印记，使思维过程可视化

当添加到文本中的批注得到很好的利用时，批注就被读者视为有价值的。当这些"沉默的余烬"照亮有用、相关和及时的知识时，批注呈现出批注者思维的痕迹，从而照亮文本。因此，批注与文本互动可能是"一次生动的相遇"。从这个意义上讲，学生和教师的批注是彼此亲密贴近文本的过程。　师生通过对批注符号、批注位置的使用，不但构建了一套显性的批注式阅读规则，同时也为学生的深度阅读搭建了实用的"脚手架"，让学生的阅读在可视化的路径上逐级发展。批注能使课堂更好地面向全体学生，为每个学生个性化学习创造可能。

2. 引发对话，促进思维迭代升级

在西方思想传统中，所谓"伟大的对话"是指学习者参与了一个持续和迭代的过程。这一过程中，学习者之间互相引用，思想在先前见解上不断提升，智力探索不断完善。在这样的视角下，批注不但引发对话的火花，而且创造对话。用德里达的话说，批注是"表示一种话语支撑在另一种话语上的符号"，对话可能因为批注而变得更具有互动性，教育可能因为批注而变得更加生机勃勃。

这在梳理批注和二次批注的课堂中体现尤为突出。教师引导学生对批注成果集中梳理、思辨，思维从低级走向高级，课堂走向深度学习[①]。学生之间通过批注进行对话、思维碰撞，会产生新的观点、想法和发现，思维便迭代升级。

---

① 向瑞. 统编语文教材"批注"的分析与教学 [J]. 教学与管理，2020(5)：42—44.

3. 赋能学习，增强角色参与体验

在"先学后教""少教多学"的视阈里，批注是学生的权力责任、兴趣爱好、质疑探究发自内在的自我展现，是个体依托批注独立思考、自主探究、批判创新，以及与他人沟通对话、共同提高的过程。有效的批注工具和符号为学生自主学习打下基础，如在词语下面画波浪线，为关键想法编号、书写页码，相互参照，圈圈关键词语和句子，在页边、页眉、页里、页脚和页尾写问题和想法，等等。利用补白式批注、评价式批注、提问式批注学习多角度批注文本，读者以评论者的角色走进文本，增强了参与体验，是最有效的语文学习方式。

4. 共享评论，多方观点透明化

批注是读者与文本进行对话的一种方式，能形成新的理解和认识。"批注圈"是评论共享的活动方式。"批注圈"中有讨论组长、篇章解读者、联结者、批注收集者、批注大师、总结概括者等不同角色，可以通过共享评论让各方观点透明化。在这一过程中，学生对文本的理解一步步深入，促进思维的发展。

5. 激发表达欲望，师生交流平等化

批注赋予学习者学习的权力和责任，让学习者成为真正的主体，能充分发挥主体性、能动性，激发学生表达的欲望，促进师生平等交流[1]。批注式阅读充分尊重学生与文本对话的权利，使学生能以自己的原初经验、情感态度、批判思维去细读文本，进而获得独特的阅读体验。这在批注海报体现特别明显。

（二）多维多样多联：批注策略教学的实施路径

批注贯穿了课前预习、课堂学习、课后拓学三个环节，其最终目标是培养独立而成熟的阅读者。

1. 构建多维进阶式批注策略体系

不同文体有不同的批注角度，不同学段有不同的批注重点。就学段而言，第一学段侧重字词批注策略，第二学段侧重不同文体批注策略，第三学段侧重自主深度批注策略，分学段渗透提示性批注、质疑式批注、评价式批注等批注方法，形成多维进阶式策略序列。如批注位置，从低段的规范性到中段的丰富性，再到高段的创造性，由易到难，逐步提升。表3-1、表3-2是在上虞崧厦街道中心小学实践基础上梳理出来的批注策略年级分配表。

---

[1] 戚韵东. 小学语文批注式阅读教学方法分析 [J]. 教学与管理，2017（26）：40—42.

表 3-1　小学多维进阶式批注策略体系

年段	低段	中段	高段
批注位置	批注基本区间确定与应用	采用双编码技术批注；重点对文章内容进行多角度批注	便签贴和读书笔记的应用
批注工具	符号＋涂色笔	三色笔＋批注海报	思维导图；批注量表
批注内容	提问、图示	批注角度	读书笔记
批注话头	基本交际技能，追求参与度	丰富多样，追求理解深度	简洁明快，追求娴熟度
批注步骤	四步批注法	七步批注法	八步批注法
批注评价	侧重批注标记的应用：位置适当、书面整洁、字体端正	侧重批注内容：找准批注点，理解正确完整	侧重批注语言和思维：通顺流畅，简洁明了
X＋批注策略	联想＋批注；图示＋批注	预测＋批注；提问＋批注	推敲＋批注；联结＋批注

表 3-2　批注策略内容、重点的学段分布

学段	批注内容和重点							
	题目	字	词	句	段	篇	整本书或类文阅读	标点
一至二年级	圈出关键词	逐字逐句读课文，圈出生词	动词、形容词、数量词、语气词、副词等	重音、停顿、节奏等				句号、问号、感叹号
三至四年级	预测，提问	给生字做注释	有新鲜感的词、难理解的词等	修辞句、形式特别的句式	总分、总分总、分总等结构	外貌、动作、语言、心理、神态描写	迁移运用以上批注方法，由教材单篇引向整本书或类文阅读	冒号、引号、破折号
五至六年级	质疑，换题目		有感情色彩的词	风趣的语言、个性化的语言等	前后照应、伏笔、铺垫等	叙事抒情、借景抒情、场景描写、细节描写、静态描写、动态描写	迁移运用以上批注方法，由教材单篇引向整本书或类文阅读	顿号与逗号、分号与句号

需要说明三点：

一是依据珍妮·查尔教授的阅读发展阶段理论提前了批注策略学习的起始年级。美国麦克米兰公司出版的英语课本《奇迹·读写教室》配套资料《读写伴侣》，一年级第二单元就设计了图示、批注、推论以及联结等阅读策略的学习内容。

二是从批注位置、工具、内容、话头、步骤、评价、多策略七个维度，低中高

三个学段由易到难进行匹配，形成了螺旋式上升的序列。

三是批注策略教学有学习微课支持，结合统编教材课文内容，不加重学生的课业负担。

2. 开发多样创意的批注工具

结合双重编码理论，开发五类批注工具：

开发操作性强的学习工具。包括批注符号的开发和使用、批注位置的确定，充分发挥语言和非语言（图形）的组合力量。

探索发展空间大的学习工具。如批注三色笔，不同年段使用方式不一样。低段红色标注动词，绿色标注名词，蓝色标注形容词；中段蓝色是自己的批注，绿色是同学的批注，红色是老师的批注；高段蓝色是课前的批注，红色是课中的批注，绿色是课后的批注。三色笔助力学习在不同年段起到不同的作用。

开发挑战性强的学习工具。在班级学科教室建设过程中，开发挑战性强的"批注路标"，发挥导向功能和策略支架作用，指引学生有方法、有路径、自觉地运用批注策略。

开发立体式的批注策略微课。读写教室理念下的微课是师生互动式的，专门教授学生特定技能，帮助学生逐步学会独立运用批注策略。开发了文言文、诗歌、小说三种文体"策略指导""策略运用"两种微课，从批注位置、工具、符号、角度、话头、评价六个方面架构微课内容。其研究路线如图3-1所示。

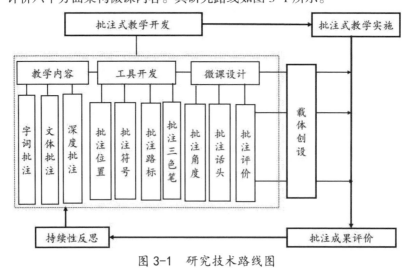

图 3-1　研究技术路线图

设计富有导向性的批注量表。批注量表的设计首先要体现学段特点，不同学段的批注要求不同，评价也应体现出层次性；其次要体现内容的针对性，要根据不同文体的特点梳理出评价量表的维度，凸显评价的价值导向；最后还要根据学生年龄特征体现趣味性，促进学生各方面的提升。

3. 开展多联的批注策略教学

按照王国均教授的观点，所谓"多阅读策略教学"是指教学生同时运用多种阅读策略来解读课文，实现文本理解的最优化和最大化。在《读写教学的最佳实践》一书中，凯西·柯林斯·布洛克和迈克尔·普雷斯利宣称："阅读理解不是一个孤立的过程，而是一个意识和元认知过程的网络式共振，最新的教学方法已经发展为在一节课上教授多种策略……在对这些课堂教学提供支持以后发现，即使是幼儿园的学生在一周的直接指导后也可以使用多种策略，其结果通常比对照组的成绩要高得多。"特级教师陈红梅对此进行了深入探究，形成了"提问＋批注""联结＋批注""预测＋批注""联想＋批注""推敲＋批注""图示＋批注"等一系列"X＋批注"的操作策略。具体实践中要注意三点：

一要捕捉恰当的批注点。教师要有一双慧眼，善于从单元语文要素、文本特点、作家风格特点中捕捉最有价值的批注点，串起批注线。如四年级上册第六单元语文素养有两个，一是学习用批注的方法阅读文章，二是从人物的动作、语言、神态中体会人物的心情。《牛和鹅》侧重批注角度的初步认识，难点是批语的写法。本文善于运用人物动作来表达人物心情，教学中可以第三自然段为例，引导学生抓住动词、想象画面、体会心情，写下批语。而《一只窝囊的大老虎》则以人物的心理变化为特色，抓住人物的心情也就抓住了批注的入口。

二要灵活运用"X＋批注"。不同课文阅读策略应用往往不同，即使是同一篇课文，不同课时教学中运用的批注策略也会不一样。如《牛和鹅》起始课，可以抓住题目进行"预测＋批注"教学，关照全文；呈现课文五处批语后，可采用"梳理＋批注"，引导学生发现规律，画出思维导图，形成多角度的批注。第二课时可回顾批注角度，运用"联结＋批注"展示批注海报，说说制作思路；学习词语批注法，第三自然段"我做你们看"，第六自然段"你们做我帮"，第五自然段"你做我看"，可运用"联想＋梳理＋批注"策略突破难点。第三课时从四个角度给"我"心情变化的内容写批语，可综合运用"联结＋想象＋梳理＋批注"策略，提高运用的熟练度，养成运用多种策略阅读的习惯。

三要引发多向对话。一是与文本对话，让学生边读、边思，把自己的所思所想用批注及时记下来，留下思考的痕迹。二是与自己对话，提出问题，引起深层次思考。三是与同伴对话，通过批注展示与交流群体共享，与同伴的批注对照，引发新的思考，进行二次批注。

批注策略教学的实践探索取得了阶段性成效。2022 年 11 月，我们对实验班级进行再次调查，发现学生的变化惊人。（表3-3）

表 3-3 四年级批注策略实施成效调查表

1. 认识批注	2. 每节课使用 3 次以上批注	3. 喜欢老师批注形式	4. 最喜思维导图批注工具	5. 批注后最喜欢小组交流形式	6. 批注教学后预习、复习、课堂讨论更加主动	7. 阅读速度明显提高	8. 批注方法熟练掌握
100%	100%	95.6%	71.1%	67%	67%	67%	89%

以下是五年级学生的体会：

我学会批注以后理解课文更简单了，口头表达水平也提高了，思维导图应用很好。（于欣雨）

批注帮我们标记出重点地方，一目了然，可以帮助我们深度理解，很好用。（许明蕙）

批注是一种非常好的阅读方法，能帮助我们深入学习课文及其他文章。我对批注十分喜欢。（陆佳滢）

二、丰富批注位置：以批注迭代思维层级

"批注式阅读"高度重视阅读实践活动中学生的主动探究，是一种有思考、有深度、有个性且快乐的阅读方式。它具有极强的阅读自主权，是学生在阅读过程中对语言文字有感而发、有语而注、有得而写。批注提高了个体阅读的质量，促进个体品质的发展，是实现个性化阅读的有效方法。批注让学生的主观能动性和批判性思维得以呈现，学生在批判质疑、多样感悟中，个性得以不断张扬，读者对文本的创造性解读得以实现。因此，批注是改进学生阅读方式的有效方法之一。批注策略范畴可以分为批注位置、批注工具、批注符号、批注角度、批注话头、批注评价等方面。下面就"批注位置"策略作探讨。

（一）关注页面空白，了解批注位置的意义

1. 盘点页面空白区域

早期印刷文本的页面通常都是文字或图像，一直填充到页缘。但是随着印刷的发展，印刷商和作者开始利用空间和排版元素进行创新和重组，对页面中空白处的安排也随之发生了变化。他们使用标点符号、页边距、分段、字体大小和颜色以及空白来表达页面，并引导读者与页面进行交互。16—18 世纪，印刷纸张上的空白处变得越来越多。正是在这种相互作用中，在技术与人类不可分割的联系中，印刷品才得以存在。

现代版本的书页，虽说没有像古书那样字大行疏，有天头地脚，但也有一些相对固定的空白处可作批注。以统编版教材为对象，对教材文章页面空白处做如下盘点：页面上方空白处和文章标题处，为"眉批"；书页左右两边空白处，为"旁批"；字、词、句周围，为"里批"；文章结尾处，为"尾批"；页面插图处，为"图批"。（图 3-2）

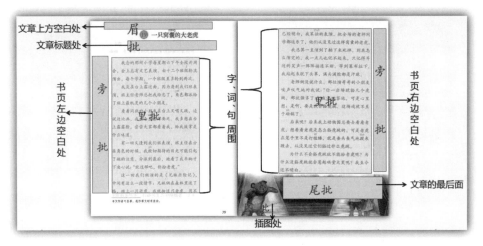

图 3-2　统编版语文四年级上册第六单元《一只窝囊的大老虎》

2. 对标批注位置意义

批注位置的盘点和命名，为确立批注位置的意义做了准备。结合具体文本中的批注，可在不同位置批注相应内容。总体上，批注需要遵循就近原则，符合阅读的常规习惯。页面上方空白处一般批注文章的主要内容或主旨；题目附近一般批注对题目的理解；字里行间用圈、画、点等批注相应的字、词、句；在文章左右两边对文章进行多角度批注；批注还可以放在插图中，与文章中的文字相结合。文章结尾处一般批注读后的感受、启示、疑惑等。书页空间有限，课外拓展资料可以用便笺纸粘贴在文章适宜处（图 3-3）。对于批注水平较高的学生来说，还可以用记录在笔记本的方式进行批注（图3-4）。批注时，让位置与内容对标，不仅可以大大地提高课堂效率，形成一个固定的对话文本的规则，还方便对文本进行二次阅读或者复习巩固。

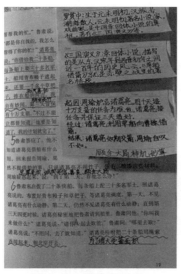

图3-3　便笺纸批注

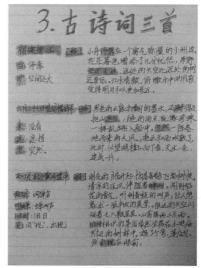

图3-4　笔记本批注

在具体的课堂操作中，可以将空白区域想象成生活中的停车场，将不同的批注内容想象成各种类型的车子。将不同的车停入不同区域的停车场，就是将不同批注内容对应不同批注位置的过程。

（二）关注文体特征，探寻批注位置的规律

1. 识别不同文体的特征

统编版小学语文教科书在编排时更强调了文体意识。纵观一至六年级，共入选163篇课文，涉及常见文学体裁：儿歌、童谣、诗歌、童话、寓言、神话、民间故事、小说、散文、说明文、游记、演讲稿等20类左右的文体。不同的文体有不同的审美特征、教学价值、教学取向。

诗词对于儿童的母语启蒙具有重要意义，我国传统语文教育都非常重视诗词的教学。孔子就以《诗三百》为教材，鼓励弟子学诗。王阳明在《训蒙大意》中讲道："今教童子必使其趋向鼓舞，中必喜悦，则其进自不能已……故凡诱之歌诗者，非但发其意志而已。"古典诗词所表现的情感抒发与教化义理通常含蓄委婉，在潜移默化中影响儿童，这正是古典诗词带来的启蒙教育功能。古典诗词教学不仅是在指导学生欣赏优美的词句以及生动的韵律，更重要的是引导学生去体会作品深蕴的情思，并经由此体悟传统文化美、善和兼容的人文精神。[①] 传统语文教学中，儿童在开蒙识字之后，古典诗词教学便成为重要的教学内容。在小学语文统编教材中，一共选编了 112 首古诗词。除了《义务教育语文课程标准（2022 年版）》中的推荐篇目中的 75 首之外，教材中还选入了 37 首古诗词。从教材板块分布上看，"日积月累"编排了 40 首，课文中则一共编排了 72 首（其中 1 首是课后题材料）。

统编版小学语文教材不光古诗词有增量，许多优秀的童话作品也被新选入其中。童话可以涵盖文学的所有母题，蕴含爱与美，引导读者直面人生的困境。经梳理，童话在第一和第二学段出现的比例特别高（表 3-4）。

表 3-4 统编版教材一至三年级课文中童话分布比例

	一年级	二年级	三年级	总计
童话选文（篇）	15	18	14	47
所有课文（篇）	35	50	55	140
占课文数比例（%）	42.8	36	25.5	33.6

童话在第一、第二学段儿童的身心发展中发挥着十分重要的作用。此类作品幻想的文体特质，既符合儿童心理发展，又能够反映真实生活，同时有助于激发儿童想象力思维，培养儿童的审美能力与学习兴趣，且有利于促进他们人格的形成与发展，是比较适合低幼儿童的文学体裁。童话教学应成为小学低中学段语文教学的重要内容。因此，《义务教育语文课程标准(2022 年版)》在文学阅读与创意表达任务群第一学段、第二学段，以及整本书阅读任务群第一学段的学习内容中都提到了"童话"。

经统计，古诗词和童话这两种文体在统编教材中，尤其是在第一、第二学段中数量占比较其他文体都高，因此，将这两种文体作为批注位置规律的探索，具有代表性的意义。

2.总结批注位置的规律

根据古诗词文体的特征以及教学基本路径，可以探寻并总结出古诗词文体统领下的批注位置路径及规律。（表 3-5）

古诗词教学基本路径：解题 ——→ 读诗 ——→ 解诗 ——→ 品诗

---

① 李晓芳. 浅议古典诗词教学的审美性 [J]. 教学与管理,2010(21):74—75.

表 3-5　古诗词文体统领下的批注位置路径及规律

教学路径	批注位置	批注内容
解题	眉批	诗题的意思
读诗	里批	节奏划分线、朗读重音符号等
解诗	里批、旁批、图批	关键字或疑难字、句的理解及感悟
品诗	旁批、尾批	古诗内容的整体把握或情感的体会

下面以统编版二年级下册第一单元古诗二首《村居》和《咏柳》为例，如图 3-5、图 3-6 所示。

图 3-5　《村居》批注样例　　　　图 3-6　《咏柳》批注样例

小学语文统编教材所选用的童话，以拟人体童话为主，作家基于儿童的视角，给大自然的生物赋予了人的特征。同样，根据童话文体的特征以及教学基本路径，我们可以探寻并总结出童话文体统领下的批注位置路径及规律。（表 3-6）

童话教学基本路径：

读题质疑 ——→ 随文预测 ——→ 概括内容 ——→ 感受形象 ——→ 体会真善美

表 3-6　童话文体统领下的批注位置路径及规律

教学路径	批注位置	批注内容
读题质疑	眉批	读题目后产生的疑问
随文预测	里批、旁批	对故事内容或结局的预测
概括内容	眉批	对故事主要内容的概括
感受形象	旁批、图批	对故事主角形象的提炼及感受
体会真善美	尾批	对故事意义的感悟

下面以统编版三年级上册第四单元13课《胡萝卜先生的长胡子》为例，如图3-7所示。

图3-7 《胡萝卜先生的长胡子》批注样例

（三）关注批注角度，挖掘批注位置的内涵

1. 发现批注角度的多样

统编版教材四年级上册第六单元是批注阅读策略单元，其中首篇《牛和鹅》一课教学重点是要求学生学习从不同角度给文章批注。课文呈现五处旁批，从不同的角度进行了批注。（图3-8）

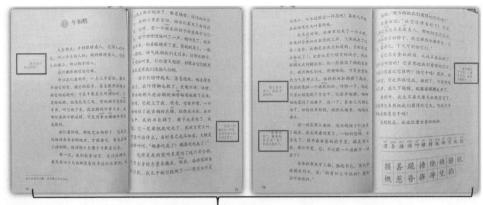

对文章进行多角度批注

图3-8 统编版语文四年级上册第六单元《牛和鹅》

根据批注角度的不同，可以将批注式阅读大致分为阐释型批注、赏析型批注、质疑式批注、评价式批注、补充式批注、感受式批注和联想式批注等多种类型。以《牛和鹅》一课为例进行内容和角度的对应。（表 3-7）

表 3-7　以统编版语文四上册第六单元《牛和鹅》为例

批注	批注内容	批注角度
第 1 处	事情真的是这样吗	质疑式批注
第 2 处	逃跑—被鹅咬住—呼救，那种惊慌失措写得很真实	赏析型批注
第 3 处	鹅之前多神气，现在多狼狈啊	感受式批注
第 4 处	"挂着泪笑"，事情的变化对"我"来说太突然了	阐释型批注
第 5 处	看来鹅并不可怕！只要不怕它，鹅就不敢欺负人了	感受式批注

"一千个读者就有一千个哈姆雷特！"《义务教育语文课程标准（2022 年版）》也明确指出："阅读是学生的个性化行为，不应以教师的分析来代替学生的阅读实践，应让学生在主动积极的思维和情感活动中加深理解和体验，有所感悟和思考，受到情感熏陶，获得启迪，享受审美乐趣。"批注角度的多样性，真正彰显了阅读的个性，有利于学生读出自己独特的感受和收获。

2. 挖掘批注位置的内涵

通过教学实践证明，以统编版教材为阅读材料的学生批注角度的找寻，基本以阐释型批注、质疑式批注、赏析型批注、感受式批注为主，进行批注式阅读。

阐释型批注，是指在阅读过程中，遇到的生字、新词，通过查阅后进行批注，注释其含义、用法；概括、归纳句、段、篇章的主要内容。指向"是什么"展开。

质疑式批注，是指针对阅读中发现的问题，提出疑问，可以是难以理解的内容，也可以是对写作技巧、文章本身内容方面产生的疑问。指向"为什么"展开批注。

赏析型批注，是指遇到有特色的词句时，进行赏析、批注，抓住关键词的词性、表现手法、修辞、详略等，对文章使用的写作技巧进行批注。指向"怎么样"展开批注。

感受式批注，是指在阅读中，文章的段落、情节引发的情感共鸣，或者从中悟到的道理、学习到的方法等都是批注的内容。指向"怎么样"展开。

针对以上四种较常见的批注角度，遵循批注与文本内容就近原则，对标批注相应位置，挖掘其内涵具有深远意义；反之，批注位置内涵深度的挖掘，也有利于对批注角度有更丰富的呈现。（表 3-8）

表 3-8 批注角度及内涵

批注角度	批注内容指向	批注位置
阐释型批注	是什么	里批、眉批
质疑式批注	为什么	眉批、旁批
赏析型批注	怎么样	里批、旁批
感受式批注		旁批、尾批

"批注式阅读"教学背景下的"批注位置"从最简单的意义对标，到针对不同文体的规律探寻，再到通过内涵挖掘呈现多样的角度，是一个循序渐进，思维不断升级和辐射的过程。"批注位置"内涵的不断丰富，将为批注式阅读带来更大的思维空间，更好的阅读体验，更多的阅读所得。

童慧语文将着眼于"培养积极而独立的读写者"这一目标，加大力度开发一系列便于操作的批注工具微课程，利用网络平台扩大使用面；贯彻新课标理念，加大批注大单元的构建和"X+批注"多阅读策略课堂范式的开发；着力打造良好的批注阅读环境，开展批注大师评选、批注小专家评比，大范围推广批注海报、"批注圈"，构建富有特色的批注阅读校园文化。

三、"批注圈"阅读活动的实施

阅读是读者与作者通过文字交流的过程，文本的意义来自读者和文本在特定语境下的交易[①]。"批注圈"让学生有自由交流的机会，学生一起阅读，一起批注，完成了阅读交流的延伸，在互动中增加了对文本的兴趣，加深和拓宽了对文本的理解。

（一）"批注圈"阅读活动的内涵

"批注圈"阅读活动是课内外阅读相结合，独立批注和合作批注交替互动的一种阅读活动。"批注圈"阅读活动是在教师引导下，以任务组群为基本单位，围绕阅读任务，依托批注进行有目的的小组阅读。在"批注圈"小组内，同样可以根据对小组成员进行角色分工，并通过小组成员的内部讨论，对学习任务或文本进行不同维度的剖析，经过差异化的讨论与协商，在拓展思维深度的基础上，达成共识，形成小组学习成果的展示。

（二）"批注圈"阅读活动的开展形式

"批注圈"阅读活动的开展分为四个环节。第一环节为小组组织与分工。教师依据阅读教学目标与内容，对"批注圈"的任务进行规划，组织学生进行分组，明

---

① Rosenblatt L M. What facts does this poem teach you?[J]. Language Arts, 1980, 57(4): 386—394.

确小组的任务，告知"批注圈"阅读活动规则与进程安排。在分组时，特别要注意小组成员既要存在差异性，同时也具有一定的互补性。第二环节为小组独立阅读。依据小组阅读任务，在小组内部根据成员的特长和优势进行任务角色的确认。在这一环节，应容许组里相对弱的学生先选择，能力强的同学后选择，同时鼓励同学在下次批注圈的活动中大胆尝试不同的角色，特别是之前自己比较怵的角色。在角色分工的基础上，学生按照角色单的要求，先独立完成各自的批注阅读，第三环节是小组合作阅读。在学生独立批注阅读基础上，小组成员按照任务分工，向小组成员汇报自己的学习成果，其他小组成员在倾听的基础上，可以发表自己的见解和想法，经过讨论形成小组共识。第四环节是以班级为单位的批注圈，教师引导学生以小组为单位进行分享和提问。

通过第三环节的讨论学习，在以班级为单位的批注圈活动中，全班同学有机会聆听不同任务小组学习成果，也可以对其他小组的阅读批注发表自己的看法，进而形成班级认知。在这些环节基础上，学生又可以以此为起点，再次独立对文本进行二次批注。（图3-9）

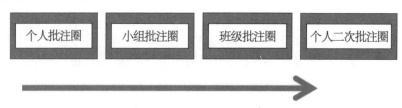

图3-9 批注圈活动示意图

学生从独立阅读形成自己的认知，到积极参与小组讨论初步形成对文本的整体认知，最后反思总结，加深对文本主题的认知理解。整个过程中学生的思维一直处于活跃状态，实现纵向和横向同时发展。

（三）"批注圈"阅读活动模式的实施策略

1. 以组长为圆心，组员为环，形成小组批注圈

批注圈从字面上可以理解为一个批注小圆圈，也就是一个阅读小组。以组长为圆心，由批注小行家、文本调查员、联结小能手、积累大王、绘画大师等组员组成一个批注圈。（图3-10）组长需要根据学生特点和学生意向分好工，并让每一位组员明确自己的职责。（表3-9）在分组时，教师要适当干预。每组要选一名组织能力较强的组员作为组长，组员差异要适当调节。

图 3-10 批注圈角色图

表 3-9 组员职责

角色名称	角色作用
组长	推进小组活动进程，组织成员运用不同策略多视角开展讨论，确保每个成员积极履行角色，保证每个成员都有机会发言
文本调查员	挖掘与文本和作者相关的背景故事或作品
联结小能手	联结上下文，联结与文本内容有关的经验，联结自己的真实感受，并分享给其他成员，并寻求他们的评价
积累大王	寻找阅读文本中重点的、有意义的词句段
绘画大师	用绘画或思维导图的形式将故事情节表现出来
批注小行家	剖析文本语言，抓住细节进行批注
批注收集者	收集组员的批注内容

2.以"目标"为圆心，策略为环，形成主题批注圈

"批注圈"的核心活动是小组讨论。小组讨论要获得高质量，应该注意以下问题：第一，小组讨论要有明确的"目标"。学生的自主讨论最忌讳跑题偏题，课堂时间非常宝贵，因此在制定独立批注阅读的角色单、任务单时，应该围绕"目标"明确独立阅读及小组讨论的内容。第二，小组讨论要有规则。在批注圈的小组讨论中，讨论的往往是这些内容：一是向小组成员汇报独立批注阅读中的成果，二是发表与小组成员有差异的见解，三是讨论小组的共识。阅读成果的分享有可能实现小组成员的共鸣，差异的见解会激发新的创意，小组共识为全班的批注圈活动奠定基础。

如在六年级上册《少年闰土》一文时，教师先引导学生思考分析人物形象可以运用哪些方法。在学生明确了可以通过批注外貌描写、人物主要事件、课文插图、他人评价、链接课外读物等策略后，就以"闰土是怎样一位少年？"为核心问题，以对闰土进行多角度评价为环，形成了一个批注圈。每一个组员根据任务单进行解读和分析文本，生成自己的认识，在此基础上在组内进行小组合作学习，实现听说读写能力训练的整合，为发展学生的语言能力搭建了一个有效的平台。教师此时是有效的引领者，要根据自己对文本的透彻理解帮助学生提出有价值的问题，加深他们对文本的理解和感悟。例如，当学生感悟到鲁迅笔下的少年的闰土是一个聪明能干、健康活泼的少年时，教师呈现了鲁迅《故乡》中后部分放入中年闰土形象，让学生再次阅读分析中年闰土的人物形象，思考鲁迅写《少年闰土》的用意何在？引导学生课外去阅读鲁迅的其他作品，加深他们对文本的理解和感悟，让他们走近作者，与其深入对话。

《少年闰土》批注圈任务单

组长：

①请在让你困惑的文字旁，批上"如果……会怎么样？""怎么会？""为什么？"或者"我怀疑？"。

②请你在文本激发你共鸣的地方加上批注。文本与自我："我自己在生活中就有过相似的经历，——"；文本与文本——书籍、电影、歌曲、艺术品、照片。"我在书籍（电影、歌曲、艺术品、照片）里看到过——"；文本与真实世界中的事件。"我在生活中亲眼看到过——"

预言家：

我预测下一节／下一段可能会发生的事情是……

形象分析师：

请结合闰土的外貌描写和课文插图分析闰土的人物是一个怎样的人。

概括者：

①请结合任务闰土的主要事件分析闰土是一个怎样的人。

②请给每一件事拟一个标题。

联结小能手：

请联结鲁迅的其他作品或你自身的生活分析闰土是一个怎样的人。

积累大王：

今天从书本／课文里"偷"来的一个词语是_____，在第_____段中可以找到。

它的意思是：_____，我可以用推敲策略来说说用这个词语的好处。

3.以检测为圆心，评价为环，形成展示批注圈

"批注圈"高度重视阅读的社会性，学生通过批注展示自己的独特发现，激发批判性思维，通过批注的分享、讨论、评价、优化，建立阅读的成长共同体。因此批注圈的评价不仅是检测阅读结果，还要突出以下方面的特征：第一，批注圈的评价具有展示性与共享性。因此，评价的标准可以师生共同制定，待学生水平提高后，甚至可以由学生自己制定标准，以进行互评为主要方式。第二，批注圈的评价要重视阅读思维品质的发展。批注圈小组内部的讨论，班级批注圈不同小组的分享与评论，都应重视学生批判性、创新性思维的培养，实现以评促读、以评促思。第三，"批注圈"的评价要体现学生社会性的发展。这样才能为批注圈的讨论、评价营造安全和谐的氛围，促进学生社会情绪能力的发展。根据以上要求，我们尝试制定了批注圈的评价量表。（表3-10）

表3-10　批注圈讨论评价量表

学生自我评价量表	
评价等级指标：1. 需要提高　2. 令人满意　3. 非常满意	
评价项目	评价等级
我能对其他同学的问题或发言做有礼貌地回应	
我能够描述文本里的主要人物	
我能够分析主要情节之间的因果关系	
我能讨论文本的主题或作者的写作意图	
我能够将文本和自身发生关联	
我能通过举例澄清和解释个人观点	
我能尊重别人与我不一样的观点	
我在讨论中需要改进的是：	

4.以优化为核心，二次批注为环，形成迭代批注圈

"批注圈"阅读活动并不是一次阅读、一次讨论、一次评价之后就结束了。第一轮只是一个开始，一轮结束后，组员要进行角色轮换，针对前一轮活动的问题，进行再次深入阅读，让阅读向青草更深处漫溯。在"批注圈"阅读活动为学

生搭建了阅读文本、表达自我、展现自我的平台，挖掘了阅读与表达在自我建构过程中的塑形作用，也为学生和教师揭示了一种在阅读、文本中不断生成与积淀的自我。

第二节　童慧数学的课堂翻转

童慧数学旨在将课堂还给学生，在具体情境教学中，让课堂思考的声音响一些，探究的机会多一些，通过教师的"引"，促使学生自主进行数学探究，以此提升学生的数学核心素养。

一、小学童慧数学课堂之有效"让学"

古代有个人，去拜见当地有名的"吝啬大师"。老师不在家，师母叫仆人递上一只空杯，说："请用茶。"又用两手合了一个圆圈模样，说："请吃饼。"老师回来直跺脚，说："你太破费了！"又用手合了半个小圆圈，说："半个饼就足够了！"

读罢笑话，不由联想到"虚情假意"这个成语，它与时下讨论热烈的"让学引思"主题其实颇为类似。"让学"强调的是教师要留足可以供学生思考、探讨数学问题的空间与时间。"引思"是在对学生数学思考、探究过程的引领、指导与帮助。笑话中，请是前提，吃是结果，当递上假食物饼时，吃就成为痴心妄想，请就成为骗人的鬼话；"让学"过程中，"让"是前提，"学"是结果。当"让"显现虚情时，"学"就成为空中楼阁，"引"就无从谈起。以下结合教学体会，探讨如何有效"让学"的问题。

（一）真实："让"得精准，"引"及本真

数学规律往往通过法则、公式显现，其背后的真实内涵应该是算理与数学知识的逻辑体系[1]。如果教师用教条化的法则、冷冰冰的公式甚至是教师自己总结的解题方法去替代有意义的算理教学与知识梳理，一不小心那就会偏离方向，出现"假茶敬人""假饼送人"的状况，学生当然不会接受。以下是两种教法下的小数加减法计算法则的探究过程：

---

① 张平奎. 算理理解：计算教学的重中之重 [J]. 教学与管理，2019（5）：30—32.

教法 1：教师引导学生回顾整数加减法的计算法则，总结得出整数加减计算方法是末位对齐，然后让学生探究小数加减法的计算法则，得出小数加减法必须小数点对齐，然后强调二者的不同，请学生牢记。

教法 2：教师引导学生回顾整数加减法的计算法则，首先问：为何 35+103 中第二个加数中的 3 要对齐上边的 5，而不是 3 呢？假如这里拿 3 与 3 对齐，会犯什么错误呢？此时教师让学生举一个生活中不同单位的数量不能加的例子，有学生举出了"3 千克桃子加 3 本书，等于 6，然后后边的单位既不能是本，也不能是千克，所以不能加"。这样就引导学生再次明确"相同数位对齐"这一法则。然后出现小数加法：35.2+103.42，105.6+56，再次强化"相同数位对齐"并演变为"小数点对齐"，再问学生：小数点对齐是否一定正确，为什么？

显然，教法 1 把整数加减法计算法则演化为"末位对齐"，一旦迁移到小数加减中就会产生错误。这里的逻辑关系中，"相同数位对齐"是本，"末位对齐、个位对齐"，哪怕"小数点对齐"充其量只是"末"，都是有"假酒"之嫌，本末倒置就会出错。只有重视"相同数位对齐"，像教法 2 中用生活实例比喻明确不同数位对齐是无法运算的道理，把小数加减运算的方法跟整数加减法整合统一起来，使学习过程之间相互联系，才能把数学思维由错综复杂引向简单明了。

（二）真诚："让"之有疑，"引"之原味

"兴趣是最好的老师"，此话不假，但许多故事情境对于数学学习只是一种外部兴趣，远看很诱人，近看呢——充其量是一个"假饼"！比如"3 的倍数的特征"的教学，教材给出了一百以内的自然数让学生探究，教材还有人物对话的方式展现了思考过程与结果，但学生往往看重结果。有的教师就外加设计一些童话故事类的情境，只能说是虚化课堂探究的实质，转移学生对数学规律的注意，甚至造成学生主动听故事、被动接受知识的坏习惯。

在教学中，笔者设计一个探究引子。①请找出下列数中能被 2 整除的数并说说相关特征：12、35、38、64、85、95、96；②请找出下列数中能被 5 整除的数并说说相关特征：15、30、38、60、84、95、96；③请找出下列数中能被 3 整除的数并说说相关特征：6、9、33、66、93、95、96、102、103。学生普遍感觉很轻松，很快把符合条件的数画了出来，前两组正确率几乎百分之百，第 3 组的最后，有 80% 以上的学生选择了 103，舍弃了 102，并给出了理由：因为个位 3 能被 3 整除，而个位 2 不能。老师却在 103 后边打了一个大大的叉，给 102 打了一个大大的勾！大部分学生一片哗然，都问："老师，难道找被 3 整除的数不是只看个位吗？"老师说："我有说过，只看个位吗？"学生陷入沉思。

课堂探究最忌一帆风顺，由于教师故意局，学生得出了错误的结论，而这个结论一旦被打倒，就会激起学生极大的疑惑，陷入一种"愤悱"的状态，并由此形成极大的探究热情。"让学引思"框架之下，我们把"让学"落实于真真切切的数学知识本身，才把"引思"落脚在实实在在的探究过程之上。

（三）真情："让"有风度，"引"出广度

建构主义教学理论认为，学生在学习新知识时总是倾向于从已有经验中寻找生长点，拓展出新的认知结构，教师在"让学"的过程中需要有足够的"风度"——相信学生，真情期待，在"引思"的过程中才能体现足够的"广度"——拓展思维。

比如，对于梯形的面积公式的探究，教材在引导学生可以用两个全等的梯形拼出一个平行四边形后，还出示了一种我国古代数学家刘徽的"相补"法，使得面积公式的获得多了不少思路。教师如能穷追不舍，可使课堂呈现又一轮的精彩。

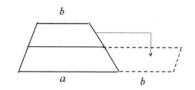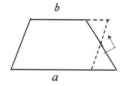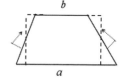

图 3-11　例题

师：刚才我们把两个完全一样的梯形拼成一个平行四边形，推导出梯形的面积公式是 $S=(a+b)\times h\div 2$。可是现在这个图画中（图 3-11），上下 2 个梯形有大小，数学家刘徽并没有拼出 2 个相同的梯形，那公式中的"2"在这儿又表示什么呢？

这里教师利用学生头脑中原有的概念，"所谓除以 2，往往是指 2 个相同份数的和是多少，求每份数是多少"，打造了一个认知冲突：现在出现的平行四边形完全由两个大小不相等的梯形所拼成，那又怎么能用"÷2"？

经过教师的引思与探讨，大家才发现这里的公式 $S=(a+b)\times h\div 2$ 可以表示成 $S=(a+b)\times(h\div 2)$ 的形式，也就是原梯形的高在割补以后变为原来的一半。于是教师又进一步引导：假如我把 $S=(a+b)\times h\div 2$ 变形为 $S=\dfrac{a+b}{2}\times h$，那么此时的 2 又表示什么意思呢？大家能否通过画图来探究其来历呢？经过探讨与画图，学生画出了如图

3-11 的后两种方案，发现此时 $\dfrac{a+b}{2}$ 表示上下底的平均数，也就是原梯形的上下底经过割补后相同的长度，这样又使梯形的面积公式有了新内涵。

紧接着，教师又问：大家有没有发现，梯形与三角形面积公式都能通过平行四边形的面积改变得到，都有一个"÷2"，那么我们是不是可以发现梯形与三角形面积之间的特殊关系呢？在教师的追问下，学生终于又得出：①当梯形上底渐近 0 的时候，梯形面积公式中的 b 就消失成为三角形的面积公式了。②画出梯形的一条对角线，梯形面积就等于分割出的两个三角形面积之和。这样学生又建立了三角形与梯形之间的联系，还因此而渗透了极限思想与数形结合思想，增强了知识呈现的灵动性与课堂思维的创造性。

（四）真切："让"出主见，"引"之灼见

课堂教学是一个不断纠正学生头脑中错误认识，更新错误方法的过程。课堂教学不仅要让学生有主见，更要理性对待"主见"，引导学生把主见培养成"灼见"。让学生经历真切的探究过程，在峰回路转中，形成真切的感受，有助于培养良好的思维品质与学习态度。

例如，下边的一道数学探究题：瓜渚湖公园有多条道路（图 3-12），小明沿中间直线来回走一次，而小强选择沿中间的三个小圈作 8 字形回绕，小东则选择沿外边的大圈跑，请问他们都从 A 点出发回到 A 点处，试比较走的路程谁最长，谁最短。

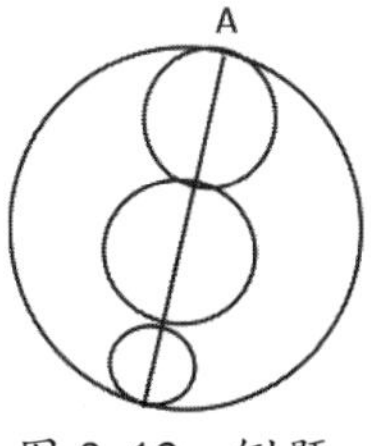

图 3-12　例题

在这道探究题中，有不少学生坚持认为小东走的路程比小强要长，老师问他们理由又答不上，其实在他们的头脑中冥冥地认为应该是越靠外围的圆越长，这就是"想当然、应该"之类思维的缺陷了。老师没有马上否定他们的想法，只是引导他们用学过的数学知识解决问题，不要犯"想当然"的毛病。经过思考与分析，终于有学生通过用字线表示相关线段得出小强与小东的路程是相同的结论，以严密的数学思考给那些信口开河的学生来了"当头一击"。这说明，教师一开始让学生说，哪怕说得不对也不作简单否定，只是引导他们想问题要利用数学知识，这样就使"让学"给"主见"的发表提供了机会，有助于把"主见"上升到"灼见"。

总之，"让学"是"引思"的前提与保障，有效"让学"的内涵既体现在教学内容把握的真实性与思维训练点是否落在核心环节上，还须落实于教师课堂教学行为所折射的理念、态度之中，更应体现在学生的内心感受之中。"桃李不言，下自成蹊。”“让学”并不是给学生提多少要求，教师只有围绕真实有效的数学规律，真诚地给学生以探究的机会，抱着真情的期待，并给以真切的数学探究过程，才能实现有效的“引思”，提升学生的数学学习核心素养。

二、小学童慧数学课堂数感的培养

数感是小学数学的核心素养，2001 年，教育部印发的《数学课程标准（实验稿）》首次将数感作为核心概念提出，《义务教育数学课程标准（2011 年版）》正式将数感作为十大数学核心素养之首，并更进一步明确数感的含义：“数感主要是指关于数与数量、数量关系、运算结果估计等方面的感悟。培养数感可以帮助学生理解现实生活中数的意义，帮助学生建立具体情境中的数量关系。”学生数感的发展，需要经历感悟多少、用数表示多少、建立数之间的关联、对数进行运算、形成数系概念等的过程。数感的培养是一个潜移默化的过程，需要教师不断地引导，学生不断地积累。

以人教版小学数学教材三年级上册《分数的初步认识》单元第 1 课时为例，在童慧数学课堂的实践中，需要在认识分数的过程中，培养学生的观察能力、比较分析能力、数学表达能力。同时，借助月饼、长方形纸等直观手段，丰富体验、培养数感。

（一）教学设计思路

1. 关于教学内容整合的思考

“认识几分之一”与“认识几分之几”在常规的教学中是分开两课时教学的，预案将它们放在了一课时教学，这基于三方面的通盘考虑。第一，从“数的本质”思考整合的益处。数的本质结构特征，即数是由计数单位和个数累加而成，几分之一便是分数的计数单位，是分数学习的重要基石，由少及多，累加到几分之几，则是分数数着数着的顺其自然的结果，数是数出来的嘛，整数如此，分数亦如此，从几分之一数到几分之几，从几分之几中看到几个几分之一，这样的循环往复间体现了对数的本质的精准把握。第二，从“知识难度”思考整合的可行性。几分之一表示几等份中的一份，几分之几则是表示几等份中的几份，是取一份，还是取几份，对学生来说，理解上的难度是差不多的，两块内容放在一块，既没强塞，也没拔高，是符合学生的学情和接受能力的。第三，从“认知冲突”思考整合的必要性。常规的课堂中，有一部分学生学完“几分之一”后，以为分数的分子就只能是 1，这样的认知是非常片面的，在我们教材第 90 页中，是这样介绍分数的：“像 $\frac{1}{2}$、$\frac{1}{3}$、$\frac{1}{4}$、$\frac{1}{5}$ 这样的数，都是分数。"在教材第92页中，是这样补充介绍分数的："像$\frac{2}{4}$，$\frac{3}{4}$，$\frac{3}{10}$，$\frac{7}{10}$这样的数，也都是分数。"将两句介绍词整合成一句，大大方方地整体亮相，避免认知上的一知半解，不是也挺好的吗？

2. 关于数感培养的思考

毋庸置疑，《分数的初步认识》的单元学习所指向的核心素养肯定是数感，那么执教者自然希望在本单元的每一堂课中都能或多或少地帮助学生积累数感。那么，数感怎么培养呢？立足点可以落在"能够在真实情境中理解数的意义"。在教学的过程中，教师应提供学生熟悉的情境，使学生感受具体情境中的数量及意义，借助实物情境、借助在图形中涂涂画画的直观操作，都能丰富学生对分数意义的体验，发展数感。

（二）教学实施

板块一：紧扣困惑，引出分数

1. 回忆旧知

（1）二年级的时候，我们学习过平均分，请举个例子说说怎样的分法叫作平均分？用一个算式表示你分的过程？谁再来举个例子？

（2）老师也要分样东西，请你们帮帮忙。看，有一个月饼，平均分成2份，每份是多少呢？用算式怎么表示？

2. 认读分数

$1 \div 2 =$ 半个，半个，用我们以前学过的整数能表示吗？半个，一半，咱们用一个新的数来表示，$\frac{1}{2}$ 跟我来读一读，二分之一。这种新的数叫分数，今天我们就来学习分数。

设计意图：

经历分数的形成过程对学生来说是不可缺少的环节，这种新的数不是凭空出现的，是产生于整数除法的推广，当平均分物的结果不能用整数表示时，为了除法运算能够继续下去，产生了分数。

板块二：依托情境，积累感受

1. 认识"二分之一"

（1）大胆猜测

想一想：$\frac{1}{2}$ 中的2在图中表示什么意思？1表示什么意思？这根横线表示什么意

思呢？

（2）对比观察

按照你们理解的 $\frac{1}{2}$，请判断以下各图中的涂色部分能用 $\frac{1}{2}$ 表示吗？能的用这个“√”手势，不能用的这个“✕”手势。（图3-13）

图 3-13　认识"二分之一"练习题

讨论：为什么第一幅图和第三幅图不能用分数 $\frac{1}{2}$ 表示，而第二幅和第四幅图长的形状不同、涂色部分形状也不同，却都能用 $\frac{1}{2}$ 来表示呢？

（3）完善概念，强调"平均分"

基于现在的理解，谁能再说一说 $\frac{1}{2}$ 中的2、横线、1，分别表示什么意思？

小结：是呀，$\frac{1}{2}$ 个月饼的意思就是把一个月饼平均分成2份，每份是它的二分之一，写作 $\frac{1}{2}$。

仿照这句话，说一说，$\frac{1}{2}$ 个爱心的意义。那笑脸的 $\frac{1}{2}$ 表示什么意思呢？

归纳：二分之一的含义简洁来说，就是二等份中的1份。

2.认识"几分之一"

（1）认识 $\frac{1}{4}$

一个月饼平均分成4份，每份是多少呢？想象一下分的过程。你想到的这一份比月饼的 $\frac{1}{2}$ 是大，还是小？

和你想的一样吗？$\frac{1}{4}$ 的4、1各表示什么意思呢？小结：四等份中的一份。

一个月饼中有几个 $\frac{1}{4}$ 呢？

（2）认识 $\frac{1}{8}$

如果我要分得这块月饼的 $\frac{1}{8}$，该怎么分呢？可以分这份吗？可以是这份吗？哪份都可以，每一份都是八等份中的一份。

这个月饼的 $\frac{1}{8}$ 比它的 $\frac{1}{2}$ 是大，还是小？

（3）介绍分数各部分的名称

像 $\frac{1}{2}$、$\frac{1}{4}$、$\frac{1}{8}$ 样的数都是分数，请你们总结一下，分数长什么样？它的各部分都表示什么呢？是的，这条叫分数线，表示平均分，分数线下面的部分叫作分母，表示把一个物品或一个图形平均分成了多少份，分数线上面的部分叫作分子，表示取了其中的一份。但分数的分子并不全都是1，写"1"是因为我们在几等份中只取了1份，如果是取2份呢，3份呢？

3. 认识"几分之几"

（1）动手操作

刚才都是看图说分数，想不想动手编写并展示一个分数？任务要求：拿出一张长方形的纸，先折一折，再涂一涂，最后想一想涂色部分占了长方形纸的几分之几，把它写下来，这就是你要展示给大家的分数。

（2）交流汇报

找到几分之一的展示样品，问：是怎么折的？为什么要一直对折？

找到分母相同而分子不同的两个作品，进行对比，问，为什么分母是一样的？分子为什么不一样？

（3）延伸理解

像 $\frac{2}{4}$、$\frac{3}{4}$、$\frac{3}{10}$、$\frac{7}{10}$ 这样的数，也是分数，表示"几等份中的几份"。

回到涂色是几分之一的作品上，问：不涂色部分可以用哪个分数表示？它里面包含了几个几分之一？

设计意图：

从几分之一的理解延伸到几分之几的理解，从几等份中的取一份到几等份中的取几份，过渡是自然的，理解是到位的。从数到形，从形到数，从具象到抽象，数次的往返间，学生对分数意义的本质认识更加深刻了。

板块三：归纳概括，深化认识

同学们，分数学习之旅很愉快，此时此刻，有必要对我们今天的课堂进行一个总结。有人说，分数是一种"先分后数"的，你觉得这里的"分"，指的是什么？"数"又指的是什么呢？

设计意图：

课堂小结是一节课的浓缩，分数的两个特征："平均分"和"几等份中的几份"

在本堂课中已经反复强调，学生掌握的怎么样呢？循着总结的轨迹，学生对于先分后数会有更清晰的认知。

板块四：练习巩固，提升能力

1. 基本练习

课本第91页中的做一做第一题：涂色部分占整个图形的几分之几？不涂色部分又占整个图形的几分之几？涂色部分和不涂色部分合起来共占整个图形的几分之几？（图3-14）

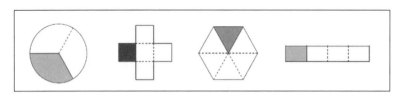

图 3-14 认识"几分之几"练习题

2. 变式练习

课本第95页中的第8题。（图3-15）

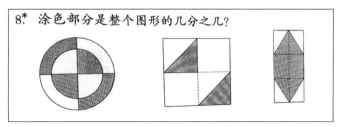

图 3-15 "几分之几"练习题

练习设计意图：两个层次的练习，既注重基础落实，又体现数感的培养，使整课教学更有收成。

第三节 童慧英语的方法创新

童慧英语主张在课堂实践中发展学生的英语核心素养，培养学生经世致用、面向生活、指向解决问题的综合能力。研究和尊重学生的年龄特点及外语学习规律，在精准、深度研读教材的基础上，通过教学策略、工具教给学生学习的方法，调动学生的学习主动性和高阶思维，提升语言综合运用能力，创建有深度的智慧课堂。

一、语篇意识引领下的小学英语单元整体教学

单元整体教学是指教师基于课程标准，围绕特定主题，对教学资源进行深入解读、分析、整合、重组，结合学生自身实际情况，搭建起来的由一个单元主题统领、各语篇次主题相互关联、逻辑清晰的完整教学单元[①]。语篇意识是指学生对语篇的觉察与关注程度，是一种对语言模式的意识。具体说来，语篇意识是指学生英语学习过程中，能下意识地运用语篇知识进行理解和表达，是学生对语篇知识的运用达到自动化程度后，将所学的词汇、句型等语言知识进行综合的表达与运用而形成的一种"自觉行为"。浙江省教研员郑文老师曾经说过面对单词、句型、对话和篇章等不同的语言材料，在教学中应赋予"语篇"的意识。

小学英语的单元整体教学设计，不仅要注意教材单篇中主题与话题的主从关系，更要具有单元整体意识，这样才能更好挖掘单课与教材单元之间的内在联系，进而为单元整体教学的设计提供更多的素材。

教材每个单元的核心板块为教师提供了单元整体教学所需完成的学习项目，单元非核心板块则对核心语言项目学习起到丰富和支持的作用。每个板块，每个课时都是环环相扣的。单元教学目标不是每个课时教学目标的叠加，而是单元的教学目标分解成每个课时的目标，即单元的教学目标是为每个课时服务的。基于语篇意识的单元整体教学设计是要求通过单元话题落实于每个课时中，在话题的推进过程中，在语篇意识的培养过程中，帮助、培养学生逐渐形成语言综合运用能力。

（一）以教材整体分析为基础，设计提取的单元话题

在设计单元话题时，需要考虑到这个单元话题在小学阶段的整体定位，需要教师对整个阶段的教材话题有清晰的了解，才能合理定位单元整体话题，合理分配单元课时话题，同时单课时的话题需体现单元整体话题的"基因"。

在确立各课时目标时教师首先必须全面分析教材，将单元目标落实到各课时的目标中去。各课时目标应有所侧重，循序渐进，最终达到相互渗透，有效整合的效果。其次要全面分析教材，重组单元目标。单元目标一定要"站得高、看得远"。不仅是简单地掌握单词和句型，更重要的是发展学生分析、学习的能力，为下个单元、整本

---

① 范文慧.单元整体视角下英语语法教学的探索[J].教学与管理，2020(25):50—53.

书甚至是日后的英语学习夯实基础。以六年级上 Unit 4 My new pen pal 为例（图 3-16）：

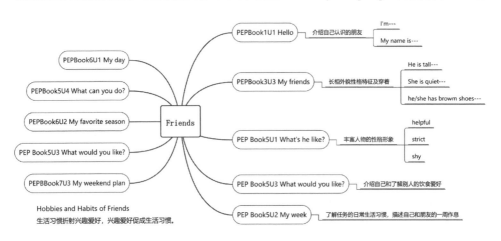

图 3-16　小学阶段的各册教材关于 friends 的汇总与分析图

本单元的单元课题是 I have a pen pal. 主情景图 2 和教材 A 部分围绕 Zhang Peng 和他的笔友 Peter 展开，语言围绕 What are … hobbies? … like(s) … 讨论兴趣爱好；教材 B 围绕 Wu Binbin 和两个 John 展开，语言围绕 Does he/she …? Yes, he/she does. No, he/she doesn't 讨论笔友的爱好和日常。

但本单元的教材内容并不局限于 pen pal，很多课后活动提到的是 friends，并且是 Friends Around Us。这是考虑到小学生对于 pen pal 的现实体验感不是特别强，很少有学生有 pen pal，因此在学习本单元时学生是带着好奇心的，但缺少共鸣感，因此我们组为了提高学生的参与度和情感投入，将本单元的 topic 扩展为 friends。链接各年级内容，四年级上 U3 切入 My friends 的主题，形容朋友的长相、外貌、性格特征及穿着。五年级上 U1 What's he like? 继续描述人物的性格特点。六年级的学生已经学过许多关于生活技能或者特长的动词词组，而生活中孩子们做的日常也能反映出他的爱好。到了六年级的这个单元，再一次提到 friends，我们希望学生通过本单元的学习能丰富交友的途径，可以通过网络线上交友，也就是通过邮件、聊天软件成为笔友；当然也别忘了线下交友的方式——notice board，这是能快速找到志同道合的朋友最便捷的方式。但无论是线上还是线下交友，只要大家成了朋友，无论距离远近，friendship 一定能让大家的心靠在一起。因此，我们将本单元的话题定为 Friends Get Together。

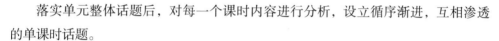

落实单元整体话题后，对每一个课时内容进行分析，设立循序渐进，互相渗透的单课时话题。

（二）以导图式板书为引导，搭建话题语篇支架

在传统认知中，板书条理清晰，重难点突出，再加上美化点缀，已经是很完美的了。在上虞区教研员全区推广借用思维导图深化英语课堂思维提升学生话题表达的教研方向后，全区教师在各校积极开展提升话题表达的教案活动。在多次活动中，逐渐清晰地意识到：我们希望孩子们最后汇报时用什么样的语言结构来表达，就要回溯到板书的内容、结构设计上，也就是与输出目标紧密结合地来思考设计板书。

一个 Blackboard design 的生成过程，是思维可视化的过程，它呈现的是一节课的设计逻辑，在学生层面，它是学生不断达成课堂目标的阶梯、跳板。运用好板书设计，学生能以之为基，层层递进，到达终点，甚至能超常发挥，走得更高更远。因此，在教师层面，需要重视板书设计，有效搭建促学生语篇表达的语言架构。

五年级的一堂故事课，话题围绕田鼠遇到蛇并与蛇斗智斗勇后化险为夷而展开，故事内容生动、有趣，符合学生的认知水平。教师在教学中通过看、问、听、说、模仿等不同教学方式，引导学生参与课堂活动，并借助问题引发学生思考，促进学生思维品质和综合语言运用能力的提升，聚焦故事情节的发展点，导图式板书架构起时间、地点、人物、事件的发展线条，学生在课堂学习活动中逐步生成板书，依托板书的思维架构，学生顺利利用语篇表达故事。找准故事人物的情感点，形成思维导图板书既是课堂教学留下的足迹，也是课堂教学内容的深化和浓缩。

本节课中，教师利用鱼骨图来帮助学生梳理故事发展的过程以及角色的心理变化：小田鼠从一开始采花时的 happy，到被蛇抓住后的 afraid，再到最后脱离险境时的 happy；蛇从一开始的 hungry，到看到田鼠时的 happy，最后到被老鼠智斗而败的 angry。思维导图让故事的条理清晰，层次分明，重点突出，有助于学生清楚、直观地理解故事内容，同时也为学生在最后的输出语言提供了支架。

（三）以留白式空间为载体，拓展话题运用

单元整体教学考验的就是教师研读教材、整合教材、调度各种资源的能力。其首要地位就是如何精准、深度地研读教材。教材中每个元素都一定有它存在的意义和意图。教师不仅要关注一些显性的部分，更要对隐含的 information 进行挖掘和关注。只有这样，在做目标设定、资源整合、文本再构、教学活动的设计时才会更全面、

更有针对性。创意留白，绽放学生思维。

孩子们有深度思考与反馈，有独特收获和成长，这样的课堂学习也就有了深度。

五年级下册第五单元 B Let's talk 课文中讨论宠物 FIDO 的行为动作，以现在进行时为依托，描述宠物的行动，在不断推进的情境中，渗透人文意识，对宠物爱护，从而避免了高喊口号式模式。宠物的行动让学生既能感知又不能完全看清，在表达与所见中留一份信息差，让表达提问能发自内心的真实有效。

教师拓展更多文本之外的图和材料，往往要花费很多的时间精力去制作或者寻找，而轻松地能在几秒之内搞定的，就是万能的省略号，一个空图，一个省略号，留给孩子无限的空间，也许您将收获更多精彩的答案……课文继续延伸，文本材料中提到男孩即将带着宠物 FIDO 去公园，那么 FIDO 在公园又会进行哪些活动呢？通过两个孩子之间的电话对话，又将再次夯实文本，加强运用，创造无限的空间。教师让学生在观察、揣摩插图意思的基础上，调用已有知识储备，小组合作，预测对话，并在文本基础上续编情节。

在这样空旷的留白空间里，渗透人文文化，教学目标在润物细无声中达成！

有时教师把某些知识有意识地留白，给学生留一点自由自在的"白"，会让英语课堂收获"放归林间自在啼"的精彩。

话题的引领，留白的空间正是孩子们创意空间，深度学习的平台。在基于语篇意识引领下的小学英语单元整体教学实践中，教师和学生均可以在这个无限可能的平台上收获更多更广，童年的创造力也将得到充分的发展，让知识和课堂更多地与学生产生共鸣，共情联系，让其体验或解决问题，逐渐提升学生英语表达力的核心素养。

二、思维导图在小学童慧英语课堂教学中的应用

2014 年 3 月，教育部发布了《关于全面深化课程改革，落实立德树人根本任务的意见》，明确提出"制定学生核心素养体系……促进学生全面而有个性的发展"。核心素养主要是指学生应该具备的，能够适应终身发展和社会需求的必备品格和关键能力[①]。由于英语学科的工具性、人文性、艺术性等多重属性，决定了英语学科核心素养应该包括语言能力、学习能力、文化意识和思维品质等四个方面或者说四个维度。这四个维度的相互关系可参考图 3-17。

---

① 张梓尧. 基于学生核心素养的英语学科教学：评《基于学生核心素养的英语学科能力研究》[J]. 中国教育学刊，2022(12)：124.

图 3-17 英语学科核心素养模型

那么，在英语核心素养的前提和背景下，作为一线教师，如何将此理念贯穿融入日常的教育教学并且落实到课堂实践中去呢？美国著名心理学家诺曼也曾说过："很奇怪，我们要学生学习，却很少教他们怎么学；我们要学生解决问题，却又难得教他们该如何解决问题……我们应该发展一些训练学习、问题解决和记忆能力的手段。"这恰恰印证了中国人的一句老话："授人以鱼不如授人以渔。"

究竟如何将更好的学习方法教给学生，引导帮助学生主动去学、积极去学？如何让学生学得快，习得多，记得牢，还要努力调动课堂上孩子的学习主动性和英语思考能力？直到在外出学习过程中接触到了思维导图（Mind map），笔者突然感觉耳目一新，触动了神经。如今，思维导图——作为一种教学策略，已经频繁地出现在我们视野中，它也被应用到许多领域。而在英语教学过程中，思维导图也起到了其他教学方法不可替代的独特作用。

思维导图是一种将思维可视化的图形技术，是一种放射性或者说射线形的思维拓展。运用思维导图进行教学，能有效帮助学生整理思路，构建语言支架，提高学生的英语归纳概括能力。思维导图可以利用联想和图文结合的形式使得知识结构化，让信息的获取、存储和提取更加高效，可以直接应用到英语学科的预习、复习、记忆、交流、写作等过程中。

（一）利用思维导图串联记忆单词

单词的记忆主要包括音、形、义这几方面，记忆单词一直是个重点也是难点。传统的死记硬背，费时费力，记过易忘，往往事倍功半。因为这种记忆通常只停留在浅显表面，很难达到长久的深层记忆。所以，学生总是记过就忘，忘了再记，做了大量的无用功，时间一长，学生难免感到厌倦枯燥，学习积极性和主动性也大打折扣。运用思维导图来记忆单词，则有效地躲开了这一弊端，学生通过思考、联想、动手绘制，大大提高了他们的学习兴趣和动手能力，手、眼、脑并用，在很大程度上加深了记忆。通过自己的能力将思维可视化、图形化，也让学生体会到了一种习得的成就感和满足感，使得他们对英语的学习充满期待，有了主动探究的兴趣和动力，对单词的记忆也不再有畏难情绪。正如陶行知所说：强迫不如说服，命令不如志愿，被动不如自动。

以 B4 Unit 3 Weather 这一单元为例，在刚教授完这块内容进行复习时，让学生自己动手整理单元重点词汇并绘制成思维导图呈现出来，孩子们不但复习记忆了本单元词汇还主动搜索使用到了 Unit5 有关服装的词汇，让人惊喜！（图 3-18）

图 3-18　weather 思维导图

这样一来，既可以帮助学生以更灵活的方式来学习单词，同时，也可以让学生感受到学习单词的乐趣，提高学习效率。在利用思维导图的基础上，还可以根据首字母提示记忆，纵横字谜填空记忆，利用词性归类记忆，利用相近词汇对比记忆等。

（二）利用思维导图进行阅读理解

阅读理解对很多孩子来说并不简单，首先篇幅相对较长；其次词汇量又大，很多孩子一看到大篇幅的英语阅读内容，还没学就产生了畏难心理，有了抗拒情绪。而思维导图可以将阅读内容简洁化、直观化、清晰化，通过思维导图的梳理归纳，可以清楚明白地理解语篇大意及主要支架结构，也可以整体掌握语篇走向，由表及里地推断出深层含义，更可以促进学生的思维多样化，思想深度化，也能让孩子的思维逻辑性、关联性、发散性、深刻性等思维品质得到提升。

以 B7 Unit 2 Ways to go to school 中的 Read and write 为例，这个阅读文本的主题是 Different ways to go to school. 当时，在教学这篇内容时，教师先是引导学生围

绕 Where? By what? Why? 这几个问题，通过粗读、泛读再到精读、细读几个步骤，提取 Munich, Germany; Alaska, USA; Jiangxi, China; Papa Westray, England 四个不同国家和城市的学生上学时的不同出行方式。然后指导孩子继续思考挖掘：为什么这些地方的孩子要用这样的方式出行，你有什么建议给他们呢？进行 Suggestion 这块内容的讨论学习。接着再与学生一起将学习内容整理成思维导图形式展现出来，于是整个语篇内容、结构一目了然，学生学习接受起来也轻松自然、水到渠成。（图3-19）

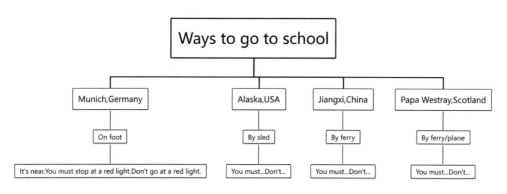

图 3-19　Ways to go to school 思维导图

在 suggestion 环节，我们围绕思维导图，以此为基础，展开讨论，运用"You must …""Don't …"句型进行表述，进一步扩充、丰富思维导图。在与学生一起绘制思维导图的过程中，师生共同探索，一起思考，体验了学习的乐趣，也为学生下一步的写作练习及口语表达搭建思维和语言支架，积累语言知识，提高语言技能。

通过思维导图，文本被更加直观地呈现在学生眼前，也能帮助学生更快速地融入语境，更好地围绕主题进行理解，将复杂的内容变得清晰，也将阅读变被动为主动。思维导图在阅读理解中的运用中，对学生的思维品质、思维能力提出的更高的要求，这是一种学习方法，更是一种思考能力、概括能力和表述能力的集中体现，对学生未来学习能力的提高和发展有着至关重要的推动作用。

（三）利用思维导图进行写作教学

外语教学中，写作教学绝对是一个"老大难"问题。写作，学生需要运用所学的语言知识，构思篇章，遣词造句。为了达到有效写作，学生还要学会审题，做到围绕主题言之有物，言之有序，条理清晰，思路流畅。思维导图在写作上能为学生提供系统的思维支架，要领提纲，在支架上按照个人能力添砖加瓦，润色语言，丰富内容，最后完成一篇有效甚至高效的习作。以 B6 Unit2 My favourite season 为例，在教学完这一单元之后，请学生以 My favourite season 为题，各自写一写最喜爱的季节，完成一篇小习作。

教学步骤为：首先，审清题意。根据题目要求，很显然写作中心词为"favorite season"，于是，教师请学生围绕中心词来思考表述一番，你能想到哪些和四季相关的词汇、短语，并以小组为单位，列一列，画一画思维导图。（图 3-20）

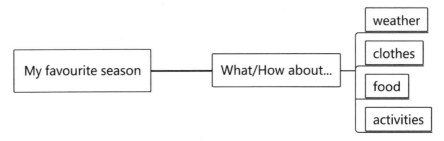

图 3-20　My favourite season 思维导图

其次，请学生思考并小组讨论罗列，你能联想到哪些所学句型可以用在这篇小习作中，将这些句型通过思维导图展现出来。（图 3-21）

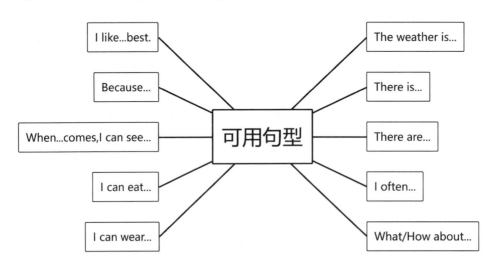

图 3-21　可用句型思维导图

最后，请同学们自己动手写一写，完成这篇小练习。以循序渐进，一步一步引导探索的方式，在不知不觉中帮助学生轻松快速地完成了困难的写作任务。不但写作质量提高了，学生的写作积极性也大大调动了起来。

通过实践发现，借助思维导图，可以帮助学生调动头脑中与之相关的语言知识，激发学生的零散记忆，将散碎的知识综合起来，串联成一个相对完整而系统的语言体系。而且，将语言支架罗列出来，大大提高了写作效率和写作速度，为最后的篇章完成奠定扎实基础。同时，这是一个帮助学生将复杂的思考过程简单化、直观化的过程，它完善了学生的思维品质，也促进了师生和生生之间的相互交流与分享。因此，思维导图在写作中的运用不仅是教会学生如何写作，更重要的是通过思维训练，教会学生如何科学地用脑，科学地思考。

（四）利用思维导图进行板书设计

无论何种课型，板书设计是必不可少的。特级教师斯霞指出，好的板书对于了解课文内容，对于把握课文的关键问题，起着很大的作用。在如今，多媒体课件盛行的课堂教学中，板书的书写在一定程度上被弱化被忽视，虽然多媒体课件有着其优越独特的地方，但是它仍无法取代板书的重要地位。多媒体的特点是一张张一幕幕播放，随着课堂进度的深入，很多重要内容不能长时间停留，也就不利于孩子的反复记忆，而板书则可以长时间保留，甚至可以保留到下课。好的板书是整堂课的精华浓缩，是引领孩子们徜徉课本的"导游图"，而利用思维导图设计书写的板书，可以更好地将课堂内容整合化，系统化。帮助学生将全课的"风景"尽收眼底，同时，也帮助学生分析、消化、记忆、巩固所学知识。

以六年级下册的单词复习课为例，当天复习的是有关食物类的单词。教师先是在课堂上提出一个中心词 food，然后请学生思考联想，food 可以分为哪几大类，每一类你又能想到多少相关词汇呢？同学们步步发散，积极踊跃，最后我们一起在黑板上绘制出一幅食物类的思维导图。（图 3-22）教师又布置课后作业，请同学们再去找一找，继续丰富和扩充这幅思维导图，孩子们跃跃欲试，作业完成积极主动。

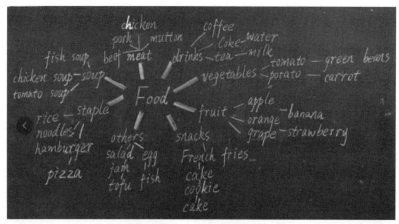

图 3-22　food 思维导图

　　思维导图在优化童慧英语的课堂教学、板书设计的同时，以其独特的魅力激发学生的学习兴趣，调动学习热情，让英语学习事半功倍。

　　综上所述，思维导图可以运用在英语教学的各个环节，各个知识点，它能帮助学生对所学知识有一个全面系统的整体理解。它还可以将任何一方面的知识串联综合起来，将大量琐碎的知识整合成块，这样的学习才是真正有效的高效学习。思维导图以图形的方式记录下思维过程，将隐性内容显性化，让所学所思更清晰可见，全面系统，真正做到记得全，不易忘，易提取。

三、"双减"背景下的童慧英语单元作业的优化设计

　　2021 年 7 月，中共中央办公厅、国务院办公厅印发《关于进一步减轻义务教育阶段学生作业负担和校外培训负担的意见》，要求减轻义务教育阶段学生过重作业负担和校外培训负担。"双减"政策就作业提质减量方面做了详细要求。在提高作业设计质量方面，要求教师发挥作业在诊断、巩固、学情分析等方面的功能价值，要求作业设计"符合年龄特点和学习规律、体现素质教育导向"，鼓励分层、弹性化、个性化作业设计。因此，作业设计应该彰显作业的独特育人价值，形成以学生德智体美劳全面发展为价值取向的作业观[①]。以人教版小学英语四年级上册 unit 5 Dinner's ready 为例，谈谈对童慧英语优化作业设计的探索。

　　（一）以认知科学为基础，注重培养学生的高阶思维

　　为了完成作业而作业，或者是为了考试而作业，作业就会成为师生额外的负担。

---

① 李晨辉，李红恩."双减"背景下高质量作业的设计原则 [J]. 中国教育学刊，2022（12）：98.

在作业优化过程中，要特别注意本意是设计"瞄准高阶目标"的作业，但作业的实际却是体现了"低端"目标。观察浙教版四年级上册 unit5 对应课时练习，我们不难发现，听音选择、读图选择合适的单词或句子补全对话这类题型，虽然训练了学习者听音识词，看图识词、句的能力，却没有体现"运用""综合"等高阶目标。低端目标由于缺乏可迁移性、拓展性，不利于学生应用、综合等高阶思维发展。这样的作业对学生创新思维、问题解决能力的发展不利，也容易让作业成为学生隐性的负担。

低层次的目标缺乏迁移、拓展、应用、综合等高阶思维发展，让作业成为隐性且难以割除的负担。这对发展学生的创新思维、问题解决能力、高阶思维等都不利。

本单元的核心话题为"用餐"，涉及的语言包括询问他人想吃什么的意愿"What would you like?"及给出答复"I'd like..."、礼貌询问他人的餐具使用习惯"would you like..."及给出作答"Yes, please."或"No, thanks. I can use..."、如何正确地点餐等语言。涉及的词汇包括实物类单词"beef, chicken, noodles, vegetables, soup."以及表示餐具类的单词"chop sticks, knife and fork, bowl"。于是，在单元学情评估的第一部分，设计了以小组合作的形式，以 Dinner's ready 为主题进行对话创编。考虑到学校孩子的学情，学习英语很少能借助父母的语言环境力量。所以，设计语言口头表达时，多借助小组合作的形式，尽量实现生生互助，教师反馈的形式完成巩固练习，不带表演式作业回家。这种采用"小老师""小领队"的支架式学习模式，有利于让每位成员有话可说。

第二部分，让学生在桌面上画一画，为家人设计一桌晚餐，则是建立在"说"的基础上。以问题解决为导向，突破了传统练习听、读、看、写的固有模式。

第三部分由画到写，学生根据不同家庭成员的用餐喜好，完成书写任务。书写部分的句型由半开放到开放，从有框架到无框架。从选词填空到自主归纳总结，让不同层次的孩子有话可写。

（二）以核心素养为目标，从单一学科走向多学科整合

核心素养主要是指学生在成长过程中逐渐形成的、能够适应终身发展和社会发展需要的必备品格和关键能力。核心素养是学生在知识、技能、情感、态度、价值观等多方面整合发展的结合体。以核心素养为指向的教学评价，更加关注学生培养过程中的开放性与可持续发展，因此更强调评价与时俱进的动态发展，更关注学生的优化过程，而非仅仅关注结果导向。在培养核心素养背景下，评价不仅针对知识

的记忆，基本的应试能力，更指向面向学科、面向生活、面向关键问题的综合能力。可见，核心素养育人目标的升级，对作业设计的优化迭代提出了新的要求，也为作业设计的减负增效提供了新的视角。

因此，针对单元学情评估中第二、三题 Dinner for my family，学生需要从了解家人用餐喜好，到自己尝试为家人制作菜品，这一任务面向生活、指向学生实际，恰好与本校的劳动课程相匹配。同学们既可以选择先完成学情评估中的构想，再回到家中实践，也可以先回家制作晚餐，与家人分享，之后再将这一劳动成果以文字的形式记录下来。

（三）以单元整合为途径，挖掘作业本身的潜在价值

依旧以本单元的学情评估设计为例，本单元的核心话题为"用餐"，涉及的语言包括询问他人用餐的意愿。既然是用餐，本单元的核心句型最常出现的便是在家人与朋友之间。纵观整本教材的单元结构，前三单元主要基于学校场景，介绍教室（场所）、书包（个人物品）、朋友（人物）；而后面三个单元则主要围绕家庭场景展开，主要涉及家（处所）、用餐（日常用语）、家人（人物）。显然，后三个单元有其内在的逻辑意义。基于这样的单元间整合视角，笔者发现在学情评估第二大题，为家人设计一桌晚餐的任务中，学生在构思为哪几位家人设计餐食的情境下，已经呈现出第六单元，Meet my family 中介绍家人的情境。在翻阅学生上交的作业时，也的确印证了这一点，有趣的是，有个孩子在餐桌的一角，小心翼翼地为自己心目中的家庭成员——小猫，准备了一条可口的小鱼。每个学生透过这一任务，"介绍"了家庭成员，作为教师，我们能够在分析孩子单元所学的同时，对下一单元的学情做初步分析，这不仅是作业所带给我们的意外惊喜，也是作业本身的潜在价值。一份精心设计的单元作业，同样可以成为引领新授内容的前置性作业，为后续任务的多样化输出提供可能。

第四节　童慧科学的实践变革

"以生为本""深度探究""自主学习"是童慧科学蕴含的内在特征，实施童慧科学要求教师基于学生的年龄特点和认知水平，联系学生的已有经验，把握学生

的真实需求，利用各种资源培养学生的科学核心素养。童慧科学课堂主张以探究的方式开展教学，培养学生学科学、做科学和理解科学的素养，在自主观察、发现、提问中主动探究，提升高阶思维、批判性思维、科学理性思维，以此提高课堂教学效率，进而推进科学课堂的教学变革。

一、凸显学生主体地位，培养科学核心素养

随着小学科学新课程的推进，特别是新课标、新教材的实施，小学科学进入了一个全新的阶段。新课标指出小学科学课程是一门基础性课程，在教学过程中教师要突出学生的主体地位，同时强调学生是学习与发展的主体，教师要基于学生的认知水平，联系学生已有的知识和经验，充分利用各种资源培养学生的科学核心素养。但在实际的教学中，部分教师由于对新课标、新教材的理解不够深入，并没有完全突出学生的主体地位，对学生的了解也不够，导致教学中忽视了对学生科学核心素养的培养。对这些常见问题，童慧科学就是要通过对科学课堂的实践变革，从而来改善科学教学，提高科学教学质量，更好地培养学生科学核心素养。那么在科学教学中如何才能真正做到突出学生的主体地位，培养学生的科学核心素养，真正践行课标新理念？可以从以下几个方面来考虑。

（一）换位思考，把握学生真需求

在新课标的指引下，有很多教师已经意识到，在学生实验前自己要提前做下水实验，对材料的准备可谓也非常精准，但在实际教学过程中难免还是有所考虑不周，究其原因还是没有把握住学生的真正需求。例如，在二年级下册科学第二单元《观察与比较》一课的教学中出现以下情景：教师让学生观察三杯滴有不同酱油的水有什么不同，并让学生按一定的顺序排列。同时，教师强调这三杯液体是干净、卫生、安全的，等会也可以用尝的方法来进行比较。当学生听到老师的话时，都发出"咦"的声音，从学生表示怀疑的态度中可以推测平时老师上课引导很到位、规范，实验室的材料一般不建议用尝的方法来比较不同。接下来教师就让学生观察比较不同并排序。然而，观察活动是以四人小组为单位的，可是材料只有一份，从干净、卫生、安全的角度来说到底谁来尝呢？从以上案例可以看出教师对实验材料的准备已经比较用心了，但是还没有从学生的角度来思考问题，如果从学生角度来考虑的话，教师可以给每个组分发四个一次性筷子，每人一个，这样才能保证干净、卫生、安全，学生也能尝出味道。

因此，教育并不是仅仅停留在口头上，应该让教师真正静下心来，思考落实，站在学生的角度来思考问题，换位思考，为学生的发展思考，提升思维能力。

（二）深度交流，提升交流有效性

在科学教学中，当完成一个活动后，教师都会组织交流汇报，这个过程非常重要，是提升学生思维能力的过程，但是在交流中往往会出现交流汇报表面化，过程机械化，教师为了汇报而汇报，从而导致交流效率低下。例如，在二年级下册科学第二单元《观察与比较》一课的教学中出现以下情景：教师让学生观察比较三杯滴有不同酱油的水有什么不同，并让学生按一定的顺序排列。学生活动结束后的交流汇报情景是这样的：

师：通过刚才的观察与比较，同学们一定有很多发现吧，哪个小组先来说说自己组的发现？

生1：颜色深浅不同。

生2：味道浓淡不同。

生3：气味不同不同。

师：同学们发现的真多，很善于观察与比较。

（教师都做了肯定的回答）

这样的交流从表面上来看，已经达到了教师的预设，学生也回答了教师想要的答案，但是细细思考，学生的回答真是他们真实观察结果吗？特别是这里的气味不同，对于三杯不同酱油含量的水，注意酱油含量是很少的，分别是1滴、3滴、5滴，这么少的含量通过闻的方法真能闻出气味的浓淡吗？嗅觉真有那么灵敏吗？因此，不妨做如下假设：

假设1：

师：哇！你的嗅觉真是太灵敏了，你能具体说说每一杯的气味情况吗？

生：2号杯闻起来气味很淡，1号杯闻起来气味有点像酱油，3号杯闻起来酱油的气味有点浓。

师：你不但嗅觉灵敏，说得也非常清楚，真棒！

（这时如果学生答不上来，也没关系，教师可以降低难度）

师（建议）：没关系，老师想请你给大家表演一下你鼻子的嗅觉。

（然后请学生到讲台前面来，给学生戴上眼罩，用鼻子闻的方法来区别一下三杯液体的浓淡情况）

假设2：

①学生能用闻的方法正确区分三杯液体的浓淡情况。

那么教师应该特别隆重地表扬一下，要有仪式感，可以表扬说：真是太灵敏了，你的鼻子真了不起。

②学生不能用闻的方法正确区分三杯液体的浓淡情况。

教师（评价）：看来用闻的方法并不能区分这三杯液体的浓淡情况，那你刚才是怎么知道它们是哪种物质呢？

生：我想……

师：想到的并不能代表真正观察到的，我们科学最讲证据，要实事求是。

科学观察实验活动后的交流汇报，并不是对我们教学的预设目标的达成，而是对学生活动的小结，更是通过这一过程提升学生的思维层次，培养学生的科学素养。

（三）以生为本，突出学生主体地位

在小学科学教学中，学生是学习与发展的主体，教师要突出学生的主体地位，发挥学生的自主性、主动性和创造性，充分利用各种资源培养学生的科学素养[①]。教师可以对教材做适当的处理，但也要尊重教材，不然可能会适得其反。例如，科学二年级下册《磁铁的两极》一课的教学中，一位教师是这样设计的，首先对教具进行了改进，这点值得学习。其次，教师就直接选择该教具来验证条形磁铁的磁极，其间并没有给学生机会，让学生自己提出研究方法来验证自己的想法。这样做完全忽视了学生的主观能动性，学生被教师牵着鼻子走，这对于培养学生思考问题的能力，特别是发散性思维的培养是百害而无一利的。小学科学培养的核心是什么？并不是让学生跟着教师做那么一个实验，观察到一个结果，得出一个实验结论。小学科学培养的是学生的科学素养，培养学生的探究能力、创新思维，是动手动脑学科学，在动手之前更应该先动脑。给学生机会，同时更是给教师自己机会，让学生自己提出验证方法，可能并不是最好的，有些也可能是我们看起来非常幼稚的，但是这些想法和观点是经过学生自己思考的，这才是真正有价值的东西。我们不能以成人的想法来代替学生的观点，这只会阻碍学生的发展，多考虑学生的想法，让他们以自己的想法去实践，从而体会成功的快乐。科学就是自己亲身实践完成一个个的小探究，他们才会越来越对科学感兴趣，才是成功的科学教育。

---

① 吴晗清. 学生主体性目标在理科教学中的具体体现 [J]. 教育理论与实践, 2011, 31 (5): 39—40.

（四）重视前概念，提高课堂教学效率

新课标指出，教学要基于学生的认知水平，联系学生已有的知识和经验，充分利用各种资源培养学生的科学素养。而在实际教学过程中，这一点有时往往被教师忽视。例如，科学二年级下册《通过感官来发现》一课的教学中，一位教师是这样引入的：

①出示两杯水，一杯冷水，一杯热水让学生观察有什么不同。

②出示两杯液体，一杯冷水，一杯白醋，让学生观察有什么不同。

③出示两杯液体，一杯冷水，一杯油，轻轻摇动让学生用耳朵分辨声音有什么不同。

④出示两杯液体，一杯生抽，一杯红糖水，让学生用尝的方法比较有什么不同。

学生根据教师的要求，一步步得出可以用看、闻、尝、听、摸等方法来比较物体有什么不同。教师为了引出可以用这些方法来比较物体的不同，可谓用心良苦，足足花了十几分钟时间，这不得不说是对课堂时间的严重浪费。一节课40分钟，教师引入就用了十几分钟，完全没有考虑学生的前概念和生活经验，难道学生对于比较区分物体有什么不同一点也不知道吗？没有任何基础吗？假如课前考虑学生原有基础，就不会设计成这样烦琐的引入，而是可以简单直接地问学生：我们可以用身体的哪些器官来比较物体有什么不同？当学生说出可以用看、闻、听、摸等方法时，教师就可以直接进入下一环节展开教学。即使学生没有把方法说全，教师这时就可以通过补充的方式让学生知道还可以用哪几种方法来比较物体的不同。然后就直接进入下一环节教学。省时省力，同时提高课堂效率，这就是"备学生"的要义。

（五）合理设计活动，尊重儿童年龄特点

科学教学中，有很多观察实验活动，教师在设计这些活动时，要尊重儿童的年龄特点，二年级学生以直观思维为主，观察交流反馈也以口头表达为主，书面记录为辅。而在实际教学中，教师为了达到自己的预设，往往忽视儿童的年龄特点。例如，科学二年级下册《通过感官来发现》一课的教学中，教师让学生通过观察照片来记录四种物体的特点并记录。学生观察的时间很长，记录得很认真，但也很辛苦，用时10多分钟，然后交流观察到的特点。接着教师再提供四种实物，让学生观察、比较发现有哪些特点。那么前面的照片观察花10多分钟是不是多此一举？并且二年级的学生有实物为什么不直接观察，而是借助照片呢？不要把各种观察方法分离开来，多维度的观察，能使学生发现更多的东西，收获更多，从而培养学生的观察能力，提升他们的科学素养。

总之，在新课标的指引下，合理使用教材，换位思考，尊重儿童的年龄特点，把握学生的真实需要来开展科学教学，注重对学生科学核心素养的培养。同时给学生更多的机会，把课堂还给学生，让学生真正成为课堂的主人，这样才能更好地发展学生科学思维，培养学生的科学核心素养，科学教育才能真正走向成功。

二、构建导向深度探究的科学课堂

"深度学习"一词源于计算机领域，它预示着机器通过模拟人的学习方式而产生智慧，提醒人的学习方式需要进行自我反思，学习不能停留在简单的水平[①]。深度学习是一种高度沉浸、不断延伸和深化的学习方式，常常表现为：建立新旧知识、能力的关联；寻找内在原理与学习方法；关注真实的复杂问题；主动地探索与学习；批判性地学习新知识；重在理解，旨在迁移；具有积极的情绪和态度。

深度学习在科学课堂中的重要体现就是深度探究。本文所指的深度探究，是指学生在科学课上围绕探究任务和实际问题进行积极主动且批判性的探究，建构自己的知识和思想，并把探究过程中的感知与感悟迁移到新的情境中。深度探究更关注学生的过程性思考与理解建构，其本质是高阶思维的培养。

（一）科学课堂"浅表探究"的成因

探究学习是科学学习的主要方式，以探究方式开展科学教学可以培养学生学科学、做科学和理解科学的素养，这三个层面共同构成了科学探究教学的核心。但当前大部分科学课堂中的探究学习不尽如人意，探究活动中学生的思维参与不足，高阶思维缺失，制约了学生核心素养的发展。

1.探究的肤浅化——重活动操作，轻质疑批判

虽然当前小学科学教师普遍提倡探究性学习，但仍存在仅注重开展实验操作活动，以此对已掌握的知识技能进行巩固与复习的现象。在有些课上，学生开展的科学探究活动往往是在教师过多的提示与引导下进行的，缺失学生思维深度加工过程，学生不会运用批判性思维大胆质疑，更不会从多角度思考问题、进行创新。这导致学生学得被动、学得浅显，深度学习没有发生；探究停留在已知、能知的层面，教学仅满足于操作、了解的目标。

---

① Entwistle, N. J., & McCune, V. The conceptual bases of study strategy inventories[J]. Educational Psychology Review, 2004(16)325—345.

2. 探究的单一化——重知识结论，轻思维发展

站在培养学生核心素养的高度看，获取知识的过程比知识本身更有价值。但在实际教学中，很多教师更关注探究结果，而对学生在探究过程中的思维发展关注不足，从而弱化了科学探究教学的育人价值。在有些课上，师生习惯以得出结论、获取知识为目标，认为最后得到了结论性的知识就大功告成，探究学习被简化为教师指令下的操作和验证，知识学习被简化为理解和记忆，缺少学生自己应用、分析等思维的参与。

3. 探究的形式化——重教学流程，轻理性思维

部分教师对探究学习的理解并不深刻甚至有所曲解，追求形似而非神似，误以为按固定的模式完成探究的几个步骤就是科学探究学习，不关注学生在探究活动中的思辨过程。例如，有些教师习惯让优等生回答问题或自问自答；有些教师虽然让学生以小组讨论或小组合作的形式展开自主探究，但问题刚提出没多久，就开始集体交流，不考虑问题有没有被学生充分讨论，也不考虑学生有没有经过归纳、演绎、分析、比较、判断和推理等思维过程。结果，课堂按教师的预设流程"完美"进行，学生看似"经历"了整个探究过程，但探究过程缺乏理性的体验，操作活动缺乏思维的参与，这无疑是一种形式主义的探究。

4. 探究的片面化——重开放自由，轻深度思维

在探究学习过程中，很多教师误认为课堂开放热闹就好，于是他们完全放手，探究问题让学生自己提出，器材让学生自己选择，探究步骤让学生自己决定，学生想怎样探究就怎样探究，教师彻底成为一个旁观者。结果，课堂表面上显得气氛热烈，学生也很兴奋，但这种探究盲目无序，学生的思维也不够深入。若提问学生"你发现了什么""怎么知道的""为什么这么想"，他们往往说不出所以然。课堂开放无可厚非，但如果学生的探究没有转化为内在的思考，缺乏思维的深度参与，这样的热闹课堂不要也罢。

要改变这些现状，使学生从浅表探究走向深度探究，亟待构建指向思维发展的科学探究课堂，就是"让每位学生都进行积极的科学思维"。

（二）"深度探究"的实践路径

针对上述问题，运用最近发展区理论和建构主义学习理论，坚持理论视野与实践创新相结合，提出构建导向深度探究的科学课堂实践路径，力图为科学课堂教学提供新样态。

1.激活质疑,培养批判性思维品质

深度探究强调批判性思维,要求学生不要轻信教材中现有的结论或实验表面现象,应多问个"为什么",对实验持有怀疑、批判的态度。质疑是指学生在探究的过程中对"未解之惑,未通之理"发问的过程。对于一个科学实验而言,其问题、假设、过程、现象、方法、结论等要素,往往隐含着许多疑问,都是引导学生质疑的好素材。在探究教学中,教师要鼓励学生从不同视角提出研究设想或采用新的方法进行探究,培养批判性思维,诱发学生思维向深处发展。

例如,在教学《热的传递》一课时,教师出示一个圆形铝片,铝片中间标有 A 点,边缘标有 B 点。提出问题:"如果在 A 点加热,你觉得热是怎样传递的?"很多学生认为热是从 A 点出发向四周扩散传递到 B 点。他们将红蜡滴在铝片上,待红蜡凝固后,用酒精灯加热 A 点,观察到铝片上的蜡融化后以 A 点为中心向四周延伸,最后延伸到 B 点。在实验探究时,有一位学生自作主张,改用酒精灯加热 B 点,观察到蜡融化后从 B 点出发,呈弧状向铝片另一端延伸。教师询问学生这个现象说明什么。学生说:"我们发现在铝片的一端加热,热也是向四周传递的。因为铝片的那边看不到(实际上是不存在),所以只能看到蜡液呈弧状延伸。"教师及时肯定了他们的做法和想法。这时,一位学生提出疑问:"如果在铝条的一端加热,热也是向四周传递的吗?"另一位学生回答:"我认为热也是向四周传递的。但是在一根窄窄的铝条上看不到向四周传递的现象,只会看到蜡融化后从一端延伸到另一端。"有学生提出证据:"在刚才的铝片中截取从 A 到 B 的这一段,我们看到蜡融化后从 A 延伸到 B,但从整个铝片上来看,蜡融化后是从 A 点向四周延伸的。"又有学生赞同:"对,我们不要被表面现象迷惑。"这时,新的质疑出现了:"刚才大家讨论的都是一个平面上的融化现象,如果在一个铝球的中心加热,热是不是也向四周传递呢?"有学生马上纠正:"不能说四周,应该说四面八方。""但铝球中心没办法加热呀。"学生轻声议论。此时可以看出,全班学生的批判性思维已被激活,探究渐入佳境,正向深处进发。教师提议:"我们能不能设计一个可以在中心加热的铝'球'?"学生讨论起来并很快想出了办法,画出示意图(图 3-23)——剪出三条铝片,把它们扭结成"刺猬状"铝"球",用它来探究热的"立体"传递,实验后产生的效果非常理想。

图 3-23 学生设计的热传递实验装置

2. 唤醒已知，促进新旧知识联结

通过学习，学生能结合日常生活和自身实践，形成对周围事物和现象的理解，以及基于自身实践和思维形成各种想法，是相当重要的，这正是探究新知识、新技能的基础。深度探究实质上是一种知识和能力的有效建构过程，它要求唤醒学生先前的知识经验，并对所学习的新知识进行自主加工，对新技能进行主动学习。在探究教学中，教师要分析学生的学习现状与认知策略，重视学生已有经验和知识对理解掌握新知识、新技能的积极作用，抓住新旧知识技能之间的关联点和契合点，并以此为起点开展教学。

例如，学生在《机械摆钟》一课中通过探究知道了同一个摆具有等时性，还在无意中发现不同小组做的摆在 10 秒内摆动的次数不一样，观察到摆钟的摆与自制的摆在相同时间内摆动的次数也不一样，有的快有的慢。到学习"摆的研究"一课时，学生头脑中已经带着问题：为什么相同时间内不同的摆摆动的次数不一样？有了这个基础和经验，再提出这节课的研究问题也就水到渠成：摆的快慢与什么有关？学生纷纷猜测，A 学生认为摆的快慢可能与摆锤重量有关，B 学生认为摆的快慢与摆绳长短有关，也有学生认为与上述两个因素都有关。A 学生的理由是他发现摆钟的摆锤比自制的摆锤重，摆得比自制的快。B 学生基于前一节课的实验观测，认为自制摆的摆锤重量差不多，但摆绳的长短不同。通过寻疑和思维碰撞，学生头脑中的知识经验被唤醒，推动着知识和能力的有效建构。

3. 梳理流程，凸显科学理性思维

在提出问题、预测猜想、设计实验、进行实证、分析数据、得出结论的科学探究学习过程中，学生投入在各步骤的观察、记录、讨论等活动中，逐渐建构并完善自己的知识。在探究过程中，学生需要动手动口动脑，动手动口是基础，动脑是灵魂。因为动脑，动手动口才有目的性、合理性，才能将一系列的动手动口与探究问题建立联结，建构自己的认知。可见，科学探究学习的核心活动是思维，思维活动应贯穿科学探究学习的全过程。探究活动要聚焦核心环节，才能提高学生的思维深度。教师要认真分析学生的学习现状和学习策略，以发展学生科学思维为出发点，精选探究任务，设计具体的探究问题、探究材料、活动方式和评价标准，抓住能体现科学思维的关键环节，搭建"脚手架"，将更多的课堂时间用于探究学习的关键处，最终引导学生在与他人互动交流和解决问题的过程中，成长为一个具有科学理性思维的学习者。

例如，在《溶解的快与慢》一课中，学生根据生活经验提出一些能加快食盐溶解的方法。教师反问："怎么用实验来证明呢？"学生提出可以做"比较"实验，看哪一个溶解得快些，哪一个溶解得慢些。教师顺势抛出核心问题："怎么比较食盐溶解快与慢呢？"学生第一次接触对比实验，不知道应当如何操作。教师让学生自己选择一个研究问题，如"搅拌能加快食盐溶解吗"，以这个问题为核心，将其分解成一串前后关联的小问题：怎样选择实验材料？用多少水？怎样计时？怎样进行实验？怎样记录？要求学生独立思考后自己设计实验方案，再全班交流，重点讨论怎么控制变量。教师用短跑比赛规则引导学生理解对比实验的变量控制。有些学生的方案中没有考虑同时加盐，结果遭到了质疑：一个先跑一个后跑，怎么比？有些学生的方案中忘了强调要加同样多的水，有学生马上提醒：两个人跑的距离怎么可以不一样……经过一番全面缜密的思辨梳理，学生明白了对比实验应该如何控制变量，完善了实验方案设计。在这个挑战思维、交流分享、质疑辨析的过程中，学生的科学思维得到了锻炼。

4.激励挑战，思考解决实际问题

对未知的好奇和对问题挑战的渴求是学生的天性，也是学生进行深度探究的重要动机。在课堂探究过程中或探究后，教师可联系生活实际，创设问题情境，鼓励学生主动探究，运用科学知识和技能去解释新现象、解决新问题，实现探究的迁移。这样可以使学生的探究形成不断深化的良性循环状态，达到深度探究境界。

例如，在学习"地球表面及其变化"单元后，教师给学生展示下雨后的校园照片，请学生思考校园道路、部分地面、体育场等处为什么会积水，应当如何解决。鼓励学生自由组成研究小组，拟用两个月完成实践探究项目"改进学校雨水排放"，并利用科学课定期组织交流汇报和模型制作。在教师的指导下，学生全身心地投入探究活动，先制订项目方案，接着通过网络和图书馆查找资料，了解优秀排水工程案例，并调查校园排水管道和地面的相关信息。随后，通过一番交流思辨，学生初步找到了校园积水的问题所在：一是道路不平，雨水收集口地势不够低；二是走道地面使用硬质材料，不透水；三是花坛、绿地高于道路地面，不能收集雨水；四是体育场草皮踩踏严重，蓄水能力下降；五是部分地下排水管道被树叶等垃圾堵塞。有的学生提出了改造地面坡度、疏通管道、打开花坛挡石、保护草坪等措施；还有的学生提出以"海绵城市"理念改造校园，具体方法如下：校园路面用透水砖铺成人行道；体育场草坪下建设雨水收集网，并建设积水池，可用于养鱼、绿化浇灌；花坛、绿化地改造成下沉式，由蓄水层、种植层、过滤层、排水层组成，减少排入管道的水量。（图3-24）通过师生、生生之间的交流共享，这个实践探究项目最终形成了一篇很有价值的科学小论文《海绵校园》。

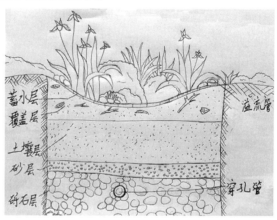

图 3-24 "海绵城市"理念改造校园示意图

总之，科学课堂需要关注学生核心素养的培养，以深度探究为目标，让每位学生都能全身心投入科学探究，高品质地学习，积极地发展思维，在教师引导和同伴互助下挑战未知，这样，科学课堂才会充盈无限活力。

三、基于方法整合的科学思维能力的培养

2400 年前，孔子在论述教育时，曾说道："吾听吾忘，吾见吾记，吾做吾悟。"

即我所听到的，我可能会忘记；我所看到的，我可能会记住；但是我所做过的，我一定会理解。千年之前，圣人便深谙其道；千年之后，我们将其传承发扬，推进智慧课堂教学革命，让学生在看中问，在记中思，在做中悟，帮助学生学会学习。

科学教学应遵循"观察→实验→探究→思维→方法"的认知过程，教师应教会学生能发现、善提问、会思考、会整合、会应用，培养学生的探究精神和科学态度[①]。在教科版四年级下册第一单元《凤仙花开花了》的教学中，凤仙花不是典型的完全花，它的花萼特化了，用于认识花的结构不是特别适合，不少教师存在着困惑。大家最常用的方式就是借助实验模型，引导学生进入观察→实验→探究的环节，最后归纳得出知识点。如何在教学中让学生通过科学的学习方法提升思维能力，同时掌握研究生物体结构的基本方法？针对这个问题，以教科版四年级下册"1.5 凤仙花开花了"这一教学设计为例，以吾看吾问，吾记吾思，吾做吾悟三个层面为切入点，谈谈关于四年级下册第一单元"植物生长变化"教学中如何渗透学法指导的几点想法。

（一）吾看吾问——捕捉信息，聚焦问题

吾看吾问即学生见现象，会从现象中捕捉信息，会自己发问。

要让学生学会捕捉信息，教师在教学设计中就要选用合适的精彩的教学工具以激发学生捕捉信息的兴趣，这个教学工具可以是一段文字、一段视频、一个模型、一个实物等。同时，教师应向学生指明捕捉信息的渠道，可以是报纸杂志、影视媒体、网络等。在《凤仙花开花了》这一课时的教学中，教师出示了1株学生自己种的成功开花的凤仙花。看到了自己成功的果实，学生欣喜又好奇。随后教师给每组分发凤仙花、白纸、镊子并引导学生用解剖的方法按照从外到里从上到下的顺序观察。(图3-25)有些细心的学生在观察的时候发现凤仙花跟平时看到的花不太一样。也有些学生发现花里有黏黏的东西。凤仙花不是典型的完全花，它的花萼特化了，所以教师又接着分发桃花、百合花给学生观察。（图3-26）同样提醒学生用镊子细心地从外到内将花的各部分撕下来，并分类排列在纸上。通过对比观察，学生发现各种花的结构各不相同。教师再提供一些其他特殊的花比如南瓜花，最终通过学生一系列的提问，引出完全花和不完全花的概念。这个片段的引入既激发了学生捕捉信息的兴趣，又教给了学生研究生物体结构的基本方法。

---

① 王宁英子. 科学教学要"形""神"兼备 [J]. 人民教育,2022(1):17.

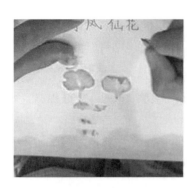

图 3-25 凤仙花

图 3-26 桃花、百合花

爱因斯坦说过："教育就是当一个人把在学校所学的全部忘光之后剩下的东西。"我们在课堂中所呈现的每一个现象，其最终目的都应该是让学生学会捕捉信息，聚焦问题。离开了课堂，学生依然能自主观察→发现→提问，这也是学生应该具备的基本的科学素养。

（二）吾记吾思——边议边录，建构思维导图

吾记吾思，即学生听课时，会讨论会记录，会将知识的碎片进行整合。

小学科学课程框架宏大，内容复杂，繁多的知识点之间既有紧密联系，又会相互干扰。周课时少，课后巩固复习的时间少，习得的知识是零碎的、杂乱无章的。运用"思维导图"既能降低学习科学知识的难度，有助于学生建立各知识之间的联系，也能培养学生分析问题、归纳知识的能力，使学生在学习过程中产生无限的联想，从而使思维过程更具有严密性和创造性。鉴于小学生的特点，构建的思维导图应该是图文并茂，更能激发学生学习的兴趣。然而四年级的学生尚不完全具备独立建构"思维导图"的能力，教师可以利用合作型学习的优势，通过讨论、分析、整理，取长补短，分组建构思维导图。

在《凤仙花开花了》这一课时的教学中，考虑到小学四年级学生的年龄特点及学习的进阶性，学生只需要知道雌蕊顶端有黏液、雄蕊上有花粉，花药成熟后会自然裂开，散出花粉落到雌蕊顶端，雌蕊顶端上的黏液能将其吸附，一段时间后雌蕊发育成果实。教师通过循序渐进地引导，学生能将主要知识结合自己的发现图文并茂地展示出来。（图 3-27）

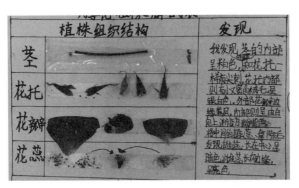

图 3-27　植株组织结构思维导图

与传统的笔记相比，绘制"思维导图"的过程本身就是一次巩固知识的过程，有助于学生对于本节课知识的理解和掌握。同时，该"思维导图"所罗列的知识点既一目了然又符合四年级学生的阅读兴趣，有助于课后复习。

（三）吾做吾悟——反思与归纳，学会建模

吾做吾悟，即学生在学完本节课的知识后学以致用，知识层面进一步提高。

本节课的教学目标是能通过观察比较概括花的。共同特征，能根据花各部分的结构特征及花开花谢的现象推测花各部分结构的功能。"建模"这一环节可以很好地对本节课的知识点进一步巩固提升。此环节可以放在课堂上也可以放在课后。教师是以作业的形式让学生在课后完成的。要求：①做一朵纸花（可用餐巾纸制作花的主体结构，水彩笔上色，如图 3-28 所示），纸花的结构包括花萼、花瓣、雌蕊、雄蕊（要有花药）；②我是小小讲解师，课外收集一些资料，对照模型说一说植物花各部分结构有什么功能，植物花是如何利用这些结构传粉的。

图 3-28　纸花

通过建模，学生的空间观念得以构建，难点得以突破，知识层面有了质的飞跃。

古人说："授人以鱼，不如授人以渔。"由此可见，教师要重视学法指导，教给学生学会学习比传授知识更重要。学生只有掌握了正确的学习方法，才能受用终身。

新课程实施的关键是学生学习方法的转变。未来的社会需要的不是知识储备的容器，而是会学习的人才。作为教学者应该为之做更多的准备，唯有如此，才能让学生成就良好的学习品质，才能让学生拥有科学的核心素养，以最终达到"教是为了不教"的目的。

第五节　童慧艺术的乡土情怀

童慧艺术旨在充分挖掘艺术课寄予的美育功能，指导学生在探索中实践，培养学生发现美、感受美、欣赏美、创造美的能力。开发学生的创造潜能，培养创新能力，陶冶审美情趣，充分挖掘艺术课教材中形象性、趣味性的内容，创设宽松和谐的教学氛围，通过开展生动的教学活动，运用多样化教学方式，发挥学生主观能动性，促使学生主动学习、积极思维，成为具有美的追求、美的能力、美的情操的人。

一、乡村小学无墙美术课堂的教学探索

新美术课程标准，强调小学美术学习内容上要改变专业化的倾向，应该通过生动鲜活的、易于被小学生接受的教学活动，使小学美术的学习内容更加具有活力和吸引力，易于被小学生喜爱和掌握。要实现小学美术课的美育功能，就必须指导学生走进大自然，开发学生的创造潜能，以自然为师，培养学生的创新能力，陶冶学生的审美情趣。

（一）走进自然，发现美

美术教师要指导学生走进生活、走进大自然去欣赏生活中的美、发现大自然的美。"不是自然中没有美的事物，而是缺少发现美的眼睛"，"千里马常有而伯乐不常有"，教师需要指导学生用欣赏的眼光发现自然中的美。现代心理学研究表明，学习者在学习中保持愉快的心情，有利于发挥主动性和创造性，实现有意识与无意识的统一，释放巨大的学习潜能。因此，在美术教学中教师要充分挖掘美术教材中形象性趣味性的内容，在激发学生学习兴趣的同时，创设宽松和谐的教学氛围，使学生主动学习、积极思维，才可能有所创新。而带学生走进自然，发现美就是很好的一种方式。如在教学《树叶画》这一课时，让学生自己去大自然中捡树叶，把课堂搬到校园的小树林边。在温暖的春风和明媚的阳光里，学生欢快地在自然界中寻找树叶。通过

仔细观察，进一步发现原来树叶的种类有那么多，他们还额外发现树叶下藏着很多松果，学生就像发现了宝藏一样雀跃。树叶画马上变成了树叶和松果画，教师引导学生利用自己找到的树叶和松果，创造了各种有意思的画面和场景，有蝴蝶、花儿、小小的船、大树、公交车、直升机……（图 3-29）

图 3-29　在自然界中寻找树叶

自然课堂唤醒了沉睡的学生，随后教师引导学生以口头作文的形式介绍自己的作品，充满艺术感和童趣的一幅幅作品展示在美妙的艺术课境时空，朴实童真善良的意趣，呈现出人与自然的美育课堂，还课堂于生活、于自然、于美育、于大道，引导学生成为有美的追求、美的能力、美的情操的人，让美普照校园与每个学生的生活。

学生之间相互合作，共同完成一幅作品的多样化形式，使他们新奇、好玩的心情得到了充分的满足，身心的愉悦更激发了他们共同的兴趣。同时，让美术教学内容与其他学科有机结合渗透，拓宽了美术教学的空间限制，让学生对树叶的了解更加深刻细腻，培养了学生的审美和想象能力。这才是真正的充满张力、充满神奇、充满创造、充满"活教育"的无墙活课堂！

（二）探寻艺术，体验美

以"美"育人，育美的人。回归自然，回归学科融合，乡村小学美术课要结合乡村学生生活实际，充分挖掘美术课寄予的美育功能，指导学生到广阔的大自然中以大自然为师，学习手工制作、绘画技能、造型技艺等美术专业技能，在此过程中使学生亲近大自然，体验大自然万物蕴藏的美，也在此过程中培养学生发现美、感受美、欣赏美、创造美的能力，引导学生从小学会追求人与自然和谐之美。这不就是乡村小学个性化教学的"活教育"发展之路吗？师法自然，拥抱自然。乡村小学美术课程活教活学改革与特色办学下美育实践大有可为。

阳光灿烂的日子里，教师带领学生到学校操场上观察各种各样的植物叶子，并把它们的影子衬托在图画本上，让学生观察后说一说看到了什么，放手让学生发挥自己的想象，引导学生用影子为原型，通过想象进行图形的创意设计。作业中涌现出了很多让教师惊讶和值得大家学习的好作品。有的学生用拟人化的方法画两片叶子朋友在握手的场景；有的学生用卡通图案将叶子的外形变成了一只鸽子抑或是其他小动物；还有的学生把作品用立体化的形式表现出来；等等，这些作品不胜枚举。不同的学生以不同的眼光发现了自然界中叶子各种不同的美，在探寻自然界中艺术的同时，真真切切地看到了树叶的影子，体验影子的美丽，并进行了创意设计，这才是真正的充满张力、充满神奇、充满创造、充满"活教育"的无墙活课堂！那些原来对美术不感兴趣的学生也来了兴趣，也有东西可画了。

想让整个教学过程变得有趣，如果没有浓厚的兴趣为基点，学习就变成了一件枯燥乏味的任务。设计各种有趣的点，让学生变得积极主动、充满乐趣，学习才是高效的。它们给了学生灵感，给了学生创作的欲望，大自然的蓬勃生机激励着学生，让他们乐于探寻艺术，体验美。

（三）创新感悟，创造美

优秀的教师，能在学生的生命里，播种下一颗颗名叫"希望"的种子。当春风浩荡，生命唤醒时，自然而然地萌芽、拔节，卓然丰神，蔚然大观。所以，课堂的希望是教师，我们的美术教育，应朝向更高格的核心素养，更加注重科学与人文并举，直至师生个性发展、和谐生动的无墙课堂创新感悟，创造生命觉然之美。

教师应注重学生的学习方式，从单一、被动地接受向多样化方式的转变。运用自主探索、合作交流、实践练习等方式，防止学生被动吸收教材上或教师的现场结论，将教学变成一个由学生亲自参与活动，激活其丰富生动思维，进而促使其实践和创新的过程，让课堂教学变得有更强的问题性、实践性、参与性、开放性、创造性。

学生的学习方式也应该多样化，倡导合作学习，促使学生乐于探究、主动参与、勤于动手①。师生关系的和谐使学生更乐于积极参与学习，这样的课堂会更有生机和活力。（图 3-30）

图 3-30　《大狮子》水墨画教学

为了更好地培养学生的创造能力，在教学《大狮子》这一课时，在原来水墨画教学的基础上，引导学生结合秋季校园里满地都是落叶的自然资源，于是美术课堂搬到了校园的绿化带里、盆景园里。教师带领学生以小组的形式共同合作完成一幅幅大狮子的树叶画作品，在此过程中学生相互欣赏各人的绘画技艺和创新思维，共同欣赏评价合作完成的作品。这样的绘画形式使学生的绘画技能和创造能力得到全面的发展和提升。学生明白了原来大狮子不是只能用毛笔画的，还可以用树叶画的形式来表现。

教师还可以就美术教学中的基础知识及其学生的创作作品展开讨论，可以集思

---

① 欧水明. 小学美术教学中的有效合作学习 [J]. 教育评论，2008（3）：167.

广益，充分调动学生学习的积极性和主动性。经过讨论，学生的作业更加形象、生动、有趣，画面内容充实了许多。在讨论、合作中，学生的思维碰撞出创造的火花，有利于创新思维的发展，描绘出了不少新颖的作品供大家欣赏。真正让学生创新感悟，创造美。这才是真正的充满张力、充满神奇、充满创造、充满"活教育"的无墙活课堂！

爱因斯坦说过："想象力比知识更重要，因为知识是有限的，而想象力概括着世界上的一切，推动着人类的进步，并且是知识进化的源泉。"让我们在充满想象的艺术空间里，在有趣和谐的教学氛围中，把乡村小学无墙创新美术课堂与乡村学生生活实际相结合，充分挖掘美术课寄予的美育功能，指导学生到广阔的大自然中以大自然为师，在探索中实践，多学科发散思维，培养学生发现美、感受美、欣赏美、创造美的能力，引导学生从小学会追求人与自然和谐之美。

让美术课堂充满张力、充满神奇、充满创造，让想象力充满"活教育"的活课堂！美术课还在继续，于生活，于自然，于文化，于未来……

二、小学音乐教育中乡土音乐的融合与创新

上虞方言属于吴语区，境内方言大致统一，交流无碍，但有一定的差异性。上虞西靠近绍兴，尤其东关地区口音是绍兴腔，上虞南面以章镇为代表和百官话区别不大，因与嵊州交界，其边沿地带多带有嵊州口音，除了汤浦等地原属于绍兴，绍兴方言较重以外，其余嵊州方言较多。上虞东北小越区方言较为特殊与百官话不同，靠近丰惠下管话，北面崧厦与百官略有差异，海涂地区多绍兴腔调。

上虞乡土童谣是流传于上虞民间，使用上虞方言口口传唱的儿童民间歌谣。这些童谣既有描写劳动场景的，如朗朗上口的《打荞麦》，又有描写儿童游戏的，如活泼欢乐的《踢毽子》，还有关于时令季节的，如美好温馨的《月令谣》等。上虞乡土童谣内容丰富，题材多样，音乐旋律简单曲调明朗，多以节奏的变换作为歌谣的特色朗朗上口、脍炙人口。童谣贴近上虞风俗民情，朴实而美好。上虞北崧厦街道中心小学，平时课堂上的教学完全使用普通话，方言教学的深入普及也有一定难度。从学生主体来看，部分学生对于上虞方言较为陌生。这一方面来自学生接触到学习方言的机会少；另一方面来源于上虞方言和普通话语调区别较大，使用和学习有一定的难度。上虞的乡土童谣一般短小精悍，朗朗上口，富有趣味。对于复杂的方言教学来说童谣确实是一个很好的突破口。如果能够很好地开发上虞乡土童谣音乐，对于小学音乐课程来说是一个很好的补充。它能够让学生在充满乐趣的课堂里去传

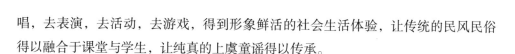

唱，去表演，去活动，去游戏，得到形象鲜活的社会生活体验，让传统的民风民俗得以融合于课堂与学生，让纯真的上虞童谣得以传承。

（一）乡土音乐进入童慧音乐课堂

1. 看民俗

《打荞麦》

一箩麦，两箩麦，三箩开始打荞麦，劈啪啪，劈啪啪，认真打来认真拍。荞麦打得多，送你一箩筐；荞麦打得少，明早起个早。

童谣《打荞麦》描写了打荞麦时的热闹场景。上虞地区有种荞麦的传统，勤劳的上虞人民也是农业种植的高手，每到丰收时节家家户户喜气洋洋一起来打荞麦。这首童谣就是描绘了这样的场景。这种传统风俗在现在的教科书上是看不见的，而这首童谣却能让学生感受打荞麦的风俗文化。

《月令谣》

正月正，男女老少看龙灯。二月二，百样种子好落泥。三月三，梅子开始尝咸淡。四月四，樱桃杏子都上市。五月五，家家户户过端午。六月六，猫狗好泅浴。七月七牛郎织女会七夕。八月八，钱江大潮浪涛白。九月九，菊花飘香重阳酒。十月十秋收冬藏论收入。

这一首《月令谣》非常有意思地描写了不同月份上虞的风俗。正月还在年里上虞人民喜气洋洋看灯盏，二月春天来到，播种好时节，三月杨梅成熟，四月樱桃杏子成熟。上虞素有四季鲜果的美名，驿亭镇作为"中国杨梅之乡"，优美的自然生态、便捷的交通网络以及长三角的区位优势，为"二都杨梅"的生长提供了得天独厚的自然条件。上虞的樱桃也是皮薄、汁多酸甜可口。还有非常有名的桃形李，核小肉多清新可口。五月五过端午吃五黄：黄鳝、黄鱼、黄瓜、黄酒、鸭蛋黄。这个习俗整个绍兴地区类似。八月八还有著名的钱江大潮。上虞地区的文化风俗丰富多彩。

2. 感民风

《白米饭好吃田难种》

歌儿不唱忘掉多，大路不走草成窝；快刀不磨要生锈，坐立不正背成驼。歌儿好唱口难开，有口无心书难背；百米好吃田难种，鱼汤鲜美网难抬。

通过这首歌谣不难看出劳动人民的智慧，告诫我们要珍惜来之不易的粮食，珍惜当下的生活，耀眼的成绩离不开背后的艰辛努力。可以感受上虞的朴实民风。

《瓜瓜谣》

金瓜瓜，银瓜瓜，我是爸妈的甜瓜瓜。爸妈辛苦一辈子，拉扯瓜瓜快长大。爸爸变老了，我是爸爸的老花镜。妈妈变老了，我是妈妈的小棉袄。爱是瓜瓜的帆船，孝是爸妈的港湾，相亲相爱到永远，到永远！

百善孝为先，孝为德之本。这首童谣以"金瓜瓜，银瓜瓜"为引导语，将儿女比喻成父母的甜瓜温馨甜蜜。父母辛苦了一辈子，儿女们更应孝敬父母，愿做父母的老花镜和小棉袄，用心去守护自己美好的家庭。可见孝在上虞还是非常深入人心的。

3. 爱故乡

《菜花谣》

油菜开花黄似金，萝卜开花白似银，草籽开花满天星，大豆开花黑良心，蚕豆开花齐头形，小麦开花摇铃铃，蒲子开花夜新鲜，扁豆开花九莲灯。

这首童谣描绘了上虞田间的美好场景，劳动人民总结了各种作物的开花特点。同时歌谣中也夹带有自身的情感色彩，如金银还有与之对比的黑良心。既反映出当地人民朴实与幽默，又能感受到上虞人民对家乡美好的热爱。

乡土歌谣里既有传承千年的文化风俗，又有朴实善良的民风，当乡土歌谣融入音乐课堂，让学生通过童谣去领会、去感悟、去活动，必将感受到当地风俗民情的美好，更加热爱自己的家乡。

（二）挖掘乡土音乐中的童趣

在现在的音乐课堂上，音乐教学过程一般还是比较规整的，先进入激发兴趣导入环节，再进入课程教学然后再展开课程活动，以及课程评价。而当要融入乡土音乐教学的时候会发现很多问题：怎样让学生喜爱乡土音乐？如何将学生带入歌谣情景？这就需要老师在教学环节上细抓质量。

1. 要关注学生群体的特点，进行活动创新。那些游戏无疑是学生喜爱的游戏之一。而乡土歌谣富有节奏和游戏刚好匹配上，能够激发学生兴趣，培养学生的艺术修养[1]。有几类游戏可供选择：①打花巴掌。两人一组，边拍手边按节奏念说着合辙押韵的顺口溜，一人一句，接不上的孩子淘汰，这种带有比赛性质的游戏，很容易激发学生们学习积极性。在节奏性较强的歌谣中可以使用，如《打荞麦》《数字歌》《十二月花名谣》《冬九九歌》等。②丢手绢。一边歌唱童谣一边丢手绢，被丢到

---

① 杨慧. 地方童谣在小学音乐教学中的利用 [J]. 教学与管理，2016(14)：46—48.

手绢的同学，接龙童谣。适合歌词长一些的童谣如《瓜瓜谣》《抖抖虫虫》。③跳格子。学生分组进行，这个比较考验音乐的节奏感，节奏稳定准确，速度领先的队伍获胜。这个适合节奏变换不多的歌谣如《打荞麦》《青蛙歌》等。当然还有很多有趣的游戏，这几种是比较传统的游戏既可以考验学生音乐感，又可以提高学生学习兴趣。当下有很多有意思的传统游戏消失了，如打弹子、拍卡片、跳皮筋等，这些游戏益智又有趣，如果能够好好开发并融入课堂必将给乡土音乐增加生命力，让乡土音乐教学更加富有情怀和温情。

2. 找学生喜爱的素材，进行创意呈现。有趣的游戏可以让课堂的音乐更加生动，如何使乡土音乐中的民俗民风融入课堂是又一难点。①展示风俗画面和视频。如在上《打荞麦》时可以展示乡间采风的打荞麦画面，让学生通过看去感受。②民俗道具的使用。一些民俗道具也是必不可少的，如《马灯调》教学时，可以让学生体会真实的跑马灯，《年糕歌》教学时可以带上雪白的年糕激发学生的学习热情。③民族民间乐器的加入。光有画面与道具，对一些富有乡土特性的音乐呈现还是有一定的局限性，要让乡土音乐变得立体，光用钢琴弹唱教学无法完整让学会体会其中正宗的韵律，带入一些简单的民族民间乐器是必不可少的，这些乐器的融入，会让乡土音乐的味道更加浓厚、更加出彩。如《马灯调》可以加入二胡，《积肥料》可以加入古筝，《翠姐姐回娘家》可以加入琵琶，《打荞麦》可以加入棒子，《一二三四五》可以加入锣，等等。

把乡土音乐引入童慧音乐课堂，能够加强中国民族民间音乐文化教育，同时也使得上虞的地方音乐文化得以继承和发扬光大，乡土音乐引进童慧音乐课堂还有很大的开发潜力，特别是乡土文化的课堂融合和创新方面，值得研究者不断研究学习。

三、童慧音乐课堂中小乐器辅助学习的巧妙渗透

音乐作为美育的重要组成部分，能够陶冶学生的情操，发展学生的个性，使学生获得良好的情感①。随着通识教育改革的不断深入，器乐作为打造音乐童慧课堂的重要组成部分，受到学校的高度重视，在崧厦街道中心小学音乐教学中，一种新的教学模式逐渐形成，改变了"以音乐理论为主线，以歌唱为中心"的旧的教学模式，形成了小乐器走进校园、走进课堂的新的教学模式，为教师进行音乐课堂教学改革创造了一个特殊的切入点。作为一名音乐教师，在"以学生为中心"的教学原则基

---

① 范艳华. 小学音乐教学中个性培养与良好情感的渗透 [J]. 中国教育学刊, 2020（增刊）: 114—115.

础上，提出了"乐器走进课堂"的新理念。让小乐器带入童慧课堂，发挥学生的主观能动性，调动学生的学习积极性和音乐实践的积极性，使学生不但能够唱歌，还能够演奏；不仅丰富了课堂教学内容，而且极大地提高了学生学习音乐的兴趣。

（一）小乐器对童慧音乐教学的重要意义

首先，小乐器在培养学生学习音乐的兴趣方面起着重要作用。小学生的声器处于弱小柔弱的时期，容易受到损害，如果过度使用声音，就可能影响声音的质量，甚至受到损害。为了保护学生的声音，可以正确使用该仪器，减少过度使用声音。例如，《小雨沙沙》有两部分，学习第一部分后，学生在学习第二部分时容易受到第一部分的影响。为了缓解学生的压力，学生可以齐声演奏陶笛或者青笛，也可以是竖笛跟葫芦丝去吹奏第二部分的旋律，而不是唱歌，这样学生可以通过反复的演奏练习，使他们的发声器官得到休息，加深对第二部分旋律的印象。

其次，小乐器在音乐教学中起辅助作用。音乐是声音的艺术和听觉的艺术。教师在音乐课堂教学时及时介绍小乐器青笛，对准确演唱音乐有很大的帮助。在民谣的教学中，有一段旋律学生总是把握不准，这时，教师可以让学生用青笛合奏，让学生在演奏青笛的过程中感受音高。使学生理解整个音乐旋律，大大提高了学生演唱的准确性。

最后，小乐器在课堂中表演歌曲时具有重要作用。音乐课一直被称为"歌唱课"，似乎老师可以教学生唱几首歌就可以达到教学目的。但是越来越多的人发现学生喜欢很多音乐，然而喜欢音乐课的并不多。究其原因，除了学生认为"唱那些'老套'的歌曲不够有趣"之外，绝大多数是由于歌曲演唱难度大，尤其是歌曲的声部划分比较难。介绍一些简单的乐器，如青笛、陶笛、葫芦丝等，在歌曲表演时就可以起到很好的辅助作用。因为这些小乐器比较容易学，价格也不贵，可以人手一器。一般来说，小学生经过一个学期的学习，基本上已经能够演奏类似《小星星》《两只老虎》这样简单的小曲。有些学生音准较差，唱歌容易走调。这些小乐器的音高是固定的，音高偏差基本上在允许的范围内，只要你学会了每个音符的指法，就很容易找到要演奏的音符。小朋友很乐意用手指代替声带，用准确流畅的器乐声代替笨拙跑调的人声。对于音准好的学生来说，小乐器也有一定的助其表现魅力的价值。

（二）小乐器融入音乐课堂的实践

任何通过敲击发出声音的乐器都可以称为打击乐器。打击乐器有三角敲击、双重敲击、小手鼓、木鱼、响板、梆子等。打击乐器是一个庞大的乐器家族，在儿童音乐教学中特别重要。在学习音乐的过程中，使用打击乐器的节奏练习是训练学生节奏感的最佳方法。

在歌曲《Do Re Mi》中，教师可以通过讲故事的方式，帮助学生理解歌曲的内容，熟悉歌曲的情节，学生了解了音乐背后的故事后，教师便可组织学生讨论如何用打击乐器表演一首歌曲。在讨论过程中，教师带领学生掌握各类打击乐器，这些乐器可以用来演奏"修女很快乐给小朋友唱歌"的音乐，带出音乐气氛。大家经过讨论后，认为这首歌曲的伴奏乐器，用清脆愉快的声音最为合适。加上结尾以示歌曲消失，可以引导学生进一步讨论怎样使用打击乐以表示歌曲消失。学生讨论尝试后，都说可以加一个由两个小竹管组成的双声管，声音会越来越弱。也就是说，通过声音的渐弱，以显示歌曲的结束。

音乐书上有些好听的简易歌曲，可以用青笛伴奏。青笛源于中国的古埙和泥哨，是一种用青瓷材质的小型乐器，音色甜美且富有穿透力，造型多姿多彩，简单易学。让学生跟随青笛旋律有情感地演唱歌曲，使之成为音乐课不可缺少的搭档。随着学生的成长，青笛也随之成长，青笛就成了伴随学生快乐成长的乐器。根据小学一年级和二年级学生的年龄特点，可以选择12孔的SF模型的青笛，它只有一个手掌的大小，与低年级学生的手掌大小和手指粗细相当，防坠落，受到了学生的喜爱。学生可以用自己喜欢的款式，增加他们学习乐器的热情。在音乐课上，不用局限于钢琴，可以让青笛参加音阶训练。上课前，教师和学生一起在青笛的帮助下唱音阶，教师在青笛的伴奏下用钢琴演奏音阶，并用柯达伊的手势来定调。学生根据手势演奏相应的音符，以此更好地掌握音阶的音调和相应的手势。低年级的乐谱中的歌曲相对来说比较简单，他们学唱的歌曲通常都可以和青笛一起试唱出旋律。比如《玛丽有只小羊羔》，只有DO RE MI三个音，通过这种循序渐进的学习，不仅可以锻炼学生的实践能力，而且可以帮助学生更好地理解歌曲的旋律，形成心中的音高概念，为音乐课的歌唱教学提供良好的基础。

在传统的音乐课堂中融入乐器教学，对学生的要求比普通的音乐课要高，对教师的要求更高。教师必须具备深厚的音乐基础及至少一种乐器学习经验，才能以器乐授课。要懂得如何演奏乐器，还要有音乐编曲、乐队配器等专业知识。除了教学生演奏技巧外，教师还应该能够安排多种陶笛曲目供学生学习，为学生提供丰富多彩的不同音乐风格和文化背景的情感体验，让学生深刻体会到，不仅可以"以歌唱志"，而且可以用青笛来表达自己的情感，以达到提高学生音乐素养乃至人文素养的目的。

以《新疆是个好地方》这首歌曲为例，学唱过程中加入青笛的吹奏，既保护嗓子，又可以完美表现这首歌曲。在深入了解教材后，通过节奏游戏形式，激发学生的学习热情，并在拓展知识的设计中，加入从热爱新疆到热爱家乡的情感升华，充分引导学生去学习、去探索，让学生想学、愿学、乐学。

大部分学生热爱歌舞，有强烈的表演欲望，对音乐作品有自己的理解和看法，有丰富的想象力。在用肢体语言表达音乐作品时，他们可以根据歌曲来表达自己的情感，可以即兴创作出符合歌曲情感的舞蹈，这是非常有价值的。班上有些学生能看懂简单的谱子，但大多数学生对它的掌握较弱。在设计中，通过听和唱来学习歌曲，并提醒学生与同伴的合作，可以增强学生的节奏感和切分能力。歌曲如果是分节歌，唱过第一遍之后，后面两遍就可以用青笛吹奏，用 SF 款青笛 C 调指法，音域刚刚好，带点三角铁或者风铃，歌曲别有一番乐趣。

在小学音乐课堂教学中，葫芦丝也能够获得理想的应用效果。葫芦丝体积相对较小，音色特别悦耳，所以葫芦丝得到了小学生的广泛青睐。其中最突出的一点是葫芦丝音域适中，发音相对简单，即易于学习和掌握，不需要掌握许多复杂的演奏技巧，对于小学生来说，学习和携带方便，在音乐教学中的辅助作用不容忽视。例如，老师用葫芦丝作为乐器，解释了金孔雀的轻跳。许多学生被简单欢快的音乐吸引，从而为下一环节的教学活动的有效开展提供了有力的保证。为了给学生创造一个良好的音乐学习氛围，学校还可以在课间让学生演奏葫芦丝音乐，让学生充分享受葫芦丝音乐的美，在这种氛围中，葫芦丝乐器的学习对促进学生音乐艺术修养的不断提高有着重要的意义。

这里再介绍一款打击乐器——非洲鼓。这件乐器非常容易，上手快，把非洲鼓融入小学音乐教学，让学生去弹奏，能很好激发学生对音乐强烈的学习欲望。音乐教学中使用非洲鼓有以下优点：①便于携带。非洲铃鼓、小手鼓非常适合孩子，携带比较便利。②容易入门。非洲铃鼓不同于其他乐器，它学起来比较容易，而且不受年龄、身体状况和生活环境的限制。③享受音乐。在很短的时间内享受到演奏音乐的乐趣。④节奏增强。节奏是音乐的重要元素，了解节奏是音乐修养的必修课。非洲鼓的演奏容易感受节奏，感受生命的活力。⑤释放压力。让你的压力、不满和沮丧与你心爱的鼓一起表达出来。⑥合作乐趣。可以由几个或几十个人演奏非洲鼓，而且可以和许多乐器一起演奏。⑦体验文化。在学习非洲铃鼓的过程中，体验神秘而独特的非洲文化。⑧音色丰富。非洲小手鼓富有表现力，不仅节奏简单，而且音色丰富，有跳跃节奏，高中低音强劲明显。⑨奠定基础。学习非洲铃鼓后，学习其他乐器时则更容易，因为它为学习其他乐器奠定节奏基础。⑩体育锻炼。能加强四肢的协调性，增加手脑的协调性。

在教学《我和你》时，以欣赏、抒发奥运精神为主。学生用小乐器演奏这首歌曲再好不过，钢琴简易伴奏，用上打击乐，用青笛二声部吹奏，和声、旋律节奏应有尽有。学生可以感受音乐带来的快乐与魅力。常用的打击乐器（10套）：碰铃、铃鼓、响板、沙锤、三角铁、双响筒、串铃，这些都是常规小乐器，只要使用得当，完全可以打造出氛围浓厚的音乐感觉，这就是用小乐器打造的、渗透性的、小学音乐的童慧课堂。

第六节 童慧体育的校本构建

童慧体育将"以生为本"作为核心理念，尊重学生身心发展规律，重视"自主、合作、探究"的学习理念，调动学生的学习积极性和参与度，营造轻松愉快的学习氛围，通过创新型的体育活动让学生体验运动乐趣。童慧体育强调在合作学习中培养学生的合作意识和团队精神，提升学习主动性，并关注学生的个体差异，因材施教，让每个学生在体育活动中都能获得关注，从而加强自我肯定，形成积极的学习状态，更愿意参与、投入体育活动。以此提高学生的身体素质，促进学生身心健康的全面发展，全面推动学校体育特色课程发展。

一、小学体质健康训练的教学策略

促进学生体质健康是中小学体育的重要任务，国家还为此出台了《国家学生体质健康标准》，这一标准是国家对不同年龄段学生体质健康的基本要求，也是测量学生体质健康状况和锻炼效果的评价标准。

小学体育教学应致力于促进学生体质健康，下面以"一分钟仰卧起坐"为例，谈谈崧厦街道中心小学在提高学生体质健康方面的校本实践。一分钟仰卧起坐是《国家学生体质健康标准》中要求的，从小学三年级开始必测的项目之一，是评价学生体质健康的重要指标。因此，对小学三年级以上学生的仰卧起坐是小学体育课教学的重要内容。开展仰卧起坐运动，不仅能增强学生腰腹部的肌肉力量，提高肌肉的弹性，还能够对改善体质起到重要的作用①。然而，在仰卧起坐教学过程中仍然存在着许多问题。例如，仰卧起坐的正确动作难以掌握，仰卧起坐练习兴趣缺失，甚至是对仰卧起坐产生恐惧心理，成绩也不理想，这些现象在三年级的体育教学过程中尤为明显。

（一）正确教学——动作意识规范化

要想有效地提高学生的仰卧起坐的水平，最开始的正确教学很关键。首先应该让学生掌握正确的技术动作，在练习中强化动作意识，促进学生动作的规范化。《国家学生体育健康标准》中明确指出了仰卧起坐的测试方法：受测者仰卧于垫上，两脚稍分开，屈膝呈90°角左右。两手交叉贴于脑后，另一同伴压住其踝关节，以固定下肢。受测者坐起时两肘触及或超过双膝为完成一次。仰卧时两肩必须触垫，测试开始后，记录1分钟内完成的次数。这也是学生必须掌握的仰卧起坐的动作要领。

在日常学习中，很多学生对仰卧起坐的动作要领掌握不够，动作不够规范。往往会出现以下问题：

问题1：双手交叉置于脑后，十指相扣，抱住自己头部，甚至是颈部使劲扳。

原因：学生对仰卧起坐的动作要领含混不清，双手交叉的部位不对，片面地以为在做动作的时候用力扳，可以提高效率和成功率。

对策：在讲授动作要领时，特别强调，双手交叉置于脑后，切记是轻轻地把手搭在那里，不能用太多的力。在练习时，可以让学生先双手不交叉，把双手搭在耳朵上，掌心贴耳。这样做熟练了，然后过渡到双手交叉。

问题2：练习时，身体动作幅度太大，腰部抬起，屁股离地。

原因：动作概念不清，腰腹力量差。

对策：练习时，先不要求双手交叉抱头。让学生双手交叉放在胸前，起来时动作速度要慢，要求学生用腹部发力。这样做熟练之后，逐渐加快速度，锻炼腰腹力量。

① 翁金莺. 小学体育课开展趣味仰卧起坐的探究 [J]. 当代体育科技，2015，5（34）：73+75.

针对学习困难的学生，教师可以用手托学生的肩部，帮助学生练习。

问题3：屈膝不到90°，练习时慢慢地演变成直腿的仰卧起坐。

原因：动作概念不清，片面地以为直腿的仰卧起坐更省力。

对策：学生练习时，准备姿势要正确，身体仰卧在垫子上，屈膝呈90°左右，脚部平放在垫子上。可以通过一些辅助练习来巩固，如仰卧摸膝等。

问题4：呼吸节奏与动作不协调，过早进入疲劳状态。

对策：学生练习时，应控制好速度，把握练习的节奏。同时调整好呼吸，"下吸上吐"，即向后仰卧过程中吸气，上身抬起时，缓慢吐气，然后返回到起始状态。在练习时，教师可以把"吸气"和"吐气"的口令加上，让学生通过有节奏地呼吸获得充足的氧气和能量，提高练习效率。

由于学生存在着个体差异性，因此对仰卧起坐动作的掌握程度是不一样的。教师需要对学生仰卧起坐的错误动作进行分析并有针对性地纠正，只要学生能够克服以上几点问题，那么基本上就能掌握仰卧起坐的正确技术动作。

（二）有效练习——练习方法阶段化

小学体育教学中，仰卧起坐的技术动作并不复杂，但在日常教学中，常常会发现这样的现象：有相当一部分学生由于没有做过或者腰腹肌力量较差，不能完成普通的练习[①]。针对这种现象，可以将仰卧起坐动作分成几个阶段进行练习，帮助学生体验动作要领，逐渐提高腰腹肌力量，最终完成正确的国家规定仰卧起坐的测试动作规格。

具体措施：

1. 斜面练习

2人1组，一人做，同伴双手压住双踝关节处。在有一定坡度的垫子上，完成仰卧起坐动作。部分学生的腰腹力量较差，可以通过提高坡度来降低难度，练习腰腹力量。

2. 平面练习

（1）2人1组，一人做，同伴双手压住双踝关节。在平垫子上练习掌心贴耳的直腿仰卧起坐。

（2）2人1组，一人做，同伴双手压住双踝关节处。在平垫子上练习两手交叉

---

① 张爱红，游启栋. 帮助学生提高"仰卧起坐"成绩的有效方法 [J]. 青少年体育，2017(5)：119+114.

胸前的直腿仰卧起坐。

（3）2人1组，一人做，同伴双手压住双踝关节处。在平垫子上做屈膝仰卧起坐。对于腰腹肌力量特别差的学生，同伴可以坐在其脚面上，在学生起来时，适当拉一下其双臂，帮助学生完成起坐动作。

3. 辅助练习

（1）仰卧举腿：平躺在垫子上，双手掌心朝上平放在身体的两侧，双腿并拢，绷直脚尖和膝关节，然后慢慢地收腹上举双腿，在这个过程中，双腿举到大约45°时，稍停顿2~3秒钟，接着上举至90°或大于90°，然后慢慢放下双腿，在上举和放下时都是匀速进行。10次一组，每次练习2~3组。

（2）仰卧两头起：仰卧，双手伸直掌心朝上置以头部两侧，双腿并拢伸直，然后上举双腿至垂直，在上举双腿的同时收腹，头部尽力靠近膝关节，双手触摸脚尖，然后慢慢放下双腿恢复仰卧，在练习过程中上举与放下双腿都是匀速进行，8~10次为1组，每次练习2~3组。

（3）单杆悬挂举腿：选择在高度适中的单杆下站立，上举双手，紧握单杠，悬挂身体，身体距离地面30厘米左右，收腹上举双腿至90°或大于90°，并稍停顿3~5秒钟，然后慢慢放下双腿，在上举与放下双腿时都是匀速进行，3~5次为1组，每次练习2~3组。

通过将仰卧起坐的动作练习分解成好几个阶段，先易后难，从斜面练习到平面练习，从直腿到屈膝，从双手不交叉到交叉，不断突破技术难点。再通过辅助练习进行腰腹力量练习，增强核心力量，提高仰卧起坐的水平。

（三）合作学习——练习方式多样化

教师在日常教学中，通过改变练习的方式方法来实现教学的目的。而合作学习的开展，恰恰可以很好地促进学生练习的效果。合作学习是一种有效实用的教学理论与策略，它可以充分调动学生的学习积极性和参与度，让学生在轻松快乐的氛围中体验运动乐趣，达到锻炼身体的目的。

仰卧起坐是一个需要与同伴共同完成的项目，非常适合利用合作学习，来促进练习方式的多样化。研究发现，可以通过多种"游戏"的合作形式，来开展仰卧起坐的练习。

1."造房子"。2人为一组进行练习。2名学生头对头平躺在垫子上，先互相拉手，然后双腿并拢，伸直上举至脚尖相碰，形成"房顶"后，再双脚下落至起始状态。5~7 次为一组，每次练习 2~3 组。

2."击掌游戏"。2 人为一组进行练习。2 名学生面对面坐在垫子上，双脚夹住对方的小腿，进行仰卧起坐练习。2 个人坐起后必须击掌才算完成一次。这样做既可以达到互相鼓励的效果，又增加了练习的趣味性。6~8 次为一组，每次练习 2~3 组。

3."齐心协力"。3~5 人为一组练习最佳。以 3 人为一组练习为例，3 名学生并排坐好，同时躺下，双手共同握住一根杆子。练习时，3 名学生同时起，同时落，步调一致。做练习时，双腿并拢，尽量不要抬起或者弯曲。5 次为一组，每次练习 2~3 组。

教师通过开展合作学习，来提高学生练习的积极性，促进练习的效果。小组人数不限，可以自由组合，自由练习，要求学生在练习时学会互相帮助。通过变换练习形式，不但提高了学生的积极性，而且对培养学生的合作意识和团队精神有着巨大的帮助。这样的练习，学生不会感到厌恶或者恐惧，反而会乐在其中。

（四）良性竞争——练习成果实效化

教师在日常教学中，不管采用了哪种教学方法，练习多少次，但最终的目的只有一个：提高学生仰卧起坐的成绩。而积极倡导同学之间相互竞争，能促进学生练习成果的实效化。通过开展比赛的形式，将学生分成若干个小组。分组时既要考虑到学生个体的差异，又要达到良好的竞争效果。可以将水平接近的学生，分为一个组；或者将水平好、差的学生分为一组。目的是：共同锻炼，共同提高，共同进步。

1. 组内比赛：2 人为一组，分组依据每个人的实力进行排列，实力相近的两人为一组，这样比赛的结果有悬念、有看头。或者根据学生的意愿，自由组合，这样做考虑到了学生对同伴的选择。不管哪种，要求就是，在规定时间内，2 人依次完成仰卧起坐练习，比一比谁的个数多。

2. 组间比赛：先将全班分成若干个小组，根据实力划分或自由组合。①在规定的时间内，比一比谁完成的个数最多。还可以比一比，哪一个小组 2 个人相加的个数最多。这样子做，既可以比较个人最优，又可以比较小组最优。②同样地，还可以规定好个数，比一比谁用时最少，或者哪一小组用时最少。不管是规定时间比个数，还是规定个数比时间，都能够将全班的积极性调动起来，让学生有竞争意识。

表 3-11　班级仰卧起坐分组成绩情况表

301班仰卧起坐分组成绩（2人之和）								
分组 ＼ 月份	9月	10月	11月	12月	1月	3月	4月	5月
第一组	13	23	35	31	45	53	48	62
第二组	26	38	47	58	53	50	61	63
第三组	19	28	41	53	57	52	63	64
第四组	17	25	35	54	52	56	61	63
第五组	15	27	38	48	54	53	52	62
第六组	26	39	45	59	68	58	61	69
第七组	10	23	32	47	51	53	59	59

301班仰卧起坐分组比赛成绩																	
组别	组员	9月	总数	10月	总数	11月	总数	12月	总数	1月	总数	3月	总数	4月	总数	5月	总数
第一组	俞希晨	11	13	18	23	24	35	21	31	28	45	31	53	30	48	37	62
	韩欣蓉	2		5		11		10		17		22		18		25	
第二组	梁梓贤	16	26	25	38	28	47	35	58	29	53	31	50	39	61	38	63
	向宇霏	10		13		19		23		26		19		22		25	
第三组	王哲琪	9	19	10	28	16	41	25	53	23	57	21	52	26	63	26	64
	葛宇哲	10		18		25		29		34		31		37		38	
第四组	何瑞婷	9	17	11	25	18	35	27	54	21	52	26	56	25	61	29	63
	高梓宸	8		14		17		27		31		30		36		34	
第五组	周紫阳	12	15	22	27	29	38	32	48	35	54	38	53	31	52	37	62
	周蕊	3		5		9		16		19		15		21		25	
第六组	刘俊雯	18	26	24	39	27	45	33	59	39	68	34	58	31	61	38	69
	林观泓	8		15		18		26		29		24		30		31	
第七组	马腾越	4	10	8	23	13	32	20	47	28	51	24	53	27	59	29	59
	夏鸿宇	6		15		19		27		23		29		32		30	

通过表 3-11，可以清楚地发现：大部分学生的成绩总体呈上升趋势；小组间成绩有差距，但各自小组都进步了。

3. 评选"班级之星"，选出"优胜班级"。经过一学期的学习，将每个班学生的成绩制作成表格，然后选取其中最优秀的 4 名学生（2 男 2 女），授予他们"班级之星"的称号。针对进步较为明显的学生，同样选出 4 位，授予他们"进步之星"的称号。选出最优秀的 2 个小组（1 组男生 1 组女生），授予他们"最优小组"的称号。通过比对每个班的平均分，选出一个"优胜班级"。

通过这样的方法，让学生有目标、有竞争力。每一位同学都可以为自己、为小组、为班级而努力。教师在日常教学中，对学生要多引导、多鼓励。同时学生之间也要

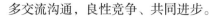

多交流沟通，良性竞争、共同进步。

（五）课后巩固——课后练习持续化

课后练习的好与坏、多与少，直接关系到学生对课上动作的掌握程度。学生课后多练习，多巩固，对课堂效果的生成有着重要意义。因此，增加家校联系，注重学生放学回家的练习是非常有必要的。

1. 建立家校联系群。通过建立钉钉群和微信群，及时和学生家长取得联系。建群之后，笔者从多方面与家长进行交流，发送教师和优秀学生的示范视频，让家长了解到正确的仰卧起坐的姿势和方法。对家长发送的学生练习视频及时进行讲评，与家长探讨学生练习时出现的问题并解决。

2. 制作练习卡片。体育课后，发给学生教师自制的练习卡片，上面有本课练习的要求。学生回家后按要求练习，完成之后请家长签字，第二天带回学校交给教师。通过练习卡片来完善学生练习的规格和要求，了解学生在家练习情况。（图3-31）

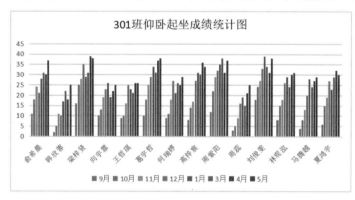

图 3-31　仰卧起坐成绩统计图

3. 组织"家庭对抗赛"。每月组织一次比赛，参赛对象为学生和一名家长，规定时间为一分钟，通过视频拍摄的方式，计算学生和家长完成的个数总和。统计好所有的家庭数据后，选出班级月度"地表最强家庭"，在家校联系群内，颁布结果。同时制作奖状，学生回校后，在班内颁发，学生领取。这样的比赛，不仅促进了学生和家长之间的亲子交流，也极大地提高了学生课后巩固练习的效果。对301班仰卧起坐成绩进行分析，形成统计图，发现：

（1）全班同学的仰卧起坐成绩总体呈波动上升趋势。

（2）全班同学的初始仰卧起坐成绩差，而期末最终成绩较好，取得了较大的进步。

（3）仰卧起坐动作从"不会→基本掌握→熟练化"，经历了一个漫长的过程。

总之，通过教学，学生树立了正确的动作意识，理解了仰卧起坐的动作要领，改掉了错误动作。练习方法的阶段化学习，降低了学生学习动作的难度。由易到难，层层突破，最终克服了动作难题。通过"游戏"的形式去练习，不仅让学生克服了对仰卧起坐的厌恶和害怕，还让课堂变得轻松，练习更加具有趣味性，学生积极性得到了提高。课上认真练习，课后积极巩固，让学生最大限度地强化了学习效果，教学成果得到明显的提升。

二、小学高段体育技能的有效教学策略

掌握与运用体能和运动技能，提高运动能力是中小学体育教学的重要目标。《义务教育体育与健康课程标准（2022年版）》指出，基本运动技能包括移动性技能、非移动性技能和操控性技能，主要发展学生的身体活动能力，为学生发展体能和学练专项运动技能奠定良好的基础。

跨越式跳高接近生活中跑与跨跳的自然动作，其动作结构分为助跑、起跳、过杆和落地四个部分，这四个部分是相互联系的有机整体，不能截然分开①。但在以往的教学中，通常因为教师教学方法不够合理，采取"一刀切"的教学模式，跨越式跳高课堂成了部分体育能力较强学生的展示平台，大部分学生参与积极性不高，课堂教学处于低效状态。因此，从小学高年级跨越式跳高课堂现状分析出发，采取"对症下药"的教学策略，引导学生踊跃跳高，并且能够越跳越高。

（一）现状分析：貌合神离，看似热闹实"无聊"

一堂"一刀切"跨越式跳高课带来的思考：

在一节五年级的跨越式跳高课中，学生排着队依次轮流跳着，教师站在杆子旁，一个个认真指导着，直接说明了学生存在的动作问题，让学生在等待之余进行简单的"徒手练习"。随着横杆的升高，有的学生跑到横杆前便停了下来，有的学生跳不过去垂头丧气。班中体育健将李某一直都成功跳过，直到最后剩下他一人，毫无疑问获得了班里第一名。每跳过一次，教师会表扬他，同学们也都用崇拜、羡慕的眼神看着他。总之，其余学生不同程度地在这个过程中沦为观众。

从这个课堂的模式和学生的表现情况来看，不难发现传统跨越式跳高课堂教学存在着明显的问题，不符合体育健康课程的核心素养观念。

---

① 冯永刚．小学跨越式跳高教学中的几点体会 [J]．田径，2017(4)：25.

1. 练习方式单一，学生技能掌握差

整个课堂模式都以单一跳高练习为主，学生在轮流练习后，教师采取简单的口头指导，学生通过"徒手"比画完成所谓的巩固，所以除了个别本身体育技能掌握比较好的学生外，其余学生对跳高动作技能掌握都比较差，从描述中不难看出，有的学生跑到杆子前停下来，不外乎存在以下几个原因：①助跑节奏感差，起跳空间距离把控不当。在跨越式跳高中，对整个起跳具有重要作用的就是前面一段距离的助跑，助跑的快慢和节奏都影响起跳的质量，有的学生因为助跑的节奏、脚步大小不一，导致跑到杆子前的空间过小或过大，因此，没法顺利完成起跳动作。②起跳腿和摆动腿分辨不清，导致起跳迟疑而停下。有的学生身体的协调性差，方向感不明确，通常会因为助跑后分不清起跳腿和摆动腿，从而导致起跳动作混乱，有的一抬而止，有的两腿"打架"而失败告终。③杆子的高度超过能力水平，心理上存在惧怕。在一刀切的课堂模式中，随着杆子的升高，有的学生尤其是女学生会自然产生对杆子的心理恐惧感，心理暗示自己跳不过去后就随着离杆距离拉近放慢助跑速度从而停了下来。

从跳高的基本动作分析，不少学生早早就跳不过去，排除本身身体素质差异，也存在着以下几个问题：①起跳腿和摆动腿膝盖过弯，降低了跳跃高度。在起跳后，有的学生膝盖弯曲过大，尤其是起跳腿膝盖弯曲过大，导致起跳的高度因为膝盖过弯而降低，碰到杆子便宣告失败。②过杆后手臂无意识下摆，导致杆子掉落。有的学生在完成跳跃动作下落时，手臂的无意识下摆触碰了杆子，导致竿子掉落，有的学生会迟疑自己明明跳过了，为什么杆子掉下来了，摸不着头脑。

2. 练习密度低下，学生练习效果差

体育课堂是否高效，最直接的评价标准就是学生在活动中的练习密度大小。从上面课堂实际中我们发现在以全班轮流练习的模式下，平均每个学生参与练习的次数只有3次左右，只有个别能力强的学生则有多次的表现机会，因此这样的模式导致学生的个体差异更大，课堂效率大大下降。

3. 个体差异忽视，学生获得成功感低

传统的教学方法大都采用班级授课制，统一标准，因学生的身心素质发展参差不齐，各有所长，各有所短，差别很大，不利于学生的身心健康发展。尤其是当失败后，学生获得的成功感很低，一般只有教师眼中的佼佼者成了课堂的成功者，不但可以得到教师的表扬和肯定，还能收获同伴的羡慕和佩服。因此这不符合我们体育教学的情感发展。

（二）策略跟进：身心合一，看似自由实"高效"

针对以上情况分析，要提高跨越式跳高课堂教学的有效性，需注意课堂内容的娱乐性，方法的趣味性和竞争性，在教学内容和模式上都需进行改进和创新，改变过去只注重对技能动作的学习和片面追求成绩的弊端。

1. 趣味游戏，快乐跳跃，轻松掌握动作技能

新课标指出："无论是教学内容的选择还是教学方法的更新，都应十分关注学生的运动兴趣，只有激发和保持学生的运动兴趣，才能使学生自觉、积极地进行体育锻炼。"因此通过游戏创设情境贯穿教学，能增强学生的学习主动性。并且教师有目的地将动作技能隐含在游戏中，让学生在游戏的同时自然掌握巩固动作技能，达到一举两得的效果。

（1）菜单式练习游戏，逐步掌握动作要领。菜单式练习游戏是指教师根据动作技能的练习要求以及学生存在的主要问题，设计的一系列练习游戏。（表3-12）学生可以根据自己的实际水平和动作发展需求进行选择游戏，有针对性地提高动作技能练习。

表3-12　五年级跨越式跳高练习游戏菜单

游戏名称	练习目标	场景布置	玩法
跳长绳	提高助跑节奏感和单脚起跳意识，明确起跳腿	长绳若干	学生自由组队进行
踩脚印	明确起跳点和助跑点	在练习场地上贴上起跑和助跑点脚印	存在节奏不稳的学生可以踩着脚印进行
助跑踢高	提高起跳的高度，充分摆腿	在横杆上悬挂若干高低不同的标志物	助跑单脚起跳，用手、头、脚碰触悬挂物
助跑摸高	提高弹跳能力以及强化单脚起跳习惯	悬挂物若干	可按身高等分组，进行4~6步助跑起跳摸高
握物跳高	改掉手臂下摆碰杆问题	乒乓球若干	学生手握乒乓球跳高

（2）趣味性情景游戏，自然融合动作技能。情景性游戏把跨越式跳高的基础技术和锻炼方法有效结合，并以游戏的方式进行教学活动，从而能够形象展示跨越式跳高的各个技术环节以及它们之间的连贯性关系，使学生能够全面掌握跨越式跳高的整体动作要领和技巧，实现从个体动作到整体动作的完美过渡。例如，穿越丛林：跳越过一定高度障碍（重点）→"S"形绕过障碍→跨越过深坑→踏石过河。又如，攻坚战：跳越过一定高度障碍（重点）→前滚翻→伏地爬行→投掷"手雷"。

（3）针对性练习游戏，逐渐提升技术能力。针对性练习游戏是指学生掌握一定动作技能后，根据个人能力展开的有针对性的能力提升游戏。在跨越式跳高中弹跳

能力、腰腹力量以及身体柔韧性、协调性都是十分重要的。因此，发展力量游戏、柔韧性游戏、协调性游戏是我们通常组织的游戏内容。

①力量游戏。跨越式跳高对于力量的要求很高，因此，设计有针对性的力量提高游戏十分必要。比如，单脚跳比赛，定次数看谁跳得远，定距离比谁跳的次数少，从而增强学生的腿部力量；又如，仰卧举腿，俯卧收腹跳等发展腰腹力量。

②柔韧性游戏。柔韧性在跨越式跳高中也十分重要，尤其体现在过杆环节，因此采取有针对性的游戏提高柔韧性也不可或缺。例如，纵叉接龙，学生按人数分成两队，进行纵叉接龙，开展小组比赛；又如，踢高球游戏，学生按一分钟踢一定高度的球，比比谁踢得多。

③协调性游戏。协调性是跨越式跳高的核心技能，因此设计针对协调性游戏能提高学生的运动技能。例如，跳格子、跳台阶游戏，这类游戏趣味性强，能够激发学生的兴趣，还可以让学生把体育课堂延伸到课余生活，从而有效提高体育教学质量。

2. 器材介入，灵活创设，提高练习质量

在体育课堂中，合理地使用器材，开发创新器材，利用现代化电子产品，使课堂趣味化、简单化，利用不同形式的方法，逐步提升学生对动作的理解，同时能提高练习的密度和质量。

（1）媒体介入，认清自我，提高练习效率。在很多体育项目技术动作教学过程中，教师讲授的动作方法，学生不能很好地理解，脑海中没有形成动作的影像，对于自己的错误动作意识不到。教师可以利用手机等多媒体设备纪录影像，播放给学生观看。例如，可以把优秀运动员比赛时候的影像，通过剪切制作给学生观看，既可以带给学生直观的动作影像，又可以树立榜样的形象；在课堂上把学生跳得好的动作、易犯错误动作利用慢动作镜头拍摄下来给学生看（但是这里有一点需要注意，对于错误动作的影像，事先需要学生本人同意后才能播放，对于比较害羞的学生，教师可以课后单独给她看）。

这样在课堂上的练习效率就能明显提高。

（2）多元创设，灵活参与，提高练习密度。在跨越式跳高练习场地创设时，尤其是在跳高练习初期，根据不同学生的能力可以设置不同高度、多维度的练习场地，一方面可以满足多个学生同时参与练习；另一方面可以让学生自主选择适宜的高度、场地进行练习，这样能满足不同学生的练习需求。

①连续跨杆练习场地。即设置多个高度相等的横杆，使横杆斜着平行排列放置，

并保持适当间隔，学生连续跨越横杆。练习时，学生要掌握好跳跃节奏，力争保持跳跃连续性，同时要保持学生相互间的间隔距离，避免拥挤。

②皮筋灵活创设场地。为了安全考虑以及减轻学生进行跨越式跳高的恐惧，利用橡皮筋代替杆子进行场景设置。（图3-32）通常有以下几种方式：一是直线橡皮筋，在橡皮筋的使用中，一般可以跟杆子一样，拉成一条直线，让学生进行练习；也可利用三个架子设置形成中间低，两面高的局面，这样可以让两组学生同时进行练习，且学生从高到低进行跨越，防止摆动腿触碰到皮筋，轻松解决两腿过杆问题。二是铃铛橡皮筋，在练习中，由于场地大，组数多，教师不可能全面关注，因此将小铃铛挂在牛皮筋上，让小小的铃铛作为我们的"小裁判"，一方面提高学生的练习兴趣；另一方面让教师更好地调控课堂，且在练习过程中，也能更明确地告诉学生练习效果。三是方形橡皮筋，在场地上放置四个跳高架，然后用橡皮筋绕跳高架围成方形，学生在方形橡皮筋上连续跳跃，也可以分组练习，控制好每组的距离即可。

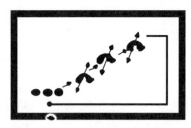

图 3-32　皮筋场地创设示意图

3. 分层教学，张弛有度，学生获得自我成功

所谓分层教学就是承认学生的个体差异，面向每一个存在差异的学生，并根据学生表现出来的生理、心理、运动技能等方面的差异，创造与之相适应的教学环境，通过调动积极性、主动性，改变学生参与活动的状态，让每个学生在自我挑战中获得成功和自我肯定，形成积极的学习状态。（图3-33）

图 3-33　分层教学场景设置示意图

（1）能力分层教学。根据学生的身材、身体素质，把学生分成3~4小组，根据每组整体能力的强弱，设置不同的"起跳高度"，教师再统一教授各种练习方法，每位学生根据自身薄弱点，有针对性地自主练习，通过一段时间练习后，根据每组不同的起跳高度，进行测评，以进步程度、最终成绩评定，可设置最快进步奖、动作最完美、跳得最高等奖项。让学生在自己的能力基础上得到进步，获得成功，这是我们教学的追求之一。

（2）性别分层教学。在跳高项目中，男女生差异更加明显，因此，以学生性别为标准将学生分成4组展开教学。在练习环境创设时尽可能让女生参与更加安全的、具有弹性的皮筋场地，男生则更多地使用跳高杆场地，一方面为女生减少练习负担，另一方面促进男生获得积极阳光的一面。

（3）自由组队教学。在活动中，以学生人数为标注进行自由组队，旨在发挥学生参与的主体性和主动性，同时以小组合作形式组织教学，预期是通过小组间的互帮互学营造一种良好的合作学习氛围。在练习中争强好胜的明显优于共同提高。首先明确引导学生在练习中合作练习的要求，给他们一定的交流合作时；其次，让学生自主评选合作最好的小组，把自主合作的行为渗透到教学中，教师必须及时进行有效指导。

（三）收获与思考："悦"跳越高，跃然纸上

通过教学实践，分别在第1课时按传统教学模式授课后与按分层教学模式单元教学授课后，对学生动作技能掌握情况进行评价、学生获得成功体验感的自我评价做了调查统计，结果如表3-13、表3-14所示。

表3-13　动作技能掌握情况评价表

等级 人数 组别	优秀	良好	中	需努力	合计人数
分层教学模式	8	17	8	5	38
传统教学模式	17	15	4	2	38

表 3-14 获得成功体验感自我评价反馈表

得分 人数 组别	10	9	8	7	6	1~5	合计人数
传统教学模式	2	5	8	10	7	6	38
分层教学模式	5	11	14	5	2	1	38

从表中数据可以看出，在"一刀切"跨越式课堂教学模式改变后，通过分层教学的模式，明显看到了学生的质变和量变。

第一，学生的跳高积极性提高明显。在课堂教学模式改变后，学生的自主权大大发挥，在场地、练习难度选择上能找到自己适宜的方式，同时，又能体验到成功的乐趣，因此表现出了参与的愉悦性和积极性。学生喜欢跳高了，课堂气氛也就活跃了。

第二，学生的跳高成绩提升比较明显。尤其是之前成绩在中下的学生提升空间大，进步十分明显，同时也出现了个别优等生的成绩突破现象，等于说整个班级的跳高水平上了一个新的台阶，实现了课堂教学有效性。同时，让跳高课堂成为学生收获快乐和成功的场所。

第三，学生获得成功的体验感整体提升。在课堂教学模式改变后，从全班只有个别优秀学生获得成就感，到全班学生都一定程度地获得突破自我的成功体验感，实现了超越自我的目标，达到了单元计划中的情感目标，有效促进了学生的身心健康发展。

总之，场地的充分利用、器材的灵活添加、游戏的规划设计、分组的自主学习成了新课标下体育课堂教学的新模式，但在这个过程中，如何体现教学的递进性，这是值得研究者后续实施和思考解决的。

三、"学练评"一致性教学模式的探索

以《浙江省中小学体育与健康课程指导纲要》简称（纲要）为指导，现阶段体育课堂教学呈现的方式主要有"学、练、评一体化课堂教学模式"和"学练三个一"课堂教学结构等。"学练三个一"从学习形式看就是"学、练、赛"，"学"是练的基础，"练"是学的巩固，这里的"评"就是"赛"，是"学"的延伸，也可以说"赛"是高级形式的"练"，是已得技能在复杂情境下实战化的练习形式。"赛"与"评"往往是紧密联系在一起，有赛就有评，评是导向，是指引"学、练"不断改进和优化的指南针。三者之间层层递进，相互交融，构成整体，有效指导教师的教和学生的学，最终达成本堂课教学目标要求。以（水平三）体操《肩肘倒立的运用方法》单元教学为例，探究"学练评"一致性教学模式对提高课堂教学的有效性。

以往在体操技巧教学过程中，大多只是单纯的教学生技术动作，单元教学中体现的是唯"技术"的教学思路①。而在《纲要》体操教学内容的技术方法学习主要设置在水平三，水平三的技巧教学是在单个技术动作练习的基础上安排组合练习，以提高学生综合活动能力。组合通常采用单项目组合、跨项目组合、组合既要提高单个动作的质量，又要强调各个动作之间的连接和完整，还要重视开始和结束时的身体姿势。

（一）"学"为载体奠基础

"学练三个一"中的"单一身体练习"不仅是单个技术动作，还是一项"身体练习"；既可以是单一动作，也可以是组合动作或者完整的技术动作。单一身体练习改变了以往单个技术动作作为教学内容的习惯，在教师讲解、示范与引导下，让学生建立单个技能动作正确表象，使学生逐渐建立起从陌生到熟知，从不会到会的基本路径，为之后的组合奠定基础，通过教学方式的运用，有利于项目特征和体育课堂教学效果实现。

1.单一身体练习之单一动作练习

在"学练三个一"视角下的技巧组合教学中，"单一身体"练习可以是单个技术动作练习。即通过单一动作学习与练习，实现发展学生滚翻、平衡、柔韧等素质发展。第一课时的单一身体练习是复习前滚翻、后滚翻、肩肘倒立等单个动作，以"口诀"法帮助学生快速回忆动作要领，进行引导学生练习。例如：前滚翻的"一蹲、二撑、三低头，向前滚翻似个球"；肩肘倒立的"倒、压、挺、撑、立"单字口诀，使学生学练行之有效。

2.单一身体练习之组合动作练习

"单一的身体练习"也可以是组合练习。在《肩肘倒立的运用方法》中，可以设计组合练习由易到难循序渐进，单一身体练习组合动作较为简单，以不同形式肩肘倒立练习为基准，根据学生的能力差异，有针对性地练习。要求学生尽量独立完成，可以给予不同学情练习者以信心，激发学生后续练习兴趣，为之后单元教学中的"直腿肩肘倒立＋前后分腿、坐位体前屈＋直腿肩肘倒立＋左右分腿"等难度技巧组合作铺垫。（图3-34）4人相对坐撑开始，进行肩肘倒立练习，夹肘撑腰能够做到直腿肩肘倒立，控制身体平衡，在此基础上教师顺势引导、鼓励学生尝试进行前后左

①　余标.生活化的前滚翻、侧滚翻课例分析及对比研究 [J].运动,2018(17):86—87.

右分腿肩肘倒立练习。可以让学生在直腿肩肘倒立的基础上自创倒立形式，也可以倒立进行写字，培养学生创新意识，前提是要求做到夹肘立腰，学生在肩肘倒立时以延长倒立时间来提高学生控制身体稳定性。

图 3-34　组合动作练习

3.单一身体练习之完整技术动作练习

"单一的身体练习"也可以是完整的技术动作练习。完整的技术动作练习不仅能够检查学生单个动作掌握情况，也能让学生体会不同技巧之间衔接的连贯性。为学生自创，自编整套技巧动作练习奠定基础。例如，笔者在第三课时教学中单一身体练习为"前滚翻＋肩肘倒立、后滚翻＋肩肘倒立、肩肘倒立起＋燕式平衡"等。将学生所学过单个体操动作与肩肘倒立动作组合练习，强化单个技巧动作掌握，奠定肩肘倒立运用基础。

（二）"练"为方法强技能

1.以学促练，拓展技术组合

组合练习就是"练"，也是复习，是运动技能掌握的关键，是在单一身体练习上增加一个或多个技术动作形成新的练习形式，使学生产生或保持继续学习的兴趣。通过变化组合练习这种形式的教学，不仅能丰富体育课堂教学的练习方法，而且学生也能在组合练习中进一步巩固技能，提升体能。

拓展组合练习，相较于单一身体练习中的完整技术动作，以"量"的变化，增加单个体操动作，拓展技能练习。动作由易到难，小组人数可以适当增加，如两个人进行练习，小组另外两个人为裁判，按照标准进行打分，目的使学生巩固技能掌握，提高练习兴趣，培养学生审美意识。如图 3-35 所示，"前滚翻直腿坐＋肩肘倒立起＋燕式平衡＋行进间前滚翻起，后滚翻＋前滚翻＋坐位体前屈＋肩肘倒立起"以女生练习为例，两人立于垫子后端，先进行前滚翻，要求滚翻成直腿坐，接肩肘倒立起，原地燕式平衡，接向前跑动 5~6 米前滚翻起，注意开始和结束要有举手示意动作，组合练习时动作舒展，衔接流畅。

图 3-35 拓展技术组合

2. 以学促练，提升技术组合

如果说拓展组合练习是"量"，那么提升技术组合练习就是"质"，在循序渐进练习中，逐步提高学生技能质量，并且在此过程中，要让学生明白为什么练，怎么练，明白练习价值，在强化技能中体验成功的乐趣，使学生从"要我学"自动转变成"我要学"。因此，在设计上针对学情，也要层层递进，掌握练习节奏感，使得练习具有趣味性，层次性。

技术提升中针对不同学情提升练习难度，在单个动作的完成上也要进一步提高要求，同时还要保持学生对此技能学习的兴趣，并且启发学生学会举一反三为接下来的运用奠定基础。难度的提升，形式的变化，通过强化单个动作掌握，巩固学生所学技巧，培养学生敢于挑战自我的拼搏精神。教学中的引导与鼓励，通过自编与创编，激发学生的创造力与挑战力，进一步强化技能掌握。如图 3-36 所示，"肩肘倒立＋燕式平衡＋走平衡＋跳上成蹲撑＋跳下接前滚翻"，根据所学习过的技巧动作，并且利用现场场地器材，根据自身能力进行成套动作创编，其中包含肩肘倒立、滚翻动作，动作舒展、优美，组合动作衔接与过渡流畅，展现良好的姿态。并且明确单个动作坚持时间 3~5 秒，强化单个动作技巧掌握。

图 3-36 提升技术组合

3. 以学促练，强化技术组合

课堂学技能，大课间练技能是进一步强化学生技能掌握的重要途径。将技能强化练习融入大课间，充分利用大课间各班分区、分组强化练习，形成班主任现场督导，体育教师现场指导，学生之间相互指导的形式，巩固技能掌握。如果仅仅利用在校时间，学生的技能掌握熟练程度远远不够，通过家校联合，互补促进，以作业形式督促学生练习，提高学生技能，促进学生运动习惯的养成。

（三）"赛（评）"为途径会运用

1. 赛教结合，以赛促练

"赛"是运动能力运用的关键，学生需要通过练习和实践，以培养对体育的兴趣，最终通过大量的练习使这项技能成为他们无意识的动作，进一步强化学生理解"为什么学"，能看到此技能学习价值，建立积极感受。在游戏和比赛中，创编各种形式，设置真实比赛情境，搭建平台，通过距离、次数、幅度等方面的变化，让学生学会如何面对"挑战"，克服困难，挑战自己，既强化所学，也是对"单一练习"和"组合练习"的复习，将学练所得加以综合运用，达到既能发展体能又能进一步加强技术动作的练习与提升，同时发挥学生的创造性和主动性，提高学生练习兴趣。如图 3-37 的"默契大考验"。技巧组合时要求包含肩肘倒立、滚翻等动作进行组合，肩肘倒立至少保持 5 秒以上，滚翻圆滑，组合的动作舒展，姿态良好，能与同伴合作探究，组合 1 套动作至少包含 3 个单个动作组成。双人练习时，保持节奏一致性，4 人一组时，倒立后搭房子，4 人脚尖相碰，坚持 5 秒以上，比一比，哪一组房子搭的高，搭得稳。该练习可以巩固技能，提高学生学习兴趣和合作探究能力，增加练习趣味性，培养学生团队意识，激发学生创新精神。人数可以逐渐增多，考验学生默契度，鼓励学生大胆创新，学生之间相互展示学习，可以是双人、也可以是多人。

图 3-37　默契大考验

2. 教学相长，以评促学

在"学、练、评（赛）"教学过程中，由于体质差异，部分学生会遇到失败，失败让学生放弃尝试，尤其是那些从来没有体验过成功的学生，如果没有成功，对学生来说他们体会不到"学"的价值，"练"的意义，更不会积极主动参与"赛"的环节，大量的练习与成功之间的关联性、学以致用的可行性将变得毫无意义。因此"评"作为向导，对学的过程与结果，练的过程与结果，赛的过程与结果及贯穿全课的体育学科核心素养的培养等方面，具有不可或缺的价值。在各环节教学中以评价作为激励导向，以小组为单位，学生可自评或互评，以学、练教学为例，实施策略如表 3-15、表 3-16 所示。

表 3-15　体操肩肘倒立学习评级表

层级	练习任务	1. 夹肘撑腰 + 直腿倒立 2. 直腿倒立基础上完成前后、左右分腿并坚持 5 秒 3. 控制身体平衡 4. 能进行肩肘倒立分腿自创（如写字等）			
学	达标要求	能完成任务全部要求	能完成 1~3 任务要求，坚持 3~5 秒	能屈髋完成任务 1~2，坚持 3 秒	能屈髋完成任务 1
	小组评价	完美	达标	努力	加油
	星　级	5 星	3 星	2 星	1 星
	学生姓名				

表 3-16　体操肩肘倒立学习评级表

层级	练习任务 1	内容 1. 前滚翻直腿坐 + 肩肘倒立起 + 燕式平衡 + 行进间前滚翻起 要求： 1. 前滚翻成直腿坐，接肩肘倒立起，原地燕式平衡 2 秒，接向前跑动前滚翻起（跑动 4~5 米） 2. 滚翻路线直，夹肘撑腰身体稳，跑动姿势自然明显 3. 开始和结束要有举手示意动作 4. 动作舒展，姿态优美，动作衔接流畅 内容 2. 后滚翻 + 前滚翻 + 坐位体前屈 + 肩肘倒立起 要求： 1. 后滚翻与前滚翻团身紧，前后翻后成直角坐，肩肘倒立时夹肘撑腰，展髋，绷脚尖 2. 前滚翻与后滚翻路线直 3. 开始和结束要有举手示意动作 4. 动作舒展，姿态优美，动作衔接流畅			
练	达标要求 （内容 1 与内容 2 任选一项组合练习）	能够完成全部任务要求 1~4	能够熟练完成 1~3 任务要求	能基本完成 1~2 任务要求	能基本完成 1 任务要求
	小组评价	完美	达标	努力	加油
	星　级	5 星	3 星	2 星	1 星
	练习任务 2	根据所学习过的技巧动作，并且利用场地器材，根据自身能力进行成套动作创编，其中包含肩肘倒立、滚翻动作。如：肩肘倒立 + 燕式平衡 + 走平衡 + 跳上成蹲撑 + 跳下接前滚翻			
	达标要求	创编动作不少于 5 个动作组合且不重复，动作舒展、优美，组合动作衔接与过渡流畅，展现良好的姿态	创编动作不少于 4 个组合，熟练完成，动作衔接流畅	创编动作不少于 3 个组合，基本完成组合动作，动作衔接流畅	创编动作不少于 2 个组合，开始结束有示意，动作衔接流畅
	小组评价	完美	达标	努力	加油
	星　级	5 星	3 星	2 星	1 星
	学生姓名 （备注好任务选项）				

表 3-15 与表 3-16 是对学生"学、练"结果的展现，通过自评与互评，让学生一看就明白，能够及时了解自身技能掌握情况，体验成功的乐趣。同时也能让教师直观了解到学生学练标准的达成度。本节课，在"赛"的环节，设置为考核课，以单人或双人进行考核，考核要求参照表 3-16，与本地区中小学技能测试标准进行。以徽章奖励机制激发学生学习兴趣，实行周评、月评，最终作为本学科期末成绩与综合评定参考。评价体系如图 3-38 所示。

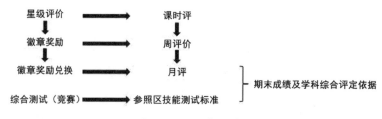

图 3-38 评价体系

在教学中不断完善评价机制，建立完善课堂教学评价制度，以激励学生课堂学习动力，使"学、练、赛（评）"一致性有效得以实施，见表 3-17：

表 3-17 徽章兑换规则表

徽章兑换规则	1. 获得的星星等级对应徽章个数 2. 能完成课堂技能练习要求获得"健康币" 3. 能在练习中进行自创或正确回答教师的提问获得"智慧币" 4. 能在游戏中遵守规则则获得"规则币" 20 个同种颜色的币可兑换 1 个对应颜色太阳鸟徽章，20 个同种颜色太阳鸟徽章兑换 1 个金色太阳鸟徽章
徽章	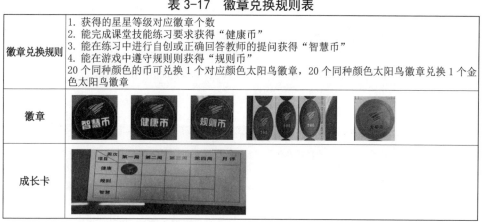
成长卡	

（四）"学练评"一致性展成效

"学、练、评"一致性的实践，改变以往体操技巧类教学"唯技术"的教学观念，改善体育课堂教学缺乏联动，衔接不足的现象，三者的有效衔接，提高体操类学习课堂练习密度，激发学生练习兴趣。而改变是基于学生掌握基本技能，进而进行探究性教学，让学生学会"自主、探究、合作"。课堂中单一的身体练习到组合创编，再到游戏中的合作，再到考核中的个人展示，激发了学生的学习兴趣，让学生做课堂主人，体现了学生的主体地位，教师的主导作用，让"以学生发展为中心的理念"得到落实，将"要我学"转变成"我要学"，让更多学生能够积极参与课堂练习。

通过组合练习、游戏、比赛环境的设置，技能的学习更具挑战性，技能的练习也有了真实的情境，可以帮助学生学会用技能，提高学生学以致用的能力。让枯燥的练技术不再单调乏味。"学、练、评"一致性教学模式体现了"以生为本"的核心理念，尊重学生身心发展规律，有效提升课堂教学效果，打造高效课堂，激发学生学习兴趣，促进学生身心健康的全面发展，推动学校体育特色课程发展。

第七节　童慧思政的课程实施

童慧思政是崧厦街道中心小学德育的主渠道和主阵地，立足于发展学生的核心素养，致力于培养以实现中华民族伟大复兴为己任的有理想、有本领、有担当的时代新人。童慧思政强调基于学生的认知特点，增强学生的心灵对话、思维碰撞，以"活教师""活目标""活课程""活评价"，灵活践行"活德育"，指向童慧思政目标实现和立德树人根本任务的落实。

一、实践儿童立场视野下的"活德育"

我国著名儿童教育家、儿童心理学家陈鹤琴先生提出了"活教育"思想，他认为："书本主义的教育是死的教育，我们要活的教育。教材是活的，方法是活的，课本也是活的。我们一起为儿童谋福利。尽量利用儿童的手、脑、口、耳、眼睛，打破只用耳朵听、只用眼睛看的教育。"陈鹤琴先生这一观点对德育工作具有重要的指导作用。同理，就德育而言，基于教育对象的特点，根据儿童的心理、兴趣、认知规律和现实生活状况，优化与创新德育工作，实践"活德育"，是实现德育实效的根本手段。具体来讲，实现"活德育"需要致力于多维度的共同推进：

（一）实现"活德育"需要有"活"的教师

每一个儿童都是一本独特的书，只要我们慢慢读、细细品，就会发现，每一个儿童便是一个世界。不同年龄段的儿童有着各自不同的固有特征，同时，不同班级、不同学校、不同地区的儿童也都有各自不同的特点。即使同一个儿童，也是在不断地发展变化，在不同的时期都会有不同的特点。面对当下的儿童，我们需要加强学习、观察与分析，牢牢把握儿童的年龄特征，深入了解儿童的现实特点，承认儿童个体差异，因材施教，灵活开展德育工作[①]。

返璞归真，我们要摒弃安于现状的德育姿态，不断地学习，让自己的理论素养"活"起来。可以向"人民教育家"陶行知先生学习"生活教育"理论，可以向陈鹤琴先生学习"活教育"思想，可以向教育专家成尚荣先生学习"儿童立场"观点；可以在阅读中学习，可以在听课听讲中学习，可以在研讨中学习，更可以在教育实践研究中学习。德育不是程序化的重复，它需要基于德育实效性的考量，科学而理性地实施德育，探索"活"的方法。扎实而有质量的学习，能帮助我们更理性地反观教学实践，更灵活地组织教育教学，以更游刃有余的姿态帮助儿童更好地发展。

我们要树立正确的德育观，坚持全方位育人、全科育人、全员育人，让自己的德育观"活"起来。德育不仅是《道德与法治》这一德育课程的使命，还是其他一切课程的使命；德育不仅是班主任这一特定岗位的使命，还是其他一切老师的使命；德育不仅是"国旗下讲话"等几个特定时间段的使命，还是其他一切时空内的使命；德育不能仅等同于单一的说服教育，更应包括榜样示范、实践体验、环境陶冶、评价激励等诸多方式。我们应该让具体的德育实施也"活"起来。

作为德育工作者，我们应该明晰：基于儿童的认知特点，德育是一个灵活、多维的共同作用的过程，追求德育实效的过程就是争做"活教师"、实践"活德育"的过程。

（二）实现"活德育"需要有"活"的目标

德育的指向，是引导儿童成为更好的自己。何为更好？基础在哪？指向怎样的目标？这是实施教育之前首先必须清楚的。而不同的时期、不同的儿童都有着不同的基础和特征，这就需要根据不同的情况定位合理的、"活"的目标。

一个学校、一个班级，都有其固有的特征。在德育的层面上，在制订学校德育工作计划、德育学科教学计划、班主任工作计划时，必须考虑到学校或班级儿童的现实情况，有针对性地确定接下来一个时期的德育目标，并制订相应的工作计划。这是一个指向于当下儿童更好发展的、追求德育科学性的必需的工作姿态，是非常灵动而又具有现实意义的工作流程。计划制订和工作实施，都不应是墨守成规和安于现状的，而应该是根据实际情况灵活调整的。

---

① 刘弋贝. 学生观问题的再认识 [J]. 东北师大学报（哲学社会科学版），2014（4）：252—254.

此外，德育工作又与社会现状和生活实情联系在一起，预定德育目标又应根据实际情况进行适时而必要的调整。例如，当外围学校有学生因心理健康问题而造成人身伤害，各级部门倡议各校各班加强学生的心理健康教育时，虽然这在学期德育目标中没有被特别强调，但从教育的必要性、儿童现实成长迫切性的角度，有必要在教育工作过程中，对预定德育目标进行适当调整与增补。

在德育学科方面，道德与法治是核心学科。基于儿童现实，在具体的教学实施和学科目标制订时，更要体现"活"。统编版《道德与法治》教材面向的是全国不同经济社会状况的地区、不同成长环境和认知基础的儿童，它不能涵盖并完美适应所有儿童的学习生活现状。所以，道德与法治已预留给教师们基于儿童的实际进行教材再开发的空间。道德与法治教师需要摒弃"教教材"的错误教学思想，树立"用教材教"的教学观，在领会教材传递给我们的教学理念和目标指向的基础上，通过观察、聊天、座谈、问卷等方式调查了解儿童与课文学习主题相关的认知、情感、态度、能力水平、行为习惯和学习兴趣等现状，分析存在的问题和需求，基于儿童的真实立场，明确教学目标，优化教学方法，提高教学的针对性。

德育目标决定了德育的高度。"死"的目标带来的是低效益的教育，"活"的目标带来的是高效益的教育，基于儿童立场，要让德育目标"活"起来。

（三）实现"活德育"需要有"活"的课程

德育主要的实施途径是德育课程，包括国家德育课程（《道德与法治》）、地方德育课程（如《孝德教育》）、校本德育课程（包括拓展性课程等）。基于对儿童的实际情况和个体发展的现实需要的认识，我们开发和实施德育课程也须把握一个"活"字。

道德与法治课程作为学校最主要的德育课程，在具体教学过程中，不能死守"教教材"的错误教学观，应坚持"活课程"理念，为国家德育课程校本化实施而努力。儿童是学习的主体，评价一堂课好不好，不应看课堂上花样有多少、热闹不热闹，不应看教材内容有没有讲完，而应看儿童成长了多少，提高了多少，应看是否让儿童感受到了课堂的真实和自己的成长。为此，正确地认识课程、科学地处理教材就显得尤为重要。基于对儿童实际的充分认识，凭借教师的教材再处理能力，以"活课程"的意识指导与组织教学，才能取得预期的良好效果。

当然，道德与法治课程对于德育而言，是必要而非充分条件。在具体的德育实施过程中，我们还需要根据现实的条件、基础和必要性，进行地方和校本德育课程的开发和实施。对于学校和教师而言，需要根据儿童的现实需要和当下的现实条件进行拓展性课程等相关德育课程的开发。儿童的发展空间和可能性是巨大的，为儿童打造更多、更充分的成长的平台，给儿童提供更优、更丰富的德育课程，这是德育工作者的使命所在。而不论何种课程的开发和实施，都离不开对儿童学习兴趣和可接受性的考量，都离不开儿童素养提升的目标追求。

课程，不论是实施之"活"，还是开发之"活"，都是基于儿童、为了儿童。心有儿童，课程从儿童的一切着手，在"活课程"中呵护"活儿童"。

（四）实现"活德育"需要有"活"的评价

评价对于德育来说，作用至关重要。有效的评价是一种诊断、一种导向、一种激励、一种监督、一种管理。着眼于促进儿童更好发展，着力于评价实效的最大化，摒弃传统单调而又片面化的评价方式，我们应致力于"活评价"的探索与实践。这里的"活评价"不是为了评价而评价，而是指向于德育目标实现和"立德树人"的落实。

评价的时段应是"活"的。从传统的德育评价而言，不论是行为习惯养成评价，还是道德与法治学科评价，都比较注重学期末的总结性评价，而忽略了对德育对象过程性表现的更多关照。从而把评价的功能仅仅局限为"诊断"。而儿童更好地成长离不开过程性的评价和引导，更离不开德育工作者根据评价的反馈调整德育举措，我们应注重在过程性评价中实现的"导向""激励""监督"和"管理"等作用。

评价的主体应是"活"的。儿童的生活空间是多元的，儿童很多时候的德育表现是难以被德育工作者所全面了解的。为此，基于对德育实效性的考虑，我们在评价中，应注重多元评价，通过自我评价、同学评价、家长评价等多主体、开放性评价，从不同维度关注学生的道德体验、感悟和进步。在自我评价中反思与改进，在同伴评价中相互督促与激励，在家长评价中实现德育的巩固与深化，最终实现评价的全面与客观。

评价的方式应是"活"的。描述性评价、量化评价和纸笔测试评价是常规的，在德育实践中被普遍使用的。描述性评价能将评价结果明确化、直观化；量化评价能将学生的道德表现进行数量化、抽象化；科学的纸笔测试评价能巩固学生的道德认知，促进学生的道德践行。除此之外，成长记录袋、榜样宣传、模范表彰、信息化家校互动评价平台等一切有利于促进儿童道德认知与道德践行的评价手段与方式都值得我们借鉴使用。

好的评价，是尊重儿童的现实表现的评价，是指向于促进儿童个体更好发展的评价。从评价时段、评价主体、评价方式等方面，通过"活的评价"实现良好的德育效果，我们可以作更多系统化的考虑与实践。

综上所述，不论是"活的教师""活的目标""活的课程"还是"活的评价"，"儿童立场"始终贯穿着"活德育"，它是"活德育"的本质要求。基于"儿童立场"，遵循"儿童立场"，实践真正"活"的德育，我们定能成就儿童的健康成长，培养出"活"的学生。

二、打造童慧德育深度学习的"四合院"

基于时代的发展和教学一线的呼唤，2017年以来的教学改革更加关注学生的核心素养，更加注重培养合格的未来公民，促进学生的全面发展，核心素养、深度学习、高阶思维等关键词也日益被教育界密切关注。

国家督学成尚荣指出，深度学习的要义为回到立德树人，回到学会学习，以思维发展为重点，以精彩的观念和问题解决为目标，以情感的沸腾为追求，以预设为基础和以生存为主导。显而易见，深度学习具有培养高阶思维能力、注重学习过程的建构反思、立足于真实问题的解决、强化情感驱动的非认知学习等特征[1]。

纵观当前的道德与法治课堂，普遍存在浅层学习的问题，导致道德与法治教学"知—信—行"脱节，阻碍了课程育人目标的达成和核心素养的落地。把深度学习引入道德与法治学科，可以提高学生解决问题的能力，激发学生的高阶思维能力，在体验快乐学习的过程中挑战自我，有利于将学科素养落到实处。

那么，在课堂中，如何贯彻深度教学模式，增强心灵的对话、思维的碰撞，让学生拥有深度学习空间呢？笔者根据教学实践，打造深度学习的"四合院"，以期抛砖引玉，与大家商榷。

（一）合意：让学习从被动走向主动

课堂中学生全感官参与、全身心投入是深度学习的基础。道德与法治教材编写时就以学生的学为主线，充分彰显学生是学习主人的理念。在《中小学新课程标准（2022年版）》和《青少年法治教育大纲》引领下，使课堂活动符合教材编撰意图，符合学生的需求和心意，才能最大限度激发学生参与的热情，让学习从被动走向主动。

---

① 邓权忠，邓捷予.思辨：让深度学习真实发生[J].中学政治教学参考，2022(46)：39—41.

1. 合教材之意，精准定位目标

教材是教师研究和预设活动极其重要的载体，是编给教师使用的，更是陪伴学生成长的"学材"。因此，要让学习从被动走向主动，前提是要深入解读教材，精准定位目标，使之符合教材之意，不能随意拔高或降低要求。

如教师在引领学习六年级课文《生活与法律》时，对链接栏目关于买卖合同的内容做以下指导（图3-39）。

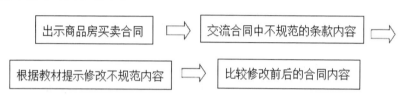

图 3-39　链接栏目"买卖合同"教学指导

显然，教师对教材理解有一定的偏差，忽略了链接素材的载体作用，将这一板块教学目标无端进行拔高，教材的设计意图是让学生以身边较为常见的合同为载体，认识到我们的生活与法律息息相关，了解民法的作用，而不是将学生当作律师来培养，要求能正确规范地制订合同条款，这明显拔高要求，背离了教学目标，也降低了学生的学习兴趣。

2. 合学生之意，适切选择内容

教师对教材的把握，要基于儿童视角，从学生实际出发，根据学生需求和心意，适切选择内容，活化教材，而不是一味机械地盲从，这样更能把握知识的生长点，促使学生学习从被动走向主动。

例如，一年级《我们的校园》一课，选取了学校运动场、餐厅、宣传廊、少先队室等图片内容展开学习，但生活中每所学校的设施是各不相同的，学习不是让学生认识课本里的学校，而是要了解自己学习生活的场所，这就需要结合生活实际，活化教材。于是，教师将校园变成开放的课堂，带着学生逛校园，一路走，一路认识国学馆、青瓷室、奥梦体育馆、蓝海餐厅、英鹏科技馆等场馆，了解它们的功能、行走路线、布置摆设、使用注意事项等，还让学生聊聊自己最喜欢的地方，阐述理由，气氛很活跃。由于选择的内容符合学生实际，学生在学习时就更为主动，对校园的印象也更为深刻。

（二）合情：让体验从进入走向投入

丰富多元的自主体验活动，是达成课程育人目标的基本方式，更是促进学生学用结合、情感实践、深度学习的有效载体。要接上"童气"，营造安全舒适的课堂氛围，组织符合学生认知规律和情感需求、贴近生活的体验活动，让学生不仅是进入其中，还是全身心投入，从而获得道德和能力的深度发展。

1. 真诚，让学生着陆舒适区

教师要用自己的真诚建立一种安全、舒适、愉悦的生态环境，为深度学习创设良好的条件。教师要时刻将学生放在课堂中央，给予其充分的尊重和信任，善于倾听、善于悦纳，形成平等、民主、宽松、和谐的课堂氛围，为学生说真话铺就路径，让他们能敞开心扉，畅所欲言。在课堂中，用温和的笑容，带给学生愉悦的心情；用生动活泼的语言，营造欢快的课堂氛围。教师不仅要笑容可掬，轻声细语，更要用细致入微的关怀，满足学生的即时需要，解决其实际问题。

例如，一年级下册《分享真快乐》一课，在"他是小气鬼"环节，课文中出示了不再分享物品的原因：①好心借出的尺子被弄断。②他不借给我，我也不借给他。当时有不少学生深有同感，认为的确不能借，此时不能用老师的威严、道德的高度去评判、压制他们的想法，而是展开平等的交流，引导猜测当时同学借物品的原因，换位进行角色体验，让学生真正从内心认识到，同学之间要互相帮助，也要文明使用别人的物品。

2. 真实，让学生浸润体验场

深度学习是一种基于真实情境的学习方式。要想让学生经历体验活动后，自内而外产生正确的价值观，问题和情景的设计就要真实。因此，需要吸引学生在真体验的基础上，得到真感悟，进行真思考，实现情感的融合、心灵的交互、智慧的碰撞。

在二年级上册《班级生活有规则》一课中，设计了小组合作制订班级规则的活动。为了尊重学生的选择，且能优化组合，让学生重新组成小组，选择一个话题进行合作探究。学生在重新分组时秩序比较混乱，针对这一真实的情境，教师即时加以利用，引导学生回顾刚才的情况，分析讨论这样的弊端，制订分组时的规则，然后马上在课堂上用实践行为巩固要求，做到重新分组时遵守规则，最后进行总结，提升强化。在这个真实的情景中，学生自然而然投入了体验场，暴露了自己真实的道德行为，产生了"规则是必须"的真感受，启迪了他们的心智。

（三）合理：让思维从浅层走向深层

高品质的思维活动，正是道德与法治课程的重要特征。在把握学情的基础上，恰当合理地选择教学方法，采用情景式、追问式、思辨式等方式，激活学生在课堂中的学习热情，帮助学生对知识进行深度的加工与建构，使思维能力由浅层向更深层次提升。

1.情景式，拓宽思维的广阔度

创设生活化的真实情景，引导学生用眼睛去观察，用耳朵去聆听，用大脑去思考，用心灵去深入体验，让他们的思绪得以飞扬，情感得以激发，思维得以拓宽，逐渐构建自己新的知识体系。例如，四年级下册《那些我想要的东西》一课，教师以学生的真需求陪伴为重点，以学生最想要做的养宠物为素材，导入了生活中的情景：

路过宠物店，丽丽很想买只宠物犬，但没有时间照料它，你有什么办法帮帮她？让学生开动脑筋，小组合作，讨论交流。

生1：专心于读书，这样慢慢会忘记的。（转移注意力）

生2：不要冲动，这两天再想想是不是真的要买宠物犬，如果不是那么想，就不买了。（冷静法）

生3：既然没精力照顾他，就买只好养的乌龟来试试。（替代法）

正是基于学生现实生活中的情景，使他们能主动设身处地为丽丽想对策，从中获得真实的道德体验和认知，同时也拓宽了思维的广阔度，培养了他们多角度思考解决真实问题的能力。

2.追问式，助推思维的深刻度

追问是知识建构的助跑器和思维症结的溶解器。要想让学生真正达到深层学习，教师要遵循由浅入深的原则，抓住问题的关键，抛出一连串有价值的问题，刨根问底，在"抽丝剥茧"中激发学生更深地思考，自觉学会对知识进行迁移和重构。

以三年级下册《我很诚实》一课为例，在学生了解了真话与谎话，认识到要做个诚实的孩子后，以课文的"谎言探测仪"为载体，步步深入追问：

①明白后果：撒谎后会发生什么事？引起什么后果？

②探究原因：既然会产生同学们不信任的后果，小文为什么还撒谎说家里养了金鱼？从中你了解了小文是个怎样的人？

③思考对策：如果想要得到同学们的尊重和信任，你觉得小文应该怎么做？

④反思自己：在生活中，你有否因为某种原因没说实话呢？说谎以后怎么想？又有怎样的心理负担？

⑤指导行为：如果再给你一次机会，你会怎么做？

这样，在链条式追问过程中，围绕目标，循序渐进，从而阐释明理，解决问题，又将学生的思维引向深入，提高思维的深刻性。

3. 思辨式，点燃思维的灵活度

教师要依据教学目标，联系学生生活，挖掘教材内容的深度和高度，设计具有生活化的思辨式的问题，引导学生围绕核心问题自主思考、客观分析、全面判断，由此做出最佳决定，点燃学生思维的灵活度，优化思维品质。

例如，二年级上册《大家排好队》一课，在学生达成了"要排队"的共识上，通过对副版绘本《守规则，懂礼让》的改编，将故事改成了一个道德两难问题：春季研学时，同学们和游客一起排队等着上厕所时，来了一个更急着上厕所的小宝宝，不停地哭闹着，孩子妈妈提出希望"插队"上个厕所，你让不让呢？说说自己的理由。

围绕创设的两难问题，学生结合具体情境，从不同立场对问题展开评价、辩论，深刻领悟了"有序排队固然很重要，但特殊情况需要特殊对待，懂得礼让显得更文明"的道理。这种富有挑战性的学习，极大地促进了学生思维的灵活度。

（四）合力：让探究从一元走向多元

探究性学习是体现课改新理念的有效学习方式，最重要的特点就是探索和研究。它不仅契合了道德与法治课程的特点，也满足了学生核心素养提升的需求。教师要通过学科整合、小组合作、实践探究等方式，开展多元化的探究性活动，激发学生学习兴趣，提升学生道德品质和实践能力。

1. 抓结合点，学科整合探究

教师要深入研究教学内容，立足教学目标，抓住学科间的结合点，合理利用，开展渗透融合的课程实践活动，使教学内容更加丰盈厚实，使探究活动更加新颖有趣。

例如，三年级下册《生活处处有规则》一课，在"游戏知规则""童眼识规则""明理敬规则"三个板块的学习后，学生已经知道了规则的重要性，了解了小学生日常生活中需要遵守的规则，懂得了要自觉遵守规则。为了进一步催化学生的规则意识，进行遵守规则的正确行为指导，在第四个环节"人人守规则"当中，组织学生进行模拟的"一日在校生活"的游戏活动，设置上学问好、上课专心、排队整齐等生活情景，每位学生根据提示在白板上操作，判断对错，纠正行为，逐一闯关。信息技术中"白板"这一全新操作平台，成了学生自主探究的工具，使学生的学习兴趣盎然，也使教师对学习效果一目了然。

2.抓着力点，小组合作探究

教师抓住教材中的着力点，设置探究性问题，指导学生优化分组，明确分工，让学生以小组为单位，以问题为导向，交流意见，分享体验，互相学习，解决问题，从而发展个人潜能，提升相互合作的能力。

例如，二年级上册《我们小点儿声》一课，学生了解了公共场所说话要小点儿声后，为了更好地指导他们在生活中正确地控制音量，出示四人小组合作学习单。（表3-18）

请为以下情景音量大小排序，并说明理由。

表3-18 《我们小点儿声》四人小组合作学习单

生活情景	音量大小	音量顺序（小至大）	理由
课堂发言			
小组讨论			
专心看书			
加油呐喊			

小组内每位学生分别发表自己的看法，尤其为发言次数少的学生提供更多的参与机会，先在组内进行交流，达成共识后，再全班交流，实现智慧共享。在探究中，学生逐渐明白了音量要根据具体情况而定，要充分考虑别人的感受，要以不影响他人为标准，提高了他们音量调节控制的意识和能力，加快加深了学生对知识的感悟。

3.抓落脚点，社会实践探究

道德与法治课程，仅仅课堂学习是远远不够的，需要教师积极践行深度学习的原则，围绕课程目标，抓住行为实践的落脚点，进行生活层面的拓展，深化道德认识和感悟，形成良好的生活能力，从而实现课程知识的有效转化和深化，全面提升学生的应用素养。

在课后，教师可布置一项实践小任务，让学生在课余时间巩固学习内容，强化所学知识，拓宽思维。例如，学习完四年级上册《变废为宝有妙招》后，引导学生用火眼金睛寻找生活中的废物，并开动脑筋进行变废为宝的实践操作。学生的创作可谓精彩纷呈：有的将零碎的伞布制作成环保伞布袋，赠送给居民，宣传了环保的理念；有的将废弃的可乐瓶制作成精美的花瓶，装点了生活的美丽；有的将无用的

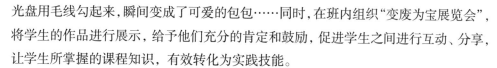

光盘用毛线勾起来，瞬间变成了可爱的包包……同时，在班内组织"变废为宝展览会"，将学生的作品进行展示，给予他们充分的肯定和鼓励，促进学生之间进行互动、分享，让学生所掌握的课程知识，有效转化为实践技能。

三、"双减"背景下小学道德与法治作业的变革

2021 年 7 月 24 日，中共中央办公厅、国务院办公厅印发了《关于进一步减轻义务教育阶段学生作业负担和校外培训负担的意见》。随着"双减"政策的颁布，各地各校纷纷加以落实。

从"双减"价值导向来看，它是有目的地进行塑身。细细解读，"双减"减的不仅是作业负担和课外培训，更主要的是为学生核心素养、综合素质的"增"腾出更多的时间和空间，核心是减负增效①。

小学道德与法治作为思想政治教育的主渠道和主阵地，立足于发展学生的核心素养，致力于培养以实现中华民族伟大复兴为己任的有理想、有本领、有担当的时代新人。作业是学习评价的重要手段，设计与管理既要落实"双减"要求，也要体现出学科独特的思想性、政治性、综合性和实践性。下面，根据教学实践，探究"双减"背景下小学道德与法治作业的"增减法"。

（一）多方联通，减"压力"增"合力"

《义务教育道德与法治课程标准（2022 年版）》（以下简称《道德与法治课程标准》）指出，要坚持学科逻辑与生活逻辑相统一，建立校内与校外相结合的育人机制。道德与法治作业，要由课堂延伸到课外，将校园、家庭、社会有机结合，形成三位一体的育人合力，鼓励学生在生活中完成真实、鲜活的作业，减轻他们过重的书面作业负担，摆脱学业竞争压力。

1. 家庭入席，让作业散发"真"气

孝敬父母，尊重师长，体会父母的养育之恩和师长的辛劳是道德与法治课程第二学段道德修养的目标之一。围绕这一目标教材安排了《家是最温暖的地方》《为父母分担》两个单元，旨在引导学生体会父母的爱，并将自己对父母的爱落实在行动中。结合教材编排，可以链接家庭大本营，布置真实的家庭作业，培养学生的家庭责任感。

四年级上册的《少让父母为我操心》一课，学生已充分感受到父母家人的关爱，升腾起感恩父母、报答父母的情感。在《这些事我来做》课后，结合"比一比"栏目，

① 门保林. 紧扣立德树人 切实减负增效 [J]. 中国教育学刊，2021 (12)：103.

教师指导学生根据家庭实际制订作业清单，与家务活"签约"，在家开展扫地、洗碗、整理书桌、拖地板、烧菜等家务劳动，重点引导学生针对家务能力方面的不足，开展家务技能的学习。真实的接地气的家庭作业，让学生感受到轻松自然，增强了家庭意识和责任感。

2. 社区入镜，让作业自带"鲜"味

校外社区、场馆是课后作业的"大课堂"，能够有效拓展课堂的时间和空间，激发延伸学习的热情。第三学段五年级下册《百年追梦 复兴中华》单元，呈现了近代以来中国人民为实现民族复兴走过的历史进程，歌颂了仁人志士革命精神、爱国精神。此时，便可按照《道德与法治课程标准》要求挖掘和利用红色资源，引导学生在鲜活的社会环境中，感悟共产党的坚定信仰，帮助他们形成政治认同。

例如，《中国有了共产党》一课后，布置家乡红色研学的作业，指导他们设计红色研学线路，打卡红色基地，开展红色研学活动。根据"红色研学地图"，学生分别到上虞党史陈列室、叶天底故居等红色基地开展研学。走进红色场馆，学生触摸红色实物，聆听红色事迹，体验红色印记，真正感受到共产党员坚强不屈、舍身为国的伟大精神，不知不觉迸发出对党的热爱之情。

（二）整合资源，减"数量"增"质量"

"双减"要求减的是机械、低效、重复、烦琐的作业负担，增的是高效、创新、优质、灵动的教学质量。因此，教师要灵活整合资源，让学科相互融合，让同伴相互合作，减少作业的总量，提高作业的质量。

1. 同伴互助——合作化学习的加油站

《道德与法治课程标准》建议，要注重设计带有团队合作性质的、项目任务性质的作业。针对项目式作业任务，学生自愿组建学习共同体，保持平等、信任、尊重、互学的关系，每人选择其中一项任务合作完成，相互交流，相互启迪，既减轻了负担，又达成了教学目标。

三年级下册《请到我的家乡来》一课中，第二个板块是"我是家乡小导游"，要求学生介绍家乡的景点。课前，让学生自由组成小队，选择喜欢的景点，讨论每位成员的分工。例如：收集景点的门票、照片；了解景点相关的传说故事；查阅地理位置、游览路线、乘坐车次；撰写导游词；制作展示介绍 PPT；等等，相互合作，共同展示，减少了作业总量，又提高了学习效率。

2.学科融合——综合化学习的魔法棒

道德与法治课程遵循育人规律和学生成长规律，注重落实"双减"精神，加强一体化设置，优化课程内容结构，设立跨学科的主题学习活动，加强学科间的相互关联，带动课程综合化实施。这就要求教师在作业设计时，要打破学科的壁垒，与其他学科整合，营建综合性、开放性、实践型的学习生态。

二年级下册《试种一粒籽》课后，鼓励学生开展"种下一粒籽"实践活动。了解植物生长过程，尊重生命、热爱生命是本次作业主要的目标。同时，又与信息技术融合，学习上网查找需要的资料；与科学融合，学习观察思考，了解所种植物的习性、特点；与劳动课融合，学习选土、培植、合理浇水的本领；与语文融合，学习撰写观察日记等。这样，在一次作业中，围绕一个主题进行跨学科融合，大大提高了学习的效益。

（三）精心设计，减"乏味"增"趣味"

枯燥乏味、单一重复的作业，对学生缺乏吸引力。因此，教师在设置作业时，要凸显道德与法治课程思想性、实践性特点，在巩固课堂知识的基础上，精心设计与学生基础相适应的、重在迁移运用的、体验探究性的多样化作业，以激发学生的兴趣，发展学生的思维，培养学生的能力。

1.体验作业：从平面到立体，"变"中生趣

亲身体验的事情往往历久弥新，课后作业要力求变化，以体验为导向，巧妙设计，使课堂教学源源不断地向生活动态延伸，实现道德法治课的最大教育价值。六年级上册是法治专册，共编排四个单元。为增强法治教育的生动性，在尊重法律知识准确性的基础上，可以通过体验作业，将"法言法语"转变为"童言童语"，以加深感受和理解。

六年级上册《我们受特殊保护》课后，教师组织学生走进法庭，认识组织机构，采访叔叔阿姨，了解各部门分管的工作，并在他们指导和帮助下，体验审判长、审判员、书记员等不同角色，完成一场校园欺凌模拟法庭案件审理，体验到法律的公正和依法维权的必要性。角色扮演的体验活动激发了他们参与的热情，加深了学生对法治精神的体验。

2.探究作业：从被动到主动，"问"中激趣

探究性作业不仅能充分发挥学生的自主性和独立性，同时能让学生感受到自主

探究的乐趣与成就感，激发他们的学习内动力。教师要根据教学目标，利用资源开展多样化的探究性学习，放手让学生在作业中主动发现问题，寻求解决问题的方法。

三年级上册《安全记心上》课后，教师根据教材中"安全通行证"栏目，引导学生与生活实际相联系，找一找学习生活中的安全小漏洞，整理出"安全隐患面面观"，开展金点子征集活动。学生纷纷以小组为单位，合作探究、尝试实验，然后归纳安全小妙招，创作安全童谣，画安全小报，并集成册子，悬挂于教室中供阅览交流，在掌握基本的安全知识技能的同时，也培养了创造性思维和能力。

3. 实践作业：从课本到生活，"做"中留趣

知行合一是道德与法治课程显著的特点。作业设计也必须坚守这一理念，要让作业成为道德践行的训练场，实现从课本到生活的无缝链接。在作业实践过程中，及时跟踪评价，发挥激励、反馈和引导功能，更好地激发学生兴趣，促进他们将课堂所学外化为行为习惯。

四年级上册《让生活多一些绿色》单元学习后，结合家乡全国文明城市复评的时机，号召大家为家乡出一份力，建设美丽乡村，进一步培养学生绿色生活的意识和绿色的生活方式。节假日，学生组成小队，到社区做垃圾分类的宣传；小手拉大手，在家长带领下开动脑筋，变废为宝；一起种树栽花，布置自家的美丽庭院或阳台；等等，在有趣的拓展活动中学会过绿色生活，萌发建设家乡的情怀。

（四）智慧分层，减"硬性"增"个性"

作业布置"一刀切"，做统一硬性规定，是不利于学生个性发展的。《道德与法治课程标准》也指出要凸显学生主体地位，关注学生个性化、多样化的学习和发展需求，增强课程适宜性。因此，教师要加强作业的灵活性，智慧设计分层作业，留给学生自主选择的空间，让不同层次学生在适合自己的作业中获得成功的体验。

1. 超市零卖式：货品自选

超市购物时往往会根据自己的需求和喜好自由选择物品。此类作业也如超市零售一般，教师提供单独的作业货品，学生可以选择一样或几样感兴趣或能胜任的作业完成，目的是增强学生自信、发挥学生特长。

例如，学习了五年级上册《美丽文字 民族瑰宝》后，让学生在作业货架上自主选择作业完成，增进他们对汉字的认同和保护。

①与同学互查一次作业本上的错别字，订正。

②查阅"仓颉造字"的故事，讲给小伙伴听。

③书写一幅汉字书法作品，在班级中展示。

④与小伙伴猜字谜、对歇后语，答对 5 个以上。

这样的自选作业能让不同层次学生摘到桃子，提升自信心。

2. 酒店套餐式：打包销售

酒店方根据组合产品来打包销售套餐，顾客方按个人喜好来选择套餐品种。根据教学目标，笔者也把作业设计成套餐，让学生根据实力和需求去选择完成。例如，A 套餐是每位学生都能顺利完成的吃得下的基础性作业，B 套餐是部分学生能实施的吃得饱的拓展性作业，C 套餐是激发少数学生深入研究的吃得好的综合性作业，这样的作业设置能满足不同类型学生的需要。（表 3-19）

表 3-19　《家乡物产养育我》课后作业套餐

套餐	作业内容
A 套餐	1. 了解家乡一种特产 2. 实地观察一种特产的制作过程，并能简要介绍特色
B 套餐	1. 了解家乡的两三种特产 2. 实地观察一种特产的制作过程，通过采访工作人员、参与动手体验等方式，了解特产，并能有条理、比较具体地介绍
C 套餐	1. 了解家乡三种以上特产 2. 实地观察一种特产的制作过程，通过查找资料、采访工作人员、主动积极地体验等方式，熟悉特产，并能当个小导游，生动全面地介绍

3. 自制蛋糕式：手工制作

自制蛋糕就是准备好原料，让顾客亲手做喜欢的蛋糕造型。同理，教师根据课程提出作业的主题和目标，指导学生组成小队，自编内容、自定形式、合作完成。此类作业重在展示学生的特长，弘扬学生的个性，培养学生的创新性。

在五年级上册《中华民族一家亲》课前，学生就根据本课目标，锁定感兴趣的内容，调查身边的少数民族，自制了作业清单。（表 3-20）

表 3-20　《中华民族一家亲》课前作业清单

小队	活动内容	展示形式
民居小队	查找资料、采访调查，了解民居位置、特点、风格等	地图、绘画
服装小队	实地考察、采访调查，欣赏制作工艺、配饰特点等	小报、实物
节日小队	听取介绍、查找资料，了解民族节日、风俗习惯等	调查报告等
饮食小队	找资料、听介绍、品尝食物等，了解民族饮食及习惯	食品、视频
地理小队	调查少数民族人口、分布、居住地等	地形图

（五）革新评价：减"片面"增"多面"

评价反馈是道德法治作业的重点环节，但在日常操作中，存在着评价标准单一、注重结果性评价，评价主体只局限于教师等片面现象。在"双减"背景下，评价也要革新，要从多个角度，实施多种方式，尊重多元主体展开评价，以多面化的方式激励学生，促进学生的全面发展。

1."先"字诀，前置评价标准

在实施作业之前，教师要丰富评价维度，对一些评价体系的条目进行细化，将评价前置，把评价量表、评价卡等提前发放给学生，让学生根据评价标准完成课后作业，这样既能提高作业实施的针对性，又使评价具有一定的参照物，让学生更加积极主动地投入学习。

例如，在《家乡物产养育我》完成"了解家乡特产"作业前，出示评价标准：过程性评价占75%，主要从守纪果（守时、安全）；文明果（注重礼仪、保护环境）；合作果（积极参与、学会交流）；好学果（学习专注、勤于探究）；美德果（严于律己、乐于助人）进行评价。结果性评价占25%，主要从成长果（学习成果：有作品展示）进行评价。作业达标即可颁发一颗小红星。这样把评价前置，让学生在作业前就有了清晰的努力方向，增强了积极性。

2."巧"字诀，形成动态评价

《道德与法治课程标准》指出，要充分发挥评价的诊断、激励和改善功能，促进学生发展。在完成作业过程中，教师要引导学生采用自我参照标准，对自己作业完成的表现，从参与的态度、与他人的合作等多维度进行自我评价。同时，结合小伙伴、老师评价等，形成连续的动态评价。每一次评价，教师都要肯定学生进步之处，指出不足，鼓励他们继续努力，不断向上。

在道德与法治课中，在教室内设立美格少年成长树，结合少先队雏鹰奖章，创设君子卡、美德卡、一级美格奖章、二级美格奖章、三级美格奖章。每次作业的评价结果，均加以呈现。一周竞小红星，一月换君子卡，一学期兑美德卡，一学年争美格奖章，让学生在作业评价过程中享受成功的愉悦，激发不断锻炼的动力。

3."展"字诀，共评作业成果

作业成果是作业评价的重要载体，可以通过举行个性化作业成果展示会，引导学生以自己喜爱、擅长的方式呈现作业作品。可以是文字、剪纸、绘画等静态形式的展示，也可以是讲故事、科学小实验、现场连线等动态形式展示。对作业成果，小伙伴、教师、家长等要进行综合评价，在共同评价的过程中增长见识、培养能力。

四年级下册《多姿多彩的民间艺术》课后作业，设计"民间艺术大荟萃"活动，引导学生采用查找资料、调查采访、实地参观、亲身体验的方式，深入探寻民间艺术，用晒照片、讲故事、制作微视频、出示实物、亲手制作、介绍民间艺人等方式，展示了越窑青瓷、麦杆扇、竹木雕、梁湖年糕与糕塑、崧厦工艺伞等民间艺术，引导学生交流互评，分享各自的学习成果。

总之，小学道德与法治落实"双减"，不仅不能单纯做减法，更不能盲目做增法，而是要根据《道德与法治课程标准》，智慧塑身，让"双减"真正为"培养以实现中华民族伟大复兴为己任的有理想、有本领、有担当的时代新人"助力！

第四章　童慧教育的评价体系

一个好的评价体系，能使每个学生都能通过适合其智能特点和学习方式的途径展现自己的学习成果。

第一节　童慧教育评价体系的构建背景

一、教育政策的颁布为评价体系的建立提供依据

《基础教育课程改革纲要（试行）》指出，要"建立促进学生全面发展的评价体系。评价不仅要关注学生的学业成绩，而且要发现和发展学生多方面的潜能，了解学生发展中的需求，帮助学生认识自我，建立自信。发挥评价的教育功能，促进学生在原有水平上的发展"。《浙江省教育厅关于推进小学生综合评价改革的指导意见》指出，以培养德智体美劳全面发展的社会主义建设者和接班人为使命，坚持正确办学方向，树立科学成才观，建立面向全体学生、体现素养导向、强化过程体验、促进主动学习的小学生综合评价制度，形成实施素质教育的长效机制，促进学校切实转变育人方式，促进学生健康、全面发展。小学生综合评价内容包括品德表现、学业水平、运动健康、艺术素养、劳动与实践五个方面。

二、新时代教育背景对教育评价体系提出新要求

建立并实施一整套促进学生全面发展的评价体系，是新时代对教育评价的新要求。这是因为：一方面，在知识经济时代，个人的才能被赋予更大的价值，教育在

开发人力资源上担负起更大的使命。另一方面，社会的发展带来了人才观的变化。在社会主义市场经济体制下，每个人随时都可能面临新的机遇和挑战，教育应培养能够适应变化、富于创造性的人才。为此，社会对教育评价提出了新的要求，即评价不只是发挥甄别和选拔的功能，更应实现其教育和促进发展的功能[①]。

三、现行评价方式呼吁新评价体系的创建

研读现行的学生评价方式，可以发现：现行评价方式与时代的发展要求还存在着一定的距离。现行的评价方式主要存在着如下问题：①现行的评价，在目标上主要是为了实现选拔与筛选，评价的发展性功能没有得到充分重视；②评价内容指向容易操作的认知层面，忽略学生的情感、态度的评价；③评价过于重视学习的结果，忽视学生在学习过程中的努力与增量；④评价方法与标准单一，过于重视纸笔测验及成绩，缺乏对学生多元化的学习成果的认可。

第二节 童慧教育评价的基本原则

一、评价过程动态化

学习的过程是一个动态、连续、不断变化的过程。在童慧教育的评价中，重视教师在课程实施中的组织、引导作用和学生在学习过程中的进步与变化。在整个教与学的过程中，教师根据自身的特点与对课程的理解，创造性地组织学生参与立格课程的学习，让学生体会到自己在参与、自己在进步，在学习过程中让学生享受学习、探究的欢乐。

二、评价内容多维化

在学生评价时，不仅关注读书信息的获取，更重视学生多方面潜能的发展；不仅关注结果，还重视学生在综合实践活动中的各种表现和活动产品，如研究报告、模型、主题演讲等作为评价他们学习情况的依据，尤其是在创新精神和实践能力方面的进步与变化。多用口头评价原则，让课堂教学活起来；设置"君子卡"评价，提高学生的学习积极性；建立成长档案，培养有担当的中国人。

---

① 朱滨，张新平.改革开放以来我国教育评价政策：演变、特征及展望[J].教育研究与实验，2022(6)：94—101.

三、评价主体多元化

主要采用教师评价、学生自我评价、学生之间互评、家长评价相结合等多种评价方式。加强学生的自我评价和互评，更让家长参与课程评价活动。结合特色节日和学校主题活动，"寻味臭豆腐"课程在学校美食节设立摊位，邀请师生品尝亲手炸制的臭豆腐；"青瓷创意工坊"课程在6月毕业季，为毕业生赠送亲手烧制的青瓷作品表达祝愿；"崧城伞花"课程在中国伞城的"伞城展销会"上担当好"小小解说员"，向来自五湖四海的伞业客商介绍崧厦伞的种类和特点；"创意剪纸"课程在春节前夕，手把手教同学们剪"创意窗花"，并参与学校大队部"创意窗花"甄选活动。学生通过多种展示与交流，根据自己的受欢迎度获得老师、同学、家长的手动点赞。

四、评价形式多样化

每个学生建立自己的"综合实践活动档案"，通过观察，记录和描述学生在课程活动过程中的表现，以此作为评价学生的基础，也便于学生深入了解自己和肯定自己的能力。同时，利用"君子卡"积分制，增强评价的趣味性和新颖性，"寻味臭豆腐"课程设计"崧厦特产我知道"知识挑战赛；"青瓷创意工坊"课程"我是小小鉴宝师"团体辩论赛；"崧城伞花"课程设计"我是小小制伞人"技艺大比拼；"创意剪纸"课程设计"中国民俗文化"作品展示赛等活动进行评比，由学生、老师、家长代表综合打分，分一、二、三等奖，获得相应的"君子卡"。

五、评价手段智能化

充分利用智慧校园的网络工具，对学生的拓展性课程群进行有效的评价。例如，学生运用平板对探究方案、实践过程、参与态度、成品质量等进行即时评价。

课程评价的实施是循序渐进的、动态的、贯穿课程实施全过程的。评价也是多元的、多样化的，只有实施好课程评价，才能为课程的实施保驾护航，才能真正让师生受益。

第三节 童慧教育评价体系的构建

为深入贯彻落实中央关于教育评价改革和"双减"工作部署要求，加大对评价方式、评价内容、评价标准及评价工具的改革力度，切实降低学生学习压力，促进学生全面健康发展，践行"活教育"和"双减"理念，结合崧厦街道中心小学五好学生评比特色，逐渐形成以一、二年级趣味游考，童心飞扬；三至六年级争获智慧卡，做童慧少年的"争获君子卡，做童慧少年"五好学生评比，结合过程性学习成果，促进有效学习的童慧教育评价体系。

一、趣味游考，童心飞扬

趣味游考旨在激发一、二年级学生的学习积极性和学习兴趣，培养学生良好的学习习惯，通过确立一系列情境化主题，把本学期所学的语文、数学等知识穿插在情境化问题中，让学生在乐于参与，勇于挑战的活动中进行综合素质能力的测试。玩中学，做中学，体验学习的乐趣，健康快乐地成长！

（一）内容设计

采用一、二年级互换出题的方式，分成了一语、一数、二语、二数四个命题组，进行考查内容的设计。语文命题分为识字、写字、古诗吟诵、日积月累、查字典、看图说话等；数学命题分为读数、口算、解决问题、数独游戏、模拟购物等。劳动考查会整理、会打扫、会折衣等。

（二）确定评价标准（表4-1）

表4-1 崧厦街道中心小学低年级评价标准

学科	考查项目	评价等级及评价标准				
		优	良	中	及格	需努力
一年级语文	字词认读	全对或错1~2个	错3~4个	错5~6个	错7~8个	错9个或以上
	古诗吟诵	全对或背错1~2处	背错3~5处	背错6~7处	背错8~10处	不会背
	看图说话	能流利地说出一两句话，并符合图意	能说出一两句话，符合图意但不太流利	能说出一两句话，但不太符合图意	能说出一两句话	思考了较长时间，但说不出话
	看拼音写词语	全对或错1~2个字	错3~4个字	错5~6个字	错7~8个字	错9个字或以上
	音序查字	能准确找出音序、音节，找到页码	能准确写出其中4~5项	能准确写出其中2~3项	能准确写出其中1项	全都写错

（续表）

学科	考查项目	评价等级及评价标准				
		优	良	中	及格	需努力
一年级数学	数的认识	全对或错1个	错2个	无	错3个	全错
	我会购物	全对或错1个	错2个	无	错3个	全错
	解决问题	17分及以上（思路7分，得数2分，单位1分）	14~16分	10~13分	7~9分	7分及以下
	口算能力	全对或错1~5题	错6~10题	错11~15题	错16~20题	错20题以上
	推理能力	全对或错1格	错2格	错3格	错4格	错4格以上
二年级数学	数的认识	全对或错1个	错2个	无	错3个	全错
	口诀背诵	全对或错1处	错2处	错3~4处	错5~6处	错6处以上
	单位辨析	全对	错1空	错2空	错3空	全错
	口算能力	全对或错1~5题	错6~10题	错11~15题	错16~20题	错20题以上
	解决问题	17分及以上（思路7分，得数2分，单位1分）	14~16分	10~13分	7~9分	7分及以下
	推理能力	全对或错1格	错2~3格	错4~5格	错6~7格	错7格以上
二年级语文	字词认读	全对或错1~2个	错3~4个	错5~6个	错7~8个	错9个或以上
	古诗吟诵	全对或背错1~2处	背错3~5处	背错6~7处	背错8~10处	不会背
	看图说话	声音洪亮，观察细致，能用三句以上的话完整、生动地表达画面内容，加入自己合理的想象	声音较响亮，能用三句话完整地表达画面内容	声音能让人听清，能针对画面内容说两句话，表达基本合理	声音尚能听清，能看画面说两句话，内容大致与图片相关	声音含混不清，不会看图说话
	看拼音写词语	全对或错1~2个	错3~4个	错5~6个	错7~8个	错9个或以上
	部首查字	能准确找到部首，找到字所在页码，写出正确读音	能准确写出其中4~5格	能准确写出其中2~3格	能准确写出其中1格	全都写错
	字词应用	全对或错1个	错2个	错3~4个	错5个	错5个以上
劳动	会整理	抽屉、书包能整理得非常干净	抽屉、书包能整理得比较干净			还没掌握初步的整理技能
	会打扫	能使用扫把、拖把等工具，并且打扫得非常干净	会使用扫把、拖把等工具，但打扫干净程度一般			还不太会使用扫把、拖把等工具，不会打扫
	会叠衣	能熟练叠衣服、系红领巾等	初步学会了叠衣服、系红领巾，但还不熟练			还没掌握叠衣服的技能

（三）过程及实施

学生利用抽签的形式，选出自己需要面试的题组，进行非纸笔测试。（图4-1、图4-2）

正　　　　反　　　　　　正　　　　反

图 4-1　崧厦街道中心小学趣味游考题组

图 4-2　崧厦街道中心小学开展趣味游考

二、争获君子卡，做童慧少年

崧厦街道中心小学，以"立格健体 习典育人"为办学理念，激励学生争做"尚德、勤学、健美、创造"童慧少年。为进一步激励学生学习的主动性和积极性，培养良好的行为习惯，全面提升学生的综合素养，完善我校多元评价机制，立足校情，基于童慧教育理论，建立了《崧厦街道中心小学五好学生评比方案》，构建"争获君子卡，做童慧少年"激励评价体系。其中智慧卡是评价的重要组成部分，关注全面发展、重于过程表现。

崧厦街道中心小学五好学生评比方案（试行）

一、指导思想

以习近平新时代中国特色社会主义思想为指导，全面贯彻党的十九大和十九届二中、三中、四中全会精神，全面落实立德树人根本任务，坚持科学的教育质量观，坚持"五育并举"，立足学校特色，建立面向全体学生、关注全面发展、重在过程表现、促进有效学习的学生综合素质评价制度。

二、评比主题

争获君子卡，做童慧少年。

三、评比内容

1. 全体学生围绕"美德小天使""学习小标兵""艺术小明星""体育小健将""实践小能手"五个方面，分别争获君子卡中的"美德卡""智慧卡""艺馨卡""体能卡""实践卡"，开展德智体美劳五方面的综合、单项童慧少年评比，争获各类荣誉称号。

2. 五好学生设置校级、班级两级，"五小"单项和五好综合荣誉每学期开展评比表彰。

四、评比名额

1. 班级五好学生占各班总人数 15%，推荐其中最优秀的一名或两名为校级五好学生。（模范班级可推荐两名。）

2. 班级"五小"每个单项奖占各班总人数 15%，其中 5% 专门奖励进步大的学生。

3. 校级五好学生由德育发展中心审核颁奖，班级五好学生和"五小"由年级组审核颁奖。

五、评比方法

1. 每种卡设置基础卡 2 张、特长卡 2 张和进步卡 4 张，其中进步卡单独争获，参与评比班级中"五小"进步单项奖，其他"五小"单项和五好学生评比为基础卡和特长卡的总和，必备条件为"五小"所评选的单项基础卡须达到 2 张，五好基础卡须达到 10 张。

2. "五小"和五好学生评比按君子卡获得总数进行选拔，当君子卡总数相等时，以量化分值作为参考。

3. 评比由相关教师打分，一周记录一次，每周五前将结果及材料上传学之路。

附件：五卡评分标准

美德卡评分标准

一、基础卡

（一）注重安全

1. 课间活动：下课尊重课任老师口令；课间文明休息，开展文明活动；不奔跑，不吵闹，不做危险游戏；课间不吃零食；走路和上下楼梯靠右行，安全礼让。

2. 放学路队：队列整齐；与老师、同学礼貌道别；红领巾、队干部标志正确佩戴；

校门口等候不吃零食，不奔跑打闹、随地就坐；放学及时回家。

（二）崇尚文明

1. 升旗早操：进场集队静、齐、快；出场精神饱满，队列整齐；升旗敬礼姿势正确，态度认真；课间操动作正确到位；退场有序，步伐整齐。

2. 课堂纪律：及时到校学习，不无故迟到或缺席；晨读认真，声音适中，不在走廊、教室随意走动；上课铃响及时进教室静候老师上课；尊重每位课任老师，认真上好每节课；课本等准备齐全，不做与上课科目无关的作业等。

3. 文明就餐：不在校门口吃早餐；就餐路队整齐，下楼有序；就餐及时、安静，餐后不逗留；节约粮食，没有剩菜剩饭；水果、酸奶等吃完再返回教室。

4. 语言文字：认真学好拼音，会读会写会讲；校内外坚持使用普通话；不说土话，坚决不出现脏话；作业用字规范；同学间热情招呼，见到老师、客人主动问好。

（三）讲究卫生

1. 保护环境：及时认真打扫教室、包干区卫生；值日生在放学后及时关闭电灯、门窗等；不随意损坏学校公物和他人物品；不向楼下乱扔垃圾；不随意践踏花草树木。

2. 个人卫生：勤洗手剪指甲；勤洗头理发；不喝不洁净的水和其他食物；不随地吐痰和乱丢垃圾；书包清洁，书本摆放有序。

此项总分为100分，由值周教师、值周中队、大队部、各任课教师考核录入（没有做到其中一小点酌情扣0.5~1分）。总分在90分以上（含90分）得两张基础卡，80~90分（含80分）得一张基础卡，80分以下不得卡。

二、特长卡

1. 获得校级、街道级荣誉每次得20分。（共60分）

2. 获得区级及以上荣誉每次得40分。（共40分）

此项总分为100分，60分以上（含60分）得两张特长卡，20~60分得一张特长卡，此项由德育发展中心、学生发展中心负责统计与录入。

三、进步卡

1. 对照基础卡条例内容，安全意识方面有明显增强得30分。

2. 对照基础卡条例内容，文明礼仪方面有明显改善得40分。

3. 对照基础卡条例内容，环境卫生方面有明显改善得30分。

此项总分为100分，100分得四张进步卡，70分得三张进步卡，60分得两张进步卡，

30分或40分得一张进步卡，此项工作由班主任负责统计与录入。

实践卡评分标准

一、基础卡

1. 注重个人卫生，衣服整洁、穿戴整齐。（10分）

2. 书包、抽屉物品摆放整齐。（10分）

3. 有良好的卫生习惯，不乱扔垃圾，不破坏公物。（10分）

4. 按时上学，不迟到，课前准备好相关学习用品。（10分）

5. 轮到值日时，认真负责，打扫干净。（15分）

6. 饭前便后勤洗手，饭后及时清理桌面。（15分）

7. 按时起床，自己穿衣服，整理床铺。（15分）

8.《劳动技术》《综合实践》课认真守纪，表现好。（15分）

总分100分，没有做到一次扣0.5~1分。第1~6条班主任考评录入，第8条任课教师考评录入。每周考评一次，得分在90分以上（含90）得两张基础卡，80~90分（含80）得一张基础卡。

二、特长卡

1. 主动承担班级的额外劳动任务，如爱心义卖小导购、值周管理员等，每次得10分。（30分）

2. 注重校园环境卫生，看到垃圾能主动拾起，每次得1分。（10分）

3. 帮助父母做一些力所能及的家务，如洗碗、扫地等，有此良好习惯者加5分，每月一评。（20分）

4. 节假日参加社区或少先队组织的爱心、环保方面的公益活动，参加"扫一扫"活动，每次得5分。（20分）

5. 独立完成学校的小制作、小发明、手抄报比赛等，每次得5分。（20分）

此项总分100分，第1、2、5项班主任考评录入，第3、4项家长考评录入。得分在50分以上（含50分）的得两张特长卡，30~50分（含30分）得一张特长卡。

三、进步卡

1. 个人卫生方面有很大进步者。（25分）

2.《劳动技术》《综合实践》课堂表现有很大进步。（25分）

3. 开始参与一些社会公益活动，环保活动等。（25分）

4. 自己的事情能够自己做，习惯养成进步明显。（25分）

此项总分100分，第1项班主任考评录入，第2项任课老师考评录入，第3、4项家长考评录入。得分在100分的得四张进步卡，75分得三张进步卡，50分得两张进步卡，25分得一张进步卡。

体能卡评分标准

一、基础卡

1. 体质测试成绩，优秀满分、良好扣5分、及格扣10分、不及格扣20分。（60分）

2. 积极参加班级体育比赛，如无故不参加的，每次扣1分，扣完为止。（10分）

3. 积极参加大课间活动，如无故不参加的，每次扣1分，扣完为止。（10分）

4. 认真做好眼保健操，如无故不参加的，每次扣1分，扣完为止。（10分）

5. 认真上好体育课，满分为10分。如无故不参加的，每次扣1分，扣完为止。（10分）

总分100分，得分在95分以上（含95分）得两张基础卡，80~94分（含80分）得一张基础卡。此项工作由班主任、任课老师考评录入（第2、3、4项班主任，第1、5项体育教师）。

二、特长卡

1. 参加校级体育赛事（如运动会单项、篮球赛及少数人参加的体育竞赛等，不包括全班参加的团体赛）并获奖的，得25分（个人、团体不累计）。

2. 参加校各类体育训练队的，得25分，在区级及以上体育比赛中获奖的，直接得50分（个人、团体不累计）。

总分100分，得分在75分以上（含75分）得两张特长卡，25分（含25分）得一张特长卡。此项工作由班主任、体育训练教师考评录入（第1项班主任，第2项体育教师）。

三、进步卡

1. 体质测试上升一个等级的，得25分；上升二个等级及以上的，得50分。

2. 体育成绩上升一个等级的，得25分；上升二个等级及以上的，得50分。以得分从高到低排列，取前四名。

此项总分100分，得分在100分的得四张进步卡，75分得三张进步卡，50分得两张进步卡，25分得一张进步卡。此项工作由班主任录入。

艺馨卡评分标准

一、基础卡

1. 上课能遵守课堂纪律，认真投入课堂学习中。（20分）

2. 在课堂中积极实践，能与老师和同伴交流与合作。（20分）

3. 能大致掌握基本的知识要点。（20分）

4. 能积极参加学校及以上组织的艺术比赛，没有参加扣20分，只参加一次扣10分，其他不扣分。（共40分）

此项总分为100分，没做到每次扣1分。70分以上（含70分）得两张基础卡，40~60分得一张基础卡，此项由艺术教师、班主任负责统计与录入（第1、2、3、4项班主任负责，第4项艺术老师协助）。

二、特长卡

1. 代表校级参加个人、团体艺术类（绘画、书法、陶艺、歌唱、器乐、舞蹈等）各项比赛中获奖，每次得5分。（共20分）

2. 在区级及以上正规教育部门组织的个人、团体艺术类（绘画、书法、器乐、舞蹈等）各项比赛中获奖，每次得10分。（共40分）

3. 举办个人书画展、演唱会、演奏会等艺术专场活动，每次得20分。（共20分）

4. 参加校小伞花广播台、电视台节目、六一节等节目展示。（每次得5分，共20分）

此项总分为100分，70分以上（含70分）得两张特长卡，40~60分（含40分）得一张特长卡，此项由艺术教师、班主任、学生发展中心负责统计与录入。

三、进步卡

1. 上课认真专心程度上有明显进步。（25分）

2. 课堂上参与活动、合作能力上有明显进步。（25分）

3. 基本知识掌握上有明显进步。（25分）

4. 参加学校及以上比赛积极性有明显进步。（25分）

此项总分为100分，得分在100分的得四张进步卡，75分得三张进步卡，50分得两张进步卡，25分得一张进步卡。此项由艺术教师、班主任负责统计与录入（第1、2、3项艺术老师负责，第4项班主任负责）。

智慧卡评分标准

一、基础卡

1. 上课认真听讲，违反一次扣1分，扣完为止。（10分）

2. 上课积极思考、举手发言。（10分）

3. 作业字迹端正、正确率高，违反一次扣1分，扣完为止。（10分）

4. 家庭作业按时完成，违反一次扣1分，扣完为止。（10分）

5. 学校作业及时订正，违反一次扣1分，扣完为止。（10分）

6. 考试科目（一、二年级为语数，三至六年级为语数英科）总评良好及以上，一科没达到扣5分。（30分）

7. 综合素质报告单中各学科成绩均为"良好"及以上，一科没达到扣2分。（20分）

此项总分为100分，80分以上（含80分）得两张基础卡，60~80分（含60分）得一张基础卡，此项由任课教师、班主任负责统计与录入。

二、特长卡

1. 区级及以上各类学科竞赛中获一等奖（金拇指）50分，二等奖（银拇指）30分，三等奖（铜拇指）20分；街道（校）级各类学科竞赛中获奖，一等奖30分，二等奖20分，三等奖10分。（50分）

2. 在区级及以上教育系统征文中获一等奖30分，二等奖20分，三等奖15分。（30分）

3. 撰写的文章在市级及以上刊物发表得20分。区级刊物发表得15分。（20分）

此项总分为100分，60分以上（含60分）得两张特长卡，40~60分（含40分）得一张特长卡，此项由辅导老师负责统计录入。

三、进步卡

1. 上课专心听讲有显著进步。（25分）

2. 上课积极发言有显著进步。（25分）

3. 作业字迹端正有显著进步。（25分）

4. 成绩提高明显。（25分）

此项总分为100分，得分在100分的得四张进步卡，75分得三张进步卡，50分得两张进步卡，25分得一张进步卡。此项由任课教师、班主任相互协商，班主任负责统计与录入。

三、重视过程性学习成果

过程性学习成果是指在平时进行的国学考级、写字考级、书香少年评比、科技节、英语周等多种形式的活动成果。以考级、评比的形式开展活动，激发学生的学习兴趣，提升学科素养。

1. 国学考级：活动开展是为了引导学生从传统的优秀经典诗文中寻求滋养，全面推进崧厦街道中心小学国学经典诵读活动，营造人人能吟诵，班班读经典的氛围。分为三个层级：国学蓝段（一、二年级）、国学绿段（三、四年级）、国学橙段（五、六年级）。分别为古诗词背诵、小古文知识、国学才艺展示等。

2. 书香少年评比：旨在积极打造书香校园氛围，让阅读成为一种习惯，让书香伴随孩子成长。崧厦街道中心小学每学年开展一次书香少年评比，让学生与好书做伴，与大师对话。在班级评比的基础上，三至六年级各班推荐一名书香少年，鼓励一、二年级学生积极报名参加。对学生递交的申报表进行评审后选出20名书香少年，并制作宣传展板，师生代表进行打分评选，在此基础上评选出十佳书香少年。

3. 写字考级：每学年开展一次，一、二年级学生铅笔字，三至六年级学生钢笔字。书写内容为：一、二年级语文课本写字表前70个生字。三至六年级语文课本写字表前80个生字。由书法教师进行评级，推进学校书法培育基地校建设。

4. 科技节比赛：旨在培养学生的科技创新精神和科学实践能力，激发学生学习科学的兴趣，以"创新 体验 成长"为主题，一年级纸飞机、四年级三阶魔方挑战赛，二年级纸青蛙趣味跳远、五年级数字华容道挑战赛、三年级扑克牌高塔、六年级制作投石机。

四、发挥综合素质报告的教育功能

学生发展综合报告单是学生学习过程和成果的展示，基于童慧教育理论，近几年一直在探索和创新，形成了崧厦街道中心小学的特色。报告单不仅仅是学生成果的展示，还要关注其学习过程的发展和变化情况，发挥综合素质报告的教育功能。在报告单上，依据学科特点，组织学生通过自评、互评等方式进行学习兴趣、学习习惯、学业水平、进步情况等评价，创新地开展学生跨学科研究性学习评价。

1.评价内容的全面性。报告的内容尽可能反映新课程背景下学校提供给学生的课程结构与评价内容，体现国家意志和校本特色。

2.评价主体的多元性。评价不应只是老师单一主体的评价，而是学生、任课老师、班主任、同伴、家长等共同参与的评价。

3.评价方式的多样性。包括结果评价、过程评价、增值评价和综合评价，实施分项、等级与客观行为描述等评价。（表4-2）

表4-2 学生发展综合报告单

课程	学习兴趣	学习习惯	分项	学业水平	进步情况
语文			识字写字		
			阅读鉴赏		
			表达交流		
			梳理探究		
数学			知识技能		
			数学思考		
			综合应用		
英语			口语交际		
			读写素养		
			综合应用		
科学			科学观念		
			科学思维		
			探究实践		
跨学科研究性学习			过程表现		成果水平

第四节 童慧教育评价体系的实施

一、携手线上平台，智慧综合评价

为了更好地推进"五好学生"评价体系，崧厦街道中心小学跟多家互联网企业进行对接，在听取项目的介绍，反复对比评估后，选中"学之路"平台，与其合作确立支持平台。这款基于"互联网＋评价"的大数据平台软件，即"童慧教育"评价软件。它利用大数据采集，采用多样化的、开放性的评价方法和手段，通过信息采集、资料上传等大数据网络手段对学生"取卡"过程进行成长记录与分析，注重对学生进行过程评价和发展性评价。"童慧教育"评价新体系是与我们现有的课程、活动、展示、考试等体系的有机结合。

二、基于共性发展，兼顾个性特长

不同年级、不同学生，有共同的评价标准，也有差异化的要求。学生在"童慧教育"综合评价新体系的参与过程中，"基础卡""特长卡""进步卡"能充分体现兼顾共性基础上，对学生个性发展的充分尊重，体现学生的基于自我基础的自主发展。例如，同样是艺馨卡，针对绘画、书法、陶艺、歌唱、器乐、舞蹈等，学生可以根据自己的特长自行选择，只要达到对应卡的标准，艺术教师、班主任、德育管理中心的教师便统计与录入，最终获得艺馨卡下的基础卡、特长卡或是进步卡。

三、过程易于操作，责任落实到人

"童慧教育"评价系统，以"学之路"平台为主阵地的实践模式，在学生"取卡"过程中，体现快捷便利的特点。教师、学生、家长，都是"童慧教育"学生评价软件体系的操作成员，不同的评价主体，分别可以在家里、教室、办公室等，随时随地可用手机或电脑上传相关活动资料，进行奖励或扣分。在"童慧教育"评价体系软件中，五类卡页面都有卡名设置、五卡的得分条目、落实操作的负责人（家长）、对应分值等。值周教师、值周中队、大队部、各任课教师、班主任等，对应负责统计录入。凡符合五卡达基础、专特长、有进步，都可得到对应奖励。

四、记录孩子历程，激活学生潜能

"学之路"平台用大数据代替人工统计和分析"取卡"进程情况。所有的数据均可在活动结束时锁定，并导出班级统计表，对应学校德育部门可进行"周四项红旗竞赛""月文明示范班级""学期模范班级"的系统考核。学生个人的数据资料，在期末阶段，还可以自动转化成为学生成长电子档案，永久保存。通过"童慧教育"评价体系，崧厦街道中心小学的学子相互交流学习，伙伴间得以良性竞争、共同提高；在记录成长事实的过程中，学生不断发现和提升自我，建立自信，体验到成长的快乐，最大限度激活了自身的潜能。

当然，崧厦街道中心小学的"童慧教育"评价体系，尚在实施阶段，尚存在着一些需要进一步研究的问题。例如，怎样使各种评价方式协调并进，形成整体；怎样处理好一时的激励性与发展的客观性的关系；怎样进一步加强和改进非学业评价。正是这样的认识，将激励着我们进一步深化学校"童慧教育"评价体系的构建与实施。

第五章　童慧教育的文化建设

文化一般是指某一特定社会成员所共享并互相传递的知识、态度、习惯性行为模式等的总和。校园文化由于学校性质的不同，往往有其独特价值与规范，弥漫着科学、文化和道德规范的气息，构成了学校教育环境的重要组成部分。

第一节　"X+阅读"书香校园的构建

学校是学习文化的场所，更是文化传承的阵地，必须把校园建成一个大的"图书馆"，建成一个文化"浸润式"传承的场所，让学生一进入校园就能感受到浓浓的书香气息。阅读是文化传播、传承的重要形式，如何在校园中组织起有效的阅读途径，实施有效度的阅读，是"浸润式"书香校园探索的重要内容。崧厦街道中心小学在"浸润式"书香校园建设中，围绕阅读文化这一重点，开展系列的"X+阅读"行动课程开发，旨在从制度上保障阅读实施的有效性，多渠道扎实推进阅读工作。

一、"阅读+环境氛围"的营造

学校的建筑、环境必须能体现出文化的气息、书香的气息。一处环境就是一本厚重的书。崧厦街道中心小学从建造之时，就精心布置了书香校园的环境。

（一）书型校门

走进学校，一眼就可以看到由书法名家车广荫先生题写的"崧厦街道中心小学"毛笔书法呈现在一本打开的大书上。校门背面刻着校志铭，介绍着学校的前身、办学目标、理念。书的造型让人一看就知道这是一所有国学气息的学校。

（二）墨香展厅

学校仿古代书院造型分前后两进，步入前一进的大厅，就是墨香展厅，展厅左边是"崧厦街道中心小学历届校友的书法作品展"，其中不乏蜚声国内的校友车广荫先生等人的作品，让人看一眼就能感受到学校文化的厚重和育人成果的丰硕。展厅右边展示的是在校学生的书法绘画作品，浓浓的笔墨虽不乏幼稚，但却展示了当代学生的书香传承。此外，还有展示学校历史的文化大道，展示中华五千年文化的文化长廊，展示象棋文化和农耕文化的两个庭院，展示国学文化的"三人行"立体塑像小广场，等等。还有遍布各楼层的全天开放的"国学书吧""班级国学角"，学生一进入校园就沉浸在国学书香的氛围之中。

二、"阅读＋《国学》课程"的开发

新课程改革赋予学校具有校本课程开设的权利。在开设校本课程的过程中，学校可以把阅读纳入其中，作为学生学习的课程之一，来保证阅读的有效实施。

2015年，崧厦街道中心小学进行"立格育人"课程规划设计，将国学和乡土习作教学纳入学校校本课程，每周安排一节课学习时间，还聘请专家指导国学课程的设计和一至六年级的国学教材的编写，由语文教师负责国学课程的实施。低年级学生在语文教师指导下阅读，中高年级则采用教师指导阅读和学生自主阅读相结合的形式。学校十分重视国学阅读研讨，开展国学课堂教学交流活动，有时集中展示《弟子规》课堂教学，有时进行《笠翁对韵》阅读成果汇报，为国学课程的实施起到了引领和激发的作用。

三、"阅读＋活动实践"的开展

"阅读＋活动实践"包括课间活动、主题活动等多方面的内容，学校要有目的地将阅读渗透入各种实践活动之中，把原本单纯的、意义不深的活动提升为有文化的、有意识的阅读相关活动。

崧厦街道中心小学是全国篮球特色学校，篮球操是每天大课间的锻炼活动，篮球和阅读看似毫不相关，但我们就把篮球和国学紧密地结合了起来。一到大课间，广播就会响起《弟子规》的音乐，同学们捧起篮球到操场集合，大家和着音乐诵读经典，一起做篮球操。这是学校对阅读与课间活动的创造性结合。每年5月，学校举办历时一个月的国学主题文化节，更是阅读与活动的具体呈现。学校根据学生的年龄特点，结合学生平时诵读的国学内容，分班级、年段、学校三个层面，组织了一系列有趣、有效的阅读体验性活动。每年的形式和重点有所不同：2015 年诵读比赛、2016 年配音故事比赛、2017 年诗词大赛、2018 年名著故事表演、2019 年情景剧表演……

每一次活动，学生都需要经历经典阅读、理解、表演的过程，而且由于每年的活动都有新意，学生参与的热情更高。每年的 5 月，学生都浸润在浓浓的国学经典氛围中。

四、"阅读 + 社团模式"的探索

新课改实施以来，各个学校大力开展拓展性课程的探索，以满足学生的不同需求，我们认为实施"阅读 + 社团"的策略，不仅能落实书香校园目标，还能促进社团文化的发展，提升社团的研究档次。

崧厦街道中心小学现有拓展性课程开发社团 68 个，其中文化拓展类社团 20 个，有"古文雅韵""墨香阅读""趣味阅读""青瓷文化研究""茶道文化研究""书法文化研究"等。学校要求这些社团不仅进行知识积累、技艺传承，更要开展相关文化书籍的阅读与研究。还把此类社团作为优先扶持项目，积极地配备设施设备，如青瓷文化研究社团建筑面积达 300 平方米，不仅有制作室，还有烧制室、成品展示室。同时，青瓷文化社团的师生一起研究青瓷文化，现学校已从越窑青瓷制作开始到现在的各个阶段的研究书籍资料，通过阅读研究，资料分析，不仅传承了技艺，还受到了深深的文化熏陶。2018 年，该社团负责老师被区市文化馆选中，参加浙江省非遗项目的展示活动，受到了省厅领导的点赞。

五、"阅读 + 网络互联"的尝试

互联网技术进入校园，是教育现代化的需要，更是提高教育质量的需要，拥抱互联网，运用互联网工具可以有效帮助阅读走向综合，走向立体，走向深入。

崧厦街道中心小学打通"智慧校园管理系统"各个环节，把"学之路"校园管理平台、"智慧云"图书管理系统、校园电脑网络系统、"平板课堂"、省"之江汇"网站，微信发布系统等现代化媒体平台，编织成了一张立体的智慧阅读共享网络。教师可以通过电脑网络调用"学之路"管理平台上的《弟子规》《古诗诵读》等国学微课、国学电子图书、国学表演视频；学生可以通过网络，调用学校资源库中自己所需的学习资源，进行网上阅读；学生还可以到省"之江汇"教师论坛上参与班级读书活动的

讨论；可以利用书香校园网站，建立自己的阅读空间；在家里，家长定期拍录学生经典诵读录像，通过微信传送给教师，教师审核后，把视频保存到校园电脑网络硬盘上。这样既增加了教学资源，又激发了学生经典诵读的兴趣，提高了学习积极性，培养了诵读才能。学校还定期进行微信公众号的阅读推介，总结表彰宣传推广阅读工作的成果。

六、"阅读＋达人体系"的构建

构建阅读评价体系，有利于规划引导学生的阅读内容，帮助学生建立有梯度、有层次的阅读，学校也可以借此开展书香达人、书香家庭、书香班级、书香教师的评选。

崧小每年开展"阅读小达人"的评比，评比依据主要是课外阅读的积累。为此，学校为每个学生规划了六年必读书单和选读书单。如，一年级必读《千字文》，背《古诗》20首，选读《我妈妈》等10本绘本。每年5月，学校根据年级读书的内容，进行一次考核活动。一、二年级采用游考形式——口头吟诵考级，三至六年级进行书面考级。题目由学校组织各年级语文老师完成；通过口头和书面考级的学生进入第二环节——"国学少年"的才艺展示，学生可以自行选择才艺展示形式，或讲经典故事，或诵经典美文等；经过才艺展示评比之后才能进入评比的最高环节——陈笙夫奖学金之"国学小达人"的评选，优胜者获得2000元的奖学金。每次考核，全校有600余人能获得学校颁发的蓝、绿、橙三色国学奖章，10人获得奖学金，大大激发了学生的阅读兴趣。

把阅读与学校的环境、活动、课程、社团、网络联姻，实现浸润式的阅读，是深化书香校园工程的需要，也是提升阅读品质的必然。与时俱进，提高每个学生的阅读素养，提高民族素质和文化底蕴，是教育的需要，是社会的呼唤，更承载着中华民族伟大复兴的希望。

第二节　面向未来的智慧学校建设

智慧校园建设是提高学校信息化建设与应用水平，推动信息技术与学校办学特色与育人的深度融合，智慧校园的发展和提升，是学校文化的更高级形态。崧厦街道中心小学基于对校园基础设施、教学资源的数字化改造，以智慧学校建设优化教学、推进教研、改进管理。

一、提升工程 2.0 实施概况

（一）项目实施背景

崧厦街道中心小学是一所百年名校。学校现代化教育设施齐全，按浙江省标准化学校一类标准配备，硬件设施一流。在建设现代化学校目标的引领下，学校坚定不移地贯彻并实践"以人为本、全面发展"的办学理念，坚持"立格育人"的校训，努力追求"爱润童心"学校精神，深化办学特色，积极实施"立格课程"，大力推行"2+X+3"立格教育全覆盖，培养具有国际视野与乡土情怀的美格少年，创建"国学崧小、智慧崧小、美丽崧小"品牌，办有温度、有美感、有智慧的学校，努力成为省内外有一定知名度的乡村品牌学校。

经过了第一轮的 1.0 提升工程，教师的应用能力有了提升，学校信息化建设成果、教师信息技术教育应用水平进入一个新高度。信息化建设应秉承适合原则、小步慢走，根据学校实际与需求布局一个、完善一个、用好一个，稳步扎实推进学校信息化建设，更好地服务教育教学。

（二）核心需求与主要目标

对照学校信息化发展规划及教师的信息技术教育应用能力，分成学校管理团队、信息技术水平较高群体和信息技术水平一般群体，实施分级培训。通过信息技术应用能力"提升工程 2.0"项目的实施，预期在现有学校教育信息化建设方面的基础上，在学校教育信息化管理者信息化领导力、学校信息化管理、教师信息技术教育能力、教师信息化教育教学创新等方面能有所改善和提高，从而全面提高学校教育信息化水平，以促进学校教育教学的高质量发展。

1. 管理团队。了解信息技术对教育教学带来的影响和变革，胜任教育信息化规划、组织、管理、实施、评价等，基本形成一支学校教育信息化管理者队伍，推动学校教育管理工作智慧化转型。

2. 信息技术水平较高群体。已经能胜任多媒体教学环境中的技术应用技能，但是在优质数字教育资源的开发和应用上还存在提升空间。例如，制作微课时需要考虑哪些关键问题，如何利用技术工具设计并制作演示文稿、微课，提升演示文稿及微课程的开发能力，从而形成系列的微课程群。

3. 信息技术水平一般群体。已经基本具备实施信息化教学所需的知识与技能，能利用多媒体设备和信息技术进行日常教学，但是在促进师生学习与专业发展方式

变革等方面有待加强和提高。例如，将网络资源加工成有效的教育资源，能根据教育教学需要设计与制作演示文稿。

二、整校推进组织与实施

（一）整校推进的实施概况

为贯彻落实《教育部关于实施全国中小学教师信息技术应用能力提升工程2.0的意见》，依据省"提升工程2.0"整校推进实施指南及绩效评价有关要求，结合本校实际，崧厦街道中心小学按照上级的要求及时推进教师信息技术应用能力"提升工程2.0"的实施工作。"提升工程2.0"整校推进设计为"规划准备""全员启动""主题研修""中期检查""评价总结""整校迎评"等6个阶段。其中：校级管理团队参与所有6个阶段，其他研修组教师参与"全员启动"至"评价总结"4个阶段。

1. 加强组织领导，组建强有力的管理团队，确保培训规范有序。信息化工作涉及面广，涵盖学校多方面的工作。为此，学校成立了以校长为组长的教育信息化领导小组，明确人员分工与职责。加强管理，树立全体教师信息技术应用意识，提高信息技术在教育教学中的使用效率。

2. 完善技术装备，加快教育信息化基础设施建设。在用好学校有限资金的基础上积极争取上级领导部门的支持，把下拨的专款专用资金用于完善教育技术装备的建设与配备上。充分利用崧小校园里的现有网络，实现学校网络信息化全覆盖。

3. 扎实开展培训，着力提高教师教育信息化素养。加强师资队伍的建设，提高教师专业化水平、教学实践能力和信息技术应用能力，鼓励教师把信息技术与课堂教学深度融合，提高教学效率，鼓励教师利用各种信息技术手段进行教学资源开发。积极组织全校教师结合信息技术应用能力提升工程网络培训进行实践应用。

4. 重视技术研究，优化教育资源库的建设与应用。借助专家力量，引导教师重视课堂中信息技术的应用研究，让信息技术为促进教师的"教"与学生的"学"助力。优化学校教育资源库的建设，为教师的教学提供大量图文并茂的课件、完善的学科工具、精彩的动画演示等资源，提高教师在课堂教学中运用信息技术的水平。

（二）整校推进的路径与特色

升级智慧校园，加快"互联网＋教学"步伐，启动智慧国学课程，全面提高学生的核心素养，成功创建浙江省现代化学校。

1. 技术助力"五星三名"，凸显"立格"红品牌。党建引领"活教育"，立格育人书新篇。开展"闪亮一颗星，做好引路人"系列活动，引领学校品质发展。学校顺利通过绍兴市"五星三名"示范学校、区"五星三名"示范学校，绍兴市"红领活教育"先锋示范学校争创与复评验收。学校先后迎接了绍兴市委领导一行、浙江省督查组一行、浙江省莫国夫名师网络工作室、台州路桥小学参观团等来校参观调研，承办了上虞区课堂教学艺术节小学语文教学观摩研讨会。

2. 打造高品质乡情课程，构建"童慧"新样态。学校依托语文学科基地，探究童慧课堂范式，开展名师交流研讨活动，引进6场省市区级名师研讨活动。初步形成童慧教学特色；学校的乡情课程群构建荣获绍兴市课题一等奖，浙江省课题成果三等奖，"儿童乡土习作导学"课程荣获绍兴市基础教育成果二等奖。承办绍兴市品质课堂项目推进会活动，"童慧语文"教学项目在绍兴市级分享。学校成立了三个街道级名师工作室，培养骨干教师，工作室成员中有5位老师评上高级职称，5位教师评上区学科带头人，5位教师评为区优质课一等奖，2位老师代表上虞参加绍兴市优质课比武。学校加大了立格课程实施力度，开展拓展课程精品化、乡土课程集中化工程，2个课程被评为区级精品课程，1个学科教室被评为绍兴市级示范学科教室，1个课题在浙江省立项，2个课题在绍兴市立项，智慧阅读案例被选入省信息化运用案例。

3. 打磨完善健格课程，闪亮篮球象棋特色项目。继续深化篮球特色品牌，学校作为全国青少年篮球特色学校，开辟篮球荣誉室，设立篮球名人文化墙，拍摄篮球专题片，营造良好的篮球文化氛围；完善篮球考级办法，更大平台上推介篮球特色课程。建立校园小篮球竞赛机制，开展班际篮球赛，并实现区小学生男子篮球十一连冠。体质大赛抽测连续四年获区一等奖；夺得区小学生中国象棋比赛B圈甲、乙组第一名，丙组第二名。

4. 持续加大设备投入，不断推进智慧校园建设。从提升师生的服务品质入手，投入20万元进行美丽校园文化建设；投入10万元建造教职工充电装置；投入20万元进行校园暑期维护；投入35万元新增20套一体机，进一步加快学校智慧教育步伐；投入40万元改造录播教室；投入40万元改造创新实验室；投入15万元装配人脸识别系统，提高校园安全智能化管理水平。重视卫生教育，加强对垃圾分类的整体管理。重构卫生管理体系，落实教育、设备、评价三管齐下的网络，提升管理的标准，确保美丽校园的整体形象。加强后疫情时期的安全防控，将疫情防控措施融入学校日常管理，将红外测温设备与人脸识别系统、智慧校园系统进行整合，实现疫情防控人防、物防、技防的有机整合，确保校园安全。

（三）工作创新之处

1. "互联网＋义务教育"实现常态化管理，加强名科名师带动效应，提高城乡一体化质量。发挥制度的导向作用，将"互联网＋义务教育"工作纳入街道名师管理考核办法，纳入"嵩贤奖教金"管理考核、教研组考核、名师工作室考核要求，切实提高了活动质量。

2. 实施智慧教育行动。加大一体机投入力度，加大师资培养步伐，在图书智慧管理、国学微课系统、"童慧教学"范式等领域有所建树，形成嵩厦街道中心小学"童慧教学"特色品牌。

3. 探索疫情下家校共育新模式。根据疫情实际情况，推出线上心理辅导和家庭教育课程，组织家长注册绍兴市家长学堂，鼓励家长收看。在做好防护的前提下采用实地培训交流等模式，推出校内名师课堂，评选表彰优秀家长，提高家长育人水平。2020 年 12 月，学校被评为绍兴市首批数字化家长学校。

三、整校推进的成效与影响

（一）整校推进目标达成情况

1. 以赛促训，学以致用。以网络环境下信息技术与教育教学深度融合为主题，适时组织开展教师信息技术示范课评选、教学技能比赛、优秀课例征集和教师网络空间建设等活动。通过展示、推广应用成果，形成良好的应用氛围，促进教师在课堂教学中积极主动地应用信息技术，以用促学。积极探索示范性教师网络空间、微课程资源库建设等工作举措，推进信息技术应用的综合创新。同时，每学期开展课件制作评比，微课制作评比，极大地提升了教师的信息技术应用能力。

2. 课程入手，打造精品。学校加大了立格课程实施力度，开展拓展课程精品化、乡土课程集中化工程，2 个课程被评为区级精品课程，1 个学科教室被评为绍兴市级示范学科教室，2 个课题在浙江省立项，2 个课题在绍兴市立项，智慧阅读案例被选入省信息化运用案例。

3. 加大投入，升级校园。学校于 2020 年被评为浙江省首批现代化学校。

（二）整校推进代表性成果

1. 学校成果

（1）嵩厦街道中心小学院让"国学"驾上"筋斗云"（视频播放）。为了让"新国学课程"效应最大化，学校在发展过程中，一直坚持特色强校的发展战略，不断加大校园信息化建设的投入，积极推进教育现代化进程。通过课程资源云分享、大型活动云播放、教师掌握云技能等措施，让"国学"驾上"筋斗云"，有效地实现了特色建设与学校现代化的同步发展，有效地实现了课程资源共享最优化，大型活动影响最大化，加快了崧厦街道中心小学的智慧化进程。本案例也入选绍兴市优秀案例。

（2）叩开"国际大奖小说"之门——谈智慧型书香校园建设（选择性播放）。本案例主要介绍崧厦街道中心小学利用智慧图书系统，引导学生自主借还图书，减轻图书管理教师整理压力；发布学生阅读信息，激发学生的竞争意识，促使学生阅读更多的书；教师借助图书借阅信息，有针对性地组织学生进行阅读指导教学。

2. 教师个人成果

学校在市、区级评比中涌现出优秀个人案例、微课等。例如，朱丹骅老师的"把崧厦臭豆腐搬到空间去"（空间应用案例，视频播放）。该案例以崧厦臭豆腐班级博物馆建设为载体，讲述如何借助之江汇网络空间，使学生综合实践活动突破时间、空间的制约，由课内延伸至课外，由学校延伸至家庭，由现场延伸至网络。"崧厦臭豆腐网上班级博物馆"不仅记录着同学们真实的学习轨迹，也给课程提供了不断衍生、发展的空间。

本次"2.0 提升工程"，崧厦街道中心小学有 2 个案例、微课入围了浙江省级的评比。

（三）成果成效的辐射影响

崧厦街道中心小学非常注重信息技术应用能力的培养，平板课程率先普及，同步课堂渐入佳境，平板进入学生的国学考级、游考。进入学校，处处都能体会到满满的科技感，学校也被评为浙江省第一批现代化学校。升级智慧校园，推进"互联网＋"教学，启动智慧国学课程，全面提高学生的核心素养，创建成功浙江省现代化学校。

1.《为教育插上"智慧"的翅膀——崧厦街道中心小学创建省级现代化学校侧记》在《浙江新闻》上报道。

2.《崧厦街道中心小学创建省级现代化学校侧记》在河北教育网报道。

3.《"互联网＋义务教育"共促教育均衡发展》在河北教育网报道。

4. 一场直播引 4 省 2000 余人围观"崧厦街道中心小学组织召开'两个传统进课程'

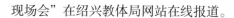

现场会"在绍兴教体局网站在线报道。

5.《当传统国学遇上现代科技——记 2020 年嵩厦街道中心小学"多彩国学考级""插上智慧翅膀 徜徉国学文化"》于 2019 年 12 月 13 日在浙江日报报道。

四、未来规划及后续思路

嵩厦街道中心小学利用信息技术 2.0 学习的契机，加大学校信息化建设的硬件投入，形成基于网络技术的高效管理机制，建成集行政管理、教学管理、生活管理、安全管理于一体的数字化校园网络系统。同时，要优化资源库的管理，提高学校知识管理水平。要基于学校发展目标及办学特色，针对学校的教学、科研、管理，分层分类，不断积累、充实、丰富多媒体课件资料、教师科研资料、视听资料等教育资源。结合互动教育软件和云教育平台，通过网络技术开展高效率教学，实现数字教育资源海量存储，实时分享，在线作业、在线辅导、在线评价等。

同时努力在以下几方面下功夫。

一是思考如何把对信息技术的学习和提升转化为老师的一种自觉行为。应用到日常的教学工作中去，切实提高课堂效率和学生的学习兴趣。

二是如何借助信息技术，为学生提供更加开放、便捷、个性化的学习环境，促进师生主动式、协作式、研究型的学习，形成开放、高效的教学模式，更好地培养学生的信息素养以及解决问题能力和创新能力。

第三节 国学文化节的活动创新

中华文化源远流长，博大精深，是民族精神的重要载体。诵读国学经典，品悟中华文化，造就具有中华气韵和民族气质的现代中国人，是我们每一个教育者的神圣使命。习近平总书记曾多次阐述中华优秀传统文化，从诗词散文等传统文化进教材，到中华文明与世界文明交流互融，习近平总书记在用自己的言行告诉我们：传统文化从孩子抓起，呵护孩子们的文化基因，事关民族传承、复兴，在浩如烟海的国学宝库中沧海拾遗，有选择地补充既烙印着民族精神，又与现代公民生活息息相关的素材，将文化的传承扎植于当代小学生心中，共筑"中国梦"。

嵩厦街道中心小学是一所具有优良教育传统和丰厚人文积淀的百年名校。早期学校就确立了"尚德、勤学、健美、创造"的校训，邀请了一大批的专家硕彦讲学、考察，推行新教育，传播新文化，由此发展了一代又一代名师贤才，积淀了深厚的文化底蕴，在社会上声誉斐然。而且从 2012 年开始，我校就确立了"与国学经典对话"的校本研究。学校鼓励学科组教师积极投身教科研，组织相关教师根据学生心理年龄特点和学校实际尝试编写校本国学教材，并形成了初稿。经典诵读课作为微课列入课程表，各班学生在教师引领下已学习了部分国学内容。在试行过程中，我们积累了一些具体的实践经验，课题"基于校本的新国学经典课程探索与研究"在区级评比中获一等奖，课题成果多次作为成功经验向同行介绍。异地新建之后，学校还十分注重整体环境的国学化。新校园整体建筑风格沿袭古代学堂的设计，国学经典在校园主题墙乃至每个班级都有着各自的"园地"，"小伞花电视广播台"的阵地建设、"中华古诗文经典诵读"等活动的开展，让学生对国学的亲近感与日俱增。这些都不断推动着国学课程迈向特色化和精品化。

一、国学氛围的营造

（一）"新崧陵书院"

在校园内建设一个"新崧陵书院"作为国学活动基地。"崧陵书院"是我校的前身，故名新用，寄托了如今崧厦街道中心小学将国学发扬光大的决心和信心。定位为国学馆的"新崧陵书院"装修风格古朴大方，毗邻图书馆，内设展览区。学生身着汉服、佩戴铭志牌，正襟危坐于蒲团之上，于苍竹翠柏之间，醉心国学，体味经典。修身立德之行从这里培育，齐家治国之志在这里树立。

（二）"一日四读"

早晨大声自由朗读（每日早晨用 10 分钟时间诵读国学经典作品，或者开展形式多样的诵读活动）；中午静心默读（每天中午午餐后，学生用 20 分钟左右时间静静地读书，培养良好的读书习惯）；放学前集体诵读（每个傍晚花 5 分钟时间慧省一天的学习收获）；晚上亲子共读（提倡每天晚上回到家，家长和孩子共读半个小时，同享淡雅书香）。

（三）"五个一"

"每课一诵"，每节语文课前 2 分钟诵读本周国学内容；"每周一韵"，校园广播专辟"每周古韵"栏目，播放经典朗诵；"每周一评"，根据同学在"一日四读"中的表现，评选"诵读之星"，根据班级在活动中的表现，每周评选经典诵读先进班级，让学生体验成功；"每人一本"，三至六年级学生人手一本读书日记，每天记录自己的读书体会等；"每学期一次展示"，通过校园网站、校报、校园广播、文化长廊、竞赛、表演、公众号等展示国学教育成果。

（四）"两相结合"

把国学经典诵读活动引入少先队雏鹰争章活动系列，在课程开设的基础上组织全校开展"国学达人""中华经典诵读""国学夏令营"等系列活动，并要求各中队围绕国学课程开展中队活动，将个人的国学学习情况作为一个重要指标纳入"雏鹰争章"评选之中；将以经典诵读课为主要呈现方式的基础国学课与融合自主性、层次性的国学综合实践活动课相结合。

（五）"同享国学"

开展"同享国学课堂"等课堂开放活动。请社会各界专家、家长、社区人员来校讲座、参加国学教育成果展等活动，整合家长、社区资源，让他们参与学校国学教育特色建设。同时，利用各种媒体广泛地推介和宣传我校的国学课程。

二、国学校本课程的开设

为了打好汉语言文字基础，培养学生诵读的能力和习惯，激发学生对国学经典的兴趣，体会国学经典的价值，形成共同的良好的价值取向，目前，崧厦街道中心小学已经设置了分学段分基础的多层次国学校本课程结构体系。

一、二年级为蒙学学段，一年级开设《弟子规》《三字经》基础课程及个性拓展课程，二年级开设《千字文》《笠翁对韵》基础课程及个性拓展课程。

三、四年级为四书学段，三年级开设《论语》基础课程及个性拓展课程，四年级开设《大学》《中庸》《孟子》基础课程及个性拓展课程。

五、六年级为子史集学段，五年级开设《老子》《庄子》基础课程及个性拓展课程，六年级开设《史记》《通鉴》《历代散文选》基础课程及个性拓展课程。

三、国学文化节的举办

为彰显学校的国学特色品牌，全面推进国学经典诵读活动，12月，学校举办了以"经典浸润童年，智慧点亮人生"为主题的首届国学文化节。

此次国学文化节历时一个月，以"诵经典""知经典""悟经典"为主要内容，分班级、年段、学校三个层面组织一系列的有关国学经典的活动，各班班主任老师在每周利用一节微型课时间组织学生进行国学诵读，指导出一期国学经典主题板报，开展一次主题交流活动，以充分调动学生学经典的积极性。各年段根据学生的年龄特点，结合学生平时诵读的国学内容，开展有趣、有效的国学竞赛活动：一、二年级以《三字经》《弟子规》《千字文》《笠翁对韵》等国学相关题材为内容，以年段为单位开展诵读比赛，三、四年级以《论语》《孟子》等为内容进行故事配音，五、六年级以《老子》《庄子》《史记》等为主要内容进行情景剧表演。同时，大队部组织开展以"玩转国学 快乐成长"为主题的传统游戏活动，让学生以自己的生命活力去亲近、充实、解读经典，传承中华精髓，真正让经典浸润心灵。

四、国学文化活动的成效

（一）教育成效明显

国学文化活动的开展，营造了人人能吟诵，班班读经典的氛围，学生在活动中认识了诚信、勤奋、友谊、孝敬等中华民族优秀的品质，在传统的优秀经典诗文的滋养下陶冶了性情，提升了文化品位，在文化底蕴积淀的过程中塑造了创新人格与现代精神，充分彰显了"经典浸润童年，智慧点亮人生"的主题。活动开展以来，有百余篇学生习作发表在各级各类报纸杂志上，九十余名学生在国家、省市级作文竞赛中获奖。学校的《树立"崧小人格"的丰碑——上虞区崧厦街道中心小学"立格"教育课程改革方案》在上虞区学校整体课程建设规划方案评比中获一等奖，绍兴市二等奖；《国学学科课程建设规划方案》在上虞区中小学校学科课程建设规划方案评比中获得一等奖，"基于校本的新国学教育的研究和实践"课题列为绍兴市2016年规划课题。

（二）社会影响深远

以"经典浸润童年 智慧点亮人生"为主题的首届国学文化节活动在社会上引起了较好的反响。这一活动在绍兴市人民政府门户网、《绍兴晚报》、《上虞日报》、绍兴热线、上虞新闻网、上虞电视台等媒体上纷纷报道。并通过微信平台广泛传播，家长和社会给予了此活动高度的评价，并对学校开展国学文化的传承举措点赞。

第四节　乡土劳动周的特色文化培育

崧厦街道中心小学在2021年底被浙江省教育厅教研室推评为省劳动教育实验学

校。学校始终把劳动教育放在重要位置，在系统的文化知识学习之外，结合劳动新形态，有目的、有计划、项目化地组织不同学段的学生参加以体力劳动为主的日常生活劳动、生产劳动和服务性劳动，让学生身心参与、手脑并用、知行合一，在劳动实践中出力流汗、接受锻炼、磨炼意志，培养正确的劳动价值观、良好的劳动品质和基本公民素养，发挥劳动教育树德、增智、强体、育美的综合育人价值。

2022年4月25日—4月29日，学校开展了以"多彩劳动体验，助力伞花成长"为主题的劳动周系列活动，让学生在跟劳模工匠的近距离接触中磨砺意志品质，在各项劳动技艺的实践中锻炼劳动技能。

一、劳模工匠进校园、进课程、进课堂

（一）劳模工匠进校园

上虞是越窑青瓷的发源地，陶瓷工业源远流长，"越瓷"名扬四海。而作为越窑青瓷的非物质文化遗产传承人顾少波（图5-1），有着常人难以想象的成长历程——从一个中考"失败者"到厨师学徒，从酒店大厨再到制瓷大师，成为国内从事越窑青瓷制作最年轻的一位陶瓷工艺高级技师和非物质文化遗产传承人。于是学校就邀请顾少波为学生讲述自己由"炉火"陪伴的成长故事。（图5-2）

图5-1 越窑青瓷非物质文化遗产传承人顾少波

顾少波幼时家境贫寒，后在宁波一所职技校的厨师专业学习，毕业后开始学厨生涯。在学厨期间，他每天早起去菜市场买南瓜、萝卜，潜心雕刻，苦练技艺。2010年，顾少波回上虞学习青瓷技艺，走到真正属于自己的越窑制瓷师的人生轨迹上。一触碰瓷土，他便情不自已、爱不释手。几年间，从拉坯、雕花学徒到个人成立"顾氏越窑"研究所，他把全部的精力和财力都投入青瓷研究制作。近年来，顾少波致力于挖掘、弘扬越窑青瓷传统技艺，许多佳作获得国际、国内大奖。现在他已拥有非物质文化遗产（越窑青瓷烧制技艺）传承人、浙江省青年岗位能手、绍兴市突出贡献高技能人才、绍兴市五一劳动奖章获得者等一系列身份。

图 5-2　顾少波成长故事报告会现场

顾少波的励志故事在崧厦街道中心小学学子中引起了强烈反响。"坚持下去，兴趣是最好的老师"，这是顾少波送给学生的话，而另一句话则要学生在各自的人生中不断体会和感悟："不要怕失败！"就如一窑一窑的青瓷作品，一有不慎，便全部沦为废品，即使万事俱备，也不一定能得到理想作品。失败，对于一个越窑制瓷师来说，是最平常不过的考验。

榜样的引领作用也极大地提高了学校学子对于越窑青瓷的兴趣。崧厦街道中心小学越窑青瓷研究室的指导老师刘伟达，也是青瓷研究的资深专家。每天傍晚、社团课时间，总能看到刘老师和一群热爱青瓷的学生一道拉胚、制坯……（图5-3）

图 5-3　越窑青瓷社团活动现场

（二）劳模工匠进课程

全国劳动模范崧厦祝温村的杭兰英书记带领全村老百姓脱贫致富，建设新农村的故事在上虞乃至绍兴、浙江都广为流传。结合"立格育人"党建品牌深化行动，学校开发了《故事中的党史》《故事中的经典》两本校本教程，通过课程扎实推进党史学习教育进教材、进课堂，把党史学习教育融入教育教学全过程。先由本校教师执教《故事中的党史》之《乡村振兴路上的"山海情"》一课，还原了杭书记投身新农村建设的种种感人事迹。再请课例中的党史故事主人翁、全国劳动模范、全国优秀共产党员杭兰英同志到学校，请她结合自身的工作经历，讲述她带领党员干部群众，致力于农村改革与发展，把一个集体经济薄弱、班子软弱涣散、村庄管理无序的落后村，建设成新农村示范村的故事。

组织师生学习劳模精神，极大地增强了学生爱党、爱国、爱人民的思想情感。学生通过聆听报告，深刻领会到了劳模精神，深切地感觉到了责任感和使命感，大家表示要学劳模，做优秀学生。正如有学生在作文中写道："我也要像杭奶奶一样，做对社会、对家乡有贡献的人。吾辈当自强，不负韶华！"

（三）劳模工匠进课堂

作为浙江省首批最美校园的崧厦街道中心小学，近几年开设了多门劳动特色课程，如盆景课程、青瓷课程等。2021学年第二学期开学典礼之际，学校就邀请了绍兴市盆景协会理事、上虞区盆景协会副会长、秘书长叶校青校长为孩子带来精彩的开学第一课。叶校长从自己爱上盆景的经历出发，讲述了盆景作为中华民族优秀传统之一的意义与价值，带领学生了解盆景发展的历史，由盆景讲到了劳动带来的价值，鼓励同学们从小要动手、动脑，积极参加各项劳动实践活动。

劳动教育要有一定的劳动载体，即适合学生劳动的场所和承载劳动课程的实践空间。早在2018年学校就在校园内开辟了"青青苗圃"作为学生的校内劳动实践基地，每班承包一小块，开展育苗养护，观察探究。同时，在校内打造了一条盆景长廊。定期请中国盆景高级艺术师、省级盆景大师、工艺美术师钱长生先生来校上盆景课。（图5-4）钱老师从盆景的构造、修剪、上盆三方面讲解盆景艺术，并给师生们作了具体的示范指导。通过他的课堂，孩子们明白了：对盆景，是一种对生命的敬畏和尊重，懂得了盆景犹如大写的人：造型追求大气和谦和；修剪讲究等待和舍得；上盆尽显懂得和呵护。

图5-4 钱长生先生给学生上盆景课

受几位盆景大师的引导和熏陶，崧厦街道中心小学的盆景社团和花艺社团开展得风风火火，开出了名堂，开出了希望。樱花开了海棠舞，桃花笑了李花闹……所有的花像是来学校奔赴一场盛大的演出。在这所花园式的校园里，学生穿梭在花丛中如蜂似蝶，时而拾一片花瓣，时而闻一缕花香，时而捡起一片落叶。（图5-5）

图5-5　盆景社团和花艺社团活动展示

孟春之月，崧厦街道中心小学的学生在教师的带领下插了260根绣球花枝条，一起探究绣球品种对发根率的影响。插下绣球枝条后，学生成了劳动基地的"巡查官"。开启了观察、记录、对比试验、查找、采访的项目式学习之旅。

二、以赛带练，激发崧小学子劳动热情

"听口令！三、二、一，开始！"一、二年级的学生有条不紊、紧张迅速地开启一项项劳动。叠衣服要工整，系鞋带要娴熟，这些看似简单却都是技术活，小选手们都表现出不俗的实力。

"幸福的生活从哪里来，要靠劳动来创造"，伴随着《劳动最光荣》的歌声，学生正展示着自己的一项项劳动技能：低段学生正在进行叠衣服、系鞋带比赛；中段学生正在展示自己的早餐技能——做粢饭、做肉夹馍；高段孩子们正在开展富有创意的水果拼盘活动。在本次劳动周中，学校安排了校级层面的多项劳动比赛和多彩班队课活动安排，通过这一系列活动，极大地激发了学生的劳动热情和兴趣。

（一）校级比赛安排（表5-1）

表5-1　劳动技能校级比赛安排

年级	比赛内容
一年级	1. 叠衣服、系红领巾比赛。2. 劳动电子小报制作比赛
二年级	1. 叠衣服、系鞋带比赛。2. 劳动电子小报制作比赛
三年级	以"我的生活能自理"为主题的作文比赛
四年级	香袋设计、制作比赛
五年级	风筝设计、制作比赛

（二）多彩班队课活动安排（图5-6、图5-7，表5-2）

图5-6 多彩班队课活动现场

表5-2 多彩班队课活动安排

年级	班队课活动主题
一年级	班级叠衣服、系红领巾比赛
二年级	班级叠衣服、系鞋带比赛
三年级	肉夹馍制作
四年级	饭团制作
五年级	水果拼盘制作
六年级	水果沙拉制作

图5-7 多彩班队课活动场景

三、各年级分层次开展项目化劳动主题活动

学校劳动教育要准确把握社会主义建设者和接班人的劳动精神面貌、劳动价值取向和劳动技能水平的培养要求，拓宽劳动视野，提高劳动素养，使其牢固树立劳动最光荣、劳动最崇高、劳动最伟大、劳动最美丽的思想观念，领会"幸福是奋斗出来的"内涵与意义。掌握基本的劳动知识和技能，形成一定的设计能力、创造能力和团队合作能力。养成诚实守信、吃苦耐劳的劳动品质和珍惜劳动成果、杜绝浪费的生活习惯。按学段分，制定了符合学生实际的具体劳动教育目标：

（一）低年级。以日常生活劳动为主要内容，注重培养劳动意识，感知劳动乐趣，爱惜劳动成果。指导学生：①完成个人物品整理、清洗，进行简单的家庭清扫和垃圾分类等，树立"自己的事情自己做"意识，提高生活自理能力；②参与适当的班级集体劳动，主动维护教室内外环境卫生等，培养集体荣誉感；③体验简单生活用品的使用，进行简单手工制作，照顾身边的动植物，关爱生命，热爱自然。

（二）中高年级。以家庭劳动、农业种植、传统工艺与手工制作和服务性劳动为主要内容，培养学生热爱劳动、热爱生活的态度，学会与他人合作劳动。指导学生：①开展烹饪、收纳、常见家用器具使用、购物，参加校园保洁、绿化等；②初步体验种植、养殖的规划与实践，纸工、编织以及简单的木工和电子等项目的设计与制作；③适当参加社区环保等力所能及的公益劳动，体验图书馆管理等社会性服务劳动；④运用一定的设计思维来应对劳动中遇到的困难，尝试通过技术手段解决问题，初步建立团队合作意识。

对照崧厦街道中心小学学年度劳动教育目标，在本次劳动周期间，学校组织各年级分层次开展项目化劳动主题活动。（表5-3~表5-8）

表5-3 一年级劳动周活动主题："生活起居我能行"

劳动项目	1. 洗红领巾、袜子
	2. 小件衣服自己清洗、晾晒
	3. 叠衣服。

表5-4 二年级劳动周活动主题："我是整理小能手"

劳动项目	1. 摆碗筷，擦桌子
	2. 小书桌的整理
	3. 自己小房间的打扫

表5-5 三年级劳动周活动主题："我的早餐我做主"

劳动项目	1. 用燃气灶加热早餐食品（煮鸡蛋、蒸馒头）
	2. 尝试煎鸡蛋
	3. 做一个三明治

表5-6 四年级劳动周主题："我是香袋制作小达人"

劳动项目	1. 了解香袋的知识
	2. 学会穿针、引线、走线，掌握简单的缝制技艺
	3. 设计并制作一个香袋

表5-7 五年级劳动周主题："我是风筝制作小工匠"

劳动项目	1. 风筝知识的了解
	2. 风筝的设计
	3. 风筝的制作及美化

表5-8 六年级劳动周主题："我是家务小能手"

劳动项目	1. 收拾碗筷，洗碗筷
	2. 房间整理
	3. 学会烹饪2~3碗家常小菜

崧厦街道中心小学第一届"多彩劳动体验 助力伞花成长"的劳动周系列活动得到了学生、教师们的欢迎，得到了家长们的全力支持，也得到了社会各界的肯定。劳动周活动先后在百观新闻客户端、上虞电视台、浙江少儿频道报道。劳动是一切幸福的源泉。未来，崧厦街道中心小学将继续优化劳动教育课程，推动学校劳动教育再上新台阶，努力让每个学生成长为爱劳动、会劳动的新时代小英雄。

第六章　童慧教育的成效与展望

习近平总书记强调，立德树人是中国特色社会主义教育事业的根本任务。学校办学，要始终牢记为党育人的初心，坚定为国育才的立场。绍兴市崧厦街道中心小学成立了以夏伍华校长领衔的"童慧教育"科研团队，实施"N+2+3"全课程体系的构建与实践探索，培养具有童心和智慧的向善向美的"新崧厦人"，从崧小起步，努力成为社会主义事业的合格建设者和可靠接班人。学校的成功经验两次在全国教科研大会上做过推介，学校先后被评为首批中国新样态实验学校等，2021年被评为浙江省首批现代化学校，并得到省、市各级领导的高度肯定。

第一节　童慧教育的实施成效

一、促进学生全面发展，童慧少儿崭露头角

2020年，崧厦街道中心小学毕业生许攀梁荣获区高考第一名，高圣儿举办舞蹈专场，俞思琪开办钢琴独奏会，李想举办个人绘画作品展……"寻味臭豆腐"课程，学生录制的崧厦臭豆腐讲解视频在绍兴市综合实践展示活动中播放；"崧城伞花"课程有关伞的学生习作在各类报纸杂志上发表，学生的工艺伞和青瓷作品在省拓展性课程活动中展示；"寻味臭豆腐"开出"班级博物馆整体布局与区域设计"区级公开课，并获得好评；"崧厦臭豆腐"模拟博物馆被评为区班级"儿童模拟博物馆"项目设计一等奖；"青瓷创意工坊"被评为绍兴市示范性学科教室；"创意剪纸"

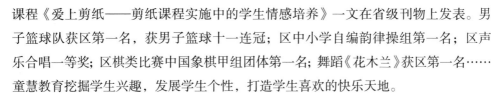

课程《爱上剪纸——剪纸课程实施中的学生情感培养》一文在省级刊物上发表。男子篮球队获区第一名，获男子篮球十一连冠；区中小学自编韵律操组第一名；区声乐合唱一等奖；区棋类比赛中国象棋甲组团体第一名；舞蹈《花木兰》获区第一名……童慧教育挖掘学生兴趣，发展学生个性，打造学生喜欢的快乐天地。

二、助推教师专业成长，名师培养成效显著

学校科研团队成员担任 3 个街道级名师工作室的导师，搭建教师发展平台，培养骨干教师。五年来，有 40 多位教师被评为省、市等各级名师、教坛新秀、学科带头人，1 位教师登上全国权威刊物《语文教学通讯》青年名师人物，1 位教师登上全国权威刊物《小学语文教学》人物封面，并做整本杂志推介，公开出版教学专著 2本。 近年来，共有 100 余篇次教师教育教学论文在国家级、省级刊物上发表，共有 100 篇次教师教育教学论文获省、市、区评比一等奖，学校成为区语文学科基地学校。有多个课题立项为省级课题并获奖。

三、提升学校内涵发展，形成乡村学校品牌

如今，基于地域的儿童乡土立格课程渐入人心，课程经验在绍兴课程现场会上推介，立格课程的经验、课堂教学实践在云南、重庆、宁波、温州、河北、台州、绍兴等省内外学校推介。浙江省教育厅、浙江省发改委、浙江省科协等主要领导亲临指导并给予充分肯定，浙江省外国语学院领导、黄冈师范学院院长、浙派名师团队、塔式教育联盟校长团队及各地教育局组团先后来校参观学习指导，高度评价学校高品质发展。学校经验两次在全国教科研大会上做经验推介，学校先后被评为首批中国新样态实验学校、全国乡村学校少年宫、浙江省美丽校园、浙江省书香校园、浙江省卫生单位、浙江省少先队先进集体、绍兴市现代化学校、绍兴市家长满意学校、全国篮球特色学校、绍兴市首批"五星三名"示范学校，被列入浙江省文明校园创建行列。2021 年学校成功争创为浙江省首批现代化学校。

浙江外国语学院教授李春玲评价崧厦街道中心小学：这是一所有味道、有高度、有追求的学校。浙江省教育厅教研室副书记柯孔标说：一方水土养一方人，崧厦街道中心小学的乡土作文让孩子走出自我小天地，把目光投向四周广阔的天地，关心家乡，感受家乡，发现家乡，表现家乡，让优秀乡土文化滋养孩子幼小的心田。中科院院士、上海交通大学物理天文学院院长景益鹏赞扬：母校教学创新，人才辈出。2017 年省教育厅副厅长韩平来崧厦街道中心小学视导，称赞学校已成为全省新乡镇学校的重要窗口；2020年6月1日绍兴市委书记马卫光、市人大常委会主任谭志桂等领导一行来校慰问，盛赞学校办出了地域特色区域品牌，有力推进了区域社会经济教育高品质发展。

第二节　童慧教育的优化建议与展望

孟子曰："君子之所以教者五：有如时雨化之者，有成德者，有达财者，有答问者，有私淑艾者。此五者，君子之所以教也。"从我国古代的孔子、孟子的教育思想到现代教育理论，都十分强调教育智慧与策略。童慧教育的中心是课堂教学，难点也在课堂教学。新课程改革目标是变革教学样态，实施高效教学。高效教学是以生为本的课堂，是唤醒智慧的课堂。崧厦街道中心小学"童慧教育"的持续迭代，应根据学校确立的"立格教育"理念，推进"童慧课堂"教学改革，使教学更好地顺应每个学生的个性发展，形成具有地域品牌效应的办学特色，不断探索振兴乡村教育，实现教育共富的创新之路。

一、整合教学资源

活用教材，挖掘和利用各种资源促进学生积极参与学习和主动探究。充分开发地域性、现实性、生活性的教学资源；尊重教学过程中学生的主体性，重视课堂中"动态生成性"教学资源，根据教学进程中出现的新情况，及时调整教学预设，为生成创造条件、提供支持。

二、优化课堂结构

根据教学内容、学科特点、学生实际，科学安排课堂结构，灵活多样地呈现课时教学内容。课堂安排，倡导"大板块、精预设"，体现以教师为主导、学生为主体、训练为主线，促使学生通过动手、动口、动脑获取知识、培养能力和发展智力。结构优化的目标，是通过设计合理的过程，达到省时高效的目的。

三、强化目标意识

在目标的确定上，要有针对性、整体性、全面性，要将三维目标科学有机整合。在组织落实上要有力度和效度，在实施过程中要能有效落实、全面达成。在课堂有限的教学时间内最完美地实现三维目标落实。

四、促进同伴互补

充分运用学生间的互补作用。科学组建学习小组（低段建立松散型小组，中高段建立紧密型小组），合理分工，明确要求，注重实效，为学生的思考、练习、讨论、实践、交流以及互助，留足时间和空间。在小组合作中倡导使用活动导学案，灵活运用小组合作交流单、合作板。

五、实施因学施教

针对实际开展分层教学。关注每一位学生，尽可能为每位学生提供发言等参与课堂活动的机会，给不同层次的学生提供适合的指导，让每一位学生在课堂上有所收获、有所发展。根据不同层次学生设计有针对性的问题，倡导把学生名字写进教案，促进全体学生的个性张扬、智慧发展和健康成长。

六、完善媒体使用

合理地选择、安排和正确使用教学媒体，有效运用教学媒体的辅助作用。提高媒体的使用效益，对媒体演示的顺序、时机、方法、时间等要做精心设计，充分应用现代信息技术，注重信息技术与教学内容的整合，善于运用微课、电子白板等，使学生在最佳的条件下学习，从而提高课堂教学的效率。

七、构建和谐生态

倡导师生平等，为师生情谊沟通畅通渠道。教师要欣赏学生的独特感受，尊重学生的多元见解。关注细节，追求教学的合理化、智慧化、精确化，更好地培养学习习惯。教师要善于用鼓励的话语、期待的目光、巧妙的疏导与孩子思维共振、情感共鸣。根据教学目标和内容调整教学空间设计及课桌椅排列方式，注重课堂巡视行走路线的目的性和指向性，随时帮扶有需要的学生。

八、提升作业成效

在课堂中做到精讲优练，精心设置作业与练习。要有充分的作业时间、丰富的作业内容、多样的作业形式，及时地进行作业批改。根据学生水平设计分层作业与个性化的练习，给不同程度的学生有自主选择完成作业的权利和空间。要严格遵守八分钟作业提示音，努力做到作业堂堂清。重视面批面改，课堂中面批率至少达50%，每一个学生每天都应有作业面批的机会。重视订正后的再批。

九、创设展示平台

珍视学生的智慧潜能，努力搭建多种平台，创设各种载体，让每位学生都有展示自我的机会和场所。要畅通各种渠道，运用多种形式，充分展示学生的作品、才艺与特长，使学生个性得到不断持续的发展。

十、实行多元评价

充分发挥评价的激励功能，使评价激励学生乐学上进。善用评价语，巧妙运用魅力"星星卡"等激励载体。运用多种手段进行过程性评价，及时发现学生在学习中的问题，及时反馈与矫正，通过评价促进学生核心素养的提升。引导学生用发展的眼光评价自己与同伴。关注学生在学习过程中表现出来的创造性、成长性，充分肯定他们的点滴成绩和进步。

后　记

　　乡村振兴,教育是最核心的软实力;而振兴乡村教育的关键在于因地制宜地创新。20世纪40年代,陈鹤琴先生吸收国际先进教育理念,结合自身办学实践,不断思考,潜心研究,提出活教育"做人,做中国人,做现代中国人"的育人目标。对于我们这所新型乡村学校而言,在新的历史时期,守一方文化传承,开发特色地域资源,培育"有理想、有本领、有担当的时代新人",是"活教育"思想在乡村教育的最好实践和研究。

　　基于以上认识,从2015年开始,学校组建教科研团队,开展对童慧教育的实践和研究。2019年"童慧语文"被列为绍兴市品质课堂项目,并荣获绍兴市首批品质课堂项目一等奖; 2021年浙师大团队进驻学校,"读写教室"之批注项目全面启动,研究组的多篇论文在专业核心刊物上发表,一位教师登上全国权威刊物《小学语文教学》人物封面,课题立项为浙江省教研课题;2022年童慧教育成果《守望乡情——一个乡村校长的追梦之旅 》公开出版。学校先后被评为浙江省美丽校园、浙江省现代化学校、浙江省书香校园、浙江省文明校园。

　　在童慧教育的实践研究,以及本书的写作过程中,得到了上虞区教体局领导和浙江师范大学专家的大力支持。浙江师范大学的张振新院长多次来校指导,王国钧、钟晨音两位专家,持续进行了近三年的学术支持。全国著名特级教师周一贯先生撰写序言,为本书提点引领。崧厦街道中心小学的教师既是童慧教育的实践者,又是本书写作重要的参与者。各章的撰写人分别是:绪论,夏伍华;第一章,夏伍华;第二章,夏伍华;第三章,夏伍华、姜丽凤、倪丽美、王家东、陶圆圆、蔡浩、陈胜江、沈泽人、张莉丽、朱婷婷、朱美玲、王叶菲、桑苗娣、方青、毛子燕、郭炳校、徐益锋、严桂凤、严建斌、田慧恩、余静；第四章，夏伍华、徐益锋、顾利芳；第五章，李立军、夏伍华、王秋忠、朱峰；第六章，夏伍华、丁广川。

　　本书可以说是"活教育"思想在乡村学校实践和研究成果的一个总结，希望能对乡村学校一线教师和学校管理者深度开展活教育实践有一定的帮助。本书在写作过程中引用了很多研究者的研究成果，在此表示感谢，由于我们的学识水平有限，缺陷、错误在所难免，恳请专家读者批评指正。

夏伍华

2023 年 8 月

新时代"活教育"理论与实践发展研究丛书

沈夏林　何桂仙　主编

活力教师成长的校本实践探索

HUOLI JIAOSHI CHENGZHANG DE XIAOBEN SHIJIAN TANSUO

丁斌毅·主编

线装书局

图书在版编目（CIP）数据

活力教师成长的校本实践探索 / 丁斌毅主编 .

北京 ： 线装书局，2024. 10. -- （新时代"活教育"理

论与实践发展研究 / 沈夏林，何桂仙主编）. -- ISBN

978-7-5120-6225-2

Ⅰ . G451.2

中国国家版本馆 CIP 数据核字第 20244AX455 号

活力教师成长的校本实践探索

HUOLI JIAOSHI CHENGZHANG DE XIAOBEN SHIJIAN TANSUO

主　　编：丁斌毅

责任编辑：林　菲

出版发行：**线 装 書 局**

　　　　　地　　址：北京市丰台区方庄日月天地大厦 B 座 17 层 （100078）

　　　　　电　　话：010-58077126 （发行部）　　010-58076938 （总编室）

　　　　　网　　址：www.zgxzsj.com

经　　销：新华书店

印　　制：三河市龙大印装有限公司

开　　本：710mm×1000mm　1/16

印　　张：15.5

字　　数：259 千

版　　次：2024 年 10 月第 1 版第 1 次印刷

印　　数：0001—1000 册

线装书局官方微信

定　　价：248.00 元（全五册）

办品质的活教育
育高质量的时代
新人！

二〇二三年四月　顾明远书 【印】

著名教育家顾明远先生题词

前　言

　　80多年前,浙江省上虞籍著名教育家陈鹤琴提出了"教活书、活教书、教书活""读活书、活读书、读书活"的观点,意图改变当时中国教育存在的"教死书、死教书、教书死""读死书、死读书、读书死"问题,这一思想在中国教育界产生了重大影响。时至今日,陈鹤琴先生所批评的现象依然在一定程度上存在,典型表现为教师"死教"、学生"死学"的"苦教苦学",这种教育教学方式与全面贯彻党的教育方针,落实立德树人根本任务,培养德智体美劳全面发展的社会主义建设者和接班人的要求和学生终身学习发展的需要是格格不入的。

　　鉴于此,上虞区教体局着眼未来,提出了"办有品质的活教育,打造湾区教育新高地"的教育发展目标,以逐步满足上虞人民对更高质量教育的向往。基于共同的理念和愿景,浙江师范大学教育集团与上虞区教体局合作开展了新时代"活教育"理论与实践的发展研究,得到了众多学校的热情支持,最终确定了春晖外国语学校、上虞外国语学校、滨江小学、鹤琴小学、崧厦街道中心小学、小越街道中心小学为该项目研究的基地学校,浙江师范大学附属上虞中学也参与了该项目的研究。上虞区教体局为该项目研究给予政策、经费的保障,基地学校校领导、教师积极参与该项目研究与实践,浙江师范大学教育集团组织了一支理论和实践研究的指导队伍,携手开展新时代"活教育"的探索。

　　基于陈鹤琴先生的"活教育"思想,根据各校的办学传统和特点,逐步凝练了以"活力课堂""活力文化""活力课程""活力教师""活力美育"等为主要内容的上虞新时代"活教育"特色,并开展了相应的理论研究与实践探索。浙江师范大学研究生院还主办了纪念陈鹤琴130周年诞辰暨"活教育"思想研究征文大赛,得到广大研究生的热烈响应，经过对征集到的论文认真评议，选择了部分论文结集纳入本丛书出版。

《陈鹤琴"活教育"思想的当代传承与探索》文集以陈鹤琴教育思想的当代价值、传承及其实践创新为主题，主要包括对陈鹤琴教育思想的本体研究与比较研究、陈鹤琴教育思想与课程改革研究、陈鹤琴教育思想与教师专业发展研究等内容，旨在审视陈鹤琴教育思想在新时代的学术价值和现实意义，引导广大教育工作者理解传承、创新应用陈鹤琴教育思想，推进"活教育"在新时代深入开展。

《学科课程节："活教育"理念的学校课程变革行动实践》以课程为切入点，从儿童的内在需求出发，研究满足儿童全面发展的教育生态的营建。滨江小学教育集团在"活教育"理念指导下，致力于学科教学和学生发展的有效融通，以学科课程节为载体，探索国家课程的活动化、校本化、项目化，推动教学活动序列化、结构化、课程化，进而构建素养化课程体系，滋养办学成色，以求以学科变革促进学生全面发展。

《"活教育"引领下的学校课程与教学改革》阐述了上虞区鹤琴小学秉持"活教育"视域下的儿童学习观、教师教学观等理念与内在要求，致力于课程与教学的不断创新。全书在"一切为儿童"的"活教育"理念观照下，结合新课程改革理念，围绕课程、教学、学生、教师等维度，具体通过活力课程的设计与实施、活力课堂的研磨与生成、核心素养的落实与发展、精良队伍的培植与建设、优质资源的培育与重组等方面较为全面而具体地呈现了"活教育"引领下学校课程与教学改革的实践样态。

《童慧教育："活教育"思想的乡土实践与探索》阐述的是上虞区崧厦街道中心小学基于学校现实基础，从"活教育"思想的现代转化入手，提出了"童慧教育"的理念与内在要求。全书在阐述"童慧教育"理论的基础上，围绕课程构建与实施、课堂教学转型与变革、评价体系及其实施、学校文化建设等内容，较为系统地描述了基于"活教育"思想的"童慧教育"实践样态。

《玩中学："活教育"引领下的小学活动课程实践》呈现的是上虞区小越街道中心小学在"活教育"理论支持下，以"玩中学"为理念开发的系列活动课程。"玩中学"系列活动课程包括"玩中育德"的红色研学课程、"玩中培智"的创意3D打印课程、"玩中强体"的空手道课程、"玩中作美"的鼓韵课程、"玩中悦劳"的劳动课程以及富有地方特色的剪纸课程六大活动课程，实现以玩促学、会玩会学、

学中有玩、玩中有学。

《活教育　悦课程：跨学科主题学习活动的设计与实施》一书，阐述了上虞春晖外国语学校接轨春晖教育，传承白马文化，践行"活教育"理念，创设的以"悦礼""悦读""悦动""悦美""悦行"为主题的跨学科主题学习活动。全书展示了该校加强学科相互关联，课程内容与学生经验、社会生活相联系，强化学科知识整合，统筹设计实施综合课程和跨学科主题学习活动，发挥课程协同育人功能，培养科学人文相融，人格学力俱佳的时代新人的实践探索。

《活力教师成长的校本实践探索》阐述的是一所新办学校——上虞外国语学校践行陈鹤琴"活教育"思想，在较短时间里建设一支充满活力的教师队伍的实践探索与独特经验。全书从活力思考、活力设计、活力课例、活力评价、活力育人和活力成长六个方面展示了上虞外国语学校这所新办学校，充分利用成熟教师的丰富经验和年轻教师的创新意识，使经验的能量和青春的力量相互碰撞，诠释了对新时代"活教育"的理解和实践，形成了新学校活力教师队伍建设的校本经验。

《"活教育"引领下的新办学校成长方略》呈现的是一所新办学校——上虞区鹤琴小学教育集团天香校区坚持以陈鹤琴"活教育"思想为指导，以实现学校特色办学的可持续发展为目标，打造"活教育"校园文化品牌的架构与实践。全书展现了该校以"促进儿童身心和谐全面发展"的"活教育"办学理念为宗旨，以活文化、活课程、活课堂、活教师的建设为线索，探索"活教育"引领下新办学校的发展路径，构建了"四香"校园文化体系，开发实施了"六艺"课程和技术赋能的"活力课程"，并借此带动教师专业成长，为学校的建设发展注入强劲活力。

《致远有爱："活教育"理念的"致教育"课程构建与实践》，阐述了浙江师范大学附属上虞中学在"活教育"理念引领下，探索构建以"致远有爱"为目标的"致教育"课程体系的实践与成果。"致教育"课程践行"活教育"理念，旨在以爱心培育生命促进健康成长，以文明启迪智慧引领个性发展，以"致品""致知""致动""致美""致行"为主题的课程内容，努力为培养德智体美劳全面发展的时代新人提供课程支持。

经过三年多的共同努力，陈鹤琴先生的"活教育"思想实践在这些基地学校已初显成效，这套丛书所呈现的就是部分理论与实践研究成果。我们相信，随着新时代"活教育"理论研究与实践探索的深入，将会有更多更好的成果逐步涌现。

　　我们所开展的研究活动，得到了著名教育家顾明远先生的关注，他在了解此事后，欣然题词："办品质的活教育，育高质量的时代新人。"这是对我们极大的鼓励，激励我们将新时代"活教育"理论与实践发展研究持续、深入进行下去。

　　教育改革之艰难是众所周知的，我们不期望通过一个项目的研究和实践就能解决教育之积弊，但我们相信，我们的共同努力将为教育带来一缕新风。

沈夏林　何桂仙

2023 年 8 月

- 目　录 -

第一章　活力思考

陈鹤琴活教育思想内涵丰富而又深刻，其理解和落实关键在于教师。上虞外国语学校在其引领下，做了学校的顶层设计，同时也在思考和学习活教育思想中，践行了该思想并成效显著，彰显了学校和教师的活力。

第一节　活起来的教育更有生命力

"活教育"思想，是陈鹤琴先生于20世纪40年代提出，并经过他多年的亲身实践建立起来的理论体系。其实质是在目的、内容、方法以及教师观上与传统教育区别开来，让教育秩序更为先进、自动、有活力。

众所周知，教育历程是学生必经的，其所有实践都在变化和发展。陈鹤琴认为，活教育必须解决好最本质的问题，即所有教育行为需要更好地服务于孩子这个活生生的教育对象。换句话说，"活"起来的教育，更有"生命力"。

那么，教师该如何努力地让自己"活"起来呢？

活力教师，往往视野开阔、思想缜密、行动敏捷，具备活的思想、活的态度、活的目标，善于追寻教育的根源。所谓活力有个明显的优点——无论教育方式如何，都能善于思考、善于明理、善于辨析、善于选择。面对学生，充满爱与关怀；面对知识，充满渴望。

一、要培养科学先进的活力思想

教育是一种智慧，在处理复杂的教育情境和教育关系时，始终富有激情，并有专业的、发展的思想。活力教师往往能敏锐地关注热点与难点问题，会有比较、选择，绝不安于现状，在创新中保持对所属专业的先进理念。活力教师会敏锐审视自己的教育方式，及时发现新问题并积极解决。

活力教师植根于活力课堂。从课前准备到课堂实施，再到课堂总结与反思，都积极展现活力。为此，教师必须确立学生的主体地位，把课堂还给学生，并与他们交流沟通，打造一个融洽和谐的学习空间。可以说，教育者选用的教育方式，对受教育者是否有收获是极其重要的。教育若能激发学生"活"起来，便能达到"活"教育的目标要求。

二、要夯定发展创新的活力态度

教育者的态度决定教育实际效果。鼓励教育者永葆童心、童趣、童真，一直很有必要，因为职业心态纯洁，才会有积极乐观的职业态度。做有活力的教师，必须自觉追求，彰显学习之活、知识之活、情感之活、能力之活、生命之活。

教育也是一种服务，教育者最大的态度，是以生为本的"活"理念。一是走入学生世界。要尽可能帮助学生实现自我价值，引领其树立人生理想。学生是生动、具体的人，因而教育核心地带必须融入其世界。比如，新课程强调教学与生活的联系，联系学生已有的经验，把课外实践也纳入学生与自然、与社会、与自我以及与文化的关系中，这就能很好地表现活教育力。这期间，教育者需要具备"活"的能力。二是懂得敬畏文化。任何进步背景下的文化都是教育所弘扬的主题。而特定的文化遗产及其文化性格影响着学生和教育的发展，所以教育者要敬畏传统文化。三是攫取时代活力。真正以生为本，满足时代之需要。在信息时代，以计算机和网络为代表的信息技术迅猛发展，影响人类的思维方式和教育模式，也为活力教育提供了源泉。敢于质疑、勤于实践、勇于创新，必将成为新时代教师的核心素养。

三、要确立切实可行的活力目标

经济全球化的背景，要求教育具有全球意识和国际视野，更具开放意识，了解多元文化及其价值。适合全球化视野的教育，才是真正的活教育，而这一切都需为教育确立切实可行的目标。

有活力的教师，善于激发学生学习热情，让教育价值更大。教育中每一个好的目标,都能激发学生自己的思想、追求与个性,并能引领学生在生活中探究知识本真,养成高雅品格。

任何机械的、教条式的传授,都会僵化人的活动。自觉追求"活"的教育规律,张扬教育个性,是每一个教育者必备的技能。任何教育行为都要有目标,让实践有效,让学生多动、多说、多看、多问、多表现、多思考、多合作。鲁迅先生在谈到作文秘诀时,一再强调"有意义,去粉饰,少做作,勿卖弄",学生感受、体验之后,就可以根据自己的审美筛选素材,捕捉符合自身情感的写作对象,最终提炼和升华新的思想。写文章、画画要有个性,上台演讲也要有个性。在鲜活的教学中,墨守成规是可悲的。从哲理层面来说,环境也是一种教育资源,要优化其教育价值。比如,《孟母三迁》的故事告诉我们,良好的生活环境对于孩子成长很重要,环境可以造就一个人才,也可以毁掉一个人才。其实,真正成功的是教育者,孟母按照孟子的个性找到了活的教育方法,最终成了因材施教的千古典范。又如,《西游记》中一无是处的唐僧能修成正果也是个性发展的成功:心中有佛,对四个徒弟知人善任。因此,教师要正确认识自己的教育行为,科学评估自己的价值,用"活"的能力去培养"活"的学生。一方面,要学会对传统历史经验深刻反思;另一方面,要学会在不断变化着的现象面前,把握教育时机,调整教育目标,获得教育最大效益的可能。

做有活力的教师,要秉持"活教育"思想,清晰地了解自我、分析自我、激活自我、优化自我,且不断学习研究、实践积累、反思进步,激发自身内在的潜能特长,促进自身专业健康成长。

作者:丁斌毅

第二节 "活"字立骨,提增学校发展之"力"

教育事业发展的生机活力来自一所所持续向好的"活力"学校,而"活力学校"的建设离不开深厚的文化背景和文化样态,它是支撑学校开展一切教育工作的出发点,起铸魂、塑形的作用。

伫立在虞城曹娥江畔,地处核心区块的上虞外国语学校,前身为曹娥中学,创立于1969年,2002年易地建造并更名为滨江中学,2009年为适应上虞经济建设和教育可持续发展的需要，该校再次投资 1.1 亿元易地建造，定名为上虞外国语学校。建校 54 年来，学校虽历经多次搬迁，但历史文化却一脉相连，秉承至今。多年来，学校一直扎根于上虞籍教育家陈鹤琴先生"活教育"思想的土壤，以"活"字立骨，将其作为核心理念统领校园文化，打造富有生命力的顶层设计，不断提增学校发展之"力"。

一、以"活"为一种精神，确立"自主发展"的办学理念

办学理念是一个学校自身发展、开展教育教学活动的最高价值准则，具有强大的指引力和凝聚力，而导向明晰的办学理念又定然离不开教育理论的支撑。上虞外国语学校在陈鹤琴先生"活教育""做中教，做中学，做中求进步"的方法论引领下，结合自身办学思考，以"活"为精神，确立了"让每个学生在自主发展中迈向成功"的办学理念，并以其为核心，统领其他校园文化要素。

让学生迈向"成功"是教育人的初心与使命，但如果急功近利，其过程必然具有功利性、指使性、限制性，就无形中扼杀了学生自我成长的活力。上虞外国语学校以办学理念为宗，以"志存高远，做最好的自己"的校训为径，涵养"看重学校、尊重学生、注重学问"的教师，发展"自健身心、自主学习、自律言行"的学生，着力打造活力、和谐、特色、优质的"上外"，引领全体师生形成主体意识与生命自觉。

二、以"活"为一种状态，构造"自健身心"的德育样态

学校是否有活力，关键在学生。如若学生"活跃"不息，并形成一种恒定的成长状态，那么这所学校定然具备"活力"；学生是否有活力，关键在学校。如若学校探索不止，并将此作为一种管理模式坚持下来，那么这些学生定然"活力"满满。

多年来，学校始终践行五育并举的"三自"育人目标，以一系列"自健身心"的德育举措，帮助学生构建"活"力迸射的生命状态。

（一）重视实践历练，让学子焕发"全能"活力

学校坚持为学生提供一切实践机会，让学生自主探索历练，在真实社会活动中焕发"全能"活力。每年学校会定期开展远足调研、企业课堂、志愿服务、电台主持评选等活动，让学生"研"路奔赴，活跃于阳光下的社会课堂，在情景历练中培育综合能力。与此同时，学校还会经常安排有助于提高学生自救能力的活动，比如，VR 消防体验、红十字现场救护培训、心理健康讲座等。

（二）坚持身心并育，让学子焕发"健康"活力

陈鹤琴"活教育"的目的是"做人，做中国人，做现代中国人"。何为"现代中国人"[①]？要有健全的身体。经过几年的探索，学校在"全国青少年校园足球、篮球双特色学校"和省一级心理辅导站"阳光工作室"的助力下，形成了一套德育与心育、体育与健康深度融合的运作模式。例如，将"守护心'晴'"固定为开学第一课；为每个学生定制"心路成长袋"；举办体育节，让学生积极投身体育赛事；进行菜单式大课间活动，激发学生体能锻炼热情等。

（三）创设评价载体，让学子焕发"个性"活力

2022年版新课标倡导将学科教学深化为学科育人，因此学校的教育教学目标也应由达成学科素养变为培养人的素养，为此，学校不再以学业质量为评价依规，试制了许多能体现学生综合素养的评价方案和实施办法，创设多种指向人格佳、学力优、体能强、心力坚、习惯好等多维度的评价项目，如"十佳学习标兵""美德少年""书香少年""百名孝星"等，激励学生焕发不同"个性"活力。

三、以"活"为一种体验，打造"自主高效"的生命课堂

学生的活力，既指显性的"活力状态"，也指隐形的"活力思维"，无论哪种，都离不开形式灵活的教学方式和丰富多元的课堂设置。为此，学校以"活"引领，积极打造"自主·高效"的生命课堂。（图1-1）

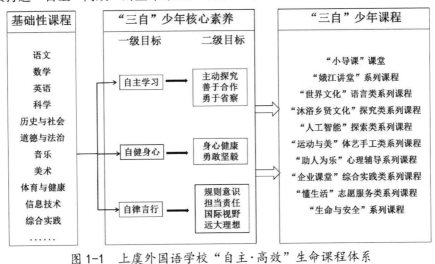

图1-1　上虞外国语学校"自主·高效"生命课程体系

---

① 陈秀云，柯小卫. 陈鹤琴教育思想读本·活教育 [M]. 南京：南京师范大学出版社，2012:4.

（一）高屋建瓴，打造具有自主特色的整体课程体系

经过多年实践，学校高屋建瓴，打造出具有自主特色的整体课程体系，即由基础性课程和"三自"少年拓展性选修课程组成的"自主·高效"生命课程体系，旨在实践和推广以学生为主体，课堂为阵地，人与人之间的一种充满生命活力的思想、文化、情感交流体验，形成有智慧和德行的人的生命课堂，让教育返璞归真。

（二）因地制宜，创拓适合学校校情的课堂阵地

以劳动课程为例，我校班级多、学生多，人均可实践面积少，给每位学生的动手机会相对不足，所以学校因地制宜，放弃建立校级农科基地的传统做法，建立适合学校校情的劳动课程阵地——步绿长廊。学校给每个教室都配备了8个花箱，平均每4~5个同学一个，学生按四时节气种植花草树木、瓜果蔬菜，可以随时观察，轮流守护。

（三）因科而异，构建尊重学生天性的教学模式

学生天性活泼，若想让课堂活而有效，就要尊重孩子的天性，尽量避免填鸭式灌输教学，多重视生生、师生之间的互动，致力于实现其生命对话。为此，学校在组织课堂教学时，因科而异，构建尊重学生天性的教学模式。

四、以"活"为一种需要，培育"自驱内发"的活力之师

活力学校需要一批有活力的教师，活力学生需要活力之师的引领。何谓活力之师？他们拥有热情充沛的生命活力、精进不休的专业活力和取长补短的碰撞活力。学校以"活"为发展需要，一直致力于培育"自驱内发"的活力之师。

（一）人文关怀，洋溢其热情充沛的生命活力

一个人若是缺少了热情，是做不成任何事的。教师一旦缺失生命的热情，那对学校、学生的活力压制是可想而知的。为此，学校特别注重对教师的人文关怀，竭尽所能营造校园的幸福感、尊严感。比如，为外地教师精心打造暖居；赋予教师学校管理权，充分听取他们的建议；开展"我身边的好同事"征文比赛；采购健身器材供师生锻炼等。

（二）多方助力，激发其精进不休的专业活力

教师成长要经历站住、站高、站稳三个阶段。在上外，每个阶段的教师学校都是重点关注的，为此，学校同步发力、多措并举，不断激发其精进专业活力。面向资深教师，学校用心鼓励，倾心创设名师工作室；面向骨干教师，学校聚焦教研探

讨和经验分享，精心打造学科基地；面向队伍最为庞大的青年教师，学校实行内驱外助、双维度培养，比如，配备三级导师（学科导师、班主任导师、心灵导师），出台《星级教师考核制度》，开展"青年教师座谈会""'八个一'成长经历共享"等活动。

（三）以赛促学，唤醒其取长补短的碰撞活力

竞赛机制是唤醒教师取长补短的碰撞活力的重要手段。学校通过举办街道级、校级展示和评选，如街道十佳名师评选、街道教坛新秀评选等，多维度、多层次评价青年教师。鼓励教师聚焦课程、教学、作业和考试评价等育人关键环节，参加各级教师业务比赛、课题研究、精品课程开发等，打造上外生命品质课堂品牌。

每一所学校都有蕴含历史深度和人文厚度的文化图谱，陈鹤琴先生历久弥新的"活教育"思想，就是上外文化图谱中的点睛一笔。我们相信，在上虞外国语学校，活力不需要刻意寻找，它融入课堂、校园、教育的每一处。

作者：杨 倩

第三节 踔厉奋发 打造"活力之师"

2020年，教育部发布了《关于进一步激发中小学办学活力的若干意见》，引发了大家对学校活力的关注。一批有活力的教师，是一所学校持续发展的保障。何谓活力教师？活力教师拥有充沛的青春活力、钻研进取的专业活力和取长补短的碰撞活力。事实上，很多学校都有充满活力的教师，但也有很多教师由于种种原因活力越来越不足，出现了职业倦怠。

上外一直致力于激发教师活力，来实现学校教学、科研、教师的共同发展和进步。通过提炼活力教师时代形象、探索活力教师的发展路径、优化活力教师的评价体系等方式，帮助教师破解困局，焕发生机。

一、提炼上外活力教师的时代形象

（一）青春的活力

我校共200余位教师，其中25~35岁48人，35~45岁49人，45岁以上为98人，中青年教师与老年教师人数几乎持平，整体较其他学校偏年轻化。此外自2020年，

中小学教师"县管校聘"改革，进一步扩大了学校用人自主权，每年学校都有新教师引入，调动了教师的积极性，激发了学校办学活力。

（二）专业的活力

我校现有很多上虞区级和绍兴市级名师，有的在绍兴市都具有一定的影响力。专业的活力带来了教研的活力，2021年，我校承办了2021年绍兴市语文中考复习研讨会、绍兴市英语教研活动等多场市级教研活动；英语教研组曾荣获绍兴市优秀教研团队、浙江省优秀教研组等荣誉；英语学科基地曾被评为上虞区优秀学科基地，开设了多次绍兴市级、上虞区级公开课与讲座。

（三）碰撞的活力

上外的教师年龄结构比较合理，并合理设计了教师队伍培养计划。在重点培养青年教师队伍的基础上，针对不同教师特点，搭建校内师资"雁阵"培养架构，分层分类进行专业指导。最终开创了名优教师引领，老教师榜样垂范，中青年教师成绩斐然，新教师潜心历练、力争上游的新局面。年轻教师提供青春活力，年长教师提供经验活力，两种活力碰撞，焕发新的教育活力。

二、探索上外活力教师的发展路径

（一）强化阵地培养，盘活教师队伍

1. 品牌课堂呈现活力

上外一直致力于课堂品牌化的建设。"自主·高效"品质生命课堂、"活教育·活课堂"、教学艺术节、名师诊教活动，一直都是激发教师活力的教学研讨品牌活动。上外教师由此获得理念引领和实践磨炼，众多教师从中脱颖而出。

2. 创新课程实践活力

学校提出"1+X"课程，即"1"个国家课程加"X"多元课程，创新课程阵地，让教育回归本质。首先，依托"步绿长廊"，创新劳动课程。以此触发教师的教育思维、完善相应的评价体系和实施策略，充分发挥"步绿长廊"的劳动功能、育人功能和评价功能。其次，搭建"全息阅读"平台，创新书香育人课程。教师依托每周《校园芳菲》微音频"朗读者"专栏、"书香"班会、读书征文活动、"书香班级"等资源，与学生一起收获成长。

3. 完善制度保障活力

备课组是教育教学的重要阵地，要完善备课组制度。为此，我校特推出"五同三定一空制度"。2023 年制订了全新的《上虞外国语学校加强备课组建设方案(试行稿)》。备课组全面推行"同课堂""同内容""同方法""同研究""同评价"的集体备课研讨模式。做到三"定":定领导(6 名校级领导以学科对应为原则,各蹲点三个备课组;各教研组长指导本课组),定时间(每月至少集体备课一次,一学期不少于 6 次),定内容(学期初填写任务清单:至少开设 2 节公开课,指定相应的评课人员,至少共享三个"微观点报告",每月定制学生自主学习评估卷,撰写论文案例、研究课题等,全员参与,落实到人)。

值得一提的是,为了保障活动时间,学校提出了"错日制"教研的新概念。即从学期初的排课入手,在特定时间内,让某一组教师都无课,从而保证教研活动有效、高质地开展。

（二）内外组合出击,盘活专业力量

打造活力教师队伍,学校需要充分考虑内外因素,整合可利用资源。以教师的职业内驱力为基础和前提,充分挖掘教师培养的外助力。

1. 内驱力:让教师专业发展驶入快车道

（1）完善考评激发活力

激发教师的职业内驱力至关重要。为了探索一条有助于教师专业发展,及打造活力教师的评价操作机制,优化"上外活力教师"的体系,我校特设立《青共体考核制度》《职称量化考核制度》等制度。为考核青共体成员业绩,设立《青共体考核制度》,每学期从各类荣誉、业务比武、指导学生、科研课题、论文专著、辐射效应、教学质量等方面全面考核。而为了加快培养教师,鼓励教师,促进其专业发展,形成合理的结构梯队,打造活力教师队伍,设立《星级教师考核制度》,并为实现"教在上外"的战略品牌而努力。此外,还优化量化考核细则,在课题研究、特色空间评比、精品课程、课程群建设上增加比重,在名师、学科带头人、教坛新秀评选,优质课等比赛上,保证一定考核比重,以推动教师专业发展。

（2）业务竞赛分享活力

竞赛机制也是激发教师内驱力的重要手段。学校通过举办街道级、校级的展示、评选,如街道十佳名师评选、街道教坛新秀评选等多维度、多层次评价青年教师。每年举办全集团学校和共同体学校的课堂教学艺术节,开展学科素养技能大比武、青师课堂、新锐大赛等同台竞技、分享,推动教师专业提升。鼓励教师聚焦课程、教学、作业和考试评价等育人关键环节，进行业务比赛、课题研究等，打造上外独特的课堂品牌。因此，2022年我校多名教师获得了浙江省、绍兴市、上虞区的嘉奖。

2. 外助力：让教师专业发展成为大活盘

当下教改如火如荼，如何让教师紧跟时代迅速成长？光靠校内的名优教师还不够，需要校外高级人才指引和助力，实现多平台跨越式发展。我校自上而下都非常重视教师培训，在省、市、区级层面已经搭建了多种"研训平台"。通过导师—骨干教师—学员三级培养模式，鼓励优秀教师加入多个研训平台，接受高规格的学科业务培训。我校教师积极参与，不少教师申报了多个培训项目。

特别是为做强"活教育"，上虞区教体局与浙师大合作办学，作为试点学校，我校在专家的指引下，深入理解"活力教师"的内涵，探索培养"活力教师"培养路径，努力打造"活力教师"。在专家们的指导下，学校多措并举，教师们在教学理念、业务素养和教科研等方面进步明显。

在浙师大专家团队指导下，我们一起编写"活力教师"专著（《上虞区活教育试点学校丛书·上外专辑》），为我校教师展示才能提供了又一个优秀的平台。

（三）倡导青老互助，实现合作共赢

作为拥有54个班级，200多名教师的规模学校，我们利用人多的优势，激发多股教学管理、专业发展的原动力。尤其是发挥上外教师年龄结构的优势，青老互助，取长补短，实现了合作共赢。

1. 以老带新：发挥经验活力

首先，针对每年新进的教师，学校在学科教学和班主任工作上，都会开展"一对一"师徒结对活动，以楼层就近、办公室相同的原则精选学科师傅、班主任师傅等，这样新教师就能在日常教学、教学管理、学习进修等方面及时得到指引。为了不流于形式，上外为师徒量身制作成长记录本，徒弟要详细记录听课笔记、听后反思、指导收获等内容，师傅则要求记录听课笔记、指导内容、徒弟的进步和问题等内容。此举有效发挥了师徒结对的作用，使它真正地促进了教师的成长。

其次，组建"一对多"名师工作室，深挖校内名优教师资源，组建街道层面的名师工作室，长效运营，促进青年教师的全面发展。我校还将组建社会与法治工作室、名校长工作室等，使工作室布局更全，层级更高。这几年，我校充分发挥名师工作室对教师的培养作用，通过工作室对学员的目标激励、教研指导，使青年教师成长快速。

名师工作室的建设，也使教研组实力显著增强。英语、语文、科学三个上虞区级学科基地相继获评，在任务承担、经验分享、成果辐射三个层面，通过基地专家和顾问团队的优秀课例展示、名师点评指导、优师观点报告等方式，实现以展促学、以评促研、以观促智、以探促慧，让我校教师真实体验高水平的教学、认真细致的解剖式点拨，真正实现对教师成长精准助力，全面激发青年教师教学研究和专业成长的无限活力。

师徒结对、名师工作室和语文、科学、英语学科基地等平台协同开展，更有力地推动了教师的专业发展，让教师们取得了可喜的成绩。这些探索和成果说明，一个人可以走得很快，但可能走不远，只有一群人才能走得更远。

2. 以新促老：焕发青春活力

一般教师培养以"以老带新"为主，但是我校35周岁以下的教师队伍庞大。上外通过强抓青年教师队伍的建设，走出一条独特的"以新促老"的师资队伍建设之路。除以上师徒结对、加入研训平台等方式外，学校还积极创设青师互助环境，建立"青共体"。每学期组织"青年教师座谈会""青年教师故事会"，组织教学艺术周，提供优秀课堂观摩、学科研训等活动，开展现代教育技术深度融合学科教学研究等。学校安排青共体教师每月一聚，拓宽分享路径，见证成长足迹。此外还组建"青共体"，有效地促进了青年教师的专业成长，让他们在各类比赛中收获颇丰。青年教师的事业活力，极大地影响着中老年教师，我校因势利导，组织成立骨干教师研究组，旨在重新确立中老年的专业发展目标，寻找自身新的增长点。此外，学校出台相应的考核制度和奖励政策，着力在激励保障上做"加法"，在破除壁垒上做"减法"，在凝聚人才上做"乘法"。

（四）追求幸福教育，激活动力源泉

现代教师的步伐是匆忙的，思想是敏锐的。他们常常强烈挚爱着课堂，需要提升自己的教育教学能力、获得成功的体验，但更需要获得职业的幸福感和成功感。因此，追求精神增长，探求教师角色回归与人生幸福之道，追求专业发展外的教师全面发展，成为修身明德的"明师"，一直是上外孜孜以求的目标。

于是我校把更多的眼光放到了教师的闲暇生活领域，如何在一种休闲的氛围中追求职业的幸福，让生活、事业变得和谐呢？学校经常通过休闲活力互补、休闲专业共生等，寻求激活教师动力的源泉，以追求在多彩轻松的闲暇研修中，实现对教师综合素养的熏陶和提升。

三、培养上外活力教师的初步成效

我校培养"上外活力教师"成效已经初步显现：营造了良好的教育生态文化，促进了教师专业发展，营造了以老带新、以新促老的良好氛围等。3 年来，教科研成绩斐然：

1. 优质课（品质课、录像课）获奖：浙江省一等奖 1 人；绍兴市一等奖 2 人，二等奖 9 人，三等奖 6 人；上虞区一等奖 18 人，二等奖 7 人，三等奖 2 人。

2. 教学论文（案例）获奖：浙江省一等奖 1 人，三等奖 3 人；绍兴市一等奖 6 人，二等奖 2 人，三等奖 8 人；上虞区一等奖 25 人，二等奖 22 人，三等奖 40 人。

3. 教学基本功（素养测评）比武获奖：上虞区一等奖 18 人，二等奖 11 人，三等奖 10 人。

4. 课题研究：浙江省 1 项，绍兴市 14 项。上虞区 21 项，全部结题，其中绍兴市一等奖 1 个，二等奖 1 个，三等奖 1 个；上虞区一等奖 1 个，二等奖 2 个，三等奖 3 个。

5. 绍兴市精品课程群 1 个，上虞区精品课程 4 个。

总之，打造"活力教师"是一个系统工程，它所凸显的教师形象，所营造的活力课堂，很大程度上代表了一所学校的教学品位及教育品牌。这是我校"改进学校教学管理"的一项重要举措，是顺应时代发展的重大教育改革。今后，我校将一如既往地重视"活力教师"队伍建设，让教师在活教育的理念下茁壮成长。

作者：孟国乔　杨　芳

第二章　活力设计

　　教学设计是确保教学工作顺利推进的前提。我校的教师们探讨了活教育思想指导下教学设计的内涵，并将其落实到各学科的教学设计中。活教育的思想和新的教育理论碰撞，激发出新活力。

第一节　活力设计的内涵

　　教学设计是教师的一项重要工作，贯穿教学的全过程。如何提升教学设计的活力，使之达到良好的学习效果，是现代教师所面临的一项重要挑战。

　　活力教学设计，是一种独特的、富有活力的、动态的教学设计方法。它以学生为主体，以情境为载体，以教师为引导和激发者，以合作为手段，以激发学生的学习主动性和创造性为目标，引领学生进入知识的海洋。

　　针对传统教学模式下学生被动接受知识、缺乏实践和兴趣不足等问题。活力教学设计通过激发学生的学习兴趣和动力、培养学生的解决问题和创新能力，实现了教育目标的深化和扩展，为教育革新提供了有力支持。

一、活力教学设计的现实价值

　　活力教学设计吸取了传统教学的经验教训，更适应新时代的教学。它实现了个性化教育，能提升教学成效、培养学生的创新能力；还能促进教师专业发展，推动教育改革。

1. 适应时代发展。社会在发展，科技在进步，教育也需要与时俱进。活力教学设计可以使教学内容和方法与时代发展保持同步，更好地适应学生和社会的需求。

2. 提高教学效果。活力教学设计可以使教学更加灵活有效。它结合不同的教学方法，提供了丰富的教学资源和学习机会，可以提高学生参与的积极性，促进其深度学习和思考，提高其学习满意度和学习能力，并提高教学效果。

3. 培养创新能力。活力教学设计鼓励教师运用创造性思维和创新技术，开展多样化的教学活动和方法。这有助于培养学生的创新能力和解决问题的能力以及批判性思维和创新思维，让其更好地适应未来社会。

4. 实现个性化教育。活力教学设计可以根据学生的个体差异和兴趣特长，开展差异化和个性化的教学。这样可以更好地满足学生的学习需求，发展学生的个性，挖掘学生的潜能，提高学生的学习满意度和学业成绩。

5. 促进教师专业发展。活力教学设计可以促进教师的专业发展。教师通过参与教学设计改革，可以不断学习并更新教育理念和教学方法，提高自身的教育能力、教学水平及职业认可度。

6. 推动教育改革。活力教学设计是教育改革的重要组成部分。通过活力教学设计，可以激发教育的创新力，推动教育体制革新，促进教育公平和质量的提升。

二、活力教学设计的基本前提

活力教学设计是活教育的重要组成部分。活教育是一种学生主动参与体验和实践的教育方式。它强调学习与实际生活的结合，使学生在真实的情境中去发现、探索和尝试；关注学生的个人发展和自我价值实现；注重培养学生的创造力、合作能力、问题解决能力和适应能力。在活教育中，我们的活力教学设计要满足以下基本前提。

1. 教学理念的更新。教师应秉承活力教学的理念，坚信每个学生都有潜力，以激发其学习动力为要务。教师应具备开放、鼓励、支持和富有激情的教学态度，关注学生的学习，并愿意将其兴趣和个性特点融入教学设计中。教师要具备创新意识和实践能力，应不断寻求新的教学方法、策略和资源，以激发学生的学习兴趣和积极性。教师应通过学习和反思，不断改进和调整教学设计，以适应不同学生的需求。

2. 充分了解学生。教师应充分了解学生的背景、兴趣、学习风格和学习能力，以便设计合适的教学方案。教师需要观察学生并与其交流，了解他们的学习需求和差异，然后有针对性地为他们提供适合的学习活动和资源。

3. 学习目标和教学内容的设置。活力教学设计需要明确的学习目标和相关内容。教师应确保目标具体、明确、可衡量，并与学生的学习水平和教学内容相匹配，具有挑战性和实际意义，能够激发其学习兴趣和动力。教师应根据学生的学习需求和兴趣，选择具有价值和实用性的教学内容，使学习过程更有意义。

4. 教学资源的准备与运用。进行活力教学设计需要教师准备多元化的教学资源，包括教材、课件、多媒体资料和互联网资源等。教师需具备灵活运用这些资源的能力，以满足学生的多样化学习需求，并增加教学的活力和趣味性。

5. 创设积极的学习环境。创设积极的学习环境对进行活力教学设计至关重要。教师可以打造互动性强、启发性强的教室环境，包括舒适的教室、良好的师生关系以及鼓励学生实践和创新的氛围。教师应该建立良好的沟通和互动机制，鼓励学生发表观点和提出问题。

6. 持续的反思和改进。活力教学设计是一个动态的过程。教师需要不断反思，并根据学生的学习进展，不断调整、改进教学策略和方法，以适应学生不同学习阶段的需求。这可以通过教学观察、学生成绩、课堂互动等方式来实现。教师还可以参加专业发展活动，与同行分享经验，从而不断提升自己的教学能力。

通过以上措施，教师可以更好地设计和实施活力教学，激发学生的学习兴趣和动力，提高其学习效果。

三、活力教学设计的主要准则

活力教学设计挑战传统的教育模式，使教学充满活力和生机。活力教学设计内涵丰富，应体现以下准则。

1. 学生参与。活力教学设计强调学生的主体性，鼓励学生积极参与课堂活动，将学生从被动接收者转变为主动参与者和探索者。通过引导学生积极参与、思考、实践，促发其内在的学习动力和探究精神。如通过小组合作和项目化学习等，培养学生主观能动性和合作精神。

2. 多元化教学方法。活力教学设计关注教学方法的多样性和创新性，倡导使用多种教学方法和手段，让教学不再是单一的教师授课，而是使用多种教学方法和手段进行交互式的教学，如考察、讨论、角色扮演和项目学习等。通过不同的教学方式，为学生提供多样化的学习机会和体验，增加教学的趣味性和实用性，激发学生的学习兴趣和动力，提高学习效果。

3. 跨学科资源整合。活力教学设计应尽量打破学科的界限，充分利用各种教学资源，为学生提供丰富的学习材料和实践机会，通过跨学科的教学，让学生综合素质得以发展。

4. 尊重个体差异。活力教学设计尊重个体差异，倡导个性化教学。它尊重学生的个体差异，关注每一个学生的发展，针对不同学生的学习特点和需求，设计个性化的教学内容和方式，因材施教，促进学生发展，帮助其实现自我价值和学习目标。

5. 培养创新思维。活力教学设计注重培养学生的创新思维和问题解决能力，通过启发性的问题设计和开放性的讨论，激发学生的思维潜能。

6. 贴近生活与实践。活力教学设计追求将课堂教学与学生实际生活相结合，通过创设情境以及设计有趣的学习任务，激发学生的学习兴趣和探索欲望，让学生在真实或模拟的生活情境中学习，深刻理解知识并应用于实际，从而提高他们的解决问题能力和创新能力。

7. 重视评价与反馈。活力教学设计注重对学生学习过程和成果的评价与反馈，通过多样化的评价方式，如自我评价、同伴评价、教师评价等，激励学生对自己的学习进行反思和提升，找到提高学习效率的策略。

四、活力教学设计的未来展望

活力教学设计是一种注重学生参与性和积极性的教学设想，它强调学生的主动性和创造力，以提高学习效果。未来，活力教学设计有以下几个发展方向值得我们关注。

1. 探索有效性和影响因素。虽然研究表明，活力教学设计对学生的学习有积极影响，但仍有许多问题需要解答。比如，不同学科、不同年级和不同学生群体对活力教学设计的反应会有何不同？活力教学设计对学生学习动机和学术成绩的长期影响如何？这些需要进一步研究，以深入了解活力教学设计的效果和适用性。

2. 探索更好地整合技术。技术在教育领域的应用日益普遍，可以为活力教学设计提供更多的可能性。例如，利用虚拟现实、增强现实和人工智能等技术创造更丰富的学习环境，以激发学生的兴趣，提高参与度。此外，开发更多的电子学习工具和平台，支持教师设计和实施活力教学也很重要。

3. 研究教师设计能力的培养。活力教学设计需要教师具备一定的教学理念和技能，才能成功地引导学生参与和发展其潜能。通过这种能力培训，可以提高教师的教学效果，并促进学生的全面发展。因此，未来应该探索有效的培训模式和方法，帮助教师掌握活力教学设计的原理和实践方式。

总之，活力教学设计是一个重要的教学研究课题，在未来有很大的发展潜力。

作者：李建东

第二节 活力设计的养成

活力教学设计的养成

活力教学设计是指在教学过程中注重激发学生的积极性、主动性和创造性，使学生活跃起来的设计。它关注学生的主体地位，强调学生的参与和互动，旨在培养学生独立思考、解决问题及合作等能力，进而提升学生的学科素养。它需要教师不断提升专业素养，根据学生的需求和特点，设计富有创意和趣味的教学活动，提供适当的挑战和支持，营造积极的学习氛围。

一、学生需求的分析

在活力教学设计中，分析学生需求是第一步，它可以帮助教师更好地了解学生的学习需求和兴趣，从而有针对性地设计教学活动和内容，激发学生的学习动力和参与度，提高其学习效果和成就感。

1.学习兴趣调查。通过问卷调查或小组讨论等方式，了解学生对不同学科或主题的兴趣，以及他们希望探索什么，这可以帮助教师确定学习内容，为其提供更感兴趣的学习材料和活动。

2.学习风格分析。了解学生的学习风格，例如，学生是视觉型、听觉型，还是动手型。这有助于教师提供更个性化的学习体验，正确选择各种不同的教学策略和资源。

3.先前知识和技能评估。通过诊断测试或开放式问题，了解学生已经掌握的知识和技能。这可以帮助教师确定学生的学习起点，并根据学生的现有知识和技能进行教学设计，避免重复和过于简单的内容。

4.学习困难和需求反馈。定期与学生进行交流，了解他们在学习中遇到的困难和需求。这可以帮助教师及时调整教学策略，提供额外的适合学生的支持和指导。

二、教学目标的确定

根据学生需求和预设的课程目标，制定具体、可测量的教学目标。教学目标应该明确对学生的素养要求。

1. 学科标准和课程要求。学科标准和课程要求应明确学生应该达到的素养要求。这可以帮助教师明确教学目标，确保教学内容与学科标准和课程要求的对应性。

2. SMART 原则。确保教学目标具备 SMART 特征，即具体（Specific）、可衡量（Measurable）、可实现（Achievable）、相关（Relevant）和有时限（Time-bound）。具体而明确的目标能够帮助教师更好地设计教学活动和评估学生的学习成果。

3. 分层次目标设定。根据学生的学习水平和能力，设定不同层次的教学目标。这样可以帮助教师有针对性地进行个性化教学，提供适应不同学生的学习机会。

4. 教学方法和评估方式考量。教学方法和评估方式会影响教学目标，要确保它们相匹配。教学目标应该能够通过教学方法和评估方式进行有效实施和评估。

三、教学内容的组织

根据教学目标，确定教学内容的结构和组织方式。依据教材和教学资源，选取适当的教学内容，教学顺序和层次合理，要体现结构性、连贯性和趣味性，能帮助学生更好地理解和掌握知识。

1. 整体—部分—整体。将教学内容分为整体、部分和整体三个层次。首先介绍整体概念，其次分解为各个部分的细节，最后将各个部分整合成整体。这种方法可以帮助学生理解知识的层次结构和内在联系。

2. 概念图或思维导图。使用概念图或思维导图来组织教学内容，将相关的概念和知识点进行分类和联结。这种可视化的方式可以帮助学生更好地理清知识的逻辑关系和结构。

3. 模块化设计。将教学内容分为多个模块，每个模块包含一个主题或学习目标。教师可以根据学生的学习进度和需求，灵活组织和调整模块的顺序和深度。这种模块化的设计可以帮助学生逐步构建知识体系，明白学习的连贯性和渐进性。

4. 多样化的学习资源。教师可以根据学生的学习风格和兴趣，选择适合的学习资源来呈现教学内容，如课件、视频、实验等，增加学习的多样性和趣味性。

四、教学方法和媒体的选择

在活力教学设计中，选择适合教学目标和内容的方法及媒体至关重要。教师应根据学生的特点和学科教学需求，选择适合的教学方式和媒体形式，以提供多样化、互动性强的学习体验，激发学生的学习兴趣和参与度。

（一）常见的教学方法

1. 合作学习。鼓励学生合作互动，通过小组活动、合作项目和角色扮演等形式，激发学生的学习兴趣和动力。

2. 问题解决学习。引导学生主动提出问题，并适当讨论和思考，帮助学生寻找解决问题的方法。

3. 基于实践的学习。通过实地考察、实验室实验、模拟情境等活动，让学生亲身体验探索，增强实际操作和解决问题的能力。

4. 探究学习。通过提出问题并引导学生自我发现探索答案，激发学生的兴趣和思考能力，培养其探究精神。

5. 游戏化学习。利用游戏、游戏化元素和竞赛等方式，增加学生的参与度和学习兴趣，激发其竞争力。

（二）常见的媒体形式

1. 多媒体。利用幻灯片、影片、动画等形式，通过图像、视频和声音，使教学内容更加生动有趣。

2. 数字化教材。利用电子书、网络资料和教育软件等数字资源，提供多样化的学习材料和互动工具，丰富学生的学习体验。

3. 教学工具箱。提供多种教学工具和设备，如实验设备、模型、电子白板等，帮助学生进行实践和自主学习。

4. 在线学习平台。利用在线学习平台和虚拟教室，创建互动学习环境，推动学生在线合作学习和交流。

5. 社交媒体。利用社交媒体平台，建立学生互动和合作的社群，方便学生在课堂外进行学习资源分享和讨论。

五、教学评价的设计

在活力教学设计中，教学评价不可或缺。合理的评价方法应与教学目标相一致，能够检测学生的学习成果和反馈教学效果，以便进行改进和调整。

1. 多样化的评价。选择多种评价方式，如课堂表现观察、个人作业、小组项目、口头报告等。多样化的评价方式可以综合考查学生的不同能力和表现，更全面地反映其学习情况。

2. 目标导向的评价。确保评价与教学目标相一致。明确所要评价的学习目标，根据目标设计相应的评价指标和评价方法。这样可以确保评价的准确性和有效性，同时也能够有针对性地给予学生反馈。

3. 自我评价和同伴评价。学生可以通过自我评价来反思自己的学习成果和学习过程，同伴评价可以促进学生之间的互相学习和合作。

4. 综合评价。将不同评价方式的结果综合起来，得出一个全面的评价结论，以便准确地了解学生的学习情况和教学效果。

六、反馈和调整

在教学过程中，教师要及时收集学生的反馈信息，并据此及时调整教学内容、方法和媒体，以提高教学效果。反馈和调整是一个循环过程，需要不断进行，以适应学生的需求和教学环境的变化。

1. 及时反馈。及时反馈，能让学生了解自己的成就和不足。反馈可以是个别或全班反馈，及时的反馈可以帮助学生及早调整学习策略，提高学习效果。

2. 多元化的反馈。采用多种反馈方式，如口头反馈、书面批注、评估表格等，以满足不同学生的需求和学习风格。不同的学生可能对不同形式的反馈有不同的接受和理解方式。

3. 个性化反馈。根据学生的个体差异和学习需求，提供个性化的反馈。了解学生的学习风格、能力水平和兴趣，有针对性地给予具体的指导，帮助他们更好地理解和掌握知识。

4. 教学策略调整。根据学生的反馈情况，调整教学策略和方法，以更好地满足学生的需求、促进学生学习。例如，学生的理解程度不够，可以设计安排更多的探究学习活动。

七、持续改进

在活力教学设计中，教师应不断进行教学反思和改进，积极寻求改进教学的方法和途径，为学生提供更优质的教育体验。持续改进是一个长期的过程，需要教师保持积极的态度和持续的努力。

1. 反思教学实践。定期反思自己的教学实践，回顾教学过程和学生的学习情况。思考自己在教学方法、教学资源、评估方式等方面的优点和不足，寻找改进的空间。

2. 分析评估数据。分析学生的评估数据，如课堂表现、作业表现、考试成绩等。通过分析可以发现学生问题所在，有针对性地进行调整和改进。

3. 探索新的教学方法和媒体。持续关注教育领域的发展和创新，探索新的教学方法和媒体。尝试使用新的教学技术、多媒体资源、在线学习平台等，给提供学生更丰富与多样化的体验。

4. 与同事合作。与其他教师进行合作和交流，共同探讨教学问题和困难，分享教学经验和教学资源。通过合作，可以互相借鉴和启发，共同促进活力教学的持续改进。

活力教学设计的养成是一个循序渐进的过程，目的是养成活力教学设计的习惯，适应学生的需求和教学环境的变化。

作者：李建东

千磨万击还坚劲——记一次磨课的成长

东汉思想家王充在《论衡·量知》中说："切磋琢磨，乃成宝器。"一件器物尚且如此，更何况是人呢？关于教师的称呼有很多，但是我最喜欢"教书匠"，它里面包含着最朴素的工匠精神。作为教书匠，我们需要认真地打磨每一堂课，磨出风格，磨出精彩。

一、磨本：不识庐山真面目

3月，教研员通知我上一堂公开课：主题是初小衔接的同课异构，内容是杨万里的《过松源晨炊漆公店》（其五）。说实话，这只是四句简单的诗，很令人无从下手。我花了一个星期查阅资料、研读文本，拿出最初的设计稿：抓住"放"这个关键字设计出"读'放'""感'放'""悟'放'""收'放'""写'放'"五个环节。正当我沾沾自喜时，张玉兰师父问："这首古诗为什么要学？初一学生难点是什么？怎么教和学？需要达到什么样的高度和深度？设计哪些以学生为主体的教学活动来达成目标？……"孟国乔师父则问："围绕'放'设计学生理解吗？能在学生中落实吗？传统吟诵接近学生的认知吗？"师傅们的追问直戳要害，寥寥数语，振聋发聩。

我自问设计时考虑了学生几次？答案是 0。真相令人吃惊！我一直醉心于精彩的解读与设计，从未考虑过学生的起点与落点是什么。其实这个设计就像是一个人的表演，学生只是围观者。原来，我从未识得语文教学的真面目。

"本"即语文教学的根本是把课堂还给学生，是以生为本。在课堂中，我们需要关注学生的需求、收获与发展，激发学生的创造力，重视学生真实的情感体验，给学生充足的空间，不能沉浸于自己教学技能的展示。

基于上述原因，我把初稿设计全部推翻。

二、磨细：弱水三千，只取一瓢

信息化时代，大量的参考资料让查阅更简易，也让内容芜杂，难以取舍。组诗中其他五首诗需不需要提及？字词品析是否需要面面俱到？……面对三千弱水，我们必须学会只取一瓢。

缩减教学内容。整个课堂包括两个方面内容：读其诗，用五种阅读策略整合已学的所有杨万里的古诗；识其人，要首尾相接，丰富学生的初认知，展现本节课的课堂成果。

细化教学环节。我起初设计了很多教学环节，结果使课堂的生成性不强，学生跟着老师的预设走。在打磨中我删繁就简：去除最初项目导入；删去与前面重复为古诗补充语气词这一环节；减去两个联读。避免环节芜杂，偏离教学重点。

打磨教学问题。首先，课堂最初的问题是"你们喜欢杨万里的诗吗？"后面打磨改成了"你们认识杨万里吗？"虽然变化细微，但体现了课堂的完整性，因为课堂最后一个环节也是识人。其次是教学环节几个大问题的设置，一开始我的表述十分冗杂，最终精简如下：思考诗人所处的环境和位置为诗配图；在整体感知的基础上品析字词；结合阅读或生活经验造句；结合背景，再度识人。

完善教学语言。教师的教学语言必须少而精，把课堂还给学生，必须让学生多表达。比如，教师需要摒弃"对不对""是不是"这种无效的追问，每一次追问需要有所引导和启发。还有口头禅，评价语言单一等问题，都需要我引起重视。只有不断锤炼，课堂语言才能变得准确恰当。

三、磨碎：碧海深处有珍奇

教学的起点和终点都是学生，只有以生为本，才能收获真正的精彩。如何帮助学生走进文本？如何让学生真正掌握知识？我们必须关注细节，让学科的核心素养落到实处。

起初，在"品字读趣"这个环节我只预设了赏析的字词和答案，但是如何让学生更深入地品味诗的趣味、理解其理趣意蕴，我完全没有考虑。师父们点醒了我，答案预设没有任何作用，我们应当思考设计以学生为主体的教学活动，搭建让其走近文本的支架。

于是，我在整堂课中设计了多个以学生为主体的教学活动。通过配图活动激发学生的学习兴趣，使学生积极参与实践活动。配图理由的阐述、对话的补写、悟理造句等涉及语言的运用，联想悟理则帮学生建立起语文学习、社会生活和学生经验之间的关联，引导学生在日常生活和社会实践中学习语言运用。赏析诚斋体的语言美、体悟诗的哲理美、读懂杨万里的人格美则综合体现了审美创造。在整个课程中，学生感性和理性结合的讨论，思维能力得到了提升。最终学生通过再次走进杨万里，学诗、辨体、悟理、识人，深入了解古优秀的传统文化，增强了文化自信。

支架搭建的前提是尊重学生实际，了解学生的需要。《过松源晨炊漆公店》（其五）是人教版七年级下册课外古诗诵读部分，属于自读范畴，教材配有完善的助读系统。所以在设计前我先了解了学生的自读程度。大部分学生对诗意的把握和哲理的体悟没有问题。所以在文本细处品读时，教师既要给学生空间和时间自读，又要适时搭建支架，引导学生不断深入地走进文本。

四、磨合：他山之石，可以攻玉

一个人也许可以走得很快，但是一群人可以走得更远。磨课本质凝聚着集体的智慧。它的背后是不断的实践反思，是备课组的群策群力，更是专业的引领。

首先要适当采纳名家资源。名家资源很多，但是纯粹套用他们的教学环节后呈现的课堂是没有灵魂的，丝毫没个人特色。所以虽然借鉴，但我们需要掌握尺度。比如，配图明意这个环节灵感来自徐华关于马致远《秋思》的一篇论文——《一幅略加点染的水墨画》，"枯藤老树昏鸦""小桥流水人家"极富画面感，十分适合学生来画。但绝不能把这个设计照搬到《过松源晨炊漆公店》，因为显然其画面感没有《秋思》这么强烈。最终我们契合文本，想到了两点：画诗的大环境，画诗人所处的位置。学生通过解图对诗意有了基本把握，并且寓教于乐。

其次要结合团队智慧。集体磨课虽然拥有更多智慧，但是观点过多，容易走向散乱，很难形成最终的结论。磨课者要用欣赏的眼光和豁达的心态去对待同伴们提出的意见。当然，磨课团队也需要留给磨课者尽可能多的时间和空间，不影响磨课教师个性化、特色化发展，努力把执教者个体智慧与团队的集体智慧有机融合。比如，山与人的对话，中间经历了多次思维的碰撞：揣摩行人的心理变化、在诗中添加语气词、进行朗读设计……以"我"为中心，磨炼他山之石，最终在课堂上完成了一场人与山的妙趣横生的对话。

无论是磨课团队的集体智慧，还是现成的课例，其真正意义在于激发新知、触发灵感。只有以我观物，才能得其精髓，形成自己的教学风格。

以生为本虽然老生常谈，但是如何关注细节让学科的核心素养落到实处；如何于设计环节让知识在学生中真正落地，仍然任重道远。如何直视课堂的窘境，巧妙转化？我想我还需要多学习。

作者：杨　芳

历磨课，悟成长

自入职起，我的教学成长之路可谓幸运。应届被分配至上外，未曾想这里有着强大的英语教研团队，前辈的引领与帮助使上外成了青年英语教师成长的沃土，而我便是其中一个幸运儿。

一、好课要多磨

2015 年，我有幸参加了区青年教师会教比武，教学材料是人教版英语七年级下册第三单元的第一课时。然后我仔细对这节课进行了分析。该课时以交通出行方式为主要话题，包含两个听力文本，教师在授课时要引导学生运用"how""how long""how far"等疑问词询问要使用的交通工具、到达用时及两地距离，并教会学生在被提问及时、正确作答。学生对这一话题内容并不陌生，小学就有用"by car""by bike"等词汇描述出行方式的内容。基于此，我的初步设想是用头脑风暴的方式让学生回顾已知的交通工具，顺势呈现"take the train"等表达出行方式的词组，并由词及句，教授"How do you get to school？"句型的使用。这几个教学环节恰好为第一段听力文本的学习做了铺垫。之后，为引导学生使用"How long""How far"提问且能做出正确回答，我打算呈现学生熟悉的三位课任老师的照片、上班方式、上班用时及家与学校的距离等信息。我自认为这一环节的设计很接地气，能自然地教授新知，也能帮助扫除学生学习第二段听力文本的障碍，一举两得。初次磨课，我信心满满，整堂课进行得十分顺利，本以为课后无须做很大变动，但前辈们的点评令我顿时清醒。原来，生活与课堂有效结合才能让教育鲜活起来！

头脑风暴环节虽能激活学生头脑中的旧知，但话题切入生硬，使课堂引入显得突兀。而利用三位老师的相关信息的确能帮助学生学习本节课中"how long""how far"等词组，但忽视了基数词中两位数乃至三位数的英语表达法的教学，导致知识点被遗漏。这虽不会直接影响第二篇听力文本的学习，却会使学生在具体应用中遇到困难，面对表示长时间段及远距离的数字无法开口表达。经过思考，我修改了课堂导入环节。基于借班上课这一事实，我将几个数字展现给学生，让他们依据数字特点猜测关于老师的一些信息。如呈现"0102"时，有的学生猜测这是老师的车牌号，有的学生则认为这是老师的生日。而最后呈现的数字"229"让学生立马联想到老师的出行方式是乘坐公交车。该环节的开展让原本充满距离感的师生顿时熟络起来，也自然引入了课堂话题。为了将基数词的教学与用"how long""how far"提问的目标语言教学结合起来，我利用地图展示金华、杭州、宁波、温州等地到绍兴的距离，并列出利用不同交通工具从各地到绍兴的时长。这样的设计不仅将需教授的知识恰到好处地放入同一语境中，更能让学生的学习变得真实有效。第二次磨课时，学生的参与度更高，因各环节的设计贴近实际，彰显了课堂的张力与活力，得到了前辈们的肯定。之后的比武中，我取得了一等奖第一名的好成绩，磨课让我懂得了让生活走进课堂的重要性。

二、磨中见成长

2017年，我报名参加了区级录像课的评选活动。报名后，根据提供的课题目录，我选择了人教版英语教材九年级第五单元What are the shirts made of ?(Section A) 部分的听说课时。这一课时的教学旨在让学生通过学习，学会运用被动语态谈论事物的原材料及原产地。经过两次磨课，我对于课堂最后的输出活动仍很苦恼。该怎样才能引导学生自然地运用本课时的目标语言，达到迁移创新的目的呢？在前辈们的指引下，我渐渐厘清了头绪。该课时中，学生花了不少时间谈论各种生活用品的原材料及原产地，如果引导学生逆向思维，思考生活中的废旧物品能制作成哪些小发明，又何尝不可？由于本课时第二则听力材料谈论的主要话题是the art and science fair，我顺势借用该话题来创设情境：近期，我们学校举办了以环保为主题的科技与艺术展览会，我们班有不少小发明被展出，你能介绍其中一件有趣的小发明吗？第三次试课时，这一环节极大地调动了学生的积极性，大家七嘴八舌地讨论，利用自己的创造力构思出独特的小发明，并试着运用被动语态做介绍。以下是其中一位学生的展示：

In our school, there is an art and science fair about environmental protection. Quite a few nice things made by our classmates are on show. One little boat catches my attention. It is made of several cans, a pair of chopsticks, two ropes and some colorful paper. How wonderful it is!

学生的精彩配合获得了听课老师们的赞叹。之后这堂录像课被评为教育部"一师一优课、一课一名师"活动优课。

本堂课中，这一环节的高效开展依赖于学生独有的创造力。原来，调动起这股力量才能让课堂具备无限的可能性！

三、磨出闪亮的课堂

2021年4月，作为绍兴市级课题的参与者，我被选定在市初中英语研学活动中进行课堂展示。这次任务特别具有挑战性：两位教师需教授同一课时。第一天由第一位教师在备课后展示课堂，课后研学成员讨论其不足之处，第二位上课的教师要以前者的课堂为基础，有针对性地弥补缺陷，在第二天展示修改后的完整教学过程。我与本校竺路老师分在一组，教学内容是人教版英语教材七年级下册第九单元 What does he look like?(Section A) 部分的听说课时。因课题研究需要，我们需将"绘图"运用到英语听说教学中，那么如何才能将绘图与听说教学有效结合起来，并更大程度地激发学生的学习兴趣呢？我与竺老师交流了想法，并由她进行了第一次课堂教学。共同体内的成员对竺老师的课堂给予肯定，同时也轮流提出几点改进建议：①竺老师的课堂导入环节使用了绘图，让学生根据老师的简笔画推测出画的是一位女孩，并据此展开身高、体重、发型等的描述。其实竺老师可以加强绘图导入的趣味性，这样才能激发学生强烈的学习欲望。②第二则听力文本在处理时，竺老师引导学生细听文本并记录 David，Sally，Peter 三人的外貌特征，据此再画出人物肖像。这一环节的处理显得有些生硬，为了研究绘图而把画人物肖像机械地植入听力过程中。其实可以将绘图作为一种在听力过程中快速记录信息的方法，让学生去尝试。③在课堂最后的活动环节中，竺老师引导学生为自己的班中好友画一幅简笔画，并在不提及姓名的情况下向大家描述好友的外貌特征，让同学们猜测这位好友到底是谁。这一环节的情境创设可以更真实些，这样才能让绘图起到实实在在的作用，也能让目标语言的运用更自然有效。

根据成员们的建议，作为第二位上课的老师，我决心将课堂变得更具趣味性。当晚，我在学校几位前辈的指引下，对竺老师的教学设计做了大胆改动。在第二天的课堂上，我仍利用简笔画导入，但学生在该环节中的参与度很高。当我在黑板上画出椭圆形时，有的学生推测这是一个鸡蛋，有的学生猜测这是一张人脸。之后我画上了眼睛和嘴巴，学生们异口同声地说出"face"一词。随着长直发、身高中等、身材偏瘦、戴眼镜等特点通过简笔画一一呈现出来时，班里的学生笑开了花，原来老师画的是自己。这一过程在很大程度上调动了学生的积极性，见老师在短时间内能绘出生动形象的简笔画，学生也跃跃欲试，这为接下来学生的动手尝试做下了铺垫。而在处理第二则听力文本时，学生通过初听找到了对话的主要内容。基于此，我将听力文本截取成三段，先让学生细听描述 David 的部分并在纸上试着用简笔画画出 David 的模样。我则在听力播放的过程中将 David 的长相画在黑板上，之后学生能根据绘画描述出 David 的外貌特征：He is tall and heavy. He has curly hair. 有了这样的示范，接下来 Sally 和 Peter 的简笔画需要学生根据所截取的听力文本独立完成，并据此填写完整 Sally 与 Peter 的外貌信息。在改动这一环节时，我将绘制简笔画设定为帮助学生记录听力信息的技巧。事实证明这种技巧快速高效，也因其新颖特别而极大激发了学生的兴趣。对于课堂最后的输出活动，我把当时即将到来的五一假期作为背景，给学生创设情境：如果你的网友坐火车来上虞与你共度假期，但他到达车站的时间与你上兴趣班的时间冲突，故你拜托母亲前往车站去接你的朋友。而母亲未曾见过你的这位网友，需要你用简笔画画出朋友的肖像并给出简单的口头介绍，方便母亲接到你的朋友。情境一经创设，不少学生就迫不及待地尝试画出自己的朋友，并构思起介绍朋友的话语。课堂展示的过程气氛很活跃，其中一位学生在台上指着自己的画作说道：

Look! He is my friend. He's of medium height. He has short straight hair. He wears a T-shirt. He takes a football with him because he likes playing football.

课后，研学的老师们认为我的课堂充满了趣味性，有看点、有亮点、有笑点，达到了"乐中学"的目的。原来，想办法点燃兴趣的火花在课堂上很重要！

一次次磨课，让我如种子一般破土而出、苗壮成长、开花结果。而来日方长，我将行走在路上，成长在途中。

作者：王玫杰

第三节　活力设计的样例

语文学科《过松源晨炊漆公店》（其五）教学设计

一、设计背景

4月初，上虞区开展了一场初小衔接语文学科专题研讨活动。小学五年级与初中七年级同上杨万里的古诗词《过松源晨炊漆公店》。一首仅二十八字的七言绝句，在课堂里会演绎出怎样的精彩，会碰撞出怎样的火花？小学与初中同属义务教育段，但两个学段是互不了解，甚至是割裂的，初中语文教师常抱怨小学教师没有培养学生阅读、表达的良好习惯，小学教师对孩子进入初中后语文成绩骤降感到不解。初中不是小学的简单延续，而是一种"转折"和"爬坡"。如何放眼长远，从完整、渐进、螺旋式发展的角度去架构知识，提升能力，有效落实《义务教育语文课程标准（2022版）》，关键在于加强学科教学的纵向沟通和学段衔接，践行相同的学科核心素养。课堂最能直观而真实地反映"新课程、新教材"改革的方方面面。想要找准小初教学的有机衔接点，必须经过不断的课堂实践才能找到答案。

二、设计展示

（一）文本分析

该文本选自部编版七年级下册课外古诗诵读部分，义务教育语文课程标准（2022版）指出"诵读古代诗词，阅读浅易文言文，能借助注释和工具书理解基本内容。注重积累、感悟和运用，提高自己的欣赏品位"。该文本的内容是：诗人早行在崇山峻岭中，充分领略着山野的乐趣。该文本特点是：诗意的思辨性，语言的趣味性，主旨的哲理性。该文本的教学价值是：就后续知识的学习来说，可以了解理趣诗的特点；就学科素养的培养来说，可以提高语言运用能力和思维能力，获得较为丰富的审美经验，提升对中华文化的认同感。

（二）学生分析

学生需要掌握的是：配图明意，讨论诗人所处的位置，明确诗意；品字读趣，通过炼字赏析语言的趣味；联想知理，结合生活经验和阅读经验领悟诗歌的哲理；回溯识人，补充背景资料塑造诗人形象。七年级的学生已经基本具备了相应的学习基础：在认知上，对七言绝句和理趣诗的特点已经有一定的理解和掌握；在情感上，对生活中的困难已经有一定的认识和体会。学生需要采用的学习方法是：借助注释和工具书理解诗意，圈画关键字等多种自主学习的方法。

（三）任务设计

1. 三维目标

（1）语言知识与能力

①能读出诗的节奏和重读；

②能说出诗歌语言的趣味。

（2）思维方法与品质

①能解释诗人所处的位置；

②能阐述诗所蕴含的哲理。

（3）情感态度与价值观

①能感受诚斋体的艺术美；

②能体会诗人面对顺境的理性和面对逆境的乐观。

2. 教学重点

能阐述诗所蕴含的哲理。

3. 教学难点

能体会诗人面对顺境的理性和面对逆境的乐观。

4. 教学方法

讲授法、提问法、点拨法、多媒体展示法等适合学生的方法。

（四）过程设计

1. 回顾知识，导入新课

导入语：我们中国是诗的国度，诗人灿若星河，杨万里就是其中一颗，我们小学已经学过他的哪些诗，大家一起来回忆背诵吧。

（设计意图：通过提问让学生回顾杨万里的诗，激发学生情感和认知两个方面

的兴趣，导入新课《过松源晨炊漆公店》的学习）

2. 初读诗歌，配图明意

（过渡语：下面我们就开始独立学习，初读诗歌，明确诗意）

先独立学习。任务：每人用朗读的方式初读诗歌，并画出诗人所处的环境和位置。要求：画面清晰，条理通顺，阐述合理。时间：5 分钟。

再相互交流。首先在小组内交流，并相互评判，说说达到三级要求中的哪一级，在交流中形成小组的最佳答案。然后在班级中交流，每个小组派代表向全班介绍本组的最佳答案，边介绍边自评和互评，之后形成班级的最佳答案。

后评价介绍。首先对学生的学习做出基本评价（根据现场学习情况随机生成）。其次让学生总结概括对于诗人所处位置的辩论发言，并整合诗意。

（设计意图：让学生初读诗歌，明确诗意，提高整体感知力，也为下一步学习做好认知上的准备）

3. 再读诗歌，品字读趣

（过渡语：下面我们就开始独立学习，再读诗歌，品字读趣）

先独立学习。任务：每人用朗读的方式再读诗歌，并圈画出一些有味道的字词进行赏析；为图拟写人与山的对话（图 2-1）。要求：抠字准确，描述生动，抒情到位。时间：5 分钟。

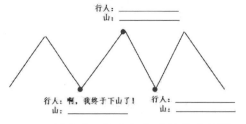

图 2-1　行人与山对话的示例图

再相互交流。在小组内交流，并相互评判，说说达到三级要求中的哪一级，在交流中形成小组的最佳答案。也可以互相演绎人与山的对话，然后在班级中交流，每个小组派代表向全班介绍本组的最佳答案，边介绍边自评和互评，之后形成班级的最佳答案。

后评价介绍。首先对学生的学习做出基本评价（根据现场学习情况随机生成）。其次让学生总结概括诗歌语言的特点。

（设计意图：通过炼字和拟写对话的活动体会杨万里诗歌的语言特点）

4. 深读诗歌，联想悟理

（过渡语：下面我们就开始独立学习，深读诗歌，联想悟理）

先独立学习。任务：结合阅读经验或生活经验造句，并引用这首古诗中的句子。要求：语境恰当，表达通顺，富有文采。

再相互交流。首先在小组内交流，并相互评判，说说达到三级要求中的哪一级，在交流中形成小组的最佳答案。然后在班级中交流，每个小组派代表向全班介绍本组的最佳答案，边介绍边自评和互评，之后形成班级的最佳答案。

后评价介绍。首先对学生的学习做出基本评价（根据现场学习情况随机生成）。其次让学生总结概括诗歌所蕴含的哲理。

（设计意图：通过连接已有的经验，让学生深入领会诗歌所传达的生活哲理）

5. 了解作者、背景

（过渡语：接下来我们了解一下作者和写作背景）

（1）先请每人借助课文注释和课文内容，简要说说作者的情况，推测诗歌写作背景。再结合课堂所学和背景资料，说说杨万里是一个怎样的诗人？

预设：乐观，豁达，自省，冷静，理性。

（2）已知上联："杨万里，诚斋体，妙趣横生富哲理。"请同学们补写下联，要求指向杨万里的精神品质。

预设：廷秀君，爱国者，淡泊名利真豁达

（设计意图：通过了解作者和写作背景，让学生增进认识，深化学习，进一步走进作者的情感世界和言语世界）

6. 自由式补充学习

（过渡语：刚才我们共同学习；现在每人独立学习，个性化地补充学习）

《过松源晨炊漆公店》（其五），请每人根据自己的学习需要，选择其他五首组诗中的一首，按照本节课所学习的方法进行自学。

（设计意图：通过自由式补充学习，让学生在共性学习的基础上获得个性满足和提高）

三、设计反思

以上就是笔者关于《过松源晨炊漆公店（其五）》的教学设计，下面谈谈该设计的优点、不足和改进措施。

（一）优点

1. 基于学情。《过松源晨炊漆公店》（其五）出自人教版七年级下册课外古诗诵读部分，教材配有完善的助读系统。所以在设计前我先了解学生的自读程度，发现大部分学生对诗意的把握和哲理的体悟没有问题。基于此，我做了如上设计。

2. 有整体性。首先，学其诗，进行知识反刍，盘活小学知识，进行整合型阅读；识其人，首尾呼应，读懂杨万里。其次，五个策略的设计指向素养立意的语文课堂建构。纵观整个设计有其系统性和完整性。

3. 非指示性语文教学。本篇教学设计秉持郑逸农教授提出的"非指示性教学"理念。设计中始终以生为本，先生后师，让学生在自主发展中获得知识。这种教学模式充分地焕发了学生的生命活力和智慧潜力。

（二）不足

1. 教学语言需要打磨，问题需要精准明确。我在整理课堂实录的过程中，发现自己的课堂语言很不干净，啰里啰唆，累赘太多。烦琐的教学语言让问题指令不清，也会导致学生思绪混乱。

2. 课堂教学需要贴近学生。如果学生不会开口说话，我该怎么去引导？如果学生说不好话，我该怎么去搭建支架？如果学生说了太多话，我该如何把握尺度？学生是有生命的个体，课堂更具有灵活的生成性，同样的内容给基础比较差的学生上能成功吗？还需要做哪些改变？我想让学科的核心素养真正落到实处仍然任重道远。一节精彩的课的生成，离不开教师灵活应变的教学机制，而我恰恰缺少了这些。

（三）改进

1. 提炼教学语言。观看名师优质公开课，关注他们的语言衔接与过度；写逐字稿，打磨一堂课中的每一句话，每一个词；养成复盘的习惯，把自己的课堂录下来，明确不足之处。

2. 贴近学生教学。要转变角色意识，与学生平等对话与交流。基于学生的兴趣、学情等设计教学活动，学会关注学生、倾听学生。在整个教学中，教师提问和活动任务设计的质量是贴近学生的关键。

作者：杨　芳

数学学科《二次函数最值求解》教学设计

一、设计背景

随着教育改革的不断深化，教学理念更加多元化。而陈鹤琴先生的"活教育"理念其实早就为我们指明了方向，他认为"大自然、大社会都是活教材"，以学生的生活、心理为出发点，利用故事、社会、自然为素材，可激发学生主动参与教学活动。因此，数学教师要创设良好、逼真的数学问题情境，激发学生积极参与的欲望，唤醒学生思考的内在动力，让学生品尝到数学的乐趣，提高学生的核心素养。由此，笔者对"二次函数最值问题"这节课做了如下教学设计，以促使学生愿学、乐学，提高学习效率。

二、设计展示

本节课是在学习了二次函数的概念、图像及性质后，对二次函数最值的一次巩固应用，主要就是利用函数最值解决面积最值问题。

（一）教学目标

1. 知识与技能

（1）能建立起二次函数模型；

（2）能利用顶点或端点解决最值问题。

2. 过程与方法

（1）能说出数学知识的现实意义；

（2）能解释用二次函数最值解决实际问题的原理。

3. 情感态度与价值观

（1）能激发学生的学习兴趣，感受数学之美；

（2）能渗透转化数学思想方法，体会数学知识的应用价值。

（二）教学重点

能解释用二次函数最值解决实际问题的原理。

（三）教学难点

能将实际问题转化为二次函数问题。

（四）教学过程

1. 分组学习，合作探究

这节课的教学内容及设计，让学生依据已有知识技能进行分组合作学习，能让学生高效学习，在参与课堂学习时能从同伴身上获取知识经验。

（设计意图：陈鹤琴的"活教育"倡导合作；教学原则也要求学生分组学习，共同研究。这一合作过程亦体现了学生教学生的教学原则，能大大激发学生的创造力）

2. 例题引入，回顾旧知

在课堂伊始，教师可呈现例题：二次函数 $y=(x-4)^2+2$ 的最值求解。并引导学生从"数""形"两个角度进行求解，同时依据学生的解题过程来重新回顾二次函数最值求解的各个步骤及注意点。

（设计意图：通过两种不同解题方法，激发学生学习数学的兴趣，同时唤醒学生已有的基础知识与基本技能，为后续解题进行铺垫）

3. 变式训练，深化理解

从以上二次函数基础题 $y=(x-4)^2+2$ 出发，对自变量的范围进行约束，衍生出以下三个小题：

（1）当 $1 \leqslant x \leqslant 5$ 求二次函数 $y=(x-4)^2+2$ 的最值。

（2）当 $1 < x < 5$ 求二次函数 $y=(x-4)^2+2$ 的最值。

（3）当 $1 \leqslant x \leqslant 3$ 求二次函数 $y=(x-4)^2+2$ 的最值。

教师引导学生仔细观察各小题的自变量范围，借助函数图像去截取有效部分，从图像上直观去获取函数的最值点，最后代入函数式求值。同时根据各小题间的微妙区别，加深"顶点""端点"的最值适用情况。例如第（1）题，对称轴在范围内，故顶点取到最小值；离对称轴较远的端点取到最大值。第（2）题，对称轴仍在范围内，故顶点取到最小值；但两个端点皆是空心点，故没有最大值。第（3）题，对称轴不在范围内，故最大值及最小值均由端点提供。

（设计意图：陈鹤琴"活教育"中有一条教学原则是"比较教学法"，这种方法能提高教学的效果，学起来比较生动具体。教师可借此设置变式，引导学生从"变"的现象中发现"不变"的本质，从"不变"中探求规律）

4. 链接中考，善用资源

张大爷要围一个矩形花圃，花圃的一边利用足够长的墙，另外三边用总长为32m的篱笆恰好围成。围成的花圃是如图2-2所示的矩形 ABCD。设 BC 边的长为 Xm，矩形 ABCD 的面

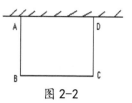

图2-2

积为 Sm²。

（1）求 S 与 X 之间的函数关系式和自变量的取值范围；

（2）当 X 为何值时，S 最大值？并求出最大值。

（设计意图：中考数学试题立足基础，突出立德树人，彰显数学素养，重视影响学生终身发展的核心素养的提升，对课堂教学具有正确的导向）

5. 回顾教材，追溯本源

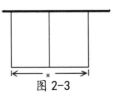

图 2-3

某农场拟建两间矩形的种牛饲养室，饲养室的一面靠现有墙（墙长 >50m），中间用一道墙隔开（图 2-3）。已知计划中的建筑材料可建围墙的总长为 50m，设两间饲养室合计长 xm，总占地面积为 ym²。

（1）求 y 关于 x 的函数解析式和自变量的取值范围；

（2）若要使两间饲养室占地总面积达到 200m²，则各道墙的长度为多少？占地总面积有可能达到 210 m² 吗？

教师可引导学生根据图像，将已知数据标注在图上，长为 xm，宽为 $\frac{50-x}{3}$ m。根据面积计算公式，求出 $y = \frac{50-x}{3} \cdot x$。再根据实际意义（长、宽均为正数），求出相应取值范围。最后，将题目整理成简单的代数式求值即可。

（设计意图：习总书记多次强调，课程教材要发挥培根铸魂、启智增慧的作用，数学教材更是为学生的数学学习提供了学习主题、知识结构和基本线索，是实现数学课程目标、实施数学教学的重要资源。因此，我们从教学内容出发，依托新课标，重视教材、用好教材）

6. 实际应用，提高能力

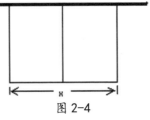

图 2-4

【变式 1】某农场拟建两间矩形的种牛饲养室，饲养室的一面靠现有墙（墙可利用长最多为 23m，每间饲养室靠墙面长不小于 5m），中间用一道墙隔开（图 2-4）。已知计划中的建筑材料可建围墙的总长为 50m，设两间饲养室合计长 xm，总占地面积为 ym²。求两间饲养室的总面积的最大值。

【变式 2】如图 2-5，设计了新的建筑方案：当墙长较短时，可加长堆砌（新墙长大于旧墙长），已知原墙长为 10m，且加长后的新墙长至少达 18m，计划中的建筑材料可

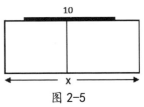

图 2-5

建围墙的总长仍为 50m，设两间饲养室合计长 xm，总占地面积为 ym²。求此方案围成的两间饲养室的总面积的最大值。

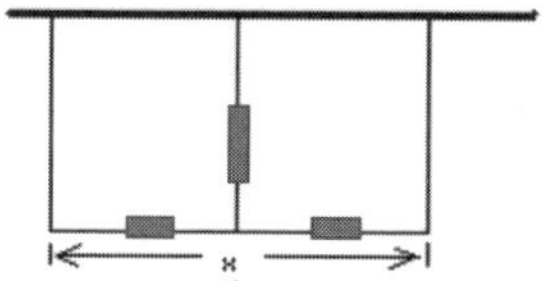

【变式 3】某农场拟建两间矩形的种牛饲养室，饲养室的一面靠现有墙（墙长 >50m），中间用一道墙隔开（图 2-6）。为行走方便，中间开了宽为 2m 的门，另开了宽为 1m 的两扇门，其他条件不变。已知计划中的建筑材料可建围墙的总长为 50m，设两间饲养室合计长 xm，总占地面积为 ym²。

图 2-6

求两间饲养室总面积的最大值。

各变式练习题之间都有微妙区别，如【变式 1】中提到：墙可利用长最多为 23m，每间饲养室靠墙面长不小于 5m；【变式 2】中提到：当墙长较短时，可加长堆砌（即新墙长大于旧墙长）；【变式 3】中提到：为行走方便，中间开了宽为 2m 的门，另开了宽为 1m 的两扇门。教师要将主动权交给学生，通过探究学习，发现不同条件下带来的自变量的取值范围，从而真正理解函数最值求解，并提高数学应用的能力。

（设计意图：数学学习具有情境性，《义务教育课程方案和课程标准（2022 年版）》中更是提倡开展素养导向的数学教学活动，创设真实的教学情境，体现数学是认识、理解、表达真实世界的工具、方法和语言）

三、设计反思

以上就是笔者对于二次函数最值的教学设计。下面谈谈该设计的优点、不足和改进措施。

（一）优点

1. 基于教情。本节课的教学设计，以陈鹤琴先生的"活教育"为理论依据，贯通新课标要求，注重创设情境，从生活实例入手，带领学生在自主探究、合作学习的氛围中，经历知识的"回顾—应用—归纳—巩固"等过程，以数形结合为主线，层层递进，化难为易。

2. 基于学情。运用函数方程思想解决问题，培养学生发现问题、分析问题的能力，发展学生的几何直观、模型观念、数学运算、应用意识。让学生体会二次函数模型对解决最值问题的优越性和二次函数的应用价值。

（二）不足

1.课后应设置分层作业。课后作业应以尊重学生主体性和动态性为原则，分基础性作业与发展性作业，让每一位学生都能发挥自己的数学才能，完成适合自己学情的作业。

2.开发利用好教材。教材作为教与学的载体，要有个性的解读，逐步形成目标明确、情景切入、感悟方法、过程理解与应用迁移的教学思路。

（三）改进

1.设置有效教学情境。精心创设各种教学情境，能够激发学生的学习动机和好奇心，培养学生的求知欲望，调动学生学习的积极性和主动性。

2.加强各学科联系。教师应创设多维教学情境，强化学科的联系，构建大单元教学，让知识从碎片化走向整体化，关注知识体系的整体性；以数学思想为驱动，实现知识从单一整理走向深度学习。

作者：陆燕娜

英语学科《Rethink, Reuse, Recycle! 》教学设计

一、设计背景

2019 年 4 月，我有幸在区首轮"名师高徒"携手研修活动中进行课堂展示。为了呈现更好的课堂，达到相互切磋学习的目的，我基于"活教育"的理念和义务教育新课程标准，精心设计了这一课时的教学。

二、设计展示

（一）主题意义

本课时是人教版英语九年级全一册 Unit13 We're trying to save the earth! 的第五课时。该主题是"人与自然"，旨在让学生通过学习，了解 Amy，Jessica，Wang Tao 三人利用创造力变废为宝的经历。基于此，引导学生尝试运用 rethink，reuse，recycle 等词语，帮助其树立环保意识。

（二）教学目标

通过本节课的学习，学生能够达到以下四个维度的目标。

1.语言能力

能说出短视频里小女孩制作的手工艺品及其使用的材料。

2. 学习能力

（1）能在小组合作中明晰 Amy，Jessica，Wang Tao 共同拥有的精神品质；

（2）能在自主学习的过程中快读篇章，找出正确的中心大意，整体把握文本。

3. 思维品质

（1）能通过观察图片和标题，在读前猜出篇章的主要内容；

（2）能通过阅读相关段落，说出 Amy 的品质特征及 Jessica 计划出书的目的。

4. 文化意识

能感受 Amy，Jessica，Wang Tao 的品质美，意识到应从点滴小事做起保护环境，做地球母亲的守护者。

（三）教学重点

能在自主学习的过程中快读篇章，找出正确的中心大意，整体把握文本。

（四）教学难点

能在合作学习的过程中，了解 Amy，Jessica，Wang Tao 共同拥有的精神品质。

（五）教学过程

Step 1: Watch and find

课堂伊始，教师向学生展示家里女儿利用矿泉水空瓶、剩余的彩色卡纸、细绳等材料制作小灯笼的视频。在观看时，引导学生思考两个问题：What did the little girl make? What materials did she use? 时间：3 分钟左右。

（设计意图：利用轻松愉快的方式带领学生进入课堂，活跃氛围。与此同时，顺理成章地引出文本标题 Rethink, Reuse, Recycle）

Step 2: Predict

教师将阅读文本中出现的三幅图展示给学生看，追问并引导他们仔细观察图。提出的问题链如下：

引导内容：What can you see in picture one? What materials did the builder use to build the house? What is the roof made of? What are the windows and doors made of? How about the gate?

引导内容：What are these in picture two? What are they made of?

引导内容：What does it look like? What materials does the maker use?

依据对文本图的深入观察，再结合标题，引导学生预测该文本的中心大意。时间：

4 分钟左右。

（设计意图：利用问题链帮助学生"读"图，锻炼学生对教材图片的观察与解读能力。此外通过引导学生预测篇章大意，培养学生的读前预测能力，并对之后的阅读形成期待）

Step 3: Read topic

引导学生快读篇章，选择正确的中心大意。读前教师讲解阅读技巧，让学生明白通观全篇才能提取篇章大意，且要关注文本首段及尾段。具体的选择项如下：

The passage is mainly about _____.

① What things can be reused and recycled in our daily life.

② How people create ways to use unwanted things.

③ Why people put those useless things to good use.

该环节用时：4 分钟左右。

（设计意图：通过快读让学生验证之前的预测，也能整体把握文本。该题属于中考阅读题型中的主旨大意题，其中阅读技巧的提点能帮助学生正确解答该类题型，指向性明确）

Step 4: Read structure

在把握中心大意的基础上，让学生快读篇章，选择正确的篇章结构。读前，教师也指导相关的阅读技巧：一些阐述相同或相似含义的段落可以被归为同一部分。基于所划分的结构，教师将继续追问各部分的主要内容，学生可以发现篇章第一部分（第一段）呈现了作者观点，第二部分（第二、三、四段）则借用三个人物的事例来证明这一观点的正确性。时间：5 分钟左右。

（设计意图：该题型属于中考阅读题型中可能考查的篇章结构题，阅读技巧的训练能让学生积累更多的解题方法，实用性强。同时，学生能够把握该文本的框架结构）

Step 5: Read information

在这一环节中，教师将引导学生细致深入地解读篇章第二、三、四段。

首先，让学生细读第二段并填写关于 Amy Hayes 的信息卡。以下问题能辅助学生展开阅读并完成信息填写的任务：Where does Amy live？ Who gave Amy a prize recently？当学生找出 Amy 住在英国的一间特殊自建房中时，教师将追问学生：Who built the house? What materials did the builder use? 随着对 Amy 信息的掌握，再抛出问题 What do you think of Amy? 让学生分析 Amy 的性格品质。时间：5 分钟左右。

（设计意图：通过寻找信息填写 Amy's information card，让学生对这一人物了解更深入，而对于 Amy 的品质分析则能锻炼学生的思维品质）

其次，引导学生细读第三段并完成关于 Jessica Wong 的表格。在此过程中，教师提供几个问题帮助学生有效阅读：What things does Jessica make? What materials did she use to make such things? How does she sell her things? What is her plan? 当学生找出这些细节信息后，教师会顺势询问：What is the purpose of her plan? 时间：5 分钟左右。

（设计意图：锻炼学生通过阅读寻找细节信息的能力。在学生了解 Jessica 的出书计划后，可思考 Jessica 的目的，以锻炼学生思维能力）

接着教师引导学生细读第四段并思考以下问题：How does Wang Tao make art pieces? What do Wang Tao's art pieces look like? Why is Wang Tao interested in "metal art"？时间：5 分钟左右。

（设计意图：该问题链的设计意在帮助学生了解 Wang Tao 利用旧汽车中的金属零部件制作工艺品的过程）

Step 6: Discuss

基于 Amy，Jessica，Wang Tao 都利用废旧物创造出了有价值的事物，教师将组织学生四人一组讨论问题：What qualities do Amy, Jessica and Wang Tao have in common? Why do you think so? 时间：8 分钟左右。

（设计意图：通过小组讨论，让学生试着与同伴磨合，体验合作学习。期间，学生会呈现不同的观点与理由，其思维的碰撞与交流是英语核心素养提升的有效途径）

Step 7: Summary

经过上一环节的讨论，学生会发现 Amy，Jessica，Wang Tao 身上共有的精神品质。All of them are creative, intelligent, brave, responsible and so on. 此时，教师引导学生意识到他们其实都是普通人，若我们能像他们一样，从小事做起，那每个人都将成为地球母亲的守护者。

笔者的总结语如下：The earth is our home. Be responsible so that we're willing to rethink. Be brave so that we dare to reuse. Be creative and wise so that we're able to recycle!

Hope everyone is on the way...时间：1分钟左右。

（设计意图：达成文化意识方面的教学目标，揭示本堂课的情感内涵。总结语中包含的"rethink""reuse""recycle"与阅读文本的标题呼应，使课堂主线更清晰）

Step 8: Homework

最后，教师给学生布置两项作业：

① Think of materials that can be recycled at home and use them to create new things.

② List several other ways to protect the environment and discuss with your friends.

（设计意图：作业1旨在培养学生的动脑、动手能力，形成变废为宝、保护环境的意识。作业2旨在锻炼学生的思维能力，培养与同伴交流并共同进步的合作精神）

三、设计反思

以上就是笔者对于《G9U13 SB (2a–2e) Rethink, Reuse, Recycle!》的教学设计。下面谈谈该设计的优点、不足和改进措施。

（一）优点

1. 教学设计贴近生活。在课堂导入中，教师通过播放女儿在家使用废弃物制作灯笼的视频，自然引出话题 rethink，reuse，recycle。在课堂最后，教师引导学生从 Amy，Jessica，Wang Tao 的事例反观自身，让他们意识到其实"环境保护"可以从身边小事做起，从而让课堂实现了从生活中来，最后又回归生活的目的。

2. 对阅读文本的梳理到位。整个阅读过程分 pre-reading，while-reading，post-reading 三部分。读前引导学生预测，形成阅读期待；读时先让学生从整体上把握篇章——抓取中心大意、划分篇章结构，再让学生分部分阅读，寻找细节信息、思考目的意图。读后引导学生讨论文中人物的精神品质。阅读各环节紧密相扣，使学习水到渠成。

3. 以学生为主体。从自主学习到合作学习，该教学设计给学生留足了课堂中的思考和交流时间，将课堂主动权交到学生手中。

（二）不足

最后的作业设计可以更丰富些。两项作业中，作业1考虑到学生实践能力的培养，作业2关注了学生语言表达能力的锻炼。若能从"以读促写"的角度考虑，可以布置书面表达的相关任务。

（三）改进

作业中可以添加一项写作任务"Write down how you or your friends put things to good use and add your feelings"，基于学生的差异性，可让学生在作业 2 与该项作业中自主选择一项完成。

作者：王玫杰

科学学科《果树的嫁接》拓展性综合实践教学设计

一、设计背景

学生已在本册第一单元学习过一些嫁接的知识，但对于嫁接的理解仅仅停留在表面，对其操作步骤还完全陌生，因此对于嫁接知识的建构还不够立体。但学生已经具备了一定的动手能力，只要加以引导，就可以让他们通过观察以及小组合作等方式，建立起全面立体的嫁接概念。

本设计将以学生的家乡——上虞的水蜜桃树作为背景展开。同时，整个课堂中，会设置多个小组活动，许多评价也将由学生自主完成，教师只在各个环节起到推动作用，从而实现将课堂交到学生手中。

二、设计展示

（一）教学目标

通过本节课的学习，学生能够达到以下三个维度的目标。

1. 知识与能力

（1）能说出嫁接的概念，并挑选出合适的接穗和砧木；

（2）能找出接穗和砧木中形成层的位置；

（3）能处理接穗和砧木，并完成嫁接的整个过程。

2. 过程与方法

（1）通过小组活动观察植物的茎，学会观察、比较等科学方法；

（2）能够完整地描述植物嫁接的具体步骤和基本方法。

3. 情感态度与价值观

（1）能感受到科学知识在实际生产生活中广泛存在；

（2）能从实验中发现、总结、应用知识，并将所学延伸到实践中。

（二）教学重点

能处理接穗和砧木，并完成嫁接的整个过程。

（三）教学难点

能找到接穗和砧木中形成层的位置。

（四）教学过程

1. 创设情境，引出"嫁接"

同学们都知道"四季仙果之旅"是上虞著名的旅游品牌，那它们都有哪些呢？现在就一起通过短片了解。

教师播放宣传视频。

（设计意图：通过播放"四季鲜之果旅"的宣传短片，让学生了解家乡的旅游业，激发对家乡的热爱和自豪感）

原来我们上虞有这么多"仙果"。现在，让我们先一起去往章镇的水蜜桃基地看一看吧。如果你是这片桃林的主人，你发现有毛桃，也有水蜜桃。毛桃果子小，果肉薄，水分少，味酸涩；而水蜜桃个头大，水分足，味甜。那么你能想法让毛桃树上也长出水蜜桃来吗？（学生跟随老师的引导进入情境，主动回答）

（设计意图：创设"桃树改良"情境，引出本节课主题：果树的嫁接）

2. 回顾嫁接的理论知识

（过渡语：可以利用嫁接，让毛桃树上长出水蜜桃。那么，请大家回忆什么是嫁接）

学生回忆嫁接的概念。"嫁接是将一株植物的枝或芽，移接到另一株带根系的植物的茎或根上，使它们愈合成长为一个新的植株。"学生对这一概念并不陌生，教师可以随机抽一位学生回答。教师继续追问学生：这里提到的"一株植物的枝或芽"在嫁接里我们称它为什么？另一株带根系的植物的茎或根又称为什么？

完成概念回顾后，教师让学生选择分别以什么作为接穗和砧木可以让毛桃树长出水蜜桃，以此来检验学生对理论知识的掌握情况。

教师简单点评学生的回答。最后，请学生回答决定嫁接成活的关键因素是什么。

（设计意图：回顾关于果树嫁接的相关知识，为实际操作做好理论铺垫。通过回忆决定嫁接成活的关键因素，过渡到下一个环节：寻找形成层）

3. 学生活动，观察植物的茎

（过渡语：为了让接穗和砧木的形成层紧贴，首先我们需要找到形成层在植物

的茎中的具体位置。接下来我们观察茎的结构）

学生以小组为单位，利用教师准备的植物的茎、大头针等器材，进行实验、观察，并展开讨论。要求：说出植物的茎可以大致分为几个部分，并说出分类依据。时间：3分钟左右。

教师利用希沃投影将学生观察的茎投影到一体机。各小组对照一体机上的实物投影汇报观察结果。在汇报过程中，教师可以引导学生描述茎各部分的颜色、质地（也可以在学生开展小组讨论时指导，但不要明确指示，限制学生思考）。

教师通过板画的形式总结学生汇报结果，并补充介绍茎各个结构的作用。最后，在板画上指出形成层所在的位置。同时介绍形成层仅有单层细胞构成。

（设计意图：通过小组合作观察茎的构造，让学生初步了解形成层所在的位置）

4.学生活动，感受形成层的存在

（过渡语：虽然我们无法用肉眼观察到形成层，但我们可以剥开刚才那段茎的树皮，摸一摸，感受形成层的存在）

学生剥开树皮感受形成层的存在，并描述触感。教师介绍形成层的细胞特点及作用。强调正是因为形成层能不断地进行细胞分裂，向内产生新的木质部，向外产生新的韧皮部，所以在嫁接过程中一定要确保接穗和砧木的形成层紧贴。

（设计意图：了解形成层的作用，加深对形成层所在位置的印象，以及对嫁接关键因素的理解；同时让学生获得更多体验感，激发学习兴趣）

5.教师示范嫁接的过程，学生跟随练习

（过渡语：为了让接穗和砧木的形成层紧贴，首先要让两者的形成层露出来。那就需要我们对接穗和砧木进行处理。接下来的每一步，请大家先仔细看老师示范，再根据老师的提示展开练习）

（1）挑选接穗和砧木

教师介绍接穗和砧木的挑选原则。学生自行从教师准备的一些材料中挑选合适的接穗及砧木，小组展示挑选结果，其他同学对挑选结果进行评价。最后教师给出评价及建议。

（2）接穗的处理

接穗底部需要用刀削成楔形，教师介绍什么是楔形，并示范如何处理，学生认真观察。

教师随机邀请一位学生指出处理好的接穗切口处形成层所在的大概位置。其他同学仔细观察是否正确指认。

学生分小组练习接穗的处理。时间：5分钟左右。学生展示练习成果，教师评价（根据学生现场学习情况随机生成），并重复操作要领。

（3）砧木的处理

在砧木的大约直径处切一个深度略长于接穗底部楔形的口子。教师示范，学生自己观察。

教师随机邀请一位学生指出砧木切口处形成层的大概位置。其他同学仔细观察是否正确指认。

学生分小组练习砧木的处理。时间：5分钟左右。学生展示练习成果，教师随机抽，其他同学进行评价。最后教师进行点评（根据学生现场学习情况随机生成），并强调操作要领。

（4）接穗插入砧木

教师示范将接穗插入砧木，并用塑料薄膜把它们紧紧地绑在一起的过程。学生跟随练习，并思考以下问题：在将接穗插入砧木过程一定要让接穗和砧木的树皮贴在一起的原因是什么？塑料薄膜的作用是什么？

（设计意图：把所学的理论知识运用到实践操作中，并能通过理论知识解释实践操作原理。让学生切身感受到理论是与实践相结合的）

6.回顾果树嫁接的完整过程，总结收获

（过渡语：至此我们已经完成了整个嫁接。请同学们来回忆果树嫁接的具体步骤，并说说自己的收获或感想）

同桌互相描述果树嫁接的具体操作步骤，并简单说出自己的收获或感想。时间：3分钟左右。之后，教师随机抽点学生，以接龙的方式，回顾果树嫁接的步骤。最后，以自主发言的形式邀请三位到五位学生说出本节课的收获或感受。

（设计意图：整理嫁接的完整过程。通过总结学习收获，让学生能力得到提升）

7.教师布置课外任务

（过渡语：这一盆是老师去年嫁接的桃树，现在已经长出了叶子。请大家利用今天所学，嫁接一株果树）

学生观察教师嫁接的桃树，寻找嫁接的接口。课后进一步练习，然后完成一株果树的嫁接。要求：记录嫁接一周、两周、一个月、三个月、半年、一年后果树的生长状况，做好阶段汇报。同时，同学间进行经验交流，探讨遇到的问题。

（设计意图：让学生把课堂上所学的知识，真正运用到实际生产生活中）

三、设计反思

以上就是笔者对拓展性综合实践《果树的嫁接》的教学设计。下面谈谈该设计的优点、不足和改进措施。

（一）优点

1. 教学设计结合乡土特色，贴近学生生活。以家乡上虞的"四季仙果"旅游品牌导入课堂，以章镇的水蜜桃树的嫁接展开内容，最后鼓励同学将所学知识应用到实际生产生活中。这样的设计能够加强学生对家乡的了解，培养对家乡的热爱和自豪感，也让学生体会了科学理论来自实践，又能指导实践。

2. 用理论知识为实践操作做铺垫，让学生知道怎么做的同时为何这么做。整个活动过程，先从学生熟悉的理论知识入手，回顾嫁接、接穗、砧木的概念，以及嫁接后果树成活的关键因素。之后再引出形成层，并通过活动明确形成层的位置。这些理论知识的铺垫，能让后续的实践操作变得顺利。比如，学生能够通过接穗以及砧木的概念，体会它们在嫁接中的作用。那么，挑选接穗、砧木的原则就容易理解了。而明确了形成层的作用以及位置后，学生就能理解为什么接穗底部需要处理成楔形，砧木要在大约直径处切一个深度略长于接穗底部楔形的口子。这样也就能够把握每一步的操作关键。这样的设计，符合拓展性综合实践课让学生通过活动来综合运用已有知识的理念。

3. 以学生为主体，把课堂交给学生。从小组活动探究植物茎的结构，到感受形成层的存在，再到小组自由练习嫁接过程、学生自主评价，以及最后的课堂收获感言。该教学设计给学生留足了动手的机会和思考、交流的时间，教师只在其中起引导作用，做到了把课堂交给学生。

（二）不足

1. 注重深度，但广度不够。理解"果树嫁接的成活关键在于接穗、砧木的形成层紧贴"是学习果树嫁接的关键。本教学设计通过反复寻找形成层、了解其作用，解决了怎么做，从而完成了关键点的突破。但由于课堂时间限制，舍弃了对果树嫁接技术的横向拓展。这使得整个设计在知识广度上有些欠缺。

2. 作业完成跨度时间较长。本设计中安排的课后作业：完成一株果树的嫁接。完成作业所需时间比较长，后期学生容易失去热情。

（三）改进

针对以上不足，笔者认为可以做出以下改进。

1. 充分利用课前课后任务，延伸课堂时间。课堂时间有限，解决关键性难题是重点。但教师可以通过课前或者课后任务，鼓励学生自己查阅资料，进行更多的探索。

2. 开设同系列课程，保持学生学习热情。可以考虑开设同系列的拓展性课程。例如，这一堂课练习果树嫁接技术，课后作业可以让学生到校内实践基地进行实际操作。后续可以在课堂上，让学生观察嫁接后的果树，学习果树的管理。通过融入新知识，让学生的学习热情保持更久。

作者：项董芳

社会历史学科《秦统一中国》教学设计

一、设计背景

适逢 2022 学年学校组织展示课，笔者选择七年级上册第三单元《秦汉时期：统一多民族国家的建立和巩固》第 9 课《秦统一中国》来展示。该课时讲述了秦的统一结束了春秋战国的分裂局面，是中国历史上第一次真正意义上的统一，是国家大一统的开端。秦始皇采取的一系列巩固统一的措施，不仅促成了两汉政治、经济繁荣，而且对后世影响深远。

本课的学习有助于培育学生浓厚的家国情怀，认识到"中国自古以来就是统一的多民族国家"，从而增强民族自豪感和国家认同感。

二、设计展示

（一）教学目标

1. 知识与技能

（1）了解秦灭六国、统一全国的基本情况；

（2）知道秦开创大一统的中央集权制度的意义；

（3）掌握秦始皇加强和巩固统一的措施及历史影响。（历史解释、史料实证）

2. 过程与方法

（1）通过材料研读分析"秦完成统一的有利条件"；

（2）通过创设的情境，掌握"秦始皇巩固统一的主要措施"，提高初步分析历史问题的能力；

（3）识读《秦朝疆域图》，提高识读历史地图的基本技能。（史料实证、时空观念）

3.情感态度与价值观

认识到"中国自古以来就是统一的多民族国家"，培育学生的民族自豪感和国家认同感。（历史解释、家国情怀）

（二）教学重点

能说出秦朝中央集权制度与巩固统一的措施。

（三）教学难点

能概括出秦统一中国的历史意义。

（四）教学过程

1.秦灭六国，建立秦朝

（1）播放视频，了解秦始皇

秦王嬴政（公元前259—公元前210年），公元前243年13岁时被立为秦王。公元前239年21岁时亲政。公元前221年完成统一天下的大业。

（2）秦灭六国

播放视频并结合课本的问题以及课本知识，了解秦国灭六国的时间、顺序和意义，以及秦能灭六国的原因。

时间：公元前230—公元前221年。

顺序：韩、赵、魏、楚、燕、齐。

意义：结束了春秋战国以来长期争战混战的局面，建立起我国历史上第一个统一的多民族的封建国家。

原因：人民渴望统一；统一是历史的潮流；商鞅变法使秦国国富兵强；嬴政善用人才。

（3）秦朝建立和疆域（图2-7）

读课文和秦朝形势图，找到秦朝建立的时间，人物，定都以及疆域的四至点。

时间：公元前221年。

人物：秦始皇嬴政。

都城：咸阳。

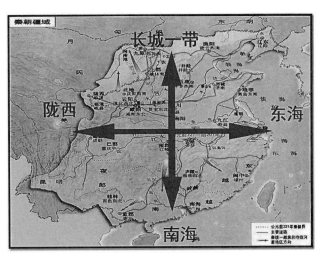

图 2-7 秦朝疆域图

疆域：东至东海，西到陇西，北至长城一带，南达南海。

（设计意图：通过视频，能激发学生的学习热情，让其更直观地了解秦灭掉六国，实现大一统的伟大功绩。通过寻找疆域的四至点，顺利过渡到中央集权制度的知识点）

2.确立中央集权制度

（1）皇帝制

材料一：秦王嬴政统一中国，自认"德兼三皇，功盖五帝"，自称"始皇帝"。创"皇帝"一词作为最高封建统治者的正式称号，并沿用了两千多年。

材料二："天下之事无大小皆决于上"。（《史记·秦始皇本纪》）

材料三："天子独以印称玺""命为制，令为诏，天子自称曰'朕'"。（《史记·秦始皇本纪》）

最高统治者——皇帝拥有至高无上的权威，总揽全国的一切军政大权，即皇权至上、皇位独尊。

（2）中央（图2-8）

图 2-8 秦朝中央集权制度示意图

（3）地方（图2-9）

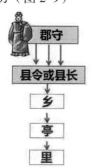

图2-9　秦朝郡县制示意图

（设计意图：通过材料的研读，知道皇帝制的内容和特点。再通过图2-8和图2-9，简明地展示中央设置三公，各司其职和地方实行新创的郡县制。培养学生阅读材料和读图的能力）

3.巩固统一的措施

故事：战国时，有个秦国人在国内做了一条长裙。她去齐国旅游时又叫齐国的裁缝做同样尺寸的裙子，取货时发现：竟然是超短裙！付款时裁缝又拒收她的圆形货币而要她付刀币。最后她不愿意要这条裙子了，打算退货，裁缝让她填一份文书。结果她突然发现自己变成"文盲"了，因为文书上的文字她一个都不认识。

请问：为什么会出现上述情况？（各国经济文化不同，标准不一）（图2-10）

度量衡不统一　　货币不统一　　文字不统一

图2-10　秦朝经济、文化不统一现象

（1）文化方面

概况：为了消除七国的文字差异，秦始皇命李斯等人统一文字，制定小篆，作为通用文字颁行全国。

作用：文字的统一，使政令能够在全国各地顺利推行，也使不同地域的人民能够顺畅沟通，有利于文化的交流与发展。

（2）经济方面

①统一货币

概况：秦始皇下令废除六国的货币，以秦国货币作为标准，在全国流通。

作用：改变了以往币制混乱的状况，有利于国家对经济的管理，促进各地经济的交流。

②统一度量衡

概况：为改变以前各国度量单位不一的状况，秦始皇规定以秦制为基础，统一度量衡，由国家统一监制。

作用：度量衡的统一，便利了经济的发展。

（3）交通方面

车同轨：为加强各地的交通往来，秦始皇下令统一车辆和道路的宽窄，并修筑贯通全国的道路。

开凿灵渠：秦始皇派人开凿灵渠，沟通了湘江（长江水系）和漓江（珠江水系），便利了南北的水运交通，促进了中原和岭南经济文化的交流。

（4）军事方面

秦始皇派大将蒙恬北击匈奴，并修筑长城。长城西起临洮，东到辽东。

（设计意图：从故事出发，引导学生思考，秦统一六国后，采取了什么措施来巩固统一）

4.教学小结

秦的统一，带来的不只是疆域的统一、制度和标准的统一，而是在这些的背后"大一统思想"所带来的民族认同感与民族凝聚力。

三、设计反思

（一）优点

1.知识点条理清晰。作为历史学科，知识条理必须一目了然。这节课主要讲述秦始皇嬴政何时、如何统一天下，以及统一后所用的巩固措施。知识点一个个落实推进，学生更易于掌握。

2.学生参与课堂的主动性强。在教学过程中，学生能够积极发挥主观能动性，调动已有知识经验，使得新旧知识能快速衔接。本节课的知识点归纳、概括，大部分由学生自主完成。课堂以学生为中心，配合视频，能激发学生的兴趣，主动参与课堂。

（二）不足

1.上课时间过短。课时调整之后，学生的学习、思考时间变短，导致对一些内容无法进行深度思考。

2.学生的知识衔接不牢。在回答问题时，有些学生想不起之前学过的"商鞅变法"

的细节。

3.个体已有的知识经验不同，有些学生难以顺利衔接。

（三）改进

1.加强问题设计和课后拓展。在教学设计时，多做一些调查，了解学生的学业和知识水平，使问题设计更贴近学生，提高课堂效率。在课堂内无法完成的知识点，可以通过课后作业呈现反馈。

2.巩固学生知识点，形成良好衔接。测试基础性知识，帮助学生识记。开展知识竞赛，激发学生的学习热情，使其知识衔接更牢。

3.指导学生进行课外阅读。引导学生多阅读课外的历史书籍，拓宽学生的知识面，以便更好地参与课堂。

作者：罗焕焕

美术学科《让非遗"新起来"》教学设计

一、设计背景

我国是四大文明古国之一，有着丰富灿烂的文化遗产。"非遗"文化在美术课中的应用也非常广泛。上虞的麦秆扇编制技艺被列入第二批绍兴市非物质文化遗产名录，因此本次教学设计把麦秆作为主材料融入美术课堂，通过对"非遗"的传承和创新学习，让学生更好地了解和热爱家乡的"非遗"文化，并在感受创新带来的乐趣，在学习中自然传承这一独特的文化遗产。

二、设计展示

（一）教学准备

麦秆、麦秆扇、麦秆画、立体成品、双面胶、胶枪、国画材料。

（二）教学目标

1.知识目标

（1）能解释非物质文化遗产麦秆画；

（2）能说出麦秆画的创作过程。

2.技能目标

（1）能画出与中国水墨相结合的麦秆装饰画；

（2）能制作出更多的麦秆装饰作品。

3.过程与方法目标

（1）能在欣赏的过程中获得创作的方法；

（2）能在创作的过程中获得创新的方法。

4.情感态度与价值观目标

（1）能感受非遗麦秆画的艺术美；

（2）能体验非遗文化传承的重要性。

（三）教学重点

能画出和中国水墨相结合的麦秆装饰画。

（四）教学难点

能制作出更多的麦秆装饰作品。

（五）教学过程

1.谜语导入，激兴趣

（1）猜谜游戏：秋天撒下粒粒种，冬天幼芽雪里藏，春天还青节节高，夏天成熟一片黄。让学生猜一种农作物。之后出示小麦图片（图2-11）。

图 2-11　小麦图片

（设计意图：通过猜谜导入，激发学生对麦秆的探索兴趣，引导学生自觉进入积极的探究情境）

（2）教师：小麦历来被人们视为神圣之物。无论是古人祭祀天地，还是国徽图案的选定，都赋予小麦极高的地位，它象征丰收和财富。今天老师就带着大家零距离拥抱大自然，去感受这种来自田野之间的艺术品——麦秆扇。请同学看一看，摸一摸，感受一下材质。这一把精致的扇子就是用麦秆制作而成（图2-12）。

（设计意图：通过看、摸来激发学生的学习兴趣，让学生感受麦秆材质，建立起麦秆与美术造型的联系）

图 2-12　麦秆制作的艺术品

2.视频欣赏，探重点

（1）先独立学习。任务：欣赏麦秆扇制作的小视频。

（2）再相互交流。首先在组内交流对麦秆扇制作的想法，然后在班级中交流，请小组代表发言。

（3）教师评价介绍。麦秆扇的编织技艺为绍兴非物质文化遗产，上虞农村曾有这样的风俗：如果姑娘与小伙子相爱了，在夏季来临时，小伙子就会收到一把精致漂亮的麦秆扇，这是姑娘在向心上人表露情意。这样小小的一把扇子充满了人们智慧的结晶，并有着美好的寓意。

（4）出示图片（图2-13），教师采访非遗传承人的图片与对话。

教师：老师采访了一位非遗麦秆扇制作的传承人何奶奶，今年81岁的她，从六七岁就开始跟随祖母、母亲编织麦秆扇，到她这儿已经是第四代了。她用麦秆精心编制的各种精致的扇子，既实用又是一种民间艺术品。

（设计意图：与上虞当地文化习俗相联系，通过和非遗传承人的对话，让学生进一步地了解麦秆扇与非遗文化，增强学生热爱家乡的思想感情）

图 2-13　非遗麦秆扇制作传承人

3.深入探究，领要点

（1）教师提问：麦秆除了可以用编织技艺制作麦秆扇，还能做什么呢？

学生先独立思考，再互相交流。

（2）教师出示图片（图2-14）：我们一起来看一看，麦秆经过一系列加工处理还可以制作成麦秆画。

图 2-14 麦秆画

教师：麦秆画是中国独有的民间手工艺品，传统的麦秆画以平面形式为主，今天老师想换一种新的形式，将平面的转换为半立体的。老师制作了与中国山水画相结合的麦秆画，请同学们观看视频。

先独立学习。每人认真欣赏微视频。

再相互交流。首先在小组内交流，相互说说自己观看视频的感受，并分享自己的想法，在交流中激发创作灵感。然后在班级中交流，每个小组派代表向全班介绍自己想画什么样的麦秆画，边介绍边自评和互评。

后评价介绍。首先对学生的创意做出鼓励（根据学生的表述请学生上台演示），其次让学生有更多的激情去创作课堂作品。（图2-15）

图 2-15 学生麦秆画作品

（设计意图：通过微视频环节，让学生更直观地欣赏麦秆画创新的技法演示，从而进一步解决本课的重点和难点）

（3）出示课件图片

教师进一步讲解麦秆画的创意设计。

总结：老师发现，麦秆这一材质的肌理通过拼贴，可以和中国传统水墨画相结合，演绎出不一样的风情，给麦秆新的生命力。

4.示范指导，化难点

教师现场技巧演示：粘、贴、堆、串、平铺，并展示实物作品。

5. 创作实践，增了解

（1）欣赏同龄人作品

教师出示同龄人创作的麦秆画作品（图2-16），请学生欣赏。

图2-16　儿童麦秆画作品

（设计意图：在创作之前，先让学生欣赏同龄人的作品，以拓宽其创作思路）

（2）任务布置

学生四人一组，创作一幅麦秆画。教师从中发现的问题进行辅导。

（设计意图：美术学科非常重视技能的掌握和运用，适当的动手能加深情感的体验，只有通过自己的创作，才能提高感悟能力、表现能力和创新能力）

6. 展评作业，显美感

学生自评，谈谈画面创意，以及在过程中遇到的收获与突破。

学生互评，说说最喜欢某一作品的理由。

教师点评，指出作品优点及需要改进之处。

（设计意图：评价环节本着尊重个体差异的原则，认可不同学生发展的独特性，挖掘学生多种潜能，帮助树立信心）

7. 拓展主题，促深化

（1）除了制作麦秆画，还可以用麦秆制作各种立体的装饰品。让学生欣赏不同形式的麦秆作品（图2-17）。

图2-17　立体麦秆装饰品

（2）非遗需要传承，更需要创新。非遗文化进入了美术课堂，学生用创造力让麦秆画有了创新和突破，非遗文化走上了新道路。

（设计意图：麦秆画的内容极为丰富，这节课能起到抛砖引玉的作用——激发学生对非遗文化的探索，主动学习民族文化艺术，提高创造能力，通过不同尝试培养学生热爱民间艺术的情感和民族的自豪感）

三、设计反思

以上就是笔者对于美术学科《让非遗"新起来"》的教学设计，下面谈谈该设计的优点、不足和改进措施。

（一）优点

1. 具有愉悦性。充分考虑学生不熟悉麦秆画的学情，践行新的教材观，拓展教学内容及其呈现形式。通过播放微视频，让学生更直观地欣赏麦秆画创新的技法演示，从而进行概念渗透，避免了机械灌输的通病。通过麦秆画与中国水墨画相结合，让学生学以致用，大大增强学习的乐趣性。

2. 凸显视觉性。通过欣赏麦秆画作品，让学生直观地了解并掌握创新麦秆画的题材、内容、形式等知识，以及对麦秆创作的探索，寓教于乐，激发学生热爱民间艺术的情感和参与麦秆画创作的热情。

（二）不足

1. 学生具有陌生性。学生对麦秆这一东西较为陌生，结合中国画的创作形式对学生有一定的难度。

2. 学生之间存在差异性。小组合作中可能有能力较弱的学生，这样作业会达不到难点的要求。

（三）改进

1. 贴近学生教学。教师在实践体验环节中需要对学生多引导，激发学生主动性，让学生自由探索和尝试，掌握基本制作方法。

2. 分工合理性。小组分工可以再明确一些，如合理划分、明确分工、安排合理等，这些都是合作练习时必须注意的。

作者：李妁添

信息技术学科《图像素材处理》教学设计

一、设计背景

《多媒体世界》是浙江省初中信息技术七年级下册第一单元第五课《图像素材处理》的内容。本单元共有九课，分别从音频、图像、视频以及动画媒体素材的处理四个方面来设计多媒体的教学。通过本单元的学习，学生能够了解多媒体的特性，和音频、图像、视频、动画等媒体素材的获取方法，并能根据要求利用相关软件对其进行简单编辑处理，系统了解多媒体相关知识和作品制作等内容，理解多媒体的优势与应用，感悟其社会价值。

本课采用大单元整体设计，以"多媒体助力非遗传承"为学习主题，如图2-18所示。在项目中，学生化身成一个个"非遗"传承人，思考怎么用多媒体方式去传承。基于这样的思考，本课通过"青瓷非遗纪念章设计"微项目教学实践，让学生在解决问题的过程中了解专业的图像处理软件Photoshop的界面构成，能够运用图层和使用文字工具，引导学生初步掌握Photoshop基本操作。

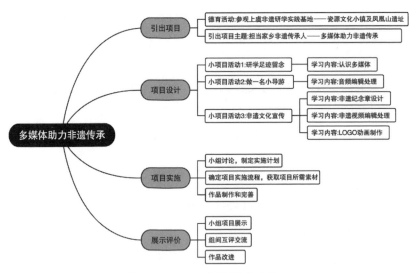

图 2-18　项目式教学单元框架

知识方面，在本节课之前，学生已经了解了多媒体的概念，掌握了图像数字化的过程及图像常见的格式。学生对于图像处理的认识，还停留在《画图》《美图秀秀》等软件上，对 Photoshop 则知之甚少。

能力方面，学生基本都是通过《美图秀秀》《轻颜》等美图软件来处理和美化图像的，没有使用专业图像处理软件的经验。初中生对充满求知欲，亟须通过制作作品激发兴趣，掌握新技能。

教学环境方面，考虑到"青瓷非遗纪念印章"设计需要图像素材，因此教师提前准备了所需素材，并开放机房，帮助学生更好更快地获取并处理图像。

二、设计展示

（一）四维目标

1. 信息意识目标

（1）能根据作品选择合适的资源和素材；

（2）能根据需要选择合适的工具及命令。

2. 计算思维目标

（1）能正确使用软件设计简单的非遗纪念印章；

（2）能解释图层的含义并对其进行基本操作。

3. 数字化学习与创新

（1）能根据主题选择合适的素材且合理布局；

（2）能使用适当的工具对纪念章进行美化和创新设计。

4. 情感态度与价值观

（1）能感受图像处理的魅力，提高对图像的鉴赏能力；

（2）能体验非遗文化传承的重要性，担当起非遗传承和发扬的重任。

（二）教学重点

能使用正确的工具及命令设计出简单的非遗纪念印章。

（三）教学难点

能使用适当的工具对印章进行美化和创新设计。

（四）教学过程

1. 视频导入，引出项目

教师：我们初一年段于4月在上浦瓷源小镇开展了为期一天的研学活动，了解了上虞非物质文化遗产——越窑青瓷的文化历史。其实早在600年前，唐代著名诗人陆龟蒙就在《秘色越器》中以"九秋风露越窑开，夺得千峰翠色来。如向中宵承沆瀣，共嵇中散斗遗杯"的诗句赞美越窑瓷器的釉色精美。现在，就让我们通过视频走进越窑青瓷，深度了解越窑青瓷的前世今生（图2-19）。

图2-19 《身边的非遗》视频截图

（设计意图：学生能够深度了解上虞越窑青瓷的精美和面临的难题，在调动课堂气氛的同时也让学生深知传承的重要性）

教师：今天带着这份家乡自豪感，让我们都化身成小小传承人，来进行一场"非遗纪念章"设计的比赛吧！今天老师也带来了一些纪念印章（图2-20），其中有老师设计的，也有旅游留念的，请大家一起来欣赏吧！

图2-20 非遗纪念章

（设计意图：直抛本课学习主题，引发学生思考，激发学生主动学习的欲望。同时，也为学生提供一些设计思路）

2.项目分析，设计规划

任务一：分组合作简单规划设计作品，并完成项目单第一题，如图2-21（分小组下发项目单）所示。

一、规划设计（请将你的关于纪念章的设计思路填在横线上）

形状	色调	素材

图2-21 任务项目单

任务二：根据项目单上网下载所需素材或直接从教师下发的学习包当中下载，

并分类整理。

（设计意图：学生分组将思路写在项目单上，为设计提供清晰的思路和依据）

3. 合作探究，竞赛开启

（1）微课学习，自主探究

任务三：同学们通过老师自制的微视频，一起来快速地认识 Photoshop 的界面构成和本节课将要使用的几个工具，在视频观看后小组合作讨论并完成项目单第二题，如图 2–22 和图 2–23 所示。

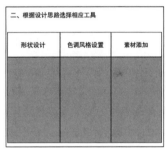

图 2–22　微课　　　　　　图 2–23　使用工具

教师：时间到，请各小组组长来说一下你们组的结果。答对的小组有徽章奖励哦！

（设计意图：学生借用微课自主学习 ps 界面构成和图层等知识，明确各类素材设计所用的工具。教师通过发放徽章来激励学生分享自己的成果，检验学习效果）

（2）深探工具，绘制雏形

①教师演示，绘制形状

教师：通过上一环节的任务，相信大家已经掌握 ps 中的基础知识，接下来就让我们一起大展身手，设计出初步的徽章模型吧！

由于学生对 ps 的操作流程不熟悉，因此本环节主要以教师演示为主，提醒学生需要打开 "文件" 菜单，选择 "新建"，并在 "新建" 对话框中对文档大小进行设置。并请各小组根据项目单中预设形状选择相应的工具按钮，在界面上拖拽出徽章的形状。演示效果如图 2–24 所示（知识拓展：绘制圆形的同学注意，利用椭圆选框工具绘制圆形须按下 Shift 键）。课堂中随机抽取小组进行作品展示，并给予徽章奖励。

（设计意图：对于容易忽略的步骤设置，教师给予适当提醒和演示。操作过程中随机抽取小组演示，检验学习效果，并适当地给予徽章奖励，激发学生进一步学

习的欲望）

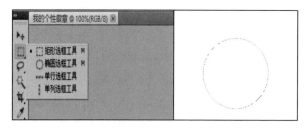

图 2-24　教师演示截图

②自主探究，风格设计

任务四：请各小组将绘制的形状填充颜色，并在规定时间完成基础设计。

教师提问：大家都是怎么填充颜色的？

教师总结：根据学生的回答总结出在形状中不仅可以填充单色，还可以填充渐变色。颜色填充步骤：单色填充，首先，选择"油漆桶工具"，其次设置前景色，最后填充颜色；渐变色填充，首先选择"渐变工具"，其次设置并选择渐变的颜色，最后填充颜色。（提醒学生取消圆形选框）设计效果如图 2-25 所示。

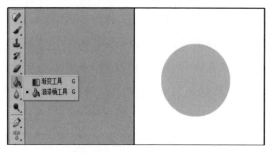

图 2-25　图形设计效果

（设计意图：学生自主学习，教师在任务结束之后进行总结，给予反馈）

（3）循序渐进，完善设计

教师：在作品设计中，文本和图像素材从来都是不可缺少的元素。适量的文本能够直观表明设计主题，起到画龙点睛的效果；精美的图像能使人产生如睹实物的真切感。接下来就让我们用文本和图像来充实印章，完善设计。

教师：①输入文字。单击工具箱中的"文字工具"按钮，在图片合适位置上单击后输入文字，设置字体的大小、颜色及"变化样式"。②打开素材文件夹，点击工具箱中的"选择移动工具"按钮，将网上下载的图像素材拖入"背景"中，生成新的图层，适当调整图片的大小和位置，保存".psd"格式文件，命名为"我的精美纪念章"。至此"非遗印章"的设计初步完成。（注：图层上的素材大小设置可通过"编辑"菜单中的"变换"命令来实现）

开动脑筋：图形的大小和背景大小不一致会界面留白过多，影响美观。这时，可通过画布大小的设置来调整背景的宽度和高度。

（设计意图：学生利用基本工具来完成作品的雏形，并在设计过程中善于观察，及时发现新的工具去完善作品）

教师：请大家仔细观察，在添加文本和图像素材之后，文档界面还发生了什么变化？

学生在教师的引导下会很快发现"图层"面板增加了很多图层（图2-26）。这时候，教师将"图层"的概念进行总结并简单讲解图层的简单操作，更要学生理解图层在图像处理过程中的重要性。

图2-26 图形设效果图

（设计意图：旨在让学生仔细观察、认真思考，理解图层的含义及感受图层在图像处理过程当中的魅力）

4.开动脑筋，锦上添花

任务五：请大家小组内讨论，作品还存在哪些问题？如何改进？并参照课本将需要改进的方面一一列举，完成项目单中的第三题。（图2-27）

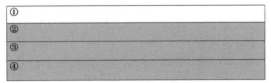

图2-27 改进实施建议

5. 总结与评价

教师：通过一节课的学习，各小组已经完成"非遗"纪念章作品的设计，亲身体验到 Photoshop 在处理图像素材领域的专业性以及各类工具的使用方法。希望大家在未来的成长道路上，学会用更多的媒体来助力越窑青瓷文化的传承和弘扬。

评价环节采用结果性评价（图 2-28）：

第一类评价：各小组之间通过网络投票方式评选出比赛的冠军、亚军和季军（下发网址）。

第二类评价：各小组成员打开桌面"学习包"文件夹中的"课课练"文档，完成测试。

"越窑青瓷"纪念章设计作品比赛评分表

请各小组内讨论，在今天八组的作品中选出你心目中的前三名，我们将根据最终投票比例从高到低依次确定冠军、亚军和季军。

*1.请在下面八个小组中选出你认为的最好的三组作品【多选题】

☑ 第一小组
☑ 第二小组
☑ 第三小组
☐ 第四小组
☐ 第五小组
☐ 第六小组
☐ 第七小组
☐ 第八小组

图 2-28　评分测试模型

三、设计反思

以上就是笔者对于信息技术七上《图像素材处理》一课的教学设计，下面谈谈该设计的优点、不足和改进措施。

（一）优点

1. 用真实场景激发学习兴趣。本课以学生研学经历为引子，继而通过视频深度了解上虞越窑青瓷的辉煌与现状，激发起学生传承家乡"非遗"文化的责任心。真实情境的课堂，激发了学生的探索兴趣和热情。

2.注重学生参与和实践。课堂中以"非遗"纪念章设计微项目实践为主题，学生小组合作设计印章并分工收集素材，每个人都能积极主动参与制作，而不是仅仅按教师要求被动操作，真正实现了在实践中提出问题、解决问题。当然教师还是要进行适当讲解，以保证课堂的高效。

（二）不足

1.教师引导不太足。这堂课以操作为主，一些细致的操作都需要教师仔细讲解。教师再引导学生发现问题、解决问题。既不是教师直抛式讲解，也不是学生单纯地自主学习，教师要时刻关注学生，随时引导他们解决问题。

2.学生个体活动无法有效监测。教学过程中学生自主探究的活动较多，课堂较轻松，这就导致个别学生"打酱油"。学习积极性较高的学生会占据主导优势；而不爱动手的学生，学习效果就无法有效监测。

（三）改进

1.要关注每一个学生。课堂项目的完成情况是评判学习效果的重要标准，但小组合作的学习方式导致部分学生处于学习的被动状态，教师在课堂上应时刻关注这部分学生，并邀请他们回答问题、展示作品，让每位学生都能在活动中得到发展。

2.要关注学生个性发展。课堂任务五中的改进任务设置，为学生个性化发展提供了机会，但终究没落实在实践中，一定程度限制了这部分学生的活动空间。该设置可以升级难度，注意学生的个性化发展。

作者：郭旭凌

第三章　活力课例

　　教学是科学也是艺术。在活教育思想以及新课改的要求下，活力课堂的内涵不断明晰，活力课例纷纷涌现。这些课例既传承了活教育的思想，又与教育新成果相融合，展示了教师在活力课堂教学上的探索。

第一节　活力课例的内涵

一、课堂教学改革的理论发展

　　课堂教学改革理论的发展可以追溯至 20 世纪初，以赫尔巴特、齐勒、赖因为代表提出的"传统教育"教学。教师是知识的传递者，学生被动接受知识。20 世纪七八十年代，美国著名教育心理学家布鲁纳提出了认知—结构学习理论，认为教学应该帮助学生建构知识，发展问题解决和批判性思维能力。90 年代，瑞士心理学家让·皮亚杰提出建构主义学习理论，强调学习者主动构建自己的知识和理解，教学应该提供情境、资源和指导，鼓励学生的自主学习和合作学习。90 年代后期，课堂教学改革又进入了社会文化阶段，强调学习的社会性和文化背景。

　　进入 21 世纪，冯特、杜威等人又进一步推动了课堂教学改革，提出了构造主义和个性化学习。教学强调学生要主动参与，运用个性化的学习路径和使用技术工具来支持学习。

　　课堂教学改革理论不断深化发展，也推动我国课堂教学的改革，特别是杜威的教育思想影响更大。在探索中，以陈鹤琴先生为代表的学者提出了"活教育"理论，该理论强调培养学生的个人能力和兴趣，注重学生全面发展，其目的是真正培养健全的现代中国人。活教育理论还要求教师树立"生活即教育"的理念，把自然、社会作为活教材，教与学联结，"做中教，做中学，做中求进步"。

二、新时代课堂教学改革的实践价值

改革开放以来，我国基础教育成绩显著，但原有教育课程已不能适应时代发展的需求，亟须改革。课堂教学从以讲授为主，转到自主合作探究的、以实践为主的综合学习，最终形成"素养导向、综合学习、主题实践、因材施教"的多元互补的实践育人方式。

2022年教育部印发了《义务教育课程方案（2022年版）》和各学科的课程标准，标志着我国基础教育课程改革进入新阶段。新方案对教学提出了新的要求，强调教学以学科实践为主，让学生的学习与素养发展融为一体。

新时代催生新发展理念，新发展理念推动新的教育变革。随着我国经济发展从"量的扩张"转向"质的提高"，课堂教学改革也处于从"体量"到"质量"的变革发展，发展思维和培养能力是课堂教学改革最重要的目的。因此，创新教育模式，融合运用各种资源，培养学生运用所学知识解决实际问题的创新能力和实践能力，必然成为课堂教育改革的趋势。

三、当前课堂教学存在的问题

课堂是开展教与学的主要阵地，直接关系着教学质量。当前教师在理念树立、新方法运用及课堂组织等方面都取得了进展，但也存在一些问题，如认识模糊，在新旧形式转变中存在误区等，这都严重地影响着课堂教学改革的进程与效果。具体表现在：

（一）课堂教学模式陈旧

新一轮教学改革下，教师教学热情较高，积极探索新教法，提高教学效能。但是，还有不少教师"经验主义""就书本论"，忽视教材内容和现实生活、新旧知识的联系，忽视学生已有认识及能力，重知识灌输，轻学生自主构建。这不利于学生学习兴趣和核心素养的培育。

（二）课堂环节实施不够到位

课堂上重知识单向传授，轻视学生能力培养。在课堂中采用"讲授、接受、填空"的授课模式，知识点点到为止，学生缺乏充分互动和合作学习的机会，以及深度学习和广度探究，影响了对其思维能力、创造力和合作精神的培养。当下提倡"自主式""探究式"教学，通过"讲授、观察、理解、应用"环节，给学生自主观察、思维和解决实际问题的探究和创造空间。

（三）教学过程忽视以生为本

教学中对学生学情分析不够，脱离学生实际。教学方式不符合学生身心发展规律，缺乏足够的吸引力和趣味性，不符合现代学生的喜好和需求，教师较少关注学生对知识的理解，导致学生对学习缺乏兴趣和动机，影响课堂学习效果。

（四）课堂学法指导不足

教师要搞好课堂教学，不仅要研究教法，也要研究学法，并对学生进行具体指导。教法与学法有机结合，才能收到良好的教学效果。课堂教学偏重知识的传授，轻视学法指导，导致学生对知识的应用和综合运用能力不够，对学习意义产生了迷惑。

（五）作业设计和布置缺乏差异化

作业是课堂教学的重要组成部分，是课堂教学的延伸，更是检测学生学习和教师教学效果的重要途径。做作业是学生形成技能技巧、培养良好思维品质、发展智力的重要途径。由于初中班级学生人数众多，教师难以针对学生的个别差异进行教学，造成一部分学生的学习需求得不到满足，学习进度存在差异，学习效果参差不齐。"双减"背景下，改进作业设计对课堂教学效率的提高至关重要。

四、活教育对课堂教学的要求

近年来，上虞教体系统秉持"办有品质的活教育，育高素质的时代新人"的目标，以陈鹤琴的"活教育"思想为引领，深入推进"活教育"课程改革，积极探索"活课堂"教学模式，以课堂为育人基地，从自然社会中寻找"活教材"，引导学生自然成长。课堂教学的效率和吸引力正备受关注。

我校作为"活教育"课程改革试点学校，结合"活教育"的特征，对课堂教学提出了以下要求：

（一）自主

"活教育"强调学生的主体地位，要求课堂教学中充分尊重学生的主体性，鼓励学生的积极参与。教师设计启发性的问题，引导学生提出自己的观点和解决方案，并给予学生充分表达的机会。教师还可采用小组合作或角色扮演等方式，提高学生的参与度和合作能力。基于此，结合学校"自主·高效"生命课程体系要求（图3-1），着力培养"自健身心、自主学习、自律言行"的"三自"少年。学生基于教师提出的问题，或自己通过学习发现的问题，独立开展阅读、思考，结合自身经验自行解决能够解决的问题，并发现未能解决的问题，甚至生成新的问题。

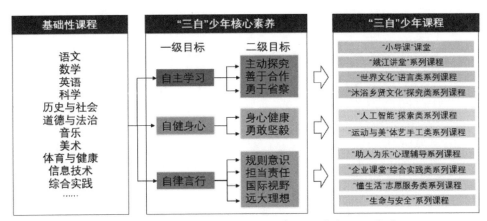

图 3-1 上虞外国语学校"自主·高效"生命课程体系

（二）创新

"活教育"注重培养学生的创造性思维能力，因此在课堂教学中，教师要创造条件，以激发学生的创新思维。教师提供开放性的问题，鼓励学生进行自主思考和探索，引导学生解决复杂问题，培养学生的创新能力。（图 3-2）

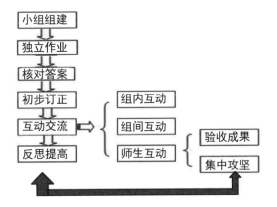

图 3-2 "自主·高效"生命课堂教学实施模式

（三）个性

"活教育"注重学生的情感教育和个性发展，要求课堂关注学生的情感需求。了解学生的个性特点，根据学生的兴趣和需求设计教学内容，营造良好的情感氛围。教师还可以通过情感交流、情景模拟等方式，关注学生的情感成长和个性发展。（图 3-3 ）

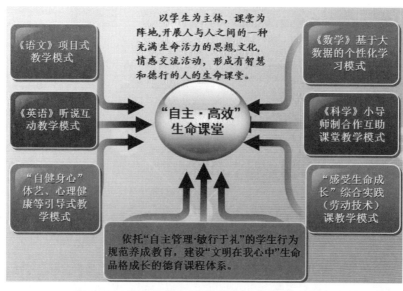

以学生为主体，课堂为阵地，开展人与人之间的一种充满生命活力的思想，文化，情感交流活动，形成有智慧和德行的人的生命课堂。

"自主·高效"生命课堂

《语文》项目式教学模式

《英语》听说互动教学模式

"自健身心"体艺、心理健康等引导式教学模式

《数学》基于大数据的个性化学习模式

《科学》小导师制合作互助课堂教学模式

"感受生命成长"综合实践（劳动技术）课教学模式

依托"自主管理·敏行于礼"的学生行为规范养成教育，建设"文明在我心中"生命品格成长的德育课程体系。

图 3-3　"活教育"课堂教学设计内容及方法

（四）合作

"活教育"强调学生的终身学习意识和合作精神。课堂教学中，教师引导学生培养自主学习的能力，鼓励学生制定合适的学习目标和学习方式。此外，教师还设计合作性的学习任务和活动，培养学生的合作精神、合作能力和社会交往能力。（图3-4）

图 3-4　"活教育"课堂教学实践现场

（五）实践

"活教育"强调学生通过实践和体验来获得知识和技能。在课堂教学中，教师尽可能提供学生与真实情境接触的机会，让学生亲身体验和实践。激发学生的学习热情和积极性，培养学生的综合能力和创新精神。（图3-5）

图 3-5 "活教育"课堂教学实践过程

五、活力课堂教学的原则

教师要力求活力课堂的科学性和有效性,在"自主·合作"的课堂模式中培养学生的创新意识和实践能力,充分调动学生的积极性,让学生在激励中获得自信,在快乐中学会合作,在进步中不断成长,这样才能焕发出课堂的生命活力。我校在活力课堂教学中遵循以下原则。

(一)遵循"文化育人"的原则,盘活课程资源

课堂教学是文化育人的根本途径,要培养学生的人文素养和人文情怀。学校结合区域优势,把乡贤文化教育、孝德教育纳入校园文化体系,确立"乡贤励我志,校训导我行"为主题的校园文化建设实施思路,把乡贤精神教育作为校园文化的主题,帮助学生树立人生榜样,激励学生奋发向上。积极开发乡贤进课堂,在文化体验中提升学生文化素养,达到文化育人的目的。

(二)遵循"以生为本"的原则,激活学生内驱

活力课堂要求学生积极参与、充分展示主体性。教师应为学生提供多种参与方式,鼓励学生发表观点、提出问题、分享经验,以及参与小组合作,培养学生自我管理、自我学习、自我成长的能力。

(三)遵循"学为中心"的原则,创活教学方法

活力课堂鼓励教师采用创新和启发性教学方法,激发学生创造力和解决问题的能力。教师可以运用故事、实例、小组合作等形式,设计富有启发性的教学内容和活动。

(四)遵循"分层教学"的原则,用活评价方式

活力课堂注重学生的情感教育和个性发展,要求教师倾听和关心学生的情感需求,鼓励学生展现自我。教师应营造温馨、支持的学习环境,关注学生的情感成长和个性发展。同时,兼顾学生的差异性,以满足不同层次学生的学习需求。

（五）遵循"素养导向"的原则，鲜活学生能力

活力课堂注重学生的实践和体验，通过实践和体验培养学生的动手能力。教师通过实地考察、实验和模拟等形式，帮助学生将知识应用于实际情境中，切实提高其学科素养。

（六）遵循"终身发展"的原则，唤活生命内力

活力课堂要求教师使用多种学习资源和技术手段，如影音资料、互联网资源等，以丰富的教学内容激发学生的学习兴趣。教师还应善于利用技术工具，为学生提供更具互动性和个性化的学习体验，促进学生全面发展，培养其终身学习能力。

作者：王　芳

第二节　活力课例的养成

我校秉持"让每个学生在自主发展中迈向成功"的办学理念和培养"自健身心、自主学习、自律言行"的"三自"少年的育人目标，以陈鹤琴"活教育"理论为基础，探索符合学校实际的活力课堂模式，确定推广以学生为主体，课堂为阵地，开展人与人之间充满生命活力的思想、文化、情感交流活动，形成有智慧和德行的人的生命课堂，即注重"自主·合作·反思"的课堂教学模式。

一、活力课堂的总体特征

与传统课堂相比，活力课堂一是更为聚焦核心知识、关键能力、必备品格与基本价值观，突破原先教学"一把抓"的陋习；二是注重课堂内容整合，整体建构核心素养，突破教师只围绕知识点传授的困局；三是课堂更具内涵，引导学生深切体会、深入思考、深度理解，突破以往教学"短平快"取向；四是课堂更有活力，围绕问题设计教学，突出学生的实践参与，突破教师教学"只顾眼前"的弊端。

因此，活力课堂是更趋综合性、开放性、灵活性、整体性的新型课堂教学模式。具体而言，活力课堂由下列要素构成：目标、问题、主体、探究、归纳和运用。

（一）目标：教学目标明晰

活力课堂强调目标要精准，依据课程标准和教学内容准确分析学情，找准学生"最近发展区"，定位具体准确的三维目标。首先，知识与技能目标要精准，要有助于

更好地发挥教学目标的导向功能。其次，目标要找准重难点，指向核心素养培养，适合课堂核心问题的设置与提出，为教学实施找到发力点。最后，表述准确，要用学生的语言准确表述目标，并有利于教学评价和教学检测。

（二）问题：问题设置合理

问题是教学活动的纽带，教师依据教学目标合理设置问题，让学生明确要求，主动参与和思考。教师在课堂上以核心问题的提出、分析与解决为主线实施教学。教师设计问题要注意三个方面：一是扣准目标的重难点，尤其是在知识的迁移处或知识与能力的转换处设置核心问题，起到"牵一发而动全身"的作用；二是在情境铺垫中提出问题，激发学生参与兴趣，激活学生思维；三是围绕主问题设置的次问题由易到难、逻辑严密，形成环环相扣的问题链或问题群，促进课堂教学围绕解决问题实施。

（三）主体：自主探究建构

活力课堂从知识传递转向知识建构，主张教师引导学生在探究中获取关键知识，培养学生必备品格，提高学生核心素养。师生是课堂的主人，充分发挥学生的"主体"地位和教师的"主导"作用，让学生带着问题，主动探究解决问题的途径和方法，形成独到的体会或见解。教师重视为学生搭建平台，提供探究的工具和资源，在思维处于浅层时将其引向深入，在学生探究受阻时启发其思路，引导学生进行深度学习。

（四）探究：展开深刻讨论

活力课堂的探究是学生在独立思考的基础上展开的辩论或讨论。讨论时要求学生做到三点：一是善于倾听，在倾听中吸纳辩解、尊重他人、增强沟通能力和团队意识；二是敢于质疑他人观点，表达自己的见解；三是注重表达自己的思维过程，要简洁准确全面。讨论可在同桌或小组内展开，也可在班级以个人或小组的方式进行。

（五）归纳：总结提高认识

活力课堂要求学生在探究中运用归纳法，在一步步具体的、感性的学习中自主归纳出抽象的、理性的规则和规律。通过问题导向，学生主动探究、思辨讨论，达到对课堂知识认识正确深刻，并最终形成自己的思考，即能真正理解和掌握知识，形成分析和理解问题的能力，有效确定行动的方向和起点。教师要适时点拨、归纳总结。

（六）运用：实践中内化

学以致用是活力课堂的目标，也是检验其是否成功的关键指标，其意义有三：

一是通过多元评价，评估学习目标掌握的情况，完成学生知识的建构；二是通过深化思维，引导学生由记忆、理解、应用的低阶思维向分析、综合、创造的高阶思维发展，逐步培养学生高阶思维的能力； 三是课外拓展，课堂中学生形成的表达交流能力、团队合作意识等品格素养能够应用于实际生活。

二、活力课堂养成的要求和实施

在构建活力课堂的总体要求下，为了更好地落实活力课堂的构成要素，聚焦核心素养的培养，促进活力课堂养成，教师要做到以下几点。

（一）教学内容要有效激发学生兴趣

教师要深入了解学生的兴趣、学习方式和学习水平，为设计活力课例提供有针对性的教学内容和合适的教学策略。

（二）教学设计要有效激活学生思维

教师的情境设计要富有启发性和挑战性，能引起学生的兴趣，帮助他们主动参与学习。问题设计要有一定的开放性，问题的设定要鲜明、具体，能有效引导学生思考和探索，更好地培养学生的问题解决能力和思维能力。

（三）教学策略要有效激发学生内驱

教师结合学科特点和学生需求，灵活运用多种教学策略，如项目化学习、听说交互学习、小导师制等方式，增强教学活动的趣味性和互动性，激发学生学习的内驱力。

（四）教学资源要有效提升学习体验

教师要充分运用各种多媒体教具、教学材料丰富课堂内容，提供直观、生动的学习体验，激发学生的学习兴趣，增强学生的参与度和体验，使学生有更真切的学习获得感。

（五）教学评价要有效激励学生获得感

教师要及时给予学生积极的反馈和肯定，并帮助学生改进学习方法和策略，让学生从中有获得感和成就感。

根据上述活力课堂的养成要求，我们在实际课堂教学中要做到活导、活学、活议、活悟、活评等基本要求。

1. 活导：借助"预习单"实现核心素养及问题的初次建构

教师依据教学目标编制"预习单"，作为学生的课前预习工具，引导学生熟悉教材、自主思考、积极学习。"预习单"要从学生学情实际出发，一般包括学习目标、核心问题、教师预设问题、学生自主生成未解决的问题等内容，教师通过活导环节使学生明确课堂目标和核心问题，形成初步建构。

2. 活学：借助"学习单"实现自主探究让知识再建构

教师科学制定"学习单"，学生依据"学习单"自主学习，明确课程学习目标，围绕学习重难点提出核心问题，结合已学知识构建自己的知识体系。学生经过知识再建构，对学习内容形成整体认识，为深度学习做好准备。

3. 活议：借助"小组讨论"实现思辨能力等核心素养的提升

"小组讨论"要分工明确，组长确定组内成员的任务及发言顺序，要各抒己见、有序补充，完善统一讨论结果，准备班内分享和交流。从教学时机来看，只有在学生独立探究遇到困难时，开展合作学习才最有效。从教学效果来看，这才是课堂的高潮，学生在交流中碰撞思维，在争辩中走向认识的深处，有效提升了学生学习与思维能力。

4. 活悟：捕捉"闪光资源"促成"顿悟"达成目标

此环节要引领学生"顿悟"，形成自己的理解，达到更深层次的认知。它需要教师具备一定的教育智慧，即能捕捉"闪光资源"促成"顿悟"。一是在学生思维卡壳时，教师及时发现、准确分析、巧妙指点，引导学生找到解决问题的路径或策略。二是遇到学生思维差异时，教师要敏锐抓住细节，适时地进行追问，把学生思维引向教学内容，引到学习本质，直至实现目标。

5. 活评：借助"评价检测"巩固所学

学以致用、精准评价是活力课堂的有效保障，针对教学目标设置评价内容，实现"教—学—评"一致。可精编成作业清单，也可整合精选教材与教辅中的内容，达到学以致用，巩固所学；还可布置课后开放性拓展练习或活动，布置项目作业或项目任务，内容上分层对待，分为基础性作业、拓展性作业、实践性作业、学期特色作业等，形式上做到新颖有趣，课堂与生活相衔接，注重探究过程，指向素养运用，在解决实际问题的过程中享受深度思考、创新带来的成就感，实现素养全面发展。

课堂活力的底色是尊重学生的天性，将课堂还给学生，让课堂成为舒展心灵、放飞想象的场所。教师应转变教学观念，摒弃封闭式、灌输式的传统教学方式，摒弃唯教科书、唯教师用书的教法。教师在教学中应提出开放式问题，采取开放的教学方式，多角度解决问题。课堂由封闭走向开放才能生成智慧、产生活力，才是真正绽放生命活力的课堂。

作者：王　芳

研磨课堂，探寻活力教学的打开方式
——记语文学科课例打磨过程

2022年，我参与了教学生涯中第一次区级优质课比赛，期间历经诸多波折，让我更加明白一节好课的必备要素，这次经历很宝贵。"吟安一个字，捻断数根须"，文人写诗如此，教师磨课也应如此，"课"需多磨，方可见真知！

一、设计：千呼万唤始出来

不同以往，2022年的区优质课只给了一个主题"读书感时，适切表达——基于学用一致的语文表达"，教学内容可依据八年级下册教材，结合学生阅读与生活进行整合。粗读主题，就能感受其容量很大，既要体现学生的阅读，又要激发他们的读后感悟，最后迫切地表达输出。一节融合"读写思说"的课堂的确能培养学生的语文核心素养，但也让我发愁，到底以什么教学内容为切入口才能符合主题？于是，我翻阅了目标教材，内容分别是"民俗""事理说明文""演讲主题的'活动·探究'""游记"和两个文言文单元，写作任务有"学习仿写""说明的顺序""学习读后感""撰写演讲稿""学写游记""学写故事"。因课堂时间有限，要想使"表达"在课堂落地，选择演讲稿的片段练习是比较合适的。那么怎么让学生既感兴趣，又容易下笔呢？这些问题都亟待解决。

《义务教育语文课程标准（2022年版）》提出："要增强课程实施的情境性和实践性，促使学习方式变革。"[1]这要求教师在开展项目化学习时要立足学生的生活实际，创设真实的学习情境，设计有挑战性的学习任务，从而激发学生的写作动力。当时临近6月，初二学生即将迎来最后一个"六一"儿童节，这意味着他们将告别童年，迈入青春，且"青春"是一个热点词汇，选择"青春"为主题能激发他们探索兴趣。于是，我在演讲教学中设置了以下情境：

为积极响应时代的号召，校团委决定于六月一日在初二年段举行"致敬红领巾，迈向青春门"的退队入团仪式，其间设置了演讲比赛环节，各班需推选学生代表上台演讲。

班主任已经准备了演讲稿的开头和结尾，决定在班会课上向全班同学征集演讲稿主体部分，请同学们以"这是青春最美的样子"为主题，撰写150字左右的演讲词片段。

---

① 教育部. 义务教育语文课程标准（2022年版）[S]. 北京：北京师范大学出版社，2022：3.

具体的现实情境，能让学生真实地与文本共情，同时落实统编教材"双线组元"的课程设计。于是，我根据课堂情境设计了"借写法""寻素材""展成果"三个环节，先回顾演讲单元内容，提炼演讲稿的构成要素、写作特点和写作手法，再寻找最美"青春"的榜样人物，最后经过改稿和组稿，全班朗诵作品。

二、磨课：柳暗花明又一村

看似明晰的课堂思路，真正的实践效果却差强人意。第一次试课后，我最大的感受课堂进展不畅，原因是笔者课堂引导不足、提问语言不够精准。磨课的伙伴们纷纷提出意见，帮助我完善课堂。

修改的第一步便是调整课堂环节顺序。第一次试课时，我一开始就让学生回顾课本知识，梳理撰写演讲稿的方法，原以为学生会快速而又准确地掌握，没想到课堂却死气沉沉，毫无活力。本身就畏惧写作的学生，更没了练笔兴趣与欲望。在进行到第二个环节"寻素材"时，课堂氛围才逐渐活跃起来，但是，一到真正写作，学生竟把前面的指导方法忘得一干二净。如何才能让学生将理论运用到实际写作中去，更好地表达？于是，我和磨课小组又一次将目光聚焦到了优质课的主题——读书感时，适切表达。我们发现让学生按照阅读、感悟、表达的顺序学习更加贴合主题。于是，我将第一稿的课堂环节"借写法""寻素材""展成果"，改为"话青春""绘青春""颂青春"，让学生在读青春人物的事迹中，感悟青春最美的姿态，激发学生表达的欲望。

经过调整，第二次试课一开始，学生们就热情高涨，纷纷分享自己心中青春最美的样子，这为后面的"绘青春"提供了丰富的素材。但是，这次出现了新的问题，由于课堂提问不够精准，学生的回答常常走偏。在问及"什么是青春最美的样子"时，我预设学生的回答是勇敢、坚持不懈、爱国等，但是学生回答的则是"和朋友在一起""初中阶段"等，这让课堂推进变得艰难。于是，我在课前播放了一段董卿朗读《青春》诗歌的视频，学生自然而然从中提炼出了青春最美的样子是"奋斗"，在潜移默化引导学生回答时，也要有体现人物精神品质的词语。

第二次试课中，我还发现不少学生没有明确写作任务，认为要写一篇完整的演讲稿（图3-6），因而花费了不少时间。于是，为明确本节课的教学目的，我根据情境完善了导学案，呈现了格式完整的演讲稿（图3-7），使学生明确了训练任务，课堂的针对性也就更强了。

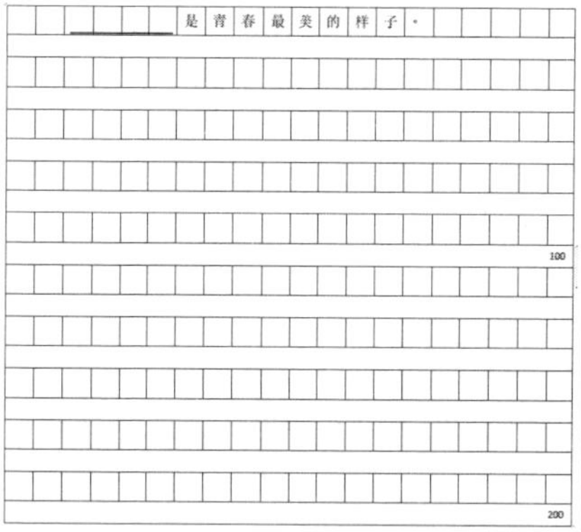

图 3-6　习作练习

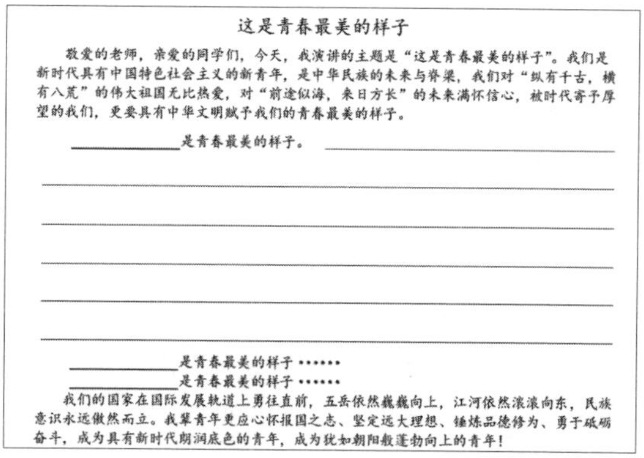

这是青春最美的样子

敬爱的老师，亲爱的同学们，今天，我演讲的主题是“这是青春最美的样子”。我们是新时代具有中国特色社会主义的新青年，是中华民族的未来与脊梁，我们对“纵有千古，横有八荒”的伟大祖国无比热爱，对“前途似海，来日方长”的未来满怀信心，被时代寄予厚望的我们，更要具有中华文明赋予我们的青春最美的样子。

________是青春最美的样子。________

________是青春最美的样子……

________是青春最美的样子……

我们的国家在国际发展轨道上勇往直前，五岳依然巍巍向上，江河依然滚滚向东，民族意识永远傲然而立。我辈青年更应心怀报国之志、坚定远大理想、锤炼品德修为、勇于砥砺奋斗，成为具有新时代朗润底色的青年，成为犹如朝阳般蓬勃向上的青年！

图 3-7　习作练习

经过两次试课，课堂框架基本定型。但是，我在观察时，还是发现不少学生存在写作困难。学生直接进行写作环节是不可取的，教师要充当好指导者、观察者、评估者的角色，帮助学生搭建写作支架，帮助他们步步进阶。因此，我将原本放在课前自主回顾写作手法的环节作为重点放到了课中。学生在朗读中巩固原有的知识，实现从掌握细碎知识到构建知识框架、浅表学习到深度学习、低阶学习到高阶学习的转变，进而让演讲稿更有说服力和感染力。

在前面的自主学习期间，在教师的指导下，学生在知识上有了螺旋式的提升。写作很难一步到位，需要学生在不断修改中提升完善。于是，我加入了“自评—修改提升”“互评—拓宽思路”两个环节，通过“实践—评价—修改”层层推进，让学生在反复修改中，提高演讲稿写作的能力。经过前面的磨课，第三次的课堂变得更加顺畅。在全班的配合下，课堂最后的演讲环节，同学们精神饱满、姿态昂扬，通过朗读展现了青春最美的样子。

这段磨课时间不长，于我而言却很难忘。我经历了“行到水穷处”的彷徨，也享受了“坐看云起时”的欣喜。每一次打磨，都让教学设计更合理、课堂语言更精准，这让我在优质课比武中获得好成绩，也遇到了更好的自己。

作者：任佳琪

破茧成蝶，走向蜕变

——记数学学科课例打磨过程

破茧而出的精彩需要经历痛苦的蜕变，一节精彩的课堂也需要反复自我否定、深入探讨、精心打磨。不怕困难，才能振翅高飞，过程虽然疼痛，但成长亦是惊人。

一、破茧而出的努力

2017年，我校将举行一次数学教研活动，并推荐一名数学教师上一节公开课，内容是八年级下册第五章第二节菱形的性质。当时的教研组组长沈菊仙老师为了培养锻炼新教师，便把这个珍贵的机会给了我。那时我刚涉足教育，对教学懵懵懂懂，不知道公开课意味着什么，初生牛犊不怕虎，二话不说就接下了这个艰巨的任务。

这是我入职以来第一次教菱形的性质这节课，没有经验的我只能借鉴前人的经验。像平时备课一样，我先仔细研读教材和教参，了解本节课的学习内容，确定难点与重点。然后上网查找相关资料，观看课堂实录，分析后记录下其中的亮点，接着独立构思这节课的主线，最后完善每个环节。经过三四天的独立备课，我决定通过介绍著名数学家丘成桐先生，激发学生的数学学习兴趣，以他的名言"音乐的美用耳朵去感受，几何的美用眼睛去感受"为切入点，从菱形的外在美、内在美、应用美三个方面入手引领学生探究菱形的性质。然后以一道课本例题为母题，经过多次变式得到多个子题，在解题过程中帮助学生掌握知识点，提升解题技能，培养核心素养。备完课后我自我感觉良好：切入点新颖独特、思路清晰，于是信心满满地进行了第一次试课。

试课后，大部分教师觉得虽然从几何美这个角度切入很新颖，但从整体上看割裂了菱形与平行四边形、矩形和正方形的关系，知识失去生长点和落脚点，显得孤立、破碎，不利于学生构建知识框架。大家共同探讨后，一致认为从平行四边形出发回忆矩形的学习过程，再将这个学习路径迁移到菱形的学习上会更加顺畅。

陈鹤琴先生在著名"活教育"中指出，用比较教学法能使学生对所学的事物，认识格外正确，印象格外深刻，记忆格外持久。通过平行四边形角的特殊化可以得到矩形，边的特殊化就可以得到菱形，引出本节课的内容。然后类比矩形的研究路径，让学生从边、角、对角线、对称性四个方面自主探究菱形的性质。

在磨课过程中，各位前辈不仅指出了我教学中存在的问题，还给出了具体的解决方案，让我后期的修改事半功倍。但是磨课的过程并不总是一帆风顺的，很多时候会出现意见分歧，这时我就会很茫然，不知该参照哪种方案去修改。即使按某种意见做了修改，实际效果也并不好，于是就这个问题我请教了师父丁安江老师。丁老师的话至今让我还记忆犹新："别人的想法再好，如果你不能融会贯通，贸然使用只能是东施效颦，适得其反。所以，要有所取舍。将其转变为自己的理念，这样课堂教学才能自然，不会让各环节显得生硬、突兀。"丁老师的话让我茅塞顿开，我细细消化综合了这些建议，又进行了第二次尝试。

这轮试课的反馈意见是课堂设计不错，但是语言组织、肢体引导、突发事件处理等细节问题还需要进一步改进。前辈们与我分享了各自多年的教学经验，有针对性地给出了意见，并再三叮嘱我公开课的注意事项，让我悬着的心渐渐变得踏实。

后来我又进行了两次试课，不断改进自己的课堂教态、语言组织、临场应变，提升个人素养，终于圆满完成了任务。我感觉自己收获的不仅是一节课，还有更多的温暖和帮助。老教师们都把多年的宝贵经验倾囊相授，让我这个职场新手受益匪浅，明白了一节好课的"基本"标准，也看到了自身的不足。在这一过程中我不断自我磨砺、自我成长，这也成了我教师生涯蜕变的起点。

二、振翅高飞的拼搏

2018年区里组织"品质课堂"录像课评比和优质课活动，我参加了"品质课堂"录像课。当时给出的课题有两个，一个是阅读材料课《杨辉三角与两数和的乘方》，另一个是选学内容《三元一次方程组》。我毫不犹豫地选择了第一个，因为阅读材料课往往会以故事的形式给出与课堂知识相关的拓展内容，更能引发学生的兴趣。同时教师对所给的内容可以有更多的个人理解，处理方式也会更加多样化，这样的课堂更容易出彩。

我花了几天时间浏览了大量关于杨辉三角的相关内容，寻找与本节课相关的素材与数学题目。本节课初步确定为三个模块，分别是引入杨辉三角、探究杨辉三角与二次项展开式系数间的关系、探究杨辉三角数阵内部关系。让我头疼的是如何引入才能更直观简洁。虽然杨辉三角在实际生活中应用广泛，但是很多情景比较复杂，对于初中生来说不易理解。在精心对比后，我最终选定以街道路线条数问题为引。当我兴奋地拿着自己的初稿让前辈老师帮忙修改时，他一针见血地指出街道问题是实际问题，实际地图中的街道错综复杂，有曲有直，抽象成数学问题后的模型与实际所需的模型有一定的差距，改用象棋棋盘更加理想，棋盘中的线排布整齐规律，不会有负迁移。

这个建议解决了困惑我多天的难题，我马上进行了修改。于是整节课以象棋中的路线问题为主线，引领学生探讨棋盘中兵到将所在位置的行走路线条数，由简到难，层层深入，逐步获得杨辉三角部分数阵。接着将杨辉三角与两数和的乘方展开式系数进行比对，找出其中的关联，从而借助杨辉三角写出两数和的乘方展开式。然后小组成员间合作交流，互帮互助，共同探究杨辉三角数阵的数字规律。最后请一位学生上台利用得到的规律解决较难的象棋路线问题。这节课秉承了"活教育"的"做中学，做中教，做中求进步"的理念。教师设计一系列具有吸引力的活动和关键性问题，为学生的学习指明方向、自主探究搭建脚手架。整个教学过程实现了凡是学生自己能够想的，让他自己想，凡是学生自己能够做的，让他自己做。

第一次试课后，教研组一致觉得我教学设计主线明确、思路清晰，教学方式多样灵动，立足学为中心，以生为本，给予学生足够的时间思考分析问题。但是个别细节之处如题目的排序、问题的呈现方式、教师的引导语言等还需修改。教研组同事纷纷出谋划策，为完善这节课提出了很多建设性意见，让我感受到前辈对我的关爱与无私指导。由于主体没有较大的改动，一轮修改很快就完成了。第二次试课更加轻松，设计方面几乎没有改动，为了精益求精，我一再琢磨，力求做到更好。第三次就正式录制，刻盘上交。经过一层又一层的评比，这节课被推送到教育部，最终荣获"一师一优课"部级优课。

宝剑锋从磨砺出，梅花香自苦寒来。磨课是一次次的蜕变，蜕变是痛苦，是折磨，有风险，有失败。但是当经历过无数次的蜕变后，人就由稚嫩走向成熟，教学也由懵懂走向明晰。

作者：周蓓蓓

第三节　活力课例的样例

语文学科《读书感时，适切表达》演讲稿撰写课例

一、案例背景

"大自然、大社会都是活教材"是活教育理论的核心课程观。这启示我们在教学中，不要只拘泥于课本，还要以学生的生活为基础，深挖教学内容，通过设置真实情境驱动学习，实现学用一致的教学目标。"活教育"理念对于初中语文"活动·探究"中演讲单元的教学设计有着重要的指导价值。通过改变教学方式，将阅读、口语交际、写作等有机整合，利用活教材，让学生实现真实写作，提升学科素养。

二、案例展示

先让学生观看董卿朗诵诗歌《青春》的视频，然后开启今天的教学。

教师：在董卿心中，奋斗是青春最美的样子，那么在同学们心中，什么是青春最美的样子？

章诗涵：（随口）爱国。

张恒晨：（随口）自强不息。

黄清妮：（随口）有理想。

教师：青春是多么美好啊！和大家一起开启今天的课堂，任老师也觉得自己年轻了好几岁！千百年来，青春的力量、青春的涌动、青春的创造，始终是推动中华民族勇毅前行、屹立于世界民族之林的磅礴力量。我们平时学习过的课文、阅读过的名著以及现实生活中，就有许多展现青春美好样子的人物。

（一）话青春

图 3-8 为教师呈现的课件页。

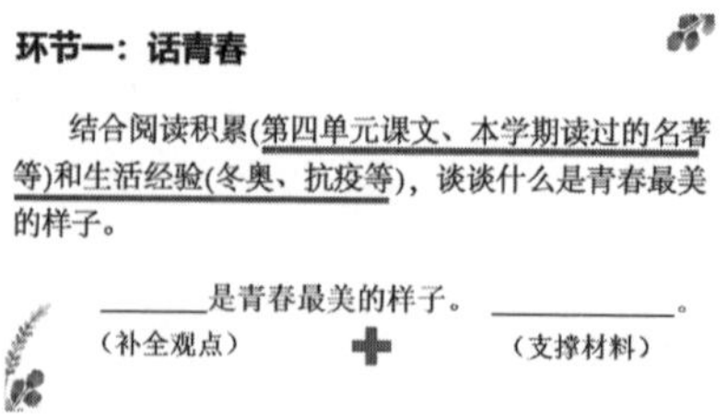

环节一：话青春

结合阅读积累(第四单元课文、本学期读过的名著等)和生活经验(冬奥、抗疫等)，谈谈什么是青春最美的样子。

_____是青春最美的样子。_____。
（补全观点）　＋　（支撑材料）

图 3-8　演讲稿撰写教学课件（部分）

教师：给大家 2 分钟时间思考，按照以上句式谈一谈你心中"青春最美的样子"。

李承欣抢先回答：我认为爱国是青春最美的样子。不论是鲁迅先生弃医从文，还是闻一多先生为追求自由民主、民族解放，不畏特务，发表演讲，都能够看到他们爱国的样子。

教师：说得真不错！你结合了我们课内学过的名人来谈青春。请把你的观点和名人写在黑板上。

该生上来板书：爱国、鲁迅、闻一多。

教师：希望大家在《导学案》上也做一下记录。我们再请同学来分享。

宋佳琪接着回答：我认为无私奉献是青春最美的样子。保尔在全身瘫痪、双目失明后，他生命的全部需要，就是能够继续为党工作。正像他所说的："我的整个生命和全部精力，都献给了世界上最壮丽的事业——为人类的解放而斗争。"

教师：看来，你阅读名著很有自己的心得感受，年轻保尔身上的精神一直在影响着你！也请你上来写在黑板上。

该生上来板书：无私奉献、保尔。

王烨继续分享：自强不息是青春最美的样子。江梦南姐姐是 2021 年感动中国十大人物之一，她幼年失聪，凭借顽强毅力和不懈努力，考入吉林大学，后又如愿被清华大学录取，她说："我想用自己学到的知识，帮助更多的人摆脱命运的不公。"后来，江梦南做了人工耳蜗植入手术，立志解决生命健康的难题造福更多人。

教师：年轻的江梦南在困境下的涅槃经历，给予人的力量是无穷的，也是我们的榜样！也请你写在黑板上。

娄锦梨则这样分享：挑战自我是青春最美的样子。北京冬奥会自由式滑雪女子大跳台项目决赛时，中国小将谷爱凌在稳居第三的情况下，第三跳时，她选择跳最高难度动作，以微弱优势逆转战局，夺得冠军，她表示最后一跳考虑过用保守动作拿块银牌，但是为了做最好的自己，最后一跳还是选择做一个从来没有挑战过的动作。

教师：嗯，看来娄锦梨同学时刻在关注时事热点呢，请你写在黑板上。今年的冬奥会，我们看到了不少为国争光的年轻面孔。

学生：（七嘴八舌）苏翊鸣、李文龙、赵嘉文……

教师小结：青春最美的样子历久弥新，在战争年代，爱国青年们为了民族解放事业而高声呐喊；在和平发展年代，青年们敢于拼搏、勇于担当、挑战自我，诠释了青春最美的样子。

（二）绘青春

图 3-9 为教师呈现的课件页。

主席寄语

习近平总书记指出："青春孕育无限希望，青年创造美好明天。一个民族只有寄望青春、永葆青春，才能兴旺发达。"

图 3-9　演讲稿撰写教学课件（部分）

教师：习近平总书记指出："青春孕育无限希望，青年创造美好明天。一个民族只有寄望青春、永葆青春，才能兴旺发达。"青年时代就要让青春呈现出最美的样子。即将到来的"六一"儿童节，预示着大家要告别童年，迈向青年了。

图 3-10 为教师呈现的课件页。

为积极响应时代的号召，校团委决定于六月一日在初二年段举行"致敬红领巾迈向青春门"的退队入团仪式，其间设置了演讲比赛环节，各班需推选学生代表上台演讲。

班主任已经准备了演讲稿的开头和结尾，决定在班会课上向全班同学征集演讲稿主体部分，请同学们以"这是青春最美的样子"为主题，撰写150字左右的演讲词片段。

图 3-10　演讲稿撰写教学课件（部分）

教师：要想写好演讲稿，就要清楚演讲稿的主要特点。请大家说说，演讲稿的主要特点是什么？

学生：（七嘴八舌）演讲稿应该具有针对性、观点要鲜明、内容要充实，语言要有说服力和感染力。

1.借鉴笔法

教师：怎样使自己的观点更加具有说服力呢？

学生：（齐声）要运用各种论证方法。

教师：大家能够说说我们学过哪些论证方法吗？

学生：（随口）举例论证，引用论证，正反面对比论证。

教师板书：论证。

图 3-11 为教师呈现的课件页。

图 3-11　演讲稿撰写教学课件（部分）

教师：这两则材料同样运用了举例论证的方法，但又有所不同，在材料的选择和论证的方式上有什么方法能借鉴吗？

王宇飞：王选列举多个真实权威的论证材料，更有说服力。

杨佩銮：丁肇中通过讲述自己的经历，现身说法。

教师：再来看王阳明的这则材料，作者用了什么论证方法？

图 3-12 为教师呈现的课件页。

图 3-12　演讲稿撰写教学课件（部分）

学生：（小声随口）反面论证。

教师：不错！其实作者写到"结果因为头痛而宣告失败"，材料已经概括结束，但是作者在结尾处又加了一句，有什么作用呢？

图 3-13 为教师呈现的课件页。

图 3-13　演讲稿撰写教学课件（部分）

孟子希：结尾句是对前面王阳明的事例起到总结的作用。

周懿：作者在发表自己的看法。

教师小结：所以，用事例支撑观点时，不仅要概述材料，还要发表自己的评论，起到总结提升作用。

教师：演讲稿不仅要有说服力，语言还要有感染力，从闻一多先生这段演讲词，你能学到什么方法策略能使语言更加动情吗？我们集体来读一读这段文字。

图 3-14 为教师呈现的课件页。

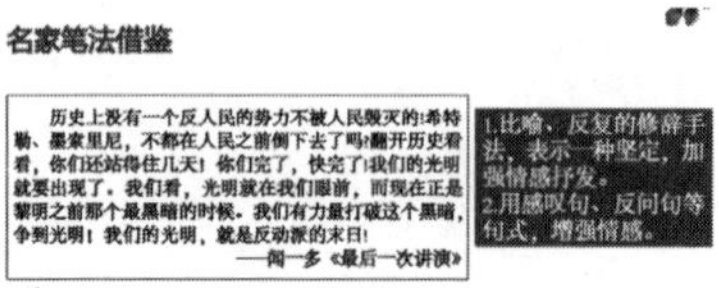

图 3-14 演讲稿撰写教学课件（部分）

学生齐读。

陈依琳："完了，快完了"用了反复的修辞手法，加强语气。

叶盛：用了比喻的修辞手法，"光明"比喻人民的解放，获得胜利；"黑暗"指的是国民党反动派统治下的黑暗社会，表现了作者的坚定。

方懿：多用反问句和感叹句，加强作者的情感抒发。

樊霖聪：多用第一人称"我们"，便于抒发情感，拉近与听众之间的距离。

教师小结：可见，修辞、句式和人称等的运用能够使语言更加具有感染力。

教师板书：句式、修辞、人称。

2. 小试牛刀

教师：带着这些锦囊妙计，请大家按以上要求撰写一段演讲词。

图 3-15 为教师呈现的课件页。

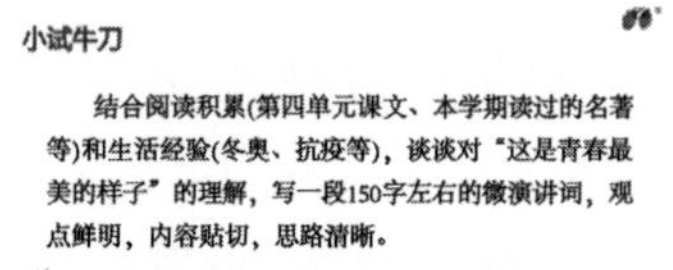

图 3-15 演讲稿撰写教学课件（部分）

此为学生第一次练笔。

3. 展示成果

教师：下面开始展示成果。请分享作品的同学先朗读一遍自己的作品，再对照演讲稿评价量表（表 3-1）说一说，我已经做到了什么，还可以从哪些方面改进。

表 3-1 演讲稿评价量化表

平价要点	打分
1. 观点正确鲜明，积极向上，新颖得当。（10分）	
2. 内容围绕主题，充实具体，条理分明。（10分）	
3. 语言有说服力和感染力，运用论证方法，注重句式，巧用修辞。（10分）	

学生展示作品，出现的问题：有些语句与观点无关；语言的逻辑问题；观点不明确。

教师：欣赏了其他同学的片段习作，我们再反观自己的作品，是否存在一些小问题，或者可以进一步完善的，请大家用2分钟时间，用不同颜色的笔进行修改。

此为学生第一次修改。

教师：我们请之前分享过的同学再起立，说说你在哪些方面进行了修改提升，使语言表达更加适切。

学生分享交流。

教师：看来，同伴发挥了很大的作用。现在请大家以四人小组为单位，根据演讲稿评价量化表，讨论并修改自己或对方的文稿，推选一份优秀作品做好展示准备。

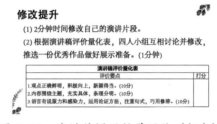

图3-16　演讲稿撰写教学课件（部分）

图3-16为学生第二次修改。

教师收三份学生的作品。

教师：请这三位小作者读一读自己的作品，然后说一说经修改后，好在哪里。

学生分享交流。

教师：谢谢三位同学的分享。其实把这三位同学的演讲片段整合在一起，加上开头和结尾，就是一篇完整的并列式结构的演讲稿。那么，如何安排这三个语段的先后顺序呢？需要注意什么？

李承欣：这三个语段可以按照人物的时间先后顺序排列，把写贝多芬的语段放在最前面，其次是鲁迅，最后是谷爱凌。

教师：嗯，这位同学还想补充。

邝俊臣：还可以按照从国外到国内的顺序。

教师：更完善了。所以，表达要适切，材料的布局要注重前后的顺序排列。

（三）颂青春

教师：现在，全班起立，一起致自己的青春！请大家以饱满的热情朗读演讲稿的开头和结尾，三位同学分别朗读自己的语段作品，我们当场排练一下演讲节目。

学生集体配合演讲。

教师：真不错！请大家为自己鼓掌！

学生集体鼓掌。

教师：这首诗送给未来的大家，请集体朗读！（图 3-17）

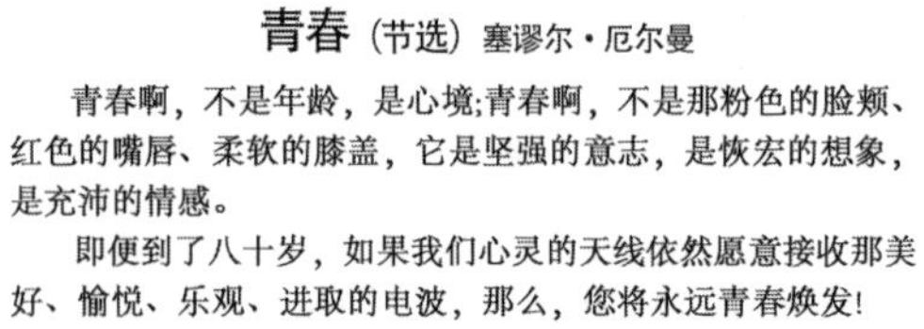

青春（节选）塞谬尔·厄尔曼

青春啊，不是年龄，是心境；青春啊，不是那粉色的脸颊、红色的嘴唇、柔软的膝盖，它是坚强的意志，是恢宏的想象，是充沛的情感。

即便到了八十岁，如果我们心灵的天线依然愿意接收那美好、愉悦、乐观、进取的电波，那么，您将永远青春焕发！

图 3-17　演讲稿撰写教学课件（部分）

学生齐读。

教师：本节课，我们通过读课本、拓阅读，对青春有了更多样化、深层次的理解，从关注小我到关注国家与民族。同时，青春也并非局限于年龄，更重要的是精神与思想要与时俱进。最后介绍一本书给大家——《经典名著的人生智慧》，期待大家在日后的学习生活中从书籍中汲取人生的养分，不断充盈自己的青春年华！

三、案例反思

以上就是笔者《读书感时，适切表达》演讲稿撰写的课堂实录，下面谈谈该案例的优点、不足和改进措施。

（一）优点

1. 创设真实情境，凸显语文学习的实践性。新课标在课程实施建议中指出："语文学习情境源于生活中语言文字运用的真实需求，服务于解决现实生活的真实问题。创设情境，应建立起语文学习、社会生活和学生经验之间的关联，符合学生认知水平。"[①] 课堂创设了一个真实的大情境，即学校六一会演中"颂青春"这一环节，需要初二班级编排演讲节目，这是学生在校园生活中真实存在的一个情境，能更好地激发学生探究问题、解决问题的兴趣和能力。

2. "读写思说"结合，挖掘课内外的教学资源。学生在课堂中读中有思、思中有感，正所谓"读书感时"。本堂课引导学生关注鲁迅、闻一多、保尔等这些课本中或名著中的人物，是对课内资源回溯与整合，是对知识的再巩固。此外，学生还能

① 教育部. 义务教育语文课程标准（2022 年版）[S]. 北京：北京师范大学出版社，2022：45.

调动自己的生活经验，寻找身边的榜样人物，挖掘同时代人物的精神，这种"感"，是更加真实的"感悟"。这让学生从读书经验中所获取的价值认同，在现实生活中得到印证，使课外资源得到了很好的吸收与利用。

3.注重教学引领，发挥语文课程的育人功能。"青春最美的样子"这一话题符合初二学生所处的身心发展阶段。初二是世界观、人生观、价值观逐渐形成的一个人生阶段，需要榜样的引领。本堂课涉及自强不息、爱国主义、艰苦奋斗、胸怀理想等鼓励人们向上向善的人文精神，继承和弘扬了中华优秀的传统文化，提升了学生的思想文化修养。这种价值引领，回归到了育人的本质，符合新课标课程中所提出来的"义务教育语文课程围绕立德树人根本任务，充分发挥其独特的育人功能和奠基作用"[①]的理念。

（二）不足

1.学习支架搭建不够适切。本堂课的难点是演讲稿片段的撰写，如何搭建演讲稿写作的支架是教学重点思考的问题。教师应当时刻关注学生的课堂反应，适时地给出支架，但是在这一点上，我在施教过程中还是比较欠缺。

2.教学评价语言不够丰富。课堂中，教师的评价语言能影响课堂教学氛围，也会影响学生对知识技能和思想情感的把握。而纵观自己的课堂，教学评价的语言则是比较苍白和平直的，总是泛泛而谈，缺少针对性。

（三）改进

1.基于学生立场，搭建适切的学习支架。课堂要始终关注学生的学习动态，将学生作为课堂的中心，在学生遇到难点的地方，要给出适时的学习支架，来帮助学生思考。有了学习支架，学生便有所依、有所悟、有所得，进而能够很好地改进自己的演讲稿。

2.尝试"非指示性"教学，激发学生的创作潜能。"非指示性"是指在阅读教学中，师生要在平等的基础上进行互动交流，教师通过科学引导，让学生从被动学习转向自主独立尝试和探索，从而发挥他们的潜能和创造性。虽然本节课是一节写作课，但这是建立在学习完演讲单元的基础上进行的，因此，课堂上可以让学生结合自己所学经验，说一说自己眼中怎样的演讲稿才算是优秀的，主动关注学生的内心体验和独特感受，鼓励他们发散思维。

作者：任佳琪

---

① 教育部.义务教育语文学科课程标准（2022年版）[S].北京：北京师范大学出版社，2022：2.

数学学科《从勾股定理到图形面积关系的拓展》课例

一、案例背景

《义务教育数学课程标准（2022年版）》指出，学生的学习应是一个主动的过程，教学活动应注重启发，激发学生学习兴趣，引发学生积极思考。这就要求我们重新理解、活用陈鹤琴先生的"活教育"理论。通过巧妙的教学设计，让学生主动参与课堂活动，促进学生间相互合作、交流、竞争，实现"做中教，做中学，做中求进步"。下面以《从勾股定理到图形面积关系的拓展》为例，谈谈如何运用"活教育"理念激发数学课堂活力。

二、案例展示

片段一：观察图片，发现问题

教师展示一组毕达哥拉斯树图片。

教师：请大家仔细欣赏图片，这些图形像什么？

学生：（随口）一棵树。

教师：是的，所以它有一个非常贴切的名字勾股树或者毕达哥拉斯树。这个名字让你联想到数学中哪个著名的定理？

学生：（齐声）勾股定理。

教师：勾股定理是如何描述的？

谭宇：直角三角形中两条直角边的平方和等于斜边的平方。

教师：用数学公式怎么表示？

谭宇：$a^2+b^2=c^2$。

教师：每个字母分别表示什么意义？

谭宇：a、b是直角边，c是斜边。

教师板书勾股定理公式。

教师：勾股定理是直角三角形特有的性质，那在勾股树中你能找到直角三角形吗？

任诗涵：图中三个正方形围成的空白部分就是直角三角形。

教师：很好。其实勾股树是以直角三角形和三边上的三个正方形为基础图形（图3-18）经过多次迭代得到的。

教师借助几何画板演示勾股树的形成过程，让学生感受到勾股树是由基础图形经过多次迭代所得。

教师：今天我们就一起来研究这个基础图形中三个正方形的面积关系。这就是本节课要学习的内容——从勾股定理到图形面积关系的拓展。

教师：大家觉得这三个正方形的面积之间有怎样的关系？

白瑞萌：$S_1+S_2=S_3$。

教师：让我们一起做个实验来验证这位同学的猜想是否正确。

教师播放视频，学生观看视频中的实验操作。

教师：在这个实验中三个装水的长方体高度一样，所以体积间的数量关系就转变为面积间的数量关系。由这个实验我们得到的结论是什么？

学生：（齐声）$S_1+S_2=S_3$。

教师：你能通过推理证明这个结论吗？大家说我来写。

学生：$\because S_1=a^2$，$S_2=b^2$，$S_3=c^2$ 又 $\because a^2+b^2=c^2$，$\therefore S_1+S_2=S_3$。

教师引导学生口述推理过程并板书。

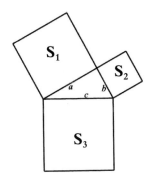

图 3-18

片段二：动手操作，深入问题

教师提供基础图形纸片和剪刀，让学生上台演示。

教师：请通过裁剪的方法，使得直角三角形三边上三个图形的面积分别是原正方形面积的一半？

陈桐潼上台，分别沿着三个正方形的其中一条对角线裁剪，得到图 3-19。

教师：此时三个三角形之间存在怎样的面积关系？

陈桐潼：$S_1+S_2=S_3$。

教师：你能证明吗？

陈桐潼：$\because S_1 = \frac{1}{2}a^2$，$S_2 = \frac{1}{2}b^2$，$S_3 = \frac{1}{2}c^2$ 又$\because a^2+b^2=c^2$，$\therefore \frac{1}{2}a^2 + \frac{1}{2}b^2 = \frac{1}{2}c^2$，

$\therefore S_1+S_2=S_3$。

教师将裁剪后的图形贴在黑板上，在图形旁边板书学生的推理过程。

教师：还有其他裁剪方法吗？

陈依文上台沿着三个正方形垂直于直角三角形三边的三组对边中点连线裁剪，得到图 3-20。

教师：此时三个矩形之间存在怎样的面积关系？

陈依文：也是 $S_1+S_2=S_3$。

教师：你能证明这个结论吗？

陈依文：$\because S_1 = \frac{1}{2}a^2$　$S_2 = \frac{1}{2}b^2$，$S_3 = \frac{1}{2}c^2$ 又$\because a^2+b^2=c^2$，$\therefore \frac{1}{2}a^2 + \frac{1}{2}b^2 = \frac{1}{2}c^2$，

$\therefore S_1+S_2=S_3$。

教师将裁剪后的图形贴在前一个图形的旁边。

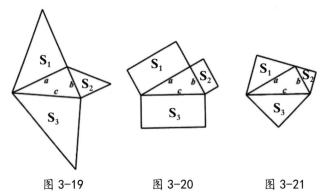

图 3-19　　　　　图 3-20　　　　　图 3-21

教师：请通过裁剪的方法，使得直角三角形三边上三个图形的面积分别是原正方形面积的四分之一。

沈雨嘉上台分别沿着三个正方形的两条对角线裁剪，得到图 3-21。

教师：此时三个三角形之间又存在怎样的面积关系？

沈雨嘉：$S_1+S_2=S_3$。

教师：你能说说证明过程吗？

沈雨嘉：$\because S_1 = \frac{1}{4}a^2$，$S_2 = \frac{1}{4}b^2$，$S_3 = \frac{1}{4}c^2$ 又$\because a^2+b^2=c^2$，$\therefore \frac{1}{4}a^2 + \frac{1}{4}b^2 = \frac{1}{4}c^2$，

$\therefore S_1+S_2=S_3$。

教师将裁剪后的图形贴在前一个图形的下面，在图形旁边板书学生的推理过程。

片段三：观察归纳，分析问题

教师用肢体语言引导学生观察黑板上的图形。

教师：通过裁剪我们发现以直角三角形三边向外作正方形、长方形和等腰直角三角形都能得到 $S_1+S_2=S_3$ 的结论。你还能以直角三角形三边向外分别作哪些特殊三角形或其他特殊图形，使得这三个图形的面积满足 $S_1+S_2=S_3$。

学生：（七嘴八舌）半圆、等边三角形、直角三角形、等腰三角形、含有 30°角的直角三角形。

教师：我们一起验证以直角三角形三边向外分别作半圆与等边三角形这两种情况，其他情况就由同学们课后去验证。

教师将相应的图形贴在黑板上，请两位学生在对应的图形边上写出证明过程，然后师生共同完善证明过程。

教师：请大家观察下列几种图形（图 3-22 ～ 图 3-25）证明过程中的画线部分，思考构造的图形需符合什么条件才能满足 $S_1+S_2=S_3$。

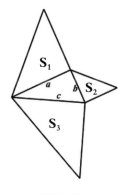

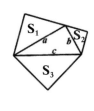

图 3-22　　　　　　　　　　图 3-23

$\because S_1=\dfrac{1}{2}a^2, S_2=\dfrac{1}{2}b^2, S_3=\dfrac{1}{2}c^2$

又 $\because a^2+b^2=c^2$

$\therefore \dfrac{1}{2}a^2+\dfrac{1}{2}b^2=\dfrac{1}{2}c^2$

$\therefore S_1+S_2=S_3$

$\because S_1=\dfrac{1}{4}a^2, S_2=\dfrac{1}{4}b^2, S_3=\dfrac{1}{4}c^2$

又 $\because a^2+b^2=c^2$

$\therefore \dfrac{1}{4}a^2+\dfrac{1}{4}b^2=\dfrac{1}{4}c^2$

$\therefore S_1+S_2=S_3$

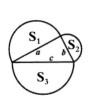

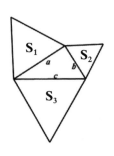

图 3-24   图 3-25

$\because S_1 = \frac{\pi a^2}{8}, S_2 = \frac{\pi b^2}{8}, S_3 = \frac{\pi c^2}{8}$ $\because S_1 = \frac{\sqrt{3}a^2}{4}, S_2 = \frac{\sqrt{3}b^2}{4}, S_3 = \frac{\sqrt{3}c^2}{4}$

$又 \because a^2 + b^2 = c^2$ $又 \because a^2 + b^2 = c^2$

$\therefore \frac{\pi a^2}{8} + \frac{\pi b^2}{8} = \frac{\pi c^2}{8}$ $\therefore \frac{\sqrt{3}a^2}{4} + \frac{\sqrt{3}b^2}{4} = \frac{\sqrt{3}c^2}{4}$

$\therefore S_1 + S_2 = S_3$ $\therefore S_1 + S_2 = S_3$

余欣泓：S_1、S_2、S_3 要跟 a^2、b^2、c^2 有关系

教师：很好，具体有什么关系呢？

余欣泓考虑良久，未作答。

教师：你先坐下，哪位同学已经发现 S_1、S_2、S_3 与 a^2、b^2、c^2 之间的关系了？

卢帅栋：a^2、b^2、c^2 前面的系数要一样。

教师：很棒。S_1、S_2、S 要分别是 a^2、b^2、c^2 的同一倍数。请以直角三角形三边向外分别作三个图形，使得这三个图形的面积满足 $S_1+S_2=S_3$（要求：在学案上画出图形，标注边长和面积）。

小组合作交流，画出满足条件的图形，教师投屏展示图形，小组代表口述证明所画图形面积满足 $S_1+S_2=S_3$。（为了版面整洁美观，学生作品一律改为印刷体）

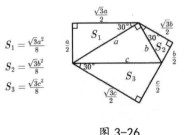

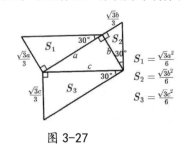

图 3-26   图 3-27

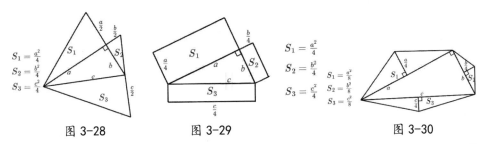

图 3-28　　　　　图 3-29　　　　　　　　图 3-30

教师：大家观察上面五个图形（图 3-26~图 3-30），以直角三角形三边向外构造的三个图形有什么特征？

学生：形状一样。

教师：是的，像这样形状一样但是大小不一样的图形我们称为相似图形。由这五个图形可以得出什么结论？

王艺杰：以直角三角形三边向外构造三个相似的图形，它们的面积满足 $S_1+S_2=S_3$。

教师：由上面这三个图形又可以得出什么结论？

王梓凝：由上面三个图形（图 3-31 ~ 图 3-33）可以发现并不是只有相似的图形才存在 $S_1+S_2=S_3$ 的面积关系，有些不相似的图形也存在 $S_1+S_2=S_3$ 的面积关系，只要 S_1、S_2、S_3 分别是 a^2、b^2、c^2 的同一倍数。

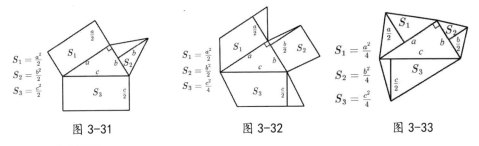

图 3-31　　　　　　图 3-32　　　　　　　图 3-33

三、案例反思

以上就是"活教育"理念在课堂教学中实施的片段，下面谈谈该案例的优点、不足和改进措施。

（一）优点

1. 从静态到动态，实现活探究。课前笔者反复研读教学内容，精心设计教学活动。教学时引领学生主动参与数学活动，通过猜测、实验、探索等方式去解读教材中静态文字所蕴含的原理，即学生要通过自己的主动活动，把文字结论及其隐含的意义内化为自己的认知对象。

2.从单一到多样，凸显活方式。本节课笔者一改往常的单一教学模式，采用灵活多样的教学方式活跃课堂，增加生生、师生之间的互动性，提高学生的参与度，实现凡是学生自己能够想的，应当让他自己想，凡是学生自己能够做的，应当让他自己做。本节课用不同学习方式缓解学生的疲劳感，激活学生思维，促进学生主动思考、参与、探索，获得发现问题、分析问题、解决问题的能力，从而提升学科核心素养。

3.从已知到未知，彰显活建构。活教育要求用比较教学法，这样学生对所学的知识认识才能格外清楚、印象格外深刻，记忆也能格外持久。这就要求教师引导学生及时将新知与旧知进行比较，在辨析的过程中实现新知的内化，构建有逻辑、有体系的框架，借助已有的经验快速习得新知识与新经验。

（二）不足

1.动手操作环节学生参与面不广。通过裁剪的方法，使得直角三角形三边上的三个图形的面积分别是原正方形面积的一半或四分之一的这个环节中，笔者采用的教学方式是让三个学生上台演示，其他学生只是被动地坐着观察。显然这个活动没有调动广大学生的学习积极性，反而极易养成坐等答案的习惯。

2.课堂评价语言不精准。课堂教学中教师针对学生的回答给出的评价不够具体，只是用"很好""是的""不错"等简单的言语评价学生的回答。这样的评价，无法让学生明白自己的答案哪里值得肯定、哪里有待改进，也较难让学生感受到教师的鼓励，建立数学学习的自信心。

（三）改进

1.全员参与，做中求进步。教学中教师可以让每位学生都能动手操作，在"做"中感受、领悟数学原理与知识。

2.积极鼓励，活用激励语。"活教育"是积极的，不是消极的，它要求教师用鼓励的方法来引导学生的行为，督促学生的求学，激发学生的学习信心与求知欲，而不是通过消极的言语打击学生的自信。学生的回答教师要及时给出具体的指导性的评价。

总之，教师要基于教学内容，设置相应的数学探究活动，灵活运用多样化的教学方式，引导学生积极主动参与教学活动，帮助学生积累数学活动经验，建立新旧知识间的联系，实现"做中教，做中学，做中求进步"，让数学课堂充满活力。

作者：周蓓蓓

英语学科《U10 I'd like some noodles 》课例

一、案例背景

2022 年 5 月，笔者参加了上虞区优质课评比活动。为了让课堂活动脱颖而出，笔者基于"活教育"思想，以人教版七年级下册 U10 I'd like some noodles 听说课为例，就如何在英语课堂上为学生创设真实有效的实践体验活动，构建"活的英语课堂"，进行了以下实践。

二、案例展示

以下展示中"T"表示教师，"S"表示学生。

（一）导入环节，用名字游戏激发兴趣

活教育的理论认为，游戏是人生不可缺少的活动。如果能把学习活动化为游戏，就会使学习变得"更有趣、更快乐、更能有进步"[①]。所以在课堂伊始，教师通过引导学生猜测教师英文名字的字母引出不同食物的新词。

Step1：Name game

T: Good morning, class. Nice to meet you.

S: Nice to meet you, too.

T: You are so polite. My name's Mandi. It's an interesting name, because each letter stands for an interesting name. For example, "m" stands for mutton. "u" pronounced [ʌ], mutton. Mutton, mutton.

S: Mutton, mutton, mutton.

T: Mutton can make me strong.

T: How about other letters? "a" stands for …(It stands for a kind of fruit.)

韩灵智：Apples.

T: You are so smart. apples are healthy food, right?

T: Next one. "N" stands for …

---

① 虞永平. 活教育的时代意义与实践指向 [J]. 早期教育，2021（12）：4—6.

顾俊杰 : Noodles ...

T: It stands for noodles. "oo" pronounced [u:], noodles. noodles, noodles.

S: Noodles, noodles, noodles.

T: Noodles are our traditional Chinese food, right? And "d" also stands for traditional Chinese food. So it stands for ...

韩灵智 : Dumplings.

T: Wow, you are really smart. It stands for dumplings. Dumplings, dumplings.

S: Dumplings, dumplings.

T: How about the last one? "i" stands for ...

姚守乐 : Ice-cream.

T: Do you like ice-cream?

S: Yes!

T: Ice-cream is delicious, but it's unhealthy. We should eat more healthy food, right?

笔者以自己的英文名 Mandi 为引子，分别引出 "mutton, apples, noodles, dumplings, ice-cream" 五个关于食物的单词，由此紧扣本课的食物主题。课堂氛围在游戏当中活跃起来，学生关于食物单词的旧知也在游戏中被激活。

（二）听前环节，从真实语境引出问题

为了让学生们体会到英语课堂活动的真实性与趣味性，教师用一个真实的话题情境贯穿本课：老师是一家面馆的常客，我们一起来看看老师点了哪个种类以及尺寸的面条。

Step 2： Free talk

T: You are so smart and polite. I'm very glad to meet you and have a class with you. To have a good time with you, before coming here, I went to a noodle house, because I'd like a large bowl of noodles. What kind of noodles would I like?

T: Wow, there are so many things. What food can you see?

顾俊杰 : beef.

T: Yes, beef. "ee" pronounced [i:], beef, beef.

S: Beef, beef.

T: And do you see Cabbages?

T: Read after me, cabbages, cabbages.

T: And what else?

王杭奇 : Potatoes.

T: Read after me, potatoes, potatoes.

T: And do you see carrots and chicken?

S: Yes.

T: So what kind of noodles would I like?

T: Look. I' d like beef, cabbage and potato noodles. please read after me, I' d like beef, cabbage and potato noodles.

S: I' d like beef, cabbage and potato noodles.

T: What kind of noodles would you like? Read after me, what kind of noodles would you like?

S: What kind of noodles would you like?

T: Can you read it for us? What kind of ...

王钰 : What kind of noodles would you like?

T: Great, I like your pronunciation. So what kind of noodles would you like?

王钰 : I' d like ...noodles.

T: Can you put the food into the noodles? please come here.

T: So what kind of noodles would you like?

王钰 : I' d like ... noodles.

T: Thank you, go back to your seat. And how about your partner? What kind of noodles would you like? Please come here.

王轩 : I' d like ... noodles.

T: How about others? What kind of noodles would you like?

何清逸 : I' d like ... noodles.

T: I see you' d like noodles. So what size would you like? Read after me, size, size. What size would you like? What size would you like?

T: Look. There are three bowls. A large / medium / small bowl. Please read after me. Large, large / medium, medium / small, small. A small bowl of noodles. a medium bowl of noodles. a large bowl of noodles.

T: I' d like a large bowl of noodles. How about you? What size would you like?

韩灵慧 : I' d like …

T: Next one. What size would you like?

马柯 : I' d like …

T: Can you ask him/ her? What size would you like?

马柯 : What size would you like?

王佳铭 : I' d like …

T: You see, I' d like a large bowl of beef, cabbage and potato noodles. what about you? What size and what kind of noodles would you like?

王佳铭 : I' d like a large bowl of …

T: Can you put the food into that bowl?

T: So what size and what kind of noodles would you like?

王佳铭 : I' d like …

T: I see many of you like noodles, and you eat healthily, that' s great.

笔者以图片的方式向学生展示自己喜爱的面馆，以图片提示学生 "cabbages, beef, carrots" 这类关于食物的新词，并且学习 "What kind of noodles would you like?" 这一重点句型。随后笔者进一步追问学生 "What size would you like?" 由此引出 " a large / medium/ small bowl of" 这一重点词组。至此，关于本课时的重点单词、词组和句子通过师生间自由对话的方式，灵活地输入给学生。

（三）听中环节，多元化活动启发思维

活教育的理论认为，观察是获得知识的基本方法。因此在本环节，教师调动学生看与听两种感官，指导学生对插图进行细致观察，预测听力内容和方向，有针对性地进行听音。

1. 看听结合，高效获取信息

Step 3： Predict the picture

T: We are talking about noodles, and a boy and a girl are also talking about something. T: Look, where are they?

S: Restaurant.

T: They are in a noodle house.

T: And try to have a guess, what's the relationship between them? Please read after me, customer. "u" pronounced [ʌ], customer, customer. Waitress, waitress. And if it's a man, we can call him a waiter, waiter, waiter.

T: So guess, what's the relationship between them?

S: …

T: Maybe.

T: And what are they doing? I have some choices for you. What are they doing?

S: …

T: Maybe.

T: Are your guesses right? Please listen and check it.

T: Have you got it? What's the relationship between them?

姚烨晨: They are customers and waitress.

T: What are they doing?

徐艺洁: They are ordering food.

T: Please read after me. Order, order food.

笔者将听力文本中的第一幅图片展示给学生看，并通过追问的方式引导他们仔细观察图片。笔者分别提出三个问题"他们在哪里？""他们是什么关系？""他们正在做什么？"学生们对于图片十分感兴趣，活跃地给出了自己的不同猜想，随后笔者带领学生听音频，验证学生们的猜测。

2. 连贯有层次的听中活动，自主解决问题

Step 4: Listen and match

T: Now we know, the boy is ordering food. And he is ordering noodles, right? What kind of noodles would he like?

T: There are three specials. Read after me, special, specials.

T: Look at the special one. what kind of noodles?

徐俊阳: Beef and tomato noodles.

T: Because we can see beef and tomatoes, right?

T: And the second special?

邵佳铭：Cabbage, potato and chicken noodles.

T: How about the last one?

桑梓雯：Mutton and carrot noodles.

T: What kind of noodles would the boy like? Let's listen and check.

T: Have you got it? What kind of special would the boy like? Special one, two or three?

桑梓沁：Special one.

T: Did you hear beef and tomato noodles? So they are beef and tomato beef. That's special one, right?

笔者给出教材中的第二幅图片，图片当中含有三种不同类型的面条。在听前笔者提问学生"这个男孩可能会喜欢什么类型的面条？"学生根据图片中的面条进行猜测，随后通过听音频得出正确的答案。

Step 5：Listen and check

T: The noodle house is very popular, so there are other customers. Let's listen to other conversations, and check what kind of noodles would they like? Are you clearly?

T: Let's listen to it.

T: Have you got it? What kind of noodles would the girl like?

韩灵智：She'd like beef and tomato noodles.

T: What kind of noodles would boy like?

王杭奇：He'd like cabbage, potato and chicken noodles.

T: Do they eat healthily?

S: Yes.

（学生通过听音频选出男孩和女孩分别喜欢的面条）

Step 6：Listen and choose

T: Next, please listen and choose the right questions. Before listening, please read the whole conversation quickly by yourself. Now, let's read it quickly.

T: Are you ready? Let's listen and check it.

T: OK. Have you got it? Who'd like to check the answers for us?

顾俊杰：What size would you like?

T: You are right. Please listen and read after it.

S: …

T: And the second blank.

王轩：And what kind of noodles would you like?

T: Please read it.

T: Next one.

王钰：And how about you?

T: The last one.

王轩：What kind would you like?

T: Please read it.

笔者对听力文本进行了挖空处理，学生听完完整对话后，将消失的部分补充完整。

（四）听后环节，人文价值提升

教师进一步挖掘听力文本中的教学价值，通过"would like""please"这一本文当中已有的信息，以及通过观察图片中女服务员的肢体语言，来延伸出礼貌点餐的主题意义。

Step 7： Look and think

T: After listening, we know the waiter is patient, because he asks questions very carefully, right? And as a waiter he should be patient, and he should also be polite. Is the waiter polite?

S: Yes.

T: Why? Why do you think so?

S: …

T: Does the waiter use "want" or use would like?

S: Would like…

T: So you see. Using would like is a polite way, right?

T: How to be more polite?

S: …

T: As a waitress, when I ask customers, can I stand like this?

S: No.

T: Or, can I stand like this?

S: Yes.

T: So good body language can also show our politeness, right?

T: And are two customers polite? Why?

韩灵慧：They say "please".

Step 8 Role-play

T: Next, why not role-play the conversation. Please work in groups, three students in a group. S1 you are a waitress or a waiter, S2 you are the boy, and S3 you are the girl.

T: Time's up, who'd like to have a try?

T: Are they patient?

S: Yes.

T: Are they polite?

S: Yes.

笔者给学生呈现完整的听力文本以及文本当中的所有图片，并询问学生 "服务员与顾客是否礼貌？" 学生根据服务员和顾客的对话内容以及神情动作来判断服务员与顾客是礼貌的，从而引出我们与他人交谈时要学会运用 "please" 以及友好的肢体动作。

（五）运用环节，运用新知解决实际问题

把所学的英语知识运用到生活中去，是学习英语的最终目的。因此教师在输出环节以本校曾开展的英语角活动，英语餐厅为例子，鼓励学生以小组合作的方式用英语完成点餐活动，实施如下。

Step 8： Order food in groups

T: Would you like to show how to be a waiter or a waitress?

T: My school has a special noodle house. In the noodle house, there are some waitresses and waiters. If you'd like noodles, you should talk to them with English. Like this.

T: Now, would you like to join them?

T: Please work in pairs. You can do it like the pattern, and here are some useful tools can help you. When you work in pairs, don't forget to ask yourself, am I polite and patient? Do I use good body language? Do I use "would like"? Do I speak loudly and fluently?

T: Who'd like to have a try?

T: Other guys, please listen to them carefully and write down what they would like.

T: Big hands for them. What size would the customer like?

S: ...

T: What kind of noodles would the customer like?

S: ...

T: Are they polite and patient?

S: Yes.

T: Because they use good body language. And use would like and please, right?

笔者将学生分为6个小组，五人一组，进行小组英文表演。表演的内容是假设你在英文餐厅点餐，你将如何进行对话？

（六）作业环节，分层次优化学习效率

Must-do:

1. Do a survey about what your classmates would like. (at least four persons)

2. Write and draw family specials. (share them with classmates)

Optional-do:

Write and draw your favorite restaurants' specials in Shangyu, and make a food guide.

笔者将作业分为必做和选做两个项目。在必做中，学生需调查至少四位班级同学的食物喜好，以及分享家庭特色菜。在选做中，学生做一本美食指南。以上作业均用英文完成。

三、案例反思

（一）优点

1. 教学活动实现了"在做中学"。本节课始终以一个真实的语境——教师去家附近的面馆点餐，贯穿全场。在课堂伊始加强了口语练习，通过反复跟读训练以及row by row，降低难度，降低起点。教学各活动循序渐进，大部分学生能在教师的指导下完成听力的任务，为后续知识运用奠定语言基础。紧接着教师结合真实点餐情况，引发学生对于如何礼貌点餐的思考。在后面的情景交际中，教师鼓励学生表演点菜这一情景对话，再现生活中的情境，学生们都十分积极踊跃。

2. 多元化的教学活动，激"活"了学生的学习兴趣。课堂导入部分，笔者引导学生猜每个字母所代表的食物名称，新旧知识在学生的脑海中被开启，课堂伊始氛围就格外浓烈。教师还准备了真实道具，让学生最大限度地获得直接体验。

3. 提倡合作学习，以同伴效应激"活"学生。教师在本节课中多次采用 work in pairs. work in groups 的合作方式，注意培养学生合作的习惯。尤其是在最后的餐厅的角色扮演环节，学生通过表演，把朋友的相处之道带进课堂，做到"活"课堂。

4. 课后作业的布置尊重个体差异且具有实用性。"活教育"关注个性差异，依照学生能力布置不同的课后作业。笔者根据学生的实际学习情况进行分层布置，有"必做题"和"选做题"两项作业。

5. 教学中教师引导学生树立正确的价值观，培养"真"的人。教师通过一些引导性的话语，如"Dumplings are traditional Chinese food""We should eat healthy food""We should speak politely"等，启发学生关注中国的传统食物，培养良好的饮食习惯以及以礼待人。

（二）不足

1. 对于中外文化的差异涉及不足。对学生如何在礼貌和健康点餐，如何理解中西方点餐的差异，教师依然需要继续探索。

2. 给学生真正"做"的机会有限，素材不够"活"，大多数活动依然是以课本活动为依托，活动也仅限制于课堂内，学生无法真正走出教室直接体验。

（三）改进

1. 课外延续活动，让实践活动成为"活"教育。学生需要自主学习，教师要为学生营造自主学习的空间。因此，教师通过一系列活动，让学生自主学习，发现解决问题，从而获得经验，实现"活"的教育的目标。

2. 开放课堂空间，创设自然语境，调动学生积极性。在课堂上教师要适当给学生们想象的空间，尽可能营造一个自然学习英语的环境。

3. 教学评价要更加灵活和多元。例如，不仅从学生的语音发音或者语法层面去评价学生给出的答案，要更多关注学生的身心发展。

总而言之，作为新时期的教师，要不断地从新课程和新理念中寻找新教法。课堂教学要真正有利于学生发展，要因人因时而异，这样才是"活教育"。

作者：陶梦翔

科学学科《物质在水中的分散状况》课例

一、案例背景

"义务教育科学课程是一门体现科学本质的综合性基础课程，具有实践性。"[①]课程性质决定了科学教学以实验为基础，使学生在探究与实践中主动参与、积极体验，从而提高学生的科学核心素养。这正是陈鹤琴先生的"活教育"理念的主张，教师在"做中教"，学生在"做中学"。

《物质在水中的分散状况》是浙教版《科学》八年级上册第一章第四节的内容，科学概念很多，也是学生第一次接触初中科学中的化学概念。"化学概念是化学知识建立和发展的基础，也是学生获取化学知识的重要途径，是发展学生化学核心素养的基础。"[②]但是概念比较抽象，如让学生理解、掌握、应用，是教学中的重点与难点。笔者以"活教育"思想为指导，调整、设计、选材，让课堂"活"起来，让学生"动"起来，成功帮助学生构建概念、理解本质和应用知识。

二、案例展示

教师展示一瓶雪碧，并将雪碧倒入烧杯中。

教师：我发现同学们喜欢饮料。今天我带来了一瓶同学们经常喝的雪碧，想知道雪碧里有什么物质吗？

张峰：糖、水。

王杭奇：柠檬酸。

邵佳铭：二氧化碳。

教师：你们看到雪碧中的糖、柠檬酸、二氧化碳等物质了吗？

学生：（齐声）没有。

教师：为什么我们没有看到这些物质？

学生：（随口）溶解在水中了。

教师：是不是所有物质都能像雪碧中的糖、柠檬酸、二氧化碳等物质一样溶解在水中呢？

学生：（随口）不是。

教师：今天就让我们一起来探究一下物质在水中的分散状况。我给每个小组都

---

① 中华人民共和国教育部. 义务教育科学课程标准（2022年版）[S]. 北京：北京师范大学出版社，2022：1.

② 陈玲. 基于主题情境的概念课教学设计 [J]. 化学教与学，2020（8）：39.

准备了高锰酸钾、粉笔灰和色拉油，等会我们将一起来探究。但实验之前，我们要先回顾药品的取用方法，请先观察桌上的药品，再告诉我分别怎么取用。

何清逸：高锰酸钾和粉笔灰要用药匙，色拉油要用滴管。

教师：水怎么取用呢？

徐艺洁：直接倾倒。

教师：用药匙取用固体药品，该怎么操作？

姚守乐：一斜二送三直立。

教师：今天我们所用试管口径较小，药匙不能直接伸进去，怎么办？

姚守乐：可以用纸槽。

教师：用滴管取用少量液体时，需要注意什么？

潘键杨：胶头在上，管口在下，滴管要竖直悬空，用后立即清洗。

王杭奇：色拉油是盛放在滴瓶里的，滴管用后不需要清洗。

教师：非常好。那直接倾倒取用液体要注意什么？

学生：（随口）瓶塞倒放；标签要朝手心；瓶口要紧挨试管口。

教师：接下来以食盐与水混合为例，请一个同学帮我示范一下固体药品的取用，并用倾倒法取 5 毫升左右的水。

王杭奇示范取用食盐和水。

教师：感谢王杭奇帮我们做了精彩的示范。接下来我们要振荡试管，使物质充分混合。振荡时，用手持住试管的中上部，试管略倾斜，用手腕的力振动试管，手臂不能摆动。

教师一边解说一边示范。

教师：请每个同学都拿一个空试管，跟着我一起练习。

学生练习试管的振荡。

教师：基本操作我们都会了，接下来四人一组，按照表 3-2 要求加入物质，振荡后观察和记录实验现象，静置后再观察和记录实验现象。开始进行分组实验。

表 3-2　物质在水中分散状况记录表

编号	1	2	3
实验内容	高锰酸钾＋水	粉笔灰＋水	色拉油＋水
振荡后（浑浊／透明）			
静置后（是否分层）			

　　学生分组实验，教师巡视、个别指导。因部分小组高锰酸钾用量过多，不利于观察，教师额外配制一杯高锰酸钾溶液放置于实验演示桌上，供学生观察。

　　教师：请同学们来分享一下实验结果。

　　学生回答，在回答中完成表3–3。

表3-3　物质在水中分散状况实验结果

编号	1	2	3
实验内容	高锰酸钾＋水	粉笔灰＋水	色拉油＋水
振荡后（浑浊／透明）	透明	浑浊	浑浊
静置后（是否分层）	不分层	分层	分层

　　教师：哪一种物质在水中的分散状况与雪碧中的糖、柠檬酸、二氧化碳在水中的分散状况相同？

　　学生：（齐声）高锰酸钾。

　　教师：我们把像雪碧中的糖、柠檬酸、二氧化碳等溶解在水中一样，将食盐、高锰酸钾溶解在水中，得到的物质叫作溶液。

　　教师展示雪碧、食盐水、高锰酸钾溶液。

　　教师：请同学们仔细观察，溶液有什么特征？

　　张峰：都是透明的。

　　王轩：都是稳定的，没有分层。

　　邵佳铭：有的是无色的，有的是有颜色的。

　　教师：非常好！

　　因学生未说出溶液具有均一性，教师进行引导，单独展示教师配制的高锰酸钾溶液。

　　教师：仔细观察这杯高锰酸钾溶液，上下左右的颜色一样吗？

　　学生：（齐声）一样。

　　教师：喝雪碧的时候，上层的雪碧和下层的雪碧一样甜吗？

　　学生：（齐声）一样。

　　教师：那我们可以说溶液都是……

　　王钰：均一的。

教师：认识了溶液的特征，我们再来认识一下溶液的组成，以高锰酸钾溶液为例，里面有什么物质？

韩灵慧：高锰酸钾和水。

教师：高锰酸钾被……

韩灵慧：溶解。

教师：我们把被溶解的物质叫作溶质。水呢？

韩灵慧：溶解了高锰酸钾。

教师：我们把能溶解其他物质的物质叫作溶剂。所以溶液是由什么组成的？

韩灵智：溶液是由溶质和溶剂组成的。

教师：让我们一起来巩固一下，分别指出下列各溶液的溶质和溶剂。（表3-4）

表3-4　溶液的溶质和溶剂区分表

溶液	酒精溶液	蔗糖溶液	氢氧化钠溶液	硫酸铜溶液	雪碧
溶质					_____、白砂糖、食用香精等
溶剂					

学生依次回答。

教师：根据表格进行归纳，溶质和溶剂分别有什么特点？

徐俊阳：溶质可以是固体、液体或气体。

顾俊杰：溶液中可能只有一种溶质，也可能有多种溶质。

杨金涛：溶剂都是水。

教师：是不是只有水可以作为溶剂呢？

学生：（随口）不是。

教师：请列举一些日常生活中用其他液体作为溶剂的例子。

邵佳铭：用酒精可以擦去记号笔的笔迹。

张峰：用汽油可以洗油渍。

教师：让我们一起用实验检验一下水是不是万能溶剂，酒精和汽油是否可以作为溶剂。请同学们仔细观察实验现象。

教师演示碘和水、碘和酒精以及汽油和色拉油的混合实验，并用实物投影进行展示。

教师：你们观察到了什么实验现象？

王鹏程：碘和水混合时无明显现象。

徐艺洁：碘溶解在酒精中，液体变成暗黄色。

赵梓榕：色拉油溶解在汽油中。

教师：通过以上实验，可以得到什么结论？

姚守乐：虽然水能溶解很多物质，但水不是万能的溶剂，酒精和汽油也可以作为溶剂。

教师：除了水和酒精，我们常见的溶剂还有妈妈卸指甲油用的香蕉水、干洗店洗衣服用的干洗剂等。固体、液体和气体都能作为溶质，溶剂的种类也很多，混合后得到的溶液种类更多。为了区分不同的溶液，我们要给溶液进行科学的命名，请尝试给刚才的几种溶液进行命名。

教师展示食盐溶解于水和碘溶解于酒精的两支试管，让学生命名。

张峰：食盐溶液，碘溶液。

教师：有没有同学有不同的想法？

邵佳铭：两者的溶剂是不一样的，这样命名好像不太好，看不出溶剂不一样。

教师：那你觉得怎样命名更好？

邵佳铭：把溶剂名称也加进去，叫食盐的水溶液，碘的酒精溶液。

教师：大家觉得谁的命名方式更好？

学生：（齐声）邵佳铭。

教师依次展示高锰酸钾溶解于水和色拉油溶解于汽油的试管。

教师：那我们用邵佳铭的命名方式给这两种溶液进行命名。

学生：（齐声）高锰酸钾的水溶液，色拉油的汽油溶液。

教师：请你们总结一下溶液命名的规律。

徐凌燕：溶质的溶剂溶液。

教师：非常好。其实，刚才张峰给食盐的水溶液命名为食盐溶液也是正确的。水是最常见的溶剂，当水作为溶剂的时候，我们可以省略溶剂的名称，直接简称为溶质溶液。所以食盐的水溶液可以简称为……

学生：（齐声）食盐溶液。

教师：高锰酸钾的水溶液可以简称为……

学生：（齐声）高锰酸钾溶液。

教师：通过学习，我们对溶液已经有了一定的认识。我们回过头来再观察刚才的三支试管，粉笔灰和水、色拉油和水混合后得到的是溶液吗？

学生：（随口）不是。

教师：为什么？

姚守乐：溶液是均一、稳定的，这两支试管都分层了。

教师：像粉笔灰和色拉油分散在水中时是浑浊的、久置会分层的分散体系称为浊液。请同学们再次振荡粉笔灰和水、色拉油和水混合的两支试管，观察有何不同点。

学生分组实验。

教师：请分享一下实验结果。

韩灵智：粉笔灰和水振荡混合后是固体的小颗粒分散在水中。色拉油和水振荡混合后是小液滴分散在水中。

教师：我们发现了两种不同的浊液，固体小颗粒悬浮在液体里面形成的物质叫作悬浊液，小液滴分散在液体里形成的物质叫作乳浊液。请大家根据表3-5总结一下溶液、悬浊液、乳浊液的异同点。

表3-5　溶液、悬浊液、乳浊液特征总结

	溶液	悬浊液	乳浊液
形成过程	溶解在液体中	分散在液体中	分散在液体中
分散后的特征			
共同点			

王钰：溶液是固体、液体、气体溶解在液体中，悬浊液是固体小颗粒分散在液体中，乳浊液是小液滴分在液体中。

王鹏程：溶液均一稳定、久置不分层，悬浊液和乳浊液不稳定、久置分层。

王杭奇：溶液、悬浊液、乳浊液都是由多种物质混合而成的。

教师：由两种或两种以上物质混合而成的物质叫作混合物，溶液、悬浊液和乳浊液都是混合物。请同学们判断以下混合物属于哪一种分散体系。

教师依次展示泳池中的水、炉甘石洗剂、牛奶、肥皂水和血液的图片，让学生进行判断。判断血液属于哪一种分散体系时，教师展示血液成分图，帮助学生理解和判断。

展示雪碧实物和雪碧配料表。

教师：今天我们学习了不同物质在水中的分散状况，认识了三种物质的分散体系，结合本堂课所学知识，请同学们谈谈对雪碧有什么新的认识。

张峰：雪碧是溶液。

王轩：雪碧是均一、稳定的，久置不会分层。

徐艺洁：雪碧里的溶质有多种，如白砂糖、柠檬酸、二氧化碳、果葡糖浆等。

何清逸：雪碧的溶剂是水。

桑梓雯：雪碧是混合物。

教师：科学既来源于生活，又服务于生活。今天，同学们动手、动脑，通过实验，从生活中一瓶小小的雪碧中学到了大大的科学知识，为我们初中化学知识的学习奠定了良好的基础。小小的雪碧中还有很多科学知识，希望同学们在今后的学习中，能继续发扬善于观察、善于思考的优点，发现更多大大的科学知识。

三、案例反思

以上就是笔者教学《物质在水中的分散状况》一课时的课堂案例，下面谈谈该案例的优点、不足和改进措施。

（一）优点

1. "活"调教材顺序，提升体验效果。人是"活的"，教材也是"活的"，教师在使用科学教材及科学教材中的实验进行教学的过程中，应该根据实际情况，灵活地分析和处理教材和实验，调整教材内容的前后顺序。教学中，教师应将课堂还给学生，充分体现学生在学习中的主体地位。

2. "活"设实验方案，实现做中教学。"科学实验具有真实、形象、直观、生动等特点，容易激发学生学习的直觉兴趣。"[1]本课堂中，笔者设计了大量实验，教学的每个环节都以实验为依托，为学生"做中学"创设了良好的教学环境。但是"做中学"并不是完全放手，教师要有目的地引导，并与学生一起"做"。

3. "活"选教学材料，贴近真实生活。"教育是'活'的，大自然、大社会都是

---

① 浙江省教育厅教研室．"浙江省中小学学科教学建议"案例解读 初中科学 [M]．杭州：浙江省教育出版社，2015：55．

我们的活教材。"① 本堂课中，笔者选用了大量日常生活中随处可见的物品作为教学材料，贴近生活，引发学生"动"脑，积极探究学习。

（二）不足

1.学生主动应用知识的教学设计不够。整个教学过程中，笔者设计了很多环节引导学生自主学习，但仍存在一些不足之处，学生学习的主动性未得到充分的体现。

2.汽油和色拉油混合的演示实验可视性不佳。笔者在设计教学方案时，曾考虑用手机投屏功能展示实验现象，但因为网络故障放弃了，直接选用实物投影仪进行展示。但实物投影仪是从上往下拍摄的，而试管只能部分倾斜，所以课堂展示效果并不理想。

（三）改进

1.优化教学环节，激发学生主动性。在教学时，教师应将学生从被动学习转化为主动学习，充分激发学生学习的主动性，自主完成知识的应用与迁移，构建新知识体系。并通过在小组合作学习，让学生人人参与、畅所欲言，自主尝试、判断、反思、纠错，更好地实现自我成长。

2.改进活动方案，提高实验可视性。在硬件设备条件不允许的情况下改进活动方案，让实验的可视性更强，课堂效果会更好。

总之，教师应该利用一切可以利用的活教材、活方案、活实验等，让课堂"活"起来，让学生"动"起来，助力"学生保持对自然现象的好奇心，从亲近自然走向亲近科学，初步从整体上认识自然世界，理解科学、技术、社会与环境的关系，发展基本的科学能力，形成基本的科学态度和社会责任感"②，全面提高每一个学生的科学核心素养。

作者：石琴梅

社会学科《善用法律》课例

一、案例背景

道德与法治是一门旨在促进学生知、情、意、行协同发展的学科。在教学过程中，教师要为学生创设"活"的情境，使学生主动思考探索，获得正确的道德认知，锻

---

① 陈鹤琴.活教育 [M].南京：南京师范大学出版社，2012：21.

② 中华人民共和国教育部.义务教育科学课程标准（2022年版）[S].北京：北京师范大学出版社，2022:1.

炼分析能力，继而提升高阶思维。

适逢 2022 学年上虞区道德与法治优质课评比活动，笔者选择了八年级上册《道德与法治》第二单元《遵守社会规则》中第五课《做守法的公民》的第三框《善用法律》。本节课的重点和难点是面对违法犯罪时，掌握依法求助的常见方法。基于八年级学生的实际学情，笔者思考了几个问题：法律课堂如何让学生积极参与进来？如何让学生产生强烈的情感共鸣？如何引导学生从意识形态到行为选择？并以此梳理课本知识，明确教学重难点、环节，希望教学设计能有人情味、有活力、有动力。

二、案例展示

（一）活设导入

好的课堂导入会对后面的教学活动起到事半功倍的效果。本节课笔者设计的主线话题是"拆迁"，导入方法是猜字谜，暖场效果非常不错，超过预期，从而使得课堂教学更加和谐有序。师生对话如下。

教师：开始上课之前，老师想请同学们猜个字谜。谜面：一点匠心见妙手。请同学们开动脑筋。

学生盯着屏幕窃窃私语，不由自主地讨论起来。

教师：看到这个字，你一定会情不自禁地笑起来。

秦雨泽：拆。（没想到有学生能那么快回答出来）

揭示谜底的时候，全班同学都在哈哈大笑，达到了课堂暖场效果，学生会带着好奇思考："拆"字跟今天的课有什么关系呢？道德与法治课堂容易一不小心变成"说教课""洗脑课"，这种照本宣科式的教学，学生无法产生认同感，只是完成任务式上课。所以只有教学导入活起来，课堂才会活跃，学生的思维才会积极。

（二）活学概念

在道德与法治教学中，情境教学法是最常用、最有效的。本节课涉及很多法律专用名词。如何减轻学生的生涩感？对此笔者选择创设真实合理的情境故事展开概念的教学。教师投石问路，学生大胆求证，"法律专家"答疑解惑，学生成长反思。

故事一：烦心事

教师：两年半以前，有个朋友找我借钱，我先后两次借给他 2 万元整，有微信转账记录为证。可是早已过了约定的还钱日期，该朋友还是迟迟不还钱，几次催债也是无疾而终。最近几个月得知他家拆迁了，我想他现在总该有钱还了，便再去追要，可是没想到该朋友仍然推三阻四。同学们，你们觉得老师该怎么办？请帮老师出出主意。

范筱雅：当面找他交谈，晓之以理，动之以情。

马莹钰：报警，让警察出面处理。

周炜权：直接和他打官司，去法院告他。

教师：是的，遇到侵害要依法维权、寻求帮助。生活中的我们会面临不同的问题，要善用法律。老师的故事还没结束，和该朋友再次沟通协商无果后，老师咨询表弟陈律师，他建议这种情况直接发律师函给对方。在陈律师的帮助下老师发了一封律师函给对方。这里老师通过什么途径去寻求法律帮助呢？

许思妍：律师事务所。

教师：除此之外，还有哪些法律服务机构？

谢金凯：法律服务机构、公证处、法律援助中心。

学生对教师分享的故事很感兴趣，教师抓住这个契机，在故事中巧妙穿插法律知识，学生听得有滋有味，知识学习也变得生动有趣，还能促使学生从生活实际出发寻找解决的办法。整个概念讲解从教师展示真实生活故事，到寻求学生帮助，再到学生开动脑筋积极寻找解决办法，最后是"专家律师"给出专业法律建议，教学内容循序渐进开展，学生听着不生硬，有种"豁然开朗"的感觉。兴趣是最好的教师，生动活泼的课堂使学生畅所欲言，激发了学生思维的积极性和创造性。

故事二：糟心事

教师：老师有一个学生许某，她家因为拆迁款分配问题闹得鸡犬不宁。许某父亲和叔叔为此大打出手。许某父亲求助了一些法律服务机构，甚至向公安机关报警，但是并没有很好地解决问题。

教师：许某父亲还可以通过什么方式维护自己的合法权益？

秦雨泽：诉讼。

教师：什么叫诉讼？

朱鑫瑜：打官司。

教师：是不是所有的纠纷和冲突都需要用诉讼解决？同学们能不能告诉我在什么情况下使用诉讼这一手段？

秦思怡：不需要，太麻烦了！还有非诉讼手段呢。

教师：是的，诉讼是处理纠纷和应对侵害最正规、最权威的手段，是维护合法权益的最后屏障。诉讼就是打官司，根据事件性质的不同，可以分为三大类，分别是民事诉讼、行政诉讼和刑事诉讼。笔者的表弟陈律师为大家录制了一段视频讲解三大诉讼类型的不同点。

此教学片段设置了一个律师讲解专业术语的视频活动，术业有专攻，律师是法律领域的"大神"，自带光芒，学生在观看视频时是非常认真和激动的，为课堂又增添了几分生趣和活力。视频播放结束，学生主动学习、积极分析，先对文本知识进行解读，再进行知识整合，在当堂抽测学生时，基本能运用所学知识回答问题，分析能力得到提升，也促进了高阶思维的发展。

（三）活用方法

故事三：惊心事

教师：拆迁经常有一些"不速之客"，带着"工具"潜入偷盗、抢劫。这天在一条幽静的弄堂里，那样的一幕刚好被许某看到了，如果你是许某，此刻你该怎么选择？

谢金凯：报警。

朱鑫瑜：躲在角落报警。

秦雨泽：叫人。

黄炫斌：马上去制止他，我们要见义勇为。

教师：同学们的选择都是救人，只是方式不同。救人是正确的选择，关键问题在于该怎么救？不同的人有不同的选择，我们来分析四种相对典型的行为表现。

合作探究活动：全班合作探索，通过不断按时间按钮，回到现场，重新选择，重新预设结果，并分析每一次选择其行为表现以及原因。四种选择如下：

1. 不管三七二十一，和他拼命；

2. 还是乖乖交钱吧，避免受伤，他们只是求财；

3. 救命啊救命，这里有坏人；

4. 我得躲在角落，立刻报警，并记住歹徒体貌特征和去向。

让学生做出选择，并对其可能产生的结果进行分析，通过思维的碰撞，理解什么是见义勇为和见义智为，从而归纳出正确做法。此环节旨在引导学生充分思考讨论，并得出结论，灵动而不呆板地突破本节课教学重难点。在这个环节中很多同学都想积极表达自己的意见，成为本节课的高潮片段。创设"活"的情境，学生的语言表达、想象、创新、决策及批判性思维能力都得到了发展，在实践中发展了高阶思维。

三、案例反思

创设"活课堂"，学生和教师都应从"活"中获得快乐。学生的快乐，是因为探究学习而获得了知识与能力。教师的快乐，是在教育教学中获得了锻炼与成长。下面谈谈该案例的优点、不足和改进措施。

（一）优点

1. 教学设计有一定的新颖性。本课将教学内容与实际生活相联系，学生可思可想可说，让课堂既接地气儿，又有趣味性。

2. 学生参与度高。课堂联系生活实际，学生参与热情大大提高，积极发表见解，碰撞思维火花。

3. 助力学科核心素养的养成。"活"的教学情境，使学生在实践、辨析中不断深化认识和理解，养成良好的行为习惯，形成正确的道德观和价值观，助力学科核心素养的养成及教学目标实现。

（二）不足

1. 课堂导入欠严谨。第一猜字谜有一定难度，部分学生乱猜、不猜，有冷场的风险；第二拆迁话题是否适合课堂吗？值得反思。可见课堂导入方式还需再作探究。

2. 课堂内容的呈现方式有些单调。本节课笔者主要采用情境教学法，学生的主要参与方式是课堂问答和合作探究，形式不够多样。

3. 时间把握不到位，结尾草草收场。实际上课是需要智慧的，本节课最后环节对整节课的主题未恰当升华，而是草草收场，因此教学设计还需精细化。

（三）改进

1. 设计适合本节课的实践活动，使品德教育最终回归生活。在正式上课之前和课后，可以适当开展实践活动，有助于深化教学内容和锻炼学生的能力。道德与法治课堂落实立德树人的目标本就应该立足于生活，让学生从做中学，做到知行合一。

2. 突出教材之间的联系性，拓宽学生的思维深度。教学有"蝴蝶效应"，应发挥牵一发而动全身的效果。教师应重视温故前面的知识，激发学生的学习兴趣，环环相扣才能擦出奇妙的教学火花。

一堂好课需要不断打磨锤炼，但实际讲授时一定会出现或多或少的遗憾。作为教师我将不忘初心，始终保持对课堂的探索永无止境，对教学的钻研坚持不懈，对教育的热忱始终如一。

作者：吴佳敏

体育学科《立定跳远的练习方法1》课例

一、案例背景

在体育教育中，传统的教学方式通常是让学生先听教师讲解体育知识，然后被动训练。虽然这能够在一定程度上保证教学效果，但缺乏趣味性和实用性，难以激发学生的学习热情和兴趣。而采用"活教育"的体育教学，则强调学生的自主学习和探究，以激发学生的学习兴趣和自信心，提升教学效果。基于这个背景，笔者实施了以"活教育"为核心的教学实践。

立定跳远是体育中考项目之一，是一项集弹跳、爆发力、身体协调性和技巧等各要素于一体的运动。本节课主要通过不同的练习方法，提高八年级学生快速起跳、挺身收腹的能力，达到提升立定跳远成绩的目的。

二、案例展示

教师在一块篮球场内分别布置了8组颜色不同的跳跃组合垫，每组4块，每块垫子分别对应一位学生。（图3-34）

图3-34 跳跃训练场地图

教师：同学们，请观察本节课的场地布置，我们将利用不同高度的小垫子来提高跳跃能力。谁能告诉我，组合垫能给我们的练习带来什么样的变化？

杨小：叠在一起，增加高度，具有挑战性。

教师：你们尝试过吗？

学生：（齐声）没有。

教师：看同学们能不能通过练习提高立定跳远快速起跳的能力。请各小组长有序地带领自己的组员沿着 1 组组合垫先进行花样热身跑。

下面进入第一步：单一练习。每人原地快速小步跑加半蹲挺身跳。

教师：屈膝降重心，原地快速小步跑，听到教师指令时屈膝、手臂后摆快速蹬地接挺身跳。

教师一边解说一边示范。

教师：在老师的指令下进行练习，完成 10 次。

学生听指令统一进行练习。

教师：同学们有没有做到屈膝、屈髋、臂后摆？

学生：（齐声）做到了。

教师：非常好。请同学们认真学习放在垫子上的任务单第一页，学习后将任务单第一页一分为二，折叠后左右手各捏住一个小纸团，看谁通过蹬地摆臂动作将小纸团抛得快、抛得高。

练习方法同上。

教师：嘟——同学们，当手中握有小纸团时，你们的蹬摆有什么变化？

陶宇钦：我想把纸团抛得高，手臂的摆动速度加快了。

张宇桓：蹬地更充分，摆动幅度比空手时更大。

教师：刚才两位同学回答得非常好，为你们点赞！由于我们手中握有小纸团，自然而然地加快了蹬摆的速度，而出手速度又增加了小纸团的高度。那么，我们也可以通过蹬摆积极、快速起跳来提升立定跳远远度，这也是本节课的关键问题，请各小组长组织组员再进行每人 5 次的练习。（图 3-35）

图 3-35　学生跳跃训练现场图

下面进入第二步：组合练习。在一定高度跳下加挺身跳。

教师：各小组认真学习任务单第二页，明确练习要求，根据自身能力选择4块不同高度的小垫子进行有序练习，体验身体在短暂失重后接主动起跳，提高快速起跳的能力。

学生小组讨论后分成新小组，分别选择高度不等的小垫子进行练习。教师巡回指导并进行单独点评。

教师：陈诗佳，跳下注意缓冲，屈膝。

陈诗佳：好。

教师：嘟——通过刚才的练习，我发现同学们在起跳环节有了主观上的加速度。接下来，我们提升难度，从一定高处跳下接一个立定跳远。请各小组再次学习任务单上的练习方法和要求。

学生小组谈论后，大多数同学选择从低垫子开始练习。

教师：嘟——请全体男同学向我靠拢，女同学继续练习。通过刚才的练习，我发现大多数男同学在起跳时非常积极，腾空的姿态也不错。我对你们再提升练习要求：腾空后，注意积极收腿；落地时，注意小腿前伸，落地缓冲。

教师一边讲解一边示范。

教师：王泽彬，注意收腿，前伸。

王泽彬：好。

下面进入第三步：比赛。开始小组合作积分赛。（表3-6）

表3-6 小组合作跳跃训练积分表

第一阶段	2 蓝色 30cm	3 红色 45cm	4 黑色 60cm	组合1 黑+绿 70cm	组合2 蓝+红 75cm	组合3 红蓝绿 85	组合4 建议 100cm	总分	小组 总分
1									
技能是否 优良									
2									
技能是否 优良									
3									
技能是否 优良									
4									
技能是否 优良									

评价标准为：一人成功跳上一层积一分，出现小跳或助跑不计分，手先触垫不计分。

教师：嘟——同学们，接下来我们以小组为单位进行挑战赛，认真学习任务单最后一页，要求 4 人一组分成 8 小组，采用立定跳远动作跳上小垫子。1 号练习时，2 号和 3 号一左一右扶垫子保护，4 号记录，依次轮转。

唐欣妍：老师，沈星彤害怕这个高度。

教师：60 厘米，很不错了，我再看看记录表，前面都是一次通过，非常好。来，展示一次给老师看看，加油。

学生：（随口）加油，加油。

沈星彤准备，起跳，还是失败。

教师：没关系，我觉得你完全可以战胜 60 厘米的高度，注意起跳后收腿，坚决果断，加油，再来一次。

沈星彤：我跳上了！我跳上了！

学生相互击掌。

学生：（随口）加油！加油！

原来是王一鸣在挑战 85 厘米的高度，一次成功。

学生：（随口）再增加高度，我们不服。

高度升至 100 厘米，只见陈康和王一鸣继续在比拼。

教师：嘟——全体同学向我靠拢，让我们一起为他们加油，帮助同学做好保护。

学生：（随口）鼓掌！厉害！

教师：嘟——感谢陈康和王一鸣为我们带来的友好竞赛，你们展现出了面对挑战时不退缩、勇敢自信的良好面貌，老师要为你们点赞。同时，也要表扬其他同学，特别是女生，面对高度增加带来的心理紧张，你们能一次次勇敢尝试。让我们一起把最好的掌声送给最棒的自己。

学生开心鼓掌。

教师：本节课，我们通过单一练习、组合练习、比赛等不同的练习方法来提升立定跳远快速起跳环节，同学们完成得非常好，每个环节始终围绕关键问题进行学练，希望在接下来的学习中，我们能更好地完成腾空收腿、缓冲落地，以此来提高立定跳远成绩。

三、案例反思

以上就是笔者在上《立定跳远的练习方法 1：快速起跳 + 挺身跳》一课时的课堂案例，下面谈谈该案例的优点、不足和改进措施。

（一）优点

1. 能落实"教学会、勤练、常赛"。能依据学生的兴趣爱好和学习需求，面向全体学生，落实"教学会、勤练、常赛"要求，注重"学、练、赛"的一体化教学。通过课内外的有机结合，指导学生掌握基本的运动技能和专项运动技能，为学生提供更多的时间进行练习巩固，并能运用所学运动知识和技能参与体育比赛。学会基本运动技能、体能和专项运动技能，提供更多时间让学生进行充分练习，巩固和运用所学运动知识与技能，参与形式多样的展示或比赛。

2. 能注重教学方式的改革。能根据体育教学实践性和健康教育实用性的特点，强调从"以知识与技能为本"向"以学生发展为本"的转变。创设丰富多彩、生动有趣的教学情境，倡导将教师讲解重点、示范动作与学生的自主学习、合作学习以及探究学习有机结合，将集体学练、小组学练和个人学练有机结合，注重将健康教育教学理论讲授与学生实践应用相结合，激发学生学习兴趣，提高解决体育与健康实际问题的综合能力。

（二）不足

1. 教学环节"放手"不够早。笔者进行本课教学时，单一和组合的环节未能真正做到"放手"，还是采用传统教学方式，课堂气氛相对沉闷，学生练习中规中矩。当进行到比赛环节时，课堂瞬间活跃起来，学生相互交流、相互竞争，加油声、叫好声此起彼伏。教学就应让学生更多地在自我探究、小组合作模式下学练，这样学生的练习兴趣也会大幅提升。

2. 教学问题引领不够多。从教法学法问题化来说，用关键问题串联教学主线，这是笔者在课堂中较为欠缺的。教师让学生带着问题去练习，并通过练习找出答案，边动脑边学习。师生间问答较少，或是答案直接告诉学生，学生就失去了主动探究的机会，陷入机械性练习。

（三）改进

1. 创设宽松和谐氛围，让学生成为课堂的主人。教师要仔细研读新课程标准，努力改进自己的教学方式，使教学更符合新课程要求。课堂中要让学生充分发挥自己的主体作用，真正感受到体育运动的快乐。

2. 优化教学方法，发掘教学新思路。教师要打破常规教学模式的局限，适时调整教学方法，促进课堂教学和学习氛围的好转。要充分体现现代体育运动的活动性、游戏性、竞争性和娱乐性，使课堂变得有趣、有味、有情、有景，这样的课堂一定会让学生喜爱。

经过课堂实践，我重新认识了授课的意义，明确了学生是学习的主人，是课堂上主动求知、主动研究的主体。教师在学生遇到问题时，及时有效地进行指导和帮助，让学生在自主学习中获得成功体验，使学生的创新意识和实践能力得到正确的培养。

作者：曹晓阳

音乐学科《走近小调》课例

一、案例背景

2021年初中音乐优质课比赛如火如荼地开展，作为一名新教师，我怀着无比忐忑的心情报名参加了此次比赛。作为一名城区的音乐教师，想参加优质课，必然要先过上虞学区的选拔，当知道学区里面规定上《沂蒙山小调》一课时，我既窃喜又担忧。窃喜它是一节教唱课，笔者的嗓音条件还可以；担忧准备时间短，怕准备不足。庆幸的是在音乐组前辈们的帮助下，我顺利通过了。后来我们继续完善《沂蒙山小调》，通过多次磨课，我最终取得了好成绩。"路漫漫其修远兮，吾将上下而求索"，以下是对本课例中几个环节设计的思考和自身课堂实践的反思。

二、案例展示

片段一：

教师：同学们，生活中有很多民歌，被人民群众广泛传唱。今天，请同学们回忆一下以前学唱过的民歌，我们来一个歌唱比赛。大家分为四大组，看哪个小组平时积累得多。

学生积极举手演唱。

教师：同学们唱得真棒，看你们唱得这么好，老师也迫不及待地想来唱一首。

教师唱《无锡景》。

教师：看得出来同学们平时的知识储备都很丰富，在同学们刚才所唱的民歌里面，按照民族分，可以分为两大类，汉族民歌和少数民族民歌。按照类别也能分为两大类，劳动号子和我们今天将要学习的小调。刚才老师唱的这首歌曲就是一首小调。

课件显示小调。

片段二：

教师：请同学们再来听一听这首歌曲，请从旋律、节奏、歌词三个方面，分析一下小调跟我们之前学过的劳动号子有什么不同。同学们可以按照之前的分组讨论。

学生组内讨论交流，教师在学生的回答基础上小结：小调最大的特点是旋律细腻流畅，节奏富于变化。（表3-7）

表3-7 劳动号子、小调不同点分析

	劳动号子	小调
旋律	粗犷有力	优美流畅
节奏	节奏简单，常伴有吆喝声	节奏复杂多变
歌词	多跟劳动有关	叙述性、抒情性

片段三：

教师：同学们已经唱得很有味道了，但是如果让当地的无锡人去听，他们肯定要笑话你们了，为什么呢？你们听。

课件播放音乐方言版本《无锡景》。

教师：我们说小调要体现地方性，怎么去体现呢？

学生随口：要用当地方言来唱。

教师带领学生一句一句用无锡方言念歌词。

课件呈现第一段带拼音标注的歌词。

片段四：

教师：你们觉得这首北方小调《桃花红，杏花白》跟刚才的南方小调《无锡景》（图3-36）在风格上有什么区别？

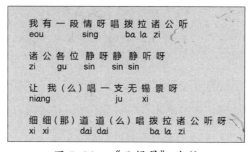

图3-36 《无锡景》片段

教师引导学生从情绪、语言、旋律上（画旋律线辅助）探究，做南北小调的对比。（表3-8）

表 3-8 南北小调不同点分析

南北小调，因为地域的差异，语言、人文环境等不同，也有很多不同的地方		
	南方	北方
不同点	南方小调情绪表达内敛含蓄，委婉细腻； 南方小调旋律起伏不大； 南方小调语言上往往具有江南方言娇甜软糯的特点。	北方小调情绪表达直接热烈，豪放嘹亮； 北方小调旋律起伏大，较舒展； 北方小调语言上往往具有儿化音等北方官话的特点。

《桃花红，杏花白》第一乐句旋律线如图 3-37 所示。

图 3-37 《桃花红，杏花白》第一乐句旋律线

《无锡景》第一乐句旋律线如图 3-38 所示。

图 3-38 《无锡景》第一乐句旋律线

三、案例反思

以上就是笔者《走近小调》案例的主要过程，下面谈谈该案例的优点、不足和改进措施。

（一）优点

1. 生本课堂，高效率的互动教学。师生的教学互动不仅能激发学生思维，也能体现活力生动的课堂氛围。从学生出发，在学生已有的经验基础上，以师生互动的高效导入课堂内容，不仅拉近了师生关系，也让学生最快速地进入课堂主题，一举两得还能使学生主动参与、思考，培养学生的好习惯，激发其学习兴趣。

2. 生本课堂，师生成学习共同体。生本课堂，是以学生为主体的课堂。教师相当于学生的伙伴，在学生已有的经验基础上，循循善诱，引导学生去表达，表现对音乐的感受，从而让学生能更深刻地理解音乐。

3.生本课堂，多种方式助力教学。音乐是一种抽象的艺术，聆听者会因为主观情感和情绪，而形成自己独有的听觉意象。生本课堂用多种方式助力教学，帮助学生体验音乐、感受音乐，能在不知不觉中培养学生的核心素养。

（二）不足

1.方言教唱欠到位。本案例设计没有留足够时间教学方言，这也导致学生唱得意犹未尽。

2.小调体验欠全面。本案例对小调的展示有限，而小调的范围广、内容多，本来内容明显不足。

（三）改进

1.吴语教唱展方言魅力。教师在教唱环节可以直接用方言演唱《无锡景》，让学生对无锡方言有直观感受的同时，也能激起学生的学习欲望。

2.多样聆听现小调千姿。小调内容的不同、南北的不同、演唱形式的不同、风格的不同等，教师可在导入环节多准备一些具有代表性的小调，拓展学生对其有全面的认知，继而着重学习其差异，以及演唱形式的不同等，使课堂更具全面性和完整性。

作者：苗艳华

第四章　活力评价

评价是教学活动的重要环节。好的评价一方面可以有效诊断教和学，另一方面可以助推课堂教学改革。在陈鹤琴活教育思想和核心素养导向的影响下，各学科教师在评价的目标、内容、技术、形式等方面进行了大胆创新，呈现出独特的活力评价。

第一节　活力评价的内涵

2022 年颁发的《义务教育课程方案》以及义务教育阶段的各学科课程标准都非常重视"素养导向"的教学评价修订。如何把握新课标评价精神，全面落实新时代教学评价要求，改进教学评价？这是我们必须着重思考的。我校作为首批"活教育"试点学校，打造"活力"校园一直是我校的追求。我校着力思考和探索指向核心素养的活力评价，明确活力评价的新要求，以此来推进"活力校园"建设。

一、倡导素养导向的评价理念

在评价理念上，2011 年版课标突出三维目标导向，2022 年版新课标提倡核心素养导向，这是新课标重大的评价理念转变，评价从关注知识和能力转变为发展核心素养。每个学科课程标准紧扣"素养导向"的评价理念，根据核心素养发展要求，结合本课程的教学内容，整体描述学生学业发展的具体表现特点，形成详细的学业质量标准，为核心素养测评提供科学依据。我校积极落实"素养导向"的评价理念，在平时的教学和测评中，努力改进教学评价。

二、兼顾隐性素养的评价内容

在评价内容上，传统评价注重考查学生的基础知识和基本能力，往往不注重考查学生的正确价值观、必备品格、高阶思维等"隐性素养"。这种片面的评价已经不能适应新时代的教学评价要求。为实现培养"三有学生"的课程目标，评价内容设置必须全面，从关注学生的认知能力扩展到关注学生的素养发展。值得注意的是，"隐性素养"不像"显性素养"容易评价，我们需要研究近年来优秀学业评价测试卷，寻找"隐形素养"测评优秀样例，不断探索对"隐性素养"的测评实践，让"隐性素养"也成为"必要"的评价内容。

三、转向以生为本的评价主体

传统评价的评价主体单一，学生常常被视作评价的对象，学生渐渐习惯于被评价。这种评价不利于学生评价能力的发展，也不利于学生个性发展。新课标倡导学生参与学习评价，让学生成长为学习的主人。在评价中，学生的主体地位得到充分关注，其评价能力得以培养，其持续学习的潜力得以挖掘。以生为本的评价主体，由教师"一锤定音"式的评价，变为学生、教师、家长等多元交互式的评价。学生作为评价者，既承担学习责任，又体验评价角色。在开展自我评价与相互评价中，学生对自身和同学学习活动进行评估、监督和改进，这有利于学生关注自身学习过程，也有利于关注自身素养变化，让评价更民主、更有效。

四、坚持教学评一致的评价原则

传统评价"教学"和"评价"往往是分离的，"评价"往往是安排在"教学"之后，注重甄别和选拔。新课标积极倡导评价目标与教学目标的一致性，倡导促进"教学评"有机衔接。这一评价原则是课程实施和课堂教学必须遵循的重要原则，它有利于课程目标落地，有利于发挥以"评"促"学"和以"评"促"教"的功能。"教学评"一致的评价原则要求，对于教师而言，心中始终有教学目标和评估标准，随时诊断学生学习任务的完成情况；对于学生而言，心中始终有达成的标准和量规，在教师的指导下，完成相应的学习任务，并进行自我评价和互相评价，以此来提升素养。我校坚持这一评价原则，发挥评价在教学过程中的地位与价值。

五、注重情境创设的考试评价

传统考试评价一般不注重情境化设题，孤立地考查基础知识和基本技能，知识往往游离于真实情境之外。新课标"素养立意"的命题截然不同，它指向问题解决，减少裸考知识，注重情境创设，注重学生综合运用知识，在问题情境完成任务中，测评其素养发展情况。"素养立意"的命题包含情境、任务、活动等要素。问题情境创设要充分考虑情境的典型性、真实性、普适性和综合性，能考查复杂的分析与解决问题的能力，以此来引导学生学会思考，为未来生活和学习奠基。

总之，"活力校园"的建设需要"活力评价"。我们教师需要充分把握新课标对核心素养的活力评价新要求，更新评价观念、创新评价方法、改进考试评价等，努力打造活力评价，建设以"评"优"教"促"学"的良好教育生态。

作者：孟国乔

第二节　活力评价的养成

初中作文创新评价的几点尝试

作文教学中，存在这样一种现象：教师批阅后，学生很少阅读教师的评价内容，很少对习作进行修改提升，教师是习作的唯一读者和评价者。长期以来，学生写作的积极性会渐渐失去。现在，这种传统的评价方式已不符合《义务教育语文课程标准（2022 年版）》的要求，我们亟须创新作文评价方式，助推作文教学突围，提高学生写作水平。

一、回归人本化的评价理念

评价不但要关注学生的成绩，而且要关注其发展需求，帮助其认识自身。因此，作文评价不能只考虑文章好坏，还要关注文章背后的小作者；只有以生为本，以文章为桥梁，才能进入学生的心灵深处，体会其思想感情，客观、公正地评价学生的作文，切实提高学生的习作水平。

"多一把尺子，多一个标准，多一个天才。"在进行作文评价时，要淡化"班级标准"，强化"个人标准"，不以班级优秀作文为参照物，不挫伤大部分学生的兴趣与信心。要针对个体差异，鼓励学生纵向比较，以学生原有作文水平为参照物，及时鼓励，让学生获得不断前进的动力。

例如，习作《我的母亲》，有位男生因父母离异，从小跟随父亲生活，对母亲印象模糊不清。因此，他的习作内容空洞无物，语言平淡乏味，没有真切情思。他的习作无疑是差的，但教学是讲究因材施教的，必须换一个角度看其人其文。笔者借此与其交心，一起讨论，评价习作优劣，肯定其克服困难、坚持上交的优点，同时委婉地指出其不足，帮助其寻找对母亲清晰记忆的片段来成文。

因此，在评价学生作文时，我们关注文本的同时，应更加关注文本背后的"人"，尊重个体差异，放下显微镜，拿起放大镜，善于发现学生习作中的"闪光点"。只有这样，才能激发学生自主写作、快乐写作的欲望，提高学生写作能力。

二、组建多元化的评价主体

传统的作文评价往往由教师"一锤定音"。这有很大的主观性、随意性。作文评价的主体不应该只是教师，也应让学生参与其中，开展自评、互评，也可邀请家长参与，这就建构一个多元习作评价体系，这一体系能使作文评价实现主客方的交互，从而提高学生的写作水平。

（一）学生自评

如果让学生学会自评作文，发现自我、教育自我，完成自我超越，就能提高作文水平。如让学生们评价习作《我看成长中的自己》，从自我评价中可见，尽管学生们对"成长"的认识度深浅、广狭不一，但都能做到肯定自己的优点，找出自己的不足，为修改习作奠定了基础。

（二）同学互评

在班级同学互评中，可以开展同桌互评、小组合评、全班群评等。学生相互交流，激活了积淀的语感，启迪了思辨的灵感，开阔了写作的视野，学会了表达自我的见解，学会了倾听和接纳他人合理的意见和建议，促进了解和合作，在彼此的启发和影响下取长补短，逐步提高写作的能力。

（三）家长参评

作文评价可以校园突围，积极发挥家长们的作用，在亲子评议中指出优缺点，提出修改建议。此外，家长还可以通过参评和教师一起探讨有关作文教学改革等方面的问题。家长参评加强了教师、家长、学生之间的互动沟通，令校内外的教育资源得以整合。

三、开展多样化的评价活动

俗话说："授人以鱼，不如授人以渔。"要让学生"能"评作文，就要让学生"会"评。快乐的作文评讲课是老师授"渔"的主阵地。但是，仅仅局限于课堂是不够的，还应分别在课前、课中、课后由不同的评价主体开展形式多样的作文评价活动。

（一）明确要求，独立自改

作文教学要重视培养学生独立自改的能力。教师在学生进行自改以前，先明确要求，再给修改方法。根据《义务教育语文课程标准（2022年版）》学段写作目标，教师可具体分条落实到每次习作训练中去，学生可以逐条对照，进行自我评价。自改有利于学生自我反思，发现自己的问题，培养自我修正的能力，真正做到叶圣陶所说的语文教学的最终目的："自能读书，不待老师讲；自能作文，不待老师改。"

（二）分级互改，共同探究

学生自改后，分组互相批改。学生四人一组，确定一名组长，考虑"优中差"的搭配和男女生的组合。小组长收发作文，在组中轮流批阅；要求组员改对错别字，改顺病句，可以对某句、某段、某种写法提出质疑，最后写上修改意见。这样大家能够互相交流、取长补短，共同提高写作水平。

（三）家长参改，亲子互动

家长是作文评价的好帮手。取得家长的支持，让学生带作文回家，与家长共同交流修改，并打分评价，这不失为一次有意义的亲子活动，还能促进学生作文水平，特别是评价能力的提高。如作为父亲的家长评价习作《父亲，您听我说》，其评价对学生修改习作很有参考价值，其中有些意见对今后教学同类型作文还大有裨益，并且能使父亲和子女了解对方的思想，做到换位思考，使彼此的关系更趋融洽。

（四）师生共评，全面提高

笔者把经过学生自改、同学互改、家长改后的作文收上来，对习作和批改情况进行综合评价，选择有代表性的文章与学生共同进行修改评讲。此时要充分调动学生的学习主动性，鼓励学生说出自己的看法，尊重学生的发现。在评价修改过程中，要有针对性，循序渐进地逐步推进，让学生对作文的评改过程有一个全面的了解。

（五）写作后记，总结升华

"写作后记"就是总结自己失败的教训和成功的经验的环节。学生拿到由自评、互评、家长评、老师评的作文之后，反复修改文章，努力使文章最优化，并且综合互评、师评的意见和建议，写下"写作后记"，从而升华自己的写作能力，努力实现训练的目标。传统的作文教学，这一过程一般是忽略的，学生拿到评改过的文章，随意一看、随便一扔，评价的增值就难以实现。

四、创建激励化的评价方式

德国教育家安第斯多惠说过："教育的本质不在于传授本领，而在于唤醒、激励、鼓舞。"为了激发学生的写作兴趣，笔者有以下尝试。

（一）分数评价方式

传统习作评价中，不少学生成了"低分户"，长期处于低分状态，严重挫伤了写作的积极性。笔者在"大作文"中实行高分政策，只要符合作文要求，就可得高分。凡是文中有一个好词、好句，甚至标点，都给他画"＿＿＿"，这是加分的地方，而用词不准确或有错的地方，画上"＿＿＿＿"，让学生在上面修改，修改后且很精彩时，还可以加分，学生为了得到好分数，有时不知要修改多少次。这样能让学生充分体验成功的快乐。

（二）星数评价方式

在评价学生的"小作文"（片段作文、日记、随笔等）时，笔者采用"等级＋星数"的评价方式。对于学生的习作，一般能达到习作的基本要求时，笔者的基准定位为"优"。在"优"的基础上，根据学生自身不同的水平，只要本篇比上一篇好一点儿，就给优"★"，下一篇比"优★"好一点儿，就给"优★★"，这样依次递增，一直不停地加"★"数，最高星数为五星奖。这样，孩子们写作的热情越来越高，兴趣也越来越浓厚。

（三）评语评价方式

摒弃针对性不强、缺乏激励的传统评语。主张用第二人称写评语，突出激励性、针对性与建议性，让学生看到自己的进步，知道自己的不足，使每次评语都如亲切的交流，有利于增进学生习作的兴趣和信心，使学生愿意改，知道如何改。例如："×××，老师觉得'……'这句话改为'……'更合理一些，你认为呢？"这样不仅可以使学生发现自身不足，还使其愿意修改，知道如何修改。

（四）评奖评价方式

根据学生好胜心强的特点，采用丰富的评奖活动。设习作"最佳文采奖""最佳构思奖""日记大王"等。评奖活动注意面向全体，人人参与，每人都有获奖的机会，使学生在老师、同学、家长的肯定中获得满满的获得感。

（五）演读评价方式

学生成功的习作，教师可让其在评价课上当众演读，与大家分享。有的学生会让朗读水平比自己高的同学来读。在学生演读时，教师适时点评，让学生明白该文究竟好在哪里。而最好的习作压轴由老师演读，这是对学生最高的奖赏。为此，同学们比学赶超，都想使自己的习作成为演读的范例。

（六）成果评价方式

笔者常积极帮助学生，让其不断取得成功，来激发他们的习作热情。例如，建立文学部落，开辟班级习作园地；鼓励学生向学校广播站、校刊、杂志社投稿；编辑班级佳作集子，培养学生编辑文集的能力；鼓励学生编辑个人专集，让他们充分体验习作的乐趣。

五、组合综合化的评价内容

要关注学生的写作体验，就要对作文评价内容进行拓宽与延伸，从其他方面考查学生的作文情况：作文前收集素材及自觉观察身边事物的能力；作文时是否能结合所学语文知识独立构思、独立修改，养成切磋交流的习惯；作文后是否乐意与人交流和评价写作成果。

作文教学评价的改革与创新应该是一个系统的工程，以上只是粗浅的尝试。笔者深信：在新课标理念指导下，创新写作评价应着力于理念人本化、功能激励化、主体多元化、内容综合化、方法多样化等；只有这样才能更好地激发学生自主作文、快乐作文的欲望，让其抒写精彩、开启心智，实现人格与能力的和谐发展。

作者：孟国乔

打开作业新形式，以生活化实践促进学习

作业是检测学生是否掌握课堂知识点的常用方法，是学生每天经历的再平常不过的学习任务，也是教学评价的重要手段。"'作'是创作，有'鼓励和进行'的意思；'业'即篇卷，也是一种工作或者学习的过程。作业即是一种有目的、有指导、有组织的学习活动，它本身也是一种创造性的学习过程。"[1]作业的考查内容非常广泛，设计形式也非常丰富。陈鹤琴先生曾提出"做中学，做中教，做中求进步""大自然、大社会都是活教材的"，都可以灵活地出现在作业中。鼓励教师为学生打开理论与实践的通道，在实践中完成作业，在生活中落实学习。

---

① 马燕婷等. 核心素养导向的作业设计 [M]. 上海：华东师范大学出版社，2021：引言1.

同时，结合新课标来搭建学习支架。依照《义务教育语文课程标准（2022年版）》（以下简称"语文新课标"）的"课程理念"，"建构语文学习任务群，注重课程的阶段性与发展性"；"课程内容"中又提到"义务教育语文课程内容主要以学习任务群组织与呈现"；在"课程实施"中再次提到"体现语文学习任务群特点，整理规划学习内容"。在作业设计中，我们应结合实际设计任务群，达到"做中学"。

一、传统语文作业设计存在的利弊

传统的语文作业设计关注知识积累和技能训练两个方面。一方面，由教师控制整个作业的内容和形式，能够把握学生的整体进度，更全面掌握作业和教学内容。统一布置作业某种程度上也给教师的批阅提供了方便，减轻了部分负担。教师统一评价学生的作业，让学生清楚彼此间的距离。另一方面，这种统一布置、设计也方便教师讲解作业时发现共同问题，让讲解更具针对性、惠及全体学生。

新课程改革以来，语文教育注重工具性和人文性，强调学生的均衡发展和综合发展，语文教学就是要引导学生在知识与技能、情感态度、价值观等方面不断提升。然而一些语文作业的设计常常将巩固知识、提高实践性的课外作业与考点练习混为一谈，缺少对学生的实践性考量，把语文课外作业变成了简单机械的学术性或技术性练习。这种方式让学生远离生活，失去了在实践中学习语文的机会，也就没法实现"活学活用"。

另外，不根据学生的实际情况布置作业，只追求所谓的面面俱到，觉得学生做得多、看得多就一定能记得住；没有切实考虑个体的差异，强行统一规定作业量，一定程度上打消了接受能力慢的同学的积极性。教师为了防止学生对作业懈怠，还会要求"及时完成"，这种压迫感会增加学生对作业的畏惧与抗拒。

二、以生活情景为依托，用生活化实践任务群促进学习

作业形式不应过于单一，而应形式多样，这样才能保证课堂交流的丰富性，也使每个学生都有选择作业方式的权利。即根据自己实际情况选择独具特色的作业新形式，使得每位同学都能从作业评价中找到成就感，坚信自己不是差生，更加积极地完成语文作业，形成一种"你追我赶，要求进步"的学习氛围。只有这样，学生才能真正从内心喜欢完成作业。

（一）基于教情、学情，预设评价方法

语文课程标准指出："语文是实践性很强的课程，应着重培养学生的语文实践能力，……应该让学生更多地直接接触语文材料，在大量的语文实践中掌握运用语文的规律。""教师需要围绕培育学生核心素养这一目标，依据学情进行校本化、生本化的探索，从'以知识为本'的教学转变为'以核心素养为本'的教学，从'以讲授为中心'的课堂到'以学习为中心'的课堂"（尹后庆《让素养在中国的课堂上真实地生长》），学生要德才兼备，不仅要有知识，还要有运用知识去创造性地解决问题的素养。

在九年级上册中，议论文的教学占比有所上升，不仅文本数量占到两个单元（共八篇），而且写作形式更为多样，内涵也有所加深。这就要求学生通过"学习经典的思辨性文本，理解作者的立场、观点与方法"，能"负责任、有中心、有条理、重证据地表达"，并且可以"围绕社会热点问题，以口头或书面形式参与讨论"，以培养学生的理性思维和理性精神，最终提高学生核心素养。

（二）把握方向，灵活设置作业

针对九年级上册第二单元与第五单元的实际学情和教学特征，我们设计了大单元教学，实践作业生活化，借助语文学习任务群的方式来改进教学，即将跨单元、跨课内外、跨学科等教学方式进行了有效融合。

1.温故知新，立足教材内容，强化文体意识，梳理阅读方法

基于学生的学习情况，结合两个单元的议论文具体篇目（案例越丰富多样，它的可迁移性就越强），统筹整合两单元教学目标，从知识储备角度，抓牢文本特点、行文类型、论点、论据（及其关系）、论证方法、论证效果、论证思路、语言风格八个方面，去准确细致地把握议论文的基本要素，明确文体特点，进而全面了解议论文的文本内容、文体特征和文本特点，建构起学生个人的议论文知识储备库。

任务一：阅读已学第二、第五两单元的所有篇目，依照议论文学习的一般阅读方法，完成学案，并谈谈自己的发现。（表4-1）

表4-1　九年级上册议论文单元教学知识要点

了解议论文								
篇目	文本特点	行文类型	论点（主、分）	论据（及其关系）	论证方法	论证效果	论证思路	语言风格
《敬业与乐业》	演讲稿	立论						
《就英法联军远征中国致巴特勒上尉的信》	书信	立论						
《论教养》	说理散文	立论						
《精神的三间小屋》	说理散文	立论						

续表

了解议论文								
篇目	文本特点	行文类型	论点（主、分）	论据（及其关系）	论证方法	论证效果	论证思路	语言风格
《中国人失掉自信力了吗》	杂文	立论						
《怀疑与学问》	说理散文	立论						
《谈创造性思维》	说理散文	立论						
《创造宣言》	说理散文	立论						
我发现：								

　　学习任务群强调以自主、合作、探究为主要学习方式。在具体实践中，教师先引导学生对已学知识进行复习，独立自主地完成学案一的所有内容；在梳理的基础上形成个人结论，继而小组合作，进行内容的互评、交流、整合。

　　将两个单元的文章组合在一起，采用群文阅读的方式，超越了单一的学习任务，实现了议论文专题学习，从整体上梳理相关的议论文知识，超越了单一的理论学习，形成了综合性的阅读实践活动。本次任务最后让学生归纳要点、呈现报告。学生能清晰地掌握议论文的阅读要点：学会审题辩题，把握中心论点，理清材料作用，确定论证方法，分析论证思路，品味语言特色。

　　这样一来，就为学生全面把握议论文思辨性的语言风格、开展议论文写作、牢固培养理性思维做了铺垫，便于有效推进下一个发展型任务。（表4-2）

表4-2 九年级上册议论文单元教学知识点总结

了解议论文								
篇目	文本特点	行文类型	论点（主、分）	论据（及其关系）	论证方法	论证效果	论证思路	语言风格
《敬业与乐业》	演讲稿	立论	要敬业与乐业	道理论据，事实论据	举例论证，比喻论证，引用论证，正反论证		总分总	说理生动，论证有力
篇目	文本特点	行文类型	论点（主、分）	论据（及其关系）	论证方法	论证效果	论证思路	语言风格
《就英法联军远征中国致巴特勒上尉的信》	书信	立论	英法联军远征中国并火烧圆明园的行为是强盗行径，非人道主义行为	道理论据，事实论据	举例论证，比喻论证，引用论证		否定批判	讽刺犀利，用语诙谐（铺陈、类比、反语）

续表

了解议论文								
篇目	文本特点	行文类型	论点（主、分）	论据（及其关系）	论证方法	论证效果	论证思路	语言风格
《论教养》	说理散文	立论	良好的教养和优雅风度的本质	道理论据，事实论据	举例论证，引用论证，正反论证		问题解决三步骤	娓娓道来，逻辑严密
《精神的三间小屋》	说理散文	立论	建立精神的三间小屋，撑起精神世界的大度	道理论据，事实论据	举例论证，比喻论证，引用论证，正反论证		层层递进	逻辑严密，层层深入
《中国人失掉自信力了吗》	杂文	立论	中国人没有失去自信力，中国有真正的革命人民	道理论据，事实论据	举例论证，比喻论证，引用论证		先破后立	尖锐犀利，用词诙谐
《怀疑与学问》	说理散文	立论	做学问一定要学会置疑	道理论据，事实论据	举例论证，比喻论证，引用论证，正反论证		层层深入	逻辑严密，语言准确
《谈创造性思维》	说理散文	立论	任何人都拥有创造力，保持好奇心不断积累知识……	道理论据，事实论据	举例论证，比喻论证，引用论证		问题解决三步骤	周密严谨又亲切平和
《创造宣言》	说理散文	立论	人人都能创造	道理论据，事实论据	举例论证，比喻论证，引用论证		先破后立	逻辑严密，气势充盈

我发现：

2. 强化互动，小组合作，实践进阶，诠释理性之美

教育要从教知识转向教素养。在学生习得知识——明晰议论文的文体特点与内容表达等要素后，再进行有梯度的教学活动，去提高其核心素养。教师将这一任务定位为：熟练把握论点与论据、论据与论据之间的关系；学会筛选、加工所需素材；以短小议论文写作促进对课文的理解。

任务二：依照所学的《怀疑与学问》第6段的表达，请你概括论证思路；并以"为学患无疑，疑则有进。小疑则小进，大疑则大进"为观点，写一段200字左右的议论文性文字。

针对课内段落，细化方法，指导学生归纳五句法（观点句、阐述句、材料句、分析句、总结句）。任务初期，学生对议论文写作会有畏难情绪，此时教师应当降低要求，培养学生的自信心，在确定论点、选择素材和逻辑思路方面，为学生铺设路径，激发学生的创作欲望；继而要求学生提炼语言，凸显思辨性。可以反复修改，以达到观点鲜明、言之有据、论证合理的目标。

（附学生习作片段）

示例一：（吴越人）为学患无疑，疑则有进。小疑则小进，大疑则大进。（观点句）人人都说"学则需疑"才能有真正的进步，然而怀疑的大小与进步的大小是成正比的，也就是说，怀疑的越多，进步就越多。（阐述句）达尔文这位伟大的科学家冒着生命危险，大胆怀疑在当时广为流传的"上帝造人"学说，他提出，地球上现存的物种都是由更古老的物种演变而来的，这一观点后来被证实，帮助世人从麻木教会中走出来。他大声质疑这层谎言，也正是因为这种怀疑的精神，将后世生物学的发展提开了质的飞跃。（材料句）可见，怀疑的程度越大，最终的成就也越大，这世上形形色色的无数的人，只有在质疑声中才能不断前进。（分析句）华盛顿曾说："怀疑论者是社会前进的力量。"（材料句）反之，无疑则无进，当我们遇到问题时不是着急去做出决定，而是要先思考，只有对一切事物报以怀疑才会使得我们有一颗清醒判断的头脑，倘若这世上没有怀疑，社会也便只会停滞不前。（总结句）

示例二：（常子豫）为学患无疑，疑则有进。小疑则小进，大疑则大进。（观点句）这句话的意思是："做学问必须要有怀疑的精神，怀疑就会有进步。怀疑的程度深浅，决定了进步的大小。"（阐述句）在数学解题过程中，老师讲解某道题目，答题过程繁复异常，这时候就应该置疑运算的准确性和解题方法的适配率。检查以后就发现了更简便的方法，问题也迎刃而解。（材料句）这便是"小疑则小进"。（结论句）而另一种情况，在很久以前，备受人们信任推崇的物理学家坚持"地心说"，认为宇宙万物以地球为中心，也得到科学界的公认。只有哥白尼产生怀疑，提出了"日心说"这一理论，甚至冒着被打压被批判的危险，宣讲自己的科学思想，很不幸被教皇关进监狱。但是后来确实得到了验证，提出"日心说"也是科学界的一大进步。（材料句）这就说明了学有所疑才能促使科学的不断更新与进步。（分析句）所以说，做学问必须具有怀疑精神，"疑则有进"，"大疑则大进"。（结论句）

在此基础上，建议学生小组合作，把握议论文的结构特点、逻辑推进方式等，结合类型（立论、驳论），以小组五篇文本为蓝本，有机整合，初步完成一篇600字以上的议论文。教师讲授"点、正、反、深、联、总"六字法（图4-1），为学生写作议论文提供有效的方法指导。要提醒学生切忌将个人的片段文本按照顺序直接堆叠为完整的文章，导致逻辑混乱、论证无力。

点:开头就开门见山，直入正题，点明中心论点。

正:从正面举出实例或引用名言来直接地证明中心论点。

反:从反面举出实例或引用名言来间接地证明中心论点。

深:将议论的内容引向更加深入的层次，或者揭示某个问题的实质，或者探寻某个现象的原因，或者挖掘某个事例的根源，或者归结某些事件的意义，或者指出某种行为的危害。

联:联系实际进一步展开议论，使议论文具有现实针对性，以解决现实生活中存在的实际问题。这也恰是议论文的价值所在。

总:总结全文，得出结论。就是针对中心论点所涉及的问题，简明扼要地提出解决问题的措施(指出究竟该"怎么办")。

图4-1　学生小组互评、交流写作经验

有了一定的写作能力与理性思维之后，进阶提升训练——独立思考，完成观点鲜明、思路清晰、逻辑严密的议论文。

（附学生作品）

生如夏花之绚烂（吴越人）

我不明白为什么有些人会认为人在自我调整和突破的过程是自我消耗。没错，从生下来的那一刻起，身上的一切都在流失，都在消耗，都在离开你。这世上的大多数人会深受其扰，开始被迫停下脚步。

但是，我想说，不断的自我突破、自我调整、自我修正，才是一生中向上爬的力量。

就像一部电影中说的："追求卓越，成功就会在不经意间追上你。"东汉建立之初，刘秀急于治理各地，吏治严苛，从不通情达理，甚至让许多无罪之人都感到人心惶惶。他的许多名臣看不下去了，其中，朱浮上书又力谏："天地之功不可草率，艰难之业当累日也。"刘秀开始认真反省自己，最后听从了他的建议，开始对各地宽容以待，但同样对自己严苛，追求更好的目标并以此为动力，每日激励自己，脚踏实地走好每一步，最终成就了伟大的事业。

所以，每个人都要学会在学习和工作中严于律己，不断寻求新的突破和进步，才能不断前进。

毕淑敏说过："突破是一个过程，首先经历心智的拘禁，继而是行动的惶恐，最后是成功的喜悦。"的确，自我激励的过程也许并不快乐，可能面对的是大把的思想纠结，但在精神上关于成长的一次次突破，也就是"破茧"的过程，同样也是一种别样的经历。北京奥运会中，齐广璞已是第三次出征奥运，触手可及的梦想似乎离自己越来越远，年岁的增长与失败的打击让齐广璞感到深深的挫败。但他不断反思，不断突破自己，还勇敢地在赛场上选择了对于自己水平最难的动作，最终顺利夺得金牌，成功"破茧"，在梦想的花园中翻翻起舞。

由此可见，一时的失意不要停滞自我，勇敢向前，说不定就会完成新的蜕变。

《人民日报》中曾这样说："最慢的脚步不是跬步而是徘徊；最快的脚步不是冲刺，而是坚持。"就像一场慢跑，你需要不断地鼓励、激励自己，让自己有信心，才能成就"真我"，拥抱阳光。

愿我们都能在这样的状态下像夏花那样绚烂，成就最好的自己。

3. 链接现实，开展深度"咀嚼"，综合灵活运用，多维践行所学

结合"林志颖车祸后奖励施救者"这一话题，教师引导学生思考并讨论"做了好人好事到底要不要物质奖励"这样的辩题，并采用辩论赛的形式，综合了"听说读写"，多维度地考查与巩固学生所学。

辩论赛，是一种实战型的课堂形式。就内容而言，考查了学生的议论文整体学习情况，搭建起理论与实践的桥梁，加深对重难点的理解，彰显个性思想，培养辩证思维；就活动形式而言，不仅可以活跃课堂气氛，锻炼学生的表达能力，增强学生的合作意识，而且考验学生的临场反应能力、观察能力、解决问题的能力，培养其发散性思维等。

任务三：请你根据"对好人好事是否需要物质奖励"这一辩题，发表你自己的看法，并寻找和你观点一致的同学组成一队，与另一方进行辩论对抗。

学生通过撰写文稿，表达自己的看法，寻找与自己观点一致的同学组队，并讨论、推举最合适的四位同学成为本队辩手。（图4-2）

图 4-2　学生在积极做辩论准备

通过抽签决定正反方队员为——正方（对好人好事不应该物质奖励）：一辩罗星原、二辩戴于茜、三辩贝灵乐、四辩任可欣；反方（对好人好事应该物质奖励）：一辩赵英轩、二辩林锦雯、三辩吴宇凡、四辩任光阳。教师从辩论内容和方式等方面给予辩手指导，说明辩论规则；组内其他成员给辩手提供素材等帮助，调动学生积极参与，共同完成这一任务。

进入正式辩论比赛的环节。确定主席、学生评委、教师评委及计时员，明确辩论赛的流程与规则。同学依照评价表衡量辩手的表现，进行综合评价。附流程与评价表。（表 4-3）

表 4-3　评价表

	姓名	审题	辩论技巧	内容资料	表情风度	总分	备注
主席							
正方一辩							
正方二辩							
正方三辩							
正方四辩							
反方一辩							
反方二辩							
反方三辩							
反方四辩							
结果：				最佳辩手：			

辩论赛流程及规则

一、比赛流程

1. 主席开场白：介绍参赛队员及所持观点，然后宣布比赛开始。

2. 参赛双方进行辩论。

3. 老师（主席）点评赛况。在辩论结束后，老师（主席）发表对该场辩论的评语。分析两队的表现及优缺点，提出双方需要改进的地方。由于时间限制，评语应言简意赅。

4. 主席宣布比赛结束。

二、辩论流程

1. 第一阶段（陈词阶段）

(1) 立论陈词：正方一辩陈词2分钟，反方一辩陈词2分钟。

(2) 立证陈词（进一步阐述观点）：正方二辩陈词2分钟，反方二辩陈词2分钟。

2. 第二阶段（盘问阶段）

(1) 正方三辩提问，反方任何选手（只限一名）选手回答，并阐述本方观点。(2分钟)

(2) 反方三辩提问，正方任何选手（只限一名）选手回答，并阐述本方观点。(2分钟)

(3) 提问用时不超过1分钟，回答用时不超过2分钟。

3. 第三阶段（自由辩论阶段）

由正方首先发言，然后反方发言，正反方轮流发言。共用时5分钟。

4. 第四阶段（总结陈词阶段）

反方四辩总结陈词，用时2分钟。正方四辩总结陈词，用时2分钟。

四位辩手进行一轮辩论之后，进入自由辩论——观众提问和辩手"开杠"环节。这时辩手、观众都全神贯注，参与度很高，常常就选手的观点、论证逻辑等方面"挑刺"，并和辩手"开杠"，学生的思维活跃度比较高。最后的总结陈词环节，四辩将小组的观点进行整合提炼，理性思维与逻辑表达得到了锻炼与培养。（图4-3）

图4-3　辩论赛现场

这个活动实现了初中生知识能力的迁移，学生已经完成了由低通路（"具体—具体"）到高通路（"具体—抽象—具体"）的简单循环，综合素养进一步提高。利用语文课堂构建辩论平台，创造平等的对话空间，培养学生质疑意识以及批判性思维，为学生提供自主、广泛的实践机会，实际上是对议论文"高通路"的综合实践运用，也是学生的自我锻炼、自主探究的过程。

另外，在尊重学生意愿的前提下，教师有意识地将本次辩论同时进行微信和钉钉直播，使其参与度扩大到家长与社会层面，让学生有一种真正贯通校园学习与社会生活的感觉。

这样一来，课前学生能自觉运用自身知识储备和学习经验，深度"咀嚼"知识；赛时能调动语文多维能力，链接课内课外，直面家长、网友围观，"在现实世界的场景中运用所学去创造性地去解决问题"，真正实现综合灵活运用议论文知识。

4. 复盘思考，还原辩论现场，链接赛场内外，巩固理性思维

赛后，教师引导学生复盘赛过程，依照评价表进行综合评价，以提升学习成效。

任务四：观看班级辩论赛，结合评价表点评同学（或自己）的表现；观看同题辩论赛，感受辩论的魅力。（图4-4）

图4-4　颁奖仪式与获奖学生

观看比赛实录，复盘其中"说"的技巧，把握表现艺术，深度剖析辩论语言的思辨性与逻辑性，再次巩固议论文学习要点。依据辩手在各环节的表现，评委和学生一起评选出优胜方和最佳辩手，并由主席颁奖。

学生也需要总结自己在赛后的收获，反思不足，真正把议论文学习与解决实际问题相连，不流于形式。

之后，学生观看并简要评析同题辩论赛，教师要引导学生关注辩手的立论角度、论据的组织与使用、辩论发言风采、团队的分工合作等，启发学生更深入地思考。"素养是综合性的，不仅涉及真，也涉及善和美。"观看精彩的辩论赛，专业辩手呈现出来的思辨思维与精练的语言表达，能让学生对辩论有更深刻的理解，更好地激发学生体验生活和人生思考；有利于学生在辩论中，主动结合课内所学议论文知识对

辩题进行深入探究，"以导促学，以教辅学"强化了学生的思辨性思维，培养其健康的人格和高尚的情操。（图4-5）

图4-5　学生讨论结果整理呈现

5.综合应用，通过信息技术，扩大认知视野，提升核心素养

任务五：请你运用辩论赛相关的文字、图片、视频等素材，制作短视频，并向其他班级同学推介这一活动。

借助现下学生最感兴趣的方式，调动学生的学习积极性。通过短视频剪辑，调动学生综合运用信息、音乐等学科的能力，同时运用演讲的相关知识，拓宽议论文的实际应用宽度，充满趣味地开启了学习实践任务。学生在生活情境中运用知识，面对情境的变化能自如地提取储备的知识并重新构建组织，去解决新的问题，由浅入深，在生活中学习语文，达到了在"学中做、做中学"，真正提升核心素养。

三、丰富评价，贴着教学摸索

（一）依托学习任务，通过任务群各项作业将情境与实践活动有机融合

任务群学习需要在一定的情境下进行。"真实性是核心素养的精髓。"情境创设要自然，符合学习规律，要体现生活本质、合作探究，促使学生深度学习与核心素养的养成。用真实的情境、合理的设计，引导学生把课本和生活结合起来，在生活中学习语文，真正达到知行合一、学以致用。

本次活动作业设计中，以两个单元的议论文学习为基础，引导学生思考现实生活、表达自我，有了触发点"林志颖车祸后奖励施救者"这一话题之后，让学生开始低阶的思考与议论文片段训练，继而开展思维碰撞、辩题辩论。在真实中，趣味性地开启了学习任务。

（二）作业、任务之间应该有内在逻辑关系，引导学生自主学习且层层深入、步步进阶

在确定议论文的综合复习方向以后，围绕主线任务设计作业，采用学习任务群的形式，具体安排各个任务的作业。教师要充分考虑学习主题的要求，遵循先总后分、由浅到深、由单一到多线、由认识到运用的原则，使得任务、作业的设计符合学生的认知规律，并有助于学生思维的发展与发散。本次教学设计中，结合两个单元的内容特点，设定同一体裁下几个文本的比较阅读，以双线组元的特征，"读""写"次第推进，帮助学生进阶式地提升语文素养。以任务一与任务二、任务三为例，学生能力的习得是在自主学习、合作探究中获得的；又通过片段训练和再创作的任务，完成了由基础型到发展型的议论文学习任务推进。教师在设计任务的时候，有意识地步步赋难、层层进阶，使得学生从中慢慢"获得—参与—渗透"相关的能力，提高语文综合素质，最终完成辩论赛活动。

四、结语

新课改之下，较之传统课堂"讲授—复习—归纳"的形式，教师这样设计任务群作业，整合两个议论文单元，最终完成多形式多维度的学习活动。这样教师会花费更多的心力去准备场地、工具、协调评委等，以及对个别辩手进行辩论指导。值得高兴的是，这样的作业更到学生的喜爱，更能激发学生的学习热情，更能达到学生"学习就是不断运用所学探求外部世界，形成自己的价值观念与自我的精神世界的意义与本质"（尹后庆《让素养在中国的课堂上真实地生长》）。

综上，教师要做好教材的"补白者"和"建设者"，搭建生活化实践桥梁，融会预设情境与真实生活，链接课内到课外，贯通理论知识与实践能力，横跨语文与其他学科，这样设计与评价作业，能调动学生的惰性知识，活跃思维，有效地挖掘学生的潜能，培养其理性思维和理性精神，以新颖的学习形式促使学生灵活多变、融会贯通，"做中学，学中做"，达到"认知维—技能维—情感维"的素养目标。

作者：葛宋怡

初中科学情境化作业设计实践研究

《义务教育科学课程标准（2022年版）》指出："从学生熟悉的生活情境与童话世界出发，选择学生身边的、感兴趣的事物，以激发学生学习的兴趣与动机。"所以，作业设计如果只是"以教材为中心"的话，那么，充其量是帮助学生读懂"例子"。

这种作业阻断了学习时空的延展，割裂了学习与生活之间的联系，必然也削减了学生的学习乐趣。因此，教师在设计作业时，应该贴近学生的实际情境，讲究情境化，从而激发他们对科学学习的兴趣，并使他们在解决问题的过程中体验到科学的乐趣。此外，情境化的作业还可以培养学生的综合思考能力和实践能力，帮助他们更好地理解和应用科学知识。激发学生的思维和创造力，培养其合作能力和解决问题的能力，也能提升学生的科学素养。

一、情境化作业的内涵

情境化作业以学生现实生活为基础，调动学生的学习热情。但是完全从现实生活中来的情境容易脱离学科，这要求其内容必须符合课程要求，不能偏离科学的学科特性。此外，并不是所有的现实场景都适合被创设成情境。情境化作业比常规作业更容易激发学生对学习的兴趣。所以，其设计必须从学生的身心发展规律出发，创造符合学生需要的、生动活泼的情境化作业。

情境化作业目标是提升学生核心素养。传统作业旨在达成三维目标，但在具体实践过程中，三维目标逐渐被分割，比如，目标仅仅指向知识的积累，使学生难以提高自己的学习水平。而情境化作业可以改善传统作业的弊端，促使学生主动参与、完成任务，提升学生的科学核心素养。

综上所述，情境化作业定义为：以真实情境为载体、实际问题为任务，与课程要求相契合，生动活泼地将科学知识作为解决真实问题的工具，从而发展学生核心素养的教学活动。

二、情境化作业的类型

（一）融入生活的情境化作业

学生成长处于从形象思维到逻辑思维的过渡阶段，在生活情境化作业的引导下，他们可以将所学的知识与实际问题联系起来。这样，学生可以通过自身的生活经验更快地掌握科学知识和技能，提高思维能力。

融入生活情境的作业设计不仅能够激发学生的兴趣，减轻其心理负担，还能激发他们的求知欲，从被动学习转变为主动学习。这种情境化的作业设计鼓励学生去观察、思考、探索，并在问题解决中发展核心素养。

例如：暖宝宝（主要原料是铁粉、木炭、食盐）的热量来自铁粉的氧化。小慧设计用暖宝宝测量空气中氧气的含量。实验结束后量筒内进入集气瓶（体积250毫升）

的水的体积为 40 毫升（铁粉在氧气和水的共同作用下产生锈蚀，铁生锈所耗水量可以忽略）。以下对这一后果的成因分析有误的是：

A. 该装置可能气密性不好   B. 实验过程中弹簧夹未夹紧

C. 暖宝宝的使用数量可能不足   D. 反应刚结束就立即打开弹簧夹

对书本上测量空气中氧气含量的题进行改造，融入学生生活，把红磷替换成生活中常见物品暖宝宝，能激起学生思考的兴趣，提升其科学素养。

（二）注重实践的情境化作业

《义务教育科学课程标准（2022 年版）》中强调培养学生的探究实践能力、动手能力，通过注重实践的情境化作业实现核心素养的发展。[1]通过实践让学生深入理解科学的原理和方法。实践可以激发学生的兴趣，增强他们动手和解决问题的能力。实践可以帮助学生将知识应用到实际生活中，提高其核心素养。情境化作业可以为学生提供更多的实践机会，突破时间和空间的限制，拓宽其科学学习渠道。实践中，学生能够发现问题、解决问题，并将所学知识与实践相结合，从而提高理解和掌握能力。

例如：已知增氧剂可用于鱼池增氧，其主要成分是一种叫作过碳酸钠的白色晶体，化学式为 $2NaCO_3 \cdot 3H_2O_2$。在室温下，过氧化氢溶液较稳定，可以慢慢地分解，在高温下易分解。请各科学兴趣小组就其增氧原理进行实验并完成记录表。

注重实践的情境化作业确实可以鼓励学生运用不同的方法和材料，提出各种解决问题的方案。通过将理论与实践相结合，实践化的情境化作业可以促进学生的综合素养发展。同时，实践也可以进一步验证科学结论的科学性。通过实践，可以激发学生不断探索及对科学的兴趣。

（三）贯穿科学史的情境化作业

贯穿科学史的情境化作业可以帮助学生更好地了解科学的发展历史，并展示科学家们的思维、研究方法和科学态度。通过这样的作业，学生可以看到科学家们在探索真理、解放思想的历史中的不懈努力。这些作业可以介绍科学史中的事件、研究方法等，让学生更深入地了解科学的发展过程。同时，贯穿科学史的情境化作业也是培养学生科学素养的重要资源。它们可以激发学生的兴趣，培养其探索精神和科学思维，使他们更好地理解科学的本质和意义，了解科学史，并在实践中应用科

---

[1] 教育部. 义务教育科学课程标准（2022 年版）[S]. 北京：师范大学出版社，2022.

学思维，进一步提高科学素养。

例如：观看拉瓦锡用定量的方法研究空气的视频，请仿照其实验原理自行设计一个测定空气中氧气含量的实验。200多年前拉瓦锡在密闭容器中将少量汞加热12天，结果产生红色粉末，另外空气体积减小了，通过对剩余气体的研究得出空气成分。学生利用已有器材设计出简易的测定空气中氧气含量的实验。

将科学史融入情境化作业有助于学生了解科学家的实验设计步骤，并提高其实验设计能力。科学史的特点决定了它可以在培养学生情感态度和价值观方面发挥独特的作用。将科学史整合到情境化作业中，可以帮助学生更好地理解其意义，并应用到实际中。这样，学生可以学习到科学家们的实验设计方法，从而提高实验设计能力。此外，通过学习科学史，学生还可以培养正确的科学态度和价值观，更加注重科学的严谨性和客观性。

（四）结合科学前沿热点的情境化作业

情境化作业融入科学前沿热点与时代精神相一致，使学生与科技动态保持紧密联系。这样，学生可以了解和跟进科技的最新发展，跟随时代的脉搏。这种情境化作业可以帮助学生树立正确的情感态度和价值观，激发其社会责任感，提升其科学素养。

相比之下，传统作业往往与科技、前沿热点等联系较少，简单的题海战术只能增强学生对科学概念的记忆，无法提升其核心素养。然而，如今科学技术日新月异，作业设计需要与科技动态或前沿热点有关。结合科学前沿热点设计的情境化作业，可以让学生感受到科学的魅力，相信科学就在身边，进而坚定他们学好科学的决心。

例如：国家速滑馆又称"冰丝带"，是2022年北京冬奥会最具科技含量的场馆。它采用了当前最环保的制冰技术——二氧化碳跨临界直接制冰技术，通过压力变化使二氧化碳汽化实现制冷。下列说法中正确的是（　　）

A. 制冰过程中二氧化碳分子的构成没有发生变化

B. 液态二氧化碳汽化放热，使水凝结成冰

C. 二氧化碳分子的质量和体积发生了变化

D. 二氧化碳跨临界直接制冰技术利用了其化学性质

结合前沿热点的情境化作业以科学技术为载体，可以让学生在理解的基础上去提炼出情境所蕴含的知识。这样的作业设计可以帮助学生拓宽视野，走出传统封闭的学习环境，引导他们思考和应用科学知识。这样，学生可以了解最新的科学技术

和发展趋势，了解科学的新领域和新应用。这有助于培养学生的思维能力，启发他们深入思考和探索，增强学习的欲望。同时，引入前沿热点也可以让学生感受到科学的活力和魅力，增加他们对科学的兴趣。

三、结语

设计融入生活的情境化作业，以学生身边感兴趣的事物为基础，结合实际生活情境设计作业；设计注重实践的情境化作业，实践中，学生能够发现问题、解决问题，将知识应用到实际生活中，提高其核心素养；设计贯穿科学史的情境化作业，科学史的内容特点决定其培养学生情感态度与价值观的独特的功能，因此将科学史整合到情境化作业中，是学生素养得到落实的重要途径；设计结合科学前沿热点的情境化作业。学生在做前沿热点情境化作业中，和时代脉搏一起跳动，获得正确情感态度价值观，激发社会责任感，提升科学核心素养。

作者：章薇超

第三节　活力评价的样例

以"窗外的秋雨"为楔子进行生活化作业设计与实施

初中语文在不断地进行革新，教师要改变机械训练的现状，营造学生主动参与、乐于探究的学风，培养学生获取新知识的能力、分析和解决问题的能力以及交流与合作的能力，把课堂与生活牢牢地联系在一起。同时，要充分考虑学生的身心发展特点及教育规律，全面优化作业设计思路，积极创新作业形式及内容，切实体现"减量提质"的要求[①]。"要让我们的学生成长为德才兼备的栋梁，他们不仅要有知识，还有具备运用这些知识去创造性地解决问题的素养。"

因此，情境化学习、生活化的作业设计就显得非常重要且迫切。"建构"情境化（生活化）作业带来的变化是阅读理解与思考辨析紧密相连，让学生在文本衍生的众多信息中建构情境并引发深度思考[②]。生活化作业设计必须注重实践性和综合性的统一，偏向于情景化与生活化的融合，以此调动学生学习的积极性，拓宽学生的思维空间，继而使学生的创新思维水平得到发展，全面提升学生语文素养。

① 年智福．"双减"背景下初中语文作业优化设计的实践初探 [J]．学周刊，2023（3）．
② 赵飞．"双减"背景下初中语文情境化作业设计与表现性评价 [J]．语文教学通讯，2022（6）．

基于此，作者对中考散文复习生活化作业进行了设计与实操，灵活引入了"走进秋雨"这一楔子，来开展任务群作业设计，让学生在"感知雨，品味雨，表达雨"的过程中，通过丰富表达、整理归纳、对比思考、小组合作等途径，真正融学习于生活，以期较好地发挥作业与教学、评价等的协同作用，实现有效学习。

一、立足中考复习：以考情学情为出发点，聚焦散文复习的生活化作业

散文教学，立足于训练学生的阅读能力、写作能力，帮助学生积淀思想与语言。就写景抒情类而言，更看重学生对文本中所描绘的自然、人文景观的理解与感悟，更好地感受"人与自然，人与社会，人与自我"。初三学生对散文的基本形态有一定的了解，但大都停留在"形散神聚"这样的浅层理论认知；由于学习课时的分散，阅读鉴赏方法是单向式、片面化的。同时，传统的文本复习策略和固化的课堂鉴赏模式，很难将散文的内涵与学生的生活及情感体验挂钩，激起学生的好奇心和学习热情。学生往往一知半解，教学效果甚微。

因此，需要教师结合借景抒情类散文的"景—情"特点，在生活中由景入手，设计有效的作业来构建学习支架，贴近学习范文，引发学生与文本产生共鸣，继而真正达到情感的体悟，融情入心。让学生能在复习时举一反三，很好地勾连起初中阶段课堂已学知识和能力，延展至课外，在实际应用中达到灵活贯通的目的。

二、多维思考：以作业设计为抓手，多路径铺设中考散文复习路径

（一）实际场景巧利用，以"真实"唤醒"真实"

借景抒情类散文的复习难点在于学生不能真正理解与把握由景物中衍生出来的情思及其表达途径。那么，教师要有针对性地帮助学生由景物感知出发，去切身地感受生活；然后将生活上升为文字，以丰富表达走进作品、理解作者并产生共鸣，达到把握情思的目的。依托对比阅读与小组交流方式，逐渐完成生活化作业，最终实现对借景抒情类散文的有效复习。

知识应在真实情境中得到体现，学生要在解决具体问题的实践中将细碎的知识与技能整合成体系，即使面对情境的变化也能自如地从储备库中提取知识去解决新问题[①]。以"窗外的秋雨"这一生活场景为楔子，结合秋日天气多变的特点，抓住生活中偶然出现的"秋雨迷蒙—雨后初霁"的场景，让学生到户外真实的环境中感受自我、真实表达，以激发学生的兴趣，培养学生思维与表达能力，引导学生到生活中去复习散文相关知识点。

---

① 吴凯路."教、学、评"一致：初中语文单元整合作业设计——以九年级上册第四单元为例 [J]．中学语文，2022（12）．

任务一：秋日雨迷蒙，窗外潺潺降细雨。请大家去室外仔细观察 8 分钟，然后写一段景物描写（200 字左右）。

学生需要在真实情境中感受秋雨，完成一系列自由观察之后，开始动笔创作。此时教师让学生在真实环境中真切感受，再适时启发，学生写文章时描写角度会更多，文笔更细腻，创作过程也更流畅。教师充分利用真实情境，巧妙创设有利于学生开展散文复习的情境作业，将知识的意义在生活情境中得到体现，即面对情境的变化能自如地从知识库中提取知识并构建新的知识组织，去解决实际问题。

以下列学生作品为例：

片段一：秋风微凉，雨丝直直地从空中降下来，细细的，密密的，打在青瓦上，打在泥土上，打在枝叶上，发出"唰唰——唰唰——"的声音。不久，雨停了，枝叶间还留有几滴晶莹的水珠，地面湿漉漉的。天色渐渐变亮，东边隐出几缕明亮的光耀，照射在房梁上，照射在枝叶上，照射在西边青色的天际，照射在我的心上，带来些许暖意。（冯天瑜）

片段二：秋天的雨很轻，向远处望去看不见丝毫风波，而凝望在近处，雨却下得朦胧，给景色披上一层薄纱。渐渐地雨下得很密、很大，但很柔和，犹如冰丝，落在树叶上、屋檐上、地上时悄无声息。当微风吹过，雨丝不斜，寒意却至。偶然间，阳光冲破身下的云层照耀大地，与远端的阴影形成对比，它们又在相互映衬。夕阳下的云是金黄的、红彤彤的，此时的云是天青色的，这是江南特有的风光。（丁银锋）

片段三：偶有几缕风，夹杂着秋的寒意拂来，雨似一席水帘直直地落下，天却是明的，是不同于以往黑压压一片的。大概是过了 3 分钟，那样大的雨骤然停下了，像是从未下过，只有湿漉漉的地面与地面上的水坑诉说着刚才的那场雨。阳光冲破云层，给大地洒下一片光辉。短暂的露面后，太阳又重新隐入云层，天空染上了一片淡淡的青色，在蒸腾的水汽中，朦胧得似一幅水墨画。（郦图楠）

学生能从秋雨的各个方面进行丰富的描写，又能使用妥帖的形容词来表达。为下一阶段教师引导学生抓好景物特征来展开想象，表达内在情感做了准备。

（二）理论活用巧心思，借"理解"引发"应用"

《修订版布卢姆教育目标分类框架》中明确将学生的认知类型分为"记忆—理解—应用—分析—评价—创造"。其中，"理解"是指基于课内所学的知识储备，将信息从一种表现形式转化为另一种表现形式，确定所属类别，发现异同或关系等。而"应用"则是将程序（知识）应用于熟悉的任务，再运用于不熟悉的任务的进阶过程。

简单而言，就是低通路知识的获得后指向高通路的知识与能力获得。也就是说，教师要设计情境类作业，帮助学生由理解的基础感悟，过渡到应用的能力获得。教师需将人文性原则贯彻于课外作业设计实践中，以便培养学生的情感态度与价值观念。在具体实施中，教师要充分融合知识技能与人文关怀，既要提升学生的知识能力，又要发展学生的情感思想，促使学生的综合素养得到全面提高。[①]

设计这样的"理解"作业：对已学篇目进行整理，概括归纳类型文的相同点。要求学生在初中课本中依托借景抒情类散文来整合归纳借景抒情散文的特点。

任务二：阅读已学散文篇目，发现这些文本的相同点和异同点，归纳该类型散文的特点，并完成小组的《初中语文课本中借景抒情类散文调查报告》。（表4-4）

表 4-4　学案一

篇目	相同点	不同点			我的发现
《雨的四季》					
《秋天的怀念》					
《一棵小桃树》					
《紫藤萝瀑布》					
《白杨礼赞》					
《昆明的雨》					
《壶口瀑布》					
《一滴水经过丽江》					
借景抒情类散文的特点：					

学生以小组的形式展开讨论，其间每位学生尽量都发言，从文本的词句、手法、作者生平、意象等方面，各抒己见。最后，一个小组上交一份调查报告。在这种作业中，学生始终处于主导地位，参与感十足。作业背后呈现的是一个个生动的学生，有自己的个性看法。作业成了一种激发、一种表达，而不再是被动灌输和僵化操作。

完成"理解"之后，进一步引导学生完成高通路的知识能力获得，指向真实情境的再"应用"。结合任务一景物描写的片段，印证在任务二中的收获，故要在同学之间推选优秀语段。对原有片段作品进行景与情的联结再创作，最终形成一篇借景抒情类的散文。以增强同一板块下不同作业之间的结构性和递进性。

任务三：品读同学佳作，夯实景物描写方法，回顾借景抒情类散文写作。

首先，小组同学一起研读本小组同学的作品，依照任务二（该任务成果学生以学案二来呈现）大家整理出来的调查报告（即景物描写八法），对照鉴赏，推举出

---

① 牟智福．"双减"背景下初中语文作业优化设计的实践初探 [J]．学周刊，2023（3）．

小组最佳，与全班同学分享；全班同学最后再推选出最佳的四篇。教师引导学生从"景物描写八法"角度来再次围读，自由发言评价。

附：学生任务二成果（表4-5）

表4-5　学案二

景物描写的方法（要素）	我发现：
一、抓住景物特征	
二、选好描写角度（1. 定点观察2. 移步换景3. 散点观察）	
三、安排好描写顺序（1. 按照景物的方位顺序写景2. 按时间顺序的变化写景）	
四、巧用联想、想象和多种修辞	
五、调动各种感官体验和感悟	
六、烘托映衬，使景物形象更为鲜明	
七、动静结合、虚实相生	
八、融情于景，表达主观感受	
从以上八个方面举例谈论了景物描写的一般方法。其实，景物描写的方法远不止这几种，它是一种综合的语言艺术，一段或一篇生动、具体的景物描写，应是各种手法综合运用的结晶，对这些方法的全面考虑，灵活运用，这样才能收到良好的效果	

其次，学生自主简洁概括景物描写要素：景物描写需层层深入——仔细观察，抓住主要特点；围绕主要景物，按一定逻辑表达；调动多感官、多手法，细致描绘；融入情感，挖掘景物之外的意趣。

最后，学生进行小组深入品读，依着小组成员的短文作品，结合任务二调查报告，发表自己的看法，如何做到"借景—抒情"写作。由景物片段到散文文本的比较阅读，从课内文本的评析到课外文本思路的剖析，学生在积极参与中培养自主思考与分析的能力，由"阅读与表达"上升到"创意与思辨"。（图4-6）

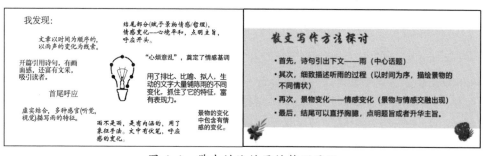

图4-6　学生讨论结果的整理呈现

在进行自主思考与有效归纳、拓展后，学生对原短文再创作——由景物描写，进阶为借景抒情。教师遴选出 12 篇优秀的作文进行全班赏析，学生小组讨论推举出佳作 4 篇。在真实情境中，作业不再是简单的体力活动，而是有一定强度的思维活动体操，更是学生"读写思"的综合训练场。（图 4-7）

郑嘉豪 《夏雨》　　　　　徐虞佳 《故乡的雨》
郦囷楠 《降临》
杨键楠 《细雨沙沙》　　　钱雨蕾 《清晨听雨》
钟心琳 《点点光亮照世界》
吴越人 《时间无语，生命有声》
杨豪杰 《夜色真美》
杜力 《雾》　　　　　　方钱天遥 《雨》
吴宇凡 《枫的约定》　　　任和辰 《光芒》

图 4-7　学生作品赏析

以下列学生的作品为例：

片段一：看着看着，我入了神，看那云卷云涌，我惊喜地发现，云真的会动，还是如此汹涌澎湃。仿佛天穹之上有仙人摆渡，搅动天水起涟漪，似有圣人坐云上聚八方之云，拢五湖之汽，像那九天之上有两军交锋，短兵相接，天地震荡。我心中不免激动，有一种仿佛能与天地共鸣的震撼与明悟。头上的天不再是死气沉沉，一成不变，而是风起云涌、威震八方。我心中突生一股气，一股欲破天而出的浩然之气。在那寂静幽凉的夜里，我竟情不自禁地热血上头，手心有了汗滴，我突然想说些什么，却又不知怎么开口。月光普照，我想着一些人一些事，浑然忘我。突然弟弟拉了拉我，指向天空，我又抬头。

只见那遮云之月，在月光驱动下向东驶离，在远空渐渐消散，似江湖入海，消融于深蓝夜空。月光冲破阻碍，将光辉洒向大地，一束光穿过黑夜，穿过乌云，穿过夜风，穿过树影，化作点点金光落在肩头。表弟情不自禁地感叹道："真美啊。"（杨豪杰）

片段二：生命，最终燃烧殆尽，而剩下的灰烬与尘埃，也终落定。火灭了，红枫也再无力与霜继续抗争，跌下枝头，随风零落，铺满了大地，如陨落的天使，坠向人间。"落叶归根"，是叶的归宿。在绚烂一场后，红枫便奔赴了与大地的约会，一去而不复返。昔日美丽的它，也终化作了泥，滋养来年新生的绽放。

但至少，它曾经灿烂过啊！春夏的积蓄，只为一场秋的绽放。零落成泥，也终将成就另一场盛会。这是生命的接力，是枫与秋的约会。一年又一年，枫叶燃烧生命，装点着秋，而它们的灵魂，随着微风，流转千秋。它是秋的使者，盛放于秋，安息于秋，将自己所有的美，献给了秋。古往今来，不知多少文人墨客借枫叹秋、惜秋，也不知多少枫被时间的车轮碾成了泥，随斗转星移化作了尘。跨过千载的悠悠岁月，枫叶始终火红如故，见证了不知道多少个层林尽染的秋。在这场永恒的约会中，枫与秋都从不曾缺席。但翻开历史的长卷，无数场生命的约会，无数个共赴的诺言，又有几个如约而至？都化作了尘，随岁月的洪流，不见了踪影。（吴宇凡）

可以从学生的作品片段中明显感受到，学生在原有生动景物描写的基础上，用更丰富的想象和更多样的手法赋予景物个性化的表达，学生结合自身生活经验，将情感融入其中。到此，学生已能体悟"一切景语皆情语"的含义了。

（三）多维进阶巧创设，托"评价"激发"创新"

《大概念教学》一书对初中生知识能力的迁移途径做了分类阐述，主要有低通路迁移"具体—具体"和高通路迁移"具体—抽象—具体"两种路径。在前面的作业中，学生已经完成了由低通路到高通路的初步进阶。接下来，让学生在应试情境中，解决学习中出现的问题。由阅读者、创作者转变为出题者、阅卷者。能力层级更高，思维的活跃度和广度更进一步，综合素养也进一步提高与迁移。

任务四：对比阅读，掌握借景抒情类散文的阅读方法。

学生阅读借景抒情类散文——《倾听春雨》，完成相对应的题目：

14.细读全文，体会标题"倾听春雨"的作用。(6分)

15.第一段引用诗句"小楼一夜听春雨，明朝深巷卖杏花"，有何妙处？(4分)

16.作者听到的春雨是如何变化的？请结合文章内容简要分析。(4分)

17.请从修辞的角度，赏析文中画线的句子。(4分)

(1)之所以选在这寂寞无声的夜落下来，只因春雨是一年之中的初雨，初即新，是新的都有几分羞涩，几分试探，如新娘，用夜做了盖头。

(2) 你听，那柔曼的是池塘，那清脆的是石缝，那轰响的是铁皮屋，那沉闷的是泥土，一同合奏出一曲动人的乐章。

18.从全文看，作者从倾听春雨中获得了怎样的人生感悟？(4分)

完成阅读之后，学生要在前面学习任务的基础上，进行题目的深度剖析——站在阅卷者的角度分析考点的出处，准确把握中考对此的考查要点；站在出卷者的角度来理解"文字与情感""素材与立意"等内容，更深层次地把握此类散文中"景与情"是如何联结、呼应、深入人心的，真正让学生在中考的真实氛围里"创设问题——解决问题"。这样的学习会更有效，更有利于知识更新及解决问题能力的提升。（图4-8）

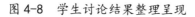

图4-8　学生讨论结果整理呈现

完成该任务之后，学生要站在出题者角度，分四个大组，合作讨论、思考拓展，对任务四中的四篇范文进行原创命题。"思辨性阅读与表达"和"实用性阅读与交流"的任务群交叉学习、更迭渐进。

任务五：小组合作，以班级同学佳作为例，完成散文全过程阅读训练。

首先学生需要了解借景抒情类散文出题的角度和能力层级，了解命题的具体要求与形式。以学生讨论为主，教师加以引导，最后记录与整理。（图4-9）

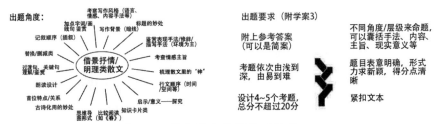

图4-9 学生讨论结果整理呈现

以学生作品《光芒》为例，展示学生的命题。

光芒

任和辰

雨花台的清晨注定是压抑的。

云雾似一块巨大的黑幕把四角的天空掩盖。本该东升的旭日却懦弱起来，它只是躲在云雾深处，静静地注视着一切，发出的不是霞光万道，只是惨白无力的魅影。相信百年前站在这里的人们也知道，太阳再也不会出现了。黑暗真的会战胜光明吗？数十万的冤魂用生命哭诉着。

时间在流逝，在北方突然射来两道光，刺眼的光，它们迅速穿透了看似牢不可破的幕布。天空像是出现了两团火球，黑云以肉眼可见的速度散去，不一会儿就朝东北方向移走了，火焰将曾经的邪恶燃烧，光还给了雨花台新的生机，一切都在薄雾中清晰起来。

乌云走了，大雨飘然而至。1947年的雨下得大，浸泡了整个雨花台。它们从天而降，组成了水帘，无数人走进去就再也没有出来过。北方的阳光却还在竞着，越来越亮，越来越近。雨水冲刷着血水，他们以为只要不留下血痕，就没有人知道他们的罪恶。

终于，一阵狂风从长江北岸席卷而来，来得快，来得急，水帘被吹得七零八落，像断了线的珍珠。1949年的10月1日，雨停了，大雨不再嚣张地践踏着这片凄惨的土地。恍恍惚惚却总有些雾未散去。雨花台在薄雾中，水珠闪着点点光辉。雾中的人们不见了往日的悲痛与绝望。只是在海的另一侧还有人妄图用这些雾来遮盖他们的罪行，他们以为这样，人们的记忆就会抹去。不过，他们自己也知道，这片雾根本撑不了多久，世界人民的眼睛不是他们能蒙骗的。

如今的雨水早已汇入长江，向海峡另一侧流去。人们愿意相信在不久的将来，两岸都会在阳光的普照之下。

抗日战争中和解放战争中死去的革命者与人民，永垂不朽！

链接材料：

1. 1931年9月18日夜，日本关东军炮轰沈阳城，次日占领沈阳，"九一八事变"成为中国人民抗日战争的起点。

2. 1937年12月13日，日军攻陷南京，日军占领南京后，对南京人民进行了血腥大屠杀，屠杀手无寸铁的中国居民和放下武器的士兵达30万人以上，犯下滔天罪行。

3.1945年8月15日，日本天皇被迫宣布无条件投降，9月2日，日本政府正式签署投降书，抗日战争胜利结束。

4.1946年6月，蒋介石公然违背"双十协定"，撕毁政协决议，全面围攻中原解放区，发动全面内战。

5.1947年3月，国民党军队在全面进攻受挫的情况下，转而发动对陕北解放区和山东解放区的重点进攻。

6.1949年4月，人民解放军横渡长江，占领南京，结束了国民党在大陆的统治，国民党残余势力退往台湾。

7. 由于历史原因，我国尚未完全实现统一，解决台湾问题，实现祖国完全统一是全体中华儿女的共同愿望，是中华民族根本利益所在，是实现中华民族伟大复兴的必然要求。

注：1947年，国民党在南京大搞"白色恐怖"。

雨花台：南京大屠杀屠杀点、革命者被杀行刑之地。

小任：读完了这篇文章，我认为行文思路还是很清晰的。

小辰：是啊，我大概梳理了一下：

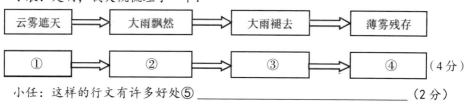

小任：这样的行文有许多好处⑤ _____（2分）

小辰：我还发现文中有许多鲜明的意象，景物描写的特点也十分鲜明，如：

"本该东升的旭日却懦弱起来，它只是躲在云雾深处，静静地注视着一切，发出的不是霞光万道，只是愧白无力的魅影。"⑥ _____

_____（3分）

小任：还有"终于，一阵狂风从长江北岸席卷而来，来得快，来得急。"⑦ ____

_____（3分）

小辰：我认为文章的开头和结尾也很有特色。

小任：对，透过文章，感怀历史，有太多的事情需要我们铭记，需要我们奋斗。

⑧ _____ （3分）

这一设计，将过去单一的文本作业改为灵活的生活化多维作业，设计时力求体现课堂所学知识，应用于实际，衔接中考，引导学生直接参与实践活动。从学生上交的命题情况看，在命题语言上表达清晰、发问准确；在题目质量上，能够由浅到深地去解读文本的内容，能够采用思维导图，知识卡片，删减质疑、关键句赏析、手法活用等形式，来梳理、鉴赏、探究、挖掘作品中的浅层语言特点、深层情感与主题。无论是整体的循序渐进，还是题与题之间的多角度转换，都积极地把课内知识储备转为对真实情境的应用创造。生活化的设计、小组合作与探究，提高了他们对借景抒情类散文的鉴赏能力，激发了他们的学习兴趣，从被动懈怠学习变为积极主动探索，提升了完成作业的热情。

三、丰富"人"性，尊重个性与注重差异呈现作业

"语文作业的设计是一个综合的过程，作业除了形式上的多样化外，还应该向学生的生活敞开，让语文作业与学生生活的时代、社会产生密切的勾连和呼应。如此，才能保障语文作业在较少时间内获得最大化的效用。"① 以学生为主体，关注学生学习动向。借助真实情境，引导学生把课本和生活结合起来，在生活中学习语文，真正达到知行合一、学以致用。本次作业设计中，以"窗外的秋雨"为生活化作业设计契机，引导学生感受生活、感受自然，开始低阶的景物描写片段训练，在真实中，趣味性地开启了学习任务。最后的作业呈现也秉持着尊重学生个性与差异性，创设多种形式，实现了以人为本、以学生为核心的自主性学习。

任务六：以自己喜爱的形式，制作成果并上传至班级公众号。

鼓励学生以朗诵、制作视频、撰稿等形式，来展现自己整个复习任务的成果。或将学习成果以音频、视频、文字的形式展示在班级公众号、报纸杂志、官方媒体上。将所学知识与真实生活切实接轨，完成作业任务由浅显基础到高阶发散的"学中做""做中学"的弧线。

四、结语

生活化的作业，能锻炼学生解决真实问题的能力，在《深化教育体制机制改革的意见》中，明确提及关于系统性学习的四种关键能力：认知能力、合作能力、创新能力、职业能力（这里的职业能力并不是指具体从事某一项职业的能力，而是积

---

① 赵飞.《"双减"背景下初中语文情境化作业设计与表现性评价》[J].语文教学通讯,2022(6).

极动手实践和解决实际问题的能力）。以借景抒情类散文板块复习为例，系统性的大概念作业设计，需要反映共性与个性要求的统一、预设性与生成性的统一、过程性与结果性的统一。学生在该生活化作业的完成过程中，调动自己在借景抒情学习任务中前期所积累的知识与经验，有效避免知识的"断片"，调动积极性，拒绝知识的惰性冷藏。真正将学习由"获得"转变到"参与"，由"理解"提升到"应用"。

只有关注与把握生活化作业设计的现实共性、情境特性、过程个性，才能把语文课堂与生活实践紧密结合，才能让"双减"与"提质"齐飞。

作者：葛宋怡

设置分层作业评价，培养数学核心素养

陈鹤琴先生在《活教育》一书中指出："我们要活的教育，教材是活的，方法是活的，课本也是活的。"随着社会各界对教育关注度不断提高，传统的教学和作业安排模式已经饱受质疑。主要体现在作业评价标准较为单一，采用题海战术，忽视不同层级学生的主体感受。在这种背景下，学生学习压力越来越重，效率却适得其反，因此作业评价革新势在必行。

《义务教育数学课程标准（2022年版）》中建议采用多元的评价主体和多样的评价方式，鼓励学生自我监控学习的过程和结果[1]。作业评价的方式应该是分层次的，如何让学生的作业高效自主是教师研究的重点。数学核心素养主要包括数学抽象、逻辑推理、数学建模、直观想象、数学运算、数据分析，设置作业评价可以以此为基础，同时要关注学生的学习态度、完成时效。通过设置初中数学分层作业评价，能将学生的学习活力提升起来。评价结果将全面提升各类学生的数学核心素养，发展其数学思维，调动其学习积极性，帮其找到知识漏洞。

一、分层作业评价的内涵与价值

分层作业评价设置是新课改革下的趋势所在。教师要破而后立，重视对作业的分层设置和研究，改变旧评价方式。分层作业从研究作业布置的"效果"与"效率"入手，把作业的侧重点从"育分"转化到"育人"[2]。分层作业评价满足不同学生的学习需求，促进学生多元发展，提升学生的核心素养。

---

① 中华人民共和国教育部. 义务教育数学课程标准 [S]. 北京：北京师范大学出版社，2022.

② 吴烈. 探寻作业管理之路 提升作业育人价值 [J]. 江苏教育研究，2023(2)：82—86.

（一）追求"动态"，满足分层学习需求

每个学生都是与众不同的个体，因此在每一个知识点的学习过程中掌握情况都是不同的。分层作业让教师避免"一刀切"的判断，关注不同学生在不同阶段的发展。部分学生在数学学科上存在困难，教师如果直接用相同作业来界定学生的学习情况，是很片面的。分层作业注重的是学生的可能性，即使暂时达成目标较困难，但每天都在通过学习获得进步。

（二）强调"整合"，促生多元化发展

作业不只是学生获得知识的工具，还是学生熟悉技能、掌握思维方法、体验情感、解决真实问题的重要路径[①]。分层作业可以实现作业的多种价值，评价学生多元发展，可以根据不同学生的需要，将整个单元知识整合起来、将不同学科知识联系起来，提高学生解决问题的能力，收获更多学习上的成就。

（三）关注"分层"，提升学生核心素养

作业是检验学生学习成果的一种途径，也是运用最广泛的途径。分层作业评价站在学生的角度上，以每一位学生发展为导向，提升学生数学学习兴趣。分层作业评价根据学生学习水平和学习能力不同，设置不同的学习目标和评价标准，提升学生的核心素养。

二、分层作业评价设计案例

初中数学分层作业评价设计将学生分为不同层次，为每个层次学生设置不同的作业任务和评价标准。分层作业评价主要从两个角度研究，第一个角度是作业设置，将从数学核心素养出发，由数学抽象、逻辑推理、数学建模、直观想象、数学运算、数据分析探索学生知识掌握情况，对学生有全面的评价，关注学生做作业的各个环节。第二个角度是学生反馈，根据学生反馈更新作业设置，弥补学习的不足，为后续学习打好扎实的基础。接下来将以浙教版九年级上册第四章《相似三角形的判定》一课为例，谈谈笔者对分层作业评价设计的一些思考。

（一）设置动态作业内容，预留充足学习空间

初中数学分层作业内容并不是静态的数学知识点，而是利用数学知识、数学技能与数学思想方法去分析与解决具体问题[②]。在选择作业时，要因材施教，通过调查

①　杨清. 中小学作业实践的国际经验与启示 [J]. 中小学管理，2021（10）：36.
②　杨晓彬. 基于开放性评价的初中数学课堂实践研究——以"用相似三角形解决问题"为例 [A]. 新课程研究杂志社. "双减"政策下的课程与教学改革探索第十九辑 [C]. 连云港市海州实验中学：新课程研究杂志社，2022：2.

表，分析学生的知识掌握情况，针对性设置作业，让学生的时间有效利用起来。同时，教师要思考作业的可操作性和拓展性，引导学生自主学习，参与到作业建设和评价中去。

1.层次判断，设置分类作业

相似三角形的判定中学生可以分为三个层次。

初级层次：要求学生掌握相似三角形的定义和判定方法，能够判断简单的相似三角形。作业任务可以是给出一组三角形，让学生判断其中哪些是相似三角形，哪些不是。评价标准可以是正确判断相似三角形的数量。

中级层次：要求学生掌握相似三角形的判定方法，能够解决一些较为复杂的相似三角形问题。作业任务可以是给出一组三角形，让学生判断其中哪些是相似三角形，哪些不是，并计算它们的相似比。评价标准可以是正确判断相似三角形的数量和计算相似比的准确度。

高级层次：要求学生掌握相似三角形的判定方法，能够解决较为复杂的相似三角形问题，并能够应用相似三角形解决实际问题。作业任务可以是给出一些实际问题，让学生应用相似三角形的知识解决问题。评价标准可以是解决问题的准确度和创新性。

为了调查学生层次情况，教师根据以上三个层次将课本作业题按基础类、提高类和应用类三类进行分类，以《相似三角形的判定（1）》中作业题的1~6题为例，每道题目要按数学核心素养的六个方面考查点进行判断，一道题目可能涉及好几个方面。同时根据学生学习情况分层，分为掌握一般、学习良好、提升拓展三个程度。（表4-6）

表4-6　学生层次分类表

	题号	数学抽象	逻辑推理	数学建模	直观想象	数学运算	数据分析	学生情况（35位学生）		
								掌握一般	学习良好	提升拓展
基础	1				√			0	5	30
	2				√			1	3	31
提高	3		√		√			2	5	28
	4	√	√		√			4	5	26
	5			√	√			6	12	17
应用	6	√		√	√	√		11	11	13

教师通过表4-6可以将基础题中掌握一般以及学习良好的同学和提高题中掌握一般的同学组成初级层次小组，将应用题处想拓展的同学设置为高级层次小组，剩余同学设置为中级层次小组。

2. 立足素养，建立高效氛围

在接下来的作业设置中，教师要根据不同小组的层次，以培养学生数学核心素养为目标，设置不同难度的作业，初级层次小组以基础题为主，中级层次小组要根据学生教材作业题中出现的错误设置题目，高级层次小组以提高、拓展题为主，激发学生的潜力，自主思考、进步。

作业评价在数学教学中是十分重要的，起到指挥棒的作用。教师要根据学生学习效率、学习态度和学习拓展对不同小组成员进行评价。在每次完成作业后，教师按不同标准对每一个层次小组的学生进行成果分析，学习有进步要及时鼓励，如果学生还存在问题的要及时帮助找到问题，同时鼓励同学之间互相帮助。每位同学在评价引导下参与数学核心素养的培养，那么班级必将有一个高效的学习氛围。

（二）建立及时作业反馈，提升高效作业内容

分层作业设置后，学生本人要有反馈，内容包括对知识掌握情况、在做作业过程中花费时间长短、解题遇到的困难和对数学学习的情感态度等。学生的作业有无法答题、较好答题、答题优秀等情况，教师将这些情况汇总，分类整理。部分同学书写过程不清晰，教师可以将这部分同学叫到一起，指点过程。部分同学无法答题，教师要及时了解原因，尽早让这部分同学可以跟上大家的脚步。教师根据学生反馈，及时做出分层作业调整，提高学生的学习效率。

学生分层作业反馈，如表4-7所示。

表4-7　学生分层作业反馈

评价者	评价内容	程度一	程度二	程度三
本人	知识掌握情况	知识掌握扎实	需要对知识拓展（如应用类6）	存在问题具体题号（如基础类2）
	作业花费时间	较短（10~20分钟）	一般（20~30分钟）	较长（超过30分钟）
	对数学学习信心	感兴趣	一般	感觉困难
	学习反思和建议	思考近段时间的学习状态，发表自己的观点和建议		
教师总结	总结上述评价内容，进行反馈			

教师在表4-7中可以了解学生在家、在校的作业完成情况，了解学生的数学学

习心理，根据这个表进行作业设置的调整。学生通过作业评价表的整理，也能感受到自己的学习情况，针对性地调整自己学习的方式。同时学习反思也可以让学生表达自己的想法，教师采纳相应的建议，真正做到以生为本。

三、分层作业评价的成效

建立数学分层作业评价后，学生学习上的压力减少很多，教师对教学的把握也更得心应手。

（一）满足学生学习需求

在以前的传统作业布置下，所有学生的作业都是相同的，部分学生因为基础较差，一直要按大部分同学的要求进行学习，越学下去越感觉到差距很大，久而久之就没有数学学习的兴趣了。分层作业以学生的素养培养为核心，不同学生在不同层次中进行比较，可以收获更多的信心，在学习过程中也愿意进行更多的思考，即使是成绩不优异，也能培养属于自己的数学兴趣。学生的核心素养在分层的过程中更能得到提升。

（二）提升教师教学效率

教师在教学的过程中，应该时刻思考自己教学的目的。分层作业评价将教师的教学引领回教育的本源，旨在培养人的全面发展能力和终身学习能力。

分层作业评价可以帮助教师更好地了解学生的学习情况，制订更为个性化的教学方案和作业任务，提高学生的学习效果和兴趣。同时，教师需要根据学生的实际情况进行灵活调整，制订适合不同学生群体的教学和评价方案，以确保教学质量和公平性。学生也需要积极参与到学习过程中，认真完成作业任务，不断提高自己的学习水平和能力。在各方努力下，教学才能高效进行，核心素养的培养才能更加全面。

作者：李 淏

基于核心素养的英语作业设计策略探究

一、引言

《义务教育英语课程标准（2022年版）》强调："作业评价是教学过程的重要组成部分。教师应通过作业评价及时了解学生对所学知识的理解程度和语言能力的发展水平，为教师检验教学的效果、发现和诊断学生学习的问题、调整和改进教学提供依据。"[1] 同时，作业对学生增强事实性知识，增进理解，形成概念，发展态度、学习技能、问题解决能力等具有积极影响[2]。由此可见，作业在英语教学中具有尤其重要的地位。因此，教师在进行活力评价时应当充分利用作业评价这个手段，优化作业设计，进而落实"以评促学、以评促教"的原则，通过活力评价来提升学生英语学科核心素养。

然而，当前初中英语教学中，作业设计仍存在诸多问题，主要有以下两个方面的问题。

（一）以识记机械形式为主，忽视核心素养的培养

目前，教师布置设计的作业往往采取朗读、抄写和背诵等机械性的形式，忽略了学生的主体作用和个性差异，不利于培养他们的创造性思维和综合运用语言的能力[3]。学生在持续面对这些思维含量低、机械化操练多、评价反馈单一的作业后，往往会将英语课程的育人期望狭隘化理解为英语语言符号系统的把握，缺乏对语言背后意义建构过程的关注，久而久之也就削弱了英语学习的兴趣[4]。

（二）形式单一缺乏趣味性，忽视分层多样性发展

初中生正处于对这个世界充满好奇的年龄阶段，兴趣驱动着学生主动参与到身边的生活和学习中去。然而，目前的英语作业设计中，教师往往涉及统一的作业，很少考虑加入一些趣味性的元素，例如，将作业与学生的生活情境相结合，从而激发学生参与的热情，积极主动地学习和参与任务。另外，教师设计作业很少考虑学情和学生发展的需求，未能设计不同层次的作业来满足不同学情的学生的需求，不利于学生的长期发展，严重挫伤学生学习英语的热情。

二、作业设计的相关理念

（一）作业设计的必要性

《关于进一步减轻义务教育阶段学生作业负担和校外培训负担的意见》指出，要提高作业设计质量，并提出：发挥作业诊断、巩固、学情分析等功能，将作业设计纳入教研体系，系统设计符合年龄特点和学习规律、体现素质教育导向的基础性

① 教育部.义务教育英语课程标准（2022 年版）[M].北京：师范大学出版社，2022.

② Cooper H. Synthesis of research on homework[J]. Educational Leadership,1989 (3)：85—91.

③ 傅京、刘晓杰.2022. 初中英语多维化设计的研究与实践 [J]. 基础教育外语教学研究（2）：32—40.

④ 丁邱邱."双减"背景下小学英语作业设计的问题与改进 [J]. 基础教育外语教学研究，2020（3）：12—17.

作业；鼓励布置分层、弹性和个性化作业，坚决克服机械、无效作业，杜绝重复性、惩罚性作业。作业设计和实施的质量从某种角度看会直接影响课程目标的达成，影响教育目标的实现与学生的发展[①]。

（二）作业设计的原则

《义务教育英语课程标准（2022 年版）》指出："教师应深入理解作业评价的育人功能，坚持能力为重、素养导向。作业的设计既要有利于学生巩固语言知识和技能，又要有利于促进学生有效运用策略，增强学习动机。"[②] 因此，教师在进行基于核心素养的作业设计时，应当坚持以下原则：①多样化原则；②真实性原则；③分层设计原则。下面，笔者将结合实例来探讨如何从这三个方面设计英语作业。

三、基于核心素养的英语作业设计实例

（一）多样化原则

作业设计需要体现多样性，可以是书面作业，通过让学生写作文对知识内容加以巩固；可以是试听或口头作业，让学生课下观看相关视频材料学习语言，并在此基础上进行简单评述；也可以是实践类作业，让学生通过制作小视频、开展角色扮演活动等形式，增加使用语言表达思想的乐趣和机会[③]。

【案例 1】

在学习九年级 Unit 7 "Teenagers should be allowed to choose their own clothes." Section A (3a~3c) 时，学生已经解读完整首诗歌，笔者设计了以下两项课后作业。

①朗读这首诗歌，并拍成视频，参加班级"最佳朗读者"竞赛。

②为你的父亲或者你的母亲写一首诗歌，并将这首诗歌拍成视频或者直接朗读给家长听，并记录下家长的评价（中英文均可）。

【设计意图】

该作业从语篇主题出发，引导学生从两种形式，即朗读和创作诗歌出发，通过体验式的活动再次运用英语来抒发对父母的情感，这利于提升学生语言的运用能力，发展学生思维的灵活性和创造性，培养学生的感恩意识，树立关爱他人的意识，形成关爱他人的情怀。

---

① 王月芬. 重构作业：课程视域下的单元作业 [M]. 北京：教育科学出版社，2021.

② 教育部. 义务教育英语课程标准（2022 年版）[S]. 北京：师范大学出版社，2022.

③ 梅德明，王蔷. 义务教育英语课程标准（2022 年版）解读 [M]. 北京：北京师范大学出版社，2022.

【案例2】

在学习九年级 Unit 2 "I think that mooncakes are delicious." Section A (3a~3c) 时，学生已经解读完整篇阅读，笔者设计了以下三项课后作业。

① Retell the story to your partner after class.

② Write a passage about the Mid-Autumn Festival.

③ Search for more stories about the Mid-Autumn Festival on the Internet.

【设计意图】

该作业从口语表达、书面表达以及运用信息技术服务英语学习这三种形式展开。通过口头复数嫦娥奔月的故事，锻炼学生的语言表达能力，巩固相关的语言知识；通过书面表达的作业，让学生整理关于中秋节的结构化知识，使知识得到迁移，将能力转化为素养。最后，通过运用信息技术，引导学生拓展知识面，增加知识储备，提升学生运用信息技术的能力。

（二）真实性原则

《普通高中英语课程标准（2017年版）》提出，设计英语学习活动时，情境创设要尽量真实，注意与学生已有的知识和经验建立紧密联系，力求直接、见解、有效[①]。在设计作业时，教师应当充分考虑学生的生活实际情况与学情，创设与学生生活场景紧密关联的较为真实的学习语境，让学生在真实语境中来运用语言、体验英语学习带来的快乐，进而真正实现英语学习的工具性和人文性。

【案例3】

在教学人教版《英语》七年级上册 Unit 8 "When Is Your Birthday?" Section A (1a~1c) 听说课是教师引导学生进行两人一组的 pair work，内容围绕生日进行 when 引导的疑问句等的操练；然后完成一份生日情况的调查表。课后，要求学生回家收集和汇总家庭成员的生日信息，并完成一份关于家庭成员生日的信息表。

T: Class, please use "When is your birthday? It is on..." to talk about your birthday in pairs. Then make a report about your birthdays. After school, please make a report about your family's birthdays.

【设计意图】

这项作业贴近学生生活，学生能够在真实的情境中来运用和巩固课堂中所学的

---

① 教育部. 普通高中英语课程标准（2017年版）[S]. 北京：人民教育出版社，2018.

目标语言，通过 pair work 的设置，引领学生巩固语言知识的同时，利于学生语言能力的发展。同时，该作业的设置可以提升学生的交际能力，加深学生之间的了解和友谊的同时，也促进学生形成关爱朋友、家人的意识。

（三）分层设计原则

作业评价要体现层次性。根据学习者认知水平，将课后作业分成识记、理解、应用、综合等层级，并针对不同学生的特点，有针对性地布置不同层次的作业，强调在理解和应用的基础上加强综合性、探究性和创新性[①]。

【案例 4】

在观摩 2023 年浙江省初中英语优质课的活动中，有教师在听说课作业布置环节做了如下设计。

Must do:

Listen to the tape and imitate the conversation.

Choose to do:

After buying the gift, you came across a cinema and wanted to watch a movie with your deskmate. Try to make a new conversation.

【设计意图】

针对语言程度不同的学生，教师设计了难度逐层上升的英语作业，这能够满足学生不同层次的需求，激发学生参与学习的欲望和热情，将学习转变为主动学习，让学生成为学习的主体。必做的作业关注听力文本的模仿和朗读，让学生再次深入语篇，进一步掌握语音、语调和语言结构，巩固学生的语言知识。选择内容更加侧重学生对语言知识的运用和迁移能力，在新的语境中，可以让学生主动和灵活地运用和迁移语言知识，运用语言来解决生活实际中的问题，体验作业带来的成就感。这样的作业可以让学生的独立性、创造性得到发展，引领学生愿学、乐学、善学。

四、结语

有效的作业设计是实现课程标准目标、落实英语学科核心素养的必要措施，同样也是达成学科育人目标的重要手段。教师应当在设计作业时重视多样化、真实性、分层设计的原则，提高作业设计的质量，进而实现作业的真正价值，即充分发挥活

---

① 梅德明、王蔷. 义务教育英语课程标准（2022 年版）解读 [M]. 北京：北京师范大学出版社，2022.

力作业这个评价手段对于教学的反拨作用，践行以评促学、以评促教，实现教学相长。

作者：李 伟

"自选式"分层作业设计与评价
——以《密度测量》实验教学为例

在"双减"政策的背景下，学生课业负担已经得到一定程度的缓解。但许多初中科学传统作业的形式与内容却陷入了过分同一的困境：同一内容、同一难度、同一要求的方式。这种形式忽略了学生本身存在的个体差异和个性特点，导致出现优秀生吃不饱、后进生吃不了的情况。[1] 为此，"自选式"分层作业的设计与评价应运而生，它通过自主选择作业难度和形式的方式，有效提高了学生的学业质量[2]。"自选式"分层作业的实施不仅能够减轻学生因统一难度标准而产生的差异性负担，同时也能够促进每个学生在原有的学习水平基础上实现个人发展和提高。

一、"自选式"分层作业的内涵

作业在教学中起到延伸活动的作用，"自选式"分层作业则是根据学生的差异化需求而进行的一种实施方式。同一制作业会导致出现优秀生吃不饱、后进生吃不了的情况。因此，"自选式"分层作业是对学生个性化成长的尊重，也是促进全体学生发展的最佳途径。

"自选式"分层作业并不是将每个学生进行单独分层，而是根据学生群体中的不同学习状态、个性特征以及多元智能接收能力等方面的差异，按照课程标准的要求，在作业设计中进行目标分层、任务分层和难度分层等，由学生在教师分层设计的作业中进行自主选取[3]。

例如，在作业目标方面可以划分为低、中、高三个层次；在作业难度方面可以分成易、中、难三个层次；而作业涉及的能力层级可以分为掌握、理解、应用三个层次。在作业设计的过程中，需要渐进式地由浅入深，引导学生进行举一反三和触类旁通的能力发展。由学生在教师分层设计的作业中进行自主选取。不同学习水平的学生可以根据自己的实际学习情况，自主选择适合自己的作业层级。这种选择不是教师

---

① 徐花蕊．试论学生作业评价改革的必然性 [J]．文教资料，2007（8）：151—152．

② 李秀丽．"自助餐"式作业：分层设计 自主选择 [J]．基础教育课程，2022（8）：13—19．

③ 徐玲飞．初中科学"自助餐式"作业的设计与实施研究 [J]．科学咨询（教育科研），2021（5）：126—127．

主观的指示，而是学生个体的理性和自主行为。

二、"自选式"分层作业的理论依据

根据新课程改革方案的要求，教育教学活动中应该遵循"因材施教"的原则，同时制订多样化的教育引导方案，以促进全体学生共同进步和发展。在科学的教学活动中，采用"自选式"分层作业可以有效地体现"因材施教"的原则。在作业设计过程中，可以包含不同的作业类型，从而打破传统的"一刀切"作业设计方式，真正凸显学生的主体地位。这样，学生可以根据自身的实际学习情况，自主选择作业难度和形式的方式，在课后作业中巩固和提高自己的知识水平。通过个性化的作业设计，学生能够更好地适应、发展和实现其学习潜能。

下文以《密度测量》实验教学为例，具体阐述如何开展"自选式"分层作业。

三、"自选式"分层作业的设计

（一）自主选择作业

教师根据《密度测量》作业目标的难度，由低到高依次划分为层次 A、B、C。学生根据对自己学习水平的认知和对课堂学习内容的理解掌握，自主选择作业层次。

层次 A：知道密度的定义和密度公式的含义；能熟练掌握托盘天平、量筒等器材使用方法，利用托盘天平、量筒等器材完成任务。

层次 B：知道密度的定义和密度公式的含义；知道和理解阿基米德原理；能利用弹簧测力计与烧杯完成任务。

层次 C：知道密度的定义和密度公式的含义；知道和理解阿基米德原理；积极思考，克服困难，能只用烧杯完成任务。

（二）设计分层作业

通过播放打假微视频，让学生了解商家用黄铜合金冒充黄金售卖给消费者的情况，以及如何快速区别黄铜和黄金，指导消费者在家中进行简单区分。引导学生思考如何区分金属种类，并提供颜色接近的不同金属块，如铁块、铅块等供学生实践。这样设计的目的是让学生在实践中巩固所学知识，并将其应用于实际问题解决中。（表4-8）

表4-8 金属密度测量分层实验准备表

层次	可选仪器
A	托盘天平、量筒、细线、足量清水
B	弹簧测力计、50毫升烧杯、足量清水、细线
C	50毫升烧杯、20毫升烧杯、足量清水、细线、刻度尺

根据不同层次的项目任务，提倡互助合作，并将实践过程记录在表4-9中。

表4-9　分层作业完成记录表

记录项目	记录内容
方案原理和设计	
数据记录与处理	
困难与解决方法	
任务完成过程中用到的知识	

四、"自选式"分层作业的评价

（一）作业评价

教师批改学生作业，并组织作业成果分享会，引导各任务小组结合参考思路，根据表格记录的内容，有针对性地补充、调整、交流和完善。

对于作业的评改，我们可以采取分层评价的方法，根据不同层次的学生进行分类评价，以便更好地促进学生的学习和提高他们的能力。具体来说，作业的评价可以分为以下几个层次。

A层次的学生，评改要细致入微，注重规范和解题方法的正确性，鼓励他们逐步提高。此时，评价方法应该以定量评价为主，给予标准分，并在评语中注明错误并指导订正，同时可以采用推迟判分的方法，等学生订正后再打分。评语要鼓励学生不断进步，超越自己的昨天。

B层次的学生，评改重在启发诱导，催促学生前进。评价方法应该以定性评价为主，附上适当的评语，引导学生思考和探索，并在评语中对优秀作业进行公开的表扬，对态度不端正的学生进行批评警告，帮助学生提高素质。

C层次的学生，评价要更为严格，强调科学方法的运用和创新性。此时，评价方法应该以定性评价为主，附上具有挑战性的问题，引导学生深入思考和探索未知领域，并在评语中对其优秀表现进行肯定和鼓励。

（二）作业反馈

针对分层作业，我们需要进行相应的分层反馈指导。在每节课的前5分钟，教师要对易错问题进行分析和讲解，但是只能照顾到大多数B层次学生，而A、C层次的学生则需要在课后进行指导。为了减轻教师的负担，可以采取A、C层次互助的方式，即将A层学生的部分指导任务分配给C层学生来完成。这样不仅可以提高C层学生的解决和思考问题的水平，还可以增强他们的自信心和承担责任的愿望，同时可以让A层学生更好地掌握知识。此外，教师还需定期关注A层学生，通过个别谈话方式帮助他们理清知识间的联系，开展深入的指导。对于 C 层学生，则需要在小组形式下加强对他们的自学指导和课题作业的指导。通过这种同伴互助的教学方式，可以让学生在互相帮助的过程中更好地提高自己的学习能力和技能水平。

五、"自选式"分层作业的成效与反思

随着新课程改革的深入推进，许多教学模式已经从传统教学过程中重视知识理论转变到实践能力的培养。在这种背景下，许多现代教学过程强调发展与创新、社会实践与创新能力培养的重要性。因此，采用"自选式"分层作业可以不断地改变传统教育的弊端，顺应新课改的开展，实现新课改背景下教学的进步与发展。

"自选式"分层作业是学生对课堂教学内容进行深入消化的主要方式之一，因此应该做到改变传统教学中机械式教学的情况，提倡确定学生在教学活动中的主体地位，培养学生乐于探索、主动参加实践活动、充分发挥创新思维的能力，丰富学生知识储备的同时让学生学会分析问题、解决问题。采用"自选式"分层作业的教学方式可以帮助学生在学习初中科学这种难度较大的学科的过程中，体会到被教师和学校重视的情绪，减少成绩较差的学生因为做不出课后作业而产生自卑心理的情况，从而达到培养学生自信心及学习热情的目的。

"自选式"分层作业的设计实施还可以促进学生保持一个良好的学习状态，从而达到使学生学习效果达到最佳的目的，让学生意识到学习的目的不仅是成绩的提高，还是在此过程中找到一个适合自己的学习方式。对学生布置具有针对性的作业、难度层次分明会让学生更加有进步意识，让其知道学习是有难度阶梯的，减少学生的轻视态度，鼓励更多的学生积极完成课后作业、学习更多的课堂知识、实现自我价值。

在"自选式"分层作业的调研中，发现教师普遍有一种担忧：学生会选择简单、量少的作业，甚至不去选择作业。这种担忧是有道理的。马克思主义哲学唯物辩证法认为外因是通过内因起变化的，只有学生主观心理上想学习了，外部驱动力才会发挥推进学习行为的作用。所以，教师要坚持培养学生学习的意识、选择的意识，养成学生主动学习、自主学习的习惯。[1] 教师要引导学生把学习与生活实践的应用、社会文明的进步、民族的复兴、国家的发展结合起来，以此提升学习自驱力。

---

① 李秀丽．"自助餐"式作业：分层设计 自主选择 [J]．基础教育课程，2022(8)：13—19．

六、结语

采取"自选式"分层作业的设计和评价，是在承认不同学生发展水平的差异性的前提下，为每个学生提供有针对性的指导和帮助，使他们在自身基础上获得更大的进步和发展。通过这样的方式，可以让学生在完成作业的过程中正确对待学习，从中获得学有所用的成就感，真正发挥作业在巩固课堂所学、培养和提高学生自主探究能力方面的重要作用，促进每个学生在原有的学习水平基础上实现个人发展和提高。

作者：章薇超

优化作业设计　完善教学引领

陈鹤琴先生"活教育"理论中曾强调教学必须根据当地儿童与环境实际需要情况而灵活安排。2021年国务院印发《关于进一步减轻义务教育阶段学生作业负担和校外培训负担的意见》，要求各地区各部门结合实际改革作业模式，落实"双减"政策[①]。

作业是检测课堂教学成果的重要手段。传统的作业模式通常由教师面向全体学生布置，形式和内容具有同一性。不同学生的学习基础和学习能力存在较大差距，同一作业难以满足全体学生的不同需求。基于中学生身心发展的基本特点和教学的现状，对学生采取分层作业、改革作业体系、减轻学生负担，是落实双减政策和活教育理论的必然要求，也是课程评价体系改革的必由之路。

一、作业分层设计的内涵和依据

作业分层设计是指教师依据新课标的教学理念，以学生的基础知识、学习能力和学习水平为指标，设计分层作业，赋予学生选择适合自身实际情况作业的权力[②③]。同时，教师需要对作业进行分层评价[④]，以使各层次学生都能体验到学习的快乐，进而实现教学质量的提升和核心素养落地的目标。

古今中外，关于分层的理论层出不穷。一千年前，孔子就曾提出要对学生因材施教，发挥学生特长。加德纳的多元智能理论提到每个学生都有自己独一无二的潜能，

① 白雪. 浅谈双减政策下初中历史分层作业设计 [J]. 内蒙古教育，2022(2)：31—34.

② 中华人民共和国教育部. 义务教育数学课程标准 [S]. 北京：北京师范大学出版社. 2022.

③ 李正明. 新课程理念在初中数学课堂教学中的实施 [J]. 基础教育论坛，2022(2)：51—54.

④ 李文熠，王兰芳. 增值评价助推初中道德与法治教学探讨 [J]. 中学政治教学参考，2022(15)：67—70.

要组合学生优势，根据其智能对症下药使其成为社会的人才。布鲁姆的掌握学习理论则要求教师要为学生提供适当的教学条件和教学氛围，让全体学生都能掌握学习策略。中外教育家针对分层教育也有许多实践，对分层作业的设计也有所涉及[①]。我在分层作业的实施过程中，正是汲取了前人教育理论的精华，从前人经验中汲取经验，尝试制定出最适合学生的分层作业设计。

二、作业分层设计的实施

如何合理地对学生进行分层以及设计相关作业是该项目的痛点与难点。活教育的教育理论中指出，学生是教学活动的主体，分层作业设计必须充分发挥学生的主观能动性。因此，对学生的分层要尽可能地考虑学生已有的学习能力、认知水平和兴趣爱好等[②]。

在进行分层作业设计时，首先要解决的问题就是分组。在分组时，基于可操作性，初步根据学生历史与社会学科的综合成绩将学生基本分成A、B、C三组，再辅以调查问卷的形式对个别学生进行组别调整。根据每组特征布置符合学生学习能力和认知能力的作业。在作业完成过程中，既可以达到减负的目的，又可以提高学生作业完成的积极性，增进学习热情。其次要解决的就是关于不同组别的作业设计问题。作业的根本目的是服务教学。所以在设计时必须充分考虑教学目标，评价分层作业的质量也必须思考该作业对教学目标完成的促进作用。难度必须合理，学生的作业需要符合"最近发展区"理论，即既符合目前学生的基本认知水平，又存在一定难度，能够促进学生继续学习和发展。基于以上设计的思考，我进行了以下尝试。

【案例1】

在八下中国历史第二单元《社会主义制度的建立和社会主义建设的探索》单元教学完毕后，通过分层作业来实现个性化教学。首先，针对学习基础相对薄弱的简单组同学，可以设置一些和课本基础知识相关的填空题或简答题，通过课本阅读获得答案，可以帮助学生掌握最基础的知识，通过背诵等方式帮助学生完成课堂知识点巩固；其次，针对基本知识基本掌握，但对易错点掌握不到位的简单组同学选择布置一些难度适中的作业，如"大跃进"和人民公社化的经验教训，新中国成立后土地所有制形式的变化过程等，在巩固基础的同时增进思维能力；最后，针对基础知识掌握较好的困难组同学，可以布置一些提高性问题，如比较中苏社会主义道路

---

① 兰晓新．初中历史有效作业设计初探[J]．中学教学参考，2020（31）：79—80．

② 盛恒．例谈初中历史教学中的作业分层设计[J]．文教资料，2020（2）：196—197．

的异同等，在提高类作业中锻炼学生的思维能力，促进学生学科素养的培养。

【案例2】

分层作业设置并不意味着所有的作业都要按照学生基础有所差别，可以有的放矢。教师可以将个人作业的分层和小组作业的集体探究结合起来，在促进知识的个人掌握之余培养学生的集体合作能力。

《关心国家发展》一课的作业设置中，可以增加小组合作项目化学习作业：采访身边的人对国家发展变化的感受？但对不同学习层次形成的小组的评价方式不同。针对简单组，要求能够完成采访内容即可；针对普通组同学，则要求不仅要完成采访内容，并要对采访结果做好总结归纳。针对困难组同学，则要求做好视频剪辑，总结汇报工作，并对采访过程加以总结，需要完成一篇关于国家发展的小调查报告。

【案例3】

尝试将分层作业设计和大单元设计以及项目化学习的内容组合起来，通过不同组别层次学生的分工作业来完成某一主题问题的探索和解决。首先通过对学生的调查，了解到大部分学生对文物有浓厚的兴趣。初中历史与社会教材中也有非常多的关于历史文物的图片。故把主题定为《寻历史文物，看中外交流，悟交流互鉴》。同时，将整个探究过程分为三步。

1.根据四个主题在课本当中找到该主题下相关的历史文物，收集与该历史文物有关的资料，并开展课堂讨论，对文物概况做基本介绍。组别如表4-10所示。

表4-10 文物概况表

组别	东渡拾遗	越洋访奇	西洋寻珍	丝路探宝
文物				

2.提出问题：请你尝试概括并研究文物传播的途径与基本路线？

3.从中感悟文物背后与中外文化发展之间的关系。并撰写一篇专题小论文。

在这三个步骤中，第一个步骤要求全体学生共同合作完成，后边则要求部分学生必须完成，简单组的同学可以选做，或者从辅助的角度来帮助研究的共同完成。最后，在课堂上汇报自己的成果，交流并形成自己的学习成果。

三、分层作业设计的成效

（一）分层作业有利于减轻学生学业负担，促进双减政策的落实

分层作业的设置是根据学生学习能力和学习水平设置的，可以帮助学生减少无效的重复性作业，节约课余时间，提高学生的学习效率。（表4-11）

表 4-11　学生分层作业学习效率表

作业完成时间	15 分钟以内	15~30 分钟	30~60 分钟
人数	13	19	6

通过分层作业的尝试，对学生的作业完成时间做了一个初步的调查，相较于分层作业实施前，71%的学生作业完成时间较此前有所减少，7%的学生认为作业时间增加了，剩下的则认为相差不大。

（二）分层作业有助于增强学生的学习积极性

在现实的操作过程中，班级的作业完成率基本在 100%，一些原先经常拖欠作业的学生也开始逐渐完成作业，部分同学愿意完成自己能完成的作业。部分同学的作业抄袭现象也有所减少。

（三）分层作业有助于促进教师专业成长

在布置分层作业前，必须对学生学习水平和教育教学目标有清晰的认知。为此，我首先是对班级同学的历史与社会成绩与平时的课堂表现加以分析与整合，这加深了我对学生的基本了解。其次，在设计作业前，我阅读了很多著作与文章，同时向有经验的老师学习，促进了自我的教学成长。

四、作业分层设计的改进措施

在分层作业的具体实施过程中，会遇到以下几个问题：首先，对学生的分层，主要还是以分数为主要分层判断依据，学生谈话、平时表现等因素结合得较少，分组也主要是教师的安排，学生真正自主进行选择的权利较小。其次，在分层作业实施的过程中，主要是对书面作业的分层，对探究性作业的实施相对较少，分层的措施相对较单一。由于时间或者说分层作业讲评的复杂性，对于分层作业的评价措施完成得不够到位。

结合校本分层作业设计情况以及学生答题情况，在未来的分层作业设计方向上，我认为可以做出进一步优化分层作业设计，完善教学引领，促进学生思维发展。

（一）分层要更关注每位学生的发展

在分层的作业完成后，对于探究性评价的内容较少。在后续实践过程中可以加入增值评价，重视动态化的发展。例如，建立学生个人作业档案，关注学生作业的动态增量值，关注学生每一次作业的发展与进步。在操作中，存在部分同学出于畏难情绪常选择简单类作业的，也要对他们多加鼓励，鼓励他们尝试。

（二）要将分层作业与课堂评价紧密结合

课堂上尤其是中考复习课堂我可以加强对练习的训练，完善作业评价和课堂评价的形式与内容。例如，就古代中国的对外交往这一复习课例为例，教师首先让学生自主说出已知的中外交往的史实，并对说出的史实做简单评价，结合学生做题情况，通过现场完成作业的形式，对作业结果进行反馈。在课后布置分层作业，在课堂上要充分对前一天的作业进行巩固。

（三）分层作业评价要调动多元参与

首先，在作业设计中，往往会涉及多学科的融合。后续我认为必须充分利用好各类资源，包括图片资源、史料资源、视频资源等，使得历史与社会的知识与理念可以在尽可能少的作业里更快更好地体现。其次，在作业评价阶段，要充分挖掘不同主体评价的积极意义。在完善教师评价体系的同时，加强学生自评、互评工作。例如，在上一节劳动教育的录像课时，教师以项目化学习为载体，让学生通过校园内的实地采访为背景完成对于劳动人物的校园十二时辰阐述并评出你心目中的最佳主角，同时学生以小组为单位分组展示，其他小组负责倾听并对该小组的阐述进行打分。以同学自评、互评的模式调动学生的多元参与积极性。在未来的作业评价中，也可以尝试加入家庭评价、学校评价等主题，探索不同的评价体系构建。

五、结语

分层作业布置工作的展开一方面要以培养学生的核心素养为目的，培养具有思维能力等多方面发展的人才；另一方面要将其落到实处，与我们的考试紧密结合，以优化作业设计为载体，完善教学课堂引领。为此进一步加强分层作业设计对满足核心素养培养是重要的一步，有利于推动教学的全面改革，提高师生教学效率。

作者：倪孙燕

以小组合作评价落实体育核心素养
——以九年级《器械体操多种形式的支撑跳跃活动》课为例

课堂评价的主要目的是对学生学习行为进行观察、诊断、反馈、引导和激励，以此来判断课程目标达成度，给教师和学生提供即时、多元的有效反馈，促使学生更积极地学与教师更有效地教。但现阶段体育课堂评价存在不少问题，首先是评价标准不合理，过于片面，主要评价的内容是学生的运动技能水平，而忽视学生的运动能力和体育品德等方面的评价，无法对学生的体育素质进行全面的评价；其次，体育课堂评价方式过于单一，目前常用的课堂评价方式是口头评价，这样的评价方式不利于学生的能力培养；最后，体育课堂评价结果对于学生个体影响不大，体育教学的本质目的激发学生的学习兴趣，培养学生终身体育意识。

一、小组合作评价的内容

小组合作评价是体育课堂教学中的重要组成部分，因此，体育教师应该以"实用、有趣、个性化"为原则，对学生可以进行较全面的评价。通过评价，能使学生及时了解自己的真实情况，发现不足，并能及时纠正。对于体育课堂的评价，不能简单而笼统的，而是应该细致的、更为精准的，一堂课，学生学到什么程度，练到什么程度，是否遵守比赛规则，这些需要有明确的反馈和评价，那么面对大班化教学，一个班40个人，仅凭教师一己之力，无法面面俱到，为了能对每位学生有一个客观及全面的评价，根据陈鹤琴先生的《活教育》"分组学习，共同研究"等教育原则，对班级进行有序的分组，小组长负责组内学生的自评和互评，最后小组长由教师统一评价。笔者尝试通过分组学习和学生自评、互评，将"健康、能力、品德"为评价依据，围绕体育核心素养，以运动能力、健康行为和体育品德三个方面进行具体的评价，结合定性评价与定量评价、即时性评价和阶段性评价、过程性评价和终结性评价，以达到对学生全面评价的效果。

二、小组合作评价的规则制定

以水平四（九年级）《器械体操多种形式的支撑跳跃活动》第一课时教学为例："健康、能力、规则"评价制度在分组教学中能够得到有效实施，让学生的学习习惯在潜移默化中形成，关注每个学生进步，对学生课堂表现及时做出评价，提高学生的课堂活动参与，增强个人体育综合素质，使学生思维能力不断提升。

（一）评价方法在课的准备部分中的体现

核心素养要求要以学生发展素养为核心价值追求。其能力包括运动认知能力、健身实践能力和社会适应能力。对学生能力的培养不是一朝一夕，而是需要长期、持久地进行。我们将"健康、能力、规则"评价贯穿课的始末，本节课学生共有36人，分成6组，课前，教师将每一环节评价表交到组长手中，组长对照相应内容，对组员进行评价，组长将接受教师评价。准备部分开始，各组在组长带领下按照教师要求有序进行准备活动。（表4-12）

表4-12　队列队形和准备活动评价方法

奖励卡	评价内容1：队列队形	评价内容2：准备活动	奖励方法
健康卡	对口令做正确反应	能做出跪跳起、支撑提臀跳动作方法	本环节练习中，每人至多可获得2张不同徽章
能力卡		提问时能说出练习内容名称	
规则卡	口号响亮，守纪律	有序参与、练习	

（二）评价方法在课的主教材练习内容中的体现

本节课的教学目标为：能说出所学分腿腾跃的练习方法，知道双脚起跳；在多种分腿腾跃的辅助练习中，能做出双脚起跳，表现出起跳有力、分腿幅度大，发展身体控制能力，发展身体的控制能力和协调能力。培养学生勇敢果断不怕困难、团结协作互帮互助的精神品质。要解决的关键问题是双脚起跳。

1.在单一身体练习时，安排了两个练习内容，我们的评价原则是细评、评价内容简单化、可操作性强。（表4-13、表4-14）

表4-13　连续跳台阶评价方法

奖励卡	评价内容：连续跳台阶	奖励方法
健康卡	1. 双手摆臂 2. 双脚起跳 3. 跳上台阶	在教师要求的练习次数中，组长考核时能够做到3点要求奖励2张；能够做到其中2点奖励1张，若有进步再奖励1张
能力卡	1. 回答本练习名称 2. 并说出该练习3点要求	组员之间在原地等待时接受考核，全部答对得2张；答对1题得1张
规则卡	学会保护帮助他人	能够有序进行练习，并积极主动保护帮助他人得1张

表4-14　连续跳背评价方法

奖励卡	评价内容：连续跳背	奖励方法
健康卡	1. 双脚起跳 2. 双脚跳上山羊背	在教师要求的练习次数中，组长考核时能够做到2点要求奖励2张；能够做到其中1点奖励1张，若后续有进步再奖励1张
能力卡	1. 能说出该环节练习内容名称 2. 能说出该动作要求	组员之间在原地等待时接受考核，全部答对得2张；答对1题得1张
规则卡	有序听从组长组织，并认真完成教师要求主动保护帮助他人，有责任感	能够按照教师要求与组长的组织，有序进行，或积极主动帮助他人得1张

2. 组合练习安排两个练习内容。（表 4-15、表 4-16）

表 4-15　连续跳过 5 个垫子 + 连续跳背评价方法

奖励卡	评价内容：连续跳过 5 个垫子 + 连续跳背	奖励方法
健康卡	1. 连续跳过垫子 + 连续跳背练习时动作规范 2. 双脚起跳，奋力腾起 3. 跪跳起时脚过中线	在教师要求的练习次数中，组长考核时能够做到 3 点要求奖励 2 张；能够做到其中 2 点奖励 1 张，若后续有进步再奖励 1 张
能力卡	1. 能说出该环节练习内容名称 2. 能说出该动作要求	组员之间在原地等待时接受考核，全部答对得 2 张；答对 1 题得 1 张
规则卡	有序听从组长组织，并认真完成教师要求	能够按照教师要求与组长的组织，有序进行得 1 张

表 4-16　上一步跳上山羊背 + 多种形式跳下评价方法

奖励卡	评价内容：上一步跳上山羊背 + 多种形式跳下	奖励方法
健康卡	1. 双脚起跳，蹬地有力 2. 跳下屈膝缓冲 2 秒，落地稳 3. 上一点基础上能做出 2 种以上落地方法	在教师要求的练习次数中，组长考核时能够做到 3 点要求奖励 3 张 能够做到其中 1 点奖励 1 张，若后续有进步再奖励 1 张 能创造超过 2 种落地方法，并且落地稳，多一种奖 1 张
能力卡	1. 能说出该环节练习内容名称 2. 能说出该动作要求	组员之间在原地等待时接受考核，全部答对得 2 张；答对 1 题得 1 张
规则卡	有序听从组长组织，并认真完成教师要求	能够按照教师要求与组长的组织，有序进行得 1 张

3. 在比赛的环节，为做到公平公正，该环节打分为自评制和互评制，小组成员在第一次练习中为自评，其他队员起到监督作用，若自评得当，则得到相应奖励。第 2~3 次展示练习中，由组内成员为其打分。（表 4-17）

表 4-17　"连续跳过 5 个垫子 + 连续跳背接力"评分赛评价方法

奖励卡	评价内容：上一步跳上山羊背 + 多种形式跳下	奖励方法
健康卡	1. 双脚起跳，双臂用力向上摆动 2. 跳下屈膝缓冲落地稳 3. 展示 2 种以上落地方法 4. 有体操起势一结束亮相动作	考核时能够做到 4 点且动作舒展，要求奖励 3 张；能够做到其中 2 点奖励 1 张，若后续有进步再奖励 1 张，每人 3 次机会
能力卡	能够对组员进行动作展示评价	参照展示要求，能正确评价 3 点得 1 张
规则卡	遵守比赛规则及认真评价组内成员	遵守规则，认真展示得 1 张

三、小组合作评价的实施

起初没有奖励卡评价时，学生在练习中单纯只有教师的评价，而且评价比较单一口头化，教师下达学练标准，学生机械地进行练习，甚至一些学生并不能说出自己所练内容要达到何种程度，在比赛中也不遵守规则，无规则意识。经研修组讨论后，在"赛"的环节加入评价，但"学""练"评价仍然存在评价失效、流于形式等问题，后经修改，本评价融于各学科共同实行，内容包括健康、能力、规则，研修组将评价要求贯穿课的始末。兑换方法为如下。

1. 课时评：课堂评价奖励不同的卡（健康卡、能力卡、规则卡）。

2. 周评（成长卡）：20张健康卡兑换一个绿色拇指，银色和金色拇指兑换规则也是一样。

3. 月评：一个月三种奖励卡，每种卡都集齐4个，总共12个换一张金色拇指，月评评出班级的健康星、能力星、规则星。

4. 期末评：班级实际和每月评出的各种星为依据，做出精准的期末评价。

在小组合作评价方法实施以后，学生能够明确自己"学"什么，"练"什么，"赛"到何种程度，动作是否规范到位。课堂即时评价能有效完成教学目标，达成学练标准。教师通过建立小组合作，引导学生积极参与课堂，提高技能学习效率，遵守课堂纪律，培养规则意识，增加学生认同感，将体育核心素养中德育渗透在课堂教学中。学生在赛中学会遵守规则，学会帮助他人，勇于承担责任，敢于面对，尤其是器械体操，这种具有挑战性、学生需要克服心理恐惧的教学内容。奖励币的实施，极大提升了学生课堂练习效果，同时借助该评价体系，达到体教融合的状态。

四、结语

课堂教学评价是在教学中有目的地针对教学内容和学练标准进行的判断过程，需要注重评价的广泛性和持续性，评价需要结合教学实际，不能只停留在表面，不能单一、偶然地出现在课堂，需要渗透到各个环节中，需要长期、持续地在体育课堂中进行，形成有"内容必评价"、及时强化的良好教学模式。小组合作评价也需要长期磨合实施，及时有效的教学评价能够帮助教师随时随地发现问题，有助于提高学生的课堂活动参与度，增强学生能力，提升学生体育综合素养。小组合作评价很好地落实了体育核心素养，那么其他行之有效的评价方式需要我们进一步探索和实践。

作者：徐　彬

第五章　活力育人

育人是教育的归旨和使命。不同的时代，育人要求往往不同。在陈鹤琴"活教育"思想的影响下，如今育人的内涵得到了丰富和拓展。教师们以生为本，育人为旨，走近学生、倾听学生、尊重学生，展示了一个个活力育人的鲜活样例。

第一节　活力育人的内涵

活力育人的内涵

"培养什么人、怎样培养人、为谁培养人"是教育的根本追问和永恒主题。近年来，国家和社会都非常重视人才的培养，始终把"立德树人"作为教育的根本任务，不断在教育事业发展中创新局面。同时，学校坚持把"立德树人"作为教育教学的中心环节，并在教育教学的全过程中贯穿思想政治教育，高度注重培养德、智、体、美、劳全面发展的新时代好少年。近10年来，国家先后出台了一系列影响深远的德育政策。这为办"让人民满意的教育"指明方向、明确路径。当今教育也面临着学习方式、学习空间、教育内涵、育人要求等变革，但我们仍需要牢记古训——立德树人，立根树魂。一切教育的本源仍然在于道德教育，只有它能帮助学生树立正确的人生观、世界观、价值观。在探索道德教育的过程中，教育工作者要不断提升教育理念、研究教育方法、探索教育途径、丰富教育内容，坚持以教师、家长、学生三者为德育主体，在学校、家庭、社会三个德育的主阵地上，努力构建培养优秀人才的德育大格局。

我们的德育队伍庞大、口号响亮，但仍处于一种尴尬的境地，甚至被边缘化，针对性和实效性不强，主要表现在德育工作者对学生情况了解不足，德育途径单一、成人化，且与学生实际生活脱节，德育活动与管理形式大于教育，管理过程过于注重评比等，这些因素都影响学校德育工作的开展。

此外，由于现有的教育制度尚未取得突破性的进展，比如，重分数轻成长、重课内轻课外、重作业轻实践等传统的育人模式没有彻底改变，这也使得学校的育人效果大打折扣。

但是，近年来不少学校坚持教育改革，不断地探索、开拓、实践，并不断地改变着原有的教育模式，不少学校已率先转换了育人模式，冲破了传统的教育牢笼，革新了我们对教育的认识，而且走出了一条条富有启迪性的教育创新之路。

这些鲜活的经验告诉我们：德育工作不能急功近利、不能浮躁粗糙，必须切实转换"育人模式"，从教育理念、教育制度、教育内容和方法上实现根本性的变革，必须立足于新理念、新视角、新途径和新改造，建设有效的载体，使校园涌动出生命的活力，使学生的成长充满幸福和快乐。

基于以上认识，我们学校立足社会发展现状及校情实际，围绕"志存高远，做最好的自己"的校训，以"点亮学生未来"为基点，持续深入地实施"育人模式"综合改革，将"活力育人"工作贯穿学校教育管理全过程，致力于培养"自健身心、自主学习、自律言行"的"三自"好学生。

活力育人要逆转教育的认识取向。要强化教育的"育人"功能，而不是传统的"育分"功能。要将学生真正当成教育的主体，在教育过程中创造条件，使学生尽可能多地享有自主权、选择权和参与权。要将德育从认知性转向人性化，从封闭型转向开放型，从说教式转向互动式。

活力育人要转变教育的思维模式。要积极探索符合时代要求新的教育思维模式，敢于创新实践，科学地摸索出诸如"生活即教育""做中学""与时俱进""因材施教"等体现活教育思想的教育范式，不断丰富和提升学校教育的内涵。

活力育人要创新教育的途径方法。要将德育工作放在课程育人、活动育人、文化育人、管理育人、协同育人等多位一体的整体系统中实施，努力做到目标上统一要求，时空上密切衔接，作用上协调互补，充分发挥整体育人功能，切实提高育人的效果。

　　活力育人要激发教育的生机活力。要高度重视教育过程中学生学习动力系统的构建与强化，使学生学习兴趣和需要的激发、情感和态度的培养、特长和个性引导成为学校教育的"主旋律"。要整合多种教育资源，让教育过程体现出生命的活力、成长的活力、创新的活力。要给学生创造更多的发展机会，激发学生自我潜能，提升个人能力，让学生变得更加自信，从而赢得未来。

作者：陈光辉

第二节　活力育人的养成

活力育人的上外实践

　　落实立德树人根本任务，不是教育的局部改革，而是育人方式的系统变革。建校以来，我校紧紧围绕党中央对落实立德树人根本任务的明确要求，从学校德育面临的紧迫问题和突破路径入手，自觉践行活力育人理念，以"新时代、育新人"为学校德育工作的总体目标，以培养"自健身心、自主学习、自律言行"的"三自"好学生为育人目标，有效落实学生必备品格和关键能力素养的要求，突出德育工作的时代性和实效性。

　　一、凸显高尚品格培养人

　　教育的根本在于培养学生高尚品格。这是落实立德树人的重要举措，也是教育的改革发展趋势及提升竞争力的迫切需要。

　　学校以社会主义核心价值观及内涵丰富的中华传统美德来引领德育工作，培养学生对党的政治认同、情感认同、价值认同，厚植爱国情怀，将社会主义核心价值观内化于心、外化于行。苏霍姆林斯基说过："世界上最好的教育是自我教育。"在教育管理上，学校充分认识和发挥学生的主体地位，从"思想上自我内化、学习上自主合作、生活上自我管理、行为上自我矫正"等方面入手，确立"自健身心、自主学习、自律言行"的"三自教育"育人模式。其最终目的是让学生在自我管理的过程中学会自察、自省、自励，达到自信、自立、自强的目的，促进学生成长成才，实现德育内容的内化，使学生真正成为新时代所需的具有独立、自主能力的人。

二、着眼优秀文化熏陶人

德育是一个精神传播和再生的文化意义与价值生成过程。文化育人的本质就是要用文化的正向价值引导人，在文化育人中传承优秀文化，构筑精神家园，以人类文化的正向价值为导引，教人走向道德，从而实现立德树人的目标。

校园文化是办学理念、办学方向、办学措施的集中体现。学校以物质文化建设学校，以"凝聚精神文化，让精神文化深入人心；完善制度文化，让制度文化成为依托，以精神文化建设为核心，深入挖掘孝德文化、乡贤文化、企业文化的底蕴；改进组织文化，让家长、学生丰富管理的内涵和外延；加强物质文化，使校园呈现出优质物质文化和高尚精神文化相得益彰的局面，打造富有上外（上虞外国语学校）特色物质文化物尽其用；规范行为文化，让行为文化文明校园"来定位，初步形成了富有学校特色的现代校园文化育人机制。在文化育人上，学校以党建文化、乡贤文化、企业文化、书香文化为重要载体，建有乡贤德育厅、名人连廊、企业课堂、朗读亭、核心价值观展示区、班风门牌等场所。学校还积极开展校园系列文化建设活动，如举办"乡贤节"、企业文化进课堂、新生特色军训、"国旗下讲话"征文、"放飞梦想"主题校园体艺节等。这让文化育人入心入脑，对德育活动的开展作用越来越大。

三、聚焦多元课程引领人

课程文化，作为现代学校文化的重要内容，在学校教育中最能体现教育目标和教育就是生长，而生长点源于课程。立德树人是教育的根本任务，课程作为教育内容的重要载体，也是学校一切教育教学活动实施的基本依据。

陈鹤琴活教育理论指出："大自然，大社会，都是活教材，要坚持做中教，做中学，做中求进步。"学校以"做最好的自己"为出发点，构建适合学生发展的德育课程体系，不断丰富德育课程。一是贯彻国家课程"有灵有魂"。学校严格落实德育国家课程，扎实上好主题班（队）课、劳动教育课、心理健康课、生命教育课等。二是研发校本课程"有血有肉"。学校为学生开设了乡贤文化教育、孝德教育、社会实践等丰富多彩的德育主题课程，其中《上虞乡贤文化教育》校本德育课程，以"知乡贤、学乡贤、育乡贤"为课程目标，引导学生了解乡贤、研究乡贤、学习乡贤、仿效乡贤，树立道德建设的新标杆，培养学生的感恩意识、自立能力和阳光心态，从而达到励志、修身、养性的目的。此外，学校的心育课程、礼仪课程、艺术审美课程和实践体验课程等，也都很好地与学校的校情、生情相结合，确保了培养学生终身发展和社会发展的新时代技能之需要。

四、创设多彩活动塑造人

德育目标的达成在很大程度上依赖于多彩活动的创设。只有能够让学生主动参与、积极投入，唤起主体意识，形成思想内化的德育，才是真正的德育。学校秉承"以生为本"的活动育人德育理念，整合各种德育资源，主动开发活动项目。学校从"学习开心、兴趣开放、思想开创"统筹，整合德育资源，开发活动项目，创新活动开展形式，使校园活动呈现"常规化、主题化、系列化、特色化"的特点，切实开展形式多样、寓教于乐的德育综合实践活动，将育人落脚于形式多样、寓教于乐的德育综合实践活动，积极培养学生的劳动意识、主体意识和体验与参与意识。

各类校园节庆活动是学生们自主创新、自我展示的最佳舞台。在一些重大节日、仪式上，以及学校每年举办的校园节会中，学校都有效利用这些时间节点，精心策划各项活动，并把"舞台"交还给学生们，为学生形成良好道德品质、培养兴趣爱好与自主与创新精神搭建了大量发展与合作的舞台。同时，学校将研学旅行、国防教育、志愿服务等纳入教育教学计划，围绕国家的教育方针和政策，大力开展社会实践活动。此外，学校为了培育新时代的优秀学子，主动探寻主题明确、内容丰富、形式多样、吸引力强的特色教育活动，如乡贤精神教育活动、企业文化进校园活动等。

五、整合多方资源润泽人

德育工作是一项十分复杂的系统工程，它需要课内外、校内外多渠道同步协调，各种资源相互整合、多方融合、积极配合，进而形成立体化的育人体系。

学校德育不是一个人的事情，而是每个人的事情。学校要加强区域间的联动，积极发挥区域资源优势，带动学校德育建设发展。学校不仅要重视校内德育干部队伍建设，更要重视校外家校社联动队伍建设，与多方力量合作共育，共创一体化德育体系。学校要适时更新育人观念，让全体教师达成"在教育的过程中，学生的发展离不开家长的参与，只有家校统一思想、齐心协力，才能更好地促进学生们的健康成长"的共识；学校要赋责、赋权、赋能于班主任，提高班主任育人的专业化水平，充分发挥团队干部、思政老师在学校德育工作中的作用，努力造就更多素质优、业务精、声誉佳的优秀导师；学校更要发挥家校协同育人的作用，明确学校家委会职能，组织家长聆听智慧父母系列讲座，建立部门定期互动机制及社会共育机制，加强资源共建共享。

通过几年的积极建设，校园的精神风貌焕然一新，师生素养大大提升。近年来，喜讯频传。学校顺利通过浙江省标准化学校、浙江省绿色学校、绍兴市文明校园等验收；学校心理辅导站被命名为浙江省一级心理辅导站、浙江省心理辅导示范点；《开学第一课》获上虞区"基于国家德育课程的学校德育活动"典型案例评比二等奖；《"双减"行于校园 "劳动"塑造品德》《"活教育"背景下企业文化与学校德育的有机融合》《开"学"先开"心"——让"心理复位"为开学护航》获上虞区德育微创新案例评比一等奖。

德育工作在活力育人方面起着举足轻重的作用。新时代、新使命，上虞外国语学校将以党的二十大精神为指引，努力落实立德育人的根本任务，积极践行"三自"好学生的育人目标，将活力育人落到实处，继续谱写校园德育新篇章。

作者：陈光辉

杜绝学生抄袭答案的思考与实践

每当期末考试临近，学生抄袭答案的现象会日趋增多。抄袭路径多种多样：有的来自作业帮；有的来自百度；有的来自同学。由于这种现象隐蔽又广泛，所以难以纠正和杜绝。其实，学生抄袭答案危害很大，成绩差只在表面，养成不劳而获的思想将会贻误孩子一生。因此，班主任要想办法解决这一问题。

一、学生抄袭答案的成因分析

要杜绝学生抄袭答案，首先得分析一下学生抄袭的原因。其实学生不是不知道抄袭的后果，但还是控制不住自己。据笔者多年的观察和分析，主要有以下三个原因。

一是学生自身的原因。有些学生上课经常不注意听讲，导致知识接受不全，课后作业做得磕磕绊绊、质量不佳。这类学生成绩一般都不太好，但虚荣心却极强。为了少受老师的批评和同学的讥笑，他们大都选择抄袭来满足个人的虚荣心。还有些学生则是贪玩，放学回家或周末，只要父母不在家，他们往往随心所欲，看电视、玩游戏，夜深人困、精神不佳了，才猛然发觉还有作业，于是就"灵机"一动，决定第二天早上去教室抄袭同学的作业。

二是家长的原因。为了家人生活更富足，做父母的总是整天忙于赚钱。虽然对孩子的期望很高，但对孩子学习的关心却停留在口头上，总是晚上睡觉前才记得问孩子："今天你作业做完了吗？"孩子也就随口一答："做完了。"于是，总有些孩子在父母疏于管理下慢慢懒于做作业，但为了应付老师的检查，他们不得不去抄袭作业答案。

三是教师的原因。有些教师会占用学生过多的学习时间，他们总是牺牲自己的休息时间，加班加点地给学生辅导作业，学生在校几乎没有时间自学。为了出好成绩，他们也总是多布置些课后作业。殊不知，学生晚上能自己支配的时间很有限，而且作业越多，他们心里越烦，效果也不见得会更好。初中有六门学科，平均每门半小时，也要足足三小时。从学生吃完晚饭后算起，他们每天大约到晚上十点钟才能休息。若是有难题，恐怕到十一点也做不完。如此，意志力薄弱的学生就会想着去抄袭答案应付，这也是迫不得已的。

二、有效杜绝学生抄袭答案的实践

抄袭答案在学校里难防又难治。如果不采取有效的措施，单单抓一个批一个，恐怕根本没多大作用。笔者所带的班级也曾发生过几起抄袭答案的违纪事件。为了防止其频频发生，笔者采取一些有效的解决措施。

措施之一：组织主题班会讨论，统一思想认识。

当发现学生抄袭答案时，班主任不可只批评一下当事人就了事。笔者以为很有必要"小题大做"一下，因为抄袭作业不是小事小错，它关乎学生的学习品质。学生没有良好的学习品质，将来怎能成为合格的社会主义接班人？当抄袭事件发生后，为了让学生能意识到其严重性与危害性，我们可以开出一堂主题班会：跟抄袭答案说：NO！在班会上，我们主要讨论这三个问题：一是抄袭作业有什么危害？二是帮助同学抄袭该不该受处罚？三是我们怎样才能做到不抄袭？通过热烈讨论，大家最后形成了认识：抄袭作业答案有害无益，勤学苦练才是学生该有的模样。

措施之二：把抄袭作业答案的惩罚措施列入班规。

抄袭作业是严重的学习违纪事件，笔者以为理应将抄袭作业的处罚列入班级考核条款里，以约束这一行为。我们班对抄袭作业的是这样处罚的：一是当事人要写一份说明，回顾抄袭的整个心理活动，然后交给班主任保存；二是抄袭者和被抄袭者都要写一份思过保证书，保证以后不再重犯；三是抄袭者和被抄袭者受同等班规处罚，扣除个人星级考核 5 星；四是抄袭者和被抄袭者取消期末各类评奖资格；五是违纪当天班主任给家长电话汇报情况，要求家长配合教育。这五招下去，抄袭现象几乎没有了。

措施之三：在教室里贴警示语，时刻提醒学生。

学生很多情况下不是有意抄袭作业的，而是不知不觉中放松思想警惕之后发生的。如果在教室里贴些警示标语，让学生一抬头就能接受一次思想教育，这也是一种无声的提醒。在我们班墙上贴着这样一副对联：抄袭答案无路可走，勤学上进前途无量。这副对联指引着学生勤学奋进、远离作业抄袭的不良行为。另外，在容易发生抄袭作业答案的自修时间，笔者要求班长在黑板上写：禁止抄袭作业答案。这对那些自控力不强的学生能起到警示作用。

措施之四：家校配合，督促孩子自觉完成作业。

学生往往是家里没有抄袭成，才到学校里抄他人作业的。因此，让家长配合学校来督促孩子在家完成作业也是一个不错的措施。笔者要求学生每天放学前将各科作业都记在一个笔记本上，回家后交给家长，方便家长了解孩子作业情况。然后完成一项勾一项，直至所有作业完成。第二天，若是发现有学生作业没有完成，我会私发信息给家长反映情况，并提醒家长关注孩子的学习情况。如此，抄袭答案的现象也能得到有效的控制。

措施之五：勤与任课老师沟通思想，控制好各科作业量。

抄袭作业答案，主要责任在学生一方。但作为任课教师，我们是否也应该反思作业布置是否过量，学生是否无法完成，被逼抄袭？笔者以为有些学生抄袭答案与教师过量布置作业有关。我们应该在布置作业的时候问一下自己：今天的作业是否布置多了？课后作业作为课堂教学的延续和巩固是必要的。但是过量的作业布置是有危害的，这不仅加重了学生的课业负担，而且影响了学生的睡眠质量，不利于学生的健康成长。在我们班，笔者每天都要过问各科作业的数量，如果发现有些学科作业过量了，我会去做一下任课教师的思想工作，提醒他们作业要精选精练，以防学生因作业过量而抄袭，养成坏习惯。作业量适中，学生也有信心去自己完成，自然也就消除了抄袭的想法。

三、结语

抄袭作业是学校教育中的一个顽疾。但只要我们用心去分析成因，并采取一系列有效教育措施，这种顽疾也是可以被消除的。记得教育家陈鹤琴先生曾说过："环境中有许多事的东西，初看看与你所教的没有关系，仔细研究研究看，也可以变成很好的教材，很好的教具。"要杜绝学生抄袭作业的恶习，我们必须做个有心人，将身边的人与物化作一根教育魔棒，点化一个个迷茫的孩子。

作者：朱志英

二十元的"赌约"

"教育不是填满桶，而是点燃火焰"，来自教育家陈鹤琴的活教育理念。在教育中，我们需要注重学生的个性化发展，引导他们发掘自己的潜能。在班主任工作中，我也思考并实践着活教育理念，点燃学生希望的火焰。

一、捡宝遇小石

小石是名尖子生。在入学后第一次评测中，获得了学校一等奖学金，这让我颇有种捡到宝的感觉。如果不是关键考试没有发挥好，他足以分到更好的班级。而这次期中考试后，小石的成绩还是班级第一名，这也是我意料之中的。

二、优秀小石的困境

小石的全校成绩不尽如人意，我回忆起他以往学习的点点滴滴，开始思考他到底哪里出了问题。

小石是个聪明的孩子，眼里透着机灵。他性格有点独特，不服输又倔强。平时早读和上课时，小石总是与众不同，总是只顾自己，很少顾及别人的感受。举例来说，在早读时，其他同学都跟着领读读单词，而小石却按照自己的快节奏读，眼神中透露出骄傲和不耐烦。慢慢地，我发现问题并不简单。在课堂上提问时，如果其他同学回答错误，小石常常哈哈大笑，让答错的同学感到尴尬。但当他回答错误时，他会告诉我："李老师，其实我本来知道答案，只是刚才没反应过来！"此外，他对课堂讲解也毫不在意。我和其他任课老师交流后发现，这种情况在其他课堂上也经常发生。

经过一段时间的观察，我发现小石不仅拒绝承认错误，而且不愿意改正，导致他的课后作业中错题频频出现，并且不主动订正。他从未向老师请教学习上的问题。与此同时，他取笑同学也导致他在班级中缺乏好朋友。

单元测评时，小石的成绩明显下降了。

三、走近小石

成绩出来后，我决定找小石谈一谈，了解他退步的原因，并帮助他提升学习成绩。我把他叫到办公室，看到他眼神中的慌乱，他明白为什么我要找他谈话。

我首先恭喜他在班级仍保持第一，同时也指出他的全校排名已降到中等水平以下。然后告诉他，如果他学习或生活上遇到问题，我愿意帮助他。然而，小石却说他并不在乎全校排名，即使不是班级第一，他也不介意。

小石的反应让我感到意外和困惑，谈论无法继续。之后他也没有改变，对成绩漠不关心，生活上仍我行我素。我决定从小石的朋友小文那里了解小石的问题。小文告诉我，小石其实很努力，很在意自己的成绩。在我面前，他表现得不在乎成绩是因为他不想让我觉得他失败，而且他妈妈对他要求很严格，不允许他失败。意识到小石不敢向老师请教问题，是担心被视为不够优秀。我打算从两个方面着手解决问题：一方面是与小石的妈妈合作，改变家庭环境；另一方面是通过小石的爱好来激励他。

我通过小文了解到，小石喜欢吃棒棒糖和喝饮料，但他很难得到这些零食，因为他妈妈只给他健康食品并不给零用钱。我决定用奖励和鼓励的方式来帮他。我与小石的妈妈沟通，并提出一个激励计划，希望能对小石起到积极的作用。

小石的妈妈同意放宽对小石的要求，并鼓励他勇敢面对自己的问题。我再次将小石叫到了办公室，告诉他奖励计划的事情。我向他提出，如果表现良好并取得好成绩，就会得到奖励，可以用于购买喜欢的东西，如棒棒糖。小石接受挑战，并表示一定会得到奖励。

通过这个激励计划，我希望小石能够更加积极地面对学习和生活中的困难，学会勇敢地面对挑战。同时，我也想告诉他，只有通过努力学习，才能获得真正的成功和荣誉。我相信，只要小石能够保持良好的学习态度，一定可以在未来取得更加优异的成绩。

四、激励点燃希望

让人非常欣慰的是，跟小石打赌之后，他的妈妈一改往日的惩罚教育方法，而是不断地鼓励他。这是典型的从惩罚教育到活教育的转变。陈鹤琴在《活教育》一书中提到："教育应当采取活思想、活方法、活手段，使学生在活动中发展，使他们的活动产生真正的效果。"换句话说，我们应该创造一种积极的教育氛围，让学生在积极的情境中学习和成长。

我与小石妈妈在有问题时能够做到随时相互沟通，这也是小石能够得到有效帮助的原因之一。在教育管理上，我们应该根据学生的心理特点来制定相应的教育方案。在小石的案例中，我利用他的好胜心与他打赌，取得了意想不到的成果。这告诉我们，了解学生的心理特点，并利用它们，就能够更好地推进教育工作。

五、结语

陈鹤琴活教育主张，教育应该注重学生的个性化发展，尊重学生的差异性，鼓励他们发掘自己的潜能。在小石的学习生活中，我注重了他的个性发展，了解了他的家庭情况，并与家长保持长期有效的沟通。通过深入了解小石的内心需求，我与他达成了共识。帮助他稳定了情绪，提高了成绩，同时树立了自信心，让他明白如何向父母表达自己的意见，并适时满足自己的内心需求。这也促进了亲子关系的融洽。

教育也是一门艺术，需要不断地去发掘问题并加以解决。我们应该始终尊重每一个学生，因材施教，提高学生的自尊心和自信心。同时，我们也需要加强家校沟通，形成家校合力，共同促进学生的发展。这是对活教育理念的应用，也是我们一直坚持的教育方向。

作者：李国姝

第三节　活力育人的样例

一桩违纪误判事件的妙解

在学校里，学生触犯校纪校规就得接受相应的处罚。校园里的值周教师就是校规的执行人，他们从早到晚检查，就是为了维护校园良好的教学秩序。帮助班级维持纪律本是件好事，可若是值周教师做出了误判，而班主任又坚定地配合值周教师的教育，那么恐怕会酿成一桩"教育事故"。

那是2019年4月的一个夜晚，大约十点，我正要上床睡觉。突然，手机收到一条学校值周教师王老师发来的短信："朱老师，今天第三节晚自修，你们班的小李同学在抄袭别人的科学作业，他比较狡猾，我没有能抓到证据，希望你明天问他一下，到底他在抄谁的作业？"看到这条短信，我对小李同学的出格行为感到生气，他已经是面临中考的学生了，居然还不好好学习。

当晚，我就把王老师的短信转发给了小李的妈妈，希望她在家先问问孩子到底是怎么回事。谁知过了一会儿，小李妈妈有点生气地给我打来电话说："朱老师，那个王老师怎么可以这样冤枉孩子，我儿子根本没有抄谁的科学作业，是她想错了，她以为我儿子放到抽屉里的是别人的科学作业本，可是拿出来的却是英语作业本，她把我儿子的抽屉也翻找了一遍，结果找不到别人的科学作业本，她就把我儿子叫出教室批评了一顿，搞得我儿子今晚的作业都来不及完成。朱老师，你明天要把这件事情调查清楚，不能让我孩子无辜受委屈。"听了小李妈妈的一番话，我也感觉到这件事情有点蹊跷。凭我的了解，小李科学成绩在班里领先，旁边也没有同学科学成绩比他更出色，他怎么会去抄袭别人的科学作业？这里面可能有误会，我明天得好好调查一下，给王老师一个解释，也给小李妈妈一个交代。

第二天早上，我把小李和他的同桌小梁叫到办公室，让他俩给我尽量还原昨晚事情发生的经过。据他们讲述：昨晚第三节晚自修上课后，值周王老师站在窗外观察我们班的自修纪律，当她看到小李同学手上做着科学作业，而下面还压着一本封面与他手上那本一样的作业本，王老师当场断定：小李是在抄袭别人的科学作业，可是，正当王老师推门进教室的时候，小李正好把压在科学作业本下面的那本作业放进了抽屉，这让王老师更加认为：小李刚才确实是在抄袭别人的科学作业。然后，王老师翻看了小李的抽屉，却没有找到她想要的另一本科学作业本，而是找出了一本封面与科学作业本一样的英语作业本。王老师认为小李很狡猾，趁她推门进教室的那一刻已把另一本科学作业本藏了起来。接着，王老师又翻看了小李同桌小梁的抽屉，发现了小梁的科学作业本，可是，小梁的科学作业还没有做。王老师找不到确凿证据，就把小李叫出教室质问："你刚才在抄谁的科学作业？"小李一脸懵懂地回答："没有啊，我在自己做呀。"王老师以为小李不诚实，就把小梁也叫出去问话："刚才你有没有看到小李在抄别人的科学作业？"小梁摇摇头说："没有啊，是他自己在做，没有抄袭。"王老师以为是小梁在包庇小李，就生气地训斥小梁没有正义感。最后，王老师既找不到抄袭证据，又问不出口供，只好放他们回教室。

听了小李与小梁的讲述后，我知道问题出在哪儿了。王老师是体育老师，她不知道我们英语和科学的作业本封面是一样的，只是一本写着科学，一本写着英语。而她站在窗户外是看不清的。当王老师进教室时，小李把压在科学作业本下面的本子放进了抽屉，这个动作是以往抄袭作业的学生见到值周老师后的惯性动作。

那么，小李为何会做出那个动作？据小李自己解释：他第三节晚自修一开始在做英语练习，做完后，他又做科学作业。做着做着，他突然想到有道英语题目做错了，于是，他就拿出英语本修改了一下。这时正好被王老师看到，以为小李在抄袭别人的科学作业。其实当王老师进教室时，小李并不知道自己已经被王老师盯上了，他只是感觉英语作业已经完成了，就把它顺手放进了抽屉。王老师把小李的抽屉翻找了一遍，却找不到另一本科学作业本，而是一本封面与它一样的英语作业本，这正好说明小李确实没有抄袭，因为他放进去的就是英语作业本。

真相调查清楚后，我向王老师做了一个详细的解释，并且跟她说小李同学是科学尖子生，也是我们班考取春晖中学的人选，不可能抄袭别人的科学作业。谁知王老师还是坚持自己的判断，并且有点生气地说："朱老师，平常你对学生管教比较严格，他们都不敢讲真话。你作为班主任总是相信自己学生说的话，我虽然找不到证据，但小李抄袭科学作业是我亲眼看到的，是绝对不会有错，你们班本周的纪律红旗我就取消了。"

听了王老师的话，我心中有些生气。可是，又能怎样呢？难道跟王老师吵一架，还是转过身去痛骂小李一通。倘若我就这样任性做了，自己倒是出了口气，可小李的心里会更委屈难受，因为他是无辜的。他没有错，我怎忍心为了解气把事情搞得更复杂？想到这些，我决定放弃班级的纪律红旗，然后找小李谈谈心，希望能尽快帮助他平息抄袭风波，回归正常学习。

那天傍晚，我把小李请进办公室。他看上去有点紧张，以为我要批评他。我从桌上拿起一根香蕉，剥开后递给他，小李胆怯地接过香蕉，不好意思地低下了头。我笑了笑说："别紧张，你快吃吧！老师今天找你谈话，只想给你压压惊，我相信你是无辜的，因为你根本不需要抄袭别人的科学作业。"小李听了我的话，抬起头来，流着眼泪说："谢谢朱老师相信我，王老师一口咬定我抄袭作业，搞得我很难堪，也静不下心思读书了。"我拍拍小李的肩膀说："我知道你没有错，错的是王老师，让你受委屈了。可是，男子汉大丈夫要能屈能伸，你看离中考只有两个月时间了，我们没有必要为别人的误判耽误我们的正事。现在，你的成绩考入上虞中学问题不大，可是要考进春晖中学还是有点难度的。如果你考上春晖中学，谁还相信能考进春晖中学的尖子生会抄袭别人的作业？我想你用最漂亮的中考成绩来证明自己，你看怎么样？"小李听了我的开导，擦了擦眼泪，目光坚定地对我说："朱老师，我一定会加倍努力，考进春晖中学，我要让大家看看我到底是个什么样的人。"

从那以后，小李体育锻炼特别刻苦，体育中考获得了满分。在学习上，他也比以前更加努力了，上课与老师积极互动，课后作业保质保量完成，适应性考试成绩也接近了春晖中学线。一个月后的中考，许多学生都感到很紧张，小李却非常淡定，因为他心中有期盼。功夫不负有心人，后来小李考了689分，稳稳地进入了他梦寐以求的春晖中学，而且他的科学是全班第一名：196分。这个漂亮的科学成绩着实让小李扬眉吐气，两个月前的那桩违纪误判更像一个笑话了。

记得我国著名教育家陈鹤琴曾说过："先生不应该专教书，他的责任是教人做人；学生不应该专读书，他的责任是学习人生之道。"对于这桩违纪误判事件，幸亏我当时非常谨慎而巧妙地做了教育引领，才没有对学生造成严重的心理伤害。相反，由于我运用了活教育思想，学生重新点燃了学习激情，最终成就了中考梦想，这就是活教育思想的魅力所在。

作者：朱志英

初中生养成教育的有效路径

一、素养教育背景

陈鹤琴的《活教育》指出，凡是儿童自己能够做的，应当让他自己做。正所谓："行为形成习惯，习惯决定品质，品质决定命运。"养成教育提倡物品的合理有序整理，能减少杂物的干扰影响，促使学习者身心愉悦、提高学习效率，同时，对于学生品格素养、逻辑思维生成都有极大的帮助。这些不仅与学生的学习和生活息息相关，也关系到我国未来的建设和发展。

然而在目前，初中生养成教育实效性不突出，家长、学校也缺乏对学生养成教育的系统性研究和具体方法的落实。在我所在班级里，学生课桌里总是杂乱无章，教室里的物品也是经常性丢失。许多同学上课时找不到所需学习用品，或找不到作业本导致作业不能一次性交齐，让任课老师怨声载道。学生亟须养成良好的学习生活习惯。

二、养成教育过程

（一）思想动员

在班级组建初期，通过观察研究，我发现本班学生存在以下问题：①自主整理意识不强；②缺少整理方法；③自主整理能力不足。正是因为存在这些问题，导致整个班级处于杂乱无序状态，各项班级工作迟迟难以开展，学生学习状态不佳。于是我决定先从思想动员开始，让他们充分认识到整理、整顿的重要性。通过整理、整顿工作，促进学生形成良好的学习和生活习惯。

(二)实施策略

1.培养整理能力

（1）分享整理故事

在班级图书角放置有关于整理的书籍，引导学生收集分享整理故事，领悟整理的巨大力量，激发他们学习整理的内驱力。

（2）学习整理技巧

整理的核心理念之一就是分类，即针对不同属性区别对待，或是采取有针对性的解决方案。学生要学整理，就要教会他们对自己的书籍及学习用品正确分类。我先对整理抽屉和书包进行指导，告诉学生对学习用品如何准确定位和判断，合理做到改善和处理。根据需要与不需要区分，可以科学处理，有效提升物品的使用价值。同时我还指导他们在规定的时间里，在不影响他人的前提下进行统一收回，训练他们能以最快的速度熟悉自己物品的位置。

（3）评比"优秀整理者"

为了把整理和检查做得合理，在学生学会整理之后，我让班级组织委员作为总负责人，将班级分成两个大组，每个大组下面设立三个小组，各个小组长分别负责自己的小组，每天进行检查，评比出"优秀整理者"，并进行拍照张贴，激励学生养成良好的整理习惯。

（4）学习整理榜样

通过图片对比，请班级中"优秀整理者"上台，现场示范如何快速有序地整理自己的课桌、书包，其他学生观摩学习，交流总结整理的秘诀。

（5）"一对一"帮扶

开展"一对一"帮扶活动，促使优秀整理者对表现不佳的学生进行合理有效的指导，从而使所有同学尽快掌握整理的技巧。

2. 规范学习环境

整顿，是按照定量及定位的方法，在工作或学习的现场环境中，把必要物品采用科学、合理的安置和摆放，使得工作、学习场所能够一目了然。这样能够保证使用者在需要的时候，最迅速、最高效地找到自己所需物品，达到场所明亮且整洁的目的；移出不必要的与之无关的物品，促进学习、工作过程更加秩序井然。这是一种提高学习、工作效率有效的科学方法。

对整理抽屉的策略实施后，我的下一步规划——教师通过科学、有效的方法进行指导，对教室卫生及包干区域进行整顿。通过这种整顿，促使学生和老师的学习、工作效率得到提高。

通过主题班会"我的地盘我做主"及实施座位旁"三包"责任制，学生们学会了如何及时清理自己的桌椅及周围负责区域。"我是美容师""我是班级一分子"的活动开展，让学生了解了班级各个卫生区域，进行了清扫整顿，并积极、及时评价和反馈，创造一个整洁有序的班级环境。

3. 素养养成教育

素养是指形成良好的生活、学习习惯，引领学生们遵守纪律，并学会团队合作。养成教育指的是一种在课内外、综合习惯的培养体系。课内，即从校园里养成教育的角度而言，教师需要着重关注学生习惯的养成。全面看待学生的养成教育，必须强调家庭的教育和社会阶段行为习惯的养成教育。从而促使学生养成讲礼貌、重礼节的良好习惯，并将自身的好习惯保持下去并发扬光大。

（1）活动开展

在教室环境的整理、整顿初见成效后，我根据班情及每个学生自身的实际情况，有针对性地组织了一些丰富且有意义的课外活动，以帮助学生纠正不规范、不文明的行为。在活动中，教师或者学生以正向强化的方式，对于身边日常错误的行为习惯不仅及时发现，更重要的是对其进行正确指导和示范。学生之间学会了互相监督、提醒与帮助。

（2）家校联动

学校工作的开展离不开家长的有效配合和积极支持，因此建立深入而有效的家校联动机制，促使家校同步培养就显得尤为重要。它会让学生长期在良好的习惯固化中，最终主动自觉地养成好习惯，并始终保持好的习惯。

①鼓励表扬学生。在班级里树立文明礼仪榜样同学，同时持续地发现学生的进步行为并适时肯定和给予家长正向反馈。学生们获得了家校认可，可增强他们的自信心，激发他们继续努力的潜能。从而使班级形成一种互相学习、共同提升的良性氛围。

②肯定理解家长。深入加强家校合作沟通，需要对家长给予协助。教师需要更积极地配合家长，并注重学生优良习惯的养成教育；教师也需要多包容、多理解家长，适时引导他们关注与支持教育工作。

要本着开放的心态工作，与家长及时有效地沟通，让他们真正地参与，从而把养成教育的阵地从校内扩展到校外，家校同步培养，让学生的好习惯得到有效固化，最终能自觉、主动地养成好品质。

（三）活动总结

1.环境整洁有序

学生学会整理，善于整顿，从而形成一个爱护环境、物品保持整洁的好习惯，而且做到了在校内外如一。在这样的环境下，学生身心愉悦，学习也就能够达到事半功倍的效果！

2.行为习惯好转

整理、整顿及素养教育工作的开展，促进学生方方面面的进步。不论是行为，还是学习上，学生们都由被动转为主动，并且养成了积极向榜样学习的习惯。对于大部分学习科目，都能够长期坚持，内化成了良好的养成习惯。

3.自主管理意识增强

学生们明白了什么是"必需品"，学会了如何"自我管理"。在常规行为的养成教育中，学生们认真积极地履行着自己的职责，大部分学生的自律性得到提高，自主管理意识也得以增强。

4.归属感、荣誉感增强

在行为习惯的养成过程中，秉持着为班级服务、为班级争光的信念，学生们感到被接纳、被理解，与学校班级联系更紧密的同时，也强化了对班级的归属感，增强了他们的集体荣誉感。从而激起他们的积极性和创造性，进而更加努力地学习和成长，推动集体的发展和进步。

三、结语

陈鹤琴曾指出，每个儿童都有比赛竞争的心理，教师利用这种心理去指导儿童，可增强其兴趣，提高学习效率。因此，我通过树立榜样，引入奖励机制，强化学生的竞争心理，让积极的心理发挥相应的作用。这极大地激发了学生的兴趣，让其更具有竞争性和合作性。

陈鹤琴的活教育认为，家校合作是教育的重要组成部分，可以帮助学生全面发展，提高学习成绩。在整个养成教育的实施过程中，我持续加强与家长的联系和沟通，共同关注学生的成长。在与家长沟通中，注意关注家长的情绪，表扬与鼓励相结合，避免打击家长的积极性，充分挖掘每个家庭的潜力，从而达到共同培养并固化学生良好的行为习惯目的，同时也提高了学生的学习成绩。

陈鹤琴提出了"活教育"的理论，即通过生活中的实际问题和体验来培养学生的综合素质。学生在整理、整顿的活动中提升了自我管理能力，养成了良好的习惯。他们不仅能更好地规划自己的学习和生活，还可以培养自己的责任心、合作精神和自我反思能力，为未来的学习和生活打下坚实的基础。如陈鹤琴所说："教育的目标是成就一个自主、创新、有社会责任感的人，而这需要通过生活中的实际问题和体验来进行教育和培养。"

作者：李国妹

"睡神"觉醒记

教育家陈鹤琴提出："要做一个现代中国人，第一个条件是要有健全的身体。身体的好坏，对一个人的道德学问有绝大的影响。"[1] 教育涉及家家户户，孩子的健康成长也牵动着每个家长的心。随着年龄的增长，学生们出现的问题与状况远比小学复杂得多，心理问题、早恋问题、青春期问题等纷纷浮现。其中学生上课睡觉的现象颇为普遍且严重。看似小小的问题，既关系学生个人的身体健康和后续发展，

---

① 陈鹤琴. 活教育 [M]. 南京：南京师范大学出版社，2012.

也关系整个班级的班风建设。因此，我们必须正视并着手去解决它。

一、"睡神"初现心如焚

纵观各年段、各班级，总有那么几个学生上课经常睡觉，或明目张胆地趴着睡，或偷偷摸摸地打瞌睡。这不，我们班就来了个"睡神"小李！

问题的初现，要回溯至 2020 年的新冠疫情期间。这时，他的表现因缺乏督促有了突变：不上网课、不交作业。我与其父母电话联系，但收效甚微。

后来终于开学了，可网课表现不佳的小李，还没等我和他谈话，一到校，就丢给我一个新问题——上课睡觉！那是一种怎样的睡觉呢？据同学们绘声绘色的描述，他从早读开始即缓慢进入睡眠状态，然后逢课即睡，下课即醒。上课时趴着睡，雷打不动，口水直流，面带笑容，仿佛做着什么"黄粱美梦"。你倘若叫他，他是断不会应你的。下课的情形分两种：大多时候是一听到铃声，他便像触了电一般，猛然从周公处回来，欢呼雀跃地投入游戏中，和课上判若两人；偶尔也会睡得正酣，连下课了也浑然不觉，除非你用大力去推搡他，他方昏昏然醒来。于是，他便被班级同学封为"睡神"，这睡觉的劲头，无人能及，堪称天人。

看着小李这样天天睡，我实在揪心得很！既担心孩子的身体，又担心他的学习，还怕有别的学生模仿他。那么，该怎么干涉呢？我进行了一番思考和尝试。

二、家校沟通找"睡因"

要解决这个问题，首先要与家长取得联系，找出"睡因"，商量对策。为引起小李妈妈的重视，我转述了学生们的描述，并发了他睡觉的多张照片。她终于信服，并引起了重视：一要带孩子去医院检查一下身体，看看有无问题；二会关注他晚上的睡眠情况，看看晚上有无"秘密行为"。

一般而言，就算对学习缺乏兴趣，也不至于这样成天地睡。若身体无碍，定是晚上没有好好睡觉。果然，小李晚上有偷玩手机的行为。他父母睡得早，不锁房门，他便悄悄地潜进去拿走父母的手机，待玩好后又神不知鬼不觉地放回原处。如此几次后，就算哪天没有偷拿成功，他也在生物钟的控制下夜不能寐，只能白天呼呼大睡。事情败露之后，"睡神"的客观成因可谓是大白天下了。

三、思想动员断"睡念"

消除客观条件之后，我找小李多次长谈，试图切断"睡神"的主观原因。我们都有这样的体验，听到自己不感兴趣的、不理解的长篇大论，很容易昏昏欲睡。小李上课为何会想睡觉？因为他对学习不感兴趣。为何不感兴趣？因为老师讲的内容他不懂，跟听天书没有任何区别。疫情期间他落下了太多课程，回校之后根本跟不上，"每堂睡"之后便愈加不懂，如此产生了恶性循环。当然，这也与他自制力差、自我要求低息息相关。对于学习，他抱着一种无所谓的态度，自我放弃，而不是知耻而后勇。所以，问题的根源在他的想法和认知上。

当他略带紧张地走进办公室，我不是劈头盖脸地骂他，而是发出一声叹息："小李，你知道吗，老师真是替你可惜！"他脸上写着疑惑。"你很聪明，却把聪明劲用在了睡觉上，你说可惜不可惜、浪费不浪费？"我诚恳地解释道。小李却嗫嚅着："我……我一点儿都不聪明，什么都不会……""那你想想，你是因为智力低而不会，还是因为懒而不会？"他低头不语。"初一第一学期，你明明很多题都会的啊，成绩也算可以，说明你只要'一般努力'就跟得上的，智力肯定没问题！就算现在，老师要求你一定要背出某篇古文、某首古诗，你也背得比很多人流利。所以你说，问题出在哪里？"我娓娓道来，一一列举，他的脸渐渐红了。"你脸红，说明你知道问题所在，对吗？"他点点头，低声说："落下太多了，想听听不懂，不知道该怎么办，所以……""那你打算一直睡到初中毕业？"我追问。"不想，但不知道还能怎么做……"他抬起头，我看出他的焦虑。"那你愿意接受老师和父母的帮助吗？我们来告诉你怎么办。"他的眼神透露着犹豫，我进一步劝说："我们权且试一试，看看行不行，好吗？"他缓缓地点头，虽不够坚定，但对我来说，尝试就足够了。

之后，我列举了悬梁刺股等勤学苦读的例子，也讲述了爱因斯坦等名人崛起的故事，来增强他的信心。当小李走出办公室，我觉得他精神了不少，不似平日的萎靡不振。改变，在小李的配合和父母的陪伴下开始了。

四、习惯养成"睡神"醒

小李在我和他父母的督促下，开始了为期一月的尝试。父母每晚陪伴他做作业兼简单辅导，十点左右洗澡睡觉。如果觉得难以入眠，就通过泡脚或听轻音乐帮助入眠。夜间，父母也暗中关注他的睡眠情况，看有无异常。白天在校，我经常关注小李的情况，课间与他谈心，教他摆脱瞌睡的小秘诀……当他遇到语文上的难题时，我也及时指导，并督促他多背诵、默写。同时鼓励他多提问、多思考，减少学习盲区。周末，除了完成作业、补课外，父母还陪着小李运动、谈心，鼓励他、开导他……

在此过程中，小李充分感受到了大家的关怀和重视，这激发了他的斗志。渐渐地，他的行为也有了明显的改善：上课瞌睡少了，甚至能回答一些简单的问题；作业开始做了，虽然正确率不是很高，但能保证"量"；人变得开朗了，课间也逐渐活跃起来……更可喜的是，小李的语文成绩有了明显提升，他对学习的兴趣也逐渐浓了起来。一个月，微小的进步，悄然而至。

让人尤为欣慰的是，小李表示会继续坚持下去。看着他从心里愿意改变自己，主动踏出了"自助"的第一步，我真替他高兴！

五、结语

基于上述尝试，"睡神"小李终于有所改变，摘掉了"睡神"的帽子。通过这些措施，我貌似只是改变了学生上课睡觉的现象，实则完成了对学习困难生的转化，实现了教育平等；不仅助推了学生个人健康成长和家庭和谐，更有利于整个班风的建设。

（一）平等交流，尊重认可

《活教育》一书中说道："积极的鼓励胜于消极的制裁，积极的暗示胜于消极的命令。"[①] 与学生交流时，不能一味地指责、批评，而应尽量鼓励、积极暗示。通过"你太可惜了"等，表达认可和惋惜；用"权且试一试"等，表达尊重。同时，努力避免"睡觉使你成绩差"这类字眼，把重点放在"睡觉影响身体健康"上，提高小李的接受度。苏霍姆林斯基也说："如果学生没有学习的积极要求，教师越是把注意局限在知识上，学生对自己学习上的成绩就越冷淡，学习愿望就越低落。"[②]

（二）巧借习惯，科学引导

直接付诸行动很艰难，为避免小李出现畏难情绪，我巧借"习惯"来引导小李。因此，我们先以一月为期。约定期限时，时间的选择要注意科学合理。若过长，小李易打退堂鼓，可能踏不出第一步；过短，习惯还未巩固，容易改变，因此以三周或四周为宜。

（三）家校合作，形成合力

教师是孩子的第二任老师，父母才是第一任、最重要的老师，因而不能忽视家庭教育。父母的不鼓励、不作为，也是"睡神"出现的诱因之一。小李改变的同时，父母也要有所行动，而不只是旁观者。父母应努力成为孩子真诚、忠实的伙伴，而

① 陈鹤琴. 活教育 [M]. 南京：南京师范大学出版社，2012.
② 苏霍姆林斯基. 给教师的建议 [M]. 武汉：长江文艺出版社，2021.

不是冷酷的监督员、旁观者。

作者：吕　稀

"看见"学生　遇见成长

　　教师要始终保持对学生的关爱和关注，让每个学生都感受到自己的价值和被尊重。

——陈鹤琴

　　初二中途接班，这是很多老师都拒绝的，因为经过初——年，原班主任的管理模式已经形成，班级的班风、学风也基本定形，而要改变一些固化的模式，难度会比较大。何况我还接了一个很"可怕"的班。这个班级初一时已经名声大噪，成绩差、纪律差，有上课捣乱满地爬的，有徒手敲碎玻璃窗的，有屡次卸下厕所门的……对于这样的班级，我接手前就想好了对策——死盯，从早到晚看着，就不信还能整出这么多"幺蛾子"。

　　开学一个月，每天从清晨学生到校开始，到晚自修之后的查寝离校结束，无论是课堂还是课间，无论是自修还是就餐，只要是有"学生出没"的场合，都有"老班守望"的身影。这样的付出似乎只感动了自己，却没能完全改变学生。一开始他们的确有所收敛，但没过多久渐渐原形毕露。这引起了我的反思，每天这样看着学生真的有用吗？我是真的了解他们吗？我是不是应该更多地站在学生角度，真正地去"看见"他们。

　　一、看见委屈，温暖"魔王"

　　王栋是班里出了名的"魔头"，一米七五的个子，176斤的体重，经常无缘无故欺负同学。据说初一时几个被他欺负的学生的家长联合起来，在班级群里"攻击"王栋，引发了这些家长与王栋妈妈之间的激烈争吵，最后以王栋妈妈退群而收场。面对王栋，一开始我也是苦口婆心教育，跟他讲换位思考，跟他讲校园欺凌的后果。但似乎都收效甚微。

　　一天傍晚放学后，其他同学都走了，他独自在教室整理东西，我进去在他旁边的座位坐下，开始和他闲聊。当我问他为什么要欺负班级同学时，他先是愣了一下，然后支支吾吾地说："我读小学的时候人家也欺负我。"说完就背起书包走了。听了他这句话，我很诧异，也很惭愧，我怎么没有早点看见事情背后的原因，及孩子曾经的委屈。我马上打电话给王栋妈妈，了解到王栋读小学时个头不大，的确经常被同学欺负。到了初中，一下子长得又高又壮，他觉得是时候"反击"了。

挂断电话后，我又想法联系到王栋的小学班主任，跟她确认了一些情况，并请她提供给我那些经常欺负王栋的学生的名字。第二天，我到学校教务处查到了那几个学生现在所在的班级，并一一找他们谈话。同时在他们班主任的帮助下，我如愿拿到了他们写给王栋的简短道歉信。当我把这些信交到王栋手里时，我记得很清楚，他的眼眶红了，强忍的泪水在眼眶里打转，拿着信的双手一直在颤抖。我忍不住拥抱了眼前的这个大个"魔王"。此后，王栋极少欺负同学，班级同学之间、家长之间的关系都有了很大改善，我也顺利把王栋妈妈请回了班级群。

二、看见光亮，激发潜能

"上学迟到""作业不做""上课捣乱"……这些关键词一出，大家都知道说的是我们班的林亚同学。一个白白净净的帅气男生竟有这么多不理想的评价。我默默观察了他一段时间，留意到了两个细节：早上到校后，只有他会用纸巾把课桌椅都擦一遍，所以我想他应该是一个非常爱干净的学生。还有一次，我偶然看到他走过班级门前的花坛时，顺手摘掉了一片枯叶。于是，我找来林亚，希望他帮我们做一件大事——打理教室门前的那片花坛。没想到他欣然答应了，我想这可能是因为感兴趣的事情他愿意做吧。翻土、除草、浇水、除虫，林亚勤勤恳恳、一丝不苟地打理着他的小花园，我也会用相机偷拍下"小花农"的日常。花儿们在他的精心照顾下开得异常绚烂。在一次班队课上，我向所有同学展示了林亚的劳动成果，同学们都感到诧异，没想到他们眼中"游手好闲"的林亚还能干成这件大事，并送给林亚阵阵掌声。这时，我看到林亚脸上露出了少有的自信和骄傲。在这一过程中，他感受到了自我价值的实现。随后，我又把照片发到班级群，对林亚为班级所做的贡献表示感谢，家长们也纷纷表扬、鼓励他。他的妈妈更是马上打电话给我，感谢我能发现林亚的兴趣爱好，她还悄悄告诉我，林亚在家中也栽种了很多花花草草。之后的日子里，林亚很少迟到，因为他要在早自修开始前给花儿浇好水，所以每天能早早到校。课堂上也不再捣乱了，因为他觉得他要对得起家长们、同学们对他的鼓励和支持。

三、看见焦虑，成就完美

沈文是班级里的佼佼者，学习勤奋努力，每次考试都是班级第一名。同时也是老师的好助手，能出色地完成老师交给她的工作，也是老师们眼中的好学生，经常得到老师们的表扬、赞美。但在前段时间的入团学生评选中她竟然落选了，而且投票给她的学生寥寥无几，她也为此哭了好几次。我也很困惑，这个老师眼中的好学生为什么不受同学欢迎呢？事后，我悄悄找了几个学生了解情况，原来同学们都觉得沈文自私、小气，平时去问她一些学习上的问题，她要么遮遮掩掩敷衍了事，要么就直接拒绝。当我绞尽脑汁在想沈文为什么不肯帮助同学时，突然记起沈文的妈妈跟我说起过，孩子每次考试前都比较焦虑，担心考不好，不是第一，怕老师失望。我想，她不肯帮助同学也许是因为怕同学在学习上超越她，撼动她第一名的位置，得想个办法点点她。

我找来一个成绩平平、性格乐观开朗的学生——晓峰，请他帮助我。找晓峰之前我也是考虑过的：成绩平平能降低沈文的提防心，性格乐观有助于经受来自沈文的多次拒绝。晓峰要做的事情就是经常找沈文请教问题。两个星期下来，他的反馈是：有时候会给他简单讲一讲，有时候以"没空"为由拒绝。随后，在星期三的班队课上，我带着两份奖品走进教室。首先我大力表扬了晓峰，这段时间他的作业认真很多，正确率也高了不少。晓峰在同学们的一片掌声中上台领奖。然后我又说：晓峰同学的进步离不开一个人的热心帮助。大家诧异地你看看我，我看看你。当我说出沈文的名字时，大家都露出惊讶的表情，觉得不可思议。沈文自己更是觉得莫名其妙，带着一脸迷茫上台领奖，我趁机搭着她的肩膀，笑着跟她说：你不仅自己勤奋努力，还能帮助同学们取得学习上的进步，这叫先富带后富，最终我们班肯定能实现共同富裕！沈文从一脸蒙到一脸红，她应该也看破了我的小心思，意识到了自己的问题。

临近毕业，两年带下来，这个"可怕"的班级变成了一个"可爱"的班级，班风优良，学风浓厚，几个原本乖戾嚣张的学生都有了质的改变。我们也得到了学校、家长的一致好评。

教育应该是"看见"，而不只是简单、机械地"看着"，我们应该"用心""用脑""用情"陪伴学生成长，理解他们、尊重他们。要看见、理解学生的心理诉求，不能只看到眼前的问题，只想解决当下的问题，而要去关心问题背后的原因，只有对症下药，才有可能药到病除。要看见、激发学生的发展潜质，善于捕捉学生身上的"敏感点"，及时触动学生内心的"醒悟点"，看准时机、搭建平台，帮助学生充分享受自己努力付出而获得的认可和尊重。

听过一句意味深长的质问："那些挂在学校墙上的标语，我们老师自己相信吗？"同样，我们也经常问一问自己："当我们整天'看着'学生的时候，我们真的'看见'学生了吗？"是的，"标语"贴在墙上时只是废纸，只有入心了才是"理念"；学生被我们"看着"时只能是孩子，唯有被我们真正"看见"了，才有希望迅速成长蜕变。

作者：朱奇梅

倾听：打开心灵的窗户

初中一般被称为"多事季节"，心理学上则称其为"心理断乳期"。部分学生心思脆弱敏感，容易焦虑懈怠，也有独特却又不成熟的想法，他们在生活和学习上都有或多或少的困难，这是家长和教师最需要加以关注的。

陈鹤琴先生认为"大自然、大社会"都是活的教材。在信息技术普及的当下，学生面临的诱惑变多，他们的心理问题日益加剧。学生厌学、心理问题频出，亲子关系、师生关系变得紧张，这也是教育亟待解决的问题。"活教育"强调的是在做中教，做中学，做中求进步，教师可以通过分析学生的心理，进而有针对性地适当开展教育教学工作。

在解决学生问题时，我们因材施教、因人而异，而"倾听"就是一种很好的教育工具。因为倾听可以拉近人与人的距离，给人尊重感和亲切感，可以让彼此懂得，获得更好的教育效果。

一、倾听——拉进心的距离

作为一名教育工作者，教师在平时的教育教学中要学会倾听，这是了解学生心理、增进师生情感的有效沟通方式。

有一年开学，我正忙得晕头转向时，突然接到教务处电话：我们班这学期要插入一个从绍兴体校转来的体训生。据以往经验，体训生平时需要训练，学科学习时间相对较少，在成绩上会比较弱。我带着忐忑和不安，迎来了新学期。

记得第一次见到小杰（本文中的小杰为化名），是他在教练的陪同下来我办公室。他带着一丝腼腆，微笑着一笔一画写下自己的名字，这孩子应该乐观阳光，我心里的不安稍微减弱。为了快速安顿好小杰，我简单地和教练了解了他的基本情况，然后把他介绍给全班学生。

在刚开学时，我多次找小杰聊天，耐心地听他说在新班级中有哪些不适应，并安排一些班干部帮助他尽快熟悉学校和班级。通过观察，我发现了他的一些特点：他对数学特别感兴趣，作业质量也较高，但在其他学科上课时却闷声不响、无精打采。我也发现，在平时的课外活动当中，他的求胜心非常强烈，有点输不起，于是不大愿意参加集体活动。

为了解决他学习方面的困难，我又找他谈话，了解到他在体校读初一时，体训时间过长，许多学科的基础非常薄弱。他已经听不懂现在学习的知识点，写作业也就变得异常吃力。

我听后鼓励他努力赶上去，同时注意各学科的平衡。令我高兴的是，其他科任教师积极配合我的工作，给了他很多鼓励和支持。小杰也没有让我们失望，他的各科成绩都在逐渐进步，其中科学成绩能够从三十几分考到七八十分了，这令我们非常惊喜。

二、倾听——打开彼此的心扉

就在此时，发生了一件出乎我意料的事情。有一天早上，他到校特别迟，还一脸不情愿，科学课上也没有准备好实验器材。这让我非常纳闷。对于这样的学生，我知道一味地批评反而会引发孩子叛逆的心理，于是我选择了倾听。

我耐着性子和他谈话："这次科学实验器材怎么没准备好？""他们不给我买！"他带着厌倦的口气回答道。"怎么不给你买？"我继续问道。"我和他们说过的，但是他们每次都忘记……"他一下子把自己心里压抑许久的话说出来了。

终于我了解了事情的原委。原来，他来自重组家庭，现在的家里还有一个妹妹。正因如此，他觉得自己缺少关爱，在家里也很少说话，每次告诉爸爸关于学校的事情时都只说一遍，家长难免会忘记。

听完他的倾诉，我告诉他："不要认为父母为你做的事情都是应该的，也许这些事情发生在陌生人身上你都可以理解，但发生在你爸爸身上你就觉得不应该。如果父母忘记了，你就该多说几次。""下次我会多说，但是我认为依然没用。"他倔强地回答。

为了更好地了解这位学生情况，我给他爸爸打了电话，告诉他孩子心里的想法。希望他不要因为一些表象马上批评孩子，而要静下心来了解事情的原委。在家里，父母应该多与孩子沟通，这样更有利于孩子的健康成长。

三、倾听——温暖彼此的心灵

过了一段时间，我再一次询问他关于家里的情况，他明显开心了许多。我还是有点不放心，便打电话给他爸爸了解情况。他爸爸说，上次通话后，他开始注重与孩子交流，了解孩子在校期间的表现。而孩子在家里也变得活跃了不少，开始主动和爸爸沟通了。

同期，各科任教师也向我反映：这个学生进步了不少，包括学业。在欣喜之余，我依然多次找他谈心谈话，认真倾听，并适当给他一些建议和帮助。就这样，因为倾听，我和他亦师亦友，他对我也非常信任。

在接下来的日子里，在学习和生活中遇到困难时，小杰总会找我帮忙，我也很开心能够获得学生的信任。初三毕业的时候，小杰如愿地进入了上虞中学，我真心替他高兴。记得小杰在毕业典礼时特别感谢老师们没有放弃他，耐心地倾听他的问题，帮助他成长。

因为倾听，让学生懂得教师的良苦用心，对教师产生信任感，拉近师生之间心灵的距离；因为倾听，让教师懂得站在学生的角度思考问题，更全面地发现学生的优缺点，并有的放矢地开展教育工作。由此我想道：学会倾听，其实也是活教育施行过程中一个重要的方法。

作者：李燕清

跳跃的马尾辫

陈鹤琴说："人非圣贤，孰能无过？我们这些做大人的尚且知错犯错，何况这些小孩子？"作为班主任，当孩子们犯错时，必须用耐心、细心、责任心来帮助他们，守护孩子们的健康成长。

一、乖巧女生频违纪

我的班里有个乖巧守纪律的女生王同学，她身材娇小、性格内向，常年坐在班级第二排。课间最喜欢玩头发，时不时拿出小镜子看看自己的秀发是否乱了。午睡过后，她总会拿出小梳子，给自己扎一个顺溜的马尾辫。课堂上，马尾辫总是安安静静地垂着，就像它的主人，默不作声。

上学期期末的时候，她连续几天都迟到了半小时，而且一连几天都不穿校服，只穿了一件不合身的皮衣。我提醒了几次，她看起来好像有话要说，但还是闷声不响，似乎在挑战我的权威。接着她又连续一周迟到且不穿校服，班里其他学生都在窃窃私语。

二、师生谈话晓内情

我以为王同学是青春期叛逆，不愿意穿校服，抑或有了早恋倾向，想要打扮得更加漂亮。早自习结束后，我"爆发"了，把她叫到办公室，提高音量问她："你，最近为什么每天都迟到？而且也不穿校服？"她低下头，摆弄着衣角，不说话。"如果你家里有什么困难，你可以告诉老师，再说你家在学校隔壁，走路只要五分钟，迟到很不应该啊！"我接着问。她还是默不作声，我等了好一会儿，她都不开口，我的耐心快耗尽了，她才开口说："老师，我们去办公室外面聊吧。"

我们走在学校的竹林小径上。她低着头，马尾辫有些凌乱，情绪慢慢地平静下来后，她说："因为我和妈妈吵架，被妈妈赶出来，只能住在偏远的姑姑家，穿姑姑的衣服。早上我还需要转两次公交车才到学校，所以才会迟到的。"这个答案让我大吃一惊。"那你为什么会和妈妈吵架呢？"她又不肯说话了，于是我说："你放学后，把吵架的原因写在纸上，明天交给我，可以吗？在我心里，你一直是个听话的好孩子，陈老师很想帮助你，你可以给我这个机会吗？"她点点头。

第二天一早，她交给我一张字迹凌乱的纸，读完上面的文字，我大致明白了事情的原委。王同学的家庭比较复杂，母亲离异后带着她来到上虞，和后爸组成家庭，又生下了弟弟。王同学一来觉得母亲更偏爱弟弟，对她的关心太少，所以平时经常顶撞母亲，母女俩嫌隙存已久。二是因为王同学的父母离婚早，亲生父亲十几年来都不拿抚养费，母亲闹到法庭才给了三万块。王同学很想念父亲，去找父亲时，后妈又逼她还三万块，不懂事的她竟然给母亲打电话要钱。这样一来，王同学的母亲又生气又痛心，两人的关系彻底僵化了。这才导致母亲气得将她赶出家门。

三、以情入理解心结

"没有调查便没有发言权。"情况调查清楚后，我该怎么处理呢？作为班主任，我没有立即去批评她的父母。但是如果不处理好这件事情，又会影响王同学的学业和身心健康。我思忖着必须慎重处理，否则会适得其反。

于是我联系了王同学的妈妈。电话那头的王妈妈依然火冒三丈，不肯让王同学回家。这时我意识到，王同学的问题出于家庭教育的缺失。王妈妈很爱孩子，但是孩子却感受不到母爱。王妈妈也想把孩子教育好，但是却不会用科学的方法沟通。要想孩子转变，妈妈的教育方法先要转变。

通过多次与王妈妈交流，我告诉她应该如何消除母女嫌隙。比如，每天抽出一点时间陪同孩子做作业，周末陪着孩子一起运动等；对于孩子取得的点滴进步，家长要多多表扬，让孩子重拾对学习的兴趣。在我的努力之下，王妈妈的态度终于有所转变。

苏霍姆林斯基曾说过，教育这个概念在广义上就是对集体的教育和对个人的教育的统一，而在对个人的教育中，自我教育是起主导作用的方法之一。他强调："真正的教育是自我教育。"

午休的时候，我叫来王同学，让她谈谈自己的妈妈。从她口中，我了解到王妈妈在工厂经常上夜班，白天补觉。这让她休息不好，随之脾气也越来越暴躁。而且离婚再嫁，又生了孩子，这又进一步压缩了她关注王同学的时间。在王同学的描述中，我感到王妈妈真的非常辛苦。

我拿出一张白纸，画了一条线段，对王同学说："如果这条线段代表一天24小时，请你在上面标注一下妈妈某一天的日程吧。"她拿着笔，迷惑地看了我一眼，然后标记了妈妈一天的日程。这时我问她："如果让你和妈妈交换身份体验一天，你愿意吗？"王同学摇摇头。"为什么呢？""妈妈要做的事情太多了、太累了，我做不好的。"

我拍拍她的肩膀说："是啊，你妈妈上完八小时的夜班，回家还要烧一日三餐，送弟弟去幼儿园，还有各种家务，实在太辛苦了！你在家给妈妈帮忙吗？"王同学摇摇头，这个答案在我预料之中，因为通过和王妈妈沟通，我已知道王同学在家不爱干活，还经常发脾气。于是我趁热打铁说："你希望妈妈多关爱你一点，多理解你一些，老师也觉得你没错，但是爱是相互的，那你愿意多爱妈妈一点吗？你可以帮妈妈干一些简单的家务吗？"王同学点点头，似有所悟。

日子一天天流过，王同学的悔改之意越来越浓。在我的课堂上，她也比过去更积极，甚至主动举手回答问题了。课堂上古诗默写的正确率也高了很多。对这些我从不吝啬表扬。数学单元测试，王同学由班级倒数前五名变成了第二十五名，我在班里表扬了她，并把这个喜讯告诉了她妈妈。王妈妈也很高兴。就这样，我不断地肯定她的进步，让她和妈妈都看到了希望。

教师给学生一个肯定的眼神，一句简单的称赞，都有可能会改变孩子的一生。因此，班主任与家长交流时，应先对孩子的闪光点加以肯定，让家长看到希望，愿意付出努力。

四、家校合作终和解

看双方都有和好之意，我趁热打铁，又一次找来王同学谈心，先肯定了她这段时间的进步，再建议她对待后爸要有礼貌，在家里要手脚勤快，多关心妈妈。王同学也觉得过去的自己的确太不懂事，不知道心疼妈妈，保证以后再也不会这么任性了。

我见时机成熟，就建议王同学给妈妈写一封道歉信。然后我请王妈妈来了学校，王妈妈从信中感受到孩子的悔改之意，气也消了。而王同学也真诚地给妈妈认了错，王妈妈眼睛湿润地和女儿拥抱在一起，两个人都翘起了嘴角。

陈鹤琴认为："无论什么人，受激励而改过，是很容易的；受责骂而改过，比较是不大容易的。而小孩子尤其喜欢听好话，而不喜欢听恶言。"我温柔的鼓励，"唤醒"了王同学内心的力量。这场"离家出走"的风波终于尘埃落定，母女俩的心也靠得更近了。

我想只有怀着一颗爱心，及时客观地分析原因，正确引导，发现孩子闪光点再加以鼓励，让孩子们处处感受到关心与呵护，才能打开他们的心扉，同时教育也要取得家长的配合，形成教育合力，才能帮助孩子们走向成功。

作者：陈　晓

第六章　活力成长

　　陈鹤琴的活教育，不仅提高了教师的教学和育人水平，也让教师自身得到了提升和发展。在上虞外国语学校，经验丰富的老教师和青年教师一道，在活教育思想影响下笃行不怠、动态成长、不改本心。

第一节　以课堂推动活力成长

问道课堂　看见成长

　　生而有幸，能与我国现代儿童教育之父陈鹤琴先生成为同乡。先生的"活教育"理论主张以儿童为学习的主体，他的"活""做"两字清晰地告诉我们教学应遵循之道——做中学，做中教，做中求进步。这一思想是超前的，认为教育要培养做人的态度，让孩子养成优良的习惯，发展孩子内在的兴趣，帮助孩子获得求知的方法。这与教育部提出的发展学生核心素养的目标不谋而合。自 1989 年 8 月站上讲台，我一直以先生的理论为指导，以课堂为舞台，兢兢业业地保持教学活力。35 年，6000多节课，组成了我的教学生涯，而其中又有那么几节课，将我的教学生涯划分为明道、求道、修道、行道、乐道五个阶段，使其变得丰富而有意义。

　　一、明道中起步

　　1989 年至 1995 年，我经受了胸膜炎的折磨，也经历了生育孩子的艰辛，因为教学工作时断时续，我感觉自己的未来一片迷茫。1995 年 8 月，为了照顾刚出生的孩子，我调去了沥东镇中学。当时的沥东镇中有两所下属中学——三联中学和四埠中学，三所学校之间经常搞一些教研活动。新学期，我被安排"校长推门听课"，来听课的是三联中学的金水璋校长——一位资深的英语教师。我已经不记得教这节课的具体情形了，但我至今还记得我对它很不满意。可是，金校长却在课后表扬了我："你不愧是科班出身的教师，你的教学方法很活，你自己的教学素养也很好，看得出学生对你的课很感兴趣。"

他的话温暖了我的心，也使我想起了刚去沥海中学的第一节公开课。当时，教研组里的老前辈何关安老师对我说，不要觉得他给的分数低是课不好，他是怕我骄傲，他希望我一直保持钻研精神，好好地上课。

他们的话大大鼓励了我，让我在迷茫与消沉中重拾信心与希望。我知道我与以往不同了。我懂得了"亲其师，信其道"，我会给学生更多鼓励，让他们心情更好地学习。

二、求道中成长

1998年，教育改革的浪潮开始席卷祖国大地。8月，经过笔试、面试，我从沥东镇中考入了当时绍兴市第一所公有民营制学校——上虞阳光学校，成了学校初中部唯一一名英语教师。学校初建，万事待兴，我不顾年幼的孩子投入教学改革中。学校给每个办公室配备了办公电脑，我努力学习着文字输入和动画、课件制作。

2000年是优质课比赛年，经过学区选拔，我顺利进入了区级比赛。赛前，教研员张建昌老师给参赛教师开了一个会。在会上，他介绍了一堂英语好课的标准。他说，一堂好的英语课应该具有"十个性"，分别为趣味性、情境性、交际性、实践性、探究性、有效性、层次性、科学性、自主性、综合性等。回到学校，我就开始琢磨比赛内容——JEFC教材中的一节初二听说课。因为初中部没有其他英语教师，我独自一人细细研读教材，利用刚自学的电脑知识精心制作了动画。在完成课件后，我又反复地将教学设计与张老师的好课标准"十个性"进行比照，确认已经将其运用到课堂中。

功夫不负有心人，我的课在比赛中脱颖而出，获得第一名，取得了参加绍兴市优质课比赛的机会。

陈鹤琴先生在《教学原则17条》中告诉我们，要让儿童来教育儿童，儿童来指导儿童，这样有益于教学效益的提高。这条原则体现在英语课堂上最常见的就是Pair work。在缺少英语语言环境的教学情况下，我们需要把更多的课堂时间交给学生，让学生通过实际操练合作学习英语。反思这堂课，我觉得自己最大的亮点就是创新了Pair work 的做法。除了一问一答时的 Pair work，句型学习中的 Say to your partner，答案校对时的 Check in pairs，口语输出活动中的 Role play 等都以 Pair work 的形式进行，让学生互相帮助、共同提高，很好地体现了好课标准，促进了课堂教学效率的提升。

三、修道中奋进

优质课的成功让我信心大增，同时，我荣幸地成了区命题小组成员，上虞中学学区英语教研大组组长，也顺利地评上了中学高级教师职称。但是我没有满足于现状，相反，趁着教材修订的机遇，我开始将工作重心转移到钻研教材、主持课题、撰写论文上。我如饥似渴地学习，积极参与各级教师培训、研讨活动。2003 年，我从阳光学校进入上虞外国语学校（老校区）。在那里，我撰写的多篇论文获绍兴市一等奖，课题获上虞区一等奖，并多次开出区级公开课。其中，有一节区级公开课让我记忆犹新。

这节课的授课材料为第一版新目标英语九年级第 7 单元 Section A 3a-3b。我构思了"儿子爱好旅游——儿子去巴黎旅游是否合理——为儿子寻找实习地点"的教学思路，将教材中看起来并无关联的材料融合在一起，恰当地体现了教材的使用观，即"生活——教材——生活"。本来枯燥的英语阅读课在我创设的情景之下成为学生寻找证据、表达观点、运用语言的极好机会，真正体现了阅读的目的——读者（学生）通过篇章获取信息、解决问题。

这节课我运用了陈鹤琴先生的"故事教学法"原则，在合理而真实的情境下，让学习成了解决实际问题的方法。在实践中，训练了学生的思维能力与读写能力。活教育理念也经课堂得以实施，最终受到了大家的一致好评。

四、行道中进取

时间转瞬来到 2014 年，基础教育课程改革迈入了指向发展学生核心素养的时代，一系列重要的文件和研究成果纷纷发表。作为英语教师，我自觉地投入新课标理念的学习与应用中。

2021 年 11 月，周智忠老师的省级教研课题《基于核心素养的初中英语听说教学改进实践》研讨活动在柯桥区实验中学举行，作为子课题负责人，我选择了人教版Go For It! 八年级上册 Unit 7 Will people have robots? Section B 1a-1e 作为课例，探讨如何基于主题意义进行听说教学活动。

结合开课班级的学情，我确定了教学目标，并对文本内容进行了"2+2"处理。学生们在我的引领下，积极互动，理解对话内容，体悟人物的情感态度，探究"Can Joe's dream come true?"，最后得出"Dream it! + Believe it! + Work it!=Make it! because future depends on what we do today."。

这节课，我运用了陈鹤琴先生的"做中学，做中教"思想，学生们分组研究、共同讨论，体现了活教育的教学原则。而这节课也被评价为"英语听说精品课"。

五、乐道中与时俱进

"一花独放不是春"。我依照先生提倡的"教师教教师"之道，在长达20多年的时间里，时刻本着"分享快乐"的精神，坚持以师徒结对为基础，以"同伴接力助成长"为突破，全方位对结对青年教师进行指导与培养。在我的帮助、指导下，我的徒弟在各类评比活动中纷纷获奖。我的事迹也多次受到领导的表扬。

"教师教教师"既提高了青年教师的业务能力，也使我不断成长。我将自己的教学心得转成文字，获得了许多荣誉与奖项。

青衿之志，行而不辍则可期。35年来，我一直坚守教学情怀，努力与时俱进。幸运的是，我的付出得到了领导与同事们的支持与认可。我所带的学校英语教研组，我负责的区初中英语学科基地也收获满满。如今，我的教学生涯已接近尾声，但我仍会不忘初心，活力前行。

作者：吕　静

"真知困而得，峰高无坦途"

时间过得真快，我的教学生涯竟已二十多载！我觉得人一旦过了40岁，就像下山的车子，不踩刹车是无法慢下来的。可惜时间不是如此，我们无法控制其快慢。相反，它越跑越快，一不留神，便又是新的一年。朱熹有诗云："未觉池塘春草梦，阶前梧叶已秋声。"此种感慨，古今一也。职业的特点，决定了我们的工作如四季轮回。刚参加工作的时候，我似乎也踌躇满志，然而回首往昔，实在也没有多少惊喜，或许生活本该如此！

一、从动荡不安到慢慢稳定前十年

我教学生涯前十年，其实是带着心酸的。2000年我来到上虞阳光学校初中部任教，一年后学校由公立转为私立，三年后初中部取消，初中部老师被打包到上虞中学，成立了连校名都没有的上虞外国语学校，那时候大家都以为未来是美好的。然而仅仅四年后，新来的校长决定初中部不办了！老师被逐渐分流，我来到滨江中学。一年后来到新上外。

我以前待过的学校现在都已经消失了，或许整个社会都处于变革之中，而我的感受却是颠沛流离、寄人篱下。一直到 2009 年新上外成立，我也终于找到了归属感，在教学上也取得了些许成绩。一个稳定的工作环境对年轻教师的成长非常重要，这一点毋庸置疑。

二、锚准定位，提高专业素质

我认为从走上工作岗位的那天起，我们就要给自己找到一个准确定位。我的个人定位是：尽力做好本职工作，努力提高专业素质。具体来说就是工作学习两不误。本职工作必须做好，这是我对自己的起码要求，然后把主要精力和时间放到提高自己的画画或写字水平上去，这也是我们美术学科的特殊性决定的。因为不同学科，衡量优秀的标准不同。同行之间最受尊重的美术教师就是专业素质好的，这样你就足够自信，而且只有素质好你才能教得好。

所以年轻时我对国画、书法、篆刻都没放弃，后来觉得精力有限，便把最主要的精力放到了书法上面，特别是 2008 年开始，我到杭州拜了著名书法家周鸿图先生为师。周老师让我从唐人褚遂良的《大字阴符经》入手，通过基本笔画的练习重造我的执用之法，那时候我每天都练十小时以上，甚至通宵。通过周老师的悉心教导和自己的勤奋努力，我的书法进步很大，在省市和全国多次获奖，并成为中国书法家协会会员。

三、磨课中成长，赛课中提高

参加优质课比赛好比登山，困难重重。最早是学校说音美教研组没有人报，我能否报一下，我脑子一热就答应下来。2012—2013 年一年多的时间里，我一共赛课五次，而且都是不同类型的课。

经过多次磨课上课，我的教学能力得到了很大提升，特别是准备绍兴市和浙江省优质课比赛的那段时间，我几乎每天只睡两三个小时，而且都在纠结和崩溃边缘度过。有道是不经一番寒彻骨，哪得梅花扑鼻香？所幸最后结果还算圆满，我获得了省优质课比赛一等奖。所以教学比武的历程就如马拉松赛跑，纵有良好的天赋，亦要后天在精力、时间上全心付出，之后方可能获得理想的成绩。

四、平淡生活，书写快意人生

著名词作家阎肃在谈到人生时说：人最重要的是三个"分"，一曰"天分"，一个人能否在自己的领域取得一些成就，天分极其重要，从事艺术工作尤其需要天分！二曰"勤奋"，一件事情能否干好，勤奋比天分更重要，教学工作正如斯！三曰"本分"，这里面主要包括两层意思，该你干的你必须干好，不该你干的千万别干，这是三个"分"中最重要的一个，也是一个人最后能否取得成功的关键。

赛课结束后，我又恢复到以前平静的生活状态。在做好日常教学工作的同时，我主要的精力还是放在了书法上，并取得了些许小成绩，于2022年秋季举办了第一次个人书法展，出了第一本作品集。此外，我在美术教学和书法上都带了一些徒弟，帮助愿意跟我学习的老师们，我非常愿意帮助青年教师们一起成长，书写我们虽然平淡然但各自精彩的人生。

作者：赵技峰

第二节　以坚守促进活力成长

"工匠精神"永远在课改路上

"工匠精神"，诠释的是工匠以极致的态度对自己的产品精雕细琢、精益求精、追求更完美的精神理念。"工匠"曾代表那种机械重复的工作者，如今它散发着新气质：严谨、专注、细致、精益求精。

一、学习微课制作

在课改背景下，有关"微课"的培训和制作评比活动层出不穷，但是我对此却一无所知。我的微课启蒙老师是特级教师朱伟平，他对教学软件技术情有独钟，微课方面他也有深入学习。我接到了他布置的三个作文微课任务（《动作描写》《心理描写》《语言描写》），顿觉难度挺大。但朱老师身体力行地传授我微课方面的知识和技能，他用真诚和热情感动着我，他的严谨、精益求精鞭策着我。

于是，我着手制作了第一个微课《动作描写》。虽然关于"动作描写"，我有较为成熟的教学设计（因为这节课多次上过区级公开课），但是微课有时间的限制，一般 5~8 分钟，所以操作起来还是比较困难的。接下来我反复删改、控制时长、精心设置 PPT、精选配乐……最后《动作描写》获得了微课评选一等奖，我激动万分。

二、钻研中考试卷

在课改上，"中考的指挥棒"作用必须重视，梳理研究中考试卷应该成为每位任课老师的自觉行为。这是我在朱伟平名师工作室研修中体会到的。近三年，朱老师每年都布置研究浙江省各地中考语文试卷，撰写专题论文的作业。因此我利用暑假深入钻研，积极撰写评价性文章。其中，2015 年写的《立足生活 检测语用》还被发表在《语文教研》上。

朱老师还鼓励老师们扮演命题者的角色。他认为自主选材并模拟命题的工作非常有价值，有助于教师理解文本，了解学情。长此以往，不仅教师的教学水平提高了，学生的阅读水平与解题能力也必然能得到有效提升。我结合自身经历，命制了《关于"变味的网络投票"的主题阅读》，在上虞区初中语文原创命题制比赛中居然获得了一等奖。今年，我有幸参加省中考命题培训，得以深入学习"SOLO 分层评分理论"，切实体会它的价值。按照这个理论，我尝试命制了《跨越地平线》《铁圈》等文学性文本阅读题，其中《铁圈》荣获 2017 年上虞区文学类文本阅读原创题命制评比一等奖。

三、命制期末试卷

在我评上区教坛新秀、学科带头人后，教研员孟海明老师给予我参与区期末试卷的命制工作。我参与命制的第一份期末试卷是 2013 学年第二学期七年级期末卷，这份卷子是我和姚闯老师一起命制的。于是我在孟老师的指导下开始磨题之旅。放在我们面前的试卷初稿满是圈点勾画，孟老师已经仔仔细细、认认真真做了点评，他认为命题过程不只是出几个题目那么简单，一个优秀的命题者，应该阅读丰富、文本阅读和分析能力较强、语言能力敏锐、表达能力精准、语文知识扎实、精准把握考纲和课程标准、掌握现代先进评价理念，这让我觉得命题工作任重道远。接着，孟老师逐题逐句地点评每一道试题，从语料的选择、参考答案、评分标准、排版格式等，事无巨细，一一道来。命题工作极具专业性，孟老师就是这方面的老师傅，他"匠心"独运，雕琢着每一道题，不仅在于口头上指点江山，更在于躬身实践悉心传授，着实让人感动。

后来，孟老师放手，让我一个人命制 2016 学年第一学期九年级期末语文卷和九年级中考适应性语文卷。如果说我在命题上有一些成绩的话，离不开孟老师精心培养方式。他对试卷命题的认识、命题的品质和追求等方面见解独到。他毫无保留地讲解了命题的用心和意图，让我对语文试题的命题有了更深的认识。

四、参与中考命题

后来，我有幸参加了绍兴市中考语文的命题工作。回想这次中考语文命题，挺不容易的。时间短：虽然中考命题时间是 20 多天，其实定稿时间只有五六天。人员少：三个人。强度大：第一星期每天工作时间超过 15 小时。要求高：必须原创。比如大作文，如果网上有类似的就不行。第二星期磨题校稿，让我深刻地体会到，能否准确地将"要学生答什么"通过文字表达出来，着实是件严谨的事。这时如何准确表达命题，反复地斟酌语言便成了常态。在绍兴市教研员浙江省特级教师赵卓青老师的带领下，我们克服种种困难，不厌其烦品读试卷，不留一丝问题，努力打造精品试卷。

本次命题，我领略到赵老师的风采。她有"看穿"文本种种玄妙的能力，及基于热爱而焕发出的强大的智慧与力量；她平易近人、幽默风趣、知识渊博、语文素养全面卓越。这正如她自己所说："我认为一个语文老师，首先是杂家，如文化知识、教育能力、为人修养，我也是从这些方面加强学习的。"

25 个日日夜夜，命题工作虽然苦累，但收获也大。其间我搜索资料的能力得到了肯定，问题设置和答案拟定能力得到了锻炼。同时也让我明白在今后的语文教学中，要以严谨的态度提升命题能力，以中考的理念指导教学实践，不断提升自身语文教学素养。

近几年来，命题让我真正感觉到一份科学有效的语文卷是沉甸甸的。对于教育，我们要像前辈一样甘于奉献、勇于钻研、乐于坚持，只有这样才能打磨出一颗"匠心"，才能更好地教书育人。

在课改上教学实践和感悟，都是在上外这 8 年中获得的。如果真要我总结一条成长经验，那就是"在上外，心有多大，舞台就是有多大"。因为这里有志存高远的优秀学生，有乐于助人的热心同事，有浓厚融洽的教研氛围，有激发年轻教师奋进的成长舞台。

上外是一所年轻富有活力的学校，"工匠精神"永远在课改路上，让我们耐心专注、专业敬业、严谨细致，精心打造优质教育；以对教育的敬重，孜孜以求、乐此不疲地修业，构筑你我的教育大厦。

作者：孟国乔

守心方土　深耕细作"活教育"

德国教育学家第斯多惠说过："教育的艺术不在于传授本领，而在于激励、唤醒、鼓舞。"陈鹤琴先生也说："要培养孩子的智育，那你就得交给他思考。"教育不是灌输而是点燃，是帮助孩子释放出生命的活力，挖掘出孩子的潜能。这需要教育者守心方土，有深耕细作的姿态和教育的灵魂。2010年，作为一名非师范院校毕业生，我踏上了三尺讲台。从那以后，我深知我将躬耕于自己的半亩方塘。为此，我必须勤奋努力，不断学习，提升职业素养。在上虞外国语学校从教十余年中，我一直对育人初心未改，我经历了从新手入门到循序渐进，从渐入佳境到趋于成熟的教学历程。每一次我都看到了自己的蜕变，发现了更好的自己。

一、拨云寻古道

2010年，我毕业于浙江工业大学汉语言文学专业。作为一个非师范专业的毕业生，我从未想过从事教师这个职业。但是细想当初，或许我与教师的缘分早已注定。教书易立德难，教人易育心难。我报名参加上虞教师招考出于偶然，最终顺利被录取，是意外之喜，让我更感责任之重。

初入职我便教初二，没有教学经验的我深深感受到了压力：课堂如何组织？教学活动如何设计？面对难题，我疯狂"补课"，到图书馆借阅教学丛书，以优秀课例为备课范本，以优秀教师为教学标杆，反复学习研读，思考教学环节，进行课堂实践，撰写教学反思。我还借鉴网上优质上课资源，为了把这些视频整理成课堂实录我常常通宵工作，备一篇课文也要花费几天时间，虽然这花费了我很多时间和精力，但是创新的教学设计、精彩的课堂呈现却让我享受到了前所未有的成就感。我觉得只有教材的鲜活、教法的灵活，才能在教学中教活书本、学生与自己。

教学是细活，处处可琢磨。为了精益求精，我需反复阅读文本，记录阅读心得。我认为做好一名教师，首先要做好一名阅读者。尽管这同样需要大量的精力，但恰恰是其过程让我能潜入文本，解读其背后的意蕴。

前辈们总说，青年教师得站稳主阵地，练就基本功，才能尽快脱颖而出。课堂教学是教师的基本功，根基稳固了，才能在教学上有所收获。为了快速提升教学能力，拓宽教学路子，我每学期开出一节校级公开课，邀请备课组听课指导。上公开课是对自我最好的打磨和提升，每次评课，备课组各位老师都不厌其烦地指出我课堂的不足，肯定我的进步，让我在审视中反思教学行为，在反思中改进教学策略。

拨云寻古道，倚石听流泉。2015年我参加青年教师比武，取得了让自己满意的好成绩，同年还获初中语文"教学新秀"称号。2015年和2017年，我开了两次语文区级公开课，受到了教研员的高度肯定。

二、追风赶月莫停留

陈鹤琴先生说："'做'是学生学习的基础，也是教学论的出发点。""顺木之天，以致其性"，教育是做的哲学，是教师运用适恰的教育技巧激发孩子自主探索和认识自我的过程。

随着教学经验的积累，也让我在教学上不断有新的想法，教学也日趋成熟。此时，学校为新教师配备了专业发展的引路人，师傅高巧英老师的出现为我的教学之路点燃了一盏明灯。我扎根在师傅的课堂，循着师傅的教学方法，努力改进自己课堂教学的组织方式。我尝试采用小组合作的方法，充分发挥学生自主学习的能力，在学习过程中引入学生生活经验这本"活书"，教师在"做中教"，学生在"做中学"。

2018年我参加绍兴市"品质课堂"录像课评比，选择了口语交际课《复述与转述》。阅读和写作教学一直是初中语文教学的重点，同时也是痛点。重视"操笔为文"，忽视"口耳之事"是当下语文教学的短板，因此鲜有教师进行口语交际课堂实践。此外，口语交际更不能割裂交际情境而运用，这就要求教师在课堂设计时能够引入适切的情境，在任务驱动下展开口语训练。这堂课极具挑战性。为此，我也陷入了备课的困境。"既然教材中无法找到适切的情境，那我们何不从学生的校园活动、近期上虞开展的活动中去找找？"师傅的一句话启发了我。是啊，"大自然、大社会都是我们的活教材"。

后来，我以即将举行的曹娥江马拉松为切入口，结合学校近期下发的《关于组织参加越马系列赛2018绍兴·上虞曹娥江国际半程马拉松赛的通知》创设情境。这极大地激发了学生的学习兴趣，激活了学生强烈的表达需求，本堂课我采用了小组自主合作探究的学习方式，在畅所欲言、情景模拟、实战演练三个活动中让学生明晰复述与转述的区别及表达时的注意技巧，课堂是学用的"训练场"，通过说一说、演一演、练一练，让学生在实操中反复表达与运用，让语文素养在学习过程中落地。

追风赶月莫停留，平芜尽处是春山。2018年该课获绍兴市初中语文"一师一优课"一等奖，同年录像课又获教育部级优课。同时在上虞区第十一届课堂教学艺术节专场开设口语交际公开课。教学上的突破和发展也让我获得了更高的教学荣誉。2018年我被评为上虞区第十一届"教坛新秀"。2019年被评为绍兴市第十三届"教坛新秀"。

三、傍花随柳过前川

陈鹤琴先生说过："教育的成功关键在于教师对学生爱的深度和专业技能。""教育不是一个独立的岗位，而是一个需要合作、协作的共同体。"教学上的成长，让我渴望更广阔的平台。2017年我参加了孟国乔名师工作室，通过工作室的平台搭建，理念引领，实践指导，我在专业上走得更远。

2020年9月我参加了上虞区优质课比赛。比赛内容是八年级上册第五单元说明文教学，比赛要求教学设计着眼整个单元的特点，在落实知识点的同时让学生真切地感受到说明方法的好处。这就打破了传统的单篇教学方式，要求教师注重单元教学内容的整体性，知识点的综合性。可以说，这又是一次改进教学方式的新尝试。为此，工作室的同仁们为我开展了集体备课，以新课标为依托，从整个单元入手，分析单元内部的联系，力图发现每一篇教材的独特性以及这篇课文在整个单元中的意义。然后根据本单元教材特点进行重组整合，开展以"探说明文之趣"为主题的说明文单元专题探究。

整堂课以《蝉》为教学支点，勾连本单元的说明文知识，关联名著阅读《昆虫记》，让专题教学、整本书阅读和写作成为一个整体，以读促写，以读（课内）促读（课外），以读促思，让学生的思维在读写思中活起来，让枯燥的说明教学在整合中生动起来。经过反复打磨锤炼，该课最终获得当年优质课评比一等奖，以及2020年度中小学"活教育·活课堂"典型案例征文评比一等奖。

学非探其花，要自拔其根。整合教学让我优化了教学策略，着眼于教学资源的开发和利用，慢慢从"教教材"到"用教材教"，既注意教材同一主题下各内容的相互关联，也注意联系以往教学内容，联系学生的经验和生活，做到瞻前顾后；突破"死书"的藩篱，把"活书"引进课堂；砸碎"死教"的枷锁，让学生人文并茂。

2021年3月，我有了更高的锻炼平台，在绍兴市初中语文命题技术研讨活动中开设一节公开课——《基于整合的议论文阅读复习》。备课过程中，我又遇到了瓶颈。命题技术研讨活动与当年中考方向密切相关，议论文阅读复习在近年中考中鲜有整篇考查，如何在课堂上做到教学评一致呢？这是我迫切需要解决的难题。

有了上虞区优质课整合教学的尝试，本次备课我把整合的范围扩大到初中三年语文教材中的议论文教学和近五年的中考试题。通过梳理教学脉络，整理出不同学习阶段议论文教学的侧重点和历年议论文的考查方向，立足初三学生当下的学情，在问卷调查的基础上，掌握学生议论文学习的薄弱点，紧扣教材和课标要求，针对薄弱点搭建知识支架，通过时代热点拓展，降低学生对议论文的畏惧心理，创设贴近学生实际的学习情境，在任务驱动下提升学生语文素养。

我以近期工作群中下发的接种新冠疫苗的通知为话题，引出议论文的相关知识，把课内知识与时代热点关联，拉近与学生的心理距离。为了巩固议论文知识，我引入一组关于《电子孝心》的原创试题，把传统文化与知识运用相结合，多角度考查学生的论证方法、论证思路及论证逻辑，综合锻炼其思维能力、探究能力及表达能力。最后，以学校近期下发的疫苗接种倡议书为情境，以劝说家人接种为驱动任务，引导学生运用所学解决生活问题。

"有字书"的扩展，"无字书"的引入，让语文课堂更贴近学生生活，该课以引导学生解决实际问题为旨归。教师既是课堂的组织者，又是活动的引导者，更是情境的命题者，这样不仅教活了学生，也教活了自己。

云淡风轻近午天，傍花随柳过前川。在教学中，我慢慢意识到教育是慢活、细活、巧活。如今，我已不再是自困于教材的教书匠，我把时代热点、校园焦点、生活美点引入课堂，以人为本、以导为魂、以悟为纲、以新为的，在潜移默化中深耕厚植、精耕细作，用心做"活教育"，向教育更深处迈进！

作者：王　芳

第三节　以奋斗成就活力成长

青春在奋斗中成长

我是一名奋斗在一线的初中专职心理辅导教师，现任上虞外国语学校团总支书记兼心理辅导站站长。十一年来，我本着以学生为主、为学生服务的理念，在"活教育"思想的引领下开展教育教学工作；同时，愿尽自己所能帮助学生，达到使学生身心健康发展的目标。一路走来，我逐渐褪去了刚入职时的青涩懵懂，并在工作中成长、收获。

一、个人勤奋斗

2012年8月，我带着美好的憧憬加入了教师行列。作为刚毕业的青年教师，我很希望自己的所学能有用武之地。但入职后，我未能如愿成为专职的心理辅导教师，而是班主任兼社会历史老师。

当时我感叹于现实与理想的差距太大，失落和担忧也应运而生。然而，现在我却要感谢当时的安排。正因为班主任的工作，我对孩子有了更多了解；对自己的能力、努力方向有了更准确的判断。同时，在任教社会历史的过程中，我对教材解读、教学手段、教案撰写等有了进一步认识，也积累了不少教学经验，为我后续的专业成长奠定了不少基础。

随着心理学科在教育中地位的改变，我慢慢从兼职变成了专职的初中心理辅导教师，这在当时很少见。自此我怀着一颗感恩之心开启了我的本职工作，才有了现在我所拥有的一切美好。我是幸运的，更是幸福的，也从心底更加珍惜这份来之不易的宝贵机会。

为了更好更快地适应心理辅导工作，我在学校领导的关心和支持下，多次外出参加培训和学习。我快速地融入了上虞区心理健康教研团队中，并成为主力之一，这就为我的不断成长创造了更多的机会。同时，通过培训和学习，我对心理辅导活动课的内容分析、上课模式、教学手段以及个别辅导技能等都有了更深入的认识，并在不断摸索中有了一些自己的上课思路和模式。

"从做中学，在思中长"是我一直以来倡导的工作理念。我觉得个人只有在不断的实践和反思中才能得到更好的发展。所以，在我的教育生涯中，只要有机会能够磨砺自己，我都会全力以赴。或许正是有了这种精神，我得到了领导和教研团队的认可，获得了一些展示自我、突破自我的机会。

记得第一次学校让我上心理辅导活动公开课时，因为学校没有心理教研团队，且我与其他学校的心理老师又不熟悉，这种课对我来说并不简单，但我没有推脱放弃。在准备的过程中，搭班的老师们虽然没有给我专业方面的帮助，但在教态、语言表达等方面给了我不少指点，也让我积累了不少教学经验。虽然课程设计差强人意，但当时听课的老师们还是给了我很大的鼓励和支持，也让当时年轻的我找到了一些自信与勇气。

在后面的几年里，为了提高展示效果，我每次都会不停地备课、磨课、改课，并且在前辈和小伙伴们无私的指点和帮助下渐渐成长、日渐成熟。我也从一听到要上公开课内心就非常焦虑和纠结，到现在能够坦然地去面对、去准备。就是一次次的历练让我的信心大增。

二、平台促成长

一个人的成长离不开"集体"，成就"集体"最终也会成就自己。我的成长过程，就很好地印证了这一点。

2019年，学校积极争创省心理辅导一级站、省心理健康教育示范点学校等称号，而我不仅是其"主力军"，也是"受益者"。每次我都要准备资料、开课、介绍等。通过这些争创，不仅学校的心理健康教育工作发展方向更清晰，也加深了我对心理健康教育工作的认识，这在一定程度上助力了我的成长。同时，各项创建工作必须得到领导和全体教师的大力支持与帮助，这也在一定程度上让我与领导和同事之间关系更紧密，提升个人在学校层面的认可度。

令我记忆深刻的是，在争创一级站时，学校领导陪我加班加点、一起撰写和修改评审材料，我还得到了老师们的大力支持，这使得评审工作顺利完成。但创建工作是烦琐复杂的，我也曾有过抱怨和不满，但又非常感激它们，因为它们让我有了更多助力自我成长的平台。

作为一所拥有专职心理辅导教师的初中学校，在上虞区心理健康教育教研团队开展各项区级及以上教研活动时，我们可以为其提供更便利的条件和服务。因此，我作为承办方的主要活动负责人，收获的不仅是知识和技能的增长，还有其他学校老师的认可与肯定。

我积极参与区级及以上部门组织的各项活动，如绍兴市心理健康教育学科研学共同体、上虞区校级之间的心师联盟等。尤其是心师联盟活动，作为导师，我有机会去指导联盟学校的心理健康教育工作，这也在一定程度上鞭策我必须不断成长、不断前行，因为只有这样才能更好地参与指导工作。心师联盟活动让我开启了比较正式的心理健康教育讲座生涯。在一次次实践中，我渐渐感受着自己的成长，更欣慰自己能够得到大家的认可，获得更多与学生、家长分享心理健康教育知识的机会。

我还积极参与一些社会活动，如妇联的公益志愿者、家风家教宣讲团等。从中我不仅可以接触到其他领域的朋友们，还可以学习到他们在这些领域的思想与闪光点，为我的成长加分。

俗话说，环境造就人。三年的疫情也在一定程度上助力了我的成长。疫情期间，为了帮助学生更快更好地适应校园生活，安全度过"开学过渡期"，学校必须采取一些具体的途径作为抓手去落实。

作为学校阳光工作室的负责人，我义不容辞地承担了其中的一些任务。比如，开设专栏或心理热线为家长和师生提供学习便利、精心组织开学仪式为家长和师生营造温馨舒适的校园氛围等。尤其是开学仪式，每次我都会花很大的精力去构思、准备、实施，这不仅促进了我的专业发展，而且还提升了我的组织能力。

我组织能力的提升，最多源于我在团队工作的实践。2015年，我有幸成为一名少先队大队辅导员，自此，我开始了与各种学生活动打交道。每次组织活动，都让我的应变、处事等能力得到了提高。

三、新秀初长成

在学校领导、全体教师及心理健康教研团队的支持与帮助下，我渐渐地"长大"，也在各方面取得了不少成绩和荣誉。

我在教育教学的过程中兢兢业业、勤勤恳恳，不断努力和奋斗。个人被评为浙江省优秀少先队辅导员、绍兴市最美教师、绍兴市优秀少先队辅导员、上虞区第十二届教坛新秀、上虞区首届首席资源教师、上虞区德育先进工作个人、上虞区优秀团干部、上虞区红十字人道促进最美个人等荣誉称号。

我积极参与各项教育教学评比活动，在浙江省市区各类评比中多次获奖，荣登《中小学心理健康教育》杂志的封面人物。

我所负责的工作也得到了上级领导的认可与表彰。学校曾多次被评为"绍兴市先进团支部""绍兴市优秀少先队大队"等荣誉称号。学校阳光工作室成功争创"浙江省中小学心理辅导一级站""绍兴市学科教室""上虞区首批示范性学科教室"。同时，学校心理健康教育工作经验也在中国教育报、浙江教育报、绍兴教育网、上虞日报等媒体上多次被报道，相关照片被刊登在《中小学心理健康教育》杂志彩页中。

伴随着发展，学校在区域内较好地发挥了心理健康教育示范引领作用，也得到其他学校老师的好评与赞扬。同时，通过心理辅导活动课的开设及各类心理健康教育活动，我校学生对心理健康教育的认识有了较大的提升，对心理辅导有误解的学生逐渐减少。学生与我的关系越来越近、信任度也在不断提升，越来越多的学生在遇到心理困扰时会主动向我寻求心理援助。

青春在奋斗中成长。无青春，不奋斗。其年华短暂，但力量永恒。我会时刻牢记自己的初心与使命，不断奋斗，继续前行。

作者：楼宝娜

潜心修炼，突破自我
——我的活力成长故事

说起成长故事，好像只有资历较深的名优教师才有得讲，而我深感与名师之间还有很大差距。但再一想，一棵新苗从发芽、破土，到苗壮生长，也总会经历无数风吹雨打和艰辛磨砺。而我这个"新苗"，就是在上外的舞台上，在无数次课堂教学中蜕下青涩的皮囊，逐渐活力成长的。

一、曲折踏上"科教"路

2014 年我从大学师范专业毕业，从满怀激情，到比较失落，因为第一次参加教师招聘考试，我落榜了。没有任何理由，只是自己做得不够好。所以那个暑假我都在为能去哪里教书而犯愁，感觉自己没有了前进的方向。静下心来想想，主要还是我面试时经验不足，课堂教学能力不够，如何提高？就先从代课老师做起吧。父母总是在背后默默地支持鼓励我，帮我找到了我教书生涯的第一站——谢塘镇中学。

作为教师都要经历上公开课，你要展现自己最好的一面让人家认可，这是我最初的想法。某一天的傍晚，校长突然找到我，说第二天科学教研员王肖敏老师要来学校调研，其中要听一节我的课，另外本校其他科学老师也会一起来观摩，让我好好准备。时至今日，我依然记得那晚的惶恐不安，准备时间短，教材也不是很熟悉，怎么办呢？但很快，骨子里那股爱挑战的劲占了上风。我也暗示自己，困难其实没有想象中那么大，再说谁不是从新教师一步步过来的啊。于是我认真准备了教学生涯的第一堂公开课，七年级下册第二章光学中的《平面镜成像》。第二天硬着头皮顺利地上完了这节课，我悬着的心也终于放下了。

课后，教研员王老师的评价让我印象深刻，也是我最后能坚持努力考上编制的力量来源。他说："作为新教师能把课堂上成这样已经很不容易了，基本功不错的，还是很适合教书的。"当然王老师也给我提了宝贵的意见和更高的要求，第一，课堂是服务学生学习的，教师要把关注点放在学生身上，让学生参与课堂，师生对话，激起思维碰撞，教师应善于倾听和捕捉生成。第二，不用过分考虑教学预设是否完成，应聚焦学生思维深度，切莫被进度羁绊，要有所取舍，不可能面面俱到。第三，胆子要大点，上一节课就是一幕情景剧，教师是剧中的一个重要角色，一定要感情饱满，充满激情，融入其中。王老师的这些话为不安的我指明了努力的方向。

可惜的是，边代课边备考的这一年，虽然自己觉得很努力，但还是差了一点，连续两年招考失败，令我一度怀疑自己。经过激烈的思想斗争之后，我还是决定坚守初心。心之所向，素履以往，绝不轻言放弃。为了提高自己，充实自己，积累经验，我选择去城区学校浙江华维外国语学校初中部，这一年我的压力也特别大，有时也会焦虑，但我不能辜负对我有深重期许的人，我得加倍努力。

人所遭遇的困境，在当下或许是难以接受的，但在过后的某一时刻，你会突然觉得，这些都是为了来之不易的圆满。2016 年 8 月，我终于成功上岸，缘系上外。我希望我的经历能激励正在努力考编的年轻教师，其实大部分人的成长并不顺利，都是在焦灼、迷茫、不安与否定中逐渐走向晴朗明亮的。

二、潜心修炼站稳脚

志存高远，做最好的自己。这是上外的校训，也是我的座右铭。在上外，我的教学生涯开启了新的篇章。在领导的关心、同事的帮助之下，我很快适应了新的环境，融入上外这个大家庭中。这里有着全区领先的设施，有着名师云集的教研团队，有着奋发向上的教学氛围。在这个好的平台，我却产生了危机感，唯有加倍努力。我认真备课，钻研教材教法，遇到问题虚心向师傅潘银娟老师求教。感谢师傅的耐心指导和教学上的毫无保留，听她的课让我如沐春风，受益匪浅。

课后我们一起总结反思，使课中的精华真正能被吸收。能够在上外这片沃土中成长，我是幸运的。

机会是留给有准备的人的。刚到上外的第二年，教研员王老师打来电话，问我有没有信心在课堂教学艺术节中开出一堂公开展示课《电流的测量》，当时王老师还强调有 250 多位科学老师现场观摩。没有犹豫，我欣然接受。只有一周时间准备，我既兴奋又担心，面对新的挑战必须全力以赴。磨课的过程很难熬，教学设计一再改，直到展示的那一刻。期间王老师也两次来听我的试教课，帮我处理细节、设计亮点、突破重难点。师傅潘老师更是全程陪我磨课，对我的设计句句琢磨、环环推敲、反复修正。直到现在我仍感谢师傅的严格要求，逼我自省，向内生长。这一次上课让我体会到想要上好科学课，一定要做好两件事：

其一，要想把科学课上好，就要注重科学实验。实验教学在初中科学教学中占比较大，许多科学知识都是通过实验来引出与展现的，许多科学能力都是在实验过程中培养与发展的，实验对于科学的重要性不言而喻。为此，教师应让所有学生都有机会参与实验，引导他们"动手"和"动脑"相结合。实际操作中我们要充分利用实验室现有的实验条件以及身边的各种实验资源，开发新的实验形式，以期达到更好的实验效果，让课堂实验活起来。

其二，活的实验，需要活的设计。为此，教师首先要为学生创设一个良好的实验环境，使学生真正成为学习的主体，让学习的过程成为学生主动参与探究的过程。这就要求教师做"活"的教师，在梳理教材实验的基础上，进行优化与创新，拓展与提高，做中教，做中学，做中求进步。其次要联系生活实际，科学教学可以通过科学知识的实际应用创设问题情境。科学知识在生活中获得了大量的应用，学生渴望对其背后的原理有更深入的认识。科学教师应当十分明确科学教学要引导学生"从生活走进科学，从科学走向社会"，学过科学以后，你周围的世界仿佛就变了样子，因为科学能向学生展示世界的另一番美景，使学生对世界建立一个新奇而深刻的认识。

而后的每一学期中，我也会经常接受各种挑战，勇于展现自己，从七年级到九年级，开出了近二十节区、校级公开课及比赛课。

其实，上课和听课对于青年教师而言，是一笔巨大的财富，关键要勤于笔耕，日常积累非常重要，这也是师傅经常提醒我的。这样我们才能从众多课例中汲取营养，促进自己教学业务的提高。静下心来、蹲下身子，细心、耐心地去观察发现，将这些故事、得失、体会、感悟等进行深度加工，一篇篇教育教学文章、论文案例也就顺利地诞生了。经过刻苦钻研，我的教学成果就曾多次获奖，在成长道路上，我一直努力前行。

三、突破自我上新阶

2022年4月至5月，我参加了上虞区两年一次的优质课比赛，从第一轮学区内评比再到上虞区抽签定题赛课，这一个多月的经历对我真是一次很好的锻炼。这次和以往不同，不是新授课而是复习课，我抽到的课题又是光学，不禁让我想起教书生涯的第一堂公开课《平面镜成像》，似乎是一个轮回。只是复习课并不好上，它不同于新授课，很多学生自以为知识内容已经掌握，实际却理解不够深入，似懂非懂，不能举一反三，更不会用以解决实际问题。在这种情况下，如果复习课没有吸引力，无论教师如何强调，也无法调动学生的积极性，学生只是疲于应对，令学习效率低下。所以教师要通过复习课教学，使原来模糊的概念清晰化、分散的知识体系化、机械的记忆灵活化，激发学生的学习兴趣，引导学生主动参与，提高课堂效率。

在师傅和同伴的共同帮助下，我决定改变传统的知识复习与例题巩固的方法，要让复习课堂体现出"活"与"新"。学习科学不仅是学习知识概念和规律，更需要学习科学的思维方法。我设计了一种基于概念模型的主题复习课，教师整合复习内容，赋予学生一个统摄概念的主题，以总—分—总的总体思路，学生循着"实验情境—概念规律—比较应用—实验总结"复习，以引导学生利用旧知识自主学习，用图示、文字、符号等建构概念模型，梳理概念之间的联系，展示概念之间的层级结构，形成概念连接并系统化，使学生的思维灵活深刻起来，提升学生的思维品质。

备赛过程中，每一次教学设计的推翻和重建都让我迷茫和困惑，但它们却让我的教学认识越来越清晰。从开始的不知所措，到过程中的苦苦探寻，再到比赛时的坦然面对，这成为我教学生涯里最大的收获。能遇到愿意帮助你的人，真的很幸运，所以只有更加努力，才能及时抓住机遇，才对得起身边人的殷殷期许。非常感谢教研员王老师和师傅潘老师，他们于我而言，是明灯，是摆渡人，是永远的恩师。

2023年3月和4月，在学校推荐、说课上课比赛、综合考评的基础上，我被评上了上虞区教坛新秀和上虞区学科带头人。我始终相信，科学无止境，只要不断去探索，终会由量变到质变。

四、初心不变在路上

"问渠那得清如许，为有源头活水来。"读书不仅是学生的功课，也是我的一门功课。书是智慧的结晶、力量的源泉。知识经济时代，教育将陪伴人的一生，作为教师，要以教书育人为己任，更要持之以恒地读书、读好书。若为人师者不能从书海中汲取一桶水，怎么能让学生获取一杯水呢？这些年来，我与我的学生相伴学习，共同成长。我想这也是真正意义上的教学相长吧。

时至今日，我很清楚自己为什么而努力，也能够感受到其中的幸福。当我走进教室，站上讲台，会想着要如何面对孩子们？望着他们朝气蓬勃的样子，我想起了自己，我始终记得自己也曾是一个孩子，我似乎明白了自己该怎么面对他们。我们追寻教育的梦想，就是追寻教育的幸福，当学生感到幸福的时候，我们也将感到幸福，我们的幸福将是几十个学生幸福的总和。教一辈子书，有那么多学生的幸福叠加，那种幸福将随着岁月而愈显灿烂辉煌。

习近平总书记在建团100周年大会上讲道："青年犹如大地上茁壮成长的小树，总有一天会长成参天大树，撑起一片天。青年又如初升的朝阳，不断积聚着能量，总有一刻会把光和热洒满大地。"作为青年教师，我会在成为德才兼备的优秀教师路上一直努力前行，在上外的这片沃土中继续活力成长！

作者：何伟权

寻找"生长"活力，唤醒生命原动力
——活力教师个人成长叙事故事

喜看稻菽千重浪，倾听幼竹拔节声。时光荏苒，白驹过隙，细细想来，时间才是最伟大、最天才的存在。人生如果有刻度，那么每一个时刻都值得被铭记。在三尺讲台上，我将心血化时雨，润出桃花片片红；在管理上，我用真情真心书写育人新篇章。

个人成长：热爱与奉献同行，赢得一片赞许。

人间春色本无价，笔底耕耘总有情。2009年6月师范毕业后，我怀着万丈豪情踏上教育这片热土，扎根十余年，辛勤耕耘。

那时候我怀揣热爱，每一次体育课，我都试着把操场变为欢乐的海洋。可是，我精心备课2小时，却在第一次体育课上就遭遇挫败。

三人行，必有我师焉。作为一名教育界的"新兵"，如何成为行业里的"精兵"？这个专业性的问题一直困扰着我。为了积累教学经验，及时发现并从容应对各种教育问题。体育课作为中考的考试项目，如何让学生不丢分？我虚心向前辈学习，以后的日子，每节体育课都有我的身影。接下来的日子，我陆续获得了多个荣誉称号，这将鼓励我不忘初心，砥砺前行。

助人者，人恒助之。在不断地学习与实践中，我更加热爱教育事业了，也用行动在践行着。一路走来，我经历了"山重水复疑无路"的困惑，也收获了"柳暗花明又一村"的惊喜。

专业技术：技能提升展风采，奋斗青春筑梦行。

读万卷书不如行万里路，行万里路不如细微知著。无论是教学还是技术能力提升，我总是带着问题思考，将理论与实践相结合，从细节之处发现让学生"爱上体育"的大秘密。

君子博学而日参省乎己。作为新时代的一名教育工作者，在面对课程改革时，"本领荒"的难题让我常常自省。每一次教学，我总是认真总结课程，撰写教学反思。随着学习的深入，我逐渐认识到自己专业的匮乏。学无止境，我一次次挑战自我。2018年5月，我参加了《全国体育传统项目体育师资培训》，这次高规格的培训，让我找到了前行的方向。原来，让学生爱上学习、爱上体育的方式很简单，那就是高效的课程和对体育课程丰富的解读，发现这个"秘密"之后，我在教学之路上快速成长。

每次观课、评课后，我都注重反思总结、积累经验，拓宽自己的教学思路。同时经常查找自身在体育教学与设计等方面存在的问题，通过具有特色的教学形式，让学生爱上体育课。经常的教学反思与教学实践，促进了我教学能力的提升，也为我获得区教育大赛奖励奠定了基础。

千里马常有，而伯乐不常有。作为体育老师，另一个最为重要的任务便是提升体育训练的能力与技巧。针对长跑与短跑型的体育员制订具有针对性的训练计划，因材施教，让学生能够最大限度地发挥自身的优势。同时针对已有的体育训练规则，结合国家队的训练要求，进行严格的规范，让学生们能够形成规则意识，提高自己的水平。具备一双慧眼是作为体育老师最基本的能力，发现学生身上的长处，能够带领学生在体育学习上获得进步，也是体育老师最重要的工作之一。

付出总有回报，在无数次的汗水见证下，我培养的田径方面的学生获得省级冠军多人，达到国家二级运动员标准10余人。从区级专业人才到省市级大赛中获得各类奖项，我用行动诠释着新时代教师的责任与担当。

管理层面：立德树人守初心，培根铸魂育新人。

德高为师，身正为范。在教学管理工作中，我勤修师德，勇铸师魂。为了做好管理工作，我的小本上记得密密麻麻，而且是无数本；为了践行育人宗旨，我在管理中一直兢兢业业，用行动诠释责任，得到了学校领导、同事及学生家长的一致好评。

"教会学生做人"是德育工作的出发点和归宿。同样教师不仅仅要传授学生简单的课程知识，更要帮助学生建立一个更加合理的思维逻辑体系。因此，在每一节课中，我们需要把道德教育的关键点，落实到所学内容中。学生在学校接触最多的就是教师，因此所有老师都需要树立课程育人的理念，并将道德理念融入课程学习之中，帮助学生在获得知识的同时，也能端正学习态度、形成良好的学习习惯与终身学习的思想，让学生的综合实践能力、人文知识素养和道德实践能力同步提升。

身为学校的德育工作组成员之一，我深知国家要发展、民族要振兴，学校作为开展教育教学的重要场所，德育工作开展、自身德育建设都刻不容缓。学生基本的道德规范要具体，行为要求要准确，思想引导要向上。因此，首先是要让学生熟悉各种道德发展规范，就需要不断进行强化与教育。道德教育细则要落实到实践之中，例如：体育教育活动、体育思政课程、体育研学活动等。让学生从中感其所蕴含的深刻含义，同时不断学习先辈们那些优秀的精神，从而提高自身的道德素质与人文涵养。其次是强化礼仪教育，并渗透于学生的日常。学校定时开展文明礼仪的团课活动，让学生更加懂礼貌、讲文明。最后是加强体育道德劳动教育。将德育教育与劳动教育相结合，学生在课堂中学习基本的家务劳动，回到家中可以帮助家人做力所能及的家务活，学生既可以提升动手能力，又能加深与家人之间的情感。而且学生能够从中感受到劳动的乐趣，以及自我成长喜悦。

虽然身为一名体育老师，我与学生的相处时间不多，但是我所带的学生都十分喜欢我的课程。作为教师，我们需要明白自身的职责，作为管理者，我们需要引领学校的文化与校区建设，从而更好地促进学校与师生的发展进步。

　　在教学中，我时刻践行生活教育的核心理念，并将其贯穿于学生的实际生活中，让他们在实践中学会与人沟通的办法，感受到生活实践的育人技能。在个人成长中，我时刻保持谦虚好学的心态，以促进自身的专业发展。在管理上，我努力让自己具有远见卓识，做好德育文化建设，让良好的品德习惯与文化知识理念走入每一个学生与教育者的心中。

　　这就是一个平凡的教育工作者，在平凡的岗位上，展现出的活力与担当。教育之路上，我将继续用一颗真心，满腔热情，脚踏实地，用心奉献，用果敢担当、乐观向上践行教师的初心和使命，我将继续前行、诠释这一份平凡中的不平凡。

作者：李邵峰

后 记

2009年8月，上虞外国语学校在美丽的曹娥江畔诞生，逐渐成长为一所充满活力的初中学校。多年来，学校凝思聚力，想方设法地促进全体教师专业成长，高品质推进活教育向深层次发展。经验丰富的优秀教师教书育人，追求着职业幸福感；充满干劲的年轻教师在陈鹤琴"活教育"的影响下，积极奋发，"经验"的活力和"青春"的活力在校园碰撞，产生了活力教师的"上外经验"。

上虞外国语学校历来把培养好青年教师作为教育发展的核心工程抓，全面实践"有生命力"的活课堂。学校的活教育目标，就是要在目的、内容、方法及教师观上与传统教育区别开来，建立起更为先进、自动、有活力的教育秩序，并倡导所有教育行为必须更好地服务于学生这个鲜活的主体对象。这也是编辑《活力教师成长的校本实践探索》的指导思想。学校以"校本""实践探索"之名界定书名，是因为深知办好活教育的不容易和重要性，也深知在具体教育中存在一定的不足或遗憾。

本书从设想规划到资料采编，再到定稿付梓，其间内容多次增删，章节几经变动，如火锤涅槃，力求内容朴质显本真，企望有较好的育人功效，能收获较高的内涵价值。可以说，其编辑精选每一篇文稿、斟酌每一个案例、论证每一个道理，都是心生敬畏而严谨萃取的。然而，总觉忐忑，唯恐贻误活教育主题、导向，失之偏颇且难圆其说。幸好能够时时得到专家斧正、领导支持，使书稿日益完善，初显色彩。高山仰止遇知音，为此，特别鸣谢在编撰过程中给予全程倾心指导的浙师大谢群博士和郑逸农教授。

当然，因为研究基础尚待夯实，科研成果尚待积累，且编写经验不足，文稿质量仍有瑕疵，敬请海涵。

上虞外国语学校以习近平新时代中国特色社会主义思想为指导，确立"立德树人，科研兴校"的理念，将更加积极地响应上虞区"办有品质的活教育，打造湾区教育新高地"的号召，全面办好人民满意的教育，探索适合自身发展的道路。

活教育研究成果读本的公开出版，幸甚可喜！愿她如一朵浪花欢跃于母亲河曹娥江上，愿她如一抹阳光陶醉在虞舜大地上，成为活教育的一丝美好。

丁斌毅

2023 年 11 月